Manual de Direito dos Valores Mobiliários

Manual de Direito dos Valores Mobiliários

2018 • 4ª Edição

Paulo Câmara
Professor Convidado da Faculdade de Direito da Universidade Católica Portuguesa
Advogado, Sérvulo & Associados – Sociedade de Advogados

ALMEDINA

MANUAL DE DIREITO
DOS VALORES MOBILIÁRIOS

AUTOR
Paulo Câmara

EDITOR
EDIÇÕES ALMEDINA, S.A.
Rua Fernandes Tomás, nºs 76-80
3000-167 Coimbra
Tel.: 239 851 904 · Fax: 239 851 901
www.almedina.net · editora@almedina.net

DESIGN DE CAPA
FBA.

PRÉ-IMPRESSÃO
EDIÇÕES ALMEDINA, SA

IMPRESSÃO E ACABAMENTO

dezembro, 2018

DEPÓSITO LEGAL
....

ALMEDINA | GRUPOALMEDINA

BIBLIOTECA NACIONAL DE PORTUGAL – CATALOGAÇÃO NA PUBLICAÇÃO

CÂMARA, Paulo, 1967-

Manual de direito dos valores mobiliários. – 4ª ed. – (Manuais universitários)
ISBN 978-972-40-7745-1

CDU 347

PRINCIPAIS ABREVIATURAS E SIGLAS UTILIZADAS

AG	*Die Aktiengesellschaft*
AIFMD	*Alternative Investment Fund Managers Directive* (Diretiva 2011/61/UE do Parlamento Europeu e do Conselho, de 8 de junho de 2011)
BBTC	Banca, Borsa e Titoli di Credito
BC	Boletim de Cotações da Bolsa de Lisboa e Porto
BKR	*Zeitschrift für Bank- und Kapitalmarktrecht*
BMJ	Boletim do Ministério da Justiça
CC	Código Civil português, aprovado pelo DL nº 47.344, de 25 de novembro de 1966
Cad.MVM	Cadernos do Mercado de Valores Mobiliários
CESR	*Committee of European Securities Regulators*
C & R	Revista de Concorrência e Regulação
CIRE	Código da Insolvência e da Recuperação de Empresas, aprovado pelo DL nº 53/2004, de 18 de março
CMLJ	*Capital Markets Law Journal*
Cód.MVM	Código do Mercado dos Valores Mobiliários, aprovado pelo DL nº 142-A/91, de 10 de abril
CVM	Código dos Valores Mobiliários, aprovado pelo DL nº 486/99, de 13 de novembro
CRD IV	Capital Requirements Directive IV (Diretiva 2013/36/EU do Parlamento Europeu e do Conselho, de 26 de junho de 2013)
CRR	Capital Requirements Regulation (Regulamento (UE) nº 575/2013 do Parlamento Europeu e do Conselho, de 26 de junho de 2013)
CSC	Código das Sociedades Comerciais, aprovado pelo DL nº 262/86, de 2 de setembro
DDS	Diretiva (UE) 2016/97 do Parlamento Europeu e do Conselho de 20 de janeiro de 2016 (Diretiva de Distribuição de Seguros)
DMIF I	Diretiva nº 2004/39/CE, de 21 de abril de 2004, relativa aos mercados de instrumentos financeiros

DMIF II	Diretiva nº 2014/65/UE, de 15 de maio de 2014, relativa aos mercados de instrumentos financeiros
DLSII	DL nº 222/99, de 22 de junho, relativo ao Sistema de Indemnização aos Investidores
ECB	*European Central Bank*
ECGI	*European Corporate Governance Institute*
EH	Estudos em Homenagem
EMIR	Regulamento (UE) nº 648/2012, do Parlamento Europeu e do Conselho, de 4 de julho de 2012, relativo aos derivados do mercado de balcão, às contrapartes centrais e aos repositórios de transações
ESMA	*European Securities Markets Authority*
FESCO	*The Forum of European Securities Commissions*
Gcomm	*Giurisprudenza Commerciale. Società e fallimento*
IOSCO	*International Organisation of Securities Commissions*
IPCG	Instituto Português de Corporate Governance
JOCE	Jornal Oficial das Comunidades Europeias
LEG	Lei das Entidades Gestoras, aprovada pelo DL nº 357-C/2007, de 31 de outubro
MIFIR	Regulamento (UE) nº 600/2014, do Parlamento Europeu e do Conselho, de 15 de maio de 2014, relativo aos mercados de instrumentos financeiros (RMIF)
NIC	Normas Internacionais de Contabilidade
OIC	Organismos de investimento coletivo
OICVM	Organismos de investimento coletivo em valores mobiliários
OTF	*Organized trading facility* (sistema de negociação organizado)
RB	Revista da Banca
RDS	Revista de Direito das Sociedades
Rev.Soc.	*Revue des Sociétés*
SICAF	Sociedades de investimento mobiliário de capital fixo
SICAFI	Sociedades de investimento imobiliário de capital fixo
SICAV	Sociedades de investimento mobiliário de capital variável
SICAVI	Sociedades de investimento imobiliário de capital variável
RGIC	Regime Geral das Instituições de Crédito e das Sociedades Financeiras, aprovado pelo DL nº 298/92, de 31 de dezembro
Riv.Soc.	*Rivista delle Società*
Riv.DC	*Rivista di Diritto Commerciale e di Diritto Generale delle Obligazioni*
Riv.DCiv.	*Rivista di Diritto Civile*
RGOIC	Regime Geral dos Organismos de Investimento Coletivo, aprovado pela Lei nº 16/2015, de 24 de fevereiro
RJCR	Regime Jurídico do Capital de Risco, do Empreendorismo Social e do Investimento Especializado, aprovado pela Lei nº 18/2015, de 4 de março
RLJ	Revista de Legislação e Jurisprudência

ROA	Revista da Ordem dos Advogados
RMIF	Regulamento (UE) nº 600/2014, do Parlamento Europeu e do Conselho, de 15 de maio de 2014, relativo aos mercados de instrumentos financeiros
RTS	*Regulatory Technical Standards*
UCITS	*Undertakings for collective investment in transferable securities* (organismos de investimento coletivo em valores mobiliário)
WM	*Wertpapiermitteilung*
WP	*Working Paper*
WpHG	*Wertpapierhandelsgesetz*, de 26 de julho de 1994
WpUG	*Wertpapiererwerbs- und Ubernahmegesetz*, de 20 de dezembro de 2001

As normas citadas sem indicação de fonte pertencem
ao Código dos Valores Mobiliários, aprovado pelo DL nº 486/99,
de 13 de novembro, e sucessivamente alterado,
salvo se do contexto resultar fonte diversa.

APRESENTAÇÃO

I – Os mercados financeiros exibem sinais de crescente sofisticação. O desenvolvimento tecnológico, sobretudo nas telecomunicações e na informática – pense-se, por exemplo, na Internet –, determinou uma maior abertura dos mercados, que em si propiciou um ambiente de maior concorrência e inovação. Daqui decorre o aparecimento sucessivo de diferentes plataformas e padrões de negociação e de novos instrumentos financeiros, nomeadamente de estrutura derivada ou de natureza híbrida.

Esta estimulante dinâmica não impede, contudo, o aparecimento pontual de crises, reveladoras de falhas de mercado – as quais, por seu turno, legitimam intervenções regulatórias, em reforço da confiança dos investidores e dos demais participantes do mercado. Todavia, a tarefa não é isenta de dificuldades e as regras de mercado, procurando resolver os problemas detetados, ante a complexidade da realidade regulada, são em si mesmas complexas, ainda que inadvertidamente – ou mesmo inevitavelmente –, dando por vezes causa a uma maior sofisticação do fenómeno financeiro. Paralelamente, nota-se um crescimento importante da comunidade de investidores, institucionais e individuais – sendo, entre nós, preocupante o nível médio de literacia financeira destes últimos.

Da soma destes fatores se comprova a importância do estudo do Direito dos valores mobiliários.

II – A par do interesse prático, somam-se razões ligadas ao interesse científico da matéria. No plano geral, em virtude de ser um ramo do Direito misto, combinando zonas de Direito privado com outras de Direito público, o Direito dos valores mobiliários serve de interessante laboratório de institutos e de princípios que são conhecidos do *mainstream* jurídico (v.g. no regime da responsabilidade civil e contra-ordenacional) e que aqui recebem coloração específica. Soma-se o desenvolvimento que certas matérias aqui conhece – *inter alia,* nos temas dos deveres de informação, dos documentos desmaterializados, do conflito de interesses e da governação societária – no âmbito dos quais este ramo se mostra apto a influenciar outras províncias do sistema jurídico.

III – A disciplina dos valores mobiliários tem, além disso, conhecido uma acelerada evolução normativa. Entre nós, a codificação deste ramo tem auxiliado o seu desenvolvimento. Após o salto importante conquistado com o Código do Mercado de Valores Mobiliários de 1991, em finais dos anos noventa, deu-se a aprovação do um novo Código dos Valores Mobiliários, a representar uma nova espinha dorsal de todo o sistema mobiliário. O Código de 1999 lançou as bases para uma renovação da análise dogmática da disciplina mobiliária, por ter instituído uma reformulação normativa não apenas em termos formais, adotando uma linguagem mais precisa e sintética, mas também em termos substanciais, uma vez que foi alargado o leque de institutos que receberam tratamento codificado e alteradas algumas soluções ligadas a figuras já tratadas no direito anterior.

Desde então, detetaram-se múltiplas novidades normativas avulsas relevantes: foram, pela primeira vez em Portugal, regulados os *warrants* autónomos; saiu a lume o regime relativo à titularização de créditos; foi reformulado o estatuto da Comissão do Mercado de Valores Mobiliários, das entidades gestoras de mercados e de sistemas de compensação e de liquidação; assistiu-se igualmente à revisão da disciplina das obrigações de caixa e do papel comercial; e foi criado o Conselho Nacional de Supervisores Financeiros.

Paralelamente, com o incremento do processo de integração e de globalização dos mercados, foram produzidos textos normativos de âmbito internacional de grande influência. Na esfera europeia, tal ocorreu, na fase de arranque, sob impulso do Plano de Ação para os Serviços Financeiros adotado pela Comissão Europeia em 1999.

A produção de Diretivas e Regulamentos europeus, enquadrada numa diferente arquitetura reguladora, conheceu então um salto significativo, tendo coincidido num período temporal de poucos meses a aprovação de um acervo decisivo de textos europeus, de que se destacam a Diretiva do Abuso de Mercado e correspondentes textos concretizadores, da Diretiva e do Regulamento dos Prospetos, da Diretiva das OPAs, da Diretiva dos Mercados e dos Instrumentos Financeiros, da Diretiva dos Acordos de Garantia Financeira e da Diretiva da Transparência.

Assim como no resto da Europa, em Portugal foram amplas as repercussões do acervo de iniciativas europeias trazidas pelo Plano de Ação para os Serviços Financeiros. A transposição da Diretiva dos Mercados de Instrumentos Financeiros e da Diretiva da Transparência, operada em 2007, encerrou um ciclo de reformas ao Código dos Valores Mobiliários provocadas pela transposição de textos europeus. Ao todo, foram 16 novos atos europeus referentes ao Direito dos valores mobiliários entrados em vigor no nosso sistema jurídico durante esse período, a que se somaram alguns ajustamentos ao regime pré-existente determinados por puro impulso doméstico.

Por seu turno, a crise financeira iniciada em 2007 precipitou igualmente um amplo conjunto de intervenções normativas, a encerrar o ciclo reformista anterior, e simultaneamente abrindo a porta a novas e significativas mudanças. Em tempos mais recentes, o fluxo de regulação europeia continuou a aumentar – de que constituem exemplos o EMIR, a DMIF II, o RMIF, o Regulamento PRIIPS, a Diretiva da Transparência II e o Regulamento do Abuso do Mercado e as correspondentes medidas de Nível 2 –, amplificando consideravelmente o acervo normativo sob o efeito conjugado da metodologia Lamfalussy e De Larosière. São reincidentes os sinais de que estamos numa época de transição: *i*) no volume em alguns casos excessivo de produção normativa (confiram-se nomeadamente a propósito os pacotes relativos ao Regulamento do Abuso de Mercado ou à DMIF II/ RMIF), temperado pelo projeto de União dos Mercados de Capitais, mais direcionado para a competitividade do mercado; *ii*) em algumas das soluções adotadas – como é caso da extensão de algumas regras mobiliárias às licenças de emissão e à negociação a contado de mercadorias; *iii*) nas categorias terminológicas recém-consagradas – é o que sucede, *inter alia*, com o regime dos PRIIPS e dos OTF's; *iv*) ou, por fim, nos ajustamentos ao aparelho institucional envolvente, de que constitui ilustração central a reflexão sobre a atual estrutura do sistema de supervisão nacional e do Sistema Europeu de Supervisão Financeira. Inevitavelmente permeável à velocidade e ao ruído do tempo, o Direito dos valores mobiliários tarda em encontrar uma calmia legislativa que permita preparar um novo ciclo de reordenação e de síntese dos dados normativos vigentes.

IV – O momento atual apresenta-se, assim, como propício para uma exposição geral e sistematizada sobre o Direito dos valores mobiliários português. Esse o objetivo do presente volume. Não se detém apenas nas recentes modificações legislativas: percorre os institutos fundamentais da disciplina e trata as correspondentes fontes. São aqui considerados os elementos normativos e doutrinários publicados até ao dia 1 de novembro de 2018.

Este constitui o resultado da investigação e da atividade docente e profissional na área do Direito financeiro e societário. Retomam-se aqui, com atualizações e aprofundamentos, alguns artigos monográficos já publicados.

O texto resulta em parte do desenvolvimento das lições proferidas enquanto fui incumbido da regência da disciplina de Direito dos valores mobiliários, nos anos de 1999/2000 e de 2000/2001, na Faculdade de Direito de Lisboa e em diversas disciplinas do curso de mestrado e do LLM da Faculdade de Direito da

Universidade Católica e da Católica Global School of Law (2009 em diante). Algumas intervenções em cursos de pós-graduação – sobretudo sob organização da Faculdade de Direito e da Global Law School da Universidade Católica Portuguesa, do Instituto dos Valores Mobiliários, da Faculdade de Direito de Lisboa, do Instituto de Direito Económico Financeiro e Fiscal, da Universidade Agostinho Neto (em Luanda) e da Universidade Nova de Lisboa – também são aqui utilizadas, a somar a outras colaborações universitárias em seminários e conferências.

V – O Manual encontra-se estruturado de modo a conferir tratamento inicial à reconstituição da marca genética e identitária da disciplina, aí cabendo nomeadamente a delimitação do conceito e dos tipos de valores mobiliários e de instrumentos financeiros (§ 1º-13º) e do sistema institucional envolvente (§§ 14º-19º). Cuida-se seguidamente do ciclo dinâmico dos valores mobiliários, desde a sua emissão (§§ 20º-21º), transmissão (§ 22º), intermediação (§§ 23-24º), estruturas de negociação (§§ 25-26º), liquidação e compensação (§ 27º). É também reservado um espaço autónomo às sociedades abertas e às principais operações que as envolvem: as ofertas públicas e as operações de saída de mercado, com referência ainda para os deveres de informação que lhes estão inerentes (§§ 31º-42º). Entre os investidores profissionais são analisados, em especial, os organismos de investimento coletivo e as instituições de capital de risco (§§ 43º-47º). O volume encerra com a análise dos crimes do mercado (§ 49º) e das normas internacionais mobiliárias (§ 50º).

* * *

Apesar de o Manual que aqui se apresenta constituir uma obra individual, ao longo da sua preparação foi possível contar com diversos apoios, nomeadamente na recolha de elementos bibliográficos. Entre os destinatários dos meus agradecimentos, que aqui não se enumeram exaustivamente, é justo destacar o Professor Doutor José de Oliveira Ascensão, o Professor Doutor José de Lobo Moutinho, o Dr. Evaristo Ferreira Mendes, o Professor Doutor Miguel Gorjão-Henriques, o Dr. João Sousa Gião, a Drª Vanessa Constantino Brenneke, o Dr. Clemente Galvão, a Drª Susete Lourenço, a Drª Leonor Cardoso, o Dr Miguel Brito Bastos, a Ana Filipa Gil e, em especial, a minha mulher Sofia. Uma palavra particular é também devida em memória do meu pai e do meu amigo Paulo Ascensão, que foram desde o primeiro momento apoiantes entusiastas deste projeto, mas não conseguiram vê-lo concluído. Este livro é-lhes dedicado.

Lisboa, novembro de 2018

Capítulo I
Introdução

§ 1º Identidade e fundamento

1. *Objeto da disciplina: uma primeira aproximação*

I – O ramo do Direito aqui tratado tem por objeto os valores mobiliários e, bem assim, os negócios, as pessoas e os patrimónios autónomos que lhes estão associados.

O âmbito de matérias abrangidas pelo Direito dos valores mobiliários é amplo: cobre a recolha de aforro através da emissão dos valores mobiliários, a sua transmissão – em mercado ou fora de mercado –, a prestação de serviços de intermediação, liquidação e compensação adjacentes, a supervisão e a disciplina sancionatória correspondente. No plano funcional, os principais atos jurídicos aqui compreendidos têm em comum a afetação de recursos financeiros e a transferência, a cobertura e a diversificação do risco assumido individual ou coletivamente.

A extensão das matérias deixa-se surpreender em duas importantes concretizações, aqui adiantadas a título exemplificativo. De um lado, o conceito capital de valor mobiliário é definido como documento negociável: a suscetibilidade de negociação em mercado representa o seu elemento essencial, ainda que em concreto os valores não estejam admitidos à negociação em mercado (art. 1º CVM). Nomeadamente, as ações representativas do capital social de sociedades anónimas, mesmo que de estrutura acionista fechada ou familiar, são aqui incluídas[1].

[1] Cfr. *infra*, § 5º.

O regime penal do abuso de informação privilegiada, por seu turno, abrange todos os emitentes de instrumentos financeiros, ainda que não admitidos à negociação em mercado (art. 378º CVM)[2].

Estas primeiras indicações relevam para intuir que *o Direito dos valores mobiliários regula uma componente central das modernas relações patrimoniais privadas.* Não se circunscreve ao Direito das bolsas nem se detém apenas nas sociedades emitentes de valores admitidos à negociação em mercado. Embora tomando parcialmente por referência os mercados e as demais estruturas de negociação dos valores mobiliários, o seu âmbito transcende-os largamente.

II – Para uma preliminar confirmação do exposto à luz do direito positivo, é forçoso ponderar o âmbito do principal diploma regulador da matéria – o Código dos Valores Mobiliários. O título do Código não revela, em toda a extensão, o seu conteúdo, o que se comprova pelo ponto de partida da delimitação do âmbito do diploma – o art. 2º. A um tempo, este preceito combina referências aos valores mobiliários e aos instrumentos financeiros. A outro tempo, o mesmo preceito adita uma extensão parcial do regime do código a figuras situadas fora da tradicional área mobiliária: os contratos de seguro ligados a fundos de investimento e os contratos de adesão individual a fundos de pensões abertos (nº 3).

Além disso, o âmbito material do Código não esgota o conteúdo da disciplina. Há matérias não reguladas no Código que integram o núcleo da disciplina: é o que se passa com os tipos de valores mobiliários em especial, com o regime jurídico de cada tipo de intermediário financeiro, com o estatuto da CMVM, bem como com o estatuto das sociedades gestoras de mercados, das sociedades gestoras de sistemas centralizados e sociedades gestoras de sistemas de liquidação.

Por outro lado, também é certo que o diploma em causa regula instrumentos que se situam fora do Direito dos Valores Mobiliários. Tal o caso, já notado, dos fundos de pensões abertos e dos contratos de seguro ligados a fundos de investimento a que o art. 2º, nº 3 CVM manda aplicar parte do Código – numa atitude pragmática que pretende nivelar, em termos aproximados, o regime de produtos financeiros funcionalmente equivalentes[3].

Percebe-se, pois, que *o Código dos Valores Mobiliários não é auto-suficiente para traçar, ainda que a título preliminar, uma delimitação do âmbito da disciplina mobiliária.*

III – Apesar destas limitações, merece reter algumas conclusões preliminares. O que o art. 2º CVM indicia, e merece ser registado neste passo, é que a

[2] Cfr. *infra,* Capítulo XVII, 2.

[3] Cfr. *infra,* § 14º, 2.

demarcação do âmbito do Direito dos valores mobiliários é traçada, em termos imediatos, por referência a duas dimensões:

- uma dimensão horizontal (ou interna), referente à contraposição entre o conceito de valor mobiliário e o, mais amplo, de instrumento financeiro, onde aquele se inclui; e
- uma dimensão vertical (ou externa), atinente à relação entre o Direito dos valores mobiliários e o Direito dos demais subsetores do sistema financeiro.

Ambas as dimensões aludidas importam para testar a autonomia do Direito dos valores mobiliários, em termos substantivos. Interessa por isso percorrê-las, ainda que em termos introdutórios.

IV – O confronto entre os conceitos de instrumento financeiro, como género, e de valor mobiliário, como espécie, supõe uma análise aturada dos elementos caracterizadores de cada um.

À partida, no perímetro dos instrumentos financeiros incluem-se, pelo menos, os valores mobiliários, os contratos derivados e as licenças de emissão[4]. Um indício da autonomia dos valores mobiliários reside na sua profunda vocação circulatória, que não encontra correspondente necessário nos contratos derivados. Estes contratos, ou não são transmissíveis *qua tale*, ou – no tocante a alguns contratos derivados não padronizados – estão sujeitos às regras apertadas da cessão de posição contratual. Os valores mobiliários, pelo contrário, são dotados de um regime transmissivo próprio que se distancia inteiramente das regras relativas à cessão de créditos ou à cessão da posição contratual[5]. Por seu turno, as licenças de emissão sujeitam-se nomeadamente a um regime de atribuição realizada por entidades públicas que difere inteiramente da emissão de valores mobiliários[6].

A autonomia dos valores mobiliários entre os instrumentos financeiros, aqui preliminarmente sinalizada, será adiante aprofundada. Acima de tudo, neste passo, importa reter que quanto mais nítida a distinção do valor mobiliário em relação aos demais instrumentos financeiros, mais fácil será discernir o conteúdo do Direito que toma aqueles por objeto. O ponto carece, ainda assim, de um exame mais cuidado, a que à frente se regressa[7].

[4] Cfr. art. 2º e *infra*, § 11º.
[5] Cfr. *infra*, § 22º.
[6] Cfr. *infra*, § 13º, 6.
[7] Cfr. *infra*, § 11º.

2. *Direito dos valores mobiliários e Direito do sistema financeiro*

I – Na enciclopédia jurídica, o Direito dos valores mobiliários apresenta-se como um ramo do Direito do sistema financeiro. Tomado em sentido amplo, o sistema financeiro reporta-se ao conjunto estruturado de instituições, pessoas, atos, negócios e operações relacionados com a criação, intermediação e circulação de ativos, instrumentos e produtos financeiros nos mercados monetário, financeiro e cambial, com o crédito ou com a transferência e a cobertura de riscos[8].

O Direito do sistema financeiro[9], assim entendido, comporta três distintas vertentes – o Direito bancário, o Direito dos seguros e o Direito dos valores mobiliários.

À partida, estas três áreas jurídicas apresentam características distintas. O critério mais relevante para delimitar fronteiras entre cada subsetor do Direito financeiro é o de fazer apelo ao distinto objeto de regulação e o modo como se prefigura tipicamente o risco do aforrador.

O Direito bancário lida com a receção de fundos reembolsáveis, a concessão de crédito e a prestação de serviços adjacentes, tal como amplamente enunciados no art. 4º RGIC. Tradicionalmente, o risco da aplicação aforradora bancária resume-se ao risco de crédito sobre a instituição custodiante, levando a que o essencial da regulação bancária se centre usualmente em aspetos prudenciais, para acautelar o cumprimento do dever de reembolso e assegurar a confiança na estabilidade do sistema financeiro[10].

O Direito dos seguros, por seu turno, orbita em torno do contrato de seguro, através do qual a seguradora se obriga a indemnizar o tomador quando ocorra um risco contratualmente definido[11]. O risco coberto pelo seguro reporta-se usualmente a um eventual dano futuro: mas conhece extensões

[8] Recorde-se a este propósito Fernando Conceição Nunes, *Direito Bancário* (1994), 29-35. Diferente, e mais restritiva, é a noção de sistema financeiro, reconduzida às instituições tratadas no RGIC, encontrada em Augusto de Athayde/Augusto Albuquerque de Athayde/Duarte Athayde, *Curso de Direito Bancário*, Vol. I (1999), 227-231.

[9] Não deve confundir-se o Direito do sistema financeiro com o Direito das finanças públicas. Escrevendo sobre o assunto, Sousa Franco (*Dez Anos de Evolução do Direito Financeiro Português*, *ROA* ano 45 (1985), 655-669; Id., *Finanças Públicas e Direito Financeiro*, Coimbra (1986), 3-4) propôs a distinção entre o fenómeno financeiro (atinente às finanças públicas) e o financial (ligado às finanças privadas) (ult. ob. cit., 3-4), todavia sem que tal terminologia tivesse tido seguidores.

[10] É certo, no entanto, que a regulação bancária tem conhecido um desenvolvimento relevante das normas de conduta e da supervisão comportamental das instituições de crédito e sociedades financeiras. Para desenvolvimentos: Paulo Câmara/ Manuel Magalhães (coord.), *O Novo Direito Bancário*, (2012), 21-41, 227-283.

[11] Cfr. o art. 1º do Regime Jurídico do Contrato de Seguro e ainda: Menezes Cordeiro, *Manual de Direito Comercial*², Coimbra (2007), 731-732; Id., *Direito dos Seguros*², Coimbra (2015), 540-545; Margarida Lima Rego, *Contrato de Seguro e Terceiros*, (2010), 67 – 172.

dignas de nota – a mais importante das quais se refere às operações de capitalização, que não pressupõem a existência de prejuízo para o beneficiário da prestação seguradora[12].

No Direito dos valores mobiliários, por seu turno, o risco constitui um elemento natural subjacente a cada valor mobiliário. Em formulações mais simples (nas obrigações), está em causa o risco de crédito do emitente; em valores de natureza mais complexa pode ao invés estar em causa o risco do desempenho do emitente (nas ações), o risco de apreciação ou de depreciação de um ativo subjacente (*warrants* ou certificados), o risco de crédito de terceiros (valores mobiliários condicionados por eventos de crédito). Soma-se existirem derivados com a função de cobertura de risco (*hedging*).

Nesta distinção importa considerar ainda a posição do aforrador em cada uma das áreas consideradas[13]. No principal tipo contratual bancário – o contrato de depósito –, o aforrador retém um direito de crédito sobre o banco em relação aos fundos depositados, e esse direito ao reembolso, na *praxis* bancária tradicional, não é afetado por circunstâncias ulteriores[14].

Nos contratos de seguro, a prestação entregue à seguradora (o prémio) não é de princípio reembolsável, por significar a contraprestação da cobertura do risco. Nos valores mobiliários, o conteúdo do direito do titular varia em função do tipo de valor mobiliário considerado[15]: pode estar em causa a representação de um direito de crédito (valores mobiliários representativos de dívida), de uma participação social (ações), de uma fração ideal num património coletivo (unidades de participação), de um direito de opção (*warrants* autónomos) ou a combinação de várias posições jurídicas.

[12] A Diretiva Solvência II refere-se-lhes genericamente como as *operações de capitalização baseadas numa técnica atuarial que se traduzem na assunção de compromissos de duração e montante determinados, como contrapartida de uma prestação única ou de prestações periódicas, previamente fixadas* (art. 2º, nº 3 *b)* ii da Diretiva 2009/138/CE) – conceito que foi perfilhado, no essencial, pelo art. 124º, nº 4 do DL nº 94-B/98, de 17 de abril. Sobre esta figura: Maria Eduarda Ribeiro, anotação ao art. 207º em *Lei de Contrato de Seguro Anotada*², Coimbra (2011), 597-603; Carlos Pereira da Silva, *Operações Financeiras em Seguros de Vida, Operações de Capitalização, e Pensões*, em António Moreira/M. Costa Martins, II Congresso Nacional de Direito dos Seguros. Memórias, Coimbra (2001), 247-265 (249); Luís Poças, *Estudos de Direito dos Seguros*, Lisboa, (2008), 31-59.

[13] Renzo Costi/Luca Enriques, *Il Mercato Mobiliare*, in Gastone Cottino (org.), *Trattato di Diritto Commerciale*, VIII, 1.

[14] Recorde-se, a propósito, a delimitação civil do contrato de depósito (arts. 1185º e 1187º *c)* CC) e o Entendimento Conjunto do Banco de Portugal / CMVM de 12 de março de 2009, sobre o dever de reembolso do montante entregue como elemento essencial à caracterização dos depósitos bancários.

[15] Cfr. *infra*, § 6º.

II – Para permitir uma reconstituição da marca identitária do Direito dos valores mobiliários, foram expostos os essenciais traços distintivos entre a área mobiliária, bancária e seguradora com relevo no correspondente regime jurídico. Todavia, um tratamento atual do tema não pode igualmente perder de vista que são cada vez mais intensas as relações entre estes três ramos jurídicos. Esta aproximação entre os três subsetores do sistema financeiro é pressionada por desenvolvimentos crescentes no plano infra-jurídico, sendo documentada através de três principais vertentes:

- aproximação dos circuitos de distribuição;
- aproximação dos serviços prestados e dos produtos financeiros comercializados;
- aumento dos profissionais acessoriamente envolvidos em serviços transversais a todo o sistema financeiro.

Cada uma destas componentes é examinada abaixo, por esta ordem.

III – À cabeça, anota-se o crescente cruzamento de serviços bancários, seguradores e mobiliários.

Este fenómeno é documentado através da comunhão, ao menos parcial, de circuitos de distribuição de produtos financeiros. Tal reflete-se na possibilidade de, no limite, esses serviços serem prestados pela mesma sociedade ou por sociedades coligadas entre si. O caso dos bancos é o mais notório, porquanto – enquanto instituições de crédito universais – lhes assiste a possibilidade de comercializarem produtos bancários, mobiliários e seguradores (cfr. art. 4º, alíneas *e), f), h), i)*, e *q)* RGIC)[16].

A área da gestão de ativos também tem patenteado uma natureza acentuadamente transversal. Sucede, neste domínio, que as sociedades gestoras de fundos de investimento mobiliário podem proceder à gestão de organismos de investimento coletivo (mobiliário e imobiliário), de organismos de investimento em capital de risco – e ainda à gestão de fundos de pensões, através de subcontrato firmado com as respetivas entidades gestoras[17].

[16] No âmbito segurador, a comercialização aludida reveste a natureza de mediação de seguros, dado que aos bancos não assiste a possibilidade de contratarem diretamente contratos de seguros. Cfr. João Calvão da Silva, *Banca, Bolsa e Seguros. Direito Europeu e Português*[2], I. Parte Geral (2007), 20-29.

[17] Art. 68º da Lei nº 16/2015, de 24 de fevereiro, artigo 5º, nº 5 da Lei nº 18/2015, de 4 de março e artigo 37º do DL nº 12/2006, de 20 de janeiro. Cfr. *infra*, § 43º.

As sociedades financeiras de corretagem, por seu turno, também podem conceder crédito, embora vinculado a finalidades específicas: para a realização de operações sobre instrumentos financeiros em que intervenham[18].

Deteta-se igualmente uma crescente conglomerização de circuitos de distribuição, havendo cada vez mais intermediários a oferecer produtos financeiros concebidos por terceiros[19].

Estes fatores, por seu lado, têm estimulado a concorrência entre empresas de seguros, empresas bancárias e empresas ligadas ao mercado de capitais.

IV – Releva notar igualmente que certos produtos financeiros podem ser configurados de diversos modos para expor os aforradores a riscos semelhantes. Em termos imediatos, nomeadamente em decorrência da proliferação do uso de derivados, a ligação da remuneração oferecida nos produtos financeiros ao desempenho de outros ativos financeiros tornou-se trivial nas três áreas financeiras. Tal significa que o mesmo perfil de risco pode ser incorporado em instrumentos dissemelhantes – sejam depósitos estruturados, obrigações estruturadas ou operações de capitalização: a escolha da natureza do instrumento oferecido passa a depender, em termos principais, do tratamento regulatório ou fiscal associado[20].

Outro exemplo revelador é o dos planos de poupança reforma (PPR), que podem ser constituídos como fundos de investimento, como fundos de pensões ou como fundos autónomos de uma modalidade de seguro Vida (DL nº 158/2002, de 2 de julho)[21].

[18] Em referência está o art. 291º, alínea *b)* CVM aplicável através do art. 3º, nº 2 do DL nº 262/2001, de 28 de setembro.

[19] A propósito da evolução de circuitos de distribuição baseadas em silos verticais – agregando conceção e distribuição do produto – para circuitos de distribuição em arquitetura aberta, e suas possíveis implicações, remete-se com interesse para European Commission, *Need for a Coherent Approach to Product Transparency and Distribution Requirements for "Substitute" Retail Investment Products? Call for Evidence*, (2007), 8-11.

[20] Muito importante é o Regulamento (UE) nº 1286/2014 do Parlamento Europeu e do Conselho, de 26 de novembro de 2014 sobre produtos de investimento de retalho e produtos de investimento com base em seguros ou "*Packaged Retail Investment Products*" (PRIIPS), analisado mais adiante (cfr. *infra*, § 13º., 5.). Além disso, o artigo 1º, nº 4 da DMIF II (Diretiva 2014/65/UE) incluiu os depósitos estruturados de entre nos produtos sujeitos a deveres dos intermediários financeiros (sobre a motivação desta solução: European Commission, *Review of the Markets in Financial Instruments Directive (MiFID)*, (2010), 52). Cfr. ainda John V. Murray/Anthony F. Vittone, *The Banking and Securities Businesses and the Recondite Line Between Them, The Banking Law Journal* vol. 110 n. 5 (set./out. 1993), 388-422.

[21] Francisco Luís Alves, *O regime jurídico dos Planos Poupança Reforma*, RDES (jan.-dez. 2016), 327-378.

Não pode negligenciar-se, de igual modo, a proximidade funcional que os contratos derivados podem revelar em relação a tradicionais contratos de seguro. É notória a progressiva substituição de seguros de crédito por swaps de risco de crédito (*credit default swaps*), ou de seguros de colheita por derivados climáticos (*weather derivatives*).

É ainda notório o aparecimento de instrumentos financeiros híbridos, combinando elementos bancários, seguradores e mobiliários, o que leva ao progressivo esbatimento das fronteiras entre uns e os outros. Nestas situações, merece acolhimento a proposta aplicativa quanto a favorecer, em primeira linha, uma adição de regras de cada subsetor, prevalecendo o mais específico, caso se revele alguma antinomia[22].

Outro traço evolutivo de fundo refere-se à crescente complementariedade entre a área mobiliária e bancária. O pujante surgimento e a expansão da titularização de créditos bancários provocaram uma alteração estrutural no modelo de atuação dos bancos, levando a que uma parcela importante dos riscos por estes assumidos fosse transferida para terceiros. No seu todo, o sistema financeiro sofreu uma mutação: passou a centrar-se no mercado ou, pelo menos, a depender mais deste[23]. Os derivados de crédito acentuaram esta tendência, ao constituírem elemento auxiliar das denominadas titularizações sintéticas[24].

De outro lado, a área seguradora e a área mobiliária também denotam uma acentuada complementariedade, o que se deteta nomeadamente nos valores mobiliários emitidos para a cobertura de riscos específicos da atividade seguradora: tal o caso paradigmático das obrigações emitidas por empresas de seguros cuja remuneração decresce em caso de sinistros importantes (*cat bonds* ou *catastrophe bonds*), de um lado, e das que acompanham a evolução das tábuas de mortalidade (*longevity-indexed bonds*)[25], de outro lado. Não se esqueça, como dado complementar, que muitas operações de titularização recorrerem a seguradoras

[22] Menezes Cordeiro, *Manual de Direito Bancário*[5] (2014), 195.

[23] Sobre o modo como o fenómeno descrito serviu como um dos principais fatores determinantes da crise iniciada em 2007 e sobre a alteração de um sistema financeiro baseado nos bancos para um sistema baseado no mercado, e o (perigoso) predomínio de alienantes de risco sobre assuntores de risco: European Parliament/Policy Department Economic And Scientific Policy, *Financial Supervision and Crisis Management in the EU* (2007), 2, 20-27 e *passim*. O tema da titularização é adiante tratado autonomamente: § 21º.

[24] Ana Rita Almeida Campos, *Titularização de Créditos: Algumas notas sobre Titularização Sintética*, *Revista da Banca* nº 60 (2005), 84-92.

[25] As obrigações indexadas à longevidade destinam-se a realizar a cobertura de risco do aumento de longevidade por parte das empresas privadas e entidades públicas que devem assegurar pensões de reforma de contribuição definida. A montante da prestação pecuniária incorporada na obrigação, neste caso, decresce – ou, no limite, reduz-se a zero – caso o risco de longevidade ultrapasse níveis pré-determinados considerados como usuais.

para garantirem o risco de crédito inerente a categorias seniores de obrigações titularizadas[26]. Por fim, a atividade seguradora mereceu um amplo desenvolvimento, de modo a que muitas operações realizadas pelas seguradoras (*inter alia*, operações de capitalização) representam extensões ao núcleo tradicional do contrato de seguro, assumindo uma natureza eminentemente financeira: releva mencionar, a propósito, a importante disciplina reservada na Diretiva de distribuição de seguros aos produtos de investimento com base em seguros[27].

Esta proximidade na conceção, na estrutura e nos canais de distribuição de produtos financeiros conduz precisamente a que o tema da distribuição deficitária de produtos financeiros (*mis-selling*) deva ser encarada como tema transversal, apelando a uma boa articulação entre reguladores e isento de lacunas de supervisão, como o CNSF o reconheceu[28].

V – Embora menos centrais, existem outros elementos dignos de nota no recenseamento dos indícios de aproximação entre a área bancária, seguradora e mobiliária. Nesta categoria, conta-se a existência de prestadores de serviços auxiliares, mas essenciais ao sistema financeiro, cuja atuação se repercute nos três subsetores – designadamente auditores, sociedades de notação de risco e peritos avaliadores de imóveis[29]. Tal documenta a importância da confiabilidade da informação (*maxime* de natureza financeira) para todo o sistema financeiro, para a avaliação dos riscos suportados pelas empresas financeiras e dos riscos inerentes aos produtos financeiros por estas distribuídos.

VI – No plano normativo, esta aproximação é revelada na crescente unificação de conceitos e de princípios jurídicos ligados ao funcionamento e ao objeto da supervisão administrativa. Apesar de o regime de supervisão da banca, bolsa e seguros constarem de diplomas materialmente autónomos, há aspetos comuns que não podem ser ignorados.

Entre nós, o atual regime sobre imputação de direitos de voto em participações qualificadas é muito convergente nas áreas bancária (art. 13º-A e 13º-B

[26] Designam-se seguradoras *monolines* as empresas de seguros especializadas na prestação de garantias associadas ao risco inerente a operações de titularização ou de *project finance*. Tipicamente, estas beneficiam de uma notação de risco muito elevada, facilitando por isso o êxito das colocações junto de investidores institucionais. Na crise financeira iniciada em 2007/2008, todavia, as seguradoras *monolines* foram muito penalizadas com a emissão de garantias relacionadas com titularizações.

[27] Artigos 26º-30º da Diretiva 2016/97/UE, de 20 de janeiro de 2016 e Regulamento Delegado (UE) 2017/2359 da Comissão, de 21 de setembro de 2017.

[28] CONSELHO NACIONAL DE SUPERVISORES FINANCEIROS, *Relatório sobre os riscos de conduta associados a mis-selling de produtos de aforro e investimento* (2016).

[29] Cfr. *infra*, § 20º e § 44º, 3.

RGIC), seguradora (art. 3º-A e 3º-B da lei da atividade seguradora) e mobiliária (art. 20º e 20º-A CVM), com a ressalva de que as recentes alterações decorrentes da Diretiva da Transparência II não se aplicam aos setores bancário e segurador. Vigoram recomendações sobre política de remuneração de administradores próximas, embora não coincidentes, entre os três subsetores[30]. Além disso, a autorização dos intermediários financeiros é da competência do Banco de Portugal, apesar de o registo de atividades de intermediação incumbir à CMVM (arts. 295º-300º CVM e arts. 29º-A, 37º, 65º e 69º RGIC)[31].

Um outro sinal importante de convergência no sistema financeiro revela-se identicamente na atribuição à CMVM de competências transversais de supervisão dos auditores[32], dos peritos avaliadores de imóveis[33], do financiamento colaborativo (*crowdfunding*)[34] e do empreendorismo social[35]. Além disso, como indícios de aproximação entre elementos normativos mobiliários e seguradores refira-se a proximidade de regimes de prevenção de conflito de interesses, das remunerações e benefícios e dos deveres de adequação revelada na DMIF II e na Diretiva de distribuição de seguros, embora aqui com maior simplificação e menor densidade normativa[36].

A acrescer, não surpreende que o regime das obrigações emitidas por instituições de crédito conheça um peso importante das normas prudenciais bancárias, a serem fiscalizadas pelo Banco de Portugal – o que sucede nomeadamente com as obrigações hipotecárias regidas pelo DL nº 59/2006, de 20 de março[37].

Esta aproximação significativa entre os três subsetores do Direito do sistema financeiro não ocorre apenas em Portugal. Em alguns sistemas jurídicos de

[30] O regime bancário conheceu dois desenvolvimentos relevante recentes, primeiro por virtude da transposição a Diretiva CRD IV e depois por virtude da transposição da DMIF II: o essencial encontra-se nos artigos 77º-F, 86º-B e 115º-C-115º-I RGIC. Apesar da maior densidade normativa bancária, subsistem pontos comuns entre a área da remuneração da banca, sociedades cotadas, gestão de ativos e seguradoras Em geral: PAULO CÂMARA, *Remuneração e Governo das Sociedades: uma nova agenda*, em INSTITUTO PORTUGUÊS DE CORPORATE GOVERNANCE, *Volume Comemorativo do XV Aniversário*, (2018), 267-284; Id., *Say On Pay: O dever de apreciação da política remuneratória pela assembleia geral, Revista de Concorrência e Regulação*, nº 2 (2010), 321-344; Id., *A Comissão de Remunerações, RDS* nº 3 (2011), 9-51; PAULO CÂMARA (COORD.), *A Governação de Bancos nos Sistemas Jurídicos Lusófonos*, Coimbra (2016), 52-57, 211-248.

[31] Cfr. *infra*, § 23º, 2.

[32] Artigo 4º do Regime Jurídico da Supervisão de Auditoria, aprovado pela Lei nº 148/2015, de 9 de setembro.

[33] Lei nº 153/2015, de 14 de setembro. Cfr. a propósito *infra* § 44º, 3.

[34] Lei nº 102/2015, de 24 de agosto e Regulamento da CMVM nº 1/2016.

[35] Artigo 4º da Lei nº 18/2015, de 4 de março.

[36] Artigos 26º-30º da Diretiva 2016/97/UE, de 20 de janeiro de 2016 e Regulamento Delegado (UE) 2017/2359 da Comissão, de 21 de setembro de 2017. Cfr. *infra* § 23º, 18., V.

[37] Cfr. *supra*, § 7º.

referência, conhecem-se até diplomas de vocação codificadora transversais a toda a área financeira. Assim, no Reino Unido, o *Financial Services and Markets Act* de 2000, na sequência de laboriosa preparação, deu corpo a um diploma de cúpula que cobre banca, seguros e mercado de capitais[38]. Também em França toma lugar central o *Code Monetaire et Financier*[39], a percorrer todo o sistema financeiro.

VII – O desenvolvimento anterior permite perceber que a dimensão vertical da diferenciação do Direito dos valores mobiliários constitui um tema fundamentalmente em aberto. A autonomia do Direito dos valores mobiliários, conquanto que no essencial esteja preservada, é desafiada por desenvolvimentos infra-jurídicos, atrás identificados, que merecem atenção. Uma das preocupações relevantes, no plano pré-legislativo, deve-se à existência de zonas de arbitragem entre produtos com características semelhantes em diversos subsetores do sistema financeiro.

Uma vertente paralela, daqui emergente, é a da arquitetura das autoridades de supervisão que se move por imperativos de adequação e de eficácia. Como adiante será examinado, o modelo nacional de especialização supervisiva encontra-se em crise e o seu rumo de evolução não está ainda traçado em definitivo[40].

Neste dinâmico quadro, um dos desafios mais interessantes é o da progressiva identificação de zonas comum na regulação do sistema financeiro, que permita testar a coerência no Direito financeiro no seu todo e a autonomia de cada um dos seus subsetores. Apenas após esta análise é que se pode discutir, numa base sólida, a possível desejabilidade de uma futura unificação formal dos principais diplomas reguladores destas três áreas financeiras, à semelhança das experiências britânica e francesa.

3. *Características do Direito dos valores mobiliários*

I – O Direito dos valores mobiliários patenteia uma heterogeneidade de tripla ordem: quanto às suas influências; quanto ao seu conteúdo; e quanto às suas fontes.

O entrecruzar de influências históricas, culturais e científicas constitui um primeiro elemento a determinar a feição heterogénea do direito dos valores mobiliários. Como adiante se verá, a sua formação histórica resulta de três principais

[38] Embora algumas leis que o desenvolvem tenham ainda uma forte matriz setorial: JOANNA BENJAMIN, *Financial Law*, Oxford (2007), 587 (complemente-se ainda com ALASTAIR HUDSON, *The Law of Finance*, London (2009), 170-178).

[39] Aprovado pela *ordonnance* 2000-1223 de 14 de dezembro de 2000.

[40] Cfr. *infra*, § 18º, 10.

e distintas vertentes. De um lado, há um legado europeu de raiz, que foi enriquecido com uma influência muito importante norte-americana; finalmente, junta-se o contributo do Direito da União Europeia, de acentuado hibridismo.

Isto explica que as leis mobiliárias não beneficiam, muitas vezes, do apuro sistemático provindo da herança romano-germânica. Como exemplo, nos anos oitenta e noventa multiplicaram-se os textos normativos precedidos de longos glossários. Pese as suas qualidades, disso se ressentia o revogado Código do Mercado de Valores Mobiliários, de 1991.

II – Depara-se aqui, além disso, uma heterogeneidade quanto ao conteúdo das normas e princípios incluídos. Tal como sucede em outras áreas jurídicas – o Direito do trabalho e o Direito bancário constituem exemplos adicionais – o Direito dos valores mobiliários *combina zonas de direito privado e zonas do direito público*[41].

O direito privado mobiliário ocupa lugar central. Com efeito, uma das principais tarefas principais do direito mobiliário é a de concretizar direitos e deveres que surgem no quadro de relações negociais jurídico- financeiras, sobretudo no contexto macrojurídico das relações de massa[42].

Assim, todo o regime geral sobre o valor mobiliário, seu conteúdo e transmissão, encontrado no Título II do Código, constitui direito privado.

Na componente privada do direito mobiliário cabe ainda mencionar as regras sobre ofertas públicas (salvo se implicarem atos administrativos), compensação e liquidação e as normas relativas aos contratos celebrados entre os intermediários financeiros e os investidores. Aí se incluem ainda as previsões sobre responsabilidade civil por informação em geral (art. 251º), ou por informação contida no prospeto (arts. 149º a 154º, 243º), e ainda normas sobre responsabilidade civil dos intermediários financeiros (art. 314º-A). Deparam-se igualmente normas de direito internacional privado (arts. 3º, 39º a 42º).

III – O Direito dos valores mobiliários inclui também zonas importantes de direito público.

A componente publicista no direito dos valores mobiliários prende-se, em primeiro lugar, com a previsão de um elevado número de atos administrativos (a aprovação do prospeto de oferta pública ou de admissão, o registo de ofertas pública de aquisição, os registos e as autorizações relacionadas com a interme-

[41] Barbara Grunewald/Michael Schlitt, *Einführung in das Kapitalmarktrecht*, München (2007), 3; Petra Buck-Heeb, *Kapitalmarktrecht*[2], Heidelberg (2007), 13-14; António Barreto Menezes Cordeiro, *Direito dos Valores Mobiliários*, Vol. I, (2015), 33-38.

[42] Luigi Salamone, *Unità e Molteplicità della Nozione di Valore Mobiliare*, Milano (1995), 3-4.

diação financeira, entre outros) e de competências e atribuições administrativas, nomeadamente de fiscalização e de perseguição sancionatória, confiados à autoridade administrativa de supervisão.

A intromissão de normas de direito público no domínio bolsista resulta, precisamente, da existência de uma autoridade de supervisão, que constitui uma pessoa coletiva de direito público – no caso português: a Comissão do Mercado de Valores Mobiliários, ou abreviadamente CMVM[43] –, cuja incumbência principal é a de vigiar o escrupuloso cumprimento das normas mobiliárias.

É certo também existirem normas tributárias relativas ao mercado de valores mobiliários – mas que são pertença indissociável do Direito fiscal, embora tomem como referência factos tributáveis que relevam da atividade mobiliária. Conhecem-se, ainda, dispositivos constitucionais que atingem inequivocamente os mercados de instrumentos financeiros (v.g. o art. 101º CRP) – mas não de modo exclusivo, sendo aplicáveis em geral a todo o sistema financeiro[44]. Nessa medida, pode afirmar-se que as normas mobiliárias de direito público se reconduzem, fundamentalmente, ao direito administrativo.

Esta heterogeneidade, por sua banda, reforça a necessidade de apurar, com segurança, quais as zonas de direito privado e quais as de direito público. Empregando o critério que separa a *summa divisio* do direito – o critério da posição dos sujeitos – resulta claramente que os aspetos ligados à *supervisão* (fiscalização por autoridades administrativas dos valores mobiliários, dos mercados e dos profissionais e investidores que lidam com uns e com os outros) são de direito público.

IV – A heterogeneidade normativa em referência pode colocar algumas dificuldades na determinação global da natureza da disciplina. Alguns autores procedem à qualificação do Direito mobiliário como direito comercial, acentuando a vertente privatista; outros preferem, porém, reconduzir o direito mobiliário ao direito administrativo da economia[45].

Parece seguro, a este propósito, afirmar que o núcleo do Direito dos valores mobiliários se reconduz ao direito comercial[46]. Embora a sua vertente publicís-

[43] Cfr. desenvolvidamente *infra*, § 19º.

[44] Cfr. *infra*, § 3º, 2.

[45] Neste último sentido, parece sintomático que, em prefácio a uma obra sobre responsabilidade civil pelo prospeto, ter SOUSA FRANCO considerado que estava em causa um tema de Direito da Economia: *Apresentação*, em CARLOS COSTA PINA, *Dever de Informação e Responsabilidade pelo Prospeto no Mercado Primário de Valores Mobiliários* (1999), 5.

[46] Assim: JOANNA BENJAMIN, *Financial Law, cit.*, 4; MENEZES CORDEIRO, *Manual de Direito Comercial*, I, cit., n. 38; PAULA COSTA E SILVA, *Direito dos Valores Mobiliários – Relatório*, cit., 100-107; RUI PINTO DUARTE, *O Ensino Do Direito das Sociedades*, Lisboa (2008), 52-53. Tal acarreta implicações ao nível da conformação assistemática do moderno Direito comercial, que não cabe explorar aqui:

tica constitua pertença do direito administrativo da economia, aquela assume natureza instrumental. Com efeito, se a disciplina mobiliária não prescinde da sua componente jusprivada, o mesmo não se pode afirmar quanto à área de direito público que aqui coabita com aquela. Em apoio desta asserção, importa assinalar que houve prolongados períodos históricos em que o Direito de valores mobiliários se limitava a normas de direito privado. No caso português, tal ocorreu até ao DL nº 8/74, de 14 de janeiro[47].

É certo que mesmo nas áreas de direito privado mobiliário se depara um *elevado número de normas injuntivas* cuja teleologia se funda na proteção dos mercados e dos investidores – de que o dever de lançamento de oferta pública de aquisição (art. 187º) e o dever de contratação de intermediário financeiro encarregado da colocação e assistência em oferta pública (art. 113º) constituem, porventura, as ilustrações mais perfeitas. Mas a circunstância não deve estranhar. Este traço do sistema jurídico-mobiliário, embora com contornos próprios, encontra-se também, designadamente, na proliferação de normas vinculísticas no direito do arrendamento, ou nas múltiplas normas injuntivas no direito das sociedades[48], com as quais a ordem jurídica se habituou a conviver.

V – A aludida *mestiçagem* normativa do direito do tráfego mobiliário constitui também reflexo de uma proximidade e abertura com outros ramos jurídicos. Esta abertura mostra-se, desde logo, em relação ao direito civil, ao direito das sociedades, ao direito da contabilidade, ao direito económico, ao direito administrativo e ao direito infraccionatório (penal e de mera ordenação social).

Com efeito, o Direito dos valores mobiliários apresenta relevantes vasos comunicantes com estes ramos jurídicos, o que é próprio da sua inserção no sistema jurídico em geral. De um lado, importa recordar que o direito civil desempenha, neste contexto, a importante função de "direito privado comum", enquanto repositório de regras e princípios gerais com uma vocação de aplicação material muitíssimo ampla[49]. O consequente reconhecimento de uma relação de especialidade entre o direito privado dos valores mobiliários e o direito civil

Oliveira Ascensão refere-se diretamente a uma "*implosão do Direito comercial, traduzida (...) pela profusão de códigos que têm nascido do seu âmbito tradicional*" (*O Relatório sobre o Programa, Conteúdo e Métodos de Ensino de uma disciplina de Direito Comercial do Doutor Jorge Coutinho de Abreu*), RFDUL Vol. XLI nº 2 (2000), 1140-1141.

[47] Cfr. *infra*, § 2º, 5.

[48] Thomas Haberer, *Zwingendes Kapitalgesellschaftsrecht – Rechtfertigung und Grenzen*, Wien (2009), 75-300, 386-711.

[49] Carlos Ferreira de Almeida, *O Código dos Valores Mobiliários e o Sistema Jurídico*, in *Cadernos do Mercado de Valores Mobiliários*, nº 7 (2000), 19-47; António Barreto Menezes Cordeiro, *Direito dos Valores Mobiliários*, Vol. I, (2015), 214-217.

requer a comparação de normas específicas de um e outro ramo, não sendo possível reconduzir a totalidade do direito dos valores mobiliários aos fundamentos valorativos e funcionais do direito civil. Não obstante, uma vez identificada a relação de especialidade entre uma norma do Código dos Valores Mobiliários e a norma geral do Código Civil, não restam dúvidas quanto à necessidade de desaplicação da norma civil em detrimento da norma mobiliária especial (v.g. em matéria de responsabilidade civil dos intermediários financeiros).

De outro lado, mostra-se particularmente importante a distinção entre a matéria societária e a matéria do direito dos valores mobiliários, dadas as suas profundas ligações. Adiantam-se dois motivos principais a explicar esta relação: de um lado, a natureza por essência transmissível das participações sociais das sociedades anónimas, e a inerente vocação das ações para circular no mercado; de outro lado, o papel destacado que as sociedades comerciais desempenham como as principais entidades emitentes privadas no mercado.

O tratamento normativo destas duas realidades veio também a densificar as relações entre as duas zonas. Com efeito, o avanço histórico, mais que secular, da codificação societária em relação à codificação mobiliária conduziu a fenómenos de *absorção pontual de algumas matérias de direito mobiliário em leis societárias:* tal manifesta-se em que, sobretudo até à criação de autoridades administrativas independentes de supervisão, houvesse produção normativa mobiliária contida em diplomas de vocação societária (ou formalmente tidos como tal), sendo mais raro o fenómeno inverso. Ilustração desta realidade pode encontrar-se na versão inicial do Código das Sociedades Comerciais, no tratamento que conferiu às sociedades com subscrição pública e às ofertas públicas de aquisição[50].

O direito das sociedades e o Direito dos valores mobiliários configuram-se, deste modo, como *círculos normativos secantes*, com vasta zona comum. Nesta zona comum, a elaboração e aplicação de critérios de delimitação entre o direito societário e o Direito dos valores não pode realizar-se através de critérios formais. A absorção pontual das leis societárias em relação a normas mobiliárias veio, de facto, a tornar mais nebulosas as fronteiras entre ambas. Assim, não podemos bastarmo-nos com o que consta tradicionalmente das leis societárias e mobiliárias. Assenta-se, pois, em que a distinção entre normativos societários e mobiliários se deve aferir por critérios materiais.

Aqui chegados, adianta-se que, tendencialmente, o Direito dos valores mobiliários se ocupa do acesso, permanência e saída do mercado – o que abrange não apenas sociedades comerciais, mas também outros emitentes – e, bem assim, do regime dos valores mobiliários, sua transmissão, intermediação, liquidação, compensação, supervisão e disciplina sancionatória, tomando como referência o

[50] Em referência estão nomeadamente o art. 284º e os já revogados arts. 313º e seguintes do CSC.

investidor, que é titular atual ou potencial de valores mobiliários (acionistas ou não). Ao invés, o direito das sociedades concentra-se na dimensão associativa, organizativa e prudencial dos entes e atores societários[51].

Numa abordagem substancial, deve formular-se a observação relevante de que *a relação de especialidade funciona em sentido inverso em relação às sociedades abertas e aos valores mobiliários*. Quanto às primeiras, o regime mobiliário é especial em relação ao regime societário. Em contrapartida, em relação ao regime geral dos valores mobiliários, é já a lei societária a registar especialidades dos valores acionistas em relação aos valores em geral.

VI – A evolução dos diversos ramos do Direito não é homogénea. Há períodos em que alguns ramos jurídicos se ressentem de uma quietude e de um imobilismo científicos na sua evolução, perante simultâneas manifestações de um crescimento florescente provindo de outros cantos do direito. O mesmo sucede, aliás, com os institutos jurídicos.

É a esta luz que se podem distinguir os ramos do direito e os institutos jurídicos *progressivos* e os ramos e os institutos jurídicos *regressivos*[52]. Nesta classificação, o Direito dos valores mobiliários representa um ramo de direito progressivo, porquanto tem conhecido uma evolução muito intensa nos últimos trinta anos.

Se procurarmos documentar este avanço jurídico-normativo no caudal de leis, regulamentos, portarias e códigos deontológicos que têm sido produzidos, adivinha-se a objeção: a prolixidade legislativa não equivale necessariamente a evolução do direito mobiliário como ramo do saber jurídico – ser-lhe-á, até, as mais das vezes, adversa.

Decisivo é contrapor que a produção doutrinária nesta área tem aumentado exponencialmente nas últimas duas décadas, o que constitui um indicador objetivo de aprofundamento e de enriquecimento dos quadros dogmáticos correspondentes. Além disso, em virtude de ser um ramo do Direito que combina zonas de Direito privado com outras de Direito público, o Direito dos valores mobiliários procede ao desenvolvimento de institutos e de princípios gerais (v.g. no regime da responsabilidade civil e contra-ordenacional), embora acrescentando-lhes especificidades. Não pode esquecer-se ainda a concretização normativa que certas matérias aqui conhecem – *inter alia*, nos temas dos deveres de informação, dos documentos desmaterializados, do conflito de interesses e

[51] Em sentido próximo: Filipe Cassiano dos Santos, *Estrutura Associativa e Participação Societária Capitalística*, Coimbra (2006), 42-49.

[52] Utiliza-se a contraposição entre institutos jurídicos progressivos e regressivos esboçada noutro contexto, em escrito tornado clássico, por Tullio Ascarelli: *Varietà di Titoli di Credito e Investimento*, in BBTC (1959), 5-ss.

da governação societária – no âmbito dos quais este ramo se mostra apto a irradiar influências para o núcleo do sistema jurídico[53].

Por fim, cabe lembrar que as leis mobiliárias recebem, diariamente, o teste da eficiência. Caso se demonstre serem inadequadas, ou se substituem rapidamente, ou podem originar desvantagens concorrenciais profundas, em comparação com os ordenamentos jurídicos mais afinados. Sob esta perspetiva, a velocidade de produção e de revogação de normas jurídicas constitui, até, uma consequência do rápido desenvolvimento do mercado de valores mobiliários. Mas não só: apresenta-se como uma exigência de um Estado moderno, como elemento de competitividade da sua economia, como instrumento de atração ou fidelização de investidores, de empresas, de mercados e de intermediários financeiros[54].

VII – A evolução dos mercados financeiros, o declínio dos meios tradicionais de aforro e a crescente importância da riqueza mobiliária são fatores que têm aumentado o interesse pelo estudo do Direito dos valores mobiliários. A par do interesse científico, soma-se o interesse utilitarista dos cidadãos que encaram os valores mobiliários como importante alternativa para uma equilibrada diversificação e afetação das aplicações aforradoras: a área jurídica correspondente conquista assim natural popularidade. Pode, por isso, afirmar-se, sem exagero, que o conhecimento da regulação dos mercados financeiros se integra já como aspeto da moderna cidadania.

É certo que, à semelhança com o que sucede nas demais áreas jurídicas, *o Direito dos valores mobiliários não se confunde com a realidade infra-jurídica em que se baseia*. Tal não significa, tão-pouco, que a análise jurídica se deva alhear da envolvente social e económica do mercado de capitais. Porém, não pode confinar-se a esta: ao Direito dos valores mobiliários não cabe estudar o mercado, mas as normas jurídicas que o disciplinam. Tal não deve realizar-se em postura exegética, mas antes procurando com o método jurídico reconstituir os traços dogmáticos do direito mobiliário nas três tarefas básicas da atual dogmática jurídica. Num primeiro plano de análise, importa abordar os conceitos e os princípios jurídicos aqui presentes, procurando integrar esta análise no sistema jurídico. A outro passo, impõe-se ensaiar a aplicação dos resultados desta análise à fundamentação das decisões jurídicas. Por último, dadas as visíveis influências

[53] Em geral: Fréderic Peltier, *Marchés Financiers et Droit Commun*, Paris (1997), 203-242. Em sentido próximo ao sustentado no texto, no tocante aos deveres de informação, refere-se Paz Ferreira ao *papel de vanguarda* do Direito dos valores mobiliários: *Direito da Economia* (reimp. 2004), 441-442.

[54] Este mote é adiante retomado, no contexto das referências à concorrência legislativa internacional: cfr. *infra*, § 50º, 2.

recíprocas entre o regime jurídico e a realidade económico-financeira, importa proceder a avaliação crítica das consequências da decisão aplicativa do direito, designadamente em termos económicos[55].

4. *Fundamento do Direito dos valores mobiliários*

I – A regulação dos valores mobiliários não constitui um fim em si mesmo. Antes representa um instrumento para servir os interesses públicos ligados ao regular funcionamento dos mercados financeiros, cuja explicitação e análise se exigem para uma adequada compreensão da justificação das intervenções normativas nesta área e os respetivos limites.

Algumas características básicas dos mercados de valores mobiliários podem ser utilizadas para explicar o fundamento da regulação nesta área: a massificação, a aptidão funcional, a sofisticação, a permeabilidade a crises e a essencialidade da preservação da confiança[56]. É por aqui que se inicia.

II – Os mercados de valores mobiliários são massificados – no sentido de que servem de encontro entre oferta e procura envolvendo uma percentagem elevada da população do planeta[57]. Trata-se de mercados abertos – apesar de o acesso a algumas estruturas de negociação (art. 206º, nº 1) ou operações (art. 113º) ser necessariamente intermediado –, pelos que os seus participantes (*maxime*, os investidores) exibem graus de experiência e de conhecimento muito dissemelhantes entre si[58].

Os valores mobiliários são, por outro lado, instrumentos financeiros que servem, direta ou indiretamente, para cumprir funções relacionadas com a afetação espacial e inter-temporal de recursos financeiros e a transferência, a cobertura e a diversificação do risco. Em determinados valores mobiliários (*inter alia*, *warrants* e valores mobiliários condicionados por eventos de crédito), existe mesmo um risco de perda total do investimento realizado. Intui-se, a partir daqui, a necessidade de acautelar a eficiência funcional dos mercados[59].

[55] Em geral: Claus-Wilhem Canaris, *Funktion, Struktur und Falsifikation juristischer Theorien*, *JZ* (1993), 377-391.

[56] Luigi Zingales, *The future of securities regulation*, *Journal of Accounting Research* Vol. 47 nº 2 (May 2009), 391-426.

[57] Segundo o Comité Económico e Social Europeu, o montante das transações financeiras em 2002 ascendia a 1.123 triliões de dólares, o que equivale a trinta e cinco vezes o montante do PIB mundial (Comité Económico e Social Europeu, *Parecer sobre as consequências económicas e sociais da evolução dos mercados financeiros*, JO C 10/97 (15-Jan.-2008)).

[58] A categorização atual contrapõe os investidores não qualificados, os investidores qualificados e as contrapartes elegíveis (arts. 317º-317º-D).

[59] O que é considerada função primacial do direito mobiliário por Barbara Grunewald/ /Michael Schlitt, *Einführung in das Kapitalmarktrecht*, cit., 3.

No demais, os mercados financeiros conhecem uma crescente sofisticação, o que se deve nomeadamente à disseminação do uso de contratos derivados e de técnicas de titularização cuja avaliação do risco é difícil, mesmo que por parte de investidores profissionais. Aliás, o grau de literacia financeira dos cidadãos – isto é, a sua capacidade de compreender adequadamente os riscos e as oportunidades nos mercados financeiros – é, em geral, baixo[60].

Soma-se que os mercados financeiros, como qualquer mercado em economias abertas, não escapam a crises. O Direito, por avançado que seja, não é apto a preveni-las ou a evitá-las. As crises financeiras, por seu turno, ao afetar as poupanças dos cidadãos, podem determinar amplas repercussões nefastas, em termos económicos, sociais e políticos[61].

Por último, nos mercados mobiliários é de primacial relevo a salvaguarda da confiança dos investidores. Os valores mobiliários representam direitos circuláveis: uma vez que o preço incorpora a potencial valorização futura dos direitos representados, o abalo na confiança numa sociedade ou num mercado pode ter consequências muito negativas nos mercados – potenciando, no limite, a ocorrência de crises sistémicas. A atual integração internacional dos mercados agrava o quadro, na medida em que os efeitos das crises rapidamente se propagam fora do espaço geográfico onde tiveram a sua origem. A crise causada, a partir do Verão de 2007, pelas dificuldades no crédito imobiliário de alto risco (*sub prime*) nos Estados Unidos, com efeitos claramente globais, constitui a mais recente ilustração deste fenómeno: mas não, seguramente, a última.

III – Embora em graus variáveis, estas características servem para fundamentar os objetivos principais associados à regulação do mercado de valores mobiliários: a *proteção dos investidores, a defesa do funcionamento equitativo, eficiente e transparente do mercado e a redução do risco sistémico.*

[60] Para confirmações: European Commission, *Communication on Financial Education* (18-Dez.-2007), com referências a diversos levantamentos feitos na Hungria, França, Espanha, Itália, Austrália, Reino Unido e EUA com resultados desanimadores (3-4); os *Inquéritos sobre o Perfil do Investidor Português em Valores Mobiliários* (1999, 2001 e 2009) organizados pela CMVM concluem que a maioria dos investidores afirma ter poucos conhecimentos sobre os produtos e o mercado de valores mobiliários: CMVM, *O Perfil do Investidor Particular Português*, (Out.-2009); Banco de Portugal, *Relatório do Inquérito à Literacia Financeira da População Portuguesa*, (2010); Id., *Plano Nacional de Literacia Financeira (2016-2020)*. Merece certamente notar, neste contexto, a Resolução da Assembleia da República nº 74/2011, de 11 de março, que recomendou ao Governo a adoção de um conjunto de medidas de promoção da literacia financeira.

[61] Algumas indicações podem colher-se em Martin Wolf, *A Reconstrução do Sistema Financeiro Global* (2008, trad. de 2009), 187-200; George Soros, *O Novo Paradigma para os Mercados Financeiros. A Crise de Crédito de 2008 e as suas Implicações*, Coimbra (2008), 13-30, 189-216.

Este enunciado de objetivos é basicamente consensual, contando nomeadamente[62] com a confirmação pela IOSCO – organização internacional das comissões de supervisão – no seu principal documento orientador, intitulado *Objectives and Principles of Securities Regulation*, de setembro de 1998 (mas sucessivamente revisto)[63].

Também entre nós, o catálogo de objetivos de regulação é na essência o mesmo. A demonstrá-lo, lembre-se que o art. 358º do Código dos Valores Mobiliários afirma como princípios a observar na supervisão os seguintes:

"*a)* proteção dos investidores;
b) eficiência e regularidade de funcionamento dos mercados de valores mobiliários;
c) controlo da informação;
d) prevenção do risco sistémico;
e) prevenção e repressão das atuações contrárias a lei ou a regulamento;
f) independência perante quaisquer entidades sujeitas ou não à sua supervisão."

O preceito, porém, é estruturado de modo a combinar indicações de natureza e âmbito dissemelhantes. Nas alíneas *c)* e *e)* estão em causa os meios da atividade de supervisão; a independência, mencionada na alínea *f)*, representa uma exigência para a credibilidade, eficácia e imparcialidade a supervisão[64]. Restam as alíneas *a)*, *b)* e d) como únicos elementos, a partir da norma citada, a incorporar os objetivos da supervisão e regulação no nosso sistema jurídico – e reconduzem-se aos acima indicados.

IV – A asserção de que o Direito dos valores mobiliários é, em alguma medida, instrumental à proteção dos investidores merece algum aprofundamento, para não resultar numa formulação excessivamente simplista.

À cabeça, convém ter presente que a proteção dos aforradores não constitui a finalidade única das normas mobiliárias. O Direito dos valores mobiliários procura preservar a confiança nos investidores *e* nos mercados – não apenas naqueles. Não pode ainda perder-se de vista que a lei pugna pela proteção dos

[62] Cfr. igualmente David Llewellyn, *The Case for Financial Regulation, Journal of International Financial Markets*, Vol. 1 nºs 4 e 5 (1999), 153-161 (154); André Figueiredo, *A Informação Difundida no Mercado de Valores Mobiliários e os Poderes da CMVM: Uma "Nova Dimensão do Direito Administrativo?", Cadernos do Mercado de Valores Mobiliários* nº 24 (2006), 68-72.

[63] De que, aliás, existe tradução portuguesa: cfr. *Cadernos do Mercado de Valores Mobiliários* nº 4 (maio 1999). Estes Princípios foram atualizados em 2003, 2010 e 2017.

[64] O ponto é adiante retomado: cfr. *infra*, 8.

investidores em relação às falhas de mercado (*inter alia,* assimetrias informativas, crises, delitos e fenómenos miméticos irracionais (*herding*)), pelo que a extensão destas determina a intensidade daquela, o que basta para inferir que estes dois aspetos são elementos teleológicos que não funcionam de modo auto-suficiente, mas antes em termos complementares.

Aliás, a demonstração empírica de que a proteção dos investidores está associada à defesa dos mercados tem sido uma preocupação nas construções doutrinárias que associam o desenvolvimento financeiro ao desenvolvimento normativo (*Law and Finance*). Na afirmação de La Porta, Lopez-de-Silanes, Shleifer e Vishny, *em larga medida, os potenciais investidores financiam as empresas porque os seus direitos são protegidos por Lei*[65]. Assim, o grau de proteção mobiliária representa um critério indubitavelmente importante de classificação dos mercados, sobretudo na perspetiva de algumas análises económicas que têm sido efetuadas sobre a regulação jurídica do mercado de valores mobiliários. Releva igualmente lembrar que diversos estudos comprovam uma ligação entre o desenvolvimento dos mercados mobiliários e o desenvolvimento económico[66]. Daí, aliás, o interesse na criação e promoção de mercados bolsistas em economias em transição. Nessa medida, percebe-se também que o estudo científico em prol do afinamento da regulação mobiliária serve diretamente o desenvolvimento da economia e do bem estar geral.

A proteção dos investidores, além disso, é usualmente atingida através da cominação de deveres aos participantes no mercado (v.g. emitentes, intermediários financeiros, entidades gestoras), o que implica custos[67]. A exigência de prospeto em oferta pública, a imposição de regras organizativas aos intermediários financeiros ou o correspondente dever de adequação – todas estas são regras injuntivas cuja justificação se reconduz à proteção dos investidores mas que implicam, para a indústria, encargos patrimoniais não negligenciáveis. Nessa medida, um enfoque excessivo na proteção dos investidores pode, em casos-limite, conduzir a um sobrepeso de exigências nos demais participantes do mercado. Ora, sem participantes no mercado, por definição, inexiste mercado.

[65] Rafael La Porta/Florencio Lopez-De-Silanes/Andrei Shleifer/Robert Vishny, *Investor Protection and Corporate Governance,* in *Journal of Financial Economics,* nº 58 (2000), 4; Id., *Investor Protection and Corporate Valuation, Journal of Finance* Vol. 57, nº 3 (2002), 1147-1170; e, em resposta às críticas aos artigos anteriores, Rafael La Porta/Florencio Lopez-De-Silanes/Andrei Shleifer, *The Economic Consequences of Legal Origins, Journal of Economic Literature* nº 46:2 (Jun.-2008), 285-332.

[66] John Coffee Jr, *The Future as History: The Prospects for Global Convergence* in *Corporate Governance and Its Implications,* Northwestern University L R, nº 93 (1999), 642.

[67] Luigi Zingales, *Costs and Benefits of Financial Market Regulation,* ECGI Working Paper nº 21 (2004).

Por isso, no campo da legitimação pré-legislativa, cabe apurar se os conteúdos normativos dirigidos à proteção dos aforradores são adequados – no sentido de verificar se os custos das intervenções normativas mobiliárias são compensados pelos respetivos benefícios. Esta análise tem sido desenvolvida em tempos recentes, dada a evolução revelada em estudos quantitativos de impacto (*regulatory impact assessment*)[68].

Dentro destes limites, este ramo de Direito procura apetrechar o sistema financeiro com fatores de equilíbrio. Funciona, desta forma, como ramo jurídico empenhado: encerra um conjunto de normas, mas também um *método*[69].

V – A proteção do investidor tem, a um lado, manifestações puramente normativas, na medida em que são diversos os institutos que se dirigem à prossecução deste fim. O elenco de normas dirigidas à proteção mobiliária é extenso, cobrindo desde os deveres de informação, os deveres de conduta dos intermediários financeiros, os deveres de organização contabilística dos documentos de prestação de contas, os direitos relativos às associações de investidores e os demais direitos dos investidores não-institucionais[70].

De tão extenso, este princípio arrisca-se a resultar numa fórmula vazia: merece, pois, ser objeto de uma delimitação cuidada. Apenas caberão no seu âmbito, assim, as normas dirigidas *especificamente* à proteção mobiliária. Para uma ilustração, as regras que acautelam o direito à ação judicial constituem exem-

[68] Isaac Alfon/Peter Andrews, *Cost-benefit analysis: how to do it and how it adds value*, FSA Occasional Paper nº 3 (1999) e, para uma visão mais crítica, Andromachi Georgosouli, *The debate over the economic rationale for investor protection regulation: a critical appraisal, Journal of Financial Regulation and Compliance* Vol. 15 nº 3 (2007), 242-247.

[69] Uwe Schneider, *Internationales Kapitalmarktrecht. Regelungsprobleme, Methoden und Aufgaben*, in *AG* 6/2001, 271.

[70] Oliveira Ascensão, *A proteção do investidor*, em *Direito dos Valores Mobiliários*, Vol. IV (2003), 13-40; Karl-Burkhard Caspari, *Anlegerschutz in Deutschland im Lichte der Brüsseler Richtlinien*, em Stefan Grundmann/Hans-Peter Schwintowski/Reinhard Singer (org.), *Anleger- und Funktionsschutz durch Kapitalmarktrecht*, Berlin (2006), 7-21; Frank Easterbrook/Daniel Fischel, *Mandatory Disclosure and the Protection of Investors, Virginia LR*, Vol. 70 nº 4 (1984) 669-715, Eduardo Paz Ferreira, *Direito da Economia*, Lisboa (2001, reimp. 2004), 432-453; Nunes Pereira, *O Novo Código dos Valores Mobiliários e a Proteção dos Investidores, Cadernos do Mercado de Valores Mobiliários* nº 7 (2000), 75-87; Sofia Nascimento Rodrigues, *A Proteção do Investidor em Valores Mobiliários* (2001); Id., *A Proteção do Investidores na Sociedade da Informação*, em *Direito dos Valores Mobiliários*, Vol. V (2004), 241-272; Id., *A proteção dos investidores nos contratos sobre valores mobiliários*, em Maria De Fátima Ribeiro (org.), *Jornadas Sociedades Abertas, Valores Mobiliários e Intermediação Financeira*, Coimbra (2007), 145-161; Siegfried Kümpel, *Verbraucherschutz im Bank- und Kapitalmarktrecht*, em Stefan Grundmann (ed.), *Direito Contratual entre Liberdade e Proteção dos Interesses e Outros Artigos Alemães-Lusitanos*, Coimbra (2008), 205-222.

plos de regras que reforçam a posição do investidor, mas que não são especificamente mobiliárias.

VI – Os princípios enunciados comportam, por seu turno, sub-princípios, com uma carga precetiva mais direta. Desta forma, pode afirmar-se que o princípio de proteção do investidor se desdobra nos corolários seguintes: o princípio da *plena informação* relevante para a decisão de investimento (*full disclosure*) – visando o esclarecimento da decisão de investimento, que não a justeza desta; e o princípio da *igualdade de tratamento*, em particular em relação aos titulares de valores mobiliários emitidos por sociedades abertas ao investimento do público (arts.15º, 112º e 197º CVM).

Identicamente, podem descortinar-se diversas concretizações do princípio de defesa dos mercados: o princípio da *formação regular de preços*[71]; e o princípio da adequada *prevenção, gestão e resolução de risco sistémico*. Sublinha-se o relevo aqui conferido ao risco sistémico – caracterizado pela suscetibilidade de um evento significativo provocar uma incontrolada sucessão de consequências indesejáveis no plano da economia, dos mercados ou das empresas financeiras[72] – para compreender que os objetivos de estabilidade financeira, além do domínio bancário, também são comuns à área dos mercados de capitais[73] (como o documenta o exemplo extremo do nº 2 do art. 352º CVM)[74].

VII – O reconhecimento destes princípios comporta consequências a três principais níveis: ao nível da política legislativa, eles demarcam o espaço para a intervenção legiferante; ao nível hermenêutico, os princípios mencionados documentam a especial relevância do elemento teleológico na interpretação das normas mobiliárias e da sua aplicação; tais princípios servem, por fim, para demarcar o rol de atribuições das autoridades administrativas criadas para fis-

[71] Paulo Câmara, *Deveres de informação e formação de preços no direito dos valores mobiliários*, in *Cadernos do Mercado de Valores Mobiliários*, nº 2 (1998), 79-94.

[72] Steven Schwarcz, *Systemic Risk, Duke Law School Legal Studies Paper*, nº 163 (2008), 7-16.

[73] Em geral: Jonathan Macey, *Regulation and Disaster: Some Observations in the Context of Systemic Risk, Brookings-Wharton Papers on Financial Services* (1998), 405-440; mais focado na crise de 2007: European Parliament/Policy Department Economic And Scientific Policy, *Financial Supervision and Crisis Management in the EU*, cit. (2007).

[74] Recorde-se, a título de ilustração, o debate sobre o efeito dos *hedge funds* na estabilidade do sistema financeiro. A propósito, embora concluindo pelo seu modesto impacto sistémico, reenvia-se para Michael R. King/Philipp Maier, *Hedge Funds and Financial Stability: The State of the Debate*, em *Bank of Canada. Discussion Paper*, nº 9 (2007); contrariamente, porém: Michel Aglietta/Sandra Rigot, *Le rôle spécifique des hedge funds dans la transmission du risque systémique*, em *La Crise des Subprimes*, Paris (2008), 229-246.

calizar o cumprimento das normas de direito dos valores mobiliários – como o documenta, para o caso nacional, o já citado art. 358º CVM.

§ 2º Percurso histórico

1. *As raízes europeias*

I – O Direito dos valores mobiliários representa um ramo científico jovem, cujo percurso se reconstitui aqui nas suas fases essenciais.

A juventude do Direito dos valores mobiliários leva a que as suas curvas de evolução apresentem ainda um desenho muito visível. Olhando transversalmente ao percurso do recente Direito dos valores mobiliários, a impressão mais vincada a reter é a de que a sua evolução não é linear; processa-se por grandes saltos. O que se verifica, como denominador dos grandes processos de modificação normativa nesta área, é que as reformas mais relevantes surgem em reação a grandes abalos – sobretudo económico-financeiros, mas também políticos e sociais[75]. A permeabilidade a decisões políticas conjunturais constitui outro dado causal relevante neste contexto.

Num esforço de simplificação, a que a síntese nos obriga, podemos distinguir três grandes fases de evolução histórica: o período de gestação britânica; o período norte-americano; e o período de harmonização comunitária. Uma breve caracterização de cada um destas etapas é feita seguidamente.

II – A criação do moderno Direito dos valores mobiliários constitui uma resposta, por um lado, ao desenvolvimento da atividade de intermediação financeira e das bolsas e, por outro lado, liga-se de perto à emergência das sociedades anónimas com uma dispersão de titularidade acionista[76].

No Reino Unido, os primeiros ensaios relevantes de intervenção legislativa na área bolsista tinham como preocupação principal a de lidarem com os abusos dos corretores. Conhece-se legislação britânica desde 1285 relativa à autorização da profissão de corretor, o que envolvia designadamente a exigência de um juramento de bom comportamento no exercício profissional.

Dada a má fama e aos atos ilícitos – incluindo manipulação de mercados – então associados aos corretores[77], foi aprovado o *Act to restrain the number and*

[75] PAULO CÂMARA, *Deveres de Informação e Formação de Preços*, in *Cadernos do Mercado de Valores Mobiliários*, nº 2, 82-83.

[76] JOHN C. COFFEE Jr, *The Rise of Dispersed Ownership: The Roles of Law and the State in the Separation of Ownership and Control*, Yale L J 111 (2001), 1-82 (24-58); ASSMANN/SCHÜTZE, *Handbuch des Kapitalanlagerechts*2 (1997), 5.

[77] Indispensável, para a compreensão da época: DAVID KYNASTON, *The City of London. I: A World of Its Own*, London (1988), 16-20, 48-53, 280-282 e *passim*.

ill practice of brokers and stock jobbers de 1697, instituindo um claro princípio de exclusivo na atividade de intermediação, e tornando ilícita a intermediação não autorizada[78]. Além disso, foi proibida a atuação por conta própria e exigido um registo com todas as transações efetuadas[79].

O primeiro escândalo financeiro britânico de grande impacto relacionou-se, no início do século XVII, com o negócio em torno das autorizações para a constituição de sociedades *(charters)*, então muito custosas e envoltas em denso processo burocrático. A mais célebre viria a ser a *South Sea Company*, que tinha a seu cargo o monopólio de tráfego com os mares do Sul, a troco da assunção do serviço da dívida pública. Esta sociedade realizou diversas operações financeiras de profundo impacto, incluindo uma oferta de troca de títulos de dívida por ações da *South Sea Company*. As ações desta sociedade conhecem, então, uma valorização espetacular, a anteceder uma impiedosa desvalorização dos valores mobiliários – mas, pior que tudo, enredava-se numa teia de especulação e corrupção, com a incómoda conivência dos poderes públicos. Para procurar pôr termo a esta situação, viria a ser aprovado o *Bubble Act* de 1720, destinado a combater bolhas *(bubbles)* de especulação nos mercados, tornando ilícitas as empresas societárias de propósito fraudulento[80]. A proteção dos investidores apareceria, então, como escopo legislativo, apenas desta maneira muito difusa e indireta.

III – A importância do *Bubble Act* é incomparavelmente menor do que a que viria a revestir o *Companies Act* britânico de 1844. Deste diploma resultaram dois legados de monta: respetivamente, o controlo público sobre a captação de poupanças e a figura do prospeto para alicerçar o princípio de *full diclosure*[81].

No Reino Unido, a tutela jurídica da informação societária tem longa tradição, sendo inclusivamente anterior ao reconhecimento legislativo da limitação da responsabilidade das sociedades: nesse percurso histórico têm lugar de destaque o *Companies Act* britânico de 1844, a introduzir o princípio de informação através do registo de prospeto nas ofertas de ações dirigidas ao público, impondo a divulgação dos documentos estatutários e financeiros junto do *Registrar of Companies*, e o *Diretors' Liability Act* de 1890, prevendo uma responsabilidade por negligência aos autores do prospeto informativo se este contiver afirmações inverídicas *(untrue)*.

[78] STUART BANNER, *Anglo-American Securities Regulation: Cultural and Political Roots, 1690-1860*, Cambridge (1998), 32-40.

[79] BARRY RIDER, *Guide to Financial Services Regulation*[3] (1989), Oxfordshire, 101-106.

[80] STUART BANNER, *Anglo-American Securities Regulation: Cultural and Political Roots, 1690-1860*, cit., 41-87.

[81] LOUIS LOSS, *Fundamentals of Securities Regulation*[2], Boston/Toronto (1988), 1-3; L. C. B. GOWER, *Principles of Modern Company Law* (1992), 24-35.

IV – A alargar esta análise até à génese histórica do prospeto de admissão em bolsa, também com determinante função informativa, deve ter-se em atenção o papel pioneiro da *Börsengesetz* germânica de 1896 e do sistema adjacente de responsabilidade civil ali consagrado[82]. Este contributo desempenhou identicamente um irrecusável papel no desenvolvimento do Direito dos valores mobiliários, que viria a dar um significativo salto qualitativo no século XX.

2. *O contributo norte-americano*

I – O pujante desenvolvimento do mercado de capitais nos Estados Unidos no século XIX deve-se em larga parte à necessidade de financiamento para a construção de caminhos férreos: a intensa dinâmica da intermediação financeira além-Atlântico encontraria aqui uma das suas primeiras causas[83]. Aliado a este fenómeno, o tecido empresarial norte-americano foi desde a sua génese desenvolvido num habitat de elevada concorrência, dada a ausência de privilégios monopolistas[84]. No plano da governação societária, uma das características marcantes da génese do mercado norte-americano prende-se com o rápido desenvolvimento do mercado acionista e com a transformação do típico modelo de sociedades cotadas em estruturas societárias de capital pulverizado entre os finais do século XIX e o início dos anos 30[85].

É neste contexto que, em reação à profunda crise de 1929, foi dado um passo decisivo na edificação do moderno Direito dos valores mobiliários. Os instrumentos da mudança seriam duas peças normativas de âmbito federal, ainda hoje em vigor, que representam a "quinta-essência" do *New Deal* que marcou a pre-

[82] HANNO MERKT, *Zur Entwicklung des deutschen Börsenrechts von den Anfängen bis zum Zweiten Finanzmarktförderungsgesetz*, em KLAUS HOPT/BERND RUDOLPH/HARALD BAUM (org.), *Börsenreform. Eine ökonomische, rechtsvergleichende und rechtspolitische Untersuchung*, Stuttgart (1997), 34-141; HEINZ-DIETER ASSMANN, *Prospekthaftung*, Köln/ /Berlin/Bonn/Miinchen (1985), 39-84; ANDREAS M. FLECKNER/ KLAUS HOPT, *Evolución del Derecho Bursátil*, em *Estudios de Derecho de Sociedades y del Mercado de Valores*, Madrid (2010), 325-347.

[83] JOHN C. COFFEE JR., *The Rise of Dispersed Ownership: The Roles of Law and the State in the Separation of Ownership and Control*, cit., 32-33.

[84] CHRISTIAN C. DAY, *Partner to Plutocrat: The Separation of Ownership from Management in Emerging Capital Markets – 19th Century Industrial America, University of Miami Law Review*, Vol. 58 (2004), 525-568 (537-550).

[85] Segundo os estudos historiográficos, a transformação revolucionária nas estruturas de propriedade acionista norta-americana terá ocorrido entre 1880 e 1930; semelhante transformação no Reino Unido foi mais tardia, tendo ocorrido sensivelmente entre 1936 e 1970. Cfr. BRIAN CHEFFINS, *History and the Global Corporate Governance Revolution: The UK Perspective*, Cambridge (2001), 4-5 e passim; Id., *Putting Britain in the Roe Map: The Emergence of the Berle-Means Corporation in the United Kingdom*, 18-28; Id., *Does law matter? The separation of ownership and control in the United Kingdom, Journal of Legal Studies*, nº 2 (2001), 459-484.

sidência de Franklin Roosevelt[86]: o *Securities Act* de 1933 e o *Securities Exchange Act* de 1934. Aquele diploma dirige-se às ofertas públicas de valores mobiliários e confessadamente recebeu influência no *Companies Act* inglês de 1929 na primazia conferida à informação como instrumento de salvaguarda de decisões de investimento esclarecidas[87]. O *Securities Exchange Act*, por seu turno, toma como objeto a negociação de *securities*, em mercado e fora de mercado[88].

II – Em comparação com a regulação britânica, o modelo norte-americano não pode qualificar-se como inovatório, embora tenha aperfeiçoado formulações legislativas e acoplado o sistema mobiliário a uma poderosa e independente autoridade de supervisão; e, em relação aos cânones germano-românicos, tão-pouco se podem encarar os dois *Acts* como códigos de sistematização apurada e fácil leitura.

A reforma norte-americana dos anos trinta trouxe, porém, o mérito de se desembaraçar de uma perspetiva eminentemente societária, circunscrita às ofertas sobre ações e presa nas limitações das construções da *common law* sobre deveres fiduciários – insuficientes, por exemplo, para uma prevenção eficaz do *insider trading*[89]. Por esses motivos, o legislador norte-americano elevou o enfoque à regulação dos valores mobiliários (adotando, até, uma formulação muito ampla na delimitação dos *securities*) e, acima de tudo, assumiu a necessidade de substituir um controlo de mérito sobre as ofertas por um controlo informativo exigente, gizando para o efeito um sistema de supervisão com ampla gama de poderes (na matriz das demais *agencies* federais) por forma a assegurar uma vigilância apertada e eficaz sobre o cumprimento das normas informativas.

III – Podem resumir-se a três os aspetos estruturais do contributo norte-americano alicerçado em torno do *Securities Act* de 1933 e do *Securities Exchange Act* de 1934. No plano institucional, sobreleva a existência de uma *autoridade de supervisão* especializada, domínio em que a Europa seguiu, embora com adaptações[90], o modelo da independente *Securities and Exchange Commission* (SEC) norte-americana. Fulcral é também a contraposição entre *ofertas particulares*

[86] Larry Soderquist/Theresa A. Gabaldon, *Securities Law*, New York (1998), 11-13.

[87] James M. Landis, *The legislative history of the Securities Act of 1933, The George Washington Law Review* (1959), 29-49 (34).

[88] Sobre os antecedentes e o conteúdo destas leis: Edward N. Gadsby, *Historical development of the S.E.C.: the government view, George Washington Law Review*, 28 (1959), 7-17.

[89] Mark J. Roe, *Institutional Foundations for Securities Markets in the West*, ASSA Meetings (2002), 1-2, 5-6.

[90] Vanina Paoli-Gagin, *Les Commissions de Valeurs Mobiliéres aux États-Unis et en Europe*, Bruxelles (1998).

e públicas de valores mobiliários, prevendo-se para estas últimas a necessidade de registo e de um controlo administrativo mais apertado, dado o *need of legal protection* dos respetivos destinatários[91]. A tal soma-se a implementação de um sistema de deveres informativos particularmente denso em mercado: o *full disclosure* – visando eliminar assimetrias de informação, como modo de tutelar a confiança do investidor.

3. *A harmonização europeia*

I – A importação das influências norte-americanas não se processou por via direta, tendo antes sido mediatizada por algumas Diretivas comunitárias-chave, nomeadamente quanto aos deveres de informação das sociedades cotadas, quanto à difusão do prospeto e quanto à punição do abuso de informação privilegiada.

A intervenção europeia na área mobiliária é, além de relativamente tardia, se comparada com a harmonização comunitária no âmbito societário, iniciada já na década de 1960. A sua evolução foi gradual e, no início, bastante demorada[92].

O primeiro acto europeu relevante nesta área assumiu natureza recomendatória – tratava-se do Código de Conduta sobre ofertas de valores mobiliários e sua cotação, de 1977.

Seguiu-se, dois anos depois, a Diretiva nº 79/279/CEE, de 5 de março de 1979, sobre requisitos de admissão e, logo no ano subsequente, foi aprovada a Diretiva nº 80/390/CEE, referente à coordenação do conteúdo, da supervisão e da divulgação do prospeto a ser publicado para a admissão oficial de valores mobiliários em bolsa de valores.

As Diretivas posteriores tiveram um processo de gestação mais lento: haveria que aguardar por 1985 pela primeira Diretiva de organismos de investimento coletivo (Diretiva 85/611/CEE), por 1988 para vir a lume a Diretiva sobre transparência de participações qualificadas (Diretiva nº 88/627/CEE, de 12 de dezembro de 1988). A Diretiva sobre prospeto de oferta pública (Diretiva nº 89/298/CEE, de 17 de abril de 1989), por seu turno, apenas foi aprovada uma década após a Diretiva homóloga para prospetos de admissão.

Este primeiro período encerrar-se-ia com a Diretiva sobre Serviços de Investimento, de 1993 (Diretiva nº 93/22/CEE), pedra angular na integração

[91] Cfr. *infra*, § 17º, 2.

[92] Marcus Lutter, *Europäisches Unternehmensrecht*[4], ZGR – Sonderheft (1995), 75-96; Niamh Moloney, *EC Securities Regulation*[2], (2008), 11-26 e *passim;* Rüdiger Veil (ed.), *European Capital Markets Law,* Oxford (2013), 2-16; António Barreto Menezes Cordeiro, *Direito Europeu dos Valores Mobiliários: evolução e linhas gerais,* RDS 2 (2015), 273-296.

dos mercados financeiros europeus e na regulação dos serviços de intermediação financeira[93].

II – Após a aprovação do Plano de Serviços Financeiros, entramos numa fase mais intensa de produção regulatória, ilustrada através dos textos europeus abaixo referidos, ordenados cronologicamente.

Uma fase inicial foi dedicada à aprovação de um lote de Diretivas que estabelecem requisitos prévios ao funcionamento dos mercados e dos emitentes. Conta-se, nesse âmbito, em primeiro lugar, a Diretiva nº 1997/09/CE relativa aos Sistemas de Indemnização de Investidores[94]. Seguiu-se-lhe a Diretiva nº 1998/26/CE, relativa ao carácter definitivo da liquidação nos sistemas de pagamentos e de liquidação de valores mobiliários (*netting*). Registe-se ainda a Diretiva nº 2002/47/CE, sobre contratos de garantia financeira[95]. De seu lado, o Regulamento (CE) nº 1606/2002 do Parlamento Europeu e do Conselho, de 19 de julho de 2002, veio impor a aplicação das normas internacionais de contabilidade às sociedades cotadas.

Deve ainda apresentar-se a Diretiva nº 2003/6/CE do Parlamento Europeu e do Conselho, de 28 de janeiro de 2003, relativa ao abuso de informação privilegiada e à manipulação de mercado – diploma popularizado como a *Diretiva do Abuso de Mercado*[96]. Esta, por seu turno, foi substituída pelo Regulamento do Abuso de Mercado – Regulamento nº 596/2014 do Parlamento Europeu e do Conselho, de 16 de abril de 2014 –, que constitui a sede atual nesta matéria.

Outra pedra angular do edifício normativo europeu é a Diretiva nº 2003/ /71/CE, do Parlamento Europeu e do Conselho, de 4 de novembro de 2003, sobre o prospeto a publicar em oferta pública de valores mobiliários e em admissão ao mercado regulamentado – usualmente designada por *Diretiva dos Prospetos*. A Diretiva dos prospetos, por seu turno, foi complementada através do Regulamento (CE) nº 809/2004, de 29 de abril de 2004, que estabelece normas de aplicação no que diz respeito à informação contida nos prospetos, bem como os respetivos modelos, à inserção por remissão, à publicação dos referidos pros-

[93] Benn Steil, *The European Equity Markets. The State of the Union and an Agenda for the Millennium*, London (1996); Margarida Palma/Arnaldo Oliveira, *O Passaporte Europeu para as Empresas de Investimento*, Lisboa (1998).

[94] Cfr. *infra*, § 15º, 3.

[95] Estas duas últimas Diretivas foram alteradas pela Diretiva 2009/44/CE do Parlamento Europeu e do Conselho, de 6 de maio de 2009, respeitante aos sistemas interligados e aos créditos sobre terceiros.

[96] Cfr. *infra*, § 48º e § 49º.

petos e divulgação de anúncios publicitários[97]. Entretanto, foi já publicado o Regulamento (UE) 2017/1129, do Parlamento Europeu e do Conselho, de 14 de junho de 2017, sobre prospetos, que revoga o regime anterior sobre a matéria[98].

Ainda no âmbito das ofertas públicas, releva mencionar a Diretiva nº 2004/ /25/CE do Parlamento Europeu e do Conselho, de 21 de abril de 2004, referente às ofertas públicas de aquisição[99].

Cabe ainda referir a importante *Diretiva da Transparência* ou, segundo a designação oficial, a Diretiva nº 2004/109/CE, de 15 de dezembro de 2004, sobre a harmonização de exigências de transparência relativamente a informação de emitentes de valores mobiliários admitidos à negociação em mercado regulamentado. Esta, por seu turno, surgiu alterada através da Diretiva 2013/ /50/UE do Parlamento Europeu e do conselho de 22 de outubro de 2013 (Diretiva da Transparência II)[100].

No âmbito dos textos normativos europeus de maior influência aplicativa, sublinhe-se ainda a *DMIF* (ou *MiFID*, na designação anglo-saxónica) – Diretiva nº 2004/39/CE do Parlamento Europeu e do Conselho, de 21 de abril de 2004, sobre os mercados de instrumentos financeiros, a regular as estruturas de negociação, os intermediários financeiros, os serviços e as atividades de intermediação financeira[101]. A DMIF conheceu a sua sucessora dez anos depois, com a aprovação da Diretiva nº 2014/65/UE do Parlamento Europeu e do Conselho, de 15 de maio de 2014 (DMIF II)[102]. Assumindo-se como a verdadeira *opus*

[97] Alterado pelo Regulamento (CE) nº 1289/2008 da Comissão, de 12 de dezembro de 2008, no que diz respeito a elementos relacionados com prospetos e anúncios publicitários, JOCE L 340 (19-dez.-2008), 17-19. Sobre esta Diretiva: Paulo Câmara, *A Diretiva dos Prospetos: Contexto, Conteúdo e Confronto com o Direito Positivo Nacional*, nos *EH ao Professor Doutor António Marques dos Santos*, I (2005), 1083-1114 = *Direito dos Valores Mobiliários*, Vol. VII (2007) 9-40.

[98] Orlando Vogler Guiné, *O novo Regulamento europeu sobre prospetos*, em Paulo Câmara (coord.), *O Novo Direito dos Valores Mobiliários*, (2017), 51-61; European Commission, *Proposal for a Regulation of the European Parliament and of The Council on the prospectus to be published when securities are offered to the public or admitted to trading*, COM/2015/0583 final – 2015/0268 (COD).

[99] Alterada pela Diretiva 2009/44/CE do Parlamento Europeu e do Conselho, de 6 de maio de 2009, no que diz respeito a sistemas ligados e a créditos sobre terceiros. Cfr. *infra* § 33º, 1 e § 34º.

[100] Bruno Ferreira, *A transposição da Diretiva da Transparência II*, em Paulo Câmara (coord.) *O Novo Direito dos Valores Mobiliários*, (2017) 43-50.

[101] Alterada pela Diretiva nº 2007/44/CE do Parlamento Europeu e do Conselho, de 5 de setembro de 2007 (Diretiva das Fusões e Aquisições do setor financeiro). Sobre a Diretiva das Fusões e Aquisições, cfr. Paulo Câmara/Miguel Brito Bastos, *A Transposição da Diretiva das Fusões e Aquisições de Instituições Financeiras*, cit., 417-461.

[102] Sobre a DMIF II, v. entre muitos Danny Busch/ Guido Ferrarini (ed.), *Regulation of EU Financial Markets: MiFID II and MIFIR*, Oxford, (2017); Danny Busch/ Cees Van Dam (ed.), *A Bank's Duty of Care*, Oxford, (2017), 11-59; Paulo Câmara (coord.), *O Novo Direito dos Valores Mobiliários*, (2017), 199-278. Sobre o processo de revisão da DMIF cfr. European Commission,

magnum da atual regulação europeia, a DMIF II constitui também um espelho acabado dos seus excessos. Além da DMIF II e do MIFIR (Regulamento (UE) nº 600/2014 do Parlamento Europeu e do Conselho de 15 de maio de 2014), o pacote regulatório inclui a aprovação de 44 diplomas de nível 2 e diversas intervenções de natureza interpretativa, como os Q&A e as Orientações da ESMA: atingindo uma densidade prescritiva sem precedentes na história da regulação financeira europeia[103].

Uma reforma transitória ao regime dos fundos de investimento foi promovida pela Diretiva 2007/16/CE da Comissão, de 19 de março de 2007, que deu execução à Diretiva 85/611/CEE do Conselho (Diretiva OICVM) no que se refere à clarificação de determinadas definições (Diretiva dos ativos elegíveis). A área dos fundos de investimento harmonizados foi seguidamente objeto de uma renovação, promovida através da Diretiva 2009/65/CE do Parlamento Europeu e do Conselho, de 13 de julho de 2009, que coordena as disposições legislativas, regulamentares e administrativas respeitantes a alguns organismos de investimento coletivo em valores mobiliários (Diretiva UCITS IV)[104]. Por seu turno, o regime europeu dos organismos de investimento alternativos (o que inclui os fundos imobiliários e o capital de risco) foi estabelecido através da Diretiva 2011/61/UE do Parlamento Europeu e do Conselho, de 8 de julho de 2011, relativa aos gestores de fundos de investimento alternativos (AIFMD)[105].

Financial services: Improving European rules for a more robust Framework for all financial actors and instruments (Dez.-2010) e a Proposta da Comissão (Out. – 2011). Entre as monografias dedicadas à DMIF I, cabe salientar: Guido Ferrarini/Eddy Wymeersch, *Investor Protection in Europe: Corporate Law Making, the MiFID and Beyond,* Oxford (2006), 161-464; Chris Skinner, *The Future of Investing in Europe's Markets after MiFID,* Chichester (2007); Jean-René Giraud/Catherine D'Hondt, *MiFID. Convergence towards a unified capital markets industry,* London (2007) e desenvolvidamente *infra,* §§ 13º, 23º e 26º.

[103] Cfr. sobre este ponto *infra* § 23º, 1.

[104] Esta Diretiva, por seu turno, foi complementada através dos seguintes diplomas europeus: Diretiva nº 2010/43/UE da Comissão de 1 de julho de 2010, no que diz respeito aos requisitos organizativos, aos conflitos de interesse, ao exercício da atividade, à gestão de riscos e ao conteúdo do acordo celebrado entre o depositário e a sociedade gestora; Diretiva 2010/44/UE da Comissão de 1 de julho de 2010, no que respeita a certas disposições relativas a fusões de fundos, estruturas de tipo principal/de alimentação (master/feeder) e procedimentos de notificação; Regulamento (UE) nº 583/2010 da Comissão de 1 de julho de 2010, no que diz respeito às informações fundamentais destinadas aos investidores e às condições a respeitar no fornecimento das informações fundamentais destinadas aos investidores ou do prospeto num suporte duradouro diferente do papel ou através de um sítio Web; e Regulamento (UE) nº 584/2010 da Comissão de 1 de julho de 2010, no que respeita à forma e conteúdo da minuta de carta de notificação e da certidão dos OICVM, à utilização de comunicações electrónicas entre autoridades competentes para efeitos de notificação e aos procedimentos a seguir para as verificações no local, para as investigações e para a troca de informações entre autoridades competentes. Cfr. *infra*, § 43º.

[105] Cfr. *infra,* § 43º a § 45º.

Por fim, tenha-se ainda presente a Diretiva 2007/36/CE do Parlamento Europeu e do Conselho, de 11 de julho de 2007, relativa ao exercício de certos direitos dos acionistas de sociedades cotadas (Diretiva dos direitos dos acionistas), recentemente complementada pela Diretiva (UE) 2017/828, de 17 de maio de 2017, sobre os incentivos de envolvimento dos acionistas a longo prazo[106].

III – Refira-se ainda a existência de algumas Diretivas transversais que afectam igualmente o sistema mobiliário europeu.

Conta-se aqui a Diretiva nº 2002/65/CE, sobre a prestação de serviços financeiros à distância. Este texto europeu procura preencher a lacuna deixada pela Diretiva nº 97/7/CE, sobre celebração de contratos à distância, que excluía os serviços financeiros[107].

Deve mencionar-se também as Diretivas sobre branqueamento de capitais de quarta geração – Diretivas nº 2015/849/UE, nº 2016/2258/UE e nº 2018/843 – que apresentam uma incidência particular na preocupação de prevenção da utilização do sistema financeiro para efeitos de branqueamento de capitais ou de financiamento ao terrorismo.

Tal é identicamente o caso da Diretiva nº 2005/29/CE, cujo objetivo é o de complementar o acervo europeu aplicável às práticas comerciais desleais. É certo que este diploma não se mostra aplicável quando regam normas mais exigentes na área setorial atingida, nomeadamente se se tratar do sistema financeiro[108]. No entanto, sempre que a regulação setorial não responda a matérias tuteladas por esta Diretiva, esta aplica-se subsidiariamente.

IV – A evolução do direito europeu mobiliário não se processa a uma velocidade regular – como os exemplos contrastantes, abaixo mencionados, permitem melhor compreender.

Em 2005, foi divulgado o Livro Branco sobre Serviços Financeiros, a estabelecer a política de prioridades para o setor da banca, seguros e mercado de valores mobiliários para o quinquénio 2002-2010[109]. A prioridades aí estabelecidas, para além de envolverem a consolidação e aplicação das normas já existentes e

[106] EUROPEAN COMMISSION, *Proposal for a Directive Of The European Parliament And Of The Council amending Directive 2007/36/EC as regards the encouragement of long-term shareholder engagement and Directive 2013/34/EU as regards certain elements of the corporate governance statement*, COM/2014/0213 final – 2014/0121 (COD).

[107] Com um balanço crítico sobre a especificidade financeira nesta área: JOÃO CALVÃO DA SILVA, *Banca, Bolsa e Seguros. Direito Europeu e Português*², I. Parte Geral, cit., 88-99.

[108] Cfr. o art. 2º, nº 3 do DL nº 57/2008, de 26 de março, que transpõe a Diretiva para o ordenamento jurídico nacional.

[109] EUROPEAN COMMISSION, *White Paper. Financial Services Policy (2005-2010)* (Dez.-2005).

da convergência de supervisão, prendem-se com o reforço das transações com aforradores de retalho. Visava-se igualmente aumentar a participação dos consumidores nas intervenções regulatórias e ampliar a influência externa da União Europeia num mercado de capitais globalizado. Manteve-se, porém, de fora a harmonização do sistema sancionatório mobiliário, que se situa ainda em patamares insuficientes[110].

Este documento marcou uma viragem que não foi imediatamente perceptível. A partir desse momento, começou a ser crescentemente notório o abrandamento de iniciativas comunitárias no Direito mobiliário. Simultaneamente, o legado europeu passou a ser, ele próprio, objeto de uma auto-análise, sob a bitola do aperfeiçoamento regulatório (*better regulation*). Revisto o regime dos emitentes e dos intermediários financeiros, passaram as atenções a centrar-se na área da gestão de ativos e na liquidação e compensação: ali com resultados gradualmente apreciáveis[111], aqui nem tanto[112]. Largo tempo passou igualmente a dedicar-se à reavaliação do sistema regulatório vigente, o que merece tratamento autónomo no ponto seguinte.

V – Uma clara reversão do ciclo deu-se com a crise financeira iniciada em 2007[113]. Embora tardiamente em relação à eclosão da crise, iniciou-se a aprovação de um conjunto amplo de iniciativas legislativas europeias, seja na área das sociedades de notação de risco[114], seja na área da venda a descoberto (*short-selling*)[115], seja ainda no tocante aos derivados[116] e ao governo das sociedades[117].

Nos anos mais próximos, sob o signo da reação pós-crise, o ritmo legislativo manteve-se elevado. A espinha dorsal das alterações recentes centrou-se na

[110] A documentá-lo, merece ter em conta o relatório do CESR, *An evaluation of equivalence of supervisory powers in the EU under the Market Abuse Directive and the Prospectus Directive A report to the Financial Services Committee* (2007).

[111] Cfr. *infra*, § 43º, 1. e 3.

[112] Cfr. *infra*, § 27º.

[113] Cfr. *infra*, § 2º, 5. Emblemática, a esse propósito, é a Comunicação da Comissão Europeia, *Impulsionar a Retoma Europeia*, COM(2009) 114 final (4-Mar.-2009).

[114] Cfr. *infra*, § 19º, 3.

[115] Cfr. *infra*, § 26º, 7.

[116] Em referência está o Regulamento (UE) do Parlamento Europeu e do Conselho nº 648/2012, de 4 julho de 2012, sobre derivados OTC, contrapartes centrais e repositórios de transações.

[117] European Commission, *Green Paper. The EU corporate governance Framework*, COM(2011) 164 final, (2011). A propósito, cfr. Menezes Cordeiro, *A tutela do consumidor de produtos financeiros e a crise mundial de 2004/2010*, ROA (2009), 603-632; Paulo Câmara, *Crise financeira e Regulação*, *ROA* (2009), 697-728; Id., *A Comissão de Remunerações*, RDS nº 1 (2011), 11-16; Paulo Câmara (coord.), *A governação de bancos nos sistemas jurídicos lusófonos*, (2016), 13-61.

atualização dos diplomas europeus em matéria de abuso de mercado[118], mercados de instrumentos financeiros[119], transparência[120], produtos financeiros complexos[121] e organismos de investimento coletivo[122]. O progresso da harmonização europeia acarretou, contudo, um custo pesado: o volume da produção normativa começa a atingir proporções excessivas[123]. A acessibilidade dos materiais normativos[124], a congruência deste ramo de direito em relação aos objetivos para que é talhado e a preservação efetiva do bem comum passaram a estar seriamente em causa.

VI – O sinal positivo, de sentido contrário, foi dado em 18 de fevereiro de 2015, quando a Comissão Europeia lançou um programa dedicado ao desenvolvimento de uma União de Mercado de Capitais. O título é demasiado ambicioso e carece de explicação. Em causa está o relançamento da competitividade do mercado de capitais europeu através dos seguintes objetivos: remoção aos obstáculos ao investimento internacional no mercado de capitais; ampliação da base de investidores para PME; apoio a uma titularização sustentável; promoção do investimento de longo prazo; e desenvolvimento de um mercado europeu de colocações particulares de valores mobiliários[125].

A particularidade deste projeto situa-se no objetivo de identificar barreiras a uma maior integração dos mercados de capitais para proceder à sua eliminação, uma a uma. O Livro Verde de fevereiro de 2015[126] preparou o caminho para um Plano de Ação para a União de Mercados de Capitais, apresentado em 30 de

[118] Regulamento (UE) nº 596/2014 do Parlamento Europeu e do Conselho, de 16 de abril de 2014, e respetivos diplomas complementares: cfr. *infra*, § §§ 48º-49º.

[119] Diretiva nº 2014/65/UE do Parlamento Europeu e do Conselho, de 15 de maio de 2014, e respetivos diplomas complementares: cfr. *infra*, § 23º.

[120] Diretiva nº 2013/50/UE, de 22 de outubro de 2013.

[121] Regulamento (UE) nº 1286/2014 do Parlamento Europeu e do Conselho, de 26 de novembro de 2014.

[122] Cfr. *infra*, §§ 43º-47º.

[123] Constituem exemplo deste sobrepeso regulatório os pacotes normativos relativos ao Regulamento do Abuso de Mercado e à DMIF II/ RMIF. Cfr. *infra*, §§ 23º, 48º-49º. Sobre o sobrepeso regulatório europeu: Luís Guilherme Catarino/ Manuela Peixe, *A nova regulamentação dos mercados financeiros – um Tsunami regulatório? (I e II)*, Estudos IVM (2014).

[124] Em sentido próximo, *Rui Pinto Duarte considera que a pluri-estratificação das regras tem tornado o direito mais opaco (Considerações sobre níveis de regulação e conceitos legais a propósito das sociedades comerciais, Cadernos MVM,* nº 51 – Ensaios de Homenagem a Amadeu Ferreira Volume I (ago.-2015), 95).

[125] Cristina Sofia Dias, *União do Mercado de Capitais*, em *III Congresso de Direito Bancário*, (2018).

[126] European Commission, *Green Paper – Building a Capital Markets Union*, COM/2015/063 final, (2015).

setembro de 2015[127]. Este é um projeto assumido como de longo prazo, com uma agenda regulatória mais cirúrgica, no início centrada na titularização, no projeto de Regulamento sobre Prospetos e no capital de risco. O respetivo Plano de Ação, sendo comedido na produção normativa correspondente, não procura instituir um regulador único na área mobiliária.

Espera-se que o Plano de Ação mantenha o rumo previsto[128], mesmo após a decisão de dissidência britânica adotada em 23 de junho de 2016[129] e a concretizar-se previsivelmente em 2019. O certo é que a regulação financeira europeia entra inexoravelmente num novo ciclo histórico sem a participação e o contributo, no passado tantas vezes decisivo, do Reino Unido como Estado-membro.

4. *O sistema Lamfalussy*

I – A par da harmonização material do direito europeu dos valores mobiliários, importa compreender igualmente os avanços registados na estrutura institucional envolvente.

Para tal, devemos recuar no tempo e contextualizar devidamente as mudanças verificadas no direito institucional europeu. Recorde-se, a propósito, que os anos 1990 foram marcados com o reconhecimento das insuficiências do processo regulatório europeu. Impressionava, à cabeça, a lentidão do processo legiferante. Para reter um exemplo, fixe-se o caso da Diretiva sobre o Prospeto de Admissão, que ocupou mais de oito anos de gestação: aprovada em 1980, teve por base uma Proposta de 1972.

Um dos instrumentos principais das Diretivas da época, além disso, residia no reconhecimento mútuo (v.g. de prospetos). Ora, este pressupõe um acto administrativo da autoridade de acolhimento, por vezes a demorar muito tempo, na medida em que aquele Estado poderia exigir imposições adicionais quanto à informação a incluir no prospeto – sobretudo no que respeita à necessidade de tradução e à inclusão de informação local.

O sistema jurídico-financeiro europeu também sofreu inúmeras acusações de rigidez – dada a morosidade em efetuar ajustamentos a instrumentos

[127] European Commission, *Communication To The European Parliament, The Council, The European Economic And Social Committee And The Committee Of The Regions – Action Plan On Building A Capital Markets Union*, COM/2015/0468 final (2015). Cfr. A propósito Lachlan Burn, *Capital Markets Union and regulation of the EU's capital markets, Capital Markets Law Journal*, 11: 3 (2016), 352-386.

[128] Em confirmação da continuidade do projeto, cfr. European Commission, *Communication To The European Parliament, The Council, The European Central Bank, The European Economic And Social Committee And The Committee Of The Regions – Capital Markets Union – Accelerating Reform*, Brussels, 14.9.2016 COM(2016) 601 final.

[129] O Comissário britânico Jonathan Hill foi o principal promotor destas medidas e demitiu-se logo após o resultado do referendo do Reino Unido de 2016.

normativos que por algum motivo se mostram carecidos de acertos cirúrgicos. No mesmo sentido depõe a escassa utilização de recomendações.

Por seu turno, a intensa utilização de Diretivas, como acto normativo privilegiado de intervenção regulatória, em detrimento de Regulamentos, aliado a uma abordagem que prefere a harmonização mínima, levava à adição de numerosas exigências locais. Daqui decorria a transposição dos mesmos instrumentos europeus de modo muito dissemelhante – revelando um quadro preocupante, agravado por sinais de fragmentação dos mercados situados na Europa.

A somar-se, eram notórias as acusações à Comissão Europeia de insuficiências na fiscalização do cumprimento das normas europeias – o que alimentou um certo grau de arbitragem regulatória entre os Estados-membros.

II – A resposta política a esta constelação de problemas viria a ser dada através de um relatório acompanhado de propostas de redireccionamento europeu na área da regulação mobiliária: o *Financial Services Action Plan*, de 1999. Este documento inclui um plano de atuação da Comissão Europeia com o objetivo de fundo de tornar o espaço financeiro europeu mais integrado, mais eficiente e mais competitivo, tendo sido subscrito pelo Conselho Europeu em 2000.

O marco histórico seguinte teria por epicentro o Relatório do Comité presidido por ALEXANDRE LAMFALUSSY[130], sobre a Regulação dos Mercados Europeus, de 15 de fevereiro de 2001. Este Relatório defendia uma alteração da estrutura europeia de regulação, a ser dividido nos seguintes estratos de intervenção regulatória:

- Nível 1: Princípios-quadro (processo de co-decisão CE/PE)
- Nível 2: Medidas de execução
- Nível 3: Cooperação tendo em vista a convergência de práticas de supervisão
- Nível 4: Vigilância do cumprimento

A justificação deste sistema seria a almejada maior agilidade, maior transparência e eficácia da regulação europeia. Uma contenção das normas de nível 1 permitiria um processo legislativo mais expedito e mais baseado em princípios[131]. O desenvolvimento de detalhes técnicos seria subsequentemente confiado a normas de nível 2, preparadas com base em pareceres técnicos do comité

[130] O Barão ALEXANDRE LAMFALUSSY era, já à data, um banqueiro central e um académico de renome. Doutorado em Oxford e autor de uma obra significativa no âmbito económico, fora anteriormente o Diretor Geral do *Bank for International Settlements* e o primeiro Presidente do Instituto Monetário Europeu.

[131] Cfr. *supra*, § 19º, 4.

de reguladores. Este comité, por seu turno, encarregar-se-ia de fixar padrões de cooperação, nomeadamente em matéria interpretativa, relativamente às normas comunitárias – esta, em síntese, a função do nível 3. Ficaria, por fim, aberta a porta a um reforço do cumprimento das regras comunitárias (nível 4).

O plano de execução com base nas propostas do Relatório Lamfalussy foi aprovado rapidamente, de modo a que o acto formal de endosso a estas propostas tomaria corpo através da Resolução do Estocolmo de 23 de março de 2001[132], que adotou o sistema preconizado no Relatório Lamfalussy.

III – Uma das pedras angulares do sistema Lamfalussy, na sua conceção originária, era a influência da comitologia. Trata-se de um processo que envolve a aprovação de medidas legislativas pela Comissão Europeia precedidas da intervenção do(s) comité(s) competente(s)[133].

No plano institucional, este modelo conduziu a um reforço do poder da Comissão Europeia como autoridade legislativa financeira, uma vez que as medidas de nível 2 escapam ao moroso processo de co-decisão com o Parlamento Europeu: este mantém-se plenamente informado, apenas podendo adotar resoluções se as medidas de nível 2 excederem o âmbito do mandato. Os críticos deste modelo apontam por isso uma potencial falta de transparência e de sindicabilidade de decisões como uma das fragilidades do sistema. Estas críticas, porém, são insuficientemente fundadas. É certo que o sistema dilui o poder do Parlamento Europeu; porém, há um esforço significativo na organização de processos de consulta pública em todo o processo legiferante que deve ser tido em conta e que representa uma das eficazes mais-valias do sistema.

Em termos institucionais, o protagonismo do sistema era inicialmente confiado a uma rede de reguladores mobiliários – o CESR (*Committee of European Securities Regulators*), criado em 2002[134]. Formalmente tido como grupo consultivo independente da Comissão Europeia[135], este comité assumiu, até final de 2010, as seguintes competências:

– apoio ao processo legislativo;
– assessoria à Comissão Europeia;
– reforço de cooperação e de convergência de supervisão entre reguladores.

[132] Decisão da Comissão nº 2001/527/CE.

[133] Siegfried Kümpel, *Bank- und Kapitalmarktrecht*³, Köln (2004), 1275-1276.

[134] O estatuto formal do CESR foi, por último, clarificado através da Decisão da Comissão Europeia nº 2009/77/CE de 23 de janeiro de 2009, JO L 25, de 29-jan.-2009, que revogou a Decisão da Comissão nº 2001/527/CE.

[135] Art. 1º da Decisão da Comissão nº 2009/77/CE.

A este comité competia, ao nível da produção regulatória, a preparação de pareceres técnicos com base nos quais serão emitidas medidas legislativas de nível 2[136]. Estes podiam ser preparados em resposta a pedidos da Comissão ou sob iniciativa do próprio CESR. Além disso, em termos instrumentais, cabia-lhe a organização de processos de consulta pública ao longo do processo regulatório e o estabelecimento de contatos com participantes do mercado e consumidores.

Acresciam as funções genéricas de assessoria à Comissão Europeia[137] – tendo o CESR cumprido tal incumbência nomeadamente em situações críticas de dúvidas sobre o desenho da política regulatória europeia[138].

Cabia-lhe também a polarização dos esforços de cooperação entre os reguladores nacionais, nomeadamente através do estudo da interpretação harmonizada de regras (nomeadamente através de respostas a perguntas frequentes) e a preparação de recomendações em áreas não cobertas pela legislação comunitária. Estas medidas de nível 3 gozam de influência entre os membros, apesar de não serem juridicamente vinculativas. Outra das relevantes atribuições respeita à avaliação de implementação das Diretivas, seja através de levantamentos de práticas (*mapping exercises*), seja através de exercícios de escrutínio recíproco (*peer review*): tal um meio de promover as boas práticas entre reguladores.

Formalmente, o CESR não constituía uma instituição europeia em sentido próprio. Apresenta-se apenas como grupo consultivo, assente na cooperação entre autoridades de supervisão, em apoio à Comissão Europeia – sem poderes regulatórios nem poderes decisórios com eficácia perante terceiros.

IV – O CESR não representava, porém, o único comité a fazer parte da estrutura de produção regulatória europeia. Aliás, o aspeto menos positivo do sistema Lamfalussy, no plano institucional, deveu-se ao facto de a criação de novos comités se ter multiplicado, numa lógica nem sempre racional. Ao CESR somava-se o *European Securities Committee*, a quem competia a orientação política e aprovação das medidas de nível 2. Multiplicaram-se, paralelamente, os comités consultivos (v.g. *European Securities Markets Experts* (ESME), o FISCO, CESAME, *Legal Certainty Group)*, por vezes notando-se alguma duplicação nos respetivos âmbitos de atuação.

Algumas reservas à abordagem comitológica subjacente ao sistema Lamfalussy levaram à inclusão de cláusulas de caducidade (*sunset clauses*) nas Diretivas,

[136] Art. 2º da Decisão da Comissão nº 2001/527/CE.

[137] Art. 2º da Decisão da Comissão nº 2009/77/CE.

[138] Como ilustrações do exposto, recorde-se as intervenções do CESR solicitadas para levantamento da taxonomia sobre *hedge funds*, em 2006, e para análise das sociedades de notação de risco, em 2007.

de modo a limitar temporalmente utilização do processo comitológico. Em 2008, tais cláusulas foram, porém, abolidas[139].

V – Merece dedicar alguma atenção ao sistema de fontes postulado no Relatório Lamfalussy. Em primeiro lugar, não se prescreve se as normas de nível 1 ou 2 são Diretivas ou Regulamentos. Pode até dar-se o caso – que parecerá, em primeira leitura, afigurar-se paradoxal – de o instrumento de nível 2 ser um regulamento europeu, ao passo que os instrumentos normativos de nível 1 tomam a forma de Diretivas comunitárias. É aliás o que sucedeu com o regime europeu originário do Prospetos (através do Regulamento CE nº 809/2004, que define o conteúdo obrigatório do prospeto) e, em parte, com o regime a desenvolver as duas Diretivas dos Mercados de Instrumentos Financeiros (DMIF I e DMIF II).

As regras de nível 3 não assumem carácter vinculativo, sendo ao invés o resultado de esforços de cooperação baseados na boa vontade das autoridades envolvidas. Não se trata, pois, de normas jurídicas – embora adquiram influência crescente.

VI – A estrutura normativa e institucional baseada no Relatório Lamfalussy, posta em prática desde 2001, apresentava vantagens notórias. A um tempo, contribuiu para uma agilização do processo regulatório, para a abertura a processos de consulta pública e para uma maior convergência (embora não absoluta) na interpretação das normas europeias.

Em termos institucionais, além de reforçar a posição da Comissão Europeia, o sistema favorecia identicamente uma revalorização do papel das autoridades de supervisão na preparação de legislação comunitária, no âmbito dos procedimentos comitológicos – o que propicia uma elevação na qualidade técnica dos textos normativos europeus.

De resto, a influência do sistema ao setor bancário (CEBS) e segurador (CEIOPS) constitui um indesmentível indício externo do seu sucesso. Esta extensão, por seu turno, obrigou a uma colaboração inter-setorial entre os três comités, o que também reveste manifesta utilidade.

VII – O sistema, todavia, padecia de algumas limitações, que merece aqui relembrar.

[139] Em causa estão as alterações às Diretivas 2006/49/CE, 2006/48/CE, 2005/60/CE, 2004/109//CE, 2004/39/CE, 2003/71/CE, 2003/6/CE e 2002/87/CE, no que toca ao exercício das competências de execução atribuídas à Comissão. Cfr., sobre este processo, a Declaração do Parlamento Europeu, do Conselho e da Comissão sobre a Decisão do Conselho, de 17 de julho de 2006, que altera a Decisão 1999/468/CE que fixa as regras de exercício das competências de execução atribuídas à Comissão (2006/512//CE) (JO C 255 de 21.10.2006, p. 1).

A realidade é que nem sempre se atinge necessária margem de flexibilidade na conformação dos princípios nos textos das Diretivas de nível 1. Esta abordagem, a acrescer, não tem evitado uma prolixidade legislativa – como é agora notório no caso das Diretivas dos Mercados de Instrumentos Financeiros, do Regulamento do Abuso de Mercado e respetivos diplomas de execução[140].

Um dos objetivos relevantes refere-se ao aumento da coesão de aplicação dos entendimentos de nível 3 em ordem a cimentar uma cultura de supervisão única. Para tal, prefigurava-se como solução o reforço de mecanismos de pressão entre autoridades, através da comunicação de desvios às conclusões assumidas por todos.

Por fim, a qualificação institucional do CESR como mero comité consultivo assumia um claro cunho de provisoriedade. A crise financeira, entretanto eclodida, precipitou algumas mudanças que procuraram também servir de resposta a estas limitações.

5. *A estrutura europeia de regulação após o Relatório De Laroisière*

I – A crise financeira mundial iniciada em 2007 não foi determinada causalmente apenas por deficiências na estrutura de regulação e de supervisão[141]. Porém, pela sua magnitude, por ter sido impulsionada *ex ante* por deficiências em instituições reguladas e supervisionadas (mormente, instituições financeiras e sociedades de notação de risco), pela lentidão verificada na adoção de respostas regulatórias *ex post* e pelas debilidades postas a claro no âmbito da supervisão – nomeadamente macro-prudencial –, a crise demonstrou a necessidade de um aperfeiçoamento institucional das estruturas regulatórias europeias preexistentes. Paralelamente, deu origem ao recrudescimento da tendência de apoio a uma maior harmonização legislativa em termos internacionais[142] – designadamente, no plano europeu.

Na Europa, a eclosão da crise coincidiu com o momento de balanço do sistema Lamfalussy. Esse balanço também foi realizado em relação a temas de regulação material – designadamente quanto à liquidação de intermediários

[140] Cfr. *infra*, § 18º, 4. e § 23º. Cfr. ainda Paulo Câmara, *DMIF II: A Nova Pedra Angular do Direito dos Mercados Financeiros, em* Paulo Câmara *(coord.), O Novo Direito dos Valores Mobiliários*, (2017), 199-215 (208-209).

[141] Entre muitos: Alessio de Vincenzo, *Lessons learned from the financial crisis for financial stability and banking supervision*, Roma, Banca de Italia, (2010); Friedrich Kübler, *The subprime crisis – does it ask for more regulation?*, em *Perspectives in Company Law and Financial Regulation*, (2009), 570-582; Stephen Wallenstein, *The roots of the financial crisis*, CMLJ Vol. 4 nº 1 (2009), 8-30.

[142] A harmonização legislativa preconizada como reação ante a crise abrange quer a harmonização formal, quer a harmonização informal, conduzida por estruturas como o G-20 e o Comité de Basileia.

financeiros. Com efeito, as intervenções públicas, sob a forma de nacionalização ou aquisição de participações públicas em intermediários financeiros, abriram precedentes fomentadores de risco moral (*moral hazard*) em relação a dirigentes bancários e aforradores – fazendo repercutir sobre os contribuintes os custos de tais intervenções. Todavia, à margem destes temas, a agenda política foi rapidamente preenchida pela necessidade de efetuar reformas institucionais.

O debate travou-se em torno da desejabilidade, recorrentemente apreciada, de uma maior integração nos poderes decisórios na regulação financeira europeia[143]. Para lidar com problemas de elevada complexidade, era patente que faltava um estatuto formal das estruturas de cooperação então em vigor: CESR, CEBS e CEIOPS. Tornou-se, assim, previsível, e de algum modo inevitável, que a crise viesse a desembocar numa alteração da estrutura institucional europeia em matéria de regulação europeia. E assim sucedeu.

II – O processo de reformulação da estrutura institucional foi precedido de um relatório de diagnóstico em relação à crise, elaborado a pedido da Comissão Europeia por um grupo de alto nível presidido por Jacques de Larosière[144]. O *Relatório de Laroisière,* como ficou cunhado, produziu um acervo muito detalhado de recomendações e preconizou nomeadamente uma maior harmonização regulatória, com a criação de uma nova entidade incumbida da supervisão macro-prudencial. O documento propôs ainda a modificação do estatuto do CESR, CEBS e CEIOPS, e a sua substituição por autoridades europeias, de modo a forçar a uma convergência mais robusta entre reguladores nacionais.

A nova arquitetura regulatória foi aprovada através de uma Comunicação de maio de 2009[145] e foi completada pela Diretiva 2010/78/UE do Parlamento Europeu e do Conselho, de 24 de novembro de 2010, e por um conjunto de Regulamentos dedicados a cada uma das autoridades europeias[146]. O sistema

[143] Eilis Ferran, *Understanding the new institutional architecture of EU Financial Market Supervision,* (2010), *passim.*

[144] The High Level Group of Financial Supervision in the EU, Report, (25-Fev.-2009), disponível em http://ec.europa.eu/internal_market/finances/docs/de_larosiere_report_en.pdf .

[145] Sobre a alteração da arquitetura regulatória europeia, em geral: Guido Ferrarini/ Filippo Chiodini, *Regulating Multinational Banks in Europe: An Assessment of the New Supervisory Framework,* WP ECGI (2010); Eddy Wymeersch, *The Institutional Reforms of the European Financial Supervisory System. An Interim Report,* Financial Law Institute (2010); Peter Mülbert/Alexander Wilhelm, *Reforms of the EU Banking and Securities Regulation after the Financial Crisis,* Mainz (2010); Pablo Iglesias-Rodriguez, *Towards a New European Financial Supervision Architecture, Columbia Journal of European Law Online,* Vol. 16, nº 1, (2009).

[146] Regulamento (UE) nº 1095/2010 do Parlamento Europeu e do Conselho, de 24 de novembro de 2010, adiante analisado, que cria a Autoridade Europeia dos Valores Mobiliários e dos Mercados (*European Securities and Markets Authority* – ESMA), Regulamento (UE) nº 1093/2010 do

institucional deste modo estabelecido – designado Sistema Europeu de Supervisão Financeira (*European System of Financial Supervisors (ESFS)*) – assenta numa tripla fundação[147]:

- De um lado, o sistema contempla, como novidade, um Conselho Europeu de Risco Sistémico (*European Systemic Risk Board*);
- No centro, estão as novas três autoridades europeias de regulação (coletivamente designadas *European Supervisory Authorities*). Na área mobiliária, opera a *European Securities and Markets Authority* (ESMA), a par da *European Banking Authority* (EBA), para a área bancária, e da EIOPA, para os seguros e fundos de pensões;
- Por fim, são mantidas as autoridades nacionais de supervisão, interligadas num Sistema Europeu de Supervisores Financeiros (*European System of Financial Supervisors*).

Enquanto sistema, cada uma destas vertentes se apresenta como complementar entre si, em vista do desenvolvimento estável, eficiente, equitativo e transparente dos mercados[148], como abaixo melhor se examina.

III – O Conselho Europeu de Risco Sistémico (*European Systemic Risk Board*) foi incumbido da prevenção e mitigação de riscos sistémicos. A sua criação implica o reconhecimento da importância da macro-supervisão prudencial, de que se ocupa[149]. Este Conselho pode emitir recomendações dirigidas aos Estados, ou grupos de Estados, e a reguladores, mas não dirigidas a instituições individuais. Cabe-lhe ainda emitir alertas sobre riscos. Todavia, não constitui uma instituição com personalidade jurídica nem é uma estrutura com poderes formais, o que constitui uma fragilidade[150] – a somar-se, como debilidade adicional, ao

Parlamento Europeu e do Conselho, de 24 de novembro de 2010, que cria a Autoridade Bancária Europeia (*European Banking Authority*) e Regulamento (UE) nº 1094/2010 do Parlamento Europeu e do Conselho, de 24 de novembro de 2010, que cria a Autoridade Europeia dos Seguros e Pensões Complementares de Reforma (*European Insurance and Occupational Pensions Authority*).

[147] Art. 2º do Regulamento (UE) nº 1095/2010, do Parlamento Europeu e do Conselho, de 24 de novembro de 2010.

[148] René Smits, *Europe's post-crisis supervisory arrangements – a critique*, C & R nº 2 (2010), 125-166; Fabio Recine/ Pedro Gustavo Teixeira, *The new financial stability architecture in the EU*, Institute for Law and Finance WP nº 110 (2009); Alberto Tapia Hermida, *El Sistema Europeo de Supervisión Financiera*, RDBB nº 121 (2011), 22-59.

[149] José Nunes Pereira, *A caminho de uma nova arquitetura da supervisão financeira europeia*, C&R nº 2 (2010), 179-182.

[150] Segundo o texto oficial, *ESRB will not have any binding powers to impose measures on Member States or national authorities. It has been conceived as a "reputational" body with a high level composition that should influence the actions of policy makers and supervisors by means of its moral authority. Sobre este*

excessivo número de membros (61, no total) que o compõem[151]. Não se pretende, de todo o modo, que este seja um organismo auto-suficiente; prevê-se, ao invés, que a sua atuação decorra em estreita articulação com o *Financial Stability Board* e o FMI.

IV – Uma peça central do sistema institucional europeu consiste na *European Securities Markets Authority* (ESMA), criada pelo Regulamento (UE) nº 1093/2010 do Parlamento Europeu e do Conselho, de 24 de novembro de 2010. Esta autoridade europeia é responsável perante o Parlamento Europeu e o Conselho e opera em ligação com os supervisores das autoridades domésticas (fazendo parte, tal como estas, do *European System of Financial Supervisors (ESFS)*), mas tem maior autonomia do que o predecessor CESR[152]. A ESMA goza de personalidade jurídica e estatuto de agência europeia[153], cabendo-lhe velar pela boa aplicação do Direito europeu[154].

A um tempo, a ESMA tem competências ligadas ao reforço da convergência regulatória, de práticas de supervisão e de cooperação entre os Estados-membros, em vista do desenvolvimento de uma cultura comum de supervisão[155]. Para tal, foi dotada de poderes ligados ao processo regulatório, o que alterou substancialmente o Nível 2 de regulamentação europeia. Com efeito, a ESMA tem competência para desenvolver orientações, recomendações e projetos de normas técnicas de regulamentação (*Regulatory Technical Standards: RTS*) e de normas de execução (*Implementing Technical Standards:* ITS)[156]. De acordo com a doutrina do acórdão Meroni[157], as normas técnicas de regulamentação têm

aspeto, veja-se Eilis Ferran/ Kern Alexander, *Can Soft Law Bodies Be Effective? The Case of the European Systemic Risk Board, (2010), disponível em* http://ssrn.com/abstract=1676140 .

[151] René Smits, *Europe's post-crisis supervisory arrangements – a critique,* cit., 143-144.

[152] Os documentos produzidos por esta instituições encontram-se disponíveis em http://www.esma.europa.eu.

[153] Art. 5º do Regulamento (UE) nº 1095/2010, do Parlamento Europeu e do Conselho, de 24 de novembro de 2010.

[154] Em geral: Eddy Wymmeersch, *The European Financial Supervisory Authorities or ESAs,* em Eddy Wymmeersch/ Klaus J. Hopt/ Guido Ferrarini, *Financial Regulation and Supervision: A post-crisis analysis,* Oxford (2012), 232-287; Rüdiger Veil (ed.), *European Capital Markets Law,* Oxford (2013), 112-122.

[155] Arts. 8º e 29º do Regulamento (UE) nº 1095/2010, do Parlamento Europeu e do Conselho, de 24 de novembro de 2010.

[156] Arts. 8º, 10º, 14º, 15º e 16º do Regulamento (UE) nº 1095/2010, do Parlamento Europeu e do Conselho, de 24 de novembro de 2010. Não existe uma relação hierárquica entre estes dois tipos de medidas legislativas de Nível 2, como bem assinala Rüdiger Veil (ed.), *European Capital Markets Law,* Oxford (2013), 34-36.

[157] O acórdão do TJUE de 13 de junho de 1958 fixou uma orientação relevante sobre os limites da delegação por autoridade europeia ao dispor que *a delegação de um poder discricionário a autori-*

um carácter técnico, não implicam decisões estratégicas ou escolhas políticas e o seu conteúdo é delimitado pelos atos legislativos nos quais se baseiam[158]. Estes atos legislativos são sujeitos a endosso pela Comisão, que no caso das normas técnicas de regulamentação apenas pode submeter alaterações em condições excecionais[159].

Em caso de violação de Direito europeu por alguma das autoridades competentes dos Estados-membros, a ESMA goza de poderes de investigação, de formulação de recomendações para sanação do ilícito e de envio de informação do ocorrido à Comissão Europeia[160]. Acompanha, ainda, os colégios de supervisores constituídos para supervisão dos conglomerados financeiros[161].

A outro tempo, à ESMA são assinaladas competências ligadas à promoção da transparência, da simplicidade e da equidade nos mercados financeiros. Nesta vertente, se detetar atividades financeiras que constituam uma séria ameaça para os objetivos de funcionamento estável e eficaz dos mercados financeiros, a ESMA pode emitir alertas[162] e, caso tal comprometa o funcionamento ordenado e a integridade dos mercados financeiros, está legalmente habilitada a proceder à proibição ou restrição temporária de tais atividades[163].

Os poderes desta autoridade irão sendo densificados à medida da progressão da harmonização europeia. No âmbito das sociedades de notação de risco, à ESMA já foram atribuídas verdadeiras competências de supervisão, em sentido técnico – as quais decorrem do Regulamento (UE) nº 1095/2010[164].

dades diferentes daquelas que foram estabelecidas pelo Tratado para lhe assegurar e controlar o exercício no âmbito das suas atribuições respectivas prejudicaria a garantia resultante do equilíbrio de poderes, e [Meroni & Co., Industrie Metallurgiche, SpA contra Alta Autoridade da Comunidade Europeia do Carvão e do Aço] ECLI:EU:C:1958:7 (Processo C-9/56). Cfr. a propósito PHEDON NICOLAIDES/ NADIR PREZIOSI, *Discretion and Accountability: The ESMA Judgment and the Meroni Doctrine, Bruges European Economic Research Papers* 30 / 2014 (2014).

[158] Art. 10º nº 1(2) do Regulamento (UE) nº 1095/2010, do Parlamento Europeu e do Conselho, de 24 de novembro de 2010.

[159] Considerandos 23 e 24 do Regulamento (UE) nº 1095/2010, do Parlamento Europeu e do Conselho, de 24 de novembro de 2010.

[160] Art. 17º do Regulamento (UE) nº 1095/2010, do Parlamento Europeu e do Conselho, de 24 de novembro de 2010.

[161] Art. 21º do Regulamento (UE) nº 1095/2010, do Parlamento Europeu e do Conselho, de 24 de novembro de 2010.

[162] Art. 9º, nº 3 do Regulamento (UE) nº 1095/2010, do Parlamento Europeu e do Conselho, de 24 de novembro de 2010.

[163] Art. 9º, nº 5 do Regulamento (UE) nº 1095/2010, do Parlamento Europeu e do Conselho, de 24 de novembro de 2010.

[164] Na versão resultante do Regulamento (UE) nº 513/2011, do Parlamento Europeu e do Conselho, de 11 de maio de 2011.

V – A arquitetura regulatória europeia repousa, por fim, no Sistema Europeu de Supervisores Financeiros – que inclui, no âmbito português, a CMVM.

Trata-se de um ponto duplamente relevante. De um lado, é deixado claro que as mencionadas tendências de integração e de concentração de poderes na ESMA não obstam à existência de autoridades nacionais de supervisão: a estas continua a incumbir a supervisão corrente nos mercados financeiros[165]. De outro lado, entende-se que estas autoridades integram o sistema europeu, em termos complementares ao da atividade da ESMA e em estreita articulação com esta. A ESMA, por seu turno, como notado, tem como uma das atribuições principais a de atingir um grau mais intenso de convergência entre reguladores internos, no tocante às suas práticas de supervisão[166].

Não pode, porém, deixar de se assinalar que a concentração de competências e atribuições na ESMA implica, numa significativa parcela, uma limitação dos poderes das autoridades nacionais de supervisão. Tal é especialmente nítido quanto aos poderes da ESMA no âmbito do processo regulatório, aos poderes extraordinários de suspensão e proibição de atividades financeiras ilícitas, aos poderes de investigação a violações do direito europeu mobiliário e aos poderes de supervisão de sociedades de notação e risco, atrás mencionados.

6. *A situação em Portugal*

I – Desde o século XV que se conhecem intervenções legislativas em Portugal sobre corretagem. Porém, durante séculos tais regras cobriam indistintamente diversas atividades de intermediação comercial, sem curarem de modo específico dos instrumentos financeiros[167]. Uma autonomização de regras dedicadas à negociação de valores mobiliários só surge no século XIX, e de modo progressivo.

Neste sentido, pode afirmar-se que a história do Direito dos valores mobiliários português apenas começa a ganhar nitidez quando começam a circular em mercado ações e quando a dívida emitida pelo Estado passa a ser livremente negociável[168].

II – O Código Comercial de 1833 (Ferreira Borges) regulava os corretores, nos arts. 102º-140º, mas não autonomizando os que se dedicavam aos mercados

[165] Nono considerando do Regulamento (UE) nº 1095/2010, do Parlamento Europeu e do Conselho, de 24 de novembro de 2010.

[166] Arts. 8º, 16º, 29º e 31º do Regulamento (UE) nº 1095/2010, do Parlamento Europeu e do Conselho, de 24 de novembro de 2010.

[167] Menezes Cordeiro, *Do contrato de mediação,* em *O Direito,* ano 139º (2007), 526-531.

[168] David Justino, *A História da Bolsa de Lisboa,* Lisboa (1994), 11-108.

financeiros dos demais. O ofício de corretor era à época, tido como "público" – beneficiando os corretores de um exclusivo na intervenção e certificação dos negócios mercantis. Entre as operações dos corretores abrangiam-se as que tinham por objeto fundos públicos e contratos de risco.

O Código Comercial de Veiga Beirão, de 1888, mantinha esta tónica desespecializada no regime dos corretores. O objeto da corretagem foi substancialmente alargado, passando a incidir nomeadamente sobre fundos públicos, ações, obrigações e operações de bolsa. Paralelamente, o diploma dedicava um tratamento geral às operações de bolsa.

Através do Decreto de 10 de outubro de 1901, foi aprovado o Regimento do Ofício de Corretor, que admite corretores dedicados aos valores mobiliários, e que foi complementado pelo Regulamento de Bolsa em 8 de outubro de 1889. A vigência destes diplomas prolongar-se-ia por mais de sete décadas.

Sob vigência destes diplomas, cumpre mencionar o Decreto nº 46.493, de 18 de agosto de 1965, que ao fixar as atribuições da Inspeção Geral de Crédito e dos Seguros, estendeu-as residualmente ao domínio financeiro, incluindo a instrução dos pedidos de emissão de ações e de obrigações sujeitas a prévia autorização[169].

III – Um dos marcos decisivos da evolução do Direito português das bolsas foi o DL nº 8/74, de 14 de janeiro.

A este diploma deve ser creditada influência importante na consolidação dos quadros conceptuais e na modernização do regime jurídico mobiliário. A título de exemplo, seria o primeiro diploma a erigir os valores mobiliários como objeto das operações de bolsa. É dividido em dois títulos, dedicados nomeadamente às bolsas de valores e aos corretores. Dele se desprende, todavia, uma significativa interferência de traços juspublicísticos, revelada na imposição de intervenções ministeriais em múltiplos domínios do regime bolsista.

O DL nº 8/74, de 14 de janeiro, teve uma vigência interrompida em virtude do encerramento das bolsas entre 1974 e 1976, e da nacionalização, em março de 1975, de uma larga parte das empresas que tinham cotação bolsista.

Nos tempos tumultuosos que se seguiram, o DL nº 8/74, de 14 de janeiro, viria a ser complementado pelo DL nº 371/78, de 30 de novembro, sobre emissões e ofertas públicas, o qual refletia ainda uma visão muito estatizante destas operações, ao condicionar a sua realização a prévia autorização do Ministro das Finanças e do Plano. O peso burocratizante e o cariz governamentalizado deste regime terão contribuído para uma fraca atividade bolsista durante uma dúzia de anos.

[169] Art. 1º, *d)* do Decreto nº 46.493, de 18 de agosto de 1965.

Esta letargia bolsista apenas começou a alterar-se com um conjunto de diplomas legislativos aprovados em meados da década de oitenta, visando a reanimação do mercado de capitais português[170], designadamente quanto à respetiva fiscalidade[171]. Esse objetivo, aliás, foi atingido, dada o aumento dos volumes negociados em bolsa e atento o elevado número de ofertas públicas lançadas entre 1986 e 1987[172]. O crash de 1987 viria, é certo, a arrefecer a euforia bolsista daquela época. Porém, no plano normativo, estava preparado decisivamente o terreno para o que viria a ser o primeiro código mobiliário português.

IV – Em 1991, através do DL nº 142-A/91, de 10 de abril, foi aprovado o primeiro Código, formalmente assumido como tal, respeitante à matéria mobiliária: o Código do Mercado de Valores Mobiliários. O coordenador do ante-projeto[173] viria a ser o Dr. José Luís Sapateiro[174]. O diploma consagrou simultaneamente a criação da Comissão do Mercado de Valores Mobiliários como autoridade de supervisão independente com competências e atribuições em matéria de supervisão e regulamentação mobiliária[175].

Essa opção implicou nomeadamente a retirada de poderes à comissão Diretiva das bolsas para fiscalizar as ofertas públicas de aquisição[176].

170 Em referência estão nomeadamente os seguintes diplomas: DL nº 134/85, de 2 de maio (fundos de investimento mobiliários), DL nº 246/85, de 12 de julho (fundos de investimento imobiliários), DL nº 17/86, de 5 de fevereiro (sociedades de capital de risco), DL nº 24/86, de 18 de fevereiro (bancos comerciais e de investimento) e DL nº 229-D/88, de 4 de julho (ações escriturais).

171 O rol é vasto neste domínio, cabendo nomear, entre outros, o DL nº 182/85, de 27 de maio, o DL nº 172/86, de 30 de junho, o DL nº 20/86, de 13 de fevereiro e o DL nº 1/87, de 3 de janeiro.

172 Maria Irene Carvalho, *O Mercado Bolsista Nacional: de 1973 à UEM, Bolsa de Valores de Lisboa. Estudos e Artigos* (agosto 1998), 5-13.

173 Na comissão de preparação do Código participaram também Nunes Pereira, Álvaro Dâmaso, Carlos Alberto Rosa e Veiga Anjos.

174 José Luís Sapateiro (1927-2016) deixa um legado perene ao mercado de valores mobiliários sobretudo em três momentos históricos: numa primeira fase, no exercício das funções de Secretário de Estado do Tesouro entre 1972 e 1974, coordenou os trabalhos de preparação do DL nº 8/74; mais tarde, em 1988, passou a coordenar a Seção Especializada de revisão legislativa mobiliária e nessa qualidade auxiliou a preparação das linhas de reforma do mercado de capitais; por fim, a sua influência culminou com a sua coordenação do grupo que preparou o projeto de primeiro Código do Mercado de Valores Mobiliários (1987-1991), diploma por vezes cunhado na gíria como "Lei Sapateiro". Sobre o Código do Mercado de Valores Mobiliários, suas influências e estrutura: José Nunes Pereira, *Quinze Anos de Codificação Mobiliária em Portugal*, em *Direito dos Valores Mobiliários*, Vol. VIII (2008), 265-317.

175 Sobre os antecedentes da constituição da CMVM: Luís Guilherme Catarino, *Regulação e Supervisão dos Mercados de Instrumentos Financeiros. Fundamentos e Limites do Governo e Jurisdição das Autoridades Independentes*, Coimbra (2010), 63-74. *Cfr. ainda infra § 18º.*

176 O art. 24º do DL nº 142-A/91, de 10 de abril revogou o art. 307º CSC.

A reforma legislativa promovida por este Código logrou edificar um robusto e informado corpo de normas mobiliárias[177], dando causa a um inigualável salto quântico em relação a intervenções pretéritas. A preparação do Código envolveu um estudo cuidadoso de diversas fontes de direito comparado, que foram criteriosamente utilizadas. Por isso, o Código do Mercado de Valores Mobiliários ofereceu uma disciplina muito avançada para o seu tempo – nomeadamente no regime da prestação de informação, das ofertas públicas e dos mercados. Além disso, teve igualmente o mérito indiscutível de construir um regime geral dos valores mobiliários[178]. O Código do Mercado de 1991 representa, todavia, uma obra legislativa imperfeita, revelando-se para a época um diploma com uma inabitual densidade prescritiva e denotando, em diversos pontos, um pormenor excessivo para um código.

A codificação, normalmente surgida no culminar de um avanço científico, teve neste caso uma função diferente[179]. Em virtude da quase inexistente produção doutrinária até à data, foi este primeiro diploma – a par, claro está, do ressurgimento do mercado bolsista nacional em finais dos anos oitenta – um decisivo impulsionador do tratamento científico sobre o direito do mercado de capitais.

O ano em que mereceu aprovação o Código do Mercado dos Valores Mobiliários – 1991 – foi o mesmo em que a Lei Quadro das Privatizações veio a lume. Esta coincidência temporal tem um valor simbólico relevante. De facto, foi o desenvolvimento das privatizações que serviu de motor ao arranque ao crescimento do mercado de capitais português e à alteração da propriedade acionista de muitas sociedades. Por seu turno, foi este desenvolvimento que justificou maior importância ao estudo do direito dos valores mobiliários. As ligações entre as opções económicas subjacentes às privatizações e o enquadramento normativo do mercado de capitais – ou seja: entre a Economia e o Direito – encontram aqui um claro campo aplicativo. As modificações económicas influenciaram a resposta jurídica – e, do mesmo modo, o avanço científico deu redobrado conforto ao desenvolvimento do mercado de valores mobiliários[180].

[177] Sublinhando a sua completude: Amadeu Ferreira, *Direito dos Valores Mobiliários. Sumários*, cit., 66-67; Rui Pinto Duarte, *A Evolução do Direito das Sociedades Português*, em *Escritos sobre o Direito das Sociedades*, Coimbra (2008), 153-154; António Barreto Menezes Cordeiro, *Direito dos Valores Mobiliários*, Vol. I, 129-133.

[178] Entre as múltiplas modificações de que foi objeto, cumpre destacar as efetuadas através do DL nº 261/95, de 3 de outubro, com ampla incidência nas ofertas públicas de aquisição.

[179] Outras tendências codificadoras podem detetar-se em Itália, no *Testo Unico Finanziario*, que revela preocupações acentuadas ao nível da sistematização das matérias. A opção em Itália não foi, porém, a de concentrar toda a matéria no Código Civil, que agrega a matéria civil e comercial – preferiu-se antes deslocar os valores mobiliários para documento legislativo autónomo.

[180] Sobre a relação entre o Direito das privatizações e o revogado Código do Mercado de Valores Mobiliários, cfr. Paz Ferreira, *Privatizações e Código dos Valores Mobiliários*, *ROA* (dezembro 1998), 1093-1114.

V – Um dado quase simultâneo de relevo resultaria da Lei de Organização e Funcionamento dos Tribunais Judiciais[181]. Este diploma veio a considerar o contencioso das decisões proferidas pelas autoridades de supervisão financeira como matéria para os tribunais de competência genérica. Trata-se de uma solução que sobrevaloriza os aspetos juspublicistas do Direito dos valores mobiliários, o que merece crítica[182]. Aliás, o mesmo diploma consagrava orientação diversa, e mais acertada, em matéria de recursos das decisões da Autoridade da Concorrência, em processo de contra-ordenação (no atual art. 121º, nº 2 *c)* da LOTJ), em que considera competentes os tribunais de comércio. Houve que aguardar vinte anos, para uma inflexão desta orientação e para que, através da Lei nº 46/2011, de 24 de junho, ao tribunal da concorrência, supervisão e regulação fosse atribuída competência para decidir sobre o recurso, a revisão e a execução das decisões ou de quaisquer outras medidas legalmente suscetíveis de impugnação tomadas pela CMVM em processo de contra-ordenação (art. 417º CVM).

VI – Em 1999, o DL nº 486/99, de 13 de novembro, aprovou o novo Código dos Valores Mobiliários.

A sua preparação foi confiada a uma comissão de revisão presidida pelo Professor CARLOS FERREIRA DE ALMEIDA[183]. No âmbito desta, a comissão de redação do ante-projeto incluía o Dr. AMADEU FERREIRA e o autor destas linhas[184]. Uma documentação relevante, ainda que parcial, dos trabalhos preparatórios do Código encontra-se publicada, merecendo ainda ter em conta, como elementos preparatórios do Código, as atas do Conselho Nacional do Mercado de Valores Mobiliários[185].

[181] Aprovada pela Lei nº 3/99, de 13 de janeiro, com a redação dada pela Declaração de Retificação nº 7/99, de 4 de fevereiro. A Lei Orgânica e Funcionamento dos Tribunais Judiciais consta hoje da Lei nº 52/2008, de 28 de agosto.

[182] Cfr. *supra*, § 1º, 3.

[183] A comissão de revisão foi designada pelo então Ministro das Finanças, Professor Doutor ANTÓNIO SOUSA FRANCO, através do Despacho do Ministro das Finanças nº 2016/97 (2 ª série), de 12 de junho de 1997.

[184] A comissão de revisão foi ainda integrada pelos Drs. ANTÓNIO SOARES, CARLOS OSÓRIO DE CASTRO, JORGE BRITO PEREIRA, LUÍS MORAIS, SÉRGIO GONÇALVES DO CABO, CARLOS ALVES, JOSÉ ALLEN FONTES E JOSÉ MIGUEL ALMEIDA. Paralelamente à Comissão, prestaram apoio relevante os Drs FREDERICO DA COSTA PINTO (crimes e contra-ordenações) e JOSÉ PEDRO FAZENDA MARTINS (intermediação financeira).

[185] COMISSÃO DO MERCADO DE VALORES MOBILIÁRIOS/MINISTÉRIO DAS FINANÇAS, *Trabalhos Preparatórios do Código dos Valores Mobiliários*, Lisboa (1999); COMISSÃO DO MERCADO DE VALORES MOBILIÁRIOS/MINISTÉRIO DAS FINANÇAS, *Atas das Reuniões do Conselho Nacional do Mercado de Valores Mobiliários*, Lisboa (1999).

O diploma entrou em vigor em dois momentos distintos: as normas respeitantes às OPAs iniciaram a sua vigência em 28 de dezembro de 1999, por se entender que teriam carácter de urgência. No restante, o Código entrou em vigor em 1 de março de 2000[186]. A sua estrutura e conteúdo serão examinados à frente[187], no âmbito da análise das fontes vigentes.

§ 3º Fontes

1. *Panorama das fontes*

I – Apesar da existência de um Código dos Valores Mobiliários, o panorama das fontes é marcado por uma acentuada dispersão. Como adiante se verá, o Código não é exaustivo na concentração do material normativo desta área, incumbindo a um elevado número de diplomas dispersos o seu necessário complemento.

Por outro lado, como é próprio do Direito do sistema financeiro, a densidade regulatória aqui encontrada é muito elevada. O Direito dos valores mobiliários exige, assim, um cuidadoso manuseio das fontes: algumas coletâneas de legislação, sobretudo quando disponíveis em formato eletrónico[188] e permanentemente atualizadas, revelam-se, a esse propósito, auxiliares úteis.

II – As fontes do Direito dos valores mobiliários são ainda caracterizadas pela sua instabilidade, dadas as frequentes modificações de que são objeto. Alguns estudos ligam esta prolixidade legislativa às influências políticas usualmente sentidas na área financeira[189]. A harmonização europeia[190] e a necessidade de adotar medidas para contrariar as cíclicas crises financeiras constituem acrescidos fatores de relevo a explicar o fenómeno.

Outra nota dominante, aqui patente, é a do pluralismo de fontes – por aqui se combinarem normas legislativas, regulamentares, *soft law* e auto-regulação. O desenvolvimento feito à frente[191] permitirá compreendê-lo.

[186] Art. 5º DL nº 486/99, de 13 de novembro.

[187] Cfr. *infra*, § 3º.

[188] O sítio Internet da CMVM (www.cvmv.pt) faculta um amplo conjunto de textos normativos, na versão original e – quanto aos mais importantes – em tradução para inglês.

[189] LUCIAN BEBCHUK/ZVIKA NEEMAN, *Investor Protection and Interest Group Politics*, NBER (2007): *the rules and government institutions and practices that shape investor protection (...) evolve and change substantially over time* (8). Cfr. ainda MARK ROE/JORDAN SIEGEL, *Political Instability and Financial Development, Harvard Law School* (2007).

[190] Cfr. *supra*, § 2º, 3.-5. e *infra*, § 18º.

[191] Cfr. *infra*, § 3º, 6. e 7. e § 19º, 5.

III – A penetração crescente de influências comunitárias deve ainda ser tida em conta na caracterização global das fontes. Embora tal já tenha sido explicitado a propósito da contextualização histórica da disciplina, adiante o ponto é retomado.

2. *A Constituição*

I – No sistema das fontes internas, a Constituição da República representa, naturalmente, a peça legislativa hierarquicamente superior – facultando algumas indicações sobre o sistema financeiro, no seu art. 101º.

Dispõe esse preceito que *o sistema financeiro é estruturado por lei, de modo a garantir a formação, a captação e a segurança das poupanças, bem como a aplicação dos meios financeiros necessários ao desenvolvimento económico e social.*

O sistema financeiro é aqui entendido em sentido amplo, cobrindo o sistema financeiro privado e o sistema financeiro público[192]. Quanto à sua conformação, como se vê, a lei fundamental basta-se com a consagração de uma reserva de lei formal para a estruturação dos pilares do sistema financeiro, omitindo indicações precetivas sobre proteção do aforro. Trata-se de uma solução que, pese embora a sua vaguidade, não deixa de implicar uma garantia constitucional direta sobre a tutela do aforro, num reconhecimento dos interesses públicos subjacentes ao funcionamento regular do sistema financeiro, em todas as suas vertentes.

A parte final do preceito constitucional pode abrir margem para dúvidas interpretativas. Quais sejam os meios financeiros necessários ao desenvolvimento económico e social é questão que não consente resposta imediata[193]. Julga-se que a chave para a interpretação dessa expressão se pode obter em outros pontos da lei fundamental, por recurso ao elemento sistemático. No âmbito mobiliário, o desenvolvimento económico e social é potenciado pelo funcionamento de outros princípios igualmente com força constitucional: os princípios de abertura e de eficiência dos mercados (art. 81º *e)* e *f)* CRP), de iniciativa económica privada (arts. 61º, 80º *c)* e 86º CRP), de direito à propriedade privada (art. 62º *f)* CRP) e de integração internacional da economia (art. 100º *a)* e *i)* CRP).

Não pode permanecer esquecida, além disso, a vocação conformadora da Constituição no que respeita à interpretação de normas jurídicas. A inter-

[192] SOUSA FRANCO, *Sistema Financeiro e Constituição Financeira no Texto Constitucional de 1976*, em *Estudos sobre a Constituição*, Vol. III (1979), 556; GOMES CANOTILHO/VITAL MOREIRA, *Constituição da República Portuguesa Anotada*[4], I (2007), 1085; RUI GUERRA DA FONSECA, *Anotação ao art. 101º CRP*, em PAULO OTERO (org.), *Comentário à Constituição Portuguesa*, II (2008), 759, 771-772.

[193] EDUARDO PAZ FERREIRA, *Anotação ao art. 101º CRP*, em JORGE MIRANDA/RUI MEDEIROS, *Constituição da República Portuguesa Anotada*, II (2006), 204-208 (207-208); RUI GUERRA DA FONSECA, *Anotação ao art. 101º CRP*, em PAULO OTERO (org.), *Comentário à Constituição Portuguesa*, II, cit., 765-767.

pretação conforme à Constituição apresenta-se, com efeito, como elemento indissociável do processo hermenêutico de qualquer disposição legislativa, nomeadamente no âmbito mobiliário[194].

II – Como resulta do exposto, a Constituição mobiliária transcende, em extensão, o art. 101º. Cabe, além disso, admitir que a proteção dos investidores se possa filiar na tutela concedida, no texto fundamental, aos consumidores (arts. 52º, nº 3 alínea *b)*, 60º, 81º, alínea *i)* e 99º, alínea e) CRP)[195].

De entre os pontos merecedores de resguardo constitucional, a Lei fundamental indica o direito à informação e à proteção dos interesses económicos (art. 60º, nº 1 CRP)[196].

A genérica vocação aplicativa de tais disposições ao âmbito do mercado mobiliário assenta, no entanto, na equiparação da posição dos investidores à dos consumidores, a que adiante se regressa[197].

III – Deve ainda referir-se que, na Constituição portuguesa, a autoridade de supervisão – CMVM – não merece referência explícita, contrariamente ao que sucede com o Banco de Portugal, no âmbito bancário (art. 102º CRP)[198].

Esta constatação não deve passar sem uma observação crítica. A referência constitucional ao Banco de Portugal compreendia-se mais facilmente quando este acumulava funções de emissão de moeda, com plena autonomia para o seu exercício. Atualmente, perdida a soberania monetária[199], as funções monetárias do Banco de Portugal são exercidas de acordo com as orientações e as instruções do Banco Central Europeu, no âmbito do Eurosistema[200]. Não há, além disso, uma ligação necessária entre as funções de banca central e as de autoridade de

[194] Entre os clássicos: Reinhold Zippelius, *Verfassungskonforme Auslegung von Gesetzen*, in *BverfG und GG*, II, Tübingen (1976), 108-124; Ulrich Häffelin, *Die verfassungskonforme Auslegung und ihre Grenzen, FS Hans Huber zum 80. Geburstag*, Bern (1981), 241-259.

[195] Em sentido concordante: Sofia do Nascimento Rodrigues, *A Proteção dos Investidores em Valores Mobiliários*, cit., 29-32.

[196] Acerca das implicações (sobretudo indiretas) do texto fundamental no Direito dos contratos, remete-se para Assunção Cristas, *Proteção Constitucional do Consumidor e suas Implicações no Direito Contratual*, em *Direito Contratual entre Liberdade e Proteção dos Interesses e Outros Artigos Alemães--Lusitanos* (2008), 47-60.

[197] Cfr. *infra*, §15º, 1.

[198] A Constituição também se refere à Entidade Reguladora para a Comunicação Social, no seu art. 39º.

[199] Menezes Cordeiro, *Da nacionalização do BPN*, *RDS* nº 1 (2009), 59.

[200] Cfr. arts. 3º, 6º-9º da Lei Orgânica do Banco de Portugal, aprovada pela Lei nº 5/98, de 31 de janeiro, e alterada pelos Decretos-Leis n.os 118/2001, de 17 de abril, 50/2004, de 10 de março e 39/2007, de 20 de fevereiro.

supervisão, que em tese poderiam ser desempenhadas por outra entidade[201]. Assim sendo, este tratamento assimétrico, revelada no texto constitucional, do Banco de Portugal em relação às demais autoridades de supervisão é, em si, merecedor de reflexão[202]. Em tese, tal análise pode desembocar em uma de três conclusões: ou se infere que o texto constitucional peca por defeito (ao omitir menções à Autoridade de Supervisão de Seguros e Pensões e à CMVM); ou por excesso, na menção feita unicamente ao Banco de Portugal; ou por último se admite que o alcance do texto constitucional se cinge às atribuições do Banco de Portugal enquanto banco central.

Se tivermos em conta que os modelos institucionais de supervisão têm sofrido ajustamentos importantes nas últimas décadas, não sendo suficientemente estabilizado o modelo preferível[203], a derradeira opção parece mais plausível. Sucede que a Constituição representa o *código dos códigos* – por sinal, a peça legislativa em que os imperativos de estabilidade dos enunciados normativos se mostram mais agudos. A esta luz, deve entender-se que a referência direta ao Banco de Portugal apenas consagra uma garantia institucional nas suas funções de banco central[204], e não de autoridade de supervisão. De modo contrário, a indicação constitucional constituiria um fator cristalizador do modelo de supervisão do sistema financeiro – o qual, na sua configuração presente, não deixaria de constituir fonte de questionamento[205].

Por aqui se vê não se vislumbrar vantagem alguma na constitucionalização da estrutura institucional de supervisão. Naturalmente, não é, por si, deslocado que a Constituição verta indicações quanto à supervisão do sistema financeiro. A ligação da evolução dos mercados financeiros à economia real, e os interesses públicos subjacentes à regulação financeira, bem o justificam. Mas deveria antes a Lei fundamental dispor indicações genéricas sobre a função do sistema de supervisão e a independência das autoridades que o compõem, sem se comprometer com a designação das entidades em causa ou a arquitetura institucional correspondente.

[201] Luís Máximo dos Santos, *Regulação e Supervisão Bancária*, em Eduardo Paz Ferreira/Luís Silva Morais/Gonçalo Anastácio (org.), *Regulação em Portugal: Novos Tempos, Novo Modelo?* (2009), 99.

[202] Apesar de ser notória a escassa densidade normativa do art. 102º CRP, o que conduz a literatura a reportar-se à *neutralidade e remissividade* do preceito. Como ilustração: Gomes Canotilho/ /Vital Moreira, *Constituição da República Portuguesa Anotada*[4] (2008), 1084; Rui Guerra da Fonseca, *Anotação ao art. 101º CRP*, em Paulo Otero (org.), *Comentário à Constituição Portuguesa*, II, cit., 804-805.

[203] Cfr. *infra*, § 18º.

[204] A *garantia institucional* a favor do Banco Central é a reveladora designação de Gomes Canotilho/Vital Moreira, *Constituição da República Portuguesa Anotada*[4], cit., 1086.

[205] Cfr. *infra*, § 18º.

3. *Fontes de Direito Internacional*

I – Não abundam as fontes de Direito internacional mobiliário em sentido clássico. A internacionalização dos mercados apenas na última década se acentuou significativamente, pelo que é relativamente recente a generalização do reconhecimento da necessidade de instrumentos jurídico-mobiliários de alcance mundial[206].

No âmbito das Convenções de índole geral, deve referir-se que a Convenção da Haia sobre a lei aplicável aos contratos de mediação e à representação tem o seu âmbito de aplicação ao domínio mobiliário largamente prejudicado em virtude de Portugal ter reservado o direito de a não aplicar à representação exercida por um banco ou grupo de bancos em operações bancárias[207].

Outras fontes já sofreram alterações para acomodar soluções internacional-privatísticas atinentes aos valores mobiliários. Refira-se, neste contexto, que a Convenção de Roma sobre a lei aplicável às obrigações contratuais de 1980 foi objeto de uma modificação, introduzida através do Regulamento (CE) nº 593/2008 do Parlamento Europeu e do Conselho, de 17 de junho de 2008 (designado abreviadamente como Regulamento Roma I), que procura nomeadamente resolver questões relacionadas com o mercado de capitais[208].

Em causa está, de um lado, o estabelecimento de uma solução supletiva a aplicar, na falta de escolha, aos negócios concluídos em sistemas multilaterais que permitam ou facilitem o encontro de múltiplos interesses de terceiros na compra ou venda de instrumentos financeiros: a lei desse sistema (art. 4º, nº 1 *h)*). Favorece-se, pois, a unicidade da lei aplicável em transmissões sobre instrumentos financeiros em sistema multilateral, no caso de não haver escolha pelas partes[209] – solução que vale identicamente para os sistemas de liquidação[210].

[206] Cfr. *infra*, Capítulo XVI.

[207] Cfr. art. 18º da Convenção da Haia sobre a lei aplicável aos contratos de mediação e à representação. E ainda: LUÍS LIMA PINHEIRO, *Direito Aplicável às Operações Bancárias Internacionais*, ROA ano 67, Vol. II (Set.-2007), 611; Id., *Direito aplicável às operações sobre instrumentos financeiros*, em *Direito dos Valores Mobiliários*, Vol. IX (2009), 150.

[208] JO L 177/6-16, de 4.7.2008. De acordo com o respetivo art. 29º, o Regulamento tem aplicação a partir de 17 de dezembro de 2009.

[209] Trata-se de uma solução que mereceu a adesão explícita do Reino Unido (cfr. MINISTRY OF JUSTICE, *Rome I: Should the UK Opt In?* (2008), 22, acessível em http://www. justice.gov.uk/publications/cp0508.htm), apesar de não estar vinculado pelo Regulamento, assim como sucede com a Dinamarca (Considerandos 45 e 46).

[210] O Considerando 31 do Regulamento ressalva os acordos de sistemas de liquidação ao abrigo da alínea *a)* do art. 2º da Diretiva nº 98/26/CE, de 19 de maio de 1998, relativa ao carácter definitivo de liquidação.

O conceito de sistema multilateral aqui subjacente inclui quer os mercados regulamentados, quer os sistemas multilaterais de negociação[211].

De outro lado, o Regulamento Roma I impôs o afastamento da norma de conflitos aplicável aos contratos celebrados com consumidores de certos contratos relativos a instrumentos financeiros. De fora, ficam as questões relativas aos direitos e obrigações que constituam um instrumento financeiro e direitos e obrigações que constituam os termos e as condições que regulam a emissão ou a oferta ao público e as ofertas públicas de aquisição de valores mobiliários, e a subscrição e o resgate de partes de organismos de investimento coletivo na medida em que estas atividades não constituam a prestação de um serviço financeiro (art. 6º, nº 4, alínea *d)*). Excluídos do diploma estão identicamente os contratos de transmissão em sistema multilateral, em atenção à regra da lei do sistema, atrás enunciada (art. 6º, nº 4 alínea *e)*)[212]. Se assim não fosse, dada a vocação de circulação em massa dos instrumentos financeiros, e a consequente diversidade de domicílios dos aforradores, proliferaria a incerteza jurídica sobre a lei aplicável[213]. Queda-se, porém, submetida ao Regulamento a matéria dos contratos de intermediação sobre instrumentos financeiros[214].

II – A Convenção da Haia sobre lei aplicável a valores mobiliários detidos indiretamente assume-se como o primeiro texto de Direito internacional exclusivamente mobiliário.

Trata-se de um diploma normativo destinado a harmonizar as regras de conflitos quanto a valores mobiliários detidos através de intermediário financeiro. Foi adotado pela Conferência da Haia de Direito Internacional Privado em dezembro de 2002[215].

A Convenção centra-se nos aspetos ligados à titularidade dos valores mobiliários registados em intermediário, relegando para fora do seu âmbito questões relacionadas com aspetos contratuais (v.g. atinentes à remuneração, execução ou cessação do contrato de registo e depósito)[216]. O texto assenta na liberdade

[211] Cfr. a definição de sistema multilateral no Considerando 18 do Regulamento, que toma como irrelevante para o efeito a existência ou não de contraparte central.

[212] Maria João Matias Fernandes, *O Direito aplicável aos negócios relativos a instrumentos financeiros: a disciplina introduzida pelo novo Regulamento europeu sobre a lei aplicável às obrigações contratuais (Roma I)*, CDT Vol. 2 nº 2 (Out.-2010), 154-162; Luís Lima Pinheiro, *Direito aplicável às operações sobre instrumentos financeiros*, cit., 151-166.

[213] Cfr. os Considerandos 28 e 29 do Regulamento.

[214] Cfr. o Considerando 26 do Regulamento.

[215] O texto da Convenção encontra-se disponível em www.hcch.net.

[216] Maria Helena Brito, *A Convenção da Haia sobre a lei aplicável a certos direitos respeitantes a valores mobiliários depositados num intermediário*, em *Direito dos Valores Mobiliários*, Vol. V (2004), 91-126; Luís Lima Pinheiro, *Direito aplicável às operações sobre instrumentos financeiros*, cit., 174-184.

de escolha do Direito aplicável no contrato de registo, a celebrar entre o intermediário financeiro e o titular dos valores (art. 4º)[217]. Na falta de acordo, aplica-se a lei do Estado onde se situa o intermediário relevante, ou onde este possui o seu principal estabelecimento (art. 5º). O local onde se situa o emitente ou onde se situamos títulos não são tidos como critérios relevantes de localização (art. 6º).

Tal regime contrasta com a tradicional conceção baseada na localização dos bens para determinação da lei aplicável aos aspetos jurídico-reais (*lex rei sitae*), o que tem valido algumas críticas à Convenção. Tais acusações são em larga parte infundadas, na medida em que a própria aplicação do critério de localização física a valores registados em conta é, em si, desajustado[218]. Também se objetou que seria desejável o estabelecimento de uma lei única para a aplicação ao mesmo sistema de liquidação e compensação, para salvaguarda da certeza jurídica. Importa contrapor que esse resultado não é impedido, se assim acordarem os intermediários que integram o sistema.

A voz dos adversários da Convenção tem-se feito sentir. Com efeito, após a rápida elaboração deste texto normativo, o processo referente à sua ratificação tem-se revelado bastante turbulento[219]. Apesar de a Comissão Europeia ter, em 2003, recomendado a adoção da Convenção pelos Estados-membros como meio de atingir uma maior certeza jurídica no espaço jurídico europeu, o diploma nunca chegou a ser ratificado. O Parlamento Europeu chegou a adotar uma resolução em dezembro de 2006, levantando um conjunto de dúvidas e de reservas à adoção da Convenção. O Banco Central Europeu, por seu turno, não deixou de encarar a potencial proliferação de leis aplicáveis como um obstáculo ao sistema único de liquidação de transações sobre instrumentos financeiros (*Target 2 Securities*)[220].

Como resposta possível a estas objeções, chegou a aventar-se a hipótese do estabelecimento de uma disposição legislativa comunitária que, em limitação à liberdade de escolha do direito aplicável, impedisse a proliferação de diversas leis aplicáveis no mesmo sistema de liquidação e compensação: para já, sem resultado. Assim, o futuro da Convenção da Haia permanece, à data, bastante incerto.

[217] Jean-Pierre Deguee/ Diego Devos, *La loi applicable aux titres intermédiés:l'apport de la Convention de La Haye de décembre 2002*, T. B. H. (Jan.-2006), 5-32 (21-23).

[218] Uma resposta às críticas pode encontrar-se em Harry Sigman/ Christophe Bernascovi, *Myths about the Hague Convention Debunked, IFLR* (Nov.-2005), 31-35.

[219] Até à data, a Convenção apenas foi assinada, mas não ratificada, pelos Estados Unidos e pela Suíça.

[220] Cfr. *infra*, § 27º.

III – Por fim, cabe referir a Convenção de Genebra sobre valores mobiliários detidos através de intermediário financeiro, adotada sob a égide do UNIDROIT ("*Geneva Securities Convention*")[221]. Trata-se de um diploma que visa harmonizar regras de direito material relacionadas com a titularidade, oneração e transmissão de valores mobiliários detidos através de intermediário financeiro – sendo nessa medida complementar à Convenção da Haia sobre lei aplicável a valores mobiliários detidos indiretamente, que apenas cuida de normas de conflitos.

Ao propor-se tratar a titularidade, a oneração e a transmissão de valores mobiliários, a Convenção de Genebra assume uma importância central[222]. O tema briga, porém, com o conteúdo de duas Diretivas comunitárias com implicações pontuais nas regras de direito material da titularidade mobiliária – a Diretiva sobre o carácter definitivo da liquidação (Diretiva nº 98/26/CE, de 19 de maio de 1998) e a Diretiva sobre os acordos de garantia financeira (Diretiva nº 2002/47//CE, de 6 de junho de 2002) –, tendo obrigado, por isso, à sua modificação, o que veio a suceder através da Diretiva nº 2009/44/CE do Parlamento Europeu e do Conselho, de 6 de Maio[223]. Este diploma foi transposto para a ordem jurídica interna através do DL nº 85/2011, de 29 de junho.

O projeto da Convenção de Genebra começou a ser preparado na sequência de um grupo de trabalho constituído em 2002 sobre titularidade e transmissão de valores mobiliários. O primeiro projeto de Convenção foi divulgado em 2004[224], tendo a fase inaugural de negociações sido iniciada em 2005. A Convenção foi adotada em 9 de outubro de 2009 e ainda não entrou em vigor[225].

4. *Fontes de Direito Europeu*

I – O Tratado das Comunidades Europeias constitui a fonte cimeira do Direito europeu, também no que tange ao sistema financeiro. Este Tratado consagra

[221] O texto da Convenção encontra-se disponível em http://www.unidroit.org/english/conventions/2009intermediatedsecurities/main.htm.

[222] Desenvolvidamente: CHARLES MOONEY JR./ HIDEKI KANDA, *Core Issues Under the UNIDROIT (Geneva) Convention on Intermediated Securities: Views From the United States and Japan, em* LOUISE GULLIFER/ JENNIFER PAYNE, *Intermediated Securities: Legal Problems And Practical Issues* (2010), 69-130.

[223] Na exposição de motivos da correspondente Proposta de Diretiva do Parlamento Europeu e do Conselho que altera, no respeitante aos sistemas interligados e aos créditos sobre terceiros, a Diretiva nº 98/26/CE e a Diretiva nº 2002/47/CE, de março de 2008, (cuja versão portuguesa pode ser acessível em http://ec.europa.eu/internal market/financial-markets/docs/proposal/sfd fcd proposal pt.pdf) refere-se que esta não deve dar origem a problemas de iincompatibilidade com a Convenção do Unidroit.

[224] Sobre este: MIGUEL GALVÃO TELES, *Unidroit Preliminary Draft Convention on Substantive Rules Regarding Securities Held with and Intermediary*, em Direito dos Valores Mobiliários, Vol. VI (2006), 427-453.

[225] Até à data, apenas o Bangladesh assinou, mas não ratificou, a Convenção.

nos arts. 67º-73º as liberdades fundamentais do mercado interno – circulação de bens, de capital, de serviços e de pessoas –requerendo nomeadamente aos Estados-membros que procedam a uma abolição progressiva das restrições aos movimentos de capitais.

Sucede que, apesar de o mercado único de serviços financeiros constituir uma parcela fundamental do mercado interno, não se lhe dedicam referências específicas no Tratado.

Há quem reaja com apreensão a esta constatação[226] – mas o ponto é por vezes sobrestimado. É certo que o objetivo das regras europeias financeiras é específico, decorrendo da eliminação das falhas de mercado, da proteção dos investidores e encorajamento da inovação financeira. Mas não se vislumbra, apenas por aqui, que o Tratado deva ser alterado para acomodar esta especificidade. À semelhança do que sucede com os dados constitucionais, a promoção de regras mobiliárias a fontes primárias no sistema jurídico-europeu não se impõe como estritamente necessária e corre o risco da petrificação ou do rápido desajustamento das previsões normativas, com o risco de consequências nefastas, em cascata, para todo o sistema jurídico.

II – A densificação do reforço do mercado interno tem, assim, sido executada através de instrumentos legislativos do Direito europeu derivado – Diretivas e Regulamentos[227]. A lista completa destas intervenções europeias foi já anunciada atrás, a propósito do desenvolvimento histórico da disciplina, para onde se remete[228]. A interpretação do direito mobiliário europeu deve ser realizada a partir das fontes próprias, de natureza legislativa ou doutrinária[229].

Convém deixar claro que estes atos legislativos, além da sua estrita transposição, podem implicar adicionais limites ao poder legislativo dos Estados-membros, se constituírem instrumentos normativos de harmonização máxima. Tal sucedeu nomeadamente com o Regulamento (CE) nº 809/2004, de 29 de abril de 2004, sobre o conteúdo dos prospetos, e com uma parte substancial da Diretiva nº 2004/39/CE, de 21 de abril de 2004 (DMIF), designadamente no que tange aos deveres de exercício profissional dos intermediários financeiros.

Manifesta-se, aliás, uma crescente adoção de Regulamentos europeus, os quais têm aplicação direta e por isso eliminam as discrepâncias normativas na

[226] NIAMH MOLONEY, *Investor Protection and the Treaty: an Uneasy Relationship*, em GUIDO FERRARINI/KLAUS HOPT/EDDY WYMEERSCH, *Capital Markets in the Age of the Euro*, cit., 17-61.

[227] NIAMH MOLONEY, *New Frontiers of EC Capital Markets Law: From market construction to market regulation*, *Common Market Law Review*, volume 40 (2003), 809-843.

[228] Cfr. *supra*, § 2º, 3.

[229] RÜDIGER VEIL (ed.), *European Capital Markets Law*, Oxford (2013), 53-58.

transposição por cada um dos Estados-membros[230]. A título de exemplo, inscrevem-se nesta tendência o Regulamento de Abuso de Mercado[231], o Regulamento dos Prospetos[232], o Regulamento do rating[233], o Regulamento relativo aos mercados de instrumentos financeiros (RMIF)[234], o Regulamento relativo aos derivados do mercado de balcão, às contrapartes centrais e aos repositórios de transações (EMIR)[235], o Regulamento sobre produtos de investimento de retalho e produtos de investimento com base em seguros (PRIIPS)[236] e o Regulamento sobre short-selling[237]. Por seu turno, o desenvolvimento normativo a partir destes diplomas tomou igualmente a forma de regulamentos delegados ou de execução. Esta estratégia normativa incrementou significativamente o grau de harmonização legislativa europeia, o que em si se mostra meritório. O lado negativo é o de que a arquitetura institucional e a multi-estratificação de fontes fomentam uma expansividade em muitos casos excessiva dos materiais normativos. Assim, o incremento da harmonização europeia foi atingido à custa de um volume regulatório que excede o fluxo adequado e proporcional e nessa medida impõe em alguns casos um sobrepeso normativo indesejável[238].

III – A terminar este ponto, não deve olvidar-se que o Direito europeu projeta também um efeito hermenêutico sobre as normas de Direito

[230] Sobre esta tendência: Thomas Möllers, *European Legislative Practice 2.0: Dynamic Harmonisation of Capital Markets Law – MiFID II and PRIIP*, *Banking and Finance Law Review*, 31.1(2015), 171-172, 174; Peter Mülbert, *Regulierungstsunami im europäischen Kapitalmarktrecht*, ZHR (2012), 369-379; António Barreto Menezes Cordeiro, *Direito Europeu dos Valores Mobiliários: evolução e linhas gerais*, RDS 2 (2015), 293-294.

[231] Regulamento (UE) nº 596/2014, do Parlamento Europeu e do Conselho, de 16 de abril de 2014.

[232] Regulamento (UE) 2017/1129, do Parlamento Europeu e do Conselho, de 14 de junho de 2017.

[233] Regulamento (UE) nº 1060/2009, do Parlamento Europeu e do Conselho, de 16 de setembro de 2009.

[234] Regulamento (UE) nº 600/2014, do Parlamento Europeu e do Conselho, de 15 de maio de 2014.

[235] Regulamento (UE) nº 648/2012, do Parlamento Europeu e do Conselho, de 4 de julho de 2012, relativo aos derivados do mercado de balcão, às contrapartes centrais e aos repositórios de transações.

[236] Regulamento (UE) nº 1286/2014, do Parlamento Europeu e do Conselho, de 26 de novembro de 2014.

[237] Regulamento (UE) nº 236/2012, do Parlamento Europeu e do Conselho, de 14 de março de 2012.

[238] Para um exemplo relevante, a Lei nº 35/2018, de 20 de julho, que transpôs para Portugal a DMIF II preencheu trezentas e noventa e três páginas do Diário da República. A atual configuração da produção normativa europeia de Nível 2 constitui uma causa direta para o problema: Rüdiger Veil (ed.), *European Capital Markets Law*, Oxford (2013), 35-36.

interno[239]. Com efeito, a jurisprudência do Tribunal de Justiça Europeu tem sustentado[240] que, na medida do possível, o intérprete deve preferir a interpretação das normas de Direito interno que mais se aproximem das prescrições comunitárias.

Esta orientação constitui uma das decorrências da circunstância de as Diretivas vincularem os Estado-membros destinatários quanto ao resultado a alcançar (art. 249º, nº 3 TCE), valendo apenas em relação às normas europeias dotadas de efeito direto[241].

5. *O Código dos Valores Mobiliários*

I – Em termos legislativos, o lugar central do sistema jurídico-mobiliário pertence ao Código dos Valores Mobiliários, aprovado pelo Decreto-Lei nº 486/99, de 13 de novembro[242].

O Código marca, em termos formais, uma diferença cavada em relação ao antecessor Código do Mercado de Valores Mobiliários, de 1991. O seu estilo redaccional procura uma maior depuração dos enunciados normativos, em prol da sua acessibilidade e da sua concisão linguística e técnica. Embora esta marca distintiva tenha sido parcialmente mitigada em algumas das alterações de que tem sido objeto nos anos recentes, sobretudo em transposição de Diretivas comunitárias de execução (Diretivas de nível 2), daqui resulta um texto legislativo relativamente acessível, o que – olhando às experiências legislativas estrangeiras – nem sempre é comum encontrar na área mobiliária.

Ao mesmo tempo, a linguagem depurada do Código dos Valores Mobiliários abre maior espaço ao desenvolvimento regulamentar do que era usual encontrar-se no Código de 1991.

[239] Desenvolvidamente: Winfried Brechmann, *Die richtlinienkonforme Auslegung. Zugleich ein Beitrag zur Dogmatik der EG-Richtlinie*, München (1994), 127-280.

[240] Cfr. nomeadamente os casos C-14/83 *Von Colson and Kamann v. Land Nordhein-Westfalen* (1984) ECR 1981 e C-106/89 *Marleasing v. La Comercial Internacional de Alimentacíon* (1990), ECR 4135. Sobre os antecedentes deste aresto, v. nomeadamente Damian Chalmers/Christos Hadjiemmanuil/Giorgio Monti/Adam Tomkins, *European Union Law. Text and Materials*, Cambridge (2006), 381-384; Miguel Gorjão-Henriques, *Direito da União*[6], Coimbra (2010), 418-419. Esta linha jurisprudencial foi já sufragada pelo Supremo Tribunal de Justiça, através do seu acórdão nº 3/2004, de 25 de março de 2004.

[241] Miguel Gorjão-Henriques, *Direito da União*[6], cit., 417-422; Michael Raffan (org.), *A Practitioner's Guide to EU Financial Services Directives*[2], London (2006), 5-6; Menezes Cordeiro, *A Directriz 2007/36, de 12 de julho (Acionistas de Sociedades Cotadas): Comentários à Proposta de Transposição*, ROA (2008), 514-517.

[242] Em atenção às suas prescrições sancionatórias, o Código foi aprovado ao abrigo da Lei de autorização nº 109/99, de 26 de julho.

II – Em atenção à sua sistematização, o Código revela-se em oito títulos, assim distribuídos:

Título I: Disposições Gerais
Título II: Valores Mobiliários
Título III: Ofertas Públicas
Título IV: Negociação
Título V: Contraparte central, compensação e liquidação
Título VI: Intermediação
Título VII: Supervisão e Regulação
Título VIII: Crimes e Ilícitos de Mera Ordenação Social

No seu todo, o Código absorveu diversas influências provindas de outros sistemas jurídicos, mas não deixa de constituir um corpo normativo com feições próprias. O reduto da maior singularidade do Código encontra-se no Título II, por ensaiar um regime geral dos valores mobiliários, ombreando com facilidade com as peças legislativas do globo mais avançadas nesta matéria, ao que não são alheios os estudos de Amadeu Ferreira – membro da comissão revisora do Código – sobre valores escriturais[243]. É de notar, aliás, que o Código não apresenta um título autónomo sobre instrumentos financeiros, mas sobre valores mobiliários, o que constitui uma das justificações centrais para a designação do diploma[244].

De todos os títulos, o que sofreu maiores alterações foi o Título IV. Inicialmente designado "Mercados", e tendo por referência as bolsas, teve que sofrer duas reformas importantes. De um lado, refira-se o impacto da transposição das Diretivas do Abuso de Mercado e dos Prospetos, que erigiram os mercados regulamentados a referência institucional principal. De outro lado, a Diretiva europeia sobre Mercados de Instrumentos Financeiros obrigou a considerar outras estruturas de negociação, o que forçou à modificação da designação do título. O Título V – originariamente batizado Sistemas de Liquidação – também foi alterado por força da transposição desta Diretiva europeia, operada através do DL nº 357-A/2007, de 31 de outubro.

III – A centralidade do Código dos Valores Mobiliários decorre não apenas do contacto que estabelece com fontes normativas hierarquicamente inferiores,

[243] Amadeu José Ferreira, *Valores Mobiliários Escriturais. Um novo modo de representação e circulação de direitos*, Coimbra (1997); Id., *Direito dos Valores Mobiliários. Sumários das lições*, Lisboa (1998).

[244] Cfr. *infra*, § 11º, 5.

mas também pela relação que estabelece com textos legislativos provindos de outras áreas jurídicas[245].

Neste plano, é particularmente relevante a relação entre o Código mobiliário e o Código das Sociedades Comerciais[246]. No seu Título I, o Código dos Valores Mobiliários dedica um conjunto de normativos às sociedades abertas (arts. 13º a 27º), que servem de regras especiais em relação às constantes do CSC. Paralelamente, o Código das Sociedades Comerciais também inclui prescrições para sociedades emitentes de ações admitidas à negociação em mercado regulamentado, embora em termos fragmentários e dispersos ao longo do diploma[247]. Este quadro pode, porém, suscitar algumas interrogações[248]. Assim, sobretudo após a reforma societária de 2006 pode legitimamente questionar-se se não deveria unificar-se o tratamento das sociedades cotadas num só diploma. Apenas razões de pragmatismo legislativo, ligadas à desnecessidade de promover alterações apenas por motivos formais[249], propendem, para já, em sentido negativo.

O Código dos Valores Mobiliários deve ainda ser articulado cuidadosamente com o Regime Geral das Instituições de Crédito. Uma vez que larga parte dos intermediários financeiros assume a natureza de instituições de crédito ou sociedades financeiras, o diploma bancário preenche um papel relevante, na componente autorizativa da disciplina institucional mobiliária[250].

Em matéria penal, o Código consagra quatro tipos penais em aditamento ao catálogo da incriminações constante do Código Penal – abuso de informação privilegiada, manipulação de mercado, uso de informação falsa ou enganosa na captação de investimento e desobediência qualificada a atos da CMVM – os dois primeiros dos quais mereceram tratamento anterior no Código das Sociedades e, depois, no Código mobiliário de 1991[251]. De todo o modo, há que ter presente que há muitos delitos criminais comuns (v.g. burla, falsificação de documentos) com especial incidência na área do mercado de capitais.

[245] Ferreira de Almeida, *O Código dos Valores Mobiliários e o Sistema Jurídico*, in *Cadernos do Mercado de Valores Mobiliários*, nº 7 (2000), 19-47 (21-22).

[246] Paulo Câmara, *O Governo das Sociedades e a Reforma do Código das Sociedades Comerciais* (2007), 136-138. O tema é retomado *infra*, §§ 29º-30º.

[247] Cfr. arts. 77º, nº 1, 294º, nº 2, 349º, nº 4 *a)*, 365º, nº 2, 368º, nº 5, 372º-A, nº 2, 374º, nº 1, 396º, n.os 1 e 3, 413, nº 2 *a)*, 414º, nº 6, 423º-B, n.os 4 e 5, 444º, n.os 2 e 6 e 446º-A, nº 1 CSC.

[248] Criticamente: Brito Correia, *Regime da Invalidade das Deliberações dos Sócios*, in *Os Quinze Anos de Vigência do Código das Sociedades Comerciais* (2001), 58.

[249] O sistema jurídico italiano, de resto, convive com cenário semelhante, com prescrições dirigidas às sociedades cotadas repartidas entre o Código civil e o *Testo Unico finanziario*.

[250] Cfr. *infra*, § 23º, I.-6.

[251] Cfr. *infra*, §§ 48º-49º.

IV – O Código dos Valores Mobiliários foi aprovado no mesmo ano do Plano de Ação para os Serviços Financeiros da Comissão Europeia[252]. Este, por seu turno, foi implementado através de uma dezena de textos europeus, a renovar quase integralmente o Direito europeu do mercado de capitais na primeira década do século XXI[253]. Não causa admiração, assim, que desde a sua entrada em vigor, o Código dos Valores Mobiliários tenha sofrido modificações relevantes, ocorridas sobretudo por força da transposição de Diretivas europeias.

As alterações ao Código foram introduzidas pelos seguintes diplomas:

- DL nº 61/2002, de 20 de março de 2002 – alterou os arts. 16º e 17º, sobre transparência de participações qualificadas;
- DL nº 38/2003, de 8 de março de 2003 – ao modificar o regime jurídico da ação executiva introduziu alterações ao art. 82º CVM;
- DL nº 107/2003, de 4 de junho – alterou os arts. 116º, 118º, 227º e 229º;
- DL nº 183/2003, de 19 de agosto – revogou o art. 211º;
- DL nº 66/2004, de 24 de março – modificou os arts. 1º, 8º, 30º, 31º, 35º, 36º, 110º, 111º, 134º, 143º, 144º, 155º, 201º, 203º, 205º, 210º, 212º, 222º, 227º, 228º, 229º, 230º, 235º, 247º, 268º, 280º, 311º, 348º, 350º, 351º, 359º, 361º, 363º, 388º, 392º, e adiantou os arts. 163º-A e 237º-A;
- DL nº 52/2006, de 15 de março – diploma que procedeu à transposição das Diretivas relativas ao abuso de mercado (Diretiva nº 2003/6/CE, de 28 de janeiro, Diretiva nº 2003/124/CE, de 22 de dezembro, Diretiva nº 2003/125/CE, de 22 de dezembro e Diretiva nº 2004/72/CE, de 29 de abril) e à Diretiva sobre prospeto (Diretiva nº 2003/71/CE, de 4 de novembro);
- DL nº 219/2006, de 2 de novembro – transpôs a Diretiva sobre ofertas públicas de aquisição (Diretiva nº 2004/25/CE, de 21 de abril), alterando para o efeito os artigos 20º, 108º, 111º, 138º, 173º, 175º, 176º, 178º, 180º a 182º, 184º, 185º, 188º, 190º, 191º, 194º a 196º e 393º e aditando os artigos 20º-A, 145º-A, 147º-A, 182º-A, 185º-A, 185º-B e 245º-A.
- DL nº 357-A/2007, de 31 de outubro – em transposição das Diretivas sobre mercados de instrumentos financeiros (Diretiva nº 2004/39/CE, de 21 de abril de 2004 e Diretiva nº 2006/73/CE, de 10 de agosto de 2006) e das Diretivas sobre transparência (Diretiva nº 2004/109/CE, de 15 de dezembro de 2004 e Diretiva nº 2007/14/CE, de 8 de março

[252] European Commission, *Implementing the Framework for Financial Services: Action Plan*, COM (1999), 232 (11-Maio-1999).

[253] Luca Enrique/Matteo Gatti, *Is There a Uniform EU Securities Law after the Financial Services Action Plan?* (2007), com uma leitura detalhada e pessimista sobre o alcance deste plano. Cfr também *supra*, § 2º, 4.

de 2007), provocou a maior alteração até à data, tendo modificado 170 artigos e introduzido 56 novos preceitos, procedendo à republicação do Código;

- DL nº 211-A/2008, de 3 de novembro – alterou os 351º, 363º e 401º e aditou os arts. 16º-C e 350º-A;
- Lei nº 28/2009, de 19 de junho – reformulou o quadro sancionatório, alterando os os artigos 378º, 379º, 388º, 389º a 391º, 408º e 422º;
- DL nº 185/2009, de 12 de agosto – alterou o art. 245º-A, no tocante ao relatório anual de governo societário;
- DL nº 49/2010, de 19 de maio – transpôs a Diretiva dos direitos dos acionistas (Diretiva nº 2007/36/CE, do Parlamento Europeu e do Conselho, de 11 de julho), modificando os arts. 22º, 23º, 232º e 249º e aditando os arts. 21º-B, 21º-C, 23º-A, 23º-B, 23º-C e 23º-D;
- DL nº 52/2010, de 26 de maio – alterou o art. 20º-A, por ocasião da transposição da Diretiva nº 2007/44/CE, do Parlamento Europeu e do Conselho, de 5 de setembro;
- DL nº 71/2010, de 18 de junho – aditou ao elenco de intermediários financeiros (art. 293º) as sociedades de investimento mobiliário e as sociedades de investimento imobiliário;
- Lei nº 46/2011, de 24 de junho – modificou o art. 417º, sobre competência do tribunal da concorrência, regulação e supervisão;
- DL nº 85/2011, de 29 de junho – alterou os arts. 267º e 283º ao transpor a Diretiva nº 2009/44/CE, do Parlamento Europeu e do Conselho, de 6 de maio, sobre o caráter definitivo da liquidação;
- DL nº 18/2013, de 6 de fevereiro – procedeu à transposição da Diretiva nº 2010/78/UE, do Parlamento Europeu e do Conselho, de 24 de novembro de 2010 («Diretiva Omnibus I») e modificou os arts. 30º, 33º, 109º, 111º, 118º, 129º, 134º, 135º-A, 135º-C, 137º, 140º, 142º, 143º, 145º, 146º, 149º, 150º, 153º, 155º, 159º, 214º, 217º, 236º, 237º-A, 238º, 250º-A, 250º-B, 254º, 271º, 286º, 295º, 303º, 317º-D, 355º, 359º, 376º, 377º, 377º-A e 400º e aditou os artigos 29º-A, 110º-B e 377º-B;
- DL nº 63-A/2013, de 10 de maio – aprovou o novo Regime Jurídico dos Organismos de Investimento Coletivo (NRJOIC) e alterou os arts. 2º, 289º, 295º, 305º, 305º-B, 305º-D, 305º -E, 307º, 307º-B, 309º-B, 309º-E, 312º -E, 312º-G e 323º e aditou os arts. 309º-G e 323º-D;
- DL nº 29/2014, de 25 de fevereiro – modificou o art. 250º-A ao alterar o regime do papel comercial;
- DL nº 40/2014, de 18 de março – adaptou o regime nacional ao Regulamento (UE) nº 648/2012, do Parlamento Europeu e do Conselho, de 4 de julho de 2012 (EMIR), relativo aos derivados do mercado de balcão,

às contrapartes centrais e aos repositórios de transações e modificou os arts. 6º, 35º, 258º, 259º, 260º, 265º, 268º, 274º, 279º, 280º, 281º, 284º, 352º, 355º, 359º, 361º, 363º, 372º, 388º, 389º, 395º, 396º e 400º;

- DL nº 88/2014, de 6 de junho – modificou o regime dos auditores sujeitos a registo na CMVM, alterou o art. 9º e aditou o art. 9º-A;
- DL nº 157/2014, de 24 de outubro – modificou o art. 363º no âmbito da transposição da Diretiva nº 2013/36/UE, do Parlamento Europeu e do Conselho, de 26 de junho (CRD IV);
- Lei nº 16/2015, de 24 de fevereiro – alterou os arts. 289º, 295º, 298º e 359º do Código dos Valores Mobiliários ao aprovar o Regime Geral dos Organismos de Investimento Coletivo;
- Lei nº 23-A/2015, de 26 de março – transpõe a Diretiva 2014/59/UE, do Parlamento Europeu e do Conselho, de 15 de maio, que estabelece um enquadramento para a recuperação e a resolução de instituições de crédito e de empresas de investimento e alterou os arts. 21º-B, 189º e 214º;
- DL nº 124/2015, de 7 de julho – alterou o art. 135º-C do Código dos Valores Mobiliários, em matéria de prospeto no âmbito das medidas nacionais para a transposição da Diretiva nº 2003/71/CE, de 4 de novembro;
- Lei nº 148/2015, de 9 de setembro – alterou os arts. 8º, 245º e 389º no quadro da aprovação do Regime Jurídico da Supervisão de Auditoria;
- DL nº 22/2016 de 3 de junho – procedeu à transposição da Diretiva Transparência II, alterou os arts. 8º, 16º, 16º-A, 20º, 109º, 111º, 134º, 145º, 163º-A, 237º-A, 244º, 244º-A, 245º, 246º, 246º-A, 249º, 250º-A e 367º e aditou os arts. 244º-B e 245º-B;
- DL nº 63-A/2016 de 20 de 23 de setembro – criou o regime do reagrupamento de acções para as sociedades emitentes de acções admitidas à negociação em mercado regulamentado ou em sistema de negociação multilateral;
- Lei nº 15/2017, de 3 de maio – proíbe os valores mobiliários ao portador e altera os artigos 52º e 97º;
- Lei nº 28/2017, de 30 de maio – revê o regime sancionatório, modificando os artigos 2º, 12º-A, 182º-A, 211º, 248º, 248º-A, 248º-B, 250º, 304º-C, 305º, 305º-A, 309º-D, 309º-E, 309º-F, 311º, 349º, 353º, 359º, 367º, 377º-B, 378º, 379º, 380º, 380º-A, 388º, 400º, 401º, 403º, 404º, 405º, 408º, 409º, 414º, 416º, 418º, 420º e 422º e aditando os artigos 197º-A, 205º-A, 257º-A, 257º-B, 257º-C, 257º-D, 304º-D, 305º-F, 368º-A, 368º-B, 368º-C, 368º-D, 368º-E, 377º-C, 378º-A, 379º-A, 379º-B, 379º-C, 379º-D, 379º-E, 386º-A, 399º-A, 402º-A, 405º-A, 408º-A, 410º-A, 414º-A, 414º-B e 422º-A;
- DL nº 77/2017, de 30 de junho – altera o artigo 21º, clarificando o regime de imputação de direitos de voto fundada em domínio;

- DL nº 89/2017, de 28 de julho – altera o art. 245º-A, alargando o conteúdo do relatório de governação à política de diversidade, em transposição da Diretiva 2014/95/UE do Parlamento Europeu e do Conselho, de 22 de outubro de 2014 (informação não financeira);
- Lei nº 104/2017, de 30 de agosto – altera o art. 377º, limitando o dever de prestação de informações pela CMVM;
- Lei nº 35/2018, de 20 de julho – transpôs a DMIF II e os atos normativos complementares, alterando os artigos 2º, 3º, 30º, 33º, 35º, 60º, 62º, 72º, 80º, 85º, 88º, 99º, 111º, 198º, 200º, 201º, 202º, 203º, 204º, 205º, 206º, 207º, 208º, 209º, 210º, 211º, 212º, 213º, 214º, 215º, 216º, 224º, 225º, 227º, 252º, 258º, 273º, 274º, 278º, 279º, 281º, 287º, 289º, 290º, 291º, 293º, 294º, 294º-A, 294º-B, 295º, 301º, 304º-C, 305º, 305º-A, 305º-B, 305º-C, 305º-D, 305º-E, 306º, 306º-A, 306º-B, 306º-C, 307º, 307º-B, 308º, 309º, 309º-A, 312º, 313º, 314º, 314º-A, 314º-D, 315º, 316º, 317º, 317º-B, 317º-D, 321º, 323º, 327º, 328º, 329º, 330º, 334º, 352º, 353º, 355º, 359º, 360º, 361º, 363º, 369º, 372º, 375º, 377º-A, 377º-B, 388º, 389º, 392º, 394º, 395º, 396º, 397º e 400º e aditando os artigos 200º-A, 201º-A, 201º-B, 201º-C, 208º-A, 209º-A, 213º-A 215º-A, 222º-A, 223º-A, 257º-E, 257º-F, 257º-G, 257º-H, 288º-A, 295º-A, 305º-G, 306º-E, 306º-F, 306º-G, 309º-H, 309º-I, 309º-J, 309º-K, 309º-L, 309º-M, 309º-N, 312º-H, 313º-A, 313º-B, 313º-C, 317º-E, 317º-F, 317º-G, 317º-H, 317º-I, 396º-A e 397º-A.

Estas sucessivas modificações saldam-se por um aumento do número de preceitos do Código e por uma renovação sensível do conteúdo de uma larga parte dos mesmos. Sobretudo em virtude da transposição de Diretivas europeias, a desejada depuração normativa subjacente ao plano inicial do código sofreu uma inevitável erosão. Paralelamente, a multiplicação de Regulamentos europeus[254] atenua o fôlego codificador do diploma[255]. Todavia, a estrutura do diploma manteve-se no essencial intocada, o que merece ser anotado.

V – Constituindo porventura o texto legislativo formalmente mais conseguido do sistema financeiro português, o Código dos Valores Mobiliários logrou irradiar algumas influências para outras áreas jurídicas. Tal o caso das soluções referentes à forma escrita (art. 4º, quase transcrito para o art. 4º-A do CSC), à imputação dos direitos de voto (artigos 20º e 20º-A, mimetizados nos art. 13º-A

[254] Cfr. *supra*, § 3º, 4.

[255] Nas palavras de Frederico Costa Pinto, escrevendo a propósito da disciplina sancionatória, mercê da necessária articulação com o sistema normativo europeu o Código *perdeu parte da sua centralidade normativa*: *O novo regime europeu do abuso do mercado e a adaptação do sistema sancionatório nacional*, em Paulo Câmara (coord.) *O Novo Direito dos Valores Mobiliários*, (2017) 41.

e 13º-B RGIC e nos art. 3º-A e 3º-B da lei da atividade seguradora), aos deveres de governação de produto (artigos 90º-B-90º-D RGIC) e ao voto por correspondência (art. 22º). O próprio sistema de difusão de informações da CMVM, imposto pelo art. 367º, acabou por se revelar pioneiro enquanto ferramenta informativa de uma autoridade de supervisão.

O Código dos Valores Mobiliários projetou ainda influências em diplomas de outros sistemas jurídicos lusófonos (v.g. Angola e Cabo Verde)[256]. Encontra-se, de resto, disponível uma tradução do texto do Código para inglês[257], o que exponencia a sua visibilidade por parte da comunidade financeira global.

6. *Outras fontes legislativas*

I – Previna-se que o Código não condensa toda a disciplina do Direito dos valores mobiliários. Encerra, por outras palavras, uma codificação incompleta.

O fundamento deste cenário reside no facto de sobrarem diversos aspetos da disciplina mobiliária que são dotados de maior instabilidade, sofrendo alterações frequentes, o que torna vantajosa a sua regulação fora do Código.

II – No âmbito da emissão de valores mobiliários, o Código dos Valores Mobiliários apela a duplo complemento: de um lado, da legislação especial dos valores mobiliários e, de outro lado, da legislação especial dos emitentes.

Os tipos de valores mobiliários são regulados em leis autónomas. Assim:

- ações: art. 298º-ss. CSC (mas todo o regime das sociedades anónimas as afeta);
- obrigações: art. 348º-ss. CSC, DL nº 160/87, de 3 de abril e DL nº 320/89, de 25 de setembro;
- títulos de participação: DL nº 321/85, de 5 de agosto;
- obrigações hipotecárias: DL nº 59/2006, de 20 de março;
- obrigações de caixa: DL nº 408/91, de 17 de outubro;
- papel comercial: DL nº 69/2004, de 25 de março;
- organismos de investimento coletivo: Lei nº 16/2015, de 24 de fevereiro[258];
- *warrants* autónomos: DL nº 172/99, de 20 de maio.

Atente-se, ainda, no regime jurídico dos pacotes de produtos de investimento de retalho e de produtos de investimento com base em seguros (PRIIPS), que

[256] Cfr. *infra*, § 50º.

[257] No site Internet da autoridade de supervisão: www.cmvm.pt.

[258] Os diplomas sobre fundos de investimento têm sofrido diversas modificações, conforme se analisa no capítulo que lhes é dedicado: cfr. *infra*, § 43º e § 44º.

consta do Anexo II à Lei nº 35/2018, de 20 de julho, do Regulamento (UE) nº 1286/2014, de 26 novembro de 2014 e do Regulamento Delegado (UE) nº 2017/653 da Comissão, de 8 de março de 2017.

Por outro lado, para a verificação quanto à capacidade para a emissão[259], há que compulsar ainda os diplomas reguladores de cada emitente em especial.

III – A dispersão de fontes reflete-se também de modo claro em relação ao regime institucional dos intermediários financeiros, cujas normas gerais se repartem entre o CVM e o que consta do RGIC.

Além disso, há que contar com uma pulverização excessiva dos diplomas reguladores de cada tipo especial de intermediário financeiro[260], a saber:

- as sociedades corretoras e sociedades financeiras de corretagem (DL nº 262/2001, de 28 de setembro);
- as sociedades de consultoria para investimento (DL nº 357-B/2007, de 31 de outubro);
- as sociedades gestoras de patrimónios (DL nº 163/94, de 4 de junho).

Neste rol, tenha-se presente ainda alguns diplomas gerais que afetam os instrumentos financeiros e a intermediação financeira:

- Lei nº 35/2018, de 20 de julho, estabelece o regime jurídico dos PRIIPS, dos depósitos estruturados, das Centrais de Valores Mobiliários e das contrapartes centrais;
- DL nº 95/2006, de 29 de maio, referente aos contratos à distância relativos a serviços financeiros estabelecidos com consumidores, a transpor a Diretiva nº 2002/65/CE, de 23 de setembro;
- DL nº 105/2004, de 8 de maio – contratos de garantia financeira[261];
- Lei nº 83/2017, de 18 de agosto – branqueamento de capitais.

IV – O Código do Mercado de Valores Mobiliários de 1991 acolhia, nos seus arts. 9º-46º, o regime da CMVM. Desde o Código de 1999 que esse acervo normativo passou a ser objeto de um diploma autónomo – atualmente, o Decreto-Lei nº 5/2015, de 8 de janeiro.

Outros importantes diplomas extravagantes sobre a matéria mobiliária são os seguintes:

- DL nº 294/2003, de 21 de novembro – verificação dos requisitos das associações de defesa dos investidores;

[259] Cfr. *infra*, § 14º, 1.

[260] Criticamente, e propondo solução alternativa, reenvia-se para Conselho Nacional de Supervisores Financeiros, *Better Regulation – Consulta Pública nº 1/2007* (2007).

[261] Modificado pelo DL nº 85/2011, de 29 de junho.

– DL nº 222/99, de 22 de junho – sistema de indemnização aos investidores;
– DL nº 1/97, de 7 de janeiro – permite ao Estado a aceitação de cláusulas de compensação nos acordos sobre instrumentos financeiros derivados;
– DL nº 70/97, de 3 de abril – reconhece oponibilidade à massa falida e aos credores de cláusulas de compensação em contratos sobre instrumentos financeiros;
– Lei nº 18/2015, de 4 de março – capital de risco, empreendorismo social e investimento especializado;
– DL nº 357-C/2007, de 31 de outubro – sociedades gestoras de mercado, sociedades gestoras de sistemas de negociação multilateral, sociedades gestoras de câmara de compensação ou que atuem como contraparte central, sociedades gestoras de sistemas de liquidação e sociedades gestoras de sistemas centralizados; e
– DL nº 357-D/2007, de 31 de outubro – sobre contratos de investimento em bens corpóreos.

7. *Fontes infra-legislativas*

I – O sistema de fontes inclui ainda os regulamentos – seja aprovados pela CMVM, seja aprovados pelo Ministro das Finanças, sob forma de Portaria. A estes cabe um papel importante no desenvolvimento normativo relativo ao regime fixado no Código, dada a depuração de enunciados que este diploma procura apresentar[262].

II – O desenvolvimento de algumas matérias normativas através de Portaria ministerial ocorre em domínios, necessariamente circunscritos, em que o impacto político pode ser mais sensível.

Nos termos do Código, são as seguintes as áreas reservadas a portarias:
– registo sobre valores mobiliários (art. 59º)[263];
– operações de derivados sobre mercadorias ou ativos atípicos (art. 207º, nº 3);
– constituição e extinção de mercados regulamentados (art. 217º);
– adoção de medidas excecionais para fazer face a perturbações que ponham em causa a economia nacional (art. 352º, nº 2).

[262] Sobretudo na sua versão originária. Cfr. *supra*, § 3º, 5.

[263] Cfr. Portaria nº 289/2000, de 25 de maio e Portaria nº 290/2000, de 25 de maio.

Além disso, as taxas de supervisão a cobrar pela CMVM[264] e o capital social mínimo das entidades gestoras de mercados e sistemas[265] são igualmente fixados através de Portaria, ao abrigo, respetivamente, do art. 31º, nº 4 do Estatuto da CMVM e do art. 8º, nº 1 do DL nº 357-C/2007, de 31 de outubro.

III – A maioria de fontes infra-legislativas mobiliárias assenta em regulamentos. A lei combina a propósito uma cláusula geral sobre os poderes regulamentares da CMVM nas matérias integradas nas suas atribuições e competências (art. 369º, nº 1), com normas habilitantes específicas, espalhadas ao longo do Código[266].

Os regulamentos da CMVM são regidos por princípios da legalidade, da necessidade, da clareza e de publicidade (art. 369º, nº 2). A sua divulgação ocorre através de Diário da República e, quando incida sobre mercados ou sistemas, nos boletins respetivos. A produção regulamentar, em geral, mitigou a contenção normativa subjacente ao Código dos Valores Mobiliários de 1999 e tem sofrido avanços e recuos: em 2000 computavam-se 16 regulamentos a cobrir toda a atividade mobiliária[267], ao passo que em 2009 o número de intervenções regulamentares ascendia a 49. Com a expansão da regulação europeia no pós-crise, a produção regulamentar interna diminuiu naturalmente: a título de ilustração, apenas 2 regulamentos foram aprovados em 2014.

De entre os regulamentos da CMVM, merecem referência separada as *instruções*. Nos termos do nº 5 do art. 369º, estas caracterizam-se através de três critérios:

- quanto ao seu objeto: apenas visam regular procedimentos de carácter interno de uma ou mais categorias de entidades sujeitas à supervisão mobiliária;
- quanto ao seu modo de divulgação: não são publicadas no Diário da República, sendo ao invés diretamente notificadas aos respetivos destinatários;
- quanto ao seu início de vigência: entram em vigor cinco dias após a notificação ou na data nelas referida.

[264] Cfr. Portaria nº 913-I/2003, de 30 de agosto, alterado mais recentemente pela Portaria nº 342-B//2016, de 29 de dezembro.

[265] Cfr. Portaria nº 1619/2007, de 26 de dezembro.

[266] Reenvia-se para os arts. 5º, nº 2, 11º, nº 1, 30º, nº 4, 34º, nº 1, 60º, 91º, nº 6, 110º, nº 4, 127º, nº 3, 130º, nº 2, 131º, nº 2, 155º, 198º, nº 1, 216º, 221º, nº 9, 222º, nº 3, 223º, nº 5, 245º, nº 2, 247º, 253º, n.os 7 e 8, 261º, nº 1 273º, 315º, n.os 4 e 8, 318º-320º, 351º e 353º, nº 3 *a*).

[267] Cfr. o Boletim da CMVM nº 82, de 24 de fevereiro de 2000.

8. *Atos quase-normativos* (soft law)

I – Na análise das fontes do Direito dos valores mobiliários – tomando-as em sentido amplo – não pode deixar de mencionar-se os atos da autoridades públicas e organismos internacionais que, pese embora não revistam natureza vinculativa (não sendo, como tal, atos normativos) acabam por representar manifestações recomendatórias ou interpretativas com influência na conformação do comportamento dos participantes no mercado.

O relevo destas intervenções liga-se à necessidade, muitas vezes sentida, de concretizar aspetos de pormenor nas condutas devidas que não cabem na previsão dos atos normativos, ou de ensaiar exercícios aplicativos ante novos desenvolvimentos do mercado[268].

II – Como atos não-normativos deve mencionar-se, igualmente, os fenómenos de auto-regulação, a que se regressa mais desenvolvidamente adiante[269].

Como instrumentos de *soft law* neste patamar há, para já, que considerar os códigos deontológicos ou códigos de conduta. Estes já foram legislativamente definidos, embora noutro quadrante, como os *acordos ou conjunto de normas, não impostas por disposições legislativas, regulamentares ou administrativas, que define o comportamento dos profissionais que se comprometem a ficar vinculados por este código no que diz respeito a uma ou várias práticas comerciais ou setores de atividade específicos*[270].

Embora mereçam referências mais diretas a propósito dos intermediários financeiros (art. 304º-Bº), deve ser encarado como um instrumento quase-normativo geral, que pode ser utilizado por qualquer pessoa que actue no mercado (ainda que sem o ser a título profissional, como as associações de investidores).

O regime destes códigos de conduta sofreu uma modificação ao longo do seu percurso histórico. Na versão originária do Código, os códigos de conduta deviam ser registados na CMVM, para efeitos do controlo da sua conformidade com a lei e com os regulamentos (arts. 315º e 372º, nº 2 da versão de 1999). Desde o DL nº 357-A/2007, de 31 de outubro, porém, passaram a ser objeto de simples comunicação à autoridade de supervisão (arts. 304º-B e 372º), passando a supervisão sobre estes instrumentos a ser exercida *a posteriori*.

[268] Siegfried Kümpel, *Bank- und Kapitalmarktrecht*[3], cit., 1246-1273.

[269] Cfr. *infra*, § 19º, 3.

[270] Faz-se uso do conceito de código de conduta que nos é facultado pelo regime das práticas comerciais desleais: art. 3º *f)* do DL nº 57/2008, de 26 de março. Este diploma considera nomeadamente como ações enganosas o incumprimento de compromisso, efetivo e publicitado, decorrente de código de conduta ou a afirmação, que não corresponda à verdade, de ser signatário de código de conduta ou de este estar aprovado por organismo público ou outra entidade (arts. 7º, nº 2 *b)* e 8º *a)* e *c)* do DL nº 57/2008, de 26 de março).

Convém anotar que, de acordo com o regime mobiliário, os códigos deontológicos são de existência facultativa mas de divulgação obrigatória. Assim, inexistem normas do Código dos Valores Mobiliários que obriguem à sua elaboração. Ponto é que, segundo este diploma, a existirem códigos deontológicos, estes sejam adequadamente divulgados.

Certo é que o art. 77º-B do RGIC, normativo aditado pelo DL nº 1/2008, de 3 de janeiro, obriga à elaboração de códigos de conduta, devendo desses códigos constar *os princípios e as normas de conduta que regem os vários aspetos das suas relações com os clientes, incluindo os mecanismos e os procedimentos internos por si adotados no âmbito da apreciação de reclamações*. Uma vez que este preceito está vocacionado em geral para instituições de crédito e sociedades financeiras (*ex vi* do art. 195º do RGIC), atinge uma parcela significativa dos intermediários financeiros (cfr. ainda o art. 199º-B do RGIC). Na concreta conformação do código de conduta do intermediário financeiro, em cumprimento do citado art. 77º-B do RGIC, há que atender ao conteúdo do art. 305º-E do CVM, que já regula extensivamente as exigências de procedimentos para o tratamento de reclamações recebidas de investidores não profissionais[271].

Entre nós foram divulgados códigos de conduta das seguintes entidades: Interbolsa – Sociedade Gestora de Sistemas de Liquidação e de Sistemas Centralizados de Valores Mobiliários, SA; APFIPP – Associação Portuguesa de Fundos de Investimento, Pensões e Patrimónios; e APAF – Associação Portuguesa de Analistas Financeiros.

III – Os atos quase-normativos são de primordial relevo em termos internacionais. Tenha-se presente, a este propósito, que os organismos internacionais de referência nesta área (a *European Securities Markets Regulators* – ESMA –, no âmbito europeu, e a *International Organization of Securities Commissions* – IOSCO –, na esfera mundial) constituem redes de reguladores, neste último caso sem poderes de autoridade estabelecidos ou reconhecidos por instrumento normativo de Direito internacional ou europeu. Os documentos ou estudos produzidos por estes organismos, não constituindo fonte de deveres, são muitas vezes influentes para inspirar reformas legislativas internas ou para a fixação de padrões de comportamento em termos transfronteiriços.

No contexto europeu, de particular importância são os atos interpretativos de nível 3, na terminologia do sistema Lamfalussy[272]. Estes devem ser seguidos pelas autoridades de supervisão, de acordo com o compromisso assumido; mas tecnicamente não constituem fontes normativas.

[271] O que deve, aliás, ser objeto de informação aos investidores: art. 26º do Regulamento Delegado (UE) nº 2017/565 da Comissão, de 25 de abril de 2016 e art. 321º-A nº 1 *f)* CVM.

[272] Cfr. *supra*, § 2º, 4.

De idêntica natureza se revestem os compromissos assumidos em protocolos de entendimento (MoU), que não alteram direitos e obrigações estabelecidos por lei, embora tenham uma função decisiva na fixação de práticas de coordenação e cooperação internacional.

IV – Os atos não-normativos, por definição, não são vinculativos perante os particulares nem perante os órgãos de aplicação do Direito, nomeadamente judiciais.

Estes atos recomendatórios poderão ter, no limite, uma função integradora ou hermenêutica em relação a dados normativos pré-vigentes[273]. Mas não é forçoso que assim aconteça: há muitas recomendações *praeter legem*, que ultrapassam o âmbito ou sentido das prescrições normativas de base, pelo que não podem ser entendidas como tendo natureza interpretativa.

A influência fáctica dos atos não-normativos é variável. Em concreto, o seu grau de influência pode depender do seu conteúdo, da força argumentativa utilizada nos textos recomendatórios ou da representatividade da entidade que os aprova ou divulga.

Como mencionado, uma parcela de atos não-normativos provém de auto-regulação: o seu tratamento é feito adiante, no capítulo dedicado à regulação[274].

9. *O panorama doutrinário nacional*

I – O Direito dos valores mobiliários português conhece uma rarefação doutrinária até ao século XX.

Persiste, é certo, a dúvida historiográfica sobre a nacionalidade de Joseph de la Vega, autor do muito celebrado *Confusion de Confusiones* (1688)[275]. Há [276]quem sustente ser de nacionalidade portuguesa o autor desta obra dedi-

[273] Cfr. a propósito, no contexto dos códigos de governo societário, o meu *Códigos de Governo das Sociedades, Cadernos do Mercado de Valores Mobiliários,* nº 15 (dezembro de 2002), 65-90 e o desenvolvimento posterior na Introdução ao *Código de Governo das Sociedades Anotado* (2011); e ainda Abel Sequeira Ferreira, *A* soft law *e a juridicidade dos códigos de governo das sociedades, RDS,* IX (2018). Esclareça-se que os códigos de governo não são instrumentos puros de *soft-law,* dado que são objeto de normas informativas obrigatórias, no tocante ao grau de observância e aos motivos da não observância (Capítulo 0 do Anexo I ao Regulamento da CMVM nº 4/2013).

[274] Cfr. *infra,* § 19º, 3.

[275] De seu título completo: *Confusion de Confusiones. Dialogos Curiosos entre un Philosopho agudo, un Mercador discreto, y un Acionista erudito descriviendo el negocio de las Acciones, su origen, su ethimologia, su realidad, su juego y su enredo,* reedição Wiley: New York et al (1998).

[276] Assim: Hermann Kellenbenz, na introdução à reedição de 1957 reproduzida na reedição de 1998, cit., 125-128.

cada, em termos parcialmente ainda atuais, às operações da Bolsa de Amesterdão[277]; mas o ponto não se revela suficientemente seguro.

Até finais do século XIX, figura, em termos praticamente isolados, o opúsculo de Domingos Pinto Coelho, *Das operações de bolsa a prazo e do reporte segundo o Código Commercial,* que representa o texto da Conferência realizada na sessão inaugural da Associação dos Advogados de Lisboa, de 23 de novembro de 1892, dado à estampa no ano de 1893[278].

Tanto é assim que, no início do século XX, se lamentava Rui Ulrich que "*no nosso país, em que tantos capítulos do direito commercial estão ainda por estudar, nenhum trabalho foi ainda publicado sobre bolsas, nunca estas fizeram objeto de decisões da nossa jurisprudência e raríssimos serão aqueles que conheçam devidamente as disposições que as regulam*"[279]. O próprio Ulrich, todavia, teria larga responsabilidade na alteração esse cenário, ao enriquecer a rol bibliográfico nacional com duas fundamentais monografias: *Da Bolsa e das Suas Operações*[280] e *Do Reporte no Direito Commercial Portuguez,* ambas dadas à estampa em 1906. Estas obras teriam uma responsabilidade importante na emancipação científica do Direito dos valores mobiliários, a ser complementado pelo trabalho dos comentaristas ao Código Comercial[281].

Ao longo do século passado, a evolução do direito mobiliário acontece sobretudo por arrastamento do amadurecimento da doutrina em matéria de direito das sociedades ou de direito económico[282]. A ilustrá-lo, veja-se que o Código das Sociedades Comerciais (1986) não se absteve de alargar o seu âmbito a matérias claramente mobiliárias – como sucede com as ofertas públicas de aquisição, o *insider trading* e a manipulação de mercado – tendo contribuído para um avanço sério na análise destes institutos, o que – na preparação do diploma – deve creditar-se sobretudo ao Professor Raúl Ventura[283].

[277] Segundo David Justino, o facto de a obra ser escrita em castelhano não dissipa a dúvida sobre a nacionalidade do autor, pois o domínio da língua do país vizinho era corrente entre os autores portugueses da época (*História da Bolsa de Lisboa,* Lisboa (1994), 52). Cfr. *infra,* § 25º, 1.

[278] Pese embora a sua reduzida extensão (39 p.), percorre os preceitos principais do Código Comercial sobre o tema, revelando elementos do Direito francês da época.

[279] Rui Ulrich, Prefácio a *Da Bolsa e suas Operações* (1906), XVII.

[280] Desta obra existe uma 2ª edição revista e anotada por Maria Eugénia Mata, David Justino e José Carlos Rodrigues da Costa, Imprensa da Universidade, Coimbra, (2011).

[281] Cfr. Adriano Anthero, *Comentario ao Codigo Commercial Portuguez,* Porto (1913), Vol. II, 294-320; e ainda Caeiro Da Matta, *Direito Commercial Português,* Coimbra (1910), 667-711.

[282] Nesse período, cabe ainda citar A. Correia da Cunha, *Acções, Obrigações e Outros Valores Mobiliários,* Lisboa (1972); Carlos Moreno/ Miranda Barbosa/ Carlos Rosa, *Legislação dos Mercados Monetário, Cambial e Financeiro,* Coimbra, (1972).

[283] Na sua extensa bibliografia, as ligações ao Direito dos valores mobiliários são mais evidentes nos *Estudos Vários sobre Sociedades Anónimas,* Coimbra (1992).

II – A década de noventa traria alterações ainda mais relevantes, ao conhecer o envolvimento no Direito dos valores mobiliários de alguns dos mais representativos jusprivatistas atuais, determinando um salto significativo na produção doutrinária nacional. Este quadro viria a ser sintomaticamente anunciado pela publicação de três estudos sobre direito mobiliário, entre 1988 e 1989, por parte do Professor MENEZES CORDEIRO[284]. Estes estudos viriam a ser recolhidos numa coletânea com o título *Banca, Bolsa e Crédito* (1990), onde ganhariam ampla visibilidade[285].

O quadro doutrinário relacionado com esta matéria alterar-se-ia sensivelmente com a aprovação do primeiro Código mobiliário em 1991, dado o vivo interesse científico que este veio a despertar no meio universitário e forense. O rápido e exponencial crescimento da atenção para a área do direito dos valores mobiliários em Portugal constitui um fenómeno que merece ser reconstituído nos seus traços essenciais[286].

Em primeiro lugar, importa deixar claro que o interesse universitário pelo Direito dos valores mobiliários acelerou decisivamente a produção doutrinária neste domínio.

O maior salto qualitativo no tocante ao tratamento académico e científico da disciplina de direito dos valores mobiliários deve creditar-se à Faculdade de Direito da Universidade de Lisboa. Com efeito, na Faculdade de Direito de Lisboa foi dedicado um tratamento pioneiro dos temas bancários e mobiliários nos cursos de mestrado, regidos pelo Professor MENEZES CORDEIRO, nos anos de 1988/1989 e 1989/1990[287]. Entre os alunos dessa época destacou-se o Dr. AMADEU FERREIRA, com um estudo sobre ordens de bolsa, que ainda hoje permanece sendo de referência[288]. Na mesma instituição, em 1993, pela primeira vez foi apresentada uma dissertação de mestrado sobre o Direito dos Valores Mobiliários – igualmente da autoria de AMADEU FERREIRA, intitulando-se *Valores Mobiliários Escriturais – Um Novo Modo de Representação e Circulação de Direitos*[289]. Paralelamente, releva mencionar a inclusão curricular da disciplina de Direito

[284] MENEZES CORDEIRO, *Das publicações obrigatórias nos boletins de cotações de Bolsas de Valores: aspetos do novo regime ao aumento de capital por subscrição de novas acções*, em O Direito 120 (1988); Id. *Da transmissão em bolsa de acções depositadas*, em O Direito 120 (1988); Id. *Do reporte: subsídios para o regime jurídico do mercado de capitais e da concessão de crédito*, em O Direito 121 (1989).

[285] MENEZES CORDEIRO, *Banca, Bolsa e Crédito*, cit., 103-183.

[286] Logo a seguir ao Código, seria publicado um estudo importante de CARLOS FERREIRA DE ALMEIDA, *Desmaterialização dos títulos de crédito: valores mobiliários escriturais*, Revista da Banca, nº 26, (1993), 23-39. Para a reconstituição da evolução do ensino do Direito dos valores mobiliários: PAULA COSTA E SILVA, *Direito dos Valores Mobiliários. Relatório*, Lisboa (2005), 41-65.

[287] MENEZES CORDEIRO, *Manual de Direito das Sociedades*, II (2006), 590.

[288] *A Ordem de Bolsa* (*Revista da Ordem dos Advogados*, ano 52 II (1992)).

[289] O trabalho viria a ser publicado em 1997.

do Mercado de Capitais, ensaiada no Centro do Porto da Universidade Católica Portuguesa, no ano letivo de 1993/1994, sob responsabilidade do Dr. CARLOS OSÓRIO DE CASTRO.

Pode igualmente considerar-se pioneira, na Faculdade de Direito da Universidade de Lisboa, a realização do primeiro *ciclo de conferências* sobre o Direito dos Valores Mobiliários, que decorreu nos dias 6 a 10 março de 1996, sob impulso e coordenação do Professor Doutor OLIVEIRA ASCENSÃO.

Na mesma instituição universitária foi ainda criada uma *disciplina de licenciatura* de acesso às menções de ciências jurídicas e jurídico-económicas, no ano letivo 1997/1998, a qual funcionaria até ao ano letivo de 2000/2001. A regência desta disciplina foi confiada, nos dois primeiros anos, ao Dr AMADEU FERREIRA, sob coordenação do Professor OLIVEIRA ASCENSÃO. Nos anos letivos de 1999/2000 e 2000/2001 a regência foi confiada ao autor destas linhas, sob coordenação do Professor PAIS DE VASCONCELOS.

Releva ainda referir a criação de um *curso de pós-graduação* em Direito dos Valores Mobiliários da Faculdade de Direito de Lisboa, a partir do ano letivo 1997/1998[290]. Este curso tem servido para o tratamento de temas de atualidade, que são objeto de uma alteração anual.

Demais, em 21 de julho de 1998 foi constituído um Instituto dos Valores Mobiliários, cujo objeto é dedicado à investigação, ao ensino e à divulgação das Ciências Jurídica, Económica e Financeira no âmbito do mercado de valores mobiliários e de outras áreas dos mercados financeiros[291]. O Instituto passou a assumir a seu cargo a organização de cursos de pós-graduação e seminários antes conduzida pela Faculdade de Direito de Lisboa, promovendo igualmente concursos de monografias[292]. Foi ainda autorizado para a constituição de um Centro de Arbitragem para dirimir os litígios no domínio do Direito dos valores mobiliários[293].

III – O desenvolvimento do Direito dos valores mobiliários no contexto nacional regista outros indícios de múltiplas proveniências. A elaboração de dissertações académicas e a publicação de artigos e monografias têm ocorrido

[290] Nesse ano denominado curso de extensão, designação que no ano seguinte seria substituída por curso de pós-graduação.

[291] São associados fundadores institucionais do Instituto a Faculdade de Direito de Lisboa, a Comissão do Mercado de Valores Mobiliários, a Associação da Bolsa de Valores de Lisboa, a Associação da Bolsa de Derivados do Porto e a Associação Portuguesa de Bancos.

[292] O Instituto foi declarado instituição de utilidade pública através do Despacho nº 2946/2013, de 8 de fevereiro de 2013.

[293] Despacho de 27 de maio de 1999 do Secretário Adjunto do Ministro da Justiça.

com grande intensidade, como a lista bibliográfica apresentada a final o poderá documentar.

Na bibliografia desta disciplina, deve salientar-se o importante texto da Lição apresentada em 2005 nas provas de agregação do Professor CARLOS FERREIRA DE ALMEIDA[294]. A mesma disciplina foi objeto de escolha pela Professora PAULA COSTA E SILVA, nas suas provas para Professora Associada (texto de 2004, mas apreciado em 2005)[295] e objeto de uma monografia apresentada nas suas provas de agregação[296]. Revela, ainda, um especial significado simbólico que a área jurídica escolhida pelo Dr. MIGUEL GALVÃO TELES para inclusão no livro de homenagem ao seu pai, o Professor INOCÊNCIO GALVÃO TELES, tenha sido precisamente o Direito dos Valores Mobiliários[297]. O Professor JOSÉ ENGRÁCIA ANTUNES tem igualmente desempenhado um papel de destaque no desenvolvimento da disciplina, nomeadamente através das sucessivas edições do seu estudo de referência sobre instrumentos financeiros[298]. Mais recentemente, merece referir as dissertações de doutoramento de LUÍS GUILHERME CATARINO, sobre regulação e supervisão mobiliária[299], de MARGARIDA AZEVEDO DE ALMEIDA, sobre responsabilidade pelo prospeto[300], e de ANDRÉ FIGUEIREDO, sobre negócio fiduciário, com um destacado tratamento do tema da titularidade indireta de valores mobiliários[301]. Saliente-se ainda o manual da autoria do Professor ANTÓNIO BARRETO MENEZES CORDEIRO, cujo primeiro volume foi publicado em 2015[302]. Por fim, o panorama mobiliário nacional foi enriquecido com a obra de JOÃO SOARES DA SILVA a reunir os seus principais escritos[303].

[294] CARLOS FERREIRA DE ALMEIDA, *Registo de Valores Mobiliários*, em *Direito dos Valores Mobiliários*, Vol. VI (2006), 51-138.

[295] PAULA COSTA E SILVA, *Direito dos Valores Mobiliários. Relatório*, Lisboa (2005).

[296] PAULA COSTA E SILVA, *As operações de venda a descoberto de valores mobiliários*, Coimbra, (2009).

[297] MIGUEL GALVÃO TELES, *Fungibilidade de valores mobiliários e situações jurídicas meramente categoriais*, em *EH ao Professor Doutor Inocêncio Galvão Teles*, Vol. I, Coimbra (2002), 579-627 = *Direito dos Valores Mobiliários*, Vol. IV (2003), 165-217.

[298] JOSÉ ENGRÁCIA ANTUNES, *Os Instrumentos Financeiros*³, (2017).

[299] LUÍS GUILHERME CATARINO, *Regulação e Supervisão dos Mercados de Instrumentos Financeiros. Fundamentos e Limites do Governo e Jurisdição das Autoridades Independentes*, Coimbra (2010).

[300] MARGARIDA AZEVEDO DE ALMEIDA, *A responsabilidade civil por prospeto no Direito dos Valores Mobiliários – o bem jurídico protegido*, Faculdade de Direito da Universidade de Coimbra, Coimbra, (2013).

[301] ANDRÉ FIGUEIREDO, *O Negócio Fiduciário Perante Terceiros – Com Aplicação Especial na Gestão de Valores Mobiliários* (2012), 363-558.

[302] ANTÓNIO BARRETO MENEZES CORDEIRO, *Direito dos Valores Mobiliários*, Vol. I, (2015), a que se seguiu *Manual de Direito dos Valores Mobiliários*, (2016).

[303] JOÃO SOARES DA SILVA, *A Propósito de Corporate Governance e de Direito das Sociedades e dos Valores Mobiliários – Escritos Vários*, Coimbra (2018).

Todos estes são sinais de dignidade científica que a disciplina tem vindo seguramente a conquistar.

IV – De todas as figuras ímpares atrás mencionadas que no contexto nacional têm contribuído para a emancipação científica do direito dos valores mobiliários, merece sublinhar em particular AMADEU FERREIRA[304]. Como notado, o contributo pioneiro de Amadeu Ferreira iniciou-se com um estudo sobre ordens de bolsa, publicado em 1992[305]. Por seu turno, a sua dissertação de mestrado, apresentada em 1994 e discutida em 1995[306], representa ainda hoje uma obra de referência no estudo dos valores mobiliários escriturais. Este estudo foi, aliás, decisivo na preparação do Código dos Valores Mobiliários, em particular do seu Título II. O grupo de trabalho para preparação deste código (1998-1999), presidido por CARLOS FERREIRA DE ALMEIDA, contou com AMADEU FERREIRA como o seu membro mais influente. Refira-se também os seus artigos sobre sistemas de pagamentos e futuros e opções dados à estampa respetivamente em 1996 e 1997[307]. AMADEU FERREIRA publicou ainda as primeiras lições sobre Direito dos Valores Mobiliários (1998) e confiou-nos um desafiante artigo sobre a adoção de um futuro Código dos Instrumentos Financeiros (2010). Ensinou Direito durante mais de 25 anos, primeiro na Faculdade de Direito da Universidade de Lisboa (onde ajudou a fundar o Instituto dos Valores Mobiliários) e depois na Faculdade de Direito da Universidade Nova de Lisboa. Desempenhou, ainda, funções públicas de relevo enquanto Diretor e Vice-Presidente da CMVM. Atento o seu inquestionável contributo científico – a que se soma o generoso apoio a outros investigadores –, AMADEU FERREIRA alcançou um lugar definitivo de destaque na história desta disciplina.

V – No campo editorial, refira-se que a primeira revista especializada sobre a matéria foi lançada em 1997 – Cadernos do Mercado de Valores Mobiliários –, publicada pela CMVM, inicialmente de periodicidade quadrimestral e, desde

[304] Entre os justos testemunhos escritos de homenagem a Amadeu Ferreira (1950-2015), merece salientar CARLOS FERREIRA DE ALMEIDA, *O protagonismo de Amadeu Ferreira na fundação do Direito dos Valores Mobiliários em Portugal*, Estudos IVM (2016); RUI PINTO DUARTE, *Considerações sobre níveis de regulação e conceitos legais a propósito das sociedades comerciais, Cadernos MVM,* nº 51 – Ensaios de Homenagem a Amadeu Ferreira Volume I (Ago.-2015), 103-107 além do volume coletivo de homenagem coordenado por TERESA MARTINS MARQUES, *O Fio das Lembranças. Biografia de Amadeu Ferreira,* Lisboa (2015).

[305] *A Ordem de Bolsa, ROA,* ano 52 II (1992).

[306] *Valores Mobiliários Escriturais – Um Novo Modo de Representação e Circulação de Direitos,* (1997).

[307] *Sistemas de pagamentos e falência, Cadernos do Mercado de Valores Mobiliários,* nº 2, (1998), 39 ss; *Operações de futuros e opções*, em *Direito dos Valores Mobiliários,* Lisboa, (1997), 121-ss.

1998, de periodicidade trimestral[308]. Esta revista já ofereceu números importantes, tais como o dedicado ao Código dos Valores Mobiliários, o número reservado para a comemoração dos 10 anos da CMVM ou os volumes de homenagem à Dr.ª MAFALDA GOUVEIA MARQUES e ao Dr. AMADEU FERREIRA[309]. O ano de 2018 assinalou o lançamento de uma nova revista especializada sobre direito do sistema financeiro, bimensal e disponível integralmente na Internet: a Revista de Direito Financeiro e dos Mercados de Capitais. Além disso, as revistas dedicadas ao direito societário (Revista de Direito das Sociedades e Direito das Sociedades em Revista) dão regularmente a conhecer estudos relevantes na área do direito dos valores mobiliários.

Também o Instituto dos Valores Mobiliários tem tomado a seu cargo, até 2011 em ritmo anual, a edição de livros, e a partir dessa data a divulgação através do seu sítio de Internet, recolhendo estudos de Direito mobiliário, nomeadamente referentes às comunicações apresentadas nos cursos de pós-graduação levados a cabo na Faculdade de Direito da Universidade de Lisboa.

VI – No âmbito do tratamento académico, mencione-se ainda a criação, desde o ano letivo de 2001/2002, de uma disciplina de Valores Mobiliários e Títulos de Crédito a funcionar na Faculdade de Direito da Universidade Nova de Lisboa, sendo regida até 2015 pelo Dr. AMADEU FERREIRA e desde esse ano pela Dr.ª HELENA BOLINA. A Universidade Nova de Lisboa, em parceria com a Nova IMS, tem tomado ainda a seu cargo a lecionação de um mestrado em Direito e Mercados Financeiros, coordenado na parte jurídica pela Professora MARGARIDA LIMA REGO.

A acrescer, na Faculdade de Direito da Universidade de Coimbra foi em 1998 criado o Instituto de Direito Bancário, da Bolsa e dos Seguros, que se encarregou da organização de um curso de pós-graduação, fundado pelo Professor João CALVÃO DA SILVA, que o dirigiu durante duas décadas (1998-2018) e desempenhou um papel central na formação de sucessivas gerações de juristas no direito financeiro[310]. Este Instituto, em colaboração com o Instituto do Mercado de Capitais da BVLP e com a Faculdade de Economia do Porto, também organizou a partir de 2001 um curso de pós-graduação sobre "Mercados, Instituições e Instrumentos Financeiros", abaixo mencionado.

[308] A divulgação desta revista é exclusivamente digital desde 2006, sendo acessível no sítio internet da CMVM (www.cmvm.pt).

[309] Alude-se às edições dos Cadernos MVM n.os 7 (abril 2000), 12 (dezembro de 2001), 15 (dezembro de 2002) e 51 (agosto de 2015), respetivamente.

[310] JOÃO CALVÃO DA SILVA confiou-nos também uma importante obra de que se destaca, no âmbito mobiliário: *Banca, Bolsa e Seguros* (5ª edição: 2007) e *Titularização de Créditos – Securitization* (3ª Edição, 2013).

Ainda no âmbito da Faculdade de Direito da Universidade de Coimbra, interessa dar notícia das sessões dedicadas ao ramo mobiliário no curso de pós-graduação em Direito das Empresas, organizado pelo IDET sob orientação do Professor Doutor COUTINHO DE ABREU.

No Pólo de Lisboa da Universidade Católica, no âmbito da sua Faculdade de Direito, regista-se a inclusão, desde 2002/2003, de um módulo sobre Direito dos Valores Mobiliários no Curso de Pós-Graduação em Direito Comercial atualmente dirigido pelo Professor PAULO OLAVO CUNHA. Ainda a Faculdade de Direito da Universidade Católica optou por incluir na sua licenciatura, a partir de 2004/2005, e posteriormente nos seus cursos de mestrado, disciplinas semestrais de Direito do Mercado de Capitais, sob regência do Professor ANDRÉ FIGUEIREDO e do Dr. JORGE BRITO PEREIRA[311].

VII – O Congresso de Valores Mobiliários e Mercados Financeiros – iniciado em 2016, com cadência bienal – também tem procurado fomentar o debate entre especialistas sobre os temas mobiliários que, em cada momento, marcam a atualidade. As comunicações apresentadas nos Congressos têm dado origem a obras intituladas *O Novo Direito dos Valores Mobiliários*[312]. A sua organização encontra-se confiada ao grupo de investigação Governance Lab[313].

VIII – Estes dados são concludentes, permitindo inferir que o tratamento doutrinário nacional do corpo de normas e princípios jurídicos sobre os valores mobiliários não é fenómeno passageiro. A conclusão é, pois, segura: *o Direito dos valores mobiliários está já firmemente enraizado na comunidade jurídica portuguesa.*

[311] Alguns cursos universitários sobre Direito dos valores mobiliários não tiveram continuidade. A propósito, merece notícia o Curso sobre Mercados, Instituições e Instrumentos Financeiros, organizado pelo Instituto do Mercado de Capitais/Euronext Lisbon que funcionou em 1999/2000 realizado em Lisboa e em colaboração com a Faculdade de Direito de Lisboa, e em 2001/2002 realizado no Porto em colaboração com a Faculdade de Direito da Universidade de Coimbra e a Faculdade de Economia da Universidade do Porto. Tratava-se de um curso que procura abordar seja a vertente económico-financeira seja a vertente jurídica dos problemas associados ao mercado de capitais. Destacava-se, neste âmbito, a participação nas últimas edições do Professor JOÃO CALVÃO DA SILVA.

[312] PAULO CÂMARA (coord.), *O Novo Direito dos Valores Mobiliários* (2017); *Id.*, *O Novo Direito dos Valores Mobiliários – Vol II* (2018).

[313] Os trabalhos deste grupo de investigação independente dedicado ao governo das organizações encontram divulgação em www.governancelab.org.

10. *Bibliografia, revistas especializadas, blogs e sítios da Internet*

I – Uma lista alargada de indicações bibliográficas pode encontrar-se no final deste volume. Para uma primeira panorâmica, indicam-se aqui as obras de natureza geral que se têm imposto como fundamentais:

a) Portugal

– Posterior a 1888 e anterior a 1974

Luiz da Cunha Gonçalves, *Comentário ao Código Comercial Portuguez*, Lisboa, (1914)

Caeiro da Matta, *Direito Commercial Português*, Coimbra, (1910)

Marnoco e Sousa, *Tratado de Sciência das Finanças*, I, Coimbra, (1916)

Rui Ulrich, *Da Bolsa e das Suas Operações*, Coimbra, (1906)

– Posterior a 1974 e anterior a 1991

António Menezes Cordeiro, *Banca, Bolsa e Crédito*, Coimbra, (1990)

– Posterior a 1991 e anterior a 1999

AAVV, *Direito dos Valores Mobiliários*, Lex, (1997)

Carlos Osório de Castro, *Valores Mobiliários. Conceito e Espécies*, Porto, (1996)

Amadeu Ferreira, *Direito dos Valores Mobiliários*, Lisboa, (1998)

Amadeu Ferreira, *Valores Mobiliários Escriturais. Um novo modo de representação e circulação de direitos*, Coimbra, (1997)

– Posterior a 1999

AAVV, *Direito dos Valores Mobiliários*, Coimbra, Vol. I (1999), Vol. II (2000), Coimbra, Vol. III (2001); Vol. IV (2003); Vol. V (2004); Vol. VI (2006); Vol. VII (2007); Vol. VIII (2008); Vol. IX (2009) e Vol. X (2011)

António Barreto Menezes Cordeiro, *Direito dos Valores Mobiliários*, Vol. I, Coimbra, (2015)

António Barreto Menezes Cordeiro, *Manual de Direito dos Valores Mobiliários*, Coimbra, (2016)

António Menezes Cordeiro, *Manual de Direito Comercial*[2], Coimbra, (2007, reimp. 2009)

António Menezes Cordeiro, *Manual de Direito das Sociedades*[2-3], 2 Vols., Coimbra, (2011)

António Menezes Cordeiro (org.), *Código das Sociedades Comerciais Anotado*[2], Coimbra, (2011)

Paula Costa e Silva, *Direito dos Valores Mobiliários. Relatório*, Lisboa, (2005)

Carlos Costa e Pina, *Instituições e Mercados Financeiros*, Coimbra, (2005)
Eduardo Paz Ferreira, *Direito da Economia*, Lisboa, (2001, reimp. 2004)
João Calvão da Silva, *Banca, Bolsa e Seguros. Direito Europeu e Português*[2], I. Parte Geral, (2007)
José Engrácia Antunes, *Os Instrumentos Financeiros*[3], Coimbra, *(2017)*
Luís Guilherme Catarino, *Regulação e Supervisão dos Mercados de Instrumentos Financeiros. Fundamentos e Limites do Governo e Jurisdição das Autoridades Independentes*, Coimbra (2010)
Maria de Fátima Ribeiro (coord.), *Jornadas Sociedades Abertas, Valores Mobiliários e Intermediação Financeira*, Coimbra, (2007)

b) EUA

Jeffrey Gordon/ Wolf-Georg Ringe, *The Oxford Handbook of Corporate Law and Governance*, Oxford (2018)
Thomas Lee Hazen, *Treatise on the Law of Securities Regulation*[3], St. Paul, Minn., 3 vols. (1995)
Richard W. Jennings/Harold Marsh Jr./John Coffee Jr., *Securities Regulation – Cases and Materials*[7], Westbury, N.Y., (1992)
Louis Loss/Joel Seligman/Troy Paredes, *Securities Regulation*[3], (1989-)
Joel Seligman, *The Transformation of Wall Street*, Boston, (1982)

c) Reino Unido e Irlanda

John Armour/ Dan Awrey/ Paul Davies/ Luca Enriques/ Jeffrey Gordon/ Colin Mayer/ Jennifer Payne, *Principles of Financial Regulation*, Oxford (2016)
Joanna Benjamin, *Financial Law*, Oxford, (2007)
Eílis Ferran, *Building an EU Securities Market*, Oxford, (2004)
Alastair Hudson, *Securities Law*, London, (2008)
Niamh Moloney, *EU Securities and Financial Markets Regulation*[3], Oxford, (2014)
Niamh Moloney, *How to Protect Investors*, Oxford, (2010)
Niamh Moloney/ Eilís Ferrán/ Jennifer Payne, *The Oxford Handbook of Financial Regulation*, Oxford (2015)
Michael Raffan (org.), *A Practitioner's Guide to EU Financial Services Directives*[2], London, (2006)

d) Alemanha

Heinz-Dieter Assmann/Rolf Schütze (org.), *Handbuch des Kapitalanlegerechts*[3], München, (2007)
Carsten Peter Claussen (org.), *Bank und Börsenrecht*[4], München, (2008)

Wolfgang Gross, *Kapitalmarktrecht*[3], München, (2006)

Barbara Grunewald/Michael Schlitt, *Einführung in das Kapital marktrecht,* München, (2007)

Petra Buck-Heeb, *Kapitalmarktrecht*[9], Heidelberg (2017)

Heribert Hirte/Thomas J. M. Möllers, *Kölner Kommentar zum Wertpapierhandelsgesetz,* Köln, (2007)

Klaus Hopt/Bernd Rudolph/Harald Baum (org.), *Börsenreform. Eine ökonomische, rechtsvergleichende und rechtspolitische Untersuchung,* Stuttgart, (1997)

Siegfried Kümpel, *Bank- und Kapitalmarktrecht*[4], Köln, (2011)

Katja Langenbucher, *Aktien- und Kapitalmarktrecht*[4], München (2017)

Thomas Raiser/ Rudiger Veil, *Recht der Kapitalgesellschaften*[6], München (2015)

Eberhard Schwark/ Daniel Zimmer (org.), *Kapitalmarktrechts Kommentar*[4], München, (2010)

e) Itália

Guido Alpa/Francesco Capriglione, *Commentario al Testo Unico delle Disposizioni in Materia di Intermediazione Finanziaria,* Padova, 3 vols., (1998)

Renzo Costi/Luca Enriques, *Il Mercato Mobiliare,* in Gastone Cottino (org.), *Trattato di Diritto Commerciale,* VIII, (2004)

Piergaetano Marchetti/Luigi Arturo Bianchi, *La Disciplina delle Società Quotate,* Milano, 3 vols, (1999)

Filippo Annunziata (ed.), *Il Testo Unico della Finanza. Un bilancio dopo 15 anni,* Milano, (2015)

f) França

Thierry Bonneau/ France Drummond, *Droit des Marchés Financiers*[3], (2010)

II – É muito diversificado o panorama das revistas científicas ligadas ao Direito dos valores mobiliários. Além dos títulos reservados exclusivamente a esta área jurídica, há também que ter em conta as revistas de direito societário que lhe dedicam regular atenção. Sem pretensão de exaustividade, será justo destacar as seguintes:

- *Securities Regulation and Law Report (EUA);*
- *Journal of Financial Regulation and Compliance (Reino Unido);*
- *Capital Markets Law Review (Reino Unido);*

- *Diritto della Banca e del Mercato Finanziario (Itália);*
- *Die Aktiengesellschaft (Alemanha);*
- *Rivista delle Società (Itália);*
- *Butterworths Journal of International Banking and Financial Law (Reino Unido);*
- *Banca Borsa e Titoli di Credito (Itália);*
- *Bulletin Joly Bourse (França);*
- *Giurisprudenza commerciale (Itália);*
- *European Business Organization Law Review (Holanda);*
- *Wertpapiermitteilung (Alemanha);*
- *Revista de Derecho del Mercado de Valores (Espanha);*
- *Revista de Direito das Sociedades e dos Valores Mobiliários (Brasil);*
- *Cadernos do Mercado de Valores Mobiliários (Portugal);*
- *Revista de Direito das Sociedades (Portugal);*
- *Direito das Sociedades em Revista (Portugal).*

III – A informação disponível na Internet é muito vasta e imprescindível para quem estude o Direito dos valores mobiliários.

Neste âmbito, referência separada deve ser feita aos sítios oficiais, para o acesso a textos normativos ou a relatórios de autoridades públicas, de entre os quais:

- *Bundesanstalt für Finanzdienstleistungaufsicht:* www.bafin.de (Alemanha)
- Comissão Europeia: http://ec.europa.eu/internal market/securities
- *European Securities and Markets Authority* (ESMA): http://www.esma.europa.eu
- *Comissão do Mercado de Valores Mobiliários:* www.cmvm.pt (Portugal) – *Financial Conduct Authority:* www.fca.gov.uk (Reino Unido)
- *International Organization of Securities Commissions (IOSCO): www.*iosco.org
- Securities and Exchange Commission: www.sec.gov (EUA)

IV – De entre os sítios Internet com artigos ou comentários doutrinários, merece recomendar os que surgem listados abaixo:

- *Centre for Business Research:* http://www.econ.cam.ac.uk/cbr (Cambridge, Reino Unido)
- *European Corporate Governance Institute* – http://www.ecgi.gov – *Social Science Research Network:* http://papers.ssrn.com (EUA)
- *Genoa Centre for Law and Finance:* http://www.clfge.org (Itália)
- *Financial Law Institute:* http://www.law.ugent.be/fli (Bélgica)
- *Institute for Law and Finance/Johann Wolfgang Goethe Universität Frankfurt:* http://www.ilf-frankfurt.de (Alemanha)

- *Instituto dos Valores Mobiliários: http://www.institutovaloresmobiliarios.pt* (Portugal)

V – Contam-se ainda alguns blogues académicos relevantes, quer coletivos, quer individuais, de que constituem exemplo os seguintes:

- *Securities Law Prof Blog:* http://lawprofessors.typepad.com/securities (coletivo, EUA);
- *Ideoblog:* http://busmovie.typepad.com/ideoblog (Larry Ribstein, EUA);
- *Unternehmensrechtliche Notizen,* http://notizen.duslaw.eu (Ulrich Noack, Alemanha)
- *Professor Bainbridge.com:* http://www.professorbainbridge.com (Stephen Baindridge, EUA);
- *Oxford Business Law Blog* (coletivo, Reino Unido): www.law.ox.ac.uk/business-law-blog;
- *Columbia Law School's Blog on Corporations and the Capital Markets,* http://clsbluesky.law.columbia.edu/ (coletivo, USA);
- *Governance Lab:* http://www.governancelab.org (coletivo, Portugal).

Capítulo II
Do Valor Mobiliário aos Instrumentos Financeiros

§ 4º Valor mobiliário e instrumento financeiro

1. *Razão de ordem; indicação da sequência*

I – O arsenal terminológico do Direito dos valores mobiliários é marcado pela coexistência e parcial coincidência de dois conceitos distintos: valor mobiliário e instrumento financeiro[314].

O Direito europeu financeiro durante décadas preferiu tomar como referência o conceito, com raízes mais recuadas enquanto instrumento legislativo, de valor mobiliário. Todavia, a partir da década de 2000 passou a utilizar-se recorrentemente o conceito de instrumento financeiro na previsão das normas, como género, onde os valores mobiliários e os instrumentos derivados, como espécies, se incluem[315]. O legislador europeu não o fez de modo exclusivo: algumas Diretivas mantêm o conceito de valor mobiliário como conceito de referência[316].

[314] Vincenzo Vito Chionna, *Le Origini della Nozione di Valore Mobiliare, Riv Società* nº 4 (1999), 831-866; Michele Lobuono, *Valori Mobiliari e Strumenti Finanziari*, em Nicolò Lipari, *Trattato di Diritto Privato Europeo*[2] (2003), 495-522; Aníbal Sánchez Andrés, *Valores Negociables, Instrumentos Financieros y Otros Esquemas Contratuales de Inversión, RDBB* (2005), 7-58; Engrácia Antunes, *Os Instrumentos Financeiros*[3], cit., 46-84 e *passim;* Renato Gonçalves, *Nótulas Comparatísticas sobre os Conceitos de Valor Mobiliário, Instrumento de Mercado Monetário e Instrumento Financeiro na DMIF e no Código dos Valores Mobiliários, Cadernos MVM* nº 19 (2004), 94-103; Amadeu Ferreira, *Um Código dos Instrumentos Financeiros? Algumas Notas Soltas, EH ao Professor Doutor Carlos Ferreira de Almeida*, I (2010), 701-710.

[315] Artigo 4º, nº 1 44) e Anexo I C 1) da Diretiva 2014/65/UE, de 15 de maio de 2014 (DMIF II).

[316] Tal o caso, nomeadamente, da Diretiva nº 2004/109, de 15 de dezembro de 2004 (Diretiva da Transparência) (art. 2º, nº 1 *a)*) e da Diretiva nº 2003/71/CE, de 4 de novembro de 2003 (Diretiva dos Prospetos) (art. 2º, nº 1 *a)*).

O Direito português, de sua banda, desde o DL nº 8/74, de 14 de janeiro, tem tomado como matricial o conceito de valor mobiliário. Assinale-se, porém, que as referências legislativas aos instrumentos financeiros, que já recebiam consagração na legislação nacional no Código de 1991[317], se multiplicaram com a transposição da Diretiva dos Mercados de Instrumentos Financeiros, ocorrida por força do DL nº 357-A/2007, de 31 de outubro.

II – Uma primeira análise ao conteúdo das categorias em causa leva a concluir que a opção nacional tem sido a de perfilhar e manter um conceito de valor mobiliário em sentido restrito, que não inclui os derivados. Essa tendência era porventura menos clara no Código de 1991, que estabelecia uma equiparação entre os valores mobiliários e os derivados negociados em bolsa[318], mas passou a ser incontestável com o Código dos Valores Mobiliários (veja-se o art. 1º CVM). O principal fator por detrás desta tendência de fundo reside na maior estabilidade e coesão do conceito de valor mobiliário[319].

Em contraste, enquanto categoria jurídica, os instrumentos financeiros incluem valores mobiliários – posições jurídicas representadas e circuláveis –, de um lado, e instrumentos do mercado monetário, derivados e licenças de emissão, de outro lado. Ora, enquanto o conceito e a disciplina dos valores mobiliários repousa na sua transmissibilidade[320], característica que se estende às licenças de emissão[321], os derivados ou não são de todo transmissíveis (caso dos derivados de mercado), ou apenas são passíveis de cessão de posição contratual (no que concerne aos derivados negociados fora de mercado). Assim, não se descobre aí uma unidade, seja do ponto de vista funcional, seja do ponto de vista estrutural.

[317] Arts. 3º, nº 2 *b)*, 188º, nº 10, 409º, nº 3, 411, nº 6 e 607º, nº 2 CdMVM.

[318] Rezava o art. 607º, nº 2 CdMVM: são considerados valores mobiliários (...) além dos definidos na alínea *a)* do nº 1 do artigo 3º, os direitos e os instrumentos financeiros a eles equiparados por força do nº 2 do mesmo artigo. Por seu turno, o art. 3º, nº 2 *b)* CdMVM equiparava aos valores mobiliários os instrumentos financeiros, nomeadamente futuros e opções, negociados em bolsa, traduzidos em contratos padronizados a prazo que tenham por objeto, direta ou indiretamente, valores mobiliários, de natureza real ou teórica, taxas de juro, divisas ou índices sobre valores mobiliários, taxas de juro ou divisas.

[319] OLIVEIRA ASCENSÃO refere-se ao conceito de instrumento financeiro como de "extrema latitude", sendo uma expressão "amplíssima": do autor, *Derivados*, em *Direito dos Valores Mobiliários*, Vol. IV (2003), 41, ao passo que ENGRÁCIA ANTUNES desvaloriza o tema, considerando que a terminologia moderna deve centrar-se no conceito de instrumento financeiro, como dotado de uma função regulatória matriz ou de cúpula (*Os Instrumentos Financeiros*[3], cit., 49-50).

[320] Cfr. *infra*, § 5º, 1.-4.

[321] TIAGO ANTUNES, *Ensaio sobre a natureza jurídica das licenças de emissão no seio do mercado europeu de carbono*, (2014), 51. Cfr. *infra*, § 13º, 6.

Por seu turno, a inclusão das licenças de emissão de carbono no perímetro de instrumentos financeiros contribuiu decisivamente para uma descaracterização desta figura. Como adiante se verá, as licenças de emissão documentam situações jurídicas cuja natureza e cujos processos de atribuição e extinção se revelam inteiramente distintos em relação ao que sucede nos restantes instrumentos financeiros[322].

Não se surpreende, assim, que a multiplicação das referências legislativas aos instrumentos financeiros ocorra sem o amparo de um conceito seguro da figura, como adiante melhor se compreenderá[323]. Os valores mobiliários, em comparação, representam um reduto conceptual mais sedimentado.

A fronteira delimitativa do universo dos instrumentos financeiros, além disso, encontra-se em permanente tensão com a profusão de produtos financeiros equivalentes provindos da área bancária ou seguradora. Acima de tudo, o elemento de base na técnica da derivação – isto é, a indexação da remuneração do aforro ao desempenho de ativos "externos" – já é comummente empregue em depósitos bancários "estruturados" e em alguns contratos de seguro de natureza financeira[324]. Bem se vê, assim, que pese embora contenha um perímetro mais largo do que o circunscrito aos valores mobiliários, o *nomen iuris* instrumento financeiro não abarca hoje todas as facetas do fenómeno financeiro. Se, por fim, procurarmos um plano conceptual ainda mais elevado, tomando por referência todo o sistema financeiro, fica ainda por descobrir um conceito acabado de produto financeiro que abranja os contratos e os documentos circuláveis de negociação ou contratação usual no sistema bancário, mobiliário ou segurador.

III – Esta insatisfação terminológica representa um sinal de que estamos num período de transição. As categorias conceptuais de base não são estáveis, e a densidade de elaboração doutrinária é desigual em relação a cada uma.

O conceito mais trabalhado e com maior tradição, apesar de ainda ser objeto de formulações legislativas díspares, é o de valor mobiliário. Afigura-se, assim, metodologicamente mais seguro concentramo-nos neste conceito – e depois apurar a extensão do conceito de instrumento financeiro[325]. Esse o percurso que aqui se inicia.

[322] Para uma análise mais aturada desta especificidade, cfr. *infra*, § 13º, 6.

[323] Cfr. *infra*, § 13º.

[324] Cfr. *supra*, § 1º, 2. IV.

[325] Cfr. *infra*, § 13º.

§ 5º O conceito de valor mobiliário

1. *Relevo do conceito e dificuldades na sua delimitação*

I – *O conceito de valor mobiliário é o conceito diretor desta disciplina.* Assinala-se-lhe extrema importância – teórica e prática – na medida em que o âmbito do conceito é delimitador do perímetro de aplicação das normas relativas a valores mobiliários. Quanto mais amplo o conceito, mais dilatado o perímetro aplicativo da disciplina mobiliária, seja em termos de regras de direito privado, seja no tocante à adjacente supervisão administrativa.

II – O relevo deste conceito encontra sobejos pontos de apoio no atual Código. Avulta, em primeira linha, a circunstância de o código vigente tomar a designação de *Código dos Valores Mobiliários.* Este título difere do do código anterior, datado de 1991, que se designava Código do Mercado de Valores Mobiliários, tomando de maneira mais direta o mercado como o seu objeto. O código vigente – sem embargo de também disciplinar as estruturas de negociação, a intermediação e a compensação e liquidação – reflete no seu título o que é central na sua regulação: os valores mobiliários.

Além disso, por oposição ao código anterior, o título do atual código anuncia uma ideia importante, que à frente se desenvolve: a de que os valores mobiliários são objeto de estatuições legislativas – e essa sujeição ao Código verifica-se mesmo que os valores mobiliários não circulem, de facto, no mercado.

Outro traço importante que, a partir deste diploma, denuncia o relevo de conceito de valor mobiliário reside na constatação de que o conceito de valor mobiliário precede a própria delimitação do âmbito do Código dos Valores Mobiliários (CVM). Ou seja: antes mesmo de o legislador delimitar o âmbito aplicativo do código, fornece indicações quanto ao conceito de valor mobiliário que surgem precisamente no seu art. 1º.

III – Não obstante a essencialidade do conceito de valor mobiliário, nota-se que a análise do seu conteúdo se depara com problemas de construção científica, que se refletem na delimitação do conceito.

O problema mais importante é o da *polissemia* do conceito de valor mobiliário. Com efeito, em textos nacionais e estrangeiros, é usual depararmo-nos com o emprego de formulações do conceito de valor mobiliário com significados diferentes. Não é inteiramente coincidente o recorte do conceito de *Wertpapier,* na Alemanha[326], de *valori mobiliari* em Itália[327], de *valeur mobilière*

[326] No Direito alemão, contrapõe-se o conceito de *Wertpapier* em sentido amplo, incluindo títulos de crédito individuais e valores mobiliários, e o conceito utilizado em sentido restrito no § 2 (1)

em França[328] ou de *valor mobiliario ou valor negociable* em Espanha[329]. A partir daqui, o desencontro doutrinário sobre a natureza dos valores mobiliários constitui uma inevitabilidade[330].

A acrescer, a inovação financeira, sobretudo a partir da década de 1980, serviu de catalisador de uma crescente diversificação dos tipos de valores mobiliários, o que contribuiu igualmente para tornar árdua a tarefa de delimitação do conceito de valor mobiliário[331]. Por todos estes motivos, depara-se uma incontornável dificuldade em reconduzir o conceito de valor mobiliário a um conceito unitário[332].

IV – A dificuldade na delimitação do conceito de valor mobiliário é agravada porque as grandes influências jurídico-culturais do direito dos valores mobiliários – as influências anglo-saxónicas e de direito europeu –, não nos auxiliam na depuração do conceito, por razões substancialmente diferentes.

A um tempo, quer o Direito inglês quer o Direito federal norte americano, para escapar a abordagens definitórias que venham a ser ultrapassadas pelas práticas dos mercados, perfilham um conceito deliberadamente muito amplo,

WpHG. Para este normativo, releva a proximidade com as acções e obrigações e a aptidão circulatória em mercado: Peter Versteegen, Anot. § 2, em Heribert Hirte/Thomas J. M. Möllers, *Kölner Kommentar zum Wertpapierhandelsgesetz*, Köln (2007), 81-90; Siegfried Kümpel, *Bank- und Kapitalmarktrecht*[3], cit., 1281-1282.

[327] Na Secção B do Anexo ao Testo Unico Finanziario, o legislador italiano opera uma remissão para o elenco europeu de valores mobiliários: Renzo Costi/Luca Enriques, *Il Mercato Mobiliare*, in Gastone Cottino (org.), *Trattato di Diritto Commerciale*, VIII (2004), 29-33. Sobre os antecedentes: Vincenzo Vito Chionna, *Le Origini della Nozione di Valore Mobiliare*, *Riv Società* nº 4 (1999), 831-866; Francesco Carbonetti, *Che cos'è un valore mobiliare?*, Giur. Comm (março/abril 1989), 280-303; Antonio Serra, *Valori Mobiliari*, *EdD* XLVI (1993), 200-208.

[328] Philippe Goutay, *La Notion de Valeur Mobilière*, Recueil Dalloz nº 21 (1999), 226-230; François-Xavier Lucas, *Retour sur la Notion de Valeur Mobilière*, Bulletin Joly Sociétés (agosto/setembro 2000), 765-781.

[329] Luis Miguel de Dios Martínez, *Títulos-Valor Simples y Documentos de Legitimacíon*, Madrid (2004), 89-100; Carlos Salinas Adelantado, *El Concepto de Valor Negociable*, RDBB nº 63 (1996), 609-648; Andrés Recalde Castells, *Los "Valores Negociables" ¿Concepto Delimitador del Derecho del Mercado de Valores?*, RDBB (abril/junho 1999), 95-161; José Maria Eizaguirre, *La opcíon por un concepto amplio de Título-Valor*, RDBB n. 57 (1995), 9-51.

[330] Para visões opostas: Joanna Benjamin, *Interests in Securities*, Oxford, (2000) [o valor mobiliário como objeto de propriedade]; Eva Micheler, *The legal nature of securities: inspirations from Comparative Law*, em *Intermediated Securities*, cit., 131-149 [o valor mobiliário como direito negociável].

[331] Thierry Bonneau, *La diversification des valeurs mobilières: ses implications en droit des sociétés*, in *Revue Trimestrielle de Droit commercial* (1988), 597.

[332] Luigi Salamone, *Unità e Molteplicità della Nozione di Valore Mobiliare*, cit., *passim*.

que tem sido considerado excessivamente alargado, do que designam respetivamente como *investments* (ou *investment securities*) e *securities*[333].

Por arrastamento, disso se ressentem os textos de Direito internacional mobiliário à data existentes. A Convenção da Haia sobre lei aplicável a valores mobiliários detidos indiretamente, neste aspeto particular, esbate a diferença entre valor mobiliário e instrumento financeiro, ao entender aquele como *ações, obrigações ou outro instrumento financeiro ou bem financeiro (que não seja dinheiro) e qualquer direito inerente a estes*[334]. Próximo é o conceito puramente funcional que se retira da Convenção de Genebra sobre Valores Mobiliários Intermediados, que define valor mobiliário como *qualquer ação, obrigação ou outro instrumento financeiro ou bem financeiro (que não seja dinheiro) idóneo a ser creditado em conta de valores ou de ser adquirido ou transmitido de acordo com as regras da Convenção*[335].

Por outro lado, cometendo vício diferente, o Direito europeu mostra muitas hesitações ao longo das múltiplas Diretivas que se referem aos valores mobiliários, não sendo estável quanto à fixação de um conceito de valor mobiliário. Assim, a Diretiva dos Mercados de Instrumentos Financeiros define valores mobiliários transferíveis como as categorias de valores mobiliários que são negociáveis no mercado de capitais, com exceção dos instrumentos de pagamento[336]. Em contraste, a Diretiva sobre organismos de investimento coletivo abdica de uma cláusula definitória e apresenta apenas uma tipologia fragmentária de valores mobiliários[337]. Diferentes destas, por seu lado, eram as fórmulas constantes de textos europeus já revogados[338].

[333] No Direito inglês, o conceito de *securities* foi até ao século XIX entendido como reportando-se apenas aos valores mobiliários garantidos por ativos do Estado: linguisticamente, o termo surge como elipse de *secured investments*. Nessa altura, as acções e as obrigações não eram tidas como *securities*. Só a partir do século XIX, o conceito começa a dilatar o seu conteúdo para adquirir o sentido amplo que hoje conhece (Geoffrey Fuller, *The Law and Practice of International Capital Markets*, London (2007), 5-6; Joanna Benjamin, *Interests in Securities*, Oxford (2000), 4). Atualmente é corrente sustentar-se que a definição deve ser suficientemente ampla para acomodar futuras evoluções da prática (assim, Joanna Benjamin, *Financial Law*, cit., 172-179 (179); Alastair Hudson, *Securities Law*, London (2008), 15-17; sintomaticamente, Philip Wood adopta um conceito amplo de *security*, abrangendo valores mobiliários e derivados (*Regulation of International Finance*, London (2007), 283-291)).

[334] Art. 1º, nº 1. *a)* da Convenção da Haia sobre lei aplicável a valores mobiliários detidos indiretamente, de 2006.

[335] Art. 1º, alínea *a)* da Convenção de Genebra. Sobre os textos internacionais mencionados no texto, cfr. *supra*, § 3º, 3.

[336] Artigo 4º, nº 1 44) da Diretiva 2014/65/UE, de 15 de maio de 2014 (DMIF II) – que exemplifica as acções, obrigações e warrants como tipos de valores mobiliários.

[337] Art. 2º, nº 1 *n)* da Diretiva nº 2009/65/CE do Parlamento Europeu e do Conselho, de 13 julho de 2009.

V – Esta flutuação de fórmulas provoca um *défice de referências* no âmbito do direito dos valores mobiliários que deve, sem complexos, ser assumido. O que deveria ser um dado adquirido – o saber-se à partida, de modo fácil e acessível, o que é o conceito de valor mobiliário –, representa antes uma questão árdua que deve ser resolvida indutivamente a partir dos dados de cada sistema jurídico.

As consequências associadas ao conceito, por seu turno, suscitam algumas intervenções legislativas a delimitar as suas fronteiras. Embora se saiba, em geral, que a determinação dos conceitos jurídicos constitui tarefa do intérprete para ser realizada a partir do regime jurídico, aqui, pelo contrário, por razões de segurança e de certeza jurídica, o legislador sente-se na necessidade de consagrar um conceito de valor mobiliário[339].

2. *Evolução do Direito português*

I – Em Portugal, apenas no século XX se iniciou a utilização do conceito de valor mobiliário como conceito-chave.

Antes a flutuação terminológica era constante, notando-se o uso indiferenciado de vários conceitos[340]. O Código Comercial de 1888 recorria ao conceito de "títulos de crédito negociáveis" (art. 477º) ou simplesmente "títulos" (art. 67º § único). Por seu turno, o Decreto de 12 de julho de 1894 e, mais tarde, o Decreto nº 10.634, de 1925, referiam-se indistintamente a "títulos fiduciários" e a "títulos negociáveis"[341].

O aparecimento do conceito em textos nacionais é inaugurado pelo Decreto-Lei nº 42.461, de 12 de novembro de 1959 – embora tal referência surja de modo fragmentário. Igualmente tímida é a alusão à figura no Código Civil de 1966[342]. De modo mais claro foi o DL nº 8/74, de 14 de janeiro, o primeiro diploma a

[338] Para uma ideia da sucessão de definições de valor mobiliário já afloradas em textos europeus, refira-se apenas serem distintas entre si e em relação às citadas no texto as constantes do Código de Conduta sobre Transacções em Valores Mobiliários, aprovado pela Recomendação da Comissão nº 77/534/CEE, de 25 de julho de 1977, do art. 3º(e) da Diretiva nº 89/298/CEE, de 17 de abril de 1989 (Diretiva sobre o prospeto em oferta pública) e do art. 1º, nº 2 da Diretiva nº 89/592/CEE, de 13 de novembro de 1989 (Primeira Diretiva sobre *insider trading*).

[339] A dificuldade de delimitação do conceito de valor mobiliário explica em parte a tentação de aproximação do conceito de valor mobiliário ao conceito mais conhecido e mais seguro de título de crédito. Neste contexto, diz certeiramente o Professor Oliveira Ascensão que a tendência natural do jurista é a de partir do conhecido para o desconhecido (*Valor mobiliário e título de crédito*, cit., 34-42). Cfr. *infra*, § 2º, 4.

[340] Sobre este percurso: Amadeu José Ferreira, *Valores Mobiliários Escriturais*, cit., 24-30.

[341] Art. 1º do Decreto de 12 de julho de 1894 e 1º e art. 3º§ 3º do Decreto nº 10.634, de 1925.

[342] Art. 1728º, nº 2 *d)* CC.

tomar os valores mobiliários como objeto das operações de bolsa e como conceito estruturante da regulação mobiliária[343].

II – O Código do Mercado de Valores Mobiliários de 1991 ensaiou uma primeira densificação dos critérios delimitadores dos valores mobiliários, considerando como tal:

> *As ações, as obrigações, títulos de participação e quaisquer outros valores, seja qual for a sua natureza ou forma de representação, ainda que meramente escritural, emitidos por quaisquer pessoas ou entidades, públicas ou privadas, em conjuntos homogéneos que confiram aos seus titulares direitos idênticos, e legalmente susceptíveis de negociação num mercado organizado*[344].

Esta formulação esclareceu, em termos importantes, a indiferença da forma de representação e da natureza do emitente para a delimitação do conceito de valor mobiliário.

O único reparo que se lhe pode apontar é o de, ao tratar conjuntamente o tema dos critérios para a qualificação do conceito com o dos tipos de valores mobiliários, ter dedicado a estes uma exemplificação excessivamente sumária. Com isto, o legislador deixou em aberto a questão de saber se eram admissíveis outros tipos de valores mobiliários além daqueles que a lei diretamente consagrava.

De outro modo dito, o problema da existência de uma tipicidade ou atipicidade dos valores mobiliários não era resolvido diretamente no código de 1991. O silêncio da lei, à época, deu causa a uma divisão doutrinária entre duas correntes contrapostas. De um lado se posicionavam aqueles que consideravam que existia uma liberdade na criação de novos tipos de valores mobiliários para além daqueles que a lei previa diretamente[345]. Opunham-se-lhes os que – sobretudo influenciados pela teoria dos títulos de crédito – sustentavam existir um *numerus clausus* dos valores mobiliários[346]: havendo uma tipicidade de títulos de crédito decorreria daí uma tipicidade de valores mobiliários[347].

[343] *As bolsas de valores são instituições auxiliares de crédito que têm por objeto a realização de operações sobre valores mobiliários nos termos do presente diploma:* art. 1º, nº 1 do DL nº 8/74, de 14 de janeiro.

[344] Art. 3º, nº 1 *a)* do Código do Mercado de Valores Mobiliários.

[345] Paulo Câmara, *Emissão e subscrição de valores mobiliários*, in AA.VV., *Direito dos Valores Mobiliários*, Lex, Lisboa (1997), 221-234 (233-234); Amadeu Ferreira, *Direito dos Valores Mobiliários*, cit., 162, 169.

[346] Osório de Castro, *Valores Mobiliários – Conceito e Espécies*, cit., 61-64 (embora admitindo liberdade de conformação dos títulos obrigacionistas: pag. 129); Jorge Costa Santos, *Direitos inerentes a valores mobiliários: em especial, os direitos equiparados a valores mobiliários e o direito ao dividendo*, em *Direito dos Valores Mobiliários*, Lex, Lisboa (1997), 83, n. 58.

[347] Sobre este tema, cfr. *infra*, 5.

Esta divisão doutrinária era nefasta, lançando incerteza sobre a admissibilidade na criação de valores mobiliários sem previsão legal e contramotivando consequentemente a inovação financeira: o Código de 1999 haveria de a dissolver.

III – O Código dos Valores Mobiliários, logo na sua versão originária, procurou confessadamente aprimorar o conceito de valor mobiliário no novo código e deixar resolvida a dúvida sobre o tema da tipicidade mobiliária. A resposta a dar a estas questões proveio do art. 1º do Código, cujo nº 1 qualificava como valores mobiliários, *"além de outros que a lei como tal qualifique: as acções, as obrigações, os títulos de participação, as unidades de participação em instituições de investimento coletivo, os direitos à subscrição, aquisição e alienação de outros valores mobiliários e os direitos destacados de valores mobiliários"*.

A redação originária do nº 2 do art. 1º, por seu turno, era a seguinte:

> *Por regulamento da CMVM ou tratando-se de valores mobiliários de natureza monetária por aviso do Banco de Portugal ser reconhecidos como valores mobiliários outros documentos representativos de situações jurídicas homogéneas que visem direta ou indiretamente o financiamento de entidades públicas ou privadas e que sejam emitidos para distribuição junto do público em circunstâncias que assegurem os interesses dos potenciais adquirentes.*

Deteta-se neste primeiro artigo do código uma técnica legislativa para elucidar sobre o conceito de valor mobiliário, que se apresenta como diversa da encontrada no Código de 1991. O nº 1 fornece-nos uma enumeração de tipos de valores mobiliários mais alongada do que a constante do anterior código. Além disso, abria-se no nº 2 a possibilidade de alargamento dessa lista através de reconhecimento regulamentar, na dependência de uma série de requisitos.

IV – A atenção para esta nova formulação foi polarizada no nº 2 do art. 1º, sobretudo em dois aspetos essenciais: na consagração de uma tipicidade, extensível por via regulamentar; e na seleção dos elementos de que dependeria a futura qualificação dos valores mobiliários por via administrativa (regulamento da CMVM ou Aviso do Banco de Portugal).

Quanto ao primeiro ponto, decorria do regime pregresso que a qualificação do valor mobiliário poderia decorrer de três fontes diversas: o *Código dos Valores Mobiliários* (art. 1º, nº 1); outra *legislação extravagante* ao código (lembre-se o proémio: "São valores mobiliários além de outros que a lei como tal qualifique")[348]; e os *regulamentos* da CMVM ou do Banco de Portugal[349].

[348] A qualificação legislativa dos valores mobiliários pode ocorrer por via direta ou por via indireta. Um exemplo de qualificação legislativa direta refere-se aos *warrants*. Na versão originária do código, no art. 1º, nº 1 e) apenas era qualificado diretamente como valor mobiliário o *warrant* que

A dependência de um ato normativo – legislativo ou regulamentar – para a qualificação dos valores mobiliários significa uma tomada de posição no tema da tipicidade, adiante tratado[350]. Adianta-se desde já que a solução perfilhada, procurando servir de compromisso entre pontos de vista divergentes dentro da própria comissão revisora do Código, acabaria por não se revelar acertada.

V – No entanto, além da dependência de um reconhecimento regulamentar ou legislativo dos valores mobiliários merecer crítica, outro ponto também se revelou controverso. Em causa estavam os requisitos materiais a deverem estar preenchidos para que tal reconhecimento pudesse ser feito. O art. 1º, nº 2, na redação originária obrigava à observância de quatro requisitos, a saber: dever ser um documento representativo de situações jurídicas homogéneas; visar, direta ou indiretamente, o financiamento de entidades públicas ou privadas; ser emitido para distribuição junto do público; e, por fim, os valores apenas podiam ser reconhecidos se o reconhecimento lograsse assegurar os interesses dos potenciais adquirentes.

A explicitação de que os valores mobiliários se prefiguram *como documentos representativos de situações jurídicas homogéneas* consubstancia uma evolução da formulação já encontrada no Código de 1991, que merece incontestada adesão. Adiante se procederá à sua explicitação[351]. Nos restantes elementos, todavia, já a fórmula se revelaria desajustada, pelos motivos abaixo considerados.

confere direito de aquisição ou alienação de valores mobiliários. No entanto, o diploma regulador dos *warrants*, o DL nº 172/99 de 20 de maio, vem considerar que outros warrants para além dos *warrants* sobre valores mobiliários são igualmente qualificados como valores mobiliários. Uma ilustração diversa de qualificação de valor mobiliário através de legislação extravagante ao Código – desta feita indireta – é o dos *títulos de investimento emitidos por cooperativas*. Previstos nos artigos 26º a 29º do Código Cooperativo, representam direitos de crédito sobre a cooperativa emitente, sendo o seu regime regulado subsidiariamente pela disciplina aplicável às obrigações (art. 26º, nº 6, do Código Cooperativo). A sua qualificação como valores mobiliários é, pois, indireta decorrendo da equiparação ao regime das obrigações e da sua qualificação como títulos nominativos e livremente transmissíveis (art. 27º, nº 2, do Código Cooperativo). O mesmo não vale para os títulos de capital emitidos por cooperativas, atento o respetivo regime de transmissibilidade, que depende de autorização da direcção ou da assembleia geral da cooperativa (art. 23º, nº 1). O exemplo mais recente de valor mobiliário de criação legislativa refere-se aos direitos de conversão estabelecidos no regime dos ativos por impostos diferidos, de acordo com o art. 9º da Lei nº 61/2014, complementada pela Portaria nº 259/2016 e pela Portaria nº 243-A/2016.

[349] Foram diversos os regulamentos da CMVM que procederam ao reconhecimento de valores mobiliários ao abrigo da redação originária do nº 2 do art. 1º. Cfr. os Regulamentos n.os 7/2002 (certificados), 15/2002 (valores mobiliários convertíveis) e 16/2002 (valores mobiliários condicionados por eventos de crédito). Em contraste, não se conhece nenhum Aviso do Banco de Portugal com essa finalidade.

[350] Cfr. *infra*, § 6º, 2.

[351] Cfr. *infra*, § 5º, 4.

VI – O primeiro requisito a suscitar reservas na formulação originária do nº 2 do art. 1º CVM ligava-se à *finalidade direta ou indireta de financiamento*.

É certo que a finalidade de financiamento subjaz à emissão de valores mobiliários clássicos, como ações e obrigações[352]. Porém, os valores mobiliários têm conhecido uma acentuada diversificação funcional, e a função de financiamento não se ajusta a diversos tipos de valores mobiliários[353]. Com a diversificação dos tipos de valores mobiliários, revelam-se outras funções do mercado além das funções de financiamento:

- Função de cobertura do risco (garantia contra depreciação ou apreciação futura de ativos);
- Função de transferência do risco (v.g. através da titularização e nos valores mobiliários condicionados por eventos de crédito);
- Função de diversificação do risco;
- Função de investimento (estratégia para aproveitar uma depreciação ou apreciação futura de ativos).

Daqui se depreende que seria redutor descortinar uma finalidade de financiamento em cada uma das descritas funções. A acrescer, as finalidades descritas não se excluem entre si. Tal é nítido nomeadamente no caso das unidades de participação em fundos de investimento, destinadas ao aforro coletivo segundo um princípio de partilha de risco.

Resta considerar, em termos ainda mais amplos, que a alusão ao financiamento implica a onerosidade do negócio de subscrição. Ora, é certo que, nas ações, a proibição de emissão abaixo do par ou do valor de emissão (art. 298º, nº 1 CSC) acautela a onerosidade da subscrição. Neste caso, a subscrição implica o dever de pagamento da obrigação de entrada relativa a cada ação subscrita. Mas pode haver outros valores mobiliários emitidos gratuitamente (v.g. *warrants*) – casos em que não haverá escopo de financiamento.

Daí que se inferisse que este requisito não poderia ser utilizado como elemento tipológico essencial para a qualificação dos valores mobiliários à luz da ordem jurídica nacional.

VII – O outro requisito controverso extraído do nº 2 do art.1º assentava na exigência de que *a emissão fosse realizada para distribuição junto do público em circunstâncias que assegurem os interesses dos potenciais adquirentes*.

[352] O ponto é acentuado no meu *Emissão e subscrição de valores mobiliários*, cit., 202-203.

[353] Aparentemente contra, ao insistir num conceito de valor mobiliário a que subjaz a finalidade de financiamento: Carlos Ferreira de Almeida, *Valores Mobiliários: O Papel e o Computador*, em *Nos 20 Anos do Código das Sociedades Comerciais: Homenagem aos Professores Doutores A. Ferrer Correia, Orlando de Carvalho e Vasco Lobo Xavier*, Vol. I (2008), 623.

Da própria leitura intra-sistemática do Código dos Valores Mobiliários, não se poderia inferir apenas existir valor mobiliário quando for objeto de distribuição pelo público – designadamente através de oferta pública. O Código regula a oferta pública e a oferta particular (arts. 109º e 110º), não deixando de qualificar como valores mobiliários os que constituem objeto destas. Nesta conformidade, não poderia ser o nº 2 do art. 1º interpretado como apenas admitindo valores legalmente atípicos se distribuídos através de oferta pública.

A leitura interpretativa que, a esta luz, se revela mais acertada reconduz esta formulação à exigência de que o valor mobiliário seja dotado de características tais que permitam uma potencial ou futura distribuição pelo público. Assim, em última análise o que está aqui em causa é a aptidão do valor mobiliário circular pelo público: a lei teria em referência a característica da transmissibilidade em mercado do valor mobiliário.

Assim entendida, a locução legislativa concitava adesão. Com efeito, o valor mobiliário é estruturalmente concebido para circular em mercado, tendo esta vocação desde a sua génese. Mais se adianta que para apurar a vocação circulatória é indiferente o facto de o valor ser pela primeira vez posto em mercado através de oferta pública ou particular: mesmo que o valor mobiliário seja inicialmente posto em mercado através de uma oferta particular pode sempre subsequentemente ser objeto de uma larga circulação em mercado, designadamente através de admissão em mercado regulamentado ou através da realização de oferta pública. Esta hipótese interpretativa conduzia, assim, a resultados aceitáveis. O certo é que a locução legislativa se revelava pouco feliz para traduzir esta ideia.

A acrescer, a referência à proteção dos potenciais adquirentes (art. 1º, nº 2 *in fine)*, de seu lado, fazia introduzir juízos de mérito na qualificação do valor mobiliário, significando uma entorse ao modelo de proteção do investidor baseado na informação.

VIII – Em jeito de síntese, refira-se que a versão originária do art. 1º, nº 2, do Código dos Valores Mobiliários servia melhor para caracterizar os valores mobiliários quanto aos seus elementos estruturais que quanto aos seus elementos funcionais.

Identificava-se corretamente a necessidade de suporte documental representativo de situações jurídicas homogéneas – o que se prende com a configuração estrutural do valor mobiliário. No entanto, quanto aos elementos funcionais, o nº 2 do art. 1º revelava-se menos apto para dele se extrair indicações para a reconstituição de um conceito de valor mobiliário à luz da ordem jurídica portuguesa. Além disso, à altura o Código fazia depender o reconhecimento do valor mobiliário de um financiamento, o que como vimos é redutor da sua potencialidade funcional.

A acrescer, o código ensaia a caracterização sobre a finalidade do valor mobiliário do ponto de vista da entidade emitente. Porém, constitui via mais promissora a de encontrar o elemento teleológico do valor mobiliário do ponto de vista do adquirente do valor mobiliário. Como o valor mobiliário tem uma vocação para circular em massa, reside aqui o seu essencial elemento diferenciador. Seria, nessa medida, mais profícuo relacionar a criação de valores mobiliários com operações coletivas de investimento[354].

Este constituiu um motivo adicional a reclamar uma reformulação do art. 1º, que viria a acontecer através do DL nº 66/2004, de 24 de março.

3. *Os critérios de qualificação segundo o Direito vigente*

I – Os critérios de qualificação dos valores mobiliários não se têm mantido estáticos ao longo da vigência do Código dos Valores Mobiliários. Com o DL nº 66/2004, de 24 de março, foram introduzidas modificações ao art. 1º, as quais trouxeram elementos novos para a demarcação do conceito de valor mobiliário. As alterações incidiram sobretudo em três áreas:

- foi reformulada a alínea *e)*, referente aos warrants;
- procedeu-se à eliminação do nº 2; e
- introduziu-se uma nova alínea *g)*, eliminando o reconhecimento administrativo dos novos tipos de valores mobiliários e prescindindo de alguns elementos para a sua caracterização.

II – A primeira das modificações assinaladas vem atualizar a terminologia aplicável aos direitos de aquisição e de venda, impondo o *nomen iuris* consagrado pelo DL nº 172/99 – *warrants* autónomos[355]. As razões da não inclusão dos *warrants* na versão originária do art. 1º do Código foram principalmente duas: de um lado, era patente o processo de gestação mais demorado do Código em relação ao diploma dos *warrants* – que determinou que este fosse aprovado em data anterior, apesar de iniciado posteriormente; de outro lado, pesou a controvérsia terminológica em torno de estrangeirismos (preocupação refletida, de resto, no preâmbulo do Código, nº 2).

Além disso, desta modificação resulta uma apreciável ampliação dos warrants reconhecidos pelo Código, já que na redação originária apenas de cobriam

[354] Refira-se que em alguns ordenamentos, a essencialidade do investimento chega a ter reflexos na designação da disciplina mobiliária. Uma parte da literatura germânica, por exemplo, prefere falar em direito do investimento em capitais (*Kapitalanlagerecht*).

[355] Aos *warrants* autónomos será dedicado tratamento mais desenvolvido adiante: § 8º, 4. Em geral, sobre o atual art. 1º do Código, cfr. Oliveira Ascensão, *O Novissímo Conceito de Valor Mobiliário*, cit., 139-162.

os warrants sobre valores mobiliários – ao passo que a nova redação abarca *warrants* autónomos que se refiram a outros ativos subjacentes (índices, taxa de juro, mercadorias).

III – As principais inovações, porém, decorrem da supressão do nº 2 e do aditamento da alínea *g)*. Conjugando as duas medidas, resulta claro que a criação de novos tipos de valores mobiliários não está já condicionada por uma prévia intervenção legislativa ou regulamentar. A criação de valores atípicos torna-se agora permitida, resultando da autonomia privada do emitente. A importância deste aspeto não pode ser desvalorizada: foi consagrado um princípio de atipicidade (*numerus apertus*) de valores mobiliários[356].

Como o preâmbulo do DL nº 66/2004 o denuncia, esta novidade funda-se em preocupações de *"flexibilidade e de defesa da inovação financeira"*. Além disso, no plano europeu, a entrada em vigor do regime do passaporte dos prospetos, aplicável a todos os tipos de valores mobiliários[357], conduz ao risco de uma distribuição pública em Portugal de tipos reconhecidos em outras ordens jurídicas – colocando em desvantagem os emitentes portugueses se não lhes fosse concedida a liberdade na criação de novos tipos.

IV – No cotejo entre os regimes de 1999 e de 2004, pode dizer-se que os elementos substanciais para o reconhecimento de novos tipos mobiliários antes constantes do nº 2 do art. 1º encontram-se agora na alínea *g)*.

Com duas fundamentais diferenças: o reconhecimento cabe agora ao intérprete (ou à lei), e não a uma autoridade administrativa; alguns elementos antes exigidos para o reconhecimento foram dispensados com a nova formulação do art. 1º.

Cuidemos deste último aspeto. Foram duas as exigências para o reconhecimento de valores mobiliários eliminadas:

- visar, direta ou indiretamente, o financiamento de empresas públicas ou privadas;
- ser o valor mobiliário emitido para distribuição junto do público, em circunstâncias que assegurem o interesse dos potenciais adquirentes.

[356] Preferindo falar de um princípio de tipicidade não taxativa: DANIELA BAPTISTA PASSOS, *O Princípio da Tipicidade e os Valores Mobiliários*, em MARIA DE FÁTIMA RIBEIRO (org.), *Jornadas Sociedades Abertas, Valores Mobiliários e Intermediação Financeira*, Coimbra (2007), 87-121 (116-120).

[357] Embora o art. 147º alargasse a solução a todos os valores mobiliários, o pretérito regime de reconhecimento mútuo dos prospetos, à luz dos cânones europeus, apenas incidia sobre acções e obrigações.

Os elementos de que a atual versão do art. 1º CVM prescindiu já foram atrás analisados, tendo-se concluído não serem afinal critérios operativos no reconhecimento do valor mobiliário.

4. *Balanço e apreciação crítica*

I – Deve proceder-se a um balanço mais geral sobre o critério de qualificação decorrente da formulação vigente do art. 1º do Código dos Valores Mobiliários.

A questão preliminar é a de saber se, afinal, existe um conceito de valor mobiliário no art. 1º. A resposta é negativa: pese embora consagre requisitos de que depende a qualificação de valores mobiliários atípicos, não há diretamente no CVM um conceito de valor mobiliário.

Porém, embora o Código não faculte diretamente uma definição normativa de valor mobiliário, fornece indicações que devem necessariamente ser atendidas para reconstruirmos um conceito material de valor mobiliário para a nossa ordem jurídica.

II – Além disso, interessa afastar do plano de análise os elementos irrelevantes para a reconstituição tipológica dos valores mobiliários.

Assim, entende-se que para a qualificação dos valores mobiliário não se assumem como relevantes:

- a forma de representação;
- o tipo ou natureza (pública ou privada) do emitente;
- a finalidade subjacente à emissão.

Interessa ainda notar que não se apresenta como essencial ao valor mobiliário a existência de um valor nominal. É que diversos tipos de valores mobiliários são desprovidos de valor nominal – as unidades de participação em fundos de investimento e os *warrants*.

III – Quanto aos critérios tipológicos positivos, assente-se em que, à luz do art. 1º, para ser qualificado como tal o valor mobiliário *documento representativo de situações jurídicas homogéneas.*

Começamos pela primeira partícula, o valor mobiliário apresenta-se como um documento[358]. Este é um requisito que concita pleno consenso, relevando da função representativa do valor mobiliário.

Relembra-se o conceito muito amplo de documento que o Código Civil consagra, no art. 362º: diz-se documento *qualquer objeto elaborado pelo homem com o*

[358] Para uma ilustração doutrinária, reenvia-se para Elisabetta Righini, *I Valori Mobiliari*, Milano (1993), 1-57.

fim de representar ou reproduzir uma pessoa, um facto ou uma situação. Nesta noção muito ampla de documento, subsume-se o valor mobiliário, que representa uma posição jurídica subjacente.

No entanto, uma vez que o valor mobiliário pode assumir forma de representação em papel (titulada) ou escritural, ou seja, cuja existência está materializada através de registos em contas, pergunta-se se o conceito de documento se ajusta identicamente ao valor mobiliário escritural. Em resposta, tenha-se presente o DL nº 290-D/99 de 2 de agosto, que trata precisamente da qualificação dos documentos eletrónicos, reconduzindo ao conceito de documento que é acolhido pelo direito português, também os documentos que são materializados através de processamento eletrónico de dados. Assim, pode sem complexos confirmar-se que mesmo o valor mobiliário materializado informaticamente – o valor mobiliário escritural – constitui um documento face ao direito português.

Esta natureza documental do valor mobiliário afasta deste universo as quotas – participações sociais de sociedades por quotas. Estas não constituem valores mobiliários porque não podem ser representados por títulos (art. 219º nº 7 CSC).

Além de o valor mobiliário constituir um documento, trata-se juridicamente de uma coisa, suscetível como tal de ser objeto de situações jurídicas, no âmbito do conceito amplo firmado no art. 202º, nº 1 CC[359].

Pode ser um bem corpóreo ou incorpóreo, consoante assuma forma titulada ou escritural.

Deste prisma, é inevitável assinalar que – pese embora o hibridismo de fontes que rodeia esta disciplina – a formulação utilizada pelo legislador sugere uma forte influência latina na demarcação do conceito de valor mobiliário, próxima sobretudo do *valore mobiliare* italiano o que se revela na essencialidade do elemento documental[360]. A esta vertente documental não se confina, porém, o valor mobiliário, como abaixo se demonstra.

IV – Quanto ao segundo elemento importante deste primeiro requisito acrescenta-se que o documento deve ser representativo de situações jurídicas homogéneas. O alcance desta locução reside em que para o documento valer como valor mobiliário não releva a representação de pessoas, factos ou situações: o valor mobiliário deve ser representativo unicamente de situações jurídicas.

Neste quadro, impõe-se dar um passo mais e ser um pouco mais exigente, por forma a ver que situações jurídicas podem estar representadas no esquema

[359] A qualificação das ações e das obrigações como bens móveis é diretamente feita pelo Código Civil francês (art. 529).

[360] RAFFAELE LENER, *Strumenti Finanziari e Servizi di Investimento*, in GUIDO FERRARINI/PIERGAETANO MARCHETTI, *La Riforma dei Mercati Finanziari* (1998), 80-82. Cfr. porém *infra*, 4. VI.

do valor mobiliário. Em primeiro lugar, estão em jogo necessariamente situações jurídicas de direito privado. Um documento que comprove a qualidade de funcionário público ou a nacionalidade de uma pessoa, não representa direitos mobilizáveis através da técnica do valor mobiliário: deve estar em causa um direito privado[361]. Neste âmbito, poderá questionar-se se a representação de um direito de crédito sobre o Estado através de uma Obrigação do Tesouro se considera ainda de direito privado. Embora o contexto legislativo denote neste ponto singularidades de monta, na estrutura do valor mobiliário a resposta é afirmativa. Quando o Estado contrai um empréstimo através da emissão de dívida pública representada por valores mobiliários, fá-lo em termos de paridade com as entidades que adquirem tais títulos de dívida pública, e não investido no seu *jus imperii*. Assim, o facto de o emitente ser o Estado – ou uma sociedade dominada pelo Estado – não obsta ao reconhecimento jurídico-privado da situação jurídica que é representada. Infere-se daqui que a situação jurídica a ser representada mobiliarmente deve ser uma situação jurídica de direito privado[362].

As situações jurídicas representáveis devem ter natureza patrimonial. Por isso, não são representáveis através de valores mobiliários os direitos de família, os direitos sucessórios, os direitos de personalidade, os direitos de autor de natureza pessoal e os direitos da esfera juspública (direito de nacionalidade e direitos políticos).

Como segunda característica, importa notar que a lei admite que o valor mobiliário incorpore situações jurídicas ativas, situações jurídicas passivas, ou situações jurídicas mistas. Tomando por exemplo a ação, a esta subjaz como situação representada o direito do sócio, o que envolve não apenas direitos sobre a sociedade (direito aos lucros, à participação em assembleia, ao voto, à informação) mas também envolve deveres, ligados à realização da obrigação de entrada e deveres fiduciários.

É certo que a referência mais imediata para os valores mobiliários é o da representação de posições jurídicas ativas, centrando-se por isso no regime do exercício dos direitos (arts. 78º e 83º CVM). Por exemplo, no caso das ações, o direito dos valores mobiliários desinteressa-se quase totalmente (salvo o art. 204º, nº 1 *a)*) de saber se o sócio realizou ou não a entrada totalmente: remete

[361] Este reparo liga-se identicamente à característica da transmissibilidade do valor mobiliário, adiante mencionada.

[362] Em termos semelhantes, cfr. ALFRED HUECK/CLAUS-WILHEIM CARRARIS, *Recht der Wertpapiere*, trad. cast. *Derecho de los Títulos-Valor* (1988), 2. Assinale-se que os instrumentos financeiros derivados apresentam uma maior elasticidade quanto ao seu conteúdo, podendo ter subjacentes direitos de natureza juspública – de que constituem exemplos os derivados sobre direitos de emissão (art. 2º, *e)* ii CVM). Já as licenças de emissão não podem qualificar-se como valores mobiliários precisamente dada a natureza da situação jurídica representada: cfr. *infra*, § 13º, 6.

esse ponto para o regime societário. Fique, em todo o caso, assinalado que o Código admite em tese a representação, através de valores mobiliários, de situações jurídicas passivas (art. 1º, *g*)).

Cabe, por fim, notar que a situação jurídica representada através do valor mobiliário assume complexidade e de natureza variáveis. A situação jurídica representada pode ser o direito de sócio (assim sucede nas ações), pode ser um direito de crédito (nas obrigações), mas pode também ser o direito a uma quota ideal numa propriedade coletiva (que é o que acontece com os fundos de investimento) ou no caso dos pode ser um direito de aquisição ou de alienação ou de um outro ativo subjacente (*warrants*). Temos, em suma, uma diversidade grande de situações jurídicas representáveis através desta técnica.

Se tiver na sua base situações jurídicas complexas, o valor mobiliário é divisível. Isto é: existem direitos que podem ser destacados do valor mobiliário dando origem a outros valores mobiliários, conforme refere a alínea *f*) do art.1º[363].

V – Derradeira partícula deste requisito que estamos a ver é a de que o valor mobiliário representa situações jurídicas *homogéneas*.

Tal representa uma exigência de homogeneidade dos direitos representados através de valores mobiliários. Esta exigência de direitos homogéneos implica que a representação dos direitos é igualmente homogénea – o que permite extrair duas ilações: as situações jurídicas de base devem ser fungíveis e isso torna também fungível o valor mobiliário. Este é representado pela quantidade, pela massa e não é individualizável um por um. Daqui também decorre o conceito de categoria, que se reconduz ao conjunto de valores mobiliários de características idênticas, representando posições jurídicas homogéneas[364]. Por seu turno, esta homogeneidade e a fungibilidade das posições jurídicas representadas são importantes para inserir o valor mobiliário no mercado, como o seu habitat natural. A aptidão do valor mobiliário para circular deriva precisamente da sua fungibilidade.

Convém anotar o código se refere a "documento representativo de situações jurídicas homogéneas", não empregando o termo "incorporacão", muito divulgado na teoria dos títulos de crédito[365]. Deve, porém, assinalar-se que o valor mobiliário cumpre não só uma função de representação, mas também desempenha uma função de legitimação para o exercício de direitos. Ou seja: aquele documento não constitui apenas um simples documento probatório, mas é um documento essencial para o exercício dos direitos representados. Aqui se revela precisamente a segunda principal função do valor mobiliário: a função de legitimação.

[363] Cfr. *infra*, § 5º, 8.

[364] Cfr. *infra*, § 5º, 6.

[365] Cfr. *infra*, § 5º, 5.

VI – A essencialidade da forma de representação para a caracterização do valor mobiliário merece uma observação adicional.

Com efeito, não pode pretender-se que o valor mobiliário se resuma à forma de representação. Como é sabido, existem documentos electrónicos que não se reconduzem a valores mobiliários – por exemplo, as letras de câmbio escriturais (*lettre de change rélévés*) e os documentos escriturais representativos de conhecimento de carga. O relevo da forma de representação deve ser devidamente entendida e enquadrada no regime mobiliário.

Existem dois traços do regime que demonstram que o valor mobiliário é uma técnica que abrange, em termos indivisíveis, forma de representação e o conteúdo do direito representado.

O primeiro indício desta essencialidade da situação jurídica representada reside na alterabilidade da forma. De facto, o Código admite a conversão da forma, permitindo que um valor mobiliário que na sua génese é escritural possa ser convertido para valor titulado, e vice-versa (arts. 48º-50º). Assim, a forma não é requisito de caracterização ontológica, podendo modificar-se, subsistindo o mesmo valor mobiliário[366].

Existe um segundo indício importante para demonstrar que o valor mobiliário se não circunscreve ao seu aspeto formal (documental), prendendo-se com as consequências jurídicas da destruição ou perda. Se um porta-moedas eletrónico ou um cartão pré-pago – que igualmente incorpora direitos – é extraviado ou destruído, não há possibilidade de recuperar o exercício de direitos ali incorporados. No caso dos valores mobiliários, não se passa assim. Com efeito, a lei disponibiliza institutos dirigidos à recuperação da forma documental, em caso de danificação do suporte documental do valor mobiliário: a reconstituição, que opera extrajudicialmente, e a reforma, que assenta em processo judicial (art. 51º)[367].

Infere-se daqui uma conclusão importante: o valor mobiliário pressupõe um documento, mas o documento é instrumental para a representação das situações jurídicas. *Em síntese, pode inferir-se daqui que o valor mobiliário consiste numa realidade compósita que agrega as situações jurídicas representadas e a forma de representação, unidas em torno da aptidão circulatória:* trata-se, em suma, de uma *posição jurídica representada.*

Na relação entre forma e conteúdo do valor mobiliário, há contudo que frisar que o valor não subsiste se o direito subjacente se extingue. Será nomeadamente o caso de um valor representativo de dívida – v.g., uma obrigação –, quando o

[366] Cfr. *infra*, § 10º, 4.
[367] Cfr. *infra*, § 10º, 3.

mútuo subjacente for objeto de reembolso. Nessa situação, cessando os efeitos da posição jurídica de base, extingue-se de igual maneira o valor mobiliário[368].

VII – Repare-se que a vocação para circular em mercado é apreciada em abstrato, sendo tal suficiente para reconhecer a natureza de valor mobiliário: não precisa de se exigir que em concreto essa transmissibilidade esteja assegurada.

Assim, para avaliar a potencialidade transmissiva de um instrumento há que atender ao respetivo regime supletivo, quanto a saber se deste não resultam embaraços ou constrangimentos a uma circulação fluída. Sendo a resposta negativa, este requisito deve ter-se por verificado.

Para fornecer um exemplo, os títulos de capital das cooperativas, ao lhes ser aplicável um regime transmissivo sempre dependente de autorização da direcção da cooperativa ou, se imposto estatutariamente, da assembleia geral (art. 23º do Código Cooperativo), não podem qualificar-se como valores mobiliários precisamente por faltar o requisito da transmissibilidade. O mesmo se dirá das participações sociais das sociedades em nome coletivo ou das sociedades por quotas. Na mesma categoria se situam os certificados de aforro e os certificados do tesouro, que não são transmissíveis *inter vivos*[369].

É certo, porém, que pode haver uma conformação da lei circulatória dos instrumentos em apreço através da autonomia da vontade. Daqui decorre que a circulabilidade do valor mobiliário pode estar afetada acidentalmente (por exemplo ações sobre as quais existam cláusulas de intransmissibilidade), mas tal não retira a natureza de valor mobiliário.

A técnica legislativa poderia ter sido inversa – passando nomeadamente pela imposição de uma averiguação em concreto sobre a aptidão circulatória de todos os instrumentos, incluindo os tipificados no nº 1 do art. 1º. Mas isso retiraria certeza jurídica ao regime estatuído pelo Código dos Valores Mobiliários, dificultando a sua aplicação e criando um possível foco de instabilidade no mercado. Daí que se concorde com a opção legislativa tomada.

VIII – A atual versão do art. 1º obriga a reequacionar a questão de saber que conclusões permite a nova lei extrair quanto ao conceito de valor mobiliário.

Parece pacífico que a reforma de 2004, neste ponto, contribuiu para uma depuração dos elementos relevantes para uma reconstituição do conceito, na medida em que eliminou requisitos dispensáveis de qualificação.

Há ainda que reapreciar o sentido do proémio do art. 1º, ao referir-se a outros valores que a lei como tal qualifique. Para aqueles, parece que se permite a

[368] Sobre a extinção dos valores mobiliários, cfr. ainda *infra*, § 39º, 2.

[369] Cfr. art. 2º, nº 3 do DL nº 122/2002, de 4 de maio e art. 2º da Resolução do Conselho de Ministros nº 40/2010.

qualificação de documentos que não cumpram os requisitos da alínea g) do art. 1º (como, aliás, acontecia com a versão originária do Código).

IX – Dada a existência de um *numerus apertus* nos tipos de valores mobiliários, mostra-se ser de utilidade decantar um conceito de valor mobiliário, que condense, a título conclusivo, a análise feita. Assim, a partir da leitura das características do valor mobiliário, confrontando-as com os dados resultantes do direito Português, dir-se-á, em suma, que o *valor mobiliário é a posição jurídica fungível representada ligada em termos causais a uma operação coletiva de investimento e suscetível de negociação em mercado.*

Esta formulação não encerra a discussão sobre os elementos caracterizadores do valor mobiliário: antes serve de ponto de partida para a sua concretização aplicativa, em todos os pontos do regime mobiliário. A partir daqui, recomeça a reflexão sobre o código e o regime jurídico que institui.

5. *Valor mobiliário e título de crédito*

I – Não são coincidentes as tradições jurídico-culturais dos ordenamentos de referência quanto à relação que deva ser estabelecida entre os valores mobiliários e os títulos de crédito.

As fundações germânicas do direito dos títulos de crédito (*Wertpapierrechtlehre*), forjadas no século XIX, baseiam-se num conceito amplo de título-valor (*Wertpapier*), que compreende os títulos cambiários e os títulos do mercado de capitais[370]. No essencial, esta construção passaria para o Direito italiano, onde se contrapõem os títulos de crédito individuais e os títulos de crédito de massa: estes últimos reconduzir-se-iam aos valores mobiliários.

Em Portugal, a tendência maioritária da literatura é a de proceder a uma aproximação dos valores mobiliários relativamente aos títulos de crédito, entendendo esta categoria como género e aquela como espécie. Tal sucede quer por via da qualificação tradicional das ações[371] e obrigações[372] como títulos de

[370] Ludwig Raiser, *Das Recktapapier, ZHR* 101 (1934), 16-64; Dorotee Einsele, *Wertpapierrecht als Schuldrecht,* Tübingen (1995), 11-12, 35-37.

[371] Assim, cfr. nomeadamente Vaz Serra, *Acções nominativas e acções ao portador,* in *BMJ* nº 176 (1968), 35-ss.; Oliveira Ascensão, *Direito Comercial. III. Títulos de Crédito* (1992), 6; Pedro Pais de Vasconcelos, *Títulos de Crédito,* Lisboa (1989), 10; António Pereira de Almeida, *Direito Comercial. III, Títulos de Crédito* (1988), 10. Mostrando algum distanciamento em relação à qualificação das acções como títulos de crédito, cf. ainda Evaristo Ferreira Mendes, *A Transmissibilidade das Acções,* cit., I, 37-ss.; e Alexandre Soveral Martins, *Títulos de Crédito e Valores Mobiliários,* Vol. I (2008), 29-30. Decididamente contra: Amadeu José Ferreira, *Valores Mobiliários Escriturais. Um novo modo de representação e circulação de direitos,* cit., 351-352, 399-405.

crédito, quer por via de construções centrais sobre o tema. Neste último grupo, a mais apurada construção deve creditar-se a FERREIRA DE ALMEIDA, que assimila o registo de valores mobiliários ao universo das inscrições cartulares[373].

No entanto, o vocábulo nacional é diretamente influenciado pelo termo francês *valeur mobilière*. Sucede que, em França, os *valeurs mobilières* se contrapõem aos *effets de commerce*, sendo aí clara a autonomização dos valores mobiliários em relação aos títulos de crédito[374]. Além disso, o direito mobiliário recebe influências de sistemas jurídicos que desconhecem uma teorização geral dos títulos de crédito à maneira continental (v.g. o norte-americano).

Mais importante do que a matriz histórica, parece irrecusável que o desenvolvimento normativo e o estudo jurídico dos valores mobiliários tem permitido detetar visíveis diferenças desta figura em relação aos títulos de crédito. Para dilucidar o ponto, o tema é abaixo desenvolvido.

II – Há que confessar, antes de mais, as proximidades verificadas entre as duas categorias jurídicas.

Sucede que os valores mobiliários e os títulos de crédito são documentos funcionalmente vocacionados para a representação de posições jurídicas[375]. E ambos recebem aplicação de um regime circulatório mais fluído e propositadamente diverso da disciplina da cessão de créditos, assente na inoponibilidade de exceções fundadas na relação entre o adquirente e o transmitente.

Outro fator de aproximação reside em que quer o valor mobiliário, quer o título de crédito, são instrumentos representativos de direitos que, por seu turno, podem ser objeto de direitos: são juridicamente coisas, no amplo sentido do termo emprestado pelo art. 202º, nº 1 CC[376]. Assim, em relação a ambos pode

[372] MENEZES CORDEIRO, *Manual de Direito Comercial*², Coimbra (2007), 693. Há resquícios desta conceção em diplomas reguladores de valores mobiliários representativos de dívida, procedendo a uma direta qualificação como títulos de crédito: cfr. nomeadamente o art. 1º, nº 1 do Decreto-Lei nº 321/85, de 5 de agosto (títulos de participação), ainda em vigor.

[373] CARLOS FERREIRA DE ALMEIDA, *Desmaterialização dos títulos de crédito: valores mobiliários escriturais*, Revista da Banca nº 26 (1993), 23-39 (36-39); *Registo de Valores Mobiliários*, cit., especialmente a págs. 99-117; *Valores Mobiliários: O Papel e o Computador*, cit., 625-627. Em sentido coincidente: PAULO OLAVO CUNHA, *Lições de Direito Comercial*, Coimbra, (2010), 281-282; aparentemente no mesmo sentido, PAZ FERREIRA, *Direito da Economia* (reimp. 2004), 433.

[374] PHILIPPE GOUTAY, *La Notion de Valeur Mobilière, Recueil Dalloz* nº 21 (1999), 226-230; FRANCESCO CARBONETTI, *Che cos'è un valore mobiliare?*, Giur. Comm (março/abril 1989), 283.

[375] BERARDINO LIBONATI refere-se à mobilização de riqueza como elemento comum (*Titoli di Credito e Strumenti Finanziari*, Milano (1999), 114); a ideia, porém, não se ajusta aos valores mobiliários de estrutura derivada.

[376] O ponto já fora tratado atrás: cfr. *supra*, § 5º, 3.

fazer sentido a contraposição entre o *direito representado* e o *direito sobre o instrumento de representação.*

Para exemplificar, no penhor de ações, o direito representado é o direito de acionista, ao passo que o direito sobre o valor mobiliário é o direito do credor pignoratício[377]. Este ponto pode revestir alguma complexidade, na medida em que o direito do credor pignoratício, nos valores escriturais, é também, ele próprio, objeto de uma representação através de registo em conta – embora tal não se confunda com o direito subjacente de referência. Nesta conformidade, há, de todo o modo, equivalentes mobiliários para a separação cartular entre o direito incorporado no título e o direito sobre o título.

III – A discussão sobre a distinção entre o valor mobiliário e o título de crédito deve ainda ser expurgada de critérios falíveis.

Por um lado, é sabido que o direito representado no valor mobiliário pode não ser um direito de crédito, mas a verdade é que os títulos de crédito podem também incorporar outros tipos de direitos – o conhecimento de carga, por exemplo, segundo a leitura doutrinária dominante, incorpora um direito real relativo à mercadoria depositada.

De igual forma, o facto de o valor mobiliário poder assumir forma escritural não serve de critério, uma vez que se admitem certos títulos de crédito com representação informática (como é caso da letra de câmbio desmaterializada (*lettre de change rélevée)* ou o *check truncation*)[378].

IV – A causalidade dos valores mobiliários não pode tão-pouco funcionar como decisivo elemento de distinção, uma vez que há títulos de crédito abstratos e títulos de crédito causais.

Comecemos por relembrar os termos da distinção. Os títulos de crédito abstratos são aqueles em relação aos quais a natureza da relação fundamental não tem correspondência forçosa no título, sendo a apresentação do título suficiente para a legitimação para exercício do direito. Em contrapartida, os títulos causais dependem de uma relação fundamental tipicamente definida. Estes, por seu turno, comportam a distinção entre os títulos causais constitutivos e não constitutivos, estando estes últimos na dependência de factos extra-documentais para a legitimação dos direitos neles incorporados[379].

377 Sobre a possível divergência entre um e o outro, entre nós: Tiago Soares Da Fonseca, *O Penhor de Acções*² (2007), 81-112.

378 Augurando um possível desaparecimento de alguns títulos de crédito em virtude da sua desmaterialização: François Bohnet, *La Théorie Générale des Papiers-Valeurs. Passé, Présent, Futur*, Bâle/Genève/Munich (2000), 256-257.

379 Federico Martorano, *Titoli di Credito*², Milano (1994), 36-38.

Assim, a definição típica da relação subjacente é que figura como determinante na delimitação dos títulos causais. A afirmação de que a relação entre direito representado e forma de representação é mais profunda nos títulos de crédito causais[380] apenas vale para os títulos de crédito causais constitutivos.

Serve isto para sustentar que os valores mobiliários são instrumentos causais, mas não-constitutivos, na medida em que dependem quase invariavelmente de outros elementos extra-documentais para a legitimação dos direitos. Assim, é necessária a deliberação de aprovação de contas e de aplicação dos resultados para legitimar o exercício ao dividendo, do mesmo modo que deve ser adotada a deliberação de aumento de capital para poder haver exercício de direito de subscrição preferencial, como se requer a convocatória da assembleia para atribuição do direito a participar e votar.

Não há, por último, uma suficiência do registo dos valores escriturais para exercício dos direitos representados, dado que no direito português se impõe um documento probatório emitido pela entidade registadora para o exercício de alguns direitos representados (art. 78º CVM)[381].

V – A duração temporal do valor mobiliário assume, de igual maneira, mera natureza de característica tendencial de autonomização em relação ao valor mobiliário.

É certo que o elemento temporal é ínsito à ideia de investimento. Porém, a penetração deste elemento temporal é mais profunda nos valores mobiliários em geral que nos valores mobiliários de natureza monetária. Além disso, podem conceber-se *warrants* com um prazo relativamente efémero.

Assim, da mesma feição que se contrapõem títulos de crédito à vista e a termo, também há valores mobiliários em relação aos quais a interferência do elemento temporal é mais ou menos profunda – pense-se respetivamente nas ações ou nos bilhetes de tesouro, por exemplo.

VI – Interessa agora tomar posição. A nitidez da contraposição entre o valor mobiliário e o título de crédito aumenta se referirmos que no domínio mobiliário não funciona o princípio cartular da literalidade.

Na técnica cartular, o princípio da literalidade resulta como consequência da incorporação do direito no título, como modo de proteger o devedor cartular: o que não consta da *chartula* não lhe pode ser oposto.

[380] Oliveira Ascensão, *Valor Mobiliário e Título de Crédito*, in *ROA*, 852.

[381] Sobre este, em ilustração do homólogo regime constante do art. 54.º do CdMVM: Acórdão da Rel. Lisboa, 11 maio 1995 (Eduardo Batista), em RDES (1996), 365-374. Cfr. também infra, § 5º, 8. VII e § 30º, 5. II.

Ora, no valor mobiliário, é patente a insuficiência do documento para ilustrar o conteúdo do direito nele representado[382]. As regras sobre as menções obrigatórias do título ou do registo em conta são de uma exigência moderada, o que se pode comprovar através das alíneas *a)* e *b)* do nº 1 do art. 44º[383] e do nº 1 do art. 97º, que reclamam que no documento dê conta dos direitos *especialmente incluídos ou excluídos.* Mas não fazem uma enumeração exaustiva dos direitos representados nos valores mobiliários. Retenha-se, ainda, que a presunção de titularidade de valores mobiliários é ilidível (art. 74º, nº 1), o que revela irrestrita atendibilidade de elementos extra-registrais para a elisão da presunção.

Além disso, na circulação em mercado normalmente o investidor não tem um contacto direto com o título, porque os valores mobiliários admitidos à negociação em mercado regulamentado estão obrigatoriamente integrados em sistema centralizado (art. 64º).

Nem pode afirmar-se que as menções na conta de registo substituem o texto da *chartula,* pois as contas de registo estão sujeitas a regras de sigilo (art. 304º, nº 4)[384].

VII – A acrescer à inaplicabilidade do princípio da literalidade ao domínio mobiliário, importa chamar a atenção para que os deveres mobiliários de informação cumprem função sucedânea à função informativa desempenhada pelo enunciado do documento cartular.

De acordo com o princípio da literalidade, a informação face aos títulos de crédito é aquela que consta do mesmo, ao passo que a informação no mercado de valores mobiliários transcende, claramente, aquilo que está escrito no título. No direito dos valores mobiliários, existe um ambiente de macro-informação, na medida em que os meios informativos são tipicamente conformados a poderem ser divulgados em massa, através da publicação de anúncios[385].

382 Para uma posição do problema em relação às ações, cfr. Paulo Câmara, *Parassocialidade e Transmissão de Valores Mobiliários,* Lisboa (1996), 350-356.

383 As exigências constantes das alíneas *a)* e *b)* do nº 1 do art. 44º são aplicáveis às contas de registo individualizado *ex vi* do art. 68º, nº 1.

384 Amadeu José Ferreira, *Valores Mobiliários Escriturais. Um novo modo de representação e circulação de direitos,* cit., 199-20 1. Acentuando a questão da representação mobiliária, o Prof. Oliveira Ascensão conclui que as ações "podem ser representadas como valores mobiliários, quer titulados, quer escriturais: podem portanto não ser títulos de crédito (*O Relatório sobre o Programa, Conteúdo e Métodos de Ensino de uma disciplina de Direito Comercial do Doutor Jorge Coutinho de Abreu,* cit., 1140). No mesmo sentido: Cláudia Pereira de Almeida, *Relevância da Causa na Circulação de Acções das sociedades Anónimas fora de Mercado Regulamentado,* Coimbra (2007), 80-82.

385 A ligação do valor mobiliário a uma relação contratual acarreta identicamente uma consequência digna de nota neste contexto. Em referência está a modificabilidade do direito representado,

Sucede que o conteúdo do direito não é descrito exaustivamente pelo registo ou pelo título, como vimos. É sustentado por muitos, a partir daqui, que a literalidade dos valores mobiliários é enfraquecida[386], indireta[387], incompleta[388] ou *per relationem*, na medida em que o conteúdo do direito incorporado no documento cartular, não se determina apenas pelo que consta do título ou do registo.

Persistir nesta linha argumentativa, porém, é incorrer em puro irrealismo metodológico. A tutela dos terceiros no tráfego acionista é prosseguida, não pelo que consta da letra do papel cartular – que, nos dias modernos, raras vezes chega às mãos do sócio – ou do registo – sujeito a deveres de confidencialidade –, mas sobretudo pelo funcionamento dos deveres de informação aos acionistas e aos investidores em geral. *A micro-tutela cartular dá lugar à macro-tutela do direito do mercado de valores mobiliários*, assegurada por uma vasta rede de deveres informativos, por uma intervenção de intermediários financeiros estreitamente balizada por deveres de conduta e de normas cominadoras de responsabilidade e pela existência de uma entidade de supervisão com poderes reguladores e sancionatórios sobre os mercados[389]. Nomeadamente, aqui confere-se capital importância aos deveres permanentes de informação ao mercado (v.g., art. 17º do Regulamento europeu do Abuso de Mercado), aos deveres de informação do intermediário financeiro junto do seu cliente (arts 312º - 312º-G CVM) e ao prospeto (v. por ex. art. 135º CVM) enquanto peça essencial de informação quando o valor mobiliário é objeto de oferta ao público.

VIII – A fungibilidade e a possibilidade de emissão em massa dos valores mobiliários constituem outros relevantes traços distintivos dos valores mobiliários.

Aos títulos de crédito individuais subjaz uma técnica micro-jurídica, de emissão e de transmissão do título de pessoa para pessoa e de reconstituição e desenho da cadeia cartular entre pessoas determináveis. Ao invés, o ambiente dos valores mobiliários é demarcado num sentido claramente macro-jurídico, de mercado[390], tipicamente assente na transação de situações jurídicas cate-

nomeadamente através de deliberação da assembleia de titulares do valor mobiliário em causa. Tal não sucede nos títulos de crédito, em que o princípio de literalidade cristaliza o conteúdo do direito cartular.

[386] J. G. PINTO COELHO, *Estudos sobre as acções das sociedades anónimas, RLJ* nº 3057 (1955), 179.

[387] FEDERICO MARTORANO, *Titoli di Credito*, cit., 14-15.

[388] G. FRÈ, *Società per Azioni*[5], cit., 171; PAOLO SPADA, *Introduzione al Diritto dei Titoli di Credito*[2], cit., 54; VAZ SERRA, *Acções nominativas e acções ao portador*, cit., 47-48.

[389] PAULO CÂMARA, *Emissão e Subscrição de Valores Mobiliários*, cit., 6.-9.; Id., *Parassocialidade e Transmissão de Valores Mobiliários*, cit., 351-356.

[390] PAOLO SPADA, *La circolazione della "ricchezza assente" alla fine del millennio (riflessioni sistematiche sulla dematerializzazione dei titoti di massa)*, in *BBTC* nº 4 (1999), 408.

goriais[391]. Em consequência, do ponto de vista funcional, os valores mobiliários supõem a aplicação de uma malha apertada de regras sobre defesa dos mercados e sobre proteção dos investidores.

Tal reflete-se identicamente no regime da transmissão. É certo que alguns valores mobiliários se transmitem através de endosso, seguido de registo no emitente (os valores nominativos não integrados em sistema centralizado: art. 102º, nº 1). Mas em algumas situações a técnica transmissiva pode dispensar o contacto com o título, o que sucede no caso dos valores mobiliários escriturais e dos valores mobiliários integrados em sistema centralizado (art. 105º).

Aceitar, a partir daqui, a inclusão dos valores mobiliários nos títulos de crédito de massa, implicaria aceitar a contraposição entre títulos de crédito simples e títulos de crédito de massa. Só que, como a literatura transalpina mais avançada o reconhece, esta categoria denota visível ambiguidade e artificiosidade: o conceito de título de crédito de massa denota, afinal, escassa textura jurídica[392]. Por isso sentenciou um importante autor italiano que *"o divórcio conceitual entre título de massa e título de crédito está consumado"*[393].

IX – No atual Direito positivo, deve chamar-se a atenção para que existe no Código dos Valores Mobiliários um regime geral dos valores mobiliários – do ponto de vista legislativo mais desenvolvido e mais acessível que o regime "geral" dos títulos de crédito[394]. A auto-suficiência do regime mobiliário leva mesmo a anular, ou pelo menos a diminuir significativamente, o relevo da discussão sobre a pretensa natureza cartular dos valores mobiliários[395].

[391] MIGUEL GALVÃO TELES, *Fungibilidade de Valores Mobiliários e Situações Jurídicas Meramente Categoriais*, cit., *per totum*.

[392] BERARDINO LIBONATI, *Titoli di Credito e Strumenti Finanziari*, cit., 110.

[393] PAOLO SPADA, *Introduzione al Diritto dei Titoli di Credito*, Torino, 1994, 111.

[394] O regime geral dos títulos de crédito não se oferece diretamente ao intérprete; extrai-se, por via indutiva, a partir do regime de cada título de crédito. Em sentido dissonante, negando a existência de um regime comum dos títulos de crédito e preconizando a substituição desta categoria "pelas concretas figuras que o seu emprego visa nomear (v.g. letra, livrança, cheque, etc)": CAROLINA CUNHA, *Valores Mobiliários Vs Letras e Livranças: virtudes de um confronto pouco usual*, em EH Ferreira de Almeida, I, 673-700.

[395] Já assim, embora ante o Código de 1999: AMADEU FERREIRA, *Valores Mobiliários Escriturais. Um novo modo de representação e de circulação de direitos*, cit., 404. Mais recentemente, o ponto é corroborado por ENGRÁCIA ANTUNES, *Os Instrumentos Financeiros*[3], cit., 82, que chama a atenção para a crescente autonomização e densidade do regime dos valores mobiliários, em progressivo distanciamento da disciplina dos títulos de crédito; e por ANTÓNIO BARRETO MENEZES CORDEIRO, para quem a emergência do novo conceito de instrumento financeiro coloca em causa a conceção dicotómica entre título de crédito em sentido amplo e restrito (*Direito dos Valores Mobiliários*, Vol. I, 210).

Diga-se ademais que não há no atual Código um preceito homólogo ao art. 52º, nº 2 do Código de 1991, que remetia subsidiariamente para o regime dos títulos de crédito nominativos e ao portador[396]. A técnica agora é a inversa: é no regime mobiliário que se encontra o regime dos valores nominativos e que se infere, por autonímia, o conceito de valor ao portador (art. 52º e 97º nº 1 *c)* CVM).

Em termos jurídico-internacionais, depara-se um adicional elemento: o Regulamento (CE) nº 593/2008, de 17 de junho de 2008, sobre obrigações contratuais, deixa liminarmente de fora do seu âmbito os títulos de crédito (art. 1º, nº 2 *d)*) mas regula, ainda que parcelarmente, os instrumentos financeiros (art. 4º, nº 1 *h)* e art. 6º, nº 3 *d)* e *e)*)[397].

X – Importa rematar o raciocínio. É percetível que a ligação entre o valor mobiliário e o título de crédito se situa num plano de abstração conceptual excessivamente elevado, ligado à vertente documental de ambos os instrumentos[398]. Os ensaios dogmáticos tentados para aproximar as figuras (literalidade indireta, títulos de crédito de massa) não se afiguram convincentes: no plano da construção jurídica e do direito positivo, o património comum entre ambas é exíguo. Acima de tudo, o sistema mobiliário assenta estruturalmente na prestação de informação ao investidor em moldes que se distanciam claramente dos mecanismos de tutela cartular.

Em termos formativos, atento o denominador comum documental, não pode, sem mais, rejeitar-se o contributo da teoria geral dos títulos de crédito individuais para o âmbito mobiliário. Mas partir daí para uma assimilação do conceito de valor mobiliário ao de título cartular é um passo que, em atenção ao regime jurídico e à natureza daquele, não pode dar-se.

6. *Categorias de valores mobiliários*

I – A categoria de valor mobiliário corresponde a um conjunto homogéneo de valores mobiliários.

Para este efeito, os critérios gerais de homogeneidade – isto é, de pertença à mesma categoria – são determinados pelo art. 45º CVM. Segundo este normativo, os valores mobiliários que sejam emitidos pela mesma entidade e apre-

[396] Este preceito poderia jogar alguma influência no debate à luz do direito anterior: cfr. por exemplo Oliveira Ascensão, *Valor Mobiliário e Título de Crédito*, cit., 849.

[397] Cfr. *supra*, § 3º, 3

[398] Sintomaticamente, na tentativa de encontrar um fio comum, Paula Costa e Silva reconduz ambas as figuras ao Direito dos títulos de legitimação: *Direito dos Valores Mobiliários. Relatório*, cit., 124. Essa é também a chave do percurso encetado por Luís Miguel de Dios Martinez, *Títulos-Valor Simples y Documentos de Legitimacíon*, Civitas (2004).

sentem o mesmo conteúdo constituem uma categoria ainda que pertençam a emissões ou séries diferentes[399].

II – Do mencionado art. 45º se infere que para o conceito de categoria estar verificado devem ser preenchidos dois requisitos:

– coincidência da entidade emitente;

– homogeneidade das situações jurídicas representadas.

De outro passo, a segunda característica diz respeito à homogeneidade dos valores mobiliários, o que se reporta à homogeneidade das posições jurídicas representadas. Surpreende-se aqui uma característica do valor mobiliário que consiste na fungibilidade das situações jurídicas representadas: esta, por seu turno, também implica a fungibilidade dos valores agrupados no conceito de categoria. Tal ideia coincide, na sua essência, com a expressa no enunciado do nº 2 do art. 302º CSC, segundo o qual *as ações que compreendem direitos iguais formam uma categoria*.

O art. 45º CVM precisa que os valores mobiliários podem formar uma mesma categoria embora provenham de emissões diferentes. Apesar de a génese dos valores mobiliários ocorrer em momentos temporalmente distintos, a identidade de posições jurídicas e a identidade da entidade emitente levam a considerar os valores como integrantes da mesma categoria.

A categoria define, por seu turno, o âmbito natural de aplicação do princípio de igualdade de tratamento de titulares de valores mobiliários (arts. 15º, 87º, nº 2, 112º, 124º, nº 2 e 197º).

III – Dentro de cada categoria, os valores mobiliários são fungíveis[400]: passam a identificar-se pela classe a que pertencem. Por esse motivo, os valores mobiliários escriturais são desprovidos de número de ordem[401] e a numeração não afeta a fungibilidade entre valores mobiliários titulados[402]. Dito de outro modo, o diferente número de ordem não impede os valores mobiliários de se integrarem na mesma categoria.

[399] Cfr., quanto aos fundos de investimento imobiliário, o art. 4º, nº 2 DL nº 60/2002, de 20 de março.

[400] Amadeu Ferreira, *Valores Mobiliários Escriturais – um novo modo de representação e circulação de direitos*, cit., 165-168.

[401] Miguel Galvão Teles, *Fungibilidade de Valores Mobiliários e Situações Jurídicas Meramente Categoriais, Direito dos Valores Mobiliários*, Vol. IV (2003), 168-170.

[402] A menção de número de ordem apenas é obrigatória para os titulados nominativos, de acordo com o artigo 94º, 1 *a)* CVM. Os títulos múltiplos incluem tipicamente diversos números de ordem, consoante os valores representados.

Uma demarcação precisa do conceito de categoria, e do requisito de fungibilidade que lhe subjaz, obriga a deixar claro que o seu perímetro atende às características objetivas das posições jurídicas representadas e não a vicissitudes acidentalmente ligadas a alguns dos seus titulares.

Esta clarificação é necessária, dado que a versão atual do art. 60º do DL nº 76-A/2006, de 29 de março, determina que *as ações a privatizar, nos termos da lei, constituem uma categoria especial de ações que apenas podem ser detidas pelo Estado ou por entidades que pertençam ao setor público*. Este preceito foi consagrado em decorrência da eliminação dos direitos especiais do Estado, promovida pelo DL nº 90/2011, de 25 de julho[403].

No entanto, a solução consagrada por este diploma, não implica a utilização do conceito de categoria em sentido técnico. Para o conceito de categoria, o que releva é a identidade objetiva das posições representadas. Como afirmou lapidarmente JEANTIN: *la catégorie est une classe où on range des objets de même nature*[404].

Com efeito, as posições jurídicas dentro de cada categoria são transmissíveis. Di-lo claramente o Código das Sociedades, ao dispor que os direitos especiais inerentes a cada categoria se transmitem com as ações que incorporem (art. 24º, nº 4 CSC).

Ora, não sucede assim nas ações a privatizar, para efeitos do art. 60º do DL nº 76-A/2006, de 29 de março, que uma vez transferidas para o setor privado passam a ser sujeitas ao direito comum, designadamente quanto à sua ulterior transmissibilidade.

Para uma cabal compreensão deste ponto, basta atender a que as vicissitudes subjetivas dos valores mobiliários podem igualmente prender-se com a incapacidade do titular (momentânea ou permanente) ou com a amputação dos direitos sociais em consequência de violação do dever de comunicação de participações qualificadas (art. 16º, nº 4) ou de violação do dever de lançamento de OPA (art. 192º CVM). Tais vicissitudes subjetivas não são gravadas *propter rem* no valor mobiliário: ao cessarem com a alienação a terceiro, em caso algum podem implicar a constituição de uma categoria autónoma.

[403] Sobre o regime anterior: MARIA DE LURDES PEREIRA, *O regime societário do Estado enquanto Acionista*, em *A Reforma do Código das Sociedades Comerciais. Jornadas em Homenagem ao Professor Raul Ventura*, cit., 259-267; PAULO CÂMARA, *O Governo das Sociedades e a Reforma do Código das Sociedades Comerciais*, cit., 19.

[404] Prossegue o mesmo autor: *La double identité de droits et obligations ne suffit pas à constituer la catégorie. Encore faut-il que ces droits et obligations soient attachés à l'action elle-même. En d'autre termes, qu'il s'agisse de droits et obligations prompter rem. Il en résulte que lorsque que le droit ou obligation en cause sont attachés on pas à l'action elle-même, mais résultent de la spécificité de la situation même de l'actionnaire, on ne saurait pas parlers de catégorie d'actions*: MICHEL JEANTIN, *Observations sur la notion de catégorie d'actions*, Recueil Dalloz Chroniques (1995), 88.

IV – A fungibilidade representa um atributo necessário do valor mobiliário para ser admitido à negociação (art. 204º, nº 1 *a)* e nº 2)[405]. Este requisito há de entender-se *cum grano salis*, já que a fungibilidade constitui um conceito relacional. O art. 207º do Código Civil sentencia, a este propósito, que as coisas do mesmo género e qualidade são fungíveis *entre si*[406].

Ao referir-se à fungibilidade no art. 204º, o legislador só pode ter como padrão comparativo os valores mobiliários integrantes da mesma categoria, entre si, ou a fungibilidade entre os valores a admitir e a categoria previamente admitida. Tal não obsta, naturalmente, à possibilidade de admissão à negociação de nova categoria, infungível com a preexistente.

Deve, no entanto, ter-se em conta existir um conceito de fungibilidade mais exigente no art. 204º, nº 2 do que no art. 45º CVM, que além da identidade das posições jurídicas representadas faz incluir também a forma de representação e o regime fiscal. Por aqui também se depreende que o conceito de fungibilidade mobiliária é instrumental do regime em que é aplicado[407]. Mais concretamente, o conceito de categoria para efeitos do art. 204º é instrumental à circulabilidade dos valores mobiliários em mercado organizado.

7. *Valores mobiliários nominativos e ao portador; a nominatividade obrigatória*

I – Uma contraposição elementar de entre os valores mobiliários é a que separa os valores mobiliários nominativos (*registered securities*) dos valores mobiliários ao portador (*bearer securities*).

A conceção tradicional, com reflexo na versão originária do Código das Sociedades Comerciais, reconduzia a diferença entre o valor nominativo e o valor ao portador a uma diversidade da disciplina de transmissão e de legitimação[408]. Segundo esta ideia, os valores ao portador transmitir-se-iam com a mera entrega, ao passo que os valores nominativos careceriam, como formalidades transmissivas, da declaração do transmitente, escrita no título e do respetivo pertence, também no verso do título, além da inscrição no livro de registo da sociedade.

[405] Miguel Galvão Teles, *Fungibilidade de Valores Mobiliários e Situações Jurídicas Meramente Categoriais*, Direito dos Valores Mobiliários, Vol. IV (2003), 167-174 e passim.

[406] Miguel Galvão Teles, *Fungibilidade de Valores Mobiliários e Situações Jurídicas Meramente Categoriais*, cit., 205-206.

[407] Em sentido próximo, a propósito da análise ao regime dos valores mobiliários não plenamente liberados: Amadeu Ferreira, *Valores Mobiliários Escriturais – um novo modo de representação e circulação de direitos*, cit., 167.

[408] Assim, cfr. nomeadamente Vaz Serra, *Acções Nominativas e Acções ao Portador*, Lisboa (1968), 5 e seguintes. O tema conheceu tratamento desenvolvido através de Evaristo Ferreira Mendes, *A Transmissibilidade das Acções*, Lisboa (1989), I, 45-63, 161- 170.

Era esta a distinção que decorria dos artigos 326º e 328º CSC, já revogados. A acrescer, a inscrição no livro de registo da sociedade, de sua banda, seria condição de legitimação para o exercício dos direitos nas ações nominativas, ao passo que nas ações ao portador bastaria a mera exibição do título.

Este critério distintivo tradicional, porém, embora perfeitamente ajustado aos valores mobiliários titulados, apresenta dificuldades de aplicação em relação a valores mobiliários escriturais. Os preceitos societários referiam-se à *entrega*, à declaração *no verso do título* – o que apenas pode valer, como é fácil de ver, em relação a valores mobiliários que tenham representação em papel.

II – Na resolução do problema de saber se a contraposição entre valores mobiliários nominativos e ao portador poderia aplicar-se aos valores mobiliários escriturais, desempenhou um papel essencial o contributo francês. Com efeito, em França chegou-se à conclusão de que a contraposição entre valores nominativos e ao portador também se poderia aplicar aos valores escriturais, porque, no fundo, o que distinguia uns e os outros tinha que ver com o critério da cognoscibilidade da identidade dos titulares pela entidade emitente[409]. Nesta ordem de ideias, os valores mobiliários ao portador seriam aqueles em que a entidade emitente não tem a possibilidade de conhecer o titular, de modo que o valor se transmitiria com a mera entrega do título, quando com suporte em papel.

Pelo contrário, os valores mobiliários nominativos, ainda que não inscritos junto da entidade emitente (dado que a inscrição registral pode ser feita em intermediário financeiro: art. 61º), seriam aqueles em que aquela entidade emitente tem a possibilidade de conhecer a identidade do seu titular. Este regime valeria, quer para os valores titulados, quer também para os valores escriturais. Ou seja, o segredo, nos valores mobiliários escriturais, não seria oponível à entidade emitente quando estejamos perante valores mobiliários nominativos.

III – Em Portugal, devemos separar dois períodos históricos quanto ao tratamento desta matéria.

Até 2017, vigorou entre nós, como solução geral, a liberdade de escolha entre valores mobiliários nominativos e ao portador, temperada por um regime de conversão em ações ao portador, e vice-versa[410] e de normas excecionais que

[409] Michel De Juglart/Benjamin Ippolito, *Traité de Droit Commercial*, t. 7: *Banques et Bourses* (Lucien Martin), Paris (1991), 752. Entre nós, Amadeu Ferreira, *Valores Mobiliários Escriturais – um novo modo de representação e circulação de direitos*, cit., 181; Ferreira de Almeida, *Desmaterialização dos títulos de crédito: valores mobiliários escriturais, Revista da Banca* nº 26 (1993), 28, n. 11; Id., *Valores Mobiliários: O Papel e o Computador*, cit., 626.

[410] Em referência estão os arts. 53º e 54º Código dos Valores Mobiliários, que foram revogados pela Lei nº 14/2017, de 3 de maio.

impunham, em situações particulares ou em relação a sociedades a operar em setores regulados, a nominatividade obrigatória[411].

Este modelo coexistiu, durante anos, com críticas aos valores mobiliários ao portador, em tom crescente. A título principal, a não identificação do titular perante o emitente – salvo no caso de exercício de direitos e de comunicação de participações qualificadas – levava frequentemente à crítica desta modalidade de valores mobiliários por opacidade.

Tal conduziu a diversas tomadas de posição de Estados a impor a nominatividade obrigatória por motivos ligados à prevenção da evasão fiscal e à prevenção da utilização do sistema financeiro para efeitos de branqueamento de capitais e de financiamento do terrorismo[412].

Importa deixar claro, a este propósito, que o direito europeu não impõe uma proscrição absoluta de valores mobiliários ao portador. Como pano de fundo, as recomendações do Grupo de Ação Financeira Internacional sugeriam a adoção de medidas para prevenir a utilização abusiva de ações ao portador e de warrants ao portador com direito de subscrição de ações[413]. Neste contexto, a Diretiva (UE) 2015/849 do Parlamento Europeu e do Conselho, de 20 de maio de 2015, relativa à prevenção da utilização do sistema financeiro para efeitos de branqueamento de capitais ou de financiamento do terrorismo, na caracterização dos deveres de diligência das instituições quanto à sua clientela limita-se a instar os Estados-membros a que tomem medidas para prevenir a utilização abusiva de ações ao portador ou de warrants sobre ações ao portador[414]. A nominatividade obrigatória não representava, assim, via incontornável de transposição da dire-

[411] Durante esse período, a nominatividade obrigatória era imposta designadamente em relação a ações representadas por títulos provisórios (art. 304º, nº 1 CSC), a ações não integralmente liberadas, sujeitas a restrições transmissivas ou cujo titular esteja obrigado a realizar prestações acessórias à sociedade (art. 299º, nº 1 CSC); instituições de crédito (art. 14º, nº 1 *b)* RGIC), empresas de investimento (se adotarem a forma de sociedade anónima: art. 199º-C, *b)* RGIC), sociedades anónimas de seguros (art. 41º do DL 94-B/98, de 17 de abril), sociedades de investimento (art. 2º do DL nº 260/94, de 22 de outubro), sociedades de locação financeira (art. 2º do DL nº 72/95, de 15 de abril), sociedades de desenvolvimento regional (art. 2º, nº 2 do DL nº 25/91, de 11 de janeiro), sociedades de garantia mútua (art. 5º, nº 1 do DL nº 211/98, de 16 de julho), sociedades gestoras de mercado regulamentado ou de sistema de negociação multilateral (art. 8º, nº 3 DL nº 357-C/2007, de 31 de outubro) e entidades comercializadoras de contratos relativos ao investimento em bens corpóreos (art. 3º do DL nº 357-D/2007, de 31 de outubro).

[412] No Reino Unido, apenas as ações ao portador foram eliminadas através do *Small Business, Enterprise and Employment Act*, de 2015.

[413] GAFI, *Padrões internacionais de combate ao branqueamento de capitais e ao financiamento do terrorismo e da proliferação:As Recomendações do GAFI* (2012), 22, disponível no site do Banco de Portugal.

[414] Art. 10º, nº 2 da Diretiva (UE) 2015/849 do Parlamento Europeu e do Conselho, de 20 de maio de 2015.

tiva; mais ainda, o alargamento da proibição de valores mobiliários ao portador nomeadamente aos valores representativos de dívida transcende de modo claro o disposto no mencionado diploma europeu.

IV – Com a Lei nº 14/2017, de 3 de maio, assistiu-se a uma inversão histórica nesta matéria, com a generalização de uma regra de nominatividade obrigatória[415].

A nova redação do artigo 52º daí resultante passou a estabelecer que os valores mobiliários são obrigatoriamente nominativos, vedando expressamente a emissão de valores mobiliários ao portador. Este preceito aplica-se a valores mobiliários de qualquer tipo, independentemente da sua forma de representação, sejam estes titulados ou escriturais[416].

Contrariamente ao que sucedia com a sua redação originária[417], porém, o art. 52º deixou de esclarecer diretamente qual o conceito de valor nominativo em que assenta. Trata-se de uma abordagem criticável, sobretudo ante a evolução, atrás reconstituída, da construção interpretativa quanto à distinção entre valores nominativos e ao portador.

A delimitação do conceito de nominatividade subjacente ao regime do Código infere-se a partir do aditamento ao artigo 97º, nº 1 *c)* CVM, que esclarece que a identificação do titular deve constar das menções dos títulos. Pode, por isso, concluir-se que quando haja cognoscibilidade dos titulares, estamos perante valores nominativos. Inversamente, no caso dos valores ao portador não existe esta faculdade de conhecer os titulares dos valores mobiliários.

O direito português mantém, pois, o critério distintivo proposto pela literatura francesa – embora atualmente seja vedada a emissão de valores mobiliários ao portador.

V – Em termos de direito transitório, é estabelecido um processo de conversão forçada de valores ao portador em valores nominativos a concluir por cada emitente no prazo de seis meses desde a entrada em vigor da Lei nº 14/2017, de 3 de maio. A disciplina jurídica do processo de conversão obrigatória foi fixada através do DL nº 123/2017, de 25 de setembro.

A conversão pode ser deliberada pelo órgão de administração e é concretizada através de uma de duas formas: *i)* através de anotação na conta de registo

[415] Joana Torres Ereio, *Considerações preliminares sobre o fim dos valores mobiliários ao portador – análise e dúvidas decorrentes da Lei nº 15/2017, de 3 de maio, Atualidad Juridica* 47 (2017), 96-106.

[416] Cfr. nomeadamente o art. 16º do DL nº 69/2004, na redação dada pelo DL nº 77/2017, de 30 de junho (nominatividade do papel comercial) e art. 8º, nº 2 do RGOIC, na redação dada pelo DL nº 56/2018, de 9 de julho.

[417] A redação originária do art. 52º, nº 1 era a seguinte: *Os valores mobiliários são nominativos ou ao portador, conforme o emitente tenha ou não a faculdade de conhecer a todo o tempo a identidade dos titulares.*

individualizado dos valores mobiliários escriturais ao portador ou dos valores mobiliários titulados ao portador integrados em sistema centralizado; ou *ii*) por substituição dos títulos ou por alteração das menções deles constantes, realizadas pelo emitente[418].

O pontos mais saliente deste regime prende-se com o estatuto dos valores ao portador não convertidos findo o prazo legal. Estes passam a ser *ex lege* transformados em documentos de legitimação intransmissíveis[419] apenas conferindo legitimidade para solicitarem um registo a favor dos seus titulares[420]. Os direitos de natureza pecuniária a estes associados, por seu turno, ficam suspensos e apenas serão entregues aos titulares a partir da conversão em valores mobiliários nominativos[421].

VI – É bom ter presente que num número ainda muito alargado de sistemas jurídicos é permitida a emissão de valores mobiliários ao portador.

Além disso, nos valores mobiliários representativos de dívida as regras nacionais de direito internacional privado permitem que no registo de emissão seja escolhido outro direito como competente para reger o conteúdo de tais valores mobiliários (artigo 40º nº 1 CVM)[422]. Nada obsta, assim, que seja determinada ao abrigo desta regra a competência de um sistema jurídico que admita a emissão de valores mobiliários ao portador. Embora proscritos no direito positivo português, não é assim de estranhar que alguns valores ao portador continuem em circulação no mercado nacional.

8. *Direitos inerentes e direitos destacáveis dos valores mobiliários*

I – Do art. 1º CVM decorre uma possibilidade de a representação através de valor mobiliário incidir sobre situações jurídicas ativas e sobre situações jurídicas passivas. Na sua configuração mais comum, o valor mobiliário representa direitos subjetivos[423]. Como tal, as situações jurídicas representadas através

[418] Artigo 4º, nº 1 do DL nº 123/2017, de 25 de setembro.

[419] Artigo 2º, nº 2 *a)* da Lei nº 15/2017, de 3 de maio.

[420] Artigo 7º, nº 1 do DL nº 123/2017, de 25 de setembro.

[421] Artigo 2º, nº 2 *b)* da Lei nº 14/2017, de 3 de maio e artigo 7º, nº 2 do DL nº 123/2017, de 25 de setembro.

[422] Em sentido aparentemente contrário, Joana Torres Ereio assimila esta hipótese ao artigo 41º, *a)* CVM (*Considerações preliminares sobre o fim dos valores mobiliários ao portador – análise e dúvidas decorrentes da Lei nº 15/2017, de 3 de maio, cit.*, 139-140). Porém, crê-se ser hoje pacífico que a nominatividade dos valores não releva do seu estatuto transmissivo, como o demonstra o regime da transmissão dos valores mobiliários escriturais – inalterado com a vigência da Lei 14/2017.

[423] Pedro Pais de Vasconcelos, *Direitos inerentes e Direito subjetivo*, in *Cadernos do Mercado de Valores Mobiliários*, nº 4 (maio 1999), 23-31; Id., *Direitos Destacáveis – O Problema da Unidade e Pluralidade do Direito Social como Direito Subjetivo, Direito dos Valores Mobiliários*, Vol. I (1999), 167-176.

deste instrumento podem ser múltiplas. A cada uma desta situação jurídica usa denominar-se *direito inerente*, que mais não é que a situação jurídica ativa que, em conjunto com outras, está representada, em termos unitários, através de um valor mobiliário[424].

Se nos socorrermos do art. 55º, nº 3, o universo dos direitos inerentes inclui:

- O direito aos juro nas obrigações;
- O direito ao dividendo deliberado;
- O direito de subscrição preferencial nas ações;
- Os *warrants*, nas obrigações com *warrant*.

Os direitos inerentes comportam diversas classificações. Assim, contrapõem-se direitos de exercício direto e direitos de exercício indireto; direitos de exercício singular e direitos de exercício coletivo[425].

Previna-se, porém, para a dificuldade em forjar construções gerais nesta matéria, na medida em que – como adverte o proémio do nº 3 do art. 55º –, esta é condicionada pelo regime de cada tipo de valor mobiliário.

II – A par da circunstância de o valor mobiliário se conceber como esquema de representação de situações jurídicas complexas importa considerar outra característica que lhe vai associada: a sua cindibilidade.

Não se confunda esta característica da cindibilidade com as operações de fracionamento do valor nominal do valor mobiliário (*stock split*, no caso de ações): aqui é um valor mobiliário da mesma natureza que se desdobra em posições idênticas, mas com valor nominal ou valor de emissão mais baixo.

Pelo contrário, no destaque de direitos inerentes, os valores que se separam têm um conteúdo diferente entre si. A título de exemplo: nas obrigações com *warrant*, o destaque do direito de subscrição de ações, ao abrigo do art. 372º-B, nº 4 CSC, permite cindir, de um lado, a obrigação e, de outro lado, o direito de subscrição (*warrant*). Nas ações negociadas em mercado, o destaque de direitos origina temporariamente uma negociação das ações *ex* direitos (v.g. *ex* dividendo).

Resta acrescentar que a destacabilidade é característica tendencial, mas não absoluta, dos direitos inerentes aos valores mobiliários. Segundo o elenco de valores mobiliários plasmado no art. 1º, todos os valores mobiliários comportam

[424] Em sentido próximo, cfr. António Soares, *Direitos inerentes a valores mobiliários*, in *Direito dos Valores Mobiliários*, Vol. I (1999), 139. Cfr. ainda Jorge Costa Santos, *Direitos inerentes aos valores mobiliários*, Lisboa, Lex (1997), 55-98; Ana Sá Couto/ Joana Torres Ereio, *Transmissão do direito ao dividendo, Atualidad Jurídica* nº 29 (2011), 68-78; Alexandre Brandão da Veiga, *Direitos destacados e warrants autónomos, Direito dos Valores Mobiliários*, Vol. III (2001), 88-96; Tiago Arnould, *O destaque do direito aos lucros*, RDS nº 1 / 2 (2013), 369-385.

[425] António Soares, *Direitos inerentes a valores mobiliários*, cit., 140.

direitos destacáveis – com a única exceção dos *warrants*, de acordo com o art. 1º, alínea *e)* do Código.

III – Os direitos destacados podem ser objeto das mais variadas utilizações – revertendo em benefício do titular do valor ou ser objeto de negociação com terceiros.

É neste sentido que deve ser interpretado o art. 55º, nº 2, segundo o qual a legitimidade para exercício dos direitos inerentes é determinada pelo título ou pelo registo. Até ao destaque, a legitimidade é determinada pelo princípio da acessoriedade ao valor principal, em salvaguarda da unidade dos direitos representados. Mas após o destaque, pode haver titulares diversos do direito de base e do direito destacado.

IV – Em certas condições, o destaque pode dar origem a um valor mobiliário. Os direitos destacáveis são, no art. 1º *f)*, considerados hoje como valores mobiliários desde que cumpram um de dois requisitos:

- O destaque deve abranger toda a emissão ou série; ou
- Deve o destaque estar previsto nas condições de emissão.

V – Os critérios acabados de enunciar são meramente formais, e não resolvem um problema de fundo – o da delimitação do universo dos direitos destacáveis. À partida, os direitos inerentes de conteúdo patrimonial podem considerar-se destacáveis. A partir daqui, a dúvida que se coloca é a de saber se a lista do art. 55º, nº 3 pode facilitar a tarefa do intérprete. Será que todos os elementos aí referidos podem destacar-se e dar origem a valores mobiliários, cumpridas as condições do art. 1º?

Ora, a destacabilidade de direitos supõe a ponderação de todos os dados do sistema jurídico. Sucede, por isso mesmo, que a enumeração constante do nº 3 do art. 55º traz problemas, se pensarmos numa qualificação de todas as posições referidas nesse preceito como valores mobiliários, em articulação com o art. 1º *e)*. Mais precisamente, aquele elenco acarreta *um* problema: a questão centra-se na circunstância de o art. 55º, nº 3 fazer incluir o direito de voto.

Com efeito, é complexa a questão da *negociabilidade de direitos de voto*, porque há uma tradição legislativa muito forte de hostilidade ao denominado tráfico de voto[426].

[426] Paulo Câmara, *Parassocialidade e Transmissão de Valores Mobiliários*, cit., 37-40. Em sentido contrário, defendendo a destacabilidade do direito de voto: José Marques Estaca, *O destaque dos direitos de voto em face do CVM, Estudos em Honra do Professor Doutor José de Oliveira Ascensão*, Vol. II (2008), 1347-1361.

Neste sentido, o art. 17º, nº 3. *c)* CSC representa um obstáculo importante quanto à admissibilidade do destaque de direitos de voto, ao vedar os acordos de voto em que o sócio obtém contrapartidas ou vantagens especiais.

A conclusão a retirar, a partir da antinomia gerada entre o preceito societário e o art. 55º, nº 3 CVM, é a de reconhecer ao direito de voto a característica de direito inerente, sem que tal signifique todavia, que seja negociável, por virtude do art. 17º, nº 3. *c)* CSC. À luz do atual direito positivo, a destacabilidade do direito de voto para ser negociado autonomamente como valor mobiliário permanece, por isso, comprometida[427].

VI – A aplicação do regime geral dos valores mobiliários aos direitos destacados deve fazer-se *cum granu salis*.

Em particular, *o direito destacável tem um processo genético diferente dos demais valores mobiliários*. Não há uma entidade emitente em sentido clássico, assim como não se aplicam no momento do destaque os conceitos de oferta ou a exigência do prospeto respetivo.

Por este motivo, igualmente, se explica que o art. 43º, nº 1 não obrigue a que o registo de emissão de direitos destacados seja feito na entidade emitente.

Quando se refira a emitentes de valores mobiliários admitidos à negociação em mercado regulamentado, porém, a atribuição de direitos inerentes deve ser objeto de pronta informação, conforme dispõe o art. 249º, nº 2 *b)*.

Refira-se também que no caso dos valores mobiliários titulados, os direitos destacados são separados através de *cupões* (art. 46º, nº 4)[428]. O enunciado desta norma gera perplexidades, que são mais facilmente contornáveis se for entendido que se trata de uma solução *supletiva*. Tal sucede, em primeiro lugar, porque do art. 1º *f)* do Código decorre a possibilidade de os valores mobiliários terem origem em destaque ainda que esse não esteja previsto na data de emissão: ponto é que o destaque abranja toda a série ou emissão. Não faria, assim, sentido que esse destaque não pudesse fazer-se por o título não estar preparado para tal. Tenha-se presente, por outro lado, o argumento pragmático baseado nos inconvenientes que pode gerar a separação de cupões de títulos, sobretudo em emissões de muitos milhares ou milhões de títulos. Pensar de modo diverso – isto é, entender o art. 46º, nº 4 como injuntivo – converteria a solução num claro retrocesso, e não num avanço.

[427] Em sentido contrário, conferindo um alcance permissivo às normas sobre imputação de direitos de voto – o que contraria a letra e teleologia do art. 20º CVM: José Marques Estaca, *O destaque dos direitos de voto em face do Código dos Valores Mobiliários*, em *Estudos em Honra do Professor Doutor José de Oliveira Ascensão* (2008), Vol. II, 1347-1361.

[428] Quanto ao destaque de cupões relativos ao direito aos dividendos: Carlos Ferreira de Almeida, *Direito a dividendos no âmbito de Oferta Pública de Aquisição, Direito dos Valores Mobiliários*, Vol. V (2004), especialmente a p. 40-43.

VII – O direito português acolhe um *modelo de titularidade direta* dos direitos do titular de valores mobiliários, ao contrário do que sucede nomeadamente nos EUA e na Alemanha. De facto, segundo o nosso regime, o direito representado no valor mobiliário significa, em termos diretos, a titularidade do documento e dos direitos nele representados[429]. O arrimo normativo para este modelo encontra-se na presunção de titularidade do valor mobiliário decorrente do registo em conta (artigo 74º nº 1 CVM). Tal não obsta naturalmente a que existam situações de desconformidade entre a situação registral e a realidade subjacente. É nomeadamente o caso em que o titular constante do registo atue por conta de terceiros (art. 20º, nº 1 *a)*)[430]. O terceiro, neste caso, apenas pode exercer perante o emitente os direitos inerentes aos valores mobiliários se proceder à elisão da presunção de titularidade, ao abrigo do artigo 74º, nº 3 CVM. Nessa medida, há uma certa impropriedade terminológica em designar estes fenómenos como de titularidade indireta[431].

Apesar disto, nos valores mobiliários escriturais ou nos valores titulados depositados ou integrados em sistema centralizado, o exercício de direitos é intermediado. Nessas situações, é necessário um documento de legitimação emitido por entidade registadora para o exercício dos direitos inerentes (art. 78º, nº 1).

Este esquema legal funda-se em imperativos de segurança e de certeza jurídica. Não obstante, no caso dos valores mobiliários acionistas, revelar-se-ia um modelo particularmente desajustado no tocante à realização de assembleias gerais de sociedades cotadas, por envolver custos na emissão do documento de legitimação e por implicar um bloqueio dos valores visados até exercício dos direitos (art. 72º, nº 1 *a)*). Tal penalizaria seriamente a liquidez das ações em vésperas da assembleia geral e desencorajaria duplamente o exercício de direitos de voto: os investidores institucionais não gostam usualmente de abdicar de poder aproveitar livremente oportunidades de alienação das suas ações; os acionistas não qualificados, por seu turno, sentiriam que o custo envolvido seria um desincentivo pesado quando em causa esteja uma reduzida participação acionista.

[429] Carlos Ferreira De Almeida, *Registo de Valores Mobiliários*, em *Direito dos Valores Mobiliários*, VI (2006), 74-77.

[430] Sobre estas situações, cfr. José Engrácia Antunes, *A titularidade por conta de participações sociais*, DSR vol. 19 (março 2018), 51-70.

[431] O tema – com particular importância na conformação dos deveres dos intermediários financeiros que sejam titulares de valores mobiliários em nome próprio mas por conta de clientes (nomeadamente em contas *omnibus*) – tem entre nós sido estudado sobretudo por André Figueiredo, *O Negócio Fiduciário perante Terceiros – Com aplicação especial na gestão de valores mobiliários*, Coimbra (2012), 421-472; Id., *Titularidade indireta e exercício de direitos de voto*, RDS IV nº 3 (2012), 517-548.

Para obviar ao descrito estado de coisas foi, através do art. 23º-D CVM[432], estabelecido que a legitimidade para o exercício do direito de participação e de voto não depende do bloqueio de ações prévio à assembleia geral[433], por força da transposição da Diretiva dos direitos dos acionistas (Diretiva nº 2007/36/CE do Parlamento Europeu e do Conselho). A legitimidade para acesso à assembleia de sociedades cotadas basta-se, agora, com a titularidade acionista numa data de referência – a denominada data de registo (definido legislativamente como o 5º dia de negociação anterior ao da realização da assembleia). Esta solução – a cuja análise se regressa adiante[434] – comporta, além disso, méritos quanto ao estímulo ao exercício transfronteiriço do direito de voto nas sociedades cotadas[435].

§ 6º Os tipos de valores mobiliários

1. *Os tipos de valores mobiliários; quadro geral*

I – A análise dos diversos tipos de valores mobiliários debate-se com uma dificuldade preliminar. Apesar de a maior parte das matérias mobiliárias estar unificada por um código, a verdade é que os tipos de valores mobiliários se encontram tratados – sem exceção – fora do Código dos Valores Mobiliários. Esta limitação da codificação na área dos valores mobiliários explica-se pela instabilidade legislativa dos tipos de valores mobiliários, cujo elenco vem inclusivamente sofrendo sucessivos aditamentos, sobretudo no início do século XXI.

Depara-se alguma concentração de material normativo sobre tipos de valores mobiliários no Código das Sociedades Comerciais, que regulou extensivamente o tipo acionista e as obrigações. Esta circunstância deve-se a fatores históricos, dada a antecedência da codificação societária sobre a codificação mobiliária. Mas reitere-se haver, além do diploma societário, uma enorme dispersão de fontes para o tratamento normativo dos tipos de valores mobiliários[436].

[432] Francisco Mendes Correia, anotação às Recomendações I.2.1 e I.2.2 em Paulo Câmara (coord.), *Código do Governo das Sociedades Anotado*, cit..

[433] Art. 7º da Diretiva nº 2007/36/CE, de 11 de julho de 2007. Sobre o confronto desta solução com o direito português: Menezes Cordeiro, *A Directriz 2007/36, de 12 de julho (Acionistas de Sociedades Cotadas): Comentários à Proposta de Transposição*, cit., 542-545; Paula Costa e Silva, *O conceito de acionista e o sistema de record date*, Vol. VIII (2008), 447-460; João Sousa Gião, *Notas sobre o anunciado fim do bloqueio de acções como requisito do exercício do voto em sociedades cotadas*, *Cadernos MVM*, nº 21 (agosto 2005), 49-56; André Figueiredo, *Titularidade indireta e exercício de direitos de voto*, cit., 525-532.

[434] Cfr. *infra*, § 30º, 5.

[435] Dirk Zetzsche, *Shareholder Passivity, Cross-Border Voting and the Shareholders Rights Directive*, *CBC* – Düsseldorf (2008); Richard Nolan, *Shareholders Rights in Britain*, *EBOR* (2006), 549-588 (580-581).

[436] Reenvia-se para o elenco de fontes apresentado *supra*, § 3º, 6.

II – Os tipos de valores mobiliários diferenciam-se de acordo com a posição jurídica incorporada.

Esclareça-se estarem sob análise *tipos* em sentido técnico, o que significa que a conformação em concreto destes valores mobiliários, de acordo com o critério apontado, pode divergir sensivelmente de emissão para emissão[437]. Há traços típicos comuns, essenciais para a caracterização de cada valor mobiliário, mas cada tipo pode desdobrar-se em inúmeros sub-tipos com características muito distintas de um para o outro. Para reter um exemplo simples, no universo das ações representativas do capital social das sociedades anónimas, são hipóteses nominadas por lei as ações ordinárias ou simples, as ações preferenciais sem voto ou as ações preferenciais remíveis, integrando todas elas o tipo acionista[438].

No entanto, há características distintivas importantes entre cada um dos sub-tipos de valores mobiliários. O que significa que cada tipo de valor mobiliário comporta uma acentuada variabilidade intra-típica.

III – Na constelação de tipos de valores mobiliários surgem, a um tempo, tipos nominados dotados de total autonomia e, a outro tempo, tipos de valores mobiliários que combinam características de diversos tipos. O quadro global obriga, assim, a distinguir entre *os modelos típicos de primeiro grau,* ou seja, os tipos fundamentais ou puros; e *modelos típicos de segundo grau,* que são os tipos combinados ou mistos.

No nosso direito temos quatro modelos típicos de primeiro grau que são as ações, as obrigações, as unidades de participação em fundos de investimento e os *warrants* autónomos.

Mas conhecem-se também modelos típicos de segundo grau e aqui encontramos: as obrigações convertíveis em ações (em que é combinada uma parcela de características das obrigações e outra também das ações, como veremos), as obrigações com *warrants* (em que há uma combinação também do regime dos

[437] Em geral: Oliveira Ascensão, *A Tipicidade dos Direitos Reais,* Lisboa (1968), 33-ss.; Miguel Teixeira de Sousa, *Linguagem e Direito,* em *Estudos em Honra ao Professor Doutor José de Oliveira Ascensão,* Coimbra (2008), I, 276-280.

[438] Sobre a reforma mais recente em matéria das preferenciais, reenvia-se para Pedro Ferreira Malaquias/ Manuel Barbosa Moura, *As recentes alterações ao Código das Sociedades Comerciais em matéria de ações preferenciais, Atualidad Juridica* 41 (2015) 152-156; Elda Marques, *As recentes alterações ao regime das ações preferenciais – o DL nº 26/2015,* DSR vol. 13 (2015), 219-246. Nos EUA e no Reino Unido, acentua-se a variedade de tipos acionistas, tamanha é a profusão de valores de elevado hibridismo (*tracking stocks, participating preferred shares, non-share shares*), como o documenta Luca Enriques, Quartum non datur: Appunti in tema di «Strumenti finanziari partecipativi in Inghilterra, negli Stati Uniti e in Italia», BBTC nº 2 (2005) 166-183.

valores obrigacionistas com o regime jurídico dos *warrants* autónomos), os valores mobiliários perpétuos e os títulos de participação.

O desenvolvimento seguinte servirá para compreender as diferenças básicas entre os tipos mobiliários assinalados[439].

2. *A atipicidade dos valores mobiliários*

I – Como exposto anteriormente[440], a evolução do conceito de valor mobiliário em Portugal foi marcada, na vigência do Código anterior, por uma discussão doutrinária sobre a existência de uma tipicidade ou atipicidade de valores mobiliários.

Esta controvérsia foi largamente mitigada com a versão originária do Código dos Valores Mobiliários de 1999, cujo art. 1º adotou uma posição compromissória, ao fazer depender expressamente o reconhecimento de novos tipos de valores mobiliários de intervenções regulamentares da CMVM ou, no caso de valores monetários, do Banco de Portugal[441].

Mais tarde, através da alteração ao art. 1º CVM promovida pelo DL nº 66/2004, de 24 de março, deu-se uma inversão total no sistema, passando a vigorar um princípio de atipicidade *(numerus apertus)* de valores mobiliários[442].

II – Consumada esta evolução, a criação de novos tipos de valores mobiliários não está já condicionada por uma prévia intervenção legislativa ou regulamentar.

A criação de valores atípicos torna-se agora permitida, ao abrigo da autonomia privada do emitente.

Esta opção legislativa funda-se em três principais argumentos. De um lado, pesaram preocupações de *"flexibilidade e de defesa da inovação financeira"*, dada a crescente diversificação de tipos sociais de valores mobiliários.

Valeu, ainda, o propósito de evitar uma desvantagem competitiva dos emitentes portugueses se não lhes fosse concedida a liberdade na criação de novos tipos. Com efeito, os expedientes que visam atribuir eficácia extra-territorial às aprovações de prospetos de quaisquer tipos de valores mobiliários condenam na prática os regimes de tipicidade mobiliária (*numerus clausus)* em relação aos potenciais Estados de acolhimento. Neste quadro, reprimir a liberdade na criação de novos tipos mobiliários priva os emitentes nacionais de desenhar formas

[439] Cfr. Amadeu Ferreira, *Direito dos Valores Mobiliários*, Lisboa (1997), 161-212 e Carlos Osório de Castro, *Valores Mobiliários – Conceito e Espécies*, Porto (1996), 64-ss.

[440] Cfr. *supra*, § 5º, 2.-3.

[441] Pedro Pais de Vasconcelos, *O problema da tipicidade dos valores mobiliários*, em *Direito dos Valores Mobiliários*, Vol. III (2001), 61-72.

[442] José de Oliveira Ascensão, *O novíssimo conceito de valor mobiliário*, em *Direito dos Valores Mobiliários*, Vol. VI (2006), 139-162.

de captação de aforro que estão ao alcance dos seus concorrentes europeus – à escala de toda a União Europeia, graças aos mecanismos de reconhecimento extra-territorial da aprovação de prospetos[443].

Por último, assentou-se em que a tipicidade implicava desvantagens de monta, ao deixar alguns instrumentos financeiros ao abandono, à clandestinidade – e, sobretudo, à não aplicação das regras jurídicas deste ramo do Direito.

III – Do lado dos emitentes, previna-se que a atipicidade não obsta à existência de restrições à capacidade de emissão que decorram da legislação especial aplicável a cada tipo. De todo o modo, o regime atual pode aumentar o risco de os emitentes emitirem inadvertidamente valores mobiliários através de oferta pública sem registo prévio; daqui decorre, também por isso, um desafio acrescido à supervisão.

Do lado dos mercados e sistemas multilaterais de negociação, o poder que lhes é reconhecido no estabelecimento de requisitos de admissão no que respeita aos valores mobiliários atípicos (o que se extrai, *a contrario*, dos arts. 229º e 230º) ganha aqui uma proeminência particular. No limite, a entidade gestora de mercado ou sistema pode até vedar a entrada de valores atípicos. Porém, não é provável que tal venha a acontecer; o mais plausível é que se baste com o estabelecimento de uma cláusula residual de requisitos de admissão para valores atípicos. Assim, não deve considerar-se que deva existir uma nova intervenção regulamentar dos mercados antes da admissão de cada novo valor atípico à cotação. Além disso, os mercados e sistemas não reconhecem tipos mas, através das entidades gestoras, fixam requisitos de elegibilidade e de informação. Por isso, não pode sustentar-se que tenham sido deslocadas para os mercados ou para os sistemas multilaterais de negociação as funções antes cometidas à CMVM e ao Banco de Portugal ao abrigo do revogado nº 2 do art. 1º CVM.

Do lado dos investidores, são redobradas as necessidades de informação sobre os valores atípicos. Demais, a atipicidade redobra a importância de uma correta qualificação dos valores mobiliários.

IV – A atipicidade, todavia, em última análise não introduz elementos estranhos ao sistema. As exigências informativas, designadamente em ofertas públicas e no âmbito da intermediação financeira, aliadas aos poderes da CMVM, mostram-se suficientes para acautelar os interesses dos investidores perante os valores atípicos. Na comercialização dos instrumentos financeiros através de

[443] Cfr. o meu *A Diretiva dos Prospetos: Contexto, Conteúdo e Confronto com o Direito Positivo Nacional*, em *Estudos em Memória do Professor Doutor António Marques dos Santos*, I (2005) e em *Direito dos Valores Mobiliários*, Vol. VII, 9-40 (37-38).

intermediários financeiros valem nomeadamente os deveres de informação e de adequação, que aqui podem conhecer concretizações mais intensas. Por fim, os poderes regulamentares da entidade gestora na admissão são fiscalizados pela CMVM, através do registo de regras de admissão – e sobre os atos de admissão pode haver um escrutínio judicial, quanto à respetiva legalidade.

Além disso, é bom ter presente que a atipicidade não equivale a uma abolição do regime aplicável a cada tipo de valor mobiliário.

Cumpre, pois, assentar em que o critério esboçado não foi excessivamente alargado; e que o sistema se encontra suficientemente apetrechado para lidar com o princípio de atipicidade.

3. *As ações*

I – A ação é usualmente entendida em três sentidos principais: como fração do capital social de uma sociedade anónima ou de uma sociedade em comandita por ações; como posição de socialidade; ou como representação do direito de acionista[444].

A análise da estrutura do valor mobiliário facilita a compreensão da polissemia do conceito de ação. Os dois primeiros sentidos aludem ao conteúdo do direito representado; o último faz referência à própria forma de representação. À luz do que atrás foi dito, quanto à apresentação estrutural do valor mobiliário, pode afirmar-se, sem embaraços, que estes três sentidos do conceito de ação não são contraditórios, mas antes convergentes e complementares entre si.

II – A ação incorpora a posição de socialidade, o que reconhecidamente confere natureza *sui generis* ao direito aqui representado[445]. Como é sabido, a posição de socialidade aglutina direitos e deveres, nomeadamente o direito aos dividendos, o direito ao voto e o direito à informação e no âmbito dos deveres, sobretudo o dever de realização da entrada relativa ao preço de subscrição das ações. Este aspeto é muito relevante, para ilustrar a sua complexidade.

III – No tocante à estrutura deste valor mobiliário, é mister recordar que o Código das Sociedades Comerciais vem consagrar no seu art. 276º, nº 4, o prin-

[444] Oliveira Ascensão, *As Acções*, in *Direito dos Valores Mobiliários*, Vol. II, Coimbra (2000), 61-64; Evaristo Ferreira Mendes, *A Transmissibilidade das Acções*, cit., I, 156-159; Andreas Gätsch, *Die Aktie im Rechtsverkehr*, em Marsch/Barner/Schäfer, *Handbuch börsennotierte AG. Aktien- und Kapitalmarktrecht* (2005), 107-109.

[445] Por todos: Karsten Schmidt, *Gesellschaftsrecht*[4], Carl Heymanns Verlag, Köln/Berlin/Bonn//München (2002), 547-652. Entre nós, Pais de Vasconcelos, *A Participação Social nas Sociedades Comerciais*, Coimbra (2005), 367-480; Pedro Maia, *As participações sociais*, em Coutinho de Abreu (coord.), *Estudos de Direito das Sociedades*[8] (2007), 137-164.

cípio da indivisibilidade das ações. Todavia, o alcance efetivo deste dispositivo deve ser seriamente posto em causa, ante a possibilidade de destaque de direitos inerentes ao valor mobiliário acionista.

De facto, entende-se precisamente que o princípio da indivisibilidade das ações é um princípio que sofre cada vez mais de restrições quanto ao seu âmbito de aplicação em função da divisibilidade dos valores mobiliários no tocante aos direitos de conteúdo patrimonial[446]. Interessa aqui fazer uma separação: os direitos de conteúdo político (a qualificação não é rigorosa, mas é corrente), nomeadamente o direito de informação e o direito de voto, entende-se maioritariamente que não são cindíveis do valor acionista. O mesmo não acontece com os direitos de conteúdo patrimonial, ou seja, o direito ao dividendo deliberado e o direito à subscrição preferencial em aumento de capital. Ambos estes direitos podem ser destacados e negociados separadamente, como direitos extra-sociais. Portanto é de notar a erosão que vem sendo objeto do princípio da indivisibilidade da ação que apenas que apenas se circunscreve agora aos direitos políticos.

IV – A emissão de ações acarreta implicações do ponto de vista do equilíbrio de poderes na sociedade emitente. A inclusão de direitos de voto na posição de socialidade leva a que a emissão de ações comporte riscos de diluição do controlo societário. Se os sócios não subscrevem ações num aumento de capital correm o risco de, em virtude da subscrição dessas ações por outro acionista, passar a deter umas participação menor medida em termos de percentagem de direitos de voto – logo, havendo uma erosão quanto à sua posição relativa de poder na sociedade.

Por outro lado, enquanto valor mobiliário representativo do direito de voto, as ações representam direitos que conferem a possibilidade de interferência na atividade da entidade emitente. Nesse quadro, a aquisição de um lote de ações pode ser realizada na expectativa de se reunir determinado número de ações e, na assembleia geral, aí exercer os correspondentes direitos de voto. No entanto, o que acontece é que em sociedades que estão no mercado, mercê da acentuada dispersão do capital social, existe a possibilidade de o domínio nessas sociedades ser exercido por pessoas que podem deter apenas uma parcela reduzida de percentagem dos direitos de voto sobre essa sociedade.

Este quadro originou situações extremas nos Estados Unidos nos anos 30, lançando-se a partir daí uma reflexão sobre a alegada *separação entre a propriedade e o controlo acionista*[447]. Frise-se, todavia, que se trata de uma situação que não

[446] Carlo Angelici, *Le Azioni*, in *Il Codice Civile. Commentario (Art. 2346-2356)*, dir. P. Schlesinger, Giuffrè, Milano (1992), 19-39.

[447] Clássico, sobre a matéria: Adolf Berle/Gardiner Means, *The Modern Corporation and Private Property* (1932, reimp. 1991), Transaction Publishers. New Jersey.

é muito comum no panorama acionista atual, em que dominam as sociedades cotadas com acionistas de referência (*block-holder model*) caracterizadas por um *free-float* reduzido – nas quais tendencialmente o grupo de domínio mantêm a sua influência dominante. Por isso, nesta estrutura de propriedade acionista, as principais questões de governo das sociedades (*corporate governance*), dizem respeito ao confronto entre o grupo maioritário e os acionistas minoritários[448].

O primeiro reflexo externo desta realidade tem a ver com as características da ação enquanto valor mobiliário que representa direitos de voto. A sociedade que dispersa ações representativas do seu capital social ou valores mobiliários que confiram o direito de aquisição de ações, recebe uma qualificação específica à luz do código: é tida como sociedade aberta ao investimento do público (art.13º). Entende-se, a partir daqui, que a estrutura acionista fragmentária comporta um estatuto e um regime autonomizado, em termos que adiante serão examinados[449].

V – Impõe-se, ainda, acrescentar uma observação quanto ao órgão competente para a deliberação da emissão de ações.

Por regra, apenas a assembleia geral tem competência para deliberar a alteração do contrato de sociedade (art. 85º, nº 1 CSC). Consequentemente, uma vez que a emissão de ações implica uma alteração estatutária – pois implica uma modificação no montante do capital social –, por princípio, apenas a assembleia geral terá a possibilidade de deliberar a emissão de ações.

Interessa no entanto dar notícia que numa circunstância especial concede a lei a possibilidade de o conselho de administração deliberar a emissão de ações. O art. 456º CSC prevê, com efeito, que o conselho de administração possa deliberar o aumento de capital se o contrato de sociedade o autorizar, através de cláusula autorizativa expressa, com uma duração temporalmente limitada: ponto é que o aumento do capital deve realizar-se exclusivamente através de entradas em dinheiro. Fica, pois, arredada a faculdade de deliberação de emissão de ações pelo conselho de administração quando estejamos perante entradas em espécie e aumento por incorporação de reservas.

Em circunstâncias patológicas, relativamente a empresas submetidas a planos de recuperação pré-falimentares, é excecionalmente admitido que o aumento de capital seja deliberado pela assembleia de credores[450].

448 Paulo Câmara/ Gabriela Figueiredo Dias, *O governo das sociedades anónimas*, em *O Governo das Organizações. A vocação expansiva do corporate governance*, (2011), 43-94.

449 Cfr. *infra*, o Capítulo IX deste volume.

450 Cfr. nomeadamente art. 198º, nº 2 e 4 do Código da Insolvência e da Recuperação de Empresas, aprovado pelo DL nº 53/2004, de 18 de março.

VI – Em Portugal, mercê das alterações ao Código das Sociedades Comerciais introduzidas pelo DL nº 49/2010, passou a admitir-se as ações sem valor nominal. O ordenamento jurídico português aproveitou, desta forma, a permissão decorrente do direito europeu, já que a Diretiva nº 77/91/CEE, de 13 de dezembro de 1976, admite abertamente as ações sem valor nominal em representação do capital social de sociedades anónimas. A admissibilidade de ações sem valor nominal, aliás, representa uma opção que foi exercida, embora com matizes diferentes, na Bélgica, na Alemanha, na Áustria, no Luxemburgo, em França e em Itália[451].

Na experiência europeia, as ações sem valor nominal convivem de pleno com a disciplina relativa ao capital social – o que contrasta com as *no-par value shares* encontradas nos EUA, Canadá ou Austrália.

A abolição da obrigatoriedade do valor nominal apresenta diversas vantagens: de um lado, representa uma solução indutora de maior *transparência*, ao permitir a substituição do conceito de valor nominal, o qual propicia frequentes confusões com o valor de transação, não sendo, além disso, um parâmetro confiável na avaliação do investimento acionista[452]. De outro lado, dispensa a carimbagem ou substituição de títulos em caso de aumento e redução do capital social e torna operacionalmente mais fácil as operações de fracionamento de ações (*stock splits*), que deixam de ficar limitadas a valores certos.

Recorde-se, aliás, que o valor nominal não constitui um requisito subjacente ao conceito de valor mobiliário, o que encontra demonstração na lei (art. 1º do Código dos Valores Mobiliários) e no facto de muitos tipos de valores mobiliários dispensarem a existência de valor nominal (*inter alia*, as unidades de participação e os valores mobiliários de estrutura derivada, como *warrants*).

Este constitui um tema com profundas tradições, cuja discussão se iniciou há mais de um século. A título de exemplo, na Bélgica, a permissão para a emissão de ações sem valor nominal resulta de uma Lei datada de 18 de maio de 1873. No Luxemburgo, a lei a facultar a emissão destas ações data de 1915. A discussão

[451] Thierry Tilquin, *Les actions et parts sans valeur nominale en droit belge*, Bulletin Joly-Juillet, 1998, 738-754; Henning Schroer, *Zur Einführung der unechten nennwertlosen Aktie aus Anlass der Europäischen Währungsunion*, ZIP 6 (1997), 221-ss.; Karsten Heider, *Einführung der nennwertlosen Aktie in Deutschland anläJ3lich der Umstellung des Gesellschaftsrecht auf den Euro*, AG 1 (1998) 1-ss.

[452] Cf. Robert Hamilton, *Cases and Materials on Corporations*[5], St. Paul (1994), 333-ss.; F. Kübler, *Aktie, Unternehmensfinanzierung und Kapitalmarkt*, in Abbadessa/Rojo (ed.), *Il Diritto delle Società per Azioni: Problemi, Esperienze, Progetti*, Milano (1993), 102-ss.; E. Gessler/W. Hefermehl/U. Eckardt/B. Kropff, *Aktiengesetz Kommentar*[2], München, Vol. I (1984), §6 Anm. 8-9; Biondi, *Le Azioni* in Colombo/Portale (ed.), *Trattato delle Società per Azioni*, Vol. 2*, Torino (1991, reimp. 1996), 14-ss.; André Tunc, *Le Droit Américain des Sociétés Anonymes*, Paris (1985), 52-64; J. Hamel/G. Lagarde/A. Jauffret, *Droit Commercial*[2], I, 2º Vol. (1980), 255-256.

iniciou-se na Alemanha através de debates no *Deutsche Juristentag* ocorridos nos anos 1920. Por fim, nos Estados Unidos, o tratamento aprofundado da questão remonta ao início do século XX – culminando, volvidos mais de cinquenta anos, na disseminação à escala de praticamente todos os Estados federados das *no par value shares*, embora desligadas do regime do capital social.

Em Portugal, o regime das ações sem valor nominal obedeceu a três orientações principais[453]: facultatividade, exclusividade e equivalência. Quanto ao primeiro, não se impôs, em geral, uma abolição do valor nominal – antes se reconheceu à autonomia estatutária a faculdade de optar entre ter, ou não, ações sem valor nominal[454]. Por seu turno, o princípio de exclusividade veda a coexistência de ações com e sem valor nominal na mesma sociedade (art. 276º, nº 2 CSC). Por último, o princípio de equivalência determinou a comunhão do regime jurídico de ações com e sem valor nominal, em todos os aspetos que não pressuponham o valor nominal. De outro modo dito, a ação sem valor nominal é funcionalmente equivalente, em todos os seus atributos, à sua homóloga com valor nominal.

§ 7º Os valores mobiliários representativos de dívida

1. *Obrigações*

I – A prática de financiamento de sociedades anónimas através do recurso a capitais alheios (também designado *hetero-financiamento)* mediante a emissão de obrigações iniciou-se em Portugal em meados do século XIX. Vários diplomas foram, então, aprovados para autorizar a emissão de obrigações por parte de diversas sociedades[455]. O tratamento codificado do regime jurídico das obrigações viria a ser inaugurado com o Código Comercial de 1888, diploma que continha alguns dispositivos dedicados à sua emissão e transmissão (arts. 195º-198º)[456].

[453] Para desenvolvimentos: Paulo Câmara/ Ana Filipa Morais Antunes, *Acções sem Valor Nominal*, Coimbra (2011); Menezes Cordeiro, *Acções sem valor nominal*, RDS nº 3-4 (2010), 471-508; Paulo de Tarso Domingues, *Acções sem valor nominal*, *DSR* nº 4 (2010), 181-214; Id., *Comentários aos arts. 22º e 25º*, em Coutinho de Abreu (coord.), *Código das Sociedades em Comentário*, Coimbra (2010); Id., *Acções sem valor nominal*, *I Congresso da DSR* (2011), 53-73.

[454] Esta regra comporta exceções, quanto às sociedades de investimento mobiliário e às sociedades de investimento imobiliário, em cuja representação acionista é interditado o valor nominal. Cfr. Paulo Câmara/ Ana Filipa Morais Antunes, *Acções sem Valor Nominal*, cit., 119-124 e *infra*, §43º, 7.

[455] Cfr. nomeadamente arts. 38º e 39º da Lei de 22 de junho de 1867.

[456] Acerca da evolução histórica do regime das obrigações em Portugal, consulte-se *inter alia* Luís Cunha Gonçalves, *Comentário ao Código Comercial Português*, Vol. I, Lisboa (1914), 503-526; Adriano Anthero, *Comentario ao Codigo Commercial Portuguez*, Vol. I, Porto (1913), 373-387;

Estes preceitos, porém, foram julgados insuficientes quando, no culminar da crise financeira de 1891, a falência de três importantes companhias mercantis (entre as quais dois bancos, o Banco Lusitano e o Banco do Povo) determinou severos prejuízos não apenas para os depositantes, mas também para os seus credores obrigacionistas[457]. Tal ditou a necessidade de intervenções legislativas posteriores, ainda em finais do séc. XIX, a sujeitar à autorização governamental prévia e a obrigar ao registo comercial das obrigações, instituindo um regime apertado de fiscalização da emissão destes títulos. Nesse quadro, merecem referência a Lei de 12 de julho de 1894[458], mais tarde substituída pela Lei de 3 de abril de 1896, e o Regulamento de 27 de agosto de 1896[459].

O enquadramento histórico que rodeou a aprovação destes diplomas complementares merece ser sublinhado, porquanto demonstra a ligação genética entre o regime das obrigações e as necessidades de proteção dos credores obrigacionistas, em benefício da segurança dos mercados.

Quase um século volvido após a entrada em vigor do Código Comercial, o Código das Sociedades Comerciais veio a conferir um novo impulso no desenvolvimento do regime obrigacionista, em particular quanto à organização dos obrigacionistas[460] e quanto à ampliação do leque de sub-tipos de obrigações admissíveis.

Pinto Furtado, *Código Comercial Anotado,* Vol. II, *Das Sociedades Em Especial,* Tomo II, Coimbra (1986), 678-711; Mário Leite Santos, *Obrigações Convertíveis – Alguns Aspetos do seu Regime Jurídico, Revista da Banca* nº 19 (1991), 98-102; Rui Pinto Duarte, *A Evolução do Direito das Sociedades Português,* cit., 105-106, 117-118, 137-138; António Silva Dias, *O Financiamento de Sociedade por Emissão de Obrigações,* (2002), 15-26.

[457] Visconde de Carnaxide, *Sociedades Anonymas,* Coimbra (1913), 17-20, 150-151; David Justino, *História da Bolsa de Lisboa,* Lisboa (1994), 124-131 (que se refere ao crescimento assinalável que o mercado obrigacionista conheceu no rescaldo da crise); Fernando Taveira da Fonseca, *Flutuações e Crises Económicas,* in José Mattoso (ed.), *História de Portugal,* Vol. V (1993), 406-407.

[458] Cfr. art. 18º e a propósito: Adriano Anthero, *Comentario ao Codigo Commercial Portuguez,* Vol. I, cit., 381-384.

[459] Estes diplomas, de aplicação direta às sociedades anónimas, eram também aplicáveis às sociedades por quotas por via dos arts. 50º e 51º da Lei de 11 de abril de 1901. Interessa mencionar que em ambos estes diplomas se faz uso do conceito de *"valor imobiliário"*, bastante próximo, por antonímia, do conceito-chave do direito mobiliário português a partir de 1991. O facto é, de um ponto de vista histórico, significativo, porquanto Amadeu Ferreira noticiou que apenas mais de sessenta anos mais tarde o conceito de valor mobiliário seria utilizado em texto de lei, no Decreto nº 42 461, de 12 de novembro de 1959 (*Valores Mobiliários Escriturais. Um Novo Modo de Representação e Circulação de Direitos* (1997), 27).

[460] Já previstas, em termos mais embrionários, no art. 16º do Decreto de 12 de julho de 1894 e no art. 17º da Lei de 3 de abril de 1896. Sobre o tema: Nuno Barbosa, *Competências das Assembleias de Obrigacionistas,* Coimbra (2002), 25-32.

O regime das obrigações serviu ainda de campo de ensaio para soluções que mais tarde viriam a ser generalizadas na lei mobiliária – é o caso, respetivamente, das regras sobre emissão incompleta. Aliás, o confronto entre as características das ações e das obrigações viria a aplainar o caminho para o desenvolvimento futuro da teoria geral dos valores mobiliários[461].

As reformas mais recentes ao regime das obrigações têm procurado genericamente flexibilizar as exigências legislativas de modo a franquear a emissão destes valores por parte de um número mais alargado de emitentes[462].

II – Volvidas mais de duas décadas, a escolha do Código das Sociedades Comerciais como diploma de tratamento das obrigações pode ser questionada. Trata-se de uma questão que deve ser analisada sob vários prismas, abaixo considerados.

Preliminarmente, saliente-se que é no Título IV do Código das Sociedades Comerciais, reservado às sociedades anónimas, que se concentra o regime das obrigações. Manteve-se, pois, a opção sistemática do Código Comercial. Todavia, como se verá, atualmente não existe qualquer exclusivo das sociedades anónimas na sua emissão.

Com efeito, o direito português é singular pela generosidade com que reconhece capacidade a estruturas empresariais para a emissão de obrigações. Assim, além das sociedades anónimas e das sociedades em comandita por ações (art. 478º CSC) têm capacidade para a emissão de obrigações: as sociedades por quotas (DL nº 160/87, de 3 de abril), os agrupamentos complementares de empresas (quando compostos exclusivamente por sociedades por ações: Base II, nº 4 da Lei nº 4/73, de 4 de junho), os agrupamentos europeus de interesse económico (apenas através de subscrição particular: art. 23º do Regulamento CEE nº 2137/85 e art. 7º do DL nº 148/90, de 9 de maio), as instituições de crédito [ainda que não sejam sociedades anónimas] (art. 4º/*a)* do RGIC, aprovado pelo DL nº 298/92, de 31 de dezembro), as cooperativas (art. 30º do Código Cooperativo) e as empresas de seguros, mesmo não sendo sociedades anónimas (art. 195º DL nº 94-B/98, de 17 de abril). Os municípios também estão habilitados, pela Lei das Finanças Locais, à emitir obrigações (art. 38º, da Lei nº 2/2007, de 15 de janeiro).

Este elenco de entidades pode ainda ser aumentado por Despacho do Ministro das Finanças, nos termos do DL nº 320/89, de 25 de setembro. Aí se dispõe que para além das entidades com capacidade reconhecida por lei para a emissão

[461] A esta luz, consideram-se sintomáticas as palavras de VISCONDE DE CARNAXIDE, *Sociedades Anonymas*, cit., 168-169, que descobre nos arts. 166º e seguintes do Código Comercial características comuns à ações e às obrigações.

[462] Sobre as vantagens gerais que rodeiam a emissão de obrigações: ANA PERESTRELO DE OLIVEIRA, *Manual de Corporate Finance*, (2015), 139-141.

de obrigações, o Ministro das Finanças pode, *em circunstâncias especiais devidamente justificadas,* autorizar outras entidades a emitir obrigações através de um acto administrativo.

A amplitude do elenco das pessoas coletivas com capacidade para a emissão de obrigações, embora demonstre a adequação deste tipo de financiamento às mais diversas estruturas organizativas, nem sempre alcança os resultados mais satisfatórios. Os problemas mais substanciais são colocados quanto à atribuição às sociedades por quotas de capacidade para a emissão de obrigações, aliás sem paralelo em ordenamentos próximos[463]. Com efeito, as sociedades por quotas apresentam menores garantias quanto à fiscalização dos documentos de prestação de contas societárias, já que não existe obrigatoriedade de revisão de contas fora dos casos previstos no art. 262º, nº 2 CSC[464]. O regime de acesso (indireto) à informação dos obrigacionistas[465], segundo o art. 359º, nº 1 alíneas *c)* e *d)* CSC, segue um paralelo com a informação disponibilizada ao acionista, que difere da disciplina do direito à informação para os sócios nas sociedades por quotas. Por estes motivos, o DL nº 160/87, de 3 de abril, não se deveria ter bastado com uma remissão simplista, aliás em termos próximos aos consagrados na Lei das Sociedades por Quotas de 1901, para o regime das anónimas[466].

III – A obrigação é um valor mobiliário de estrutura relativamente simples. O Código das Sociedades afirma, no art. 348º, que «*a obrigação representa um direito de crédito sobre a entidade emitente*». Sendo assim, o titular da obrigação é fundamentalmente um credor perante a entidade emitente e como relação jurídica subjacente na base deste valor mobiliário existe tipicamente um contrato de mútuo[467].

[463] António Caeiro, *As modificações ao Código das Sociedades Comerciais,* in *Ab Uno Ad Omnes. 75 anos da Coimbra Editora,* Coimbra (1998), 389-390.

[464] Preferível teria sido estabelecer um preceito de teor semelhante ao aplicável aos agrupamentos complementares de empresas, fixando a obrigatoriedade de revisão de contas quando o agrupamento procede à emissão de obrigações (Base V da Lei nº 4/73, de 4 de junho). Aliás, a propósito dos ACE's convém assinalar a dissonância sistemática relativamente ao DL nº 160/87 traduzida na circunstância de apenas os agrupamentos constituídos apenas por sociedades por acções terem capacidade de emitir obrigações (Base II, nº 4 da Lei nº 4/73, de 4 de junho).

[465] Cfr. infra, 6.

[466] O art. 50º da Lei de 11 de abril de 1901 dispunha o seguinte: "Observar-se-ão na parte aplicável, quanto às obrigações emitidas pelas sociedades de que trata esta lei, as disposições relativas às obrigações das sociedades anónimas".

[467] A qualificação da relação jurídica subjacente às obrigações como empréstimo é claramente hegemónica. Em Itália, cfr. nomeadamente Berardino Libonati, *Titoli di Credito e Strumenti Finanziari,* Milano (1999), 212; Gian Franco Campobasso, *Gli Strumenti di Finanziamento: Le Obbligazioni,* cit., 225, 229; Id., *Le Obbligazioni,* in Colombo/Portale (ed.), *Trattato delle Società per*

O titular da obrigação – muito reveladoramente designado credor obrigacionista – tem o dever de entregar fundos à entidade emitente; e a entidade emitente está vinculada à obrigação sinalagmática de restituir o montante que lhe é mutuado e, sendo convencionado, os respetivos juros[468].

Refira-se que a essencialidade da obrigação de restituição nos valores obrigacionistas, aliada ao risco do seu não cumprimento, tem conduzido no tráfego a um incremento da notação de risco.

O quadro ficaria incompleto se omitisse a referência às posições jurídicas adjacentes à posição de credor obrigacionista. A um tempo, os arts. 355º e 356º CSC prevêem a possibilidade de os titulares de obrigações se organizarem em assembleias de obrigacionistas. Esta faculdade releva sobretudo no domínio das alterações às condições de emissão. Não seria, com efeito, praticável, em conformidade com o art. 406º CC, exigir o consentimento de todos os titulares das obrigações para lograr uma modificação do mútuo subjacente. Assim, prevê-se que caso se pretenda propor uma alteração nos termos do mútuo, tal deve ser consentido pelos obrigacionistas através de uma deliberação em assembleia, em respeito de um quorum maioritário (art. 355º, nº 4.*b)* e 7 CSC). A outro tempo, cabe recordar que o obrigacionista tem direitos de informação, a serem exercidos através de representante comum (arts. 293º e 359º CSC).

Refira-se também que o direito ao juro é destacável (*stripping):* dando origem a novos valores mobiliários se verificados os requisitos do art. 1º *f)* CVM.

IV – A partir da estrutura mínima do valor obrigacionista, acabada de descrever, o *conceito de obrigação compreende uma acentuada variação intra-típica*. Pode-

Azioni, vol. V, 381, 383; Pier Giusto Jaeger/Francesco Denozza, *Appunti di Diritto Commerciale*³ (1994), 472; Vincenzo Buonocore (dir.), *Manuale di Diritto Commerciale*², Torino (1999), 342, 345. Entre nós, a jurisprudência já qualificou as obrigações como empréstimo (Ac. Relação de Lisboa de 27 de junho de 1996, CJ III (1996), 132). À luz do direito anterior, esta qualificação era também assente: assim, Luís Cunha Gonçalves, *Comentário ao Código Comercial Português*, Vol. I, cit., 504, 509; Pinto Furtado, *Código Comercial Anotado*, Vol. II, *Das Sociedades Em Especial*, Tomo II, Coimbra (1986), 679. Assim, à luz dos dados atuais: Florbela Pires, *Anotação ao art. 348º*, em Menezes Cordeiro, *Código das Sociedades Comerciais Anotado*², cit., 929-932. Todavia, prescindindo do dever de reembolso como traço essencial da obrigação, embora considere um elemento natural deste tipo de valor mobiliário, veja-se todavia Amadeu Ferreira, *Direito dos Valores Mobiliários*, Lisboa (1997), 181. Sem contradizer a posição defendida no texto, Pedro Pais de Vasconcelos admite igualmente que a subscrição de obrigações possa ter na sua base uma dação em pagamento: *As obrigações no financiamento da empresa, Problemas do Direito das Sociedades*, (2002), 326.

[468] Nas leis de alguns Estados norte-americanos, aos obrigacionistas é reconhecido direito de voto (*voting bonds*), embora tal ocorra raramente na prática (Luca Enriques, Quartum non Datur: *Appunti in Tema si Strumenti Partecipativi in Inghilterra, negli Stati Uniti e in Italia*, BBTC nº 2 (2005), 170).

mos, de facto, distinguir diversas modalidades de obrigações, como de seguida se verá.

O art. 360º CSC ilustra algumas modalidades de valores mobiliários representativos de dívida. Trata-se, como é bom de ver, um enunciado exemplificativo de modalidades de obrigações que podem ser combinadas entre si – como o atesta o proémio do nº 1 deste dispositivo.

Em função do tipo de crédito que é incorporado no valor mobiliário, contrapõem-se as obrigações com crédito privilegiado e as obrigações representativas de dívida subordinada.

As *obrigações que titulam créditos privilegiados* asseguram uma posição preferencial na graduação de créditos em caso de liquidação da entidade emitente[469]. Nesse caso, as garantias especiais devem ser expressamente consagradas nas condições da emissão e nos documentos, registos e inscrições que lhes correspondam[470]. O exemplo maior é o das obrigações hipotecárias reguladas no DL nº 59/2006 de 20 de março: este diploma consagra um tipo de obrigações que, apenas podendo ser emitidas por instituições de crédito, conferem ao titular da obrigação um privilégio creditório sobre créditos hipotecados afectos à emissão (cf. art. 3º do mencionado diploma). Outro exemplo previsto no mesmo diploma é o das obrigações sobre o setor público. Entre o universo das obrigações rodeadas de garantia incluem-se também as obrigações titularizadas, reguladas no DL nº 453/99, de 5 de novembro.

Ao invés, as *obrigações representativas de dívida subordinada* são aquelas em que o titular da obrigação, havendo insolvência da emitente, apenas se pode pagar sobre o património do emitente depois de satisfeitos todos os credores comuns. Para reter um exemplo, as *high-yeld bonds* representam comummente dívida subordinada[471]. O tráfego conhece, ainda, distinções no âmbito das obrigações subordinadas, admitido-as na sua forma simples ou sob a veste de obrigações profundamente subordinadas (*deeply subordinated bonds*) – caso em que o credor obrigacionista apenas é reembolsado após o reembolso dos demais credores subordinados.

[469] Refira-se que o artigo 2º-A *cc)* do RGIC acolhe e define o conceito de «obrigações cobertas», entendidas como as obrigações, nomeadamente hipotecárias, emitidas por uma instituição de crédito sediada num Estado membro da União Europeia, quando resulte das suas condições de emissão que o valor por elas representado está garantido por ativos que cubram completamente, até ao vencimento das obrigações, os compromissos daí decorrentes e que sejam afetos por privilégio ao reembolso do capital e ao pagamento dos juros devidos em caso de incumprimento do emitente. Cfr. ainda o art. 145º-AC RGIC.

[470] Artigo 360º, nº 1 *g)* CSC.

[471] Ana Perestrelo de Oliveira, *Manual de Corporate Finance*, (2015), 143-146.

V – Em função do *prazo de maturidade*, é bastante diverso o regime do papel comercial e das obrigações de caixa. O papel comercial – que pode ser valor monetário ou valor mobiliário – representa um mútuo com um prazo de vencimento necessariamente inferior a um ano[472]. Por seu turno, as obrigações de caixa têm um prazo de maturidade necessariamente igual ou superior a dois anos.

Os critérios classificativos baseados na *estrutura do dever de restituição* resultam na autonomização das obrigações de *cupão zero*. Correntemente, a obrigação prevê o pagamento periódico de juros (de periodicidade semestral, anual ou outra). Todavia, pode também suceder que o juro seja pago no final do empréstimo obrigacionista, de uma só vez. Apenas quando se vencer o capital é que o emitente se compromete a devolver os fundos mutuados e o juro respetivo: nessas situações estaremos perante obrigações de cupão zero.

Por último, do ponto de vista do critério do destino do produto da emissão, têm-se distinguido as obrigações ambientais (*green bonds*), que fazem necessariamente reverter o produto dos fundos recolhidos a projetos com benefícios ambientais[473].

VI – A dinâmica dos mercados tem conduzido a uma profunda diversificação das modalidades de obrigações, levando frequentemente a testar os limites tipológicos da figura. Destacam-se dois aspetos que têm registado maior desenvolvimento quanto a este ponto, adiante referidos: o prazo de vencimento (que se relaciona com a admissibilidade de *valores mobiliários perpétuos*) e o conteúdo da obrigação de restituição.

No tocante a este último ponto, deve fazer-se referência às obrigações de conteúdo variável em função da evolução de indicadores financeiros – as obrigações indexadas. Trata-se dos valores mobiliários representativos de dívida que contam com *cláusulas de indexação* – cláusulas negociais que tomam por objeto a variação da taxa de juro do empréstimo obrigacionista consoante a evolução de fatores ligados ao emitente ou ao comportamento dos mercados financeiros. Consoante estejam em causa uns ou os outros fala-se, respetivamente, de *indexação interna* e *indexação externa*. A admissibilidade de ambas não deve ser posta em causa[474].

Diversa é a apreciação a merecerem as *obrigações estruturadas*, nas quais o reembolso e, ou a remuneração dependem, em parte ou na totalidade, de mecanis-

[472] Cfr. *infra*, § 12º, 2.

[473] Para uma apresentação da figura: João Sousa Gião, *Green bonds*, em Paulo Câmara (coord.), *O Novo Direito dos Valores Mobiliários*, Coimbra, (2017), 311-319.

[474] Veja-se, para mais desenvolvimentos, Paulo Câmara, *Obrigações indexadas e moeda única, Cad. MVM*, nº 4 (1999).

mos equivalentes à assunção de posições em instrumentos derivados ou afins[475]. A sua proximidade com os valores mobiliários de estrutura derivada é patente.

Sobra a questão, de fundo, ligada à compatibilidade destes esquemas com a estrutura típica da obrigação, sobretudo nos casos em que não se garante o reembolso do montante investido. A resposta é negativa: caso nas condições de emissão não esteja assegurado o dever de reembolso, não há subsunção ao conceito de obrigação. Importa referir, neste contexto, as alterações efetuadas ao regime das obrigações de caixa realizadas através do DL nº 181/2000, de 10 de agosto e do Aviso do Banco de Portugal nº 4/2000, determinando que as obrigações de caixa emitidas em oferta pública conferem sempre o direito ao reembolso de, pelo menos, o montante respeitante ao preço de emissão. Esta solução, porém, não é perfeita – pois deveria ser estendida a todas as obrigações de caixa negociadas pelo público – nomeadamente, através da sua admissão à negociação em mercado – ainda que inicialmente colocadas através de oferta particular.

Sem embargo destas intervenções normativas, deve entender-se que, na falta de preenchimento dos pressupostos típicos das obrigações, a admissibilidade dos valores mobiliários que incorporem o risco de perda de capital investido deve hoje considerar-se lícita, nos termos do art. 1º do Código dos Valores Mobiliários.

VII – A emissão de obrigações, ao significar o recurso a capitais alheios, implica um endividamento da entidade emitente. Por esse motivos são estabelecidas exigências de um rácio de autonomia financeira de 35%, após a emissão[476] (art. 349º, nº 1).

Este limite não se aplica a sociedades emitentes de ações admitidas à negociação em mercado regulamentado, a sociedades que apresentem notação de risco da emissão atribuída por sociedade de notação de risco registada na ESMA ou reconhecida como Agência de Notação Externa pelo Banco de Portugal, a emissões cujo reembolso seja assegurado por garantias especiais constituídas a favor dos obrigacionistas, a emissões cujo valor nominal unitário seja igual ou superior a € 100 000,00, ou o seu contravalor em euros, ou cuja subscrição

[475] Cfr. artigo 51º nº 1 *b)* do Regulamento de emitentes da Consob (*Regolamento emittenti*).

[476] A disciplina dos limites de emissão tem sofrido uma evolução relevante. Sobre o regime anterior, cfr. PAULO CÂMARA, *O Regime Jurídico das Obrigações e a Proteção dos Credores Obrigacionistas, Direito dos Valores Mobiliários*, Vol. IV (2003), 318-322; HUGO MOREDO SANTOS/ / ORLANDO VOGLER GUINÉ, *Emissões de obrigações: antes, agora e depois*, DSR ano 5 vol. 9 (2013), 165-172. Sobre o regime atual: HUGO MOREDO SANTOS/ ORLANDO VOGLER GUINÉ, *Comentário preliminar às alterações introduzidas no regime jurídico das obrigações*, DSR Vol 13 (2015), 188-195; MARISA LARGUINHO, *Alterações de 2015 ao regime das obrigações no CSC: algumas questões resolvidas e por resolver*, DSR Vol 15 (2016), 98-102.

seja efectuada exclusivamente em lotes mínimos de valor igual ou superior a € 100 000,00 e a emissões que sejam integralmente subscritas por investidores profissionais desde que as obrigações emitidas não sejam subsequentemente colocadas, direta ou indiretamente, junto de investidores não profissionais.

A limitação quantitativa à emissão de obrigações não se aplica a instituições de crédito e sociedades financeiras (art. 9º RGIC), uma vez que são governadas por regras prudenciais próprias.

2. *Obrigações de caixa*

I – O primeiro passo para o reconhecimento de um regime especial dos valores mobiliários emitidos por entidades financeiras foi dado pela alteração ao regime das sociedades de investimento introduzido pelo DL nº 280/81, de 6 de outubro[477]. Ao abrigo desta norma, o DL nº 117/83, de 25 de fevereiro, deu corpo a um regime integrado sobre obrigações de caixa, a poderem ser emitidas por instituições especiais de crédito, bancos de investimento e sociedades de investimento. Como era próprio da época, o diploma previa uma intensa intervenção governamental, na autorização das emissões e ofertas públicas e sua possibilidade de admissão em mercado.

Entretanto, com a entrada em vigor do Código das Sociedades Comerciais, veio este diploma vedar a emissão de obrigações por sociedades recentemente constituídas, admitindo porém que essa exigência pudesse vir a ser postergada por Portaria ministerial (além de outras exceções previstas no art. 348º, nº 3 CSC)[478]. Ao abrigo desta cláusula, foi aprovada a Portaria nº 974/90, de 11 de outubro, que isentou as sociedades submetidas à supervisão do Banco de Portugal das restrições previstas no nº 2 do art. 348º CSC.

II – As obrigações de caixa surgiram depois reguladas pelo DL nº 408/91, de 17 de outubro, diploma que ainda hoje permanece em vigor.

No seu figurino essencial, trata-se de valores mobiliários representativos de dívida com prazo de maturidade não inferior a 2 anos, podendo ser emitidos por instituições de crédito com confortável volume de fundos próprios – na versão atual, no mínimo de 2.500.000 euros.

Outra das características originárias, entretanto modificada, prendia-se com a sujeição da emissão e oferta pública à aprovação prévia de um prospeto pelo Banco de Portugal, com exigências informativas elementares sobre a operação.

[477] Alteração ao art. 11º, nº 1 *b)* do DL nº 342/80, de 2 de setembro, introduzida pelo DL nº 280/81, de 6 de outubro. A previsão remetia para condições a regulamentar por decreto.

[478] Hugo Moredo Santos/ Orlando Vogler Guiné, *Comentário preliminar às alterações introduzidas no regime jurídico das obrigações*, DSR Vol 13 (2015), 185-187; Marisa Larguinho, *Alterações de 2015 ao regime das obrigações no CSC: algumas questões resolvidas e por resolver*, DSR Vol 15 (2016), 96-98.

III – A transposição da Diretiva do Prospeto, operada através do DL nº 52/ /2006, de 15 de março veio, no entanto, limitar as especialidades informativas destas obrigações, ao determinar a sujeição do prospeto de oferta pública de obrigações de caixa ao regime europeu constante do Regulamento nº 809/2004, de 29 de abril. Além disso, as ofertas públicas de obrigações de caixa passaram a governar-se pelo Título III do Código dos Valores Mobiliários.

A publicidade a obrigações de caixa, por seu turno, queda-se regida pelo art. 7º do Código dos Valores Mobiliários, segundo o qual a informação respeitante a instrumentos financeiros deve ser *completa, verdadeira, atual, clara, objetiva e lícita*. Recorde-se o nº 2 deste preceito que faz aplicar estas exigências seja qual for o meio de divulgação e nomeadamente *ainda que a informação seja inserida em mensagem publicitária*.

3. *Títulos de participação*

Os títulos de participação constituem igualmente um tipo de valor mobiliário representativo de dívida, embora de utilização praticamente inexistente em tempos recentes. O seu tratamento consta do DL nº 321/85, de 5 de agosto, diploma que circunscreve a capacidade para a emissão destes valores mobiliários às empresas públicas e às sociedades anónimas detidas maioritariamente pelo Estado.

Os títulos de participação colhem influência dos *Titres Participatifs* regulados em França através da Lei nº 83-1, de 3 de janeiro de 1983[479]. A sua remuneração é estabelecida através de uma parte fixa e de outra variável, em função dos resultados do emitente. Como notado, representam valores mobiliários representativos de dívida mas não são obrigações, em sentido técnico. A justificação para este facto reside em que o montante entregue ao emitente apenas poder ser restituído volvidos 10 anos sobre a data da emissão *se as condições de emissão o previrem e se o emitente assim o decidir;* caso contrário, o reembolso apenas ocorre aquando da liquidação da empresa. Nessa medida, a obrigação de restituição assume natureza *cum voluerit:* do que resulta, em termos práticos, que este valor mobiliário pode assumir duração ilimitada[480].

4. *Obrigações hipotecárias*

I – As obrigações hipotecárias são valores mobiliários representativos de dívida cuja situação jurídica subjacente é reforçada através de um privilégio creditório especial sobre os créditos hipotecários afectos à emissão[481]. Esta figura

[479] João Jorge Ferreira Lourenço, *Títulos de Participação*, Lisboa (2000), 13-19.

[480] No mesmo sentido, apontando-lhes natureza híbrida: Florbela Pires, *Anotação ao art. 348º*, em Menezes Cordeiro, *Código das Sociedades Comerciais Anotado*², cit., 936.

[481] Cfr. art. 3º e 17º do DL nº 59/2006, de 20 de março.

corresponde, com pequenas adaptações, às *covered bonds* anglo-saxónicas[482] ou *Pfandbriefe* alemãs. Aí coexistirá, por regra, na mesma pessoa jurídica, o detentor originário dos créditos e o emitente dos valores mobiliários[483].

Embora não sendo objeto de qualquer regime harmonizador quanto ao regime direto destes valores mobiliários, o conceito de obrigações hipotecárias depreende-se de algumas Diretivas europeias. Assim sucede na Diretiva do Prospeto (art. 5/4 *b)*) e na Diretiva OICVM (art. 22º, nº 4), as quais apontam duas características à figura: a garantia através de bens e a prioridade em relação aos credores comuns em caso de insolvência.

II – Em Portugal, as obrigações hipotecárias foram primeiro tratadas através do DL nº 125/90, de 16 de abril[484].

Este regime revelou-se, porém, desajustado em alguns pontos-chave. Os encargos e a demora envolvidos nos averbamentos aos registos de hipoteca terão contribuído para o insucesso em Portugal deste tipo de valor mobiliário. A acrescer, a emissão destes valores, até à alteração provocada pelo DL nº 17/95, de 27 de janeiro, dependia de autorização ministerial, o que os tornava ainda menos atrativos. Por fim, a capacidade para a emissão era limitada a instituições de crédito e parabancárias com pelo menos um milhão e meio de contos de fundos próprios. Em resultado deste quadro, entre a data de aprovação do diploma e 1998 apenas tinham ocorrido 10 emissões, sendo que entre 1992 e 1995 foi nulo o número de emissões deste tipo de valor mobiliário.

Tal conduziu à aprovação do DL nº 59/2006, de 20 de março, que hoje rege a matéria[485]. É notório o intuito flexibilizador subjacente a este diploma, que nomeadamente deixou de exigir o registo dos privilégios creditórios[486] – reforçando ademais a posição dos credores obrigacionistas através da estatuição de que as hipotecas que garantam os créditos hipotecários afetos à emissão prevalecem sobre quaisquer privilégios creditórios imobiliários.

[482] A formulação britânica corrente inclui nas *covered bonds* as obrigações emitidas com base não apenas em créditos hipotecários, mas também em créditos sobre o setor público. Veja-se por exemplo HM Treasury/ Financial Services Authority, *Review of the UK's regulatory framework for covered bonds,* (2011), 4.

[483] A permissão de instituições de crédito hipotecário configura um desvio a esta configuração da operação, adiante descrita.

[484] Em comentário ao regime instituído por este diploma: Armindo Ribeiro Mendes, *Um novo instrumento financeiro: as obrigações hipotecárias, Revista da Banca* nº 15 (julho/setembro 1990), 59-61, 70-100; Luis Miguel Monteiro, *Obrigações Hipotecárias,* dissertação de mestrado, (1994).

[485] A disciplina foi objeto do estudo monográfico de Filipe Santos Barata, *As Obrigações Hipotecárias,* Coimbra (2013), 93-341. Cfr. ainda Armindo Saraiva Matias, *Obrigações hipotecárias e titularização de créditos,* BFDUC Vol. LXXXV (2009), 621-637.

[486] Art. 3º, nº 3 do DL nº 59/2006, de 20 de março.

De resto, é notório que muitos traços da disciplina das obrigações hipotecárias, após a revisão de 2006, foram influenciados por alguns traços do regime da titularização.

III – Um elemento central nas obrigações hipotecárias é o da existência de um privilégio creditório especial sobre os créditos hipotecários que lhes subjazem, bem como sobre outras disponibilidades monetárias ou ativos dotados de liquidez, com precedência sobre quaisquer outros credores, para efeitos de reembolso do capital e recebimento dos juros correspondentes às obrigações hipotecárias[487].

As obrigações hipotecárias supõem ainda a constituição de um património autónomo que funciona como garantia do seu reembolso. Aliás, por regra, este património atinge valores mais elevados do que o montante do débito total perante os obrigacionistas (*overcollateralisation*). Em caso de insolvência do emitente, o património é separado da massa insolvente, para ser autonomamente gerido até reembolso dos obrigacionistas[488]. Este princípio de continuidade das emissões[489] apenas é perturbado em caso de haver uma deliberação da assembleia de obrigacionistas, no sentido de provocar o vencimento antecipado das obrigações[490]. Aqui reside um poderoso instrumento de salvaguarda da posição dos credores obrigacionistas.

A autonomia patrimonial não é absoluta, dado o princípio de *double recourse* que caracteriza este tipo de valor mobiliário[491]: este traduz-se no facto de, a haver insuficiência dos fundos constantes do património autónomo, o restante património da sociedade responder subsidiariamente e na medida necessária a solver as dívidas decorrentes da emissão de obrigações[492]. Além disso, pode haver uma substituição dos créditos afetos ao cumprimento se os requisitos prudenciais se virem em risco de incumprimento[493].

IV – A emissão de obrigações hipotecárias por vezes atinge largas dimensões de montante mutuado. É habitual que tal ocorra através de programas de

[487] Art. 3º e art. 17º do DL nº 59/2006, de 20 de março.

[488] Art. 5º, n.os 1 e 2 do DL nº 59/2006, de 20 de março.

[489] Sobre este princípio, e em análise do Aviso do Banco de Portugal nº 8/2006: PEDRO FERREIRA MALAQUIAS, *O Novo Regime das Obrigações Hipotecárias em Portugal*, *Actualidad Jurídica* nº extraordinário (2006), 104-105.

[490] Caso em que a entidade gestora dos ativos procede à liquidação do património afecto às obrigações: art. 5º, nº 3 do DL nº 59/2006, de 20 de março.

[491] EUROPEAN CENTRAL BANK, *Covered Bonds in the EU Financial System* (2008), 6.

[492] No mesmo sentido: FILIPE SANTOS BARATA, *As Obrigações Hipotecárias*, cit., 111-119.

[493] Art. 21º, nº 1 *a)* e art. 31º do DL nº 59/2006, de 20 de março.

emissões, que se realizam em séries repartidas por intervalos temporais pré-determinados.

Neste quadro, torna-se cómodo, em ofertas públicas, o recurso a um prospeto de base, que é posteriormente é atualizado para outras emissões. A permissão para a utilização de prospetos de base neste tipo de valores mobiliários decorre do art. 135º-C CVM.

V – Entendeu o legislador de 2006 consagrar uma nova instituição emitente de obrigações hipotecárias: as instituições de crédito hipotecário.

Duvida-se do acerto dessa medida. A autonomização de uma entidade que adquire créditos para, na base destes, emitir obrigações hipotecárias, cria uma indesejável zona de sobreposição e de indistinção entre esta figura e as obrigações titularizadas. Com efeito, em ambos os casos a emissão é precedida de uma venda de créditos ao emitente.

Tal solução, aliás, é reveladora de um vício muito muito arreigado no Direito financeiro português: o da proliferação sucessiva de tipos institucionais, em prejuízo da coerência do quadro institucional de conjunto. Não existem, sequer, sinais de procura do sistema financeiro para a constituição deste tipo de instituições, a medir pelo seu número: em agosto de 2016, não havia nenhuma destas instituições de crédito hipotecário constituída entre nós.

VI – O DL nº 59/2006, de 20 de março, estabelece ainda o regime das *obrigações sobre o setor público*.

A designação destes valores mobiliários é em certa medida enganadora[494]: do que se trata é de obrigações em garantia de cujo cumprimento são afetos créditos sobre administrações centrais ou autoridades regionais e locais de um dos Estados membros da União Europeia e créditos com garantia expressa e juridicamente vinculativa das mesmas entidades.

Nestes casos, o valor nominal global das obrigações sobre o setor público em circulação pode ir até 100% do valor nominal global dos créditos afetos às referidas obrigações[495].

5. *Obrigações perpétuas*

I – No sentido mais amplo do conceito, a obrigação perpétua constitui o valor mobiliário que confere um direito cujo prazo de vencimento é indetermi-

[494] Considerando ser também equívoco o *nomen iuris* das obrigações hipotecárias, por não haver uma hipoteca sobre o emitente da obrigação: ARMINDO RIBEIRO MENDES, *Um novo instrumento financeiro: as obrigações hipotecárias*, cit., 60.

[495] Cfr. desenvolvidamente FLORBELA ALMEIDA PIRES/ FILIPE SANTOS BARATA, *Obrigações sobre o setor público – alguns problemas, EH Professor Doutor Carlos Ferreira de Almeida*, I (2010), 789-857.

nado. Em tese, a indeterminação do prazo de vencimento pode verificar-se quer em relação ao direito ao reembolso, quer em relação outras posições jurídicas que estejam incorporadas no valor mobiliário, como o direito de subscrição de ações ou o direito de conversão em ações. Mais usual é o emprego desta expressão numa aceção restrita: assim, obrigação perpétua será um valor mobiliário constituído sem prazo para se proceder ao reembolso do capital. Este o sentido com que o conceito será aqui utilizado.

II – Os valores mobiliários perpétuos não devem considerar-se como um sub-conjunto no universo das obrigações, antes assumindo em relação a estas características distintivas essenciais. A caracterização tipológica da obrigação assenta no dever de restituição do montante recolhido pelo emitente, acrescido de juros. Ora, o valor mobiliário reveste natureza claramente diferenciada quando haja um direito do emitente a restituir o capital, mas não um dever com prazo determinado para a restituição do montante mutuado (obrigação *cum voluerit*). Nesta configuração, deixa de estar na base do valor mobiliário um mútuo para estarmos mais próximos da estrutura da renda perpétua.

Esta singularidade tipológica apresenta outras implicações em relação aos valores mobiliários perpétuos. Dada a comprovada estabilidade dos fundos recolhidos através destes instrumentos financeiros, se emitidos por instituições de crédito são merecedores de um tratamento prudencial favorável, ao nível da sua qualificação como fundos próprios[496].

III – A emissão de valores mobiliários perpétuos tem uma tradição longa entre nós, nomeadamente no âmbito da dívida pública. Historicamente, é sabido que em 1852 se procedeu a uma conversão da dívida pública em consolidada. Além disso, há a registar que na segunda metade do século XX se verificou o fenómeno inverso, sendo notória a tendência de conversão da dívida pública perpétua em dívida amortizável[497]. Em termos europeus, a legislação prudencial bancária desempenhou um papel importante na gradual difusão destes valores[498].

Presentemente, dada a vigência de um *numerus apertus* de valores mobiliários, não merece questionamento a licitude de emissão de valores mobiliários representativos de dívida com prazo substancialmente longo e mesmo com prazo indeterminado. À luz da atual redação do art. 1º do Código dos Valores Mobiliá-

[496] Reenvia-se nomeadamente para a Diretiva nº 2006/48/CE, de 14 de junho de 2006.

[497] Confronte-se a propósito Guilherme Oliveira Martins, *Dívida Pública*, in *Dicionário Jurídico da Administração Pública*, IV (1991), 130-ss.; Eduardo Paz Ferreira, *Da Dívida Pública e das Garantias do Estado*, Coimbra (1995), 420-ss.; Id., *A Dívida Pública Portuguesa: Evolução, Problemas e Perspetivas*, *RB* nº 8, 72.

[498] Cfr. art.art. 52º nº 1 *g)* do regulamento (EU) nº 575/2013, de 26 de junho de 2013.

rios, a admissibilidade de obrigações perpétuas considera-se pacífica. Uma vez que se deteta uma vincada especificidade tipológica destes valores mobiliários em relação às obrigações comuns, as obrigações perpétuas devem ser qualificadas como valores mobiliários ao abrigo da alínea *g)* do art. 1º CVM.

6. *Direitos dos obrigacionistas e governo das sociedades*

I – A complementar a análise da disciplina dos valores mobiliários representativos de dívida, interessa examinar de que modo a reflexão sobre o governo das sociedades tem influência em relação à posição dos credores obrigacionistas.

O problema do governo das sociedades assume uma vocação expansiva tal que permite que tomemos aqui o problema do governo das sociedades em sentido amplo, tendo em atenção a posição dos financiadores de capital das sociedades perante o direito ao retorno do seu investimento[499].

Não se pode perder de vista que os credores – designadamente, os credores obrigacionistas – estão *prima facie* arredados do circuito de poder societário[500]. Todavia, apesar de os modelos tradicionais de governo das sociedades assentarem na fiscalização societária feita sobretudo pelos acionistas e à luz dos interesses destes[501], é pertinente estudar as implicações da conformação do poder societário em relação aos credores obrigacionistas. Não está aqui em causa analisar as implicações da denominada separação entre a propriedade e controlo, na medida em que, como se afirmou, os obrigacionistas são credores da sociedade e os fundos por estes entregues à sociedade emitente tornam-se, por efeito do

[499] Não interessando discutir aqui o âmbito da problemática geral do governo das sociedades, remete-se, em abono do enfoque proposto, para ANDREI SCHLEIFER/ROBERT VISHNY, *A Survey of Corporate Governance*, in *Journal of Finance*, Vol. LII, nº 2 (1997), 737-738; OLIVER WILLIAMSON, *Corporate Governance, Yale Law Journal*, vol. 93 (1984), 1198-1199; ERIK BERGLÖF/HANS SJÖGREN, *Combining Arm's-Length and Control-Orientated Finance: Evidence from Main Bank Relationships in Sweden*, in KLAUS HOPT/HIDEKI KANDA/MARK ROE/EDDY WYMEERSCH/STEFAN PRIGGE (ed.), *Comparative Corporate Governance. The State of the Art and Emerging Research* (1998), 788; MARY O'SULLIVAN, *Contests for Corporate Control*, Oxford (2000), 1; entre nós, JOSÉ ENGRÁCIA ANTUNES, *Direito das Sociedades Comerciais. Perspetivas do seu Ensino*, Coimbra (2000), 113-114, n. 294; PAULO CÂMARA, *O Governo dos Grupos Bancários*, in *Estudos de Direito Bancário*, Coimbra (1999), 129-132.

[500] Sintomaticamente, escrevem EASTERBROOK e FISCHEL: *Shareholders are no more the "owners" of the firm than are bondholders, other creditors, and employees (including managers) who devote specialized resources to the entreprise, yet bondholders and employees do not vote at all* (*Voting in Corporate Law, Journal of Law and Economics*, 26 (1983), 396). Ou, por palavras mais cruas: *The bondholder is a powerless individual who relies on corporate management:* LAWRENCE MITCHELL/LAWRENCE CUNNINGHAM/LEWIS SOLOMON, *Corporate Finance and Governance*[2], Durham (1996), 365.

[501] GEORGE TRIANTIS/RONALD DANIELS, *The Role of Debt in Interactive Corporate Governance, California Law Review* (1995), 1076-1077. Entre nós: ANA PERESTRELO DE OLIVEIRA, *Os credores e o governo societário: deveres de lealdade para os credores controladores?*, *RDS* nº 1 (2009), 95-133.

mútuo, propriedade desta (art. 1144º CC). Do que se trata é, antes do mais, entender que, tal como os acionistas, também os obrigacionistas são financiadores das sociedades, pelo que a proteção destes robustece a confiança nos mercados, facilita a obtenção de meios alternativos de financiamento por parte das sociedades e, consequentemente, favorece a otimização do seu desempenho.

II – A relevância da colocação do problema do governo societário em relação aos obrigacionistas explica-se sobretudo pelo facto de que existem decisões societárias que podem colocar em risco a posição dos credores obrigacionistas.

Um caso célebre a documentar este tipo de decisões passou-se com a empresa norte-americana RJR Nabisco. Em 1985, esta empresa tinha emitido 5 biliões de dólares de obrigações com a favorável notação de risco de A. Nesse ano, a empresa foi objeto de uma OPA, cujo êxito conduziu a uma profunda reestruturação financeira. O anúncio de reestruturação financeira causou uma revisão em baixa do *rating* para BB, o que conduziu consequentemente a uma descida acentuada da cotação das obrigações. Os prejuízos sofridos pelos credores obrigacionistas foram extremamente avultados: para uma ilustração, foram computados danos de 40 milhões de dólares para um dos obrigacionistas envolvidos (*Metropolitan Life Insurance*). Consequentemente, os obrigacionistas demandaram judicialmente a sociedade alegando a existência de uma cláusula implícita a impedir alterações financeiras profundas. A razão, porém, foi-lhes negada pelo tribunal[502].

Este tipo de situações que resultam em prejuízos assinaláveis para os obrigacionistas aparentemente sem uma resposta adequada no campo do Direito tem, nos últimos trinta anos, merecido uma significativa atenção doutrinária, sobretudo por parte da literatura norte-americana[503].

A partir daí, pode-se compor um quadro mais amplo, tomando como mais relevantes, do ponto de vista do perigo de criação de conflito de interesses entre obrigacionistas e acionistas, as seguintes decisões empresariais:

[502] Cfr. *Metropolitan Life Insurance Co. v. RJR Nabisco, Inc.* (716 F. Supp. 1504 (S.D.N.Y.)) e comentários em Lawrence Mitchell/Lawrence Cunningham/Lewis Solomon, *Corporate Finance and Governance*², cit., 337-366; Richard Brealey/Stewart Myers, *Principles of Corporate Finance*⁶, cit., 721-722.

[503] Em geral, cfr. Clifford W. Smith Jr./Jerold B. Warner, *On Financial Contracting: A Analysis of Bond Covenants, Journal of Financial Economics*, nº 7 (1979) 117; também in Roberta Romano (ed.), *Foundations of Corporate Law* (1993), 127; Morey Mcdaniel, *Bondholders and Corporate Governance*, cit., 418-421; Hideki Kanda, *Debtholders and Bondholders, Journal of Legal Studies*, Vol. XXI (1992), 431-435, 442-444; Victor Brudney, *Corporate Bondholders and Debtor Opportunism: In Bad Times and Good, Harvard Law Review* 105 (1992), 1821-1878; Frank Easterbrook/Daniel Fischel, *Voting in Corporate Law*, cit., 403-404; Brian Cheffins, *Company Law – Theory, Structure and Operation*, Oxford (1997), 79.

a. alteração à política de investimentos ou do objeto social, no sentido da assunção de um maior risco pela sociedade;
b. modificação da política de investimentos, implicando a não realização de investimentos previstos;
c. contração ulterior de dívida (v. g. dívida bancária ou emissão de valores mobiliários representativos de dívida) com garantias especiais sobre o património da emitente;
d. mudança na política de pagamento de dividendos, passando de uma postura conservadora de auto-financiamento para uma política de distribuição generosa de dividendos implicando transferências patrimoniais avultadas para os sócios.

Em todos estes casos, ocorrem situações de potencial conflito de interesses entre os credores obrigacionistas e os acionistas da sociedade, na medida em que podem implicar vantagens patrimoniais para estes em prejuízo daqueles[504].

Embora a sua existência possa deparar-se em qualquer momento do desenrolar da vida societária, a probabilidade de surgimento deste tipo de conflito tornar-se-á mais aguda em dois tipos de situações. De um lado, relevam as sociedades em situação económica difícil, onde pode haver maiores tentações de aplicar estratégias de elevado risco para superar as dificuldades[505]. De outro lado, o problema tem acuidade em caso de sociedades que tenham sido objeto de aquisições financiadas à custa do seu próprio património e do seu *cash-flow* (os designados *leveraged buy-outs*)[506].

[504] Há quem procure mitigar o efeito destes potenciais conflitos entre acionistas e obrigacionistas com base na tendência para a salvaguarda da reputação de gestores e acionistas das sociedades emitentes (assim, nomeadamente, LUCA ENRIQUES/JONATHAN MACEY, *Creditors Versus Capital Formation: The Case Against the European Legal Capital Rules, Cornell Law Review* vol. 86. n. 6 (Sep.--2001), 1170-1171) – crê-se, porém, que com modesto êxito.

[505] Ainda que seja dominante na literatura norte-americana a ideia de que as sociedades são geridas de acordo com os interesses dos acionistas (desconsiderando, portanto, a posição dos outros sujeitos com interesses na empresa, os *stakeholders*), muitos autores ressalvam a relevância da posição dos credores em situações de pré-falência: consulte-se a propósito ERIC WILLS ORTS, *A North American Legal Perspective on Stakeholder Management Theory*, in FIONA MACMILLAN PATFIELD (ed.), *Perspectives on Company Law: 2*, London et al. (1997), 173; BRIAN CHEFFINS, *Company Law – Theory, Structure and Operation*, cit., 76-77.

[506] ROBERTA ROMANO, *Guide to Takeovers: Theory, Evidence and Regulation*, in KLAUS HOPT/EDDY WYMEERSCH ed., *European Takeovers. Law and Practice*, London et al. (1992), 15. Em geral, sobre a discussão sobre a licitude dos LBO's, reenvia-se para PAOLO MONTALENTI, *Persona Giuridica, Gruppi di Società, Corporate Governance*, Milano (1999), 57-78; MENEZES CORDEIRO, *Da Tomada de Sociedades (take-over): efectivação, valoração e técnicas de defesa*, ROA (1994), 768-772; JOSÉ DIOGO HORTA OSÓRIO, *Da Tomada do Controlo de Sociedades (Takeovers) por Leveraged Buy-Out e sua Harmonização com o Direito Português* (2001), especialmente a págs. 157-263.

III – Interessa examinar mais de perto a posição dos acionistas e dos obrigacionistas nestes cenários de maior risco.

Em virtude da limitação da responsabilidade nas sociedades anónimas, o potencial conflito entre acionistas e obrigacionistas é recorrentemente interpretado à luz da teoria económica da avaliação das opções. Segundo esta formulação, diz-se que uma sociedade que tenha emitido um empréstimo obrigacionista coloca os acionistas numa situação análoga à da existência de uma opção de compra (*call option*) relativamente ao património da sociedade. Neste caso, o preço de exercício da opção seria o montante do débito obrigacionista. Se o vencimento da dívida obrigacionista ocorrer em momento em que o valor da sociedade for inferior ao montante do empréstimo, os acionistas sentir-se-ão compelidos a não exercer a opção, o que equivale a entregar os bens da empresa aos credores, não pagando o mútuo obrigacionista subjacente: na gíria dos mercados, a opção estará *out of the money*. Para os acionistas, em virtude da limitação da sua responsabilidade, o pior resultado possível seria o de nada receberem. Se, pelo contrário, o património exceder o montante da emissão obrigacionista, compensará exercer a opção de compra e pagar o débito, pois todo o acréscimo patrimonial a partir daí gerado pode reverter para os acionistas – a opção dir-se-á, então, *in the money*[507].

Aos olhos de um jurista, embora impressiva, as limitações desta visão explicativa dir-se-iam bem evidentes. Ao passo que na estrutura jurídica das opções, o não exercício da opção corresponde a uma atuação lícita[508], na estrutura das obrigações o não pagamento do empréstimo representa um ilícito contratual que constitui a sociedade no dever de indemnizar os lesados.

Porém, a distinção entre a leitura económica e a leitura jurídica quanto ao dever de reembolso do débito obrigacionista não anula a relevância daquela para esta. De facto, tenha-se presente que à luz da teoria das opções, o valor destas é tanto mais elevado quanto maior a volatilidade do ativo subjacente sobre que incide a opção. Na perspetiva do titular de uma opção de compra, quanto mais volátil o preço do ativo subjacente, maiores se tornam as possibilidades de o exercício da opção ser vantajoso; mas não aumentam as possibilidades de perdas porque o seu risco à partida é sempre limitado. Por isso, o beneficiário da opção ganha ao fazer influenciar o aumento da volatilidade do bem sobre

[507] Roberta Romano (ed.), *Foundations of Corporate Law*, cit., 145-147; Jochen Drukarczyk/ /Hartmut Schmidt, *Lenders as a Force in Corporate Governance: Covenants and Bankruptcy Law*, in Klaus Hopt/Hideki Kanda/Mark Roe/Eddy Wymeersch/Stefan Prigge (ed.), *Comparative Corporate Governance. The State of the Art and Emerging Research*, cit., 764; Morey McDaniel, *Bondholders and Corporate Governance*, cit., 420-421.

[508] Tiago Soares da Fonseca, *Do Contrato de Opção – Esboço de uma Teoria Geral*, Lisboa (2001), 39.

que recai a opção[509]. Percebe-se, assim, a importância da análise económica para demonstrar que uma estratégia empresarial de maior risco aumentará as possibilidades de ganhos dos acionistas. Nessa medida, verifica-se que a potencial existência de conflito de interesses entre os sócios e os credores obrigacionistas assume natureza vincadamente estrutural.

IV – Não é demais sublinhar a posição dos credores obrigacionistas, no plano da motivação e da gestão de interesses, perante o governo societário e a dependência daquela em relação ao desempenho das sociedades emitentes.

Relativamente a sociedades em situação financeira estável, a circunstância de as obrigações não oferecerem usualmente uma remuneração dependente dos resultados da empresa desencoraja uma intervenção ativa dos credores obrigacionistas[510]. Do ponto de vista da gestão eficiente dos seus recursos, apenas lhes interessará vigiar o suficiente para assegurar que a empresa solva o empréstimo obrigacionista[511]. Além disso, nesse momento a possibilidade de conflito de interesses entre acionistas e obrigacionistas, embora existente, é menor[512].

Neste quadro, a colocação dos instrumentos básicos do governo das sociedades nas mãos dos acionistas recebe uma explicação satisfatória. Como é sabido, a ação representa uma posição de socialidade, agregando um conjunto complexo de deveres e de direitos, de entre os quais o direito de voto, o direito aos dividendos e o dever de quinhoar nas perdas societárias; contrariamente, na obrigação o direito representado é um direito de crédito.

Daqui resulta que os acionistas têm a possibilidade de obterem os ganhos marginais (em tese ilimitados) resultantes da melhoria do desempenho societário, ao passo que, em caso de liquidação da sociedade, apenas recebem o saldo de liquidação da sociedade apenas após serem satisfeitos os credores da sociedade (são *residual claimants*). Em contraste, os obrigacionistas vêem, como aspi-

[509] Ronald J. Gilson/Bernard S. Black, *The Law and Finance of Corporate Acquisitions*², New York (1995), 239-242; John Hull *Options, Futures and Other Derivatives*⁴, Prentice-Hall (2000), 169; Mark Grinblatt/Sheridan Titman, *Financial Markets and Corporate Strategy*, McGraw Hill, Singapore et al. (1998), 553-554.

[510] A fixação de juro indexado aos resultados da sociedade emitente é, porém, admitida no Código das Sociedades Comerciais (cfr. art. 360º, alínea b) e arts. 362º-364º). A diversificação de carteiras dos investidores obrigacionistas constitui redobrado motivo de desinteresse na interferência que os credores obrigacionistas denotam: para uma ilustração, embora com referências gerais em relação aos credores, cfr. Brian Cheffins, *Company Law – Theory, Structure and Operation*, cit., 75; reconhecendo que idêntico fator de desmotivação pode ocorrer em relação aos acionistas, Richard Booth, *Stockholders, Stakeholders and Bagholders (or How Investor Diversification Affects Fiduciary Duty), Business Lawyer* 53 (1998), 429-478.

[511] Eilís Ferran, *Company Law and Corporate Finance*, Oxford (1999), 486.

[512] Brian Cheffins, *Company Law – Theory, Structure and Operation*, cit., 79, 124.

ração máxima, o reembolso do capital mutuado acrescido do juro estabelecido nas condições de emissão, ficando o seu crédito graduado acima do crédito dos sócios à quota de liquidação.

É sob este prisma que fica legitimada a atribuição de direito de voto aos acionistas, aspeto que constitui a pedra de toque distintiva em relação à posição dos obrigacionistas[513]. É confiado mais poder a quem suporta de modo mais intenso o risco da empresa societária e que, por isso, goza tipicamente de um interesse permanente e ilimitado na melhoria do desempenho societário. Tenha-se presente, aliás, que o conservadorismo tendencial dos obrigacionistas pode até ser lesivo da optimização do desempenho societário[514].

Assim, à luz da análise económica do direito, são os acionistas que mais podem ganhar com o acréscimo de eficiência da sociedade, tendo por isso maiores incentivos para vigiar de perto o seu desempenho[515].

V – O cenário, porém, tende a modificar-se quando o equilíbrio financeiro da sociedade começa a resvalar.

Neste quadro, os credores obrigacionistas têm já motivação para procurar colaborar no governo societário por forma a que o empréstimo obrigacionista venha a ser reembolsado – isto é, na linguagem da teoria das opções atrás mencionada, por forma a que a opção de compra venha a ser exercida[516]. De igual modo, nesta situação o alheamento dos obrigacionistas em relação à condução do governo societário aparece menos justificado – pois aí o tendencial conservadorismo dos credores obrigacionistas deixa de se revelar lesivo no plano da optimização do desempenho societário.

513 No direito norte-americano, para fazer frente às situações descritas há legislações societárias estaduais que reconhecem, em determinadas condições, o direito de voto aos obrigacionistas (incluindo as de Delaware e New York); mas tais soluções têm sido sujeitas a críticas, não sendo aliás permitidas pelo *Revised Model Business Corporation Act:* Morey McDaniel, *Bondholders and Corporate Governance,* cit., 439-441.

514 O texto refere-se tão-só a uma tendência – sendo certo que pode haver obrigacionistas com maior propensão para o risco: cfr. a propósito Hideki Kanda, *Debtholders and Bondholders,* cit., 435; Richard Posner, *Economic Analysis of Law*[5], Boston/Toronto (1998), 439.

515 Richard Posner, *Economic Analysis of Law*[5], cit., 451-452; Guido Ferrarini, *Shareholder Value and the Modernisation of European Corporate Law,* Cedif Working Papers 3/2000 (atualizado em junho 2001), 8.

516 É evidente que o risco de conflito é menor em relação a titulares de obrigações convertíveis em acções, que podem no momento do exercício transformar a sua posição credora em participações sociais. Este dado conduz inclusivamente a uma renovada popularidade da convertibilidade de obrigações, para mitigar os riscos da posição patrimonial dos obrigacionistas: Jochen Drukarczyk/Hartntut Schntidt, *Lenders as a Force in Corporate Governance: Covenants and Bankruptcy Law,* cit., 763.

Tal apenas não valerá para os obrigacionistas com garantias especiais a rodear o seu crédito. Estes – nomeadamente, os titulares de obrigações hipotecárias ou de obrigações titularizadas –, estando defendidos (total ou parcialmente) em relação ao risco de insolvência, manterão de princípio o seu tendencial desinteresse na fiscalização da sociedade emitente[517].

Esta descrição dos potenciais riscos que rodeiam a posição dos obrigacionistas serve como explicação para que, em ligeira inflexão do modelo de governo societário norte-americano – que, em termos hegemónicos, atende exclusivamente à posição dos acionistas na condução dos destinos da sociedade –, se tenha passado a prestar acrescida atenção ao papel daqueles na fiscalização da conduta da administração.

É nessa linha que o art. 64º CSC dedica atenção aos sujeitos relevantes para a sustentabilidade da empresa (*stakeholders*), entre os quais se incluem os credores obrigacionistas.

VI – Neste contexto, pese embora o art. 64º CSC, há que admitir que a tutela conferida no ordenamento jurídico português à posição dos credores obrigacionistas é ainda, a este propósito, escassa.

De uma banda, é quase nula a intervenção dos obrigacionistas no processo decisório ligado ao governo societário. A título de exemplo, não existe o dever de consulta dos obrigacionistas em caso de alterações estatutárias, nem sequer se reclamando o seu envolvimento no processo de transformação de sociedade[518]. Apenas em situações extremas, como seja no caso de fusão (art. 101º-C CSC) e de cisão (art. 120º CSC), se consagra um direito de oposição judicial coletiva dos credores obrigacionistas com fundamento no prejuízo que tal projeto acarrete para os seus direitos. Porém, a deliberação dos obrigacionistas não é tida como condição de aprovação do processo de fusão ou cisão, mas antes é encarada como requisito de que depende a oposição judicial, que fica precludida caso a

[517] Sobre os problemas que coloca a dívida garantida no plano do governo societário, v. nomeadamente JOCHEN DRUKARCZYK, *Secured Debt, Bankruptcy, and the Creditors' Bargain Model, International Review of Law and Economics* (1991), 203-221; RICHARD POSNER, *Economic Analysis of Law*[5], cit., 436-439 (436); HOLGER FLEISCHER, *Grundfragen der ökonomischen Theorie im Gesellschafts- und Kapitalmarktrecht*, ZGR (2001), 1-32 (11-12).

[518] Contrariamente ao ordenamento jurídico francês, em Portugal a transformação de sociedades não depende de aprovação dos obrigacionistas, embora não possa afectar os seus créditos, nos termos do art. 138º CSC, seja qual for o tipo societário adotado. Trata-se de uma solução já defendida em RAÚL VENTURA/LUÍS BRITO CORREIA, *Transformação de Sociedades – Anteprojeto e Notas Justificativas*, Lisboa (1973), 241-243, comentada posteriormente pelo mesmo RAÚL VENTURA, *Fusão, Cisão, Transformação de Sociedades*, Coimbra (1990), 541-543.

deliberação seja favorável, e apenas pode ser exercida se tiver sido aprovada uma deliberação desfavorável dos obrigacionistas[519].

O panorama é apenas diverso se nos referirmos ao direito pré-falimentar, no âmbito do qual se prevêem diversas medidas de recuperação de empresa em que o controlo transita em larga medida para as mãos dos credores, incluindo os obrigacionistas. Frise-se, de todo o modo, que no atual direito pré-falimentar português não há qualquer distinção ao tratamento jurídico dos obrigacionistas em relação aos credores comuns. Diferente solução, todavia, resultava do direito português em final do século XIX, que levava até mais longe a possibilidade de ingerência dos obrigacionistas na gestão societária, prevendo que o incumprimento de uma prestação de juro ou falta de amortização do empréstimo na data do vencimento constituísse os obrigacionistas no direito de requerer a inclusão de representantes na gerência da sociedade[520].

Do ponto de vista da necessária consideração dos interesses dos credores na gestão da sociedade, deve ter-se em conta o art. 64º CSC. Ora, este dispositivo, embora tutelando os interesses dos credores, fá-lo num plano nitidamente secundário em relação ao que sucede quanto à vinculação societária prioritária e direta em relação à salvaguarda dos interesses de longo prazo dos acionistas[521].

VII – Perante estas limitações, à luz do direito português vislumbram-se três tipos principais de resposta às situações de potencial conflito de interesses entre obrigacionistas e acionistas.

A primeira linha de respostas advém da função de proteção associada ao capital social. Trata-se de um aspeto importante ligado à estrutura profunda do direito das sociedades: o capital social desempenha, em termos centrais, funções de proteção dos credores, mesmo em detrimento dos interesses dos acionistas, o que tem suscitado críticas significativas por banda de alguma literatura euro-

[519] Em atenção ao enquadramento europeu da questão, a opção do legislador nacional poderia ter sido outra. No domínio da fusão, o art. 14º da Terceira Diretiva em matéria de Direito das Sociedades (Diretiva 78/855/CEE, de 9 de outubro 1978) fixa, como regra supletiva, a equiparação dos credores obrigacionistas aos credores comuns, salvo quanto ao exercício coletivo dos direitos – mas consente a possibilidade de a fusão depender de aprovação dos obrigacionistas (individual ou coletivamente), se a legislação dos Estados-membros o previr. No mesmo sentido dispõe, para o regime da cisão, o art. 12º nº 5 da Sexta Diretiva em matéria de Direito das Sociedades (Diretiva 82/891/CEE, de 17 de dezembro de 1982). Consulte-se a propósito RAÚL VENTURA, *Fusão, Cisão, Transformação de Sociedades,* cit., 203-208; NUNO BARBOSA, *Competências das Assembleias de Obrigacionistas,* cit., 161-175; quanto à cisão, JOANA VASCONCELOS, *A Cisão de Sociedades,* Lisboa (2001), 205-213.

[520] Cfr. nomeadamente art. 16º do Decreto de 12 de julho de 1894 e art. 14º do Regulamento de 27 de agosto de 1896.

[521] PAULO CÂMARA, *Código das Sociedades Comerciais e Governo das Sociedades*, cit., 36-42.

peia[522]. Não se estranha, assim, que das situações atrás elencadas[523], a alteração da política de dividendos encontre resposta através da referência ao capital social, uma vez que o pagamento de dividendos tem como teto o lucro distribuível – e este não pode afectar o capital e as reservas legais ou estatutárias. Por seu turno, a contração ulterior de dívida encontra-se limitada quantitativamente ao montante do capital social nos termos do art. 349º CSC, mas apenas quanto a obrigações – solução cujos defeitos já foram apontados[524].

O segundo vector de soluções liga-se à responsabilidade dos administradores. O art. 78º CSC é o dispositivo fundamental a este nível, ao determinar uma responsabilidade dos administradores perante os credores quando o património se mostra insuficiente para a satisfação dos respetivos créditos, se esta insuficiência se dever ao incumprimento de disposições legais ou contratuais destinadas à sua proteção. Acresce que o 82º, nº 2 CSC fixa a responsabilidade dos revisores oficiais de contas perante os credores nos mesmos termos, ao remeter para o sobrecitado art. 78º. Trata-se, em ambos os casos, de soluções que reclamam e pressupõem uma cuidada delimitação dos deveres dos administradores perante os credores (designada mas não exclusivamente obrigacionistas) e da diligência devida no seu acatamento – em cuidadosa articulação com o art. 64º CSC[525]. A delimitação clara dos poderes e responsabilidades dos dirigentes (e demais intervenientes) societários constitui aliás um dos legados da moderna análise do governo das sociedades[526].

VIII – Merece analisar separadamente um terceiro tipo de soluções para lidar com o potencial conflito de interesses entre acionistas e obrigacionistas, em proteção destes últimos. Este baseia-se na conformação contratual dos termos dos empréstimos obrigacionistas[527], através da introdução de cláusulas de sal-

[522] Eddy Wymeersch, *European Company Law: The Simpler Legislation for the Internal Market Initiative of the EU Commission* (2000), 3-5; Luca Enriques/Jonathan Macey, *Creditors Versus Capital Formation: The Case Against the European Legal Capital Rules*, cit., 1184-1204. Registe-se que, em acolhimento implícito destas críticas, em Portugal o DL nº 33/2011, de 7 de março reduziu para um euro o capital social mínimo nas sociedades por quotas.

[523] Cfr. *supra*, 4., II.

[524] Cfr. *supra*, 3.

[525] A literatura norte-americana desenvolve estas ideias com base na doutrina dos deveres fiduciários, partindo da consideração de que agentes económicos que desempenham função equivalente no financiamento empresarial deveriam receber idêntica proteção jurídica: consulte-se, por todos, Morey McDaniel, *Bondholders and Corporate Governance*, cit., 442-456.

[526] Paulo Câmara, *Vocação e influência universal do corporate governance: uma visão transversal sobre o tema* em *O Governo das Organizações. A Vocação Expansiva do Corporate Governance*, (2011), 13-30.

[527] Falamos de conformação originária ou subsequente do empréstimo obrigacionista, já que o direito português permite que, com a aprovação da assembleia de obrigacionistas no seguimento

vaguarda (*covenants*, no jargão anglo-saxónico), por forma a limitar o risco de erosão da posição patrimonial dos credores obrigacionistas até ao momento do vencimento das obrigações[528].

Numa classificação aturada, WOOD aponta os seguintes objetivos subjacentes a tais cláusulas: preservação da graduação de créditos e proibição de subordinação ou discriminação; manutenção da qualidade do património que serve de garantia geral do devedor; prevenção da insolvência do devedor; avaliação dos bens líquidos que garantam o reembolso; preservação do tipo de negócio financiado; controlo de um eventual crescimento rápido da sociedade que não seja sustentado através de recursos próprios ou disponibilidade da administração; permissão de o mutuante acompanhar a situação do mutuário e os termos do empréstimo; preservação da identidade da sociedade devedora[529].

Estes objetivos podem ser atingidos, nomeadamente, através da vinculação da sociedade na adoção de comportamentos positivos ou na abstenção da realização de comportamentos fixados nos termos da emissão. Utilizando esta contraposição, fala-se aí, respetivamente, de cláusulas de salvaguarda positivas e de cláusulas de salvaguarda negativas[530].

As cláusulas de salvaguarda negativas são de utilização mais frequente. Aqui cabem as cláusulas de salvaguarda financeira, que obrigam o emitente, ou o grupo de sociedades em que se insere, a cumprir níveis de desempenho financeiro que traduzem as situações em que não terá dificuldades em solver o seu débito[531]. Outras cláusulas podem resultar na dependência de autorização ou proibição para a realização de investimentos de elevado risco ou na assunção de

de proposta do emitente, se efectuem alterações ao conteúdo da emissão (art. 355º, nº 4, alínea *b)* CSC) (cfr. extensivamente a propósito NUNO BARBOSA, *Competências das Assembleias de Obrigacionistas*, cit., 176-222). Semelhante regra não existe, em sede de princípios, no direito norte-americano, para a emissão de sociedades abertas: cfr. o *Trust Indenture Act* de 1949, § 316 e, a propósito, HIDEKI KANDA, *Debtholders and Bondholders*, cit., 441-442.

[528] GABRIELA FIGUEIREDO DIAS, *Financiamento e governo das sociedades (debt governance): o terceiro poder*, III Congresso da DSR (2014), 359-383; INÊS SERRANO DE MATOS, *Debt governance – O papel do credor activista*, DSR vol. 14 (2015), 169-176.

[529] PHILIP R. WOOD, *International Loans, Bonds and Securities Regulation*, London (1995), 32-33.

[530] EILÍS FERRAN, *Company Law and Corporate Finance*, cit., 470-481; MOREY MCDANIEL, *Bondholders and Corporate Governance*, cit., 424-426; GEOFFREY FULLER, *The Law and Practice of International Capital Markets*, London *(2007), 325-359*. Sobre a utilização destas cláusulas em processos de aquisição de empresas: PAULO CÂMARA/ MIGUEL BRITO BASTOS, *O Direito da aquisição de empresas: uma introdução*, em *Aquisição de Empresas*, cit., 47-48.

[531] RAVI C. TENNEKOON, *The Law and Regulation of International Finance*, London, et al. (1991), 83-85; MATTHEW RICH, *Financial Covenants Revisited – The Bank's Perspective, Butterworths Journal of International Banking and Financial Law* (Nov.-1992), 518-521; KEITH CLARK/ANDREW TAYLOR, *Conditions precedent and covenants in Eurocurrency agreements, International Financial Law Review* (August 1982), 16-17.

limitações de novos investimentos, fusões e aquisições (por exemplo: as cláusulas de *no mergers and amalgamations*).

Também se incluem neste grupo as já clássicas disposições contratuais de limitação da constituição de novas garantias sobre o património societário (*negative pledge*) ou de proibição de graduação superior em relação a nova dívida emitida, mantendo-se a igualdade em relação aos demais credores (*pari passu*)[532]. Saliente-se tratar-se de cláusulas contratuais com eficácia *inter partes*, não podendo como tal ser qualificadas tecnicamente como garantias[533].

IX – Como exemplos de cláusulas de salvaguarda positivas deparam-se os deveres informativos das sociedades perante os seus credores (*reporting covenants* ou *financial information covenants*) ou as cláusulas que estabelecem o dever de a sociedade proceder ao reembolso do empréstimo em caso de desvio de estratégia ou alteração da propriedade acionista[534].

A prática do mercado é a este propósito muito diversificada. Assim, para reter um exemplo, o funcionamento destas cláusulas pode ser automático, ou depender de alterações na notação de risco da sociedade ou do empréstimo obrigacionista. Igualmente, há *covenants* cujo incumprimento determina o vencimento do empréstimo, como sucede nas cláusulas de salvaguarda financeira, para permitir aos credores recuperar os créditos antes de se abrir um processo concursual de falência. A par destas, sobram as cláusulas que, a serem objeto de incumprimento, determinam a exigibilidade de opções de venda (*poison puts*) ou a possibilidade de alteração da taxa de juro do empréstimo. Conhecem-se

[532] A literatura britânica tem-se destacado no tratamento destas cláusulas de salvaguarda já clássicas: cfr. PHILIP R. WOOD, *International Loans, Bonds and Securities Regulation*, cit., 34-43; R. M. GOODE, *Legal Problems of Credit and Security*[2], London (1988), 17-23; TRACY HOBBS, *The Negative Pledge: A Brief Guide, Journal of International Banking Law* (JIBL) 7 (1993), 269-274; JONATHAN B. STONE, *Negative Pledges and the Tort of Interference with Contratual Relations, JIBL* 8 (1991); Id., *The "Affirmative" Negative Pledge, JIBL* 9 (1991), 364-370; JULIE MAXTON, *Negative Pledges and Equitable Principles, Journal of Business Law* (1993), 458-472; em Portugal, o título seminal pertence a PESSOA JORGE, *A Garantia Contratual da Igualdade dos Credores nos Empréstimos Internacionais*, in CENTRO DE ESTUDOS FISCAIS (ed.), *Estudos Comemorativos do XX Aniversário*, Lisboa (1983), aqui consultado através da separata, 7-33. Complemente-se com JOANA PEREIRA DIAS, *Contributo Para O Estudo dos Atuais Paradigmas das Cláusulas de Garantia e/ou Segurança: a Pari Passu, a Negative Pledge e a Cross Default*, em EH Galvão Telles, (2003).

[533] PEDRO ROMANO MARTINEZ/PEDRO FUZETA DA PONTE, *Garantias de Cumprimento*[2], Coimbra (1997), 22-26. Cfr. ainda entre nós FLORBELA PIRES, *Direitos e Organização dos Obrigacionistas em Obrigações Internacionais*, Lisboa (2001), 113, 145.

[534] A literatura documenta igualmente casos de *covenants* que impliquem vinculações na política de dividendos. É porém duvidoso que, perante o direito português, essas cláusulas se considerem admissíveis, dada a supremacia da posição da assembleia geral para decidir sobre a matéria (art. 376º CSC).

também cláusulas que fazem aumentar a taxa de juro a remunerar o empréstimo em caso de descida da notação de risco da sociedade. O rol de hipóteses é quase inabarcável, não podendo ser aqui retratado em toda a sua extensão.

X – A receção no tráfego destes instrumentos negociais – já com expressão assinalável, sobretudo nos mercados norte-americano e britânico – depende em medida significativa do empenho que a tal propósito denotem os investidores institucionais. A sua difusão pode revelar-se benéfica, pois estas cláusulas servem de estímulo aos credores obrigacionistas para adotarem uma postura mais vigilante em relação à conduta da administração na governação societária, do que pode resultar uma maximização do desempenho das sociedades[535].

Mas trata-se, claro está, de expedientes que têm limitações e, como tal, que devem ser utilizados com equilíbrio e ponderação. Cláusulas de salvaguarda muito extensas podem implicar custos significativos na sua elaboração e na fiscalização do seu cumprimento. Demais, um excesso de cláusulas limitativas pode igualmente, por seu turno, mostrar-se excessivamente condicionador e funcionar, não como fator de eficiência, mas como causa de uma diminuição da funcionalidade da gestão societária, e da consequente elevação do risco de incumprimento[536].

XI – Percebe-se, a partir daqui, que o modelo do governo societário não deriva apenas de regras legais mas também é condicionado por disposições contratuais. O incumprimento de cláusulas contratuais destinadas à proteção de credores, por seu turno, pode desencadear o funcionamento de regras de responsabilidade civil dos administradores (art. 78º, nº 1 CSC)[537]. A autonomia privada tem, assim, um papel importante a desempenhar na conformação do modelo concreto de fiscalização da sociedade à medida dos seus financiadores, aí incluindo os credores obrigacionistas.

Além disso, de um ponto de vista do direito em ação, não se pode descurar a fase da execução contratual destes instrumentos. Se, por mero hábito mecânico de padronização contratual, se incluem cláusulas de salvaguarda nas condições de emissão sem procurar acompanhar o seu efetivo cumprimento, o papel destas no governo societário torna-se unicamente formal e por isso de nulo alcance na pressão sobre o desempenho.

A este propósito, para que as *covenants* traduzam efetivamente uma maior influência no governo da sociedade emitente, o fluxo de informação sobre a estraté-

[535] Sobre as limitações aos efeitos provocados por tais cláusulas, veja-se contudo Hideki Kanda, *Debtholders and Bondholders,* cit., 443-444. O autor identifica três tipos de problemas sentidos pelos obrigacionistas: deficiências de acesso à informação, escassez de conhecimentos técnicos e problemas de ação coletiva. Sobre os primeiros cfr. *infra,* 6.

[536] Eilís Ferran, *Company Law and Corporate Finance,* cit., 471-473

[537] Cfr. *supra,* § 7º, 6., IX.

gia da empresa assume um papel fundamental. A questão coloca-se sobretudo no tocante às cláusulas de salvaguarda financeira, relativamente às quais pode decorrer um hiato temporal muito dilatado entre o momento em que ocorre o incumprimento do nível de solvência convencionado e o momento em que é detetado[538].

7. *Valores mobiliários representativos de dívida pública*

I – De entre as diversas formas de representação de dívida pública[539], esta também pode ser representada através de valores mobiliários – o que sucede no caso das obrigações do tesouro e dos bilhetes do tesouro[540].

Trata-se de valores mobiliários de significativo relevo, enquanto instrumentos usuais de financiamento público[541].

II – O regime jurídico dos valores mobiliários representativos de dívida assume natureza dual. De um lado, há que contar com as fontes especiais: a Lei quadro da Dívida Pública (Lei nº 7/98, de 3 de fevereiro[542]), os Estatutos do Instituto de Gestão da Tesouraria e do Crédito Público I.P. (IGCP, I.P.), aprovados pelo DL nº 160/96, de 4 de setembro[543] e os diplomas específicos de cada tipo de obrigação do tesouro – como constituem exemplo as obrigações de tesouro comuns (D.L. nº 280/98, de 17 de setembro e Instrução IGCP nº 2/2014) e as obrigações de tesouro de rendimento variável (Resolução do Conselho de Ministros nº 86/2015, de 24 de setembro e Instrução IGCP nº 1-A/2015).

De outro lado, aos valores mobiliários representativos de dívida pública aplica-se também o Código dos Valores Mobiliários, exceto quando tal seja excluído. São múltiplas as derrogações mobiliárias. Quedam nomeadamente

[538] KEITH CLARK/ANDREW TAYLOR, *Conditions precedent and covenants in Eurocurrency agreements*, cit., 17.

[539] Em geral: EDUARDO PAZ FERREIRA, *Da Dívida Pública e das Garantias dos Credores*, Coimbra (1995); Id., *Títulos de Dívida Pública e Valores Mobiliários*, in *Revista da Banca*, nº 43 (julho 1997), 27-53 = *Direito dos Valores Mobiliários*, Vol. II (2000), 31-56.

[540] Os certificados de aforro e os certificados do tesouro não constituem valores mobiliários, dado que não são transmissíveis exceto em caso de falecimento do titular. Cfr. *supra* § 5º, 3. Quanto aos valores mobiliários representativos de dívida pública, consulte-se GUSTAVO LOPES COURINHA, *O processo de emissão da dívida pública*, em *Estudos Jurídicos e Económicos em Homenagem ao Professor Doutor António de Sousa Franco*, (2006), II, 135-171.

[541] A dívida pública cresceu significativamente desde 2008, como o documenta o estudo de CARMEN M. REINHART/ M. BELEN SBRANCIA, *The Liquidation of Government Debt*, (2011), 31.

[542] Com as alterações introduzidas pelo artigo 81º da Lei nº 87-B/98, de 31 de dezembro. Sobre este diploma: EDUARDO PAZ FERREIRA, *Títulos de Dívida Pública e Valores Mobiliários*, cit., 32-53.

[543] Já objeto de diversas modificações, nomeadamente introduzidas pelos DL nº 28/98, de 11 de fevereiro, DL nº 2/99, de 4 de janeiro, DL nº 455/99, de 5 de novembro, DL nº 86/2007, de 29 de março, DL 273/2007 de 30 de julho e DL nº 69-A/2009 de 24 de março.

inaplicáveis à dívida pública: o regime das ofertas públicas de distribuição (art. 111º, nº 1 *a)* e *f)* CVM); o regime pleno das condições de admissão de obrigações (art. 230º, nº 5); o regime dos deveres periódicos de informação (art. 250º-A). Além disso, a exigência de exclusivo na prestação de serviços de intermediação não se aplica aos membros do Sistema Europeu de Bancos Centrais, no exercício das suas funções, e ao Estado e outras entidades públicas no âmbito da gestão da dívida pública e das reservas do Estado (art. 289º, nº 3 *a)*). Por fim, o disposto sobre *insider trading* e manipulação de mercado não se aplica quando as operações sejam efetuadas pelo Banco Central Europeu, por um Estado, pelo seu banco central ou por qualquer outro organismo designado pelo Estado, por razões de política monetária, cambial ou de gestão da dívida pública (art. 378º, nº 5 e art. 379º, nº 6).

III – Os bilhetes do tesouro (*treasury bills*) são valores mobiliários que representam dívida pública com prazo de vencimento até um ano. O seu regime consta do DL nº 279/98, de 17 de setembro, com as alterações introduzidas pelo DL nº 91/2003, de 30 de abril, sendo complementada pela Instrução nº 4/2003 do IGCP[544]. O regime das obrigações do tesouro, por seu turno, consta do DL nº 280/98, de 17 de setembro, complementado através da Instrução nº 3/2002 do IGCP.

A distinção entre os bilhetes do tesouro e as obrigações do tesouro é traçada precisamente por apelo ao correspondente prazo de vencimento: os bilhetes do tesouro são valores mobiliários de natureza monetária, por implicarem um prazo de vencimento inferior ou igual a 1 ano; contrariamente, as obrigações do tesouro apresentam um prazo de vencimento superior a 1 ano.

IV – A perceção regulatória sobre os valores mobiliários representativos de dívida pública tem vindo a ser alterada gradualmente nos tempos mais recentes, sobretudo ante a crise da dívida soberana de vários países da zona euro em 2011. Um dos pontos centrais da moderna reflexão sobre o tema coloca em causa a magnitude do afastamento destes valores mobiliários em relação ao regime mobiliário comum.

De um lado, os valores representativos de dívida pública efetivamente comportam – embora em graus variáveis – risco de incumprimento, ganhando em relação a estes redobrado peso os deveres de informação. Além disso, estes valores são igualmente vulneráveis a atos concertados de abuso de mercado, destinados a depreciar artificialmente o seu valor, devendo por isso, sobretudo em caso de manipulação de mercado, merecer a mesma proteção criminal aplicável aos demais valores mobiliários.

[544] Os bilhetes do tesouro são adiante retomados: cfr. § 12º, 3.

Por outro lado, o regime da dívida pública não prevê a existência de assembleias de obrigacionistas, tornando por isso logisticamente mais difícil executar operações de reestruturação da dívida.

Por fim, a dívida pública é usualmente acompanhada pelas sociedades de notação de risco, e as alterações à classificação atribuída repercute-se, em regra, pelas empresas nacionais. Tal agrava a danosidade de falhas de julgamento ou de decisões precipitadas por parte das sociedades de rating[545].

Dir-se-á, em suma, que o tema se encontra fundamentalmente em aberto: o número de derrogações mobiliárias aplicáveis à dívida pública mostra certamente uma tendência de progressiva diminuição.

§ 8º Os valores mobiliários de estrutura derivada

1. *Quadro geral*

I – A partir de final da década de 1990, o Direito português conheceu o reconhecimento de diversos tipos de valores mobiliários – *warrants* autónomos, certificados, valores mobiliários convertíveis, valores mobiliários condicionados por eventos de crédito – com uma característica comum: o facto de a sua valorização depender de um ativo subjacente a que estão ligados desde a sua emissão.

Fruto do contexto histórico então vivido, marcado por um regime de tipicidade administrativa de valores mobiliários vigente até 2004[546], o tratamento normativo destes valores mobiliários de estrutura derivada foi ocorrendo de modo gradual e sem unidade. Cada diploma (legislativo, no caso dos *warrants* autónomos, ou regulamentar, no caso dos restantes valores mobiliários de consagração ulterior) procedeu à delimitação e regulação de valores mobiliários desta natureza, sem uma preocupação direta em proceder a uma ligação entre os mesmos.

II – O tema é, porém, merecedor de uma visão de conjunto, não apenas dada a sua proximidade estrutural, mas também por haver traços do regime que unem os valores mobiliários aqui considerados[547].

De um lado, no prisma estrutural, os valores mobiliários em referência reconduzem-se à categoria implicitamente acolhida no art. 2º, nº 4 da versão originária do Código dos Valores Mobiliários. Na formulação originária desse

[545] Cfr. *infra* § 19º, 3.

[546] Cfr. *supra*, § 5º, 2. e § 6º, 2.

[547] Cristina S. Dias, *Certificados, Valores Mobiliários Convertíveis e Valores Mobiliários Condicionados por Eventos de Crédito: Algumas Notas Comparativas*, Cadernos MVM nº 15 (2002), 104-112.

preceito, entretanto substituída, era feita uma alusão aos instrumentos financeiros derivados que não fossem valores mobiliários, o que significava, *a contrario*, o reconhecimento de valores mobiliários que assumissem natureza derivada: precisamente, os aqui examinados. Trata-se, em todo o caso, de valores mobiliários em sentido técnico, implicando uma emissão em massa e uma representação através de documentos negociáveis em mercado.

Reconhecem-se-lhes, todavia, singularidades na sua admissão em mercado, por não ser requerida uma prévia dispersão através de oferta pública. E certo, também, que a prática tem sido de aumentar o exercício automático destes valores – o que favorece a liquidação financeira.

No plano da disciplina positiva, importa notar que o regime de ativos subjacentes e de entidades emitentes dos warrants se aplica a valores mobiliários análogos (art. 14º-A do DL 172/99, de 20 de maio).

Além disso, em virtude de tratar-se de instrumentos financeiros complexos[548], na sua negociação, não se permite em relação a estes a disciplina de execução estrita de ordens (*execution only*). Assim, a execução de ordens nestes valores mobiliários implica necessariamente a verificação da sua adequação (art. 314º-D CVM)[549].

Por último, os valores mobiliários de estrutura derivada podem incorporar uma dívida do emitente; mas uma vez que a extensão do direito creditício incorporado se reporta a um ativo paralelo, tal risco de crédito (embora existente) não é o risco típico representado, o que os diferencia das obrigações e dos outros valores representativos de dívida.

III – A vantagem no tratamento conjunto destes valores já foi reconhecida em documento de consulta relativo a um futuro Decreto-lei sobre valores mobiliários de estrutura derivada, que a CMVM sujeitou a discussão pública no primeiro trimestre de 2008[550]. O projeto legislativo em referência procurou, num só diploma, sistematizar, unificar e simplificar o regime dos *warrants* autónomos, certificados, valores mobiliários obrigatoriamente convertíveis, valores mobiliários convertíveis por opção do emitente e valores mobiliários condicionados por eventos de crédito. Pese embora o tempo entretanto decorrido, em virtude do acolhimento positivo[551] às propostas submetidas a escrutínio público, seria desejável que a publicação final do diploma viesse efetivamente a ocorrer.

[548] Cfr. *infra*, § 11º, 3.

[549] O tratamento do regime de execução estrita, enquanto derrogação ao dever de adequação, encontra tratamento no § 23º, 18.

[550] Disponível em: http://www.cmvm.pt/NR/rdonlyres/7F1D3C6B-793C-4CD0-9C39-03D05AD26225/9159/AnteProjetoDL.pdf.

[551] Como pode ser confrontado através das respostas dadas à consulta pública, disponíveis em http://www.cmvm.pt/NR/exeres/4AE591D3-BF83-4BDB-87BA-1B29A43B 3E81.htm.

2. *Valores mobiliários convertíveis*

I – As obrigações convertíveis representam um tipo de valor mobiliário que combina as características das obrigações com as do valor mobiliário a converter, sendo reguladas nos arts. 365º a 372º do Código das Sociedades Comerciais.

As obrigações convertíveis concedem dois direitos principais ao titular desse valor mobiliário. De um lado, incorporam o direito à restituição do capital mutuado e aos respetivos juros. Revela-se aqui uma parcela deste valor mobiliário que se comporta como se fosse uma obrigação até ao momento da conversão (art. 369º, nº 1 CSC).

De outro lado, pressupõe-se a atribuição de um direito – e não de um dever – de, no período fixado nas condições de emissão, poder o titular daquele valor mobiliário proceder à conversão da sua obrigação em outro valor mobiliário emitido pela sociedade emitente[552]. Os valores mobiliários a converter podem ser ações (ordinárias ou preferenciais, com ou sem direito de voto, conforme a lei clarifica) ou outros valores mobiliários, sem qualquer limitação, desde que a sociedade possa emitir estes instrumentos nos termos da lei.

II – O regime dos valores mobiliários convertíveis atravessou já três importantes etapas. Na versão originária do Código das Sociedades, a capacidade para a emissão deste tipo de valor mobiliário confinava-se às sociedades com ações cotadas em bolsas (art. 365º CSC). Pretendia-se, com esta solução, assegurar a máxima informação sobre as ações a converter, para adequado exercício do direito de conversão: circunscrevia-se, por esse motivo, a capacidade para emissão às sociedades sujeita a deveres de informação mais severos.

Tal solução foi alterada a partir do DL nº 76-A/2006, de 29 de março, passando a capacidade de emissão a estender-se a todas as sociedades anónimas, na ainda atual redação do art. 365º, nº 1 CSC. Porém, para haver admissão à cotação das obrigações convertíveis, o correspondente ativo subjacente deveria estar cotado.

Finalmente, como terceira e mais recente etapa deste percurso, o DL nº 26/2015, de 6 de fevereiro, aboliu a exigência de cotação do ativo subjacente, passando a estar aberto a qualquer valor mobiliário que a sociedade tenha capacidade para emitir[553].

III – Uma vez que este valor mobiliário incorpora, como decisiva singularidade, um direito de conversão de obrigações em outros valores mobiliários, no

[552] Mário Leite Santos, *Obrigações Convertíveis – Alguns Aspetos do seu Regime Jurídico*, cit., 93-172; Fátima Gomes, *Obrigações Convertíveis em Acções* (1999).

[553] Hugo Moredo Santos/ Orlando Vogler Guiné, *Comentário preliminar às alterações introduzidas no regime jurídico das obrigações*, DSR ano 7 vol. 13 (2015), 208-215.

correspondente processo formativo são necessariamente adotadas duas deliberações: a deliberação de emissão das obrigações convertíveis e deliberação de emissão do valor mobiliário que constitui o ativo subjacente (art. 366º CSC). A deliberação pode ser adotada pelo órgão de administração desde que se encontre autorizado pelo contrato de sociedade (art. 366º, nº 6 CSC).

A posição da entidade emitente é, nestes termos, uma posição de sujeição perante o titular daqueles valores mobiliários. Simetricamente, o titular de obrigações convertíveis tem o direito potestativo de converter no período do exercício as suas obrigações em outros valores mobiliários: se assim suceder, passa automaticamente o valor mobiliário a revestir as características do ativo subjacente, sem depender para tal de nova deliberação da sociedade emitente.

Esta dupla deliberação apenas estará dispensada no caso de os valores mobiliários para entrega serem detidos pelo emitente, o que é admitido nos nºs 1 e 3 do art. 365º. Esta disposição legislativa torna diretamente permitida, entre nós, a emissão de *obrigações permutáveis* (*exchangeable bonds*), cujo emitente é um terceiro com disponibilidade sobre os valores mobiliários a entregar – mas que se assume como pessoa jurídica diferente da empresa emitente dos valores mobiliários a serem oferecidos em caso de exercício do direito de conversão[554].

IV – Quanto ao regime das obrigações convertíveis em ações, chama-se a atenção para a aproximação que é feita ao regime das ações. Essa aproximação é visível sobretudo em três pontos do regime.

Em primeiro lugar, consagra o art. 367º CSC na esfera dos acionistas um direito de preferência na subscrição das obrigações convertíveis. Daqui resulta uma extensão do direito de preferência – que não apenas atinge a subscrição de participações acionistas, mas também a subscrição de obrigações que possam implicar a sua aquisição.

O segundo traço de aproximação da posição do titular de obrigações convertíveis à do acionista, liga-se à possibilidade de, após a emissão do valor mobiliário e antes da efectiva conversão dessas obrigações em ações, poderem ser adotadas deliberações que levem a alterações patrimoniais na sociedade emitente. O art. 368º, nº 3 CSC estabelece um princípio de tratamento igual entre a posição do obrigacionista e a posição do acionista. Assim, por exemplo, havendo um aumento de capital que conduza a uma mudança de posição dos acionistas,

[554] As obrigações permutáveis foram utilizadas nas 6ª e 7ª fases de privatização da EDP – Energias de Portugal, SA, conforme regime fixado no DL nº 209-A/2005, de 2 de dezembro e no DL nº 382/2007, de 15 de novembro.

tal deve reflectir-se em termos paritários na posição do obrigacionista detentor de obrigações convertíveis.

O derradeiro ponto a focar prende-se com o regime das ofertas públicas de aquisição obrigatórias, reguladas nos artigos 187º e seguintes. Face ao nosso direito, em sociedades abertas ao investimento do público, quando haja uma transmissão do controlo, o sócio que adquire o controlo deve lançar uma oferta pública de aquisição para legitimar desse modo a transformação do perfil de domínio sobre a sociedade. Ora, o dever de lançamento de OPA toma como objeto não apenas as ações mas também as obrigações convertíveis em ações e as obrigações convertíveis em warrants com direito de aquisição de ações emitidas pelas sociedades abertas visadas, como decorre do art.187º, nº 1 CVM[555].

V – Igualmente relevantes são os valores mobiliários obrigatoriamente convertíveis (*mandatory convertibles*). Nestes, há incorporado um direito a receber um valor mobiliário, como contrapartida do preço de aquisição.

Esta figura encontra-se agora prevista no artigo 360º, nº 2 *b)* CSC, sujeitando-se nessa medida à disciplina do Código das Sociedades Comerciais – devendo por isso considerar-se derrogado o disposto no Regulamento da CMVM nº 15/2002.

VI – Contradistinguem-se destas últimas, por seu turno, as obrigações convertíveis por opção do emitente (*reverse convertibles*). O direito de crédito representado por estes valores pode ser substituído por uma entrega de um ativo subjacente, ou do seu valor em dinheiro.

Assim recortado, as condições de emissão deste tipo de valor mobiliário, supõem um ativo subjacente e um preço de referência. O exercício da opção do emitente depende do que se lhe apresentar como economicamente mais vantajoso, ante a evolução do ativo subjacente: se o ativo subjacente descer abaixo do preço de referência, é o ativo subjacente (ou seu contravalor em dinheiro) entregue; caso contrário é pago o valor da obrigação[556]. Economicamente, o esquema é equivalente à titularidade de uma opção de venda (*put option*), na esfera do emitente, estando tecnicamente numa situação de sujeição os titulares destes ativos subjacentes.

VII – Entre nós, permanecem ainda legalmente atípicas as *obrigações de conversão condicionada em ações* (*contingent capital securities* ou *Cocos*). São valores mobiliários emitidos por instituições de crédito que prevêem a conversão de dívida em capital caso haja uma deterioração dos níveis de capitalização do emitente.

[555] Cfr. desenvolvidamente *infra*, § 34º.

[556] Para uma exemplificação: CRISTINA S. DIAS, *Certificados, Valores Mobiliários Convertíveis e Valores Mobiliários Condicionados por Eventos de Crédito: Algumas Notas Comparativas*, cit., 99-101.

A admissibilidade da sua emissão através de instituições de crédito não apresenta dúvidas, à luz do art. 3º RGIC e do art. 2º CVM[557]. Olhando à prática internacional, usualmente, os fatores de conversão utilizados nas condições de emissão não são indicadores de mercado, de modo a não tornar o emitente vulnerável à pressão especulativa; prefere-se a inclusão de indicadores ligados aos rácios prudenciais.

A emissão destes valores mobiliários revela-se particularmente favorável para a composição dos rácios prudenciais de instituições de crédito, sendo elegíveis como fundos próprios adicionais se estiverem cumpridos os requisitos fixados no art. 52º do Regulamento (UE) nº 575/2013, de 26 de junho de 2013 (CRR)[558].

3. *Obrigações com* warrant

As obrigações com *warrant* estão previstas nos arts. 372º-A e 372º-B do Código das Sociedades Comerciais. Singularizam-se por, além do direito de crédito sobre o emitente, representarem também um direito de subscrição de ações[559]. Este direito de subscrição é destacável e negociável autonomamente, salvo se as condições de emissão o vedarem (art. 372º-B, nº 4 CSC).

O Código das Sociedades Comerciais clarifica agora de modo direto que as ações criadas por exercício do warrant podem ser ordinárias ou preferenciais, com ou sem direito de voto (artigos 360º, nº 1 *d)* e 372º-A, nº 2)[560].

A estrutura geminada das obrigações com *warrant* distingue-as em relação aos warrants autónomos, abaixo considerados.

557 Em sentido concordante, quanto aos valores mobiliários híbridos em geral, embora com fundamentação diversa: Orlando Vogler Guiné, *O financiamento das sociedades por meio de valores mobiliários híbridos (entre as acções e as obrigações), I Congresso Direito das Sociedades em Revista,* (2011), 75-93. Cfr. ainda Miguel Brito Bastos, *A elegibilidade de valores mobiliários condicionalmente convertíveis em acções comuns (contingent convertible) como fundos próprios de instituições de crédito na transição para Basileia III,* em Paulo Câmara/Manuel Magalhães (coord.), *O Novo Direito Bancário,* cit., 175-225.

558 Cfr. CEBS, *Implementation Guidelines for Hybrid Capital Instruments* (2009), disponível em http://www.eba.europa.eu/CMSPages/GetFile.aspx?nodeguid=97f3cd8f-855c-40de-a98b-b923e8eaa-4ad

559 José Engrácia Antunes, *Wandel- und Optionsanleihen in Portugal,* em Marcus Lutter/Heribert Hirte, *Wandel- und Optionsanleihen in Deutschland und Europa,* Zeitschrift für Unternehmen und Gesellschaftsrecht, Sonderheft 16 (2000), 212-241; Carlos Osório De Castro, *Valores Mobiliários. Conceito e Espécies*2, cit., 149-152; Florbela Pires, *Anotações aos arts. 372º-A e 372º-Bº,* em Menezes Cordeiro, *Código das Sociedades Comerciais Anotado*2, cit., 1002-1005.

560 Trata-se de uma clarificação realizada através de alteração à lei societária operada através do Decreto-lei nº 26/2015, de 6 de fevereiro.

4. Warrants *autónomos*

I – O DL nº 172/99, de 20 de maio, fixou pela primeira vez entre nós as linhas gerais do regime dos warrants autónomos.

Contudo, a novidade da figura era apenas parcial. Antes desse diploma, já eram conhecidos os warrants dependentes de obrigações (*detachable warrants)*, regulados sucintamente nos arts. 372º-A e 372º-B do Código das Sociedades Comerciais, na modificação introduzida através do DL nº 229-B/88, de 4 de julho. A Segunda Diretiva comunitária de direito das sociedades – Diretiva nº 77/91/ /CEE, de 26 de janeiro –, transposta para o direito interno português através do mesmo Código, também lhes fazia uma telegráfica alusão (art. 25º, nº 4)[561].

Além disso, havia diversos preceitos no Código do Mercado de Valores Mobiliários que, sem os nominar, aludiam aos warrants com direito de aquisição de valores mobiliários – por ex. os arts. 47º/2, 365º *c)*, 372º/*a)* e 523º/1. *c)* do diploma de 1991[562].

II – O warrant corresponde a um vocábulo anglo-saxónico de múltiplos significados na língua de origem. Os dicionários jurídicos descobrem-lhe cerca de dezoito aceções diferentes[563], entre as quais a de *autorizar, ordenar, justificar* e *garantir*.

A polissemia do vocábulo é indiciadora da versatilidade da figura sobre que se deterão estas páginas e aconselha precauções na delimitação do objeto de análise. Importa, por isso, precisar preliminarmente o seu significado.

A partir do art. 2º do DL nº 172/99, de 20 de maio, pode deduzir-se que o conceito de warrant é o valor mobiliário que em relação a um ativo subjacente confere, alternativa ou exclusivamente, algum dos seguintes direitos[564]:

1. O direito a subscrever valores mobiliários;
2. O direito a adquirir determinado ativo subjacente;
3. O direito a alienar determinado ativo subjacente;
4. O direito a exigir a diferença entre dois preços de referência, um determinado na emissão do valor mobiliário e o outro determinável ao longo da sua vigência. Tal abrange, por seu turno:

[561] Sobre os antecedentes do atual regime dos warrants: Cristina S. Dias, *Warrants Autónomos*, dissertação de mestrado, Lisboa (2001), 15-20.

[562] Amadeu Ferreira, *Direito dos Valores Mobiliários* (1998), 198-202.

[563] *Search warrant, arrest warrant, land warrant, warrant issuance*, entre outros. A aceção que para aqui releva será a de *stock warrant*, definido como *"certificates entitling the owner to buy specified amount of stock at a specified time for a specified price"* (*Black's Law Dictionary*6, St. Paul, Minn. (1990), 1585-1586).

[564] Para uma ilustração jurisprudencial sobre a caracterização do warrant autónomo: Acórdão da Relação de Lisboa (P. 1504.2002.L1-7), de 1 de março de 2011 (Tomé Gomes).

(i) o direito a exigir a diferença entre o preço de referência ao ativo subjacente e o preço do ativo subjacente no momento do exercício, em relação aos warrants de aquisição (*call warrants*); e

(ii) o direito de exigir a diferença entre o preço de exercício e o preço de referência, no tocante aos warrants de alienação (*put warrants*).

Este conceito é completado com uma enumeração de ativos subjacentes admitidos por lei, constante do art. 3º do diploma.

III – O *warrant* pode cumprir diversas funções relevantes. Assim, permite representar um direito de aquisição ou de alienação futura de um bem, implicando um investimento inicial reduzido.

Pode, por outro lado, permitir adquirir um valor mobiliário não negociado no mercado local, na medida em que ações emitidas por sociedades com lei pessoal estrangeira podem são idóneas a servir de ativo subjacente.

Este valor mobiliário é igualmente utilizado nas *stock options*, como forma de retribuição de um trabalhador ou membro de órgão social das sociedade emitente – embora em diversos casos, no âmbito desta utilização, não se destine à distribuição pelo público.

IV – Não deve confundir-se a figura do warrant com o instituto homónimo a referenciar a cautela de penhor anexa ao conhecimento de depósito de mercadorias, referido no art. 408º do Código Comercial. Esta utilização do mesmo vocábulo a designar realidades jurídicas diferentes tem raízes na já aludida polissemia do termo da língua de origem.

O warrant pode também aproximar-se dos *direitos destacáveis de valores mobiliários*. Há, aqui, que impor uma subdistinção:

a. De um lado temos os direitos destacados que mantêm uma autonomia com o valor de base: assim sucede com os warrants que são destacados de obrigações com direito de subscrição de ações (reguladas, como já referido, nos arts. 372º-A e 372º-B CSC).
b. De outro lado, temos os direitos destacados a partir de uma posição jurídica mais ampla: é o que se passa com os *direitos de subscrição destacados de ações*, em altura de aumento de capital.

A circunstância de o direito destacável ter origem num outro valor mobiliário, o que não sucede com o warrant autónomo, que é emitido isoladamente, é critério distintivo bastante a separar estas posições jurídicas dos warrants autónomos. A diferença é, aliás, mais profunda em relação aos referidos em *b.*, dado o seu curto prazo de vencimento.

Esta conclusão é importante para verificar que a admissibilidade de warrants autónomos com a amplitude referida não serve de base suficiente para concluir diretamente serem admissíveis idênticos warrants dependentes de obrigações[565].

Mas não se vislumbram, em tese, obstáculos incontornáveis para tornar fungíveis warrants autónomos de subscrição e direitos de subscrição destacáveis de obrigações, com vista a serem integrados numa mesma categoria de valores mobiliários – posto que verificados os requisitos do art. 45º(identidade de conteúdo das posições jurídicas representadas e coincidência de emitente).

V – Os *warrants* autónomos apresentam grande variedade. Várias classificações são possíveis de aplicar.

Assim, em razão do modo de cumprimento do emitente, deve distinguir-se os *warrants* com liquidação física (art. 2º/a) do DL nº 172/99, de 20 de maio) dos *warrants* com liquidação financeira (art. 2º/*b)* do DL nº 172/99, de 20 de maio). Nestes últimos não existe o risco de indisponibilidade dos ativos em mercado: têm na base um negócio diferencial[566].

Importa de igual modo destrinçar as modalidades de warrants em função do *ativo subjacente,* pode descortinar-se *warrants* sobre valores mobiliários, *warrants* sobre índices, *warrants* sobre taxas de juro e *warrants* sobre divisas.

Os *warrants* sobre valores mobiliários, por seu turno, desdobram-se em *warrants* sobre valores mobiliários próprios (*naked warrants)* e sobre valores mobiliários alheios (*covered warrants*)[567]. Os primeiros são definidos no art. 11º, nº 1 do diploma como aqueles que tenham como ativo subjacente valores mobiliários emitidos pela própria entidade emitente do *warrant* ou por sociedade que, nos termos do Código das Sociedades Comerciais, consigo se encontre em relação de domínio ou de grupo.

Finalmente, é usual aplicar o critério classificativo relacionado com o período de exercício[568]. Tal permite separar as seguintes modalidades de warrants:

– Warrants de *estilo europeu,* a poder ser exercidos apenas no final do prazo estipulado;

[565] A resposta a esta questão depende da posição a tomar, evidentemente, em relação à tipicidade dos valores mobiliários e aos limites desta tipicidade. Sem embargo, sempre se dirá que apesar de não ser essa a intenção do diploma (refletida no terceiro parágrafo do preâmbulo) há aspetos do regime que podem mostrar-se aplicáveis por analogia aos warrants dependentes. Tal apenas não sucederá em relação aos traços do regime jurídico ligados à emissão dos warrants, que aliás o DL nº 172/99, de 20 de maio, trata desenvolvidamente.

[566] Cfr. *supra,* § 11º, 1.

[567] O Aviso do Banco de Portugal nº 7/96 fala, a este propósito, de *warrant coberto* (2º/17): mas a tradução não parece ser a melhor.

[568] Alastair Hudson, *The Law on Financial Derivatives*², cit., 142.

- Warrants de *estilo americano,* podendo ser exercidos a qualquer momento desde a data de emissão;
- Warrants de *estilo asiático,* que pode ser exercidos apenas no final do prazo convencionado mas por um preço que representa uma média ao longo da maturidade do valor;
- Warrants *com períodos de black out,* que incluem períodos durante os quais os warrants não podem ser exercidos.

O tráfego conhece igualmente exemplos de warrants exóticos, tais como: os *corridor warrants,* que conferem o direito a uma soma pecuniária sempre que o ativo subjacente se mantenha dentro de um intervalo de preços pré-fixado; os *lookback warrants,* em que o preço de exercício é determinado a partir do preço mais baixo em período anterior (o designado *lookback period).*

O universo de modalidades apresentadas não pretende ser exaustivo: outras classificações poderiam ser apontadas.

VI – Analisando o perfil funcional do warrant do ponto de vista do investidor, os modelos de decisão estratégica prendem-se com a expectativa de subida ou descida de preços de um ativo subjacente[569].

Tem-se também em conta o facto de que *o preço do warrant reflectirá as oscilações do preço do ativo subjacente*[570]. Tal sucede em razão diretamente proporcional, em caso de warrant de aquisição *(call warrant);* em razão inversamente proporcional para os warrant de alienação *(put warrant)*[571].

Estas constatações empíricas jogam influência determinante na conformação dos modelos de decisão dos investidores neste tipo de valor mobiliários. O investidor tenderá a adquirir um warrant de aquisição *(call warrant)* se espera que o preço desse ativo se valorize *(bull market).*

Simetricamente, haverá tendência em adquirir um warrant de alienação *(put warrant)* se a expectativa for de descida do preço do ativo subjacente *(bear market).*

Tal decisão de investimento pode justificar-se seja para evitar perdas relacionadas com outro negócio em que o investidor esteja envolvido, seja apenas para

[569] Fala-se aqui de preço em sentido amplo: frise-se, porém, que nos warrants sobre índices e nos warrants sobre diferenças não pode falar-se em preço.

[570] As oscilações de preços são por regra mais agudas no warrant que no ativo subjacente, o que no jargão financeiro se designa de efeito de *alavancagem.*

[571] Seria deslocado ensaiar aqui uma análise sobre a avaliação económica dos warrants. Tenha-se, todavia, presente que além do preço ou valor do ativo subjacente, a avaliação do warrant tem em conta igualmente o prazo de vencimento e a volatilidade do ativo subjacente. Além disso, os *warrants* sobre valores mobiliários próprios sofrem de um efeito de diluição no momento da sua emissão, o que os singulariza em relação à avaliação económica das opções.

beneficiar da expectativa de evolução dos preços do ativo subjacente. O warrant pode servir, nessa medida, propósitos de *cobertura de risco, de arbitragem* ou de *especulação.*

Estes dados são muito relevantes para atestar o risco particular envolvido no investimento em warrants. Assim, repise-se que os warrants apresentam possibilidades de perdas, na medida em que o valor do direito de aquisição ou de alienação ou do saldo, em comparação com o preço do ativo subjacente, pode ser igual a zero. As perdas são limitadas por parte do investidor – limitam-se ao valor do preço de subscrição ou de aquisição do warrant. Mas as perdas são potencialmente ilimitadas no tocante à entidade emitente.

VII – *Os warrants sobre valores mobiliários alheios sugerem preocupações particulares em função dos riscos de incumprimento pelo emitente.*

Entende-se, com efeito, que os *warrants* sobre valores mobiliários envolvem deveres acessórios implícitos.

O ponto é facilmente comprovável perante a disciplina dos *warrants* dependentes. Nos warrants sobre valores mobiliários a emitir há deveres de emitir: a deliberação obrigações com warrant implica, por este motivo, a deliberação de aumento de capital (art. 366º/3, aplicável *ex vi* do art. 372º-B/5, ambos do CSC).

Como estruturar juridicamente um mecanismo sucedâneo para os *warrants* autónomos?

Uma solução legislativa seria a de impor que os ativos subjacentes no caso dos warrants de aquisição estivessem na titularidade do emitente e fossem sujeitos a um mecanismo de bloqueio, para garantia dos deveres de intransmissibilidade. O direito italiano envereda por este caminho, ao impor, nos warrants com direito de aquisição de ações, que o emitente coloque à custódia de um intermediário financeiro em depósito fiduciário (*escrow account*) os valores a que os warrants se referem[572].

Outra possibilidade seria o de reger-se pelo regime geral de venda de coisa futura. O emitente ficaria obrigado, nos termos do art. 880º CC, a diligenciar para que o titular do warrant ficasse na titularidade do ativo subjacente, caso o warrant fosse exercido.

O nosso sistema optou por expediente diverso: neste caso é obrigatória a possibilidade de exoneração através de liquidação financeira, solução que aparece consagrada no art. 13º, nº 2. Eliminou-se, desta maneira, o risco de indisponibilidade dos ativos subjacentes, em benefício da segurança dos investidores.

[572] Art. 2.2.7 da Resolução da Consob nº 11091, de 12 de dezembro de 1997.

VIII – Resta examinar de perto a estrutura do warrant no tocante à situação jurídica neles representada[573].

Trata-se de um *direito potestativo que é incorporado no warrant*[574]. Correlativamente, o emitente encontra-se em situação técnica de sujeição.

O direito incorporado no warrant não pode reconduzir-se a uma categoria unitária, tal a dissemelhança de direitos que pode incorporar.

Aproveitando as classificações civilistas em torno dos direitos potestativos, dir-se-á que este é um *direito potestativo com destinatário, de exercício extra-judicial e constitutivo*[575].

O warrant representa um poder, que pode não chegar sequer a ser exercido. Este extingue-se, assim, por duas vias: ou pelo decurso do prazo de exercício (extinção por caducidade); ou pelo exercício (extinção por cumprimento).

Anota-se, porém, que o warrant é apresentado pelo novo Código dos Valores Mobiliários como *incindível*, pois *este diploma não reconhece direitos destacados dos warrants:* a alínea *f)* do art. 1º, ao referir-se aos direitos destacados, não remete para qualquer valor mobiliário, mas remete apenas para os valores mencionados nas alíneas *a)* a *e)*, o que equivale a uma exclusão direta dos warrants.

5. *Certificados*

I – Os certificados são valores mobiliários que representam o direito a receber em dinheiro o valor de determinado ativo subjacente nas condições fixadas na emissão. Consubstanciam, nessa medida, uma técnica de replicação do investimento num ativo. Porém, ao contrário dos warrants, não pressupõem um preço de exercício: no momento de vencimento, deve haver lugar ao pagamento da prestação devida, sem que o titular dos valores tenha que suportar nesse momento qualquer contraprestação. São, por isso, valores mobiliários que não implicam um efeito de alavancagem[576].

Os certificados diferenciam-se igualmente das obrigações, por não vencerem juros e por implicarem uma possível perda do montante investido, no caso de depreciação do ativo subjacente.

II – O seu regime, fixado no Regulamento da CMVM nº 7/2002, é próximo dos warrants, descontada a inexistência, atrás mencionada, de preço de exercí-

[573] Sobre o ponto, cfr. desenvolvidamente Cristina S. Dias, *Warrants Autónomos*, cit., 160-219.

[574] Elisabetta Righini, *I Valori Mobiliari*, Giuffrè (1993), 68-69.

[575] Por todos: Menezes Cordeiro, *Tratado de Direito Civil Português*, I. *Parte Geral*, t. I, Coimbra (1999), 128-129.

[576] Tiago Lourenço Guerreiro, *Credit-linked notes: a protecção do investidor de retalho*, UCP, Lisboa (2017), 3-12; Cristina S. Dias, *Certificados, Valores Mobiliários Convertíveis e Valores Mobiliários Condicionados por Eventos de Crédito: Algumas Notas Comparativas*, cit., 97-99.

cio. Podem implicar um rendimento máximo (*caps*) ou mínimo (*floors*) para uma delimitação, respetivamente, do risco do emitente ou do investidor.

6. *Valores mobiliários condicionados por eventos de crédito*

I – Caracterizam-se os valores condicionados por eventos de crédito (*credit linked notes*)[577] por incorporarem um direito de crédito cuja extensão ou, no limite, subsistência são condicionados por um evento de crédito. A verificação do evento de crédito pode determinar a entrega de valores mobiliários emitidos pelo insolvente ou a alteração do valor a receber[578].

O perfil económico destes valores mobiliários, hoje previstos no Regulamento da CMVM nº 16/2002, é o de proporcionarem uma cobertura de risco de crédito, do lado do emitente. Do lado do investidor, no limite, podem conduzir a uma perda total do montante investido.

II – A avaliação deste instrumento implica não apenas o risco do emitente mas também o risco de crédito da entidade a que se refere o evento de crédito. Nesta medida, torna-se particularmente complexo para investidores não-institucionais procederem a tal avaliação: razão porque existe uma restrição no valor nominal unitário de valores *credit-linked* que possam implicar perda do capital investido.

Daí que, entre nós, se estabeleça o valor nominal mínimo de 25.000 euros quando não garanta reembolso do capital investido.

III – O evento condicionante podem não se chegar a verificar ao longo do prazo do valor mobiliário, assumindo-se nesses casos com um comportamento semelhante ao de uma obrigação.

As condições de emissão podem estabelecer o regime mais díspar em caso de ocorrência do evento de crédito condicionante: tal é susceptível de determinar uma perda total ou parcial do capital mutuado, pode haver uma perda dos juros vincendos, ou uma majoração do capital a receber. Pode até haver uma previsão de rendimento mínimo garantido. Perante a extrema latitude do desenho típico deste valor mobiliário, a autonomia da vontade do emitente ditará as regras.

[577] A tradução oficial do art. 112º da Diretiva 2006/48/CE propõe, como tradução alternativa, a designação "títulos de dívida indexados a crédito".

[578] Sofia Leite Borges/Sofia Torres Magalhães, *Derivados de Crédito – Algumas Notas sobre o Regime dos Valores Mobiliários Condicionados por Eventos de Crédito, Cadernos MVM* nº 15 (2002), 115-146; Cristina S. Dias, *Certificados, Valores Mobiliários Convertíveis e Valores Mobiliários Condicionados por Eventos de Crédito: Algumas Notas Comparativas*, cit., 102-ss.

7. *Certificados de depósito de valores mobiliários*

I – Os certificados de depósito (*depositary receipts*) aqui tratados[579] representam direitos sobre valores mobiliários. A medida do direito representado é extremamente variável: estes certificados podem representar o direito a um conjunto de valores mobiliários ou a uma fração de valor mobiliários. Os certificados de depósito mencionados têm usualmente por subjacente ações emitidas no estrangeiro[580].

O regime dos certificados de depósito consta usualmente do contrato de depósito e emissão. Pode, neste contexto, falar-se num princípio de equiparação, na medida em que os certificados de depósito atribuem indiretamente direitos inerentes aos valores mobiliários que têm por referência. A correspondência entre os direitos representados através do certificado pode ser integral, ou pode implicar adaptações ligeiras, nomeadamente quanto ao direito representado (por exemplo, quanto ao exercício do direito de voto[581]) ou quanto à divisa em que é expresso o valor nominal.

Para cada emissão, os certificados de depósito podem implicar duas entidades: a que procede à indisponibilização dos valores mobiliários subjacentes (através do registo ou depósito); e a que procede à emissão dos certificados. Frise-se que a emissão de certificados de depósito não implica a emissão de (novos) valores mobiliários, e vice-versa.

II – As vantagens deste instrumento ligam-se a diversas causas. Do ponto de vista dos intermediários, os certificados de deposito favorecem o exercício da arbitragem financeira, permitindo explorar as diferenças de cotação dos mesmos títulos em diversas praças mundiais.

Do ponto de vista da sociedade emitente, o recurso a certificados de depósito incrementa a liquidez dos valores mobiliários subjacentes e aumenta a dispersão geográfica dos investidores. Além disso, os certificados de depósito acarretam menores exigências do que os decorrentes da direta admissão em mercado. Por fim, permitem a negociação, o pagamento de direitos e a compensação e liquidação em divisa diversa da do valor mobiliário subjacente, superando assim

[579] Figuras distintas são os certificados de depósito previstos no DL nº 372/91, de 8 de outubro, e bem assim, os certificados atrás analisados (cfr. *supra*, § 8º, 5.).

[580] Retenha-se a seguinte definição constante do art. 242 § 1 do Code des Sociétés belga: *Des certificats se rapportant à des parts peuvent être émis, en collaboration ou non avec la société, par une personne morale qui conserve ou acquiert la propriété des parts auxquelles se rapportent les certificats et s'engage à réserver tout produit ou revenu de ces parts au titulaire des certificats.*

[581] LAURENZ WIENEKE, *Die Stellung des Inhabers von ADRs in der Hauptversammlung der Gesellschaft*, AG (2001), 504-513. Na Bélgica, a supressão do direito de voto é proibida (art. 242 § 1 do *Code des Sociétés*).

eventuais dificuldades no acesso a mercados estrangeiros (diferenças cambiais, entraves ao investimento estrangeiro, dificuldades na liquidação física e financeira, por exemplo).

Em função deste perfil funcional, a utilização de certificados de depósito tem sido multiplicada, havendo a considerar diversas figuras, como os *american depositary receipts* (ADR's)[582] ou os *global depositary receipts* (GDR's). Dos BDR's conhece-se uma dupla aceção: quer como valores emitidos no mercado brasileiro (*brazilian depositary receipts*), quer como instrumentos que têm na sua base uma emissão direta de obrigações[583].

O operador nacional a utilizar pela primeira vez um programa de ADR's foi o Banco Comercial Português, tendo realizado uma emissão em agosto de 1990. O recurso a ADR's foi subsequentemente utilizado em alguns processos de privatização na década de 1990[584]. O agravamento sensível de custos de cumprimento decorrentes da cotação em bolsas norte-americanas (*inter alia*, decorrentes da Lei *Sarbanes-Oxley*[585]) e a maior facilidade de negociação internacional (v.g. através de écrans ou de intermediários com presença internacional) levaram a diminuir sensivelmente o interesse de emitentes portugueses por este instrumento como modo de aceder a praças bolsistas norte-americanas.

III – Os certificados de depósito conhecem diversas modalidades. Autonomiza-se, em primeira linha, os certificados *sponsored*, que contam com a intervenção do emitente do valor mobiliário subjacente que celebra com a instituição depositária um contrato de depósito e assume perante esta nomeadamente deveres de prestação de informação.

Por seu turno, os certificados *non sponsored* definem-se por serem emitidos à revelia ou sem envolvimento formal do emitente do subjacente, embora os usos do mercado exijam a não oposição da emitente[586].

[582] Sobre a figura: ANA SÁ COUTO, *Os* American Depositary Receipts *no contexto da globalização dos mercados financeiros*, Lisboa (1999), *passim*.

[583] GEOFFREY FULLER, *The Law and Practice of International Capital Markets*, cit., 213.

[584] Refiro-me à primeira fase de reprivatização da Portugal Telecom (art. 4º do caderno de encargos anexo à Resolução CM nº 43-A/95, de 4 de Maio) e à primeira fase da reprivatização da Portucel Industrial-Empresa Produtora de Celulose, SA (art. 4º do caderno de encargos anexo à Resolução nº 52-A/95, de 2 de junho).

[585] Sobre este diploma norte-americano: PAULO CÂMARA, *O Governo das Sociedades e a Reforma do Código das Sociedades Comerciais*, em *O Código das Sociedades Comerciais e o Governo das Sociedades* (2008), 12-15.

[586] ANDREAS GÄTSCH, *Die Aktie im Rechtsverkehr*, em MARSCH/BARNER/SCHÄFER, *Handbuch börsennotierte AG. Aktien- und Kapitalmarktrecht* (2005), 119-120; GEOFFREY FULLER, *The Law and Practice of International Capital Markets*, cit., 215.

É também comum deparar com distinções dos certificados de depósito consoante a intromissão regulatória através da sub-divisão entre diversos níveis: *Level I depositary receipts, Level II depositary receipts e Level III depositary receipts*[587].

IV – No caso de os certificados de depósitos mobiliários não excluírem o direito de voto, é nas correspondentes condições de emissão que se determinam os prazos e modos de exercício das instruções de voto, bem como os casos de ausência de instruções. Segundo o que é usual, os titulares dos certificados devem instruir o respetivo banco depositário para o exercício do direito de voto ou conferir procuração a representante.

Tem-se entendido que os titulares destes certificados, no caso de não excluírem o direito de voto, são considerados sujeitos aos deveres de comunicação de participações qualificadas[588].

V – No tocante à natureza destes instrumentos financeiros, é de admitir que os certificados de depósito mobiliários possam ser qualificados como valores mobiliários. O art. 231º, nº 3 fornece um argumento valioso nesse sentido, ao permitir, em certas circunstâncias, a sua admissão à negociação em mercado regulamentado. Idêntica confirmação surge por via do art. 16º, nº 10 e do art. 244º, nº 9.

Esta conclusão sai reforçada com a Diretiva dos prospetos dado que esta, numa qualificação de excessiva simplificação, trata a figura como valores mobiliários não acionistas (*non-equity securities*) (art. 2º (1) *b)* e *c)* da Diretiva 2003/71//CE, de 4 de novembro de 2003).

VI – A transposição da Diretiva Transparência II determinou deveres de informação adicionais para os certificados de depósito. A um tempo, sujeitam-se aos deveres de comunicação e divulgação de participações qualificadas os titulares de certificados de depósito admitidos à negociação em mercado regulamentado (art. 16º, nº 10 CVM). A outro tempo, o emitente sujeita-se a deveres de informação relativa aos certificados de depósito admitidos à negociação em mercado regulamentado (art. 244º, nº 9)[589].

[587] Para o Brasil, cfr. a Instrução da CVM nº 331, de 4 de abril de 2000.

[588] O art. 2º, nº 1 *e)* da Diretiva da Transparência inclui, na definição de acionista, os titulares de certificados de depósito.

[589] Bruno Ferreira, *A transposição da Diretiva da Transparência II*, em Paulo Câmara (coord.) *O Novo Direito dos Valores Mobiliários*, (2017) 50.

§ 9º As unidades de participação

1. *Unidades de participação em fundos de investimento*

I – As unidades de participação em fundos de investimento são valores mobiliários sem valor nominal que incorporam o direito a uma fração ideal num património coletivo[590]. Os titulares destes valores são designados por participantes[591].

As unidades de participação devem revestir forma escritural[592].

Admitindo-se a possibilidade de haver diversas categorias de unidades de participação, estas podem ser comuns ou especiais: neste último caso incorporam direitos preferenciais, nomeadamente no tocante ao pagamento de rendimentos periódicos, ao reembolso ou ao pagamento do saldo de liquidação[593].

As unidades de participação em organismo de investimento coletivo são obrigatoriamente registadas num só intermediário financeiro, quando não estejam integradas em sistema centralizado, de acordo com o artigo 63º, nº 1 *d)* CVM.

II – A tipologia de fundos de investimento compreende nomeadamente: os fundos de investimento mobiliário, que são patrimónios coletivos constituídos fundamentalmente por valores adstritos ao investimento em valores mobiliários e a outros ativos de elevada liquidez[594]; os fundos de investimento imobiliário, cujo património se destina tipicamente ao investimento em valores imobiliários; e os fundos de investimento em ativos não financeiros. Os fundos de investimento podem constituir-se como patrimónios autónomos ou, em alternativa, sob forma societária, através de sociedades de investimento mobiliário e de sociedades de investimento imobiliário: nestes casos, a representação das unidades do fundo é feita através de ações[595]. Por esse motivo, as referências legislativas a unidades de participação devem ser entendidas de modo a abranger as ações de instituições de investimento coletivo, salvo se o contrário resultar da própria disposição, de acordo com o art. 2º, nº 7 CVM.

Sobre estes tipos de valores mobiliários, reenvia-se para a análise que se fará sobre a gestão de patrimónios coletivos (§ 43º-44º).

[590] Art. 7º Lei nº 16/2015, de 24 de fevereiro (RGOIC).
[591] Art. 9º Lei nº 16/2015, de 24 de fevereiro (RGOIC).
[592] Art. 8º, nº 2 Lei nº 16/2015, de 24 de fevereiro (RGOIC).
[593] Art. 7º, nº 4 Lei nº 16/2015, de 24 de fevereiro (RGOIC).
[594] Art. 2º nº 1 *i)* Lei nº 16/2015, de 24 de fevereiro (RGOIC).
[595] Cfr. *infra*, § 43º, 7 e § 44º, 5.

§ 10º A forma de representação dos valores mobiliários

1. *Apresentação do problema*

I – A representação da riqueza tem sofrido uma evolução muito apreciável ao longo dos tempos. Quando o comércio mundial se começou a intensificar, a forma encontrada para promover as trocas entre várias praças foi a de "corporizar" a riqueza em títulos de crédito: no século XII e seguintes, as letras de câmbio e as apólices apresentavam-se como documentos em papel, sendo esta materialização decisiva para facilitar a sua transmissibilidade.

Sucede, no entanto, que com o desenvolvimento dos mercados bolsistas a utilização de documentos em papel cedo começou a deparar-se com vários entraves que são, fundamentalmente, de ordem prática[596].

Tais entraves têm que ver, de um lado, com dificuldades logísticas na movimentação de um número muito elevado de títulos e, de outro lado, com o risco operacional daqui adveniente. Em sessões bolsistas em que se movimentam centenas de milhar ou milhões de valores mobiliários, é impraticável proceder à entrega dos títulos ao comprador diariamente, através da ininterrupta movimentação física dos documentos em papel representando valores mobiliários. O risco operacional de falhas na liquidação tornou-se incomportável. O problema é exponencialmente agravado quanto a negociações entre diversas praças financeiras – sobretudo em diversos Estados. A representação corpórea dos valores mobiliários, deste ponto de vista, passou a funcionar igualmente como um impedimento à transmissão internacional de valores mobiliários – o que, numa era da globalização dos mercados, constitui uma exigência da atualidade.

O segundo problema que a forma de representação dos valores mobiliários suscita liga-se aos custos da emissão dos títulos. Com efeito, os custos de emissão são consideráveis quando estão em causa centenas de milhares ou milhões de valores mobiliários.

O reconhecimento desta circunstância levou a que, paulatinamente, houvesse um abandono progressivo da forma de representação em papel. Esta transição conheceu etapas intermédias a caminho para a desmaterialização, de seguida enunciadas.

Houve situações em que se procurou reunir os chamados «títulos múltiplos», ou seja: um título, em vez de representar um valor mobiliário, representa-

[596] Consulte-se Amadeu Ferreira, *Valores Mobiliários Escriturais – Um novo modo de representação e circulação de direitos* (1997), 63-72; Oliveira Ascensão, *Valor mobiliário e título de crédito*, in *Direito dos Valores Mobiliários* (1997), 27-29; Carlos Ferreira de Almeida, *Valores Mobiliários: O Papel e o Computador*, em *Nos 20 Anos do Código das Sociedades Comerciais: Homenagem aos Professores Doutores A. Ferrer Correia, Orlando de Carvalho e Vasco Lobo Xavier*, Vol. I (2008), 621-629.

ria múltiplos valores (cfr. o atual art. 98º CVM) – havendo outros ordenamentos que conhecem um sistema de título global, isto é, há apenas um título que representa toda a emissão e que é depositado num banco, sendo a movimentação dos direitos relativos aos valores mobiliários ali representados feita através de movimentos em conta (v. art. 99º/2.*b) in fine*).

O depósito de valores mobiliários representa outro expediente muito importante para combater e eliminar os riscos e problemas práticos decorrentes da circulação física do papel. Uma das manifestações desta aproximação revela-se no uso da técnica bancária da movimentação das contas de depósito para documentar a circulação de valores mobiliários depositados.

De igual forma, o avanço em direcção à desmaterialização deu também origem a uma categoria importante dos valores mobiliários que, embora tenham uma representação em papel – são valores mobiliários titulados – estão, no entanto, sujeitos a uma imobilização e, por conseguinte, se sujeita a regras de transmissão distintas das aplicáveis aos valores mobiliários titulados, mas que se pautam pelas dos valores desmaterializados (cfr. nomeadamente o art. 105º CVM).

A imobilização de valores mobiliários titulados representa, no entanto, uma desmaterialização incompleta. O culminar do movimento de desmaterialização verificou-se quando o registo informático substituiu integralmente a documentação em papel – o que acontece nos valores mobiliários sob forma escritural. A desmaterialização em sentido próprio, todavia, não se bastou com o aparecimento de valores escriturais: ela manifesta-se juridicamente na equivalência reconhecida entre estes e os valores mobiliários titulados[597].

O largo volume de valores mobiliários desmaterializados conduziu, paralelamente, à necessidade de confiar a gestão do universo dos valores em circulação a uma entidade autónoma: assim surgiram os sistemas centralizados de valores mobiliários e as respetivas sociedades gestoras.

II – Em Portugal, os valores mobiliários escriturais foram permitidos pela primeira vez através do DL nº 229-D/88, de 4 de julho, que circunscrevia esta admissibilidade às ações escriturais[598]. O código de 1991 – o Código do Mercado de Valores Mobiliários –, além de estabelecer uma liberdade de forma (titulada ou escritural) estendida a todos os tipos de valores mobiliários, incentivava muito a desmaterialização, designadamente ao limitar as circunstâncias de conversão

[597] Paolo Spada, *La circolazione della "ricchezza assente" alla fine del millennio (riflessioni sistematiche sulla dematerializzazione dei titoti di massa)*, cit., 409.

[598] O comentário ao correspondente ante-projeto, por parte do seu autor, encontra-se em Pessoa Jorge, *Acções Escriturais: Projeto de Diploma Legal, O Direito*, Vol. 121 (1989), 93-114.

da forma escritural em titulada. Esta apenas era facultada quando necessário para permitir para a negociação no estrangeiro (art. 48º, nº 1 e 72º CodMVM).

A verdade é que, em algumas sociedades, a desmaterialização se mostrou dispendiosa. Embora pensada para servir como meio eficiente de circulação da riqueza tornou-se, em alguns casos, fator de ineficiência. A intervenção de um sistema centralizado, através da qual se faz o pagamento dos direitos inerentes aos valores mobiliários, revelou-se excessivamente onerosa em relação a sociedades pequenas e sem liquidez dos valores mobiliários emitidos. Daí que exista atualmente uma equiparação plena feita entre a forma de representação titulada e a forma de representação escritural, sem favor legislativo para esta última, designadamente no regime na conversão de forma (arts. 49º e 50º)[599].

III – O registo dos valores mobiliários escriturais exibe características claramente diferenciadoras. Em causa não está um registo público – como o é o registo predial, civil e comercial; aquele é, ao invés, um registo sujeito a deveres de confidencialidade[600]. A sua função não é, assim, a de assegurar publicidade a atos jurídicos – contrariamente ao registo predial, civil e comercial –, mas a de representar situações jurídicas homogéneas.

Num ambiente de segredo profissional, apenas o titular do valor mobiliário registado pode ter conhecimento do conteúdo desse mesmo registo, além das pessoas enumeradas no art. 86º CVM. Assim, a transição de forma não afasta, por si, o anonimato dos titulares perante terceiros.

2. *Os princípios que governam a forma de representação*

I – O Código dos Valores Mobiliários concentra a regulação da forma de representação nos arts. 46º e seguintes. O primeiro princípio importante é um princípio de *tipicidade* de formas de representação: segundo o art. 46º, nº 1, o valor mobiliário pode ser titulado (tendo suporte em papel) ou pode ser escritural (sendo representado através de registo em conta), não havendo terceira hipótese.

Apesar deste enunciado, no entanto, não pode esquecer-se a diversidade de organização dos valores mobiliários dentro destas duas formas de representação, como adiante se verá.

[599] Cfr. *infra*, § 4º, 3.

[600] Cfr., diretamente quanto a este ponto, AMADEU FERREIRA, *Valores Mobiliários Escriturais – Um novo modo de representação e circulação de direitos* (1997), 183-224; PAULA COSTA E SILVA, *Efeitos do registo e valores mobiliários. A proteção conferida ao terceiro adquirente*, in *Revista da Ordem dos Advogados*, ano 58, II (1998), 862-867 e *passim*.

II – O segundo princípio importante, em matéria de forma, é o princípio da liberdade de forma.

Em França, a substituição dos valores em papel por valores desmaterializados foi absoluta, na medida em que se impôs que todos os valores mobiliários assumissem forma escritural[601]; em Portugal, porém, admite-se a forma escritural como alternativa da forma titulada. Entre nós, à partida, o emitente goza de uma possibilidade de escolha quanto à forma de representação dos valores mobiliários. Este princípio extrai-se interpretativamente a partir de duas regras:

i) a regra da *convertibilidade da forma:* a forma de representação pode ser modificada, quer seja através da conversão de forma escritural para forma titulada, quer através da conversão de forma titulada para escritural (arts. 48º-50º), como adiante se retomará;

ii) a regra da *equiparação ou equivalência funcional* entre as formas de representação. A estrutura do valor mobiliário, por princípio, não *ficará afetado pela diversa forma, s*alvo naquilo em que a forma diretamente o determinou. Como medida da diferença, apenas se deverá atender ao disposto nos arts. 61º e seguintes, para os valores escriturais, e 95º e seguintes, para os valores mobiliários titulados. No mais, as previsões legislativas do Código são gizadas independentemente da forma de representação adotada (a começar pelo art. 1º, quanto às indicações materiais que transmite acerca do próprio conceito de valor mobiliário).

III – O terceiro princípio importante que decorre deste art. 46º, desta feita do seu nº 2, é o princípio da *unidade da forma.* Em cada emissão, os valores mobiliários devem necessariamente observar a mesma forma de representação, sendo vedado que a mesma emissão de valores mobiliários opte parcialmente pela forma escritural e parcialmente pela forma titulada. O dispositivo vale para todo o tipo de emissões, fazendose expressa referência a que, ainda que a emissão se faça em séries – por a distribuição de valores se processar por conjuntos em intervalos temporais pré-determinados –, o princípio de unidade vale em relação a cada série. Assim, ainda que seja admissível que as situações jurídicas representadas divirjam de série para série, a verdade é que a forma de representação deve necessariamente, à luz deste art. 46º, nº 2, ser única para toda a emissão.

Repare-se que o legislador não exige, no tocante às ações, que o capital social de uma sociedade anónima seja integralmente representado por valores acionistas com a mesma forma de representação, contrariamente ao que sucedia

[601] O contraste com o nº 2 do art.47º do anterior Código é significativo.

à luz do direito anterior[602]. Ponto é que, em cada emissão originária de ações ou em aumento de capital social, a forma de representação escolhida seja una. Nesta conformidade, embora possa parecer bizarro, o conteúdo deste nº 2 do art. 46º não prejudica que o capital social de uma sociedade anónima seja representado parcialmente por ações escriturais e, noutra parte, por ações tituladas. Todavia, o art. 204º, nº 3 considera a diversidade de forma de representação como critério de infungibilidade, o que serve de fator contramotivador de uma representação mista do capital social da mesma sociedade.

3. *Perda ou destruição da forma de representação*

I – Um ponto crucial para a compreensão do funcionamento e da estrutura do valor mobiliário, tem que ver com a possibilidade de destruição ou perda da forma. Não se pode por isso, na base de uma leitura apressada do art. 1º, sobrevalorizar a componente documental do valor mobiliário e supor que este se pode resumir à forma de representação.

Isto é assim porque, em caso de destruição da forma de representação mas, se subsiste a situação jurídica de base, pode ser reconstituída a forma de representação. O mesmo era dito, à luz do Código anterior, pelo Professor Oliveira Ascensão: *o direito (subjacente) não se esgota com a representação. Por isso sobrevive à própria destruição do papel*[603].

II – Há dois expedientes na lei previstos para fazer face à perda ou destruição da forma do valor mobiliário: de um lado, a reconstituição do valor mobiliário; de outro, a reforma dos valores mobiliários.

O meio processual que a lei previa para proceder à reforma de documentos desaparecidos, é o da propositura de uma ação judicial para a reforma de documentos escritos[604]. No entanto, o atual Código de Processo Civil deixou de regular expressamente o processo de reforma de títulos. Tal não significa, naturalmente, que tenha desaparecido a tutela processual; a remissão contida no artigo 51º é que passou a estar desatualizada[605].

O Código dos Valores Mobiliários também admite a reconstituição extra-judicial. A figura surge tratada no art. 51º, de cujo nº 1 é possível, desde logo, extrair a ideia de que o âmbito de aplicação deste expediente abarca ambas as

[602] O contraste com o nº 2 do art. 47º do anterior Código é significativo.

[603] *Valor mobiliário e título de crédito*, cit., 36.

[604] Cfr. a propósito o Acórdão da Rel. de Coimbra (P. 49/10.5YRCBR), de 4-mai-2010 (Teles Pereira) (reforma de ações), disponível em www.dgsi.pt.

[605] No mesmo sentido: Maria Mimoso/ Ricardo Rodrigues, *Reconfiguração do Consensualismo Contratual: As Ações Tituladas Nominativas e os Limites à Transmissão*, *Cadernos MVM*, nº 48 (Ag.-2014), 57.

formas de representação, já que se aplica à destruição física do documento (em caso de valores mobiliários titulados) mas também se aplica quando há uma danificação do registo informático em que está representado o valor mobiliário escritural[606]. A reconstituição supõe todavia o conhecimento da identidade dos presumíveis titulares, nos termos do art. 51º/3 CVM.

Ponto é que, em ambos os casos, *possa haver a reconstituição a partir dos documentos e registos de segurança disponíveis:* daí que, quanto aos valores mobiliários titulados, o art. 51º/1 circunscreva este expediente aos valores mobiliários titulados depositados. No domínio dos escriturais,esta possibilidade liga-se à necessidade de os intermediários financeiros que procedem ao registo de valores terem cópias de segurança dos registos informáticos para que, havendo uma falha informática que leve à destruição de dados, a reconstituição do registo de titularidade seja feita com base nessas cópias de segurança, de acordo com o processo abaixo descrito.

III – O processo de reconstituição apresenta duas características fundamentais: a ampla informação; e a possibilidade de oposição.

A reconstituição é feita pela entidade que tem a custódia ou que procede ao registo dos valores mobiliários, com a colaboração do emitente (art. 51º, nº 2 CVM). Mas para o fazer, deverá dar ampla notícia do projeto de reconstituição, que deve ser objeto de publicação e de comunicação aos presumíveis titulares. A razão de ser destas exigências informativas deve-se ao facto de esta reconstituição, de carácter extra -judicial, poder apresentar menos garantias para o titular. Assim, durante o período de 45 dias após a publicação e a comunicação do projeto de reconstituição, qualquer interessado tem a possibilidade de se opor ao projeto da reconstituição, requerendo a reforma judicial. A reconstituição não pode, pois, ser executada antes de volvidos 45 dias após a divulgação do respetivo projeto, por forma a garantir a efectiva possibilidade de oposição de qualquer interessado, manifestada através da apresentação do pedido em processo judicial de reforma.

IV – A reconstituição e a reforma judicial são expedientes de recuperação da forma de representação que salvaguardam a forma originária, antes da perda que justificou a aplicação do art. 51º. Sucede, porém, que como já mencionado o mesmo preceito prevê um mecanismo de restauro do valor mobiliário que envolve uma *conversão legal* da forma, de titulada para escritural.

[606] Há, todavia, quem considere que esta última hipótese apresente uma nula probabilidade de verificação: é o caso de Paolo Spada, *La circolazione della "ricchezza assente" alla fine del millennio (riflessioni sistematiche sulla dematerializzazione dei titoti di massa)*, cit., 417.

No nº 5, com efeito, dispõe-se que a destruição total de títulos em depósito centralizado origina a sua conversão automática em valores escriturais se os respetivos registos não tiverem sido afetados. Trata-se de uma solução pragmática que no plano material se compreende, dado que à circulação daqueles valores era já aplicável o regime destes (art. 105º). Permite-se, todavia, a oposição à conversão legal pelo emitente (e não já por qualquer interessado), que tem 90 dias para requerer a reforma judicial dos títulos (art. 51º/5 *in fine*). Não pode, contudo, deixar de notar-se estar em causa um regime de conversão atípico dado que, nas hipótese cobertas pelo nº 5 do artigo 51º, a iniciativa, quanto à conversão, não pertence à entidade emitente como aconteceria por via do regime consagrado pelo art. 48º, limitando-se esta entidade à possibilidade de se lhe opor.

4. *A conversão de forma de representação*

I – Os valores mobiliários podem ser objeto de conversão quanto à sua forma de representação, salvo quando exista proibição legal ou estatutária. O processo encontra-se regulado nos arts. 48º a 50º do Código dos Valores Mobiliários.

A regra de convertibilidade da forma abrange valores mobiliários de qualquer tipo e de qualquer forma. Admite, assim, a lei a conversão em ambos os sentidos: conversão de forma escritural em titulada e conversão de forma titulada em escritural. Tal representa uma manifestação do princípio da equivalência das formas de representação.

II – O regime de conversão de forma de representação supõe três fases essenciais:

- deliberação;
- divulgação;
- execução.

Toda a conversão implica estas fases, que se cumprem sucessivamente. Alguns aspetos do seu regime são examinados de seguida.

III – Ao passo que o direito anterior assinalava competência aos titulares dos valores mobiliários para decidir a conversão de forma de representação[607], é ao emitente que, segundo o regime vigente, cabe deliberar sobre a alteração da forma.

Com esta modificação legislativa, resulta pacífica a desnecessidade de se auscultar a assembleia de obrigacionistas para a modificação da forma de representação de valores mobiliários representativos de dívida. Isto assim sucede não apenas em virtude do confronto com o regime do Código de 1991, mas também

[607] Art. 48º, nº 3 Cód. MVM.

na medida em que este órgão apenas goza de competência de decidir quando seja afetado o direito de crédito subjacente, nos termos da alínea *b)* do nº do art. 355º CSC.

Todavia, o legislador não esclarece qual o órgão que, no emitente, se apresenta como competente para decidir a conversão de forma. Julga-se, neste particular, que – na falta de regras estatutárias – a solução passará por considerar competente para alterar a forma o órgão competente para proceder à emissão.

IV – A conversão de forma de representação deve forçosamente abranger todos os valores mobiliários integrantes da emissão. A não ser assim, resultaria violado o princípio de unidade de forma (art. 46º, nº 2). Se uma parte dos valores mobiliários estiver extraviada, deve a conversão ser precedida de reconstituição ou de reforma judicial dos valores mobiliários.

V – Como acabámos de verificar, a conversão de forma é por princípio voluntária, dependendo de uma decisão do emitente. Deve reservar-se tratamento separado para um tipo diverso de conversão: a conversão legal prevista no nº 5 do art. 51º. Nesse caso, a lei força a mudança para a forma escritural – sem que situação simétrica ocorra. A solução legal justifica-se por uma questão de pragmatismo, na medida em que os valores mobiliários titulados em sistema centralizado se pautam pelo regime dos valores escriturais, nos termos do art. 105º.

VI – Deve a conversão ser divulgada, de acordo com o prescrito no nº 2 do art. 47º. O local de publicação encontra-se previsto através de regulamento da CMVM (Regulamento nº 5/2008).

VII – A conversão de valores mobiliários titulados em escriturais é merecedora de particular atenção. Esta é precedida de um prazo, fixado pelo emitente, para a conversão poder ser efetuada. No caso de falta de entrega de algum título no prazo estipulado, segundo o art. 50º, nº 3, este converte-se em mero título de legitimação para proceder ao registo do valores mobiliário a favor do titular. Isto significa que, com o decurso do prazo para a entrega do título, o direito representado se altera radicalmente, passando a situação representada a ser apenas o direito a tornar-se titular (através da inscrição do registo em conta), e não os direitos inerentes à titularidade do valor mobiliário em causa.

5. *Regime dos valores mobiliários de acordo com a sua forma de representação*

I – A arrumação sistemática dos valores mobiliários conta com regras especiais consoante eles sejam valores mobiliários escriturais ou valores mobiliários titulados. O regime dos valores mobiliários escriturais consta dos arts. 60º a 94º do Código dos Valores Mobiliários. Por seu turno, os valores mobiliários titulados são regulados nos arts. 95º a 107º do mesmo diploma.

Além desta arrumação básica, previne-se para a circunstância de valerem regras especiais quanto à forma de organização dos valores mobiliários, designadamente em função do local de registo, do local de depósito e da sua integração em sistema centralizado.

II – No que concerne aos valores mobiliários escriturais, apesar de o registo de emissão ser obrigatoriamente feito no emitente (arts. 43º e 44º CVM)[608], existem diversas modalidades de registo de titularidade. Permanece em aberto a possibilidade de optar por uma de três vias:

- registo feito na entidade emitente ou em intermediário que a represente (art. 61º/1 *c)*);
- registo feito em um único intermediário financeiro (art. 61º/ 1 *b)*)[609]; ou
- registo feito em intermediário financeiro, em conta integrada em sistema centralizado (art. 61º/1 *a)*).

III – Dentro da tripla opção apresentada, destaca-se o registo em sistema centralizado, que supõe uma entidade gestora do sistema centralizado em contacto informático com os intermediários financeiros que prestam o serviço de registo. Falar em sistema centralizado é, pois, uma força de expressão: o sistema em causa é, na verdade, descentralizado mas coordenado por uma entidade gestora.

Na sua versão mais complexa e corrente (isto é, deixando por ora de lado o regime previsto no art. 91º/6 CVM), o sistema centralizado pressupõe a existência de quatro contas de registo diferentes. Assim, de acordo com o art. 91º, nº 1 do Código, aí se compreendem pelo menos as seguintes contas:

1ª *Conta da emissão que é aberta junto da entidade emitente.* Temos, por ex., uma sociedade que faz aumento de capital e, portanto, emite ações e regista, em conta, o montante total da emissão feita, ao abrigo dos arts. 43º e 44º (v. art. 91º/1. *a)*);

2ª *Conta de controlo da conta de emissão.* Se esses valores mobiliários estão integrados em sistema centralizado, há um reflexo da primeira conta

[608] Cfr. a Portaria nº 290/2000, de 25 de maio, sobre o modelo de registo da emissão no emitente. Sobre esta matéria, cfr. Alexandre Brandão da Veiga, *Sistemas de Controlo de Valores no Novo Código dos Valores Mobiliários,* Cad.MVM nº 7 (2000), 107-128.

[609] Recorde-se que o serviço de registo de valores escriturais constitui um serviço auxiliar de intermediação financeira nos termos do art. 291º, al. *a)* e, portanto, pode ser assegurado por um intermediário financeiro desde que autorizado para tal. Cfr. *infra,* § 24º.

na entidade gestora do sistema centralizado (conta de controlo da emissão) (art. 91º/1.*c*)).

Quer uma, quer outra, não são contas de titularidade mas sim de quantidade: representam a massa global de valores da emissão.

3ª Contas de titularidade existentes em cada intermediário financeiro (art. 91º/1.*b*));

4ª Conta de controlo das contas de registo de titularidade, também aberta pelos intermediários financeiros na entidade gestora (art. 91º/1.*d*)).

Existem razões de segurança por detrás da duplicação, quer da conta de emissão, quer da conta de registo de titularidade[610]. A entidade gestora tem por função, no sistema centralizado, coordenar a massa total dos valores mobiliários em circulação e a totalidade das transmissões que são feitas entre intermediários financeiros (cfr., neste sentido, o art. 88º, nº 1, parte final). Deste modo, a soma de todas as contas de titularidade em cada intermediário financeiro deve necessariamente corresponder à conta de emissão aberta na entidade emitente. Não há nenhuma relação direta entre a entidade emitente e o intermediário financeiro que presta o serviço de registo. O que há é a coordenação, a cargo da entidade gestora do sistema centralizado, com vista a assegurar que, necessariamente, a soma das contas de titularidade existentes nos intermediários financeiros corresponda à conta do emitente (art. 92º).

Frise-se, por outro lado, que estas contas abertas nos intermediários financeiros são as únicas contas que indiciam a titularidade (salvo a possibilidade prevista no art. 91º/6, para já não examinada).

IV – A entidade gestora do sistema centralizado, sendo embora uma sociedade anónima, cumpre decisivas funções na regularidade de organização dos valores mobiliários. Por um lado, assegura que a conta de controlo corresponde à conta de emissão da entidade emitente; por outra banda, garante que a conta de controlo de registo de titularidade corresponde à soma das contas de cada intermediário financeiro.

É importante reter esta ideia porque, em alguns casos, é obrigatória a inscrição de valores mobiliários em sistema centralizado. O caso mais importante de obrigatoriedade é o da admissão de valores à negociação em mercado regulamentado, de acordo com o art. 62º. para os valores mobiliários escriturais e o art. 99º, nº 2, al. *a*), para os valores mobiliários titulados.

Outro aspeto a sublinhar diz respeito à informação a constar das contas em si mesmas. A conta de registo da emissão deve dar conta das informações impostas

[610] ALEXANDRE BRANDÃO DA VEIGA, *Sistemas de Controlo de Valores no Novo Código dos Valores Mobiliários*, cit..

no art. 44º, ao passo que a conta de registo de titularidade deve descrever todos os elementos importantes relativos à titularidade do valor mobiliário, previstos no art. 68º do Código dos Valores Mobiliários. Já se referiu, quanto ao conteúdo das menções nestas últimas contas, que é forçado reconhecer aqui um sucedâneo do princípio da literalidade dos títulos de crédito. Tal constata-se por dois fundamentais motivos: de um lado, nem todos os aspetos relativos ao direito representado no valor mobiliário têm de estar descritos no registo em conta; de outro lado, este é um registo sujeito a deveres de segredo[611].

V – O dever de registo num único intermediário financeiro é imposto para algumas situações que reclamam um grau adequado de centralização, sem todavia exigir a integração em sistema centralizado. Tais os casos dos valores escriturais ao portador, dos valores mobiliários distribuídos através de oferta pública e outros que pertençam à mesma categoria, dos valores mobiliários emitidos conjuntamente por mais de uma entidade e das unidades de participação em instituição de investimento coletivo.

Importa notar que o âmbito desta disciplina é mais vasto do que a inserção sistemática do artigo 63º poderia dar a entender. Com efeito, a previsão das alíneas *b)* a *d)* do artigo 63º aplica-se quer a valores mobiliários escriturais, quer a valores mobiliários titulados. Trata-se de um indício de que, em alguns pontos, o regime dos valores mobiliários escriturais opera como uma extensão da parte geral dos valores mobiliários[612].

Em confirmação das funções de controlo do intermediário registador (enunciadas no artigo 63º, nº 4), o Código prescreve que se o emitente for um intermediário financeiro, o registo único deve ser feito noutro intermediário financeiro (artigo 63º, nº 3). Não se proíbe, porém, que o intermediário registador esteja numa relação de domínio ou de grupo com o emitente.

VI – Importa agora cuidar dos valores mobiliários titulados. O Código dos Valores Mobiliários proclama que podemos utilizar, indistintamente, as expressões valores mobiliários titulados ou só títulos (art. 46º, nº 1, *in fine)*. A respetiva sede normativa consta dos arts. 95º e seguintes do Código, havendo que descrever, também quanto a estes, os diversos modos de organização.

Como primeira hipótese, os títulos podem estar integrados em sistema centralizado: ou seja, podem estar submetidos à custódia num intermediário financeiro representados através de conta em ligação com a entidade gestora do sistema centralizado. A sua imobilização será total.

[611] Cfr. *supra*, § 5º, 5.

[612] Tal aliás também decorre do artigo 105º, que manda aplicar aos valores mobiliários titulados integrados em sistema centralizado o regime dos escriturais.

Uma vez que nestes casos há uma imobilização dos valores mobiliários titulados, a dinâmica circulatória do valor assenta, de novo, nas transferências entre contas – abre-se uma conta na entidade emitente e surge uma conta reflexo, de controlo de emissão, na entidade gestora. Temos, depois, contas de titularidade nos intermediários financeiros que, por seu turno, também têm um reflexo, em termos de conta, na entidade gestora.

A conclusão é curiosa: a transmissão dos valores mobiliários titulados (representados em papel) mas que estão integrados em sistema centralizado (isto acontece necessariamente para os valores mobiliários titulados que sejam admitidos à negociação em mercado regulamentado) faz-se em termos idênticos àquela que ocorre para os valores mobiliários escriturais integrados em sistema centralizado. Neste caso, mais importante que a forma de representação, para o apuramento do regime jurídico, é saber se estamos ou não perante uma forma que está sujeita à centralização. Isto é de tal forma assim que há uma remissão, feita pelo art. 105º do Código, do regime dos valores titulados em sistema centralizado para o regime dos valores escriturais em sistema centralizado. Acabamos, assim, por descobrir um regime comum aos valores mobiliários integrados em sistema centralizado, quer a sua forma de representação seja escritural ou titulada. Este é o sistema mais avançado de controlo da titularidade que o direito dos valores mobiliários conhece porque permite, nomeadamente, a negociação de parte da emissão no estrangeiro, com ligações entre entidades gestoras, por seu turno ligadas a centrais internacionais de liquidação e compensação.

Alternativamente, os valores mobiliários titulados podem estar conservados, em depósito, em intermediário financeiro fora de sistema centralizado (art. 99º, nº 1, alínea *a)*). Não é necessário, salvo nos casos em que a lei expressamente o preveja, que os valores mobiliários titulados estejam integrados em sistema centralizado.

Além disso, podem ainda ser valores mobiliários ditos *vivos*, sem estarem depositados em intermediário ou em sistema centralizado. Esta uma possibilidade que se extrai interpretativamente *a contrario* do art. 99º/2, pois não é generalizada a necessidade de depósito ou de integração em sistema centralizado.

VI – Do ponto de vista da organização dos valores mobiliários, à partida vigora uma regra de liberdade quanto à forma de organização dos valores titulados, salvo quando a lei prescreve, injuntivamente, a forma de organização centralizada ou de depósito do valor mobiliário titulado.

Convém reter esta característica do regime, porquanto se deteta, por vezes, algum entusiasmo pelos valores mobiliários escriturais que pode revelar-se desajustado em relação a emitentes de pequena dimensão, como notado.

6. *Forma de representação e integração em sistema centralizado*

I – A integração em sistema centralizado, sendo tradicionalmente encarada como um expediente de desmaterialização mitigada, deve no contexto normativo atual merecer uma reapreciação.

Sucede, com efeito, que os aspetos distintivos do regime dos valores mobiliários de acordo com a sua forma de representação têm uma moderada manifestação, como verificado.

Por outro lado, como adiante será retomado, em diversos pontos do novo diploma, a especificidade de forma acaba por ser obnubilada pela integração dos valores mobiliários em sistema centralizado. Tal o que sucede, nomeadamente, nos arts. 105º e 51º, nº 5.

II – Por aqui, podemos surpreender um terceiro movimento ligado à forma de representação: a par da titulação dos direitos e da sua documentação escritural, assistimos à mitigação da relevância da forma decorrente da integração em sistema centralizado[613]. Esta mitigação, porém, não é plena porque aos valores mobiliários em sistema centralizado se aplica a disciplina dos valores escriturais (art. 105º). De todo o modo, uma futura autonomização de uma verdadeira parte geral dos valores mobiliários em sistema centralizado representaria um passo decisivo para comprometer, definitivamente, a relevância da forma de representação no regime dos valores mobiliários.

§ 11º Os instrumentos financeiros derivados

1. *Os instrumentos financeiros derivados em geral*

I – Os instrumentos financeiros derivados são contratos cujo valor se encontra dependentes de outro ativo (financeiro ou não-financeiro), índice ou medida de valor económico[614]. Estes instrumentos estruturam transações a prazo, ao implicar a vinculação jurídica a prestações que devem ser cumpridas em momento diferido ao da sua celebração inicial[615]. Além disso, envolvem uma técnica de

[613] Isabel Vidal, *Da (ir)relevância da forma de representação para efeitos da transmissão de valores mobiliários, Cadernos MVM* nº 15 (2002), 287-316.

[614] Schuyler Henderson, *Henderson on Derivatives*, London (2003), 3.

[615] No que se distinguem das operações a contado (*spot*) ou dos contratos à vista, nos quais a possível dilação entre o momento da celebração e da liquidação física e financeira não é juridicamente relevante: a delimitação destes é realizada para derivados sobre mercadorias e derivados sobre divisas respetivamente nos arts. 7º, nº 2 e 10º nº 2 do Regulamento Delegado (UE) 2017/565, da Comissão, de 25 de abril de 2016. O regime das operações a prazo era previsto genericamente na versão originária do Código (artigos 252º-265º), mas foi revogado com a transposição da DMIF.

derivação ao exporem as partes aos riscos ou benefícios inerentes a outro ativo, índice ou medida de valor económico.

A DMIF II inclui no seu âmbito de regulação os seguintes derivados:

- Contratos diferenciais financeiros;
- Derivados para a transferência de risco de crédito;
- Derivados sobre mercadorias que sejam liquidados em termos financeiros ou que sejam liquidados fisicamente desde que, neste último caso, sejam negociados em mercado regulamentado, em sistema de negociação multilateral ou em sistema de negociação organizado;
- Derivados sobre valores mobiliários, divisas, taxas de juro ou de rendibilidades, licenças de emissão, outros derivados, índices financeiros ou indicadores financeiros;
- Derivados sobre variáveis climáticas, tarifas de fretes, taxas de inflação ou quaisquer outras estatísticas económicas oficiais, que possam ser liquidados financeiramente, exceto devido a incumprimento ou a fundamento de rescisão;
- Outros derivados com características equivalentes, tendo em conta nomeadamente se são negociados em mercado regulamentado, em sistema de negociação multilateral ou em OTF.

Além disso, o Regulamento Delegado enuncia critérios substanciais que, a serem cumpridos, dão lugar ao reconhecimento de outros tipos de instrumentos derivados sujeitos à aplicação das regras da DMIF II e do Código dos Valores Mobiliários[616].

Os derivados mais comuns são as opções, os futuros e os swaps. Abaixo estes serão tratados autonomamente.

II – Os instrumentos derivados constituem uma fonte autónoma de deveres jurídicos. A sua validade não depende da existência de relação subjacente.

A fixação legal de um catálogo de instrumentos derivados não faz depender a sua validade da existência de um negócio preexistente com este conexo. Trata-se, pois, de instrumentos financeiros autónomos no sentido de que não dependem da existência de um negócio subjacente[617]. Este entendimento, aliás, foi já corroborado pela jurisprudência nacional: deste modo, já o entendeu o

[616] Art. 7º, nº 3 e 8º do Regulamento Delegado (UE) 2017/565, da Comissão, de 25 de abril de 2016.

[617] Engrácia Antunes, *Os Instrumentos Financeiros*³, cit., 175-176; Oliveira Ascensão, *Derivados, Direito dos Valores Mobiliários*, Vol. IV, (2003) 61; Carlos Ferreira de Almeida, *Swaps de Troca e Swaps Diferenciais, Cadernos MVM*, nº 51 – Ensaios de Homenagem a Amadeu Ferreira Volume I (Ago.-2015), 12-13. Em sentido contrário, ao admitir apenas uma função secundária da espe-

Supremo Tribunal de Justiça em acórdãos de 11 de fevereiro de 2015[618] e de 3 de maio de 2016[619] e o Acórdão da Relação do Porto de 15 de setembro de 2015[620].

A função dos instrumentos derivados pode estar relacionada com a cobertura de risco, com a arbitragem ou com objetivos de investimento. Deste ponto de vista, a celebração de contratos derivados pode ser uma fonte de redução ou de ampliação do risco. Nessa medida, há algumas normas que restringem a utilização de derivados em alguns organismos de investimento coletivo destinados a investidores não profissionais[621]. Porém, o sistema jurídico assenta na sua validade e, a esta luz, da irrelevância da função destes contratos como princípio geral. Em termos técnicos, as normas que limitam a utilização de derivados sem função de cobertura de risco são normas excecionais.

III – A celebração de contratos derivados sem função de cobertura de risco é usualmente associado à finalidade de especulação. O certo é que a lei não define especulação e a sua natureza polissémica tem sido uma fonte de frequentes confusões conceptuais, importando nessa medida previamente discernir as aceções possíveis deste conceito.

A primeira aceção que deve ser afastada é a chamada aceção literal. Sabe-se que especulação deriva etimologicamente do termo latim *speculo* – que significa espelho. Pode falar-se de especulação em sentido literal, como finalidade da contraparte de quem procura cobrir um risco. Neste sentido pronuncia-se nomeadamente o Acórdão do STJ de 10 de outubro de 2013, que considera que os bancos por norma assumem funções especulativas na celebração de swaps de taxa de juro[622].

Sentido diverso é o que entende especulação como a criação de um risco que os contraentes se expõem voluntariamente[623]. Uma formulação próxima é a da ausência de contrato subjacente que justifique a utilização de derivados.

A crítica que pode ser dirigida a esta construção é a de que frequentemente as finalidades de cobertura de risco e de exposição ao risco se sobrepõem, e ocorre frequentemente haver a mitigação de um risco mas a ampliação de um outro.

culação: José Lebre de Freitas, *Contrato de swap meramente especulativo. Regime de validade e alteração das circunstâncias*, ROA, (2012), 948-950.

618 Proc. 309/11.8 TVLSB.L1.S1.

619 Proc. 27/14.5TVPRT.P1.S1.

620 Proc. n. 29/14.ITVPRT.P1

621 Cfr. nomeadamente artigos 179º, nº 2 *b)* RGOIC (OIC de tipo alimentação) e 207º RGOIC (organismos de investimento imobiliários: salvo os organismos especiais imobiliários: art. 215º, nº 2 RGOIC).

622 Processo 1387/11.5TBBCL.G1.S 1. No mesmo sentido, cfr. Acórdão da Relação do Porto de 15 de setembro de 2015 (Prc. RP2015091529/14.1TVPRT.P1).

623 Assim, Lebre de Freitas, *Contrato de swap meramente especulativo. Regime de validade e alteração das circunstâncias*, ROA, (2012) 949.

Para aferir o conteúdo útil o que o conceito de especulação apresenta no sistema jurídico, importa por fim ter em conta que a especulação financeira não se confunde com o conceito empregue no artigo 99º da Constituição, que se liga à política comercial e não ao sistema financeiro[624].

Alcança-se, a partir daqui, uma conclusão firme: a especulação representa um conceito não-técnico e destituído de um conteúdo preciso no âmbito do direito financeiro português.

IV – Os derivados são instrumentos financeiros complexos, para efeitos da prestação devida pelos intermediários financeiros no seu relacionamento com os clientes. Nessa medida, previamente à celebração destes contratos recebem aplicação intensa os deveres de informação, em particular sobre as características dos derivados, sobre os riscos envolvidos nestes instrumentos e sobre os respetivos encargos[625].

2. *Os contratos diferenciais*

I – Os contratos diferenciais são aqueles em que a prestação é determinada através da diferença entre o preço acordado e o preço de mercado de determinado bem[626]. Tratando-se de contratos de compra e venda, se o preço de mercado no momento estipulado for superior ao convencionado, o comprador pagará a diferença; se for inferior, a diferença será suportada pelo vendedor.

O Direito alemão trata estes negócios a propósito dos contratos relativos à entrega de mercadorias ou de valores mobiliários: definem-se pela intenção de que a diferença entre o preço convencionado e o preço de bolsa seja pago pela parte perdedora à parte vencedora (§ 764º BGB). A sua qualificação em geral é a de contrato de jogo; mas a *Börsengesetz* admitiu, precisamente, solução diversa para os negócios celebrados em bolsa no âmbito de operações a prazo[627].

[624] Quanto ao elemento histórico, pode identificar-se uma origem deste preceito no artigo 109º da versão originária da Constituição de 1976, que cuidava da fixação dos preços e dos circuitos de distribuição. Em segundo lugar, quanto ao argumento teleológico, é relevante notar que o combate às atividades especulativas e às práticas comerciais restritivas é indicado como um dos objetivos da política comercial, nomeadamente em prevenção ao açambarcamento. Por último, quanto ao elemento sistemático, é sabido que, na sua disciplina sobre Organização Económica (Parte II), a Constituição trata em locais separados, de um lado, as Políticas agrícola, comercial e industriais (Título III – onde se inclui o artigo 99º) e o Sistema financeiro e fiscal (Título IV).

[625] Artigos 312º-312º-G CVM.

[626] Francesco Messineo, *Operaciones de Banca y de Bolsa*, Barcelona (1957), 76-93. Entre nós, o tema foi objeto de um ensaio de Ferreira de Almeida, *Contratos Diferenciais*, em *Estudos Comemorativos do 10 Anos da Faculdade de Direito da Universidade Nova de Lisboa* (2008), Vol. II, 81-116; Rui Ulrich, *Da Bolsa e suas Operações* (1906, reimp. 2011), 444-452.

[627] Dieter Medicus, *Tratado de las Relaciones Obligacionales*, Vol. I, 609.

É precisamente nesta última ótica, por exemplo, que o *Financial Services Markets Act* britânico de 2000 encara os contratos diferenciais como aqueles celebrados com o propósito de garantir um lucro ou evitar uma perda por referência a flutuações no valor ou no preço de determinado bem no num índice ou outro facto contratualmente descrito[628], afastando-se igualmente do regime do jogo e aposta.

II – Em Portugal, à luz do Código Comercial de 1888, entendia-se que a obrigação de entrega dos títulos nas operações de bolsa a prazo interditava os contratos diferenciais. Aliás, diretamente prescrevia o § único do art. 354º Cód. Com. que *na falta de cumprimento do contrato as perdas e danos que daí resultarem ao vendedor ou ao comprador não se haverão como indemnizadas pelo simples pagamento da diferença na cotação*[629].

O Código do Mercado de Valores Mobiliários (1991) veio, mais de um século mais tarde, reconhecer a admissibilidade das operações a prazo liquidáveis por compensação (art. 418º).

No regime atual, este tipo contratual foi reconhecido na alínea d) do nº 1 do art. 2º CVM, embora não o definindo, por transposição da Diretiva dos Mercados de Instrumentos Financeiros. Tal como o Direito nacional, a DMIF toma-os como uma realidade distinta dos valores mobiliários, o que os aproxima dos contratos derivados. E, em substância, os contratos diferenciais devem ser considerados como instrumentos financeiros[630] que se apresentam como sub-espécies de contratos derivados. Os contratos diferenciais usualmente não têm prazo, o que os distingue dos futuros, podendo ser remidos a pedido do titular.

Questão distinta é a de saber se pode haver emissão de valores mobiliários que representem, em termos homogéneos, situações jurídicas idênticas às decorrentes de contratos diferenciais, em respeito dos critérios do art. 1º CVM[631].

Os contratos diferenciais são usualmente negociados fora de mercado – sendo frequente a exigência de margens para cobrir as variações do ativo subjacente. Mais recentemente, todavia, surgiu a novidade da negociação de *contracts for*

[628] *Financial Services Markets Act, Section* 85; ALASTAIR HUDSON, *The Law on Financial Derivatives*², cit., 331-332.

[629] LUIZ CUNHA GONÇALVES, *Anotações aos artigos 354º-360º, Código Comercial Anotado,* Vol. II (1916), 370-372, que se refere aos contratos diferenciais como *jogatinas.*

[630] Convém precisar que alguns contratos diferenciais fora da órbita financeira não são qualificados como instrumentos financeiros (tais como os contratos diferenciais sobre resultados desportivos, por exemplo) (EUROPEAN COMMISSION, *Your Questions on Mifid* (2007) Q nº 7). O critério de identificação dos contratos diferenciais de natureza financeira prende-se com a utilização de referenciais (financeiros, económicos, ambientais) que não relevam como contrato de jogo e aposta.

[631] No Reino Unido, o *Handbook* do FCA toma-os como *securitised derivatives.*

differences (ou CFDs) em mercados organizados (por exemplo, na Austrália), em termos próximos aos da negociação de futuros.

III – Uma das principais implicações dos contratos diferenciais diz respeito à constituição de deveres de comunicação de participações qualificadas, no caso de o ativo subjacente serem ações emitidas por sociedades abertas.

O problema surge na medida em que pode ocorrer a estipulação de direitos à aquisição de ações utilizadas pelo vendedor do CFD como cobertura da sua posição ou de direitos a transmitir instruções quanto ao exercício do direito de voto dessas ações[632].

IV – Por último, convém anotar que, ao abrigo dos poderes de intervenção no produto conferidos pela DMIF II, a ESMA estabeleceu uma importante proibição de distribuição de CFD's por investidores não profissionais[633]. Na base desta decisão, está a avaliação de perdas muito consideráveis causadas por estes instrumentos nos últimos anos, nomeadamente por parte de investidores em Portugal[634].

3. *Futuros*

I – À semelhança de larga parte dos instrumentos financeiros derivados, os contratos de futuros recebem uma configuração geminada. Os futuros podem ser diferenciais, dando direito ao recebimento da diferença entre o valor inicial de um bem e o seu valor em data posterior, ou implicar a entrega do bem em data futura[635].

II – O seu tratamento legislativo sofreu uma evolução interessante entre nós. No Código do Mercado de Valores Mobiliários eram tratados como operações a prazo (art. 409º, nº 4 *e)* CdMVM)[636]. Este diploma definia-os, no art. 418º,

[632] Financial Services Authority, *Disclosure of Contracts for Difference. Consultation and Draft Handbook Text* (2007).

[633] Decisão (UE) 2018/796 da Autoridade Europeia dos Valores Mobiliários e dos Mercados de 22 de maio de 2018 que restringe temporariamente os contratos diferenciais na União, em conformidade com o artigo 40º do Regulamento (UE) nº 600/2014 do Parlamento Europeu e do Conselho.

[634] Segundo a mencionada Decisão, a CMVM constatou que, com base no valor nocional de posições dos investidores de 44 700 milhões de EUR, em 2016, e de 44 200 milhões de EUR, em 2017, as perdas associadas, para os investidores de retalho, corresponderam a 66,8 milhões de EUR e 47,7 milhões de EUR, relativamente a 2016 e 2017, respetivamente.

[635] Ferreira de Almeida, *Contratos. II. Conteúdo. Contratos de Troca*, cit., 154; Id., *Contratos Diferenciais*, cit., 91.

[636] Fundamentais, para a análise deste regime: Amadeu Ferreira, *Operações de Futuros e Opções*, em *Direito dos Valores Mobiliários*, cit., 121-188 (131-158); Miguel Cunha, *Os Futuros de Bolsa: Características Contratuais e de Mercado*, em *Direito dos Valores Mobiliários*, Vol. I (1999), 63-132.

como os contratos a prazo que têm direta ou indiretamente por objeto, como ativo subjacente, valores mobiliários de natureza real ou teórica, direitos a eles equiparados por força da alínea *a)* do nº 2 do artigo 3º, taxas de juro, divisas ou índices sobre valores mobiliários, taxas de juro ou divisas, e através dos quais as partes se obrigam, nos termos e de acordo com a modalidade de liquidação estabelecidos no contrato: *a)* À liquidação física da operação, na data do respetivo vencimento, com o pagamento pelo comprador do preço estipulado do ativo subjacente, contra a entrega desse ativo pelo vendedor; *b)* Ou, apenas, ao pagamento pelo comprador ao vendedor ou por este àquele, consoante os casos, da diferença entre o preço resultante do contrato e um preço de referência calculado pela entidade gestora para a data da liquidação da operação. Além disso, impunha a existência de câmara de compensação e sujeitava-se os contratos padronizados à aprovação da CMVM (art. 420º CdMVM).

Na sua versão originária, o Código dos Valores Mobiliários manteve o enquadramento dos futuros nas operações a prazo (arts. 252º e seguintes), alargando, porém, o correspondente objeto. Admitiu-se que os futuros consistissem numa compra e venda a prazo, na transmissão de posições contratuais ou na entrega, em data estipulada, da diferença entre o preço fixado no contrato e um preço de referência futuro (art. 253º da versão originária).

A partir do DL nº 357-A/2007, de 31 de outubro, que procedeu à transposição da DMIF, os futuros passaram a ser indiretamente qualificados como instrumentos financeiros (art. 2º, nº 1 *a)* CVM). Atenta a abordagem transversal da Diretiva europeia, desapareceram as respetivas especialidades de regime em relação aos demais instrumentos financeiros derivados.

III – Como ativos subjacentes admitidos, o regime atual inclui os seguintes: *i)* Valores mobiliários, divisas, taxas de juro ou de rendibilidades, licenças de emissão ou relativos a outros instrumentos derivados, índices financeiros ou indicadores financeiros, com liquidação física ou financeira; *ii)* Mercadorias, variáveis climáticas, tarifas de fretes, taxas de inflação ou quaisquer outras estatísticas económicas oficiais, com liquidação financeira ainda que por opção de uma das partes; *iii)* Mercadorias, que possam ser objeto de liquidação física, desde que sejam transacionados em mercado regulamentado ou em sistemas de negociação multilateral ou organizado, com exceção dos produtos energéticos grossistas negociados em sistema de negociação organizado que só possam ser liquidados mediante entrega física, ou, não se destinando a finalidade comercial, tenham características análogas às de outros instrumentos financeiros derivados nos termos da referida regulamentação e atos delegados.

4. *Opções*

I – Numa formulação sintética, a opção representa um direito, mas não uma obrigação, a adquirir ou dispor de um bem ou a celebrar um contrato em data futura.

II – A evolução legislativa das opções é semelhante à verificada em relação aos contratos de futuros, acabada de analisar.

O Código do Mercado de Valores Mobiliários tomava as opções no art. 419º como contratos a prazo que tenham direta ou indiretamente por objeto, como ativo subjacente, valores mobiliários, direitos a eles equiparados por força da alínea *a)* do nº 2 do artigo 3º, futuros, taxas de juro, divisas ou índices sobre valores mobiliários, taxas de juro ou divisas, e através dos quais uma das partes fica constituída no direito de, até à data do vencimento do contrato ou nessa data, por sua exclusiva iniciativa e de acordo com a modalidade estabelecida para a liquidação da operação: *a)* Comprar (opção de compra) ou vender (opção de venda) à outra parte o ativo subjacente, pelo preço (preço de exercício) e nas quantidades para o efeito estipulados; *b)* Ou de exigir a liquidação meramente financeira do contrato, com obrigação para a outra parte de lhe pagar, tratando-se de opção de venda, a diferença positiva que porventura exista entre o preço de exercício e um preço de referência calculado pela entidade gestora do mercado para a data da liquidação, ou, tratando-se de opção de compra, a diferença negativa que eventualmente se verifique entre esses dois preços[637].

A versão originária do atual Código, por seu turno, acrescentava que a opção poderia também configurar um direito de transmitir ou assumir uma posição contratual a prazo.

De inicial consideração enquanto operações a prazo, a partir de 2007, dilui-se a disciplina das opções na categoria mais ampla dos instrumentos financeiros, sem especialidades. É nomeadamente comum o leque de ativos incluídos.

III – As opções não seguem o figurino do direito privado comum. Nos cânones civilísticos, a opção segue o regime da pendência de condição suspensiva, de que resultam limitações severas na realização de negócios de disposição (art. 274º, nº 1 CC). Tal não se verifica na prática no tráfego mobiliário, em que as opções não dependem da titularidade do ativo subjacente no momento em que são celebradas.

[637] Para uma crítica a esta formulação: AMADEU FERREIRA, *Operações de Futuros e Opções*, cit., 159-165.

5. *Swaps*

I – Os swaps são contratos através dos quais uma parte acorda trocar fluxos financeiros com outra parte. Os ativos subjacentes dos swaps podem ser valores mobiliários, créditos; divisas, taxa de juro ou mercadorias. Os contratos de swaps podem envolver liquidação física, dando origem à aquisição de ativos físicos (incluindo mercadorias) ou assumir referências meramente nocionais[638], o que os aproxima dos contratos diferenciais[639].

O Código qualifica-os como instrumentos financeiros (art. 2º, nº 1 *e*)), em transposição da qualificação operada pela Diretiva dos Mercados de Instrumentos Financeiros, e fixa a sua disciplina quanto à respetiva intermediação, supervisão e disciplina sancionatória. De resto, outros diplomas avulsos determinam aspetos adicionais do seu regime. Quanto às cláusulas de compensação, o DL nº 1/97, de 7 de janeiro determina que o Estado aceita cláusulas de compensação de créditos e débitos da mesma natureza inseridas em swaps. Por seu turno, o DL nº 70/ 97, de 3 de abril, estabelece que as cláusulas de compensação em swaps são eficazes ainda que um dos sujeitos vier a ser objeto de medida de recuperação, de saneamento ou outras de natureza similar. Assim, a validade genérica destes instrumentos financeiros, independentemente da sua função ou modalidade, não deve ser questionada. Na expressão certeira de Ferreira de Almeida: *sendo legalmente típicos, os swaps não sofrem de invalidade genérica associada a um subtipo contratual ou a uma categoria de motivos*[640].

Larga parte dos swaps são celebrados com base em textos contratuais padronizados elaborados pela *International Swaps and Derivatives Association* (ISDA). A estrutura tripartida deste modelo não impede a possibilidade de as partes decidirem aplicar ajustamentos ao conteúdo do contrato, seja em relação ao *Master agreement*, seja em relação ao *Schedule*, seja em relação às *Confirmations*[641].

[638] Schuyler Henderson, *Henderson on Derivatives*, London (2003), 86-89; Carlos Ferreira de Almeida, *Contratos, II. Conteúdo. Contratos de Troca*, Coimbra (2007), 134-136; John-Peter Castagnino, *Derivatives. The Key Principles*[3], (2009), 54-68; Maria Clara Calheiros, *O contrato de swap*, Coimbra Editora (2000).

[639] Dirk A. Zetzsche considera diretamente os total return swaps como equivalentes aos contratos diferenciais (*Continental AG vs. Schaeffler, Hidden Ownership and European Law – Matter of Law or Enforcement?*, CBC-RPS nº 39 (2008), 10-11).

[640] Carlos Ferreira de Almeida, *Swaps de Troca e Swaps Diferenciais, cit.*, 22). Em sentido concordante, cfr. nomeadamente os Acórdãos do Supremo Tribunal de Justiça de 26 de janeiro de 2016 (Gabriel Catarino) (Proc. 876/12.9TVLSB.L1.S1) e de 11 de fevereiro de 2015 (Sebastião Póvoas) (Proc. 309/11.8TVLSB.L1.S1).

[641] Henderson, *On Derivatives*, London (2003), 549.

II – Durante o período temporal em que o swap está a ser executado, as partes devem ter em atenção a sua natureza aleatória – e, mais concretamente, o carácter variável das prestações devidas por cada uma das partes. Importa também reter, a este propósito, a circunstância de o contrato de swap ser, as mais das vezes, um contrato de longa duração.

Tal envolve, de um lado, deveres de informação pelo intermediário financeiro à sua contraparte sobre o valor de mercado do swap em cada momento do processo. A sua contraparte deve, por seu turno, analisar as implicações financeiras da avaliação a cada tempo comunicada.

A correta execução destes deveres implica que, em diversos contratos, e sobretudo ante uma evolução dos indicadores financeiros subjacentes, possa haver um interesse na modificação ou extinção dos contratos celebrados, de modo a limitar perdas. As hipóteses que se colocam como possíveis neste quadro são as seguintes:

- Revogação (*unwind*), através do pagamento da penalidade correspondente[642];
- Alteração do contrato (*restructuring*), mediante o acordo de ambas as partes (artigo 406º CC);
- Novação do contrato; e
- Contratação de instrumento financeiro derivado com efeito simétrico para anular efeito adverso (*off-setting transactions*).

III – Uma das principais modalidades destes instrumentos são os *equity swaps*. Estes implicam a troca dos fluxos financeiros baseados em participações acionistas (de ações ou índices) por uma taxa de juro, fixa ou variável. Nessa medida, representam um instrumento que confere a uma parte os benefícios da detenção de ações – de princípio não ligada à sua titularidade em sentido jurídico. Este figurino altera-se nos *equity swaps* que implicam liquidação física que podem resultar na aquisição de ações por uma das partes. A diversidade de clausulados leva a que tal possa ocorrer no termo do programa contratual ou ao longo do mesmo.

Percebe-se que estes negócios podem ter diversas implicações, que devem ser estudadas com cautela perante o clausulado que em concreto se apresentar. De um lado, devem ser medidas o relevo desses esquemas em sede de regime de ações próprias. De outro lado, e em relação com este ponto, os *equity swaps* podem servir de modo de esvaziamento de voto (*empty voting*), mesmo quando prevêem diretamente não transferirem o direito de voto.

[642] SCHUYLER HENDERSON, *Henderson on Derivatives*, London (2003), 623-630.

IV – Um dos problemas jurídicos de índole prática que cabe tratar prende-se com as implicações decorrentes da celebração de contratos de *equity swaps* para efeitos do dever de comunicação de participações qualificadas em sociedades abertas, à luz da articulação do art. 16º com as previsões do art. 20º. Sabe-se que estas cláusulas sobre imputação de direitos de voto, com as suas implicações sancionatórias, devem ser interpretadas com grande segurança e rigor. E atenta a diversidade tipológica dos swaps sobre ações, podem estar em causa as diversas cláusulas de imputação: detenção por conta de outrem se o swap lograr uma transferência dos riscos e benefícios para o cessionário[643]; acordo de voto no caso (pouco frequente) se haver uma regulação contratual deste ponto; ou opção de aquisição de ações no caso de *equity swaps* de liquidação física que a incluam.

V – Merece ainda individualizar os swaps de risco de crédito (*credit default swaps*, ou abreviadamente CDS).

Os swaps de risco de crédito representam os instrumentos financeiros relativos a risco de crédito mais comuns[644]. A prestação característica envolvida nestes swaps é a obrigação do vendedor (*protection seller)* de pagar uma proteção de crédito em caso de ocorrência de um elenco de eventos de crédito, tal como definido pelas partes, a atingir uma ou várias entidades de referência pré-determinadas[645]. Em contrapartida, o vendedor do swap aufere um prémio a suportar pelo adquirente da proteção (*protection buyer),* prémio esse que é tanto mais elevado quanto maior a probabilidade de ocorrência dos eventos de créditos. Se envolver liquidação física, o pagamento da proteção de crédito é feito contra a entrega de valores mobiliários representativos de dívida emitidos pela entidade de referência[646].

A negociação fora de mercado destes instrumentos conhece intensa utilização em termos internacionais[647]. Tal conduziu a que, desde o início de milénio,

[643] Sustentando a sua qualificação como detenção por conta de outrem a propósito do caso Continental/Schaeffler, v. Dirk A. Zetzsche, *Continental AG vs. Schaeffler, Hidden Ownership and European Law – Matter of Law or Enforcement?*, cit., 11-16.

[644] Os instrumentos financeiros relativos a risco de crédito podem identicamente revestir a forma de opções, valores mobiliários condicionados por eventos de crédito (cfr. sobre estes *supra*, § 8º, 6.) ou instrumentos de natureza híbrida. Em geral: Francesco Caputo Nassetti, *I Contratti Derivati Di Credito, Quaderni di Giurisprudenza Commerciale,* 184 (1998), 9-11, 51-131 e *passim;* Alain Gauvin, *Droit des Dérivés de Crédit,* Paris (2003), 83- 110; Gonçalo Esteves, *Credit Default Swap – Caracterização e o problema da especulação,* (2015), 7-30.

[645] Consoante haja uma ou várias entidades de referência fala-se, respectivamente, de *single-name CDS* ou de *portfolio CDS.*

[646] Schuyler Henderson, *Henderson on Derivatives,* London (2003), 105-107.

[647] Paul J. Davies/Aline Van Duyn, *Foundations of CDS Industry Shaken, FT* (15-Set.-2008).

tenham sido detetadas algumas deficiências na negociação em massa destes instrumentos[648]. Esta apreciação crítica subiu de tom no âmbito da crise financeira internacional de 2007/2008, entre acusações de que estes instrumentos terão nomeadamente contribuído para acentuar o risco sistémico dos mercados.

A um tempo, foram detetadas dificuldades operacionais na liquidação de swaps de liquidação física, quando a entidade de referência de alguma dimensão ou importância nos mercados financeiros (tal sucedeu nomeadamente com a Lehman Brothers). Nesse contexto, foram apresentadas sugestões para a criação de uma contraparte central na negociação deste tipo de swaps[649].

A outro tempo, houve críticas ao regime prudencial dos intermediários que comercializavam estes instrumentos, que funcionalmente se aproximam dos seguros, mas com exigências prudenciais muito menores[650]. Estas objecções podem ser desadequadas, já que a função destes swaps pode ultrapassar a mera proteção de crédito.

Por fim, neste contexto houve ainda apelos a uma maior transparência da exposição a este tipo de contratos, atento o risco sistémico que pode estar envolvido e dada a correlação entre o mercado de swaps de risco de crédito e dos ativos subjacentes.

Esta discussão desempenhou importância decisiva no regime fixado através do Regulamento (UE) nº 648/2012, de 4 de julho de 2012 (EMIR).

VI – Enquanto contrato sujeito à autonomia privada, o swap pode merecer uma conformação adaptada a cada circunstância, através da inclusão de cláusulas socialmente típicas.

Um tipo de cláusulas comummente utilizadas em swaps de taxa de juro são as cláusulas de *snow-ball*. Estas cláusulas envolvem o cálculo cumulativo de taxas de juro durante um determinado período temporal determinado contratualmente.

Como modalidade alternativa de conformação contratual deve referir-se a cláusula *digicoupon*. Esta cláusula tem como efeito atribuir a uma das contrapartes a opção de mitigar ou aumentar o risco associado aos swaps.

Finalmente, podem ser consagradas cláusulas de *reset date*, que implicam redução do cupão ou do *spread* associado ao swap.

[648] Um eloquente rol de recomendações pode detetar-se em Basel Committee On Banking Supervision/Bank For International Settlements/Joint Forum, *Credit Risk Transfer* (2005), 5-10.

[649] Erik Sirri, *Testimony concerning Credit Default Swaps before the House Committe on Agriculture* (15-Out.-2008), em www.sec.org.

[650] A título de exemplo, nos Estados Unidos, o *Commodity Futures Modernization Act* de 2000 (Pub. L. No. 106-554) não abrangia no seu âmbito estes instrumentos.

VII – A eclosão da crise iniciada em 2007/2008 determinou uma quebra de taxas de juro, o que conduziu a alterações importantes no perfil de ganhos e perdas dos swaps de taxa de juro à data vigentes. Em Portugal, tal determinou um volume significativo de litigância judicial em torno da modificação ou resolução de contratos com base em alteração de circunstâncias[651].

Duas orientações jurisprudenciais opostas foram então manifestadas: de um lado, foram proferidas diversas decisões judiciais que admitiam a resolução ou modificação de contratos de swap fundada na alteração de circunstâncias para efeitos do art. 437º CC[652]; outra linha significativa negava tal possibilidade, por considerar não verificados os requisitos de que depende o instituto[653].

A razão assiste a esta última tendência. Os requisitos subjacentes ao art. 437º CC são cumulativos[654], e um dos critérios para o instituto operar é que a alteração se situe fora dos riscos próprios do contrato. Ora, o objeto do contrato de *swap* de taxa de juro é precisamente o da cobertura do risco de alterações desviantes na taxa de juro[655]. Assim, a alteração (ainda que radical) da taxa de

[651] António Menezes Cordeiro, *Direito bancário e alteração das circunstâncias*, in *Revista de Direito das Sociedades*, nr. 2 (2014), 343-389 (380-389); Maria Clara Calheiros, *O contrato de swap no contexto da atual crise financeira global*, in *Cadernos de Direito Privado*, nr. 42 (2013), 3-13; Helder Mourato, *Swap de Taxa de Juro: a primeira jurisprudência*, in *Cadernos do Mercado de Valores Mobiliários* nr.44 (2013), 29-44; Pedro Boullosa Gonzalez, *Interest Rate swaps: perspetiva jurídica*, in *Cadernos do Mercado de Valores Mobiliários* nr. 44 (2013), 10-28.

[652] Cfr. nomeadamente: Acórdãos STJ 10 de outubro 2013 (Proc.1387-11.5TBBCL.G1.S1)(Granja da Fonseca), Relação de Lisboa 28 maio 2014 (Proc. 531/1.7TVLSB.L1).

[653] Para alguns exemplos: Acórdãos do Supremo Tribunal de Justiça de 26 de janeiro de 2016 (Gabriel Catarino) (Proc. 876/12.9TVLSB.L1.S1), Relação de Lisboa 10 de maio de 2016 (1246/14.0T8PDL.L1-7) (Luís Espírito Santo), da Relação de Lisboa 15 janeiro 2015 (Proc.876/12.9TVLSB.L1-6) (Manuela Gomes), da Relação de Lisboa 2 de julho de 2015 (2118/10.TVLSB.L1), da Relação de Lisboa 17 de julho de 2015 (1961/13.5TVLSB) e Sentença do Tribunal de Cabeceiras de Basto de 23 julho 2013 (No. 301/11.2 TBCBC 928849) (Gonçalves Pacheco).

[654] António Menezes Cordeiro, *Direito bancário e alteração das circunstâncias*, in *Revista de Direito das Sociedades*, nr. 2 (2014), 343-373.

[655] No mesmo sentido: Calvão da Silva, *Swap de taxa de juro: inaplicabilidade do regime da alteração das circunstâncias*, Revista de Legislação e Jurisprudência (maio/junho 2014), 364; Paulo Mota Pinto, *Contrato de Swap de taxas de juro, jogo e aposta e alteração das circunstâncias que fundaram a decisão de contratar*, in *Revista de Legislação e Jurisprudência*, Ano 143, nr. 3987 (2014), 391-413; Maria Clara Calheiros, *O contrato de swap no contexto da atual crise financeira global*, in *Cadernos de Direito Privado*, nr. 42 (2013), 10-13; Catarina Monteiro Pires, *Entre um modelo corretivo e um modelo informacional no direito bancário e financeiro*, Cadernos de Direito Privado n. 44 (2013), 3-ss (16); Tânia Cristina Cardoso Fernandes, *A Alteração das Circunstâncias nos Contratos de Swap de Taxas de Juro*, Faculdade de Direito Universidade Católica (2014). Em sentido contrário: José Lebre de Freitas, *Contrato de swap meramente especulativo. Regime de validade e alteração das circunstâncias*, ROA, (2012), 956-970; Hugo Luz dos Santos, *O contrato de swap de taxas de juro e os instrumentos derivados financeiros*, in *Revista de Direito das Sociedades*, Ano 4, nr. 2 (2014), 432-443 (439).

juro enquadra-se na previsão contratual típica do swap de taxa de juro e não configura uma alteração de circunstâncias para efeitos do acionamento de mecanismos resolutivos ou modificativos *ex vi* do art. 437º CC.

6. *Os derivados sobre índices*

I – Os índices são conjuntos nocionais de ativos, agrupados e ponderados de acordo com critérios pré-estabelecidos. A sua função é essencialmente dupla: ao implicarem uma média dos preços de um universo de ativos, sejam estes financeiros ou não financeiros, constituem indicadores de desempenho dos mercados; além disso, são um referencial para o investimento, enquanto ativo subjacente de instrumentos financeiros, nomeadamente instrumentos financeiros derivados (*warrants, futuros, opções, swaps)*, conforme o ilustra o art. 2º, nº 1 *e)* CVM. O regime dos depósitos estruturados também admite que estes contratos possam ter índices ou combinação de índices como ativo subjacente[656].

O direito europeu prefere caracterizar o índice do ponto de vista do resultado do seu apuramento. Toma, assim, o índice como *um valor publicado ou disponibilizado ao público determinado regularmente: i) na totalidade ou em parte, através da aplicação de uma fórmula ou de outro método de cálculo, ou por meio de uma avaliação, e ii)com base no valor de um ou mais ativos subjacentes, ou preços, nomeadamente preços estimados, taxas de juro reais ou estimadas, ofertas de preço ou ofertas de preço comprometidas, ou outros valores ou inquéritos*[657].

Os índices são ainda um referencial relevante para os investidores institucionais: muitos fundos de investimento e fundos de pensões replicam a composição do índice na sua carteira de investimentos para alinhar com a evolução do seu desempenho (*index tracking)*, o que constitui uma estratégia de investimento dita "passiva[658].

Em termos históricos, o seu aparecimento remonta ao século XIX. Há notícia de em maio de 1898 ter começado a ser divulgada a média de cotações das 12 empresas norte-americanas mais importantes.

[656] Artigo 2º, *a) i)* do Anexo I à Lei nº 35/2018, de 20 de julho.

[657] Art. 3º, nº 1 *1)* do Regulamento (UE) 2016/1011 do Parlamento Europeu e do Conselho de 8 de junho de 2016. Neste diploma também se inclui o conceito de índice de referência, entendido como um índice em relação ao qual o montante a pagar ao abrigo de um instrumento financeiro ou de um contrato financeiro, ou o valor de um instrumento financeiro, é determinado, ou um índice que é utilizado para aferir o desempenho de um fundo de investimento a fim de acompanhar a rendibilidade desse índice, de definir a afetação dos ativos de uma carteira ou de calcular as comissões de desempenho (art. 3º, nº1 3)).

[658] JOANNA BENJAMIN, *Financial Law*, cit., 195.

II – Divisam-se vários tipos de índices[659]. Os mais populares são os índices representativos de mercados – de que constituem exemplos o *Dow Jones Industrial Average*, o *S&P 500* (USA), o *FTSE 100* (Reino Unido), o CAC 40 (França) ou o PSI 20 (Portugal) – mas há também índices representativos de um setor de atividade ou de um perfil de investimento (ex: os fundos "éticos").

Um dos aspetos relevantes para os índices prende-se com a transparência da sua base de cálculo: os métodos de cálculo dos índices são usualmente públicos.

Embora usualmente calculados e divulgados por entidades independentes, os índices tornaram-se produtos generalizados à escala global, com uma aguda diversificação (geográfica, setorial, por perfil do investimento ou mista) e adaptação a diferentes necessidades, em cuja conceção passaram a intervir um número alargado de entidades e designadamente bancos de investimento.

III – Os escândalos relacionados com a manipulação da LIBOR da Euribor e de outros índices de referência conduziram a uma intervenção europeia legislativa renovada sobre a matéria. O resultado veio a tomar corpo através do Regulamento (UE) 2016/1011 do Parlamento Europeu e do Conselho de 8 de junho de 2016 relativo aos índices utilizados como índices de referência. Este diploma estabeleceu nomeadamente deveres de governação, deveres de identificação, de prevenção e de gestão de conflito de interesses, deveres de fiscalização e de controlo interno, deveres e conservação de registos e deveres de utilização de metodologias confiáveis e transparentes.

IV – Os índices podem ser objeto de diversas vicissitudes. As mais comuns são as alterações na composição do índice, em virtude da desvalorização ou extinção de um dos ativos computado no índice. Aliás, os índices mais relevantes preveem revisões periódicas (em regra, trimestrais) da sua composição. Em caso de alterações ao método de cálculo impostas por eventos inesperados ou de análise complexa, os índices preveem por regra a intervenção de agentes de cálculo independentes[660].

A entrada de novos ativos na composição dos índices determina usualmente um acréscimo de liquidez desses ativos – e a saída de ativos do índice provoca fenómeno inverso. A potencial variação de preços igualmente aqui implicada obriga, do lado da comissão de composição do índice, a naturais cautelas na confidencialidade e na adoção de mecanismos de prevenção de utilização de

[659] Para uma lista dos índices mais relevantes (para efeitos dos critérios de elegibilidade para as garantias prestadas a instituições de crédito), cfr. o Regulamento de Execução (UE) 2016/1646 da Comissão de 13 de setembro de 2016.

[660] Schuyler Henderson, *Henderson on Derivatives*, cit., 99-100.

informação privilegiada. A natureza sensível desta matéria está na base da criminalização da manipulação de índices de referência relativos a instrumentos financeiros, nos termos do art. 379º-C CVM.

§ 12º Os instrumentos financeiros de natureza monetária

1. *Valores mobiliários de natureza monetária*

I – Os valores mobiliários de natureza monetária monetária – ou *valores monetários*, na designação da gíria – constituem uma sub-espécie de valores mobiliários representativos da dívida.

Esta apresentação permite identificar a relação género/espécie estabelecida entre o valor mobiliário e o valor monetário: estes são tão só valores representativos da dívida.

Por seu turno, a segunda marca distintiva prende-se com o prazo de vencimento, também dito prazo de maturidade dos valores monetários. O que acontece é que o vencimento do dever de reembolso desses valores monetários é por regra um prazo igual ou inferior a 1 ano. Daí esta grande liquidez associada aos valores monetários.

Deve prevenir-se acerca das limitações deste último critério. Com a dinâmica dos mercados financeiros tem sido aumentada a diversidade de valores mobiliários, notando-se até valores mobiliários com um prazo de vencimento curto. Para este efeito, a técnica legislativa utilizada no art. 2º, nº 3 da versão originária do Código dos Valores Mobiliários baseava-se numa presunção. Tal disposição, entretanto modificada, presumia a natureza de valores monetários relativamente às obrigações com um prazo de vencimento igual ou inferior a 1 ano.

Esta presunção é, como é a regra geral no nosso direito, uma presunção ilidível: não excluía que pudesse recair a qualificação de valor mobiliário num instrumento com um prazo de vencimento mais curto, ou de valor monetário para valores representativos da dívida com um prazo mais extenso que o prazo de 1 ano. Assim, outras circunstâncias podem depor a favor da qualificação de um valor mobiliário como de natureza monetária: nomeadamente, o eventual cumprimento de funções de política monetária ou o condicionamento da sua capacidade de emissão a entidades financeiras são alguns indícios que, em concreto, podem mostrar-se relevantes a este propósito.

Por último, porque lhes está associada do ponto de vista económico uma elevada liquidez[661], os valores monetários são utilizados para efeitos da política monetária.

[661] Convém esclarecer que, neste contexto, a *liquidez* identifica-se com a facilidade de alienação dos valores mobiliários, atenta a intensidade da sua transmissão em mercado. Neste sentido, o

II – As diferenças de regime dos valores monetários em relação aos valores mobiliários em geral têm vindo a esbater-se.

Na redação originária do Código dos Valores Mobiliários, o respetivo art. 2º, nº 2 sentenciava que o código apenas seria aplicável aos valores monetários se as características do valor não forem incompatíveis com o regime jurídico aqui estatuído. Assim, para haver a aplicação deste diploma aos valores monetários deveria demonstrar-se previamente haver compatibilidade entre a disciplina aqui estatuída e as características dos valores monetários em causa. Dada a formulação negativa com que figurava a redação originária do art. 2º, nº 2, extraía-se do normativo um princípio de inaplicabilidade, salvo se as características do valor monetário permitirem que o código seja aplicável[662].

Com a alteração ao Código promovida pelo DL nº 357-A/2007, de 31 de outubro, passaram os valores monetários a pertencer ao direto âmbito aplicativo do Código, a par dos demais instrumentos do mercado monetário, com exceção dos meios de pagamento (art. 2º, nº 1 *b)*). É certo, porém, que os valores mobiliários de natureza monetária estão excluídos do regime das ofertas públicas previsto no Título III (art. 111º, nº 1 *n)*) e da exigência de prospeto de admissão (art. 236º, nº 2 *a)*). O mesmo deve concluir-se em relação aos deveres de prestação de informação, se – como se impõe – interpretarmos o art. 244º em conformidade com o art. 2º *a)* da Diretiva nº 2004/109/CE, de 15 de dezembro (Diretiva da Transparência).

Entre os valores mobiliários de natureza monetária, merecem particular atenção o papel comercial e os bilhetes de tesouro, abaixo considerados.

2. *Papel comercial*

I – O papel comercial representa um valor mobiliário utilizado para suprir necessidades de liquidez imediata.

No tráfego internacional, o prazo de vencimento mais comum não fica aquém dos 45 dias e não excede os 270 dias[663]. Em Portugal, porém, a emissão destes valores mobiliários representativos de dívida tem por lei um prazo de maturidade que pode estender-se até 397 dias. É certo, todavia, que, na prática as operações

conceito de liquidez mobiliária é diverso do conceito de liquidez em Direito bancário. A liquidez dos bancos prende-se com a capacidade de entrega monetária imediata; a liquidez dos valores mobiliários, ao invés, tem que ver com a intensidade da sua circulação e, portanto, com a facilidade que o titular do valor mobiliário tem de desinvestir, recebendo o preço de alienação do valor em mercado.

[662] Aspetos que pareciam compatíveis eram, por exemplo, os relacionados com as regras de conflitos (art. 40º nº 1), que se ajustam aos valores monetários.

[663] Joseph A. Franco, *The Investment Company's Act Definition of "Security" and the Myth of Equivalence*, *Stanford Journal of Law Business and Finance*, Vol. 7 (2001), 19.

de financiamento através da emissão de papel comercial usualmente apresentam uma duração mais dilatada, não sendo infrequentes as renovações do prazo inicial (*revolving*) – por vezes além de um ano. Tal deve-se à circunstância de o papel comercial servir de sucedâneo à emissão de garantias sobre contratos de concessão de crédito – com a vantagem de terem um tratamento fiscal mais favorável, ao não ser sujeito a imposto de selo.

O papel comercial pode ser admitido à negociação em mercado regulamentado – o que ocorreu no passado com alguma frequência, dada a elegibilidade destes valores para servirem de garantia junto do BCE.

II – O regime do papel comercial tem sofrido considerável evolução entre nós[664]. À luz do DL nº 181/92, de 22 de setembro – diploma que mereceu modificações introduzidas através do DL nº 26/2000, de 3 de março – o papel comercial podia ser emitido com um prazo até 2 anos. O quadro resultante era então o seguinte: o papel comercial com um prazo de vencimento até 1 ano era considerado valor monetário; o papel comercial com um prazo de vencimento igual ou superior a 1 ano (até 2 anos enquanto prazo máximo de maturidade deste título de dívida de curto prazo) era, ao invés, qualificado como valor mobiliário.

Com o DL nº 69/2004, de 25 de março, tal paradoxo foi eliminado, através da fixação do prazo de 1 ano como prazo máximo de emissão de papel comercial, como indicado. Este prazo, porém, foi reposto com o DL nº 29/2014, de 25 de fevereiro.

Mais recentemente, o DL nº 77/2017, de 30 de junho, estabeleceu que o papel comercial deve ter um prazo de maturidade inferior a 397 dias. Trata-se de um alinhamento com o regime dos instrumentos de mercado monetário a poderem ser investidos por organismos de investimento coletivo[665].

O regime jurídico vigente concede maior abertura à emissão de papel comercial, através do alargamento dos requisitos de emissão de papel comercial de natureza alternativa. Porém, em contrapartida sujeita os emitentes a deveres de divulgação de informação privilegiada ao mercado (ou aos respetivos titulares, quando a emissão não se destina a admissão), quando esta informação seja suscetível de influenciar de maneira sensível o preço do papel comercial – ou seja, de afetar de modo previsível e significativo a capacidade de reem-

[664] A este propósito: MARIA JOÃO SAMPAIO TEIXEIRA, *Como Tem Evoluído o Mercado do Papel Comercial em Portugal, Revista da Banca* nº 25 (1993), 5-33.

[665] Remete-se para a Diretiva UCITS, a qual é por seu turno complementada pelas Orientações da ESMA [CESR, Guidelines concerning elegible assets for investment by UCITS (mar.-2007); ESMA, Guidelines concerning HTF and other UCITS issues (ag.-2014)].

bolso da emissão[666]. Trata-se, em suma, de um critério "leve" de relevância informativa.

III – O mencionado DL nº 29/2014, de 25 de fevereiro, regula pela primeira vez a figura do patrocinador (*sponsor*) da emissão de papel comercial. Este *sponsor* atua como criador de mercado e retém obrigatoriamente em carteira própria 5% da emissão de papel comercial em que intervém como patrocinador. O patrocinador pode ainda assegurar a produção e a divulgação de informação ao mercado, por parte da entidade emitente, através do sítio na Internet desta[667].

O serviço de patrocinador pode ser assumido por instituições de crédito e por sociedade emitente de valores mobiliários admitidos à negociação em mercado regulamentado que detenha na entidade emitente uma participação dominante[668].

Esta novidade legislativa deve ser saudada e o seu âmbito apenas peca por defeito. O patrocinador deveria ser regulado como figura geral, extensível à emissão de qualquer valor mobiliário representativo de dívida, sobretudo para o apoio de pequenas e médias empresas emitentes.

IV – No caso de ser destinado a organismos de investimento coletivo em valores mobiliários, a emissão de papel comercial deve ser acompanhada de parecer independente sobre a situação jurídica e financeira do emitente, como confirmado pelo DL nº 77/2017.

Relativamente a esta exigência, a CMVM esclareceu que *o parecer em causa apenas é exigido no caso de emissões de papel comercial que se destinem a ser adquiridas por entidades sujeitas ao disposto no art. 172º, nº 6, c), do Regime Geral dos Organismos de Investimento Coletivo ("RGOIC"), ou seja, quando o papel comercial se destine a ser adquirido para as carteiras dos organismos de investimento coletivo em valores mobiliários ("OICVM") sem observância do limite de 10% previsto no art. 172º, nº 7, do RGOIC*[669].

V – O DL nº 77/2017 autonomizou um novo subtipo de papel comercial – os certificados de dívida de curto prazo (CDCP).

O principal objetivo subjacente ao DL 77/2017, neste ponto, foi o de autonomizar um subtipo de papel comercial que seja elegível para investimento por

[666] Artigo 20º-A do DL nº 69/2004, de 25 de março.

[667] Artigo 15º, n.ºs 4-7 do DL nº 69/2004, de 25 de março.

[668] Artigo 15º, nº 3 do DL nº 69/2004, de 25 de março.

[669] CMVM, *Respostas às questões mais frequentes relativas à alteração do regime jurídico do papel comercial introduzida pelo Decreto-Lei nº 77/2017, de 30 de junho*, (2017).

organismos de investimento coletivo e por fundos de pensões. Deste modo se consegue aproximar os grandes investidores institucionais das empresas emitentes, que podem ser empresas de pequena e média dimensão.

Em consequência, o segundo objetivo do regime prendeu-se com o alinhamento integral com os requisitos nacionais de elegibilidade de ativos para OICVM[670]: requisito de liquidez (artigo 169º/4 e 6 RGOIC); requisito de informação ao mercado (artigo 172º/2 *c)* e 6 RGOIC); requisito de apresentação de um valor suscetível de ser determinado com exatidão, a todo o tempo (artigo 169º/1, 5 e 6 RGOIC); e livre transmissibilidade (artigo 169º/1 RGOIC). Os requisitos enunciados devem ser cumpridos a todo o tempo.

O investimento em CDCP por fundos de investimento e de pensões tem um efeito sinalizador muito importante. Porém, seria errado apresentar este valor mobiliário como dirigido exclusivamente aos fundos de investimento. O regime encontra-se particularmente talhado para os organismos de investimento coletivo, mas qualquer investidor (profissional ou não profissional) pode subscrever ou adquirir CDCP. O requisito de livre transmissibilidade dos CDCP a isso o obriga.

A designação atribuída a este sub-tipo de papel comercial explica-se pelo contexto histórico do diploma – aprovado no rescaldo das emissões de papel comercial que geraram danos significativos para um número alargado de investidores (GES: 2013/2014). Assim, procurou-se um *nomen iuris* autónomo para superar os danos reputacionais que afetaram o mercado nacional de papel comercial.

O regime dos CDCP acrescenta ainda requisito de identificabilidade deste tipo de valor mobiliário. Os certificados de dívida de curto prazo devem ser identificados enquanto tais na informação apresentada aos investidores e nas mensagens publicitárias.

Daqui resulta que os CDCP consubstanciam um produto de investimento *premium*, com maior transparência e maior grau de proteção dos investidores, se comparado com papel comercial comum.

VI – À semelhança do que sucede com os valores obrigacionistas em geral[671], o papel comercial constitui um valor mobiliário dotado de uma assinalável versatilidade[672]. Para reter um exemplo, os mercados internacionais de papel comercial têm-se alargado às emissões titularizadas (*asset-backed commercial paper*, ou abreviadamente ABCP) – o que representa um indício das potencialidades deste instrumento, ainda não plenamente aproveitadas em Portugal.

[670] Art. 50º da Diretiva 2009/65/CE, de 13 de julho de 2009 (UCITS IV).

[671] Para uma aplicação: CRISTINA S. DIAS, *Notas e Questões sobre a Lei Aplicável à Emissão de Instrumentos de Dívida de Curto Prazo (Papel Comercial)*, Cadernos MVM nº 12 (2001), 105-116.

[672] ENGRÁCIA ANTUNES, *Os Instrumentos Financeiros*[3], cit., 286-288.

3. *Bilhetes do tesouro*

I – Os bilhetes do tesouro (*treasury bills*) são valores mobiliários que representam dívida pública com prazo de vencimento até 18 meses[673].

A distinção entre os bilhetes do tesouro e as obrigações do tesouro é traçada precisamente por apelo ao correspondente prazo de vencimento: os bilhetes do tesouro são valores mobiliários de natureza monetária, por implicarem um prazo de vencimento até 18 meses; contrariamente, as obrigações do tesouro apresentam um prazo de vencimento igual ou superior a 1 ano.

II – Em Portugal, a criação destes valores remonta a 1985, tendo a Lei nº 20/85, de 26 julho, associado diretamente a sua emissão ao controlo de política monetária e ao controlo da política orçamental (cfr. igualmente o DL nº 321-A/, de 5 de agosto).

É importante frisar que a emissão de bilhetes do tesouro se processava, já então, através de forma escritural.

O regime foi submetido a uma importante alteração através do DL nº 218/88, de 27 de junho, nomeadamente impondo a tomada firme destes títulos pelo Banco de Portugal.

Ao longo da década de noventa, a emissão destes instrumentos registou uma interessante intensificação, tendo em vários anos significado mais de 15% de toda a dívida pública. Porém, com a criação da União Económica e Monetária em 1999 e a inerente atribuição da responsabilidade de condução da política monetária ao Banco Central Europeu, a emissão destes valores decresceu significativamente, tendo sido mesmo interrompida entre 1999 e 2003. Tal explica-se igualmente pela prioridade do Tesouro Português conferida durante este período à emissão de Obrigações do Tesouro como modo de financiamento.

A disciplina jurídica atual dos bilhetes do tesouro consta do DL nº 279/98, de 17 de setembro, com as alterações introduzidas pelo DL nº 91/2003, de 30 de abril, sendo complementada pela Instrução nº 4/2003 do IGCP.

Os bilhetes de tesouro são emitidos a desconto em relação ao seu valor nominal. Como em qualquer valor de dívida pública, o mercado primário é reservado a operadores especializados, os quais assumem também a obrigação de fomento de mercado (*market making*).

O registo e a liquidação destes valores é feita no Sistema de Transferências Eletrónicas do Banco de Portugal. A partir de 2003, a negociação destes valores passou a realizar-se em mercado regulamentado – no MEDIP-Mercado Especial da Dívida Pública[674].

[673] Engrácia Antunes, *Os Instrumentos Financeiros*³, cit., 289-290.

[674] Regulamento da CMVM nº 6/2007, de 9 de novembro.

§ 13º Os instrumentos financeiros

1. *Os instrumentos financeiros por direta qualificação europeia*

I – É agora altura de reunir os dados recolhidos na exposição anterior, de modo a recortar o âmbito dos instrumentos financeiros e a extrair conclusões.

A fonte principal do conceito de instrumento financeiro encontra-se no Direito europeu derivado. A categoria foi inicialmente consagrada nas Diretivas relativas à prestação de serviços de investimento, irradiando daí influências para outros diplomas europeus. Primeiro reconhecida na Diretiva dos Serviços de Investimento, de 1993[675], foi retomado e ampliado na DMIF I e depois alargado de novo na DMIF II[676]. Outros textos europeus remetem, explícita ou implicitamente, para esta Diretiva – tal o caso do Regulamento sobre Abuso de Mercado[677] e da Diretiva sobre o Carácter Definitivo da Liquidação[678].

Não há, porém, um conceito europeu incontestado de instrumento financeiro, já que a Diretiva sobre Acordos de Garantia Financeira assimila instrumentos financeiros e valores mobiliários, tomando a parte pelo todo[679]. Também o Regulamento bancário europeu CRR apresenta uma tipologia peculiar de instrumentos financeiros[680].

Há, ainda, textos europeus que não fazem uso do conceito de instrumento financeiro como conceito central[681]. Assim, na Diretiva dos Prospetos e na Diretiva da Transparência, as referências conceptuais de base são os valores mobiliários[682].

II – Este cenário obriga a uma cautela no manuseio deste conceito. Todavia, nesta área jurídica, não sobra margem para dúvidas que é na Diretiva relativa aos Instrumentos dos Mercados Financeiros que se deteta a sede principal da matéria.

Ora, na formulação resultante da DMIF II, a categoria dos instrumentos financeiros abrange quatro sub-categorias: os valores mobiliários, os instru-

[675] Secção B do Anexo à Diretiva 93/22/CEE, de 10 de maio de 1993.

[676] Anexo I, secção C da Diretiva 2014/65/UE (DMIF II).

[677] Cfr., entre outros, o art. 3º, n.os 1 (1) do Regulamento (UE) nº 596/2014.

[678] Art. 2º *a)* da Diretiva 98/26/CE, de 19 de maio de 1998.

[679] Art. 2º *e)* da Diretiva 2002/47/CE, de 6 de junho de 2002.

[680] Artigo 4º, nº 1 (50) do Regulamento (UE) nº 575/2013, de 26 de junho de 2013.

[681] Cfr. ainda o levantamento, em parte desatualizado, em Amadeu Ferreira, *Operações de futuros e opções*, em *Direito dos Valores Mobiliários* (1997), 174, nota 210.

[682] Em causa estão os arts. art. 2º, nº 1 *a)* da Diretiva nº 2004/109, de 15 de dezembro de 2004 (Diretiva da Transparência) e art. 2º, nº 1 *a)* da Diretiva nº 2003/71/CE, de 4 de novembro de 2003 (Diretiva dos Prospetos).

mentos do mercado monetário, os instrumentos derivados e as licenças de emissão[683].

Além disso, as categorias elencadas não são excludentes. De um lado, alguns valores mobiliários apresentam estrutura derivada (ex: warrants, certificados). Revela-se aqui uma sobreposição entre as figuras, mas de âmbito parcial – os derivados contratuais não são representados através de valores mobiliários. De outro lado, há derivados relativos a instrumentos do mercado monetário, como sub-parcela daquele universo.

A acrescer, parece difícil divisar a unidade por detrás deste conjunto. Com efeito, o valor mobiliário define-se por ser um documento representativo de posições jurídicas com vocação transmissiva e que, dadas estas características, se libertou do regime da cessão de posição contratual ou da cessão de créditos. Em contraste, deixando de lado os valores mobiliários de estrutura derivada, os derivados são contratos e, como tal, não assumem uma vocação circulatória. Os derivados de mercado não são objeto de transmissão, dado que as operações se extinguem por compensação, através de operações de sentido inverso; os derivados negociados fora de mercado, de sua banda, estão sujeitos às regras de cessão de posição contratual, quanto à alteração das partes contratantes[684].

Maior estranheza causa o alargamento dos instrumentos financeiros às licenças de emissão de carbono, promovido pela DMIF II[685]. No âmbito do Comércio Europeu de Licenças de Emissão de carbono, as licenças de emissão podem ser objeto de negociação, aquisição e alienação. Além disso, os leilões de licenças de emissão só podem realizar-se em mercado[686]. Por fim, as licenças de emissão podem constituir ativos subjacentes de instrumentos financeiros derivados.

Contudo, subjaz às licenças de emissão uma natureza e um processo genético e de extinção inteiramente singular. O passo perigoso, do ponto de vista conceptual, que o legislador deu com este alargamento foi o de confundir o derivado com o ativo subjacente e o de considerar que um e o outro são assimiláveis para efeitos de alguns pontos do regime. Adiante regressa-se a este ponto[687].

683 Anexo I, secção C da Diretiva 2014/65/UE (DMIF II).

684 Juan Ignacio Sanz Caballero, *Derivados Financieros*, Barcelona (2000), 147-148; José de Oliveira Ascensão, *Derivados*, em *Direito dos Valores Mobiliários*, Vol. IV (2003), 64-66; Engrácia Antunes, *Os Derivados*, *Cadernos MVM* nº 30 (agosto 2008), 98-99, 148-149.

685 Anexo I, secção C, ponto 11 da Diretiva 2014/65/UE (DMIF II).

686 Os leilões de licenças de emissão ou de produtos leiloados que neles se baseiam são realizados em conformidade com o Regulamento (UE) nº 1031/2010 da Comissão, de 12 de novembro de 2010, relativo ao calendário, administração e outros aspetos dos leilões de licenças de emissão de gases com efeito de estufa, nos termos da Diretiva 2003/87/CE do Parlamento Europeu e do Conselho relativa à criação de um regime de comércio de licenças de emissão de gases com efeito de estufa.

687 Cfr. *infra*, § 13º, 6.

III – O elenco de instrumentos derivados cobertos pelo nº 1 do art. 2º do Código abrange os seguintes:

- Os instrumentos derivados para a transferência do risco de crédito;
- Os contratos diferenciais;
- As opções, os futuros, os *swaps*, os contratos a prazo e quaisquer outros contratos derivados relativos a:
  i) Valores mobiliários, divisas, taxas de juro ou de rendibilidades ou relativos a outros instrumentos derivados, índices financeiros ou indicadores financeiros, com liquidação física ou financeira;
  ii) Mercadorias, variáveis climáticas, tarifas de fretes, licenças de emissão, taxas de inflação ou quaisquer outras estatísticas económicas oficiais, com liquidação financeira ainda que por opção de uma das partes;
  iii) Mercadorias, com liquidação física, desde que sejam transaccionados em mercado regulamentado ou em sistema de negociação multilateral ou, não se destinando a finalidade comercial, tenham características análogas às de outros instrumentos financeiros derivados nos termos do artigo 38º do Regulamento (CE) nº 1287/2006, da Comissão, de 10 de agosto;
- Quaisquer outros contratos derivados, nomeadamente os relativos a qualquer dos elementos indicados no artigo 39º do Regulamento (CE) nº 1287/2006, da Comissão, de 10 de agosto, desde que tenham características análogas às de outros instrumentos financeiros derivados nos termos do artigo 38º do mesmo regulamento.

IV – A partir deste quadro, é possível delinear a distinção entre os contratos derivados passíveis de negociação em mercado (ou sistema ou através de internalização) e os que não o são.

Os instrumentos derivados sobre mercadorias, de seu lado, apenas são cobertos se negociados em plataformas de negociação com divulgação pública de preços[688].

Ainda que fora deste caso, o mesmo regime da DMIF é de difícil aplicação a derivados de negociação fora de mercado (OTC). Por exemplo, o emblemático dever de execução nas melhores condições pressupõe uma comparabilidade de estruturas de negociação não compatível ou dificilmente compatível com instrumentos financeiros não padronizados[689]. Aqui se incluem, igualmente, contratos

[688] Art. 7º nº 1 do Regulamento Delegado (UE) 2017/565, da Comissão, de 25 de abril de 2016.

[689] Cfr. art. 64º, nº 4 do Regulamento Delegado (UE) 2017/565, da Comissão, de 25 de abril de 2016. Sobre o dever de execução nas melhores condições, remete-se para o tratamento *infra*, § 23º, 21.

diferenciais e opções puramente contratuais, cuja cessão de posição contratual obedece às regras gerais do Código Civil. Nestes casos, mesmo a aplicação do Código dos Valores Mobiliários seria à partida duvidosa: não se aplica o Título I, não há intermediação, nem há, tão-pouco, aplicação das regras sobre liquidação.

V – A acrescer, há outros pontos a atestar a heterogeneidade do conceito de instrumento financeiro. Relativamente aos instrumentos financeiros que não são valores mobiliários, remanescem diversas características que os distinguem dos valores mobiliários: naquele caso, inexiste exercício de direitos perante o emitente, não cabe falar em pedido de admissão, quanto ao regime, avultam outras diferenças, nomeadamente quanto aos deveres de informação.

O certo é que a categoria existe, interessando, assim, precisar o que une os valores mobiliários aos demais instrumentos financeiros. A resposta encontra-se fundamentalmente nos instrumentos financeiros enquanto objeto de serviços de intermediação financeira e de negociação em mercado.

Importa notar que, quando negociados em mercado regulamentado, os derivados são sujeitos a registo: os arts. 284º, nº 4 e 322º, nº 3 CVM reconhecem-no. Nesses casos, em vários pontos acentua-se a proximidade – parcial – com os valores mobiliários. O Código não o reconhece; mas não impede aplicação por analogia. Tal ocorre porque o Título II do Código regula o registo em duas acepções diferentes: ao lado das normas atinentes ao registo enquanto serviço de intermediação, há puras normas sobre titularidade. Aquelas normas (v.g. art. 80º) valem também para derivados registados; as normas sobre titularidade já não mostram idêntica vocação aplicativa (v.g. arts. 74º e 78º).

VI – Para uma análise da transposição do conceito de instrumento financeiro para o Direito português, é necessário atentar no nº 2 do art. 2º CVM. Reza este normativo o seguinte: *As referências feitas neste Código a instrumentos financeiros devem ser entendidas de modo a abranger os instrumentos mencionados nas alíneas a) a f) do número [1].*

A técnica legislativa aqui presente merece ser anotada. O Código não impõe diretamente um conceito de instrumento financeiro. Nem consagra, tão-pouco, uma tipologia taxativa de instrumentos financeiros – como um mero decalque da Diretiva poderia sugerir.

Com efeito, a lei portuguesa não afasta a possibilidade de qualificação por analogia de outras realidades como instrumentos financeiros. Os referidos nas alíneas *a)* a *f)* do nº 1 do artigo 2º, pelo menos, receberão a qualificação de instrumento financeiro. Mas não se exclui que outros recebam idêntico *nomen iuris.*

VII – Condensando a análise feita, dir-se-á faltarem, neste quadro, indícios mínimos de apuro conceitual: o instrumento financeiro surge como categoria que arruma, por conveniência, quatro realidades justapostas. A utilização do termo é incontornável, à falta de melhor, mas deve deixar-se claro que se trata de um arranjo conceptual de circunstância – sem pretensão alguma de discernir as características substanciais que unem os quatro sub-conjuntos incluídos.

Sendo assim, o único modo que se vislumbra para acautelar, no plano europeu, futuras evoluções com novos esquemas financeiros é o da futura adição de novos exemplos à lista anexa à Diretiva europeia – o que confere certeza jurídica ao regime, mas retira-lhe agilidade num contexto em permanente mudança, como é próprio dos mercados financeiros.

Não deve estranhar, por isso, que o Direito português tenha evitado uma demarcação fechada dos instrumentos financeiros, optando por uma tipologia enunciativa para a sua consagração.

2. *Os instrumentos financeiros por equiparação; os ICAE*

I – A Diretiva europeia sobre Mercados de Instrumentos Financeiros não considera os produtos seguradores como instrumentos financeiros. A própria Diretiva cuida de excluir as seguradoras do seu âmbito de aplicação[690]. Na lista de instrumentos financeiros também não são incluídos, *expressis verbis*, os depósitos bancários – embora parte importante das suas prescrições se dirija a depósitos estruturados.

Esta solução europeia – refletida no nº 1 do art. 2º CVM – é coerente com a tendencial divisão tripartida das Diretivas europeias da área financeira – que segrega as Diretivas bancárias, de mercado de capitais e seguradoras. Todavia, esta abordagem importa ponderosos inconvenientes e, no plano *de jure condendo*, tem vindo a ser posta em causa[691].

O ponto de partida para a crítica reside no desenvolvimento pujante da comercialização de contratos seguradores e bancários cujo perfil de remuneração é funcionalmente próximo do existente para os instrumentos financeiros *proprio sensu*. A acrescer, o circuito de distribuição destes instrumentos é commummente o mesmo utilizado na distribuição de instrumentos financeiros.

Aqui cabem, na primeira linha:

- os contratos comercializados por seguradoras que têm como referência o desempenho de índices e de outros instrumentos financeiros (*unit-linked*);

[690] Artigo 2º, nº 1 *a)* da Diretiva 2014/65/UE (DMIF II).

[691] European Commission, *Need for a Coherent Approach to Product Transparency and Distribution Requirements for "Substitute" Retail Investment Products? Call for Evidence* (2007); European Commission, *Communication To The European Parliament And The Council. Packaged Retail Investment Products* (2009); CESR/ CEBS/CEIOPS, *Report of the 3L3 Task Force on Packaged Retail Investment Products (PRIPS)*, (2010).

- os fundos de pensões abertos de adesão individual;
- as formas de comercialização conjunta de produtos de diferentes áreas do sistema financeiro;
- os depósitos estruturados ou outras formas de captação de fundos indexados ao desempenho de instrumentos financeiros.

A afinidade existente de todos estes instrumentos com os instrumentos financeiros leva a que sejam qualificados como produtos *concorrentes com ou equivalentes* aos do mercado de capitais.

Quanto aos contratos de seguro *unit-linked*, a afinidade resulta do facto de serem seguros (de vida), nos quais os montantes recebidos pela seguradora a título de prémio, deduzidos de comissões, são aplicados na aquisição de instrumentos financeiros de acordo com uma política de gestão pré-determinada. Os instrumentos adquiridos constituem, as mais das vezes, um património autónomo com afetação especial, segregado em relação a património geral da seguradora. Nestes casos, a prestação devida pela seguradora resulta da soma do montante seguro e do rendimento obtido pelos investimentos realizados, apurado ao momento da verificação de sinistro[692].

II – O problema reside mais precisamente em que, pese embora a proximidade funcional entre tais produtos financeiros e os valores mobiliários, subsistem no quadro europeu diferenças regulatórias relevantes entre uns e os outros, no sentido de uma exigência prescritiva no âmbito mobiliário, nomeadamente quanto aos deveres de informação – prévia (sobre o produto e seus riscos, incluindo a informação contida em mensagens publicitárias) e contínua (sobre o valor atual do aforro) – e quanto aos deveres de conduta na sua distribuição (incluindo regras sobre remuneração, conflito de interesses e adequação).

III – Atento o exposto, é fácil inferir que um alargamento do conceito de instrumento financeiro, ainda que por equiparação, a estas realidades serviria uma prevenção de assimetrias regulatórias entre instrumentos da área bancária, mobiliária e seguradora, que por vezes apresentam perfis de risco semelhantes.

As interligações entre a área do mercado de capitais e a área seguradora, aliás, são crescentes. Em Portugal, como é sabido, a Autoridade de Supervisão de Seguros e Pensões (ASF) e a CMVM fazem parte, juntamente com o Banco de Portugal, do Conselho Nacional de Supervisores Financeiros. Além disso, no plano europeu, foi em 2005 assinado um Protocolo Comum entre CESR, CEBS e CEIOPS (antecessores das atuais ESMA, EBA e EIOPA) para articulação das

692 Tapia Hermida, *Manual de Derecho de Seguros y Fondos de Pensiones*, Navarra (2006), 260-261.

atividades dos três comités agregadores das autoridades de supervisão bancária, seguradora e mobiliária.

IV – Precisamente por estas ordens de razões, o legislador português estendeu em 2007 larga parte do regime dos instrumentos financeiros aos contratos de seguro ligados a fundos de investimento e aos contratos de adesão individual a fundos de pensões abertos, confiando a competência à CMVM para a supervisão e regulação da comercialização destes contratos[693].

Esta extensão vigorou até à Lei nº 35/2018, de 20 de julho, que ao transpor a DMIF II para a ordem jurídica portuguesa devolveu à Autoridade de Supervisão de Seguros e Pensões a competência para a supervisão comportamental dos contratos de seguro ligados a fundos de investimento e dos contratos de adesão individual a fundos de pensões abertos.

Neste contexto, importa recordar que os contratos de seguro ligados a fundos de investimento são atingidos pelo Regime Jurídico do Contrato de Seguro (RJCS), aprovado através do DL nº 72/2008, de 16 de abril. Daqui decorre a sua qualificação como instrumentos de captação de aforro estruturado, do que resultam adicionais deveres de informação na apólice de seguro (art. 206º, nº 3) – que acrescem aos previstos no art. 187º RJCS, que lhes são igualmente aplicáveis – e um regime especial quanto ao prazo para o exercício do direito de arrependimento contratual (art. 118º, nº 1 *b)* RJCS).

VI – Este quadro sugere a necessidade de confrontar os instrumentos financeiros por equiparação com o conceito de instrumento de captação de aforro estruturado (ICAE).

Em causa estão os produtos financeiros que acumulam duas características: o hibridismo; e a sua ligação a referenciais de rendibilidade ligados aos instrumentos financeiros. Trata-se, com efeito, de produtos financeiros mistos que atravessam mais do que um subsetor financeiro, combinando características de produto bancário, de produto segurador e/ou mobiliário. A sua rendibilidade, por seu turno, é no todo ou em parte determinada por referência a critérios externos ligados a instrumentos financeiros. Tal supõe frequentemente – embora não necessariamente – a utilização de instrumentos financeiros derivados para a sua constituição ou cobertura do risco a estes associado.

[693] O DL nº 357º-A/2007, de 31 de outubro, introduziu modificações ao regime da atividade seguradora, constante do DL nº 94-B/98, de 17 de abril (tendo sido alterados os artigos 6º, 20º, 131º-A, 131º-B, 156º e 243º), ao regime dos fundos de pensões, constante do DL nº 12/2006, de 20 de janeiro (artigos 14º, 23º, 26º, 29º, 30º, 42º, 43º, 64º, 65º e 92º) e ao DL nº 176/95, de 26 de julho (artigos 2º e 5º-A). O Regime Jurídico do Contrato de Seguro inclui normas relativas aos seguros ligados a fundos de investimento (art. 184º e 187º-ss.), não prejudicando todavia as atribuições e competências da Comissão nesta matéria.

O ICAE corresponde a uma figura doméstica, criada sob a égide do Conselho Nacional de Supervisores Financeiros. No início da presente década foi sentida a necessidade de mitigar assimetrias em termos de deveres de informação aplicáveis a este tipo de instrumentos, o que originou uma ação concertada entre a CMVM, o Banco de Portugal e a ASF[694] e a aprovação, no setor bancário e segurador, de intervenções normativas *grosso modo* convergentes com os padrões então vigentes no plano mobiliário. Assim surgem o Aviso do Banco de Portugal nº 6/2002, o DL nº 60/2004, de 22 de março[695], e, em seu desenvolvimento, a Norma Regulamentar nº 5/2004 da ASF, de 10 de setembro de 2004.

Este quadro veio, todavia, a ser alterado por uma Circular da ASF a declarar a Norma Regulamentar nº 5/ 2004 do ISP revogada pelo DL nº 357-A/2007, de 31 de outubro[696]. O certo é que o DL nº 357-A/2007, de 31 de outubro, não eliminou a referência a instrumentos de captação de aforro estruturados constante do DL nº 176/95, de 26 de julho, na redação introduzida pelo DL nº 66/2004, de 22 de março.

Esse conceito de ICAE veio a ser retomado, pelo art. 206º do Regime Jurídico do Contrato de Seguro (RJCS) que os define – à semelhança do que fazia o DL nº 176/95, de 26 de julho – como os *instrumentos financeiros que, embora assumam a forma jurídica de um instrumento original já existente, têm características que não são diretamente identificáveis com as do instrumento original, em virtude de terem associados outros instrumentos de cuja evolução depende, total ou parcialmente, a sua rendibilidade, sendo o risco do investimento assumido, ainda que só em parte, pelo tomador do seguro.*

A formulação deste conceito não é imune a críticas. De um lado, toma os ICAE como sub-espécies de instrumentos financeiros, o que deve ser interpretado *cum granu salis* – dado que no universo de instrumentos financeiros por direta qualificação europeia, recortado no nosso sistema jurídico pelo nº 1 do art. 2º CVM, não se incluem os contratos de seguro. Se a isto se somar a qualificação dos contratos de seguro ligados a fundos de investimento como ICAE, o único modo de resgatar um sentido útil àquela qualificação legislativa é a de entender que no art. 206º se utiliza um conceito, mais amplo, de *instrumento financeiro por equiparação.*

De outro lado, a formulação adotada no art. 206º, nº 1 RJCS é unilateralista, uma vez que supõe um risco do tomador de seguro – quando é certo que o instrumento de base do ICAE pode não ser um contrato de seguro[697]. Neste sentido,

[694] Conselho Nacional de Supervisores Financeiros, *Relatório de Atividade* (2002-2004), 9.

[695] Este diploma introduziu alterações aos arts. 1º e 2º do DL nº 176/95, de 26 de julho e aditou-lhe um novo art. 5º-A, sob a epígrafe "instrumentos de captação de aforro estruturados".

[696] Circular da ASF nº 1/2008, de 14 de fevereiro.

[697] O art. 206º, nº 2 RJCS, ao aludir genericamente às autoridades competentes, não contraria esta ideia.

bem mais adequada é a noção neutra e transversal constante do Aviso nº 6/2002 do Banco de Portugal, que que se refere ao risco de investimento assumido, *ainda que só em parte, pelo aforrador.*

Com efeito, esta figura surge, no regime segurador, associada a um regime especial de menções obrigatórias na apólice (art. 206º, nº 3 RJCS) e de prazo de livre resolução (art. 118º, nº 1 *b)* RJCS). Mas as exigências informativas em causa são dissemelhantes das aplicáveis aos instrumentos de captação de aforro estruturados fora do setor segurador, como o documenta o Aviso nº 6/2002 do Banco de Portugal ou o regime constante do Regulamento (CE) nº 809/2004 para o prospeto de obrigações estruturadas, e para os quais, de resto, fora da comercialização à distância[698], não vigora qualquer direito de arrependimento. Assim, apesar da consagração do conceito de ICAE na legislação seguradora, a esta categoria não corresponde um regime unitário.

O problema de fundo reside aqui. Ao não remeter forçosamente para uma disciplina única em todo o sistema jurídico, o ICAE representa o mero reconhecimento da sobreposição de regimes de uma pluralidade de subsetores financeiros. Trata-se de uma qualificação que deixa por esclarecer a autoridade de supervisão competente na matéria. Tão-pouco fica resolvida, através desta categoria, a questão de saber qual a disciplina prevalecente – bancária, mobiliária ou seguradora –, em caso de incompatibilidade entre as disposições normativas que em concreto relevem para o instrumento em causa. Numa área jurídica de crescente sofisticação e complexidade, não é apenas a inexistência de estatuto dogmático unitário dos ICAE que fica comprovadamente exposta: a própria utilidade e operacionalidade da categoria enquanto instrumento legislativo resultam, pelo menos, envoltas em dúvidas.

VII – Em simultâneo com a consagração de instrumentos financeiros equiparados, foi ainda fixado um regime da comercialização dos contratos relativamente ao investimento em bens corpóreos.

A sua disciplina consta de diploma autónomo: o DL nº 357-D/2007, de 31 de outubro. Este diploma define os contratos relativamente ao investimento em bens corpóreos como aqueles em que a entidade comercializadora recebe do cliente qualquer quantia em contrapartida ou com vista à aquisição de bens corpóreos determinados ou de direitos sobre eles; e assume a obrigação de celebrar quaisquer outros negócios relativos aos bens corpóreos ou aos direitos adquiridos, tendo em vista a restituição total ou parcial, de uma só vez ou em prestações, do preço pago ou a sua rentabilização ou valorização (art. 2º, nº 1).

698 Arts. 19º e seguintes do DL nº 95/2006, de 29 de maio.

As entidades comercializadoras destes contratos devem previamente efetuar uma comunicação à CMVM, incumbida por lei da supervisão do diploma. No exercício da sua atividade, sujeitam-se a redobrados deveres de prestação de informação (arts. 5º, 6º, 9º, 11º e 12º do DL nº 357-D/2007) e a deveres de segregação entre o património próprio e o património dos clientes (art. 8º do mesmo diploma).

3. *Os instrumentos financeiros complexos*

I – Os tipos de instrumentos financeiros não podem ser classificados *a priori*, com inteiro rigor, segundo o seu grau de complexidade. Com efeito, mesmo aos tipos de valores mobiliários de estrutura tendencialmente mais simples podem ser associados, como critérios da remuneração, elementos que tornam a sua avaliação mais difícil.

Todavia, foi sentida a necessidade legislativa de traçar um perímetro a separar os instrumentos financeiros complexos dos não complexos, de modo a permitir que estes pudessem ficar sujeitos a regras menos exigentes quanto aos serviços de receção e transmissão de ordens. Em causa está o dever de avaliação da adequação do instrumento financeiro ao cliente que, cumpridos outros requisitos, se queda dispensado em caso de instrumentos financeiros complexos – sujeitando-se nesses casos a um regime de execução estrita[699].

II – Neste quadro, a técnica utilizada no regime europeu para delimitar a fronteira entre instrumentos financeiros complexos e não complexos envolveu a fixação de um elenco de instrumentos diretamente considerados como não complexos, permitindo-se todavia que outros possam merecer tal qualificação se cumprirem requisitos adicionais.

O ponto central na interpretação do regime europeu resulta da interação entre o artigo 25º, nº 4 alínea *a)* da DMIF II e o artigo 57º do Regulamento Delegado (UE) 2017/565. O artigo 25º, nº 4 alínea *a)* da DMIF II surge enquadrado no regime dos deveres de adequação, sendo desenhado para estabelecer o perímetro de derrogação à aplicabilidade dos deveres de *appropriateness* e *suitability* no contexto dos serviços de execução estrita de ordens de execução relativas a instrumentos financeiros não-complexos. O relevo do seu conteúdo justifica a sua transcrição abaixo:

4. Os Estados-Membros autorizam as empresas de investimento, quando prestam serviços de investimento que consistam exclusivamente na execução de ordens do cliente ou na sua receção e transmissão, com ou sem serviços auxiliares, com exceção da conces-

[699] O tema é retomado adiante: cfr. *infra*, § 24º, 18.

são de crédito ou de empréstimos tal como especificado no Anexo I, secção B, ponto 1, que não abranjam os atuais limites de crédito dos empréstimos, contas à ordem e descobertos dos clientes, a prestar esses serviços de investimento aos seus clientes sem necessidade de obter as informações ou efetuar a determinação a que se refere o nº 3, sempre que estejam preenchidas as seguintes condições:

Os serviços referem-se a qualquer dos seguintes instrumentos financeiros:

i) ações admitidas à negociação num mercado regulamentado ou num mercado equivalente num país terceiro ou num MTF, caso se tratarem de ações de empresas, e excluindo ações em organismos de investimento coletivo não OICVM e ações que incluam um instrumento derivado,

ii) obrigações ou outras formas de dívida titularizada, admitidas à negociação num mercado regulamentado ou num mercado equivalente num país terceiro ou num MTF, com exclusão das que incluam um instrumento derivado ou uma estrutura que torne difícil para o cliente compreender os riscos envolvidos,

iii) instrumentos do mercado monetário, com exclusão dos que incluam derivados ou incorporem uma estrutura que torne difícil para o cliente compreender os riscos envolvidos,

iv) ações ou unidades de participação em OICVM, com exclusão dos OICVM estruturados a que se refere o artigo 36º, nº 1, segundo parágrafo, do Regulamento (UE) nº 583/2010,

v) depósitos estruturados, com exclusão dos que incorporem uma estrutura que torne difícil para o cliente compreender o risco de retorno ou o custo de saída do produto antes do vencimento,

vi) outros instrumentos financeiros não complexos para efeitos do presente número.

III – É essencial reter, a partir deste enunciado, que a classificação de instrumentos não complexos assenta numa tipologia que comporta extensões, como se denota a partir da alínea *vi)*. Esta alínea incorpora uma cláusula geral que admite *outros instrumentos financeiros não complexos* para efeitos deste regime.

Esta estrutura de critérios distintivos é muito importante e apresenta implicações estruturais que devem ser tidas em conta. Assim, o catálogo de instrumentos financeiros não-complexos não permite inferir automática e diretamente quais são os instrumentos financeiros complexos. Nomeadamente, a mera circunstância de a alínea iv) considerar automaticamente que as ações ou unidades de participação em OICVM (com exceção dos estruturados[700]) são instrumentos

[700] O conceito de OICVM estruturado resulta do artigo 36º, nº 1, segundo parágrafo, do Regulamento (UE) nº 583/2010, sendo definidos como aqueles OICVM que, em certas datas pré-definidas, fornecem aos investidores ganhos baseados em algoritmos associados aos resultados, a alterações dos preços ou a outras condições de ativos financeiros, índices ou carteiras de referência ou OICVM com características semelhantes.

financeiros não-complexos não autoriza uma conclusão (extraída através de um raciocínio *a contrario*) de que todas as unidades de participação em organismos de investimento coletivo alternativos são necessariamente instrumentos financeiros complexos. Trata-se de um ponto que mereceu relevância direta a propósito dos PPR estruturados com base em fundos de investimento: a Portaria 126/2018, de 20 de junho, admite diretamente PPR que possam ser estruturados com uma política de gestão de acordo com as regras UCITS, recebendo nessa circunstância a qualificação de instrumentos financeiros não-complexos.

Isto é tanto mais certo quanto é sabido que o objetivo desta classificação, como resulta do Considerando 80 da DMIF II, é o de segregar em categoria autónoma determinados instrumentos financeiros *que incorporem um instrumento derivado ou uma estrutura que torne difícil para o cliente compreender os riscos envolvidos*.

Além disso, a DMIF II contém uma norma habilitante para a Comissão Europeia fixar os critérios para avaliação dos instrumentos financeiros não complexos para efeitos do nº 4, alínea *a)*, subalínea *vi)*, do artigo 24º, nº 5[701], através de Regulamento.

IV – Antes deste Regulamento ser aprovado, anota-se que a ESMA, no seu Parecer Técnico[702], apresentou duas sugestões relevantes para o tema que nos ocupa que como veremos adiante não foram subsequentemente acolhidas. De um lado, pretendeu que os critérios a fixar em regulamento de nível 2 fossem tidos como critérios adicionais aplicáveis aos instrumentos financeiros qualificados como não-complexos; de outro lado recomendou que fosse tornada clara a automática exclusão de outros instrumentos não complexos não diretamente reconhecidos pela DMIF II[703].

Importa, todavia, deixar claro que *esta dupla sugestão não foi acolhida no texto final do Regulamento da Comissão.*

V – Como já indicado, o texto legislativo de nível 2 que releva para este tema é o artigo 57º do Regulamento Delegado (UE) 2017/565. Convém deixar claro que este normativo é estabelecido expressamente para efeitos do artigo 25º, nº 4, alínea *a)*, subalínea *vi)*. Assim, a finalidade do Regulamento é a de proceder

[701] Artigo 25º, nº 8 da Diretiva 2014/65/UE (DMIF II).

[702] ESMA, *Final Report ESMA's Technical Advice to the Commission on MiFID II and MiFIR*, ESMA/ /2014/1569 (2014).

[703] *ESMA also recommends the clarification that the specific financial instruments that are excluded from the list of non-complex financial instruments described in Article 25(4)(a) of MiFID II cannot then be assessed against the criteria for the assessment of other non- 161 complex financial instruments in accordance with Article 25(4)(a)(vi) of MiFID II and they should be considered complex* (ESMA, Final Report ESMA's Technical Advice to the Commission on MiFID II and MiFIR, ESMA /2014/1569 (2014), 160-161).

a uma extensão dos instrumentos financeiros não-complexos – e não o de operar uma restrição em relação ao catálogo que foi apresentado na DMIF II[704].

Isto significa que a proposta da ESMA de ter no Regulamento critérios adicionais aplicáveis aos instrumentos não-complexos (o que converteria o Regulamento numa fonte de compressão e não de ampliação dos instrumentos não-complexos) não foi de todo acolhida.

Os requisitos em causa são os seguintes:

- Não se tratar de warrants, derivados ou licenças de emissão;
- Implicar com frequência oportunidades para alienar, resgatar ou realizar esse instrumento a preços que se encontrem publicamente à disposição dos participantes no mercado, correspondendo a preços de mercado ou a preços disponibilizados, ou validados, por sistemas de avaliação independentes do emitente;
- Não envolver responsabilidades efetivas ou potenciais do cliente, que excedam o custo de aquisição do instrumento;
- Não integrar uma cláusula, condição ou fator de desencadeamento suscetível de alterar radicalmente a natureza ou o risco do investimento ou perfil de pagamento, tais como investimentos que incorporam o direito de converter o instrumento num investimento diferente;
- Não incluir quaisquer encargos de saída explícitos ou implícitos que tenham por efeito tornar o investimento ilíquido, embora existam oportunidades tecnicamente frequentes para o alienar, resgatar ou realizar; e
- Haver publicamente disponíveis informações adequadamente completas sobre as suas características, sendo passíveis de compreensão rápida, de modo a permitir que o cliente não profissional médio possa fazer uma avaliação informada sobre a oportunidade de realizar uma transação sobre esse instrumento.

VI – Para uma caracterização do sistema de qualificação expansiva dos instrumentos financeiros não complexos à luz do preceito transcrito devemos separar o primeiro requisito (de natureza negativa) dos restantes. O primeiro elemento geral a observar prende-se com o primeiro requisito, constante da alínea *a)* do artigo 57º RD, referente à não inclusão no artigo 4º, nº 1, ponto 44, alínea *c)*, ou pelo anexo I, secção C, pontos 4 a 11, da Diretiva 2014/65/UE. Este requisito afasta a qualificação dos instrumentos financeiros em causa como warrants, derivados ou licenças de emissão. Apenas em relação a estes, é que há uma automática exclusão de qualificação como instrumentos financeiros não complexos à luz do artigo 57º do Regulamento Delegado (UE) 2017/565.

[704] Danny Busch, *A Bank's Duty of Care*, cit. (2017), 39.

Sucede que em relação aos restantes critérios de qualificação dos instrumentos financeiros não-complexos não há uma delimitação negativa em atenção ao tipo de valor mobiliário em causa, mas antes se revelam requisitos legais de qualificação que se prendem com o conteúdo concreto dos instrumentos financeiros ou do mercado ou contexto informativo aos mesmos associado.

Dito de outro modo, com exceção dos warrants, derivados ou licenças de emissão, os demais instrumentos financeiros podem ser ou não qualificados como instrumentos financeiros não-complexos consoante respeitem ou não os critérios estabelecidos nas alíneas *b)* a *f)* do artigo 57º do Regulamento Delegado (UE) 2017/565.

VII – A lista de instrumentos não complexos aqui revelada descende diretamente do regime europeu. No entanto, não se trata de um elenco incontestado. A opção legislativa aparece repetidas vezes criticada por ser estreita em demasia. Basta recordar, a propósito, que na preparação da DMIF I foram várias as insistências para colocar no leque dos instrumentos não-complexos os instrumentos derivados simples – o que não foi, a final, aceite[705].

Ao conjunto das críticas alinhadas, assim como à norma qualificativa *sub judice* não pode, contudo, atribuir-se excessiva importância. Esta divisão classificativa surge como uma solução de conveniência para tratar um aspeto pontual do regime da intermediação, sem que daí se possam inferir consequências mais amplas. A classificação em apreço não pode, é certo, ser tida como um indício incontestado do risco envolvido nos instrumentos financeiros em referência. Esta categorização é, no entanto, necessária, para alcançar uma determinação apriorística dos instrumentos que admitem execução estrita.

4. *Os produtos financeiros complexos*

I – Como medida legislativa emblemática no contexto da crise, o DL nº 211-A/2008, de 3 de novembro, entre inúmeras implicações, veio determinar maiores exigências informativas para o que denominava de produtos financeiros complexos[706].

Estes produtos financeiros complexos eram, no diploma, definidos como instrumentos financeiros que, embora assumindo a forma jurídica de um instrumento financeiro já existente, têm características que não são diretamente identificáveis com as desse instrumento, em virtude de terem associados outros

[705] Niamh Moloney, *The current framework (Lamfalussy) on European Securities Regulation, Direito dos Valores Mobiliários*, Vol. VIII (2008), 223.

[706] Menezes Cordeiro, *A tutela do consumidor de produtos financeiros e a crise mundial de 2007/2010*, cit. 629-630.

instrumentos de cuja evolução depende, total ou parcialmente, a sua rendibilidade (art. 2º, nº 1).

Merece reconstituir a *occasio legis* deste texto normativo. Este foi aprovado em plena crise financeira de 2007/8, figurando entre um conjunto amplo de medidas destinadas a repor a estabilidade nos mercados e a confiança dos investidores. Segundo o que consta do enunciado preambular, a intenção legislativa, neste ponto, é a *de nivelar os deveres de informação sobre produtos financeiros complexos, exigindo-se que a informação seja completa e clara de modo a permitir ao público o efectivo conhecimento das suas características e riscos, impondo-se o dever de entrega ao investidor de um documento informativo em linguagem clara, sintética e compreensível que expressamente identifique o produto como produto financeiro complexo.*

II – Do regime fixado pelo DL nº 211-A/2008, de 3 de novembro, resultava nomeadamente um dever de identificação do instrumento como produto financeiro complexo (art. 2º, nº 1), um dever de prévia entrega do prospeto do produto (art. 2º, n.os 2 e 3) e uma sujeição a aprovação prévia das mensagens publicitárias pela autoridade de supervisão competente (art. 2º, nº 5)[707].

III – A autonomização desta nova categoria conceptual – produto financeiro complexo – veio de encontro à necessidade sentida de estabelecer uma maior simetria regulatória entre instrumentos que possam ter um perfil económico de risco semelhante. O resultado atingido, todavia, constituiu uma solução muito marcada pelas circunstâncias históricas que a determinaram, e que se expõe a fundas críticas do ponto de vista sistemático.

A categoria dos produtos financeiros complexos foi abolida em 2018, com a consagração do regime dos PRIIPS, tendo a Lei nº 35/2018 procedido de forma explícita à revogação do art. 2º do DL 211º-A/2008[708].

5. *Os PRIIPS*

I – O Regulamento nº 1286/2014 de 26 de novembro de 2014, representa a principal fonte legislativa dedicada a produtos de investimento dirigidos ao retalho e a produtos financeiros com base em seguros – os PRIIPS.

Este regime transversal ou horizontal[709] é aplicável a dois tipos de produtos. De um lado aplica-se a produtos financeiros estruturados dirigidos ao retalho

[707] Catarina Gonçalves de Oliveira, *Produtos financeiros complexos*, Atualidad Juridica, nº 27 (2010), 104-110.

[708] Artigo 29º *f)* da Lei nº 35/2018, de 20 de julho.

[709] Thomas Möllers, *European Legislative Practice 2.0: Dynamic Harmonisation of Capital Markets Law – MiFID II and PRIIP, Banking and Finance Law Review* , 31.1(2015), 153; Diogo Costa Gon-

(*"packaged retail investment product"*), que se caracterizam por ser produtos de investimento nos quais o montante a reembolsar ao investidor não-profissional está sujeito a flutuações devido à exposição a valores de referência ou ao desempenho de um ou mais ativos não diretamente adquiridos pelo investidor não profissional[710]. De outro lado, aplica-se a produtos de investimento com base em seguros (*"insurance-based investment product"*) definidos por serem contratos de seguro em que o valor de vencimento ou valor de resgate esteja total ou parcialmente exposto, direta ou indiretamente às flutuações de mercado[711].

Pretende-se com este Regulamento incrementar a prestação de informação obrigatória e desse modo facilitar a comparabilidade de produtos financeiros com perfil económico próximo mas com forma jurídica diversa[712].

O seu conteúdo normativo encontra-se complementado pelo Regulamento Delegado nº 2017/653 da Comissão, de 8 de março de 2017, nomeadamente sobre a apresentação e o conteúdo do *Key Investor Document* (KID) e sobre os poderes de intervenção das autoridades competentes. Além disso, a Lei nº 35/2018, de 20 de julho faculta um regime jurídico dos PRIIPS, procedendo a adaptações no direito interno para uma articulação com os diplomas europeus[713].

II – O Regulamento nº 1286/2014 não se apoia numa tipologia de modo a poder cobrir um espetro mais alargado de produtos de aforro. Assim, o diploma abrange produtos bancários, seguradores e valores mobiliários que preencham os requisitos de indexação de que dependa a sua aplicação[714].

Um caso particular é o das unidades de participação em fundos UCITS que se quedam transitoriamente excluídas de aplicação até 31 de dezembro de 2019[715]. À exceção deste caso, a disciplina imposta pelo Regulamento nº 1286/2014 é

çalves, *Produtos financeiros complexos e PRIIPS*, em Paulo Câmara (coord.), *O Novo Direito dos Valores Mobiliários*, cit., 396-399.

[710] Artigo 4º, nº 1 do Regulamento nº 1286/2014 de 26 de novembro de 2014.

[711] Artigo 4º, nº 2 do Regulamento nº 1286/2014 de 26 de novembro de 2014.

[712] Veeerle Colaert, *The Regulation of PRIIPs: great ambitions, insurmountable challenges?* KU Leuven, (2016), 3; Thomas Möllers, *European Legislative Practice 2.0: Dynamic Harmonisation of Capital Markets Law – MiFID II and PRIIP, Banking and Finance Law Review* , 31.1(2015), 150-151..

[713] Refira-se ainda estar em preparação um regime sobre PRIIPS com objetivos ambientais ou sociais: EBA/ ESMA/ EIOPA, *Joint Consultation Paper on PRIIPS with environmental or social objectives*, JC 2017 5 (2017).

[714] Criticamente, preconizando um futuro alargamento do âmbito do regime: Veeerle Colaert, *The Regulation of PRIIPs: great ambitions, insurmountable challenges?* KU Leuven, (2016), 8-9.

[715] Artigo 32º, nº 1 do Regulamento nº 1286/2014 de 26 de novembro de 2014. A reavaliação do Regulamento irá implicar uma análise sobre uma possível prorrogação adicional desta exclusão de âmbito, à luz da informação prestada no âmbito do regime dos UCITS (artigo 33º, nº 1 do mesmo Regulamento).

cumulável com as exigências informativas decorrentes da aplicação do regime setorial aplicável[716]. Designadamente, os valores mobiliários estruturados distribuídos através de oferta pública sujeitam-se ao dever de elaboração de prospeto e também ao dever de prestação de informação ao abrigo do Regulamento PRIIPS[717].

Convém ter presente que a distribuição dos produtos bancários e mobiliários aqui cobertos encontra-se também regulada pela DMIF II, ao passo que a distribuição dos produtos de investimento com base em seguros encontra tratamento adicional na Diretiva de Distribuição de Seguros[718].

III – O Regulamento dos PRIIPS aplica-se quer aos produtores/ emitentes destes instrumentos quer a quem aliena ou presta serviços de consultoria sobre estes instrumentos – nomeadamente bancos e gestores de ativos[719].

Os deveres jurídicos aqui envolvidos para os produtores destes instrumentos são os deveres de preparação, notificação à autoridade e divulgação prévia[720] de Informação Fundamental aos Investidores (KID: art. 5) de acordo com o conteúdo fixado nos diplomas de nível 1 e de nível 2[721] e proceder à sua revisão regular e à sua atualização sempre que necessário[722].

Por seu turno, os alienantes ou prestadores de serviços de consultoria ficam obrigados a facultar aquele documento informativo antes da vinculação[723].

Segundo o regime nacional, a disponibilização de PRIIPS em território nacional depende da prévia notificação do KID à autoridade competente com, pelo menos, dois dias úteis relativamente à data pretendida para a respetiva disponibilização. Esta obrigação, primariamente a cargo do produtor, pode ser cumprida pelo comercializador se aquele não tiver sede ou estabelecimento em Portugal[724].

[716] Artigo 3º do Regulamento nº 1286/2014 de 26 de novembro de 2014.

[717] Artigo 3º nº 1 do Regulamento nº 1286/2014 de 26 de novembro de 2014.

[718] Artigos 26º-30º da Diretiva 2016/97/UE, de 20 de janeiro de 2016 e arts. 10º-19º do Regulamento Delegado (UE) 2017/2359 da Comissão, de 21 de setembro de 2017.

[719] Artigo 2º, nº 1 do Regulamento nº 1286/2014 de 26 de novembro de 2014.

[720] No tocante à antecedência da entrega do KID, rege o artigo 17º do Regulamento Delegado nº 2017/653 da Comissão, de 8 de março de 2017.

[721] Artigos 6º-8º do Regulamento nº 1286/2014 de 26 de novembro de 2014 e artigos 1º-14º do Regulamento Delegado nº 2017/653 da Comissão, de 8 de março de 2017.

[722] Artigos 10º do Regulamento nº 1286/2014 de 26 de novembro de 2014 e artigos 15º-16º do Regulamento Delegado nº 2017/653 da Comissão, de 8 de março de 2017.

[723] Artigo 13º, nº 1 do Regulamento nº 1286/2014 de 26 de novembro de 2014.

[724] Artigo 2º nº 1 do Anexo II à Lei nº 35/2018, de 20 de julho.

Além disso, as mensagens publicitárias relativas a PRIIPS estão sujeitas a um regime de aprovação prévia. Cada autoridade competente tem um prazo de sete dias úteis para uma tomada de decisão, após o pedido completamente instruído[725].

IV – Um ponto crítico desta disciplina prende-se com os poderes de intervenção confiados à EIOPA e à autoridade competente de cada Estado-membro[726].

O regime encontra-se desenvolvido no Regulamento Delegado nº 2017/653 da Comissão, de 8 de março de 2017 que determina os critérios de intervenção de cada autoridade.

Em Portugal, a competência é dividida entre o Banco de Portugal (depósitos estruturados e vendas associadas), a CMVM (valores mobiliários, produtos duais e outros instrumentos equivalentes) e a ASF (a quem cabe supervisionar *unit-linked*, seguros de vida e produtos equivalentes)[727]. A nenhum dos reguladores é atribuída uma competência residual, o que pode colocar dificuldades perante a crescente complexidade de produtos financeiros.

V – No seu todo, este regime suscita duas observações de sinal divergente. De um lado, em termos materiais atinge-se uma harmonização máxima da prestação de informação – o que é sublinhado pelo tipo de instrumentos normativos utilizados, seja em termos de nível 1, seja em termos de Regulamentos Delegados de nível 2.

De outro lado, no âmbito institucional sobram ao invés assimetrias claras porquanto se designa como competente um regulador europeu na área seguradora (a EIOPA) ao passo que nas demais áreas fica a competência reservada à autoridade nacional setorial de cada Estado-membro. Por seu turno, em Portugal, a divisão de competências entre autoridades não afasta a possibilidade de surgirem produtos híbridos que desafiem a delimitação estabelecida. Assim, mau grado a densidade regulamentar imposta, não é de excluir que venham a surgir dissonâncias e dificuldades aplicativas a toldar o objetivo de transversalidade que subjaz a este regime[728].

6. *Instrumentos financeiros e jogo e aposta*

I – As diferenças entre os instrumentos financeiros e os contratos de jogo e aposta remontam a épocas historicamente recuadas.

[725] Artigo 4º do Anexo II à Lei nº 35/2018, de 20 de julho.

[726] Artigos 16º, nº 2 e 17º, nº 2 do Regulamento nº 1286/2014 de 26 de novembro de 2014.

[727] Artigo 5º nº 1 do Anexo II à Lei nº 35/2018, de 20 de julho.

[728] Em sentido concordante: Diogo Costa Gonçalves, *Produtos financeiros complexos e PRIIPS*, em Paulo Câmara (coord.), *O Novo Direito dos Valores Mobiliários*, cit., 398.

No século XIX, a previsão das operações de bolsa e o regime do ofício de corretor diferenciava-se em absoluto do tratamento punitivo dedicado ao jogo, considerado um crime à luz do Código Penal de 1886 (artigos 264 e 267, § 2º) e tido como um meio ilegítimo de aquisição de acordo com o Código Civil de 1867 (artigos 1541 e 1542).

A partir do Decreto nº 14.643, de 3 de dezembro de 1927, o regime do jogo passaria a assentar num modelo de concessões – traço que se manteria no DL nº 41.562, de 18 de março de 1958 e no regime presente, regulado através do DL nº 422/89, de 2 de dezembro de 1989. Vários obrigações das concessionárias estão relacionados com o turismo e, por isso, os jogos de azar estão sob a supervisão do Ministro encarregado do Turismo. Assim, a estrutura da regulação e a competência da supervisão demarcam-se também nitidamente da vigente em relação aos contratos celebrados no mercado de instrumentos financeiros. A supervisão de contratos financeiros é confiada a uma autoridade administrativa – atualmente a CMVM – e não ao Governo ou à Inspeção-Geral de Jogos. Nenhum intermediário financeiro opera na base de uma concessão local, mas atua ao invés graças a uma autorização geral a que sujeitam os intermediários financeiros como elemento de uma sã concorrência de acordo com as regras nacionais e com as regras do mercado interno da UE.

II – Dado este diferente percurso histórico, o âmbito dos instrumentos financeiros é claramente autónomo em relação ao contrato de jogo e aposta. Como referiu de modo lapidar John Kay: *Finance is not a game, and sporting metaphors are inappropriate*[729].

Aos instrumentos financeiros subjaz um desiderato de investimento, assunção ou transferência de risco, o que contrasta com a finalidade lúdica do jogo, resultando daí uma plurissecular diversidade no correspondente tratamento normativo. A finalidade dos instrumentos financeiros diferencia-se igualmente da aposta – que consubstancia um acordo pelo qual as partes têm uma perceção diferente sobre um evento futuro (por exemplo, um evento desportivo) ou passado e concordam em dar dinheiro a um ou outro de acordo com a verificação ou não verificação de tal evento[730].

[729] John Kay, *Other People's Money*, (2015), 308.

[730] Teresa Echevarría de Rada, *Los Contratos de Juego y Apuesta*, Barcelona (1996) 72-73; Margarida Lima Rego, *Contrato de Seguro e Terceiros. Estudo de Direito Civil*, (2010) 62-63; Rui Pinto Duarte, *O jogo e o Direito*, *Thémis Revista de Direito*, Ano II, nº 3 (2001), 69-76; Simão Mendes de Sousa, *Os Derivados Diferenciais e a Exceção de Jogo e Aposta*, Cadernos MVM nº 53 (abr.-2016), 24-36. Em sentido diverso, entendendo que os swaps podem configurar apostas válidas, cfr. porém Carlos Ferreira de Almeida, *Swaps de Troca e Swaps Diferenciais*, *Cadernos MVM*, nº 51 – Ensaios de Homenagem a Amadeu Ferreira Volume I (Ago.-2015), 11-22.

Em resultado das diferenças históricas e estruturais apontadas, contrariamente às dívidas de jogo e aposta que, segundo o regime comum, configuram obrigações naturais (art. 1245º, nº 1 CC)[731], as obrigações emergentes dos instrumentos financeiros são obrigações jurídicas, podendo ser judicialmente exigidas.

Outro fator diferenciador, à luz do Direito positivo português, reside em que o regime do jogo assenta ainda num sistema de exclusivos[732] – o que contrasta com o estímulo que o Direito mobiliário confere à concorrência entre intermediários financeiros e entidades gestoras de estruturas de negociação, sobretudo após a Diretiva dos Mercados de Instrumentos Financeiros.

III – A ligação dos instrumentos financeiros à realidade económica, porém, por vezes é mais mitigada. A técnica da derivação contribui em grande parte para este fenómeno. Por seu turno, os fundos de fundos e os warrants sobre warrants – os primeiros comuns, os segundos possíveis mas inexistentes na prática – são exemplos de valores mobiliários em que se vai perdendo a ligação com a realidade económica subjacente. Em casos extremos (e apenas nestes)[733], as diferenças entre instrumentos financeiros e contratos de jogo e aposta podem assumir unicamente natureza formal, o que sucede nomeadamente quando a remuneração dos valores mobiliários se encontra na dependência, ainda que parcial, de resultados desportivos.

7. *As licenças de emissão enquanto instrumentos financeiros*

I – A DMIF II promoveu um alargamento dos instrumentos financeiros, estendendo a tipologia legislativa constante do Anexo I para nesta serem incluídas as licenças de emissão de carbono[734]. Estas são definidas como *as licenças de emitir uma tonelada de equivalente dióxido de carbono durante um determinado período, que só são válidas para efeitos do cumprimento da Diretiva do comércio europeu de licenças de emissão e que são transmissíveis em conformidade com as suas disposições*[735].

À superfície, pareceria tratar-se apenas de mais uma extensão ao elenco de instrumentos financeiros, como se verificou recorrentemente no passado em

[731] Cfr. a propósito Rui Pinto Duarte, *O Jogo e o Direito*, cit., 69-93 (72-76); Menezes Leitão, *Direito das Obrigações*[6], III (2009), 581-583.

[732] O tema foi revisitado por Luís Silva Morais, *O regime do jogo e o Direito Económico Comunitário*, em *Estudos em Honra ao Professor Doutor José de Oliveira Ascensão*, Coimbra (2008), I, 577-620.

[733] Para uma conceção diametralmente diferente, mas carecida de sustentação nos pontos estruturais e históricos aqui tratados: José Lebre de Freitas, *Contrato de swap meramente especulativo. Regime de validade e alteração das circunstâncias*, ROA, (2012), 951-953.

[734] Anexo I, secção C, ponto 11 da Diretiva 2014/65/UE (DMIF II).

[735] Artigo 3º *a)* da Diretiva 2003/87/CE do Parlamento Europeu e do Conselho de 13 de outubro de 2003 relativa à criação de um regime de comércio de licenças de emissão de gases com efeito de estufa na Comunidade.

relação aos instrumentos financeiros derivados. Esta extensão legislativa, porém, apresenta bastantes diferenças qualitativas e merece ser aqui reconstituído nas suas dimensões essenciais.

De um lado, é forçoso reconhecer que certas características aproximam as licenças de emissão dos demais instrumentos financeiros.

Em primeiro lugar, as licenças têm um valor patrimonial[736]. Por esse motivo, no âmbito do Comércio Europeu de Licenças de Emissão de carbono, as licenças de emissão podem ser objeto de negociação, aquisição e alienação[737].

Por outro lado, as licenças são documentadas através de registos informáticos que representam direitos fungíveis[738]. Soma-se que os leilões de licenças de emissão só podem realizar-se em mercado[739]. Por fim, as licenças de emissão podem constituir ativos subjacentes de instrumentos financeiros derivados, o que é reconhecido pela própria DMIF.

II – Os pontos de proximidade identificados não devem ser sobrestimados. Sem prejuízo da singularidade própria das licenças de emissão, a transmissibilidade, a padronização e a suscetibilidade de servir de ativo subjacente a um derivado não são suficientes para uma identificação substantiva com os instrumentos financeiros[740]. Trata-se de feições comuns por exemplo a qualquer mercadoria negociada (a contado) por grosso.

As questões estruturais a colocar prendem-se com a natureza das licenças em confronto com os demais instrumentos financeiros[741].

Quanto à sua natureza, as licenças de emissão são atribuídas no Comércio Europeu de Licenças de Emissão de carbono para limitar a emissão de gases de

[736] International Carbon Action Partnership, *Carbon Market Oversight Primer*, Berlin, (2013), 6.

[737] Artigo 12º da Diretiva 2003/87/CE do Parlamento Europeu e do Conselho de 13 de outubro de 2003.

[738] Tiago Antunes, *Ensaio sobre a natureza jurídica das licenças de emissão no seio do mercado europeu de carbono*, (2014), 288-309.

[739] Os leilões de licenças de emissão ou de produtos leiloados que neles se baseiam realizam-se de acordo com o Regulamento (UE) nº 1031/2010 da Comissão, de 12 de novembro de 2010, relativo ao calendário, administração e outros aspetos dos leilões de licenças de emissão de gases com efeito de estufa, nos termos do artigo 10º da Diretiva 2003/87/CE do Parlamento Europeu e do Conselho.

[740] Tiago Antunes, *Ensaio sobre a natureza jurídica das licenças de emissão no seio do mercado europeu de carbono*, cit., 469.

[741] Assinalando igualmente as diferenças: Tiago Antunes, *Ensaio sobre a natureza jurídica das licenças de emissão no seio do mercado europeu de carbono*, cit., 466-487; Carlos Costa Pina, *Mercado de direitos de emissão de CO2, Estudos jurídicos e económicos em homenagem ao Prof. Doutor António de Sousa Franco*, Vol. I., (2006), 467-515 (505). O ponto foi levantado no documento de consulta pública sobre a revisão da DMIF: cfr. European Commission, *Public Consultation Review Of The Markets In Financial Instruments Directive (Mifid)*, (2010), 42-43.

carbono[742]. São atribuições de cada Estado[743]. Os demais instrumentos financeiros (valores mobiliários, derivados, valores monetários) documentam situações jurídicas de direito privado, o que não sucede nas licenças de emissão.

O processo genético das licenças de emissão, por seu turno, assenta na atribuição por parte da instituição pública competente para o efeito[744]. Não existe aqui, assim, um emitente tal como reconhecido nos valores mobiliários.

Por fim, é igualmente diverso o regime de extinção das licenças de emissão. A Diretiva impõe a devolução pelo operador de cada instalação, até 30 de abril de cada ano, de um número de licenças de emissão equivalente ao total das emissões provenientes dessa instalação durante o ano civil anterior, com vista à sua anulação[745]. Trata-se de um mecanismo extintivo que não encontra paralelo na ordem jurídica em outros instrumentos financeiros.

III – Em suma, percebe-se que a DMIF II e o Regulamento do Abuso de Mercado, por razões de conveniência prática, inauguraram uma apropriação parcial das regras mobiliárias por parte de um instrumento com um perfil estrutural inteiramente diferente.

Note-se não estar em causa uma concordância com a aplicação parcelar do regime mobiliário às licenças de emissão, para regulação dos intermediários, dos participantes e das plataformas de negociação, com vista a uma prevenção de fraudes e delitos na negociação e para o reforço dos objetivos ambientais em jogo. Tal deveria no entanto ter ocorrido sem o sacrifício da ossatura básica do (pouco) que restava da categoria dos instrumentos financeiros.

Para indicar exemplos de técnicas legislativas mais acertadas, repare-se por um lado que os depósitos bancários estruturados recebem aplicação de parte do regime da DMIF II, sem no entanto serem considerados instrumentos financeiros[746]. Por outro lado, no Regulamento PRIIPS, no fundo, também se procedeu a uma extensão de regras mobiliárias (no essencial informativas e supervisivas) para fora do âmbito mobiliário, com a criação de uma categoria conceitual nova[747]. A aplicação de uma abordagem semelhante ao caso das licenças de emis-

[742] International Carbon Action Partnership, *Carbon Market Oversight Primer*, Berlin, (2013), 4-6.

[743] Artigo 18º-A da Diretiva 2003/87/CE do Parlamento Europeu e do Conselho de 13 de outubro de 2003.

[744] International Carbon Action Partnership, *Carbon Market Oversight Primer*, Cit., 6.

[745] Artigo 12º nº 3 da Diretiva 2003/87/CE do Parlamento Europeu e do Conselho de 13 de outubro de 2003.

[746] Artigos 1º, nº 4, 4º, nº 1 43), 14º e 69º, nº 1 *s)* e *t)* da Diretiva nº 2014/65/UE, de 15 de maio de 2014 (DMIF II).

[747] Regulamento (UE) nº 1286/2014, do Parlamento Europeu e do Conselho, de 26 de novembro de 2014. Cfr. *supra*, § 13º, 5.

são teria tido vantagens apreciáveis do ponto de vista da correta sistematização e ordenação das matérias normativas em apreço.

IV – A qualificação das licenças de emissão como instrumentos financeiros comporta consequências importantes quanto ao âmbito de aplicação das regras sobre abuso de mercado[748]. Note-se que o Regulamento (UE) da Comissão 1031/2010, de 12 de novembro de 2010 (Regulamento sobre leilões) já em diversos pontos fazia aplicar ao leilão de emissões regras de prevenção de abuso de mercado[749]. Além disso, igualmente o Regulamento (UE) 1227/2001, de 27 de outubro de 2011, relativo aos mercados grossistas de energia (REMIT) já incorporava proibições de abuso de mercado e deveres de comunicação de informação privilegiada[750]. Todavia, com o Regulamento do Abuso de Mercado estas consequências jurídicas associadas às licenças de emissão são bastante mais amplas.

De um lado, os participantes em mercados de licenças de emissão passam a estar sujeitos ao regime sobre abuso de mercado. Aqui se inclui qualquer pessoa que realiza operações, incluindo a colocação de ordens, relativas a licenças de emissão, produtos leiloados baseados nelas, ou derivados das mesmas[751]. O participante no mercado das licenças de emissão tem o dever de divulgar publicamente a informação privilegiada respeitante às licenças de emissão que detém em virtude da sua atividade, incluindo as instalações[752], que o participante em causa ou a sua empresa-mãe ou empresa associada possui ou controla, ou por cujas questões operacionais o participante, a empresa-mãe ou empresa associada é total ou parcialmente responsável. No que diz concretamente respeito às instalações, essa divulgação *inclui as informações com relevância para a capacidade e a utilização das instalações na área da energia, incluindo a indisponibilidade prevista ou imprevista das mesmas*[753].

[748] Sobre as regras gerais do abuso de mercado, cfr. *infra* § 48º-49º.

[749] Artigo 36º, nº 1 do Regulamento (UE) da Comissão 1031/2010, de 12 de novembro de 2010, mandava aplicar as disposições da Diretiva de Abuso de Mercado aos derivados sobre licenças que fossem instrumentos financeiros.

[750] Artigos 3º a 7º do Regulamento (UE) 1227/2001, de 27 de outubro de 2011.

[751] Artigo 3º, nº 1 20) do Regulamento.

[752] Sobre o conceito de «*instalação*» cf. o artigo 3º da Diretiva 2003/87/CE do Parlamento Europeu e do Conselho, de 13 de outubro de 2003, relativa à criação de um regime de comércio de licenças de emissão de gases com efeito de estufa na Comunidade e que altera a Diretiva 96/61/CE do Conselho.

[753] De acordo com o Considerando 51 do Regulamento, *a informação a divulgar deverá abranger as operações físicas da parte declarante e não os seus planos ou estratégias para o comércio de licenças de emissão, os produtos leiloados baseados nestas ou os instrumentos financeiros derivados com elas relacionados.* Todavia, saliente-se que o participante no mercado de licenças de emissão deixa de estar adstrito ao dever de divulgação pública de informação privilegiada, caso as respetivas instalações que possui, con-

Além disso, a negociação em licenças de emissão ou em derivados relativos a licenças de emissão passa a reger-se igualmente pelos deveres de comportamento relativos ao abuso de mercado. Nomeadamente, quem aceda a informação privilegiada com impacto no preço de licenças de emissão deve abster-se de negociar, adquirir ou alienar tais licenças de emissão ou os instrumentos derivados com estas relacionados. Acresce que estas pessoas devem ser incluídas nas listas de insiders. Por fim, os dirigentes dos participantes em mercados de licenças de emissão estão igualmente sujeitos a restrições e a deveres de informação nas transações sobre licenças de emissão realizadas por si ou por pessoas consigo relacionadas[754].

8. *O problema após a Diretiva dos Mercados de Instrumentos Financeiros; o título do Código*

I – O primeiro Código desta área jurídica, datado de 1991, intitulava-se Código do Mercado de Valores Mobiliários.

Tal designação foi alterada no Código atualmente vigente – o Código dos Valores Mobiliários. Com este código, foi dado um salto importante. Do enfoque nos mercados, patente no diploma de 1991, passou-se para o enfoque nos valores mobiliários. Tal teve tradução no importante Título II do Código, a reunir um acervo de dispositivos dedicados ao regime geral dos valores mobiliários. A autonomização deste Título foi causa determinante na designação atribuída ao Código.

Cabe por isso questionar-se se o título do Código, com a transposição da Diretiva dos Mercados de Instrumentos Financeiros, deveria igualmente sofrer uma modificação, para passar a denominar-se Código dos Instrumentos Financeiros[755].

II – Para dar resposta a esta questão, convém antes de mais precisar que o conceito de instrumento financeiro é, de facto, anterior ao Código de 1999.

Com efeito, o Código do Mercado de Valores Mobiliários de 1991, no seu art. 3º, nº 2 *b)*, equiparava aos valores mobiliários os instrumentos financeiros,

trola ou pelas quais é responsável tenham tido, no ano anterior, emissões inferiores a um limiar mínimo de equivalente dióxido de carbono e que, caso realizem atividades de combustão, tenham tido uma potência térmica de combustão inferior a um limiar mínimo. As fasquias relevantes são estabelecidas pelo Regulamento Delegado da Comissão (UE) 2016/522, de 17 de dezembro de 2015.

[754] Cfr. *infra* § 48º-49º.

[755] Para uma tomada de posição sobre o tema, em sentido afirmativo: AMADEU FERREIRA, *Um Código dos Instrumentos Financeiros? Algumas Notas Soltas*, nos *EH ao Professor Doutor Carlos Ferreira de Almeida*, I (2010), 703-710.

nomeadamente futuros e opções, negociados em bolsa, traduzidos em contratos padronizados a prazo que tenham por objeto, direta ou indiretamente, valores mobiliários, de natureza real ou teórica, taxas de juro, divisas ou índices sobre valores mobiliários, taxas de juro ou divisas.

O Código de Valores Mobiliários, na sua versão originária, também regulava os instrumentos financeiros, embora com um cuidado maior em estabelecer a diferenciação em relação aos valores mobiliários. Na preparação do diploma, aliás, discutiu-se se seria de perfilhar um conceito amplo de valor mobiliário, que incluísse os derivados, ou um conceito restrito, mais técnico, que os deixasse à margem[756]. Foi esta última a opção perfilhada (art. 1º CVM).

III – É certo que com a Diretiva dos Mercados de Instrumentos Financeiros, houve um sensível alargamento das previsões referidas a instrumentos financeiros; tendência, aliás, que se acentuou com a DMIF II, com o alargamento às licenças de emissão[757]. Todavia, tal não basta para modificar o título do diploma. O título deve ser o reflexo do conteúdo do Código e da técnica regulatória utilizada.

A este propósito, é notório que os instrumentos financeiros derivados recebem um tratamento fragmentário. Nem a DMIF, nem a sua transposição para o Direito português disponibilizaram uma parte geral sobre instrumentos financeiros. Os instrumentos financeiros derivados apenas são regulados quanto à sua intermediação, liquidação, supervisão e disciplina[758]. Tal consubstancia uma significativa diferença em relação ao que sucede quanto aos valores mobiliários. No Código, apenas os valores mobiliários são objeto de um regime geral, concentrado no Título II[759]. E o Título III, sobre ofertas públicas, é de todo inaplicável aos contratos derivados.

Especialmente sintomático é o que se depara na parte geral do Código. Esta não é integralmente vocacionada para os instrumentos financeiros em geral. Trata-se ainda uma parte geral mais dirigida aos valores mobiliários e não aos instrumentos financeiros derivados. Poucos são os preceitos adaptados a ambos – salvo

[756] Recorde-se o depoimento de Ferreira de Almeida nas *Atas das Reuniões do Conselho Nacional do Mercado de Valores Mobiliários*, cit., 88.

[757] Em rigor, o Regulamento europeu sobre Abuso de Mercado não contém uma definição autónoma de instrumento financeiro, mas remete para o conceito da DMIF II; mas a vigência daquele iniciou-se antes desta. Cfr. *infra*, §§ 48º-49º.

[758] Os instrumentos financeiros não servem, pois, de denominador comum no âmbito de aplicação do Código. Em sentido diverso, Engrácia Antunes sustenta que os instrumentos financeiros são "o novo conceito-chave" no Direito dos Valores Mobiliários: *Os Instrumentos Financeiros*³, cit., 5.

[759] Os tipos de valores mobiliários, já o sabemos, são tratados em leis especiais. Nessa medida, o Código contém um regime geral, mas não um regime exaustivo dos valores mobiliários.

os arts 4º, 7º e 30º CVM. Em suma: uma parte geral do Código sobre regime dos instrumentos financeiros está ainda por construir.

Além da fragmentariedade da regulação dos instrumentos financeiros derivados, deve assinalar-se a patente fluidez subjacente à delimitação do que são instrumentos financeiros. Como foi notado, o Código, na transposição da DMIF realizada em 2007, não consagrou, *proprio sensu*, um conceito de instrumento financeiro[760]. Do ponto de vista histórico, nem os textos europeus permitem a reconstituição de um conceito de instrumento financeiro.

IV – Não se conhece, tão-pouco, construção forjada doutrinariamente que detete o que existe de comum entre os valores mobiliários e os instrumentos financeiros derivados.

Assim, Ferreira de Almeida define instrumentos financeiros como "*documentos e contratos financeiros* latu sensu, *isto é, destinados ao financiamento a qualquer prazo ou relacionados com o financiamento a qualquer prazo*[761]. Trata-se, todavia, de um critério muito enfeudado à essencialidade do financiamento, o que não se ajusta aos instrumentos financeiros derivados nem, como resulta refutado em páginas anteriores[762], a parte do universo dos valores mobiliários.

Engrácia Antunes, de sua banda, ensaia uma definição de instrumento financeiro como "*instrumento juscomercial de natureza e conteúdo heterogéneos suscetível de criação e/ou negociação no mercado de capitais, que tem como finalidade primordial o financiamento e/ou a cobertura de risco da atividade económica das empresas*" – mas admite não existir um conceito definitivo e universal da figura[763].

Percebe-se, a partir daqui, que o instrumento financeiro constitui *uma categoria classificativa e não conceptual.* Reconhece-se que nas alíneas *a)* a *f)* do nº 1 do artigo 2º há um elenco de instrumentos financeiros (cfr. o nº 2 do artigo 2º). Mas não é certo que a lista de instrumentos financeiros aí contida, por intermédio da DMIF, seja exaustiva. Assim, a configuração dos instrumentos financeiros como categoria autónoma assume uma vocação potencialmente expansiva.

V – Admite-se que o título do Código seja incompleto – com mais propriedade se diria "Código dos Valores Mobiliários, da Intermediação e das Estruturas

[760] O art. 199º-A RGIC continha um ensaio definitório de instrumento financeiro, entendendo-o como *qualquer contrato que dê origem, simultaneamente, a um ativo financeiro de uma parte e a um passivo financeiro ou instrumento de capital de outra parte, incluindo, no mínimo, os instrumentos referidos na secção C do anexo I da Diretiva nº 2004/39/CE, do Parlamento Europeu e do Conselho, de 21 de abril.* Esta formulação – criticada diretamente em anteriores edições deste Manual) foi – e bem – revogado na transposição da DMIF II, passando agora este normativo a remeter para a diretiva europeia.

[761] *Contratos*, Vol. II, cit., 148, n. 259.

[762] Cfr. *supra*, § 5º, 2. e 3.

[763] *Os Instrumentos Financeiros*³, (2017), 46-47.

de Negociação em Instrumentos Financeiros". Mas esse título seria excessivamente longo, pelo que seria absurda a sua consagração.

Acima de tudo, é mais vantajosa a manutenção do atual título do texto codificado do que a utilização de um título enganador. De outro modo dito, se o diploma em causa fosse apelidado de Código dos Instrumentos Financeiros, tal transmitiria a mensagem de uma regulação sistemática e completa dos instrumentos financeiros, o que não corresponde ao conteúdo do diploma.

A natureza elíptica do título do Código não deve, aliás, causar estranheza. Para citar um exemplo próximo, nem a Diretiva dos Mercados de Instrumentos Financeiros é dotada de um título completo: da designação batismal do texto europeu são deixados de fora os intermediários financeiros (designadamente os internalizadores sistemáticos), os sistemas de negociação multilateral e organizados e as estruturas de negociação.

VI – Resta concluir. A transposição da DMIF, operada em 2007, não implicou a aprovação de um novo código, mas antes introduziu modificações num diploma codificado pré-vigente. O mesmo se manteve com a transposição da DMIF II. Sucede que o enfoque do Código de 1999 – o código que vigora entre nós – é colocado no conceito de valor mobiliário. De tal modo que o conceito de valor mobiliário não depende, *summo rigore*, da sua negociabilidade em concreto em mercado, por eventuais limitações à transmissibilidade não vedarem a sua qualificação, à luz do artigo 1º CVM.

O instrumento financeiro, por seu turno, constitui uma categoria compósita, que acumula realidades heterogéneas sem deixar revelado um critério substantivo para essa unificação. Daqui resultou uma categoria destituída de unidade estrutural. A colocação dos instrumentos financeiros como figura central coloca, nessa medida, um acrescido risco de dissolução das fronteiras entre o Direito dos valores mobiliários e os demais subsetores do Direito financeiro.

Assim, em síntese, afigura-se clara a vantagem em tomar como âmbito temático sob exame o Direito dos valores mobiliários, dada a maior unidade conceptual da realidade que esta disciplina toma como referente.

Capítulo III

Sujeitos do Mercado

§ 14º Os emitentes

1. *Quadro geral; a capacidade para a emissão*

I – Os emitentes são os produtores dos valores mobiliários: é-lhes imputável a declaração de vontade que serve de decisivo impulso ao processo genético subjacente aos valores mobiliários – a emissão. Dada a natureza contratual subjacente à emissão[764], os emitentes inscrevem-se, *ipso facto,* como sujeitos passivos, em termos sinalagmáticos, a todas as posições ativas incorporadas no documento mobiliário.

A demarcação do universo dos emitentes obriga a uma análise da capacidade para a emissão de valores mobiliários, que é determinada pelo diploma regulador de cada tipo de valor mobiliário. Não há, nessa medida, um regime unificado quanto à capacidade da emissão.

A acrescer, as soluções legais respeitantes à capacidade de emissão são o resultado de diferentes épocas históricas – apresentando-se em alguns aspetos não totalmente congruentes entre si.

II – O problema historicamente começou por se colocar, entre nós, em relação ao regime dos valores mobiliários representativos de dívida. É patente, desde a génese do regime obrigacionista, uma preocupação inultrapassável com a capacidade para a emissão, com sucessivos alargamentos do perímetro de potenciais emitentes. De tal forma é assim que o regime das obrigações foi conhecendo um

[764] PAULO CÂMARA, *Emissão e Subscrição de Valores Mobiliários,* cit., 220-241.

âmbito gradualmente mais generoso. No Código das Sociedades, estes valores mobiliários foram tratados no Título IV, dedicado às sociedades anónimas (arts. 348º-ss). Posteriormente, sucederam-se diversos diplomas a alargar este perímetro – chegando nomeadamente a admitir sociedades emitentes por quotas, ainda que não tenham órgão de fiscalização pluripessoal[765].

Um distinto vector de evolução desenha-se a partir da década de 1990, época que ditou o reconhecimento de um amplo conjunto de novos tipos de valores mobiliários que, pela sua novidade, ficaram reservadas a entidades financeiras e sociedades cotadas. Os valores mobiliários de estrutura derivada, por seu turno, previam um perímetro de emitentes mais restrito[766].

Procurando uma linha comum para as soluções vigentes no sistema jurídico nacional, pode afirmar-se que as restrições sobre a capacidade de emissão justificam-se:

- pela diferenciação de entidades submetidas a uma supervisão prudencial mais exigente: é o que se passa com as obrigações de caixa;
- pelo *know how* dos emitentes – o que justifica algumas especialidades dos valores mobiliários de estrutura derivada; ou
- pela atribuição de especiais prerrogativas a sociedades dominadas pelo Estado ou por outras entidades públicas: o que serve de explicação histórica subjacente ao regime dos títulos de participação[767] e, embora em menor grau, à extensão ao Estado da capacidade para emitir warrants (art. 3º do DL nº 172/99, de 20 de maio).

III – Numa visão ampla da disciplina, impõe-se concluir que em Portugal não se admite a emissão de valores mobiliários por pessoas singulares. Por princípio, os emitentes são pessoas coletivas.

A única exceção que deve ser apontada refere-se aos fundos de investimento mobiliário e imobiliário, em que o emitente não é pessoa jurídica, mas um mero património autónomo. No entanto, é à entidade gestora dos fundos de investimento que compete deliberar sobre a emissão de novas unidades de participação[768].

Percebe-se, pois, existir um regime de tipicidade de emitentes, porquanto o elenco de entidades emitentes depende, direta ou indiretamente, de habilitação legislativa. Este traço do regime é, como notado, temperado por um princípio de

[765] DL nº 160/87, de 3 de abril.
[766] Cfr. *supra*, § 8º.
[767] Cfr. *supra*, § 7º, 3.
[768] Cfr. *infra* § 43º.

atipicidade quanto ao conteúdo dos valores mobiliários[769]. Indo um passo além, dir-se-á ser mais intuititivo compreender a tipicidade de emitentes no tocante aos valores mobiliários típicos. Torna-se, por isso, decisivo entender que em caso de valores mobiliários atípicos, a delimitação dos emitentes deve resultar de integração de lacuna, através dos métodos gerais (art. 10º CC).

IV – Cabe, a partir daqui, concluir que o princípio de especialidade das pessoas coletivas (art. 180º CC) não serve de base suficiente para alicerçar a capacidade para a emissão de valores mobiliários. Não é qualquer pessoa coletiva que tem capacidade para emitir valores mobiliários; entre nós, requer-se uma legitimação formal direta para o efeito. A capacidade deve ser reconhecida através de lei ou, no contexto das obrigações, à luz do DL nº 320/89, de 25 de setembro, através de uma autorização do Ministro das Finanças.

2. *As sociedades abertas*

No universo dos emitentes, merecem tratamento especial as sociedades com o capital aberto ao investimento do público – mais sinteticamente designadas como sociedades abertas. O conceito de sociedade aberta é definido por lei (art. 13º) – o que traz associado um regime jurídico próprio, com destaque para os arts. 13º-29º e 187º-197º. Pelo seu relevo, esta disciplina será objeto de tratamento desenvolvido mais adiante, no Capítulo IX[770].

§ 15º Os investidores

1. *Investidores profissionais e investidores não profissionais*

I – O Direito dos valores mobiliários é polvilhado de deveres a cargo dos emitentes, intermediários financeiros, entidades gestoras de mercados e outros sujeitos – deveres de informação, de diligência, de organização – que visam beneficiar não só titular atual de valores mobiliários, mas também os titulares potenciais ou futuros: os investidores.

Neste contexto, em sentido amplo, constituem investidores os titulares potenciais ou efectivos de valores mobiliários ou outros instrumentos financeiros.

Salvo no caso das normas sobre titularidade e sobre reparação de danos, o Código dos Valores Mobiliários não é constitutivo, por regra, de direitos subjectivos.

[769] Cfr. § 5º, 3. e 4. e § 6º, 2.

[770] Cfr. *infra*, §§ 29º-30º.

Os deveres de informação dos emitentes são, neste contexto, paradigmáticos: ordinariamente, consubstanciam-se em deveres de publicação, não implicando um simétrico direito à prestação de informação. O esquema central das relações de massa no direito mobiliário é, pois, o da proteção reflexa do investidor[771]. Tratamento à parte merecem as relações contratuais entre intermediário financeiro e o seu cliente, no âmbito das quais se constituem também direitos subjectivos – nomeadamente quanto à prestação de informação[772].

II – Investidor e consumidor constituem termos que não são coincidentes. Do ponto de vista económico, o consumidor desempenha uma função distinta da desempenhada pelo aforrador: aquele realiza uma despesa, ao passo que este se define tipicamente por realizar investimentos[773].

Todavia, algumas Diretivas europeias acolhem a noção na área financeira, tratando o consumidor, em termos latos, como a pessoa que atua fora da sua esfera profissional. Uma ilustração desta aceção lata do conceito de consumidor pode colher-se a partir do art. 2º *d)* da Diretiva 2002/65/CE, de 23 de setembro de 2002, sobre comercialização à distância de serviços financeiros. A transposição deste diploma para o ordenamento jurídico nacional ocorreu através do DL nº 95/2006, de 29 de maio, que qualifica o consumidor como qualquer pessoa singular ou coletiva que, nos contratos à distância, actue com objetivos que não se integrem no âmbito da sua atividade comercial ou profissional (art. 2º *e)*). Tenha-se ainda em conta o art. 2º *c)* do Anexo à Diretiva nº 93/13/CEE, de 5 de abril de 1993, sobre cláusulas abusivas, que ressalvam apenas parte da Diretiva à aplicação aos valores mobiliários e aos serviços financeiros: tais preceitos foram transpostos para a ordem jurídica interna através das alterações ao art. 22º, nº 2 *a)* e nº 3 do DL nº 446/85, de 25 de outubro, promovidas pelo DL nº 220/95, de 31 de agosto. Por último, o art. 3º, nº 4 a*) i)* da Diretiva 2000/31/CE, de 8 de junho de 2000, sobre comércio electrónico, explicita a proteção dos investidores de entre as medidas de proteção dos consumidores, o que teve reflexos entre nós nos arts. 3º, nº 5 e 7º, nº 1 *d)* do DL nº 7/2004, de 7 de janeiro[774].

A acrescer, o art. 321º nº 3 CVM equipara os investidores não profissionais a consumidores para efeitos do regime das cláusulas contratuais gerais.

[771] Em sentido semelhante ao defendido no texto, pode ver-se GUIDO ALPA, *Qualche rilievo civilistico sulla disciplina dei mercati finanziari e sulla tutela del risparmiatore*, in *Banca, borsa e titoli di credito* (maio/junho 1998), 372, ao qualificar como indireta a proteção oferecida aos investidores através do Decreto-legislativo nº 58, de 26 de março de 1998.

[772] Cfr. *infra*, § 23º.

[773] *Unlike goods, securities are not used or consumed by their purchasers:* THOMAS LEE HAZEN, *The Law of Securities Regulation*[4], cit., 9.

[774] CARLOS FERREIRA DE ALMEIDA, *Direito do Consumo*, Coimbra (2005), 32.

Assim, parece ser possível o alargamento da noção de consumidor para abranger o "consumo" de instrumentos financeiros – assentando numa aceção ampla de cliente carecido de proteção, que inclua ambos[775]. Neste caso, a equiparação deve ser traçada entre os consumidores e os investidores não profissionais – deixando de fora, claro está, os investidores profissionais[776].

Esta extensão terminológica deve, porém, ser empreendida com cautelas. Convém advertir, assim, que o regime de prestação de serviços a terminologia mobiliária estabelece critérios muito precisos sobre o conceito de investidor não profissional (cfr. arts. 30º e 317º-317º-C)[777]. E estes não são coincidentes com os critérios qualificativos dos consumidores, sobretudo a partir do regime fixado nas diretivas sobre Mercados de Instrumentos Financeiros (DMIF I e DMIF II)[778].

III – A lei também utiliza o conceito de cliente e de potencial cliente[779], sobretudo no regime dos deveres de exercício profissional dos intermediários financeiros. Na Diretiva principal sobre a matéria (a DMIF II), o cliente é tido como qualquer pessoa, singular ou coletiva, a quem o intermediário preste serviços de investimento ou auxiliares[780]. Em alguns casos, a determinação de quem seja o cliente pode, todavia, suscitar dificuldades – nomeadamente quando o serviço é prestado a um gestor de patrimónios[781].

IV – Regressa-se adiante a esta classificação, que será aprofundada a propósito da análise do regime jurídico fixado através da DMIF II, no âmbito da intermediação financeira[782].

[775] Assim: Peter Cartwright, *Consumer Protection in Financial Services*, London (1999), 4-7; Sébastien Bonfils, *Le Droit des Obligations dans l'Intermédiation Financière*, Paris (2005), 16-23; Mafalda Miranda Barbosa, *Direito Civil e Sistema Financeiro*, Lisboa, (2016), 18, 95.

[776] No mesmo sentido: Sofia Nascimento Rodrigues, *A Proteção dos Investidores em Valores Mobiliários*, cit., 31-32. Em escrito posterior, a autora conclui que a aplicação da disciplina da proteção do consumidor pode realizar-se com base na analogia, para integração das lacunas do regime mobiliário: *A proteção dos investidores nos contratos sobre valores mobiliários*, em Maria de Fátima Ribeiro (org.), *Jornadas Sociedades Abertas, Valores Mobiliários e Intermediação Financeira*, Coimbra (2007), 159-160.

[777] Para mais desenvolvimentos, reenvia-se para *infra*, § 25º, 20.

[778] Notam-se, aliás, critérios classificatórios dissemelhantes nas Diretivas sobre compensações de investidores e compensação de depositantes (Diretivas n.os 97/9/CE e 94/19/CE): cfr. Matthew Elderfield (ed.), *A Practitioner's Guide to MiFID*, London (2007), 122.

[779] Art. 25º, nº 3 da Diretiva 2014/65/UE, de 15 de maio de 2014 (DMIF II).

[780] Art. 4º, nº 1, 9) da Diretiva 2014/65/UE, de 15 de maio de 2014 (DMIF II).

[781] Mattew Elderfield (ed.), *A Practitioner's Guide to MiFID*, cit., 104-106.

[782] Cfr. *infra*, § 23º, 8.

2. *As associações de defesa dos investidores*

I – No ambiente massificado como o é o do mercado de valores mobiliários, os titulares de pequenos lotes de valores mobiliários encontram usualmente escasso incentivo para uma aplicação impositiva das suas pretensões, dados os elevados custos das demandas judiciais em comparação com os parcos ganhos marginais que, volvidos alguns anos, podem ser retirados.

Estes problemas são comummente designados como problemas de atuação coletiva (*collective action problems)* e uma das respostas tradicionalmente apontadas para a sua superação consiste no estímulo à constituição de associações de defesa dos investidores.

II – Em Portugal, é livre a constituição de associações de defesa dos investidores, ao abrigo dos princípios gerais com arrimo constitucional (art. 46º CRP). Porém, os direitos conferidos pelo Direito mobiliário para as associações de defesa dos investidores estão, ao abrigo do art. 32º CVM[783], reservados para aquelas que reúnam os seguintes requisitos:

- Terem como principal objeto estatutário a proteção dos interesses dos investidores em instrumentos financeiros;
- Contarem entre os seus associados pelo menos 100 pessoas singulares que não sejam investidores profissionais;
- Exercerem atividade efetiva há mais de um ano.

Importa notar que o número de associações de investidores é ainda relativamente baixo. A explicação para este facto – em si revelador – pode residir, ao menos em parte, na excessiva exigência dos dois últimos requisitos enunciados. Por um lado, a imposição de uma centena de associados, embora coerente com o limiar quantitativo definidor das ofertas públicas (art. 109º, nº 3 *c)*), resulta muito elevada para um mercado com as dimensões e o grau médio de literacia financeira do mercado nacional. Por outro lado, reclamar que a associação esteja em funcionamento há mais de um ano, frustra a hipótese de a associação se constituir e retirar proveito imediato das prerrogativas legais para dar resposta a um evento recente de grande dimensão.

[783] Para a competente análise: Sofia Nascimento Rodrigues, *A Proteção dos Investidores em Valores Mobiliários*, cit., 67-82.

3. *O Sistema de Indemnização aos Investidores e os fundos de garantia*

I – A adequada compreensão do regime atual do Sistema de Indemnização aos Investidores (SII)[784] obriga a uma curta contextualização histórica. Os antecedentes do mecanismo de compensação de investidores em vigor situam-se no Código do Mercado de Valores Mobiliários (CdMVM), de 1991, o qual consagrava um dever, a cargo das associações de bolsa, de criação e manutenção de um fundo de garantia destinado a assegurar o cumprimento das obrigações dos membros das bolsas perante os seus clientes[785].

O âmbito deste fundo era exclusivamente relacionado com deveres dos intermediários no contexto de operações de bolsa. Segundo o art. 264º CdMVM, tal fundo era *destinado a assegurar o cumprimento das obrigações e responsabilidades em que os seus associados membros incorrem perante os respetivos clientes em virtude das operações que são incumbidos de realizar na bolsa a que se encontram adstritos.*

Assim configurado, o fundo de garantia destinado a assegurar o cumprimento das obrigações dos membros das bolsas mostrava-se permeável a críticas que, em boa parte, servem de explicação à evolução legislativa ulterior. O leque de atos coberto por este expediente legal, de um lado, ao circunscrever-se às operações de bolsa, dava origem a uma situação assimétrica entre as operações executada em mercado bolsista e as operações fora de mercado[786]. O âmbito da disciplina, ao centrar-se na recepção, transmissão e execução de ordens de bolsa, era, de outro lado, excessivamente estreito, pois deixava de fora os demais serviços de investimento.

II – O regime nacional veio, entretanto, a sofrer a intercessão da evolução do Direito europeu sobre a matéria.

Durante os trabalhos de elaboração da Diretiva relativa aos Serviços de Investimento (Diretiva 93/22/CEE, de 10 de maio de 1993) detectou-se a necessidade de harmonizar, em termos europeus, os esquemas de compensação dos investidores, como componente indissociável do regime prudencial dos intermediários financeiros. Preferiu-se, no entanto, à semelhança do que viria a suceder com a Diretiva relativa à garantia de depósitos, concentrar em Diretiva autónoma um corpo harmonizado de normas referentes aos esquemas de compensação de investidores.

[784] Para maiores desenvolvimentos, remete-se para PAULO CÂMARA, *O Sistema de Indemnização dos Investidores: Vocação Típica e Âmbito de Cobertura*, em *EH ao Professor Doutor Sérvulo Correia*, Coimbra, (2010), III, 557-574; Id., *O Sistema de Indemnização dos Investidores: Âmbito de Cobertura e Evolução Recente*, em *Direito dos Valores Mobiliários*, Vol. X, Coimbra (2011).

[785] Cfr. arts. 264º-290º CdMVM (1991).

[786] Este era um dos traços, a par de outros, a favorecer a concentração da execução de ordens na bolsa: cfr. *infra*, § 26º, 1..

Este reconhecimento conduziu à aprovação da Diretiva nº 97/9/CE, do Parlamento Europeu e do Conselho, de 3 de março (*Investor Compensation Scheme Directive* – ou abreviadamente *ICSD*), que obrigou à criação de um sistema de indemnização de investidores de âmbito mais alargado, cobrindo os riscos financeiros provocados por insolvência de intermediários financeiros no âmbito de qualquer serviço de investimento[787]. O expediente era tido como instrumental do reforço do passaporte europeu dos serviços de investimento, o que explica a amplitude do seu âmbito – e, por esse motivo, a circunstância de transcender claramente a responsabilidade adveniente de operações de bolsa[788].

O âmbito de cobertura do esquema de compensação é objeto do art. 2º, nº 2 da Diretiva *ICSD*[789], cobrindo pretensões fundadas na incapacidade do intermediário: *i)* devolver dinheiro em dívida aos investidores e detido por sua conta em virtude de operações de investimento; ou *ii)* devolver instrumentos financeiros dos investidores que sejam detidos ou geridos em conexão com operações de investimento[790].

A partir daqui, importa sobretudo ter em conta que a Diretiva, no seu texto em vigor, se centra em pretensões creditícias causalmente fundadas na insolvência do intermediário financeiro[791]. Admite, porém, o texto europeu que, para efeitos deste esquema de proteção, a situação de insolvência possa ser confirmada por autoridade judicial ou administrativa. A matriz prudencial, adiante retomada[792], constitui, assim, um componente essencial na sua caracterização.

Em atualização do exposto, importa acrescentar que em julho de 2010 a Comissão Europeia divulgou uma Proposta de Diretiva modificativa da Diretiva 97/9/CE, de 3 de março[793]. Entre outros aspetos, esta Proposta – ainda em discussão – visa ampliar o âmbito de cobertura comunitária, procurando incidir igualmente sobre custodiantes e depositários de organismos de investimento

[787] Sobre o correspondente projeto, sublinhando a sua vocação para operar quando os investidores estão *unable to recover their funds or securities*: CHRISTOPHER J. CUICKSHANK, *The Draft Directive on the Protection of Investors*, em GUIDO FERRARINI (Org.), *Prudential Regulation of Banks and Securities Firms*, London et al, (1997), 271-275.

[788] Arts. 2º e 4º da Diretiva nº 97/9/CE, do Parlamento Europeu e do Conselho, de 3 de março. Cfr. a propósito NIAMH MOLONEY, *EC Securities Regulation*², cit., 735-759 (740-745).

[789] Cfr. igualmente o Considerando 8 da Diretiva 97/9/CE, do Parlamento Europeu e do Conselho, de 3 de março.

[790] Sobre as limitações de cobertura do regime: NIAMH MOLONEY, *How to Protect Investors. Lessons from the EC and the UK* (2010), 440-441.

[791] NIAMH MOLONEY, *EU Securities Regulation*², cit., 743-744; OXERA, *National Investor Compensation Schemes*, (2005), 93-118.

[792] Cfr. *infra*, 5..

[793] Cfr. *infra*, 6., II. O texto encontra-se disponível em http://ec.europa.eu/internal_market/se curities/docs/isd/dir-97-9/proposal-modification_en.pdf.

coletivo. No texto proposto, mantém-se, todavia, a mencionada matriz prudencial e o enfoque de cobertura na impossibilidade de restituição de instrumentos financeiros.

III – A aprovação da Diretiva nº 97/9/CE, de 3 de março, determinou a necessidade de efetuar uma alteração significativa ao modelo à data vigente em Portugal.

Assim, em transposição daquela Diretiva para o sistema jurídico português, foi criado o Sistema de Indemnização aos Investidores como pessoa coletiva de direito público dotada de autonomia administrativa e financeira, embora funcionando junto da CMVM.

O Sistema é regulado pelo DL nº 222/99, de 22 de junho (aqui também referido por DLSII), entretanto modificado pelo DL nº 162/2009[794], pela Portaria nº 1266/2001, de 6 de novembro e pelo Regulamento da CMVM nº 2/2000[795]. Conhecem-se, ainda, Instruções aprovadas pela Comissão Diretiva do Sistema de Indemnização aos Investidores, a cuidar matérias de natureza operacional[796].

Quanto ao governo do Sistema, é difícil entender a razão da exclusão de representantes dos intermediários financeiros na composição da comissão diretiva. O exemplo do Fundo de Garantia de Depósitos[797] deveria, a este propósito, determinar soluções próximas e com maior legitimidade do ponto de vista da representatividade dos financiadores do Sistema.

Nos termos do nº 1 do art. 3º do DL nº 222/99, de 22 de junho, o Sistema garante a cobertura dos créditos de que seja sujeito passivo um intermediário financeiro com sede em Portugal *em consequência de incapacidade financeira deste* para, de acordo com as condições legais e contratuais aplicáveis, reembolsar ou restituir aos investidores os fundos que lhes sejam devidos ou que lhes pertençam e que se encontrem especialmente afectos a operações de investimento, ou que sejam detidos, administrados ou geridos por sua conta no âmbito de operações de investimento.

Estão ainda cobertos os créditos de operações de investimento realizadas por intermediários financeiros com sucursais em Portugal, na parte em que exceda a cobertura do Estado de origem[798].

[794] Para uma apreciação crítica às modificações à disciplina legislativa do SII introduzidas pelo DL nº 162/2009 cfr. *infra*, VI-IX..

[795] Cfr. Sofia Nascimento Rodrigues, *A Proteção dos Investidores em Valores Mobiliários*, Coimbra, (2001), 125-128.

[796] Os textos mencionados encontram-se disponíveis em www.cmvm.pt.

[797] Artigo 158º, nº 1 RGIC.

[798] Art. 4º, nº 2 e 8º do DL nº 222/99, de 22 de junho.

Segundo o art. 11º do DL nº 222/99, de 22 de junho, o Sistema é accionado, assegurando o pagamento da indemnização aos investidores, nos seguintes casos:

a) Quando a entidade participante, por razões diretamente relacionadas com a sua situação financeira, não tenha possibilidade de cumprir as obrigações resultantes de créditos dos investidores e o Banco de Portugal tenha verificado, ouvida a CMVM, no prazo máximo de 21 dias após se ter certificado pela primeira vez da ocorrência, que a entidade participante não mostra ter possibilidade de proximamente vir a fazê-lo;

b) Quando o Banco de Portugal torne pública a decisão pela qual revogue a autorização da entidade participante, caso tal publicação ocorra antes da verificação referida na alínea anterior;

c) Relativamente aos créditos decorrentes de operações de investimento efetuadas em Portugal por sucursais de empresas de investimentos e instituições de crédito com sede em outro Estado membro da Comunidade Europeia, quando for recebida uma declaração da autoridade de supervisão do país de origem comprovando que se encontra suspenso o exercício dos direitos dos investidores a reclamarem os seus créditos sobre essa entidade.

IV – O âmbito de cobertura do Sistema de Indemnização aos Investidores é determinado por critérios de natureza objetiva, subjectiva e quantitativa[799].

No tocante aos critérios objetivos de delimitação do âmbito do Sistema, este é vocacionado para a cobertura de danos advenientes da insolvência de intermediário financeiro. O preâmbulo do diploma é explícito ao referir que visa o *ressarcimento de direitos que não possam ser satisfeitos devido à situação financeira da entidade prestadora dos serviços de investimento.*

Além disso, no mesmo sentido, o já aflorado nº 1 do art. 3º DLSII indica claramente que sob âmbito do Sistema recaem os créditos sobre intermediário financeiro que, *por virtude da sua incapacidade financeira*, este não tenha condições de reembolsar ou restituir.

Esta matriz prudencial do Sistema explica, de resto, que se dispense a intervenção de autoridade judicial para confirmação da situação de insolvência. Dado

[799] Sobre o tema: Eduardo Paz Ferreira/ Ana Perestrelo de Oliveira, *Os limites do sistema de indemnização dos investidores: âmbito de cobertura material e natureza fiscal das contribuições*, RDS nº 1 (2011), 55-82; Paulo Câmara, *O Sistema de Indemnização dos Investidores: Vocação Típica e Âmbito de Cobertura*, em *EH ao Professor Doutor Sérvulo Correia*, Coimbra, (2010), III, 557-574; Id., *O Sistema de Indemnização dos Investidores: Âmbito de Cobertura e Evolução Recente*, em *Direito dos Valores Mobiliários*, Vol. X, Coimbra (2011), 43-64.

que não são atribuídas funções jurisdicionais ao SII, como confirmado pelo art. 9º, nº 2 DLSII[800], cabe-lhe proceder ao pagamento, de modo célere, das compensações devidas, logo a partir da confirmação do direito dos investidores lesados e da sua cobertura pelo Sistema[801].

Assim, tal como sucede em relação ao regime da Diretiva que transpõe para o Direito nacional[802], o Sistema de Indemnização aos Investidores não tem por vocação a reparação de danos fundados no incumprimento de normas de conduta[803]. Esta pressuporia uma indagação em torno da atuação ilícita do intermediário e da indemnização daí decorrente que apenas um tribunal estaria em condições de realizar. Adiante regressa-se a este ponto.

V – Importa ainda notar que certos créditos, em atenção à posição jurídica do seu titular, estão arredados da cobertura oferecida pelo Sistema de Indemnização aos Investidores. A este respeito, excluem-se da cobertura os seguintes créditos[804]:

a) Os créditos decorrentes de operações de investimento de que sejam titulares os investidores profissionais referidos nº 1 do artigo 30º do Código dos Valores Mobiliários, quer actuem em nome próprio quer por conta de clientes, ou entidades do setor público administrativo;

b) Os créditos decorrentes de operações de investimento de que seja titular um investidor, qualquer outra pessoa ou parte interessada nessas operações, em relação às quais tenha sido proferida uma condenação penal, transitada em julgado, pela prática de atos de branqueamento de capitais;

c) Os créditos decorrentes de operações de investimento realizadas ou prestadas por entidades não autorizadas para o efeito;

d) Os créditos decorrentes de operações de investimento realizadas diretamente fora do âmbito territorial previsto no artigo 8º, designadamente em jurisdição *off shore,* excepto se o investidor desconhecesse o destino desse investimento;

[800] Determina este dispositivo que em caso de dúvida fundada sobre a compensação, o Sistema deve suspender o pagamento até sentença judicial que reconheça o direito do investidor à indemnização.

[801] A celeridade inerente ao pagamento das compensações não obsta, claro está, à sindicabilidade judicial do acto administrativo de accionamento do Sistema.

[802] Niamh Moloney, *EU Securities Regulation*², cit., 743-744; Oxera, *National Investor Compensation Schemes,* (2005), 93-118.

[803] Escreve Moloney, em termos lapidares: *Investors may not claim in respect to damages for negligence, breach of statutory or fiduciary duty or other forms of civil liability*: Niamh Moloney, *How to Protect Investors. Lessons from the EC and the UK*, cit., 441.

[804] Art. 9º do DL nº 222/99, de 22 de junho, na redação dada pelo DL nº 162/2009, de 20 de julho.

e) Os créditos decorrentes de operações de investimento realizadas em nome e por conta de membros dos órgãos de administração ou fiscalização da entidade participante, acionistas que nela detenham participação, direta ou indireta, não inferior a 2% do respetivo capital social, revisores oficiais de contas ao seu serviço, auditores externos que lhe prestem serviços de auditoria ou investidores com estatuto semelhante noutras empresas que se encontrem em relação de domínio ou de grupo com a entidade participante;

f) Os créditos decorrentes de operações de investimento realizadas em nome ou por conta das pessoas ou entidades que tenham exercido as funções, detido as participações ou prestado os serviços referidos na alínea anterior nos quatro anos anteriores à data do acionamento do Sistema, ou da adoção pelo Banco de Portugal de providências de recuperação e saneamento, nos termos da lei, e cuja ação ou omissão tenha estado na origem das dificuldades financeiras da entidade participante ou tenha contribuído para o agravamento de tal situação;

g) Os créditos decorrentes de operações de investimento realizadas em nome e por conta do cônjuge, parentes ou afins em 1º grau ou terceiros que actuem por conta de investidores referidos na alínea anterior;

h) Os créditos decorrentes de operações de investimento realizadas em nome e por conta de empresas que se encontrem em relação de domínio ou de grupo com a entidade participante;

i) Os créditos decorrentes de operações de investimento de que sejam titulares investidores responsáveis por factos relacionados com a entidade participante, ou que deles tenham tirado benefício, diretamente ou por interposta pessoa, e que estejam na origem das dificuldades financeiras ou tenham contribuído, por ação ou omissão no âmbito das suas responsabilidades, para o agravamento de tal situação;

j) Os créditos decorrentes de garantias de rendibilidade, bem como de garantias de reembolso de fundos afectos a operações de investimento que tenham sido abusivamente acordadas entre investidores e entidades participantes ou por estas concedidas, presumindo-se como tais as que tenham sido constituídas a partir do terceiro mês anterior à data de acionamento do Sistema ou da adoção pelo Banco de Portugal de providências de recuperação e saneamento nos termos da lei;

l) Os créditos decorrentes de operações de investimento de que sejam titulares investidores atuando por conta de quaisquer pessoas ou entidades referidas nas alíneas anteriores.

VI – Há, por último, limitações de ordem quantitativa no ressarcimento a ser prestado pelo Sistema, que se devem à necessidade de assegurar um grau adequado de diligência do investidor na escolha do intermediário com quem contrata[805]. Embora a Diretiva estabeleça atualmente um mínimo de indemnização máxima a prestar ao investidor de 20.000 euros (montante que a Proposta de Diretiva em discussão pretende ampliar para 50.000 euros[806]), no regime nacional o limite máximo da indemnização encontra-se fixado em 25.000 euros por investidor[807]. Assim, *summo rigore*, o Sistema não assegura que o cliente seja indemnizado (isto é: que fique *sem dano*). Mostra-se preferível, por este motivo, utilizar a terminologia *sistema de compensação de investidores*, tal qual é empregue no texto da Diretiva.

VII – A tríplice limitação, acabada de descrever, oferece consequências na dinâmica do Sistema de Indemnização aos Investidores.

O Sistema é dotado de um património com finalidade especial, constituído impositivamente com base nas contribuições dos intermediários financeiros[808]. A finalidade especial do património do Sistema deve-se ao facto de este ser *exclusivamente afecto aos fins a que a lei o destina*. Reputa-se, nestes termos, mercê do princípio de tipicidade de cobertura do Sistema, como inválida qualquer atribuição patrimonial feita pelo Sistema de Indemnização aos Investidores fora do seu âmbito de cobertura, bem como qualquer ordem de acionamento deste Sistema que seja exorbitante do mencionado âmbito de cobertura.

Estas conclusões, aliás, extraídas valem, *mutatis mutandis*, para qualquer modo de utilização do Sistema de Indemnização aos Investidores, que permanece vedada para o ressarcimento de investidores por depreciação dos ativos geridos ou por violação de deveres de conduta[809].

[805] Christopher J. Cuickshank, *The Draft Directive on the Protection of Investors*, cit., 272.

[806] Art. 4º, na redação constante da Proposta de Diretiva modificativa da Diretiva 97/9/CE, de 3 de março (jul.-2010).

[807] Os critérios de atribuição encontram-se previstos no art. 10º do DL nº 222/99, de 22 de junho. Nota-se que o limite compensatório máximo vigente para o SII é atualmente muito inferior ao aplicável ao Fundo de Garantia de Depósitos (100.000 euros). Conhecem-se posições muito críticas a esta assimetria – por exemplo, admitindo que a mesma coloque problemas de constitucionalidade, Amadeu Ferreira, *Um Código dos Instrumentos Financeiros? Algumas Notas Soltas*, cit, 708-709 – mas a existência de uma diferença de montantes de cobertura (ainda que a respectiva quantificação possa ser discutida) funda-se na tendencial maior lesividade dos colapsos bancários e do risco sistémico causado pelas corridas aos depósitos.

[808] Art. 6º do DL nº 222/99, de 22 de junho.

[809] Trata-se de um ponto que permanece intocado com a já mencionada Proposta de Diretiva modificativa da Diretiva 93/22/CEE, de 10 de maio de 1993 (jul.-2010).

Em todo o caso, ante o mecanismo sub-rogatório subsequente ao acionamento do Sistema (art. 12º do DLSII), o modo típico de acionamento do Sistema envolve o pagamento aos clientes lesados, dentro do âmbito coberto. Por esse motivo, está fora do âmbito do Sistema a realização de atribuições indiretas a investidores lesados, envolvendo nomeadamente a aquisição de instrumentos financeiros sob gestão de intermediário financeiro em situação de saneamento financeiro, para efeitos da futura constituição de um fundo de investimento, de um fundo de titularização, de uma sociedade de titularização ou de outro veículo societário que se encarregue de gerir os instrumentos financeiros em causa.

VIII – O DL nº 162/2009, de 20 de julho, além de proceder à alteração do regime do Fundo de Garantia de Depósitos, nomeadamente em transposição da Diretiva nº 2009/14/CE, acrescentou diversas prescrições sobre o Sistema de Indemnização aos Investidores, em alteração ao DL nº 222/99, de 22 de junho.

No tocante ao âmbito de cobertura do Sistema, foi introduzido um novo nº 2 no art. 3º do DLSII, de modo a fazer constar que *para efeitos do disposto no número anterior, os fundos devidos aos investidores e que se encontram especialmente afectos a operações de investimento incluem os créditos de que os mesmos sejam titulares sobre uma entidade participante do Sistema e que resultem de operações de investimento cujas condições contratuais estabeleçam uma garantia de reembolso de montantes determinados ou determináveis.*

Esta norma traduz um importante alargamento no âmbito de cobertura do Sistema de Indemnização aos Investidores, de modo a alterar a sua natureza, tal como resulta do DL nº 162/2009, como se passa a demonstrar.

Na sua configuração originária, tal como resulta do desenho europeu, o enfoque do Sistema de Indemnização aos Investidores assume natureza prudencial, assentando na parcial compensação de pretensões fundadas na insolvência do intermediário. Por isso é que se dispensa uma verificação judicial da situação de incapacidade financeira ou dos montantes dos créditos de cada investidor.

O preâmbulo do DL nº 222/99, de 22 de junho era bastante explícito ao referir que visa o *ressarcimento de direitos que não possam ser satisfeitos devido à situação financeira da entidade prestadora dos serviços de investimento*. No mesmo sentido, o agora art. 3º nº 1 do DL nº 222/99, de 22 de junho, o Sistema garante a cobertura dos créditos de que seja sujeito passivo um intermediário financeiro com sede em Portugal *em consequência de incapacidade financeira deste* para, de acordo com as condições legais e contratuais aplicáveis, reembolsar ou restituir aos investidores os fundos que lhes sejam devidos ou que lhes pertençam e que se encontrem especialmente afectos a operações de investimento, ou que sejam detidos, administrados ou geridos por sua conta no âmbito de operações de investimento.

Por isso, a vocação originária deste mecanismo era limitada a de compensar a falta de entrega de dinheiro ou de valores mobiliários. À luz do regime pré-vigente, quando os valores mobiliários eram entregues, ainda que depreciados, o Sistema não podia legitimamente ser utilizado[810].

O DL nº 162/2009, ao facultar, no novo nº 2 do art. 3º DLSII, a inclusão no âmbito de cobertura do SII de *operações de investimento cujas condições contratuais estabeleçam uma garantia de reembolso de montantes determinados ou determináveis*, de mecanismo prudencial, passa a assumir igualmente a natureza de expediente que assegura a cobertura do risco de investimento contratualmente garantido.

O alcance da expressão legislativa transcrita não é fácil de alcançar. O legislador refere-se à garantia de *reembolso*, parecendo ter em vista a reparação de pretensões fundadas no reembolso do capital investido. Esta ideia é confirmada através da nova alínea *j)* do art. 9º, nº 1, que contrapõe garantia de *rendibilidade* a garantia de *reembolso* como realidades contratuais *distintas*, sendo que apenas esta está abrangida no novo nº 2 do art. 3º DLSII.

O ponto não é suficientemente claro, mas tomando por base a letra da lei, e a estrutura típica subjacente à delimitação do âmbito de cobertura do Sistema, infere-se não quedarem abrangidas operações com garantia de *rendibilidade mínima*. Além do já mencionado art. 9º, nº 1 *j)* DLSII, o contraste com a fórmula verbal utilizada no art. 336º, n. 2 CVM afigura-se evidente – o que parece afastar a gestão de carteiras com garantia de rendibilidade mínima.

O alargamento do Sistema à cobertura de contratos financeiros com garantia de reembolso, além disso, pode perverter o funcionamento típico deste esquema de compensação de investidores, ao abrir a porta à reparação de danos resultantes da depreciação de instrumentos financeiros que podem sofrer uma ulterior valorização. Para obviar a este resultado, que – por poder originar prémios ilegítimos aos investidores – se revelaria absurdo, mostra-se necessário realizar uma redução teleológica a este preceito, de modo a que no seu âmbito aplicativo apenas resultem cobertas perdas definitivas resultantes de contratos financeiros (v.g. incumprimentos em valores mobiliários representativos de dívida).

Seja como for, o aditamento feito, e nomeadamente a extensão deste âmbito a casos em que a garantia resulte em montante, não determinado, mas *determinável* aumenta exponencialmente a responsabilidade do Sistema.

À extensão do âmbito de cobertura a operações de investimento com garantia de reembolso, soma-se a inclusão de diversos conceitos indeterminados e de

[810] Basta recordar que o preceito europeu onde o instituto foi primariamente enquadrado foi nas regras prudenciais da Diretiva dos Serviços de Investimento e que a Diretiva nº 97/9/CE configura este esquema como tutela prudencial dos investidores, o que foi mantido na disciplina nacional instituída originariamente pelo DL nº 222/99, de 22 de junho.

difícil apreciação tais como, de um lado, a exclusão de pessoas responsáveis por factos *relacionados* com a entidade participante (designadamente as suas dificuldades financeiras), ou que dela *tenham retirado benefício ou que tenham contribuído para o seu agravamento* (art. 9º, nº 1 *f)* e *i)* DLSII) ou, de outro lado, a exclusão de operações *abusivamente* acordadas (art. 9º, nº 1 *j)* DLSII). A este rol soma-se a avaliação, igualmente difícil, sobre o desconhecimento, por parte do investidor, da execução de operações de investimento no estrangeiro (art. 9º, nº 1 *d)* DLSII), adiante mencionadas.

São, pois, plúrimas as novidades do regime agora instituído. Daqui decorrem, também, importantes consequências práticas. O processo instrutório subsequente ao acionamento do Sistema deve agora: (i) avaliar a existência de um dever de reembolso em sentido técnico; (ii) verificar a concreta determinação do montante devido; (iii) avaliar o cumprimento da garantia em relação à evolução do desempenho de ativos subjacentes; (iv) avaliar a verificação de eventuais causas excludentes de responsabilidade, o que implica nomeadamente uma indagação sobre elementos de facto e sua correspondente valoração.

Além de uma maior morosidade no processo de pagamento da indemnização pelo SII, daqui resulta necessariamente convocado, em cada processo de acionamento do Sistema, um conjunto de juízos de avaliação complexos e cuja justeza aplicativa pode gerar frequentes dúvidas. Diga-se diretamente que para essa avaliação da extensão dos direitos indemnizatórios estariam melhor vocacionados os tribunais. Aliás, no caso de tais dúvidas aplicativas serem fundadas, determina o novo art. 9º, nº 2 DLSII que o Sistema deve suspender o pagamento de indemnizações até sentença judicial que reconheça o direito do investidor à indemnização.

O balanço daqui resultante não pode considerar-se satisfatório. O alargamento do âmbito de cobertura do Sistema e a introdução de cláusulas excludentes de exigente e complexa avaliação escapam, no seu todo, à imediatividade e automaticidade de funcionamento do Sistema, a operarem tradicionalmente a partir do ato administrativo de acionamento. Daqui resulta em geral, na prática, uma maior judicialização decorrente do funcionamento deste esquema de compensação de investidores.

IX – Outra das vertentes problemáticas decorrentes da modificação ao regime do Sistema de Indemnização aos Investidores promovida pelo DL nº 162/2009 consiste na alteração da regra excludente do âmbito de cobertura de operações realizadas no estrangeiro. Além de se afigurar incorreta a técnica legislativa utilizada, o alcance desta modificação pode comportar uma elevada danosidade.

Em causa está a inclusão de uma nova alínea *d)* no art. 9º, nº 1 DLSII, em preceito epigrafado *créditos excluídos do Sistema*, com uma ressalva muito importante. No enunciado legislativo, refere-se estarem excluídas do âmbito de cobertura as operações de investimento realizadas diretamente fora do âmbito territorial previsto no artigo anterior, designadamente em jurisdição *off shore, excepto se o investidor desconhecesse o destino desse investimento*[811]. O normativo anterior para que remete esta renovada alínea (art. 8º) consagra o tradicional critério da territorialidade para demarcação do âmbito de cobertura do Sistema.

Através desta fórmula, o legislador veio na verdade (e em local sistematicamente impróprio, diga-se) estender o âmbito de aplicação do Sistema, que passa a cobrir operações realizadas fora do âmbito territorial delimitado no art. 9º se o investidor desconhecer o destino desse investimento.

Em consequência desta solução, na delimitação do âmbito geográfico de cobertura do Sistema, passa a erigir-se como critério central o do conhecimento ou desconhecimento da extra-territorialidade das operações.

Este critério é permeável a críticas, desde logo porque de facto existem *plúrimos serviços de investimento que não pressupõem, do lado do investidor, o conhecimento do local de execução da transação.* O pretendido alargamento de uma regra dirigida aos depósitos (novo art. 13º, nº 1 d) do DL nº 345/98, de 9 de novembro, igualmente introduzido pelo DL nº 162/2009) é, aqui, manifestamente, inadequado. Pense-se, por exemplo, na gestão de carteiras – no âmbito da qual os atos do gestor são discricionários, tendo liberdade para escolher com quem contrata e em que local de execução executa as operações de investimento[812]. Sobram, além disso, muitos outros atos de investimento que pressupõem subcontratação no exterior, sem que por regra o investidor seja informado[813]. Deste modo, a nova alínea *d)* do art. 9º, nº 1 DRSII amplifica consideravelmente o âmbito de cobertura do Sistema.

Além disso, o critério escolhido sujeita o Sistema a um risco de litigância, antes inexistente, em torno do conhecimento ou desconhecimento do local de execução das operações.

X – Importa assinalar, embora sumariamente, que o alargamento do âmbito de cobertura do Sistema de Indemnização aos Investidores provocado pelo DL nº 162/2009 vem colocar questões delicadas de constitucionalidade[814].

[811] O itálico não consta do original.
[812] Cfr. *infra*, § 26º, 1..
[813] Art. 308º CVM e arts. 31º e 32º do Regulamento Delegado (UE) 2017/565, da Comissão.
[814] Em sentido concordante: Eduardo Paz Ferreira/ Ana Perestrelo de Oliveira, *Os limites do sistema de indemnização dos investidores: âmbito de cobertura material e natureza fiscal das contribuições*, cit., 59-82.

Como resulta da exposição anterior, o ponto de partida é a estrutura de financiamento do SII, que assenta em contribuições obrigatórias dos intermediários financeiros, para acorrerem a finalidades de interesse público ligados à proteção dos investidores e à salvaguarda da confiança no sistema financeiro (art. 6º DLSII).

Ora, ao pressupor uma afetação forçosa dos fundos dos intermediários, o Sistema de Indemnização aos Investidores assenta em contribuições que revestem materialmente a natureza de *contribuições financeiras para entidades públicas*, sendo prestações patrimonial não reembolsável impostas por lei para a realização de finalidades públicas, sem contrapartida específica e sem revestir natureza sancionatória. A competência para esta medida legislativa é, assim, da Assembleia da República (art. 165º nº 1 *b)* e *i)* CRP) – embora possa o Governo intervir, se legitimado por Lei de Autorização Legislativa. Não tendo tal ocorrido neste caso, o diploma encontra-se viciado por inconstitucionalidade orgânica.

A acrescer, a restrição dos direitos, liberdades e garantias – ínsita ao financiamento do Sistema – apenas é constitucionalmente tolerada se obedecer ao princípio de proporcionalidade, nos termos do art. 18º, nº 2 CRP. Ocorre, como demonstrado ao longo deste texto, que as alterações efetuadas ao âmbito de cobertura do Sistema de Indemnização aos Investidores não apenas se revelam desnecessárias, como são inadequadas e desproporcionadas para a tutela dos mercados financeiros, seus agentes e investidores.

São alterações *desnecessárias*, porque nenhum texto europeu obriga ou aconselha a uma intervenção, ademais no momento de crise financeira, no funcionamento dos esquemas de compensação dos investidores, que seja efetuada através da utilização de enunciados normativos fomentadores de incerteza jurídica. Em particular, o alargamento geográfico de cobertura, atrás examinado, afigura-se excessivamente amplo, o que apresenta consequências que se crê não terem sido devidamente sopesadas pelo legislador.

Estas modificações são ademais *inadequadas* porque provocam, no seu todo, uma clara erosão na automaticidade e imediatividade dos pagamentos a partir do acto de acionamento do Sistema.

A aludida intervenção legislativa mostra-se, por último *desequilibrada*, ao fomentar a judicialização do esquema de compensação dos investidores e ao traduzir um acréscimo de responsabilidade dos intermediários financeiros que, ao menos parcelarmente (reenvia-se, sobretudo, para o art. 9º 1 *d)* DLSII), assume dimensões imprevisíveis.

Assim, em suma, também do ponto de vista material, os arts. 3º e 9º do DLSII surgem em colisão com os dados constitucionais, o que implica uma mácula importante num diploma central para o sistema jurídico-mobiliário. Uma revisão ao regime jurídico do sistema de compensação de investidores dirigida a expurgar este vício impõe-se, por este motivo, como tarefa inadiável para o legislador nacional.

XI – A par do Sistema de Indemnização aos Investidores, a lei admite ainda a constituição de fundos de garantia adicionais por entidades gestoras de mercados regulamentados, de sistemas de negociação multilateral, de sistemas de liquidação, de câmara de compensação ou de contraparte central.

Neste caso, desde a alteração aos arts. 35º e 36º promovidas pelo DL nº 66/2004, de 24 de março[815], a constituição de fundos de garantia e a sua adesão passaram a revestir natureza facultativa.

§ 16º Os intermediários financeiros

1. *O quadro terminológico*

I – Em termos institucionais, a lei bancária e o Código dos Valores Mobiliários utilizam categorias distintas para se reportarem aos prestadores de serviços financeiros regulados.

De um lado, o Regime Geral bancário assenta fundamentalmente numa contraposição entre instituições de crédito, sociedades financeiras e empresas de investimento.

Cada uma destas categorias, por seu turno, se desdobra em diversos sub-tipos. São autonomizados, no art. 3º RGIC, cinco tipos de instituições de crédito, além da referência direta à Caixa Central de Crédito Agrícola Mútuo. O art. 6º RGIC, por seu turno, identifica dez tipos de sociedades financeiras, a par de um catálogo de seis empresas de investimento no art. 4º-A.

No balanço global, não se pode deixar de inferir haver uma excessiva atomização institucional, tal é o número de sub-tipos elencado nos arts. 3º, 4º-A e 6º RGIC – sem prescindir da possibilidade da qualificação *ad hoc* de outras instituições como instituições de crédito, empresas de investimento ou sociedades financeiras, expressamente ressalvada por aqueles normativos.

Referência especial merece o espaço dedicado no Regime Geral bancário às empresas de investimento, de que constitui expoente máximo o Título X-A, que lhes é inteiramente dedicado, em transposição das Diretivas europeias sobre serviços de investimento e sobre organismos de investimento coletivo (arts. 199º-A a 199º-L)[816].

[815] Sobre o regime originário do Código: Sofia Nascimento Rodrigues, *A Proteção dos Investidores em Valores Mobiliários*, cit., 114-125.

[816] O Título X-A foi introduzido pelo DL nº 232/96, de 5 de dezembro, em transposição da Diretiva relativa aos Serviços de Investimento (DSI), e modificado nomeadamente pelo DL

Entre os tipos de empresas de investimento, incluem-se as sociedades financeiras de corretagem, as sociedades corretoras, as sociedades gestoras de patrimónios, as sociedades mediadoras dos mercados monetário ou de câmbios, as sociedades de consultoria para investimento e as sociedades gestoras de sistemas de negociação multilateral[817].

II – De sua banda, no tocante aos prestadores de serviços no âmbito mobiliário, o Código dos Valores Mobiliários isola, como conceito central, o de intermediário financeiro.

Na delimitação empreendida pelo art. 293º do Código dos Valores Mobiliários compreendem-se aqui as seguintes entidades:

- as instituições de crédito autorizadas a exercer atividades de intermediação financeira em Portugal
- as empresas de investimento autorizadas a exercer atividades de intermediação financeira em Portugal;
- as entidades gestoras de organismos de investimento coletivo autorizadas a exercer essa atividade em Portugal;
- as instituições com funções correspondentes às referidas anteriormente que estejam autorizadas a exercer em Portugal qualquer atividade de intermediação financeira;
- as sociedades de investimento mobiliário e as sociedades de investimento imobiliário.

III – Deste confronto emerge uma conclusão principal a reter. Ao demarcar o perímetro de prestadores de serviços, deparam-se conceitos-chave distintos na lei bancária e no Código mobiliário. Este diploma orbita em torno do conceito de intermediário financeiro – que não é de todo utilizado na lei bancária.

2. *O quadro das fontes; remissão*

I – No âmbito das fontes, resulta claro que uma parte dos intermediários surge regulado conjuntamente pelo regime bancário e pelo regime mobiliário.

Assim, estão sujeitas na íntegra ao regime do Título X-A as sociedades corretoras, as sociedades financeiras de corretagem, as sociedades gestoras de patrimónios e as sociedades mediadoras dos mercados monetário e de câmbios.

nº 357-A/2007, de 31 de outubro, em transposição da primeira Diretiva dos Mercados de Instrumentos Financeiros (DMIF I), pela Lei nº 16/2015, em transposição da AIFMD e pela Lei nº 35/2018, em transposição da DMIF II.

[817] São coincidentes as tipologias dos artigos 4º-A RGIC e 293º, nº 2 CVM.

As instituições de crédito, por seu turno, sujeitam-se a parte dos normativos dirigidos às empresas de investimento (art. 199º-B, nº 2 RGIC).

As sociedades de investimento mobiliário e as sociedades de investimento imobiliário, por seu turno, funcionam como categoria intermédia: não sendo sociedades financeiras recebem apenas uma aplicação marginal do diploma bancário (art. 199º-L).

II – Deve sublinhar-se que as instituições de crédito e sociedades financeiras, embora operando no âmbito mobiliário, quedam-se sujeitas ao regime de liquidação constante do regime constante do DL nº 199/2006, de 25 de outubro.

Em plano distinto se situam as sociedades de consultoria para investimento e as sociedades gestoras de sistemas de negociação multilateral que, não sendo sociedades financeiras, se excluem da supervisão prudencial do Banco de Portugal e permanecem fora do âmbito do regime constante do DL nº 199/2006, de 25 de outubro.

III – Pela sua extrema complexidade, o quadro descrito não pode considerar-se satisfatório[818], sendo útil ponderar, do ponto de vista do direito a constituir, possíveis alterações legislativas futuras que venham a resultar em maior simplicidade e acessibilidade.

Afigura-se, neste contexto, útil a preparação de um regime geral das empresas de investimento, que proceda à sistematização, de modo codificado, dos múltiplos diplomas dispersos sobre a atividade de cada tipo de intermediário financeiro.

Além disso, a futura concentração de todas as entidades autorizadas a prestar serviços de intermediação financeira sob um *nomem iuris* único – de empresa de investimento – teria vantagens claras no ângulo da autonomia empresarial e da redução da carga burocrática. Já anunciada em julho de 2007 como projeto em preparação pelo Conselho Nacional de Supervisores Financeiros[819], esta é uma tarefa legislativa cuja execução se aguarda com natural expectativa.

IV – Neste passo, importa apenas recensear sumariamente as instituições e as fontes que lhes são aplicáveis. O exame da disciplina jurídica relativa à intermediação financeira far-se-á detidamente mais à frente, no Capítulo VI deste volume.

[818] Esta constatação não é inédita, já se verificando semelhante embaraço à luz do anterior Código, como o testemunhava António Soares, *O Regime Geral e o mercado de valores mobiliários*, em AAVV, *O Novo Regime Geral das Instituições de Crédito e Sociedades Financeiras*, Lisboa (1993), 141-156.

[819] Conselho Nacional de Supervisores Financeiros, *Better Regulation do Sistema Financeiro* (Jul.-2007).

§ 17º Os mercados e os sistemas de negociação

1. *Razão de ordem*

I – Embora já não mereça expressa consagração legal[820], continua a ser útil recordar uma elementar distinção, que contrapõe, de um lado, o mercado primário e, de outro lado, o mercado secundário de valores mobiliários. Aquele refere-se ao mercado de criação dos valores mobiliários, através do processo de emissão. O mercado secundário, por seu turno, é o mercado onde se negoceiam e se transmitem os valores mobiliários já emitidos[821].

Tradicionalmente, o mercado secundário de referência era o mercado de bolsa. Este conceito clássico atravessava todo o Código Comercial de 1888 (v.g. arts. 67º, 88º-92º, 274º, 351º-361º), que entendia as bolsas como os estabelecimentos públicos legalmente autorizados onde se reúnem os comerciantes para concertarem ou cumprirem as operações de bolsa[822]. Mais tarde, o DL nº 8/74, de 14 de janeiro, viria a definir as bolsas como instituições auxiliares de crédito, tendo por objeto a realização de operações sobre valores mobiliários[823].

II – As classificações dos mercados viriam a sofrer reformulações importantes nas últimas duas décadas, sobretudo provocadas pelos dados europeus.

O Código do Mercado de Valores Mobiliários, de 1991, manteria o mercado de bolsa como o central mercado secundário[824], autonomizando dentro deste o mercado de cotações oficiais[825], por influência comunitária. Ao lado destes, admitiam-se como mercados de bolsa o segundo mercado[826] e o mercado sem cotações[827], com exigências gradualmente menos vincadas. A lei previa ainda um mercado de balcão[828], onde se negociavam todos os valores mobiliários, ainda que não admitidos em bolsa[829].

[820] Não se encontra correspondente ao art. 3º, nº 1 *c)* e *d)* do CdMVM (1991).

[821] Petra Buck-Heeb, *Kapitalmarktrecht*[9], cit., 23; Rüdiger Veil (ed.), *European Capital Markets Law*, cit., 75-76.

[822] Art. 82º do Código Comercial de 1888. Cfr. *infra*, § 25º, 1.

[823] Art. 1º, nº 1 do DL nº 8/74, de 14 de janeiro.

[824] Art. 174º, nº 1 *a)* do CódMVM.

[825] Arts. 303º-358º do CódMVM.

[826] Arts. 359º-376º do CódMVM.

[827] Arts. 377º-391º do CódMVM.

[828] Arts. 499º-505º do CódMVM.

[829] Art. 500º do CódMVM, na redação dada pelo DL nº 232/96, de 5 de dezembro. O art. 174º, nº 1 *c)* admitia ainda mercados especiais. Ao abrigo desta previsão foi criado o Mercado Especial de Operações por Grosso (MEOG), para negociação de valores mobiliários cujo nominal fosse igual ou superior a 10.000.000.000$00 (Portaria nº 377-C/94, de 15 de junho e Regulamento nº 94/4 da CMVM, de 20 de junho).

Na versão originária do Código dos Valores Mobiliários (1999), a sistematização dos mercados sofreria novo desvio. A contraposição central passou a distinguir os mercados regulamentados (tradução portuguesa de *regulated markets*[830]) dos mercados não regulamentados[831], embora tivesse autonomizado o mercado de bolsa como paradigmático[832].

A transposição da Diretiva do Abuso de Mercado para o Direito nacional, operada através do DL nº 52/2006, de 15 de março, determinou a eliminação do conceito de bolsa do Código dos Valores Mobiliários. Trata-se de uma opção criticável, já que pôs termo uma tradição jurídica portuguesa plurrisecular. O argumento invocado baseava-se na adequação ao regime europeu (que passou a ignorar o conceito de bolsa) e ao regime das entidades gestoras[833]. Mas o argumento, hoje reapreciado, não colhe, uma vez que para alinhamento pleno com os dados europeus, bastaria considerar o conceito de mercado regulamentado como equivalente ao de bolsa. Ignorou-se, além disso, uma arreigada tradição linguística: ainda hoje, a linguagem popular não dispensa o recurso ao conceito de bolsa.

Por fim, a transposição da Diretiva dos Mercados de Instrumentos Financeiros, realizada através do DL nº 357-A/2007, de 31 de outubro, passou a impor o conceito de formas organizadas de negociação (art. 198º), como categoria de cúpula a que se passou a dedicar o renovado Título IV do Código. Como formas organizadas de negociação compreendem-se os mercados regulamentados, os sistemas de negociação multilateral e a internalização sistemática.

III – Uma análise mais desenvolvida sobre a evolução histórica dos mercados mobiliários, em geral, e das bolsas, em particular, é feita adiante[834].

Interessa, contudo, assinalar preliminarmente que além da diversificação estrutural dos mercados, o seu perfil funcional também se alterou. Inicialmente eram concebidos como espaços físicos; hoje muitos mercados dispensam o *floor* de negociação.

De pólos de transação, os mercados evoluiram identicamente para sofisticados prestadores de serviços – oferecendo plúrimos serviços informativos,

[830] Parece justa a crítica de Simões Patrício, para quem teria sido preferível traduzir como mercados regulados (*Direito Bancário Privado*, Lisboa (2004), 43).

[831] Art. 199º CVM, na versão aprovada pelo DL nº 486/99, de 13 de novembro.

[832] Essa característica matricial do mercado de bolsa advinha do art. 200º, nº 1 *b)* CVM, na versão aprovada pelo DL nº 486/99, de 13 de novembro, preceito que considerava os requisitos aplicáveis às bolsas no tocante à prestação de informação, à admissão dos membros do mercado e dos valores mobiliários e ao funcionamento do mercado como extensíveis, em termos *iguais ou similares*, aos demais mercados regulamentados.

[833] Cfr. o 14º parágrafo do Preâmbulo do DL nº 52/2006, de 15 de março.

[834] Cfr. *infra*, § 25º.

desenvolvendo sofisticadas aplicações informáticas e ensaiando atividades de promoção de mercado. O investimento tecnológico passou a representar uma componente essencial dos mercados, tendo em vista a segurança e a rapidez de execução das transações. A natureza empresarial dos mercados conduziu identicamente a uma intensificação das aquisições e outras formas de integração entre sociedades gestoras.

2. *Os mercados regulamentados*

I – Segundo o nº 1 do art. 199º CVM, são mercados regulamentados os sistemas que, tendo sido autorizados como tal por qualquer Estadomembro da União Europeia, são multilaterais e funcionam regularmente a fim de possibilitar o encontro de interesses relativos a instrumentos financeiros com vista à celebração de contratos sobre tais instrumentos.

II – Em Portugal funcionam atualmente os seguintes mercados regulamentados:

- "Euronext Lisbon" gerido pela Euronext Lisbon – Sociedade Gestora de Mercados Regulamentados, S.A.";
- "Mercado especial de dívida pública" (MEDIP), gerido pela "MTS Portugal – Sociedade Gestora do Mercado Especial de Dívida Pública, SGMR, S.A.";
- Mercado Regulamentado de Derivados do MIBEL (Mercado Ibérico de Electricidade), gerido pelo OMIP – Operador do Mercado Ibérico de Energia (pólo português).

III – Contam-se, ainda, os seguintes sistemas de negociação multilateral:

- "PEX", gerido pela "OPEX – Sociedade Gestora de Sistemas de Negociação Multilateral, S.A.";
- "Easynext Lisbon", gerido pela "Euronext Lisbon – Sociedade Gestora de Mercados Regulamentados, S.A.";
- "Alternext", gerido pela "Euronext Lisbon – Sociedade Gestora de Mercados Regulamentados, S.A.".

3. *As entidades gestoras de mercados*

I – Em termos legislativos, as entidades gestoras de mercados são tratadas através do Código dos Valores Mobiliários (v.g. arts. 218º-222º) e do DL nº 357-C/2007, de 31 de outubro (LEG)[835].

[835] Por força da transposição da DMIF II, este diploma sofreu relevantes alterações, introduzidas pela Lei nº 35/2018, de 20 de julho.

Trata-se de uma área em que subsiste uma significativa intervenção governamental. Assim, depende de autorização ministerial, a conceder através de despacho, a sua constituição (art. 19º LEG) ou a aquisição de domínio (art. 25º LEG). Por outro lado, o seu capital social é fixado por portaria ministerial (art. 8º, nº 1 LEG) e é da competência ministerial a revogação da autorização (art. 24º LEG). Chega a revelar-se algum excesso, ao fazer-se depender de autorização governamental a criação de mercado regulamentado por entidade gestora (art. 19º LEG).

O Código atribui ainda ao Governo, no art. 352º, nº 2 CVM, o poder excecional de, quando no mercado de instrumentos financeiros se verifique perturbação que ponha em grave risco a economia nacional, ordenar as medidas apropriadas, nomeadamente a suspensão temporária de mercados regulamentados ou sistemas de negociação multilateral, de certas categorias de operações ou da atividade de entidades gestoras de mercados regulamentados, de sistemas de negociação multilateral, de entidades gestoras de sistemas de liquidação, de entidades gestoras de câmaras de compensação ou de contraparte central e de entidades gestoras de sistemas centralizados de valores mobiliários.

II – As entidades gestoras de mercados regulamentados, assim como as entidades gestoras de sistemas de negociação multilateral, de sistemas de liquidação, de câmara de compensação, de contraparte central e de sistemas centralizados sujeitam-se a regras prudenciais cuja supervisão incumbe à CMVM (art. 363º *a*)).

Trata-se de um desvio à regra aplicável aos intermediários financeiros que se submetem à supervisão prudencial do Banco de Portugal.

III – A atuação das entidades gestoras de mercados goza de implicações de largo alcance, atingindo diversos *stakeholders.* Embora assumindo a forma jurídica de sociedade anónima, estas entidades supõem, por isso, um modelo particular de governação, que à frente será examinado[836].

4. *Os sistemas de negociação*

I – O contínuo e intenso desenvolvimento tecnológico associado às plataformas de negociação tem dificultado o seu tratamento regulatório.

A principal sede normativa da matéria é a Diretiva DMIF II, que parte de um conceito amplo de sistema multilateral, entendido como qualquer sistema ou dispositivo no qual múltiplos interesses de negociação de compra e venda

[836] Cfr. *infra*, § 25º.

de instrumentos financeiros manifestados por terceiros podem interagir[837]. A Diretiva autonomiza ainda a categoria de plataformas de negociação, onde se incluem os mercados regulamentados, os sistemas de negociação multilateral e os sistemas de negociação organizada[838].

II – Entre nós, o art. 200º define os sistemas de negociação multilateral como os *sistemas que têm essa qualidade e possibilitam o encontro de interesses relativos a instrumentos financeiros de acordo com regras não discricionáriascom vista à celebração de contratos sobre tais instrumentos.*

A diferença entre os sistemas de negociação multilateral e os mercados regulamentados é de pequena monta. O traço distintivo, à luz do regime europeu, resume-se ao facto de conceito nacional omitir a característica da regularidade de funcionamento destes sistemas na delimitação empreendida no art. 200º, nº 1, o que serve de fator único de diferenciação em relação à previsão do art. 199º CVM.

Apesar de lhes caber a gestão de uma estrutura de negociação mais simplificada, o regime das entidades gestoras de sistemas multilaterais de negociação é estabelecido em plano de igualdade com os vigentes para as sociedades gestoras de mercados regulamentados (arts. 5º-18º e 26º-27º do DL nº 357-C/2007, de 31 de outubro (LEG)).

As diferenças apenas são sentidas nos requisitos de capital social mínimo e na não sujeição às entidades gestoras de sistemas multilaterais de negociação o apertado regime autorizativo das sociedades gestoras de mercados regulamentados.

III – Por fim, a novidade reside na consagração do conceito de sistema de negociação organizado (OTF) agora acolhido na DMIF II. Procura-se com esta fórmula abranger plataformas de negociação que escapavam ao âmbito da versão originária da DMIF – tais como *dark pools* e *crossing networks*[839]. Estas plataformas de negociação assumem uma natureza multifacetada entre si, e em alguns casos não disponibilizavam sequer preços de negociação.

Na DMIF II, os sistemas de negociação organizados são definidos como os sistemas multilaterais que não sejam mercados regulamentados nem sistemas de negociação multilateral dentro dos quais múltiplos interesses de compra e

[837] Artigo 4º, nº 1 19) da Diretiva 2014/65/UE do Parlamento Europeu e do Conselho, de 15 de maio de 2014 (DMIF II).

[838] Artigo 4º, nº 1 24) da Diretiva 2014/65/UE do Parlamento Europeu e do Conselho, de 15 de maio de 2014 (DMIF II).

[839] Scott Patterson, *Dark Pools – the rise of A.I. trading machines and the looming threat to Wall Street*, London (2012).

venda de obrigações, produtos financeiros estruturados, licenças de emissão ou derivados manifestados por terceiros podem interagir de modo a que tal resulte num contrato[840].

Fica, assim, excluída a negociação de valores mobiliários representativos de capital nestas plataformas[841].

§ 18º A supervisão e a regulação[842]

1. *A formação histórica do modelo institucional*

I – Embora as origens da regulação financeira sejam europeias[843], a tradição da criação de autoridades independentes para a supervisão do mercado de valores mobiliários foi iniciada nos Estados Unidos, em 1934. A *Securities and Exchange Commission* (SEC) foi a entidade pioneira, criada em larga parte em resposta à crise financeira mais grave do século XX – a crise de 1929. Cabe-lhe, desde a sua génese, vigiar o cumprimento das leis federais em matéria de mercado de capitais[844].

Os objetivos subjacentes à criação da SEC – o enfoque na qualidade da informação (*disclosure philosophy*) para acautelar decisões de investimento esclarecidas como meio de prevenir eficazmente os delitos bolsistas, e a quebra da auto-suficiência das bolsas na fiscalização da negociação dos valores mobiliários – permanecem no essencial atuais, constituindo as fundações da moderna supervisão do mercado de valores mobiliários, à escala mundial[845]. A importância deste legado não pode, em caso algum, ser menorizada – representando um contributo do direito norte-americano praticamente sem paralelo em outras áreas jurídicas[846].

[840] Artigo 4º, nº 1 23) da Diretiva 2014/65/UE do Parlamento Europeu e do Conselho, de 15 de maio de 2014 (DMIF II).

[841] Cfr. *infra*, § 26º 1.

[842] Este capítulo procede a um desenvolvimento do meu *Supervisão e Regulação do Mercado de Valores Mobiliários*, em *Direito dos Valores Mobiliários*, Vol. VIII (2008), 39-64.

[843] Stuart Banner, *Anglo-American Securities Regulation: Cultural and Political Roots, 1690-1860*, Cambridge (1998), *passim;* Hanno Merkt, *Zur Entwicklung des deutschen Börsenrechts von den Anfängen bis zum Zweiten Finanzmarktförderungsgesetz*, em Klaus Hopt/Bernd Rudolph/Harald Baum (org.), Börsenreform. Eine ökonomische, rechtsvergleichende und rechtspolitische Untersuchung, Stuttgart (1997), 17-141.

[844] *Securities Act* (1933), *Securities Exchange Act* (1934), *Trust Indenture Act* (1939), *Investment Company Act* (1940) e *Investment Advisor's Act* (1940).

[845] Fundamental, para o recenseamento da evolução histórica da SEC: Joel Seligman, *The Transformation of Wall Street*, Boston (1982).

[846] Paulo Câmara, *Os Deveres de Informação e a Formação de Preços no Mercado de Valores Mobiliários*, Cadernos MVM, nº 2 (1998), 79-80; Id., *A Diretiva dos Prospetos: Contexto, Conteúdo e Confronto com*

II – Na Europa, o acolhimento deste modelo institucional – baseado numa autoridade de supervisão independente de natureza pública – não foi imediato. Ressalva-se, naturalmente, o que sucedeu na Bélgica, que promoveu a criação da *Comission Bancaire* logo em 1934, mas com competências distintas das atribuídas à autoridade norte-americana[847].

Afora este caso, na regulação e supervisão dos valores mobiliários a SEC serviu nomeadamente de inspiração à criação da *Commission des Opérations de Bourse* em França (1967), à Consob em Itália (1974), à *Securities and Investment Board* britânica (1986), à CNMV espanhola (1988) e, em Portugal, à Comissão do Mercado de Valores Mobiliários (CMVM), em 1991. Convém, é certo, ter presente que a matriz institucional europeia se desvia do modelo norte-americano em dois fundamentais aspetos. A um tempo, as autoridades mobiliárias europeias por tradição concentram competências sobre valores mobiliários e instrumentos financeiros derivados – o que não sucede nos EUA, dada a competência autónoma atribuída à *Commodity Futures Trading Commission* (CFTC) para a supervisão e regulação de futuros sobre mercadorias e de opções[848]. A outro tempo, na Europa, a partir da década de oitenta começa a generalizar-se o modelo de supervisão monista (integrando atribuições nas áreas bancária, seguradora e mobiliária), como adiante se tratará[849].

Retenha-se ainda que as regras de direito europeu derivado na área dos valores mobiliários, embora não impondo modelos de supervisão, acabam por sugerir implicitamente a independência das autoridades de supervisão, ao pressupor a existência de autoridades competentes na fiscalização dos atos administrativos impostos por via comunitária. Tal foi reforçado na Diretiva do Prospeto[850], que diminui o espaço para a aprovação do prospeto de admissão por entidades

o Direito Positivo Nacional, em *Estudos em Memória do Professor Doutor António Marques dos Santos*, I (2005), 1084-1085.

[847] Cfr. *Arrêté royal* nº 2 de 22 de agosto de 1934 e *Arrêté royal* nº 185, de 9 de julho de 1935. Apesar da proximidade temporal de criação das duas entidades, existem diferenças marcadas entre as competências da *Commission Bancaire* belga (de um lado mais amplas, envolvendo a supervisão bancária, de outro lado mais restritas, no âmbito da supervisão bursátil) e as da SEC. Cfr. VANINA PAOLI-GAGIN, *Les Commissions de Valeurs Mobilières aux États-Unis et en Europe*, Bruxelles (1998), 20-24.

[848] A atribuição de competências regulatórias sobre instrumentos financeiros derivados à CFTC (reservando para a SEC competências relativamente aos futuros sobre acções) é alvo de frequente críticas em solo norte-americano.

[849] Cfr. *infra*, § 8º, 11.

[850] Diretiva nº 2003/71 do Parlamento Europeu e do Conselho de 4 de novembro de 2003, relativa ao prospeto a publicar em caso de oferta pública de valores mobiliários ou da sua admissão à negociação. Cfr. a propósito PAULO CÂMARA, *A Directiva dos Prospetos: Contexto, Conteúdo e Confronto com o Direito Positivo Nacional*, cit.

gestoras do mercado. Nessa medida, não causa surpresa que o progresso de harmonização comunitária tenha sido acompanhado de uma expansão das autoridades administrativas independentes de supervisão.

Por fim, os Princípios sobre regulação aprovados pela organização mundial de reguladores mobiliários (a *International Organization of Securities Regulators*, abreviadamente IOSCO)[851], embora despidos de natureza injuntiva, acentuam muito as exigências de independência das autoridades reguladoras. Note-se que estes Princípios são de comum utilização nos exigentes exercícios de avaliação dos sistemas financeiros promovidos pelo FMI e pelo Banco Mundial, o que vinca a efetividade da sua influência na conformação das estruturas institucionais e normativas relacionadas com o mercado de valores mobiliários. Tal, por seu turno, identicamente contribui para a generalização, à escala planetária, do modelo institucional de supervisão gerado na América dos anos trinta.

III – Em decorrência do modelo institucional inspirado na matriz norte-americana, surgem consequências materiais no âmbito da disciplina jurídica. Ao implicar a prática de atos administrativos por parte de uma entidade reguladora apetrechada com vigorosas atribuições, a experiência norte-americana comporta, em termos inexoráveis, uma publicização, ainda que parcelar, da regulação financeira. O Direito dos valores mobiliários passa a assumir-se como ramo de Direito misto – combinando zonas de direito público e de direito privado. A combinação de uma zona jusprivada e juspública não deve, é certo, contribuir para uma indistinção categorial entre uma e a outra, nem para olvidar os diversos pressupostos em que cada uma assenta (ali, liberdade jurígena, aqui competência decisória). O ponto não é aqui prosseguido – bastando, para já, constatar a afirmação de uma mancha de normas de Direito público no seio do Direito dos valores mobiliários como um dado inelutável, sobretudo a partir das intervenções federais resultantes do *New Deal* norte-americano.

2. *A regulação*

I – O edifício de fontes do Direito dos valores mobiliários reconhece pacificamente a insuficiência das fontes legislativas, em sentido formal, para a adequada regulação dos mercados e dos seus agentes. Esta asserção repousa em diversos motivos: na acelerada dinâmica dos mercados financeiros, a exigir alguma adaptabilidade dos instrumentos normativos; na necessidade, por vezes sentida, de encetar intervenções com carácter de urgência; e na conveniência

[851] IOSCO, *Objetives and Principles of Securities Regulation*, Public Document No. 125 (a última revisão data de 2003), Secção 6.3; Id., *Methodology for Assessing Implementation of the IOSCO Objetives and Principles of Securities Regulation* (2003).

em redigir preceitos com algum detalhe, que se apresentam desajustados aos textos legislativos. Estes dados ditam a importância dos regulamentos da autoridade de supervisão e dos atos quase normativos (*soft law*) na construção de modelos decisórios para a resolução de casos concretos. Centremo-nos, para já, nos primeiros.

Neste quadro, a atribuição primeira das autoridades independentes financeiras é a da emissão de regulamentos. Estas autoridades, de facto, beneficiam de uma maior proximidade da realidade regulada[852] e gozam de maior agilidade regulatória, tendo uma facilidade acrescida de alteração dos textos normativos anteriormente produzidos.

É a este propósito sintomática a indicação metodológica, constante dos trabalhos preparatórios do Código dos Valores Mobiliários, de que um dos principais critérios de delimitação entre matéria legal e regulamentar seria a subsidariedade daquela. A orientação geral foi confessadamente a de "*não integrar na lei o que pode ser integrado em regulamento*"[853]. A depuração normativa do atual Código, em confronto com o antecedente Código do Mercado de Valores Mobiliários de 1991, encontra aqui uma das suas primeiras causas.

II – Em termos paralelos à produção normativa, cabe mencionar o papel das autoridades de supervisão na interpretação das regras vigentes – através de pareceres genéricos[854] ou de atos concretos que impliquem a não perseguição sancionatória das condutas admitidas (*no-action letters*)[855].

Está visto que os atos interpretativos emanados das autoridades administrativas não são vinculativos. Porém, estes atos cumprem três funções básicas:

– são contributos interpretativos trazidos ao conhecimento público, favorecendo a certeza jurídica;

[852] A par da regulação própria, convém não esquecer que, atento o seu *know-how*, as autoridades de supervisão financeira desempenham identicamente um papel importante no apoio a iniciativas legislativas. Cfr. a propósito, no campo mobiliário, o art. 4º, nº 2 *e)* do Estatuto da CMVM, aprovado através do Decreto-Lei nº 5/2015, de 8 de janeiro.

[853] MINISTÉRIO DAS FINANÇAS/CMVM, *Trabalhos Preparatórios do Código dos Valores Mobiliários*, Lisboa (1999), 50.

[854] FREDERICO DA COSTA PINTO/ALEXANDRE BRANDÃO DA VEIGA, *Natureza, Limites e Efeitos das Recomendações e Pareceres Genéricos da CMVM*, Cadernos MVM nº 12 (2001), 273-285.

[855] A intensidade destes actos nos Estados Unidos é assinalável: entre 1981 e 1990 terão sido emitidas pela SEC mais de 15.000 *no-action letters*, segundo reporta VANINA PAOLI-GAGIN, *Les Commissions de Valeurs Mobilières aux États-Unis et en Europe*, cit., 203. Cfr. ainda DONNA NAGY, *Judicial Reliance on Regulatory Interpretations in SEC No-Action Letters: Current Problems and a Proposed Framework*, in DONALD LANGEVOORT, *Securities Law Review* (1999), 75-167.

- constituem garantia de imparcialidade e coerência decisória por parte da autoridade administrativa; e
- fornecem modelos de decisão às empresas e aos profissionais do mercado.

III – As fontes europeias merecem, neste contexto, uma referência autónoma. A arquitetura do sistema de produção normativa europeu, ainda resultante, neste ponto[856], da influência das propostas apresentadas em 2000 e 2001 nos Relatórios de Peritos do grupo presidido por Lamfalussy, concebe atualmente uma estratificação normativa das regras atinentes ao mercados de valores mobiliários[857]. De entre os níveis normativos, subdistingue-se:

- as medidas de nível 1, que consistem nas Diretivas ou regulamentos a incorporar os princípios gerais da matéria legislada; e
- as medidas de nível 2, elaboradas pela Comissão Europeia sob proposta da ESMA, encarregadas de desenvolver, adaptar e atualizar as regras de nível 1.

Tal estrutura, posta em prática desde 2001, tem contribuído para uma agilização do processo regulatório, para a abertura a processos de consulta pública e para uma convergência na interpretação das normas europeias. É de salientar, contudo, que o nível de produção normativa revela-se por vezes excessivo[858].

Em termos institucionais, além de reforçar a posição da Comissão Europeia, este modelo favorece identicamente uma revalorização do papel das autoridades de supervisão na preparação de legislação europeia, no âmbito dos procedimentos comitológicos. Aliás, os resultados positivos desta estrutura conduziram a que a mesma tivesse sido adotada na área dos seguros e da banca (embora neste último caso haja especialidades de monta resultantes do processo da União Bancária Europeia[859]).

O afinamento do processo regulatório europeu tem também contribuído para um notório alargamento do âmbito de harmonização europeia no Direito dos mercados financeiros – e, com isto, para uma diminuição do espaço regulatório das autoridades nacionais de cada Estado-Membro, sobretudo quando

[856] Quanto ao desenvolvimento posterior decorrente do Relatório De Larosière, cfr. *supra*, § 2º, 5.

[857] Eílis Ferran, *Building an EU Securities Market*, Oxford (2004), 58-126; José Brito Antunes, *Notas Pessoais sobre o Processo Lamfalussy*, Cadernos MVM nº 18 (2004), 48-61; Arthur Docters Van Leeuwen/Fabrice Demarigny, *Europe's Securities Regulators under the new EU Regulatory Framework, Journal of Financial Regulation and Compliance* Vol. 12 nº 3 (2004), 206-215.

[858] Para uma ilustração relevante, cfr. *infra*, § 23º, 1..

[859] Paulo Câmara, *Supervisão Bancária: recentes e próximos desenvolvimentos*, em *I Congresso de Direito Bancário*, (2014), 283-316; Id., *Supervisão bancária, in Estudos Projeto ETHOS. Corrupção e criminalidade económico-financeira* (2018), 207-247.

estão em causa instrumentos normativos de harmonização máxima. A discussão sobre se tal sugere a criação de uma autoridade europeia de regulação mobiliária é examinada adiante[860].

IV – Outro contributo relevante, provindo originariamente dos Estados Unidos, prende-se com a avaliação da eficiência da regulação e das autoridades independentes de supervisão. O ponto de partida para esta tendência são as teses, filiadas na *law and economics*, de que a finalidade da regulação deveria consistir em assegurar o funcionamento eficiente dos mercados financeiros[861].

As utilizações da avaliação de custos e benefícios que hoje (felizmente) ameaçam tornar-se correntes, contribuem sobremaneira para a antecipada prognose do impacto das soluções regulatórias desenhadas[862] e, de igual forma, constituem penhor do respetivo equilíbrio final. À medida em que aquelas se tornem mais afinadas, maior será o progresso trazido para a moderna regulação financeira.

3. *A auto-regulação*

I – Auto-regulação é a designação genérica de todas as formas de conformação de práticas estabelecidas pelos próprios participantes do mercado, individual ou coletivamente, nomeadamente através das respetivas associações profissionais. A sua manifestação não constitui um fenómeno privativo do Direito dos valores mobiliários[863], embora adquira aqui matizes próprios que merecem ser alinhados.

A influência da auto-regulação não é idêntica em todos os sistemas jurídicos, dependendo em muito da capacidade de iniciativa das instituições privadas do setor, da cultura de mercado ou do enquadramento normativo. Há, aliás, formas impuras de auto-regulação, que são provocadas pela lei ou pelas autoridades públicas, o que constitui um indício seguro de que a auto-regulação admite diferentes graus e comporta manifestações multifacetadas[864].

[860] Cfr. *infra*, § 8º, 11. e 12.

[861] Edmund Kitch, *Regulation of the Securities Market*, in *Encyclopedia of Law and Economics*, disponível em http://allserv.rug.ac.be (1999), 5660.

[862] Isaac Alfon/Peter Andrews, *Cost-Benefit Analysis in Financial Regulation: How to do it and how it adds value*, *Journal of Regulation and Compliance* vol. 7 nº 4 (1999), 339-352.

[863] Em geral: Vital Moreira, *Auto-Regulação Profissional e Administração Pública*, Coimbra (1997), incluindo indicações sobre o âmbito mobiliário (341-347).

[864] Cfr., a título de exemplo, a Secção 7.1 da Lei sobre Supervisão dos Mercados Financeiros vigente na Suiça, que obriga o regulador a apoiar a auto-regulação e a permitir que haja um suficiente e efectivo espaço de intervenção auto-regulatória.

II – O peso da auto-regulação depende do sistema jurídico e do contexto histórico considerados. Se nos referirmos a períodos temporais plurisseculares, pode afirmar-se que tendencialmente o espaço da auto-regulação do mercado financeiro tem vindo a diminuir. As causas para esta tendência são plúrimas, sendo justo destacar: o surgimento de áreas financeiras que reclamam um maior grau de intervenção da regulação clássica; a reformulação da natureza jurídica das bolsas; o aperfeiçoamento dos processos regulatórios; e o surgimento de crises financeiras.

No Reino Unido, até aos anos noventa, era assinalado um papel muito relevante das *self-regulatory organizations*[865]. Os anos noventa, porém, testemunharam a falência deste modelo auto-regulador extremo[866], que consentia alguma ambiguidade na demarcação da linha divisória entre as condutas permitidas e as condutas proibidas e, perante a proliferação de *self-regulatory organizations*, dava azo a alguma dificuldade na determinação das fronteiras de competência de cada organismo auto-regulador[867]. As debilidades deste sistema foram postas a claro sobretudo no escândalo *Barings Bank* – a funcionar como causa mais visível da reformulação do sistema de supervisão britânico, agora concentrado sob a égide da *Financial Supervisory Authority*.

A experiência alemã também é relevante para comprovar a insuficiência da auto-regulação para lidar com certas matérias mobiliárias. Até aos anos noventa, o sistema jurídico alemão assentava em instrumentos auto-reguladores para tratamento do insider trading e da matéria das OPAS. No primeiro caso, vigoravam desde 1970 orientações recomendatórias que, sob pressão da discussão da primeira Diretiva comunitária, foram consideradas deficitárias, na delimitação de conceitos basilares, o que poderia causar danos reputacionais importantes ao mercado financeiro alemão[868].

A acrescer, a desmutualização das bolsas também contribuiu para diminuir o seu papel regulatório[869]. Uma vez transformadas em empresas destinadas a prosseguir o lucro, tornou-se claro que as gestoras de mercados não podem assumir o cerne das tarefas regulatórias, dado o escasso incentivo – para além da prevenção de danos reputacionais – para perseguir membros incumpridores. Usual

[865] José António Veloso, *Alguns aspetos do Regime Geral – uma leitura comentada*, em AAVV, *O Novo Regime Geral das Instituições de Crédito e Sociedades Financeiras*, Lisboa (1993), 91.

[866] Sharon Chin, *Financial Services Regulation: Can History Teach Us Anything?*, *in* P. Cartwright (ed.), *Consumer Protection in Financial Services* (1999), 141-160 (143-144).

[867] Susan Strange, *Managing Mad Money – When Markets Outgrow Governments*, Manchester (1998), 152-154.

[868] Gerhard Wegen/Heinz-Dieter Assmann, *Insider trading in Western Europe: current status*, London (1994), 1-8, 16-17.

[869] Paulo Câmara, *O Governo das Bolsas*, Direito dos Valores Mobiliários, Vol. VI, Coimbra (2006), 187-228.

é, por isso, a autonomização das funções regulatórias em entidades (privadas) dotadas de certa independência. Este o modelo seguido nomeadamente nos EUA, atento o papel da *Financial Industry Regulatory Authority* (Finra)[870].

É de admitir, ainda, que o aperfeiçoamento de processos regulatórios desempenhe um papel neste âmbito. Com efeito, a crescente utilização de processos de consulta pública a preceder intervenções regulatórias no mercado de capitais, pode conduzir em certos casos ao acolhimento de pretensões da indústria, diminuindo ou retirando espaço para intervenções auto-regulatórias.

Por fim, a sucessão de crises financeiras ocorridas nos últimos anos tem reclamado a adoção de respostas normativas de natureza injuntiva e tem contribuído para a intensificação da harmonização legislativa europeia – que, no seu todo, revela respostas normativas a denotar uma elevação da densidade prescritiva e um endurecimento nas exigências colocadas aos operadores de mercado e às sociedades emitentes[871], a atingir um sobrepeso de que constitui uma expressão icónica a DMIF II e seus atos normativos complementares[872].

III – O papel da auto-regulação no Direito dos valores mobiliários não pode, no entanto, ser tido como diminuto.

Em primeira linha, não pode esquecer-se que a auto-regulação constitui um campo propício para a convergência de práticas, em termos internacionais[873]. Também serve como instrumento de compilação de usos comerciais (*lex mercatoria)*, o que lhe assegura uma importante função heurística.

Além disso, ao lado de áreas que recebem maiores intervenções hetero-regulatórias, persistem zonas de acentuada influência auto-conformadora – é o que se passa com os derivados, por exemplo, mercê da atuação do *Institute of Securities Dealers Association* (ISDA)[874]. Em alguns domínios, os mecanismos auto-reguladores surgem como mecanismos sucedâneos de superação de dificuldades para gerar consensos em termos europeus – como sucedeu por exemplo no caso da compensação e liquidação, no âmbito do qual um impasse regulatório foi resolvido através da elaboração de um Código de Conduta europeu[875].

[870] Cfr. desenvolvimentos em www.finra.org e em ROBERTA KARMEL, *Is the Financial Industry Regulatory Authority a Government Agency?* Brooklyn Law School, Legal Studies Paper nº 86 (2008).

[871] Quanto às crescentes exigências no âmbito do governo societário: PAULO CÂMARA, *Introdução, Código de Governo das Sociedades,* Coimbra, (2011), 22-23; Id., *A Governação de Bancos nos Sistemas Juridicos Lusófonos* (2016), 13-62; ABEL SEQUEIRA FERREIRA, *Transição e futuro do Governo das Sociedades no quadro atual do mercado de capitais português,* em IPCG, *A Emergência e o Futuro do Corporate Governance em Portaugal,* II (2018), 13-54.

[872] Cfr. *infra* §23º, 1.

[873] JOANNA BENJAMIN, *Financial Law,* cit., 8, 589.

[874] Por todos: SCHUYLER HENDERSON, *Henderson on Derivatives,* cit., 543-820.

[875] Tratou-se, todavia, de uma solução transitória. Cfr. *infra*, §27º.

A acrescer, novas áreas são conquistadas pelos desenvolvimentos auto-regulatórios – casos dos *hedge funds* e do capital de risco[876].

Entende-se, assim, que a auto-regulação mantém a sua relevância no plano das fontes (entendendo esta expressão em sentido amplo). O que acontece é que as fronteiras da auto-regulação têm variado em termos históricos, seja pela aborção por via legal de indicações auto-regulatórias, seja pela expansão da auto-regulação a áreas em que a hetero-regulação (ainda) não atinge.

Deste ponto de vista, pode sustentar-se existir um ciclo de renovação de níveis de regulação mobiliária[877]. A par das fontes legislativas, de um lado, coexistem, de outro lado, matérias mais adequadas a ser tratadas pela auto-regulação. Este quadro potencia o cumprimento de um ciclo de redefinição de níveis de regulação, em três fases: em primeiro lugar, implicando uma substituição de indicações auto-regulatórias por normas injuntivas; depois, através do abandono de soluções recomendatórias não acolhidas socialmente; por fim, com o acolhimento de novos temas e de novas soluções a constar de indicações auto-regulatórias. Mais se estima que este ciclo, pela sua adaptabilidade, possa repetir-se.

Uma das principais lições de política regulatória neste âmbito, aliás, reside na importância em ter presente uma aceção plural de formas de regulação – incluindo atos quase-normativos, como é o caso. A auto-regulação deve por isso ser entendida, não como substituto, mas como um complemento da regulação através de intervenções legislativas e regulamentares.

IV – O regime português não ignora o tema – e confere-lhe tratamento na lei principal mobiliária. No seu artigo 372º, sob a epígrafe de "auto-regulação", dispõe o Código dos Valores Mobiliários que "nos limites da lei e dos regulamentos, as entidades gestoras dos mercados regulamentados, dos sistemas de negociação multilateral, dos sistemas de liquidação, de contraparte central ou de compensação e dos sistemas centralizados de valores mobiliários podem regular autonomamente as atividades por si geridas".

Esta norma tem, porém, um alcance mais reduzido do que à primeira vista pode aparentar. A lei limita-se a lembrar duas asserções inquestionáveis: em primeiro lugar, a sujeição dos atos dos participantes do mercado às leis e aos regu-

[876] Os exemplos mais proeminentes são britânicos: British Venture Capital Association (Walker Committee), *Guidelines for Disclosure and Transparency in Private Equity* (2007); Hedge Fund Working Group, *Hedge Fund Standards: Final Report* (2008): Para uma análise transversal do fenómeno que perdeu relevo após a AIFMD, remete-se para OECD, *Codes and Industry Standards covering the Behaviour of Alternative Investors* (2008); Id., *The Role of Private Equity and Activist Hedge Funds in Corporate Governance – Related Policy Issues* (2008).

[877] Trata-se de ideia já sustentada no meu *Códigos de Governo das Sociedades*, nº 15 (dezembro de 2002), 65-90.

lamentos; em segundo lugar, e subsidiariamente, a sua "autonomia", fora do que seja coberto por tais fontes. A residualidade da auto-regulação, daqui decorrente, confirma afinal o primado da regulação pública dos valores mobiliários[878].

V – No apuramento do significado da mensagem legislativa contida no art. 372º CVM, o essencial reside mais na averiguação do que – fora do objeto e do âmbito da hetero-regulação – sobra para ser auto-regulado. E, aqui chegados, mesmo considerando apenas o passado mais recente[879], há que reconhecer que o âmbito da auto-regulação, também entre nós, tem flutuado ao longo do tempo. A título de exemplo, a competência dos mercados regulamentados para o estabelecimento de requisitos adicionais de admissão foi alargada com a transposição da Diretiva dos Prospetos para Portugal (art. 209º, nº 1 *a)* e 229º, nº 5).

VI – Não pode ainda perder-se de vista, neste âmbito, que o governo das sociedades cotadas constitui um tema em que o papel da auto-regulação é tradicionalmente decisivo. Com efeito, a elaboração de códigos de governo usualmente é tomada a cargo da indústria (associações privadas ou bolsas). Embora a transposição da Diretiva nº 2006/46/CE pressuponha normas injuntivas de informação (no âmbito do designado modelo *comply or explain)*, este texto europeu admite códigos de governo que sirvam de referência e que sejam produto de iniciativas auto-reguladoras.

Em Portugal, até há pouco tempo a iniciativa era predominantemente pública[880] – no âmbito do Código de Governo das Sociedades da CMVM (1999--2017)[881] – mas o Instituto Português de *Corporate Governance* aprovou em 2013 um Código de Corporate Governance (cuja versão mais recente data de 2018) – ao abrigo, aliás, do regime europeu[882].

[878] Os trabalhos preparatórios do atual Código, todavia, admitiam a intenção de procurar um incremento moderado da auto-regulação: cfr. Ministério das Finanças/CMVM, *Trabalhos Preparatórios do Código dos Valores Mobiliários*, cit., 52; Eduardo Paz Ferreira, *Setores estratégicos e intervenção do Estado no mercado dos valores mobiliários*, em *Direito dos Valores Mobiliários*, Vol. III (2001), 18-21; Frederico Costa Pinto, *A Supervisão no Novo Código dos Valores Mobiliários*, *Cadernos MVM* nº 7 (2000), 89-103 (97).

[879] Para uma análise histórica mais recuada quanto à evolução da estrutura de governação das bolsas, cfr. Paulo Câmara, *O Governo das Bolsas*, cit., 191-199. Cfr. também *infra*, § 25º.

[880] Paulo Câmara, *Códigos de Governo das Sociedades*, *Cadernos do Mercado de Valores Mobiliários*, cit., 65-90; Id., Introdução ao *Código de Governo das Sociedades Anotado*, cit., 12-43.

[881] Paulo Câmara (coord.), *Código de Governo das Sociedades Anotado*, cit., *passim*.

[882] Paulo Câmara, *Corporate Governance de 2013 a 2023: Desafios e Objetivos*, em Instituto Português de Corporate Governance, *Emergência e Futuro do Corporate Governance em Portugal. Volume comemorativo do 10º aniversário* (2013), 145-165.

O passo decisivo foi dado pela CMVM, ao transferir a função de standard--setter para o IPCG em matéria de *corporate governance*. Trata-se do cumprimento de um anúncio feito em 2013 e que a CMVM concretizou em 2018 através de um protocolo celebrado com o IPCG, em que a autoridade de supervisão se compromete a revogar o seu Código de Governo das Sociedades (2013), "*deixando este de poder ser utilizado como referencial para efeitos de reporte das práticas de governo referentes aos exercícios económicos iniciados a partir de 1 de janeiro de 2018*". Deste modo se consuma assim a transição do modelo institucional vigente entre nós em matéria de governação de sociedades cotadas para os padrões mais comuns em termos internacionais[883].

4. *A regulação baseada em princípios*

I – É já recorrente o debate travado entre os partidários de uma regulação baseada em regras (*rules-based*) e os apologistas da regulação baseada em princípios (*principles-based*). Os termos da discussão merecem exame atento.

O nó górdio da questão é o da determinação do grau óptimo de densidade dos enunciados normativos. Em termos comparatísticos, conhecem-se modelos diversos a este respeito. Alguns ordenamentos, é sabido, preferem uma prescrição muito extensa e pormenorizada da regulação mobiliária. Tal é notoriamente o caso dos Estados Unidos, na regulação dos mercados a contado[884] – o que constitui uma decorrência do estilo redaccional das matriciais leis federais dos anos trinta (*Securities Act* de 1933 e *Securities Exchanges Act* de 1934) e tem sido imperturbavelmente continuado no volumoso discurso normativo dos regulamentos aprovados pela *Securities and Exchange Commission*[885].

Abordagem diversa é a preferida por alguns sistemas jurídicos na Europa, nos quais o pensamento sistemático permite um desenho mais conciso das

[883] Em apoio a esta solução: Paulo Câmara, *Vocação e influência universal do corporate governance*, em *O Governo das organizações*, (2011), 41-42; Id., *Corporate Governance de 2013 a 2023: Desafios e Objetivos*, cit., 145-165; António Gomes Mota, *Um código unificado de Governo Societário*, e Rui Oliveira Neves, *O código unificado de Governo Societário*, ambos em Paulo Câmara (coord.) *O Novo Direito dos Valores Mobiliários*, (2017), 63-69.

[884] A regulação dos mercados de derivados realizada pela *Commodity Futures Trading Commission* é usualmente tida por ser *principles-based:* Cristie L. Ford, *New Governance, Compliance and Principles-Based Securities Regulation* (Mar.-2007), http://ssrn. com/abstract=970130, 2. A autora dá notícia de uma abordagem baseada em princípios da banda do regulador da província canadiana de British Columbia.

[885] Sintomática, a este propósito, é a recomendação de uma alteração de orientação legislativa, a favor de uma regulação norte-americana "baseada em objetivos", constante do plano de trabalho do Department of the Treasury, *Blueprint for a Modernized Financial Regulatory Structure* (Mar.-2008), 142-146.

previsões legislativas e regulamentares[886]. Na regulação dos mercados financeiros o expoente máximo desta linha encontra-se agora no Reino Unido – mercê de uma reforma legislativa lúcida e bem preparada nos finais dos anos noventa[887] e de uma autoridade de supervisão daí resultante (a *Financial Services Authority*, ou abreviadamente FSA – antecessora da atual *Financial Condut Authority*) avessa à prolixidade legislativa e favorável a formulações legais mais abertas[888]. No âmbito desta clivagem de abordagens, adquiriram notoriedade global os *Principles for Business* da FSA[889], que têm colhido várias reações de simpatia, mesmo fora das ilhas britânicas.

A discussão do tema, aliás, é já generalizada ao nível do globo[890]. A título de ilustração, a Comissão Europeia tem associado a simplificação legislativa à sua estratégia de aperfeiçoamento normativo (*better regulation*)[891] e prometeu, no seu Livro Branco sobre governação europeia de 2001, uma intervenção menos intrusiva e mais baseada em princípios[892]. Não pode esquecer-se, além do mais, que o principal documento orientador da organização mundial das comissões reguladoras sobre mercados de valores mobiliários (a IOSCO) assenta precisamente num enunciado de princípios[893].

A discussão, em bom rigor, não se confina ao Direito dos valores mobiliários – atingindo igualmente o Direito das sociedades[894] e o Direito da con-

[886] Para documentar o objetivo de depuração normativa subjacente ao Código português de 1999: Carlos Ferreira de Almeida, *O Código dos Valores Mobiliários e o Sistema Jurídico*, Cadernos MVM nº 7 (1999), 19-47.

[887] Eilís Ferran/Charles Goodhart (ed.), *Regulating Financial Services and Markets in the 21st Century*, Oxford (2001).

[888] Para uma síntese: FSA, *Principles-based regulation: Focusing in the outcomes that matter* (April 2007), disponível em http://www.fsa.gov.uk/pubs/other/principles.pdf.

[889] O FSA divulga nomeadamente princípios regulatórios no seu manual *[a general statement of the fundamental obligations of firms]*: cfr. Financial Services Authority, *Handbook*, http://fsahandbook.info/FSA/html/handbook/PRIN/1.

[890] Rüdiger Veil (ed.), *European Capital Markets Law*, Oxford (2013), 40-43.

[891] Cfr. www.ec.europa.eu/governance/better regulation/index en.htm.

[892] European Commission, *European Governance – a White Paper* (27-jul.-2001), 20-21, disponível em www.ec.europa.eu/governance/index en.htm.

[893] IOSCO, *Objetives and Principles of Securities Regulation*, Public Document No. 125 (2017); Id., *Methodology for Assessing Implementation of the IOSCO Objetives and Principles of Securities Regulation* (2017).

[894] No âmbito societário é usual referir-se ao Direito (de base estadual) norte-americano como baseado em princípios: cfr. Lawrence Cunningham, *A Prescription to Retire the Rhetoric of "Principles-Based Systems" in Corporate Law, Securities Regulation and Accounting*, Boston College Law School Research Paper 127 (2007), 20-28. No espaço europeu, chama-se a atenção para as propostas da Comissão Europeia no sentido de um Direito societário mais assente em princípios: Comissão Europeia, *Comunicação sobre um ambiente simplificado para as empresas das áreas do direito das sociedades comerciais, da contabiidade e da auditoria* (10-jul.-2007), 6-13.

tabilidade[895]. A presente análise, porém, circunscreve-se naturalmente àquela área jurídica.

II – Convém preliminarmente advertir que a própria designação do tema é em alguma medida deficiente[896], porquanto em causa não está apenas a consagração de princípios, em sentido técnico. Em Direito, os princípios são categorias de cúpula, apresentando-se como orientações multidireccionais derivadas da vivência do ordenamento jurídico, reveladoras do sentido profundo de justiça, com vocação horizontal, e que por seu turno são inspiradores de soluções concretas.

Ora, para diminuir o grau de densidade das prescrições normativas não relevam apenas os princípios jurídicos, mas também a utilização de outras fórmulas que asseguram maior flexibilização da letra das disposições normativas – tais como conceitos indeterminados e cláusulas gerais.

Além disso, a pretensa oposição maniqueísta entre princípios e regras faz esquecer que de ambos – sem prescindir de uns ou dos outros – se constrói o tecido normativo de cada sistema jurídico. Ou seja: não há sistema jurídico que assenta apenas em princípios – uma vez que estes por definição não são auto-suficientes. Do mesmo modo, não se concebe ordenamento atual desprovido de princípios jurídicos.

Assim encarado, o tema carece em absoluto de novidade. Desde há muito o ordenamento mobiliário conhece princípios jurídicos (v.g., no Código atual, arts. 15º, 278º, nº 1 e 304º CVM), bem como normas jurídicas que fazem recurso a cláusulas gerais e a conceitos indeterminados. Para nos fixarmos no caso português, basta recordar a cláusula geral sobre responsabilidade pelo prospeto (art. 149º, nº 1), e as previsões, polvilhadas de conceitos indeterminados, sobre o dever de divulgação de informação privilegiada (art. 17º do Regulamento europeu do Abuso de Mercado) e sobre contrapartida em OPA obrigatória (art. 188º CVM).

Como se calcula, o panorama português não surge isolado. Mesmo no Direito mobiliário norte-americano – tido como o paradigma do sistema *rules-based* – se deparam princípios jurídicos e cláusulas gerais, aliás com origem bastante recuada[897].

[895] Marck J. Kohlbeck/Terry D. Warfield, *The Effects of Principles-Based Accounting Standards on Accounting Quality* (March 2005). disponível em: http://ssrn.com/abstract=724237.

[896] Cunningham alega justamente que o debate é sobretudo retórico: Lawrence Cunningham, *A Prescription to Retire the Rhetoric of "Principles-Based Systems" in Corporate Law, Securities Regulation and Accounting*, cit., *per totum*.

[897] Cabem aqui o princípio de proibição de fraude (com arrimo na Secção 10 (b) do Securities Exchange Act) e os deveres fiduciários dos intermediários, que são por seu turno inspiradores de

III – Feitas estas precisões, como de início se advertiu, o debate deve ser reorientado para a análise do grau óptimo da densidade normativa dos enunciados, no sentido de um sistema *mais ou menos* apoiado em princípios e técnicas legislativas mais abertas.

Dir-se-á, neste contexto, que os sistemas mais baseados em princípios conhecem previsões legislativas genericamente mais sintéticas. A codificação do material normativo pode contribuir para este resultado, dada a maior estabilidade pressuposta nos Códigos, não sendo embora garantido que o assegure na área financeira, dada a produção regulamentadora das autoridades de supervisão, frequentemente intensa. Uma maior abertura da abordagem legislativa pode consistir igualmente na descrição dos objetivos a atender em prescrições-chave, conferindo aos destinatários das normas liberdade quanto aos meios para os alcançar.

IV – Aqui situados, há que reconhecer que os extremos teóricos do debate podem apresentar vantagens e inconvenientes. As abordagens legislativas mais baseadas em regras podem encerrar maior rigidez e facilitar a circundação das previsões normativas; ou podem conduzir a abordagens mecanicistas do cumprimento das prescrições (*box-ticking*), sem lograr atingir uma assimilação dos valores que lhes estão subjacentes. Em contrapartida, podem outrossim aportar maior certeza jurídica.

Em contraste, o arsenal mais baseado em princípios é menos permeável a lacunas e pode, por esse motivo, revelar-se mais adaptado a um contexto de mercado em evolução. É certo que a interpretação dos princípios requer, não raras vezes, atualização em caso de alterações à realidade visada: tudo se passa, porém, segundo os critérios científicos da atividade hermenêutica e sem significar uma pura arbitrariedade de soluções aplicativas finais.

V – Não pode ainda deixar-se de lado o relevo deste tema no âmbito da decantação das funções das autoridades de supervisão financeira. Atentas as características descritas, uma abordagem mais baseada em princí-pios supõe um diálogo mais próximo entre o regulador e os participantes do mercado no que concerne à leitura interpretativa dos princípios e sua aplicação. E sugere, neste plano, a utilidade da divulgação das conclusões interpretativas extraídas por cada autoridade de supervisão, ou ao menos das mais relevantes, para assegurar a previsibilidade da sua atuação. Além disso, obriga a uma vigilância redobrada sobre a coerência decisória das autoridades competentes – e à con-

algumas soluções europeias. Cfr. a propósito James J. Park, *The Competing Paradigms of Securities Regulation, Duke Law Journal* 57 (2007), *Brooklyn Law School Research Paper* nº 79, 2, 23.

vergência de supervisão, quando a regulação baseada em princípios assente em texto europeu. Por fim, esta abordagem reclama uma dose mais experimentada de fiscalização na sua aplicação (*enforcement*), por parte dos reguladores e da indústria[898]. Neste ponto, admite-se que uma regulação baseada em princípios, de um lado, suscite maiores dificuldades quanto à sua harmonização internacional[899] e, de outro lado, pressuponha um mais elevado grau de maturidade de cada mercado e dos seus participantes.

VI – Um dos temas envolvidos nesta discussão é o de saber até que ponto o sistema regulatório europeu, assente numa estratificação de níveis de regulação,[900] favorece uma regulação baseada em princípios.

De um lado, é certo que esta arquitectura regulatória decomposta em diversos níveis de regulação implica uma depuração de princípios nas normas qualificadas de "nível 1"[901]. Todavia, não pode descobrir-se no sistema regulatório europeu um compromisso definitivo por uma abordagem regulatória mais baseada em princípios. Com efeito, o sistema decorrente do Relatório Lamfalussy não pressupõe nenhuma auto-suficiência das normas de nível 1 – antes postulando a sua necessária complementação através de medidas normativas de execução (medidas de nível 2, no jargão sugerido pelo Grupo de Alto Nível). E frequentemente o desenvolvimento das regras de nível 2 é mais extenso do que o encontrado no nível 1. O Regulamento nº 809/2004/CE, de 29 de abril de 2004, com uma minuciosa descrição do conteúdo dos prospetos é a este respeito paradigmático. A partir daqui conclui-se, forçosamente, que a arquitetura estratificada em diferentes níveis da regulação financeira europeia, em vez de contribuir para um emagrecimento do caudal de regras comunitárias, favorece antes o efeito inverso.

Além disso, na prática regulatória europeia não se tem logrado cumprir à risca a vocação orientadora de alto nível das Diretivas de nível 1. Por fim, os documentos de nível 3 (RTS e ITS) são frequentemente documentos de uma extensão excessiva.

[898] No contexto americano, James J. Park fala de um *principles-based enforcement* e da necessidade de assegurar a sua previsibilidade (*The Competing Paradigms of Securities Regulation, cit.*, 13-46). O receio de uma jurisprudência semi-clandestina e dificilmente sindicável gerada a partir desta abordagem regulatória subjaz, *expressis verbis*, às indicações críticas do Financial Services Practitioner Panel, *Annual Report* (2006/2007), 11.

[899] Rüdiger Veil, *Enforcement of capital markets law in Europe: observations from a civil law country, European business organization law review*, 11:3 (2010), 415-417.

[900] José Brito Antunes, *Notas Pessoais sobre o Processo Lamfalussy, Cadernos do MVM*, nº 18 (2004), 48-61.

[901] Eilís Ferran, *Building an EU Securities Market*, Oxford (2004), 58-126.

VII – O debate sobre a regulação baseada em princípios conhece grande divulgação, mas assenta em premissas equívocas e frequentemente carece de nitidez técnica. Como se viu, há alguma imprecisão na própria designação do tema: todo o sistema jurídico deve ser baseado em princípios, em maior ou menor grau.

Efetuada esta ressalva, há que reconhecer que uma regulação *mais* baseada em princípios alcança efeitos positivos a dois níveis: da regulação e da supervisão. Ao nível da elaboração das normas jurídicas, reflecte um objetivo de depuração dos enunciados normativos. Representa, neste sentido, uma técnica para contrariar a crónica instabilidade legislativa desta área jurídica e serve de antídoto contra intervenções normativas desnecessárias. Ao nível da supervisão, representa uma oportunidade para a transparência decisória das autoridades de supervisão e para a estabilização interpretativa das normas vigentes.

Deixe-se bem claro: no momento presente, esta discussão adquire renovada importância. O ritmo de produção legislativa europeia (incluindo medidas de nível 3 e 4, que não têm natureza legislativa) carece de profunda reponderação. Duas consequências principais, ambas negativas, são visíveis: de um lado, a diminuição de sociedades cotadas; de outro lado, o encerramento (ou acentuada dificuldade em manter níveis de rendibilidade) de muitos intermediários financeiros de menor dimensão.

Os tempos atuais convocam, assim, a necessidade de se atingir uma síntese dos materiais normativos – o que apenas se mostra exequível através de um papel renovado assumido pelos princípios jurídicos mobiliários.

5. *A supervisão*

I – Em sentido restrito, a supervisão representa a atividade administrativa de vigilância permanente de atos, pessoas e documentos, tendo em vista prevenir, detetar e perseguir ilícitos e evitar e remediar perturbações no mercado[902].

Neste sentido, a supervisão é tratada como atividade distinta da regulação, que se reporta à emissão de normas regulamentares e de atos quase-normativos. Com efeito, a supervisão supõe a verificação da conformidade com normas preexistentes. Por isso, no plano lógico, a regulação precede a supervisão. A acrescer, o que enforma a supervisão são princípios de eficácia e de legalidade, ao passo que o desenho da política regulatória está alicerçado em preocupações ligadas à

[902] Outras formulações podem encontrar-se em Eddy Wymeersch, *The Structure of Financial Supervision in Europe: About Single Financial Supervisors, Twin Peaks and Multiple Financial Supervisors*, EBOLR 8 (2007) 242; Carlos Costa Pina, *Instituições e Mercados Financeiros*, Coimbra (2005), 142-146; Frederico Costa Pinto, *A Supervisão no Novo Código dos Valores Mobiliários*, cit., 89-103 (94); Rute Saraiva, *Direito dos Mercados Financeiros*, Lisboa (2013), 135-144, 166-171.

adequada e proporcional resolução de falhas de mercado e à composição equilibrada dos interesses dos participantes neste. Por fim, uma assimilação entre ambos os conceitos deixaria escapar todo o debate, muito intenso nos Estados Unidos, sobre as críticas à "regulação através de supervisão[903]. Esta linha de raciocínio é no essencial sufragada no Código dos Valores Mobiliários, por duas vias: de um lado, o art. 353º CVM sintomaticamente separa em alíneas diversas a supervisão e a regulação; a densificação dos princípios subjacentes a uma e outra atividade, de outro lado, é operada através de dois preceitos formalmente autónomos (respetivamente, os arts. 358º e 369º) – embora o art. 358º se refira a alguns princípios que, *summo rigore*, valem indistintamente para a supervisão e a regulação (alíneas *a)*, *b)* e *d)*).

No plano mobiliário a supervisão visa, de modo particular, as estruturas de negociação de instrumentos financeiros e suas entidades gestoras, as ofertas públicas sobre valores mobiliários, os sistemas de liquidação e suas entidades gestoras, os sistemas centralizados de valores mobiliários e suas entidades gestoras, os intermediários financeiros, os emitentes, os investidores institucionais, os fundos de garantia, os auditores e as sociedades de notação de risco (art. 353º, nº 1 e 359º CVM).

II – A supervisão comporta duas vertentes essenciais: a supervisão *a priori* e a supervisão *a posteriori*.

Na primeira aceção, a supervisão reporta-se à concessão de registos e de autorizações de que depende o exercício de atividades profissionais no âmbito mobiliário – por parte de intermediários financeiros, auditores, sociedades gestoras de mercados ou sistemas, fundos de investimento, sociedades de notação de risco, sociedades de titularização de créditos – ou na verificação prévia de informação a ser dirigida ao público, nomeadamente na aprovação prévia de prospetos e de publicidade.

No perímetro de atos de supervisão prévia, deve incluir-se ainda os atos opinativos da autoridade administrativa, de natureza formal ou informal, solicitados pelos participantes do mercado, sobre a conformidade de atos ou de operações a realizar no futuro com as leis e regulamentos em vigor.

Estes atos opinativos contribuem para prevenir a judicialização de litígios. Com efeito, em termos genéricos, o apoio informativo e interpretativo da autoridade de supervisão implica que a apresentação de pedidos judiciais sirva de último recurso no âmbito do tráfego mobiliário. Sirva de exemplo o caso das ofertas

903 Roberta Karmel, *Regulation by Prosecution: The Securities and Exchange Commission versus Corporate America* (1982); Harvey L. Pitt/Karen L. Shapiro, *Securities Regulation by Enforcement: A Look Ahead of the New Decade, Yale Journal on Regulation* 7 (1990), 149-ss.

públicas, nas quais a prevenção da judicialização se justifica, genericamente, como forma de garantir o respeito pelos prazos improrrogáveis que a lei estabelece, em defesa dos investidores e do mercado. Além disso, a prevenção do risco de judicialização, no caso particular dos processos de ofertas públicas de aquisição, evita um prolongamento temporal excessivo nas operações e permite que o seu desfecho seja decidido no mercado e pelo mercado.

Entende-se igualmente, a partir daqui, que a supervisão *a priori* desempenha uma função relevante de prevenção de comportamentos ilícitos. Mas esta vertente da supervisão não constitui uma garantia da erradicação de ilícitos, uma vez que os atos de aprovação não convalidam vícios relevantes não detetados, que podem dar lugar à revogação dos atos praticados. Além disso, no caso da aprovação dos prospetos, é claro que esta não constitui garantia de inexistência de vícios informativos (art. 118º, nº 7 e 142º CVM). Daí também a função complementar desempenhada pela supervisão *a posteriori*.

III – A supervisão *a posteriori* envolve, por seu turno, o acompanhamento dos atos praticados pelos operadores, para detecção e perseguição infraccionatória de irregularidades ou de ilegalidades.

A supervisão envolve, pois, o controlo de legalidade de atos sujeitos à jurisdição da autoridade mobiliária, embora a apreciação feita por esta seja por seu turno sindicável judicialmente[904]. No entanto, sujeitando-se embora ao princípio de proporcionalidade, a supervisão contínua constitui uma atividade a ser exercida, mesmo que não exista suspeita de irregularidade (art. 362º CVM).

6. *A disciplina sancionatória*

I – A par do acompanhamento permanente e contínuo mencionado, sobra referir a atividade de fiscalização e de disciplina ante infrações cometidas.

Como é timbre na atual regulação económica, entre nós a CMVM é dotada de poderes significativos de instauração de processos, investigação e decisão em matéria contra-ordenacional (arts. 388º-422º-A CVM)[905].

Este modelo é por vezes objeto de apreciações críticas, havendo quem sustente *de lege ferenda* que a decisão contra-ordenacional (condenatória ou de absolvição) deveria ser confiada a uma terceira entidade, para melhor acautelar

[904] Sobre a conformidade de tal controlo de legalidade com a lei fundamental, reenvia-se para Paulo Otero, *A Competência da Comissão do Mercado de Valores Mobiliários para Controlar a Legalidade de Actos Jurídicos Provenientes de Entidades Privadas*, ROA (2001), 669-701.

[905] Cfr. para desenvolvimentos Helena Bolina, *As Contra-Ordenações no Novo Código dos Valores Mobiliários, Cadernos do Mercado de Valores Mobiliários* nº 7 (1999), 431-447; Id., *O regime dos processos de contra-ordenação dos reguladores independentes*, em Eduardo Paz Ferreira/Luís Silva Morais//Gonçalo Anastácio (org.), *Regulação em Portugal: Novos Tempos, Novo Modelo?*, cit., 737-771.

as garantias dos arguidos nestes processos[906]. Em causa estão nomeadamente as exigências de presunção de inocência dos arguidos e de imparcialidade do juízo condenatório, com arrimo nomeadamente no art. 6º da Convenção Europeia dos Direitos do Homem[907]. O ponto merece análise atenta e não pode ser aqui examinado senão na sua vertente institucional. Em tese, prefigurar-se-iam duas alternativas básicas ao regime vigente, consoante a decisão de aplicação de sanção contra-ordenacional fosse deferida a um tribunal ou a uma estrutura com representantes da indústria. Qualquer destes modelos alternativos, todavia, acarretaria inconvenientes. O primeiro implicaria uma jurisdicionalização pesada do sistema, agravando o risco de demora nas decisões contra-ordenacionais e com isso enfraquecendo a função preventiva das normas delituais mobiliárias[908]. O segundo, por seu turno, poderia convolar-se num sistema com forte matriz auto-regulatória que se revelaria desajustado à tradição e sobretudo à dimensão do mercado nacional. Não pode esquecer-se, aliás, que a decisão final proferida em processo de contra-ordenacional é passível de impugnação judicial (salvo em processo sumaríssimo: art. 414º, nº 7), o que mitiga largamente o seu alcance

[906] Para uma importante sugestão de reformulação do sistema contra-ordenacional no sentido de passar a conferir as autoridades de supervisão tão-só (robustecidos) poderes de investigação e acusação perante juízes, cfr. JOSÉ ANTÓNIO VELOSO, *Boas Intenções, Maus Resultados: Notas Soltas sobre Investigação e Processo na Supervisão Financeira, ROA* ano 60 (2000), 73-102 (74-81). Em defesa do modelo vigente, acreditando que o regime de impugnabilidade judicial acautela a estrutura acusatória e o contraditório com plenas garantias processuais: FREDERICO COSTA PINTO, *As garantias do Estado de Direito e a evolução do direito de mera ordenação social*, Scientia Juridica nº 34 (2017), 243-262 (255-256).

[907] Para uma colocação geral do problema: DANIEL WATERS/MARTYN HOPER, *Regulatory Discipline and the European Convention on Human Rights – A Reality Check,* em EILÍS FERRAN/CHARLES GOODHART (ed.), *Regulating Financial Services and Markets in the 21st Century,* Oxford (2001), 95-114; THOMAS BEAZLEY, *Holding the Balance – Effective Enforcement, Procedural Fairness and Human Rights,* na ult. obra cit., 115-126; KAREN REID, *A Practitioner's Guide to the European Convention on Human Rights*[3], London (2008), 114-136; JEAN-FRANÇOIS BRISSON, *Les pouvoirs de sanction des autorités de régulation et l'article 6 § 1 de la Convention européenne des droits de l'Homme. A propos d'une divergence entre le Conseil d'Etat et la Cour de Cassation",* in *Atualité juridique. Droit administratif,* nº 11, novembre 1999, 847-859. Sobre esta matéria, deve ter-se presente o importante Acórdão do Tribunal Europeu dos Direitos do Homem proferido em 17 de dezembro de 1996 no caso Sauders v. United Kingdom (e disponível em http://cmiskp.echr.coe.int/tkp197/view.asp?item=1&portal=hbkm&action=html&highlight=saunders&sessionid=17644810&skin=hudoc-en), no quadro de um processo de manipulação de mercado, no sentido de reconhecer o direito à não-incriminação em relação a todos os processos sancionatórios.

[908] Em geral: FREDERICO DA COSTA PINTO, *O ilícito de mera ordenação social e a erosão do princípio da subsidiariedade da intervenção penal,* Direito Penal Económico e Europeu – Textos Doutrinários, Vol. I (1998), 209-274; Id., *As garantias do Estado de Direito e a evolução do direito de mera ordenação social,* cit., 255-256.

e lhe confere um caráter prévio em relação a uma possível apreciação jurisdicional, no âmbito da qual as garantias de defesa são plenamente acauteladas[909].

O exposto não pretende sustentar que o sistema atual se apresente como inexcedível. Antes se vislumbra que um possível futuro aperfeiçoamento do enquadramento institucional subjacente ao regime sancionatório se deve basear, não na intervenção de órgãos judiciais ou para-corporativos exógenos, mas na discussão sobre o aprimoramento do modelo de governação interna das autoridades de supervisão[910], no âmbito do qual uma renovação do sistema de designação dos dirigentes e a intervenção de administradores não-executivos se poderia revelar promissora.

Independentemente do resultado a que cheguemos nesta análise, parece indisputável que se impõe, no plano lógico e da prática das autoridades, uma clara distinção entre os processos regulares de supervisão e os processos de contra-ordenação, para que a finalidade na recolha da informação resulte, sempre e em todo o caso, inequívoca[911].

II – Ademais, o Código consagra os três elementares tipos criminais mobiliários[912] – o abuso de informação privilegiada (art. 378º e 378º-A)[913], a manipu-

[909] Com interesse para este ponto, embora em sentido não coincidente: José Lobo Moutinho, *Direito das Contra-Ordenações. Ensinar e Investigar*, Lisboa (2008), 38-43, 70-73.

[910] Paulo Câmara/ Gretchen Lowery, *The Internal Governance Structure of Financial Regulatory Authorities: Main Models and Current Trends*, em Marta Tavares de Almeida/ Luzius Mader (ed.), *Quality of Legislation – Principles and Instruments*, Baden Baden (2011), 148-183.

[911] A este propósito, sustentando que a linha divisória entre processos administrativos de supervisão e processos para-jurisdicionais de contra-ordenação deve ser claramente marcada, cfr. a Sentença do Tribunal de Pequena Instância Criminal de Lisboa, 1º Juízo, 2ª Secção, acessível em http://www.cmvm.pt/NR/rdonlyres/FOFFD779-C3AB-42EC-AAB8-9966E1B44A4E/9141/LJCarrogosa.pdf. Este aresto, porém, – na linha da Sentença do Tribunal de Pequena Instância Criminal de Lisboa (Paula Margarida Costa), 2º Juízo, 2ª Secção, de 16 outubro 2008 – pronunciou-se no sentido da invalidade da prova recolhida em processo de supervisão e utilizada em processo de contra-ordenação, no que veio a ser contrariado, em sede de recurso, pelo Tribunal da Relação de Lisboa através do Acórdão de 30 de outubro de 2008 (Proc. 2140/08-9), acessível em http:// www.cmvm.pt/NR/rdonlyres/F0FFD779-C3AB-42EC-AAB8-9966E1B44A4E/11127/Acordao04122008LJCarregosa.pdf.

A sufragar esta última orientação, remete-se para Jorge Figueiredo Dias/Manuel Costa Andrade/Frederico Costa Pinto, *Supervisão, Direito ao Silêncio e Legalidade da Prova*, Coimbra (2009). Em sentido fundamentalmente dissonante: Augusto Silva Dias, *O direito à não-inculpação no âmbito das contra-ordenações no Código dos Valores Mobiliários*, C&R nº 1 (2010) 237-265.

[912] Sobre os crimes de mercado, cfr. *infra*, Capítulo XVI.

[913] Helena Bolina, *Market Manipulation and Insider Dealing in the New Market Abuse Directive (2003/6/EC), Euredia* (2001-2002/4), 555-576; Id., *A Manipulação de Mercado e o Abuso de Informação Privilegiada na Nova Diretiva sobre Abuso de Mercado (2003/6(CE), Cadernos MVM* nº 18 (Ag.-2004), 62-71, Paulo Câmara, *Anotações aos arts. 449º e 450º*, em Menezes Cordeiro (org.),

lação de mercado (art. 379º a 379º-D)[914] e o uso de informação falsa ou enganosa na captação do investimento (art. 379º-E) conferindo à CMVM legitimidade para conduzir o correspondente processo de averiguações preliminares, findo o qual, se obtida notícia de crime, os elementos apurados devem ser remetidos para o Ministério Público (arts. 382º-387º CVM)[915].

Com esta cobertura sancionatória, redobra-se a eficácia do sistema mobiliário no cumprimento dos seus objetivos essenciais: a manutenção da confiança no mercado; a proteção dos investidores não profissionais; a prevenção e repressão de delitos.

É por isso defensável a tese de Coffee segundo a qual o grau de fiscalização do cumprimento (*enforcement*) das normas mobiliárias constitui um indício de desenvolvimento dos mercados. Sustenta o autor que um maior universo de investidores não profissionais instila a procura por uma fiscalização mobiliária mais eficaz, a qual resulta por isso mais intensa nos mercados mais desenvolvidos[916]. Ainda que não sirva de explicação única para o diverso grau de maturidade dos mercados mobiliários, a robustez do aparelho sancionatório constitui um fator definitivamente a ter em conta.

III – Neste contexto, tem igualmente interesse iluminar novas técnicas de disciplina regulatória que a área financeira tem revelado, baseadas no poder da censura social.

A um tempo, merece ser saudada a imposição de divulgação de decisões condenatórias em contra-ordenações muito graves, mesmo antes do trânsito em

Código das Sociedades Comerciais Anotado2 (2011), 1156-1165; António Menezes Cordeiro, *Manual de Direito das Sociedades*, II (2007), 827-837, José Faria da Costa/Maria Elisabete Ramos, *O crime de abuso de informação privilegiada (insider trading): a informação enquanto problema jurídico-penal?*, Coimbra (2006); Frederico Costa Pinto, *O Direito de Informar e os Crimes de Mercado, Cadernos do Mercado de Valores Mobiliários*, nº 2 (1998), 95-108, Id., *O Novo Regime dos Crimes e Contra-Ordenações no Código dos Valores Mobiliários*, Coimbra (2000), 33-81.

914 Alexandre Brandão da Veiga, *Crime de Manipulação, Defesa e Criação de Mercado*, Lisboa (2001), 31-166.

915 Frederico Costa Pinto, *O Novo Regime dos Crimes e Contra-ordenações no Código dos Valores Mobiliários* (2000), per totum; Bruno Vinga Santiago, *O regime das averiguações preliminares no Código dos Valores Mobiliários de 1999, Revista Portuguesa de Ciência Criminal*, fasc. 4º (out.-dez.-2001), 603-632. Sobre a transferência de informações das averiguações preliminares para o processo penal, no âmbito da repressão aos crimes mobiliários, cfr. ainda Paulo de Sousa Mendes, *Die Finanzmarktaufsicht und der Transfer von Informationen aus dem Verwaltungverfahren in das Strafverfahren, Goltdammer's Archiv für Strafrecht* 6/2016 (2016), 380-392.

916 John C. Coffee Jr, *Law and the Market: The Impact of Enforcement, Columbia Law and Economics Working Paper* nº 304 (2007).

julgado das mesmas, prevista no novo art. 422º CVM[917], que decerto contribuirá para ampliar a eficácia preventiva do sistema sancionatório mobiliário.

A outro tempo, no âmbito das recomendações sobre o bom governo das sociedades – que constituem em bom rigor *soft law* –, chama-se a atenção para a constituição de deveres de informação sobre o grau de recomendações seguidas e sobre as razões de não adesão às recomendações não observadas. Esta técnica (designada de *comply or explain)*, aliás de consagração europeia[918], tem demonstrado poderosa eficácia a induzir as sociedades cotadas à adesão às boas práticas, sobretudo quando acompanhada de listas comparativas do grau de cumprimento por parte das sociedades, disponíveis ao escrutínio público (*naming and shaming*)[919].

7. *A independência*

I – O modelo de governo das autoridades de supervisão toma como pedra angular a sua independência. Fala-se aqui de independência enquanto impermeabilidade decisória a interferências públicas ou privadas. A independência, assim entendida, desdobra-se em três principais sentidos:

- perante o poder político;
- perante os administrados;
- como órgão de aplicação do Direito.

Estas três vertentes serão percorridas, a passo largo, de seguida[920].

II – A autoridade administrativa deve ser, desde logo, independente *perante o poder político*. Trata-se de uma indicação muito vincada nos Princípios da IOSCO, que proclamam de modo nítido a necessidade de o regulador ser independente em relação a interferências políticas[921]. A sua autonomia institucional, funcional e financeira revela-se crucial para a tutela da confiança no sistema e para a cre-

[917] Preceito introduzido através do DL nº 52/2006, de 15 de março.

[918] Cfr. a Diretiva nº 2006/46/CE, de 14 de junho de 2006. Cfr. ainda Financial Reporting Council, *Comply or Explain – 20th Anniversary of the UK Corporate Governance Code* (2012).

[919] Paulo Câmara, *Introdução, Código de Governo das Sociedades Anotado,* cit., 30-41.

[920] Para uma análise deste tema do prisma do governo das autoridades reguladoras: Paulo Câmara/ Gretchen Lowery, *The Internal Governance Structure of Financial Regulatory Authorities: Main Models and Current Trends,* cit., 148-183; OECD, *Being an Independent Regulator. The Governance of Regulators*, Paris (2016).

[921] Cfr. Iosco, *Objetives and Principles of Securities Regulation,* cit., Princípio 2, Secção 6.3. No mesmo sentido depõem os homólogos textos internacionais para a área da banca e dos seguros: G10 Basle, *Core Principles,* 1; International Association Of Insurance Supervisors, *Insurance Core Principles,* 3; Committee Of European Insurance And Occupational Pension Supervisors, *Recommendation on Independence and Accountability* (2006).

dibilidade e eficácia da ação supervisora. A autonomia financeira, de seu lado, implica a capacidade de geração de recursos necessários para que seja prosseguida uma atuação fiscalizadora de qualidade, apetrechada com colaboradores tecnicamente preparados.

A independência da autoridade mobiliária perante o poder político também serve o cumprimento dos princípios de imparcialidade e de igualdade[922], uma vez que o Estado por vezes atua no mercado – nomeadamente em operações de privatização ou através da titularidade de participações sociais em sociedades abertas[923] – não podendo nesse âmbito merecer qualquer tratamento de exceção.

A independência política da autoridade de supervisão financeira tem importantes concretizações em processos de aquisições de empresas nacionais – nomeadamente quando envolvam adquirentes estrangeiros –, impedindo, até por imperativos europeus (art. 10º TCE), que estes sejam contaminados por considerações políticas, envolvendo juízos discriminatórios. Tal aliás um dos motivos a determinar a aprovação da Diretiva sobre aquisições do setor financeiro (Diretiva nº 2007/44/CE)[924].

Em suma, nesta vertente, a independência manifesta-se em três principais sentidos: autonomia institucional, administrativa e financeira da autoridade de supervisão; impermeabilidade a influências políticas no processo investigativo ou decisório desta; e não-discriminação por motivos políticos.

Em Portugal, com a desgovernamentalização da supervisão implementada desde 1991, a CMVM assume-se como autoridade de supervisão com competências exclusivas na área mobiliária, e com as inerentes responsabilidades. Foi instituída, desde a sua génese, como autoridade independente em termos financeiros[925], orgânicos e funcionais. Daí que se encontre sujeita à Lei-Quadro das Autoridades Reguladoras Independentes[926].

[922] Em geral: João Nuno Calvão da Silva, *Mercado e Estado. Serviços de Interesse Económico Geral*, Coimbra (2008), 184-188.

[923] Como veículo de operações de financiamento ou de aquisição de participações pelos Estados têm ganho proeminência os fundos soberanos (*sovereign wealth funds*), relativamente aos quais a independência das autoridades de supervisão (dos Estados dos fundos adquirentes ou de empresas adquiridas) igualmente deve afirmar-se. Confronte-se a propósito: Ronald Gilson/Curtis Milhaupt, *Sovereign Wealth Funds and Corporate Governance: A Minimalist Response to the New Merchantilism* (2008); European Commission, *A Common European Approach to Sovereign Wealth Funds* (2008); OECD, *Sovereign Wealth Funds and Corporate Governance of State-Owned Assets* (2007).

[924] Sobre a transposição deste diploma europeu para o ordenamento jurídico interno, v. Paulo Câmara/Miguel Brito Bastos, *A transposição da Diretiva das Fusões e Aquisições de instituições financeiras*, em *Aquisição de Empresas*, cit., 417-461.

[925] Faz-se notar, todavia, que em Portugal têm ocorrido pontuais ameaças à independência financeira através de transferências do saldo de gerência da CMVM para a conta geral do Estado. A título de exemplo: o DL nº 241-B/2004, determinando que constituem receita geral do Estado de

A independência não resulta afectada pela circunstância de a CMVM, enquanto autoridade pública, estar sujeita à tutela do Ministro das Finanças. O conteúdo desta tutela, que é sobretudo densificado através art. 352º e do Estatuto da CMVM[927], é limitado[928] – porquanto decorre do facto de os membros do conselho directivo serem de nomeação ministerial (através de mandatos irremovíveis, salvo justa causa), e envolve o dever de assistência na definição de políticas mobiliárias, na sujeição do plano de atividades e orçamento à aprovação ministerial (para o controlo da adequada gestão de dinheiros públicos) e no dever de envio de relatório anual sobre os mercados. Como tal, a tutela não permite intromissões na concreta esfera decisória da autoridade de supervisão, que se queda tão-só a adstrita a receber instruções genéricas do Governo relacionadas com a política financeira (art. 352º CVM). Claro está que o poder regulamentar das autoridades administrativas, apesar da sua independência, se submete ao princípio da legalidade – sendo que as competências legislativas se confiam, por imperativos constitucionais, ao Governo e à Assembleia República, que em consequência podem, através de intervenções legislativas, legitimamente interferir na regulação mobiliária[929].

III – A autoridade de supervisão tem ainda independência *perante os seus administrados.* Neste sentido, a independência da supervisão manifesta-se na

2004 85% dos saldos de gerência existentes em 31 de dezembro de 2003 da Comissão do Mercado de Valores Mobiliários (CMVM) e de outras autoridades administrativas; e a Lei nº 12-A/ /2010, que no seu art. 8º determina igual medida para o ano de 2009. Mais consentânea com a independência regulatória é a utilização de excedentes financeiros para a redução das taxas cobradas às entidades supervisionadas.

[926] Artigo 3º, nº 3 *a)* da Lei nº 67/2013, de 28 de agosto. Sobre este diploma, cfr. Paulo Câmara, *O Governo das Autoridades Reguladoras Independentes*, em *O Livro dos Amigos de Luis Lignau de Silveira*, (2016).

[927] O Estatuto da CMVM encontra-se disciplinado através do DL nº 5/2015, de 8 de janeiro. Cfr. ainda a Lei-Quadro das Autoridades Independentes (Lei nº 67/2013, de 28 de agosto).

[928] Em leitura comparativa com outras autoridades de supervisão, João Calvão da Silva reconhece à CMVM *o grau máximo de autonomia em relação à tutela* (*Banca, Bolsa e Seguros. Direito Europeu e Português*[2], I (2007), 42).

[929] Uma das vertentes desta possível interferência situa-se nas possíveis derrogações ao dever de lançamento de OPA em processos de privatização. O sistema atual não prevê nenhuma derrogação direta ao regime de obrigatoriedade de OPA em caso de transição de domínio de sociedade aberta, ainda que em processo de privatização. Assiste, ainda assim, ao Governo a possibilidade (politicamente sensível, mas juridicamente indisputável) de fazer aprovar derrogações ao art. 187º CVM nos diplomas reguladores da privatização. Basta recordar, a propósito do anterior regime, o célebre (mas controverso) DL nº 73/95, de 19 de abril, a derrogar a obrigatoriedade de OPA quando tenha havido autorização ministerial para aquisição de participação qualificada ao abrigo do DL nº 380/93, de 15 de novembro.

aptidão para a autoridade de supervisão desenvolver por si processos decisórios e investigativos que não dependam dos administrados e na vinculação ao princípio da imparcialidade, a que deve obediência toda a autoridade administrativa. Daqui decorre que, para evitar a "captura" dos reguladores, a sua relação com os administrados há-de processar-se, na expressão britânica, *at arm's length*[930]. Há prescrições em matéria de conflito de interesses que curam de igual maneira desta concretização da independência.

Tal como na vertente anterior, esta aceção da independência revelase não apenas no regime normativo mas também no exercício permanente da atividade. Supõe, em todas as vertentes da atividade da autoridade – na regulação, na supervisão, na investigação, na cooperação, na afetação de recursos e nos processos sancionatórios – a coragem na tomada de decisões difíceis e a capacidade de suportar pressões dos participantes do mercado, em homenagem ao primado da lei.

IV – A independência repousa, por fim, na circunstância de a autoridade de supervisão constituir um órgão de aplicação do direito. As regras aplicadas são relativas ao Direito dos valores mobiliários; mas não só: a autoridade de supervisão é também chamada a ajuizar a aplicação, ainda que a título incidental, de regras de Direito das sociedades (no âmbito da aprovação do prospeto) e de Direito da contabilidade (no regime informativo da prestação de informação financeira). A sua atividade, como tal, é balizada por critérios de estrita legalidade e não por critérios de conveniência, económica ou outra. Um reflexo desta característica do sistema deteta-se no facto de a aprovação do prospeto em oferta pública se basear em critérios de legalidade, não envolvendo qualquer garantia quanto à viabilidade da oferta ou quanto à qualidade dos valores mobiliários (art. 118º, nº 7 CVM). Tal resulta ainda da superação de uma supervisão de mérito (como a patente nas *Blue Sky laws* do século passado) e da sua substituição por uma supervisão das ofertas públicas baseada na verificação da qualidade da informação prestada. O risco subjaz, afinal, a cada decisão de investimento: ponto é que esteja claramente documentado no prospeto.

[930] Sob pena de desvio de poder, o que pode determinar a ilegalidade do acto praticado com défice de independência, como assinala Paula Costa e Silva, *As Autoridades Independentes. Alguns Aspetos da Regulação Económica numa Perspetiva Jurídica, O Direito* III (2006), 541-569 (552-553). Em sentido próximo, lembra Eduardo Vera-Cruz Pinto que a independência não pode servir de causa de exclusão de responsabilidade pelo exercício ilícito de poderes públicos (*A regulação pública como instituto jurídico de criação prudencial na resolução de litígios entre operadores económicos no início do séc. XXI*, em Ruy de Albuquerque/Menezes Cordeiro, *Regulação e Concorrência. Perspetivas e Limites da Defesa da Concorrência*, Coimbra (2005), 159-201 (194)).

8. *A sindicabilidade*

I – À medida em que são consagrados, reconhecidos e exercidos os poderes das autoridades de supervisão, na tripla dimensão atrás referida – regulação, supervisão e disciplina –, ganha simétrica importância o tema da prestação de contas destas autoridades[931].

A questão da sindicabilidade das autoridades de supervisão, entendida como possibilidade de apreciação e de avaliação externa do conjunto de atos realizados, filia-se de certo modo na reflexão sobre o governo das autoridades – porquanto visa encontrar e aprimorar sistemas adequados de *checks and balances* organizativos que assegurem o cumprimento eficiente das atribuições das autoridades de supervisão.

O tema acresce, naturalmente, ao da sindicabilidade judicial quanto à legalidade dos atos que pratica, como decorrência direta do Estado de Direito[932].

II – Em Portugal, a atividade da CMVM é acompanhada, no seu desempenho financeiro, por uma *comissão de fiscalização* de que fazem designadamente parte três elementos nomeados pelo Ministro das Finanças[933]. Esta comissão de fiscalização tem como principais competências: *a)* Acompanhar e controlar com regularidade o cumprimento das leis e regulamentos aplicáveis, a execução orçamental, a situação económica, financeira, patrimonial e contabilística; *b)* Dar parecer sobre o orçamento e suas revisões e alterações, bem como sobre o plano de atividades na perspetiva da sua cobertura orçamental; *c)* Dar parecer sobre o relatório e contas do exercício, incluindo documentos de certificação legal de contas; *d)* Dar parecer sobre a aquisição, arrendamento, alienação e oneração de bens imóveis; *e)* Dar parecer sobre a aceitação de doações, heranças ou legados; *f)* Dar parecer sobre a contratação de empréstimos a contrair pela CMVM; *g)* Manter o conselho de administração informado sobre os resultados das verificações e exames a que proceda; *h)* Elaborar relatórios da sua ação fiscalizadora, incluindo um relatório anual global; *i)* Propor ao conselho de administração a realização de auditorias externas, quando isso se revelar necessário ou conveniente; *j)* Pronunciar-se sobre os assuntos que lhe sejam submetidos pelo con-

[931] O tema ganha significativa proeminência nos estudos sobre *Global Administrative Law*, que procuram analisar criticamente a sindicabilidade e a legitimidade de atuação dos organismos regulatórios internacionais. Cfr. por exemplo, a propósito do Comité de Basileia, MICHAEL BARR/ /GEOFFREY MILLER, *Global Administrative Law: The View from Basel, The European Journal of International Law* Vol. 17 nº 1 (2006), 15-46.

[932] MARIA FERNANDA MAÇÃS, *O controlo jurisdicional das autoridades reguladoras independentes*, em *Cadernos de Justiça Administrativa*, nº 58 (jul.-ag. 2006); JOÃO NUNO CALVÃO DA SILVA, *Mercado e Estado. Serviços de Interesse Económico Geral*, cit., 191-207.

[933] Art. 20º do Estatuto da CMVM, aprovado pelo DL nº 5/2015, de 8 de janeiro.

selho de administração, pelo Tribunal de Contas ou outras entidades públicas encarregues da inspeção e auditoria dos serviços do Estado; *k)* Participar às entidades competentes as irregularidades que detete[934]. Conforme se conclui do atrás exposto, as preocupações da comissão de fiscalização centram-se quase exclusivamente em questões contabilísticas e financeiras.

III – A atividade da CMVM surge ainda acompanhada pelo seu *conselho consultivo* – cujo regime se encontra fixado no Estatuto da Comissão, aprovado pelo DL nº 5/2015, de 8 de janeiro. Segundo este diploma, o conselho consultivo é um órgão de consulta e assessoria do conselho directivo nas matérias abrangidas pelas atribuições da CMVM, competindo-lhe nomeadamente "pronunciar-se sobre os assuntos que lhe sejam submetidos pelo conselho de administração e "apresentar, de sua própria iniciativa, ao conselho de administração recomendações e sugestões no âmbito das atribuições da CMVM[935]. Em tempos influente na preparação de reformas regulatórias, tem vindo a perder visibilidade e poder de atuação. Refira-se, porém, os membros que constituem o conselho consultivo lhe garantem um elevado grau de independência, ainda que as suas decisões não tenham carácter vinculativo[936].

9. *A transparência*

I – Os mercados são alicerçados em expectativas – não apenas nas empresas e na economia, mas também na supervisão; e a adoção de práticas transparentes cimenta a confiança nas autoridades de supervisão.

Vários fundamentos amparam esta asserção. A um tempo, a transparência que a autoridade de supervisão exige ao mercado deve ter paralelo com a transparência que o mercado deve poder exigir e deve receber da autoridade de supervisão. Neste sentido, a transparência reforça a legitimidade da supervisão.

Em segundo lugar, em causa está o facto de a entidade competente estar dotada de poderes de autoridade, sendo importante explicar como é que procede à sua utilização. Ser transparente quanto à atividade da autoridade de supervisão é assumir a responsabilidade pelo exercício dos seus poderes. Nestes termos, a transparência reforça o sentido de responsabilidade da autoridade de supervisão.

Mas em causa está igualmente uma questão de eficiência. A transparência favorece a sindicabilidade (*accountability*) e a possibilidade de acompanha-

[934] Art. 21º nº 1 do Estatuto da CMVM, aprovado pelo DL nº 5/2015, de 8 de janeiro.

[935] Art. 26º do Estatuto da CMVM, aprovado pelo DL nº 5/2015, de 8 de janeiro.

[936] Art. 23º nº 1 do Estatuto da CMVM, aprovado pelo DL nº 5/2015, de 8 de janeiro.

mento do desempenho das organizações estimula a sua eficiência. Assim, a transparência contribui igualmente para melhorar a eficiência da autoridade de supervisão[937].

Neste sentido, a transparência constitui uma ferramenta indispensável para que as autoridades de supervisão representem um sinónimo de eficiência, e sejam encaradas como entidades abertas e como instrumento de criação de valor para o mercado.

II – À supervisão dos mercados de valores mobiliários aplicam-se os pilares centrais da transparência administrativa. Para citar apenas alguns, refiram-se:

- o direito à informação sobre os procedimentos administrativos (arts. 82º-85º CPA);
- o dever de prévia audiência dos interessados perante projetos de decisões que os possam afectar (arts. 121º-125º CPA);
- o dever de fundamentação de atos administrativos (arts. 152º- 154º CPA);
- o regime de acesso aos documentos administrativos[938], que faculta amplo acesso aos documentos na posse das autoridades administrativas, entre as quais a CMVM.

Ao quadro sumariamente descrito acresce a regra, pioneira no nosso ordenamento jurídico, crismada em 1999 no art. 367º do Código dos Valores Mobiliários. Por virtude deste normativo, está a CMVM obrigada a prestar divulgação, através do seu sítio na Internet, de um alargado acervo de atos praticados e de documentos sob sua supervisão. Na linha de outras experiências estrangeiras – designadamente o EDGAR norte-americano[939] – o sistema de difusão de informação da CMVM torna acessíveis diversos elementos, de que se destaca a informação prestada ao abrigo do artigo 17º do Regulamento europeu do Abuso de Mercado, as participações qualificadas, os prospetos e os documentos de prestação de contas das entidades emitentes.

[937] A iluminar este ponto: EILÍS FERRAN/CHARLES GOODHART (ed.), *Regulating Financial Services and Markets in the 21 st Century*, cit., 127-188; VASILIKI GALONOPOULOU, *Issues in Acountability of a Single Financial Services Authority: the UK's FSA*, in MADS ANDENAS/YANNIS AVGERINOS (ed.), *Financial Markets in Europe. Towards a Single Regulator?*, London/The Hague/New York (2003), 339-357.

[938] Em referência está a Lei nº 26/2016, de 22 de agosto, que aprova o novo regime de acesso à informação administrativa e ambiental e de reutilização dos documentos administrativos.

[939] Iniciais de *Electronic Data Gathering and Retrieval Project*. Este sistema de armazenamento de inforação começou a ser testado em meados dos anos oitenta: cfr. THOMAS LEE HAZEN, *The Law of Securities Regulation*[4], St. Paul/Minn. (2002), 140, 419-421 e, para informação mais detalhada, http://www.sec.gov/edgar.shtml.

III – O que acaba de ser descrito prende-se com a transparência imposta por lei. Todavia, a transparência, na sua essência, não tem a ver apenas com o cumprimento estrito do que consta da lei: liga-se também à prática das organizações.

Neste campo, é justo insistir em que a Internet constitui um poderoso instrumento para servir, na prática, a transparência das autoridades de supervisão – designadamente para a divulgação, permanentemente atualizada, dos objetivos de atuação das autoridades (v.g. planos estratégicos, temáticos ou periódicos) e dos atos praticados em sua concretização. Na linha do que foi mencionado, deve ser sublinhado o facto de o conteúdo informativo do sítio Internet da CMVM exceder em muito o mínimo imposto pelo já referenciado art. 367º CVM.

Além disso, merece referência particular a transparência exibida em processos de consulta pública a preceder intervenções normativas por parte das autoridades de supervisão.

A consulta pública em processos de regulação cumpre três funções importantes:

- função de *legitimação:* fazer preceder intervenções normativas de processos de consulta pública aumenta a possibilidade de se lograrem a final soluções mais equilibradas e justas;
- função de *transparência decisória:* os motivos que conduzem à adoção de intervenções normativas ganham maior clareza se apreciados os competentes projetos de regulamentos, acompanhados da competente nota justificativa;
- função de *pedagogia* ao mercado: o incremento de processos de consulta cria o hábito de resposta por parte dos administrados e, com isto, auxilia uma compreensão mais clara dos objetivos legislativos e consequentemente favorece um ambiente de cumprimento.

Na avaliação sobre o grau de utilização destes processos em Portugal na área mobiliária deve ser feita uma distinção em função da natureza dos processos normativos afetados. Em processos regulamentares verifica-se um número elevado de processos de consulta pública promovidos pela CMVM. Porém, os números são substancialmente menos animadores em processos legislativos, que com frequência são preteridos em benefício de processos de consulta restrita[940]. Diversos diplomas de primeira importância foram deixados de fora do escrutínio público prévio – sejam os casos da transposição da Diretiva UCITS V ou a adaptação ao Regulamento do Abuso de Mercado. Este défice de consulta pública deve ser considerado claramente como negativo.

[940] Esta assimetria pode ser comprovada através do sítio Internet da CMVM, em: http://www.cmvm.pt/pt/Legislacao/ConsultasPublicas.

As consultas *restritas* não são substitutos das consultas públicas porque implicam por natureza assimetrias de informação sobre processos regulatórios. Desta forma, não cumprem em pleno nenhuma das funções de legitimação, transparência e pedagogia atrás assinaladas. Quanto menor o perímetro de pessoas consultadas, menor o grau de cumprimento destas três funções. A OCDE, aliás, assinala que a diversidade do espectro de instituições consultadas diminui o risco de captura por parte do regulador[941]. Assim, as consultas restritas deveriam ser reservadas para os temas de cariz exclusivamente interno das entidades reguladas.

Há, é certo, cautelas particulares a observar no manuseio destes processos de consulta pública na área financeira. Em causa está o risco de assimetria nas entidades que respondem, dado que a indústria é usualmente mais proativa que os representantes dos investidores não profissionais. A leitura dos resultados da consulta pública não pode descurar este aspeto, sob pena de um enviesamento crónico das conclusões firmadas. *A consulta pública constitui um auxiliar da regulação, e não um substituto desta.* Mas os méritos deste expediente consultivo sobrelevam claramente as suas limitações. Deve por isso afirmar-se uma utilização sistemática (e não meramente ocasional) dos expedientes de consulta pública.

Cabe, por último, frisar que os processos de consulta pública devem ser levados até ao seu termo, em cumprimento de todos os deveres informativos correspondentes. Assim, importa conceder divulgação pública, não apenas ao projeto normativo de consulta pública, mas também aos comentários dos administrados – salvo quando os mesmos sejam objeto de pedidos de confidencialidade. Por fim, deve ser feita divulgação atempada e fundamentada aos resultados da consulta pública e ao acolhimento, total ou parcial, ou não acolhimento, por parte da autoridade reguladora, das sugestões recebidas ao longo do processo.

10. *A arquitetura nacional das autoridades de supervisão*

I – A análise comparativa dos sistemas de supervisão tem vindo a alargar-se nos últimos tempos, à escala internacional. Esta reflexão tem como origem, não apenas alguns escândalos financeiros de grande dimensão, mas também é decorrente do crescente número de conglomerados financeiros, de produtos financeiros híbridos, e da transferência de competências monetárias e de supervisão para o Banco Central Europeu, no âmbito do processo de desenvolvimento de uma União Bancária Europeia[942].

[941] OECD, *Being an Independent Regulator. The Governance of Regulators*, Paris (2016), 63.

[942] Ceps Working Party (rap. Karel Lanoo), *Challenges to the Structure of Financial Supervision in the EU* (2000), 1. Entre nós, com interesse para este ponto: Luís Carvalho, *Os Sistemas de Supervisão Prudencial na União Europeia* (2003), 43-254.

Ao nível mundial é patente a contraposição entre dois tipos de sistemas:

- os sistemas *monistas* – que incumbem a uma única entidade a supervisão da área bancária, do mercado de capitais e dos seguros; e
- os sistemas de supervisão *especializada* – que separam as três grandes áreas de supervisão financeira, destacando órgãos especializados em cada uma das áreas mencionadas.

A aplicação do sistema monista é o que mais vem de encontro às tradições europeias (e que está arreigado, desde há muito, nos sistemas jurídicos escandinavos), tendo sido perfilhado em 1998 pelo Reino Unido, no rescaldo do episódio que conduziu à crise financeira do *Barings Bank*[943]. Os sistemas de supervisão especializada, de seu lado, têm origem no contexto norte-americano, que se desenvolveu em torno da desagregação das várias *agencies* com poderes de supervisão, de âmbito federal e estadual.

II – É permanente e praticamente inesgotável a discussão em torno dos modelos de supervisão e, em particular, do ajustamento do sistema adotado em Portugal[944].

É usual alinhar, a este propósito, vantagens a rodear os sistemas monistas: de um lado, estes unificam burocraticamente o processo de autorização para o desenvolvimento de atividades financeiras, com benefícios para a organização de intermediários e autoridades de supervisão; de outro lado, constituem porventura a resposta mais simples em relação aos grupos financeiros mistos, que englobam bancos, seguradoras e empresas de investimento.

Além disto, estes modelos facilitam uma resposta única a produtos financeiros bancários, mobiliários e seguradores com características funcionalmente equivalentes e são dotados de uma visão mais ampla sobre riscos sistémicos, já que a interconectividade dos mercados leva a que os riscos de crédito e de sinistralidade se reflictam também no mercado de capitais[945]. Com efeito, as operações de titularização e a emissão de valores mobiliário ligados ao desempenho

[943] Eilís Ferran, *Examining the UK's Experience in Adopting the Single Financial Regulator Model*, 4-13, em *Brooklyn Journal of International Law* (2003), 257-307; Id., *The liberalization of financial markets: the regulatory response in the United Kingdom*, em Rainer Grote/Thilo Marauhn, *The Regulation of International Financial Markets. Perspectives for Reform*, Cambridge (2006), 57-111.

[944] Karel Lanoo, *Challenges to the Structure of Financial Supervision in the E.U., Journal of International Financial Markets* (Aug.-2000), 98-118; Paulo Câmara, *O governo de grupos bancários*, in *Estudos de Direito Bancário* (1999), 197-201.

[945] Clive Briault, *The Rationale for a Single National Financial Services Regulator, Journal of International Financial Markets* (1999), 249-256; Id., *Revisiting the Rationale for a Single National Financial Services Regulator, FSA Occasional Paper* nº 16 (2002).

do crédito (*credit linked notes*) ou à sinistralidade (*cat bonds*), para referir apenas alguns exemplos, contribuem para esfumar ainda mais as fronteiras entre cada setor do sistema financeiro[946]. Por fim, os modelos monistas de supervisão estão melhor apetrechados para aniquilar assimetrias de regulação e fiscalização entre diversas áreas financeiras ou diversos produtos financeiros, frustrando uma arbitragem reguladora ou suprindo lacunas de supervisão.

III – Há, no entanto, dados que apontam em favor dos sistemas de supervisão especializada. Aponta-se que estes têm, em geral, uma maior agilidade operativa, de dupla comprovação: seja na avaliação dos reflexos internos, sentida ao nível do governo das autoridades administrativas, na medida em que o gigantismo das organizações administrativas é, as mais das vezes, contraproducente; seja com reflexos externos, pois os sistemas de supervisão especializada permitem aos poderes públicos uma vigilância mais apertada dos objetivos a cumprir, favorecendo em consequência um governo mais eficiente das atribuições públicas. E este modelo acaba por beneficiar dos méritos atribuídos ao sistema monista, se assentar firmemente em colaboração inter-institucional (v. arts. 373º-ss. CVM).

IV – Ao debate, já recorrente, entre sistemas monistas e sistemas tripartidos, junta-se mais recentemente uma terceira via – que pugna por uma abordagem *funcional* à estrutura da supervisão. Segundo esta corrente, o desfecho institucional mais eficiente é o que postula uma diferenciação de funções básicas de supervisão, remetendo para entidades diferentes o exercício das funções em causa.

A concretização mais feliz desta abordagem é a diferenciação entre, de um lado, autoridades de supervisão prudencial e, de outro lado, autoridades de supervisão comportamental. Nesta divisão binomial (*"Twin Peaks"*)[947], a autoridade de supervisão comportamental seria incumbida de fazer cumprir as normas de conduta, designadamente informativas, vigentes em cada sistema financeiro[948]. Ao invés, a autoridade prudencial seria dedicada a acautelar problemas de solvência dos participantes do mercado e a prevenção do risco sistémico.

[946] Esta conexão foi tornada clara na crise financeira de 2007, originada por uma sucessão de incumprimentos dos empréstimos hipotecários de alto risco (*sub-prime*) nos EUA, o que provocou uma baixa generalizada dos preços nos mercados bolsistas em todo o globo.

[947] A expressão foi cunhada por Michael Taylor, *Twin Peaks: A Regulatory Structure for the New Century*, London (1995). Cfr. ainda Richard Abrams/Michael Taylor, *Issues in the Unification of Financial Setor Supervision*, IMF WP/00/213 (2000).

[948] Para uma apologia direta a este modelo: Fernando Teixeira dos Santos, *A supervisão financeira em Portugal: avaliação crítica e sugestões para a sua reforma*, em *O Novo Direito dos Valores Mobiliários*, Coimbra, (2017), 297-309.

Este modelo, que propicia uma especialização funcional, recebe aplicações nomeadamente na Holanda, no Reino Unido, na Austrália e no Canadá[949].

Uma variante deste modelo envolve a autonomização da função de prevenção dos riscos sistémicos e de salvaguarda da estabilidade financeira numa terceira autoridade de supervisão. Um estudo oficial nos Estados Unidos propôs a sua adoção[950].

V – Cabe tomar posição. Os modelos de supervisão – como modelos de governação pública – são instrumentais à eficácia de atuação para o cumprimento de interesses públicos e à eficiência de meios para os atingir. O balanço definitivo far-se-á, em cada caso, atendendo aos seguintes critérios:

- maximização do desempenho;
- agilidade decisória de cada organização;
- fluidez na circulação de informação;
- adequada resolução de conflitos decisórios.

Os critérios de desempenho das autoridades de supervisão devem ser objetivos[951] e envolvem não apenas a afetação racional de recursos mas também a avaliação do cumprimento dos objetivos delineados em cada período histórico e a capacidade de resposta pronta a eventos significativos imprevisíveis. Neste sentido, a eficiência de atuação está relacionada também com a agilidade decisória da autoridade.

A fluidez comunicacional pode assentar em mecanismos internos ou externos à organização, v.g., neste último caso, com base em protocolos de entendimento, acordos de cooperação ou similares.

A adequada gestão de possíveis conflitos entre objetivos decisórios (*inter alia*, a potencial tensão entre, de um lado, a transparência e, de outro lado, o

[949] Eddy Wymeersch, *The Structure of Financial Supervision in Europe: About Single Financial Supervisors, Twin Peaks and Multiple Financial Supervisors*, cit., 257-259, 266-268.

[950] Em referência está o na gíria designado *Paulson Report:* U. S. Department of the Treasury, *Blueprint for a Modernized Financial Regulatory Structure*, cit., 137-180.

[951] São interessantes, a este propósito, as propostas sobre avaliação de desempenho da atividade de regulação constantes do ensaio de João Duque, *A Regulação do Sistema de Valores Mobiliários – Uma Abordagem pela Teoria Financeira, Cadernos do Mercado de Valores Mobiliários* nº 6 (set.-dez. 1999), 19-68 (49-59). No contexto norte-americano, em avaliação quantitativa do desempenho da SEC, com perspetivas dissonantes: George Stigler, *Public Regulation of the Securities Market, Journal of Business* Vol. 37 (1964), 117-142; Irwin Friend/Edward S. Herman, *The SEC through a Glass Darkly, Journal of Business* Vol. 37 (1964), 382-405, ambos recolhidos também em Richard A. Posner/Kenneth Scott, *Economics of Corporation Law and Securities Regulation*, Boston/Toronto (1980).

equilíbrio prudencial)[952] encontra-se facilitada por algumas regras atuais que fornecem soluções decisivas. De um lado, os emitentes de valores mobiliários admitidos à negociação em mercado regulamentado devem observar as IAS//IFRS, ainda que sejam empresas bancárias ou seguradoras. De outro lado, a prestação de informação privilegiada por emitentes de instrumentos financeiros, em regra de comunicação imediata (art. 17º do Regulamento europeu do Abuso de Mercado), pode ser diferida se a divulgação imediata for susceptível de prejudicar os legítimos interesses do emitente, bastando para tal que o diferimento não seja susceptível de induzir o público em erro e que esteja assegurada a confidencialidade da informação (art. 17º nºs 4-7 do Regulamento europeu do Abuso de Mercado)[953].

Maximização de desempenho, fluidez na circulação de informação, prontidão de atuação e adequada resolução de conflitos decisórios: eis, em síntese, o conjunto de objetivos a que deve corresponder a moderna estrutura de regulação financeira. Se for concluído que, em concreto, estes objetivos logram ser assegurados através de modelos monistas, dentro da mesma organização, ou através de modelos especializados ou funcionais, através de uma interligação eficiente entre diversas autoridades públicas, a discussão sobre o modelo preferível vê a sua relevância claramente diminuída.

VI – No início do século XXI, uma conglomerização da estruturação institucional de supervisão conquistou adeptos na Europa. Para recorrer a exemplos célebres, merecem referência as autoridades financeiras constituídas por fusão entre autoridades setoriais nomeadamente na Alemanha (Bafin: 2002) e no Luxemburgo (Commission de Surveillance du Secteur Financier: 1998). Todavia, mesmo a concentração de competências regulatórias e de supervisão comporta diversos graus. Uma análise fina das competências das autoridades financeiras alemã e luxemburguesa concluiria que nenhuma destas entidades incorpora, em sentido técnico, modelos de concentração exclusiva dos poderes de supervisão na área financeira numa única entidade. Os fundos de pensões quedam-se de fora da Bafin e a matéria do controlo da liquidez e da estabilidade macro-prudencial está confiada ao Banco Central do Luxemburgo e não à CSSF.

Outro exemplo relevante é o do Reino Unido que alterou a sua abordagem monista de modo a que a sua estrutura institucional de supervisão passou a ser dividida entre as competências prudenciais da *Prudential Regulatory Authority* (PRA), as competências macro-prudenciais do *Financial Policy Committee* (FPC)

[952] Guido Rossi, *I conflitto di obiettivi nell'esperienza decisionale delle autorità, Riv. Società* (1997), 265-280.
[953] Cfr. *infra*, § 37º, 8.

e as competências comportamentais na *Financial Conduct Authority* (FCA)[954]. Além disso, as OPAS são tratadas por uma entidade autónoma – o *Takeover Panel*[955].

VII – Em Portugal vigora um sistema de supervisão especializada, com a coexistência de duas autoridades de supervisão financeira – uma na área bancária e outra na área do mercado de valores mobiliários – respetivamente o Banco de Portugal e a Comissão do Mercado de Valores Mobiliários, a que se soma a Autoridade de Supervisão de Seguros e Pensões, na área seguradora.

Ao sistema nacional subjaz uma solução compromissória, na medida em que a existência de autoridades financeiras setoriais é complementada, desde 2000, por uma estrutura de cúpula que visa assegurar a coordenação entre as três autoridades: o Conselho Nacional de Supervisores Financeiros[956].

Embora revele escassa visibilidade externa[957], o trabalho deste Conselho tem sido importante em zonas de interligação entre as diversas áreas financeiras, dele tendo resultado exercícios de articulação nomeadamente no domínio dos conglomerados financeiros e dos instrumentos estruturados de captação de aforro. E o projeto, iniciado em 2007, de análise comparativa de custos de contexto anti-competitivos do sistema financeiro nacional, tendo em vista a eliminação de ineficiências administrativas e regulatórias entre os três sub-setores financeiros[958], pode acentuar significativamente o seu papel.

Ainda neste contexto, não pode igualmente escamotear-se o relevo da atribuição à CMVM de competências de supervisão do financiamento colaborativo

[954] Sobre o regime antecedente, cfr. Eilís Ferran, *The liberalization of financial markets: the regulatory response in the United Kingdom*, cit.; Willem H. Buiter, *Lessons from the 2007 financial crisis*, European Institute/LSE (2007), 18-22; *Lessons of the fall, The Economist* (20-out.-2007), 85-87. Sobre o processo de reforma, v. Eilís Ferran, *The break-ups of the FSA* (2010); Id., *The Reorganisation of Financial Services Supervision in the UK: An Interim Progress Report*, University of Cambridge Faculty of Law Research Paper No. 49/2011 (2011).

[955] Sobre o Takeover Panel, cfr. David Kershaw, *Principles of Takeover Regulation*, Oxford, (2016), 112-136.

[956] Cfr. DL nº 228/2000, de 23 de setembro.

[957] O que é em parte fruto do diploma que o instituiu, na sua versão originária. Só a partir das alterações ao art. 6º do DL nº 228/2000, de 23 de setembro promovidas pelo DL nº 211-A/2008, de 3 de novembro, é que este Conselho passou a dever elaborar um relatório anual de atividades. Porém, podem encontrar-se exemplos recentes de intervenções relevantes não tornadas públicas, como sucede com a intervenção sobre *mis-selling* (Conselho Nacional de Supervisores Financeiros, *Relatório sobre os riscos de conduta associados a mis-selling de produtos de aforro e investimento* (2016)).

[958] Conselho Nacional de Supervisores Financeiros, *Better Regulation – Consulta Pública nº 1/2007* (2007), disponível em http://www.cmvm.pt/NR/rdonlyres/66EA 602B-C6EA-48A4-A176-0A6632362571/8109/BetterRegulation Relatorio 17Julho 2007.pdf.

(*crowdfunding*), do empreendorismo social, dos auditores e dos peritos avaliadores de imóveis. Estas decisões legislativas levaram à concentração de competências de supervisão comportamental na autoridade do mercado de capitais – o que desafia a lógica de especialização tripartida clássica, aproximando parcialmente o sistema português de um modelo funcional[959].

O DL nº 357-A/2007, de 31 de outubro, aliás, procurou mitigar as desvantagens do modelo tripartido, ao acentuar a colaboração entre o Banco de Portugal e a CMVM na concessão de registos de intermediários financeiros, impondo à autoridade bancária a comunicação à CMVM dos registos de instituições de crédito e de sociedades financeiras que envolvam o exercício de atividades de intermediação financeira (art. 65º, nº 2 RGIC, aplicável às sociedades financeiras *ex vi* do art. 194º, nº 2 RGIC), tendo em vista colmatar uma parte da duplicação de atos autorizativos de supervisão antes existente[960]. Por seu turno, as alterações ao Estatuto do Conselho Nacional de Supervisores Financeiros promovidas pelo DL nº 211-A/2008, de 3 de novembro e pelo DL nº 143/2013, de 18 de outubro, vieram ampliar o rol de competências desta estrutura de coordenação das autoridades de supervisão do sistema financeiro e, bem assim, reforçar o âmbito de informação trocada em matérias atinentes à estabilidade financeira[961].

VIII – O tema da arquitetura institucional da supervisão financeira em Portugal permanece atualmente em aberto[962]. Tal deve-se designadamente ao Documento de consulta pública divulgado pelo Ministério das Finanças em 2009, que colocou sob escrutínio alargado uma projectada alteração do modelo de supervisão nacional, de modo a passar a vigorar um modelo institucional com

[959] Tendência esta que foi mitigada com a transposição da DMIF II, ao fazer regressar à ASF a competência para a supervisão comportamental de seguros ligados a fundos de investimento e de fundos de pensões abertos de comercialização individual (art. 2º do Anexo II à Lei nº 35/2018, de 20 de julho).

[960] Persiste, no entanto, alguma duplicação nos actos administrativos autorizativos que se referem a instituições de crédito e sociedades financeiras. Cfr. *infra*, § 24º, 2.

[961] Porém, a periodicidade das reuniões passou de bimensal para trimestral, o que constitui um retrocesso. Sobre este ponto: Paulo Câmara, *Supervisão bancária: recentes e próximos desenvolvimentos*, cit., 317-322; Id., *Medidas regulatórias adotadas em resposta à crise financeira: um exame crítico*, em *Direito dos Valores Mobiliários*, Vol. IX, (2009); Id., *Las medidas adoptadas en Portugal en respuesta a la crisis financiera, Revista de Derecho de Mercado de Valores* nº 4 (2008), 543-556; Id., *Portugal: Restoring confidence, IFLR Financial Crisis Guide*, (Oct. 2009), 42-45; Id., *Crise financeira e regulação*, ROA III-IV (2009), 697-728.

[962] A confirmação pode nomeadamente ser obtida a partir de uma intervenção recente de Mário Centeno, *Discurso do Ministro das Finanças – O Sistema Financeiro Português – 40 000 Milhões de Imparidades Depois*, Faculdade de Direito da Universidade de Lisboa, (26-jan.-2016).

divisão dual funcional de atribuições (*twin peaks*)[963]. Segundo este projeto, o Banco de Portugal ficaria encarregue de toda a supervisão prudencial das instituições e mercados financeiros – sendo a supervisão comportamental confiada a uma nova autoridade de supervisão. Era ainda proposto alargar o mandato do Conselho Nacional de Estabilidade Financeira, composto pelos supervisores financeiros sob a presidência do Ministério das Finanças, para que este Conselho pudesse assegurar, em termos robustecidos, as tarefas de supervisão macro-prudencial do sistema financeiro.

Podem apresentar-se diversos óbices, seja ao processo, seja às soluções ali preconizadas. Em primeiro lugar, o documento de consulta pública não apresentava alternativas nem facultava estudos quantificados de impacto do modelo tido como preferido. O ponto é tanto mais surpreendente quanto mais é certo que, objetivamente, o modelo *Twin Peaks*, no plano da comparação internacional, é ainda menos utilizado do que o agora em vigor entre nós[964]. Além disso, o processo de consulta iniciou-se através de uma consulta pública não conduzida até ao seu termo. Após a publicação do documento de consulta, seguiu-se uma longa, silenciosa e inexplicada pausa aparente no processo, até ao seu oficial encerramento: não foi divulgado o relatório final do processo de consulta pública nem foram tornados públicos os contributos individualmente apresentados.

No tocante à proposta de fundo, apontar como solução a bipartição entre área prudencial e comportamental revela-se na essência uma abordagem simplista, dada a existência de áreas de sobreposição (deveres de informação, deveres de organização e de bom governo). Além disso, a existir uma reforma institucional, esta deveria ser acompanhado de uma harmonização legislativa inter-setorial, ainda que mínima. Se estes pontos não forem suficientemente cuidados, podem daqui emergir sobreposições de competências e um nivelamento da cultura organizacional mais atrasada, o que constituiria retrocesso em relação ao quadro atual.

Considerado sempre um ponto em aberto no debate regulatório nacional, foi o tema desafiado em 2016 através das recomendações constantes do Livro Branco sobre a Regulação e Supervisão do Setor Financeiro, encomendado pelo Banco de Portugal[965]. Por fim, mais recentemente, a pedido do Governo, foi

963 Ministério das Finanças, *Reforma da Supervisão Financeira em Portugal. Consulta Pública*, (2009), disponível em http://www.gpeari.min-financas.pt/arquivo-interno-de-ficheiros/Consulta-publica-reforma-da-supervisao-em-Portugal.pdf. Sobre este documento, permanece isolada a análise de Sofia Nascimento Rodrigues, *A reforma do sistema português de supervisão financeira*, *Direito dos Valores Mobiliários*, Vol X (2011), 553-564.

964 Howard Davies/ David Green, *Global Financial Regulation. The Essential Guide*, Cambridge (2008), 191-194.

965 Banco de Portugal, *Livro Branco sobre a Regulação e Supervisão do Setor Financeiro* (2016), tendo como relator Luís Silva Morais.

elaborado um relatório de análise em setembro de 2017 por um grupo de trabalho coordenado por Carlos Tavares[966]. No seu relatório final, este grupo propôs nomeadamente: a manutenção dos três supervisores existentes, com os necessários ajustamentos na respetiva repartição de funções; a atribuição das funções de autoridade nacional de resolução a uma entidade distinta do Banco de Portugal – o Conselho de Supervisão e Estabilidade Financeira (CSEF); e a atribuição de funções de coordenação de regulação e troca de informações de supervisão micro prudencial e da função de autoridade macroprudencial a uma nova entidade (o CSEF), a criar em substituição do CNSF. Estas propostas suscitaram comentários das autoridades reguladoras[967], em sentido não inteiramente coincidente. Em tempos próximos, foi anunciada a preparação de um conjunto de alterações legislativas cujo conteúdo apenas em parte é divulgado publicamente. Assim, o tempo para uma reavaliação do modelo vigente não poderia ser mais propício.

O certo é que, à volta de Portugal, a matriz comum institucional na Europa regulatória mudou. Se em 1991 o modelo tripartido era comum, hoje ocorre o contrário. As alterações institucionais entretanto verificadas, e agravadas no contexto pós-crise, documentam uma tendência de fundo de maior concentração de poderes nas autoridades de supervisão[968].

A criação do Conselho Nacional de Supervisores Financeiros trouxe especificidades ao modelo português, convertendo-o num modelo híbrido. O hibridismo, por seu turno, acentuou-se com o DL nº 357-A/2007, de 31 de outubro e com as novas competências de supervisão da CMVM em temas transversais[969]. E a proliferação, entretanto ocorrida, dos sistemas funcionais e monistas

[966] Grupo de Trabalho para a Reforma do Sistema de Supervisão Financeira, *Reforma Do Modelo De Supervisão Financeira*, (2017), disponível em http://www.gpeari.gov.pt/consulta-publica/relatorio-do-grupo-de-trabalho-para-a-reforma-da.

[967] Cfr. CMVM, *Reforma Do Modelo De Supervisão Financeira: Comentários da Comissão do Mercado de Valores Mobiliários ao Relatório sobre a Reforma do Modelo de Supervisão Financeira, elaborado pelo Grupo de Trabalho nomeado pelo Despacho nº 1041-B/2017* (2017); Banco de Portugal, *Comentários do Banco de Portugal ao Relatório sobre a Reforma do Modelo de Supervisão Financeira* (2017); Id., *Desenvolvimento da análise do Banco de Portugal ao Relatório sobre a Reforma do Modelo de Supervisão Financeira, elaborado pelo Grupo de Trabalho nomeado pelo Despacho nº 1041-B/2017* (2017).

[968] Daniel Calvo/ Juan Carlos Crisanto/ Stefan Hohl/Oscar Pascual Gutiérrez, *Financial supervisory architecture: what has changed aftert the crisis? Financial Stability Institute, FSI Insights* n. 8 (2018). Em comentário fundamentado a este estudo, Howard Davies (o primeiro *Presidente da Financial Services Authorithy britânica*) entendeu que o mesmo contém uma crítica velada aos modelos especializados, sustentando que o FSB deveria intervir diretamente nesta matéria a transmitir indicações sobre os modelos que são mais adequados (Howard Davies, *Was the financial crisis wasted?*, Guardian (30-ag.-2018).

[969] Em referência está a supervisão sobre financiamento colaborativo, auditores e peritos avaliadores de imóveis.

(ainda que impuros) tornou o modelo nacional singular no espectro europeu[970]. A discussão sobre a reformulação do modelo institucional de supervisão merece, assim, inteiramente ser realizada. Adiantam-se algumas sugestões concretas[971]. Desde logo, os objetivos de uma reforma no modelo de supervisão deveriam envolver o reforço do Conselho Nacional de Supervisores Financeiros como estrutura de coordenação em caso de crises financeiras com impacto transversal. O respetivo regime jurídico ainda deveria passar a prever, ao lado da direção do Conselho, a constituição de colégios de supervisão, com vocação mais executiva, compostos por representantes das diversas autoridades para grupos com atividade em mais do que um subsetor financeiro[972]. Impor-se-ia ainda uma maior equiparação no estatuto e no financiamento das três autoridades de supervisão. Além disso, uma reformulação do modelo institucional de supervisão deveria incluir nomeadamente: a criação de mecanismos que possibilitem resolução de impasses decisórios no CNSF; a realização de reuniões do CNSF com periodicidade mínima mensal; e a constituição regular de equipas de supervisão mistas pelas autoridades de supervisão para grupos com atividade em mais do que um subsetor financeiro.

Em derradeira análise, os objetivos fundamentais deste debate resumem-se aos seguintes: que se atinja, a final, uma articulação mais ágil e eficiente entre reguladores, sobretudo no que respeita à troca de informação e na coordenação em temas transversais; que se faculte o robustecimento das estruturas de governo correspondentes; e que seja aperfeiçoado o serviço prestado aos aforradores e

[970] O primeiro apoio conhecido ao modelo monista foi formulado pelo primeiro Presidente da CMVM, Fernando Costa Lima, *Um novo modelo para a regulação financeira em Portugal, Cadernos de Economia* (Ab./Jun. 1996), 47-49. Orientação semelhante pode encontrar-se em João Calvão da Silva, *Banca, Bolsa e Seguros. Direito Europeu e Português*[2], I, cit., 27-39 (38-39). O mesmo parece deduzir-se de Menezes Cordeiro, *Regulação Económica e Supervisão Bancária, O Direito* (2006), III, 245-276, que elenca três espécies de problemas que uma reformulação do quadro institucional poderia evitar: métodos de trabalho diversos; culturas diferentes; e conflitos de competências entre as autoridades existentes (276); e de Eduardo Paz Ferreira, *Anotação ao art. 101º CRP*, em Jorge Miranda/Rui Medeiros, *Constituição da República Portuguesa Anotada*, II (2006), 206-207; Id., *A regulação pública de actividades económicas em Portugal*, em Dário Moura Vicente/ Marshall Berger (org.), *Direito Comparado. Perspetivas Luso-Americanas*, Coimbra, vol II (2010), 18. Por último, para um apoio moderado ao modelo monista e em favor de um reforço das competências do CNSF, cfr. António Barreto Menezes Cordeiro, *Organização e supervisão dos mercados financeiros*, RDS 3/4 (2014), 565-588.

[971] Para uma fundamentação mais ampla: Paulo Câmara, *Supervisão bancária: recentes e próximos desenvolvimentos*, cit., 316-322; Id., *Supervisão bancária, in Estudos Projeto ETHOS. Corrupção e criminalidade económico-financeira* (2018), 207-247.

[972] Essa constitui uma prática dominante, como o comprova o relatório Bank for International Settlements/ Joint Forum, *Report on supervisory colleges for financial conglomerates* (2014), 13.

aos participantes do sistema financeiro – nomeadamente através da eliminação de deveres duplicados perante diversas autoridades, ainda hoje persistentes.

11. *Concorrência internacional entre autoridades*

I – O ambiente em que as autoridades de supervisão financeira atuam é agora também pautado por alguma concorrência entre reguladores.

Com efeito, é patente o esforço das autoridades de supervisão na criação de um ambiente favorável ao investimento – nacional e estrangeiro.

A documentá-lo, de um lado, não deve ser ignorada a influência que estas autoridades desempenham, a par da influência própria da legislação societária e mobiliária que fazem aplicar, ao atraírem (ou repelirem) a realização de operações e a constituição de sociedades.

Os movimentos migratórios de constituição de sociedades em direcção a ordenamentos mais flexíveis, aliás, têm sido estimulados pela jurisprudência do Tribunal de Justiça Europeu, através dos acórdãos *Centros, Überseering* e dos seus descendentes[973].

II – A acrescer, o regime da Diretiva dos Prospetos consagrou um quadro de concorrência, por parte das autoridades reguladoras, na aprovação de prospetos de ofertas públicas de distribuição e de admissão de valores mobiliários à negociação em mercado regulamentado[974]. As regras em referência, transpostas para o direito nacional através do art. 145º CVM, relativo à determinação do Estado-membro de origem, entrevêem duas situações em que se possibilita um direito de escolha da autoridade competente.

O primeiro caso é o das emissões de valores mobiliários não representativos de capital social cujo valor nominal unitário se eleve a pelo menos € 1000 e o das emissões de valores mobiliários não representativos de capital social que dêem direito a adquirir valores mobiliários ou a receber um montante em numerário, em consequência da sua conversão ou do exercício de direitos por eles conferidos, desde que o emitente dos valores mobiliários não representativos de capital social não seja o emitente dos valores mobiliários subjacentes ou uma entidade pertencente ao grupo deste último. Para estes casos (art. 145º, nº 2 CVM), existe

[973] Caso C-212/97: *Centros Ltd. v. Erhvervs – og Selskabsstyrrelsen* (1999). Cfr. a propósito Marco Becht/Colin Mayer/Hannes Wagner, *Where do Firms Incorporate?*, ECGI Law Working Paper nº 70/2006 (2006); Hanne Birkmose, *A Race to the Bottom in the EU?, Maastricht Journal of European and Comparative Law*, Vol. 13, No. 1 (2006), 35-78; Id., *A Market for Company Incorporations in the European Union – Is Ilberseering the beginning of the End?, Tulane Journal of International and Comparative Law*, vol. 13 (2005), 55-108.

[974] Paulo Câmara, *A Directiva dos Prospetos: Contexto, Conteúdo e Confronto com o Direito Positivo Nacional*, cit., 1096-1097.

a possibilidade de escolha entre uma de três autoridades: a autoridade do Estado-membro em que o emitente tem a sua sede; a do Estado em que os valores mobiliários serão admitidos à negociação; ou a autoridade do Estado em que os valores mobiliários serão oferecidos ao público.

Quanto aos valores mobiliários emitidos por países terceiros, é consagrado um direito de escolha entre a autoridade do Estado-Membro em que os valores mobiliários serão pela primeira vez admitidos à negociação ou a autoridade do Estado-Membro em que os valores mobiliários serão oferecidos ao público (art. 145º, nº 3 CVM).

III – A concorrência entre reguladores financeiros vigora, no sentido exposto, há escassos anos, não sendo possível nesta data fazer um balanço definitivo sobre o tema. Ainda assim, antecipa-se que este cenário possa provocar consequências virtuosas, ao atrair um maior volume de processos para as autoridades de supervisão que se mostrarem mais diligentes na apreciação de prospetos e que sejam dotadas de maior especialização técnica: funcionará, nessa medida, como um estímulo salutar para um afinamento dos procedimentos dos supervisores europeus e para o reforço do seu *know-how*, particularmente em relação a valores mobiliários de estruturação complexa.

Mas pode originar consequências perversas, se esta disputa regulamentar não for devidamente vigiada ou se entrever margem para exigências informativas assimétricas. Com efeito, a concorrência entre reguladores obriga não apenas a uma harmonização mais ambiciosa no domínio dos prospetos, o que a Diretiva reguladora da matéria logrou atingir[975], mas também pressupõe um nivelamento das exigências da prática formuladas em cada jurisdição. De modo contrário, estar-se-ia a promover o laxismo regulador: a "corrida" dos reguladores seria, afinal, em direcção a padrões gradualmente menos exigentes (*race to the bottom*)[976]. E quanto a este último aspeto, não basta repousar no facto de o regime europeu harmonizar o conceito de aprovação do prospeto[977]; há que acautelar o comportamento revelado de facto pelos reguladores. Coloca-se, de novo, a questão clássica: *quis custodiet custodies?*

[975] PAULO CÂMARA, *A Directiva dos Prospetos: Contexto, Conteúdo e Confronto com o Direito Positivo Nacional*, cit., 1091-1092, 1106 e *passim*.

[976] Em geral: ROBERTA ROMANO, *The Genius of American Corporate Law*, Washington (1993); Id., *The Advantage of Competitive Federalism for Securities Regulation*, Washington (2002); RALPH WINTER, *State Law, Shareholder Protection and the Theory of the Corporation*, *J. Leg. St.* 6 (1977), 251-292; Id., *The Race for the Top Revisited: A Comment on Eisenberg*, *Columbia LR*, Vol. 89 (1989), 1526-1529. Recorde-se que, na esfera europeia, a criação da ESMA tem como um dos objetivos principais o de obter maior convergência entre autoridades de supervisão nacionais: v. *supra* § 2º, 5.

[977] Art. 2º, nº 1 *q)* da Diretiva dos Prospetos.

12. *A arquitetura internacional das autoridades de supervisão*

I – A internacionalização do tráfego financeiro, sendo um dado irrefutável, tem hoje plúrimas expressões, designadamente quanto aos seguintes níveis:

- Internacionalização dos mercados de valores mobiliários: revelada na tendência importante de concentração das entidades gestoras de mercados e de criação de mercados e plataformas de negociação internacionais;
- Internacionalização dos agentes: indiciada através do interesse que um crescente número de empresas manifesta na cotação plurilocalizada (*multiple listing*) dos valores emitidos e nas ramificações geográficas dos correspondentes prestadores de serviços (intermediários financeiros, auditores e sociedades de notação de risco);
- Internacionalização das operações: que se concretiza na sucessão de ofertas de distribuição internacionais de valores mobiliários, potenciada pelo efeito extra-territorial da aprovação comunitária do prospeto, e de ofertas de aquisição;
- Internacionalização dos delitos: o carácter internacional do ilícito pode resultar da plurilocalização de entidades instrumentais aos delitos (ex: BCCI, Parmalat) ou da natureza transnacional dos meios empregues ou das estruturas de negociação visadas (basta referir a dificuldade colocadas por atividades de manipulação de mercado[978] empreendidas em estruturas de negociação internacionais ou através da utilização da Internet).

Estas vertentes não funcionam de modo isolado, antes se inter-relacionam e se estimulam reciprocamente. A expressão deste fenómeno poliédrico torna-se crescentemente visível[979].

II – Sucede que, no plano institucional, esta realidade tem sido unicamente acompanhada por um reforço dos mecanismos de cooperação. Tais mecanismos revestem natureza:

- bilateral, quando baseados em protocolos de cooperação bilaterais (*MoU: Memoranda of Understanding*)

[978] Cfr. *infra*, Capítulo XVII.

[979] Reenvia-se a propósito para Michael D. Mann/Joseph Mari/George Lavdas, *Developments in International Securities Law Enforcement and Regulation, The International Lawyer* Vol. 29 nº 4 (1995), 729-873; Ethiopis Tafara/Robert J. Peterson, *A Blueprint for Cross-Border Access to U.S. Investors: A New International Framework, International Harvard Law Journal* Vol. 48 (2007), 31-68; José Nunes Pereira, *Integração dos Mercados de Capitais e Regulação Financeira, Boletim de Ciências Económicas* Vol. XLV-A (2002), 617-682.

– multilateral: quando decorrem do esforço de organizações internacionais como a IOSCO e a ESMA, que também têm encorajado a celebração de protocolos internacionais de cooperação.

A sedimentar e a complementar os esforços de cooperação, há ainda a mencionar a aproximação promovida pela IOSCO através dos já mencionados princípios de regulação financeira que instituiu – os *Objetives and Principles of Securities Regulation.* Trata-se de um documento extenso, que a título recomendatório enuncia e densifica 30 princípios mobiliários aplicáveis aos reguladores, emitentes, intermediários financeiros, fundos de investimento e mercados[980]. Como notado atrás[981], o grau de observância destes Princípios por parte de cada Estado-Membro da IOSCO, por seu turno, constitui objeto de avaliações periódicas no âmbito das missões do FMI e do Banco Mundial[982] – o que acentua fortemente a sua influência enquanto instrumento de harmonização e de promoção de boas práticas das autoridades de supervisão e das entidades que supervisiona.

III – Um aspeto problemático desta envolvente institucional liga-se ao número excessivo de instituições internacionais relacionadas com a supervisão e a regulação financeira[983]. Os organismos com valências nesta área têm-se multiplicado, em nome da sua correspondente especialização do objeto ou, no sistema europeu proposto por Lamfalussy, para lidar com diversos níveis da regulação. Agora, na área bancária, há que contar com a European Banking Authority (EBA), o Comité de Basileia, o Financial Stability Board, o Bank for International Settlements, o GAFI e o European Banking Committee. No âmbito do mercado de capitais, releva o papel da IOSCO, da ESMA, do *Committee on Payment and Settlement Systems,* do *European Securities Committee* e, ligadas ao relato financeiro, o IASB (Contabilidade) e o IAASB (Auditoria). A integração setorial financeira contrasta, assim, com um quadro institucional labiríntico, em termos internacionais, havendo níveis dissemelhantes de eficiência e de sindicabilidade de cada instituição arrolada. A acrescer, e mais importante, esta balcanização de instituições internacionais dificulta a tomada de decisões ágeis sobre questões transversais no sistema financeiro em contexto de uma crise.

[980] IOSCO Public Document No. 125, *Objetives and Principles of Securities Regulation,* IOSCO Presidents' Committee (2017).

[981] Cfr. *supra,* I.

[982] Relevante referência, neste âmbito, é o documento que descreve a metodologia de avaliação: IOSCO, *Methodology for Assessing Implementation of the IOSCO Objetives and Principles of Securities Regulation* (2017).

[983] Howard Davies/David Green, *Global Financial Regulation,* Cambridge (2008), 32-109.

IV – A suficiência de uma estrutura de supervisão descentralizada em termos internacionais, apesar de reforçada por mecanismos de cooperação, constitui um tema de permanente reflexão no âmbito da regulação dos mercados financeiros.

Desde há cinquenta anos[984] que se equaciona, no espaço europeu, a sugestão de criação de uma autoridade europeia que coordene ou substitua os reguladores locais.

Esta ideia, que consubstanciaria um sinal político de sentido federalizante, teria a seu favor lograr uma maior rapidez nos processos regulatórios. Em termos institucionais, esta solução teria ainda o mérito de estar melhor apetrechada para a supervisão sobre a atuação dos mercados, dos agentes e das operações internacionais e para a prevenção e repressão dos delitos que atravessam fronteiras[985]. A acrescer, diminui o risco de uma relutância de intervenção prudencial em instituições ou grupos de elevada dimensão, dadas as possíveis implicações sistémicas (o risco de ser, na designação de gíria, *too big to fail*).

De outro lado, esta saída contrariaria arbitragens regulatórias – nomeadamente em favor dos agentes domésticos (*home bias*).

V – Todavia, perfilam-se também diversos argumentos contra a criação de uma autoridade federal. Desde logo, irrompem os princípios europeus de proporcionalidade e subsidariedade[986] – argumento aliás invocado nos Relatórios Lamfalussy[987] – a reclamar contenção no alargamento das prescrições normativas vigentes na União.

[984] Cfr., a propósito dos deveres de informação, o Relatório Segré (1966).

[985] Uma colecção importante de estudos sobre o tema pode encontrar-se em MADS ANDENAS/ /YANNIS AVGERINOS (ed.), *Financial Markets in Europe. Towards a Single Regulator?*, cit., 145-260. Cfr. ainda KAREL LANOO, *Does Europe need a SEC? Securities Market Regulation in the EU*, ECMI (1999); GILLES THIEFFRY, *The Case for a European Securities Commission*, in EILÍS FERRAN/CHARLES GOODHART (ed.), *Regulating Financial Services and Markets in the 21 st Century*, cit., 211-234; GUIDO ROSSI, *Un'autorità sovranazionale per I mercati finanziari?*, *Rivista delle Società* (2001), 184-192. Entre nós, cfr. JOSÉ NUNES PEREIRA, *A Reforma Europeia do Plano de Ação para os Serviços Financeiros: Uma Futura Autoridade de Supervisão Europeia?*, *in Direito dos Valores Mobiliários*, Vol. VII (2007), 77-166.

[986] Questionava-se o Professor SOUSA FRANCO, então Ministro das Finanças, no texto de apresentação do Código de 1999: *Deverá haver uma supervisão europeia? Creio que não. O princípio da subsidariedade torna desejável um mercado único financeiro europeu com supervisões nacionais, garantes da confiança e da gestão sã e prudente* (MINISTÉRIO DAS FINANÇAS/CMVM, *Trabalhos Preparatórios do Código dos Valores Mobiliários*, cit., 29). Cfr. igualmente YANNIS V. AUGERINOS, *EU Financial Market Supervision Revisited: The European Securities Regulator*, NYU School of Law (2003), 15-18.

[987] COMMITTEE OF THE WISE MEN, *Initial Report on the Regulation of European Securities Markets* (2000), 93;

Por outro lado, mostra-se incerta a base legal atual do Tratado para fundar uma tal solução, uma vez que o art. 308º TCE, sobre poderes implícitos – e apontado por alguns como sede legal de uma possível futura entidade de supervisão europeia –, não deixa de constituir origem de dúvidas[988]. O cepticismo funda-se não apenas na incerta ligação aos objetivos da União, reclamada por aquele preceito, mas sobretudo porque tal arrimo normativo deixaria por resolver o esquema de governação (i.e., de prestação de contas intra-comunitária) subjacente a uma tal entidade de supervisão pan-europeia[989].

A acrescer, e mesmo admitindo uma intervenção no Tratado, não pode esquecer-se que uma maior convergência na supervisão não é incompatível com uma estrutura descentralizada de supervisão e de regulação. Basta, para o efeito, que sejam desenhados processos eficazes de pressão entre reguladores para que as leituras interpretativas comuns das normas europeias (designados atos de "nível 3") conduzam, de igual modo, a práticas uniformes por todo o espaço Europeu. Retenha-se que a proximidade do regulador com os administrados constitui um fator importante para a eficácia preventiva da supervisão.

VI – Em síntese conclusiva – forçosamente provisória – sobre esta apreciação, dir-se-á ser decisivo o argumento segundo o qual a atual estrutura descentralizada convive melhor com a harmonização imperfeita em muitos domínios jurídicos[990]. A abordagem decorrente do Relatório Lamfalussy, lembre-se, preconiza uma maior integração da regulação europeia, não como sucedâneo de uma centralização supra-nacional, mas como passo indispensável a uma *possível* decisão futura sobre uma autoridade europeia.

Desta análise emerge que as autoridades de supervisão de cada Estado-Membro se mostram sobretudo aptas a conhecer a cultura própria de cada mercado e a lidar com as singularidades de cada espaço jurídico[991].

Todavia, a ser assim, a valia desse argumento é transitória[992]: depende do grau de harmonização vigente em cada momento histórico. E faz deslocar o epi-

[988] Niamh Moloney, *EC Securities Regulation*, Oxford (2002), 884, n. 136.

[989] Yannis V. Augerinos, *EU Financial Market Supervision Revisited: The European Securities Regulator*, cit., 18-19.

[990] Niamh Moloney, *EC Securities Regulation*, cit., 889-890.

[991] As singularidades nacionais são, de resto, tidas como relevantes pelo próprio legislador europeu: cfr. por exemplo o art. 4º da Diretiva nº 2006/73/CE, tomando como suficientes para legitimar intervenções adicionais dos Estados-Membros, no contexto das normas de conduta sobre intermediação financeira, os riscos específicos no quadro da estrutura de mercado onde tais medidas serão aplicadas.

[992] Em sentido próximo, Eílis Ferran admite que a maior falha desta solução é a sua prematuridade, pela oposição política que ainda pode deparar, da banda da Comissão Europeia e de alguns

centro do problema para a análise sobre o grau óptimo de harmonização – e, simetricamente, sobre o nível adequado de concorrência legislativa no âmbito do Direito europeu mobiliário.

VII – A este propósito, convirá por fim reter que a atual arquitetura europeia é muito marcada pelas propostas constantes do Relatório de Larosière e das decisões políticas incorporadas na Comunicação da Comissão Europeia de 27 de maio de 2009[993], nas deliberações do Ecofin de 9 de junho de 2009 e nas conclusões da Reunião do Conselho Europeu de 18 e 19 de junho de 2009[994]. Em resultado deste processo, foram aprovados Regulamentos a estabelecer três autoridades europeias (denominadas *European Banking Authority, European Insurance and Occupational Pensions Authority* e *European Securities and Markets Authority*)[995]. Estes organismos foram constituídos para coordenar a aplicação de padrões de supervisão, mediar relações entre autoridades nacionais, supervisionar e coordenar os colégios de supervisores e autorizar e supervisionar sociedades de notação de risco.

Cabe-lhes assim, operar em ligação com o Sistema Europeu de Supervisores Financeiros, que engloba os supervisores domésticos nas áreas da banca, mercado de capitais e seguros.

Frise-se, todavia, que esta estrutura não significa, ainda, uma integração inter-setorial na coordenação da supervisão e regulação das áreas da banca, bolsa e seguros – do que pode decorrer um cunho de provisoriedade quanto às soluções institucionais estabelecidas. A acrescer, os avanços institucionais registados no âmbito da União Bancária Europeia – e que implicam uma centralização de poderes de supervisão no BCE – não têm paralelo na área dos mercados financeiros[996]. É, por isso, contínua a expectativa quanto a saber se, em resultado deste

Estados-Membros importantes, e pela atual imperfeita integração dos mercados: cfr. *Building an EU Securities Market*, Cambridge (2004), 120-122.

[993] European Commission, *European Financial Supervision*, COM 252 (27 – mai.-2009).

[994] Os documentos oficiais estão disponíveis para consulta em http://ec.europa.eu/internal_market/finances/committees/index_en.htm#overview. Para uma ilustração do debate, reenvia-se nomeadamente para: European Savings Banks Group, *Response to Proposals on financial supervision made in the Larosière report and the Commission Communication from 4 March 2009*, (10 April 2009).

[995] Regulamento (UE) nº 1095/2010 do Parlamento Europeu e do Conselho, de 24 de novembro de 2010 (ESMA); Regulamento (UE) nº 1093/2010 do Parlamento Europeu e do Conselho, de 24 de novembro de 2010 (EBA); e Regulamento (UE) nº 1094/2010 do Parlamento Europeu e do Conselho, de 24 de novembro de 2010 (EIOPA). Cfr. *supra*, § 2º, 5..

[996] Paulo Câmara, *Supervisão Bancária: recentes e próximos desenvolvimentos*, em *I Congresso de Direito Bancário*, (2014), 283-316; Id. *Supervisão bancária*, em *Estudos Projeto ETHOS. Corrupção e criminalidade económico-financeira* (2018), 207-247.

processo evolutivo, as deficiências institucionais serão objeto de respostas satisfatórias, em benefício da proteção dos agentes e aforradores do mercado e da resiliência do sistema financeiro internacional.

§ 19º Os prestadores de serviços acessórios de interesse público

1. *Os serviços acessórios de interesse público*

I – A sofisticação dos mercados e o alargamento, direto e indireto, da comunidade de investidores têm vindo a impor gradualmente a regulação de alguns serviços acessórios relevantes.

Neste contexto, as atividades de auditoria, de notação de risco e de *research* têm em comum o facto de se traduzirem na prestação de informação ou a expressão de opiniões que são importantes para o público investidor, assumindo por isso interesse público. Com efeito, em ambiente de mercado, a informação prestada em resultado destas atividades assume relevo para a tomada de decisões de investimento informadas. No limite, as deficiências na informação prestada por estes profissionais podem afectar o equilíbrio sistémico dos mercados.

II – Não existe um regime unitário para estes prestadores de serviços de interesse público – verificando-se, ao invés, diferenças assinaláveis entre a disciplina de cada uma das profissões envolvidas. Estes sujeitos são tocados por normas europeias[997] – mas a densidade regulatória e o conteúdo das prescrições europeias em causa são muito dissemelhantes entre si.

No entanto, há inegável vantagem em procurar uma leitura transversal do regime de cada uma destas profissões instrumentais ao sistema financeiro[998]. Entende-se, por aqui, estarmos ante profissionais de importância decisiva na cadeia de verificação da informação financeira: de guardiões da regularidade dos mercados (*gatekeepers*), em sentido próprio[999]. Por outras palavras, trata-se

[997] Em causa estão, quanto à auditoria, o Regulamento (UE) nº 537/2014 do Parlamento Europeu e do Conselho, de 16 de abril de 2014 e a Diretiva nº 2014/56/UE, do Parlamento Europeu e do Conselho, de 16 de abril de 2014, quanto aos analistas, sobretudo a Diretiva nº 2006/73/CE, do Parlamento Europeu e do Conselho, de 10 de agosto e a DMIF II e quanto ao rating, o Regulamento (CE) nº 1060/2009, de 16 de setembro de 2009 (com as suas sucessivas modificações).

[998] Exemplar, a este propósito: John Coffee Jr., *Gatekeepers. The Professions and Corporate Governance*, Oxford (2006), *passim;* John Armour/ Dan Awrey/ Paul Davies/ Luca Enriques/ / Jeffrey Gordon/ Colin Mayer/ Jennifer Payne, *Principles of Financial Regulation*, Oxford (2016), 118-142.

[999] Para John Coffee (*Understanding Enron: It's About the Gatekeepers, Stupid, Business Lawyer*, Vol. 57 nº 4, 1405) os *gatekeepers* são definidos como *reputational intermediaries who provide verification and certification services to investors.* Para uma diferente formulação, v. Reinier Kraakman, *Gatekeepers:*

de intermediários na prestação de informação relevante para a tomada das decisões de investimento (*information intermediaries*)[1000] que assentam a sua credibilidade na sua reputação de profissionais independentes e rigorosos (*reputational intermediaries*)[1001], justificando por isso um investimento de confiança do público investidor. Merece, por isso, o seu tratamento, que se fará de seguida[1002].

2. *Os auditores*

I – Conquanto não desempenhem funções apenas no sistema financeiro, os auditores assumem um papel de aguda relevância na salvaguarda da confiabilidade da informação financeira no mercado. Por isso, o seu relevo no âmbito da governação societária é acentuado[1003].

Tal explica que, além das múltiplas indicações normativas sobre exigência de auditoria no regime de cada tipo de pessoa coletiva – com natural destaque para a certificação legal de contas nas sociedades anónimas (arts. 451º-453º e 508º-D CSC) – são aditadas exigências próprias do Direito dos valores mobiliários, de dupla natureza: quanto à extensão dos serviços de auditoria a prestar; e quanto à qualificação adicional do auditor interveniente.

Considere-se, quanto à primeira vertente, que a prestação de serviços de auditoria é obrigatória em relação à documentação financeira que deva ser submetida à CMVM – o que abrange as sociedades emitentes de valores mobiliários admitidas à negociação em mercado regulamentado e os organismos de investimento coletivo (art. 8º, nº 1)). Além disso, é obrigatória a fiscalização através da intervenção de auditor[1004] em caso de:

- oferta pública de valores mobiliários (art. 115º, nº 1 *g*));
- emissão de obrigações hipotecárias e de obrigações sobre o setor público (art. 34º do DL nº 59/2006, de 20 de março).
- verificação de contrapartida em OPA, se os critérios gerais não colherem ou caso a contrapartida seja tida pela CMVM como insuficiente justificada ou não equitativa (art. 188º, nº 2)[1005].

the anatomy of the third-party enforcement strategy, *Journal of Law, Economics and Organization*, vol. 2, n. 1 (1986), 53-104.

[1000] John Armour/ Dan Awrey/ Paul Davies/ Luca Enriques/ Jeffrey Gordon/ Colin Mayer/ Jennifer Payne, *Principles of Financial Regulation*, cit., 118-123.

[1001] Ronald Gilson/R. Kraakman, *The Mechanics of Market Efficiency*, *Virginia Law Review* 70 (1984), 549.

[1002] Quanto aos peritos avaliadores de imóveis, cfr. *infra* § 44º, 3.

[1003] Anita Anand/Niamh Moloney, *Reform of the Audit Process and the Role of Shareholder Voice: Transatlantic Perspectives*, EBOR 5 (2004), 223-292; Marcus Lutter (org.), *Der Wirtschaftsprüfer als Element der Corporate Governance*, Düsseldorf, (2001).

[1004] Cfr., em termos gerais, o art. 42º do DL nº 487/99, de 16 de novembro.

[1005] Cfr., para desenvolvimentos, *infra*, § 34º, 9.

Por outro lado, no tocante à segunda vertente, impõe-se que os serviços acima descritos – com a única exceção da verificação da contrapartida em OPA – sejam realizados por auditor registado na CMVM (art. 8º CVM). Este registo dos auditores na CMVM visa acautelar que adicionais exigências de meios humanos, materiais e financeiros estão reunidas para assegurar a idoneidade, independência e competência técnica destes profissionais.

II – Em termos preliminares, cabe ainda assinalar que a disciplina jurídica da auditoria surge, em parte, em transposição de indicações europeias. Os textos de referência são o Regulamento (UE) nº 537/2014 do Parlamento Europeu e do Conselho, de 16 de abril de 2014 e a Diretiva nº 2014/56/UE, do Parlamento Europeu e do Conselho, de 16 de abril de 2014. Esta Diretiva foi transposta através da Lei nº 140/2015, de 7 de setembro, que aprovou um novo Estatuto dos Revisores Oficiais de Contas, e da Lei nº 148/2015, de 9 de setembro, que aprova o Regime Jurídico da Supervisão de Auditoria.

III – A utilização da designação *auditor* no Código dos Valores Mobiliários, a par de uma preferência do Código das Sociedades Comerciais e no Estatuto da OROC pela expressão *revisor oficial de contas,* obriga a uma curta clarificação terminológica. Auditor constitui uma expressão ampla que abarca os revisores oficiais de contas e as sociedades de revisores oficiais de contas (artigo 8º, nº 2 CVM). Em termos amplos, a auditoria consiste na atividade de recolha e exame de informação, inferida a partir de factos ou documentos, para determinar e reportar sobre o seu grau de conformidade com critérios pré-estabelecidos[1006].

Pode enunciar-se um conceito mais restrito, tendo em vista uma demarcação dos tipos de critérios aqui normalmente subjacentes. Assim, dir-se-á que a auditoria consiste na atividade de recolha e exame de informação para verificar a sua conformidade com normas jurídicas, com cláusulas contratuais (incluindo estatutárias) ou com os objetivos da sociedade.

IV – Embora incida sobretudo sobre informação contabilística, a auditoria distingue-se claramente da contabilidade da sociedade. Em primeiro lugar, quanto ao objeto da atividade, há que referir que os auditores podem verificar informação não contabilística (v.g. no caso das auditorias operacionais, dedicadas à verificação dos procedimentos adotados pelas empresas). Daqui resulta a impropriedade de uma assimilação dos conceitos, hoje equiparados, de auditor e de revisor oficial de contas.

1006 Este é o conceito perfilhado nomeadamente por ALVIN ARENS/JAMES LOESSECKE, *Auditing – An Integrated Approach*[7] (1997), 2-4, 25.

Além disso, a finalidade da contabilidade é a de registar, classificar e prestar informação sobre eventos da vida da sociedade segundo as normas contabilísticas aplicáveis. Por seu turno, a auditoria visa determinar até que ponto a informação contabilística reflecte adequadamente a imagem verdadeira e apropriada da sociedade, através da correta aplicação das normas contabilísticas competentes[1007].

A distinção entre auditoria e contabilidade assume particular relevo no quadro dos deveres de independência, na medida em está vedada a prestação de serviços de auditoria em entidade em que o auditor preparou a informação contabilística, dado o risco de auto-revisão (artigo 5º, nº 1 *c)* do Regulamento (UE) nº 537/2014 do Parlamento Europeu e do Conselho, de 16 de abril de 2014).

V – A auditoria tem por base um contrato celebrado com a entidade cliente (art. 53º da Lei nº 140/2015, de 7 de setembro)[1008].

Embora esse contrato tenha natureza privada, o auditor desempenha claramente funções de interesse público. O regime jurídico di-lo expressamente na delimitação dos atos próprios dos auditores[1009]. O quadro de deveres de independência dos auditores adquire por isso redobrado relevo no regime atual[1010].

Além disso, nos serviços prestados a intermediários financeiros, os auditores estão sujeitos a deveres de comunicação, à CMVM, de factos de que tenham conhecimento no exercício das suas funções, quando tais factos sejam susceptíveis de: constituir crime ou ilícito de mera ordenação social que estabeleça as condições de autorização ou que regule, de modo específico, atividades de intermediação financeira; ou afectar a continuidade do exercício da atividade do intermediário financeiro; ou justificar a recusa da certificação das contas ou a emissão de reservas (art. 304º-C CVM).

Tenha-se ainda presente que os auditores são muitas vezes utilizados para apoio às funções públicas de supervisão, o que legitima a possibilidade de comunicação de informação, ainda que confidencial, pela CMVM aos auditores (art. 355º, nº 1 *f)* CVM).

Por todos estes motivos, os serviços de auditoria obedecem a um exclusivo profissional[1011]. A profissão de auditores é reservada a quem obtenha aprovação

[1007] ALVIN ARENS/JAMES LOESSECKE, *Auditing – An Integrated Approach*[7], cit., 4.

[1008] Criticamente: COUTINHO DE ABREU, *Governação das Sociedades Comerciais*, Coimbra (2006), 185-186, n. 455.

[1009] Art. 41º da Lei nº 140/2015, de 7 de setembro.

[1010] Artigos 61º, nº 2, 62º, nº 1 *g)* e *h)*, 63º, nº 1, 71º, 73º, *a)* e *b)*, 74º, n.os 1 e 5, 75º, nº 1, 77º, 78º, 80º, nº 5 *a)*, 88º e 89º, nº 3 *c)* da Lei nº 140/2015, de 7 de setembro. Sobre o tema, mantém atualidade PAULO BANDEIRA, *A independência dos auditores de sociedades cotadas*, RDS 2 (2011), 301-334.

[1011] Arts. 6º *c)* e 41º, nº 1 da Lei nº 140/2015, de 7 de setembro.

em exame junto da Ordem dos Revisores Oficiais de Contas (art. 148º, nº 1 *d)* da Lei nº 140/2015, de 7 de setembro).

VI – Sendo a informação o barómetro central na tomada de decisões de investimento, é fácil perceber que essa base poderia ser totalmente desvirtuada se as sociedades divulgarem informação contabilística que não espelhe fielmente a imagem financeira das empresas – principalmente ao exagerar os números relativos aos ganhos, ao escamotear as perdas societárias ou a permitir a divulgação de previsões demasiado optimistas. Neste quadro, configura um facto ilícito por parte do auditor, potencial gerador de danos, a omissão de reserva ou ênfase nos relatórios de auditoria ou certificações legais de contas ou a expressão de opinião quando esta deveria ser recusada[1012]. É neste contexto que tem ganho relevo o tema da responsabilidade civil do auditor[1013].

Neste âmbito, cumpre chamar a atenção para o art. 10º CVM, que, em caso de danos causados aos emitentes ou a terceiros por deficiência do relatório ou do parecer elaborados por auditor, estatui a responsabilidade solidária e ilimitada dos revisores oficiais de contas e outras pessoas que tenham assinado o relatório ou o parecer e das sociedades de revisores oficiais de contas e outras sociedades de auditoria, desde que os documentos auditados tenham sido assinados por um dos seus sócios[1014].

Esta análise apela, todavia, a uma distinção. O campo da responsabilidade contratual do auditor perante a sociedade que o contrata é pacífico, não levantando problemas de maior. Os maiores desafios provêm da extensão à responsabilidade civil perante terceiros[1015].

Em termos dogmáticos, tem sido apontado que a extensão da responsabilidade do auditor além da responsabilidade contratual corresponde a exigências do tráfego jurídico e à sua funcionalidade – atentas as importantes decisões tomadas com base nas opiniões dos auditores, nomeadamente quanto à transmissão de participações sociais no comércio mobiliário[1016].

[1012] Art. 45º, nº 2 da Lei nº 140/2015, de 7 de setembro.

[1013] Este o motivo que se encontra para a necessidade de consentimento do ROC para a designação (art. 50º, nº 7 do DL nº 487/99, de 16 de novembro). Cfr. a propósito Margarida Azevedo de Almeida, *A responsabilidade civil perante os investidores por realização defeituosa de relatórios de auditoria, recomendações de investimento e relatórios de cotação de risco*, Cad. MVM, n. 36 (2010), 9-18, 23-24.

[1014] Luís Menezes Leitão, *A Responsabilidade Civil do Auditor de uma Sociedade Cotada*, em *Direito dos Valores Mobiliários*, Vol. VI (2006), 229-239.

[1015] Manuel Carneiro da Frada, *O Problema e os Limites da Responsabilidade dos Auditores*, *DJ* Vol. XVI, t. 1 (2002), 160-162; Grazia Monia Buta, *La Responsabilità Civile dei Revisori nei Confronti dei Terzi nella Common Law*, BBTC (2004), 342-390.

[1016] Manuel Carneiro da Frada, *Uma "Terceira Via" no Direito da Responsabilidade Civil?* (1997), 74-77 e *passim*.

Nesta linha, os tribunais procuram delimitar o âmbito dos sujeitos tutelados. Contrapõem-se aí duas principais teorias:

- A teoria da previsão: que procura delimitar sujeitos que previsivelmente utilizassem a informação certificada por auditores;
- A teoria do contrato com eficácia de proteção para terceiros, não aceite unanimemente[1017].

Em apreciação destas correntes, devemos admitir que, verificados os competentes pressupostos, o auditor possa ser responsabilizado perante terceiros – basta pensar no âmbito da responsabilidade pelo prospeto (art. 149º, nº 1 *f*)) –, dado protegerem o interesse público. Todavia, uma vez que estamos perante danos puramente patrimoniais, só devemos considerar haver responsabilidade quando o auditor aceite criar um investimento de confiança na auditoria por ele realizada para influenciar decisões de aquisição[1018].

Como adiante se verá, o regime de imputação de danos é diverso consoante estejamos perante membros de órgãos de fiscalização ou não.

No Código das Sociedades Comerciais, importa notar a existência de disposições diferentes para membros de órgão de fiscalização e para o revisor oficial de contas (arts. 81º e 82º). Os membros de órgãos de fiscalização respondem nos termos da administração (art. 81º CSC) aplicando-se-lhes nomeadamente a presunção de culpa na responsabilidade para com a sociedade (art. 72º, nº 1 CSC[1019]). A responsabilidade civil do revisor de contas, ao invés, segue uma disciplina diferente. Com efeito, à responsabilidade do auditor nos termos do art. 10º CVM ou do 82º CSC (isto é, fora do instituto da responsabilidade pelo prospeto) não é aplicável a presunção de culpa[1020]. Daqui decorre, por isso, uma diferença importante – só pode aplicar-se o regime mais brando aos atos avulsos de ROC, caso em que colhe aplicação o art. 82º CSC; quando o ROC é integrado na orgânica societária, como sucede nas sociedades de estrutura germânica, tem aplicação o art. 81º, mais gravoso.

O Código dos Valores Mobiliários não esclarece que regime deve aplicar-se aos auditores externos – se o do art. 81º CSC, se o do art. 82º CSC. Limita-se a dispor, no seu art. 10º, como notado, que *pelos danos causados aos emitentes ou a ter-*

[1017] WERNER EBKE, *Accounting, Auditing and Global Capital Markets*, in THEODOR BAUMS/ /KLAUS HOPT/NORBERT HORN (eds.), *Corporations, Capital Markets and Business in the Law*, 126-133.

[1018] MANUEL CARNEIRO DA FRADA, *O Problema e os Limites da Responsabilidade dos Auditores*, cit., 167-168.

[1019] É, por seu turno, no essencial inaplicável o nº 2 do art. 72º CSC aos membros dos órgãos de fiscalização, sejam estes ou não auditores: cfr. PAULO CÂMARA, *O Governo das Sociedades e a Reforma do Código das Sociedades Comerciais*, cit., 47-48.

[1020] LUÍS MENEZES LEITÃO, *A Responsabilidade Civil do Auditor de uma Sociedade Cotada*, cit., 236.

ceiros por deficiência do relatório ou do parecer elaborados por auditor respondem solidária e ilimitadamente: a) Os revisores oficiais de contas e outras pessoas que tenham assinado o relatório ou o parecer; b) As sociedades de revisores oficiais de contas e outras sociedades de auditoria, desde que os documentos auditados tenham sido assinados por um dos seus sócios.

É importante sublinhar que, dada a natureza solidária e a ilimitada da responsabilidade do auditor configurada pelo art. 10º, o sistema nacional se demarca claramente dos ordenamentos jurídicos que, para preservação do risco empresarial desta atividade, permitem a limitação de responsabilidade do auditor.

VII – O Regime Jurídico de Supervisão de Auditoria encontra-se aprovado pela Lei nº 148/2015.

Este diploma confia à CMVM a supervisão pública de ROC, de SROC, de auditores e de entidades de auditoria de Estados membros e de países terceiros registados em Portugal.

Esta solução confirma o fracasso da atribuição ao anterior Conselho Nacional de Supervisão de Auditoria (CNSA) das competências ligadas à supervisão da aprovação e registo de auditores, ao respeito por normas deontológicas, ao controlo de qualidade interna e à formação. Com efeito, o CNSA era dotado de uma estrutura consorcial entre várias autoridades públicas e não revelou aptidão suficiente para estar à altura das importantes competências e atribuições que lhe foram confiadas.

A transversalidade das competências atribuídas à CMVM implica o reforço de meios e de responsabilização por parte da Comissão e sugere a necessidade de uma transformação mais ampla do sistema nacional de supervisão do sistema financeiro.

3. *As sociedades de notação de risco*

I – As sociedades de notação de risco são vocacionadas por definição para a prestação de informação e a avaliação do risco de crédito associado a entidades ou subjacente a operações, valores mobiliários, instrumentos do mercado monetário ou contratos[1021].

O serviço de notação de risco assenta, assim, num contrato celebrado entre a entidade avaliada e a sociedade de *rating*. O juízo de notação de risco toma por base a informação disponível, que é analisada sob a perspetiva do risco de crédito; contrariamente aos auditores, não se mostra exigível que a sociedade

[1021] O Código de Conduta das Sociedades de Notação de Risco aprovado pela IOSCO define o rating como "*an opinion regarding the creditworthiness of an entity, a credit commitment, a debt or debt-like security or an issuer of such obligations, expressed using an established and defined ranking system*".

de *rating* verifique ou assegure a confiabilidade da informação disponível sobre a entidade avaliada.

II – A influência destas sociedades é crescente na diferenciação de produtos financeiros de "qualidade" – isto é, com menor risco de incumprimento[1022]. Mesmo em sistemas jurídicos em que não é obrigatória a notação de risco – como sucede em Portugal –, a influência das agências de rating tem sido notória na estruturação de grandes operações, sobretudo no âmbito da titularização. O relevo da notação de risco é particularmente crítico em relação a valores mobiliários não admitidos à negociação em mercados organizados, nos quais é difícil apurar um referencial de mercado.

Para reter um outro exemplo indicativo do relevo destas sociedades, é de referir que na avaliação do risco de incumprimento dos Estados no âmbito da dívida pública emitida, as sociedades de notação de risco formulam juízos, adiantam sugestões ou apresentam avaliações sobre o contexto macroeconómico ou a condução da política orçamental que têm impacto importante na conformação das políticas económicas. O rating dos Estados, por seu turno, acaba por ter reflexos mais amplos, ao poder influenciar, em maior ou menor grau, a notação de risco de instituições de crédito e de outras empresas nacionais.

III – Esta influência da notação de risco acaba por provocar implicações do lado dos emitentes, na medida em que a preocupação das sociedades de notação de risco influi *a priori* na conformação dos termos das operações submetidas ou a submeter a notação. Em termos práticos, os emitentes invariavelmente cedem às sugestões das sociedades de notação de risco, na perspetiva na obtenção do rating máximo (AAA). Daqui derivam três consequências de sinal diverso. De um lado, a reputação das sociedades de notação de risco é posta ao serviço da avaliação do risco inerente a emissões e emitentes: enquanto *gatekeepers*, desempenham um papel complementar em relação às autoridades públicas, que merece ser devidamente sublinhado e compreendido. De outro lado, a excessiva interferência das sociedades de rating no desenho de operações pode suscitar graves problemas de conflitos de interesses, adiante retomados. Por último, não pode esquecer-se que a existência de notação de risco não substitui a gestão de risco dos instrumentos por parte dos investidores.

[1022] Veja-se o art. 306º-C, nº 6, segundo o qual *um instrumento do mercado monetário é de elevada qualidade se tiver sido objeto de notação de risco por uma sociedade de notação de risco competente e receber a notação de risco disponível mais elevada por parte de todas as sociedades de notação de risco competentes que tenham sujeitado esse instrumento a notação.*

IV – O reconhecimento do peso preponderante das agências de *rating* tem alimentado igualmente uma subida de tom do debate sobre a abordagem regulatória destas instituições – tendência que se acentuou nitidamente com a crise financeira iniciada em 2007[1023].

O problema começou a avolumar-se a partir do momento em que os instrumentos financeiros avaliados patenteavam maior sofisticação, nomeadamente em operações de titularização e em operações envolvendo derivados.

A um tempo, tornou-se inevitável discernir conflitos de interesses nas situações em que a agência de *rating* também presta serviços de consultoria na conceção de operações subsequentemente avaliadas, cobrando honorários por dois serviços diferentes na mesma operação. À semelhança da evolução regulatória ocorrida na auditoria, preconiza-se por isso por uma separação entre essas duas áreas de negócio (rating e consultoria), para evitar conflito de interesses ou por uma maior divulgação da estrutura de remunerações destas sociedades.

Uma vez que a notação de risco constitui um serviço contratado pelo emitente, podem ainda revelar-se problemáticas as situações em que a sociedade de notação de risco depende de apoio e do *know-how* do cliente para produzir a sua avaliação – o que sucede em operações de elevada complexidade – v.g. emissões estruturadas que envolvem a agregação (*repackaging*) de emissões anteriores, envolvendo cada emissão de base um grau de risco dissemelhante em relação às demais[1024].

Soma-se o relevo das regras referentes à prevenção de abuso de mercado. Dir-se-á que, *de jure condendo*, muitas das regras constantes do Regulamento sobre o Abuso de Mercado e do Regulamento (UE) nº 2016/958 sobre recomendações de investimento (*research*) deveriam ser estendidas também às sociedades de notação de risco.

V – As sociedades de notação de risco são atravessadas por três adicionais problemas regulatórios: a sua estrutura oligopolista, o excesso de confiança depositada nas avaliações (*overreliance*) e a perversidade dos incentivos que rodeiam a sua atividade.

[1023] Muito completa, a este propósito, é a exposição de Hugo Moredo Santos, *A Notação de Risco e os Conflitos de Interesses*, em *Conflito de Interesses no Direito Societário e Financeiro*, cit., 471-563. Cfr. também Delfim Vidal Santos, *As agências de notação de risco e a crise financeira planetária*, RDS nº 1 (2011), 137-168; Margarida Azevedo Pereira, *A responsabilidade civil perante os investidores por realização defeituosa de relatórios de auditoria, recomendações de investimento e relatórios de cotação de risco*, cit., 22-23, 27-28.

[1024] Bank for International Settlements, *The role of ratings in structured finance: issues and implications* (Jan.-2005); AMF, *Ratings in the securitization industry* (Jan.-2006).

O apontado défice de concorrência é fruto da elevada concentração do setor do rating, polarizado em três agências de dimensão mundial (Moody's, Standard & Poors e Fitch). É patente, além disso, um excesso de confiança nas avaliações de crédito, que deveriam constituir apenas um fator adicional de ponderação das decisões de investimento – mas que acabam por revelar um peso decisivo no comportamento dos preços em mercado[1025]. Como vício adicional, as agências de rating são sujeitas a uma constelação perversa de incentivos, mercê da sua posição concorrencial; as previsões mais pessimistas tendem a servir, por si, de fatores agravantes da situação de crédito – o que é especialmente perturbador quando afecta a dívida pública[1026]. As descidas de rating podem, nestes casos, determinar uma adicional deterioração na posição creditícia dos Estados e originar, por seu turno, novos *downgrades*.

VI – Uma resposta incisiva a estes problemas regulatórios só há uma década começou a ganhar forma. Antes disso, as orientações recomendatórias emanadas da IOSCO sob a forma de um código de conduta – o *IOSCO CRA Code of Conduct* –, que foram objeto de uma revisão em 2008[1027], há muito que eram tidas como insuficientes.

A crise financeira provocou uma viragem no tratamento regulatório das sociedades de rating, através da aprovação do Regulamento (CE) nº 1060/2009, de 16 de setembro de 2009.

O Regulamento (CE) 1060/2009 impõe um extenso catálogo de deveres de independência e de gestão cuidada de conflito de interesses. O diploma obriga a que decisões sobre notação de risco sejam divulgadas de modo fundamentado, não discriminatório e atempado. Além disso, este Regulamento obriga ao registo na ESMA das sociedades de notação de risco como condição do exercício da sua atividade (arts. 15º-19º) – registo esse que pode ser cancelado caso as condições na base da sua concessão deixem de se verificar ou haja incumprimento grave e reiterado de deveres fixados (art. 20º).

Este diploma foi revisto primeiro através do Regulamento (UE) nº 513/2011 do Parlamento Europeu e do Conselho, de 11 de maio de 2011 e depois pelo Regulamento (UE) nº 462/2013 do Parlamento Europeu e do Conselho, de 21 de maio de 2013. No quadro atual, são nomeadamente conferidos poderes de supervisão, de inspecção e de disciplina à ESMA no tocante às sociedades de

[1025] Um recenseamento obtém-se a partir de António Afonso/ Davide Furceri/ Pedro Gomes, *Sovereign credit ratings and financial markets linkages: application to European data*, European Central Bank WP nº 1347 (Jun.-2011).

[1026] Cfr. *supra*, § 7º, 7.

[1027] IOSCO Technical Committee, *Code of Conduct Fundamentals for Credit Rating Agencies* (2008).

notação de risco[1028]. Foram ainda desenvolvidas pela Comissão Europeia, sob proposta da ESMA, normas técnicas de regulamentação sobre estas entidades. A ESMA, além disso, mantém poderes de emitir orientações interpretativas sobre a matéria.

Deve a este propósito salientar-se o importante regime europeu de responsabilidade civil por factos ilícitos causados pelas sociedades de notação de risco. Neste âmbito, é gerador de responsabilidade o incumprimento a título de dolo ou negligência grosseira dos deveres profissionais enunciados no Anexo III do Regulamento[1029]. Verificados estes pressupostos, as sociedades de notação de risco podem ser condenadas a indemnizar investidores que confiaram com o grau de diligência devido nas suas avaliações e, bem assim, a indemnizar os emitentes se o incumprimento não for devido a informação deficitária por si prestada[1030].

VII – Em Portugal, a informação divulgada pelas sociedades de notação de risco deve obedecer às exigências gerais de completude, veracidade, atualidade, clareza, objetividade e licitude (art. 7º, nº 2).

4. *Os analistas*

I – O regime jurídico respeitante à informação abarca não apenas aspetos relacionados com a sua divulgação – mas alarga-se também ao tratamento dos sujeitos encarregados do processamento da informação.

Com efeito, a informação financeira ou não financeira é crescentemente complexa – e não pode esperar-se que os pequenos investidores tenham recursos, conhecimentos e disponibilidade para avaliarem de modo isolado o acervo informativo relativo ao objeto do seu investimento.

Daí a essencialidade do papel dos analistas como *processadores* de informação – isto é, como profissionais[1031] que procedem à análise e síntese da informação disponível e, com base nesta, preparam recomendações de investimento com vista à sua divulgação[1032].

[1028] Sobre a ESMA, remete-se para a análise feita *supra*, no § 2º, 5.

[1029] Sobre o tema, em geral: Manuel Sá Martins, *Responsabilidade Civil das Agências de Notação de Risco por Informações Prestadas aos Investidores*, *Cadernos MVM*, nº 47 (abr.-2014), 9-28.

[1030] Artigo 35a do Regulamento (CE) nº 1060/2009, de 16 de setembro de 2009, consagrado através do Regulamento (UE) nº 462/2013 do Parlamento Europeu e do Conselho, de 21 de maio de 2013.

[1031] Os estudos académicos sobre desempenho das empresas quedam-se naturalmente fora desta disciplina.

[1032] Comissão Europeia, *Comunicação sobre estudos de investimento e analistas financeiros* (2006), 2-3; Rüdiger Veil (ed.), *European Capital Markets Law*, Oxford (2013), 389-412.

II – Os analistas trazem um efeito sinalizador em relação aos emitentes de valores mobiliários que acompanham. Por esse motivo, as suas recomendações, uma vez divulgadas, conduzem muitas vezes a influenciar os preços dos valores analisados.

Além disso, é usual verificar uma certa constância nas recomendações, uma vez que estas são decorrentes de análises usualmente fundadas em modelos de avaliação relativamente consensuais. O fenómeno é usualmente caracterizado pelas finanças comportamentais como de *herding*[1033].

III – O regime dos analistas surge balizado por uma dupla preocupação: de um lado, a preocupação de salvaguarda da integridade do mercado; de outro lado, a necessidade de gerir adequadamente o risco de conflito de interesses.

O risco de abuso de mercado liga-se ao efeito nos preços que as recomendações de investimento podem provocar. Neste contexto, as recomendações com intuitos manipulatórios das cotações ou a comunicação seletiva de informação sobre recomendações a difundir são condutas que não deixam de poder apresentar relevância criminal.

As fontes de conflitos de interesses dos autores de recomendações de investimento podem ser plúrimas[1034]. Baseados em estudos de referência[1035], podemos contrapor:

- conflitos baseados em razões pessoais, ligados à titularidade dos instrumentos financeiros analisados ou que tornam raros os desvios às recomendações consensuais;
- conflitos decorrentes das comissões de corretagem – que incentivam a mais recomendações de compra do que de venda; – conflitos ligados à banca de investimento;
- conflitos ligados ao acesso aos emitentes, que pode ser dificultado em caso de recomendações desfavoráveis;
- conflitos com investidores institucionais, que podem quedar-se prejudicados com recomendações de venda. Estas preocupações determinam regras sobre o conteúdo e a divulgação das recomendações de investimento, constantes do Regulamento europeu do Abuso de Mercado e Regulamento Delegado (UE) 2016/958 da Comissão, de 9 de março

[1033] Em geral: FRANK B. CROSS/ROBERT PRENTICE, *Law and Corporate Finance*, Cheltenham/ /Northampton (2007), 70-151 (74-76).

[1034] GONÇALO CASTILHO DOS SANTOS, *Recomendações de Investimento em Valores Mobiliários e Conflitos de Interesses, Direito dos Valores Mobiliários*, Vol. VIII (2008), 337-356.

[1035] A sistematização apresentada no texto segue, com algumas adaptações, o que consta de JOHN COFFEE JR., *Gatekeepers. The Professions and Corporate Governance*, cit., 249-253.

de 2016[1036]. Sobressai, neste âmbito, o dever de divulgação de todas as relações e circunstâncias susceptíveis de prejudicar a objetividade da recomendação, em especial nos casos em que tenham um interesse no instrumento financeiro, direto ou indireto, ou estejam numa situação de conflito de interesses relativamente ao emitente dos valores mobiliários a que respeita a recomendação[1037].

[1036] Ante o regime anterior: Gonçalo Castilho dos Santos, *Recomendações de Investimento em Valores Mobiliários e Conflitos de Interesses*, cit., 343-353.

[1037] Artigo 20º do Regulamento europeu de Abuso de Mercado e arts. 5º-6º do Regulamento Delegado (UE) 2016/958 da Comissão, de 9 de março de 2016.

Capítulo IV
Génese dos Valores Mobiliários

§ 20º A emissão de valores mobiliários

1. *Génese do valor mobiliário e génese da posição jurídica subjacente*

I – Como posição jurídica representada, o valor mobiliário considera-se criado no momento em que é materializada a forma de representação, através da emissão dos títulos ou da inscrição em registo.

Para que tal ocorra, impõe-se previamente dar cumprimento às formalidades próprias para a criação de cada tipo de valor mobiliário, incluindo as relativas ao registo comercial, como dispõe o art. 47º CVM.

A adoção da forma de representação assume, neste âmbito, por via de regra, natureza constitutiva em relação à posição jurídica representada.

Tal apenas não sucede no caso das ações, em que a participação social se tem por tipicamente constituída na data do registo definitivo do contrato (art. 5º CSC) ou, em caso de emissão ulterior, na data da deliberação social de aumento de capital (art. 88º CSC)[1038].

Este último ponto merece ser acentuado. Reafirma-se que a partir da deliberação social de aumento de capital já se constituem os direitos sociais relativos às ações emitidas: o art. 88º CSC é bem claro nesse sentido. Não se estará aí, porém, perante uma aquisição plena dos direitos sociais, por o preceito determinar que a participação social goza de mera eficácia interna. Cumpre, no entanto,

[1038] Também sobre este ponto: Alexandre Soveral Martins, *Valores Mobiliários [Acções]*, Coimbra (2003), 29-31.

sublinhar que entre a escritura pública e a adoção de forma de representação a ação pode já ser objeto de transmissão – mas apenas nos termos das regras gerais da cessão de posição contratual[1039]. A conclusão, daqui decorrente, de que a participação social se constitui em momento anterior ao valor mobiliário que a incorpora, não deve estranhar: é, afinal, a que melhor se adequa ao destino típico do valor mobiliário – a sua circulação no mercado (art.1º CVM).

II – É admitida uma documentação provisória das posições jurídicas a representar através de valores mobiliários. Segundo o art. 96º CVM, antes da emissão dos títulos, a posição jurídica do titular pode ser provada através de cautelas passadas pelo emitente ou pelo intermediário financeiro colocador da emissão. No mesmo sentido, o nº 1 do art. 304º CSC prevê a possibilidade de entrega ao acionista de um título provisório nominativo.

Mas esses instrumentos não consubstanciam verdadeiramente valores mobiliários, pelo que o seu regime não é, ao menos por via direta, o do Código, cuja disciplina pressupõe uma forma de representação perfeita. Admite-se, contudo, que algumas partes do Código possam ser utilizados na integração de lacunas quanto ao regime daqueles documentos provisórios, se e na medida em que a analogia de situações o justifique.

III – Uma característica relevante do regime prende-se com a previsão da negociabilidade de direitos sobre valores mobiliários a emitir, ao abrigo do nº 2 do art. 232º CVM. Trata-se do acolhimento, conferido no direito português, ao *grey market* (ou *when-issued market*), visando proporcionar liquidez a valores mobiliários em processo de admissão. Neste caso, a negociação realiza-se sob condição da ulterior conclusão satisfatória do processo de distribuição dos valores mobiliários, findo o qual se verifica a liquidação e compensação dos negócios. O processo pode atingir quer valores mobiliários a emitir, quer valores já emitidos, mas que são objeto de oferta pública de venda ou de desdobramento de ações (*stock split*)[1040].

Ainda assim, reitera-se que, neste âmbito, o direito sobre um valor mobiliário em constituição não configura, em si, um valor mobiliário: não sendo objeto de emissão, revestindo natureza condicional e estando a sua negociação na dependência de autorização da entidade gestora de mercado, a sua natureza aproxima-se à de um instrumento financeiro derivado.

[1039] O ponto não é, contudo, diretamente resolvido pela lei, como se refere *infra*, § 22º, 4.

[1040] Em geral: Siegfried Kümpel, *Bank- und Kapitalmarktrecht*³, cit., 1289; Luc Ren-Neboog/ /Christophe Spaenjers, *The Dutch Grey Market* (2008), ECGI WP nº 223/2008.

2. *A subscrição*

I – A subscrição é a declaração jurídica de aceitação de uma aquisição originária de valores mobiliários. Falaremos aqui de *acto de subscrição*.

Este é um acto cujo conteúdo integra o vínculo de realizar a importância devida pela aquisição originária do valor mobiliário em causa. Daí que por comodidade se fale em capital subscrito, ou em valor subscrito: mais rigoroso é reportarmo-nos ao *preço de subscrição*.

II – O ato de subscrição pode assumir a natureza de um ato jurídico em sentido restrito ou de um negócio jurídico: tratar-se-á de um *acto jurídico* em sentido próprio, quando o subscritor, embora livre de subscrever, não tenha liberdade de estipulação: o conteúdo deste ato é rígido e pré-determinado pela entidade emitente, limitando-se o subscritor a aceitá-lo em bloco.

Quando se permita ao subscritor algum espaço na conformação do ato de subscrição – por exemplo, quanto ao modo de realização do montante subscrito – este surgirá como *negócio jurídico*.

Em ambos os casos estamos sem dúvida perante atos comerciais em sentido objetivo, com as respetivas consequências ao nível do regime[1041]. Para reter um exemplo, nas subscrições plurais supletivamente todos os subscritores são responsáveis solidários perante o emitente pelo pagamento do preço de subscrição.

III – Pergunta-se se o ato ou negócio de subscrição pode ser celebrado através de declarações tácitas, ou se ao invés apenas pode ser exteriorizado de modo expresso. Apesar de o legislador não se pronunciar diretamente sobre o assunto, parece ser de concluir pela inadmissibilidade das subscrições tácitas, não podendo aqui a regra civilística do art. 217º CC ser irrestritivamente transposta para o domínio do Direito dos Valores Mobiliários. Depõem neste sentido dois fundamentos principais. Em primeiro lugar, a exigência de que a subscrição se processe através de declaração expressa é a que melhor se adequa ao formalismo das operações do mercado de valores mobiliários e à necessidade de documentação das ordens juntos dos intermediários financeiros[1042]. Também em relação às ordens transmitidas em mercado secundário, nomeadamente em bolsa, a exigência de que a vontade do ordenante se manifeste expressamente é, em nosso

[1041] Philippe Merle, *Droit Commercial. Sociétés Commerciales*⁴, Paris (1994), 238; L. Martin in Michel Juglart/B. Ippolito, *Cours de droit commercial – Vol. II: Les sociétés commerciales*⁹, cit., 357.

[1042] Artigo 307º, nº 7, 307º-B, nº 1 *a)* e 323º, nº 1 *b)* e 7º do Regulamento (CE) nº 1287/2006, da Comissão, de 10 de agosto.

entender, incontornável[1043]: conclusão que deve ser estendida para todas as ordens transmitidas a intermediários financeiros, dado o regime comum estabelecido nos arts. 325º-334º. Por outro lado, a conclusão da inadmissibilidade de subscrições tácitas é a que melhor conforta e tutela a posição do investidor[1044].

3. *A emissão como operação*

I – Existem duas principais acepções do conceito de emissão de valores mobiliários. Como primeiro sentido, esta não se esgota num ato isolado, envolvendo um conjunto de atos – abrangendo designadamente um ato de vontade da entidade emitente[1045] e a distribuição dos valores emitidos pelos destinatários finais. A emissão pode envolver uma oferta de valores mobiliários se implicar declarações de aceitação dos destinatários: tal não sucede, por exemplo, no aumento de capital por incorporação de reservas.

Visando a distribuição para subscrição, a emissão funda aquisições originárias, não se confundindo assim com uma operação de transmissão de valores mobiliários.

A partir destes dados se pode afirmar que, nesta aceção, a emissão é entendida como *o conjunto complexo e dinâmico de atos materiais e jurídicos destinados finalisticamente à criação de valores mobiliários e à sua introdução originária no mercado.*

Como segundo significado da locução emissão, esta equivale, *tout court*, à *criação de valores mobiliários.* É nesta aceção que o legislador trata nomeadamente o registo de emissão (art. 44º).

II – As realidades a que se reportam as duas acepções apontadas não são diversas; apenas o mesmo fenómeno é encarado como *resultado* neste caso, e como o seu *meio* naquele caso.

Por outras palavras, se o segundo sentido apontado confina a emissão ao momento em que dela se desprende uma eficácia constitutiva quanto à génese de valores mobiliários, a primeira aceção toma a emissão como realidade macro-jurídica, abarcando todas as fases nesta envolvidas, incluindo a própria distribuição de valores mobiliários.

III – É essencial sublinhar que a emissão, no primeiro sentido apontado, é tomada como *operação.*

[1043] Embora seja diverso o problema da admissibilidade de aceitações tácitas de ordens de bolsa (cf. em relação a este, BRUNO COMMUNALE, *L'Ordine di Borsa,* Milano (1981), 41-42, 105-106), entre nós a solução exposta no texto também se lhes aplica.

[1044] Também neste sentido, embora em relação à subscrição de acções, v. G. FRÈ, *Delle Società per Azioni,* in SCIALOJA/BIANCA (dir.), *Commentario al cod. civ.,* Bologna/Roma (1982), 112.

[1045] Art. 115º, nº 1 *a)* CVM.

O conceito de operação é influente no Direito dos mercados financeiros; não só no domínio do Direito dos valores mobiliários[1046], como também no domínio do Direito bancário – em que se lida nomeadamente com a operação de transferência bancária ou com a operação de depósito, como relações negociais complexas. Trata-se de uma noção construída a partir da prática dos mercados financeiros, e que progressivamente vem sendo recebida na literatura jurídica.

Enquanto modo de formação de relações negociais, a operação apresenta fundamentalmente duas características:

- em termos *estruturais,* a operação compreende um conjunto de atos jurídicos e de atos materiais, formando uma realidade dinâmica e unitária que supera a mera soma das partes;
- em termos *teleológicos,* a operação visa dar cumprimento a uma finalidade financeira (a criação de valores mobiliários, no caso em análise), tendo assim em vista a sua execução nos mercados financeiros.

Apesar dos aspetos comuns indicados, a operação pode albergar posições negociais de conteúdo tão diverso entre si que se torna difícil a sua recondução a um esquema jurídico único. As mais das vezes corresponderá a uma união interna de contratos; outras hipóteses, porém, são admissíveis – como a de se tratar de contrato misto, por exemplo.

IV – Interessa ainda distinguir as *principais fases em que se desdobra a operação de emissão.* As diferentes modalidades de emissão e de subscrição ditam inúmeras diferenças quanto ao processo de cada uma delas, pelo que se afigura prematuro constatar, para já, as diversidades processuais que registam entre si. Assim, num esforço de simplificação, bastamo-nos com a indicação dos denominadores comuns a todas aquelas.

O processo inicia-se com a *deliberação* ou *decisão de emissão,* em que a entidade emitente forma a sua vontade no sentido de lançar um conjunto de valores mobiliários para subscrição pelos respetivos destinatários. Esta decisão ou deliberação é por regra *livre,* podendo partir da iniciativa incondicionada da pessoa jurídica que a profere.

Segue-se a fase da *exteriorização da oferta,* em que, de forma isolada ou com o auxílio de intermediários financeiros, a emitente procede a uma divulgação da oferta dos valores mobiliários a um círculo mais restrito ou mais vasto do mercado.

[1046] Complemente-se, a propósito, com o tratamento dado às operações de titularização e de capital de risco, por exemplo: cfr. *infra,* § 21º e § § 46º-47º.

A opção entre uma colocação direta de valores mobiliários ou uma distribuição de valores mobiliários com o auxílio de intermediário financeiro especializado não depende exclusivamente da vontade da entidade emitente: na oferta pública de subscrição, a colocação de valores mobiliários processa-se obrigatoriamente através de intermediário financeiro legalmente habilitado para o efeito (art. 113º).

Uma das fases mais importantes desta fase de projecção externa da oferta é o denominado *período de subscrição,* durante o qual se procede à receção das declarações jurídicas dos subscritores e, no caso de valores mobiliários escriturais, à abertura das correspondentes contas de subscrição.

A operação de emissão envolve, por fim, o cumprimento de imperativos de forma e formalidades associados à emissão (art. 47º), e o registo da emissão no emitente, ao abrigo do art. 43º e da Portaria nº 298/2000, de 25 de Maio, e sendo o caso, no sistema centralizado (art. 90º).

Por fim, constitui dever do emitente (art. 95º) promover a emissão dos títulos ou ao registo em contas individualizadas dos valores mobiliários escriturais.

V – A complexidade da operação de emissão pode adensar-se sensivelmente, em atenção às modalidades de emissão e de subscrição em causa. Destaque-se o facto de na oferta pública de subscrição o *iter* da emissão se apresentar mais desenvolvido, nomeadamente por envolver a contratação de intermediário financeiro e a publicação de um anúncio de lançamento e de um prospeto incluindo uma carga significativa de informação dirigida aos destinatários da oferta[1047].

4. *Modalidades: emissão grupada; emissão contínua; emissão em série*

I – Os vários tipos de emissão podem agrupar-se por recurso a diferentes critérios. De inicial consideração é a distinção entre *emissão singular* e *emissão grupada.* Na primeira, existe apenas uma entidade emitente, ao passo que na emissão grupada a posição de emitente encontra-se ocupada por uma pluralidade de sujeitos jurídicos.

II – A emissão grupada obriga a prestar especial atenção ao regime de responsabilidade dos co-emitentes pelos valores emitidos. A regra supletiva será, de princípio, a da solidariedade entre os co-emitentes, como é norma no Direito Comercial (art. 100º Código Com.).

No entanto, tratamento à parte merece o caso das ações ou dos restantes valores mobiliários que representem direitos sobre ações. No primeiro caso, a possibilidade de se firmar uma responsabilidade solidária está, à partida, arre-

[1047] Cfr. *infra,* § 32º e § 38º.

dada. Em relação aos valores mobiliários que agreguem direitos de subscrição ou conversão em participações sociais, devemos distinguir: o dever de reembolso de capital pode seguir o regime da solidariedade, mas a participação social a que tal valor mobiliário está ligado deve ser inicialmente imputada a uma das co-emitentes.

Outro limite das emissões grupadas solidárias coloca-se quando estas tenham por objeto títulos obrigacionistas. Em ordem a obviar a desvios ao limite quantitativo de emissão destes valores mobiliários decorrente do art. 349º CSC[1048], deve calcular-se esse limite em relação ao montante global da emissão. De modo diverso se passam as coisas nas emissões grupadas conjuntas: como é fácil de entender, aqui a fasquia máxima de emissão é apurada em relação ao valor do endividamento de cada co-emitente.

III – Em atenção à eficácia da criação dos valores mobiliários, interessa distinguir entre *emissão simples, emissão contínua* e *emissão em séries.*

No primeiro caso, a emissão abrange um único conjunto homogéneo de valores mobiliários cujo momento de constituição é simultâneo em relação a todos eles.

Em Itália chegou a questionar-se se, em aumento de capital, a subscrição de ações adquire eficácia imediata à medida em que os sócios ou os não-sócios vão emitindo declarações de aceitação de titularidade, sendo assim detectável uma série de atos de subscrição a ganhar eficácia em momentos diferentes (*tese da eficácia progressiva);* ou se, ao invés, a subscrição se torna eficaz num único momento em relação a todas elas, quando esteja terminado o período de subscrição (*tese da eficácia simultânea*)[1049]. Este problema, todavia, não se coloca em Portugal: como referimos, o art. 88º CSC determina que para os efeitos internos as participações se consideram constituídas a partir da deliberação social, o que de imediato retira base à tese da eficácia progressiva.

IV – Na *emissão contínua* ocorre uma oferta permanente de valores mobiliários para distribuição, durante um certo período de tempo. A constituição dos mesmos valores será estendida no tempo, consoante o ritmo das subscrições.

A situação mais nítida de emissão contínua é a das unidades de participação em fundos de investimento mobiliário abertos, em que cada valor mobiliário se vai constituindo à medida em que surgem as subscrições de unidades de participação. Idêntica modalidade de emissão encontra-se prevista também no regime

[1048] O tema foi atrás abordado: cfr. *supra,* § 7º, 1.

[1049] V. F. Chiappetta, *L'aumento del capitale sociale, l'efficacia delle sottoscrizione ed il procedimento como forma dell'azione sociale,* in *RDC* ano XC n.os 7-8 (1992), 597-610.

das obrigações de caixa e das obrigações hipotecárias[1050]. Esta modalidade de emissão, caso seja realizada por instituição de crédito e tenha como objeto valores mobiliários não representativos de capital, pode envolver a utilização de prospeto de base, se respeitados os requisitos previstos no nº 1 do art. 315º-C.

V – A *emissão em séries*, por seu turno, abrange diversos conjuntos de valores mobiliários que são objeto da mesma deliberação, mas cuja distribuição no mercado será feita em fases, por intervalos temporais pré-determinados ou determináveis[1051].

A lei não limita os valores mobiliários que podem ser emitidos em série. As exigências de Direito das sociedades entre nós tornam, todavia, esta modalidade na prática inviável em relação às ações – contrariamente ao que sucede em outros sistemas jurídicos, que admitem "*equity lines*" apoiadas em renúncias antecipadas ao direito de subscrição preferencial.

Observe-se que o emitente pode, de série para série, emitir valores mobiliários que atribuam diferentes direitos. Igualmente assistir-lhe-á também a possibilidade de emitir, em séries seguidas ou intercaladas, valores que confiram iguais direitos entre si.

Daqui se entende que são distintos os conceitos de *série* e de *categoria* de valores mobiliários. A categoria define-se por agregar valores que confiram idênticos direitos aos titulares. Por seu turno, como vimos, a série consiste num conjunto homogéneo de valores mobiliários. O interesse da distinção entre série e categoria prende-se, assim, ao facto de os valores de diferentes séries poderem formar uma mesma categoria[1052].

Um caso particular de emissões em séries é o dos programas de emissões, definidos por lei como as ofertas de distribuição de valores mobiliários de categorias semelhantes realizadas de forma contínua ou repetida ao abrigo de um plano comum envolvendo, pelo menos, duas emissões durante 12 meses (art. 135º-C, nº 2). Nestas, pode ser utilizado um prospeto de base, se tiverem por objeto valores mobiliários não representativos de capital, e se cumpridos os requisitos enunciados no art. 135º-C, nº 1[1053].

[1050] Cf. respectivamente o art.9º do DL nº 408/91, de 17 de outubro e o art.9º do DL nº 125/90, de 16 de abril.

[1051] Não existe sedimentação terminológica neste ponto: a título de exemplo, Tapia Hermida qualifica esta modalidade de emissão como contínua (AA.VV., *Régimen Jurídico de las Emissiones y Ofertas Públicas de Venta (OPV) de Valores. Comentario sistemático del Real Decreto 291/1992*, dir. Sánchez Calero, cit., 90-ss.).

[1052] Art. 45º CVM.

[1053] Cfr. *infra*, § 31º, 3.

5. *Vicissitudes da génese: emissão incompleta e emissão excedentária*

I – Uma consequência importante da simultaneidade da eficácia da emissão simples diz respeito à possibilidade de, nesta modalidade de emissão, se assistir à produção de declarações de subscrição em número superior ou inferior aos valores emitidos. A mesma possibilidade existe, aliás, na emissão em séries, dentro de cada série de valores mobiliários emitidos. Estas modalidades de emissão fazem, pois, intervir regras sobre emissão *excedentária* e sobre emissão *incompleta:* cumpre, assim, fazer-lhes uma referência, ainda que sumária.

Na subscrição excedentária há lugar à aplicação do *rateio,* que não é mais do que o critério de distribuição dos valores emitidos pelas subscrições manifestadas. Este obedecerá, por norma, à regra da proporcionalidade – o que sucede em relação a qualquer valor mobiliário.

O sistema de rateio é supletivo, podendo a sociedade emitente alterar o modo de distribuição dos valores emitidos para o caso de subscrições excedentárias. A alteração das regras do rateio proporcional às subscrições deve, contudo, merecer aprovação por parte da CMVM (art. 112º, nº 2).

Já o regime da subscrição incompleta é diverso consoante estejamos perante ações ou outros valores mobiliários. A ocorrer subscrição incompleta de ações, a emissão fica de princípio sem efeito, quer em constituição de sociedade por apelo à subscrição pública, quer em aumento de capital[1054]. Na subscrição de outros valores mobiliários, o regime é precisamente o inverso, limitando-se *ex lege* a emissão aos valores subscritos[1055].

II – Em ambos os casos trata-se de regras dispositivas, sendo permitido o estabelecimento, desde que prévio, de regime diverso. Assim, na subscrição incompleta de ações, pode a sociedade emitente deliberar à partida a redução da emissão às participações sociais subscritas. Simetricamente, em relação a outros valores mobiliários, assiste à entidade emitente a faculdade de condicionar a eficácia da emissão à distribuição total dos valores mobiliários constantes da oferta.

§ 21º A titularização

1. *Titularização e emissão de valores mobiliários*

I – A emissão de valores mobiliários pode adquirir maior complexidade quando, tratando-se de valores representativos de dívida, o dever de reembolso

[1054] Cfr. arts. 280º e 457º CSC, respetivamente.
[1055] Cfr. art. 161º CVM e art. 353º CSC (obrigações).

é robustecido através de garantias especiais, que complementam o património geral do emitente.

Tal sucede, no nosso Direito, em relação aos seguintes tipos de valores mobiliários:

- obrigações hipotecárias;
- obrigações sobre o setor público;
- obrigações titularizadas.

Deter-nos-emos, para já, nestas últimas.

II – A titularização consiste na operação que envolve a transmissão de direitos aptos a gerar fluxos financeiros duradouros, com o objetivo de estes virem a servir de garantia a situações jurídicas representadas por valores mobiliários e que também compreende a emissão dos valores mobiliários cuja situação jurídica subjacente é reforçada através de garantia[1056].

A titularização foi desenvolvida originariamente nos EUA na década de 1970, através da utilização da créditos hipotecários para reforçar a garantia de reembolso de obrigações. A atração em relação à titularização foi manifestado em Portugal a partir da década de noventa, por empresas financeiras, como resposta ao crescimento do volume de crédito concedido. Neste quadro, as empresas financeiras descobrem na titularização um expediente flexível de cederem larga massa de créditos, sobretudo para poderem libertar-se para novos financiamentos.

Os demais intervenientes no processo de titularização têm igualmente motivos para acolher com satisfação este novo instrumento de circulação de riqueza e de captação de poupanças. As entidades cedentes (sejam de natureza pública ou privada) vêem na titularização uma oportunidade. Os clientes das empresas cedentes podem beneficiar indiretamente da utilização desta técnica, na medida em que esta contribui para uma redução do custo de financiamento bancário. Os investidores deparam-se com um novo meio de aplicação de poupanças, com a suplementar vantagem de, como adiante se verá, implicar uma garantia a rodear o direito representado nos valores mobiliários emitidos na sequência destes processos. E as sociedades de *rating* encontram aqui um fator que potencia a expansão da sua atividade. O sistema financeiro, em geral, assiste a uma distribuição porosa do risco, o que potencia uma afetação mais eficiente dos recursos.

[1056] Paulo Câmara, *A Operação de Titularização de Créditos*, in *A Titularização de Créditos*, edição organizada pelo Banco de Portugal, Lisboa (2000), 65-68.

III – O modelo financeiro subjacente à titularização, baseado na concessão de crédito e subsequente transmissão dos direitos de crédito – dito modelo *originate and distribute* –, porém, também é passível de críticas.

Por um lado, em termos sistémicos, a proliferação de entidades que distribuem o risco sobre entidades que assumem risco pode causar desequilíbrios no sistema financeiro[1057]. A acrescer, como foi patente na crise iniciada no Verão de 2007, a titularização acentuou o efeito de contágio geográfico e setorial do sistema financeiro: a crise iniciada no setor imobiliário norte-americano repercutiu-se por todo o globo. Alguns dos cedentes podem estar sujeitos a um grau menos exigente de regulação prudencial, pelo que uma menor prudência na concessão de crédito pode determinar elevados riscos para os adquirentes dos valores, ainda que em sistemas jurídico-bancários mais exigentes[1058].

De outra banda, no circuito de distribuição dos produtos financeiros, a agregação de largas quantidades de direitos de crédito (*packaging*) em obrigações titularizadas de complexidade acrescida (*collateralized debt obligations ou CDO's*), por vezes de natureza dissemelhante, por seu turno, também dificultou sensivelmente a avaliação do risco correspondente – mesmo por parte de agências de rating. Tal, por seu turno, pode propiciar algumas deficiências na informação prestada sobre os valores mobiliários. Muitos bancos que cederam os seus créditos, por seu turno, não se libertaram totalmente do risco, dado terem financiado diversas entidades (v.g. *hedge funds*) para a aquisição de valores mobiliários titularizados.

IV – À margem do exposto, convém anotar ser diverso o perfil funcional subjacente a titularizações no âmbito do mesmo grupo societário. Estas são, por regra, determinadas pelo interesse em beneficiar do regime de ativos elegíveis no âmbito do Eurosistema[1059].

V – A origem da regulação portuguesa sobre titularização de créditos explica-se com base na experiência do diploma que previa a emissão de obrigações hipotecárias, aprovado em 1991.

As obrigações hipotecárias são valores mobiliários representativos de dívida cuja situação jurídica subjacente é reforçada através de um privilégio creditório

[1057] Cfr. European Parliament/Policy Department Economic and Scientific Policy, *Financial Supervision and Crisis Management in the EU*, cit., 2, 20-27 e *passim*.

[1058] Tal o caso dos Estados Unidos, que se viu forçado a aprovar o *Emergency Stabilization Act* de 2008, lei habilitante para a aquisição de ativos com garantias imobiliárias erodidas, em especial obrigações titularizadas, até ao montante de 700 biliões de dólares (*Troubled Assets Relief Program)*.

[1059] Art. 6.2.1 da Orientação do Banco Central Europeu 2000/07, de 31 de agosto de 2000, relativa aos instrumentos e procedimentos de política monetária do Eurosistema.

especial sobre os créditos hipotecários afectos à emissão[1060]. Aí coexistirá, por regra, na mesma pessoa jurídica, o detentor originário dos créditos e o emitente dos valores mobiliários[1061].

Sobre este tipo de valor mobiliário, remete-se para o desenvolvimento anterior que lhe foi dedicado[1062].

2. *A disciplina jurídica da titularização*

I – O direito português conhece um diploma especificamente dedicado à titularização. O DL nº 453/99, de 5 de novembro[1063], tomou a seu cargo o regime comum das operações de titularização[1064], aí compreendendo a cessão de créditos para efeitos de titularização, a constituição e funcionamento dos veículos de titularização admitidos e a emissão de valores mobiliários com base neste esquema. Anote-se, todavia, a Lei nº 103/2003, de 5 de dezembro, que trata da cessão de créditos do Estado e da segurança social para titularização e o DL nº 303/2003, de 5 de dezembro, que fixa o regime fiscal das operações de titularização de créditos.

O regime nacional apoia-se no esquema central de titularização, repousando na existência de um cedente de créditos (*originator)* e de um distinto cessionário (*special purpose vehicle* (SPV) ou *special purpose entity* (SPE)) que toma a iniciativa da emissão dos valores mobiliários com base nos créditos cedidos. O diploma

[1060] Cfr. art. 6º do DL nº 125/90, de 16 de abril.

[1061] Todavia, incluindo na titularização estes mecanismos menos sofisticados: Jess Lederman (ed.), *The Handbook of Asset-Backed Securities*, New York (1990), 7; Eilís Ferran, *Mortgage Securitisation. Legal Aspects*, London/Dublin/Edinburgh (1992).

[1062] Cfr. *supra*, § 7º, 4.

[1063] Alterado pelo DL nº 82/2002, de 5 de abril, pelo DL nº 303/2003, de 5 de dezembro e pelo DL nº 52/2006, de 15 de março. Uma quarta modificação ao diploma veio a ser objeto de consulta pública promovida pela CMVM em novembro e dezembro de 2006, sem que as soluções então anunciadas se tivessem convertido em texto de lei. O mencionado documento de consulta pública encontra-se disponível em http://www. cmvm.pt/NR/rdonlyres/946B95D5-5CC0-40D2-9A3D--CFD31EE60D53/7130/122006doccompementarconsultapublicatitularizativo.pdf.

[1064] Sobre os trabalhos preparatórios: Alexandre Lucena e Vale, *O Decreto-Lei nº 453/99, de 5 de Novembro: trabalho preparatório e notas sobre titularização de créditos, Revista da Banca* nº 50 (2000), 37-143. Sobre o regime, cfr. João Calvão da Silva, *Titul[ariz]ação de Créditos. Securitization,* Coimbra (2003); Luís Menezes Leitão, *Cessão de Créditos,* Coimbra (2005), 540-574; Diogo Leite de Campos/Manuel Monteiro, *Titularização de Créditos,* Coimbra (2001); Paulo Câmara, *A Operação de Titularização de Créditos,* in *A Titularização de Créditos,* edição organizada pelo Banco de Portugal, Lisboa (2000), 65-94; Pedro Cassiano dos Santos/André Figueiredo, *O mercado português da titularização de créditos: diversificação e maturidade, Direito dos Valores Mobiliários,* Vol. VI (2006) 357-397; Pedro Cassiano dDos Santos/Paula Gomes Freire, *Financiamentos estruturados suscetíveis de colocação em mercados de capitais, EH Vasco Vieira de Almeida* (2017) 85-111.

aplica-se às emissões realizadas em território nacional, ainda que os valores emitidos venham a ser admitidos em outros mercados.

Refira-se ter sido mantido, a par do quadro legislativo da titularização, o regime de emissão de obrigações hipotecárias. Nessa medida, existe em Portugal a possibilidade da escolha por uma de duas técnicas de emissão com privilégios creditórios especiais sobre créditos na titularidade do emitente, baseadas quer na coincidência quer na distinção entre o detentor originário do crédito e o emitente de valores mobiliários.

II – A titularização implica sempre uma cessão de direitos de crédito a favor do emitente de valores mobiliários.

Neste quadro, a lei portuguesa não se basta com promessas de transmissão de créditos, impondo no âmbito da titularização uma cessão efectiva e incondicional (*true sale*) (art. 4º, nº 6 do DL nº 453/99, de 5 de novembro).

Esta exigência é explicada por razões ligadas ao reforço de proteção dos investidores, uma vez que a segregação do crédito torna a titularização imune ao risco de insolvência do cedente (*bankruptcy remoteness*). Apenas assim, aliás, é possível proceder a uma notação de risco que tenha exclusivamente em atenção a qualidade dos direitos cedidos[1065].

As únicas exceções admitidas prendem-se com a cessão de créditos para fundo de titularização, que apenas produzem efeitos na data de constituição do fundo (art. 28º, nº 2 do DL nº 453/99, de 5 de novembro) e com os casos de subscrição incompleta de unidades de titularização ou de obrigações titularizadas (art. 4º, nº 6 do DL nº 453/99, de 5 de novembro).

Tal regra não obsta, porém, à possibilidade de os créditos serem garantidos por terceiro ou o risco de não cumprimento ser coberto por empresa de seguros (art. 4º, nº 7 do DL nº 453/99, de 5 de novembro).

III – A legitimidade para figurar como entidades cedentes de créditos para titularização é concedida a três categorias de entidades: de um lado, figuram o Estado e outras pessoas coletivas públicas; num segundo lote, incluem-se as instituições de crédito, as sociedades financeiras, as empresas de seguros, os fundos de pensões e as sociedades gestoras de fundos de pensões; de outro lado, são igualmente abarcadas, no perímetro das entidades cedentes, as pessoas coletivas cujos documentos de prestação de contas tenham, nos últimos três exercícios, sido objeto de certificação legal por auditor registado na CMVM[1066].

[1065] Jess Lederman (ed.), *The Handbook of Asset-Backed Securities*, cit., 41-42; Richard Jennings/ /Harold Marsh Jr./John Coffee Jr., *Securities Regulation. Cases and Materials*[7], cit., 26; Philip R. Wood, *Title Finance, Derivatives, Securitisations, Set-Off and Netting*, London (1995), 42, 59-60.
[1066] Art. 2º, nº 1 do DL nº 453/99, de 5 de novembro.

O regime português dos direitos titularizados trata o Estado e a Segurança Social de modo diferente do que sucede em relação aos demais cedentes. O regime comum obriga que os créditos sejam livremente transmissíveis e de natureza pecuniária; não podendo ser condicionados; nem, por último, ser litigiosos nem dados em garantia, judicialmente penhorados ou apreendidos. Todavia, o Estado e a Segurança Social podem ceder créditos para efeitos de titularização, ainda que esses créditos se encontrem sujeitos a condição ou sejam litigiosos, podendo, neste caso, o cedente não garantir a existência e exigibilidade desses créditos[1067].

Na economia do diploma, deve entender-se que a cessão de créditos vincula imediatamente o transmitente, ainda que se refira a créditos futuros[1068]. Quanto a estes últimos, impõe o art. 4º, nº 2, que sejam emergentes de relações jurídicas constituídas e sejam de montante conhecido ou estimável para poderem ser objeto de cessão no âmbito das operações de titularização.

IV – Uma das notas importantes do regime lusitano sobre titularização diz respeito à adaptação que ensaia em relação às regras gerais de cessão de créditos de direito civil.

No Código Civil português, a eficácia da cessão de créditos em relação ao devedor depende de notificação feita a este (art. 583º CC) podendo o devedor, até ao conhecimento da cessão, opor ao cessionário os meios de defesa oponíveis ao cedente (art. 585º CC). Além disso, a forma da transmissão segue a exigida para o negócio de base, não se prescindindo de escritura pública para a cessão de créditos hipotecários (art. 578º CC)[1069].

Porém, no ambiente macro-jurídico da titularização, não seria exequível fazer notificações em massa aos devedores cedidos, nem tão-pouco se afiguraria prática a outorga de escritura pública sempre que os créditos a transmitir fossem créditos hipotecários. Este problema ditou a necessidade de revisão de vários ordenamentos europeus, a favor de uma flexibilização dos mecanismos transmissivos.

[1067] Art. 4º, n.os 1 e 2 do DL nº 453/99, de 5 de novembro. Cfr. a propósito: Pedro Cassiano dos Santos/Paula Gomes Freire, *Financiamentos estruturados suscetíveis de colocação em mercados de capitais, EH Vasco Vieira de Almeida* (2017), 85-111.

[1068] O problema, na dogmática civilística, é discutido no direito alemão: v. em sentido negativo Dieter Medicus, *Tratado de las Relaciones Obligacionales,* I, tradução castelhana, Barcelona (1995), 331.

[1069] Em geral, na literatura portuguesa, v. por exemplo Vaz Serra, *Cessão de créditos e outros direitos,* in *BMJ* nº especial (1955), 5-ss.; Antunes Varela, *Das Obrigações em Geral*[5], Coimbra (1992), II, 292-332; Carlos Mota Pinto, *Cessão da Posição Contratual,* Coimbra (reimp. 1982), 110-114; Menezes Cordeiro, *Direito das Obrigações,* Lisboa (1980, já com diversas reimpressões posteriores), II, 89-97; Ribeiro de Faria, *Direito das Obrigações,* cit., 501-547.

Em Portugal, as exigências gerais quanto à eficácia da cessão de créditos perante o devedor mantêm-se, salvo quando se trate de cessão de créditos cujo cedente seja instituição de crédito, sociedade financeira, empresa seguradora, fundo de pensões ou sociedade gestora de fundos de pensões. Nesse caso, *a cessão é eficaz simultaneamente perante os contraentes e perante o devedor, sem carecer, em relação a este, de conhecimento, de aceitação ou de notificação* (art. 6º, nº 4)[1070].

Encarado à luz do percurso evolutivo do regime da transmissão de créditos, este aspeto constitui mais um passo no sentido do apagamento da relevância do devedor cedido. É muito interessante analisar, deste prisma, a evolução do instituto da cessão de créditos, que já conheceu a hostilidade do Direito Romano – no seio do qual foi gizada uma modalidade de mandato para atingir resultados próximos – e já se defrontou com a exigência medieval de consentimento para a eficácia transmissiva, dada a ideia da ligação do crédito à pessoa do credor[1071].

A verdade é que, na continuidade do regime constante do Código Civil de 1867, o atual Código Civil, no tratamento da cessão, firma claramente a irrelevância da pessoa perante quem o devedor cumpre (art. 583º CC), exceptuados casos de prestações estritamente pessoais, por isso julgadas intransmissíveis. Em consequência, no regime civil da cessão de créditos é dispensado o assentimento do devedor cedido, sendo a notificação requisito de eficácia perante o devedor, conquanto – como agora se reconhece sem escolhos – que não funcione como requisito de perfeição do contrato de cessão[1072].

O regime da cessão de créditos no âmbito da titularização inscreve-se nesta tendência, uma vez que, nos casos mencionados, deixa de se fazer a exigência, contida no nosso Código Civil, do conhecimento do devedor para a cessão de créditos ser eficaz, mesmo perante este. Os resultados desta solução são amparados pela circunstância de a gestão dos créditos cedidos se manter na esfera jurídica do cedente, quando este seja instituição de crédito, sociedade financeira ou empresa de seguros, de acordo com o art. 5º, nº 1.

A forma da transmissão de créditos para titularização, por seu turno, mereceu um aligeiramento substancial em relação ao art. 578º CC, na medida em que o art. 7º do DL nº 453/99, de 5 de novembro, permite que a cessão se realize por documento particular, ainda que tenha por objeto créditos hipotecários.

[1070] Luís Menezes Leitão, *Cessão de Créditos*, cit., 562-565.

[1071] Ludwig Enneccerus/Henrich Lehmann, *Derecho de Obligaciones*, tradução castelhana (1954), I, 380-382.

[1072] Dieter Medicus, *Tratado de las Relaciones Obligacionales*, I, cit., 336-341; Antunes Varela, *Das Obrigações em Geral*[5], cit., 308-313; Menezes Cordeiro, *Direito das Obrigações*, cit., 96-97; Ribeiro de Faria, *Direito das Obrigações*, cit., 516-521.

V – Como notado[1073], a crise financeira iniciada em 2007 revelou um problema de incentivos na prática das operações de titularização. A integralidade da cessão de créditos, e da transferência do risco que lhe está associado, induziu em alguns casos a um comprovado menor rigor nos critérios da concessão de crédito, na expectativa da sua posterior titularização. Foram documentados múltiplos casos de displicência nas exigências de documentação dos contratos de crédito celebrados, bem como de diminuição no grau de exigência na selecção dos créditos a titularizar. Estas causas terão estado na origem de uma sobreutilização do crédito, com efeitos negativos em termos macroeconómicos.

Em resultado deste quadro, a Diretiva 2010/76/UE agravou o impacto das titularizações no cálculo de fundos próprios das instituições de crédito, ao introduzir o designado *dever de retenção (skin in the game)*. Em transposição desta Diretiva, art. 24º do DL nº 104/2007 prevê, designadamente, que *uma instituição que não actue na qualidade de instituição cedente ou patrocinadora só pode ser exposta ao risco de crédito de uma posição de titularização incluída ou não na sua carteira de negociação se a instituição cedente ou patrocinadora tiver divulgado expressamente que manterá, de forma contínua, um interesse económico líquido substancial de, pelo menos, 5%.* Fica, assim, vedado que as instituições de crédito europeias adquiram valores mobiliários titularizados quando o originador ou o *arranger* da operação não tenham retido, numa base contínua, um interesse económico não inferior a 5%[1074].

VI – No contexto europeu, os anos mais recentes são pautados por um objetivo de reabilitação a fundo da securitização enquanto técnica mobiliária, o que foi promovido no âmbito do programa de ação europeu relacionado com a União dos Mercados de Capitais[1075].

Neste âmbito, foi aprovado o Regulamento (UE) 2017/2402 do Parlamento Europeu e do Conselho, de 12 de dezembro de 2017, que estabelece um regime geral sobre titularização e faculta um regime especial sobre titularização simples, transparente e padronizada[1076]. Este diploma inclui regras gerais sobre deveres

[1073] Cfr. *supra*, § 21º, 1., III.

[1074] Sobre o tema: Eric Thompson, *Dodd-Frank and Basel III's skin in the game divergence and why it is good for the international banking system*, Global Business Law Review (2011), disponível em http://ssrn.com/abstract=1783768.

[1075] European Commission, *Green Paper. Building a Capital Markets Union*, Brussels, 18.2.2015 COM (2015) 63 final, 10-11; Id., *Communication To The European Parliament, The Council, The European Economic And Social Committee And The Committee Of The Regions. Action Plan On Building A Capital Markets Union*, COM/2015/0468 final, 21-22.

[1076] Sobre os antecedentes e objetivos deste diploma: European Commission, *Proposal for a Regulation of the European Parliament and of the Council laying down common rules on securitisation and creating a European framework for simple, transparent and standardised securitisation and amending Directives 2009/65/EC, 2009/138/EC, 2011/61/EU and Regulations (EC) No 1060/2009 and (EU) No 648/2012.*

de diligência, deveres de informação e retenção de risco. Além disso, apresenta um quadro inovatório sobre titularização simples, transparente e padronizada (*STS securitisations*), o que permitirá sinalizar as operações com estrutura mais simplificada. Pretende-se ainda aumentar a sua utilização por parte de pequenas e médias empresas, o que pode surgir dificultado com o elevado número de exigências para qualificação das titularizações como *STS securitisations*[1077].

Paralelamente, foi alterado o regime prudencial da titularização através do Regulamento (UE) 2017/2401 do Parlamento Europeu e do Conselho, que alterou o Regulamento (UE) nº 575/2013.

3. *As estruturas jurídicas das operações de titularização: aspetos estáiticos*

I – O ordenamento jurídico português é comedido no tocante ao reconhecimento das estruturas jurídicas de titularização, ao consagrar um princípio de tipicidade de entidades cessionárias.

Além disso, em virtude do alheamento continental em relação aos *trusts*[1078], acabou por reconhecer apenas duas formas jurídicas para servir de veículos de operações de titularização: os fundos de titularização e as sociedades de titularização.

II – Os fundos de titularização são patrimónios autónomos, pertencentes, num regime de comunhão coletiva, a uma pluralidade de pessoas, sendo divididos em parcelas representadas através de valores mobiliários, que se designam unidades de titularização. Os fundos de titularização podem ter património fixo ou património variável. Neste último caso, o regulamento de gestão deve prever a aquisição de novos créditos ou a emissão de novas unidades de participação.

A gestão dos fundos de titularização está confiada a sociedades gestoras de fundos, a quem compete praticar todos os atos necessários à boa gestão do fundo, de acordo com critérios de elevada diligência profissional.

As sociedades de titularização, por seu turno, são sociedades comerciais que adotam a forma de sociedade anónima que apenas podem financiar-se através de fundos próprios ou através da emissão de obrigações.

III – Merece destacar que o direito português impõe uma especialização absoluta no objeto destes veículos de titularização: assim, respetivamente, as socie-

[1077] Cfr. desenvolvidamente sobre a matéria PAULA GOMES FREIRE, *A titularização simples, transparente e padronizada: o novo regime europeu*, em *O Novo Direito dos Valores Mobiliários* II, (2018).

[1078] Em crítica implícita à opção legislativa portuguesa, cfr MARIA JOÃO TOMÉ/DIOGO LEITE DE CAMPOS, *A Propriedade Fiduciária (Trust): Estudo para a sua Consagração no Direito Português*, Coimbra (1999), 14-15, 308-311 e *passim*. Mais desenvolvidamente, cfr. ANTÓNIO BARRETO MENEZES CORDEIRO, *Do Trust no Direito Civil*, (2014).

dades gestoras de fundos de titularização têm como objeto exclusivo a gestão deste tipo de fundos e as sociedades de titularização têm como objeto exclusivo a realização de operações de titularização[1079]. Apenas aquelas são, nos termos da lei, sociedades financeiras[1080].

4. *As estruturas jurídicas das operações de titularização (continuação): aspetos dinâmicos*

I – A emissão de valores mobiliários na sequência de operações de titularização deve ser confrontada com a fundamental distinção, no seu tratamento normativo, entre emissões efetuadas através de oferta particular e emissões realizadas através de oferta pública.

Em relação a estas últimas, manifesta-se um sensível reforço dos deveres de informação sobre os direitos de crédito objeto da titularização e sobre os valores mobiliários emitidos. Assim, de acordo com o art. 114º, nº 1 do Código dos Valores Mobiliários, a emissão está sujeita a uma aprovação do prospeto na CMVM, o qual tem em vista um controlo da legalidade dos documentos que servem de base à oferta, designadamente quanto à elaboração do respetivo prospeto[1081].

Perante os créditos bancários – e portanto: emergentes de relações contratuais sujeitas a deveres de segredo (art. 78º RGIC) – colocava-se a questão melindrosa de saber como possibilitar a respetiva transmissão sem haver violação do dever de segredo, sobretudo ante os deveres de informação no prospeto impostos nas oferta públicas. A resposta da nossa lei foi a de fazer com que a transmissão se realize com a identidade dos devedores cifrada, ficando a chave do código depositada na CMVM[1082]. Em caso de incumprimento, os credores obrigacionistas solicitarão à CMVM o código, para poder fazer valer as suas pretensões creditícias. Até lá, fora desse momento patológico, preserva-se o segredo bancário quanto aos créditos cedidos. A divulgação das características gerais dos créditos – que, no plano informativo, é o aspeto mais relevante – é feita sem revelação da identidade dos devedores, sendo por esse motivo lícita, à luz do art. 80º, nº 2 RGIC.

II – A emissão de unidades de titularização, a assumir necessariamente forma escritural[1083], deve ser precedida da autorização da CMVM para a constituição do fundo de titularização[1084].

[1079] Arts. 16º e 39º do DL nº 453/99, de 5 de novembro.

[1080] Art. 17º, nº 1 do DL nº 453/99, de 5 de novembro.

[1081] Cfr. desenvolvidamente *infra*, § 31º.

[1082] Cf. o art. 62º, n.os 2 e 5 do DL nº 453/99, de 5 de novembro.

[1083] Art. 31º, nº 1 do DL nº 453/99, de 5 de novembro. Trata-se de uma limitação que surge ao arrepio do atual Código dos Valores Mobiliários, que coloca em pé de igualdade a representa-

O regime da responsabilidade patrimonial pelo reembolso dos créditos que servem de situação jurídica subjacente aos valores mobiliários é diferente consoante estejamos perante unidades de titularização ou obrigações titularizadas.

Nos fundos de titularização, prevê-se uma larga margem de conformação, no regulamento de gestão, do conteúdo dos direitos inerentes às respetivas unidades de titularização. O art. 32º, nº 1 do DL nº 453/99, prevê que as unidades de titularização possam conferir, exclusiva ou cumulativamente, o direito ao pagamento de rendimentos periódicos, o direito ao reembolso do valor nominal das unidades de participação e o direito à quota de liquidação, após serem pagos os rendimentos periódicos e as despesas a cargo do fundo.

É certo que se afasta a responsabilidade da sociedade gestora pela mora ou incumprimento dos direitos de crédito que integram o património do fundo[1085]. Mas, salvaguardado este aspeto, confia-se à autonomia privada o estabelecimento do regime de responsabilidade patrimonial do fundo e dos direitos de cada titular de unidades de titularização.

III – As obrigações titularizadas conhecem mecanismos mais complexos de autonomia patrimonial.

Nestes casos, antes da emissão deve ser afectada uma parcela de créditos, na medida em que for necessária, ao reembolso do empréstimo obrigacionista[1086], créditos esses sobre os quais recai um privilégio creditório especial a favor dos titulares de obrigações titularizadas[1087]. Posto isto, os direitos de crédito ficam, nos termos do art. 62º do DL nº 453/99, de 5 de novembro, submetidos ao *princípio da segregação*, não respondendo por outras dívidas do emitente até reembolso integral do montante devido aos titulares das obrigações titularizadas (nº 1).

A autonomia patrimonial deste lote de créditos foi vincada através do princípio do *limited recourse*, segundo o qual apenas os créditos e respetivos frutos afectos à emissão responderiam pelo reembolso das obrigações[1088]. Consignou-se, assim, um desvio ao princípio geral do nosso direito patrimonial privado,

ção através de forma titulada e a representação através de forma escritural, o que se manifesta nomeadamente na livre convertibilidade de formas de representação de valores mobiliários (arts. 49º e 50º do Código dos Valores Mobiliários, aprovado pelo DL nº 486/99, de 13 de novembro). Cfr. *supra*, § 10º, 2. a 4.

[1084] Art. 37º do DL nº 453/99, de 5 de novembro.

[1085] Art. 32º, nº 4 do DL nº 453/99, de 5 de novembro.

[1086] Art. 62º, nº 2 do DL nº 453/99, de 5 de novembro.

[1087] Art. 63º do DL nº 453/99, de 5 de novembro.

[1088] Art. 61º do DL nº 453/99, de 5 de novembro. Sobre o princípio do *limited recourse*, cfr. *inter alia* Cosimo Rucellai, *I problemi legati allo sviluppo della Securitizarion in Italia: prospettive di soluzione*, in *Giurisprudenza Commerciale*, nº 22.1 (jan./fev. 1995), 413/I.

segundo o qual o património do devedor responde integralmente pelas suas dívidas (art. 601º CC).

Além disso, o remanescente dos créditos afectos ao reembolso das obrigações titularizadas serve, de princípio, de garantia patrimonial aos credores comuns da sociedade de titularização[1089]. Certo é, porém, que em execução movida contra a sociedade de titularização, o exequente apenas pode penhorar o direito ao remanescente se provar a insuficiência dos demais bens da sociedade[1090].

Vê-se, assim, que o regime português dobra a tutela patrimonial do titular de obrigações titularizadas, que tem em garantia do seu crédito obrigacionista, não apenas um privilégio creditório especial sobre um conjunto adequado de créditos, mas também o património geral do emitente. A diversidade de tratamento entre os credores obrigacionistas e os credores comuns entende-se facilmente, tendo em vista o objeto único a que se dedicam estas sociedades: a realização das operações de titularização.

[1089] Art. 62º, nº 2 do DL nº 453/99, de 5 de novembro, que admite todavia disposição legal ou convenção em contrário.
[1090] Art. 62º, nº 4 do DL nº 453/99, de 5 de novembro.

Capítulo V

Transmissão de Valores Mobiliários

§ 22º A transmissão de valores mobiliários

1. *Evolução do regime*

I – A disciplina nacional sobre transmissão de valores mobiliários tem sofrido uma evolução apreciável[1091].

No início dos anos oitenta, o DL nº 408/82, de 29 de setembro, consagrou um regime de registo e depósito. Entretanto, passaram a admitir-se ações escriturais, desde a sua consagração no DL nº 229-D/88, de 4 de julho, o que contava com regras particulares sobre a respetiva circulação[1092]. Na sua versão originária, o CSC também viria a dispor sobre a transmissão de ações, em termos de difícil compatibilização com o DL nº 408/82, que se manteve em vigor[1093]. O CdMVM de 1991, por seu turno, adensaria o problema, ao consagrar um sistema de registo ou depósito de titularidade centralizada de valores mobiliários, sem contudo substituir os regimes antecedentes referentes à transmissão de ações[1094].

II – Presentemente, o regime sobre transmissão de ações deixou de apresentar especificidades em relação à disciplina transmissiva dos restantes valores

[1091] Menezes Cordeiro, *Código das Sociedades Comerciais Anotado*², cit., 896-899.

[1092] Carlos Ferreira de Almeida, *Desmaterialização dos títulos de crédito*, 31-38.

[1093] João Labareda, *Das acções das sociedades anónimas*, (1990) 227-303; Evaristo Ferreira Mendes, *A Transmissibilidade das Acções* (1989), I, 156-197.

[1094] Paula Costa e Silva, *Compra, venda e troca de valores mobiliários*, em AAVV, *Direito dos Valores Mobiliários* (1997); *id.*, *A transmissão de valores mobiliários fora de mercado secundário*, DVM (1999), 217-252.

mobiliários. Com efeito, o CVM consagrou pela primeira vez um regime geral sobre transmissão de valores mobiliários – também aplicável às ações, que são qualificadas diretamente como valores mobiliários – 1º, *a)*, do CVM. A regulação do Código incide, naturalmente sobre a disciplina transmissiva, e não sobre os factos jurídicos que lhe dão origem (compra e venda, doação, reporte, swaps ou outro)[1095]. Para o efeito, procedeu à revogação do DL 408/82, de 29 de setembro, e dos preceitos constantes do CSC sobre transmissão de ações, nomeadamente: o 305º(sobre o livro de registo), os 326º e 327º (sobre a transmissão das ações nominativas e das ações ao portador) e os 330º a 340º (sobre o regime do registo e depósito das ações)[1096].

2. *Conceitos básicos*

I – A análise da disciplina transmissiva deve ser precedida da explicitação de alguns conceitos elementares.

Começa-se por diferenciar a negociação a contado da negociação a prazo. Na sua versão originária, o art. 224º do Código definia operação a contado como aquela *cuja liquidação ocorre imediatamente após a realização ou em prazo muito curto, que não exceda o exigido pelo sistema de liquidação adotado.* Este dispositivo foi reformulado pelo DL nº 357-A/2007, de 31 de outubro, que em cumprimento de imperativos europeus passou a tratar as operações a prazo como instrumentos financeiros derivados[1097].

Ainda assim, a partir do preceito revogado, é perceptível que o critério estrutural de distinção se baseia no relevo jurídico da dilação entre o momento da celebração do contrato e o momento da sua execução.

Na negociação a prazo, o tempo que medeia entre a celebração do contrato e, afinal, a sua execução, é juridicamente relevante, sendo tido como um elemento essencial no negócio transmissivo[1098]. Pelo contrário, na negociação a contado, também dita negociação à vista, pode haver (e, usualmente, há) uma dilação

[1095] É, neste sentido, destituído de fundamento afirmar que o Código dos Valores Mobiliários não contempla uma disciplina substantiva sobre transmissão de valores mobiliários, como o faz CLÁUDIA PEREIRA DE ALMEIDA, *Relevância da Causa na Circulação de Acções das Sociedades Anónimas fora de Mercado Regulamentado*, cit., 105. Os casos de dissociação entre legitimidade registral e legitimidade à luz do negócio subjacente (a que ANTÓNIO PEREIRA DE ALMEIDA alude para procurar negar o exposto: *Sociedades Comerciais, Valores Mobiliários e Mercados*, cit. 665) também são resolvidos pelo Código (cfr. nomeadamente arts. 58º, 67º e 77º nº 1 *c)*, 79º e 80º) – sem intromissão, claro está, na disciplina do facto jurídico que serve de causa à transmissão (como este último autor, de resto, o reconhece: ob. cit., 663-664).

[1096] Art. 15º, *b)* e *d)*, do DL 486/99, de 13 de novembro.

[1097] Cfr. *supra*, § 11º, 2 e 3.

[1098] PAULA COSTA E SILVA, *Compra, venda e troca de valores mobiliários*, in *Direito dos Valores Mobiliários* (1997), 247.

temporal entre a celebração e a execução do contrato; ou seja, entre a execução da ordem e a liquidação física e financeira admite-se, atualmente, um lapso temporal de três dias. Esse lapso não é juridicamente relevante: a liquidação, em mercado consumada três dias após a operação, tem-se como cumprimento pontual do devedor. Nessa medida, o lapso temporal que medeia entre a execução da oferta em mercado e a sua liquidação não é juridicamente relevante[1099].

Além disso, fazendo uso de um critério funcional, pode acrescentarse que a transmissão a contado visa necessidades imediatas, ao passo que as operações a prazo servem objetivos de cobertura de risco, de arbitragem ou de investimento[1100]. Daí que a referência a uma cotação numa certa data, se considera supletivamente preenchida através do preço de referência no mercado a contado (art. 222º, nº 1).

II – Outros conceitos importantes a distinguir são os conceitos de transmissão e de transferência. A transferência entre contas significa a movimentação de registos de titularidade: vale, pois, apenas para os valores mobiliários escriturais e em sistema centralizado.

Em sistema centralizado, pode haver transferência sem transmissão. Será o caso de o titular de valores mobiliários alterar o intermediário em que aqueles estão inscritos, sem mudança de titular: aí haverá uma transferência de valores mobiliários, sem no entanto que haja transmissão, porque não ocorre uma mudança da titularidade. Ou seja, a transmissão dos valores mobiliários em sistema centralizado pressupõe sempre uma transferência, mas pode haver transferência sem transmissão.

III – O bloqueio é um mecanismo que cumpre relevantes funções de segurança no circuito transmissivo. Tecnicamente, consiste num registo em conta que tem o efeito de tornar temporariamente intransmissível determinado direito ou a titularidade de um valor mobiliário (art. 72º, nº 4)[1101]. Nessa medida, consiste no averbamento de um registo numa conta, que torna indisponível determinado direito relativo a um valor mobiliário, temporariamente, durante o período aí previsto.

Segundo o nº 3 do art. 72º, para o bloqueio ser perfeito deve reunir três características: deve indicar o seu fundamento; deve documentar o limite temporal da

[1099] Quanto aos instrumentos financeiros derivados, cfr. *supra* § 11º.

[1100] Domingos Pinto Coelho, *Das operações de bolsa a prazo e do reporte segundo o Código Commercial* (1893), 5-8.

[1101] Perante o direito anterior, mas ainda com interesse para a caracterização da figura: Inocêncio Galvão Teles, *Bloqueio de acções: sua sujeição a prazo certo e sua revogabilidade*, in O Direito, ano 126º (1994), III-IV (julho-dezembro), 387-394; Amadeu Ferreira, *Valores Mobiliários Escriturais. Um novo modo de representação e circulação de direitos*, cit., 236-242, 366-367.

sua vigência e deve explicitar a quantidade dos valores mobiliários envolvidos. O bloqueio pode ser instrumental do exercício de situações jurídicas ativas relativas ao titular do direito bloqueado, ou de situações passivas relativas ao mesmo. Nesta última categoria situam-se os bloqueios decorrentes de penhora ou de atos de apreensão judicial.

No Código de 1991, o bloqueio era obrigatório sempre que houvesse a transmissão de ordens de venda. Assim, eliminava-se, à partida, o risco de não cumprimento do dever de entrega dos valores mobiliários transmitidos.

Vigora atualmente um sistema diferente, com maior autonomia do intermediário financeiro, uma vez que a regra é a da facultatividade do bloqueio como garantia da disponibilidade dos valores mobiliários a transmitir. Nomeadamente, nos casos em que o intermediário receba uma ordem de venda em mercado registado, ele pode proceder ao bloqueio dos valores mobiliários (art. 72º, nº 2, alínea *f)*), mas esse bloqueio é facultativo.

O direito de exigir o bloqueio nem sequer se constitui na esfera do intermediário financeiro quando este recebe uma ordem de venda a ser executada fora de mercado. Todavia, nesses casos, em articulação com a alínea *a)* do nº 2 do art. 326º, deve entender-se que o intermediário pode solicitar confirmação da disponibilidade dos valores a alienar – o que, perante resposta negativa do ordenador, lhe abre a possibilidade de recusar a ordem.

O Código consagrou igualmente a possibilidade de o bloqueio ser solicitado pelo titular, ao abrigo da alínea *a)* do nº 2 do art. 72º. A permissão em apreço, porém, deve ser objeto de interpretação restritiva, sobretudo ante a referência legislativa que tal poderá acontecer *êm qualquer caso"*. Nomeadamente, deve ter-se presente que a suspensão voluntária da transmissibilidade do valor mobiliário através do bloqueio cede sempre perante casos de aquisição em que irreleve a vontade do titular, como será o caso da venda executiva de valores mobiliários ou de aquisição potestativa de participação minoritária no âmbito dos arts. 194º CVM ou 490º CSC. Como bem refere, quanto a este último caso, Fazenda Martins, em anotação discordante a uma sentença judicial do Tribunal Cível da Comarca de Lisboa, *a finalidade do bloqueio é a de proteger terceiros contra atos dispositivos do titular, e não a de proteger o titular contra atos de terceiros fundados em título legítimo*[1102]. Nesta conformidade, deve entender-se como ilícita qualquer utilização do bloqueio facultativo desencadeado pelo titular que vise frustrar uma aquisição lícita de terceiros, em que o titular esteja numa posição de sujeição em relação ao facto transmissivo.

[1102] Fazenda Martins/Manuel Botelho da Silva, *Alguns problemas em torno da execução do artigo 490º do Código das Sociedades Comerciais no sistema de registo e controlo de valores mobiliários*, in *Cadernos do Mercado de Valores Mobiliários* nº 6 (setembro/dezembro 1999), 241-256.

São previstas no nº 1 do art. 72º situações que desencadeiam o dever de bloqueio. O exemplo mais importante tem que ver com as situações em que há a emissão de um certificado de titularidade como meio de legitimação para o exercício de direitos inerentes aos valores mobiliários (arts. 72º, nº 1 *a)* e 78º). O bloqueio obrigatório em consequência de certificado de legitimação vigora até ao momento do exercício do direito em causa – por exemplo, até à data da assembleia geral, se o certificado for solicitado para o exercício do direito a participar e a votar na dita assembleia, ou até à data de pagamento dos juros, se o certificado tiver em vista a legitimação para o recebimento da prestação de juros. Este expediente elimina a possibilidade de uma transmissão posterior à obtenção do certificado a favor do potencial alienante, evitando em consequência que haja uma pluralidade de pessoas legitimadas para exercer os direitos relativamente aos mesmos valores mobiliários.

3. *Modo de transmissão*

I – A técnica atual de transmissão dos valores mobiliários difere em função de duas variáveis elementares: a forma dos valores (escritural ou titulada, consoante se representem através de registo em conta ou em papel: cf. 46º do CVM) e a sua integração (ou não) em sistema centralizado (88º-94º do CVM)[1103].

II – O quadro resultante do cruzamento destas variáveis é multifacetado e expõe-se de seguida. Os valores mobiliários escriturais transmitem-se através de registo em conta – a débito na conta do alienante e a crédito na conta do adquirente (80º nº 1 do CVM)[1104]. Idêntico regime vale para os valores mobiliários titulados que estejam integrados em sistema centralizado (105º do CVM)[1105]. Caso contrário, a transmissão de valores mobiliários titulados opera através de declaração de transmissão, escrita no título e de registo no emitente ou de intermediário financeiro que o represente (102º do CVM)[1106].

[1103] Até à entrada em vigor da Lei nº 14/2017, de 3 de maio, de 20 de julho, outro dos elementos relevantes para aferir a disciplina transmissiva respeitava à natureza nominativa ou ao portador dos valores mobiliários. Atualmente, porém, é imposta a nominatividade obrigatória, o que implicou nomeadamente a revogação do art. 101º CVM. Cfr. *supra*, § 5º, 7.

[1104] Carlos Ferreira de Almeida, *Registo de valores mobiliários*; Id., *Valores mobiliários: o papel e o computador*, 621-629.

[1105] Nestes casos, a forma de representação torna-se irrelevante, como bem nota Isabel Vidal, *Da (ir)relevância da forma de representação para efeitos da transmissão de valores mobiliários, Cadernos MVM* nº 15 (2002), 287-316. Sobre o sistema centralizado: Alexandre Brandão da Veiga, *O incumprimento do dever de partidas dobradas nos sistemas de controlo dos valores mobiliários*, CadMVM 15 (2002), 167-172.

[1106] Mário Júlio Almeida Costa/ Evaristo Ferreira Mendes, *Transmissão de acções tituladas nominativas*, RLJ ano 139º (2009), 66-97; Maria Mimoso/ Ricardo Rodrigues, *Reconfiguração do*

III – As regras transmissivas são aplicáveis, *mutatis mutandis*, à constituição, modificação ou extinção de garantias sobre valores mobiliários, nos termos dos arts. 81º e 103º[1107].

4. *Momento da eficácia translativa*

I – Quanto ao momento da transmissão, haverá que considerar as seguintes sub-hipóteses: o registo da transmissão de valores mobiliários escriturais e titulados em sistema centralizado é lavrado com a data do facto transmissivo, se o registo for oficioso (66º/1 e 69º/1 do CVM), ou com a data da apresentação a registo, se sujeito ao impulso do interessado (66º/2 e 69º/2 do CVM); se os valores mobiliários estiverem sujeitos a bloqueio, a transmissão apenas se torna eficaz quando o bloqueio cesse (69º/4 do CVM); a transmissão de valores mobiliários titulados reporta-se à data para apresentação a registo (102º/5 do CVM). Havendo transmissão em mercado regulamentado o negócio aquisitivo confere ao comprador, independentemente do registo de legitimidade para a alienação dos valores nesse mesmo mercado (art. 80º nº 2). Nessa situação e na negociação em sistema de negociação multilateral, os direitos patrimoniais inerentes pertencem ao adquirente desde a data da operação (210º do CVM).

A multiplicidade de soluções quanto à eficácia transmissiva dificulta a compreensão do fenómeno transmissivo como um todo – e, sobretudo, impede a adoção de construções unitárias a este propósito.

Uma ponderação global obriga a distinguir entre a transmissão fora de mercado regulamentado e a transmissão realizada em mercado regulamentado, a que adiante se regressa. Quanto à primeira, independentemente da apreciação que se perfilhe no plano do direito a constituir –, o sistema transmissivo é assumidamente formal e repousa no carácter constitutivo do registo (arts. 69º, nº 2, 73º-75º, 78º, nº 2 e 80º, nº 1). Fora de mercado, o efeito translativo apenas se desencadeia no cumprimento das formalidades transmissivas enunciadas[1108].

Consensualismo Contratual: As Ações Tituladas Nominativas e os Limites à Transmissão, Cadernos MVM, nº 48 (ag.-2014), 35-60.

[1107] Tiago Soares da Fonseca, *O Penhor de Acções*², cit., 67-74.

[1108] A jurisprudência superior tem recordado que, além das prescrições mobiliárias, o processo transmissivo apenas se torna válido com um negócio causal subjacente. Nesse sentido: Acórdão do Supremo Tribunal de Justiça (Santos Bernardino), 15 de maio de 2008 (Proc. 08B153); o Acórdão da Relação de Guimarães de 24 de outubro de 2013 (Proc. n. 3770/12.0TBBRG:C.G1) (Helena Melo); o Acórdão da Relação de Coimbra de 19 de fevereiro de 2013 (Proc. n. 894/11.4BPBL.C1) (Henrique Antunes); e o Acórdão da Relação de Lisboa de 7 de junho de 2016 (426/13.8TVLSB.L.1.2) (Pedro Brighton). A técnica transmissiva presente no Código pode bastar-se, todavia, com a ordem de transmissão pelo alienante, que pode ser suficiente como título causal a legitimar a transmissão. Recorde-se, a propósito, que o registo transmissivo é

Antes da sua observância, a pessoa legitimada pelo negócio subjacente apenas é investida num direito a promover o registo transmissivo[1109].

A transmissão em mercado regulamentado, contudo, sofre orientação diversa, dado o regime de oficiosidade na promoção do registo transmissivo (art. 69º, nº 1)[1110]. Assim se explica que, na transmissão em mercado, a lei confira ao adquirente legitimidade para transmitir a partir da data do negócio, independentemente do registo (art. 80º, nº 2). Em congruência com este traço do regime, os direitos patrimoniais inerentes pertencem ao adquirente desde a data da operação (e não do registo: art. 210º). Trata-se, contudo, de normas excecionais[1111], que não valem para fora do seu direto âmbito aplicativo. Conclui-se, assim, que na circulação mobiliária, o princípio do consensualismo (art. 408º CC) apenas é acolhido na transmissão em mercado.

II – A lei não esclarece diretamente qual o regime transmissivo aplicável antes da perfeição do processo constitutivo ou da emissão do título ou inscrição do registo do valor escritural. No caso das ações não tituladas, em que a existência do direito representado precede a forma de representação, pela natureza da participação social transmitida – que agrega posições jurídicas ativas e passivas –, parece resultar que antes do registo comercial da sociedade e da titulação dos valores, estes são transmissíveis através de cessão da posição contratual[1112].

5. *Regimes especiais*

Tratamento separado merecem também as transmissões potestativas de ações, ao abrigo dos regimes de aquisição e alienação tendente ao domínio total,

feito com base em ordem escrita do disponente *ou* em documento bastante para a prova do facto a registar: art. 67º nº 1 CVM.

[1109] Em sentido próximo, v. Ferreira de Almeida, *Registo de valores mobiliários*, cit, 99-107; Vera Eiró, *A transmissão de valores mobiliários – as acções em especial*, Thémis (2005), 145-ss. Posição diametralmente oposta é a acolhida nomeadamente por Pedro Albuquerque, *Direito das Obrigações. Contratos em Especial*, Volume I. Tomo I, Coimbra, (2008), 99-104.

[1110] Retoma-se o tema à frente: cfr. *infra*, § 22º, 7.

[1111] Recorde-se, aliás, o art. 23º-C, no qual a legitimidade para participação em assembleia geral continua a depender do registo, ainda que a transmissão ocorra em mercado regulamentado. Cfr. a propósito *infra*, § 30º, 5. II.

[1112] Em sentido parcialmente divergente, considerando que antes da sua titulação a transmissão de acções obedece às regras da cessão de créditos: Nuno Maria Pinheiro Torres, *Da transmissão de participações sociais não tituladas* (1999), 65-68 e 79-81. Optando, ao invés, por defender a aplicação do regime da cessão por quotas, por analogia: Coutinho de Abreu, *Curso de Direito Comercial*, 2 (2007), 372-376; Alexandre Soveral Martins, *Cláusulas do contrato de sociedade que limitam a transmissibilidade das acções* (2006), 211-215 (embora com adaptações).

que dependem da verificação dos pressupostos enunciados no 490º ou, estando em causa sociedades abertas, nos 194º a 197º do CVM[1113].

Acrescente-se, por fim, existirem regras especiais aplicáveis à oferta públicas de valores mobiliários, constantes dos 108º e ss. do CVM. As especialidades não respeitam à técnica transmissiva ou ao momento de produção de efeitos translativos, que se pautam pelas regras gerais, atrás descritas, mas atendem antes ao processo de oferta, à informação a ser divulgada e à supervisão administrativa correspondente[1114].

6. *Aquisição feita a pessoa não legitimada (aquisição a non domino)*

I – No tratamento da transmissão do valor mobiliário é incontornável reservar atenção alargada à aquisição *a non domino*. A aquisição feita a pessoa não legitimada surge tratada no art. 58º CVM, tendo aplicação seja aos valores mobiliários titulados seja aos escriturais. Um pressuposto natural para a vigência deste normativo é a existência de valores mobiliários geneticamente perfeitos.

O fundamento deste instituto é a proteção de terceiros de boa fé: esta é a justificação universal que funda a aplicação da aquisição *a non domino*. No entanto, importa salientar, em afastamento às regras de aquisição *a non domino* dos direitos reais, que não está em causa aqui a tutela da aparência, mas sim a tutela do registo, e, com esta, a tutela do mercado. De facto, não podemos esquecer que o registo dos valores mobiliários escriturais é um registo sujeito a deveres de confidencialidade. Logo, não pode afirmar-se que o que justifica o instituto *a non domino* nos valores mobiliários seja a tutela da aparência[1115].

II – Segundo o art. 58º nº 1 CVM: "*Ao adquirente de um valor mobiliário que tenha procedido de boa fé não é oponível a falta de legitimidade do alienante, desde que a aquisição tenha sido efetuada de acordo com as regras de transmissão aplicadas*". A partir deste normativo, importa analisar os três pressupostos de que depende a aplicação da aquisição *a non domino*.

O primeiro pressuposto é a circunstância de a aquisição ter ocorrido *segundo as regras transmissivas aplicáveis*. Merece aplicação, nomeadamente, o princípio do trato sucessivo: o alienante deve ter um registo a seu favor para poder transmitir. Além disso, as formalidades inerentes à transmissão devem ser observadas.

[1113] Cfr. *infra*, § 42º.
[1114] Cfr. *infra*, §§ 31º-33º.
[1115] Cf. sobre esta matéria, ainda que ante um quadro normativo com algumas diferenças em relação ao atualmente vigente em Portugal, Amadeu José Ferreira, *Valores Mobiliários Escriturais. Um novo modo de representação e circulação de direitos*, cit., 315-325; Guillermo Caballero Germain, *La adquisicíon* a non domino *de valores anotados en cuenta*, Madrid (2010) 135-223 e *passim*.

Saliente-se ainda que, contrariamente ao que sucedia no direito anterior, a lei não exige a onerosidade da aquisição como pressuposto do art. 58º.

O segundo pressuposto é o da *falta de legitimidade do alienante.* Como resulta da análise precedente, o conceito de legitimidade aqui empregue não se refere à legitimidade obtida pelo registo: não está em causa a legitimidade formal, precisamente porque o art. 58º, nº 1 exige o respeito pelas regras transmissivas aplicáveis. Se o alienante tinha legitimidade substancial para alienar os valores mobiliários, não estamos no âmbito de aplicação deste preceito. Este preceito aplica-se quando o transmitente não tenha legitimidade substancial para proceder à alienação do valor mobiliário.

A peça central do instituto, a funcionar como derradeiro pressuposto de aplicação, consiste na necessidade de o terceiro adquirente ter de atuar de *boa fé.* Ora, um aspeto incontornável aqui pressuposto é o de saber qual a modalidade de boa fé que é exigida ao terceiro para ele se fazer valer de uma aquisição mesmo a uma pessoa não legitimada.

III – Tomando como referência a classificação proposta pelo Professor Menezes Cordeiro, subdivide-se a boa fé em boa fé objetiva e boa fé subjectiva, conforme se postule uma remissão para regras e princípios jurídicos ou se atenda ao estado do sujeito. Contrapõe-se ainda, dentro da boa fé subjectiva, a boa fé em sentido meramente psicológico e em sentido ético.

Em causa, no art. 58º, não está a boa fé objetiva. O art. 58º CVM não contém nenhuma remissão para princípios ou regras de direito e, portanto, está a atender à boa fé subjectiva, ligada ao estado do adquirente.

Relativamente à boa fé subjectiva, é adquirido que não podemos bastar-nos com a boa fé subjectiva em sentido psicológico, entendendo-se em geral que a boa fé subjectiva comporta igualmente um sentido ético, implicando deveres de cuidado e de indagação. Esta construção é feita pelo Professor Menezes Cordeiro na caracterização dogmática geral da figura[1116], devendo, portanto, ser testada relativamente à aquisição *a non domino* no direito dos valores mobiliários.

Um ponto que nunca podemos deixar de ter em mente é o seguinte: o registo dos valores mobiliários é um registo sujeito a deveres de confidencialidade (arts. 304º, nº 4 e 86º)[1117]. Sendo assim, ao adquirente é difícil, ou mesmo impossível, aceder às contas de registo para se assegurar da legitimidade do transmitente. Este aspeto do regime é absolutamente básico, porque a aquisição *a non domino*

[1116] Menezes Cordeiro, *Da Boa Fé no Direito Civil,* (1984), 407-660 e *passim;* Id., *Tratado de Direito Civil,* cit., 180-182.

[1117] Paula Costa e Silva, *Efeitos do Registo e Valores Mobiliários. A proteção conferida ao terceiro adquirente,* 464.

nos direitos reais parte da possibilidade de registo que é assegurada ao registo predial ou aos demais registos nos direitos reais. Assim, deparamo-nos aqui com um aspeto de regime mobiliário que nos atira para uma realidade radicalmente diversa em relação à realidade de aquisição *a non domino* dos direitos reais.

Na obra de referência sobre esta matéria, AMADEU FERREIRA defende que o potencial adquirente pode solicitar o bloqueio e pode, também, solicitar uma declaração passada por uma entidade registadora ou depositária que, ao abrigo do art. 78º CVM, demonstre a titularidade do transmitente[1118]. Só que estes expedientes demonstram limitada eficácia: quer através do bloqueio, quer através do certificado que comprova a titularidade do transmitente, temos uma demonstração da titularidade formal perante o registo e não uma demonstração da sua legitimidade substancial para dispôr do valor mobiliário.

Cumpre registar, igualmente, uma conclusão radical da Prof.ª PAULA COSTA E SILVA extraída a propósito do código anterior[1119]. A conclusão da autora é a de que não se deve exigir boa fé para a aquisição *a non domino* nas transmissões em mercado secundário. No fundo, tal representa uma interpretação corretiva do preceito homólogo para o código de 1991, negando a relevância da boa fé no domínio das transmissões em mercado secundário.

IV – A resolução do problema pressupõe compreender que é limitado o poder do adquirente de averiguar a legitimidade do alienante. Porém afigurar-se-ia excessivo e contrariaria o fundamento do instituto, interpretar ab-rogantemente o art. 58º CVM. É excessivo anular o requisito da aquisição de boa fé, porque a tutela da boa fé é sempre o epicentro da aquisição *a non domino* e, sem aquela, desvirtuar-se-ia completamente o instituto.

Eis a pergunta fundamental: se houver conhecimento do adquirente da falta de legitimidade substancial do transmitente, poderá o adquirente fazer-se valer do art. 58º CVM? A resposta é negativa: tomando a boa fé subjectiva em sentido psicológico, devemos negar a possibilidade de recurso ao art. 58º CVM por parte daquele que conhece a falta de legitimidade do transmitente. O preceito di-lo diretamente, em enquadramento sistemático que impõe que o consideremos uma solução geral. Nesse caso, o registo presume a titularidade, mas pode ser impugnado com êxito, dentro do prazo prescricional referido, pelo adquirente substancialmente legítimo (art. 79º).

Não podemos, no entanto, exigir aqui uma boa fé subjectiva em sentido ético. São três os principais fundamentos para esta conclusão:

[1118] AMADEU JOSÉ FERREIRA, *Valores Mobiliários Escriturais. Um novo modo de representação e circulação de direitos*, cit., 322.

[1119] Cfr. da autora, *Efeitos do Registo e Valores Mobiliários. A proteção conferida ao terceiro adquirente.*

- De um lado, o acesso à conta de registo apenas prova a legitimidade formal do alienante – que, como vimos, é pressuposto de aplicação da figura;
- Soma-se que o requerimento de certificado, de igual modo, apenas demonstra a legitimidade formal do transmitente, nada reflectindo sobre a sua falta de legitimidade substancial;
- Por fim, não pode esquecer-se que o ambiente de mercado é de celeridade de transações, o que é por si adverso a uma exigência de deveres de indagação por parte dos potenciais adquirentes.

Como resíduo desta análise, infere-se que o adquirente não pode prevalecer-se do art. 58º quando haja concluio ou conhecimento da falta de legitimidade substancial do alienante. Todavia, o tráfego mobiliário e a previsão do art. 58º não se compadecem com uma conceção ética da boa fé como pressuposto da aquisição *a non domino*. Assim, acabamos por ser conduzidos, no direito dos valores mobiliários, a um solução que, mercê do segredo em que se encontra envolto o registo dos valores mobiliários, supõe o relevo da boa fé em sentido psicológico mas não em sentido ético – porque aquele que desconhece, mesmo que não empregue esforços para averiguar a legitimidade do transmitente, uma vez que o sistema está feito para que essa legitimidade não possa ser averiguada, deve ter o direito à aquisição prevista no art. 58º CVM, ainda que seja feita perante pessoa não legitimada.

Esta a conclusão a extrair para todo o campo aplicativo da norma em apreço. Mesmo que, em caso de aquisição por intermediário financeiro que possa ter acesso à conta de registo, não haja por esse meio conhecimento da falta de legitimidade substancial – tal não deve impedir que este adquira *ex vi* do art. 58º, ainda que desconhecendo a ilegitimidade do transmitente.

7. *Transmissão em mercado*

I – Como princípio geral, a negociação em plataforma de negociação por investidor não profissional (potencial alienante ou adquirente) pressupõe a intermediação, seja para efeitos de transmissão e execução das ordens, seja para efeitos de liquidação e compensação da operação.

É certo que desde a transposição da DMIF II o Código dos Valores Mobiliários admite que o intermediário financeiro conceda acesso eletrónico direto de clientes seus a plataformas de negociação (art. 317º-H). Nessa hipótese de acesso eletrónico direto[1120], são cominados deveres de acompanhamento e fisca-

[1120] O art. 317º-H nº 7 define acesso eletrónico direto como: "*a)* Qualquer mecanismo ou acordo através do qual um membro, participante ou cliente numa plataforma de negociação permite que um terceiro utilize o seu código de negociação para que possa submeter por via eletrónica direta-

lização do intermediário financeiro, que se torna designadamente responsável por assegurar que os clientes que utilizem este serviço cumprem os requisitos previstos na lei e as regras da plataforma de negociação[1121]. Às entidades gestoras de mercados são igualmente assinalados deveres relevantes de monitorização (art. 317º-H, nº 8). Importa, no entanto, frisar que o acesso direto depende sempre de autorização do intermediário financeiro e de declaração de responsabilidade por parte deste: nessa medida o acesso "direto" não deixa de ser intermediado.

Fora destas situações excecionais, as ordens transmitidas para execução em mercado (ainda que transmitidas através da Internet) são necessariamente dirigidas a intermediários financeiros, que se encarregam de as executar em mercado. É este último o paradigma central da análise subsequente.

II – Como operação, a transmissão em mercado envolve uma sequência ordenada de atos. Compreende, em síntese, duas fases essenciais[1122]: a *negociação*, onde se destaca, fundamentalmente, a transmissão da ordem de mercado, a receção da ordem pelo intermediário financeiro que lhe vai dar cumprimento e a introdução da oferta em mercado; e a *liquidação e a compensação* da operação.

Antes de percorrer este *iter* transmissivo, apontando os passos que estão envolvidos na operação de transmissão em mercado, importa atender a aspetos operacionais ligados à negociação em mercado[1123]. É o que se fará de seguida.

III – O primeiro aspeto operacional a ter em consideração está relacionado com os diferentes sistemas de formação de cotações. A negociação em mercado concebe dois fundamentais sistemas que interessa, neste passo, distinguir: de um lado, a negociação por chamada; e, de outro lado, a negociação em contínuo.

mente à plataforma de negociação ofertas relativas a um instrumento financeiro; e *b)* Mecanismos que envolvam a utilização, por um terceiro, da infraestrutura do membro, participante ou cliente ou de qualquer sistema de conexão por ele disponibilizado para transmitir ordens (acesso direto ao mercado), bem como os mecanismos ou acordos em que essa infraestrutura não seja utilizada por um terceiro (acesso patrocinado)". Segundo o art. 20º do Regulamento Delegado (UE) 2017/565 da Comissão, de 25 de abril de 2016 uma pessoa não é capaz de transmitir por via eletrónica diretamente a uma plataforma de negociação ordens relativas a um instrumento financeiro quando essa pessoa não pode exercer um poder discricionário quanto à fração de segundo exata da entrada da ordem e ao tempo de vida da ordem dentro desse período de tempo.

1121 Art. 317º-H n.os 3-6.

1122 Utilizo-me aqui da contraposição gizada, ante o regime de 1991, por ALEXANDRE BRANDÃO DA VEIGA, *As fases de negociação e de liquidação e compensação de operações de bolsa a contado* in AA.VV., *Direito dos Valores Mobiliários*, Volume I, Lisboa (1999), 201-216.

1123 JOHN ARMOUR/ DAN AWREY/ PAUL DAVIES/ LUCA ENRIQUES/ JEFFREY GORDON/ COLIN MAYER/ / JENNIFER PAYNE, *Principles of Financial Regulation*, Oxford (2016), 143-149.

A distinção entre negociação em chamada e negociação em contínuo prende--se com a determinação ou a limitação do número de cotações e com o número de operações realizadas ao longo de uma sessão[1124].

A *negociação por chamada* pressupõe um número limitado de cotações ao longo da sessão e uma intermitência de momentos para a celebração de negócios, em que as ordens são congregadas para haver a celebração de negócios, a partir do encontro das ofertas de venda com as ofertas de compra, coerente em termos de quantidade e de preço. O número de *chamadas* ao longo da sessão terá reflexos no número de cotações ao longo da sessão bolsista. Apenas nos períodos pré--determinados é que se consumarão os negócios transmissivos e, assim, apenas então se formarão as diferentes cotações ao longo da sessão. Este é um sistema mais antigo e destina-se, ainda hoje, a valores mobiliários com menor liquidez.

Pelo contrário, *a negociação em contínuo* supõe uma ilimitação do número de negócios a serem celebrados durante o mesmo dia, durante uma mesma sessão e, inevitavelmente, uma multiplicidade – também potencialmente ilimitada – de preços formados ao longo da sessão. Neste sistema de negociação, as ofertas de compra e de venda vão-se justapondo, gerando imediatamente negócios. Assim, as ofertas não precisam de esperar por um momento temporal previamente determinado para originar negócio e, consequentemente, para tais negócios transmissivos terem influências no preço. Há uma celebração imediata dos negócios e uma oscilação, para mais e para menos, dos preços, consoante as leis da oferta e da procura neste sistema de negociação.

IV – O segundo aspeto operacional que devemos ter presente como pano de fundo para toda esta matéria tem que ver com os sistemas de negociação em que assenta operacionalmente a negociação em mercado. Aqui impõe-se distinguir a negociação automática e a negociação de "viva voz".

Na *negociação automática,* as ofertas são transmitidas através de via informática. É o que acontece atualmente na Euronext Lisbon.

A *negociação através de "viva voz"*, pelo contrário, pressupõe uma transmissão oral e, ou gestual das ofertas num espaço físico reservado para o efeito. Por exemplo, na New York Stock Exchange a negociação é feita de "viva voz". Aí, a transmissão de ofertas decorre no espaço físico onde os corretores atuam (*"floor"*).

V – Previna-se para o facto de termos aqui um preço com características especiais[1125]. A formação de negócios em mercado vai gerando vários preços, seja no

[1124] RUBEN LEE, *Running the World's Markets. The Governance of Financial Infrastructure*, Oxford (2011), 27-28.

[1125] Em geral, com interesse para o tema: JEAN STOUFFLET/JEAN-PIERRE DESCHANEL (org.), *Études sur le Cours de Bourse*, Paris (1997), 1-96.

sistema de negociação em contínuo, seja no sistema de negociação por chamada. Ao preço formado em mercado denomina-se *cotação* e apresenta duas características fundamentais: a sua natureza pública e oficial.

A cotação configura, de um lado, um *preço público* – isto é, um preço que aparece divulgado, quanto a cada sessão, no boletim do mercado. Cada mercado deve ter um boletim que deve, precisamente, reflectir os preços de cada sessão (cfr. o arts. 212º, nº 1 *b)* e 222º, especialmente no seu nº 2).

De outro lado, a cotação constitui um *preço oficial* de tal forma que, se houver referências contratuais ou legais a um preço de um valor mobiliário, tal referência deve integrar-se por referência à cotação. A este respeito é muito claro o art. 222º do Código dos Valores Mobiliários ao sentenciar que: *"Sempre que na lei ou em contrato se refira a cotação numa certa data, considera-se como tal o preço de referência definido pela entidade gestora do mercado regulamentado a contado"*. Daqui decorre um reflexo externo do preço formado em mercado.

Desta essencialidade do preço e da singular importância que exibe quando formado em mercado, decorre o importante o *princípio da formação regular dos preços*[1126]. O conteúdo precetivo deste princípio funda-se na ideia de que o preço m mercado – como, aliás, sucede em geral – deve decorrer do jogo normal e livre de encontro entre a oferta e a procura; tornam-se, assim, vedadas as perturbações artificiais e as manipulações na formação desse mesmo preço. Um dos reflexos importantes quanto ao princípio da formação regular do preço refere-se à interditação das práticas que tenham por objeto alterações artificiais do processo de formação de preços e à incriminação da *manipulação do mercado* (art. 379º), adiante analisada em detalhe[1127]. Outra consequência do aludido princípio respeita ao dever de defesa do mercado (art. 311º).

VI – Verifica-se que o sistema de negociação em mercado é rodeado de vários expedientes de reforço da segurança.

Em primeiro lugar, o registo é oficioso: o intermediário financeiro está presente no negócio e, portanto, promove ele próprio o registo da transmissão (art. 66º, nº 1). De outro lado, existem mecanismos de substituição para a circunstância de haver incumprimento na liquidação dos negócios. Soma-se a existência, em termos injuntivos, de uma obrigação *"del credere"* do intermediário financeiro perante o seu cliente: segundo o art. 334º, o intermediário é responsável pela entrega dos instrumentos financeiros adquiridos e pelo pagamento do preço

[1126] Sobre este princípio, especialmente em relação com os deveres de informação, pode consultar-se Paulo Câmara, *Deveres de informação e formação de preços no direito dos valores mobiliários*, in *Cadernos do Mercado de Valores Mobiliários*, nº 2 (1998), 79-94.

[1127] Cfr. *infra*, § 49º.

dos instrumentos financeiros alienados[1128]. Por último, o sistema repousa fortemente na responsabilidade do intermediário liquidador, nos termos do nº 2 do art. 279º.

A segurança do sistema de transmissão em mercado acarreta dois traços do regime que surgem em desvio às regras gerais sobre transmissão.

De um lado, tem-se em conta o art. 80º nº 2, segundo o qual a compra de valores mobiliários em mercado regulamentado confere ao comprador, logo a partir do momento da operação e não do registo, legitimidade para a venda nesse mesmo mercado. Trata-se de uma solução *"sui generis"* para a legitimidade para a alienação em mercado regulamentado, a permitir a negociação antes da liquidação, ainda que intra-diária, desde que no mesmo mercado[1129].

Por outro lado, importa notar que os direitos inerentes aos valores mobiliários vendidos pertencem ao comprador, desde a data da operação (art. 210º, nº 1): repare-se que releva, não a data do registo, mas a data da operação quanto à transferência dos direitos inerentes.

VII – Em revisão transversal do regime transmissivo em mercado, cabe notar na essencialidade da função dos intermediários financeiros para salvaguarda da segurança da circulação bolsista. Este traço do regime pode ser comprovado nomeadamente através da análise da posição jurídica do intermediário financeiro ao receber uma ordem de venda sem que o seu cliente disponha de valores mobiliários para proceder à alienação (*venda a descoberto* ou *short selling*)[1130].

Neste quadro, o intermediário é colocado perante uma dupla alternativa. Uma vez que lhe assiste o dever de confirmar a legitimidade do ordenador (art. 325º, *a)*), deparar-se-á com a situação de falta de legitimidade e, em consequência, poderá exigir o bloqueio dos valores mobiliários (art. 72º, nº 2 *b)*) ou a prova da disponibilidade sobre os valores a alienar. Perante uma recusa do ordenador[1131], o intermediário pode recusar a execução da ordem – direito que lhe assiste nos termos do art. 326º, nº 3 *a)* e *b)* – o que deve ser comunicado imediatamente ao ordenador, nos termos do nº 4 do mesmo preceito. O direito de

[1128] Sobre os antecedentes desta regra: CARLOS FERREIRA DE ALMEIDA, *Transacções de conta alheia no âmbito da intermediação no mercado de valores mobiliários, Direito dos Valores Mobiliários,* (1999), 304-307. O tema retoma-se adiante: cfr. *infra* § 24º, 1.

[1129] Concluindo, a partir daqui, por uma elevada abstração na transmissão de valores mobiliários: CLÁUDIA PEREIRA DE ALMEIDA, *Relevância da Causa na Circulação de Acções das Sociedades Anónimas fora de Mercado Regulamentado,* cit., 137-138.

[1130] O tema é adiante retomado: cfr. *infra,* § 26º, 7.

[1131] A recusa de execução da ordem sem que haja recusa de disponibilização de valores mobiliários por parte do ordenador é ilícita, o que acarreta inclusivamente implicações contraordenacionais, nos termos do art. 397º, nº 4, alínea *d)*.

recusa, sublinhe-se, existe mesmo quando entre o corretor e o ordenador exista uma anterior relação de clientela.

O intermediário financeiro, porém, não é forçado a recusar a ordem, ainda que faltem valores mobiliários na disponibilidade do ordenador. Desde logo, o facto é que pode suceder que o ordenador venha a adquirir valores mobiliários até que se vença o prazo para liquidação. Nestes termos, assiste ao intermediário o direito de executar a ordem. Se o faz, e se a execução da ordem lograr gerar negócio, desencadeiam-se obrigações do intermediário financeiro enquanto membro do sistema de liquidação. Este fica vinculado a colocar no sistema os valores mobiliários necessários à liquidação física da operação (art. 279º), sob pena de responder pelos danos pelo incumprimento[1132]. Tal não exclui, obviamente, o dever da entidade gestora accionar os meios substitutivos, bem como a responsabilidade obrigacional do próprio ordenador pelos danos causados ao seu intermediário e à sua contraparte no negócio bolsista.

A acrescer, note-se que, a haver incumprimento, a cláusula legal *del credere* obriga o intermediário da parte cumpridora a ressarcir o seu ordenador.

VIII – Outro tema importante a tratar é o da possível abstração na transmissão de valores mobiliários em mercado. Em causa está saber até que ponto as relações entre ordenante e intermediário financeiro podem mostrar implicações na relação transmissiva.

Sucede, neste particular, que a lei fornece duas indicações aparentemente contraditórias. No domínio das ordens – sem excluir as de bolsa –, é afirmada a sua revogabilidade, desde que a revogação chegue ao poder do intermediário antes da execução (art. 329º, nº 1). Porém, do ponto de vista da ordem de liquidação, a regra é a oposta, na medida em que o art. 277º considera que a invalidade ou ineficácia dos negócios jurídicos subjacentes às ordens de transferência não afecta a irrevogabilidade da ordem e o carácter definitivo da liquidação.

Dir-se-á, porventura a matizar o sentido oposto das normas apontadas, que em muitos casos a ordem de disposição de valores mobiliários é imediatamente acompanhada da ordem de liquidação. O argumento, porém, não colhe em absoluto, pois nem sempre assim sucede – e a relevância concedida ao incumprimento na transmissão em mercado acaba por atestá-lo.

O problema mostra especial acuidade quanto aos erros na transmissão de ordens de mercado[1133]. Ocorre por vezes, por engano dos operadores, haver

[1132] A lei não esclarece perante quem é responsável o liquidador. A entender-se que subjaz à execução da ordem de bolsa um mandato sem representação, o intermediário liquidador responde perante o comprador dos valores mobiliários.

[1133] O erro na transmissão de ordens constitui um exemplo claro de erro na declaração, como bem o caracteriza o acórdão da Relação de Lisboa (P. 1504.2002.L1-7), de 1 de março de 2011 (Tomé Gomes).

ordens de venda a serem apresentadas e executadas a um preço substancialmente inferior ao pretendido; assim como pode suceder que certas ordens de compra sejam por lapso realizadas a um preço sensivelmente superior ao que o corretor tinha em mente. Tais erros têm implicações não apenas na posição jurídicas dos investidores, mas também respeitam à regularidade de funcionamento do mercado em geral; além de geradoras de risco operacional, no limite – se não forem adequadamente tratadas – podem pôr em questão a solvabilidade de um intermediário financeiro e, nesse sentido, representar uma fonte de risco sistémico.

8. *Natureza jurídica da transmissão em mercado*

I – O problema da natureza jurídica da transmissão em mercado é delicado e depara-se, à partida, com dois tipos de singularidades que obrigam à reflexão.

O primeiro traço do ambiente transmissivo em mercado a ponderar prende-se com o tendencial *anonimato* da negociação em mercado. Como sabemos, estamos perante operações intermediadas que supõem a transmissão de ordem para que possa haver a execução da oferta em mercado. A ordem constitui um negócio bancário sujeito a segredo (art. 304º, nº 4 CVM, art. 78º RGIC). Daqui resulta que, em mercado, por princípio o comprador não conhece a identidade do devedor e vice-versa. Há, pois, se se quiser adotar a expressão de CÁCHÓN BLANCO, uma «indiferença pessoal» na negociação em mercado[1134] a reter como ponto importante.

O segundo aspeto relevante prende-se com a relação entre o negócio de aquisição e a ordem de transferência para a liquidação do negócio. A questão que se coloca aqui é a de saber se uma invalidade do negócio transmissivo se contamina ou não à ordem de transferência para cumprimento da ordem. Por motivos de segurança e celeridade no tráfego bolsista, a resposta é negativa. Assim, declarou o legislador, no art. 277º, que a ordem de transferência não é afectada e é irrevogável, mesmo havendo invalidade do negócio transmissivo em que aquela se baseie. Assim, a vontade do ordenador pode estar viciada sem que tal possa afectar a ordem de liquidação. Não é possível, nesta conformidade, anular a ordem de transferência a partir do momento em que ela é transmitida. Esta ordem é sempre irrevogável, mesmo havendo invalidade do negócio jurídico aquisitivo.

[1134] *Derecho de Valores Mobiliarios,* I (1992), 243. A expressão é também utilizada entre nós por PAULA COSTA E SILVA, *Compra, venda e troca de valores mobiliários,* cit., 246; e por JOSÉ DE OLIVEIRA ASCENSÃO, *A Celebração de Negócios em Bolsa,* in AA.VV., *Direito dos Valores Mobiliários,* Volume I, Coimbra (1999), 177-199 (178).

II – *Existem, portanto, traços inegáveis que singularizam este negócio celebrado em mercado, dentro do contexto macro-jurídico em que ele se insere.*

A partir desta constatação, deve registar-se uma posição doutrinária, que se pronunciou face ao Código anterior, no sentido de a celebração de negócio em bolsa não assumir natureza contratual. A posição foi assumida pela Prof.ª PAULA COSTA E SILVA[1135], sendo posteriormente secundada pelo Prof. OLIVEIRA ASCENSÃO[1136]. Ambos consideravam que o anonimato da negociação em bolsa e a característica da abstração da ordem de transferência em relação à invalidade do negócio aquisitivo de base, levam a considerar que o negócio é celebrado em bolsa através de uma justaposição de negócios unilaterais, que são unidos pelo sistema. Assim, o consenso translativo não se produziria neste caso sob a forma de contrato. Tal leitura, porém, foi ensaiada perante o Código de 1991. Interessa agora atualizar os quadros normativos e apreciar o problema ante o novo Código dos Valores Mobiliários.

III – Antecipe-se a conclusão: face à leitura das atuais disposições, estamos perante um contrato quando ocorre a transmissão de valores mobiliários em mercado, pese embora, bem entendido, esse contrato surja em circunstâncias peculiares, decorrentes dos traços de regime referidos.

Em primeiro lugar, só para nos situarmos, irreleva em geral o anonimato para detetarmos estarmos perante um contrato. O Código Civil não o define – nem o deveria fazer –, podendo-se entender-se haver uma irrelevância do anonimato, quer numa aceção volitiva do contrato – entendido, por exemplo, como o *acordo vinculativo de vontades visando uma conformação unitária e coerente de interesses contrapostos* (GIORGIO OPPO), quer numa aceção performativa, concebendo o contrato como *o acordo formado por duas ou mais declarações que produzem para as partes efeitos jurídicos conformes ao significado do acordo obtido* (FERREIRA DE ALMEIDA)[1137]. Em ambos os casos não se exige, como se vê, o conhecimento da identidade das partes. E, precisamente, há nomeadamente casos de contratação através de autómatos, em que as partes não se conhecem: não pode, por isso, inferir-se que o conhecimento da identidade das partes seja característica essencial para haver, em termos conceptuais – à luz dos cânones civis –, contrato.

De outro lado também, o facto de não haver ou poder não haver contraposição entre proposta e aceitação, não deve ser determinante, porque da mesma maneira, há contratos que surgem, por exemplo, de negociações assentes em

[1135] PAULA COSTA E SILVA, *Compra, venda e troca de valores mobiliários*, cit., 250-253.

[1136] JOSÉ DE OLIVEIRA ASCENSÃO, *A Celebração de Negócios em Bolsa*, cit., 187-199. No mesmo sentido, já à luz do regime vigente, veja-se ainda ANTÓNIO PEREIRA DE ALMEIDA, *Sociedades Comerciais, Valores Mobiliários e Mercados*[6], Coimbra (2011), 762-764.

[1137] FERREIRA DE ALMEIDA, *Contratos. I*(2001), 26-30.

meios que permitam comunicações imediatas e interativas em que não se distingue uma proposta e uma aceitação. Também há contratos que decorrem de uma declaração conjunta: e quando se assina um contrato escrito não se consegue distinguir, normalmente, uma proposta e a aceitação. Portanto: o esquema civilístico tradicional, assente na contraposição entre proposta a aceitação, não é único a servir de base à formação do contrato – como foi solidamente demonstrado por FERREIRA DE ALMEIDA[1138].

Por último, no plano mobiliário, refira-se que o anonimato não é absoluto em relação à transmissão em mercado. A especificação – operação material que precede a liquidação – permite imputar, em cada ordem, a conta a movimentar[1139]. É essa operação que permite reconstituir, nos negócios celebrados em mercado, a parte compradora e a parte vendedora. Tal, aliás, é uma das modernas exigências da supervisão de mercados, sendo condição importante para a detecção de ilícitos criminais praticados no mercado. Para reter apenas um exemplo, não seria possível detetar situações de movimentação circular de valores mobiliários (*circular trading*) se não houvesse a cognoscibilidade das partes envolvidas no negócio. O reconhecimento dos limites ao anonimato é, assim, do ponto de vista da política legislativa, uma das premissas elementares à possibilidade prática de perseguição criminal da manipulação de preços e do abuso de informação privilegiada.

IV – Concentremo-nos, assim, nos aspetos relevantes para confirmar a natureza contratual na negociação em mercado e para surpreender um encontro de vontades que dá origem a um efeito transmissivo.

Apesar de constituir aspeto não decisivo, não deixa de se notar que, na terminologia atualmente adotada pelo legislador, são diversos os pontos em que é denunciada uma natureza contratual do negócio celebrado em mercado.

Assim, o nº 1 do art. 199º define mercados regulamentados como os sistemas que funcionam regularmente a fim de possibilitar o encontro de interesses relativos a instrumentos financeiros com vista à celebração de *contratos* sobre tais instrumentos. No mesmo sentido se pode apontar o art. 200º, nº 1, relativo ao conceito de sistemas de negociação multilateral, que igualmente os caracteriza nomeadamente por possibilitarem o encontro de interesses relativos a instrumentos financeiros com vista à celebração de *contratos* sobre tais instrumentos. Por fim, idêntico argumento se extrai do conceito de sistema de negociação organizado (art. 200º-A).

1138 *Texto e Enunciado do Negócio Jurídico*, cit., 854-ss.
1139 Cfr. art. 16º do Regulamento da Interbolsa nº 4/2000.

A acrescer, o art. 210º, nº 1 refere-se a valores mobiliários *vendidos* e ao *comprador*, a propósito do regime dos direitos inerentes; soma-se que a falta de transferência de valores ou de dinheiro é tratada como incumprimento definitivo à luz do art. 280º, nomeadamente no seu nº 1. O mesmo art. 280º, no seu nº 4, fala explicitamente da possibilidade de perda de interesse do *credor*, numa alusão direta ao regime da responsabilidade por incumprimento do contrato.

V – Fora da qualificação legislativa, há indícios no regime transmissivo deste encontro de vontades, desta fusão de vontades no contrato, como seguidamente se expõe.

A um tempo, as regras de negociação bolsistas prevêem diretamente encontros garantidos – isto é, ofertas cruzadas que resultam na transmissão direta e previamente combinada entre contrapartes[1140]. Além disso, como suporte tecnológico vocacionado especificamente para a execução destes encontros, e como reação ao desenvolvimento da internalização sistemática[1141], as bolsas disponibilizam usualmente mecanismos autónomos de acerto bilateral de ordens[1142]. Trata-se de uma manifestação direta e eloquente do cunho contratual do negócio transmissivo.

A outro tempo, a consagração da figura da contraparte central demonstra que o contrato em mercado pode ser objeto de uma interposição pessoal, de modo a que haja uma garantia recíproca das obrigações de comprador e vendedor[1143]. Como decorre do art. 259º, nº 4, neste caso os membros compensadores são responsáveis perante a contraparte central pelo cumprimento das obrigações resultantes de operações por si assumidas, por sua conta ou por conta dos membros negociadores perante quem tenham assumido a função de compensação das operações. A mera justaposição de vários negócios jurídicos unilaterais não permitiria dar explicação para este instituto.

Ademais, note-se que a cotação em mercado não representa mais do que uma exteriorização da fusão de vontades resultante dos vários preços nos contratos formados. É certo que a formação de cotação se apura a partir de uma média dos

[1140] EURONEXT, *Manual de negociação*, Instrução nº 4-01 (2011), 2.3; Id., *Regras de mercado harmonizadas*, (2011) 5.5.-5.6.

[1141] Cfr. *infra*, § 26º, 2.

[1142] Na Euronext, este mecanismo designa-se internal matching facility, definido como *o serviço prestado a um membro que implica que uma oferta relativa a um Instrumento Financeiro Elegível que seja introduzida no Livro de Ofertas Central, que já contenha uma oferta desse membro ao melhor limite de preço, seja executada contra esta última oferta, sem ser considerada a hora de introdução da mesma*. Cfr. EURONEXT, *Regras de mercado harmonizadas*, (2011), 4401/1.

[1143] O ponto assume nítida relevância prática, já que atualmente, mesmo na negociação a contado na Euronext Lisbon, as regras de mercado exigem a interposição de contraparte central.

diversos negócios realizados em cada sessão, tal como definido pela entidade gestora (art. 222º). Porém, no limite, em valores mobiliários com escassa liquidez, uma sessão de mercado apenas com uma ordem de venda a contrapor-se a uma ordem de compra de sentido contrário, influencia fortemente o preço da sessão – em manifestação exterior do encontro de vontades no contrato.

Por outro lado, vigora no regime transmissivo o fundamental princípio do trato sucessivo. Este traduz-se em que só pode haver uma inscrição a favor do adquirente se o alienante tiver a seu favor uma inscrição registral: dispõe-no, diretamente, o art. 70º. A operatividade deste princípio[1144] é decisiva para permitir a fiscalização do cumprimento de prescrições preventivas de branqueamento de capitais ou de crimes de mercado. Assim se explica que, mesmo na transmissão em mercado, seja possível identificar os comitentes da parte vendedora e da parte compradora. Não é perturbante, para o efeito, a circunstância de o art. 80º, nº 2 permitir alienações em mercado regulamentado antes do registo da operação. Em rigor, tal não afecta o dever de levar a registo a operação (art. 69º nº 1): não fica, por isso, posto em causa o princípio do trato sucessivo.

Assim, em suma, pode atingir-se a conclusão de que o esquema transmissivo em apreço, embora adaptado em contexto particular de negociação em mercado, assenta numa matriz contratual de base.

9. Transmissão *mortis causa*

I – O sistema jurídico nacional apresenta especialidades relevantes quanto à transmissão por morte de valores mobiliários.

Como ponto de partida para a análise deste tema, dispõe o art. 2025º CC que o domínio e posse dos bens da herança *se adquirem pela aceitação, independentemente da sua apreensão material*. Os artigos 2056º e 2057º CC, além disso, admitem a aceitação tácita de herança – aceitação essa que se manifesta em termos indivisíveis no caso de legado (art. 2250º CC).

A aceitação de herança ou legado é, pois, requisito necessário do *iter* translativo sobre os valores mobiliários.

II – Porém, na transmissão de valores mobiliários prevalece o princípio da instância, salvo no caso das transmissões em mercado (artigos 66º e 69º CVM), pelo que a aceitação do herdeiro ou legatário não é suficiente para produzir os plenos efeitos translativos[1145].

[1144] Em sentido contrário, negando a aplicação deste princípio à transmissão em mercado secundário: PAULA COSTA E SILVA, *Efeitos do Registo e Valores Mobiliários. A proteção conferida ao terceiro adquirente*, cit., 867-868.

[1145] Sobre a situação dos valores mobiliários antes da partilha: Acórdão da Relação de Coimbra de 19 de fevereiro de 2013 (Proc. n. 894/11.4BPBL.C1) (Henrique Antunes).

Assim, no caso de transmissão por morte de valores mobiliários titulados nominativos, a declaração de transmissão por morte do titular deve ser efetuada pelo funcionário judicial competente, em caso de partilha judicial ou, nos restantes casos, pelo cabeça-de-casal ou pelo notário que lavrou a escritura de partilha (art. 102º, nº 2). Qualquer destas pessoas tem legitimidade para requerer o registo junto do emitente (art. 102º, nº 4).

A transmissão por morte de valores nominativos produz efeitos a partir da data do requerimento de registo junto do emitente.

III – É certo que o artigo 102º CVM estabelece o regime transmissivo *mortis causa* para os valores titulados, faltando preceito paralelo para os valores mobiliários escriturais. Atenta a lacuna no Código dos Valores Mobiliários, os preceitos mencionados devem aplicar-se por analogia também aos escriturais, com as necessárias adaptações (artigo 10º, nº 1 CC).

Capítulo VI
Intermediação em Instrumentos Financeiros

§ 23º Aspetos introdutórios; os deveres gerais dos intermediários financeiros

1. *Introdução; a DMIF II*

I – Embora o mercado de valores mobiliários se qualifique tradicionalmente como um mercado desintermediado[1146] – ao propiciar um encontro entre os investidores/aforradores e os emitentes/captadores de fundos – não pode descurar-se o tratamento dos serviços adjacentes à tomada e à execução de decisões de investimento. Com efeito, a prestação de serviços de intermediação assume, nesta área, um relevo capital.

A importância da intermediação em instrumentos financeiros pode medir-se através de três dimensões distintas. De um lado, ante a crescente sofisticação dos mercados e instrumentos financeiros, os intermediários financeiros apresentam-se como elementos coadjuvantes decisivos na tomada de decisões esclarecidas de investimento: avultam, a este propósito, os deveres de informação ao cliente, os deveres de adequação dos intermediários e os deveres relativos à governação do produto, adiante referidos[1147]; assumem também relevo os serviços de consultoria para investimento[1148]. Acresce que o acesso aos mercados e sistemas de negociação multilateral é necessariamente intermediado (arts. 206º, nº 1 e

[1146] Cfr. o meu *Emissão e Subscrição de Valores Mobiliários*, cit., 202-204.

[1147] Cfr. *infra* § 23º, 9 (deveres de informação), § 23º, 20. (deveres de adequação) e § 23º, 14. (deveres relativos à governação do produto).

[1148] Cfr. *infra* § 24º, 5.

317º-H[1149]), o mesmo sucedendo com o acesso aos sistemas de liquidação (art. 267º): a transmissão de ordem relativa a instrumentos financeiros faz-se, assim, necessariamente perante intermediário financeiro habilitado à sua receção e/ou execução (arts. 290º, nº 1 *a)* e 325º, nº 1). Por fim, os intermediários financeiros estão ligados à própria organização e exercício da titularidade mobiliária na prestação de serviços de registo e depósito relativos a valores mobiliários (arts. 291º, *a)* e 325º, nº 1).

II – A centralidade da importância da intermediação pode demonstrar-se, historicamente, pela circunstância de as grandes reformas mobiliárias apresentarem uma conexão clara com temas de intermediação.

Como é sabido, o primeiro marco significativo de regulação do mercado de capitais era dedicado à intermediação. O "*Act to Restrain the Number and Ill Practice of Brokers and Stock Jobbers*", de 1697, era dirigido a prevenir condutas ilícitas dos intermediários, à altura muito frequentes[1150].

Também entre nós, o Regimento de Ofício de Corretor constitui um marco incontornável na edificação do direito mobiliário. O desenvolvimento nacional da banca de investimento é, porém, tido como muito tardio, dado que apenas em 1929 se deteta a autonomização de um serviço de um banco com esse objeto específico[1151].

Por seu turno, no além-Atlântico, a reforma do *New Deal* norte-americano tem na sua base uma sucessão de escândalos relacionados com a prestação de serviços de investimento[1152].

A partir do regime europeu estabelecido na DMIF I (de 2004, transposta em 2007) e, mais ainda, a partir do quadro normativo substituído pela DMIF II (de 2014, transposta entre nós em 2018), os deveres gerais sobre intermediação

[1149] O acesso eletrónico direto depende de autorização e de declaração de responsabilização de intermediário financeiro (art. 317º-H, nº 2 *a)*, pelo que não deixa de ser, nesta exata medida, um acesso intermediado.

[1150] Stuart Banner, *Anglo-American Securities Regulation: Cultural and Political Roots, 1690-1860*, Cambridge (1998), 39 e *passim*.

[1151] Em Nuno Valério (org.), *História do Sistema Bancário Português*, Lisboa, Vol. I (2006), 248 chega-se a concluir que "*o tardio e modesto aparecimento de uma banca de investimento foi um elemento desfavorável ao crescimento económico moderno do País*". Complemente-se com Anabela Sérgio, *O Sistema Bancário e a Expansão da Economia Portuguesa (1947-1956)*, Lisboa (1990), 71-79 – onde se documenta nomeadamente o incipiente desenvolvimento do mercado financeiro entre meados da década de 1940 e meados dos anos 1950. Também o *Dicionário de História Empresarial Portuguesa (Séculos XIX e XX)*, Lisboa (coordenação de Miguel Figueira de Faria e José Amado Mendes: 2013) considera que a escassa dimensão do setor bancário em termos internacionais no século XIX era acompanhada por uma falta de especialização funcional dos bancos (pags 22-24).

[1152] Louis Brandeis, *Other People's Money and How the Bankers Use It* (1914, reimp. 1995), 61-149.

passaram a conhecer um desenvolvimento exponencial. Tal decorre do reconhecimento de que, com a sofisticação atual dos mercados – em função da diversidade de tipos de instrumentos financeiros e da concorrência entre diversas estruturas de negociação – e com a omnipresença do risco em todas as decisões de investimento, os investidores não profissionais intervêm cada vez mais apoiados em intermediários financeiros. Esta constituí a trave mestra do fundamento para a aturada densificação legislativa do conteúdo dos deveres jurídicos dos intermediários financeiros na sua relação com os seus clientes[1153].

III – A pedra angular do regime jurídico da intermediação financeira é representada pela Diretiva nº 2014/65/UE, de 15 de maio de 2014 (DMIF II).

Esta Diretiva constitui a atual peça legislativa de maior importância na regulação dos mercados financeiros na Europa. É usualmente designada DMIF II, porque sucedeu e revogou a primeira diretiva relativa aos mercados financeiros, a Diretiva nº 2004/39/CE, de 21 de abril de 2004 (DMIF I).

No âmbito da intermediação financeira, o processo de preparação da DMIF II decorreu do contexto de crise financeira internacional e do aprimoramento de soluções esboçadas na DMIF I. Este constitui o enquadramento que ditou a aprovação da DMIF II, a que subjazem os objetivos abaixo indicados.

A um tempo, o diploma visou uma maior coerência do regime mobiliário europeu no tocante à intermediação financeira, nomeadamente através do alargamento dos instrumentos financeiros abrangidos[1154]. Mais concretamente procurou-se a inclusão das licenças de emissão nos instrumentos financeiros regulados, de modo a por cobro a práticas fraudulentas detetadas que poderiam por em causa o mercado europeu de licenças de emissão[1155].

A revisão legislativa teve ainda como propósito o reforço da proteção dos investidores[1156]. A este título, é patente o objetivo estruturante de uma prevenção de conflito de interesses na regulação dos serviços de intermediação financeira[1157]. Trata-se de um ponto transversal, nomeadamente no novo regime estabelecido para os serviços de consultoria e na gestão de carteiras, para os

[1153] Andrew F. Tuch, *Conduct of business regulation*, em Niamh Moloney/ Eilís Ferrán/ Jennifer Payne, *The Oxford Handbook of Financial Regulation*, Oxford (2015), 535-565.

[1154] Cfr. *supra*, § 13º, 6.

[1155] Considerando 11 da Diretiva nº 2014/65/UE, de 15 de maio de 2014.

[1156] Martin Brenncke, *Commentary on MiFID II Conduct of Business Rules, Arts 21-30 MiFID II* in Mathias Lehmann/Christoph Kumpan (eds.), *Financial services law: a commentary*, Beck/Hart/ /Nomos (2018)

[1157] Luca Enriques/ Matteo Gargantini, *The overarching duty to act in the best interests of the client in MiFID II*, in Danny Busch/ Guido Ferrarini (ed.), *Regulation of the EU Financial Markets: MiFID II and MIFIR*, Oxford (2017), 85-122.

benefícios (*inducements*), os deveres de informação, os deveres de adequação e os deveres de governação dos produtos financeiros. Tem-se em vista também o reforço dos poderes de supervisão e o alargamento do perímetro de atuação das autoridades de supervisão, nomeadamente em relação às empresas prestadoras de dados e ao tema de governação dos produtos financeiros. Este pacote legislativo procurou, por fim, promover o robustecimento das regras de governação dos intermediários financeiros (particularmente na área do sistema de controlo interno)[1158] e a imposição de novas regras sobre governação dos produtos financeiros[1159].

IV – Esta Diretiva submete-se ao sistema europeu multi-estratificado de fontes, que deve ser apreciado em termos integrados[1160]. Como fontes de nível 1, encontramos a Diretiva nº 2014/65/UE, de 15 de maio de 2014 (DMIF II) e o Regulamento (UE) nº 600/2014 do Parlamento Europeu e do Conselho de 15 de maio de 2014 (comummente designado por RMIF ou MIFIR). A primeira foi transposta para Portugal através da Lei nº 35/2018, de 20 de julho.

Por seu turno, vigoram diversas medidas legislativas de nível 2 em complemento das mencionadas fontes de nível 1. As medidas de nível 2 mais relevantes são as seguintes:

- Diretiva Delegada (UE) 2017/593 da Comissão de 7 de abril de 2016 que diz respeito à proteção dos instrumentos financeiros e dos fundos pertencentes a clientes, às obrigações em matéria de governação dos produtos e às regras aplicáveis ao pagamento ou receção de remunerações, comissões ou quaisquer benefícios monetários ou não monetários[1161];
- Regulamento Delegado (UE) 2017/565 da Comissão de 25 de abril de 2016 que completa a Diretiva 2014/65/UE do Parlamento Europeu e do Conselho no que diz respeito aos requisitos em matéria de organização e às condições de exercício da atividade das empresas de investimento (usualmente designado como «Regulamento Delegado DMIF II»);

[1158] Com uma avaliação crítica sobre o fundamento das novas regras: Jens-Hinrich Binder, *Governance of investment firms under MiFID II*, in Danny Busch/ Guido Ferrarini (ed.), *Regulation of the EU Financial Markets: MiFID II and MIFIR*, cit., 49-83.

[1159] Cfr. *infra*, § 23º, 14.; e Tiago dos Santos Matias, *Product intervention na DMIF II: nótulas sobre o último poder (ou o poder último) conferido às autoridades de supervisão*, em Paulo Câmara (coord.), *O Novo Direito dos Valores Mobiliários*, cit., 257-278.

[1160] O sítio Internet da Comissão Europeia mostra-se indispensável para aceder ao acervo integral de diplomas relacionados com a DMIF II: cfr. http://ec.europa.eu/finance/securities/isd/mifid2/index_en.htm.

[1161] Esta Diretiva foi igualmente transposta para Portugal através da Lei nº 35/2018, de 20 de julho.

- Regulamento Delegado (UE) 2017/567 da Comissão de 18 de maio de 2016 que complementa o Regulamento (UE) nº 600/2014 do Parlamento Europeu e do Conselho no que diz respeito às definições, à transparência, à compressão de carteiras e às medidas de supervisão da intervenção sobre produtos e posições («Regulamento Delegado MIFIR»).

Por seu turno, somam-se ainda normas técnicas de regulamentação e de execução. Neste âmbito foram aprovados 41 diplomas[1162], sendo de destacar nomeadamente os seguintes:

- Regulamento Delegado (UE) 2016/2020 da Comissão, de 26 de maio de 2016, que complementa o Regulamento (UE) nº 600/2014 do Parlamento Europeu e do Conselho, relativo aos mercados de instrumentos financeiros, no que respeita a normas técnicas de regulamentação sobre os critérios aplicáveis para determinar se os derivados sujeitos à obrigação de compensação devem ser igualmente sujeitos à obrigação de negociação;
- Regulamento Delegado (UE) 2016/2021 da Comissão, de 2 de junho de 2016, que complementa o Regulamento (UE) nº 600/2014 do Parlamento Europeu e do Conselho, relativo aos mercados de instrumentos financeiros, no que respeita às normas técnicas de regulamentação sobre o acesso aos índices de referência;
- Regulamento Delegado (UE) 2016/2022 da Comissão, de 14 de julho de 2016, que complementa o Regulamento (UE) nº 600/2014 do Parlamento Europeu e do Conselho no que respeita às normas técnicas de regulamentação sobre as informações necessárias para o registo das empresas de países terceiros e o formato das informações a prestar aos clientes;
- Regulamento de Execução (UE) 2016/824 da Comissão de 25 de maio de 2016 que estabelece normas técnicas de execução no que respeita ao conteúdo e formato da descrição do funcionamento dos sistemas de negociação multilateral e dos sistemas de negociação organizados e das notificações à Autoridade Europeia dos Valores Mobiliários e dos Mercados;
- Regulamento Delegado (UE) 2017/590 da Comissão, de 28 de julho de 2016, no que respeita às normas técnicas de regulamentação para a comunicação de informações sobre as transações às autoridades competentes;
- Regulamento de Execução (UE) 2017/953 da Comissão de 6 de junho de 2017 que estabelece normas técnicas de execução no que se refere ao formato e ao calendário das comunicações das posições por parte de

[1162] A listagem global é acessível em http://ec.europa.eu/finance/securities/docs/isd/mifid/its-rts-overview-table_en.pdf.

empresas de investimento e operadores de mercado das plataformas de negociação;

– Regulamento de Execução (UE) 2017/980 da Comissão de 7 de junho de 2017 que estabelece normas técnicas de execução no que se refere aos formulários, modelos e procedimentos normalizados para a cooperação nas atividades de supervisão e para as verificações no local, as investigações e a troca de informações entre as autoridades competentes.

Devemos ainda dar nota da aprovação, pela CMVM, de regulamentos importantes neste âmbito[1163], mais concretamente os seguintes:

a. Regulamento da CMVM nº 4/2017 – Prestação de informação sobre transações em instrumentos financeiros nos termos do artigo 26º do Regulamento (UE) n.º 600/2014 do Parlamento Europeu e do Conselho, de 15 de maio de 2014;
b. Regulamento da CMVM nº 5/2017 – Prestação de informação sobre dados de referência dos instrumentos financeiros nos termos do artigo 27º do Regulamento (UE) nº 600/2014 do Parlamento Europeu e do Conselho, de 15 de maio de 2014 e do artigo 4º do Regulamento (UE) nº 596/2014 do Parlamento Europeu e do Conselho, de 16 de abril de 2014;
c. Regulamento da CMVM nº 6/2017 – Prestação de informação pelas plataformas de negociação sobre ofertas relativas a instrumentos financeiros nos termos do artigo 25º do Regulamento (UE) nº 600/2014 do Parlamento Europeu e do Conselho, de 15 de maio de 2014;
d. Regulamento da CMVM nº 3/2018 – Define os conteúdos mínimos a dominar pelos colaboradores de intermediários financeiros que prestam serviços de consultoria para investimento, de gestão de carteiras por conta de outrem ou dão informações a investidores sobre produtos financeiros e serviços de investimento, principais ou auxiliares, assim como pelos consultores autónomos, regulamentando também qualificações e aptidões profissionais destes.

V – À margem dos diplomas de natureza legislativa, importa ainda anotar o relevo dos documentos interpretativos como os Q&A e as Orientações da ESMA. Apesar de estes apenas determinarem, do lado dos intermediários finan-

[1163] É de prever ainda que a CMVM venha a atualizar o Regulamento nº 2/2007, sobre intermediação financeira, e que o Banco de Portugal venha a adotar um aviso em desenvolvimento das alterações ao RGISF.

ceiros, um dever de desenvolvimento dos melhores esforços no sentido do seu acolhimento[1164], é de reter nomeadamente os seguintes documentos[1165]:

a. ESMA, *Guidelines for the assessment of knowledge and competence*, ESMA 71-1154262120-153 (2017);
b. ESMA, *MiFID II guidelines on cross-selling practices*, ESMA/2016/574 (2016);
c. ESMA, *Guidelines on Transaction reporting, order record keeping and clock synchronisation under MiFID II*, ESMA/2016/1452 (2016);
d. ESMA, *Guidelines on certain aspects of the MiFID II suitability requirements*, ESMA 35-43-869 (2018);
e. ESMA, *Q&A On MiFID II and MiFIR investor protection and intermediation topics*, ESMA 35-43-349 (em atualização);
f. ESMA, *Q&A on MIFIR Data Reporting*, ESMA 70-1861941480-56 (em atualização);
g. ESMA, *Guidelines on Product governance requirements, ESMA35-43-620* (2017);
h. ESMA, *Q&A on Market Structure Topics, SMA35-43-620* (em atualização);
i. ESMA, *Briefing LEI Identifier*, ESMA 70-145-238 (2017).

VI – O quadro atrás exposto é impressivo, pelo elevadíssimo número de diplomas envolvido. Apesar disso, o legislador nacional não se coibiu de adicionar exigências acrescidas ao denso conjunto de diplomas que resulta da DMIF II.

Com efeito, o principal problema respeitante à transposição da DMIF II em Portugal prende-se precisamente com a adição de novas exigências internas num processo já de si muito denso e exigente em termos de amplitude do acervo regulatório.

A tendência comummente encontrada no diploma de transposição – Lei nº 35/2018, de 20 de julho – é a de se alargar regras dirigidas a instrumentos financeiros e depósitos estruturados a todos os depósitos e contratos de crédito ou a outros produtos de aforro. Esta orientação – já adivinhada no processo de preparação do diploma e agravada na discussão parlamentar[1166] – exibe efeitos nefastos nomeadamente ao tratar como iguais produtos com características muito diferentes e ao criar desse modo um sobrepeso adicional nas exigências às instituições nacionais, sem paralelo nos seus concorrentes europeus. A acrescer,

[1164] Artigo 16º nº 3 do Regulamento (UE) 1095/2010, do Parlamento Europeu e do Conselho, de 25 de novembro de 2010.

[1165] Quanto aos documentos por finalizar, cfr. nomeadamente ESMA, *Consultation Paper on Draft Guidelines on Suitability Requirements* (2017).

[1166] Em referência estão os Projectos de Lei n.os 445/XII/2ª e 448/XII/2ª, apresentados ao longo da apreciação parlamentar do diploma de transposição da DMIF II.

em muitos casos o alargamento das previsões normativas é conduzido por um direto instinto maximalista, sem a suficiente ponderação das implicações do *goldplating*.

Os exemplos mais relevantes refletem-se em relação aos seguintes normativos introduzidos ou alterados pela Lei nº 35/2018, de 20 de julho:

a. O artigo 77º-E RGICSF estabelece deveres adicionais de informação para a comercialização em retalho de produtos e instrumentos financeiros. O alargamento inclui não apenas os serviços sobre instrumentos financeiros, mas também serviços sobre "produtos financeiros", relativamente aos quais se estabelece a necessidade de informar nomeadamente sobre a rentabilidade e o nível de perdas que poderão ocorrer. Sucede que o conceito de instrumento financeiro é definido pelo RGICSF, através de remissão para a DMIF II (artigo 199º-A, nº 3 RGICSF). Todavia, o conceito de ***produto financeiro*** não é de todo definido e é estranho à Diretiva[1167]. Fica por isso por determinar que outros "produtos" – além dos instrumentos financeiros – estão ali cobertos.[1168].
b. As regras sobre remuneração sofreram uma ampliação em relação ao enunciado da Diretiva (transposto nos arts. 305º-D, nº 1 *b)* iii e 309º-H CVM) por duas vias. De um lado, o artigo 77º-F RGICSF estabelece regras adicionais sobre remuneração para os colaboradores que intervenham na comercialização ao retalho de produtos e instrumentos financeiros (colocando-se aqui a mesma dificuldade conceptual atrás indicada). Além disso, artigo 86º-B RGICSF alarga as regras sobre restrições remuneratórias a todos os colaboradores que lidem com depósitos e produtos de crédito[1169].
c. O art. 314º CVM determina a observância de forma escrita para a comunicação em caso de operação inadequada, por défice de conhecimentos ou experiência do cliente e para a confirmação do cliente, o que não tem paralelo nos diplomas de direito europeu[1170].
d. Por seu turno, o artigo 90º-A RGICSF alarga os deveres de registo e arquivo (registo de evidências e *record-keeping*) aos serviços, atividades e

[1167] A interpretação que se afigura mais plausível é a de que o conceito de "produto de investimento" neste âmbito constitui uma realidade compósita a incluir os instrumentos financeiros e os depósitos estruturados: o mesmo termo é utilizado pela ESMA nas *Guidelines on certain aspects of the MiFID II suitability requirements*, cit., 33.

[1168] Este regime aguarda o desenvolvimento regulamentar através de aviso do Banco de Portugal (artigo 77º-E nº 3).

[1169] Este regime depende igualmente do desenvolvimento regulamentar através de aviso do Banco de Portugal (artigo 77º-F nº 4 RGIC).

[1170] Cfr. *supra* § 23º, 17.

operações efetuadas por instituições de crédito. A letra da lei transcende o âmbito da DMIF II, não se limitando a operações sobre instrumentos financeiros. Não se define, contudo, que serviços, atividades e operações estão aqui abrangidos[1171].

e. Por fim, o artigo 305º nº 4 CVM impõe restrições à concessão de crédito a colaboradores para operações sobre instrumentos financeiros.

VI – A avaliação do impacto da DMIF II deve ter em conta, em termos integrados, o sistema de normas jurídicas respeitantes à prestação de serviços e ao exercício de atividades de intermediação financeira. Para o efeito, adiante apresenta-se uma exposição geral sobre o regime de intermediação financeira e sobre os deveres jurídicos aplicáveis nesse âmbito. Subsequentemente, em capítulo separado (§ 24º), são tratados os contratos de intermediação.

2. *O quadro institucional*

I – Nas codificações comerciais, os corretores eram tratados em geral, e em sede normativa distinta da reservada às operações de bolsa. Mereciam regime unitário diversos intermediários – incluindo os corretores de navios, de câmbio e de mercadorias (cfr. por exemplo o art. 66º do Código Comercial de 1888)[1172].

Só a partir do século XX começa a despontar uma certa autonomização dos corretores em instrumentos financeiros. Tal acentuou-se com o DL nº 8/74 e, em termos ainda mais intensos, com o Código do Mercado de Valores Mobiliários (1991) e com o Código dos Valores Mobiliários (1999). Prevalecem agora as soluções especiais sobre as previsões que cubram todo o sistema jurídico-comercial ou jurídico-financeiro.

Com esta evolução recente do Direito dos valores mobiliários, ficou perdido o regime geral dos corretores financeiros. Esta evolução apresenta consequências negativas no plano da sistematização, porquanto se multiplicam diversas micro-disciplinas sectoriais com sensíveis diferenças terminológicas entre si. A título de ilustração, basta pensar nas diferentes disciplinas a que se sujeitam os mediadores de seguros, os promotores bancários, os intermediários de crédito e os agentes vinculados. Adiante regressa-se a este ponto[1173].

[1171] A disciplina normativa instituída aguarda o desenvolvimento regulamentar através de aviso do Banco de Portugal (artigo 90º-A nº 4 RGIC).

[1172] Caeiro da Matta, *Direito Comercial Português*, Coimbra (1910), 669-700.

[1173] Cfr. *infra*, § 23º, 30.

II – Atualmente, os prestadores de serviços de intermediação financeira, em nome próprio, devem em Portugal ser pessoas coletivas (art. 293º CVM). Trata-se, além do mais, de pessoas coletivas com natureza empresarial.

É certo que o nosso ordenamento jurídico também conhece os consultores para investimento em valores mobiliários (arts. 294º, nº 4 e 301º CVM) – que podem ser pessoas singulares ou coletivas. Todavia, não os trata como intermediários financeiros, denegando-lhes o passaporte europeu.

Por outro lado, também é verdade que os agentes vinculados podem desenvolver atividade de prospeção e publicidade, podendo ser pessoas singulares – mas não exercem tal atividade em nome próprio (arts. 294º-A – 294º-D CVM).

Atento o exposto, em consequência, extrai-se a conclusão de que os contratos de intermediação financeira são normativamente empresariais[1174].

III – A análise da tipologia destes intermediários financeiros surge dificultada pela complexidade do quadro institucional – o que se deve a razões internas e a razões encontradas no Direito europeu derivado.

A um tempo, a articulação entre os dois principais diplomas nacionais relacionados com as instituições do mercado – o RGIC e o CVM – revela um quadro institucional muito atomizado.

A acrescer, há diplomas avulsos que estendem o perímetro das entidades que podem realizar atividades de intermediação financeira. A título de exemplo, ao abrigo do art. 129º do RGOIC, é admitida a colocação de unidades de participação por entidades que não são intermediários financeiros[1175].

IV – A outro tempo, as Diretivas europeias tratam separadamente os organismos de investimento coletivo – e respetivas gestoras – e as empresas de investimento[1176].

Contudo, tal resulta sobretudo de fatores históricos, e não surge como fruto de um estudo aturado sobre o assunto. Com efeito, atualmente há muitas atividades que são prestadas por empresas de investimento e por gestoras de instituições de investimento coletivo – caso da gestão de carteiras, da consultoria e do depósito de unidades de participação.

A linha divisória entre intermediação financeira e gestão de ativos não absoluta, como se demontra pela circunstância de os organismos de inves-

[1174] Do mesmo modo: José Engrácia Antunes, *Contratos Comerciais. Noções Fundamentais*, Vol. Especial *Direito e Justiça* (2007), 25, 73-74.

[1175] A colocação de unidade de participação por entidade que não seja intermediário financeiro depende de previsão regulamentar e de autorização da CMVM e do cumprimento de regras materiais impostas aos intermediários financeiros: artigo 129º, n.os 1 *d)* e 2 RGOIC.

[1176] Cfr. *infra*, § 43º, 3.

timento coletivo sob forma societária autogeridos serem qualificados como intermediários financeiros (art. 11º, nº 5 RGOIC)[1177].

Além disso, as sociedades gestoras de patrimónios são qualificadas como intermediários financeiros (art. 393º, nº 2 *c)* CVM), desafiando a pretensa estanquicidade institucional entre a intermediação financeira e a gestão de ativos.

Por fim, muitas preocupações regulatórias são comuns (*inter alia*, deveres de lealdade e respeito pelos interesses do cliente, conflito de interesses, prestação de informação e governação equilibrada), o que obriga a uma abordagem transversal das matérias, em muito dificultada pelo quadro europeu.

V – A categorização institucional compreende fundamentalmente instituições de crédito, sociedades financeiras e empresas de investimento.

Mas esta é uma classificação fundamentalmente dicotómica porque quase todas as empresas de investimento são sociedades financeiras – exceção feita às sociedades de consultoria para investimento.

Também há uma diferença de categoria entre instituição de crédito e empresa de investimento – embora nas situações em que as instituições de crédito prestem serviços de investimento mereça aplicação a quase generalidade de regras aplicáveis às empresas de investimento[1178]. De tal modo que a esmagadora maioria de previsões do Título VI se refira aos intermediários financeiros – categoria que, como é sabido, inclui quer as empresas de investimento quer as instituições de crédito[1179]. Normas de exceção são apenas encontradas no nº 4 do art. 306º, no art. 306º-C e no nº 2 do art. 306º-D.

VI – O exercício de atividades de intermediação financeira depende de um processo autorizativo complexo e usualmente muito moroso. O requerente deverá cumprir sucessivamente os seguintes requisitos:

- Autorização do Banco de Portugal (arts. 16º-20º e 199º-C RGIC);
- Constituição da sociedade e sua inscrição no registo comercial;
- Registo de supervisão no Banco de Portugal (arts. 65º e 194º RGIC);
- Ligação operacional ao Banco de Portugal através do BPNet;

[1177] Esta qualificação, porém, não pode ser tomada pelo seu valor facial porque suscita problemas adiante tratados: cfr. *infra*, § 43º, 1.

[1178] Francisco Uría Fernández, *La aplicacion de la "MiFID" a las entidades de crédito. Una aproximacíon a partir del Anteproyecto de Ley de Modificacíon parcial de la Ley del Mercado de Valores*, RDBB nº 106 (ab.-jun. 2007), 41-61. Em geral, sobre as divergências classificativas entre lei bancária e mobiliária, cfr. o meu *O Governo dos Grupos Bancários*, cit., 112-113.

[1179] Umberto Belviso, *Gli "intermediari finanziari" (tra storia e nomenclatura), G. Comm.* 26.3 (2000), 165/I-185/I.

- Registo na CMVM das atividades de intermediação financeira a exercer (art. 295º CVM);
- Ligação operacional à CMVM através da Extranet.

Este quadro carece de uma breve explicação. Anote-se que no caso de instituição de crédito ou de sociedade financeira, após a autorização será ainda necessário um registo institucional realizado no Banco de Portugal, que o comunica e disponibiliza à CMVM, bem como aos respetivos averbamentos, alterações ou cancelamentos[1180]. Repare-se que o registo no Banco de Portugal não corresponde a uma exigência de direito europeu, sendo uma adição legislativa doméstica (*goldplating*) sem fundamentação atual possível[1181].

Subsequentemente, impõe-se o registo da CMVM (art. 295º, nº 1 *b*)), que tem como função assegurar o controlo prévio dos requisitos para o exercício das atividades de intermediação (art. 296º). Contrariamente ao registo no Banco de Portugal, o registo na Comissão circunscreve-se, neste caso, a um registo das atividades de intermediação financeira que o intermediário pretenda exercer.

Este modelo de duplo registo constitui um fator negativo do sistema, porque representa uma injustificada e anacrónica duplicação de escrutínio de legalidade, a estender a complexidade e a morosidade do processo autorizativo[1182]. Seria claramente preferível instituir um modelo de registo único (*one stop shop*), com a devida articulação entre os reguladores bancário e mobiliário.

Até que tal seja possível, é de saudar a iniciativa promovida em 2018 pelo Portugal In, pela APFIPP, pelo Banco de Portugal e pela CMVM de articulação entre as autoridades de supervisão no sentido de facilitar o processo autorizativo de intermediários financeiros[1183].

No caso de não estarem em causa intermediários financeiros, o procedimento autorizativo encontra-se facilitado. Para as sociedades de consultoria para investimento, a CMVM é competente para a autorização e para o registo (art. 9º

[1180] Art. 65º, nº 2 RGIC, aplicável às sociedades financeiras *ex vi* do art. 194º, nº 2 do mesmo diploma.

[1181] No plano do direito a constituir, este representa um ponto claramente carecido de reforma. Não é conhecido nenhum sistema jurídico europeu no âmbito do qual a autorização do supervisor bancário implique dois atos autorizativos separados. Admitir-se-ia, no limite, entre nós, um modelo de registo oficiosamente promovido pelo Banco de Portugal após a autorização.

[1182] Trata-se de um procedimento interadministrativo complexo, na análise de Luís Guilherme Catarino, *Direito Administrativo dos Mercados de Valores Mobiliários*, em Paulo Otero/ Pedro Gonçalves *(coord.)*, *Tratado de Direito Administrativo Especial*, Vol. III (2010), 424.

[1183] Este trabalho determinou nomeadamente a desmaterialização do processo autorizativo relativo a sociedades gestoras de organismos de investimento coletivo, a aceitação de documentos em inglês e um endereço de correio eletrónico de contacto único, sem prejuízo das competências de cada autoridade (Banco de Portugal/ CMVM, *Portugal Destino para Instituições Financeiras: novas medidas de simplificação*, (2018)).

e 10º DL nº 357-B/2007, de 31 de outubro). Tratando-se de consultores para investimento, basta um registo na CMVM para o exercício legítimo da atividade (art. 294º CVM).

VII – O registo da CMVM consubstancia um registo de supervisão: visa, a título principal, avaliar a suficiência dos meios humanos, materiais e técnicos necessários ao exercício da atividade (art. 298º) e, bem assim, aferir *ex ante* a adequação das políticas adotadas pelo intermediário financeiro – política de continuidade das suas atividades (art. 305º, nº 1 *i)* e art. 21º nº 3 do Regulamento Delegado (UE) 2017/565), política sobre controlo de cumprimento (art. 305º-A), política sobre gestão de riscos (art. 305º-B), política de governação de produtos (305º-D, nº 1 *b)* ii, 309º-I, 309º-J e 309º-K), política de avaliação de desempenho e de remunerações (art. 305º-D, nº 1 *b)* iii e 309º-H), política sobre gestão de conflito de interesses (art. 309º-A nº 1 *a)*), política sobre execução e transmissão de ordens (art. 330º), política sobre classificação de clientes (art. 317º, nº 1) e política sobre segurança, integridade e confidencialidade das informações (art. 21º nº 2 do Regulamento Delegado (UE) 2017/565).

3. *O exclusivo no exercício de atividades de intermediação financeira*

I – O nº 2 do art. 289º confia aos intermediários financeiros o exclusivo de exercício, a título profissional[1184], de atividades de intermediação financeira.

Quanto ao respetivo âmbito subjectivo, o exclusivo é recortado negativamente através do extenso nº 3 do art. 289º. Este isenta do exclusivo as seguintes pessoas e entidades:

a) Os membros do Sistema Europeu de Bancos Centrais, no exercício das suas funções, e ao Estado e outras entidades públicas no âmbito da gestão da dívida pública e das reservas do Estado, ou que gerem fundos destinados ao financiamento de sistemas de segurança social ou de regimes de pensões de reforma ou de proteção de trabalhadores, ou que participem em instituições financeiras internacionais criadas por dois ou mais Estados-Membros que tenham como fim mobilizar fundos e prestar assistência financeira em benefício dos seus membros por problemas graves de financiamento;

b) As pessoas que prestam serviços de investimento exclusivamente à sua sociedade dominante, a filial desta, ou à sua própria filial;

[1184] A DMIF II exclui do seu âmbito a prestação de serviços de caráter esporádico (artigo 2º, nº 1, alínea *c)*, da Diretiva 2014/65/UE), entendendo como tais os serviços que cumpram os requisitos cumulativos enunciados no art. 4º do Regulamento Delegado (UE) 2017/565, da Comissão, de 25 de abril de 2016.

c) As pessoas que prestem conselhos de investimento como complemento normal e não especificamente remunerado de profissão de fim diverso da prestação de serviços de investimento;

d) As pessoas que tenham por única atividade de investimento a negociação por conta própria de instrumentos financeiros que não sejam derivados de mercadorias ou licenças de emissão e seus derivados desde que não:

i) Sejam criadores de mercado;

ii) Sejam membros ou participantes num mercado regulamentado ou sistema de negociação multilateral ou tenham acesso eletrónico direto a uma plataforma de negociação, exceto se forem entidades não financeiras que executam transações numa plataforma de negociação que reduzam, de forma objetivamente mensurável, os riscos diretamente relacionados com a atividade comercial ou a atividade de financiamento de tesouraria dessas entidades não financeiras ou dos respetivos grupos;

iii) Exerçam uma atividade de negociação algorítmica de alta frequência;

iv) Negoceiem por conta própria ao executarem ordens de clientes;

e) As pessoas que prestam, exclusivamente ou em cumulação com a atividade descrita na alínea *b)*, serviços investimento relativos à gestão de sistemas de participação de trabalhadores;

f) Os operadores sujeitos a obrigações de conformidade nos termos da Diretiva 2003/87/CE, do Parlamento Europeu e do Conselho, de 13 de outubro, que negoceiem por conta própria licenças de emissão e que não executem ordens de clientes nem prestem ou exerçam outros serviços ou atividades de investimento e não desenvolvam negociação algorítmica de alta frequência;

g) As pessoas, incluindo criadores de mercado, que negoceiem por conta própria instrumentos financeiros derivados de mercadorias ou licenças de emissão e seus derivados, exceto se negociarem por conta própria ao executarem ordens de clientes, ou que prestem outros serviços de investimento relativamente àqueles instrumentos apenas a clientes ou fornecedores da sua atividade principal e que cumpram os seguintes requisitos:

i) Os serviços ou atividades são efetuados enquanto atividade acessória da sua atividade principal ao nível do grupo a que pertencem, tanto numa base individual como agregada, conforme definido em regulamentação e atos delegados da Diretiva nº 2014/65/UE, do Parlamento Europeu e do Conselho, de 15 de maio de 2014, não sendo essa atividade principal a prestação de serviços de investimento ou de atividades bancárias previstas no Regime Geral das Instituições de Crédito e das Sociedades Financeiras, aprovado pelo Decreto-Lei nº 298/92, de 31 de dezembro, ou a criação de mercado em derivados de mercadorias;

ii) Não exerçam uma atividade de negociação algorítmica de alta frequência;

iii) No caso de entidades com sede em Portugal, comuniquem anualmente à CMVM que beneficiam desta exceção;

h) Os operadores de redes de transporte conforme definidos no nº 4 do artigo 2º, da Diretiva 2009/72/CE ou no nº 4 do artigo 2º, da Diretiva 2009/73/CE, do Parlamento Europeu e do Conselho, de 13 de julho, quando atuem ao abrigo das funções aí previstas ou nos Regulamentos (CE) nº 714/2009 e nº 715/2009, do Parlamento Europeu e do Conselho, de 13 de julho, ou de códigos ou orientações relativos às redes adotados em aplicação desses regulamentos, incluindo pessoas que atuem como prestadores de serviços em seu nome no cumprimento dessas funções, e qualquer operador ou administrador de um mecanismo de compensação de fluxos de energia ou de uma rede ou sistema de oleodutos para manter o equilíbrio entre a oferta e a procura de energia no desempenho dessas tarefas, desde que os serviços ou atividades apenas tenham por objeto derivados de mercadorias a fim de desempenhar aquelas funções e não correspondam a operações efetuadas em mercado secundário, incluindo uma plataforma de negociação de direitos de transporte de natureza financeira;

i) As pessoas que exercem, a título principal, algum dos serviços enumerados nas alíneas *c), d)* e *g)* do artigo 291º, desde que não atuem no âmbito de um grupo cuja atividade principal consista na prestação de serviços de investimento ou de natureza bancária;

j) As centrais de valores mobiliários, exceto nos termos previstos no artigo 73º do Regulamento (UE) nº 909/2014 do Parlamento Europeu e do Conselho, de 23 de julho de 2014.

A lista de operadores excecionados do regime de intermediação financeira será em breve alargada. Com efeito, a Comissão Europeia fez divulgar uma Proposta de Diretiva modificativa da DMIF II que visa excecionar do âmbito do diploma europeu as plataformas de crowdfunding[1185].

II – Cabe acrescentar que há exclusivos mobiliários que não se prendem com serviços ou atividades de investimento em sentido técnico. É o que sucede com

[1185] European Commission, *Proposal for a Diretive of the European Parliament and of the Council amending Directive 2014/65/EU* (8-mar-.2018), COM (2018) 99 final.

a publicidade[1186] e com a prospeção[1187], as quais – não sendo embora serviços ou atividades de investimento – se sujeitam a um regime de exclusivo, dado apenas poderem ser desenvolvidas por intermediário financeiro ou por agente vinculado[1188], nos termos do art. 292º CVM.

4. *Os serviços e as atividades de investimento*

I – A determinação do perímetro de serviços e atividades de investimento reveste-se de importância matricial, atento o regime jurídico que lhes está associado, em termos de exigências de autorização e de deveres de conduta. Por razões de certeza jurídica, trata-se de tarefa que não é abandonada ao intérprete-aplicador, sendo antes traçada pela lei.

A técnica utilizada, sob influência europeia, envolve o recurso a uma tipologia taxativa. Segundo o art. 290º CVM, são serviços e atividades de investimento em instrumentos financeiros os seguintes:

a) A receção e transmissão de ordens por conta de outrem;
b) A execução de ordens por conta de outrem;
c) A gestão de carteiras por conta de outrem;
d) A tomada firme e a colocação com ou sem garantia em oferta pública de distribuição;
e) A negociação por conta própria;
f) A consultoria para investimento;
g) A gestão de sistema de negociação multilateral;
h) A gestão de sistema de negociação organizado[1189].

Além disso, o diploma sobre titularização considerou a criação e administração de fundos de titularização de créditos como atividade de intermediação em valores mobiliários, quando exercidas a título profissional[1190].

II – O art. 290º não autonomiza diretamente os serviços de investimento, de um lado, das atividades de investimento, de outro lado, porque a fronteira que

[1186] Cfr. *infra*, § 24º, 7.
[1187] Cfr. *infra*, § 23º, 30.
[1188] Cfr. *infra*, § 23º, 30.
[1189] Alínea aditada pela Seção A do Anexo I à Diretiva 2014/65/UE do Parlamento Europeu e do Conselho, de 15 de maio (DMIF II).
[1190] Art. 52º do DL nº 453/99, de 5 de novembro.

os distingue admite zonas de comunicação[1191]. Assim, a negociação por conta própria não pressupõe uma relação de clientela, pelo que reveste a natureza de uma atividade, mas pode em casos ser também um serviço – quando revele v.g. o modo de cumprir um contrato de criação de mercado[1192].

Por seu turno, a gestão de sistemas de negociação configura claramente uma atividade de investimento. Ao contrário – e ressalvando o caso da negociação por conta própria –, as demais alíneas representam serviços de investimento.

A distinção entre serviço de investimento e atividade de investimento apresenta relevância quanto ao regime aplicável, em termos que serão adiante analisados.

III – Uma compreensão global da tipologia de serviços e atividades é auxiliada através da deteção de graus muito diferentes de autonomia decisória do investidor, consoante o serviço que esteja em causa.

A receção, transmissão e execução de ordens assenta na decisão autónoma do investidor materializada através da transmissão da ordem, estando a intervenção do intermediário financeiro confinada à receção, transmissão e execução da ordem emitida (com limitadas hipóteses de recusa de ordem: artigo 326º CVM) e ao cumprimento dos deveres de conduta correspondentes. Na consultoria para investimento, a decisão de investimento ainda é tomada pelo investidor, mas após ter recebido do intermediário uma recomendação individualizada, à qual está subjacente um juízo reforçado de adequação, atendendo às circunstâncias do investidor e ao instrumento em causa. Na gestão de carteiras, a decisão de investimento compete em termos discricionários ao intermediário financeiro, salvo nos casos em que o cliente pode emitir ordens vinculativas quanto a operações de investimento individuais (artigo 336º nº 2 CVM)[1193]. Na tomada firme, o serviço do intermediário é prestado ao emitente e não ao cliente, que aqui releva tão-só como o destinatário da oferta de valores mobiliários[1194]. Por último, na gestão de sistemas de negociação multilaterais, a intervenção dos investidores é nula.

Adiante será feita uma análise individualizada de cada serviço de investimento[1195].

1191 Luca Enriques, *Dalle attività di intermediazione mobiliare ai servizi di investimento, Rivista delle Società* (1998), 1013-1038.

1192 Cfr. *infra*, § 23º, 25.

1193 Tiago Correia Moreira, *O escrutínio da discricionariedade do intermediário financeiro no âmbito do contrato de gestão de carteiras, EH Vasco Vieira de Almeida* (2017) 139-194.

1194 Francesco Accetella, *Il collocamento di strumenti finanziai*, Milano (2013), 51-100.

1195 Cfr. *infra*, § 24º.

IV – Cumpre esclarecer que *as relações contratuais entre intermediários financeiros e os seus clientes podem envolver uma combinação de serviços de investimento, em termos simultâneos ou sucessivos.*

Mostra-se, de um lado, possível que ocorra a prestação simultânea de diversos serviços de investimento – o que pode suceder nomeadamente em relação à colocação e execução de ordens de subscrição de investidores.

De outro lado, é comum a existência de um encadeamento sequencial de serviços de investimento diferentes. Figure-se um exemplo, a título de ilustração. Uma hipótese comum é a de o processo de aquisição de valores mobiliários ser precedido por diversos serviços de natureza preliminar: tal o que sucede nomeadamente se num primeiro contato com o cliente o intermediário financeiro prestar informação a título de consultoria genérica, ao que se segue (uma vez obtidos elementos específicos sobre o cliente e a operação) a prestação do serviço personalizado de consultoria para investimento, subsequentemente acompanhado da receção e execução de ordem e, por fim, no termo do *iter* aquisitivo, complementado pelo registo ou depósito de valores mobiliários.

Importa ter presente esta contraposição, dado que cada serviço envolve deveres de informação e de adequação cujo conteúdo pode variar sensivelmente.

Na identificação dos deveres impostos, deve ser adotada uma abordagem analítica através da separação cronológica de cada serviço prestado para compreender o conteúdo devido, em cada etapa, dos deveres dos intermediários financeiros.

V – A referida tipologia legal fixada no artigo 290º, de origem europeia, é permeável a críticas. De um lado, a diferenciação entre serviços de investimento implica algumas zonas de sobreposição. A colocação de valores mobiliários, por exemplo, não deixa de envolver a receção e transmissão de ordens[1196].

Além disso, os serviços relacionados com a liquidação e compensação não são considerados serviços de investimento – deixando-se na sombra deste elenco a prestação de serviços pós-negociação com decisiva influência nos mercados. Esta omissão, aliás, gera, a espaços, acusações de falta de condições concorrenciais justas – o que é acentuado com o facto de o mercado de liquidação e compensação, sendo muito concentrado, suscitar preocupações quanto ao funcionamento da sã concorrência[1197].

Não pode esquecer-se, igualmente que alguns serviços que constam do elenco do art. 290º ou do art. 292º CVM são também referidos como serviços bancários no art. 4º RGIC (o que é mais claro nas alíneas *e) in fine, f), h)* e *q)*). Esta dupli-

[1196] Cfr. *infra*, § 24º, 2.
[1197] Cfr. *infra*, Capítulo VIII.

cação de previsões normativas no CVM e no RGIC é enganadora, dado que a autorização bancária não se mostra suficiente para a prestação de tais serviços mobiliários, sendo também relativamente a estes exigido o registo na CMVM.

Por último, a própria hierarquização entre serviços principais e auxiliares não é inteiramente conseguida, já que há alguns serviços de central importância que são qualificados como auxiliares (v.g. registo e depósito). O ponto seguinte auxiliará a compreendê-lo.

5. *Os serviços auxiliares*

I – O art. 291º CVM qualifica como serviços auxiliares dos serviços e atividades de investimento os abaixo indicados:

a) O registo e o depósito de instrumentos financeiros, bem como os serviços relacionados com a sua guarda, como a gestão de tesouraria ou de garantias, com exceção do serviço de administração de sistema de registo centralizado de valores mobiliários ;

b) A concessão de crédito, incluindo o empréstimo de valores mobiliários, para a realização de operações sobre instrumentos financeiros em que intervém a entidade concedente de crédito;

c) A elaboração de estudos de investimento e análise financeira ou outras formas de consultoria geral relacionada com operações em instrumentos financeiros;

d) A consultoria sobre a estrutura do capital, a estratégia industrial e questões conexas, bem como sobre a fusão e a aquisição de empresas;

e) A assistência em oferta pública relativa a valores mobiliários;

f) Os serviços de câmbios e o aluguer de cofres-fortes ligados à prestação de serviços de investimento;

g) Os serviços e atividades enunciados no artigo 290º, quando se relacionem com os ativos subjacentes aos instrumentos financeiros mencionados nas subalíneas ii e iii da alínea *d)* e na alínea *e)* do nº 1 do artigo 2º.

Nesta tipologia distinguem-se os serviços auxiliares de 1º grau, que apresentam relevo autónomo, independentemente de qualquer requisito adicional, e os serviços auxiliares de 2º grau, que apenas retiram essa qualificação da sua conexão com outros serviços de investimento – como é caso da concessão de crédito, da realização de estudos de investimento e dos serviços de câmbios e aluguer de cofres (alíneas *b), c)* e *f)*).

II – A demarcação de serviços auxiliares decorre do regime europeu. Foi primeiro traçada na Diretiva nº 93/22/CEE, de 10 de maio de 1993 (DSI), depois retomada e alterada na primeira Diretiva dos Mercados de Instrumentos Financeiros (DMIF I, de 2004) e finalmente ajustada no diploma que substitui esta Diretiva (DMIF II, de 2014)[1198].

Esta delimitação importa uma separação entre os serviços que beneficiam de passaporte europeu e os que, embora relevantes, não beneficiam de tal regime[1199].

Em alguns pontos, porém, o Direito português distancia-se da matriz europeia. A um tempo, o regime europeu não permite a autorização apenas para serviços auxiliares[1200]. Contrariamente, o direito português formula a exigência de uma autorização para a prestação de serviços auxiliares, porque os enquadra na noção mais ampla de atividade de intermediação financeira reservada a intermediários financeiros autorizados (art. 289º, nº 2 CVM). Vai, nesse sentido, além do que a Diretiva prescreve.

A acrescer, o regime nacional igualmente considera como serviços auxiliares a publicidade e a prospeção dirigidas à celebração de contratos de intermediação financeira ou à recolha de elementos sobre clientes atuais ou potenciais, no art. 292º. Estas submetem-se identicamente a um sistema de exclusivo, só podendo ser realizadas por intermediário financeiro autorizado a exercer a atividade em causa ou por agente vinculado, nos termos previstos nos artigos 294º-A a 294º-D.

III – Um ponto, no entanto, inevitavelmente aproxima o Direito português do Direito europeu. É que à luz da DMIF (I e II) as normas de conduta também devem ser observadas quando são as empresas de investimento a prestar serviços auxiliares[1201].

Outro dos pontos comuns entre a disciplina nacional e europeia, que ilumina de modo particular esta distinção, prende-se com o facto de não poder haver autorização apenas para a prestação de serviços auxiliares[1202].

IV – Analisando o tema em termos históricos, percebe-se que as fronteiras entre serviços principais e auxiliares são móveis. Há casos de serviços principais

[1198] Seção B do Anexo I da Diretiva 2014/65/UE do Parlamento Europeu e do Conselho, de 15 de maio (DMIF II).

[1199] É certo, porém, os serviços auxiliares também beneficiam do passaporte se abrangidos pela autorização e se houver serviços principais igualmente autorizados.

[1200] Artigo 6º, nº 1 da Diretiva 2014/65/UE do Parlamento Europeu e do Conselho, de 15 de maio (DMIF II).

[1201] Arts. 23º-25º da Diretiva 2014/65/UE do Parlamento Europeu e do Conselho, de 15 de maio (DMIF II).

[1202] Art. 199º-D, nº 1 *d)* CVM, art. 6º, nº 1 *in fine* DMIF II.

(v.g., a consultoria para investimento[1203]) que antes da DMIF I eram serviços auxiliares.

A esta luz, sobram ainda alguns serviços auxiliares que, pelo seu relevo, mais ganhariam em receber a qualificação de serviços principais – caso da custódia e registo de instrumento financeiros, por exemplo.

6. *Adequação e qualificações profissionais dos titulares dos órgãos sociais e colaboradores*

I – No sistema jurídico-mobiliário, são consagradas diversas normas que obrigam à verificação da idoneidade de profissionais do mercado por parte da CMVM.

Assim sucede, por exemplo, em relação ao regime dos auditores[1204] e dos agentes vinculados (art. 294º-B, n.os 3 e 5). Regimes paralelos são consagrados para os investidores em capital de risco e sociedades de capital de risco[1205].

No âmbito da intermediação financeira, antes da transposição da DMIF, era realizada uma dupla verificação da idoneidade dos dirigentes de cada intermediário. À luz do art. 69º RGIC, o registo de membro de órgão de administração ou de fiscalização de instituição de crédito ou sociedade financeira (art. 194º, nº 2 RGIC) é condição para o exercício das respetivas funções. Paralelamente, no âmbito mobiliário, entendia-se que a adequação dos meios humanos afectos a cada atividade de intermediação abrangia a idoneidade e a competência das pessoas sujeitas a registo[1206].

O propósito de evitar duplos controlos impediu, porém, o prolongamento desse regime, deixando de haver um registo de responsáveis na CMVM, para passar a haver apenas um registo das atividades desenvolvidas (art. 295º e 296º CVM), como notado[1207]. Assim, a exigência de idoneidade passou a ser disciplinada no Código apenas em relação aos intermediários que não revestiam a forma de consultores para investimento (art. 301º, nº 2).

II – Subsequentemente, porém, as exigências de adequação fixadas no RGIC para membros de órgãos de administração e de fiscalização passaram a incidir sobre os dirigentes que operam no mercado, dado que – na versão maximalista de transposição da Diretiva CRD IV para Portugal – não se aplicam apenas a instituições de crédito mas também a sociedades financeiras (art. 174º-A RGIC).

1203 Cfr. *infra*, § 24º, 5.

1204 Artigo 17º, nº 1 *e)* e nº 2 *f)* da Lei nº 148/2015, de 9 de setembro.

1205 Art. 8º do RJCR (idoneidade de membros dos órgãos sociais e de titulares de participações qualificadas).

1206 Art. 8º do Regulamento da CMVM nº 12/2000.

1207 Cfr. *supra*, § 24º, 2.

Os membros de órgãos sociais de administração e de fiscalização destas instituições devem observar continuamente requisitos de idoneidade, qualificação profissional, independência e disponibilidade e estão sujeitos a processos de avaliação, prévia e sucessiva, individual e coletiva, do cumprimento destes requisitos[1208].

III – A concentração do enfoque legislativo na idoneidade e qualificação profissional dos membros dos órgãos sociais funda-se, de um lado, nos poderes de direção e fiscalização destes órgãos e na elevada responsabilidade inerente (quanto ao órgão de administração, além das prescrições societárias, recorde-se o art. 305º-D CVM) e, de outro lado, na tradicional ideia de que a verificação dos mencionados requisitos nos dirigentes serviria de inspiração bastante para se estender a toda a organização.

Atualmente, parece claro que esta última ideia se encontra ultrapassada e que a cultura de cumprimento depende da sua assimilação transversal por parte de todos os colaboradores e de toda a cadeia de atividade do intermediário financeiro, de acordo com um princípio de efetividade da governação[1209]. Não se revela suficiente que o exemplo venha de cima, segundo a máxima *tone at the top*[1210]; reclama-se igualmente que todos os colaboradores dos intermediários financeiros sejam, em termos transversais, protagonistas das boas práticas assumidas (*tone at the middle*)[1211].

IV – É este o contexto a explicar o dever, recentemente imposto, de os intermediários financeiros assegurarem que os colaboradores que prestam informações a investidores sobre instrumentos financeiros e serviços de investimento ou que prestam serviços de consultoria para investimento possuem conhecimentos e competências adequadas[1212] ao cumprimento dos seus deveres (Artigo 305º-G CVM e Regulamento da CMVM nº 3/2018)[1214].

1208 Artigos 30º a 33º-A RGIC e EBA, *Guidelines on the assessment of the suitability of members of the management body and key function holders,* (2012). Para uma análise desenvolvida destes requisitos, cfr. ainda Paulo Câmara (coord.), *A Designação de Administradores*, Coimbra (2015), 19, 25-33; Id., *A Governação de Bancos nos Sistemas Jurídicos Lusófonos*, Coimbra (2016), 36-43, 77-88.

1209 Paulo Câmara, *O Governo dos Bancos* em *A Governação de Bancos nos Sistemas Jurídicos Lusófonos*, cit., 29-30.

1210 Basel Committee on Banking Supervision, *Corporate governance principles for banks* (Jul.-2015), § 30.

1211 Dan Ryan/ Adam Gilbert/ Armen Meyer/ Mike Alix/ Bhushan Sethi, *Bank culture: it's more than bad apples*, in *CLS Blue Sky Blog* (10-dez.-2015).

1212 Vigoram deveres paralelos relativamente aos agentes vinculados (294º, nº 5 *b)* CVM), às sociedades gestoras de mercados (art. 32º, nº 9 LEG) e às instituições de crédito e sociedades financeiras (arts. 31º e 115º-A nº 3 *b)* RGIC). Em geral: ESMA, *Guidelines for the assessment of knowledge and competence,* (2017).

Este dever é complementado com deveres acessórios a cargo do intermediário financeiro, a saber: o dever de verificação interna das responsabilidades de cada colaborador; o dever de verificação inicial e de revisão pelo menos anual de que os colaboradores têm experiência profissional adequada; e o dever de avaliar a observância dos critérios de avaliação dos conhecimentos e competências dos colaboradores incluindo essa análise nos relatórios de controlo do cumprimento[1214].

Na densificação do grau de conhecimento exigido aos colaboradores dos intermediários financeiros que tenham contacto com clientes, a abordagem da CMVM é a de exigir um número mínimo de horas de formação inicial e de formação anual subsequente[1215].

O tom do regime acaba, porém, por se revelar moderado, dando margem a que eventuais défices de formação sejam em tempo supridos: a lei refere que na falta dos conhecimentos e competências exigidos o colaborador pode prosseguir a sua atividade durante um período máximo de 4 anos, desde que sob adequada supervisão de outro colaborador que cumpra os requisitos exigidos[1216].

7. *Os deveres dos intermediários financeiros: quadro geral*

I – A lei cuida, em termos pormenorizados, de estabelecer regras explícitas quanto aos deveres dos intermediários financeiros[1217]. Tal sucede em larga medida por influência da legislação europeia, sobretudo com base no acervo normativo decorrente da DMIF e do Regulamento do Abuso do Mercado.

Convém distinguir a este propósito:

- Deveres gerais dos intermediários;
- Deveres específicos de cada tipo contratual.

1213 Semelhante evolução tem-se verificado no que respeita ao âmbito das políticas remuneratórias, antes concentradas nos órgãos sociais, mas desde a DMIF II alargado a todos os colaboradores (art. 305º-D, nº 1 *b)* iii e 309º-H CVM e art. 77º-F e 86º-B RGIC). Cfr. a propósito desta evolução Paulo Câmara, *Remunerações e Governo das Sociedades: uma nova agenda, em* Instituto Português de Corporate Governance, *Volume Comemorativo do XV Aniversário*, (2018), 267-284.

1214 Artigo 305º-G nº 2 CVM.

1215 Artigo 2º, nº 2 e 3 do Regulamento da CMVM nº 3/2018.

1216 Artigo 305º-G nº 3 CVM.

1217 Sobre esta matéria: José Engrácia Antunes, *Deveres e Responsabilidade do Intermediário Financeiro – Alguns Aspetos*, Cadernos MVM 56 (2017), 31-52; Gonçalo Castilho dos Santos, *A Responsabilidade Civil do Intermediário Financeiro perante o Cliente*, Coimbra (2008), 71-187; Felipe Canabarro Teixeira, *Os deveres de informação dos intermediários financeiros em relação aos seus clientes e sua responsabilidade civil*, Cad MVM nº 31 (2008), 50-87; Pedro Miguel S. M. Rodrigues, *A Intermediação Financeira: Em Especial, Os Deveres De Informação Do Intermediário Perante O Cliente*, Data Venia 2 (2013).

O Título VI do Código dos Valores Mobiliários reflecte esta contraposição, ao separar em capítulos diferentes as disposições gerais (Capítulo II: arts. 289º-320º) e os contratos de intermediação (Capítulo II: arts. 321º-351º).

Por estes motivos, esta será a ordem por que o tema será aqui analisado[1218].

II – As normas que estabelecem deveres dos intermediários financeiros assumem uma natureza dupla, na medida em que comportam não apenas implicações civis, mas também suscitam efeitos jurídico-públicos.[1219] Quanto às primeiras, importa recordar que a densificação legislativa de deveres de intermediação financeira comporta consequências notórias em termos do regime de responsabilidade civil, já que os deveres de organização ou referentes ao exercício de atividade são consideradas normas de proteção, por efeito do art. 304º-A CVM. Além disso, o incumprimento dos deveres dos intermediários pode originar a cessação do contrato de intermediação financeira, fundada em resolução.

Quanto à vertente juspublicista dos deveres dos intermediários financeiros, cabe em particular ter presente as consequências contra-ordenacionais aplicáveis, já que o incumprimento de deveres de exercício da atividade sujeita os intermediários infratores a contra-ordenações, nos termos do art. 397º CVM. Acresce que, em situações limite, um grave e reiterado desrespeito dos deveres mobiliários é susceptível de afectar a autorização para exercício das atividades de intermediação financeira, podendo determinar o respetivo cancelamento (art. 303º).

III – Frise-se que a prestação de serviços de investimento a clientes não profissionais e a clientes profissionais deve estar prevista em contrato celebrado sob a forma escrita (art. 321º, nº 1 CVM[1220] e art. 58º do Regulamento Delegado (UE) 2017/565). A inobservância de forma escrita só pode ser invocada pelos investidores.

[1218] Os deveres gerais serão analisados no § 23º, ao passo que os deveres especiais de cada tipo contratual são examinados no § 24º.

[1219] Esta a posição dominante na Alemanha: cfr., nesse sentido, ANDREAS FUCHS, anotações 57-59 ao § 31, em *Wertpapierhandelsgesetz Kommentar*, München (2009), 1194-1196; THOMAS MÖLLERS, anotações 6-12 ao § 31, em *Kölner Kommentar zum WpHG*, (2007), 1276-1278; PETRA BUCK-HEEB, *Kapitalmarktrecht*[9], cit., 264-265. No mesmo sentido: GUIDO FERRARINI, *Contract Standards and the Markets in Financial Instruments Directive (MiFID)*, in *European Review of Contract Law*, 1/2005, 21.

[1220] Apesar da redação do preceito nacional se limitar alguns serviços, o art. 58º do Regulamento Delegado (UE) 2017/565 promove a sua extensão a todos os serviços de investimento e ainda à custódia e administração de instrumentos financeiros por conta de clientes, incluindo a guarda e serviços conexos como a gestão de tesouraria/de garantias e excluindo a manutenção de contas de valores mobiliários ao nível superior.

O conteúdo mínimo deste contrato[1221] deve fixar nomeadamente os direitos e deveres essenciais das partes, o que pode na prática forçar à repetição contratual do enunciado de algumas normas legais (art. 321º-A nº 1 d) CVM).

São ainda formuladas exigências de forma escrita dirigidas nomeadamente aos subcontratos[1222], aos acordos para afastar o estatuto de contraparte elegível[1223], aos contratos para a produção de instrumento financeiro[1224], aos contratos de fomento de mercado[1225], aos contratos de acesso eletrónico direto[1226] e aos contratos com membros compensadores[1227].

IV – Nesta matéria, em termos transversais, ganha proeminência o dever de conhecimento do cliente (KYC: *know your client, know your costumer*) [1228], que desempenha uma função instrumental ao cumprimento de outros deveres de conduta – nomeadamente os deveres de categorização, de adequação e de informação. Recorde-se, a propósito destes últimos, o art. 312º, nº 2 CVM, que obriga inevitavelmente a um conhecimento do cliente para nivelar a intensidade dos deveres informativos[1229]. Nos dados de direito positivo, este dever de conhecimento do cliente é dominado pelas regras relativas à prevenção de branqueamento de capitais[1230], mas não em absoluto.

O dever de conhecimento do cliente supõe igualmente a colaboração dos clientes na prestação da informação que se revele necessária, na medida exigida, para a reconstituição das características do cliente, das suas necessidades e conhecimentos.

V – A lei dedica preocupação particular aos deveres jurídicos aplicáveis na comercialização de pacotes de instrumentos financeiros. Nestes casos, a interligação entre as diversas componentes do pacote pode suscitar riscos acrescidos. Por esse motivo, aqui há lugar a deveres de informação adaptados (art. 312º,

[1221] No tocante aos elementos mínimos, reenvia-se para os art. 321º-A CVM e art. 58º do Regulamento Delegado (UE) 2017/565, da Comissão, de 25 de abril de 2016.

[1222] Art. 31º nº 3 do Regulamento Delegado (UE) 2017/565, da Comissão, de 25 de abril de 2016.

[1223] Art. 317º-D nº 2 CVM.

[1224] Art. 309º-M nº 4 CVM.

[1225] Art. 317º-G nº 1 *b)* e 3 *a)* CVM.

[1226] Art. 317º-H nº 2 *c)* CVM.

[1227] Art. 317º-I *b)* CVM.

[1228] Preferindo a propósito falar de um princípio de conhecimento do cliente: José Engrácia Antunes, *Deveres e Responsabilidade do Intermediário Financeiro – Alguns Aspetos*, cit., 35.

[1229] Uma ilustração de aplicação deste preceito encontra-se no Acórdão da Relação de Coimbra de 15 de dezembro de 2016 (Maria Domingas Simões).

[1230] Cfr. nomeadamente o Aviso do Banco de Portugal nº 2/2018.

nº 10) nomeadamente sobre a possibilidade de aquisição de componentes em separado (nos denominados *bundled packages*[1231]) e sobre os custos e encargos de cada componente[1232]. Os deveres de adequação também exibem concretização especial nestes casos dado que aqui a avaliação do caráter adequado da operação deve atender à adequação do pacote de serviços ou produtos na sua globalidade (art. 314º, nº 5)[1233]. O tema é complementado através de Orientações da ESMA[1234].

8. *O dever de categorização dos clientes*

I – As exigências relativas à prestação profissional de serviços de investimento admitem graduações sensíveis em função do cliente a quem o serviço é prestado[1235].

Assim acontece porque são identicamente variáveis os riscos que fundam a necessidade de regulação: mormente, o risco de assimetria informativa e o risco da insuficiência do próprio cliente para prevenir lesões dos seus interesses. Uma vez que o objetivo de fundo é o de favorecer decisões de investimento informadas[1236], há que assumir que tal reclama deveres de intensidade variável em função do tipo de cliente em causa. Daí que a orientação legislativa de fundo se baseie num princípio de proporcionalidade[1237]: quanto menor o conhecimento e experiência do cliente em relação ao objeto do seu investimento, maior será a sua necessidade de proteção.

[1231] Por oposição, nos *tied packages* os componentes não estão disponíveis em separado. Cfr. ESMA, *Guidelines on cross-selling practices*, cit., 5.

[1232] O regime dos PRIIPS também estabelece limitações para as vendas associadas, no seu art. 8º. Detetam-se ainda, na prestação de serviços bancários, previsões paralelas no art. 77º, nº 10 *a)* RGIC e art. 4º, nº 3 do regime dos depósitos estruturados.

[1233] Cfr. também o art. 3º, nº 2-4 do regime dos depósitos estruturados. Sobre o tema, v. infra, § 23º, 17.

[1234] ESMA, *Guidelines on cross-selling practices*, cit. O tema dos pacotes de produtos financeiros apresenta diversas concretizações no sistema jurídico nacional, podendo referir-se a título de exemplo as concretizações legislativas seguintes: art. 4º do DL nº 222/2009 (proteção do consumidor na celebração de contratos de seguro de vida associados ao crédito à habitação); art. 27º do DL 24/2014 (contratos celebrados à distância e fora do estabelecimento comercial); art. 11º do DL nº 74-A/2017 (contratos de crédito relativos a imóveis) e art. 24º Diretiva (UE) 2016/97 do Parlamento Europeu e do Conselho de 20 de janeiro de 2016 (DDS).

[1235] O texto deste capítulo e dos dois capítulos seguintes desenvolve e atualiza o meu artigo *Os deveres de categorização de clientes e de adequação dos intermediários financeiros*, em Maria Fernanda Palma/ Augusto Silva Dias/ Paulo Sousa Mendes (coord.), *Direito Sancionatório das Autoridades Reguladoras* (2009), 299-324.

[1236] Artigo 24º da Diretiva nº 2014/65/UE (DMIF II).

[1237] David Smith/Steve Leggett, Client Classification, in Chris Skinner (ed.), *The Future of Investing in Europe's markets after MiFID*, Chichester (2007), 65.

Um dos reflexos externos mais visíveis deste mosaico diferenciado de normas é o da categorização dos clientes imposta por lei.

II – Apesar de, na arrumação do Código dos Valores Mobiliários, lhe serem dedicados os preceitos finais – descontados os referentes à regulamentação – do Capítulo I (Disposições Gerais) do Título VI (Intermediação), o dever de categorização de clientes assume natureza instrumental relativamente ao cumprimento dos demais deveres de conduta. Tal atribui-lhe uma prioridade em termos lógicos no sistema de deveres gerais dos prestadores de serviços de intermediação financeira.

Servindo embora de *prius* lógico em relação aos deveres dos intermediários, o cumprimento do dever de categorização pressupõe, por si, o estabelecimento por escrito de uma política interna de práticas e procedimentos organizacionais e, em sua aplicação, a recolha de informação adequada para proporcionar ao intermediário o conhecimento suficiente que permita aplicar esta categorização (art. 317º, nº 1).

Nessa medida, o dever de categorização obriga a um conhecimento do cliente (*know your client*) em termos tais que o tornam um complemento dos deveres de adequação, adiante tratados[1238].

III – Importa ainda assinalar que a matéria sofreu uma evolução importante. Na redação originária do Código dos Valores Mobiliários, o regime orbitava em torno de uma classificação essencialmente binária, a contrapor os investidores institucionais dos investidores não institucionais (art. 30º)[1239].

Cinco anos após a vigência do Código, através do DL nº 66/2004, de 24 de março, foi ajustado o perímetro de investidores institucionais. Além disso, passou a prever-se a possibilidade de a CMVM, através de regulamento, qualificar como investidores institucionais outras entidades dotadas de uma especial competência e experiência relativas a valores mobiliários (art. 30º, nº 3).

Mais tarde, com a transposição da Diretiva dos Prospetos, operada através do DL nº 52/2006, de 15 de março, foi consagrado um regime de qualificação facultativa de investidores qualificados, para efeitos da não aplicação do regime das ofertas públicas (art. 110º-A).

[1238] Cfr. *infra*, § 24º, 20.

[1239] Sobre o regime anterior: Sofia do Nascimento Rodrigues, *A Proteção dos Investidores em Valores Mobiliários*, cit., 16-20; Isabel Alexandre, *Investidor Institucional, Não Institucional Equiparado e Investidor Comum, Direito dos Valores Mobiliários*, Vol. V (2004), 9-27.

A partir de 2007, na sequência das indicações europeias[1240], neste ponto influenciadas pela experiência britânica[1241], passou a vigorar uma categorização tripartida que divide entre investidores não qualificados, investidores qualificados e contrapartes elegíveis, fixando diretamente os critérios desta distinção[1242].

Entretanto, o DL nº 18/2013, de 6 de fevereiro, reformulou a redação do art. 30º, ressalvando expressamente o regime que decorre da categorização de clientes por intermediários financeiros.

Sucede, porém, que em termos terminológicos os textos legislativos europeus se referiam então aos *professional clients*, o que na lei portuguesa recebia a infeliz correspondência linguística – distante da tradução literal – de *investidores qualificados*. A aproximação ao vocábulo europeu foi – corretamente – consumada pela Lei nº 35/2018, de 20 de julho, que procedeu à transposição da DMIF II, passando no sistema jurídico nacional a classificação central a distinguir investidores profissionais e investidores não profissionais[1243].

A evolução do regime vertente denota, pois, uma crescente densificação de critérios de qualificação dos clientes, no que é acompanhada por uma dispersão progressiva da sede normativa, dentro do Código, sobre a matéria.

IV – Nesta categorização, distingue as *contrapartes elegíveis* a circunstância de receberem o nível de proteção mais baixo.

Aqui cabem os clientes profissionais por natureza – excepto os governos e organismos públicos de âmbito regional, as entidades que negoceiem em instrumentos financeiros sobre mercadorias, os investidores que negoceiam por conta própria com funções de cobertura de risco ou de *market making* (com cobertura por membro compensador) e as empresas de grande dimensão (art. 317º-D, nº 1 em articulação com o art. 30º nº 1).

[1240] Cfr. art. 4º, nº 1 § 10-12, art. 24º e Anexo II da Diretiva nº 2004/39/CE, de 21 de abril de 2004 (DMIF) e art. 50º da Diretiva nº 2006/73/CE, de 10 de agosto de 2006. Consulte-se a propósito a útil contextualização de Rafaela Rocha, *Categorização de Investidores no âmbito da Intermediação Financeira. Apontamentos sobre o Novo Regime, Cadernos MVM* nº 27 (2007), 97-106 (97-100).

[1241] Financial Services Authority, *Implementing MiFID's Client Categorisation Requirements* (Ag.-2006).

[1242] Arts. 317º-317º-D CVM. A transposição dos textos europeus pelos Estados-membros ditou pequenas diferenças terminológicas. Na Alemanha, por exemplo, a alteração à WpHG (§ 31 *a)* promovida pela *Finanzmarktrichtlinie-Umsetzungsgesetz* (FRUG) impôs a designação de clientes professionais (*Professionelle Kunden*) e de pequenos investidores (*Kleinanleger*). Cfr. a propósito Roman A. Kasten, *Das neue Kundenbild des § 31 a WpHG – Umsetzungsprobleme nach MiFID & FRUG*, BKR (2007), 261-267; Holger Fleischer, *Die Richtlinie über Märkte für Finanzinstrumente und das Finanzmarkt-Richtlinie-Umsetzungsgesetz Entstehung, Grundkonzeption, Regelungsschwerpunkte*, BKR (2006), 389-396 (394); Petra Buck-Heeb, *Kapitalmarktrecht*[9], cit., 247-249.

[1243] Artigo 28º da Lei nº 35/2018, de 20 de julho.

Embora se considerem ser clientes[1244], as contrapartes elegíveis são as que dispensam a exigibilidade legal do cumprimento dos deveres de conduta na recepção, na transmissão e execução de ordens e na negociação por conta própria, na governação do produto, na avaliação de adequação ou no regime das comissões e benefícios (art. 317º-D, nº 6). Tal assenta na implícita premissa de que nesse âmbito as contrapartes sabem proteger-se a si próprias.

A DMIF II, porém, promoveu um reforço da protecção das contrapartes elegíveis, nomeadamente em termos de deveres de informação. São atualmente aplicáveis nas relações com contrapartes elegíveis os princípios gerais em matéria de relação com investidores (nomeadamente os deveres de lealdade, diligência e transparência: art. 304º), os deveres de informação (art. 317º-D, nº 6 e art. 30º da Diretiva nº 2014/65/UE (DMIF II)), os deveres de segregação patrimonial (art. 306º), os deveres sobre depósito e registo de valores mobiliários e depósito de dinheiro de clientes (arts. 306º-A a 306º-G), os deveres em matéria de contabilidade e de registos (arts. 307º, 307º-A e 307º-B), os deveres sobre conflito de interesses (arts. 309º-309º-A) e os deveres de defesa do mercado (art. 311º).

A inexigibilidade legal dos deveres de conduta na recepção, na transmissão e execução de ordens e na negociação por conta própria não preclude, porém, a possibilidade de estipulação contratual de mecanismos adicionais de proteção para as contrapartes elegíveis.

Em Portugal, apenas as grandes empresas podem optar por ser contrapartes elegíveis a pedido (*opting up*) e unicamente em relação a operações específicas (art. 317º-D nº 4). De resto, sempre houve um reduzido interesse entre nós manifestado no sentido de que os clientes não profissionais recebessem o estatuto de profissionais, havendo previsões não desenvolvidas regulamentarmente nesta matéria no Código (art. 30º, nº 4). O tempo dirá se o alargamento desta opção conferida pelo regime europeu, por um superveniente interesse, deve mais tarde ser realizado.

Certo é que as contrapartes elegíveis gozam do direito a solicitar uma alteração de categorização, para receberem uma proteção mais intensa (seja em termos genéricos ou apenas para certos tipos de operações) – passando a ser tratadas como investidores profissionais ou mesmo como investidores não profissionais (art. 317º-D, n. 2).

[1244] Considerando 103 da Diretiva nº 2014/65/UE (DMIF II), que neste ponto se afasta das indicações primitivas do CESR sobre a matéria. Ressalva-se, naturalmente, o caso de negociação por conta própria.

V – Na terminologia europeia, os clientes profissionais são os clientes que *dispõem da experiência, dos conhecimentos e da competência necessários para tomar as suas próprias decisões de investimento e ponderar devidamente os riscos em que incorrem*[1245].

Trata-se de uma categorização analítica, que pode variar em função do tipo de instrumento financeiro considerado.

Esta designação pode fundar-se na natureza da entidade, ser determinada pelo intermediário financeiro[1246] ou decorrer de pedido (*client re-classification*). Esta tripartição apresenta implicações, na medida em que a presunção de solidez financeira na avaliação de adequação para efeitos da prestação de serviços de consultoria apenas vale para clientes profissionais por natureza.

Os clientes profissionais por natureza são identificados através de uma tipologia de pessoas coletivas em que os mencionados critérios de experiência, conhecimentos e competência se presumem, *iuris et de jure*, estar verificados. Aí se incluem:

a) Entidades do sistema financeiro: instituições de crédito, empresas de investimento, empresas de seguros, instituições de investimento coletivo e sociedades gestoras desses organismos, fundos de pensões e sociedades gestoras desses fundos;

b) Outras instituições financeiras autorizadas ou reguladas, designadamente fundos de titularização de créditos, respetivas sociedades gestoras e demais sociedades financeiras previstas na lei, sociedades de titularização de créditos, sociedades de capital de risco, fundos de capital de risco e respetivas sociedades gestoras;

c) Instituições financeiras de Estados que não sejam membros da União Europeia que exerçam atividades semelhantes às referidas nas alíneas anteriores;

d) Entidades que negoceiem em instrumentos financeiros sobre mercadorias;

e) Governos de âmbito nacional e regional, bancos centrais e organismos públicos a nível nacional ou regional que administram a dívida pública ou que gerem fundos destinados ao financiamento de sistemas de segurança social ou de regimes de pensões de reforma ou de proteção de trabalhadores, instituições supranacionais ou internacionais, designadamente o Banco Central Europeu, o Banco Europeu de Investimento, o Fundo Monetário Internacional e o Banco Mundial;

f) Pessoas que prestem serviços de investimento, ou exerçam atividades de investimento, que consistam, exclusivamente, na negociação por conta

[1245] Proémio do Anexo I da Diretiva 2014/65/UE, de 15 de maio de 2014 (DMIF II).

[1246] Artigo 317º, nº 2 *b)* CVM.

própria nos mercados a prazo ou a contado, neste caso com a única finalidade de cobrir posições nos mercados de derivados, ou na negociação ou participação na formação de preços por conta de outros membros dos referidos mercados, e que sejam garantidas por um membro compensador que atue nos mesmos, quando a responsabilidade pela execução dos contratos celebrados for assumida por um desses membros;

g) Pessoas coletivas cuja dimensão, de acordo com as suas últimas contas individuais, satisfaça dois dos seguintes critérios:
   i) Capital próprio de 2 milhões de euros;
   ii) Ativo total de vinte milhões de euros;
   iii) Volume de negócios líquido de quarenta milhões de euros.

VI – Os clientes profissionais a pedido, por seu turno, devem ser objeto de uma avaliação prévia, a realizar pelo intermediário, quanto aos seus conhecimentos e experiência (art. 317º-B). Além disso, devem respeitar pelo menos dois dos seguintes requisitos:

– Ter efetuado operações com um volume significativo no mercado relevante, com uma frequência média de dez operações por trimestre, durante os últimos quatro trimestres;
– Dispor de uma carteira de instrumentos financeiros, incluindo também depósitos em numerário, que exceda € 500.000;
– Prestar ou ter prestado funções no setor financeiro, durante, pelo menos, um ano, em cargo que exija conhecimento dos serviços ou operações em causa.

Uma vez que envolve uma renúncia a deveres de proteção, o processo conducente à atribuição da natureza de cliente profissional a pedido é regulado em pormenor, devendo obedecer a três fases: pedido; avaliação e resposta, incluindo prestação de informação sobre as consequências da requalificação; confirmação do conhecimento sobre as consequências da requalificação. Todas estas fases supõem declarações autónomas sob forma escrita, de acordo com o prescrito no nº 5 do art. 317º-B CVM.

Uma vez firmado este estatuto, ele obriga à observância de deveres particulares: deveres de informação, do lado do cliente, em relação a qualquer alteração susceptível de afectar a qualificação atribuída; e deveres de vigilância, da banda do intermediário, em relação ao ajustamento da qualificação feita – podendo determinar a sua revisão (art. 317º-C).

VII – Resta considerar os clientes não profissionais. Estes constituem uma categoria residual, delimitada pela não verificação de qualquer dos requisitos que caracteriza os clientes profissionais[1247]. Na escala gradativa subjacente aplicada na classificação de clientes, os clientes não profissionais são os que recebem uma proteção mais intensa.

À semelhança do verificado em outras categorias, os clientes não profissionais podem assim ser considerados por natureza ou a pedido (art. 317º, nº 2 e 317º-A).

A lei exige acordo escrito para o tratamento de investidor não profissional a pedido, facultando a sua denúncia pelo cliente, a todo o tempo (art. 317º-A, n.os 1 e 3).

VIII – A categorização dos clientes, nos termos analisados, não é opcional; corresponde antes a um dever do intermediário financeiro.

Para o cumprimento deste dever, impõe-se, a título prévio, que o intermediário adote regras internas e procedimentos que lhe permitam conhecer cada cliente, a fim de avaliar a sua natureza (art. 317º, nº 1).

Consequentemente, em resultado da avaliação feita, o intermediário deve informar o cliente sobre a sua categorização, e suas consequências, e sobre o direito à sua modificação (art. 312º, nº 1 *b)*). A decisão de categorização deve ser documentada[1248].

O dever de conhecimento do cliente, aqui subjacente, é complementado com os deveres de avaliação da adequação das operações[1249], e denota carácter permanente. A lei não especifica qual a periodicidade de reavaliações que deve ser empregue para que a classificação do cliente permaneça atualizada. Confia-se, por isso, ao critério do intermediário a sua concretização aplicativa.

IX – A condensar o exposto, pode inferir-se que da categorização do cliente resulta para este um estatuto – um acervo de direitos e deveres correspetivos.

Trata-se de um estatuto *modificável*. Note-se, a propósito, a existência de um direito a solicitar categorização diversa (arts. 317º-A, 317º-B, 317º-C e n.os 2-5 do art. 317º-D) – embora a sua aceitação dependa da vontade do intermediário.

O interesse a solicitar um tratamento reforçado (*opting down*) pode justificar-se pela escassa familiaridade em relação a certos instrumentos financeiros. Por seu turno, o direito a solicitar tratamento dotado de menor proteção (*opting*

[1247] Art. 4º, nº 1, 12) da Diretiva 2004/39/CE, de 21 de abril de 2004 (DMIF) e art. 4º, nº 1 11) da Diretiva 2014/65/UE, de 15 de maio de 2014 (DMIF II).

[1248] Cfr., em termos gerais, o art. 305º, nº 1 *f)* CVM. A propósito do tratamento deste ponto no Direito inglês: ALASTAIR HUDSON, *Securities Law*, cit., 129; DAVID SMITH/STEVE LEGGETT, *Client Classification*, cit., 73.

[1249] Cfr. desenvolvidamente *infra*, § 24º, 15.-18.

up) ligar-se-á, as mais das vezes, ao facto de este poder implicar menores custos para o cliente[1250]. Várias modificações de estatuto são admissíveis: o investidor profissional a pedido pode deixar de o ser; do mesmo modo, pode ser tratada uma contraparte elegível como investidor não profissional – e pode tratar um investidor profissional como não profissional. A lei não prevê, porém, a possibilidade de um cliente não profissional ser tratado como contraparte elegível (*second opting up*), coincidindo neste ponto com a leitura restritiva feita pela ESMA no seu Parecer Técnico[1251].

Pode igualmente haver um pedido de alteração seletiva da categorização, que dependa do tipo de instrumento financeiro em referência. A mesma pessoa pode assim cumular diversos estatutos, em função do instrumento financeiro considerado.

A categorização do cliente consubstancia, por fim, um estatuto *relativo,* que pode variar em função do tempo em que é realizada e do intermediário que a efectua.

9. *Os deveres de informação*

I – Um dos alicerces centrais do sistema mobiliário reside na função de apoio, assistência, aconselhamento e conselho que os intermediários financeiros desempenham em relação aos seus clientes. A dupla razão de ser da essencialidade do apoio informativo reside na crescente sofisticação dos instrumentos financeiros e na tendencial assimetria informativa entre o intermediário financeiro e o seu cliente[1252]. Procura-se, assim, através das prescrições informativas favorecer decisões de investimento (aquisição, alienação ou manutenção de posições) livres e informadas.

Por isso, os intermediários devem pautar, em geral, o seu comportamento, no relacionamento que estabelecem com os intervenientes no mercado, por critérios de transparência (art. 304º, nº 1)[1253]. Mais concretamente, o intermediário deve prestar ao seu cliente, relativamente aos serviços que ofereça, que lhe sejam solicitados ou que efectivamente preste, todas as informações necessárias para uma tomada de decisão esclarecida e fundamentada (art. 312º, nº 1).

[1250] David Smith/Steve Leggett, *Client Classification*, cit., 71.

[1251] ESMA, *Final Report. ESMA's Technical Advice to the Commission on MiFID II and MiFIR*, ESMA /2014/1569 (2014), 185. No mesmo sentido: Danny Busch, *Conduct of business Rules under MiFID I and MiFID II*, em Danny Busch/ Cees Van Dam (ed.), *A Bank's Duty of Care*, Oxford, (2017), 22.

[1252] José Engrácia Antunes, *Deveres e Responsabilidade do Intermediário Financeiro – Alguns Aspetos*, cit., 37-38.

[1253] António Barreto Menezes Cordeiro entrevê aqui um dos princípios em que assenta a funcionalização do direito mobiliário (pese embora critique o enunciado legislativo): *Manual de Direito dos Valores Mobiliários*, Coimbra (2016), 256-257.

Além dos elementos identificativos do intermediário e do serviço prestado, os elementos sobre que recai o dever de informação são os seguintes:

- a categorização do cliente[1254] e o seu eventual direito de requerer uma categorização diferente;
- eventuais conflitos de interesses do intermediário financeiro ou das pessoas que em nome dele agem tenham no serviço a prestar, sempre que comportem o risco de os interesses dos clientes serem prejudicados[1255];
- os instrumentos financeiros e às estratégias de investimento propostas[1256];
- os riscos especiais envolvidos nas operações a realizar;
- a política de execução de ordens e, se for o caso, à possibilidade de execução de ordens de clientes fora de mercado regulamentado ou de sistema de negociação multilateral;
- a existência ou a inexistência de qualquer fundo de garantia ou de proteção equivalente que abranja os serviços a prestar;
- o custo do serviço a prestar.

A propósito deste último elemento, refira-se que a DMIF II aumentou exponencialmente a carga informativa relativa aos custos e encargos dos serviços prestados. Além de uma divulgação de informações *ex ante* sobre os custos e encargos agregados relacionados com o instrumento financeiro e com o serviço de investimento, o Regulamento Delegado impõe ainda o dever de fornecer anualmente informações *ex post* sobre todos os custos e encargos associados aos instrumentos financeiros e aos serviços de investimento se tiverem recomendado ou comercializado instrumentos financeiros ou se tiverem fornecido ao cliente o documento de informações fundamentais, em ambos os casos com exemplos que revelem o efeito cumulativo dos custos sobre a rendibilidade[1257].

1254 Cfr. *supra*, § 23º, 8.

1255 Cfr. *supra*, § 23º, 9-12.

1256 Um dos elementos fundamentais na caracterização dos instrumentos financeiros respeita a saber se têm ou não capital garantido: v. a propósito o Acórdão do Supremo Tribunal de Justiça de 10 de janeiro de 2013 (Proc. 89.10/4TVPRT.T1.S1.) (Tavares de Paiva); o Acórdão do Supremo Tribunal de Justiça de 17 de março de 2016 (Proc. 70.13.1/TBSEI.C1.S1) (Maria Clara Sottomayor); e o Acórdão da Relação de Lisboa de 15 setembro de 2015 (Proc.555/12.7TVPRT.L1-7) (Maria Amélia Ribeiro), quanto à informação de que os instrumentos estariam garantidos pelo grupo societário do emitente.

1257 Art. 50º e anexo II do Regulamento Delegado (UE) 2017/565 da Comissão, de 25 de abril de 2016. Somam-se prescrições adicionais no art. 51º (distribuição de unidades de participação em organismos de investimento coletivo ou PRIIP) e 60º, nº 2 *d)* (gestão de carteiras) do mesmo diploma.

II – De notar que se mostra significativamente dilatado o âmbito subjetivo deste dever. Com efeito, pese embora a lei imponha o dever de informação ao intermediário financeiro, na concretização deste dever estão envolvidos deveres funcionais a cargo dos sujeitos descritos no nº 5 do art. 304º: os titulares do órgão de administração e as pessoas que dirigem efectivamente a atividade do intermediário financeiro ou do agente vinculado, os colaboradores do intermediário financeiro, do agente vinculado e as entidades subcontratadas, envolvidos no exercício ou fiscalização de atividades de intermediação financeira ou de funções operacionais que sejam essenciais à prestação de serviços de forma contínua e em condições de qualidade e eficiência[1258]. Em particular, a extensão às entidades subcontratadas e aos agentes vinculadas obriga a um cuidado particular na seleção destes profissionais.

III – O critério da densidade informativa a prestar ao cliente encontra-se fixado no nº 2 do art. 312º e é muito revelador de um traço profundo do direito dos valores mobiliários. Segundo este preceito, a extensão e a profundidade da informação a prestar devem ser tanto maiores quanto menor for o grau de conhecimento e de experiência que o cliente tiver.

A aplicação desta regra de proporcionalidade inversa entre a dose de informação a fornecer e o grau de conhecimento e experiência do cliente implica, necessariamente, um conhecimento por parte do intermediário financeiro quanto ao grau de conhecimento e de experiência do cliente.

Como veremos adiante, o dever de recolha de um manancial de informação sobre conhecimentos e experiência do cliente em matéria de investimento no que respeita ao tipo específico de produto ou serviço oferecido ou solicitado (*"know your client rule"* ou *"know your costumer rule"*) é, por seu turno, instrumental do dever do intermediário de adequação do produto ou do serviço de investimento ao concreto perfil do cliente (arts. 304º, nº 3, 314º, nº 1 e 314º-B)[1259].

Não pode esquecer-se, ainda, que a densidade dos deveres de informação varia em função do tipo contratual realizado, havendo contratos em que a informação assume uma importância proeminente – v.g. nos casos da consultoria para investimento e da assistência[1260].

[1258] Uma aplicação jurisprudencial desta norma pode ser encontrada no Acórdão do Supremo Tribunal de Justiça de 15 de outubro de 2013 (Fernandes do Vale) (Proc. 971/10.9TVLSB.L1.S1). Em sentido crítico a este dispositivo e com indicações importantes para a sua interpretação: José Ferreira Gomes, *Responsabilidade civil dos funcionários e administradores de instituições de crédito perante o art. 304º, nº 5 CVM*, DSR vol. 19 (março 2018), 99-130.

[1259] Cfr. *infra*, § 23º, 15.-18.

[1260] Rui Pinto Duarte, *Contratos de Intermediação no Código dos Valores Mobiliários*, cit., 363.

IV – No respeito ao modo de transmitir a informação a clientes profissionais e não profissionais, há exigências gerais[1261] a ser cumpridas:

a) As informações devem incluir a designação do intermediário financeiro;

b) As informações devem ser exatas e dar sempre uma indicação correta e clara de quaisquer riscos relevantes ao referir quaisquer benefícios potenciais de um serviço de investimento ou de um instrumento financeiro;

c) As informações devem utilizar um tamanho de letra na indicação dos riscos relevantes que seja pelo menos igual ao tamanho de letra predominante utilizado nas informações fornecidas, bem como uma composição gráfica que garanta que essa indicação seja bem visível;

d) As informações devem ser suficientes e apresentadas de tal modo que sejam suscetíveis de serem compreendidas por um elemento médio do grupo a que se dirigem ou por quem são suscetíveis de serem recebidas;

e) As informações não podem ocultar, subestimar ou encobrir elementos, declarações ou avisos importantes;

f) As informações devem ser sempre apresentadas na mesma língua em todas as formas de informação e material comercial que são prestadas a cada cliente, a menos que o cliente tenha aceite receber informações em mais do que uma língua;

g) As informações devem ser atualizadas e pertinentes para os meios de comunicação utilizados.

Quanto à forma de transmissão, o Regulamento Delegado admite que a informação seja prestada em suporte duradouro que não seja o papel desde que a prestação de informações nesse suporte seja adequada no contexto em que decorrem, ou irão decorrer, as relações entre o intremediário e o cliente; e desde que a pessoa a quem as informações devem ser prestadas, após ter-lhe sido proposta a opção entre a apresentação das informações em papel ou nesse outro suporte duradouro, escolher especificamente a prestação das informações nesse outro suporte[1262].

V – Os deveres de informação dos intermediários financeiros visam, a título principal, apoiar os clientes para que estes possam tomar decisões de investimento esclarecidas e informadas. Por esse motivo, *o momento primordial de prestação da informação é o momento anterior à tomada da decisão de investimento*[1263].

[1261] Art. 44º nº 2 do Regulamento Delegado (UE) 2017/565 da Comissão, de 25 de abril de 2016.

[1262] Art. 3º do Regulamento Delegado (UE) 2017/565 da Comissão, de 25 de abril de 2016.

[1263] Em geral: Paulo Câmara, *Deveres de informação e formação de preços no direito dos valores mobiliários, Cadernos do Mercado de Valores Mobiliários*, nº 2, (1998), 82.

A disposição relevante é o Artigo 48º do Regulamento Delegado, que sobre o momento da prestação de informação prescreve no seu nº 1 que *As empresas de investimento devem prestar aos clientes efetivos ou potenciais, com suficiente antecedência antes da prestação de serviços de investimento ou serviços auxiliares, uma descrição geral da natureza e dos riscos dos instrumentos financeiros, tendo em conta, em especial, a categorização do cliente como cliente não profissional, cliente profissional ou contraparte elegível.*

As preocupações da DMIF II, aliás, depõem no sentido de haver alguma antecedência entre a prestação de informação e a decisão de investimento[1264].

Sucede, porém, que em alguns casos a lei impõe igualmente deveres de informação posteriores à decisão de investimento[1265]. Releva a propósito o nº 4 do art. 46º do RD, que acrescenta que o intermediário financeiro deve notificar o cliente *com a antecedência suficiente acerca de qualquer alteração significativa com incidência nas informações prestadas que seja importante para o serviço que a empresa presta a esse cliente.*

Um caso particular de informação divulgada após a decisão de investimento respeita à informação sobre custos dos serviços. A este propósito, a Diretiva DMIF II impõe que essas informações sejam *transmitidas regularmente ao cliente, pelo menos uma vez por ano, durante o período do investimento*[1266].

Há três requisitos cumulativos, abaixo expostos, para que se constitua um dever de informação sobre factos posteriores à decisão de investimento:

1. A presença atual de uma relação de clientela;
2. A existência de um evento que represente uma alteração a informação anteriormente comunicada;
3. O caráter significativo do evento.

Em primeiro lugar, o dever de informação sobre factos posteriores apenas se constitui presença de uma relação de clientela. Se no momento de ocorrência do

[1264] Sublinhe-se a propósito o texto da DMIF II, segundo o qual: *Ao determinar em que consiste a prestação de informações em tempo útil antes de uma data especificada na presente diretiva, uma empresa de investimento deverá ter em conta, atendendo à urgência da situação, a necessidade do cliente de dispor de tempo suficiente para ler e compreender essas informações antes de tomar uma decisão de investimento. Um cliente necessitará provavelmente de mais tempo para analisar informações prestadas sobre um produto ou serviço complexo ou com o qual não esteja familiarizado, ou em relação ao qual não tenha experiência, do que se estiver a analisar um produto ou serviço mais simples ou com o qual esteja mais familiarizado, ou em relação ao qual já tenha uma experiência significativa* (Considerando 83 da Diretiva 2014/63/UE, de 15 de maio de 2014 (DMIF II)).

[1265] No caso da gestão de carteiras, atenta a sua natureza, a lei consagra diversos deveres de informação periódicos ou por perdas que acompanham o cumprimento do programa contratual. Cfr. artigos 47º, nº 2 e 3, 60º e 62º (neste último caso, informação por desvalorizações) do Regulamento Delegado (UE) 2017/565.

[1266] Artigo 24º, nº 4 da Diretiva 2014/63/UE, de 15 de maio de 2014 (DMIF II).

evento o investidor já não for cliente, o intermediário financeiro não está obrigado a prestar a informação posterior à decisão de investimento. Esta conclusão decorre da interpretação do Regulamento Delegado que clarifica que a informação sobre factos posteriores apenas é devida em relação a um serviço que o intermediário está a prestar a um cliente (*"information (...) relevant to a service the firm is providing to a client"*)[1267].

Como segundo requisito, sublinhe-se que o dever de informação refere-se exclusivamente a *eventos* – isto é, a factos novos que modifiquem informação anterior e cuja ocorrência possa ter uma repercussão sobre o intermediário financeiro ou o instrumento financeiro, ou sobre os serviços prestados. Assim, a mera valorização ou desvalorização do instrumento financeiro por virtude dos indicadores gerais de mercado não constitui o intermediário financeiro no dever autónomo de informação.

Por último, cabe precisar que nem todas as alterações à informação anteriormente divulgada devem ser comunicadas; apenas devem sê-lo em relação a eventos significativos. Na interpretação do que possam, neste contexto, ser eventos *significativos*, há que indicar que os factos relevantes a reportar ao cliente podem respeitar: ao intermediário financeiro e aos seus serviços de investimento; aos instrumentos financeiros objeto dos serviços de investimento; ou aos custos e encargos com os serviços de investimento.

Como eventos significativos relativos aos valores mobiliários indicam-se, a título exemplificativo, os seguintes: alteração do instrumento financeiro na titularidade do cliente (conversão, extinção); exercício de direito de oposição em relação a operações relevantes (cisão, fusão, OPA); alteração do garante pelo pagamento da emissão; reclamação de créditos em processo falimentar do emitente; realização de assembleia de obrigacionistas.

VI – O sistema de proteção consagrado no Código dos Valores Mobiliários assenta nomeadamente em deveres de adequação e em deveres de informação, cujo incumprimento pode desencadear deveres de indemnização, se verificados os pressupostos da responsabilidade civil. Todavia, este sistema não coloca de princípio em crise a validade do negócio aquisitivo. Dada a potencial distribuição em massa de valores mobiliários, a opção simétrica seria na prática inviável. A natureza especial das soluções do direito dos valores mobiliáris em relação ao direito privado comum deve, neste contexto, ser devidamente valorada. O exemplo paradigmático, adiante tratado, é o da responsabilidade pelo prospeto, que constitui o mecanismo de tutela típico do mercado de valores mobiliários e é alicerçado na validade do negócio aquisitivo.

[1267] Artigo 46º, nº 4 do Regulamento Delegado (UE) 2017/565.

Tal já foi, de resto, reconhecido na jurisprudência superior nacional. A título de exemplo, o Tribunal da Relação do Porto, através de acórdão de 5 de março de 2015, sustentou que: "*em caso de inobservância dos referidos normativos do CVM por parte do intermediário financeiro, é a própria lei que estabelece como consequência jurídica do desrespeito dessas normas, na justa medida em que violam direitos subjetivos do investidor, não a nulidade da operação ou negócio jurídico mas a responsabilidade civil do intermediário*"[1268].

O catálogo geral de vícios da vontade deve aqui ser analisado com adaptações, impostas pelo ambiente de negociação e pelos mecanismos de tutela dos investidores – sobretudo em aquisições no âmbito de ofertas públicas ou em estruturas de negociação. Uma correta compreensão do sistema jurídico-mobiliário reclama nomeadamente um exame mais exigente e restritivo quanto a uma relevância do erro-vício como causa de anulação de negócios aquisitivos de valores mobiliários. De contrário, estaríamos a desamparar os terceiros adquirentes dos valores mobiliários visados, que escapam ao âmbito de tutela do art. 291º CC. Mais: estaria aberta a porta a que os investidores, perante decisões de investimento menos bem sucedidas, pudessem *venire contra factum proprium* e tentar em termos ilegítimos a anulação de negócios de investimento que não lograram os ganhos esperados.

VII – Para uma integração dos mercados mobiliários na Europa, foi imposto um dever de reporte de operações realizadas por intermediários financeiros nacionais (*transaction reporting*). Estes devem comunicar, direta ou indiretamente, à CMVM as operações realizadas que tenham como objeto instrumentos financeiros admitidos à negociação num mercado regulamentado situado ou a funcionar em Estado membro da União Europeia, tão rapidamente quanto possível e nunca após o dia útil seguinte ao da realização da operação (art. 315º CVM, arts. 26º e 27º do RMIF, Regulamento Delegado (UE) 2017/590, da Comissão, de 28 de julho de 2016 e Regulamento CMVM nº 4/2017). A troca de informações entre autoridades competentes ao nível europeu assenta num sistema informações gerido pela ESMA.

[1268] Acórdão da Relação do Porto de 5 de março de 2015 (Judite Pires) (Processo nº 205/3.4 TV-PRT.P1), disponível em www.dgsi.pt. Refira-se ainda sobre esta matéria, negando o relevo do erro invocado, o acórdão da Relação de Lisboa de 17 de fevereiro de 2011 (Luís Correia de Mendonça) (Proc. 2408/10.4TVLSB-B.L1-8); negando o relevo do erro do investidor por ser indesculpável, Acórdão da Relação de Lisboa (P. 810.11.13TVSLB.L1-2), de 12 de dezembro de 2013 (Maria Teresa Albuquerque); em admissão do relevo do erro em caso de falta grave de informação, o acórdão da Relação de Lisboa de 24 de abril de 2015 (Ramos de Sousa) (Proc. 540/11.6TVLSB.L2-1).

10. *O dever de lealdade e os deveres de identificação, prevenção e gestão de conflito de interesses na intermediação financeira: quadro geral*

I – O dever de lealdade assume um relevo transversal à atuação dos intermediários financeiros: deste decorre que na prestação de serviços de investimento e de serviços auxiliares aos clientes, os intermediários financeiros devem atuar de forma honesta, equitativa e profissional, em função do interesse dos clientes (*duty to act in the best interest of the client*, na versão inglesa)[1269].

O artigo 304º determina que os intermediários financeiros devem orientar a sua atividade no sentido da proteção dos legítimos interesses dos seus clientes e da eficiência do mercado. Este díptico revela, a um tempo, que a proteção dos interesses dos clientes é devida desde que tais interesses sejam legítimos e, a outro tempo, hierarquiza os interesses legítimos dos clientes acima dos interesses particulares do intermediário financeiro ou de quem atue em seu nome.

Assim apresentado, o dever de lealdade reveste natureza matricial e aplica-se a todos os serviços de intermediação financeira. Este dever projeta plúrimas implicações. Além de revestir relevo positivo autónomo (arts. 304º e 309º, nº 3 CVM), recebe concretizações em institutos com afirmação própria, tais como o dever de execução nas melhores condições (*best execution*), a proibição de intermediação excessiva, os deveres de segregação patrimonial, o regime sobre comissões e benefícios (*inducements*), a disciplina das remunerações, os deveres de adequação e os deveres de identificação, prevenção e gestão de conflito de interesses. Centrar-nos-emos para já neste último.

A acrescer, o dever de lealdade deve ser cumprido por todos os sujeitos envolvidos na prestação do serviço: aplica-se aos titulares do órgão de administração e às pessoas que dirigem efetivamente a atividade do intermediário financeiro ou do agente vinculado e aos colaboradores do intermediário financeiro, do agente vinculado ou de entidades subcontratadas, envolvidos no exercício ou fiscalização de atividades de intermediação financeira ou de funções operacionais que sejam essenciais à prestação de serviços de forma contínua e em condições de qualidade e eficiência (art. 304º, nº 5).

[1269] Luca Enriques/ Matteo Gargantini, *The overarching duty to act in the best interests of the client in MiFID II*, in Danny Busch/ Guido Ferrarini (ed.), *Regulation of the EU Financial Markets: MiFID II and MIFIR*, Oxford (2017), 85-122; Danny Busch/ Cees Van Dam, *A Bank's Duty of Care*, (2017), *passim*; Manuel Carneiro da Frada, *A responsabilidade dos intermediários financeiros por informação deficitária ou falta de adequação dos instrumentos financeiros*, em *O Novo Direito dos Valores Mobiliários*, (2017), 401-409; José Ferreira Gomes, *Conflito de interesses e benefícios (inducements) dos intermediáros financeiros perante a DMIF II*, Id., ibid., 227-249; António Barreto Menezes Cordeiro, *Manual de Direito dos Valores Mobiliários*, Coimbra (2016), 261-302; José Engrácia Antunes, *Deveres e Responsabilidade do Intermediário Financeiro – Alguns Aspetos*, Cadernos MVM 56 (2017), 33-34.

II – É frequente a ocorrência de conflitos de interesses na prestação deserviços de investimento[1270]. O fenómeno é, em alguma medida, *normal*. São numerosas, e diversas entre si, as causas para este risco elevadode conflito de interesses. Em termos estruturais, os contratos de intermediação financeira são em larga parte subtipos do contrato de mandato, em que desempenha relevância central o interesse do cliente[1271]. Sucede que o intermediário financeiro é também portador de interesses, que podem conflituar com o daquele. Não pode negligenciar-se nomeadamente a estrutura de remuneração dos intermediários, que pode criar incentivos perversos à prestação de serviços em termos não coincidentes com os do cliente[1272].

Avulta, de outro lado, a polifuncionalidade dos prestadores de serviços na área mobiliária[1273] podendo alguns serviços apresentar um risco maior de conflito em relação a outros (ex: recomendações de investimento e colocação de valores mobiliários), o que é exponenciado num universo massificado de clientes. A isso soma-se uma rede de distribuição crescentemente complexa, no âmbito da qual podem despontar interesses autónomos dos colaboradores, dirigentes, agentes vinculados ou subcontratados que se revelam em concreto contrastantes com os do cliente.

III – A trivialização das fontes de conflito de interesses não torna o tema homogéneo. Haverá, com efeito, que proceder a múltiplas distinções, porquanto nem todos os conflitos de interesses apresentam o mesmo grau de danosidade.

Do mesmo modo, as respostas legislativas comportam uma natureza e uma densidade prescritiva muito variáveis. Quanto ao momento temporal em que

[1270] Em sentido convergente, figuram como emblemáticos, a propósito, o considerando 29 da Diretiva nº 2004/39/CE, de 21 de abril de 2004 (DMIF) e o considerando 56 da Diretiva nº 2014/65 (UE) (DMIF II), de 15 de maio de 2014: *o crescente leque de atividades que as empresas de investimento exercem em simultâneo tem aumentado as posibilidades de conflitos de interesses entre estas diferentes atividades e os interesses dos seus clientes (...)*. Sobre esta matéria, extensivamente, reenvia-se para Paulo Câmara (coord.), *Conflito de Interesses no Direito societário e financeiro. Um balanço a partir da crise financeira,* (2010) 9-74, 315-624; Martin Brenncke, *Commentary on MiFID II Conduct of Business Rules, Arts 21-30 MiFID II* in Mathias Lehmann/Christoph Kumpan (eds.), *Financial services law: a commentary*, (2018); Maria do Mar Carmo, *Conflitos de Interesses na Intermediação Financeira: Uma abordagem à luz da DMIF II e tomando como paradigma o Banco como Intermediário Financeiro*, UCP, Lisboa (2018).

[1271] Pedro Pais de Vasconcelos, *O Mandato Bancário, EH ao Professor Doutor Inocêncio Galvão Teles*, Vol. II (2002), 131-155 (149-153).

[1272] Gabriela Figueiredo Dias entende que o risco é maior em cenário de taxas de juro baixas: cfr. *As principais tendências de mudança*, em Paulo Câmara (coord.) *O Novo Direito dos Valores Mobiliários*, (2017), 19-20.

[1273] Holger Fleischer, *Die Richtlinie über Märkte für Finanzinstrumente und das Finanzmarkt-Richtlinie-Umsetzungsgesetz – Entstehung, Grundkonzeption, Regelungsschwerpunkte*, cit., 395.

intervêm, contrapõem-se, de um lado, as normas dirigidas à prevenção e, de o utro, as normas dirigidas à gestão do conflito.

Atendendo à sua natureza, cabe, em particular, distinguir:

- normas que postulam deveres de informação (soluções informativas);
- normas que postulam deveres de organização (soluções organizativas);
- normas que estabelecem proibições (soluções proibicionistas), sejam estas proibições absolutas ou proibições cuja derrogação esteja na dependência de um terceiro.

Se quisermos descortinar uma tendência, designadamente em virtude da proliferação do modelo de banca universal[1274] as soluções proibicionistas são raras. Podem divisar-se exemplos nas prescrições gerais sobre proibição de abuso de informação privilegiada, a que todavia nem sempre subjazem conflito de interesses em sentido técnico (uma vez que o benefício do próprio não constitui elemento do tipo penal: cfr. art. 378º)[1275].

IV – No prisma da política legislativa, a justificação para intervenções regulatórias neste âmbito pode colher-se seja em fundamentos micro-jurídicos, seja em razões de natureza macro -jurídica. Quanto ao primeiro plano, as normas sobre conflitos de interesses explica-se pelo pesado investimento de confiança depositado pelo cliente no seu intermediário, a resultam redobradamente justificadas em relação a instrumentos financeiros mais sofisticados[1276].

Aqui situados, as soluções informativas procuram quebrar a assimetria informativa entre intermediário e cliente; por seu turno, as soluções organizativas visam reduzir as possibilidades de ocorrência do conflito lesivo.

Em termos macro-jurídicos, as regras sobre gestão e prevenção de conflito de interesses são dirigidos a robustecer a integridade do mercado, procurando evitar os problemas sistémicos decorrentes de uma generalizada falta de confiança nos intermediários. A defesa da reputação do intermediário apresenta-se, assim, associada à preservação da eficiência dos mercados[1277].

[1274] SIEGFRIED KÜMPEL, *Bank- und Kapitalmarktrecht*³, cit., 274.

[1275] As proibições de atuação nesta sede, em todo o caso, demonstram que os conflitos de interesses não são intrinsecamente inevitáveis, como salientam GAETANO PRESTI/MATTEO RESCIGNO, *Il conflitto di interessi nella prestazione dei servizi di investimento*, MARIO ANOLLI/ALBERTO BANFI/GAETANO PRESTI/MATTEO RESCIGNO, *Banche, Servizi di Investimento e Conflitti di Interesse*, cit., 13, 29.

[1276] Centrando a sua análise nos valores mobiliários estruturados: PETER MÜLBERT, *Anlegerschutz bei Zertifikaten – Beratungspflichten, Offenlegungspflichten bei Interessenkonflikten und die Änderungen durch das Finanzmarkt-Richtlinien-Umsetzungsgesetz (FRUG)*, WM (2007), 1149-1163.

[1277] GAETANO PRESTI/MATTEO RESCIGNO, *Il conflitto di interessi nella prestazione dei servizi di investimento*, MARIO ANOLLI/ALBERTO BANFI/GAETANO PRESTI/MATTEO RESCIGNO, *Banche, Servizi di Investimento e Conflitti di Interesse*, Il Mulino (2008), 13.

V – O tema dos conflitos de interesses no âmbito das atividades financeiras tem conhecido um desenvolvimento progressivo nas últimas décadas.

Em 1991, o britânico *Securities and Investment Board* aprovou os *Principles and Core Rules for the Conduct of Investment* Business[1278]. De entre estes, havia indicações importantes sobre prevenção, gestão e tutela de expectativas ligadas a conflito de interesses.

Estas, por seu turno, na sua essência viriam a ser transportadas para um âmbito geográfico mais amplo através da IOSCO, que fez aprovar em 1993 as *International Conduct of Business Principles,* de entre os quais constava um Princípio sobre conflito de interesses[1279].

Nesse mesmo ano, a primeira Diretiva europeia sobre Serviços de Investimento viria a ser aprovada, postulando deveres de prevenção de conflito de interesses e de tratamento equitativo dos clientes, quando os conflitos de interesses não pudessem ser evitados[1280]. O enunciado europeu, porém, revelava excessiva vaguidade e impunha uma harmonização mínima[1281], o que deu azo a disciplinas muito díspares no direito interno de cada Estado-membro[1282].

Em Portugal, o Código do Mercado de Valores Mobiliários lidava com o problema do conflito de interesses através de uma técnica mista, combinando normas proibitivas com cláusulas gerais sobre prevenção do conflito. De um lado, o art. 645º previa um pequeno catálogo de proibições, que poderiam ser contornadas através do conhecimento prévio e autorização escrita dos clientes. Sem que tal requisito fosse preenchido, quedava-se interdita a atuação do intermediário como contraparte do cliente[1283] ou a subscrição, por conta do cliente ou para a gestão da sua carteira, de valores mobiliários integrantes ofertas dirigidas pelos próprios intermediários ou por eles garantidas ou tomadas firme. Semelhante proibição era estendida a operações de natureza semelhante, gera-

1278 Securities And Investment Board, *Principles and Core Rules for the Conduct of Investment Business* (1991), Principle 6 (*A firm should either avoid any conflict of interest arising or, when conflicts arise, should ensure fair treatment to all its customers by disclosure, internal rules of confidentiality, declining to act, or otherwise).*

1279 Cfr. Iosco, *International Conduct of Business Principles* (1993) cujo Princípio nº 6 rezava: *A firm should try to avoid conflicts of interest, and where they cannot be avoided, should ensure that its customers are fairly treated.*

1280 Art. 11º, nº 1 § 6 da Diretiva nº 93/22/CEE, de 10 de maio de 1993 (DSI).

1281 Niamh Moloney exemplifica como casos não cobertos os direitos de resolução contratual, a proibição de remuneração ou de intermediação excessiva, bem como o tratamento de ordens de clientes: *EC Securities Regulation,* cit., 536-539.

1282 Michel Tison, *Conduct of Business Rules and their Implementation in the EU Member States,* in Guido Ferrarini/Klaus Hopt/Eddy Wymeersch, *Capital Markets in the Age of the Euro* (2002), 65-99.

1283 Ressalvando as exceções delimitadas no nº 2 do art. 182º CdMVM.

doras de um conflito de interesses entre o cliente e os intermediários financeiros. De outro lado, estabelecia-se um princípio de prevalência dos interesses do cliente (art. 660º), o que era complementado através de uma cláusula geral que dispunha que os intermediários se deveriam esforçar por evitar a emergência de conflitos de interesses entre os seus clientes, tratando-os em termos equitativos quando tal ocorresse (art. 661º). Ao lado, foi tornado explícito o princípio de igualdade de tratamento entre clientes (art. 659º), a ceder apenas caso a natureza ou a prioridade temporal das suas ordens ou outra circunstância legal ou regulamentarmente atendível o impusesse. Por fim, em termos organizativos, eram transmitidas diversas directrizes tendo em vista obviar à ocorrência de conflitos de interesses entre o intermediário e os seus clientes ou entre clientes (art. 662º)[1284].

O Código dos Valores Mobiliários de 1991, logo na sua versão originária prolongou e desenvolveu esta técnica legislativa. A par de diversas cláusulas gerais contidas no art. 309º, foi consagrada uma lista de proibições no art. 347º, a propósito da negociação por conta própria[1285]. Sintomática e relevante foi, por seu turno, a previsão específica da proibição de intermediação excessiva, no art. 310º. Importantes concretizações destes dispositivos foram cumpridas através do Regulamento nº 12/2000 da CMVM e suas sucessivas atualizações.

O grande salto qualitativo do regime sobre conflito de interesses, porém, foi consumado em duas sucessivas reformas, primeiro através das alterações ao Código dos Valores Mobiliários promovidas pelo DL nº 357-A/2007, de 31 de outubro (DMIF I)[1286] e onze anos mais tarde através das modificações ao mesmo diploma operadas pela Lei nº 35/2018, de 20 de julho (DMIF II)[1287].

VI – A atual disciplina europeia revela uma harmonização ambiciosa da prestação de serviços de investimento e do desenvolvimento de atividades de investimento – o que se deteta de modo paradigmático pelo facto de o âmbito da harmonização se estender às normas de conduta e organizacionais[1288]. É patente o contraste em relação com a predecessora Diretiva dos Serviços de Investimento, na qual tal matéria era objeto de uma harmonização mínima cuja supervisão

[1284] Cfr., ainda, a habilitação regulamentar para tratar a matéria no art. 634º CdMVM.

[1285] Sobre a redação originária destes preceitos, cfr. José Pedro Fazenda Martins, *Deveres dos Intermediários Financeiros – Em Especial, os Deveres para com os Clientes e o Mercado*, in *Cadernos do Mercado de Valores Mobiliários*, nº 7 (2000), 329-349 (338-343).

[1286] Ao abrigo do arts. 13º, nº 10 e 19º, nº 10 da Diretiva 2004/39/CE, de 21 de abril de 2004 (DMIF).

[1287] Recorde-se Danny Busch/ Cees Van Dam, *A Bank's Duty of Care*, (2017), 23-59.

[1288] Luca Enriques, *L'intermediario in conflito d'interessi nella nuova disciplina comunitária dei servizi d'investimento*, *Giurisprudenza Commerciale* (Nov.-Dez. 2005), 844-847.

se confiava ao critério dos Estados onde o serviço era prestado: isto e, no caso de prestação de serviços transfronteiriça, aos Estados-membros de acolhimento (art. 11º(2) DSI)[1289].

Assume lugar de destaque, nessa sede, o tratamento conferido ao conflito de interesses dos intermediários financeiros, significativamente mais desenvolvida do que surgia na anterior DSI[1290].

VII – A matéria é encimada por duas cláusulas gerais. A um tempo, é estabelecido um dever de lealdade aos interesses do cliente: a empresa de investimento deve atuar de forma honesta, equitativa e profissional de acordo com a proteção dos legítimos interesses dos seus clientes (art. 304º, nº 1 e 309º, nº 3 CVM).

O dever de lealdade do intermediário resulta particularmente relevante quando se contraponham interesses do intermediário e do seu cliente: a mensagem legislativa contida no nº 3 do art. 309º é clara quanto à prevalência deste último. Dito de outro modo, uma vez que, na prestação de serviços de investimento, o intermediário atua (usualmente ao abrigo de mandato) no interesse do cliente, não pode invocar o art. 335º CC para uma cedência recíproca de interesses, se entre si o interesse do cliente e o do intermediário se revelarem em colisão.

Além disso, a empresa de investimento deve tomar todas as medidas organizacionais e administrativas razoáveis destinadas a evitar ou reduzir ao mínimo os conflitos de interesses e deve identificar os conflitos relevantes potencialmente prejudiciais para os clientes (arts. 309º, 309º-A, nº 1 e arts. 34º-35º do Regulamento Delegado (UE) 2017/565 da Comissão, de 25 de abril de 2016).

Desta última cláusula geral resultam as principais características do regime:

- o largo âmbito aplicativo: esta cláusula aplica-se ante qualquer cliente do intermediário, seja profissional, não profissional ou contraparte elegível[1291]. A vulnerabilidade a condutas lesivas pode afectar qualquer categoria de investidores[1292];

1289 Michel Tison, Conduct of Business Rules, in Guido Ferrarini/Klaus Hopt/Eddy Wymeersch, Capital Markets in the Age of the Euro (2002), 80-88; Comporti, Carlo, I conflitti di interessi nella disciplina comunitaria dei servizi finanziari, Diritto della Banca e del Mercato Finanziario (2005), 603.

1290 As regras da DMIF I têm 11 vezes a extensão dos homólogos dispositivos da DSI, segundo os cálculos de Jean-Pierre Casey/Karel Lannoo, *The MiFID Implementing Measures: Excessive detail or level playing field?*, cit., 6.

1291 Considerando 46 do Regulamento Delegado (UE) 2017/565, da Comissão.

1292 Marc Kruithof, *Conflicts of Interest in Institutional Asset Management: Is the EU Regulatory Approach Adequate?*, cit., 47-48.

- a prioridade à prevenção do conflito de interesses danoso: a Diretiva prefere que o conflito lesivo nem chegue a ocorrer[1293]. Não está em causa, note-se, a prevenção da ocorrência de todo e qualquer tipo de conflito de interesses – o que seria tarefa impossível – mas apenas a prevenção dos conflitos aptos a produzir danos. Adiante se compreende que outros traços do regime se centram, como *second best,* na gestão dos conflitos de interesses, atenta esta sua inevitabilidade;
- o enfoque no objetivo: o que releva é, antes de mais, a finalidade descrita e não os meios de a atingir. Adiante compreender-se-á melhor este ponto.

VIII – As consequências aplicativas deste regime devem ser clarificadas através de uma precisão sobre o conceito de conflito de interesses subjacente.

Em geral, entende-se por conflitos de interesses as situações de facto preexistentes à prestação de serviços financeiros reveladores de uma efectiva antonomia de interesses entre o prestador do serviço e o cliente ou entre clientes[1294]. Esta formulação obriga a ter presente, no regime do conflito de interesses, duas principais dimensões:

- a delimitação subjectiva: o perímetro das pessoas cujos interesses relevam para efeitos da aplicação do regime *sub judice;*
- a delimitação objetiva: a determinação do tipo de desarticulação entre interesses significativo.

Os conflitos de interesses aqui em referência são os que, no quadro da prestação de serviços de investimento ou auxiliares, ou na combinação desses serviços, se prefiguram como:

- conflitos entre intermediário e cliente;
- conflitos entre clientes[1295].

No entanto, na primeira vertente, inclui-se o conflito, não apenas entre o cliente e a pessoa coletiva prestadora do serviço, mas também aquele e os dirigentes do intermediário, colaboradores e agentes vinculados ou quaisquer pessoas em relação de domínio com o intermediário financeiro.

O conflito de interesses entre clientes, por seu turno, pode nomeadamente decorrer da circunstância de uma oportunidade de negócio não poder ser apro-

1293 A *redução ao mínimo* do conflito de interesses – como objetivo alternativo do aparelho organizativo –, subjacente ao regime da DSI (embora ainda em parte refletido no atual 309º, nº 1 CVM), nesta medida, contrasta ligeiramente com o texto da nova Diretiva.

1294 Em geral: Aldo Stesuri, *Il Conflitto di Interessi,* Milano (1999), 105-110 e *passim.*

1295 Considerando 45 do Regulamento Delegado (UE) 2017/565 da Comissão, de 25 de abril de 2016.

veitada por todos os clientes ou da existência de interesses contrapostos em transações entre clientes[1296].

Daqui decorre igualmente que é necessária a intervenção de um cliente para haver conflito de interesses subsumível a esta disciplina. O simples desenvolvimento de atividades de investimento não dá lugar à aplicação destes dispositivos.

IX – A demarcação objetiva do conflito de interesses pressupõe a discussão sobre se as previsões normativas exigem uma incompatibilidade ou se se bastam com a simples concorrência de interesses contrapostos[1297].

A atual formulação legislativa propende para uma aceção restritiva, próxima do primeiro sentido apontado. Embora não obrigue à demonstração de uma incompatibilidade de interesses – no sentido de que não se possa satisfazer um sem que o outro saia lesado –, dispõe-se diretamente que tais conflitos apenas relevam se implicarem prejuízo para uma das partes. Assim, se uma parte tem um benefício sem que a outra sofra uma desvantagem, não há tecnicamente conflito para efeitos do regime europeu[1298].

X – Além disso, são consagrados deveres instrumentais para cumprimento do objetivo fixado no art. 309º, nº 1. Para uma apreensão mais imediata do material normativo em exame, podemos subdividi-los em três conjuntos essenciais, a saber:

- deveres de planeamento e execução da política de conflito de interesses;
- deveres de recenseamento, de registo e de comunicação;
- deveres de organização.

Cada uma destas categorias de deveres é explorada de seguida.

11. *A política em matéria de conflito de interesses*

I – O regime atual impõe um dever de adoção, divulgação e execução de uma política em matéria de conflito de interesses. A regulação da matéria concentra-se nos artigos 309º-A CVM e 34º do Regulamento Delegado (UE) 2017/565 da Comissão, de 25 de abril de 2016.

A política deve nomeadamente identificar, relativamente a serviços e atividades de investimento específicos e a serviços auxiliares prestados por ou em

[1296] Marc Kruithof, *Conflicts of Interest in Institutional Asset Management: Is the EU Regulatory Approach Adequate?*, Gent Financial Law Institute WP 2005-07 (2005), 13-14.

[1297] Luca Enriques, *Lo svolgimento di attività di intermediazione mobiliare da parte delle banche: aspetti della disciplina privatistica, BBTC* (1996), I, 635-ss. (652-ss.); Renzo Costi/Luca Enriques, *Il Mercato Mobiliare*, in Gastone Cottino (dir.), *Trattato di Diritto Commerciale*, VIII (2004), 343-344.

[1298] Considerando 24 da Diretiva nº 2006/73/CE, de 10 de agosto de 2006 (nível 2 da DMIF).

nome da empresa de investimento, as circunstâncias que constituem ou podem dar origem a conflitos de interesses com risco de prejuízo para os interesses de um ou mais clientes; e deve especificar os procedimentos a seguir e as medidas a adotar para prevenir ou gerir esses conflitos[1299].

Por outro lado, a política deve ser reduzida a escrito, o que supõe ser elemento conhecimento do cliente e até de comparabilidade no mercado de prestação de serviços de investimento.

II – O principal objetivo apresentado é o de que os colaboradores do intermediário financeiro em áreas de atividade que possam implicar conflitos de interesses actuem com o grau adequado de independência.

A independência, nesta sede, é aferida em relação a duas ameaças distintas:

- face à dimensão e às atividades do intermediário e do grupo a que pertence; e
- à importância do risco de prejuízo para os interesses dos clientes.

III – Os mecanismos de mitigação dos conflitos de interesses podem envolver, entre outras, as seguintes medidas[1300]:

- estabelecimento de separações informativas inter-departamentais (*chinese walls*)[1301];
- estabelecimento de fiscalizações distintas de departamentos que podem representar interesses divergentes entre clientes ou com o interesse do intermediário;
- estruturação da remuneração de modo a evitar ligações aos serviços potencialmente conflituantes (ex: remunerações dos colaboradores na área de *research* não devem depender das receitas da área *corporate)* e de modo a evitar incentivos estruturados com risco de lesão dos interesses dos clientes (art. 305º-D nº 1 *b) iii)* e 309º-H)[1302];
- desenho dos mecanismos de reporte hierárquico de modo a que uma pessoa não possa exercer influência indevida sobre outras no modo como são prestados serviços de investimento;

[1299] Art. 34º nº 2 do Regulamento Delegado (UE) 2017/565 da Comissão, de 25 de abril de 2016.

[1300] ETAY KATZ, *Investment Bank Conflits under MiFiD* (2005) < www.complinet.com >.

[1301] Entre as referências clássicas: HARRY MCVEA, *Financial Conglomerates and the Chinese Wall*, Oxford, (1993), 122-137, 235-254; NICOLE LADOUCEUR, *Le Contrôle des Conflits d'Intérêts: Mesures Legislatives et Murailles de Chine*, Québec (1993), *passim*.

[1302] Sobre este desenvolvimento das políticas remuneratórias, v. PAULO CÂMARA, *Remunerações e Governo das Sociedades: uma nova agenda, em* INSTITUTO PORTUGUÊS DE CORPORATE GOVERNANCE, *A Emergência e o Futuro do Corporate Governance em Portugal, II: Volume Comemorativo do XV Aniversário*, (2018), 267-284.

– prevenção do envolvimento sequencial ou simultâneo de uma pessoa em diferentes atividades de intermediação financeira, quando tal possa entravar a gestão adequada dos conflitos de interesses.

As medidas atrás mencionadas devem ser incluídas *na medida do necessário para assegurar o grau de independência requerido*[1303]. É relevante detetar a natureza desta indicação: o estabelecimento destas medidas não é puramente voluntário. Ao invés, é injuntivo, se necessário para a gestão de conflito de interesses. Assim, para ser lícita, a não utilização de algum destes mecanismos supõe a demonstração da sua inadequação ou desnecessidade no caso concreto, ante a dimensão ou natureza do intermediário.

A abstenção de prestação do serviço não é usualmente tida como saída de primeira linha para a resolução de conflito de interesses no âmbito mobiliário[1304]. Porém, o texto da Diretiva adianta que medidas adicionais se podem justificar caso as anteriores sejam insuficientes. Assim, embora não o refira, não podemos olvidar que em alguns casos problemáticos se pode impor a recusa de prestação de serviços.

Esta colocação geral permite compreender que o enfoque é colocado mais no objetivo da regulação do conflito de interesses do que na imposição de um concreto catálogo de medidas organizativas para obrigatória adoção por parte dos intermediários financeiros.

Destaca-se nomeadamente a diluição do relevo das separações informativas inter-departamentais (*chinese walls*) – o que releva nomeadamente como indício da insuficiência destes expedientes, quando encarados isoladamente. Com efeito, do lado da eficiência prática dos mecanismos, sabe-se que é difícil obter um grau satisfatório de impermeabilidade informativas. A estanquicidade comunicacional dificilmente resiste quando há transferência de funcionários de um lado para o outro da divisória. A separação física, por seu turno, sobretudo em sociedades bancárias de pequena dimensão, nem sempre pode realizar-se. A acrescer, sobreleva um grande número de importantes decisões de investimento que são tomadas por funcionários ou diretores bancários situados "acima da barreirã. Por outro lado, sabe-se que a excessiva limitação de informação pode também ser perniciosa, ao poder obstar à circulação de dados informativos úteis e benignos, em lesão dos interesses do cliente. Por fim, as muralhas informativas apenas podem lidar com conflito de interesses que assentem em informação pri-

[1303] Art. 34º, nº 3 do Regulamento Delegado (UE) 2017/565 da Comissão, de 25 de abril de 2016.

[1304] Já assim, aliás, sucedia ante a DSI, como nota Sérgio Scotti Camuzzi, *I Conflitti di Interessi fra Intermediari Finanziari e Clienti nella Direttiva MiFID*, BBTC (2007), I, 121.

vilegiada, sendo impotentes para resolver conflitos de conhecimento público[1305]. Por isso mesmo, o simples recurso a *chinese walls* não é, por si, suficiente para excluir toda e qualquer responsabilidade por violação das regras sobre conflitos de interesses – embora facilite a obtenção de prova de não utilização de informação sensível em detrimento dos interesses do cliente bancário[1306].

Além disso, é patente que a técnica legislativa empregue é muito responsabilizadora das instituições financeiras, confiando na sua autonomia e no seu critério para atingir o desiderato enunciado: a adequada prevenção de conflitos de interesses prejudiciais aos clientes.

IV – O dever de fixar uma política de conflito de interesses parte da implícita premissa de que os conflitos de interesses não são evitáveis. Centra, por isso, o seu principal enfoque na gestão dos conflitos de interesses[1307].

Por outro lado, a gestão dos conflitos supõe o conhecimento sobre os casos em que o conflito pode ser mais lesivo – designadamente pela gama de serviços prestados e pela situação do grupo em que o intermediário se insere. Ora, esse conhecimento situa-se, antes do mais, na esfera do intermediário.

O ponto é, aliás, sintomático: em vez de uma prescrição detalhada sobre as individuais medidas que devem ser adotadas, confia-se ao intermediário a sua escolha e indicação.

Revela-se aqui uma atitude comum na DMIF II, que é a da devolução ao critério do intermediário em aspetos de pormenor de conformação da conduta devida. Tal logrará, com maior facilidade, a adequação das medidas de gestão do conflito de interesses à dimensão e natureza do prestador do serviço visada pelo texto europeu.

Ainda assim, atenta a teleologia das normas em questão não parece ser suficiente a mera adoção de deveres de prestação de informação: alguma dose de medidas organizativas deve, com efectividade ser posta em prática[1308]. Fundamental é a adequação da política à prevenção de conflitos lesivos[1309]. De resto, o desenho da política de conflito de interesses não deixa de ser sindicável pelas autoridades competentes – designadamente quanto à sua adequação e eficácia.

[1305] Luca Enriques, *L'intermediario in conflito d'interessi nella nuova disciplina comunitária dei servizi d'investimento*, cit., 852.

[1306] Cfr. a propósito, para maiores desenvolvimentos, Paulo Câmara, *O governo de grupos bancários*, in *Estudos de Direito Bancário* (1999), 190-195 (194-195).

[1307] Carlo Comporti, *I conflitti di interessi nella disciplina comunitaria dei servizi finanziari*, cit., 601.

[1308] Sobre este ponto: Gerald Spindler/Roman Kaster, *Organisationverpflichtungen nach der MiFID und ihre Umsetzung*, *AG* (2006), 790.

[1309] A enfatizar este ponto, no Direito alemão (§ 31 WpHG) são exigidas medidas apropriadas à identificação e prevenção do conflito.

V – A fixação de uma política em matéria de conflito de interesses pressupõe, naturalmente, uma identificação dos serviços prestados e atividades desenvolvidas que podem originar conflitos de interesses. No texto preambular do Regulamento Delegado, enunciam-se os seguintes serviços como merecedores de particular atenção na conformação da política de conflito de interesses quando combinados entre si:

- estudos e consultoria de investimento;
- negociação por conta própria;
- gestão de carteiras;
- prestação de serviços financeiros às empresas – sobretudo tomada firme ou colocação, consultoria sobre fusões e aquisições[1310].

12. *Deveres de recenseamento e de comunicação de conflito de interesses*

I – Os deveres de recenseamento e de comunicação de conflito de interesses repartem-se pelos seguintes:

- o dever de identificar os conflitos de interesses;
- o dever de registo de atividades que originaram conflito de interesses com risco de afetação de interesses de cliente;
- o dever de comunicação ao cliente do conflito no caso de não existir garantia de que os interesses dos clientes não saiam lesados (art. 312º, nº 1 *c)* CVM).

II – O dever de identificação dos conflitos de interesses, consagrado no art. 309º-A, nº 1 *b)* CVM, é particularmente exigente na medida em que faz relevar não apenas a pessoa coletiva prestadora do serviço, mas também os seus colaboradores, entidades subcontratadas e agentes vinculados. Estas são consideradas pessoas relevantes[1311] para efeitos de apuramento de riscos de conflito de interesses e para efeitos de delimitação do conceito de transação pessoal, que se submete a agudas restrições[1312].

1310 Considerando 47 do Regulamento Delegado (UE) 2017/565 da Comissão, de 25 de abril de 2016.

1311 Art. 2º, n.os 1 e 3a do Regulamento Delegado (UE) 2017/565 da Comissão, de 25 de abril de 2016.

1312 Arts. 28º, 29º e 67º, nº 3 do Regulamento Delegado (UE) 2017/565 da Comissão, de 25 de abril de 2016.

Obriga, pois, o intermediário financeiro a recolher uma dose razoável de informação sobre situações de facto de podem originar conflitos de interesses e a manter uma vigilância contínua sobre essas fontes de conflitos[1313].

Como notado, este dever é pressuposto da fixação da política de gestão de conflito de interesses.

III – Por seu turno, o dever de registo de atividades que originaram conflito de interesses com risco de afetação de interesses de cliente encontra-se estabelecido no art. 35º do Regulamento Delegado (UE) 2017/565 da Comissão, de 25 de abril de 2016.

Tal facilita a fixação da política em matéria de conflito de interesses e, consequentemente, a avaliação *ex post* da sua adequação e eficácia.

IV – A prestação de informação referente à origem e à natureza do conflito de interesses (art. 312º nº 1 c) CVM) representa um meio usual de gestão do mesmo – aliás, menos intrusivo e frequentemente menos dispendioso[1314]. Subjacente a esta prescrição informativa está a suposição de que o investidor saberá ajustar as suas escolhas de intermediário financeiro se for informado sobre a origem e natureza de um conflito, embora a literatura recente questione empiricamente a infalibilidade desta premissa[1315]. Neste contexto, de resto, o espaço concedido ao tratamento informativo é menor, já que o dever de comunicação do conflito de interesses surge já em situação problemática, em que não existe garantia de que os interesses dos clientes não saiam lesados[1316].

Neste caso a comunicação:

– deve ser clara e suficientemente detalhada;
– deve ter em conta a natureza do investidor;
– incide sobre a origem e natureza do conflito;
– deve ser prestada por escrito[1317] antes da execução da operação em nome do cliente.

Um dos aspetos merecedores de atenção é o de saber se a divulgação é feita em bloco para todos os tipos de futuros conflitos de interesses ou se é feita caso

[1313] Carlo Comporti, *I conflitti di interessi nella disciplina comunitaria dei servizi finanziari, Diritto della Banca e del Mercato Finanziario* (2005), 603.

[1314] Marc Kruithof, *Conflicts of Interest in Institutional Asset Management: Is the EU Regulatory Approach Adequate?*, cit., 43-49.

[1315] Geneviève Helleringer, *Trust Me, I Have a Conflict of Interest! Testing the Efficacy of Disclosure in Retail Investment Advice, Oxford Legal Studies Research Paper* nº 14/2016 (2016).

[1316] Cfr. art. art. 312º nº 1 *c)* CVM, em transposição do art. 23º da Diretiva 2014/65/UE, de 15 de maio de 2014 (DMIF II).

[1317] Art. 312º nº 4 CVM.

a caso. Contrariamente à DMIF I, que obrigava a revelar apenas a fonte genérica do conflito (e não a causa concreta)[1318], agora o legislador, ao determinar a divulgação da origem e natureza do conflito, assume um grau maior de concretização no elemento informativo a transmitir, o que propende para o segundo caso. A possibilidade de surgimento de conflitos menos padronizados corrobora o acerto da solução normativa atual.

V – Como nota final decorrente da análise deste quadro, interessa reter que os deveres de informação não substituem os demais – antes constituem o último recurso quando os restantes expedientes para lidar com os conflitos são insuficientes. Constituem, pois, um mecanismo adicional e não substitutivo dos demais.

Analisando o tema de outro prisma, não vale aqui a regra *disclose or abstain* – enquanto formulação que coloca em alternativa a informação à abstenção de comportamentos lesivos. Não só porque a prestação de informação não substitui o acatamento das demais regras de conduta, mas também porque soluções proibitivas da prestação de serviço, como notado, não constituem saída habitual para as situações de conflito de interesses.

13. *Remuneração do intermediário e proibição de benefícios ilegítimos (inducements)*

I – Uma das particularidades do regime jurídico sobre a intermediação financeira prende-se com as remunerações, comissões ou benefícios (*inducements*) do prestador de serviços de investimento[1319].

Na colocação legislativa do tema, por um lado, este surge enquadrado como corolário dos deveres de lealdade do intermediário financeiro, a postular um atuação honesta, equitativa e profissional em função dos interesses do cliente, ao abrigo do art. 24º nº 1 da DMIF II e do art. 304º CVM, procurando evitar incentivos[1320] que possam indevidamente condicionar o circuito de distribuição de instrumentos financeiros[1322].

[1318] O que enfraquecia o regime, tornando mais modesto o grau de uniformização atingido: Luca Enriques, *Conflict of Interests in Investment Services: The Price and Uncertain Impact of MiFiD's Regulatory Framework*, cit., 331.

[1319] Art. 24º da Diretiva 2014/65/UE, de 15 de maio (DMIF II), transposto através dos arts. 313º-313º-D CVM e do artigo 11º n.os 2-7 do Regime jurídico dos depósitos estruturados. Sobre este tema, embora antes da transposição, cfr. com interesse Tiago Santos Matias, *Research e Inducements: o que foi não volta a ser; breve incursão funcional pelas novas regras da DMIF II*, Cadernos MVM nº 57 (ag.-2017) 35-52.

[1320] Esta era formulação contida no texto oficial da versão portuguesa da Diretiva de 2004 (DMIF I). A tradução atual refere-se a comissões, remunerações ou quaisquer prestações monetárias ou

Por outro lado, a prevenção de conflito de interesses na prestação dos serviços de intermediação financeira representa um objetivo central no regime estabelecido para os benefícios (*inducements*)[1322]. A Diretiva considera que a violação do regime sobre benefícios importa o incumprimento das regras sobre conflito de interesses[1323]. Cada intermediário financeiro deve, assim, examinar rigorosamente a rede de comissões pagas ou recebidas para avaliar se algum benefício conflitua com o dever de lealdade ao cliente[1324].

Este regime acresce ao dever de informação sobre custos e encargos associados aos serviços prestados[1325].

II – O material normativo respeitante a esta matéria encontra-se repartido entre o Código dos Valores Mobiliários (313º-313º-D CVM[1326]) e o Regulamento Delegado (UE) 2017/565 da Comissão Europeia. Refira-se, ainda, que a matéria beneficia também de orientações interpretativas no Q&A da ESMA, de atualização regular no seu sítio de Internet[1327].

Dos elementos de Direito positivo decorre um tratamento distinto consoante a natureza e o destinatário da remuneração. Importa separar três situações diferentes, abaixo consideradas:

a) O tipo de situações merecedor de um tratamento mais permissivo é o da remuneração pago pelo cliente ao próprio prestador de serviço ou a um terceiro em seu nome[1328].

não monetárias (art. 24º DMIF II) ou, na formulação do CVM, comissões, remunerações ou benefícios (pecuniários ou não pecuniários: 313º/ monetários ou não monetários: 313º-A).

[1321] Niamh Moloney, *How to Protect Investors*, cit., 264-266; Danny Busch/ Cees Van Dam (ed.), *A Bank's Duty of Care*, cit. 53-55; Niamh Moloney, *EU Securities and Financial Markets Regulation*³, cit., 808-810.

[1322] Luca Enriques/ Matteo Gargantini, *The overarching duty to act in the best interests of the client in MiFID II*, in Danny Busch/ Guido Ferrarini (ed.), *Regulation of the EU Financial Markets: MiFID II and MIFIR*, Oxford (2017), 85-122; José Ferreira Gomes, *Conflito de interesses e benefícios (inducements) dos intermediários financeiros perante a DMIF II*, em Paulo Câmara (coord.), *O Novo Direito dos Valores Mobiliários*, Coimbra, (2017), 227-249.

[1323] Art. 24º nº 9 da Diretiva 2014/65/UE, de 15 de maio (DMIF II) e art. 33º e) do Regulamento Delegado (UE) 2017/565 da Comissão, de 25 de abril de 2016.

[1324] Niamh Moloney, *EU Securities and Financial Markets Regulation*³, cit., 808-809.

[1325] Cfr. nomeadamente o Art. 50º do Regulamento Delegado (UE) 2017/565 da Comissão, de 25 de abril de 2016.

[1326] Refira-se, em abono da verdade, que o artigo 313º (muito decalcado do texto de Diretiva) continua a primar pela falta de clareza, pese embora as alterações a que já foi sujeito desde 2007.

[1327] ESMA, *Q&A On MiFID II and MiFIR investor protection and intermediation topics*, ESMA35-43--349 (2018, em atualização). O anterior documento interpretativo do CESR, *Inducements* (2007) deve considerar-se em larga medida ultrapassado pelo novo quadro normativo.

[1328] Artigo 33º *e) a contrario* do Regulamento Delegado (UE) 2017/565 da Comissão, de 25 de abril de 2016.

Neste caso, estamos no âmbito da remuneração direta do serviço, segundo o que foi contratado. Nessa medida, não há qualquer restrição nem a sujeição a exigências particulares – salvo as ligadas aos deveres de informação sobre custos e encargos.

b) O segundo caso a ser considerado é o das remunerações que possibilitem ou sejam necessárias para a prestação do serviço. Os exemplos constantes da lei são custos de custódia, as comissões de compensação e liquidação, taxas obrigatórias ou despesas de contencioso (art. 313º, nº 1 alínea *c)*).

Estas são admitidas (*proper fees*) se não originarem conflitos com o dever de o intermediário financeiro atuar de forma honesta, equitativa e profissional, no sentido da proteção dos interesses do seu cliente. Denota-se aqui, nesta medida, uma exigência ligeiramente superior à da primeira situação, atrás recortada. Estas prestações devem ser comunicadas ao cliente[1329].

c) As remunerações pagas ou proporcionadas a um terceiro são as que se sujeitam a um regime mais restritivo.

Em foco estão nomeadamente as seguintes:

– *trailer fees* ou *trailing fees*: comissões que remuneram a permanência de relações de serviços de investimento;

– *introducing fees*: comissões que remuneram a angariação de clientes ou a apresentação de potenciais clientes;

– retrocessão de comissões ou *kick-back commissions:* comissões que revertem a favor do intermediário que executa uma ordem de compra por conta de outrem.

III – No âmbito das remunerações pagas ou proporcionadas a terceiros, à luz da DMIF II devemos ainda distinguir entre, de um lado, o regime geral e, de outro lado, o regime especial a vigorar para a consultoria independente e para a gestão de carteiras.

No âmbito do regime geral aplicável à intermediação financeira, constituem-se três requisitos de prestação do benefício ou remuneração, em termos cumulativos:

- Deveres de informação (em termos completos, verdadeiros e claros) sobre a existência, natureza e o montante da remuneração, comissão ou benefício não pecuniário paga ou recebida, com a discriminação separada de cada tipo de comissão, remuneração ou outro benefício, mesmo que não pecuniário (*unbundling*); esta informação deve incidir igualmente sobre os mecanismos de transferência de benefícios indevidos; a informação deve

[1329] Artigos 313º nº 2 CVM e 24º nº 9 III da Diretiva 2014/65/UE, de 15 de maio (DMIF II).

ser prestada antes do serviço de investimento: caso o montante não possa ser determinado, deve ser indicado previamente o respetivo método de cálculo e as comissões máximas ou o intervalo de comissões que podem ser cobradas e posteriormente deve ser informado o montante exato de remuneração ou benefício recebido ou pago; os incentivos contínuos devem ser objeto de informação periódica, pelo menos numa base anual; apenas os benefícios não pecuniários não significativos podem ser descritos de forma genérica[1330];

- Dever de aumento de qualidade do serviço prestado[1331]; e
- Proibição de prejudicar o dever de atuação no sentido da proteção dos legítimos interesses do cliente.

Se estes requisitos não se mostrarem cumpridos, a remuneração não pode ser prestada ou recebida de terceiro. Esta proibição de prestação de remuneração mantém-se – convém notar – ainda que não haja lesão dos interesses do cliente ou de terceiro.

No art. 313º-A são facultadas desenvolvidas indicações interpretativas sobre o modo como se fará a avaliação – decisiva, neste contexto – do aumento de qualidade do serviço. Considera-se haver aumento de qualidade se o benefício prestado: for justificado pela prestação de um serviço adicional ou de nível superior ao cliente em causa, proporcional ao nível de benefícios recebidos; não beneficia diretamente a empresa destinatária do benefício, os seus acionistas ou colaboradores, sem qualquer vantagem concreta para o cliente em causa; e é justificado pela disponibilização de uma vantagem contínua ao cliente em relação a um benefício contínuo. Na interpretação do CESR – que neste ponto se supõe ainda vigente –, para este escrutínio não é obrigatório empreender uma avaliação caso a caso; mas em função da óptica geral do serviço[1332].

IV – Esta disciplina geral é complementada com um regime especial de proibição direta de remuneração no caso da consultoria independente e da gestão de carteiras, na medida em que tal pode constituir uma ameaça à independência do intermediário financeiro[1333]. Para acautelar a efetividade desta proibição,

[1330] Artigo 313º, nº 1 *a)* e nº 2 CVM e artigo 66º, nº 6 e 7 do Regulamento Delegado (UE) 2017/565 da Comissão, de 25 de abril de 2016.

[1331] Artigo 24º nº 9 da Diretiva 2014/65/UE, de 15 de maio (DMIF II). Cfr. Peter Mülbert, *Anlegerschutz bei Zertifikaten – Beratungspflichten, Offenlegungspflichten bei Interessenkonflikten und die Änderungen durch das Finanzmarkt-Richtlinien-Umsetzungsgesetz (FRUG)*, cit., 1161-1162.

[1332] CESR, *Inducements* (2007).

[1333] Artigo 313º-B CVM, em transposição do artigo 24º n.os 7 e 8 da Diretiva 2014/65/UE, de 15 de maio (DMIF II).

são estabelecidos deveres de informação acrescidos[1334] e deveres de restituição de comissões indevidamente recebidas[1335]. Excetua-se o caso de benefícios não monetários não significativos listados por lei (313º-B nº 3) que sejam razoáveis e proporcionais (313º-B nº 4) e que cumpram os três requisitos centrais acima indicados, relativos à prestação de informação, aumento de qualidade do serviço e à intocabilidade do dever de lealdade (art. 313º nº 1 *a)* e *b)* ex vi do art. 313º-B nº 1).

V – Além do regime jurídico descrito aplicável a todos os serviços de intermediação financeira, no Regulamento Delegado são impostos deveres adicionais em matéria de colocação e assistência a ofertas[1336].

São vedadas nomeadamente as seguintes práticas: a alocação (*allotment*) realizada para incentivar o pagamento de remunerações desproporcionalmente elevadas por serviços não relacionados prestados pela empresa de investimento («*laddering*»)[1337], tais como remunerações ou comissões desproporcionalmente elevadas pagas por um cliente de investimento ou volumes de atividade desproporcionalmente elevados com comissões de nível normal prestados pelo cliente de investimento como compensação para receber uma afetação da emissão; a alocação a um funcionário de alto nível ou um responsável da empresa de um cliente emitente existente ou potencial, como contrapartida pecuniária pela concessão, futura ou passada, de serviços financeiros à empresa («*spinning*»)[1338]; e a alocação que depende, expressa ou implicitamente, da receção de ordens futuras ou da aquisição de qualquer outro serviço da empresa de investimento por um cliente de investimento ou qualquer entidade de que o investidor seja funcionário[1339].

VI – Em balanço sobre o regime descrito, não deixa de impressionar o enfoque proibicionista daqui resultante no tocante ao pagamento de remunerações a terceiros. Em vez de se optar por uma regulação com uma tónica informativa,

[1334] Artigo 52º, nº 1 do Regulamento Delegado (UE) 2017/565 da Comissão, de 25 de abril de 2016.

[1335] Artigo 313º-B nº 2 *a)* CVM.

[1336] Artigos 40º nº 3 e 41º, nº 1 do Regulamento Delegado (UE) 2017/565 da Comissão, de 25 de abril de 2016.

[1337] Sobre o *laddering*, v. Stephen Choi/ Adam Pritchard, *Should Issuers Be on the Hook for Laddering? An Empirical Analysis of the IPO Market Manipulation Litigation. University of Cincinnati Law Review*, (2004), disponível em https://ssrn.com/abstract=527684.

[1338] Sobre o *sppining*, cfr. Lucas C. Townsend, *Can Wall Street's "Global Resolution" Prevent Spinning? A Critical Evaluation of Current Alternatives, Seton Hall Law Review* Vol. 34 (2002), 1121-1171.

[1339] Maria do Mar Carmo, *Conflitos de Interesses na Intermediação Financeira: Uma abordagem à luz da DMIF II e tomando como paradigma o Banco como Intermediário Financeiro*, cit., 27-31.

de modo a permitir a comparabilidade de custos, faz-se incidir três normas proibitivas (uma geral, seguida de soluções dirigidas à consultoria independente e gestão de carteiras e research: artigos 313º, nº 1 e 313º-B, 313º-C CVM) – relativamente à qual os pagamentos permitidos a terceiros configuram exceções.

Uma leitura transversal do regime descrito permite, pois, entrever um tratamento mais favorável para remunerações pagas à mesma pessoa jurídica do que quando o serviço é pago por terceiro.

Tal significa um estímulo indireto a uma conglomerização da atividade do prestador de serviço – em detrimento dos circuitos de distribuição financeira em arquitetura aberta – que merece ser notado.

De um lado, este regime favorece organizações com maior dimensão. De outro lado, pode fazer intervir mais frequentemente as limitações ao modo de estruturar remunerações adicionais aos colaboradores, nomadamente para evitar o esforço de distribuição de operações ou instrumentos financeiros comprovadamente lesivos.

VII – Uma das mais visíveis aplicações do regime de benefícios prende-se com o regime das recomendações de investimento (*research*)[1340].

No tocante aos intermediários financeiros ou a outras pessoas que *preparem* estudos de research, é proibido aceitar qualquer benefício por parte de quem tenha um interesse relevante no mesmo[1341].

Já no que respeita aos relatórios *recebidos* por intermediários financeiros, cabe distinguir dois planos distintos: de um lado, o research recebido por intermediários financeiros a título oneroso e, de outro lado, o research recebido gratuitamente.

No tocante ao research a título oneroso, uma de duas hipóteses se colocam: se o research for pago pelo cliente, deve ser imputado em conta separada de pagamento de research (*research payment account*: RPA) e sujeito a um orçamento prévio acordado com o cliente, segundo as regras fixadas no art. 313º-C cuja exigência é de tal modo elevada que serve para desencorajar diretamente este expediente ou para o controlar severamente. A única alternativa admitida por lei é a de ser o intermediário financeiro a suportar esse custo, a partir dos seus recursos próprios[1342].

1340 O conceito de recomendações de investimento é tratado à frente (cfr. § 24º, 6.); a propósito, Tiago dos Santos Matias esclarece que análises macroeconómicas ou estudos de mercado não se qualificam como research (*Research e Inducements: o que foi não volta a ser; breve incursão funcional pelas novas regras da DMIF II*, cit., 46-48).

1341 Artigo 37º nº 2 *d)* do Regulamento Delegado (UE) 2017/565 da Comissão, de 25 de abril de 2016.

1342 Art. 313º-C nº 1 *a)* CVM.

A receção de relatórios de research gratuitos sujeita-se às regras gerais de *inducements* estabelecidas nos arts. 313º e 313º-A[1343]. Assim, o research gratuito é proibido no caso de gestão de carteiras e de consultoria independente. Nos demais casos, deve haver uma análise caso a caso sobre se a receção de research: *i)* aumenta a qualidade do serviço ao cliente; *ii)* não interfere com a obrigação de agir de forma honesta, equitativa e profissional; e se *iii)* a existência de research gratuito foi comunicada ao cliente. Neste contexto, no plano organizativo, recomenda-se que cada intermediário financeiro adote uma política de filtragem de research, para que estes requisitos não resultem na prática incumpridos.

A avaliação a efetuar em relação a este particular regime é de que o mesmo acaba por deprimir a utilização do *research*, o que no plano do estímulo à formação de decisões de investimento informadas pode acarretar consequências indesejáveis imprevistas.

14. *Os deveres relativos à governação do produto*

I – Através de um Relatório datado de 2013, a IOSCO já tinha advertido que a complexidade crescente de instrumentos financeiros reclamava novas respostas normativas. Aí se referia que *distribution and disclosure standards are essential but not necessarily sufficient to prevent mis-sales*[1344]. Surge daqui o reconhecimento da necessidade de antecipar a tutela legislativa na regulação de processos que se desenrolam em momento anterior ao contacto com o investidor através de prescrições dirigidas à cadeia de conceção, aprovação e distribuição de instrumentos financeiros.

O novo regime de governação dos produtos assume-se, assim, como um sistema destinado a assegurar a defesa dos interesses dos clientes em todos os ciclos dos produtos (*life cycle management*)[1345].

São apontados três objetivos subjacentes a este regime: assegurar que os interesses, objetivos e características de clientes sejam tidos em conta; evitar possíveis prejuízos para os clientes; e minimizar os conflitos de interesses[1346]. Para tal, são constituídos deveres de conceção, de aplicação, de fiscalização e de revisão periódica de políticas de governação de produtos financeiros.

[1343] ESMA, *Q&A On MiFID II and MiFIR investor protection and intermediation topics*, ESMA35-43--349 (2018, em constant atualização).

[1344] IOSCO, *Regulation of Retail Structured Products*, (dez.-2013), 20.

[1345] Artigos 16º/3 e 24º/2 da Diretiva nº 2014/65/UE (DMIF II). Cfr. a propósito Tiago dos Santos Matias, *Product intervention na DMIF II: nótulas sobre o último poder (ou o poder último) conferido às autoridades de supervisão*, em *O Novo Direito dos Valores Mobiliários*, 265-270. Em interpretação deste regime: ESMA, *Guidelines on Product governance requirements*, (2017).

[1346] European Banking Authority, *Guidelines on product oversight and governance arrangements for retail banking products* (2016), EBA/GL/2015/18.

II – Quanto ao seu conteúdo, estes deveres assumem uma natureza dupla. De um lado, representam uma extensão dos deveres organizativos e de boa governação das instituições financeiras que concebem ou distribuem instrumentos financeiros[1347]. O *product governance* postula, assim, a existência, aplicação e revisão periódica de políticas de aprovação de produtos e uma delimitação criteriosa e consequente do mercado-alvo de cada produto. Paralelamente, este regime obriga à revisão das políticas de conflito de interesses[1348] e de remuneração[1349]. Importa, assim, que as políticas adotadas se insiram harmoniosamente no sistema de organização e governação de cada intermediário financeiro, de acordo com os princípios de proporcionalidade, efetividade e transparência[1350]. De outro lado, os deveres de governação de produto apresentam-se como deveres de *macro-adequação* dos instrumentos financeiros aos clientes.

Neste âmbito, o conceito operativo decisivo é o conceito de mercado-alvo, que recorta o perímetro de investidores a que o instrumento financeiro se pode destinar, de modo a assegurar que os produtos apenas são distribuídos caso tal seja do interesse do cliente[1351]. Deve a este propósito o intermediário financeiro: assegurar que o instrumento financeiro se destina a satisfazer as necessidades do mercado-alvo identificado; assegurar que a estratégia de distribuição do instrumento financeiro é adequada ao mercado-alvo identificado; e adotar as medidas adequadas para assegurar que o instrumento financeiro é distribuído junto de clientes pertencentes ao mercado-alvo identificado.

Em última análise, este regime – que envolve também exigências de adequação dos colaboradores dos intermediários financeiros[1352] –, serve de complemento dos deveres de adequação, seja em momento prévio ao contacto com o cliente, seja em momento posterior à distribuição dos instrumentos financeiros. Uma ilustração central a este propósito é o dever de verificar se o instrumento financeiro está a ser distribuído a clientes a cujas necessidades, características e objetivos o instrumento financeiro é compatível[1353].

III – O material normativo concentra-se nos artigos 309º-I a 309º-N do Código, em subseção autonomamente dedicada à matéria.

[1347] Artigos 90º-A-90º-D RGIC.

[1348] Artigo 86º-A RGIC.

[1349] Artigos 77º-F e 86º-B RGIC.

[1350] Sobre estes princípios gerais, cfr. Paulo Câmara, *O governo dos bancos: uma introdução*, em *A Governação dos Bancos nos Sistemas Jurídicos Lusófonos*, (2016), 29-33.

[1351] Artigo 309º-I nº 2 *c)* CVM.

[1352] Artigo 305º-G CVM e 115º-A, nº 3 *b)* RGIC.

[1353] Artigos 309º-K, nº 3 *c) i)* e 309º-L, nº 1 *c)* CVM.

São constituídos deveres jurídicos aos intermediários seja pela conceção dos instrumentos financeiros (na lei designada *produção*) seja pela sua comercialização.

O critério principal repousa no conceito de mercado-alvo: deve, para o efeito, o intermediário identificar, com um nível suficiente de detalhe, o mercado-alvo potencial de cada instrumento financeiro e especificar os tipos de clientes a cujas necessidades, características e objetivos o instrumento financeiro é adequado (*mercado-alvo positivo*), bem como os grupos de clientes aos quais o instrumento financeiro não é adequado (*mercado-alvo negativo*)[1354].

Tenha-se presente que, enquanto produtor de instrumentos financeiros, o intermediário financeiro deve nomeadamente efetuar uma análise de cenários dos instrumentos financeiros por si produzidos de modo a avaliar os riscos de resultados insatisfatórios para clientes finais suscitados pelo produto e em que circunstâncias estes resultados podem ocorrer, incluindo avaliar os referidos instrumentos sob condições negativas[1355]. Trata-se de um *stress test* de produto, a obrigar a um conhecimento bastante profundo das suas características, mesmo em ambiente adverso.

Nesta matéria o sistema do controlo de cumprimento assume um papel importante, devendo supervisionar o desenvolvimento e a análise periódica da política e procedimentos de aprovação da produção e distribuição de instrumentos financeiros, a fim de detetar eventuais riscos de incumprimento[1356]. Além disso, os relatórios de controlo de cumprimento dirigidos ao órgão de administração devem incluir informação sobre os instrumentos financeiros produzidos ou distribuídos pelo intermediário financeiro e a respetiva estratégia de distribuição[1357].

IV – De notar por fim que, entre nós, a solução plasmada na transposição da DMIF II impôs a generalização a todos os depósitos e produtos de crédito do regime aplicável aos depósitos estruturados[1358] e instrumentos financeiros no tocante aos deveres relacionados com a governação do produto[1359].

[1354] Artigo 309º-J, nº 4 *a)* CVM.

[1355] Artigo 309º-J, nº 4 *c)* CVM.

[1356] Artigo 309º-M, nº 1 *a)* CVM.

[1357] Artigo 309º-M, nº 3 CVM.

[1358] Artigos 14º e 15º do regime jurídico dos depósitos estruturados (Anexo I da Lei nº 35/2018).

[1359] Artigos 90º-B-90º-D RGIC. O Relatório de Consulta Pública (2016) informou terem sido deixados de lado os procedimentos de governação e monitorização relativos aos serviços de pagamento e à moeda eletrónica para não frustrar o processo de transposição da Diretiva (UE) 2015/2366, do Parlamento Europeu e do Conselho, de 25 de novembro de 2015 (PSD2).

15. *Os deveres de adequação; quadro geral*[1360]

I – A crescente sofisticação dos instrumentos financeiros foi confirmada através da turbulência financeira verificada globalmente a partir de agosto de 2007. A deficiente avaliação de instrumentos financeiros emitidos em operações agregadas de titularização teve efeitos exponencialmente negativos perante uma sucessão de incumprimentos de créditos de elevado risco (*subprime*): seguiu-se uma retração importante nos mercados inter-bancários, a precipitar uma baixa generalizada de cotações e um declínio na confiança dos mercados financeiros.

Do ângulo das necessidades informativas dos investidores, as regras sobre prospetos em ofertas públicas de valores mobiliários não constituem resposta suficiente para lidar com a complexidade crescente dos instrumentos financeiros. Assim sucede por três motivos: em primeiro lugar, dado o conceito apertado de oferta pública, havendo muitas distribuições de valores mobilliários que escapam à previsão do art. 109º CVM. Além disso, o regime das ofertas públicas não se aplica a instrumentos financeiros que não sejam valores mobiliários. Por fim, mesmo estando em causa ofertas públicas de valores mobiliários, o respetivo prospeto é frequentemente uma peça volumosa, com mais de uma centena de páginas, o que diminui o número de casos em que é efectivamente lido e compreendido pelos seus destinatários[1361].

Neste contexto, assumem relevo central os deveres de adequação, que são os deveres impostos aos intermediários financeiros com a finalidade de adequação entre o serviço a prestar e as características concretas do cliente[1362].

Os deveres de adequação representam uma concretização do dever fundamental de lealdade. Como tal, os deveres de adequação integram-se num sistema de proteção do investidor composto por outros deveres que são complementares entre si – entre os quais os deveres de informação, os deveres de categorização dos clientes, o dever de conhecimento dos clientes, o dever de

[1360] O essencial dos pontos 20.-22. desenvolve e atualiza o que consta do meu *O Dever de Adequação dos Intermediários Financeiros*, em *Estudos em Honra do Professor Doutor José de Oliveira Ascensão* (2008), Vol. II, 1307-1324 = *El deber de adecuación de los intermediarios financieros a la MiFID en el derecho portugués*, em *Revista de Derecho de Mercado de Valores*, nº 3 (2008), 147-159.

[1361] PAULO CÂMARA, *A Diretiva dos Prospetos: Contexto, Conteúdo e Confronto com o Direito Positivo Nacional*, nos *EH ao Professor Doutor António Marques dos Santos*, I (2005), 1083-1114.

[1362] ANTÓNIO BARRETO MENEZES CORDEIRO, *Os deveres de adequação dos intermediários financeiros à luz da DMIF II*, em PAULO CÂMARA (coord.) *O Novo Direito dos Valores Mobiliários* Vol. 2 (2018). Para uma colocação geral do tema e o tratamento dos problemas de responsabilidade civil aqui associados: MARGARIDA AZEVEDO DE ALMEIDA, *A responsabilidade civil por prospeto no Direito dos Valores Mobiliários – o bem jurídico protegido*, cit., 40-55; Id., *A responsabilidade civil de intermediários financeiros por informação deficitária ou falta de adequação dos instrumentos financeiros*, em PAULO CÂMARA (coord.) *O Novo Direito dos Valores Mobiliários* (2017), 411-425.

tratamento de reclamações, o dever de prevenção de conflito de interesses e dever de adoção de política de governação de produtos.

II – A origem destes deveres de adequação filia-se nas construções norte-americanas sobre dever de tratamento equitativo do cliente.

Nos EUA, o dever de adequação (*suitability rule*) tem consagração nas regras de organismos auto-reguladores mobiliários (v.g. a FINRA, sucessora da *National Association of Securities Dealers* – NASD e a Chicago Board Options Exchange)[1363], procurando originariamente servir de resposta às técnicas de comercialização agressiva de instrumentos financeiros. Segundo a sua consagração central, em causa está o dever, imposto na prestação de serviços atinentes à transmissão de *securities*, de recomendar apenas aqueles valores que, segundo a informação conhecida, são adequados ao cliente.

A origem deste dever jurídico[1364] remonta às primeiras *Rules of Fair Practice* da NASD, de 1939[1365]. O seu desenvolvimento foi mais tarde promovido por um estudo da SEC realizado em 1963 que traçava um retrato muito preocupante sobre as práticas agressivas à altura empregues no tocante à distribuição de instrumentos financeiros e aos comportamentos, revelados em muitos investidores, similares aos detetados no jogo e aposta. O estudo concluía recomendando à NASD uma densificação e fiscalização redobrada do dever de adequação[1366].

O fundamento da *suitability rule*, assim desenhada, estaria ligado ao investimento de confiança depositado pelo cliente na posição profissional do intermediário ou na relação contratual entre ambos firmada[1367]. Apesar desta matriz

[1363] Em causa estão a NASD Rule 2310 (*Recommendations to clients (Suitability)*) – sobre a qual existe abundante material interpretativo (*vide*, entre outros, IM-2310-1, IM-2310-2 e IM-2310-3), disponível em www.finra.org – e a Rule 9.9.2 da CBOE.

[1364] Há quem aponte que antes da sua juridificação, a adequação já valia, no contexto norte-americano, como imperativo ético: NORMAN S. POSER, *Liability of Broker-Dealers for Unsuitable Recommendations to Institutional Investors, Brigham Young University Law Review* (2001), 1496. Para uma reconstituição histórica: ANTÓNIO BARRETO MENEZES CORDEIRO, *Os deveres de adequação dos intermediários financeiros à luz da DMIF II*, cit.

[1365] ARVID E. ROACH II, *The Suitability Obligations of Brokers: Present Law and the Proposed Federal Securities Code*, Hastings L.J. 29 (1978), 1069-1216.

[1366] MATTHEW J. BENSON, *Online Investing and the Suitability Obligations of Brokers and Broker-Dealers, Suffolk University Law Review*, 34 (2001), 401.

[1367] Para uma descrição das teorias baseadas na reputação e posição profissional do intermediário (*shingle theory*) e das teorias fiduciárias derivadas de certas relações contratuais (v.g. consultoria): DAVID LIPTON, *Broker Dealer Regulation*, Vol. 2 (15A), Deerfield/New York/Rochester (1996), § 5.01-§ 5.04; ROBERT N. RAPP, *Rethinking Risky Investments for that Little Old Lady: A Realistic Role for Modern Portfolio Theory in Assessing Suitability Obligations of Stockbrokers, Ohio Northern University Law Review* 24 (1998), 194-217; ARVID E. ROACH II, *The Suitability Obligations of Brokers: Present Law and the Proposed Federal Securities Code*, Hastings L.J. 29 (1978), 1069-1216.

auto-reguladora na sua génese, o dever de avaliação de adequação para evitar erros de julgamento do lado dos clientes também mereceu desenvolvimento interpretativo por via judicial e administrativa[1368]-[1369].

Como decisões judiciais célebres a ilustrar o dever de adequação, temos nomeadamente as seguintes:

- Uma viúva de reduzidas posses confia o seu património a um corretor que realiza investimentos em valores mobiliários de elevado risco: o tribunal entende haver violação do dever de adequação[1370];
- Em resposta a uma ação fundada na violação do dever de adequação, o intermediário alega estar em causa um cliente sofisticado. O tribunal nega-lhe razão, considerando o dever de adequação aplicável às relações com clientes, sejam estes profissionais ou não-profissionais[1371].

III – Este legado foi aproveitado na Europa, seja através da influência dos padrões da IOSCO sobre intermediação financeira[1372], que lhe asseguraram maior divulgação, seja ainda por mérito das regras vigentes no Reino Unido[1373].

No Direito europeu, a Diretiva relativa aos Serviços Financeiros, datada de 1993, já exigia aos intermediários financeiros o dever de conhecimento da situação financeira, da experiência e dos objetivos de investimento do cliente[1374]. Todavia, é a consagração, em termos amplos, do dever de adequação na Diretiva relativa aos Mercados de Instrumentos Financeiros e respetiva Diretiva de

[1368] Reenvia-se para a Rule 15b10-3 da SEC, que faz aplicar este dever a intermediários não filiados no NASD.

[1369] Atenta a natureza auto-reguladora destas indicações, as pretensões movidas judicialmente por motivos de alegadas violações da *suitability rule* têm invariavelmente por base a *Rule 10b-5* emitida com base no *Securities Exchange Act* de 1934 (Fredericx Marx Gedicxs, *Suitability Claims and Purchases of Unrecommended Securities: An Agency Theory of Broker-Dealer Liability, Arizona State Law Journal* (Summer 2005), 11; Lawrence Cunningham, *Behavioral Finance and Investor Governance, Washington and Lee LR*, Vol. 59 (2002), 767-ss.; e para os antecedentes: Richard W. Jennings/ /Harold Marsh Jr./John Coffee Jr., *Securities Regulation – Cases and Materials7*, Westbury, N.Y. (1992), 639-642). Entre nós, as referências pioneiras à doutrina da *unsuitability* encontram-se no importante ensaio de José António Veloso, *Churning: Alguns Apontamentos com uma Proposta Legislativa, in Direito dos Valores Mobiliários*, Lisboa, 349-453 (358, 380-ss.).

[1370] *Twomey v. Mitchum, Jones and Templeton, Inc.*: 262 Cal. App. 2d 690; 69 Calif. Rptr. 222 (1968).

[1371] *Hanley v. SEC*: 415 F.2d (2nd Circ. 1969).

[1372] Iosco, *Report on International Conduct of Business Principles* (1990), onde se lê que a recolha de informação sobre o cliente *is a necessary element in enabling a firm to fulfil any suitability requirements*.

[1373] No Reino Unido, as primeiras consagrações surgiram na Core Rule 16 do Securities Investment Board, no Capítulo II, 3.1 do IMRO e na Rule 5.31 do SFA – organismos antecessoras da atual Financial Services Authority. Cfr. Jonathan Fisher/Jane Bewsey, *The Law of Investor Protection*, London (1997), 33-36.

[1374] Artigo 11º, § 4º, 4ª alínea da Diretiva nº 93/22/CEE.

execução, que representa o culminar da receção da figura no contexto europeu. O tema mereceu, por fim, um desenvolvimento definitivo no âmbito da DMIF II e no Regulamento Delegado[1375], sendo objeto de diversas orientações da ESMA[1376].

Previna-se preliminarmente que a comparação entre o regime europeu e o norte-americano deve ser efetuada com extremas cautelas. Nos EUA, embora o centro do dever de adequação do instrumento financeiro ao cliente se situe nas recomendações de investimento[1377], o concreto conteúdo deste dever continua sujeito a um significativo debate – havendo vários autores a lamentar-se que o instituto não tenha merecido ainda uma sedimentação satisfatória[1378]. Contrariamente, na Europa, houve uma emancipação significativa em relação ao contributo norte-americano, e o tema é agora sujeito a regras bastante desenvolvidas, que se aplicam a todos os serviços de investimento.

O dever em apreço apresenta-se, assim, no regime vigente na Europa, como dever geral na prestação de serviços de intermediação[1379]. Daí que ocupe uma seção autónoma no Regulamento Delegado[1380] e que, em transposição da Diretiva europeia, a matéria tenha sido sido tratada no Código dos Valores Mobiliários, em subsecção própria, inserida entre os dispositivos dedicados aos deveres organizativos e de conduta dos intermediários financeiros (arts. 314º-314º-D), no Capítulo I do Título VI.

Aliás, uma análise atenta do regime que lhe está associado leva a concluir apenas poderem estar em causa serviços que impliquem uma relação de clientela. Fica afastado, assim, da disciplina a examinar a gestão de sistema de negociação multilateral ou de gestão de sistema organizado.

[1375] Artigos 54º-57º Regulamento Delegado (EU 2017/565 da Comissão, de 25 de abril de 2016.

[1376] ESMA, *Consultation Paper on Draft Guidelines on Suitability Requirements* (2017); ESMA, *MiFID II guidelines on cross-selling practices* (2015); ESMA, *Q&A On MiFID II and MiFIR investor protection and intermediation topics*, ESMA35-43-349 (2018, em constante atualização).

[1377] É certo que a Rule 405 da NYSE tem um âmbito mais alargado, mas o seu conteúdo resume-se ao dever de diligência e de conhecimento do cliente, não se podendo qualificar como dever de adequação em sentido próprio.

[1378] Os epítetos cunhados na literatura são reveladores: *"one of the most ill-defined concepts in all securities law"* (Richard Booth, *The Suitability Rule, Investor Diversification, and Using Spread to Measure Risk, Business Lawyer* Vol. 54 (Aug.-1999), 1599), *"nebulous and amorphous as to its content and parameters"* (Lewis Lowenfels/Alan R. Bromberg, *Suitability in Securities Transactions, Business Lawyer* (Aug.-1999), 1557).

[1379] No âmbito da Diretiva 2014/65/UE, de 15 de maio de 2014 (DMIF II), cfr. os artigos 54º a 58º do Regulamento Delegado (UE) 2017/565 da Comissão, de 25 de abril de 2016.

[1380] Artigos 54º-57º Regulamento Delegado (UE) 2017/565 da Comissão, de 25 de abril de 2016.

IV – A estrutura da disciplina jurídica dos deveres de adequação é dual, na medida em que compreende um regime geral, aplicável a todos os serviços de intermediação financeira, e um regime especial, com exigências acrescidas para a consultoria para investimento e a gestão de carteiras. A razão para esta divisão prende-se com o cunho fiduciário mais acentuado e, mais concretamente, com a influência maior que estes dois serviços desempenham na tomada de decisões de investimento por parte do cliente.

Em termos terminológicos, a versão inglesa da DMIF utiliza designações diferentes para cada um dos regimes indicados: ao primeiro intitula *apropriateness regime*, e ao segundo, mais exigente, *suitability regime*[1381]. Todavia, sublinhando o caráter unitário do instituto, semelhante distinção terminológica não é operada no texto nacional, nem da Diretiva, nem dos preceitos do Código dos Valores Mobiliários que procedem à sua transposição.

V – Os deveres de adequação decompõem-se em plúrimos deveres distintos, que se interligam e são instrumentais ao mesmo fim:

- o dever de recolha de informação do cliente;
- o dever de avaliação de adequação;
- o dever de informação sobre a inadequação ou sobre a falta de informação obtida;
- o dever de abstenção de recomendações ou gestão de carteiras inadequadas;
- o dever de preparação de relatório de adequação (no caso de consultoria para investimento); e
- o dever de adoção de política de adequação.

O desenvolvimento seguinte procura acompanhar, sucessivamente, cada um destes deveres.

16. *O dever de recolha de informação respeitante ao cliente*

I – Por obra das indicações europeias[1382], o dever de recolha de informação respeitante ao cliente obedece a um regime dual. Convém, para o efeito, distinguir dois níveis diferentes de extensão deste dever:

[1381] Cfr. por exemplo Hanno Teuber, *Finanzmarkt-Richtlinie (MiFID) – Auswirkungen auf Anlageberatung und Vermögensverwaltung im Uberblick*, BKR (2006), 429-437 (433-435); Alessandra Chirico, *Suitability and Appropriateness under MiFID: "Faithful watchdogs" or "terrible twins"?*, ECMI Policy Brief nº 9 (Sept.-2007), 3-6. Em Espanha também se empregam designações diferentes para o regime de *adecuacíon* e *idoneidad*.

[1382] No Direito norte-americano houve uma evolução apreciável na determinação do manancial de informação que deva ser obtida (Frederick Mark Gedicks, *Suitability Claims and Purchases of Unrecommended Securities: An Agency Theory of Broker-Dealer Liability, cit.*, 5-6; Thomas Lee

- o regime geral (*appropriateness tests*) obriga à recolha de informação sobre conhecimentos e experiência;
- a prestação dos serviços de consultoria para investimento ou de gestão de carteiras (*suitability tests*) impõe adicionalmente a recolha de informação sobre situação financeira (incluindo a capacidade para suportar perdas) e sobre objetivos de investimento (incluindo a tolerância ao risco).

Em ambos os casos, o intermediário financeiro deve assegurar-se que as informações recolhidas são confiáveis, exatas e atualizadas[1383]. A lei não prescreve uma periodicidade para atualização da informação, que deve ser confiada ao critério do intermediário financeiro[1384]. Apenas existe um dever de atualização da recolha de informação quando se mantenha uma relação em curso com o cliente[1385].

II – Começa-se pelo regime geral. Para a prestação de quaisquer serviços de intermediação financeira, o intermediário financeiro deve recolher um manancial de informação sobre conhecimentos e experiência do cliente (efetivo ou potencial[1386]) em matéria de investimento no que respeita ao tipo específico de produto ou serviço oferecido ou solicitado, de modo a permitir ao intermediário determinar se o produto ou o serviço de investimento considerado lhe é adequado (arts. 304º, nº 3 e 314º, nº 1)[1387].

Este dever de obter informação sobre o cliente (*know your client*) é dissonante com o tradicional dever de discrição que vale para a atividade bancária, que pode envolver a proibição de colocação de algumas questões respeitantes à esfera pessoal do cliente. Mais: na prestação de serviços de investimento o intermediário financeiro não pode dissuadir um cliente a prestar as informações requeridas[1388].

Hazen, *Securities Regulation, cit.* 836). De uma posição inicialmente assumida pela NASD em 1964 no sentido da inexistência de um dever positivo de recolha de informação, mas logo contrariada pela SEC, evoluiu-se em 1991 para a consagração de um dever alargado de obtenção de informação junto de investidores. Só treze anos mais tarde é que semelhante avanço se produziu na Europa.

[1383] Artigo 54º nº 7 do Regulamento Delegado (UE) 2017/565 da Comissão de 25 de abril de 2016.

[1384] *"In ESMA's view, it is firms' responsbaility to decide how frequently the update of client information should be conducted"*: ESMA, *Guidelines on certain aspects of the MiFID II Suitability* Requirements (2018), 20, 45-46.

[1385] Artigo 54º nº 7 II Regulamento Delegado (UE) 2017/565 da Comissão de 25 de abril de 2016.

[1386] Artigo 54º nº 1 Regulamento Delegado (UE) 2017/565 da Comissão de 25 de abril de 2016.

[1387] Tilman Weichert/Thomas Wenninger, *Die Neuregelung der Erkundigungsund Aufklärungspflichten von Wertpapierdienstleistungsunternehmen gem. Art. 19 RiL 2004/39/EG (MiFID) und Finanzmarkt-Richtlinie-Umsetzungsgesetz,* WM 14 (2007) 627-634 (629-631).

[1388] Artigo 55º nº 2 Regulamento Delegado (UE) 2017/565 da Comissão de 25 de abril de 2016 e ESMA, *Guidelines on certain aspects of the MiFID II Suitability* Requirements (2018).

Além disso, o intermediário financeiro deve informar o cliente que o objetivo da avaliação de adequação é o de permitir ao prestador de serviços de investimento agir no melhor interesse do cliente[1389].

III – Repisa-se que o regime geral obriga a que o intermediário recolha do seu cliente informação relativa aos seus conhecimentos e experiência em matéria de investimento no que respeita ao tipo de instrumento financeiro ou ao serviço considerado. Esta informação deve ser suficiente para avaliar se o cliente compreende os riscos envolvidos (art. 314º, nº 1).

Esta recolha de informação tem comummente por base questionários de adequação que são preparados por cada intermediário financeiro com base nas indicações legislativas e nas orientações da ESMA. A política de avaliação de adequação sugere habitualmente uma revisão periódica dos questionários, para assegurar a sua eficácia e o seu ajustamento ao objetivo visado.

As informações relativas aos conhecimentos e à experiência devem incluir os elementos seguintes[1390], na medida que forem considerados apropriados face à natureza do cliente, à natureza e ao âmbito do serviço a prestar e ao tipo de produto ou de transação previstos, nomeadamente em termos da sua complexidade e dos riscos envolvidos: os tipos de serviços, transações e instrumentos financeiros com que o cliente está familiarizado; a natureza, o volume e a frequência das transações do cliente com instrumentos financeiros e o período durante o qual foram realizadas; e o nível de habilitações, a profissão ou a anterior profissão relevante do cliente ou do potencial cliente[1391].

A lei não estabelece *expressis verbis*, na esfera jurídica dos clientes, um dever de prestação de informação requerida pelo intermediário financeiro. Porém, a não prestação pelos clientes da informação necessária ao cumprimento do dever de adequação consubstancia justa causa de resolução do contrato de intermediação, por corresponder a uma violação de um dever acessório de lealdade, decorrente da boa fé (art. 762º nº 2 CC), a qual, pela sua gravidade e intensidade, pode tornar inexigível ao intermediário financeiro a subsistência da relação contratual.

1389 Artigo 54º nº 1 Regulamento Delegado (UE) 2017/565 da Comissão de 25 de abril de 2016.

1390 No Direito norte-americano houve uma evolução apreciável na determinação do manancial de informação que deva ser obtida (Frederick Mark Gedicks, *Suitability Claims and Purchases of Unrecommended Securities: An Agency Theory of Broker-Dealer Liability, cit.*, 5-6; Thomas Lee Hazen, *Securities Regulation, cit.* 836). De uma posição inicialmente assumida pela NASD em 1964 no sentido da inexistência de um dever positivo de recolha de informação, mas logo contrariada pela SEC, evoluiu-se em 1991 para a consagração de um dever alargado de obtenção de informação junto de investidoresinstitucionais (Lewis Lowenfels/Alan R. Bromberg, *Suitability in Securities Transactions*, cit., 1563-1564).

1391 Artigo 55º nº 1 Regulamento Delegado (UE) 2017/565 da Comissão de 25 de abril de 2016.

IV – O objetivo final da compreensão do risco do investimento proposto, tendo embora como referência imediata as pessoas singulares, também se deve aplicar às pessoas coletivas e às pessoas que atuem através de representante.

Nestes casos cabe distinguir: a recolha de informação quanto aos conhecimentos e experiência deve ser feita em relação ao representante relevante do cliente para efeitos do concreto investimento em causa[1392]; por seu turno, a informação relativa à situação financeira ou aos objetivos de investimento deve ser a da pessoa coletiva ou singular representada[1393]. Para o efeito, o intermediário financeiro deve estabelecer e aplicar uma política que determine quem deve ser sujeito à avaliação da adequação e o modo como esta avaliação será feita na prática, incluindo de quem serão recolhidas as informações sobre conhecimentos e experiência, situação financeira e objetivos de investimento[1394].

Outra categoria de situações tratada nas Orientações da ESMA refere-se à contitularidade de instrumentos financeiros. Como facilmente se alcança, aqui o problema situa-se sobretudo nas contas solidárias, que autorizam a disposição dos valores mobiliários por cada um dos contitulares, sem necessária intervenção dos demais. É por isso pertinente perguntar se nesse quadro os deveres de adequação se reportam a todos os contitulares. Nestas situações, deve preferir-se que os contitulares indiquem um representante para efeitos da recolha de informação e exame de adequação; na falta de representante segundo a ESMA pode no limite impor-se a atitude prudente de ter por referência o contitular com menor conhecimentos e experiência, situação financeira mais débil e objetivos de investimento mais conservadores[1395]. Em qualquer caso, os contitulares preservam a possibilidade de fixar contratualmente, a título originário ou subsequente, um representante para este efeito.

[1392] Rob Price, *Conduct of Business Standards – Fair Dealing with Clients*, *in* Matthew Elderfield (ed.), *A Practitioner's Guide to MiFID*, cit., 162. Caso diverso é, naturalmente, o da responsabilidade da pessoa singular que, conhecendo o risco, aceita um investimento desajustado ao da pessoa coletiva que representa: cfr. sobre estes Norman S. Poser, *Liability of Broker-Dealers for Unsuitable Recommendations to Institutional Investors*, cit., 1498.

[1393] Artigo 54º nº 6 II do Regulamento Delegado (UE) 2017/565 da Comissão de 25 de abril de 2016.

[1394] Artigo 54º nº 6 do Regulamento Delegado (UE) 2017/565 da Comissão de 25 de abril de 2016.

1395 "*If the parties involved have difficulties in deciding the person/s from whom the information on knowledge and experience should be collected, the basis on which the financial situation should be determined for the purpose of the suitability assessment or on defining their investment objectives, the firm should adopt the most prudent approach by taking into account, accordingly, the information on the person with the least knowledge and experience, the weakest financial situation or the most conservative investment objectives. Alternatively, the firm's policy may also specify that it will not be able to provide investment advice or portfolio management services in such a situation*": ESMA, *Guidelines on certain aspects of the MiFID II Suitability* Requirements (2018), 48.

V – O dever de conhecimento do cliente (KYC) anda par a par com o dever de conhecimento dos instrumentos financeiros sobre que incidem os serviços de intermediação financeira.

Com efeito, é agora consagrado, em termos explícitos, o dever de adotar políticas e procedimentos adequados destinados a assegurar que compreendem a natureza, as características, *incluindo os custos e os riscos, dos serviços de investimento e instrumentos financeiros selecionados para os seus clientes* e que avaliam, tendo simultaneamente em conta os custos e a complexidade, se existem serviços de investimento ou instrumentos financeiros equivalentes capazes de corresponder ao perfil do cliente[1396].

Se assim não fosse, não estaria o intermediário habilitado para fazer o juízo de adequação entre o projeto de investimento visado e as características concretas do cliente.

Retira-se, pois, que também à luz do Direito europeu o dever de adequação pressupõe um dever de conhecimento do cliente (*know your client*) e do instrumento financeiro envolvido (*know your security, know your product*)[1397].

Este dever de cohecimento dos instrumentos financeiros goza de implicações práticas e obriga nomeadamente a uma abordagem cautelosa, do ponto de vista da governação do produto[1398], em relação à prestação de serviços financeiros relativamente a instrumentos financeiros não produzidos pelo próprio intermediário financeiro (art. 309º-K).

Um exemplo claro do agora exposto coloca-se em relação a organismos de investimento coletivo. Com efeito, os OIC apresentam uma natureza heterogénea, podendo ser qualificados como instrumentos financeiros complexos ou como instrumentos financeiros não complexos, consoante as suas características[1399]. Por seu turno, se estiverem em causa OIC que são instrumentos complexos, os deveres de informação são sensivelmente ampliados e aplicam-se em toda a sua extensão os deveres de adequação, independentemente de serem ou não OIC distribuídos pelo intermediário financeiro. O dever de conhecimento do produto revela-se, assim, essencial para determinar os deveres jurídicos que *in casu* são aplicáveis.

VI – As exigências descritas representam, como se referiu, o reduto informativo mínimo que deve ser exigido do cliente, para cuja interpretação as Orientações da ESMA se revelam fundamentais. O intermediário financeiro pode exigir mais informação – e em muitos casos fá-lo-á.

1396 Artigo 54º nº 9 do Regulamento Delegado (UE) 2017/565 da Comissão de 25 de abril de 2016.
1397 Lewis Lowenfels/Alan R. Bromberg, *Suitability in Securities Transactions*, cit., 1557.
1398 Cfr. *supra* § 23º 14.
1399 Cfr. *supra* § 13º 3. e *infra* § 23º 18.

Merece invocar, aliás, existir uma interessante discussão, ocorrida nos EUA, sobre o que deva ser avaliado para efeitos da adequação. Além de aspetos financeiros, há quem – baseado nas teorias sobre finanças comportamentais – sustente que os testes de adequação deveriam igualmente versar sobre o perfil psicológico do cliente, a fim de detetar a sua propensão ou aversão ao risco ou para avaliar as suas expectativas no sentido mais global[1400]. O grau de diversificação da carteira do cliente também é apontado como um elemento importante para avaliar o risco que determinado investimento pode implicar[1401].

VII – Como notado, uma mais exigente avaliação da adequação surge imposta na gestão de carteiras e na consultoria para investimento[1402] – áreas em que é mais aguda a natureza fiduciária da prestação do intermediário.

Nestes casos, segundo o art. 314º-A e o art. 54º nº 2 do Regulamento Delegado, será necessário que o intermediário financeiro obtenha a informação necessária para que possa compreender os factos essenciais relacionados com o cliente e para que, tendo em conta a natureza e o âmbito do serviço prestado, possa considerar que:

a) A operação específica a recomendar ou a iniciar corresponde aos objetivos de investimento do cliente em questão;
b) O cliente pode suportar financeiramente quaisquer riscos de investimento conexos, em coerência com os seus objetivos de investimento; e
c) A natureza do cliente assegura que este dispõe da experiência e dos conhecimentos necessários para compreender os riscos envolvidos na operação ou na gestão da sua carteira.

VIII – A prestação dos serviços de gestão de carteiras e de consultoria confronta-se por vezes com instrumentos financeiros que não foram objeto direto dos testes de adequação, nomeadamente pelo seu caráter inovatório. Estas situações obrigam a uma dupla análise. Em termos contratuais, importa avaliar se tal objeto se encontra coberto no âmbito possível de decisões de investimento discricionárias ou de conselhos personalizados de investimento. Por vezes é o

[1400] Lawrence Cunningham, *Behavioral Finance and Investor Governance*, cit., 34-37.

[1401] Richard Booth, *The Suitability Rule, Investor Diversification, and Using Spread to Measure Risk, cit.*, 1599-1627, que propõe uma avaliação agregada dos spreads da carteira como meio de calcular o risco dos portfolios; em termos semelhantes: Stephen B. Cohen, *The Suitability Rule and Economic Theory, Yale Law Journal*, Vol. 80 nº 8 (1971), 1604-1635; Robert N. Rapp, *Rethinking Risky Investments for that Little Old Lady: A Realistic Role for Modern Portfolio Theory in Assessing Suitability Obligations of Stockbrokers*, cit., 252-279.

[1402] O conceito de consultoria para investimento é aqui empregue em sentido técnico. Cfr. a propósito *infra*, § 24º, 5.

próprio enunciado contratual a fixar uma limitação no objeto das decisões do gestor de carteiras ou da consultoria.

Em segundo lugar, cabe verificar a análise realizada ao cliente para efeitos dos testes de avaliação de adequação impostos. Cobra nesse caso aplicação o art. 314º-A CVM – o qual, como referido, apresenta exigências adicionais ao regime-regra.

Se o investimento a realizar comporta analogia com outro já realizado ou com informação solicitada nos testes e por esse motivo o intermediário financeiro já possui a informação necessária para o critério de avaliação, este requisito deve ter-se como cumprido. Nesse caso, com efeito, o intermediário financeiro terá compreendido os factos essenciais relacionados com o cliente, os seus objetivos de investimento e a experiência e conhecimentos na operação em causa. Caso contrário, o gestor não deve prosseguir até que o teste imposto pelo artigo 314º-A seja realizado e os requisitos atrás indicados sejam considerados como verificados. Assim, entende-se que o cliente deve ao menos ter o conhecimento e experiência suficientes sobre os instrumentos financeiros de modo a poder acompanhar o desempenho do gestor de carteiras ou a poder avaliar os conselhos de investimento que lhe são dirigidos.

IX – Apesar de o dever de adequação também valer para os casos em que o cliente é profissional[1403], este sujeita-se todavia a um regime marcadamente diverso.

Em termos de enquadramento, a informação recolhida deve ter em consideração a natureza do investidor. Por seu turno, o nº 3 do artigo 54º do Regulamento Delegado estabelece uma presunção relativamente aos clientes profissionais por natureza (e não a pedido) no serviço de consultoria (e não de gestão de carteiras), esta apenas dispensa os intermediários financeiros de realizarem o teste de adequação quanto a conhecimentos, experiência e capacidade de suportar financeiramente perdas. Nestas situações mantém-se a necessidade de avaliar a adequação relativamente à tolerância ao risco. O mesmo vale por maioria de razão para o caso da gestão de carteiras, à qual esta presunção não é aplicável. A presunção descrita é, nos termos gerais (art. 350º, nº 2 CC), ilidível. Porém, a ilisão de presunção apenas pode funcionar em relação ao intermediário se baseada em informação de que este dispõe; por isso é que a Diretiva e o art. 314º-A, nº 4 CVM utilizam a fórmula "o intermediário pode presumir".

X – A título de síntese, importa chamar a atenção para os deveres acessórios à recolha de informação que se constituem na esfera jurídica dos intermediários

[1403] Do mesmo modo, no panorama norte-americano: DAVID LIPTON, *Broker Dealer Regulation*, cit., § 5.01 [3].

financeiros: o dever de informação sobre os objetivos subjacentes da recolha da informação[1404]; o dever de adoção de política que assegure a confiabilidade e a atualidade da informação[1405]; e o dever de registo de informações recolhidas[1406].

17. *O dever de avaliação de adequação; implicações da inadequação*

I – Em cada prestação de serviço de investimento, deve ser ajuizada a sua adequação ao concreto perfil do cliente.

Esta avaliação de adequação é da responsabilidade do intermediário financeiro. Trata-se de uma responsabilidade indelegável: o intermediário não pode escudar-se numa auto-avaliação do cliente nem pode substituir a sua avaliação por sistemas automatizados[1407].

Os recentes desenvolvimentos relativos à consultoria automatizada (*robot-advice*) ou à gestão de carteiras automatizada não perturbam a aplicação do regime exposto. O Regulamento Delegado clarifica diretamente que se for prestada consultoria para investimento ou serviços de gestão de carteiras, na totalidade ou em parte, através de um sistema automatizado ou semiautomatizado, a responsabilidade de proceder à avaliação da adequação incumbe ao intermediário financeiro que presta o serviço e não deve ser reduzida pela utilização de um sistema eletrónico para prestar o aconselhamento personalizado ou tomar a decisão de negociar[1408].

II – A literatura frequentemente qualifica a adequação aqui suposta como uma adequação qualitativa[1409], por oposição à adequação quantitativa, que subjaz à proibição de intermediação excessiva (*churning*)[1410]. A asserção, no entanto, pode revelar-se inexacta. É certo que a avaliação aqui subjacente é essencialmente qualitativa, ao assentar numa relação entre o concreto perfil do investidor e as características (em particular, quanto ao risco) do negócio visado. Todavia, esta divisão entre aferição quantitativa e qualitativa revela-se excessivamente simplista, porquanto o risco a afectar a carteira do cliente depende não só da

[1404] Artigo 54º nº 1 Regulamento Delegado (UE) 2017/565 da Comissão de 25 de abril de 2016.

[1405] Artigo 54º nº 7 Regulamento Delegado (UE) 2017/565 da Comissão de 25 de abril de 2016.

[1406] Artigos 56º nº 3 e 72º Regulamento Delegado (UE) 2017/565 da Comissão de 25 de abril de 2016.

[1407] Artigo 54º nº 1 II Regulamento Delegado (UE) 2017/565 da Comissão de 25 de abril de 2016.

[1408] Artigo 54º nº 1 do Regulamento Delegado (UE) 2017/565 da Comissão de 25 de abril de 2016.

[1409] Assim: Richard W. Jennings/Harold Marsh Jr./John Coffee Jr., *Securities Regulation – Cases and Materials*[7], cit., 641-642; Matthew J. Benson, *Online Investing and the Suitability Obligations of Brokers and Broker-Dealers*, cit., 402.

[1410] Entre nós, cfr. o art. 310º CVM. Sobre intermediação excessiva, v. Frederico Costa Pinto, *Intermediação excessiva, EH Professor Doutor Carlos Ferreira de Almeida*, I, 755-787.

natureza dos instrumentos a investir, mas também da quantidade aí associada, e do portfolio global em causa[1411]. Não pode esquecer-se, ademais, que o risco da execução de ordens inadequadas se liga ao facto de a remuneração dos corretores assentar em comissões por negócio, estimulando estruturalmente a concretização da ordem[1412] – não obstante, claro está, o interesse do intermediário residir na manutenção, em termos duráveis, do contrato de intermediação e da confiança do seu cliente[1413]. E esse problema – por outras palavras: a tensão entre a perspetiva do ganho (ilegítimo) imediato e a ameaça, ainda que diferida, do dano reputacional – é afinal transversal em relação ao dever de adequação e à proibição da intermediação excessiva.

Entende-se, em suma, que o juízo de adequação qualitativa do serviço ao cliente é necessário mas pode não ser suficiente.

III – Para se entender a intensidade da avaliação aqui exigida, há que contar, de uma banda, com o regime geral e, de outra banda, com os particularismos agravados da gestão de carteiras e da consultoria para investimento.

Em relação aos serviços de investimento em geral, deve o intermediário verificar se o cliente dispõe da experiência e dos conhecimentos necessários para compreender os riscos envolvidos na operação (art. 314º, nº 1).

Em adição, no caso da consultoria para investimento e gestão de carteira, será ainda necessário ajuizar se a operação específica a recomendar ou a iniciar corresponde aos objetivos de investimento do cliente em questão e se o cliente pode suportar financeiramente quaisquer riscos de investimento conexos, em coerência com os seus objetivos de investimento (art. 314º-A, nº 2).

Na versão inglesa da DMIF temos aqui em causa duas designações terminológicas diferentes para cada um dos exames reclamados: ao primeiro intitula *apropriateness test*, e ao segundo, mais exigente, *suitability test*.

As consequências de uma avaliação negativa são diferentes em função do tipo de serviço envolvido.

Estando em causa o regime-regra (*apropriateness regime)*, se o intermediário financeiro concluir que a operação considerada não é adequada ao cliente deve adverti-lo, por escrito, para esse facto, devendo o cliente confirmar por escrito que recebeu a advertência em causa (art. 314º, nº 2). Esta dupla exigência de forma escrita configura uma adição doméstica ao regime europeu[1414].

[1411] Stephen B. Cohen, *The Suitability Rule and Economic Theory*, cit., 1607-1630.

[1412] Norman S. Poser, *Liability of Broker-Dealers for Unsuitable Recommendations to Institutional Investors*, cit., 1524-1527.

[1413] Antológico, a este propósito: Donald C. Langevoort, *Selling Hope, Selling Risk: Some Lessons for Law from Behavioral Economics About Stockbrokers and their Sophisticated Customers, California LR*, Vol. 84, n. 3 (1996), 628-631, 648-669.

[1414] Sobre o conceito de forma escrita para efeitos do Código tenha-se presente o art. 4º CVM.

Na consultoria para investimento e gestão de carteiras, se o cliente não entende os riscos subjacentes em cada transação, o intermediário não deve prestar o serviço. A expressão legal encontrada no nº 10 do art. 54º Regulamento Delegado é o de que o intermediário financeiro *não deve recomendar ou decidir negociar* quando nenhum dos serviços ou instrumentos é adequado para o cliente[1415]. Não se pode esquecer que a proibição de prestação do serviço também se aplica à gestão de carteiras, em que não há propriamente recomendação, mas execução em regra discricionária de decisões de investimento[1416].

Em todo o caso, a *ratio* desta norma proibitiva é fácil de entender. Com efeito, a recomendação de um instrumento financeiro ou a execução de uma decisão de investimento que envolva um risco que o cliente não conheça equivaleria ao incumprimento do dever de adequação do intermediário, que é precisamente o que o regime em análise pretende evitar.

Importa a propósito analisar a solução normativa a aplicar em caso de insistência do cliente na prestação do serviço[1417], caso o mesmo se revela inadequado ao seu perfil (arts. 314º nº 2, 314º-A nº 3 e 54º, nº 8 Regulamento Delegado (UE) 2017/565) ou caso não tenha sido reunida a informação suficiente para a realização dos testes de adequação (arts. 314º nº 3, 314º-A nº 3 e 54º, nº 10 Regulamento Delegado (UE) 2017/565). De um lado, essa insistência não pode ser provocada pelo intermediário financeiro, que está impedido de dissuadir o cliente de prestar as informações necessárias (art. 55º, nº 2 Regulamento Delegado (UE) 2017/565). De outro lado, para ser consequente a insistência não pode ser anterior à comunicação das advertências e do relatório de inadequação ao caso devidos. Em suma, o cliente deve ficar plenamente ciente que se insistir na prestação do serviço fá-lo-á sem a proteção do regime de adequação respetivo. O sistema de controlo interno deve também acompanhar estes processos mais intensamente, para evitar processos decisórios desligados da vontade efetiva do cliente[1418]. Por fim, os registos da interação com o cliente devem ser devidamente conservados[1420].

[1415] Teuber refere-se diretamente a uma proibição de aconselhamento: Hanno Teuber, *Finanzmarkt-Richtlinie (MiFID) – Auswirkungen auf Anlageberatung und Vermögensverwaltung im Uberblick*, cit., 431. O ponto não é, todavía, valorado na monografia de Gonçalo Castilho Dos Santos, *A Responsabilidade Civil do Intermediário Financeiro perante o Cliente*, cit., 114-118.

[1416] Rob Price, *Conduct of Business Standards – Fair Dealing with Clients, in* Matthew Elderfield (ed.), *A Practitioner's Guide to MiFID*, cit., 161, 164, 169.

[1417] O tema coloca-se sobretudo na execução de ordens, por não poderem ser ultrapassadas as limitações dos arts. 314º-A nº 3 e 54º, nº 8 Regulamento Delegado (UE) 2017/565.

[1418] Em conferência pública sobre a matéria organizada pela CMVM, referiu-se dever o intermediário financeiro *monitorizar alterações do perfil do cliente não suportadas por uma real modificação da sua situação e monitorizar alterações frequentes do serviço de consultoria para o serviço de execução* (Florbela Razina, *Consultoria para Investimento* (2017), disponível em www.cmvm.pt).

IV – O dever de aferição da adequação toma por objeto uma decisão relativa a instrumentos financeiros. Não está necessariamente em causa uma operação de aquisição; ao invés, pode estar em causa uma operação de alienação, um exercício de direitos, uma decisão de extinção de titularidade (ex: resgate de unidades de paraticipação) ou uma decisão de manutenção de titularidade.

V – A lei não prescreve um direto intervalo temporal entre a avaliação da adequação e a prestação do serviço. Este pode seguir-se imediatamente àquele, se o resultado da avaliação concluir no sentido da adequação do serviço.

A acrescer, à semelhança do que sucede em relação à classificação dos clientes, não se prescreve uma periodicidade direta para a revisão dos testes de adequação. Não pode censurar-se esta solução. Como ensinam os estudos de finanças comportamentais (*Behavioral Finance),* a apetência para o risco pode variar em função de um complexo de elementos (idade, situação do mercado, origem do património afetado) – o que sempre tornaria difícil o desenho de um prazo de revisão para detecção da adequação, por via legal[1420].

VI – O regime do dever de adequação conta também com especialidades quando envolvido em relações plurissubjectivas.

O intermediário financeiro que recebe de outro intermediário financeiro instruções para prestar serviços de investimento em nome de um cliente deste último pode confiar em duas diversas fontes de informação: na informação sobre o cliente que lhe tenha sido transmitida pelo intermediário financeiro que o contratou; ou nas recomendações relativas ao serviço ou operação que tenham sido transmitidas ao cliente pelo outro intermediário financeiro (art. 314º, nº 6).

O intermediário financeiro que transmita instruções a outro intermediário financeiro deve assegurar a suficiência e a veracidade da informação transmitida sobre o cliente e a adequação das recomendações ou dos conselhos relativos ao serviço ou operação que tenham sido por si prestados a este (art. 314º, nº 7).

[1419] O art. 56º, nº 2 do Regulamento Delegado (UE) 2017/565 impõe nomeadamente o registo de qualquer aviso dado ao cliente, caso o serviço de investimento ou a compra do produto tenham sido avaliados como potencialmente inapropriados para o cliente, se o cliente pediu para avançar com a transação apesar desse aviso e, se for caso disso, se a empresa aceitou o pedido do cliente para avançar com a transação e de qualquer aviso dado ao cliente caso o cliente não tenha prestado informações suficientes para permitir à empresa realizar a avaliação da adequação, se o cliente pediu para avançar com a transação apesar desse aviso e, se for caso disso, se a empresa aceitou o pedido do cliente para avançar com a transação.

[1420] Donald C. Langevoort, *Selling Hope, Selling Risk: Some Lessons for Law from Behavioral Economics About Stockbrokers and their Sophisticated Customers,* cit., 627-699; Lawrence Cunningham, *Behavioral Finance and Investor Governance, Washington and Lee LR,* Vol. 59 (2002), 767-ss.

Havendo sub-contratação, o dever de exame de adequação é feito pelo subcontratante, dado ser este o contraente direto do cliente.

VII – É útil proceder a uma reconstituição de tipologias de casos em que o exercício de avaliação de adequação deve ser realizado com maior exigência.

No âmbito da verificação dos conhecimentos, além do exemplo tradicional dos clientes de baixa instrução, tem ganho particular atenção o caso dos clientes idosos, que podem ter faculdades congnitivas diminuídas o que os torna mais vulneráveis a casos de distribuição inadequada de instrumentos financeiros[1421].

Deve reconhecer-se ainda vigorar uma maior exigência no exame de adequação em casos de mudanças de investimentos (ex: transformação de carteira de obrigações em carteira de ações, ou vice-versa). Nestes casos deve proceder-se a uma análise explícita dos custos e benefícios da mudança, de modo a que se possa demonstrar que os benefícios da mudança são superiores aos custos[1422].

Outros casos a reclamar um escrutínio reforçado de adequação são os pacotes de instrumentos financeiros (no âmbito dos quais a avaliação deve ponderar se o pacote no seu todo é adequado: art. 314º nº 5 e art. 3º, nº 2-4 do regime jurídico dos depósitos estruturados), os clientes com acesso eletrónico direto (relativamente aos quais vigoram limites de negociação: art. 317º-H) e os acordos de garantia financeira com transferência de titularidade (celebração apenas permitida com investidores profissionais e contrapartes elegíveis, com restrições severas enunciadas no art. 306º-E, nº 2).

VIII – A avaliação de adequação, como notado, abrange serviços referentes a negócios aquisitivos e dispositivos. Sem cair em generalizações excessivas, admite-se como tendencialmente mais exigente o exame de adequação para negócios aquisitivos. Se, pelo contrário, o cliente procura alienar instrumentos financeiros, a adequação da aquisição terá sido de princípio testada em momento anterior. Ora, neste plano é difícil (embora não impossível[1423]) conceber situações em que o cliente era dotado de conhecimentos e experiência ao tempo da decisão de investimento, tendo, porém, estes atributos deixado de se verificar

[1421] Sobre a *elder financial exploitation* (EFE), tem interesse consultar as recomendações do Consumer Financial Protection Bureau norte-americano, *Money Smart for Older Adults* (2013). Cfr. ainda Teresa Jacqueline Verges, *The Broker-Dealer's Role in the Detection and Prevention of Elderly Financial Exploitation*, Piaba Bar Journal, Vol. 23 No. 2, 2016; University of Miami Legal Studies Research Paper nº. 17-1.

[1422] Artigo 54º nº 11 do Regulamento Delegado (UE) 2017/565 da Comissão de 25 de abril de 2016.

[1423] Pense-se por exemplo nos casos em que o negócio aquisitivo assentou em serviços de execução estrita ou em que sobrevém um acidente a perturbar a capacidade cognitiva do cliente.

ao momento do desinvestimento. Revela-se por isso aqui um caso de avaliação de adequação tendencialmente mitigada.

Neste contexto, apreciação separada, porém, deve merecer a aquisição e alienação de direitos de subscrição ou de direitos de aquisição de participações sociais. Recorde-se que os direitos relativos a valores mobiliários são instrumentos financeiros complexos (25/4 DMIF II), razão pela qual a execução de ordens por clientes não-profissionais em relação a direitos implica sempre a realização dos testes de adequação, ao menos na vertente dos conhecimentos e experiência do investidor.

Quanto à aquisição de direitos, cabe distinguir. De um lado, devemos considerar se o investidor é colocado numa situação em que a não-decisão implica o risco de diluição patrimonial. Se assim for, o teste de adequação deve ser encarado em termos mais abertos – para não desembocar na tendencial ou sistemática caducidade dos direitos pelo seu não exercício, o que contrariaria a teleologia do preceito: a proteção do cliente. Nos restantes casos de aquisição de direitos pode ou não ser considerada adequada, em função das circunstâncias concretas do caso.

Por seu turno, para a alienação deve ser reservado o grau normal de adequação – ressalvando apenas os casos de *short selling* de direitos, para o qual o escrutínio de adequação deve ser muito exigente. Fora desta situação, a alienação de direitos deve por princípio ser considerada adequada à situação de conhecimentos e experiência do cliente: revela-se aqui, aliás, uma proximidade com o tratamento a dar à adequação em contexto de desinvestimento.

18. *Exclusões e extensões dos deveres de adequação: o serviço de execução estrita de ordens*

I – O serviço de execução estrita de ordens representa uma modalidade de execução de ordens com uma uma menor intensidade dos deveres de conduta dos intermediários financeiros. Por esse motivo, a Professora Niahm Moloney qualifica esta modalidade de execução de ordens como "*low-cost, non advised distribution*"[1424].

Os traços do regime jurídico aqui associado conduzem a que nestes casos o cliente/ investidor, por seu turno, é o (único) responsável pela decisão de investimento, optando autonomamente pelo objeto e moldes do investimento.

II – A execução estrita de ordens (*execution-only*) é enquadrada como uma disciplina derrogatória dos deveres de adequação na execução de ordens, pelo que os correspondentes requisitos devem ser observados com rigor.

[1424] Niahm Moloney, *EU Securities and Financial Markets Regulation*^{3}, Oxford, (2014) 811.

A prestação dos serviços de execução estrita (*execution-only*) requer o cumprimento cumulativo dos seguintes requisitos:

a) Que o objeto da operação sejam instrumentos financeiros não complexos, de acordo com o conceito europeu que já foi analisado[1425];

b) Ser o serviço prestado por iniciativa do cliente;

c) O cliente tenha sido claramente advertido, por escrito, ainda que de forma padronizada, de que, na prestação deste serviço, o intermediário financeiro não é obrigado a determinar a adequação da operação considerada às circunstâncias do cliente e que, por conseguinte, não beneficia da proteção correspondente a essa avaliação;

d) Cumprir o intermediário financeiro os deveres relativos a conflitos de interesses; e

e) O intermediário financeiro não conceder crédito, incluindo o empréstimo de valores mobiliários, para a realização de operações sobre instrumentos financeiros.

Na ilustração do que signifique a prestação de serviço por iniciativa do cliente, importa ter em atenção do texto preambular da DMIF II, que dispõe o seguinte:

"*Um serviço será considerado como prestado por iniciativa de um cliente, a menos que o cliente o solicite em resposta a uma comunicação personalizada enviada pela empresa ou em nome desta, a esse cliente específico, que contenha uma proposta ou se destine a influenciar o cliente relativamente a um instrumento financeiro específico ou a uma transação específica. Um serviço pode ser considerado como prestado por iniciativa de um cliente, não obstante o facto de esse cliente o ter solicitado com base numa comunicação que contenha uma promoção ou oferta de instrumentos financeiros, qualquer que seja a forma por que for feita, se, pela sua própria natureza, essa comunicação for geral e dirigida ao público ou a um grupo ou categoria mais vasto de clientes ou potenciais clientes*"[1426].

Reconhece-se, a partir daqui, a ampla latitude conferida pelo texto legislativo europeu à delimitação da iniciativa do cliente, apenas quebrada em caso de comunicações personalizadas que lhe sejam dirigidas.

III – Se estiverem reunidos os requisitos indicados, nenhum dos três deveres aqui envolvidos – dever de recolha de informação, dever de avaliação de ade-

[1425] Cfr. *supra*, § 11º, 3.

[1426] Considerando 85 da Diretiva 2014/65/UE (DMIF II). Remete-se ainda para o Considerando 111 do mesmo diploma, excluindo a aplicação do direito europeu quando haja serviços de investimento prestados por iniciativa de cliente situado em Estado-membro.

quação e dever de informação sobre a inadequação ou sobre a falta de informação obtida – se tem como aplicável.

A partir desta exceção, infere-se da lei ser permitida a existência de *discount brokers*, dedicados exclusivamente à execução estrita de ordens, desde que os requisitos acima elencados se mostrem cumpridos[1427].

IV – Convém repisar que esta derrogação ao dever de adequação apenas respeita aos serviços de recepção, transmissão e execução de ordens.

A título de exemplo, se a execução de ordens for precedida de consultoria para investimento, não pode este serviço dispensar a aplicação dos deveres de adequação, ainda que em relação a instrumentos financeiros não-complexos.

V – A prestação de serviços financeiros através da Internet encontra-se sujeita às mesmas regras de adequação[1428].

Em causa estão sobretudo os serviços de consultoria, de um lado, e de recepção, transmissão e execução de ordens, de outro lado. Atento o menor contato pessoal que este meio comunicativo implica, há que assegurar que a informação necessária é recolhida junto do cliente, que os avisos sobre inadequação são corretamente dirigidos e que não há prestação de recomendações em desrespeito dos arts. 314º e seguintes.

Neste campo, é importante discernir claramente a fronteira entre consultoria genérica e de consultoria em sentido técnico. Usualmente é prestada bastante informação através da Internet sem ter natureza personalizada[1429]. O dever de adequação, relembra-se, apenas se aplica aos casos de consultoria para investimento personalizada[1430].

A recepção, transmissão e execução de ordens através de Internet, por seu turno, passa a ser rodeada de maiores exigências informativas. Porém, como notado, o regime de adequação neste caso é, em comparação com o da consultoria, significativamente menos intenso no tocante ao acervo de informação a recolher

[1427] Petra Buck-Heeb, *Kapitalmarktrecht*[9], cit., 255-256.

[1428] Em sentido próximo, a propósito do Direito norte-americano: Matthew J. Benson, *Online Investing and the Suitability Obligations of Brokers and Broker-Dealers*, cit., 395-413.

[1429] Matteo Ortino, *Il Mercato Comunitario sei Servizi di Investimento. Il "Trading On-line"*, Milano (2005), 246-247.

[1430] Nos EUA o essencial orbita em torno da discussão sobre a existência de recomendação para efeitos da *suitability rule*. Cfr. a propósito NASD, *Suitability Rule and Online Communications. Notice to Members 01-23* (April 2001). Aí, todavia, o conceito de recomendação de investimento apresenta em algumas formulações um âmbito mais amplo do que o vigente no regime europeu, ao abranger todos os casos em que uma operação é, por algum meio, trazida ao conhecimento do cliente: Matthew J. Benson, *Online Investing and the Suitability Obligations of Brokers and Broker--Dealers*, cit., 400.

e às consequências de uma avaliação negativa da adequação. É certo, além disso, que estes serviços podem ser prestados ao abrigo das regras de execução estrita, acima descritas. Ainda assim, os aludidos dispositivos acabam por implicar limitações significativas à execução estrita de ordens através da Internet relativamente a instrumentos complexos.

VI – Um dos desenvolvimentos recentes ligados ao dever de adequação prende-se com a sua aplicação para além do elenco de instrumentos financeiros. O ponto de partida para esta extensão funda-se na equivalência funcional de outros produtos financeiros a que esteja subjacente um risco. Nestes casos, o dever de adequação mostra-se apto a acautelar processos decisórios robustos, do lado do aforrador, e a prevenir assimetrias

No âmbito bancário, a Diretiva DMIF II obriga ao cumprimento dos deveres de adequação em relação a depósitos estruturados[1431]. Por seu turno, estão excluídos do regime de execução estrita os depósitos estruturados que incorporem uma estrutura que torne difícil para o cliente compreender o risco de retorno ou o custo de saída do produto antes do vencimento[1432].

No plano segurador, a Diretiva sobre distribuição de seguros e o respetivo Regulamento Delegado impõem um dever geral de adequação aos pedidos e necessidades do cliente: a que se soma, nos produtos de investimento sob a forma de seguros, um sistema de deveres de avaliação do caráter adequado e de adequação (para o serviço de aconselhamento) que – pese embora algumas diferenças – recebe clara influência da DMIF II[1433].

Antes destes diplomas europeus, o sistema jurídico português já tinha sido colocado na primeira linha desta tendência através do regime referente à comercialização pública de contratos de investimento em bens corpóreos, a prever que as sociedades comercializadoras devem solicitar ao cliente a informação necessária para avaliar a adequação do contrato oferecido às circunstâncias pessoais daquele, nomeadamente ao seu perfil de risco, por forma a orientá-lo para que a sua decisão de investimento seja tomada de forma consciente e se adeqúe a esse perfil[1434].

[1431] Art. 3º do regime jurídico dos depósitos estruturados (Anexo I da Lei 35/2018) e artigos 1º, nº 4, 4º, nº 1 43), 14º e 69º, nº 1 *s)* e *t)* da Diretiva 2014/65/UE (DMIF II).

[1432] Art. 3º nº 5 *b)* do regime jurídico dos depósitos estruturados (Anexo I da Lei 35/2018) e artigo 25º, nº 4 *a) v)* da DMIF II (Diretiva 2014/65/UE).

[1433] Artigo 20º, 29º e 30º da Diretiva 2016/97/UE, de 20 de janeiro de 2016 e arts. 10º-19º do Regulamento Delegado (UE) 2017/2359 da Comissão, de 21 de setembro de 2017. Cfr. a propósito EIOPA, *Technical advice on possible delegated acts under the IDD* (EIOPA-17/048), p. 50-ss.

[1434] Art. 13º do Regulamento da CMVM nº 9/2007.

Nestes dois últimos casos, trata-se de deveres de adequação simplificados, que não pressupõem, a montante, a categorização dos clientes, aplicando-se a qualquer cliente, independentemente da sua natureza. Além disso, o grau prescritivo aqui subjacente é mais moderado, assentando em cláusulas gerais de acentuada vaguidade.

Estes desenvolvimentos não surgem isolados e constituem um interessante sintoma da vocação expansiva do dever de adequação, dada a sua potencial projecção a outros instrumentos do sistema financeiro. A rede de distribuição de instrumentos financeiros passa a assumir uma função de indagação cognitiva dos conhecimentos dos clientes e uma função orientadora das respetivas necessidades.

Resta saber se o desenvolvimento vindouro trará uma maior simetria no tocante ao conteúdo do dever de adequação em outros cantos do direito financeiro, em direção a uma maior paridade de tratamento (*level playing field*) na distribuição de produtos financeiros.

19. *O dever de melhor execução (best execution)*

I – O dever de melhor execução de ordens, enquanto concretização do dever de respeito pelos interesses do cliente[1435], não constitui, em rigor, uma novidade no ordenamento jurídico português. Pode sustentar-se já decorrer – ainda que timidamente – do Código de 1991, na remissão operada para cânones de diligência na execução de ordens feita no art. 434º CódMVM[1436]. O ponto é no entanto discutível, dado o enunciado relativamente difuso do preceito de 1991 e porque o dever de *best execution* não se resume a uma concretização da diligência devida ao intermediário, antes se situando no cruzamento entre os deveres de cuidado e os deveres de lealdade.

Isenta de dúvidas foi a sua consagração, com a devida amplitude[1437], no texto originário do Código dos Valores Mobiliários, no nº 2 do art. 330º, segundo o qual:

> *Na falta de indicações do ordenador, as ordens devem ser executadas nas melhores execuções que o mercado viabilize, imediatamente ou no momento mais adequado.*

[1435] SEC *Release* n. 34-37619A (1996); LAWRENCE CUNNINGHAM, *A Prescription to Retire the Rhetoric of "Principles-Based Systems"* in *Corporate Law, Securities Regulation and Accounting*, cit., 30; JONATHAN MACEY/MAUREEN O'HARA, From Orders to Markets, Regulation (Summer 2005), 62-63.

[1436] Aparentemente neste sentido: JOSÉ PEDRO FAZENDA MARTINS, *Deveres dos Intermediários Financeiros – Em Especial, os Deveres para com os Clientes e o Mercado*, cit., 337.

[1437] Cfr. a propósito JOSÉ PEDRO FAZENDA MARTINS, *Deveres dos Intermediários Financeiros – Em Especial, os Deveres para com os Clientes e o Mercado*, cit., 337-338.

A redação atual do art. 330º veio, entretanto, acrescentar significativa densidade ao preceito, que passou a dispor o seguinte:

Na falta de indicações específicas do ordenador, o intermediário financeiro emprega na execução de ordens todos os esforços razoáveis para obter o melhor resultado possível para os seus clientes, tendo em atenção o preço, os custos, a rapidez, a probabilidade de execução e liquidação, o volume, a natureza ou qualquer outro fator relevante, nos termos previstos em regulamentação e atos delegados da Diretiva nº 2014/65/UE, do Parlamento Europeu e do Conselho, de 15 de maio de 2014.

O certo é que a transposição legislativa neste ponto não captura todas as subtilezas do atual diploma europeu. Com efeito, por oposição à DMIF I – assente no desenvolvimento de esforços "razoáveis"[1438] –, a DMIF II elevou ainda mais a exigência aqui subjacente, substituindo a ideia de razoabilidade por suficiência do esforço, ao dispor o seguinte[1439]:

Os Estados-Membros exigem às empresas de investimento que tomem todas as medidas suficientes para obter, na execução das ordens, o melhor resultado possível em termos de preço, custos, rapidez, probabilidade de execução e liquidação, volume, natureza ou qualquer outra consideração relevante para a execução da ordem.

A desatenção na transposição não é isenta de consequências aplicativas. Nos termos gerais, tal norma deve ser interpretada conforme o direito europeu.

II – A par do dever de execução pronta e do dever de reporte de transações, este dever de melhor execução surge, no contexto sistemático do diploma europeu, como a pedra angular da proteção do investidor num ambiente de fragmentação de estruturas de negociação. Com efeito, o fim do princípio de concentração das ordens em mercado regulamentado[1440] abre porta para a execução em múltiplas estruturas de negociação (mercados, sistemas de negociação multilateral, sistemas de negociação organizada e internalizadores sistemáticos) e, consequentemente, instila maior concorrência. Importa, pois, que este habitat se venha a projectar em benefício do investidor não profissional: daí a crucial relevância da *best execution*[1441].

[1438] Artigo 21º, nº 1 da Diretiva 2004/39/CE do Parlamento Europeu e do Conselho, de 21 de abril de 2004.

[1439] Artigo 27º, nº 1 da Diretiva 2014/65/UE do Parlamento Europeu e do Conselho, de 15 de maio de 2014.

[1440] Embora na conceção mitigada que foi recebida no art. 330º, nº 4 da versão originária do Código. O tema é adiante retomado: cfr. § 26º, 1.

[1441] Cfr. Considerando 5 do preâmbulo da Diretiva nº 2004/39/CE, de 21 de abril de 2004 (DMIF).

De outro modo dito, deixam de relevar tão-somente "*as condições que o mercado viabilize*", como constava da formulação legislativa originária, para deverem ser consideradas todas as estruturas de negociação disponíveis.

O tom geral do regime é de exigência – sendo as regras trazidas pela Diretiva mais exigentes até do que as vigentes no Reino Unido antes da data da transposição[1442].

Como fontes reguladoras desta matéria devem mencionar-se o art. 330º CVM, e os arts. 64º a 66º do Regulamento Delegado (UE) 2017/565. Somam-se, ainda, as Orientações da ESMA sobre o tema.

III – Este constitui um dever imposto na execução de ordens para atingir o melhor resultado possível quanto aos diversos elementos que possam interessar ao cliente. Como determinantes nesta sede há que considerar, de um lado, critérios gerais e, de outro lado, critérios especiais para o âmbito dos investidores não profissionais.

Em geral são referidos em termos exemplificativos, no art. 330º, nº 2, como elementos a atender, os seguintes:

- preço;
- custos;
- rapidez;
- probabilidade de execução e liquidação;
- volume;
- natureza; e
- qualquer outro fator relevante.

A importância relativa destes elementos varia em função do concreto contexto da transação. Para efeitos da determinação da importância relativa destes elementos na concretização do dever, deve atender-se às características do cliente, às características da sua ordem, às características dos instrumentos financeiros e às características das estruturas de negociação em que a ordem pode ser executada[1443].

Aos elementos gerais contrapõem-se indicações dispensadas, em especial, para os investidores não profissionais. O critério decisivo para ordens executadas por conta de investidores não profissionais é o da contrapartida pecuniária

[1442] Há, todavia, pontos de contacto entre o regime europeu e um regime proposto em 2002 para vigorar no Reino Unido, mas que nunca logrou aplicação: cfr. Financial Services Authority, *Consultation paper nº 154* (2002).

[1443] Art. 64º nº 1 do Regulamento Delegado (UE) 2017/565 da Comissão, de 25 de abril de 2016.

global (*total consideration*) – aferida em termos de preço e custos de execução (art. 330º, nº 11)[1444].

O alcance deste critério deve ser precisado com cautela: apesar de a lei não o afirmar diretamente, trata-se, em termos técnicos, de uma *presunção* indireta de que são estes os critérios primários para o investidor não profissional. Tal não impede a consideração de outros elementos que sejam ao caso apropriados (*inter alia*, celeridade, probabilidade de execução e liquidação, dimensão e natureza da ordem[1445]). Esses elementos apenas podem merecer prevalência sobre o critério do preço e do custo se for demonstrado que melhor conduzem à defesa dos interesses do cliente[1446]. A possibilidade de ilisão da presunção resultam, assim, muito limitadas.

Não pode afirmar-se a irrelevância do critério da contrapartida pecuniária global para os investidores profissionais: a mensagem fundamental é a de que o quadro, aqui, será as mais das vezes mais complexo – o que impõe o atendimento de outras circunstâncias[1447].

IV – Este dever sujeita-se a bitolas de razoabilidade: não é exigível a um intermediário financeiro que esteja a par das condições oferecidas, a cada segundo, em cada estrutura de negociação. Diz-se, pois, que esta exigência deve ser cumprida em termos reiterados (*consistent-basis test*): a política de execução de ordens deve, por isso, incluir as estruturas de negociação em que a empresa de investimento possa de forma reiterada obter o melhor resultado possível para os seus clientes (art. 330º, nº 4 *a)* CVM).

Assim, não se exclui que haja ordens executadas fora do melhor preço, se respeitada a exigência de razoabilidade – v.g. se a ordem for executada na estrutura que usualmente oferece melhor preço. Dito de outro modo: o dever de execução nas melhores condições configura uma obrigação de meios, podendo não resultar necessariamente no melhor resultado[1448].

[1444] Considerando 101 do Regulamento Delegado (UE) 2017/565 da Comissão, de 25 de abril de 2016.

[1445] São exemplos extraídos diretamente do Considerando 101 do Regulamento Delegado (UE) 2017/565. A este propósito, comparando o regime europeu de best execution (que permite a consideração de outros elementos além do preço) com o Regulation NMS norte-americano: Karel Lanoo, *MiFID and Reg NMS: A test-case for "substituted compliance"?, ECMI Policy Brief* nº 8 (Jul.-2007).

[1446] CESR, *Best Execution under MiFID* (2007), 8; Niamh Moloney, *Effective Policy Design for the Retail Investment Services Market: Challenges and Choices Post FSAP, in* Guido Ferrarini/Eddy Wymeersch, *Investor Protection in Europe – Corporate Law Making, the MiFID and Beyond* (2006), 404.

[1447] CESR, *Best Execution under MiFID* (2007), 8.

[1448] *Best execution does not necessarily imply best price:* Jonathan Macey/Maureen O'hara, *The Law and Economics of Best Execution, Journal of Financial Intermediation* nº 6 (1997), 188-223 (192). Cfr.

Além disso, não pode negligenciar-se que a dimensão da ordem determina diferenças sensíveis do ponto de vista das condições que podem ser obtidas: a melhor execução não pode ser medida, assim, em termos absolutos.

V – O dever de execução nas melhores condições assenta numa cláusula geral, entre nós consagrada no nº 2 do art. 330º. A sua concretização, em alguns domínios, revela-se árdua. Não falta, por isso, quem acuse esta prescrição de "falta de eficácia[1449].

No entanto, a arquitetura da disciplina envolve a combinação de critérios exógenos, impostos por via legislativa (v.g. o critério da contrapartida pecuniária global), aliados ao escrutínio que se espera que cada cliente possa fazer, reagindo em função das políticas de execução apresentadas no mercado. Resta, saber, naturalmente, se os níveis atuais de educação financeira apetrecham suficientemente os investidores não profissionais para o cumprimento de tal função.

VI – O dever de melhor execução é aplicável à execução de ordens em qualquer tipo de instrumento financeiro.

Além disso, o dever de melhor execução aplica-se quer às ordens sujeitas a deveres de adequação (nomeadamente no âmbito da gestão de carteiras[1450]) quer à execução estrita de ordens[1451].

Acresce que este dever se aplica quer a ordens em estruturas organizadas ou em transações fora de mercado (*over-the-counter*)[1452].

Porém, há que reconhecer que o dever goza de difícil aplicação aos mercados de dívida, dada a sua maior fragmentariedade. Também se podem detetar dificuldades na sua aplicação aos contratos derivados desenhados à medida de cada transação, onde falte a comparabilidade de instrumentos. Tal limitação ínsita à disciplina da *best execution* é, aliás, reconhecida no regime europeu[1453]. Para este efeito, dispõe-se que *ao executar ordens ou ao tomar a decisão de negociar em produtos do mercado de balcão, incluindo produtos personalizados, o intermediário financeiro deve*

igualmente Catherine D'hondt/Jean-René Giraud, *MiFiD: The (In)famous European Directive?* (Mar.-2007), EDHEC, 18-19.

1449 Catherine D'Hondt/Jean-René Giraud, *MiFiD: The (In)famous European Directive?* (mar.--2007), cit., 18-21.

1450 Art. 65º do Regulamento Delegado (UE) 2017/565 da Comissão, de 25 de abril de 2016.

1451 Danny Busch, *Conduct of business rules under MiFID I and II*, cit., 45.

1452 Cfr. art. 64º, nº 4 do Regulamento Delegado (UE) 2017/565 da Comissão, de 25 de abril de 2016.

1453 Reenvia-se para o Considerando 104 do Regulamento Delegado (UE) 2017/565 da Comissão, de 25 de abril de 2016. Cfr. igualmente o parecer dos serviços da Comissão Europeia sobre o tema, em apenso ao documento CESR, *Best Execution under MiFID* (2007), 23.

controlar a equidade do preço proposto ao cliente através da recolha dos dados de mercado utilizados na estimativa do preço desse produto e, se possível, comparando-o com produtos semelhantes ou comparáveis[1454].

VII – Para uma caracterização adequada do conteúdo deste dever, interessa conhecer as respetivas exclusões. São três as situações que recortam negativamente o conteúdo deste dever:

a. *Ordens executadas de acordo com instruções específicas.* Uma vez que estamos no domínio do relacionamento contratual entre o intermediário e o seu cliente, este – ao abrigo da sua autonomia privada – pode afastar o dever de melhor execução, através da emissão de instruções específicas para a execução da ordem (artigo 330º, nº 2).
Segundo o Regulamento Delegado, se *e na medida em que* há instruções específicas, o dever de melhor execução tem-se por cumprido[1455]. Isto significa que se as instruções apenas se referirem a parte da transação, o dever de melhor execução aplicar-se-á aos seus restantes aspetos. Todavia, não deve o intermediário financeiro induzir a uma instrução se tal prejudica a obtenção das melhores condições[1456].
b. *Negociação de carteira própria.* Em regra, quanto o intermediário entregue instrumentos financeiros de carteira própria ao seu cliente, atua na base de uma ordem, sujeito por isso à *best execution.* Cabe aqui igualmente o pedido de oferta de preços (*dealing on quotes*)[1457]. Todavia, algumas transações de carteira própria encontram-se fora do âmbito do dever de melhor execução: tal sucederá nos casos em que não se divise um serviço – ou seja, em que a negociação de conta própria se apresente como uma atividade cujo risco é suportado pelo intermediário[1458].
c. *Internalizadores sistemáticos.* Além disso, em relação aos internalizadores sistemáticos, o regime não obriga a cotar apenas ao melhor preço – dado que as ordens podem ser executadas a preços melhores do que os oferecidos[1459]. Se o internalizador também beneficia de tratamento preferencial,

[1454] Art. 64º, nº 4 do Regulamento Delegado (UE) 2017/565 da Comissão, de 25 de abril de 2016.

[1455] Cfr. art. 64º nº 2 do Regulamento Delegado (UE) 2017/565 da Comissão, de 25 de abril de 2016.

[1456] Considerando nº 102 do Regulamento Delegado (UE) 2017/565 da Comissão, de 25 de abril de 2016.

[1457] Parecer da Comissão Europeia, em anexo ao documento do CESR, *Best Execution under MiFID* (2007).

[1458] Dick Fraser, *Conduct of Business Standards – Best Execution,* in Matthew Elderfield, *A Practitioner's Guide to MiFID,* cit., 202-206. Cfr. sobre o tema *infra,* § 23º, 31. IV.

[1459] O tema da internalização sistemática é adiante desenvolvido. Cfr. *infra,* § 26º, 2.

este traço do regime revela um problema de incentivos que tem vindo a ser notado[1460].

VIII – Um dos corolários do dever de melhor execução prende-se com a constituição de deveres relacionados com a política de ordens do intermediário financeiro: em causa estão os deveres de fixação, de comunicação, de execução e de avaliação da política de ordens.

Importa neste âmbito distinguir:

– políticas de execução de ordens; e
– políticas de transmissão de ordens.

Trata-se, em ambos os casos, de mecanismos consagrados para assegurar a eficácia do cumprimento do dever de melhor execução (art. 330º, nº 4 *a)*)[1461] e também para facilitar a comparabilidade de políticas.

A lei consagra, no nº 4 do art. 330º, um dever de *adotar* uma política de execução de ordens[1462]. O dever de *adotar* a política corresponde a uma fórmula linguística que envolve o dever de fixar e o dever de executar a política mencionada. Subjazem-lhe, assim, as políticas (modelos organizativos de selecção das estruturas de negociação) e os procedimentos necessários.

IX – A política de execução de ordens deve explicitar as estruturas de negociação em que ordens são executadas (art. 66º, nº 3 *b)* do Regulamento Delegado (UE) 2017/565). Na fixação da política de execução de ordens, o horizonte é global – e não apenas nacional.

A política de execução deve, por seu turno, ser comunicada ao cliente (art. 312º, nº 1 *f)* e art. 66º nº 3 do Regulamento Delegado (UE) 2017/565), para permitir a comparabilidade de políticas entre diversos intermediários e para abrir porta à escolha que seja mais adequada aos interesses do cliente. A este propósito, considerou a ESMA (então ainda como CESR) que a informação deve ser prestada na medida do necessário, não devendo perder-se em detalhes técnicos próprios de um manual de negociação[1463].

E tal política implica o enunciado de deveres contratuais: constitui, por isso, um elemento do contrato-quadro de intermediação sobre o qual deve haver aceitação prévia (330º nº 5). Esta declaração de aceitação, nos termos gerais, pode manifestar-se de modo expresso ou tácito (art. 217º do Código Civil).

[1460] Jonathan Macey/Maureen O'Hara, *The Law and Economics of Best Execution*, cit., 212-213.

[1461] Cfr. art. 21º, nº 2 DMIF.

[1462] Cfr. ainda art. 66º do Regulamento Delegado (UE) 2017/565 da Comissão, de 25 de abril de 2016.

[1463] CESR, *Best Execution* (2006).

Todavia, se a política admitir a execução de ordens fora de um mercado regulamentado ou de um sistema de negociação multilateral ou organizado, o consentimento do cliente deve ser expresso – ainda que possa ser geral e não necessariamente em relação a cada transação (330º nº 7).

Esta diferenciação de regimes denuncia um certo desfavor em relação à internalização sistemática que não pode passar despercebido[1464]. A paridade de estruturas de negociação, pretendida à partida pela Diretiva, acaba por resultar comprometida nestes aspetos, com relevo na relação de clientela.

Outro ponto a notar é o de que apesar de a política de execução de ordens reclamar o consentimento do cliente, a sua modificação[1465] apenas lhe deve ser comunicada, não sendo imposta a aceitação do cliente.

X – Um dos aspetos principais deste regime reside na proibição de estruturação dos custos de execução das ordens de modo a introduzir uma discriminação injustificada entre estruturas de negociação (art. 64º, nº 3 do Regulamento Delegado (UE) 2017/565)· A discriminação é tida como injustificada quando as diferenças não reflictam custos efectivos para as empresas decorrentes nessas estruturas de negociação.

XI – O dever de estabelecimento de políticas funciona como substituto parcial à direta fixação de critérios gerais de melhor execução, implicando uma devolução ao critério e avaliação de cada intermediário financeiro.

A acrescer, constitui também um instrumento a reforçar a contratualização do dever de melhor execução. É-o por admitir o desvio à política através de indicações específicas do cliente, que em si podem impedir o melhor resultado possível (art. 64º, nº 2 do Regulamento Delegado (UE) 2017/565).

E porque o intermediário deve demonstrar o cumprimento da política de execução, a pedido do cliente – não estando nestas circunstâncias forçado a provar, *summo rigore*, o cumprimento do dever de execução nas melhores condições.

XII – Na prestação de serviços de gestão de carteiras ou de receção e transmissão de ordens, é igualmente imposto um dever de elaboração e de comunicação de uma política de transmissão para execução nas melhores execuções (art. 65º nº 5 do Regulamento Delegado (UE) 2017/565).

[1464] Niamh Moloney aponta o preconceito contra a internalização (*Building a Retail Investment Culture through Law*, EBOLR 6 (2005), 390); Guido Ferrarini, de seu lado, refere-se a uma compensação aos perdedores pelo fim da regra de concentração: *Contract Standards and the Markets in Financial Instruments Directive (MiFID): An Assessment of the Lamfalussy Regulatory Architecture*, ILF WP nº 39 (2005), 24-25.

[1465] Sobre a necessidade de revisão da política de execução de ordens: art. 65º, nº 7 do Regulamento Delegado (UE) 2017/565, da Comissão.

A política de receção e transmissão de ordens, embora siga o figurino genérico da política de execução, apresenta diferenças não despiciendas em relação a esta. A um tempo, a política de transmissão não reclama o consentimento do cliente. O dever de avaliação, por seu turno, é objeto de normas menos prescritivas quanto à regularidade da avaliação. Além disso, não vigora o dever de demonstração do cumprimento da política por parte do intermediário. De comum entre ambas as políticas, porém, notam-se o dever de informação da política adotada (art. 65º, n.º 6 do Regulamento Delegado (UE) 2017/565).

20. *Deveres de segurança e segregação patrimonial*

I – De entre os principais[1466] deveres gerais do intermediário, são postulados deveres de segurança e de segregação patrimonial, em defesa dos interesses do cliente.

Estes deveres reflectem-se seja na organização contabilística do intermediário (art. 307º), seja nos atos por este praticados, seja ainda no registo das operações (art. 306º).

De notar que os deveres de segregação também se aplicam ao subcustodiante, nos termos do art. 304º, nº 5. Regras complementares quanto à disposição de instrumentos financeiros e de dinheiro pelo intermediário e à constituição de garantias e direitos de compensação são, por último, fixadas nos arts. 306º-B a 306º-F CVM e 63º do Regulamento Delegado (UE) 2017/565.

A sinalizar a importância atribuída aos deveers de segregação patrimonial, cada intermediário financeiro deve designar uma pessoa responsável especificamente pelo controlo do cumprimento dos deveres em matéria de salvaguarda de bens de clientes, o qual deve dispor de poderes suficientes para o cumprimento dessas responsabilidades (art. 306º-G).

II – Embora usualmente tratados a propósito da proteção individual dos investidores, estes deveres assumem igualmente importantes concretizações práticas, no âmbito macro-jurídico, no tocante à contenção do risco sistémico. Ressalta, a este propósito, que a abertura de processo de insolvência, de recuperação de empresa ou de saneamento do intermediário financeiro não tem efeitos sobre os atos praticados pelo intermediário financeiro por conta dos seus clientes (art. 306º, nº 2).

Assim, em caso de insolvência do intermediário, o património da titularidade dos clientes não pode ser afecto à massa falida, devendo com a maior rapidez possível ser restituído aos clientes.

[1466] A centralidade dos deveres de segregação patrimonial funda-se nomeadamente na sua aplicação injuntiva a contratos de intermediação celebrados com investidores não qualificados residentes em Portugal, para a execução de operações em Portugal (art. 321º, nº 5).

21. *O dever de defesa do mercado*

I – O dever de defesa do mercado funciona como cláusula geral a complementar as normas de conduta de influência europeia.

O enunciado principal do dever é o de que os intermediários financeiros e os demais membros de mercado[1467] devem comportar-se com a maior probidade comercial, abstendo-se de participar em operações ou de praticar outros atos suscetíveis de pôr em risco a regularidade de funcionamento, a transparência e a credibilidade do mercado[1468].

II – A lei faculta seguidamente uma lista de operações proibidas que impressiona pela sua diversidade. Trata-se das seguintes:

a) A realização de operações imputadas a uma mesma carteira tanto na compra como na venda (*circular trading*);
b) A transferência aparente, simulada ou artificial de instrumentos financeiros entre diferentes carteiras;
c) A execução de ordens destinadas a defraudar ou a limitar significativamente os efeitos de leilão, rateio ou outra forma de atribuição de instrumentos financeiros;
d) A realização de operações de fomento não previamente comunicadas à CMVM ou de operações de estabilização que não sejam efetuadas nas condições legalmente permitidas;
e) Os padrões de intervenção negocial algorítmica ou de alta frequência que comportem riscos de perturbação, de alteração artificial ou enganosa da negociação ou de atraso no funcionamento do sistema de negociação.

III – Por fim, são estabelecidos deveres especiais de cuidado e diligência relativamente às seguintes ordens e transações:

a) A execução de ordens ou a realização de transações por comitentes com uma posição considerável de compra ou de venda ou que representem uma percentagem considerável do volume diário transacionado sobre determinado instrumento financeiro e que, em função de tais factos, sejam idóneas para produzir alterações significativas no preço desse instrumento financeiro ou de instrumento subjacente ou derivado com ele relacionado;

[1467] Semelhante dever estende-se às entidades gestoras de mercado através do art. 35º do Dec.-Lei nº 357-C/2007, de 31 de outubro.

[1468] Desenvolvidamente: Alexandre Brandão da Veiga, *Crime de manipulação, defesa e criação de mercado*, Coimbra (2001) 169-207. Uma ilustração jurisprudencial relativa aos contornos deste dever pode encontrar-se no Acórdão da Relação de Lisboa de 14 de maio de 2014 (46/12.6YQSTR.L.1.3) (Jorge Lanweg).

b) A execução de ordens ou a realização de transações concentradas num curto período da sessão de negociação, idóneas para produzir alterações significativas de preços de instrumentos financeiros ou de instrumentos subjacentes ou derivados com eles relacionados, que sejam posteriormente invertidas;

c) A execução de ordens ou a realização de transações em momentos sensíveis de formação de preços de referência, de liquidação ou outros preços calculados em momentos determinantes de avaliação e que sejam idóneas para produzir alterações desses preços ou avaliações;

d) A execução de ordens que alterem as características normais do livro de ofertas para determinado instrumento financeiro e o cancelamento dessas ofertas antes da sua execução;

e) A execução de ordens ou a realização de transações antecedidas ou seguidas de divulgação de informação falsa, incompleta, exagerada, tendenciosa ou enganosa pelos comitentes, pelos beneficiários económicos das transações ou por pessoas com eles relacionadas;

f) A execução de ordens ou a realização de transações antecedidas ou seguidas da elaboração ou divulgação de estudos ou recomendações de investimento contendo informação falsa, incompleta, exagerada, tendenciosa, enganosa ou manifestamente influenciada por um interesse significativo, quando os comitentes, os beneficiários económicos das transações ou pessoas com eles relacionadas tenham participado na elaboração ou divulgação de tais estudos ou recomendações.

IV – Assim encarado, o recorte do dever de defesa do mercado sujeita-se a duas principais críticas.

De um lado, é patente a falta de unidade da figura, abrangendo indistintamente comportamentos omissivos (art. 311º, nº 2 *d)*, primeira parte), operações potencialmente perturbadoras da regularidade do mercado, ainda que inadvertidamente causadas (art. 311º, nº 2 *a)*, *b)*, *d)*, segunda parte e *e)*) e a execução de ordens com intuito fraudatório (art. 311º, nº 2 *c)*).

De outro lado, este dever assenta em cláusulas de extrema vaguidade, sendo difícil discernir em geral que comportamentos, ordens ou operações podem comprometer a regularidade de funcionamento, a transparência e a credibilidade do mercado. A CMVM procurou a propósito emitir orientações as quais fazem transparecer a dificuldade em aditar subsídios interpretativos além dos que resultam diretamente da letra da lei[1469].

[1469] CMVM, *Entendimentos da CMVM sobre Comunicação de Operações Suspeitas e Defesa do Mercado*, (2006).

22. *Os deveres de segredo*

I – Os intermediários financeiros sujeitam-se, na sua atividade, a deveres de segredo. O Código dos Valores Mobiliários não procede, porém, a um desenvolvimento do regime do dever de segredo, remetendo para o disposto no regime bancário (art. 304º, nº 4). Este constitui o dever a que estão adstritas as pessoas que atuam no sistema financeiro e que as vincula a não revelar e a não utilizar, em benefício próprio ou alheio, factos a que têm acesso em virtude de tal atividade (arts. 78º e 79º RGIC)[1470].

II – O dever de segredo fica, naturalmente, afastado se estiverem verificadas as previsões dos deveres de comunicação, nomeadamente quando tomam conhecimento de crimes contra o mercado (art. 382º, nº 2 CVM) ou quanto a operações suspeitas no âmbito do enquadramento normativo do branqueamento de capitais ou de financiamento do terrorismo (art. 43º da Lei nº 83/2017, de 18 de agosto).

23. *Os deveres de organização interna dos intermediários financeiros: elementos gerais*

I – Merece demorarmo-nos ainda nas regras organizativas gizadas para regulação do conflito de interesses dos intermediários financeiros à luz do regime mobiliário.

O tema reclama uma nota de contexto, para se atentar na finalidade e âmbito do regime subjacente. As regras organizativas tomam invariavelmente por referência a matriz jurídico-societária. Sucede que no Direito das sociedades nacional apenas relevam de princípio aspetos organizacionais atinentes aos órgãos sociais e aos seus titulares.

No Direito dos valores mobiliários, ao invés, tem sido evidente um cuidado crescente com prescrições injuntivas – de teor dissemelhante – dirigidas a outros colaboradores. Explicam-no a necessidade de evitar riscos operacionais (fraudes ou desvio de fundos, por exemplo), de acautelar o rigor da informação financeira (o que é determinante para a eficácia das prescrições prudenciais) e de prevenir ou gerir adequadamente os riscos de conflitos de interesses. Os deveres organizativos assumem nessa medida natureza instrumental em relação aos deveres de exercício de atividade[1471].

[1470] Entre as ilustrações mais relevantes da literatura nacional: Menezes Cordeiro, *Manual de Direito Bancário*⁵, (2014), 352-395; R. Capelo de Sousa, *O Segredo Bancário. Em especial, face às alterações fiscais da Lei nº 30-G/2000, de 29 de dezembro*, em *EH Inocêncio Galvão Teles*, (2002), II, 157-223.

[1471] Gerald Spindler/Roman Kasten, *Organisationverpflichtungen nach der MiFID und ihre Umsetzung*, cit., 785-791.

II – Importa ainda dar conta que os deveres organizativos recebem decisiva influência do Direito europeu.

A este propósito, o Regulamento sobre Abuso do Mercado sujeita os dirigentes a um conjunto de normas preventivas (listas de *insiders*, comunicação de transações[1472]) adiante tratadas.

É nesta linha que se filiam igualmente a DMIF I e a DMIF II. Os textos europeus prescrevem regras organizativas para adequada gestão de conflitos de interesses – que são, na verdade, regras de boa governação. O mesmo sucede no regime bancário (artigos 30º-A nº 2, 33º, n.os 1, 6 e 9, 85º, 86º e 115º-A nº 2 RGIC). No entanto, ao passo que esta se centra numa perspetiva prudencial, na DMIF as exigências organizativas prendem-se sobretudo com as relações com os clientes. A matéria do conflito de interesses, no fundo, traduz bem a superação da classificação dicotómica entre regulação prudencial e regulação comportamental.

III – O regime vigente também alberga enunciados de alguma amplitude aplicativa, a prescrever deveres gerais de:

- boa organização administrativa e contabilística (art. 307º CVM e art. 21º do Regulamento Delegado (UE) 2017/565);
- mecanismos de controlo interno (art. 21º nº 1 *c)* do Regulamento Delegado (UE) 2017/565);
- controlo eficaz do sistema de processamento de informações (art. 21º nº 2 do Regulamento Delegado (UE) 2017/565).

Uma maior concretização dos objetivos legislativos cabe ao art. 305º CVM, que enuncia os seguintes:

- Manter a organização empresarial equipada com os meios humanos, materiais e técnicos necessários para prestar os seus serviços em condições adequadas de qualidade, profissionalismo, regularidade, continuidade e de eficiência e por forma a evitar procedimentos errados;
- Dispor de procedimentos de controlo interno adequados, incluindo regras relativas às transações pessoais dos seus colaboradores ou à detenção ou gestão de investimentos em instrumentos financeiros para investimento por conta própria;
- Adotar sistemas e procedimentos de deteção e comunicação de ordens ou operações que sejam suspeitas de constituírem abuso de mercado.

[1472] Sobre a articulação destas regras com as indicações em matéria de abuso de mercado: CARLO COMPORTI, *I conflitti di interessi nella disciplina comunitaria dei servizi finanziari*, cit., 597-599. Cfr. também *infra*, § 48º.

V – Subjaz a estas orientações a ideia de que uma estrutura organizativa afinada contribui para a eficiência do desempenho e previne irregularidades. Mas não basta montar a estrutura; importa *aplicar* os esquemas organizativos desenhados – isto é: fazê-los funcionar na prática.

Tal como no regime europeu bancário, a competência intra-societária para velar por estes aspetos cabe, naturalmente, ao órgão de administração da sociedade (art. 305º-D). Este deve proceder à sua avaliação periódica e correção de eventuais deficiências detetadas[1473].

A isto acresce que, segundo o regime societário nacional, ao órgão de fiscalização cabe *fiscalizar a eficácia do sistema de gestão de riscos, do sistema de controlo interno e do sistema de auditoria interna* – seja qual for o modelo de governo adotado[1474].

Abaixo se verá, todavia, que há dispositivos de maior detalhe a pontuar a área mobiliária, no que concerne ao sistema de controlo de cumprimento, ao sistema de auditoria interna e ao sistema de gestão de riscos.

VI – O recurso aos critérios de adequação e razoabilidade permite calibrar as exigências organizativas consoante a dimensão e a natureza da empresa de investimento em causa – o que, aliás, constitui uma mensagem explícita dos textos europeus[1475].

VII – As prescrições organizativas acrescem ao regime de responsabilidade civil de cada Estado-membro de reparação dos danos pelos intermediários causados ilicitamente aos seus clientes.

Também do âmbito da regulação europeia é deixado de fora o modo de resolver disputas entre intermediários financeiros e os seus clientes – apesar do apelo ao incentivo de fórmulas de resolução extra-judicial de litígios relacionados com serviços de investimento[1476].

24. *O sistema de controlo de cumprimento (compliance)*

I – No sistema financeiro, tem-se assistido à crescente autonomização de serviços de controlo de cumprimento (*compliance*)[1477]. Tal é resultado do efeito conjugado de diversos fatores.

[1473] No âmbito bancário, retenha-se nomeadamente o lugar paralelo do artigo 115º-A RGIC.

[1474] Artigos 420º, nº 1 *i)*, 423º-F nº 1 *i)* e 441º, nº 1 *i)* CSC.

[1475] Cfr. o artigo 23º da Diretiva 2014/65/UE, de 15 de maio (DMIF II) e os artigos 34º-43º do Regulamento Delegado (UE) 2017/565 da Comissão, de 25 de abril de 2016.

[1476] Art. 53º DMIF e art. 75º da DMIF II.

[1477] Iris H-Y Chiu, *Regulation (From) the Inside. The legal framework for internal control in banks and financial institutions*, Oxford (2015), 46-76, 276-283; João Labareda, *Contributo para o estudo do*

De um lado, é notório o aumento exponencial da complexidade do quadro regulatório das entidades que operam no sistema financeiro, sobre as quais recaem regras de diversas áreas (fiscais, societárias, concorrenciais, laborais), além das próprias da área financeira.

Em consequência, tem-se em conta que os incumprimentos graves podem forçar ao pagamento de contra-ordenações e indemnizações avultadas e, no limite, constituem fundamento de revogação da autorização para a prestação de serviços de intermediação financeira[1478].

De outro lado, o risco reputacional inerente a litígios com clientes ou com as autoridades reguladoras e a possibilidade deste, por seu turno, afectar a confiança ínsita à prestação de serviços de intermediação financeira, causando danos no mercado de serviços em que o intermediário se insere.

Além disso, a evolução das regras de governação tem acentuado a importância da avaliação interna de práticas, para introduzir melhoramentos e contribuir para o incremento do funcionamento das organizações – área em que os *compliance officers* podem desempenhar papel de monta[1479].

Esta plêiade de objetivos por detrás do controlo de cumprimento leva a que esta atividade possa ser entendida não apenas como um custo mas também como uma extensão das funções de gestão de risco – *in casu*, a gestão do risco de incumprimento, atentas as consequências adversas a este associadas. Além disso, o controlo de cumprimento, em virtude de implicar uma detecção de deficiências na atividade do intermediário, é apto a servir também como instrumento de criação de valor, em prol do afinamento de práticas da organização.

II – No Direito europeu, a imposição de um sistema de controlo de cumprimento surge como uma decorrência do regime organizativo consagrado pela DMIF I e retomado através da DMIF II. Pretende-se que este sistema acautele o cumprimento por parte dos intermediários financeiros, seus colaboradores, dirigentes e agentes vinculados[1480].

Em Portugal, à data de transposição do regime europeu, a função de *compliance* não constituía novidade absoluta. As funções de cumprimento (então designadas de funções de "supervisão e controlo") eram já objeto de fontes

sistema de controlo e da função de cumprimento ("Compliance"), Estudos IVM (2014); Donald Langevoort, *Cultures of Compliance*, Am. Crim. L. Rev. (2016).

1478 Artigo 22º, nº 1 *h)* RGIC.

1479 Axel Von Verder/Jens Grundei, *Evaluation der Corporate Governance*, in Peter Hommelhoff/Klaus Hopt/Axel Von Werder, *Handbuch Corporate Governance*, Köln (2003), 675-692 (682, 692).

1480 Art. 13º, nº 2 da Diretiva 2004/39/CE (DMIF), art. 16º nº 2 da Diretiva 2014/65/UE, de 15 de maio (DMIF II) e art. 22º do Regulamento Delegado (UE) 2017/565 da Comissão.

regulamentares preexistentes, no sentido de o seu âmbito e conteúdo dever constar do regulamento interno de cada intermediário e de se sujeitar o competente responsável a registo na CMVM[1481].

III – O controlo de cumprimento aparece agora tratado no art. 305º-A CVM e no art. 22º do Regulamento Delegado (UE) 2017/565. Tem-se registado recentemente um maior desenvolvimento do tema.

Por sistema de controlo de cumprimento entende-se o conjunto de políticas e procedimentos adequados a cumprir as seguintes finalidades cumulativas:

- deteção do risco de incumprimento dos deveres a que o intermediário se encontra sujeito;
- aplicação de medidas para a sua correção ou mitigação;
- prestação de informação ao órgão de administração sobre quaisquer indícios de violação de deveres;
- identificação das operações sobre instrumentos financeiros suspeitas de branqueamento de capitais ou de abuso de mercado;
- permitir às autoridades competentes o exercício das suas funções;
- manutenção de um registo dos incumprimentos e das medidas adotadas.

A lei fala em *sistema*, não tomando posição sobre a necessidade de um departamento autónomo ou de uma outra forma organizativa tendente a atingir esse fim. É de entender, nessa medida, que os colaboradores da área de *compliance* possam não desempenhar exclusivamente essas funções no intermediário[1482]. Prescreve-se, porém, a necessidade de um responsável identificado por essa função.

Por outro lado, constituem objeto de vigilância as práticas relacionadas com a intermediação financeira e serviços auxiliares. Não é, todavia, proibida a concentração, no mesmo serviço, do controlo de cumprimento referente a outros domínios jurídicos[1483].

[1481] Art. 12º e 19º do Regulamento nº 12/2000 da CMVM, na redação dada pelo Regulamento nº 7/2005.

[1482] O tema liga-se, naturalmente, às indicações sobre adequação à estrutura, características e dimensão do intermediário (art. 305º-A, nº 4 CVM). A propósito, cfr. MICHAEL RAFFAN, *Conduct of Business Standards – Organisational Requirements*, in MATTHEW ELDERFIELD, *A Practitioner's Guide to MiFID*, cit., 134, sustentando que o vínculo exclusivo será por regra o mais apropriado.

[1483] Em sentido concordante: GIAN DOMENICO MOSCO, *Funzioni aziendali di controllo, principio di proporzionalità e ruolo degli organi sociali nella Mifid*, em *Scritti in onore del prof. Franco Di Sabato*, e disponível em http://www.associazionepreite.it/.

IV – Nos termos do nº 2 do art. 22º do Regulamento Delegado, as responsabilidades confiadas a este sistema são as seguintes:

a) Acompanhamento permanente e avaliação regular do caráter adequado e da eficácia das medidas, políticas e procedimentos aplicados, e das medidas tomadas para corrigir eventuais deficiências a nível do cumprimento, por parte do intermediário financeiro, das suas obrigações;

b) Consultoria e assistência das pessoas relevantes, responsáveis pela prestação de serviços e exercício de atividades de investimento, com o objetivo de cumprir as obrigações da empresa decorrentes da Diretiva 2014/65/UE;

c) Informação do órgão de administração, pelo menos anualmente, sobre a execução e a eficácia do enquadramento geral de controlo dos serviços e atividades de investimento, sobre os riscos que foram identificados e sobre o tratamento das queixas, bem como sobre as medidas de correção tomadas ou a tomar;

d) Supervisão do funcionamento do processo de tratamento de queixas e exame das queixas como fonte de informações relevantes no âmbito das suas responsabilidades gerais de supervisão.

A função de controlo de cumprimento deve corresponder a algumas exigências gerais:

- *permanência*: traduzida esta na capacidade de induzir a uma cultura estável de cumprimento;
- *eficácia*: medida através da inserção hierárquica e dos recursos ao seu dispor; e
- *independência* em relação aos departamentos supervisionados.

V – A independência do sistema de controlo de cumprimento postula algumas regras particulares.

O Comité de Basileia densificou o conceito de independência, no contexto do *compliance* bancário, com indicações que se mostram úteis para a área da intermediação financeira. O documento de referência sobre a matéria[1484] considera que para um sistema de controlo de cumprimento se considerar independente há que:

- ser dotado de um estatuto formal;
- ter um responsável pela sua coordenação;

[1484] Basel Committee on Banking Supervision/Bank for International Settlements, *Compliance and the compliance function of banks* (2005).

- estar resguardado de conflitos de interesses entre responsabilidades de *compliance* e outras que lhe sejam incumbidas; e
- deve ter acesso à informação e meios humanos necessários para cumprir as suas funções.

Estas indicações foram retomadas pelo direito europeu, passando, a partir daí, para o direito interno[1485].

É estabelecido, em primeiro lugar, um dever de nomeação do responsável pelo sistema e por qualquer prestação de informação relativa àquele, investido dos poderes necessários ao desempenho das suas funções de modo independente, designadamente quanto ao acesso a informação relevante (art. 22º, nº 3 *b)* Regulamento Delegado). Apesar de a lei se referir, no preceito indicado, a um *responsável pelo sistema* (art. 22º, nº 3 *b)* Regulamento Delegado), convém reter tratar-se do estabelecimento de um interlocutor interno (e externo, perante as autoridades competentes) dotado apenas de responsabilidade interna. Dito de outro modo, não há aqui uma fonte de responsabilidade pessoal perante terceiros. Por falhas deste colaborador no exercício das suas funções, perante terceiros responderá a sociedade, como é regra geral.

No regime de prevenção de conflito de interesses, merece tratamento destacado a proibição de envolvimento dos colaboradores do sistema de controlo do cumprimento na prestação de serviços ou exercício de atividades por si controlados, para evitar o risco de auto-revisão. Este traço do regime deve ser analisado com cautela, dado que o *compliance* pode, como referido, prestar consultoria e assistência aos colaboradores do intermediário financeiro (art. 22º, nº 2 *b)* do Regulamento Delegado (UE) 2017/565). Soma-se que o método de determinação da remuneração dos colaboradores envolvidos no sistema de controlo do cumprimento não deve ser susceptível de comprometer a sua objetividade (art. 22º, nº 3 *e)* do Regulamento Delegado (UE) 2017/565). A aplicação desta exigência referente à remuneração deve ser vista em termos equilibrados: uma leitura excessivamente fechada pode impedir a empresa de recrutar quadros muito qualificados.

Convém notar que estas limitações em matéria de conflito de interesses não são exigíveis se o intermediário demonstrar que o seu cumprimento não é necessário para garantir a adequação e a independência do sistema (art. 22º, nº 4 do Regulamento Delegado (UE) 2017/565). O mesmo vale para o regime do método de determinação da remuneração, adiante focado. Critérios importantes para efetuar tal juízo serão, nos termos do nº 4 do art. 22º do Regulamento

[1485] Art. 22º nº 3 do Regulamento Delegado (UE) 2017/565.

Delegado (UE) 2017/565, a natureza, a dimensão, a complexidade das atividades do intermediário.

25. *O sistema de gestão de risco*

I – O sistema de gestão de risco encontra tratamento atual no art. 305º-B e no art. 23º do Regulamento Delegado (UE) 2017/565.

Este sistema consiste num conjunto de políticas e procedimentos para identificar, gerir e comunicar os riscos relacionados com as suas atividades, procedimentos e sistemas e para considerar ou definir o nível de risco tolerado[1486]. As referidas normas omitem a função de comunicação de riscos, mas esta função revela um peso que não pode ser negligenciado[1487].

Assim definido, o sistema de gestão de risco representa uma função cuja criação e coordenação última deve ser assegurada pelo órgão de administração, como componente elementar dos deveres de cuidado que impendem sobre os seus membros[1488]. As regras decorrentes do direito europeu, todavia, dedicam a este sistema um grau de desenvolvimento que lhes confere feições próprias.

II – Pressupõe este sistema o cumprimento das seguintes funções:

– A adoção de políticas, processos e mecanismos eficazes para gerir os riscos relacionados com as atividades, procedimentos e sistemas da empresa, à luz desse nível de tolerância face ao risco[1489];
– O acompanhamento do carácter adequado e a eficácia das políticas e procedimentos em matéria de gestão de risco da empresa de investimento;
– O acompanhamento do nível de cumprimento, por parte da empresa de investimento e das suas pessoas relevantes, das disposições, processos e mecanismos adotados;
– O acompanhamento do carácter adequado e a eficácia das medidas tomadas para corrigir eventuais deficiências verificadas nessas políticas, procedimentos, disposições, processos e mecanismos, incluindo quaisquer situações de incumprimento por parte das pessoas relevantes rela-

[1486] Estas regras têm sido muito lembradas no contexto da discussão sobre a abordagem regulatória dos *hedge funds:* a circunstância de a DMIF impor um sistema de gestão de riscos é invariavelmente tida como uma forma de supervisão "indireta" destes fundos livres. Cfr. *infra,* § 45º.

[1487] Cfr. por exemplo art. 14º nº 1 *g)* e 115º-M nº 1 *a)* RGIC.

[1488] Wolfgang Ballwieser, *Controlling und Risikomanagement: Aufgaben des Vorstands,* in Peter Hommelhoff/Klaus Hopt/Axel V. Werder, *Handbuch Corporate Governance,* Köln (2003), 429-438.

[1489] Gerald Spindler/Roman Kasten, *Organisationverpflichtungen nach der MiFID und ihre Umsetzung,* cit., 786.

tivamente a essas disposições, processos e mecanismos ou à observância dessas políticas e procedimentos.

A disciplina bancária fixa padrões mais severos – nomeadamente obrigando à designação de *Chief Risk Officer* e de um Comité de riscos[1490] – que podem constituir fonte de inspiração mas não são exigíveis aos intermediários financeiros em geral.

III – Se confrontado com os sistemas de controlo de cumprimento e de auditoria interna, o sistema de gestão de risco obedece a cânones de independência substancialmente mais diluídos[1491]. O intermediário financeiro está, em rigor, autorizado a não adotar um serviço de gestão de riscos independente, desde que garanta que as políticas e os procedimentos adotados satisfazem os requisitos gerais do sistema[1492].

Neste contexto, atento o princípio de efetividade das prescrições sobre governação[1493], a cultura de risco adotada internamente por cada intermediário financeiro joga importância decisiva. Por cultura de risco entende-se aqui o somatório de práticas, sensibilidades e valores comuns, transversais, contínuos e dominantes em cada intermediário financeiro que reflete o conhecimento e o respeito pelo risco e a sua capacidade de gerar comportamentos congruentes nesta matéria[1494].

26. *O sistema de auditoria interna*

I – A auditoria interna constitui uma área de intervenção legislativa relativamente recente. Num espaço de tempo relativamente curto, três reformas normativas de fôlego deixaram afirmada a sua relevância no Direito societário e financeiro português.

A um tempo, a reforma societária de 2006, levada a cabo através do Decreto--Lei nº 76-A/2006, de 29 de março, passou a cominar, de entre as funções dos

[1490] Artigos 115º-L e 115º-M RGIC.

[1491] Sobre o critério de independência na gestão de riscos: Iris H-Y Chiu, *Regulation (From) the Inside. The legal framework for internal control in banks and financial institutions*, cit., 93-96.

[1492] Art. 23º, nº 2 II do Regulamento Delegado (UE) 2017/565.

[1493] Sobre este princípio, v. Paulo Câmara, *O governo dos bancos: uma introdução, em A Governação de Bancos nos Sistemas Jurídicos Lusófonos*, (2016), 29-31.

[1494] Walter Gontarek, *Risk governance of financial institutions: The growing importance of risk appetite and culture, Journal of Risk Management in Financial Institutions*, Vol. 9, nº 2 (2016), 120-129; Michael Power/ Simon Ashby/Tommaso Palermo, *Risk Culture in Financial Organisations A Research Report*, LSE, (2013); Iris H-Y Chiu, *Regulation (From) the Inside. The legal framework for internal control in banks and financial institutions*, cit., 107-109.

órgãos de fiscalização das sociedades anónimas, a fiscalização da eficácia do sistema de gestão de riscos, do sistema de controlo interno e do sistema de auditoria interna, se existentes (arts. 420º, nº 1 *i)*, 423º-F, alínea *i)* e 441º, alínea *i)* CSC[1495]).

A outro tempo, a transposição da Diretiva europeia bancária na componente prudencial[1496], efetuada para o direito interno através do RGIC, implicou a obrigatória criação de mecanismos adequados de controlo interno das instituições de crédito, incluindo procedimentos administrativos e contabilísticos sólidos, o que encontra reflexo nos arts. 14º nº 1 *h)*, 17º, nº 1 *f)*, 116º-C, nº 2 *b)*, 132º-B, nº 1 e 141º, nº 2 *d)* RGIC[1497]. O desenvolvimento regulamentar efetuado pelo Banco de Portugal encarregou-se de densificar a matéria[1498].

II – Por fim, e para o que mais interessa, o Código dos Valores Mobiliários e o texto regulamentar fundamental sobre intermediação[1499] sofreram alterações nesta área devidas pela transposição da Diretiva dos Mercados de Instrumentos Financeiros[1500]. Nesse contexto, o robustecimento da posição concorrencial dos intermediários financeiros, visado através do aperfeiçoamento do funcionamento do passaporte europeu na prestação de serviços de investimento e de uma equiparação (limitada) da internalização sistemática em relação às demais estruturas de negociação, determinou em contrapartida uma adição substancial

[1495] Paulo Câmara, *O Governo das Sociedades e a Reforma do Código das Sociedades Comerciais*, in *Código das Sociedades Comerciais e Governo das Sociedades* (2008).

[1496] Originariamente, o art. 22º da Diretiva nº 2006/48/CE, do Parlamento Europeu e do Conselho, de 14 de junho de 2006 foi transposto através do DL nº 104/2007, de 3 de abril.

[1497] Sobre o relevo da auditoria interna para uma saudável governação dos bancos, consulte-se Basel Committee On Banking Supervision, *Enhancing Corporate Governance for Banking Organisations* (2006), no seu Princípio 5, e em geral: Jonathan Macey/Maureen O'hara, *The Corporate Governance of Banks, FRBNY Economic Policy Review* (Ap.-2003), 91-107; Andy Mullineux, *The Corporate governance of Banks, Journal of Financial Regulation and Compliance* Vol. 14 nº 4 (2006), 375-382; Ross Levine, *The Corporate Governance of Banks: A Concise Discussion of Concepts and Evidence,* World Bank Policy Research Working Paper 3404 (2004); Harald E. Roggenbuck, *Die Bedentung der Interne Revision in der Corporate Governance von Banken*, em Klaus Hopt/Gottfried Wohlmannstetter (org.), *Handbuch Corporate Governance von Banken*, München, (2011), 627-650;); Iris H-Y Chiu, *Regulation (From) the Inside. The legal framework for internal control in banks and financial institutions*, cit., 120-148.

[1498] O Aviso do Banco de Portugal nº 5/2008 desenvolve cuidadosamente regras sobre a auditoria interna de instituições de crédito e sociedades financeiras. Sobre a matéria, cfr. ainda Paulo Câmara, *O Governo dos Bancos: Uma introdução* e José Miguel Lucas, *O Governo de Bancos em Portugal*, ambos em *A Governação de Bancos nos Sistemas Jurídicos Lusófonos*, (2016), 47-52 e 442-448. ECB, *SSM Supervisory Statement on Governance and Risk Appetite*, (Jun.-2016), 13-14.

[1499] Artigo 6º do Regulamento nº 2/2007 da CMVM.

[1500] Artigo 24º do Regulamento Delegado (UE) 2017/565 da Comissão, de 25 de abril de 2016.

de exigências organizativas[1501]. Aqui, a par de outras exigências organizativas relacionadas com o sistema de controlo de cumprimento, com o sistema de gestão de riscos e com o sistema de tratamento de reclamações dos investidores não profissionais[1502], foi igualmente imposto um sistema de auditoria interna dos intermediários financeiros, segundo o artigo 305º-C do Código dos Valores Mobiliários e o art. 24º do Regulamento Delegado (UE) 2017/565.

III – Para permitir a sua compreensão jurídica, uma caracterização preliminar da auditoria interna traça-se por apelo a dois critérios fundamentais:

- quanto ao *sujeito*: o auditor interno é um funcionário da sociedade, estando usualmente vinculado a esta através de contrato de trabalho – nisto, de resto, se distingue do auditor externo;
- em termos de *objeto*: a auditoria compreende tarefas de verificação, de extensão e natureza variáveis.

Percebe-se, pois, que os auditores internos não gozam de competências decisórias na sociedade, embora a sua atuação possa e deva ser instrumental à tomada de decisões pela administração[1503]. Ainda quanto ao objeto da auditoria interna, a classificação mais popularizada destrinça a auditoria que visa a verificação da eficácia operacional (auditoria operacional), da que avalia a conformidade com regras jurídicas ou éticas (auditoria de cumprimento), separando-as por seu turno da auditoria destinada a verificar a regularidade do processo de preparação dos documentos de prestação de contas (auditoria dos documentos financeiros)[1504]. No caso das sociedades cotadas em mercado, designadamente em função das exigências em matéria de normas internacionais de contabilidade, esta última assume interesse particular.

IV – A auditoria interna representa uma componente do sistema de controlo interno. Este consiste no conjunto de normas organizativas e de práticas dirigido a proporcionarem conforto razoável (*reasonable assurance*) quanto ao cumprimento dos objetivos da sociedade, segundo cânones de transparência, eficácia e regularidade de funcionamento societário[1505].

[1501] Cfr. arts. 305º-305º-E CVM.

[1502] Art. 26º do Regulamento Delegado (UE) 2017/565 da Comissão, de 25 de abril de 2016.

[1503] Wolfgang Ballwieser, *Controlling und Risikomanagement: Aufgaben des Vorstands,* in Peter Hommelhoff/Klaus Hopt/Axel V. Werder, *Handbuch Corporate Governence,* Köln (2003), 429-438 (431).

[1504] Alvin A. Arens/Randal J. Elder/Mark S. Beasley, *Auditing and Assurance Services. An Integrated Approach*⁹, Prentice-Hall (2003), 13-16.

[1505] Paolo Montalenti, *La Società Quotata, in* Gastone Cottino (org.), *Trattato di Diritto Commerciale,* Vol. IV, Padova (2004), 227.

A auditoria interna é centrada na avaliação da eficácia do sistema de controlo interno – mas este inclui outros atores societários (desde logo, o órgão de administração e os órgãos de fiscalização) e compreende também atividades de identificação do risco, tarefas comunicacionais e um ambiente de controlo que transcendem o âmbito da auditoria interna[1506].

Intui-se, com facilidade, que a auditoria interna apresenta ligações profundas ligações ligação ao governo das sociedades. Ao favorecer a qualidade da informação financeira, incrementando prestação de contas eficiente por parte dos órgãos de administração.

Além disso, contribui para diminuir riscos inerentes às atividades das sociedades – riscos operacionais, financeiros e de cumprimento.

Atento o exposto, não oferece obstáculos inferir que a auditoria interna serve a proteção dos acionistas, ao permitir um escrutínio rigoroso do desempenho da gestão.

V – De um ponto de vista funcional, a auditoria interna visa facultar informação rigorosa aos órgãos de fiscalização e aos acionistas, tal como sucede na auditoria externa; mas a auditoria interna tem o escopo adicional de pretender chamar a atenção da administração para informação relevante e assume a finalidade de prevenção de irregularidades – o que a converte mais diretamente em instrumento de gestão.

Na delimitação das competências de auditoria interna traçada por via do Direito europeu mobiliário[1507], encontramos as seguintes:

a) *Estabelecer, aplicar e manter um plano de auditoria destinado a examinar e a avaliar a adequação e a eficácia dos sistemas, mecanismos de controlo interno e dispositivos da empresa de investimento;*

b) *Emitir recomendações baseadas nos resultados dos trabalhos realizados, de acordo com a alínea a), e verificar a observância dessas recomendações;*

c) *Apresentar relatórios relativamente a questões de auditoria interna.*

Esta primeira caracterização da auditoria interna permite entrever igualmente as singularidades quanto à responsabilidade daí adveniente. Sendo o auditor um colaborador da sociedade, esta responde pelos seus atos, como é regra geral no nosso direito relacionado com a imputação de danos em responsabilidade contratual e extra-contratual (arts. 500º e 800º CC).

[1506] Alvin A. Arens/Randal J. Elder/Mark S. Beasley, *Auditing and Assurance Services. An Integrated Approach*[9], cit., 274-277.

[1507] Art. 24º do Regulamento Delegado (UE) 2017/565 da Comissão, de 25 de abril de 2016.

Pode também haver responsabilidade dos administradores em termos pessoais, quando as falhas do sistema de controlo de riscos acarretarem prejuízos para terceiros, se estiverem verificados os pressupostos desta responsabilidade[1508].

VI – A situação jurídica do auditor interno leva também a que a sua independência seja apreciada em moldes diversos da do auditor externo. As exigências de independência firmadas em relação à auditoria interna (art. 305º-C, nº 1 CVM e art. 24º do Regulamento Delegado (UE) 2017/565) ganham contornos singulares, visto que o auditor interno é colaborador da sociedade. Para que a sua atuação seja eficaz, tem-se apontado a conveniência em que o enquadramento organizacional do auditor interno tenha autonomia em relação às áreas orgânicas examinadas[1509].

27. *Deveres de registo, tratamento de reclamações e* whistleblowing

I – O reforço de deveres jurídicos decorrente da DMIF II foi complementado através do estabelecimento de uma malha bastante alargada de deveres de registo e arquivo de elementos relativos ao contacto com o cliente, de deveres relacionados com o tratamento de reclamações e de deveres relacionados com a comunicação interna de ilícitos (*whistleblowing*).

Estes deveres – abaixo analisados pela ordem indicada – têm em comum o propósito de assegurar a máxima eficácia e efetividade às prescrições comportamentais impostas ao prestador de serviços na sua relação com o cliente ou com o potencial cliente. São, nesse sentido, deveres com uma ligação direta às regras sobre governação e organização do intermediário financeiro.

II – A finalidade subjacente aos deveres jurídicos de registo é dupla: de um lado, visa-se que os intermediários financeiros disponham a todo o tempo dos elementos que sejam suficientes para permitir a verificação do cumprimento dos deveres a cujo cumprimento estão adstritos[1510]; de outro lado, associa-se identicamente uma finalidade de regularidade organizativa, dado que se procura que os intermediários financeiros mantenham registos adequados e metódicos das suas atividades e da sua organização interna[1511].

[1508] Para mais desenvolvimentos: Paulo Câmara, *A Auditoria Interna e o Governo das Sociedades, EH ao Professor Paulo Pitta e Cunha* (2008).

[1509] Alvin A. Arens/Randal J. Elder/Mark S. Beasley, *Auditing and Assurance Services. An Integrated Approach*[9], cit., 16.

[1510] Artigo 307º, nº 5 *a)* CVM, Considerando 57 e artigo 16º, nº 6 da Diretiva 2014/64/UE (DMIF II).

[1511] Artigo 21º, nº 1 *f)* do Regulamento Delegado (UE) 2017/565 da Comissão, de 25 de abril de 2016.

O âmbito do registo não se circunscreve às ordens transmitidas[1512], às operações realizadas[1513] ou ao contrato de intermediação celebrado (art. 307º-A e 321º CVM), como sucede desde a redação originária do Código de 1991. A partir da DMIF II, devem ser registadas as conversas telefónicas e as comunicações eletrónicas destinadas a resultar em transações concluídas por conta própria ou de terceiros, incluindo a receção, transmissão e execução de ordens de clientes. Note-se que o registo é devido ainda que essas conversas ou comunicações não resultem na conclusão de transações nem na prestação de serviços relativos a ordens de clientes (art. 307º-B nº 7 *a)* CVM). Assim, todo o percurso comunicativo relevante[1514] concernente à prestação de serviços de investimento entre o cliente e o intermediário se encontra aqui coberto[1515]. Os registos devem ser conservados durante 5 anos[1516].

O espetro de elementos submetidos a deveres de registo é vastíssimo, abrangendo nomeadamente além dos mencionados todos os serviços, atividades e transações efetuadas por intermediário financeiro[1517], as informações prestadas aos clientes[1518], os testes de avaliação de adequação[1519], as transações pessoais[1520], as remunerações e benefícios[1521], as reclamações recebidas de clientes[1522], os serviços que impliquem conflito de interesses[1523], as funções significa-

[1512] Artigos 327, nº 2 CVM e 7º-11º do Regulamento Delegado (UE) 2017/580, de 24/06/2016 (*RTS 24*). Cfr. ainda ESMA, *Guidelines Transaction reporting, order record keeping and clock synchronisation under MiFID II*, ESMA/2016/1452 (2016).

[1513] Artigos 307º, nº 5 *b)* CVM e 4º Regulamento Delegado (UE) 2017/580, de 24/06/2016 (*RTS 24*).

[1514] A ESMA fez divulgar uma leitura interpretativa, que deve ser considerada maximalista, segundo a qual as comunicações telefónicas ou eletrónicas se devem registar na íntegra (ESMA, *Q&A On MiFID II and MiFIR investor protection and intermediation topics*, ESMA 35-43-349 (2018, em constante atualização), Q8, (2016)) por ser difícil discernir se o contacto vai ou não desembocar em transação.

[1515] Uma útil consolidação da informação a ser registada encontra-se no Anexo I do Regulamento Delegado (UE) 2017/565 da Comissão, de 25 de abril de 2016.

[1516] Artigos 25º do Regulamento (UE) nº 600/2014, de 15/05/2014 (*MiFIR*) e 305º-E nº 2 CVM. A DMIF II admite que a autoridade competente possa alargar o prazo de conservação até sete anos (art. 16º, nº 7 IX), mas tal possibilidade não foi acolhida no direito nacional.

[1517] Artigo 307º, nº 5 *a)* CVM.

[1518] Anexo I do Regulamento Delegado (UE) 2017/565 da Comissão, de 25 de abril de 2016.

[1519] Artigo 56º, nº 2 do Regulamento Delegado (UE) 2017/565 da Comissão, de 25 de abril de 2016.

[1520] Artigo 29º, nº 5 do Regulamento Delegado (UE) 2017/565 da Comissão, de 25 de abril de 2016.

[1521] Artigo 307º, nº 5 *c)* CVM.

[1522] Artigo 305º-E nº 2 e artigo 26º, nº 1 do Regulamento Delegado (UE) 2017/565 da Comissão, de 25 de abril de 2016.

[1523] Artigo 35º do Regulamento Delegado (UE) 2017/565 da Comissão, de 25 de abril de 2016.

tivas[1524] e as instruções recebidas do cliente na colocação e tomada firme[1525]. A DMIF II inclui ainda as conversas pessoais com os clientes como sujeitas ao dever de registo, indicando como necessária a elaboração de ata ou de registo equivalente[1526].

Para disciplinar o registo integral das comunicações relevantes, determina-se agora que as comunicações telefónicas e eletrónicas devam ser efetuadas exclusivamente através de equipamentos fornecidos pelo intermediário financeiro ou cuja utilização tenha sido por si autorizada. Fica, assim, vedada a utilização de telemóveis ou computadores pessoais para encetar contactos profissionais relativos à prestação de serviços de investimento. Os contactos extra-profissionais não são abrangidos por registo obrigatório.

Sucede que, em nova manifestação de *goldplating*, o artigo 90º-A RGIC alarga os deveres de registo e arquivo a todos os serviços, atividades e operações efetuadas por instituições de crédito e sociedades financeiras – ainda que não relativos a instrumentos financeiros[1527].

III – No âmbito da DMIF II passou a impor-se que os intermediários financeiros mantenham procedimentos para o tratamento adequado e rápido de reclamações recebidas de investidores não profissionais.

Estes procedimentos devem obedecer aos seguintes princípios: celeridade e eficácia no procedimento a adotar; gratuitidade; e transparência[1528].

A matéria, regulada no art. 305º-E CVM, no art. 77º-B RGIC e nos artigos 22º, nº 2 e 26º do Regulamento Delegado (UE) 2017/565, implica nomeadamente a criação de uma função de acompanhamento das reclamações[1529], a adoção de uma política de tratamento de reclamações[1530], deveres de vigilância por parte da função de compliance e relatórios periódicos submetidos ao órgão de

[1524] Artigo 25º, nº 1 do Regulamento Delegado (UE) 2017/565 da Comissão, de 25 de abril de 2016.

[1525] Artigo 43º do Regulamento Delegado (UE) 2017/565 da Comissão, de 25 de abril de 2016.

[1526] Considerando 57 II da Diretiva nº 2014/64/UE (DMIF II).

[1527] A aplicação deste regime às sociedades financeiras decorre da norma remissiva contida no art. 195º RGIC.

[1528] Artigos 305º-E CVM, 77º-B RGIC e 26º do Regulamento Delegado (UE) 2017/565 da Comissão, de 25 de abril de 2016. Relativamente a este rol estes princípios, o art. 77º-A nº 2 RGIC acrescenta o princípio da imparcialidade, mas apenas nas reclamações apresentadas ao Banco de Portugal.

[1529] Artigo 26º, nº 3 do Regulamento Delegado (UE) 2017/565 da Comissão, de 25 de abril de 2016.

[1530] Artigo 26º, nº 1 do Regulamento Delegado (UE) 2017/565 da Comissão, de 25 de abril de 2016.

administração[1531]. No final de apreciação da reclamação, o intermediário financeiro deve comunicar a sua posição sobre a reclamação ao cliente ou potencial cliente e informá-lo sobre as opções possíveis, incluindo o facto de poderem encaminhar a reclamação para uma entidade de resolução alternativa de litígios ou a possibilidade de o cliente intentar uma ação de responsabilidade civil[1532].

Estes traços do regime reforçam o sistema de escrutínio sobre o intermediário financeiro – não apenas perante o cliente dado que são objeto de supervisão pela CMVM[1533].

IV – O estímulo aos mecanismos de denúncia interna de irregularidades (*whistleblowing*) começou a ganhar os favores regulatórios no início do século, altura em que os escândalos contabilísticos Enron e Worldcom foram detetados graças à investigação e comunicação efetuadas por funcionárias dessas empresas.

Desde então, porém, a apreciação destes mecanismos tem vindo a sofrer uma ligeira modificação. Em causa está o número elevado de denúncias infundadas ou alarmistas, sobretudo quando são protegidas pelo anonimato[1534]. Nos EUA, que impuseram sistemas de *whistleblowing* obrigatórios, estudos apuraram que a percentagem de denúncias fundadas é muito baixa (não excedendo, em média, 10 %)[1535]. Nesse contexto, ficaram documentados múltiplos casos de pessoas cuja carreira profissional resultou arruinada por obra de acusações internas difamatórias.

Mercê deste enquadramento, entre nós a Comissão Nacional de Proteção de Dados (CNPD) considerou a propósito que, pela gravidade que pode representar para os titulares dos dados e para os princípios da boa fé, lealdade e confiança, os sistemas de denúncia deveriam ser circunscritos aos domínios da contabilidade, da auditoria, da prevenção da corrupção e do crime bancário e financeiro[1536].

[1531] Artigo 22º, nº 2 do Regulamento Delegado (UE) 2017/565 da Comissão, de 25 de abril de 2016.

[1532] Artigo 26º, nº 5 do Regulamento Delegado (UE) 2017/565 da Comissão, de 25 de abril de 2016.

[1533] Artigo 26º, nº 6 do Regulamento Delegado (UE) 2017/565 da Comissão, de 25 de abril de 2016.

[1534] JAMES E. HUNTON/ JACOB M. ROSE, *Effects of Anonymous Whistle-Blowing & Perceived Reputation Threats on Investigations of Whistle-Blowing Allegations by Audit Committee Members* (2008), disponível em http://ssrn.com/abstract=1118382.

[1535] RICHARD MOBERLY, *Unfulfilled Expectations: An Empirical Analysis of Why Sarbanes-Oxley Whistleblowers Rarely Win, William & Mary Law Review*, Vol. 49, (2007), p. 65 e ss.

[1536] COMISSÃO NACIONAL DE PROTEÇÃO DE DADOS, Deliberação nº 765/2009, *Princípios aplicáveis ao tratamento de dados pessoais com a finalidade de comunicação interna de atos de gestão financeira irregular (linhas de ética)*, (2009). Cfr. a propósito PATRÍCIA MARQUES FERREIRA, *Whistleblowing: o reporte protegido nos artigos 116.o-AA e 116.o-AB do RGICSF*, WP Governance Lab 1/2017 (2017).

Neste cenário, quanto às sociedades cotadas, a solução adotada pelo Código de Governo do IPCG, em vez de prescrever orientações diretas quanto ao tema, é a de recomendar que cada sociedade desenhe o seu próprio sistema de comunicação de irregularidades, adaptado às suas especificidades[1537].

No âmbito da intermediação financeira, todavia, a transposição da DMIF II vai mais longe. O art. 305º-F CVM obriga (e não se limita a recomendar) a que os intermediários financeiros adotem meios e procedimentos específicos, independentes e autónomos para que os seus funcionários ou colaboradores comuniquem factos, provas ou informações relativas a infrações ou irregularidades que digam respeito a ilícitos mobiliários[1538]. De notar que não são aqui cobertos os incumprimentos de normas extra-mobiliárias (v.g. fiscais ou laborais).

A lei admite que as comunicações efetuadas sejam identificadas ou anónimas e que os factos, provas ou informações possam dizer respeito a infrações já consumadas, que estejam a ser executadas ou que, à luz dos elementos disponíveis, se possa prever com probabilidade que venham a ser praticadas[1539].

A proteção do declarante de boa fé é assegurada, dado que se prevê que as comunicações de factos, provas, informações ou denúncias efetuadas não podem, por si só, servir de fundamento à instauração, pelos intermediários financeiros ou pelas pessoas ou entidades denunciadas, de qualquer procedimento disciplinar, civil ou criminal relativamente ao autor das mesmas, exceto se forem falsas e tiverem sido apresentadas de má-fé[1540].

Por fim, o tema do *whistleblowing* ganhou renovado fôlego com a instituição de um sistema de receção e tratamento de informações relativas a infrações, a cargo da CMVM. Este sistema, regulado nos arts. 368º-A-368º-E CVM, corre o risco de admitir denúncias anónimas[1541] e reserva uma proteção ao denunciante (368º-E n.os 2 e 3) sem, no entanto, distinguir as situações em que a denúncia é manifestamente infundada – o que contrasta com a acerto das previsões do arts. 305º-F nº 7 CVM e 116º-AB RGIC. De modo correto, porém, o sistema não implica compensações (financeiras ou não financeiras) para os denunciantes, por serem potencialmente catalisadores de denúncias infundadas[1542].

[1537] IPCG, Código de Governo das Sociedades (2018), I.2.5.

[1538] Artigo 305º-F nº 1 CVM.

[1539] Artigo 305º-F nº 2 CVM.

[1540] Artigo 305º-F nº 7 CVM.

[1541] Embora o tema se submeta a regulamentação: art. 368º-B nº 11 CVM.

[1542] Neste último ponto revela-se (e bem) uma convergência com a disciplina bancária: regresse-se a Patrícia Marques Ferreira, *Whistleblowing: o reporte protegido nos artigos 116º-AA e 116º-AB do RGICSF*, WP Governance Lab 1/2017 (2017).

28. *Subcontratação*

I – O subcontrato define-se por ser um contrato através do qual um sujeito, parte em outro contrato, estabelece com um terceiro – o subcontratado – a utilização ou a execução de prestações daí derivadas. Da presença de qualquer subcontrato decorrem alguns traços essenciais[1543] que cumpre, sumariamente, relembrar:

- no subcontrato contrapõe-se um contrato-base e o subcontrato;
- o subcontraente mantém-se vinculado ao contrato-base;
- o subcontraente é responsável pelos danos causados pelo subcontratado, nos casos em que este é instrumento do cumprimento do contrato-base (arts. 500º e 800º CC).

II – A celebração de subcontratos é particularmente comum na área financeira. Tal ocorre por diversas razões: para atingir redução de custos; pelo intuito de partilha do risco; para corresponder a uma vocação de especialização da entidade subcontraente; ou para gerar sinergias dentro do grupo societário em que se insere, entre outras.

Outras razões são próprias do domínio mobiliário. Ilustre-se com o caso do intermediário financeiro habilitado para a execução de ordens de mercado, que receba uma ordem para execução em mercado de que não seja membro: deve transmitir a ordem a um intermediário que seja membro do mercado (art. 328º, nº 1)[1544]. Outro exemplo recorrente é o da subcontratação da gestão de valores mobiliários respeitantes a fundos de pensões para gestoras de fundos de investimento mobiliário, atento o maior *know-how* destas.

Também ocorre com frequência confiar-se a um terceiro o desempenho de tarefas operacionais adjacentes ao serviço prestado aos clientes – apoio informático, centros de contato telefónico, entre outros. Nesses casos, não se estará em regra, em termos rigorosos, perante casos de subcontrato – embora o regime da subcontratação deva ser aplicável, como de seguida veremos.

III – O sistema jurídico conhece regras sobre subcontratação financeira de diversa proveniência e âmbito. Na área bancária, o tema é apenas objeto de orientações não vinculativas da EBA[1545]. O maior desenvolvimento surge no

[1543] A monografia de referência no Direito português é a de Pedro Romano Martinez, *O Subcontrato*, Coimbra (1989), 188 *e passim*.

[1544] Previna-se, porém, que o regime de subcontratação de ordens se dissolve quase integralmente no âmbito da disciplina da transmissão de ordem (*order routing*) – embora tal não lhe modifique a sua natureza.

[1545] Committee Of European Banking Supervisors, *Guidelines on Outsourcing* (14-Dez.-2006).

contexto do direito dos valores mobiliários, havendo, a propósito, disposições nacionais atinentes aos organismos de investimento coletivo[1546] e disposições gerais em matéria de intermediação financeira, com base europeia. Centrar-nos-emos nestas.

Saliente-se, todavia, que o maior desenvolvimento da disciplina relativa à subcontratação de serviços financeiros na área mobiliária não impede que este venha a servir de regime matricial, inspirando soluções no domínio bancário e segurador[1547]. O mesmo se depreende, de resto, dos trabalhos de um Fórum internacional conjunto que em 2005 agregou responsáveis pela supervisão de seguros, banca e mercados de instrumento financeiros, que alinhou substancialmente ao lado das indicações constantes da DMIF agora constantes dos arts. 308º e seguintes CVM[1548].

IV – No âmbito da prestação de serviços de investimento, há a considerar uma distinção elementar que contrapõe:

- a subcontratação de serviços de investimento;
- a subcontratação de atividades operacionais.

Como notado atrás, no art. 308º, nº 1 o conceito de subcontrato é estendido à execução de atividades operacionais executadas por terceiro. Porventura não se deveria falar aqui em subcontratação, uma vez que a execução por terceiro não visa prestações típicas dos contratos de intermediação financeira. Porém, a lei manda aplicar o regime da subcontratação também a estes casos, desde que a prestação das atividades operacionais em causa *seja essencial ou importante para a prestação de serviços de forma contínua e em condições de qualidade e eficiência* (art. 308º, nº 1).

Subsistem, porém, algumas diferenças de regime em relação a ambas as atividades. A subcontratação de serviços de investimento apenas pode ser delegada em intermediário financeiro. Quanto às demais atividades, podem implicar outras entidades, e implicá-lo-ão frequentemente: o que obriga a extensão de algumas regras mobiliárias a pessoas que não são intermediários.

V – Neste quadro, o regime da subcontratação de serviços financeiros oferece uma extensão dos dados centrais do sistema jurídico a esta particular província, com o triplo objetivo confesso[1549] de:

[1546] Artigos 76º e 124º RGOIC.

[1547] Para a área seguradora, remete-se para o art. 49º da Diretiva 2009/138/CE do Parlamento Europeu e do Conselho, de 25 de novembro de 2009 (Diretiva Solvência II).

[1548] Joint Forum Basel Committee/Iosco/Iais, *Outsourcing in Financial Services* (Fev.-2005).

[1549] Art. 16º, nº 5 DMIF II.

- Evitar o risco operacional;
- Não diminuir qualidade do controlo interno; e
- Não prejudicar exercício de poderes de supervisão pela autoridade competente.

Por estes motivos, as entidades subcontratadas ficam vinculadas às normas e aos princípios de exercício profissional aplicáveis aos intermediários financeiros. Este princípio de equiparação decorre do art. 304º, nº 5.

VI – O tema supõe uma cuidadosa delimitação do que é regulado. Como questão prévia, interessa notar que da delimitação conceptual da subcontratação na regulação financeira[1550], decorre também que esta supõe a legitimidade da entidade subcontratante para a celebração do contrato principal. Segundo reza o direito europeu, a atividade do subcontratado seria desempenhada pelo subcontratante, se não fosse o subcontrato. Logo, se o subcontratante não tem legitimidade para o contrato principal – por não estar autorizado para tal – não há sequer subcontratação.

Esta delimitação apresenta duas faces:

- Positiva: a lei apenas cura da subcontratação de funções operacionais essenciais à prestação de serviços de investimento de forma contínua e em condições de qualidade e eficiência, definidos como aqueles cuja falha prejudica sensivelmente o cumprimento dos deveres do intermediário subcontraente ou a continuidade dos seus serviços[1551].
- Negativa: exclui-se a prestação de serviços de consultoria ou de serviços que exorbitem os serviços de investimento (consultoria jurídica, formação, facturação e segurança) e serviços normalizados (informações sobre produtos ou sobre preços efetivos)[1552].

[1550] A definição oficial de subcontratação de serviços financeiros consta do nº 3 do art. 2º do Regulamento Delegado (UE) 2017/565 da Comissão, de 25 de abril de 2016: *qualquer acordo, independentemente da sua forma, concluído entre uma empresa de investimento e um prestador de serviços, ao abrigo do qual este realiza um processo, presta um serviço ou desenvolve uma atividade que, de outro modo seriam realizados pela própria empresa de investimento.*

[1551] Art. 308º, nº 1 CVM e artigos 30º a 32º.

[1552] Artigo 30º, nº 2 do Regulamento Delegado (UE) 2017/565 da Comissão, de 25 de abril de 2016. No Parecer do CESR emitido no âmbito da DMIF I havia uma indicação explícita de atividades que se encontravam sujeitas à regulamentação (contabilidade, *back office*, IT, *marketing* e *research*, auditoria interna, controlo de cumprimento e gestão do risco). O indicado Parecer técnico do CESR arrolava como atividades fora do regime, além das que constam da Diretiva, as seguintes: electricidade, água, limpeza, serviços de investimento e utilização de depositários.: CESR, *Technical Advice on Possible Implementing Measures of the Directive 2004/39/EC on Markets in Financial Instruments. 1 st Set of Mandates* (Jan.-2005), 25-27.

VII – A técnica legislativa é a de impor exigências a que deve sujeitar-se a subcontratação de serviços de investimento[1553].

Algumas destas são decorrências da natureza do subcontrato. Assim, segundo o artigo 31º do Regulamento Delegado (UE) 2017/565 da Comissão, de 25 de abril de 2016, o subcontrato:

a) Não deve resultar na delegação das responsabilidades do órgão de administração;
b) Supõe a manutenção, pelo intermediário financeiro subcontratante, do controlo das atividades e funções subcontratadas e da responsabilidade perante os seus clientes, nomeadamente dos deveres de informação;
c) Não pode resultar no esvaziamento da atividade do intermediário financeiro subcontratante;
d) Deve acautelar a manutenção da relação e dos deveres do intermediário financeiro subcontratante relativamente aos seus clientes, nomeadamente dos deveres de informação;
e) Deve assegurar a manutenção dos requisitos de que dependem a autorização e o registo do intermediário financeiro subcontratante.

Aqui, dada a persistência do vínculo contratual com o contraente originário, sublinha-se o princípio da efectividade da intervenção deste (art. 308º nº 1). Por outras palavras: o intermediário não deve transformar-se em mera caixa de correio.

Impõe-se, ainda, a observância da forma escrita para o subcontrato (art. 31º, nº 3 do Regulamento Delegado (UE) 2017/565).

VIII – Somam-se, ainda, cominações particulares da área financeira, tais como:

- Deveres de cuidado e de diligência na celebração de subcontrato (art. 31º nº 2 *c), d)* e *e)* do Regulamento Delegado (UE) 2017/565);
- Deveres de vigilância, de avaliação e de revisão periódica da prestação do intermediário subcontratado (art. 31º nº 2 *e), f)* e *g)* do Regulamento Delegado (UE) 2017/565)[1554].

[1553] E não a de impor proibições à subcontratação, que são contrárias ao espírito do regime europeu por via do Considerando 43 do Regulamento Delegado (UE) 2017/565 da Comissão, de 25 de abril de 2016.

[1554] Cfr. ainda sobre o tema Joseph A. McCahery/ Alexander de Roode, *Governance of Financial Services Outsourcing: Managing Misconduct and Third-Party Risks*, ECGI – Law Working Paper nº 417/2018 (2018); Gonçalo Castilho dos Santos, *A Responsabilidade Civil do Intermediário Financeiro perante o Cliente*, cit., 186-187.

A DMIF II admite que cada Estado-membro possa impor um dever de notificação prévia dos subcontratos à autoridade competente[1555]; na transposição do diploma europeu para Portugal semelhante imposição não foi, contudo, determinada.

X – Refira-se, a finalizar, a existência de regimes especiais de subcontratação, com exigências adicionais às até aqui consideradas.

De um lado, a subcontratação de serviços de gestão de carteiras em intermediários situados fora da União Europeia encontra-se sujeita a exigências adicionais fixadas no art. 32º do Regulamento Delegado (UE) 2017/565 da Comissão, de 25 de abril de 2016. Nesses casos, há assegurar que no seu país de origem, a entidade subcontratada esteja autorizada e registada para prestar esse serviço e esteja sujeita a supervisão em termos eficazes; e que exista um acordo de cooperação entre a CMVM e a autoridade de supervisão daquela entidade. Por este motivo, a CMVM deve publicar no seu sítio Internet uma lista das autoridades de supervisão dos países terceiros com as quais tenha celebrado um acordo de cooperação[1556].

De outro lado, importa anotar as regras atinentes à subcontratação das funções de análise de dados e de emissão dos alertas necessárias para a realização das tarefas de controlo, deteção e identificação de ordens ou operações suscetíveis de constituir abuso de informação privilegiada, manipulação de mercado ou tentativa de abuso de informação privilegiada ou de manipulação de mercado. Neste caso, o subcontratante deve conservar as competências e os recursos necessários para avaliar a qualidade dos serviços prestados e a adequação organizativa dos subcontratados, para controlar os serviços delegados e para gerir os riscos associados à delegação dessas funções, de forma contínua; e deve dispor de acesso direto a todas as informações relevantes relativas à análise de dados e à emissão de alertas[1557].

Por fim, a elaboração de índices de referência também conta com severas limitações à subcontratação de modo a evitar que a subcontração comprometa substancialmente o controlo do subcontratante sobre a elaboração do índice de referência ou a capacidade da autoridade competente para supervisionar o índice de referência[1558].

[1555] Art. 21º nº 2 Diretiva 2014/65/UE (DMIF II) e Considerando 44 do Regulamento Delegado (UE) 2017/565 da Comissão, de 25 de abril de 2016.

[1556] Art. 32º, nº 3 do Regulamento Delegado (UE) 2017/565 da Comissão, de 25 de abril de 2016.

[1557] O tema encontra tratamento no art. 3º, nº 7 do Regulamento Delegado (UE) 2016/957 da Comissão, de 9 de março de 2016, que completa o Regulamento de Abuso de Mercado.

[1558] Art. 10º do Regulamento (UE) 2016/1011 do Parlamento Europeu e do Conselho de 8 de junho de 2016. Cfr. em geral *supra*, § 11º, 6.

29. *O passaporte europeu de serviços de investimento*

I – O mercado único de serviços financeiros obrigou à consagração de um mecanismo que assegurasse a eficácia extra-territorial da autorização dos intermediários financeiros. Este é, na gíria, designado passaporte europeu de serviços de investimento.

Desde a Diretiva dos Serviços de Investimento que se determinou que uma empresa pode prestar os serviços para que foi autorizada em qualquer Estado-membro, quer através de sucursal, quer através de livre prestação de serviços[1559].

No entanto, aquela solução implicava uma harmonização mínima, que permitia a aplicação das regras de conduta do Estado de acolhimento – usualmente mais desenvolvidas que as constantes do texto europeu. O passaporte tinha assim um alcance limitado, porque não evitavam a necessidade de os prestadores de serviço observarem diversos regimes locais. No final dos anos noventa, era claro que para dotar o passaporte de maior efectividade, a harmonização comunitária dos serviços deveria ser mais ambiciosa.

II – Em resposta a estas preocupações, a DMIF encerrou uma harmonização de maior fôlego que implicou uma maior extensão das matérias tratadas e, em alguns domínios, a fixação de regras de harmonização máxima.

Ainda assim, não pode esquecer-se que outras áreas jurídicas (v.g. as regras de natureza fiscal, ou atinentes ao tratamento de fundos de pensões) se quedam de fora da Diretiva, e por isso podem na prática colocar alguns entraves ou ao menos condicionar a efetividade do passaporte[1560].

III – O funcionamento do passaporte assenta no princípio de supervisão pelo Estado de origem. Porém, a supervisão de algumas disposições é confiada ao Estado de acolhimento, nos termos do art. 32º, nº 7 DMIF.

O concreto alcance desta exceção tem sido objeto de alguma controvérsia[1561]. O problema orbita em torno da localização da atividade assegurada por sucursal – relevante para efeito da determinação da autoridade competente. Alguns critérios têm sido defendidos para concretização desta localização, a saber: o critério da prestação característica e o da localização da conta do cliente. Segundo o primeiro, a atividade localizar-se-ia no Estado da parte contratual que desempenha a prestação característica. Trata-se de uma orientação que assegura maior certeza jurídica e simplicidade de aplicação. Tenha-se presente, porém, que não

[1559] Michel Tison, *Financial Market Integration in the Post FSAP Era*, cit., 443-461.

[1560] Matthew Elderfield, *A Practitioner's Guide to MiFID*, cit., 25.

[1561] Nuno Casal, *El Pasaporte Europeo y los Intermediarios Financieros, Revista Iberoamericana de Mercado de Valores*, nº 20 (2007), 3-8.

se adequa inteiramente com a solução da Convenção de Roma, já que segundo esse diploma é diverso o critério quando se refere a consumidores.

IV – Para um expedito funcionamento do passaporte, foi celebrado um protocolo entre autoridades de supervisão, sob a égide da ESMA (na altura, CESR)[1562]. O documento visa agilizar práticas e padronizar documentos exigidos (conteúdo do pedido de autorização, conteúdo da notificação) para que flua em termos eficientes e padronizados a autorização para a prestação de serviços de investimento e a notificação para a sua eficácia transfronteiriça.

A ESMA encarregou-se também de aprovar um conjunto de recomendações para funcionamento do passaporte[1563]. Estas visam a harmonização dos procedimentos de notificação e da interpretação das regras-chave quanto ao funcionamento do passaporte.

30. *Os agentes vinculados*

I – Na Diretiva dos Serviços de Investimento, de 1993, já se previa, no seu enunciado preambular, a utilização de agentes vinculados (*tied agents*)[1564]. Alguns traços essenciais da figura eram recortados em termos difusos: estabelecia-se a responsabilidade do intermediário, em termos integrais e incondicionais, pelos atos do agente; determinava-se a imputação ao intermediário dos atos do agente, mesmo na atuação transfronteiriça; e assinalava-se a sua vocação para a receção e transmissão de ordens, sem acrescentar outras atividades permitidas. A Diretiva bastava-se com estas indicações, deixando claro que os Estados-membros poderiam aditar-lhes exigências adicionais[1565].

A Diretiva europeia de 2004 admitia que os agentes vinculados fossem proibidos localmente[1566], no que foi contrariada pela DMIF II, que prescreve uma permissão de atuação dos agentes vinculados a todos os Estados-membros[1567]. O caráter sumário (“*light-touch*”) do regime foi, porém, preservado nesta última Diretiva[1568].

[1562] CESR, *MiFID Protocol* (2007).

[1563] CESR, *The Passport under MIFID. Recommendations for the implementation of the Directive 2004//39/CE* (2007).

[1564] Considerando nº 8 da Diretiva nº 93/22/CEE, do Conselho, de 10 de maio de 1993 (DSI).

[1565] Sofia Nascimento Rodrigues, *Agentes vinculados (tied agents): uma introdução à figura, Direito dos Valores Mobiliários*, Vol. IX (2009), 194-195.

[1566] Art. 3º nº 1 e art. 23º, nº 1 da Diretiva nº 2004/39/CE, de 21 de abril de 2004 (DMIF).

[1567] Artigo 29º nº 1 da Diretiva 2014/65/UE, de 15 de maio de 2014 (DMIF II).

[1568] A expressão é de Niamh Moloney, *EU Securities and Financial Markets Regulation*^{3}, (2014), 377-379.

II – No plano interno, os prospetores são, *grosso modo*, os antecedentes próximos dos agentes vinculados. Embora previstos genericamente no art. 292º da versão originária do Código dos Valores Mobiliários, o essencial da sua disciplina veio a ser desenhado por via regulamentar, ao abrigo da norma habilitante constante do art. 319º *d)* CVM[1569].

As características básicas da figura do prospetor, então reveladas, eram as seguintes: tratava-se de uma pessoa singular, que atuava em nome e por conta de um intermediário financeiro, sem estar integrado na sua estrutura organizativa, procurando captar novos clientes para atos ou serviços promovidos pelo intermediário financeiro a que se encontra vinculado.

Além da redenominação terminológica (de prospetor para agente vinculado), a transposição para o sistema jurídico nacional da DMIF alargou sensivelmente o regime e o âmbito da figura, que passou a merecer um regime de fonte legislativa, agora centrado nos arts. 294ºA a 294º-C CVM.

De salientar preliminarmente que é permitida a designação de agentes vinculados como representantes de empresas de investimento, sob a forma de pessoa singular *ou coletiva* – desde que, neste último caso, seja uma sociedade comercial com sede estatutária em Portugal e sem estar em relação de domínio ou de grupo com o intermediário representado (art. 294º-B, nº 2). Este consiste num traço importante do atual regime.

Uma característica preservada após a transposição da DMIF prende-se com o vínculo de exclusividade do agente em relação ao intermediário financeiro representado: daí designar-se agente *vinculado*. A única exceção prende-se com a permissão de representação de mais do que um intermediário financeiro, desde que entre os intermediários representados exista uma relação de domínio ou de grupo (art. 294º-A, nº 3 *a)*)[1570].

De referir que, neste aspeto, se deteta uma diversidade de regimes no direito do sistema financeiro[1571]. A solução vigente para os agentes vinculados é próxima da acolhida, na esfera bancária, no tocante aos promotores de atividades

[1569] Em causa estavam os arts. 11º, 19º-A, 50º-A a 50º-C do Regulamento da CMVM nº 12/2000, na redação dada pelo Regulamento nº 32/2000. Cfr. a propósito Isabel Vidal, *Do Prospetor ao Agente Vinculado, Cadernos MVM* nº 27 (2007), 107-119; Carlos Costa Pina, *Publicidade, promoção e prospeção nos serviços financeiros, Direito dos Valores Mobiliários*, Vol. IV (2003), 294-302.

[1570] Esta exceção surge em transposição do Considerando 37 da Diretiva nº 2004/39/CE, de 21 de abril de 2004 (DMIF). A DMIF II apresenta uma formulação mais restritiva, ao dispor no Considerando 100 que o direito dos agentes vinculados de exercerem atividades para o grupo incide apenas sobre atividades abrangidas por outras diretivas e atividades conexas relacionadas com serviços ou produtos financeiros não abrangidos pela diretiva.

[1571] Algumas notas comparativas constam de Carlos Costa Pina, *Publicidade, promoção e prospeção nos serviços financeiros*, cit., 288-298.

de instituições de crédito – com a diferença de que estes devem assumir a forma de pessoa singular. Diversa é a disciplina da mediação de seguros e dos intermediários de crédito, que abrange qualquer pessoa singular ou coletiva que inicie ou exerça, mediante remuneração, essa atividade, e que não exige o vínculo de exclusividade[1572].

III – O círculo de atividades em que se admite a representação do intermediário financeiro através de agente vinculado é determinado por lei. Ao agente vinculado é permitida a prospeção, a receção e transmissão de ordens, a consultoria e a colocação de instrumentos financeiros (art. 294º-A, nº 1). Não está vedada, porém, a prática de outras atividades não-financeiras pelo agente vinculado (como se infere também do art. 294º-C, nº 1 *c*)).

A prospeção não é considerada serviço ou atividade de investimento, mas está sujeita a um regime de exclusivo, dado apenas poder ser desenvolvida por intermediário financeiro ou por agente vinculado, segundo o art. 292º.

A consultoria prestada pelo agente vinculado[1573], por seu turno, limita-se aos instrumentos financeiros emitidos pelo intermediário financeiro a que está ligado ou aos serviços por este prestado (art. 294º-A, nº 1 *b*)). Por esse motivo, o serviço de consultoria prestado através de agente vinculado pode envolver um risco mais elevado de não correspondência aos interesses do cliente, sobretudo nos casos em que a gama dos serviços sobre que incide a consultoria é estreita.

IV – Na relação entre o intermediário representado e o agente vinculado, convém assinalar os deveres que pesam sobre aquele[1574]. Assim, o intermediário financeiro, à luz do art. 294º-C, nº 1 deve:

- Responder por quaisquer atos ou omissões do agente vinculado no exercício das funções que lhe foram confiadas[1575];
- Controlar e fiscalizar a atividade desenvolvida pelo agente vinculado, encontrando-se este sujeito aos procedimentos internos do intermediário

[1572] Cfr., quanto aos promotores de atividades de instituições de crédito, a Instrução nº 11/2001 do Banco de Portugal, quanto aos intermediários de crédito, o art. 3º *j*) e *l*) do DL nº 81-C/2017 e quanto à mediação de seguros, o DL nº 144/2006, de 31 de julho e a Norma Regulamentar nº 17/2006-R, de 29/12.

[1573] A expressão é aqui utilizada em sentido técnico, tal como surge consagrada no art. 290º, nº 1 *f*), como bem demonstra Isabel Vidal, *Do Prospetor ao Agente Vinculado*, cit., 111.

[1574] Sofia Nascimento Rodrigues, *Agentes vinculados (tied agents): uma introdução à figura*, cit., 199-200.

[1575] Em transposição do art. 23º, nº 2 da Diretiva nº 2004/39/CE, de 21 de abril de 2004 (DMIF), correspondente ao art. 29º, nº 2 da Diretiva 2014/65/UE, de 15 de maio de 2014 (DMIF II).

financeiro; o intermediário financeiro deve assegurar-se, aliás, que o agente vinculado está informado sobre os procedimentos a cumprir[1576];

- Adotar as medidas necessárias para evitar que o exercício pelo agente vinculado de atividade distinta da prevista no nº 1 do artigo 294º-A possa ter nesta qualquer impato negativo.

Optou-se ainda por impor aos intermediários financeiros o dever funcional de verificação da idoneidade e das qualificações dos agentes vinculados (artigo 294º-B, nº 4).

Na esfera jurídica do agente vinculado, é de frisar a vinculação direta aos deveres de atividade do intermediário financeiro (v., por exemplo, os arts. 304º, nº 5 e 309º, nº 3). Além disso, como notado, o agente vinculado deve sujeitar-se aos procedimentos internos daquele (art. 294º-C, nº 1 *b*)) e deve estar incluído na política de remuneração do intermediário financeiro, para não haver lesão dos interesses dos clientes (art. 2º nº 5, e 27º, nº 1 II do Regulamento Delegado (UE) 2017/565). Impendem ainda deveres de informação adicionais perante o cliente quanto à natureza e aos limites de atuação do agente vinculado (art. 294º-A, nº 4 e art. 294º-B, nº 2 *b*)).

Os intermediários financeiros podem utilizar os agentes vinculados para a prestação de serviços em outros Estados-membros, ao abrigo do passaporte europeu: neste caso, convém deixar bem assente que é o intermediário financeiro, e não o agente vinculado, o beneficiário da eficácia extra-territorial conferida à autorização[1577]. Apesar de os agentes vinculados serem pessoas jurídicas, para efeitos do passaporte europeu de serviços de investimento, há uma equiparação europeia da figura às sucursais: o art. 199º-D, nº 3, RGIC acolhe esta solução[1578]. Tal aproximação, porém, é limitada no seu âmbito e não pode obnubilar as diferenças profundas no regime de ambas as figuras[1579].

V – Para iniciar a sua atividade, o agente vinculado deve previamente efetuar uma comunicação junto da CMVM (art. 294º-B, nº6).

Com base nas comunicações recebidas, a CMVM, por seu turno, deve elaborar uma listagem pública de agentes vinculados (art. 312º-C, nº 1 *e*)), em cumprimento de prescrição europeia[1580]. Por fim, a ESMA tem a incum-

[1576] Art. 21º do Regulamento Delegado (UE) 2017/565 da Comissão, de 25 de abril de 2016.

[1577] Isabel Vidal, *Do Prospetor ao Agente Vinculado*, cit., 116.

[1578] Art. 32º, nº 2 da Diretiva nº 2004/39/CE, de 21 de abril de 2004 (DMIF) e art. 35º, nº 2 da Diretiva 2014/65/UE, de 15 de maio de 2014 (DMIF II). Cfr. CESR, *The Passport under MiFID* (2007), 8.

[1579] Niamh Moloney, *EC Securities Regulation*², cit., 425-427.

[1580] Art. 23º, nº 3 da Diretiva nº 2004/39/CE, de 21 de abril de 2004 (DMIF I) e art. 29º nº 3 da Diretiva 2014/65/UE, de 15 de maio de 2014 (DMIF II).

bência de estabelecer ligações para essas listagens preparadas pelas autoridades nacionais[1581].

31. *Negociação por conta própria*

I – A atuação dos intermediários financeiros pode realizar-se por conta dos clientes ou por conta própria. No primeiro caso os negócios celebrados e os riscos inerentes imputam-se na esfera jurídica dos clientes. Na atuação em nome próprio, pelo contrário, a vinculação projeta-se na esfera do intermediário financeiro e é este, bem assim, que suporta o risco dos contratos celebrados[1582]. A DMIF II, aliás, define negociação por conta própria como a negociação do intermediário financeiro *com base no seu próprio património*[1583], *com vista à conclusão de transações em um ou mais instrumentos financeiros*.

De entre as diversas formas de atuação em nome próprio, a lei não cuida senão marginalmente da negociação entre intermediários financeiros, mas detém-se a título central nas situações em que o intermediário celebra contratos com os seus clientes. Assim, quando a lei se refere à negociação por conta própria refere-se a título central à negociação *com o cliente* por conta própria do intermediário.

Ocorre apontar uma característica diferenciadora estrutural da negociação por conta própria. Aqui o intermediário não presta um serviço ao cliente; ao invés, o intermediário é a contraparte do cliente (cfr. nomeadamente o artigo 346º)[1584]. O Código dos Valores Mobiliários trata por isso o *dealing on own acccount* como atividade de intermediação[1585]. Como tal, a negociação por conta própria não assume a natureza de um mandato.

II – Tradicionalmente a atuação em nome alheio separava-se da atuação de conta própria através da dicotomia *brokers/ dealers*. Atualmente, porém, é assente que a atuação por conta própria não cobre apenas os negócios de corretagem nem se esgota na compra e venda de instrumentos financeiros.

Um exemplo particular é o que tecnicamente se designa de *internalização de ordens*: havendo receção de uma ordem para execução, caso a política de exe-

[1581] Art. 29º nº 3 da Diretiva 2014/65/UE, de 15 de maio de 2014 (DMIF II).

[1582] Carlos Ferreira de Almeida, *As Transacções de Conta Alheia no Âmbito da Intermediação no Mercado de Valores Mobiliários*, in *Direito dos Valores Mobiliários*, Lisboa (1997), 292-294.

[1583] *Against proprietary capital*, na versão inglesa: art. 4º, nº 4 da Diretiva 2014/65/UE. A tradução oficial da Diretiva ("negociação com base no seu próprio capital") não se afigura aqui correta.

[1584] Maria João Mateus, *Negociação por Conta Própria e os Conflitos de Interesses (Atuação por parte do intermediário financeiro como contraparte dos clientes)*, *Cad.MVM* Vol. 52 (2015), 3-6.

[1585] Tal apenas não sucede no caso de criação de mercado, em que há um serviço prestado ao emitente.

cução de ordens não o proíba, o intermediário pode atuar como contraparte do cliente. Neste caso quanto à execução de ordem há a prestação de um serviço, quanto à alienação de valores mobiliários, o intermediário atua de conta própria[1586].

A DMIF II inclui, como exemplo adicional de negociação por conta própria, a que ocorre quando na execução de ordens de clientes os intermediários financeiros executam ordens de diferentes clientes, com base na sua integração em operações de compra e venda simultâneas (*back-to-back trading*)[1587]. Trata-se de uma extensão em relação ao figurino natural da negociação por conta própria, dado que aqui o intermediário não assume o risco do contrato executado.

III – A negociação por conta própria era definida no Código do Mercado de Valores Mobiliários de 1991 (artigos 608 *a)* e 609º), apesar de circunscrita à compra e venda de valores mobiliários. O legislador indicava que esta atividade é desenvolvida com o fim exclusivo de beneficiar da margem entre o preço da compra e o da venda (artigos 608 *a)* CdMVM).

No Código dos Valores Mobiliários vigente (aprovado na sua versão originária em 1999), é reservado um lugar separado ao tratamento da negociação por conta própria. O preâmbulo do Código (§ 18º) referiu diretamente:

> *A negociação do intermediário financeiro por conta própria é tratada em capítulo autónomo, como autónoma é a sua inclusão no elenco dos serviços de investimento (nº 2 do artigo 290º). Também neste domínio os contratos regulados não esgotam o âmbito dos contratos que o intermediário financeiro pode celebrar por conta própria. A selecção recaiu naqueles que podem envolver maior risco para o mercado: os contratos de fomento de mercado (artigo 348º), onde se incluem todas as atividades chamadas de market maker, os contratos que visam a realização de operações de estabilização de preços (artigo 349º) e os empréstimos de valores mobiliários (artigo 350º). Estabelecem-se regras mínimas deixando outros aspetos importantes para regulamento da CMVM.*

IV – O Código dos Valores Mobiliários consagrou um capítulo autónomo (o Capítulo III, no âmbito do Título VI), que inclui os artigos 346º e seguintes. Interessa sobretudo referir que a lei distingue os contratos de intermediação (Capítulo II) da negociação por conta própria (Capítulo III).

Esta diferenciação estrutural e de inserção sistemática da negociação por conta própria apresenta consequências quanto aos deveres do intermediário financeiro. Na negociação por conta própria, o intermediário não presta um

[1586] O tema é adiante retomado, a propósito da internalização sistemática: cfr. *infra*, § 26º, nº 2.

[1587] Considerando 24 da Diretiva 2014/65/UE, de 15 de maio de 2014 (DMIF II).

serviço, mas desenvolve uma atividade de intermediação; nessa medida, não se configura uma atuação na base de um mandato, mas em nome próprio. Em função do exposto, os deveres de proteção do cliente resultam diminuídos. De um lado, permanecem aplicáveis o dever de informação e o dever de respeitar as regras sobre conflito de interesses fixadas no art. 347º, adiante retomadas[1588]. De outro lado, porém, mostra-se sobretudo importante compreender que nesta situação o intermediário não está sujeito a deveres de adequação – dado que é contraparte do cliente e não tem, *enquanto tal*, deveres fiduciários em relação a este[1589]. Ressalva-se apenas o caso em que o cliente não tem conhecimento de estar a negociar com o intermediário financeiro como sua contraparte – o que pode suceder em algumas formas de internalização de ordens.

Este ponto foi corroborado através de uma relevante sentença de 4 de março de 2016 do *High Court of Justice*, de Londres, a qual, pronunciando-se sobre o regime português de negociação por conta própria, concluiu diretamente pela inexistência de deveres de adequação do intermediário financeiro ao indicar que: "*In the own account situation,it gives no support to any duty on the part of the financial intermediary not to propose or contract*"[1590].

Mostra-se igualmente relevante determinar se é aplicável o dever de *best execution* aos casos em que há negociação por conta própria. O Considerando 91 da DMIF II parece apontar para uma leitura restritiva, dado tomar por critério a existência de relação contratual ou de intermediação para que tal dever se constitua. À luz da DMIF I, perante idêntico enunciado preambular (Considerando 33), a Comissão Europeia formulou a opinião que este dever apenas se aplicaria nos casos em que é o intermediário a escolher internalizar a ordem, por sua opção, havendo outras alternativas de execução disponíveis[1591]; nos demais casos, o dever de execução nas melhores condições não teria aplicação[1592].

[1588] A literatura refere-se aqui ao dever de "*not to take advantage of its customers' ignorance of the market*" (Louis Loss, *Fundamentals of Securities Regulation*, (1983), 949).

[1589] Importantes posições contrárias a este propósito, contudo, foram manifestadas por Manuel Carneiro da Frada, *A responsabilidade dos intermediários financeiros por informação deficitária ou falta de adequação dos instrumentos financeiros*, em *O Novo Direito dos Valores Mobiliários*, (2017), 405-406; e por Margarida Azevedo de Almeida, *A responsabilidade civil de intermediários financeiros por informação deficitária ou falta de adequação dos instrumentos financeiros*, Id., Ibid., 419-420.

[1590] High Court Of Justice/ Queen's Bench Division/ Commercial Court/ Financial List, [2016] EWHC 465 (Comm), § 691.

[1591] European Commission, *Answers to CESR scope issues under MiFID and the implementing directive*, Working Document ESC-07-2007, (2007), § 6º.

[1592] Criticamente em relação à interpretação da Comissão Europeia, e fazendo referência às teses que preconizam neste caso o acolhimento de uma *fair price rule*: cfr. Luca Enriques/ Matteo Gargantini, *The overarching duty to act in the best interests of the client in MiFID II*, cit., 113.

V – A limitação mais importante à negociação por conta própria decorre do artigo 347º, em matéria de prevenção de conflito de interesses[1593]. Para impedir o *front-running*, dispõe este preceito que o *intermediário financeiro deve abster-se de: adquirir para si mesmo quaisquer instrumentos financeiros quando haja clientes que os tenham solicitado ao mesmo preço ou a preço mais alto; e de alienar instrumentos financeiros de que seja titular em vez de instrumentos financeiros cuja alienação lhes tenha sido ordenada pelos seus clientes a preço igual ou mais baixo.*

Mais refere este preceito que *as operações realizadas contra as proibições mencionadas são ineficazes em relação ao cliente se não forem por este ratificadas nos oito dias posteriores à notificação pelo intermediário financeiro.*

Ainda a este propósito, o acórdão da Relação de Lisboa, de 13 de maio de 2014, a propósito da negociação por conta própria de instrumentos financeiros, considera que apenas existe conflito de interesses na negociação por conta própria apenas quando se trata de um "*expediente dissimulado, enganador, utilizado apenas pelo Banco, em seu exclusivo benefício e para prejuízo do seu cliente*"[1594].

VI – A partir da DMIF II, a negociação por conta própria passou a sujeitar-se a deveres adicionais em caso de agregação de ordens. A preocupação central é a de, caso tenha ocorrido uma agregação de transações realizadas por conta própria com uma ou mais ordens dos clientes, não seja determinada uma alocação das transações correspondentes de um modo que seja prejudicial para um cliente[1595].

§ 24º Os contratos de intermediação em especial

1. *A receção, execução e transmissão de ordens*

I – A receção, execução e transmissão de ordens configura um serviço prestado por conta alheia. Tal não é prejudicado pelo facto de o intermediário poder atuar como contraparte do seu cliente: nesse caso, havendo uma internalização da ordem, apenas em relação a essa vertente do negócio é realizada uma operação por conta própria[1596].

[1593] No âmbito da negociação por conta própria, o artigo 347º afasta o disposto no artigo 309º CVM, por se tratar se norma especial em relação a esta. Aliás, já no âmbito do Código do Mercado de Valores Mobiliários (de 1991), a regra de conflito de interesses em matéria de atuação por conta própria era especial (artigo 182º).

[1594] Proc. 309.11.8TVLSB.L1. O citado acórdão refere-se à contratação de *swaps* entre um banco e o seu cliente.

[1595] Artigo 69º do Regulamento Delegado (UE) 2017/565 da Comissão, de 25 de abril de 2016.

[1596] Fátima Gomes, *Contratos de intermediação financeira: sumário alargado, EH ao Professor Doutor Mário Júlio Brito de Almeida Costa* (2002), 582. Sobre a internalização de ordens, cfr. infra, § 26º, 2.

No Código anterior, havia um tratamento, em especial, quanto às ordens de bolsa[1597]. Contrariamente, no Código atual é estabelecido um regime geral sobre ordens. Este vale indistintamente para as ordens de mercado, as ordens de subscrição, as ordens de aceitação em oferta pública e genericamente para todas as ordens transmisitas a intermediários financeiros – em mercado secundário ou primário –, constando dos arts. 325º e seguintes.

Apesar deste quadro geral, o tratamento das ordens é polarizado nas ordens em mercado, cujo conteúdo típico é o de instar um intermediário financeiro à execução de uma oferta de aquisição ou de alienação de valores mobiliários em sistema organizado de negociação[1598]. O ato de cumprimento da ordem em estrutura de negociação qualifica-se como introdução de uma oferta[1599]. Todavia, as ordens não se dirigem apenas à subscrição, aquisição ou alienação de valores mobiliários, cabendo também considerar no mesmo regime as ordens de resgate e as ordens de conversão de valores mobiliários.

O quadro delimitador destes serviços é em certa medida estendido através da DMIF II. Esta Diretiva alarga o âmbito da execução de ordens por conta de clientes aos casos em que, em mercado primário, o intermediário financeiro surge como emitente de valores mobiliários sem prestar consultoria em relação aos valores distribuídos[1600].

Uma nova delimitação introduzida pela DMIF II é a de impor o regime da negociação algorítmica quando no processo de transmissão de ordens ou ofertas de preço ou para qualquer processo de otimização da execução de ordens, um sistema automatizado *toma decisões* em qualquer uma das fases de iniciação, transmissão, encaminhamento ou execução de ordens ou ofertas de preços em conformidade com parâmetros predeterminados[1601].

II – A forma da transmissão da ordem é regulada pelo art. 327º, que admite as ordens transmitidas por escrito ou oralmente, desde que neste último caso sejam reduzidas a escrito pelo recetor e, se presenciais, subscritas pelo ordenador.

Esta exigência de forma escrita da ordem deve ser tida como forma *ad probationem*. A conclusão extraída advém desde logo da circunstância de a emissão de ordem ser precedida de contrato de intermediação financeira celebrado de forma escrita (art. 321º, nº 1 CVM). Por outro lado, em termos sistemáticos, o direito mobiliário revela-se avesso a nulidades formais absolutas por preterição

[1597] Artigos 425º-434º CdMVM.

[1598] Cf., sobre o tema, embora perante o anterior contexto normativo, Amadeu Ferreira, *Ordem de Bolsa*, in *Revista da Ordem dos Advogados*, ano 52 II (1992), 467-511.

[1599] Alexandre Brandão da Veiga, As fases de negociação e de liquidação e compensação de operações de bolsa a contado, Direito dos Valores Mobiliários, Vol. I (1999), 203.

[1600] Considerando 45 da Diretiva nº 2014/65 (UE), de 15 de maio de 2016.

[1601] Artigo 19º do Regulamento Delegado (UE) 2017/565 da Comissão, de 25 de abril de 2016.

de requisitos formais. Como ilustração central, o próprio art. 321º, nº 1 CVM declara que as nulidades formais relativas a contratos de intermediação financeira apenas podem ser alegadas pelo investidor. Por outro lado, na mecânica de tratamento de ordens é o intermediário financeiro que tem o dever de reduzir a escrito a ordem – essa, aliás, uma da providências (embora não a única) destinada a comprovar o momento da sua receção (art. 325º, alínea *b)*). Se o não fizer, o intermediário financeiro atua ilicitamente e sujeita-se a consequências sancionatórias (art. 397º, nº 2 *e)*) – mas daí não pode resultar a nulidade da ordem. Entender o contrário – como tem persistido alguma da nossa jurisprudência superior[1602] – equivale a não compreender os valores essenciais (proteção de confiança do cliente, finalidade dos registos e arquivos) em que repousa o sistema jurídico-mobiliário.

Da redução a escrito prevista no art. 327º deve distinguir-se o pedido de confirmação por escrito, a que alude o art. 326º, nº 2 *d)*. Neste último caso, não há um dever legal de confirmação por escrito da ordem; porém, se o intermediário – para sua segurança – o solicitar, a não correspodência a este pedido legítima a sua recusa de execução da ordem.

A liberdade de forma – no âmbito da alternativa consentida pelo art. 327º CVM – não se aplica às ordens para aceitação ou recusa de oferta pública. Nesses casos, segundo o nº 2 do art. 327º, a ordem deve ser transmitida por escrito – entendendo-se aqui o conceito de forma escrita nos termos muito amplos que aparecem no art. 4º CVM.

Para o art. 67º, nº 1 CVM, por seu turno, *as inscrições e os averbamentos nas contas de registo são feitos com base em ordem escrita do disponente ou em documento bastante para a prova do facto a registar"*. O nº 2 do mesmo dispositivo clarifica que *quando o requerente não entregue qualquer documento escrito e este não seja exigível para a validade ou a prova do facto a registar, deve a entidade registadora elaborar uma nota escrita justificativa do registo*[1603].

III – A ordem, no entanto, pode ser recusada pelo intermediário financeiro que a receba. O regime jurídico distingue os casos de recusa imposta, de recusa permitida e de recusa proibida de execução de ordens.

[1602] Em sentido contrário, ver o Acórdão do STJ de 15 de novembro de 2007 (Proc. 07B3093) (Santos Bernardino) e o Acórdão do STJ de 7 de junho de 2018 (Proc. nº 2393/09.5TVPRT.I2.S1) (Abrantes Geraldes). Uma orientação jurisprudencial intermédia surgiu, entretanto, através do Acórdão da Relação de Lisboa de 3 de maio de 2011 (Proc. 146/2002: Ana Resende), que assenta na defesa da ideia de que a redução a escrito visaria apenas salvaguardar a posição do intermediário financeiro, e não seria sequer formalidade ad probationem (LINA AURORA RAMADA BETTENCOURT, *Os contratos de intermediação financeira*, FDUP (2013), 21).

[1603] Cfr. a propósito o Acórdão da Relação de Lisboa (P. 428-12.3TCFUN.L1-6), de 28-04-2016 (Teresa Soares).

Antes de prosseguir, interessa preliminarmente chamar a atenção para o facto de a recusa dever ser reativa, sendo imediatamente transmitida ao ordenador: trata-se de uma imposição do nº 4 do art. 326º. Em certo sentido, a imediatividade da recusa é até mais exigente que a imediatividade da execução da ordem: esta admite exceções (embora apenas decorrentes de indicações do ordenador: art. 328º, nº 2 *in fine);* aquela não.

Os casos de recusa obrigatória das ordens são equivalentes à execução proibida de ordens.

De facto, o art. 326º, no seu nº 1, prescreve imposições de recusa, nomeadamente quando falta informação (alíneas *a)* e *d)*) para dar execução à ordem. A execução das ordens nestas circunstâncias expõe o intermediário a responsabilidade contra-ordenacional, nos termos da alínea *c)* do nº 4 do art. 397º.

Existe ainda uma segunda categoria que é a de recusa facultativa. Estes casos estão previstos no nº 2 do art. 326º, do qual destaco uma situação: faltando o bloqueio do valor mobiliário quando seja pedido pelo intermediário financeiro, existe fundamento para recusa facultativa de aceitação da ordem. Daqui se infere que o intermediário financeiro pode mas não está forçado a recusar a ordem nesta situação: mesmo inexistindo bloqueio, quando aquele o tenha exigido, pode o intermediário pretender correr o risco de não cumprimento, com as consequências à frente analisadas.

A ordem deve ser aceita quando lhe subjaza uma relação de clientela, salvo quando se verifique uma situação de permissão ou dever de recusa. Convém enfatizar esta conexão ao conceito de uma relação de clientela, que decorre de um contrato-quadro de longa duração, de que derivem várias relações jurídicas e um feixe de deveres e obrigações para ambas as partes. A relação de clientela é presumida, *iuris et de jure,* a partir de um conjunto de indícios mencionados no art. 322º, nº 3 do Código. A não ser que ocorra uma das situações previstas nos números anteriores, se já houver uma relação de clientela, segundo o art. 326º nº 3, não pode haver recusa de aceitação da ordem.

A subsidariedade do nº 3 perante os números anteriores acaba, na prática, por reduzir substancialmente o relevo conferido à inevitabilidade do cumprimento da ordem por virtude da preexistência de uma relação de clientela.

IV – O serviço de receção, execução e de transmissão de ordens envolve os deveres de verificação da regularidade da ordem e de fixação do momento temporal em que é transmitida (art. 325º). Estes são deveres elementares que devem considerar-se aplicáveis mesmo que a ordem venha a ser recusada.

Em caso de ordens de transmissão de instrumentos financeiros, o intermediário financeiro que não esteja em posição de proceder à sua recusa, deve cumprir um de dois deveres principais: ou procede à transmissão da ordem para um intermediário idóneo; ou executa a ordem em estrutura de negociação adequada à política previamente fixada.

O legislador não abandona o cumprimento da ordem de mercado às regras gerais do direito privado comum relativas ao cumprimento das obrigações[1604]. São, bem pelo contrário, apontadas indicações precisas quanto à conformação da prestação do intermediário financeiro, sobretudo concentrados nos arts. 328º a 330º do Código dos Valores Mobiliários e nos arts. 59º e 64º a 70º do Regulamento Delegado[1605]. O intermediário tem nomeadamente o dever de redução da ordem a escrito, no caso de ter sido transmitida oralmente (artigo 327º/2 CVM). De outro lado, a execução de ordens comporta deveres de informação que lhe estão associados. Após a execução de ordem, o intermediário financeiro deve prestar prontamente ao cliente, num suporte duradouro, as informações essenciais relativas à execução dessa ordem; e deve enviar ao cliente uma comunicação, num suporte duradouro, que confirme a execução da ordem, o mais rapidamente possível e, o mais tardar, no primeiro dia útil seguinte à execução ou, caso a confirmação seja recebida pela empresa de investimento de um terceiro, o mais tardar no primeiro dia útil seguinte à receção da confirmação do terceiro[1606]

V – Caso a oferta tenha êxito, isto é, caso a uma oferta de venda se contraponha, em termos coerentes de quantidade e preço, uma oferta de compra, ou vice-versa, há a realização de negócio, daqui resultando ordens de transferência para a liquidação física e financeira da operação, de acordo com o art. 274º do Código.

Um dos efeitos mais importantes resultantes da execução da ordem, caso o negócio seja consumado, prende-se com o facto de o intermediário financeiro que está a intermediar este negócio e que seja encarregue de prestar o serviço de registo, dever promover o registo oficioso da aquisição. Recorde-se o art. 66º nº 1 do Código que, em desvio ao princípio da instância quanto ao registo dos valores mobiliários, impõe ao intermediário financeiro com intervenção na operação o dever de promoção oficiosa do registo, aspeto decisivo quanto à segurança da transmissão em mercado. Lembre-se, demais, que o registo é efetuado com a data da transmissão (art. 69º, nº 1), não estando dependente deste a legitimidade para alienar no mesmo mercado regulamentado (art. 80º, nº 2).

A primeira consequência da execução de uma ordem de mercado está relacionada com o reconhecimento da obrigação *"del credere"* a cargo do interme-

[1604] Reenvia-se para o tratamento anteriormente dispensado ao dever de execução nas melhores condições (*best execution*): § 23º, 19.

[1605] Perante o direito anterior, cfr. Amadeu Ferreira, *Ordem de Bolsa*, cit., 481-491; Nuno Casal, *Comentário à sentença do Tribunal de Pequena Instância Criminal de 6 de fevereiro de 1998*, cit., 189-195.

[1606] Art. 59º nº 1 do Regulamento Delegado (UE) 2017/565, da Comissão, de 25 de abril de 2016.

diário que executa a ordem (art. 334º). Através deste dever, o intermediário financeiro garante ao seu cliente o cumprimento das obrigações assumidas pela contraparte. Isto é: quando há uma ordem de venda executada, o intermediário financeiro garante o pagamento do preço; quando há uma ordem de compra, o intermediário financeiro garante a entrega dos valores mobiliários adquiridos.

A cláusula *"del credere"* é facultativa no contrato de mandato e no contrato de comissão, podendo aí ser convencionada ao abrigo do art. 1183º do Código Civil e do art. 269º do Código Comercial. No âmbito mobiliário, a vigência desta obrigação era discutível face ao Código de 1991. A sua clara consagração, no art. 334º do diploma atual, corresponde à adoção inequívoca da tese já antes defendida pelo Professor CARLOS FERREIRA DE ALMEIDA[1607].

O âmbito da obrigação *"del credere"* é amplo: atinge qualquer ordem de transmissão de instrumentos financeiros. A obrigação de garantia *"del credere"* não pode ser afastada pelas partes, como prevê atualmente no nº 2 do art. 334º CVM.

VI – Entre nós, tem motivado alguma discussão saber se as ordens configuram negócios unilaterais ou contratos. Os pontos críticos nesta análise relacionam-se, de um lado, com o espaço de conformação do intermediário e, de outro lado, com o momento em que a ordem produz efeitos jurídicos.

Quanto ao primeiro ponto, importa diferenciar, de um lado, o contrato de transmissão e execução de ordens (negócio de cobertura) e, de outro lado, a ordem transmitida ao abrigo daquele (negócio de execução). Aquele reveste nitidamente a natureza de um contrato de mandato; o que se dicute é apenas a natureza da ordem transmitida pelo cliente. Aqui chegados, o essencial reside na circunstância de o intermediário que recebe a ordem ter um limitado espaço de recusa da mesma quando haja anterior relação de clientela (art. 326º). Tal indicia uma reduzida liberdade de celebração[1608].

No que respeita ao segundo ponto crítico, importa reconhecer que mesmo antes da aceitação, a ordem produz efeitos imediatos – constituindo o intermediário recetor no dever de verificar a legitimidade do ordenador e de adotar providências para fixar o momento de receção da ordem (art. 325º).

A partir destes traços do regime, a ordem deve ser qualificada como negócio jurídico unilateral, e não como contrato. As ordens não são tão-pouco

[1607] Para uma defesa da existência da obrigação *del credere* face ao direito pregresso, v. do autor, *As transacções de conta alheia no âmbito da intermediação no mercado de valores mobiliários*, in *Direito dos Valores Mobiliários*, Lisboa (1997), 304-309. Cfr. ainda FÁTIMA GOMES, *Contratos de intermediação financeira: sumário alargado*, cit., 584-585.

[1608] JOSÉ QUEIRÓS ALMEIDA, *Contratos de Intermediação Financeira enquanto Categoria Jurídica*, *Cadernos MVM* nº 24 (nov.-2006), 298-303 (negando todavia a autonomia da ordem em relação ao mandato).

propostas negociais; são antes comandos jurídico-privados destinados à execução de uma oferta.

Sendo negócios jurídicos unilaterais[1609], a inserção sistemática do regime das ordens no capítulo dos *contratos* de intermediação afigurar-se-ia *prima facie* como criticável. Deve, no entanto, reiterar-se a existência de um contrato-quadro, de mandato sem representação, a operar como negócio de cobertura entre o ordenador e o intermediário[1610]. A ordem – negócio unilateral – não só se dirige à celebração de contrato transmissivo, como também é resultado de um contrato de mandato, que a enquadra[1611].

Esta construção foi, de resto, confirmada com o regime vigente. A necessária preexistência de uma política de execução de ordens (art. 330º, n.os 4-9), de cunho contratual, leva a que deixem de existir por princípio ordens isoladas – sendo antes as ordens precedidas por contratos-quadro.

A ordem é, pois, em si, negócio, mas insere-se num contrato mais amplo. Existindo tal contrato-quadro, a não aceitação das ordens, se não for permitida (cfr. art. 326º), deve ser tratada como um incumprimento contratual, aplicando-se as consequências respetivas.

VII – Além do dever de adotar uma política de execução de ordens, é agora imposto o dever de elaboração e adoção de uma política de alocação

[1609] Extraindo conclusão idêntica, cfr. o Acórdão do Supremo Tribunal de Justiça de 26 de janeiro 1999 (Ribeiro Coelho); o Acórdão da Relação de Lisboa (P. 518.12.0TVLSB.L1-2), de 6 de março de 2014 (Ezaguy Martins); e o Acórdão da Relação de Guimarães de 21 de novembro de 2013 (Heitor Gonçalves), todos acessíveis em www.dgsi.pt; na literatura, reenvia-se para Luís Menezes Leitão, *Atividades de intermediação e responsabilidade dos intermediários financeiros*, in *Direito dos Valores Mobiliários*, Vol. II, cit., 133 (negando todavia tratar-se de mandato sem representação, o que configura posição isolada); Amadeu Ferreira, *Ordem de Bolsa*, cit., 504-506; Rui Pinto Duarte, *Contratos de Intermediação no Código dos Valores Mobiliários*, in *Cadernos do Mercado de Valores Mobiliários*, nº 7, 353; Fátima Gomes, *Contratos de intermediação financeira: sumário alargado*, cit., 582-585; António Barreto Menezes Cordeiro, *Manual de Direito dos Valores Mobiliários*, (2016), 318-319. Perante o direito anterior, qualificando a ordem de bolsa como acto jurídico unilateral, cfr. Nuno Casal, *Comentário à sentença do Tribunal de Pequena Instância Criminal de 6 de Fevereiro de 1998 proferida pela 2ª Secção do 1º Juízo no processo Rec. Coima nº 326/97*, in *Cadernos do Mercado de Valores Mobiliários*, nº 2, 187. Partindo da qualificação da ordem como contrato, por assimilação entre o comando e o mandato que lhe subjaz, cfr. Engrácia Antunes, *Os contratos de intermediação financeira*, cit., 290; Mafalda Miranda Barbosa, *Direito Civil e Sistema Financeiro*, Lisboa, (2016), 109-110; Lina Aurora Ramada Bettencourt, *Os contratos de intermediação financeira*, Porto (2013), 22.

[1610] Socorro-me da classificação terminológica proposta por Ferreira de Almeida, *As Transacções de Conta Alheia no Âmbito da Intermediação no Mercado de Valores Mobiliários*, in *Direito dos Valores Mobiliários*, Lisboa (1997), 295-298.

[1611] Ainda atual: Amadeu Ferreira, *Ordem de Bolsa*, *ROA* ano 52 (1992), 500-506.

de ordens: nada impede, porém, que o conteúdo desta seja incluído formalmente naquela[1612]. Em qualquer caso, o cliente deve ser informado sobre o conteúdo destas políticas e, bem assim, sobre os métodos de comunicação a utilizar entre a empresa de investimento e o cliente, incluindo para efeitos de envio e de receção de ordens[1613].

VII – Interessa reter que em alguns aspetos essenciais se diferencia a execução de ordens da prestação do serviço de consultoria[1614]. Com efeito, a execução de ordens por conta do cliente deve primazia à celeridade, atento o dever de melhor execução. Por seu turno, a consultoria pressupõe a realização de testes de adequação e envolve uma atenção personalizada às características específicas de cada cliente: supõe, nessa medida, um tempo mais dilatado de concretização.

A diferença é mais acentuada entre os dois serviços quando estejamos perante a execução estrita de ordens. A verdade é que a consultoria para investimento se sujeita a um regime agravado de dever de adequação[1615]. Ao invés, na prestação exclusiva dos serviços de receção e transmissão ou execução de ordens do cliente, ainda que acompanhada pela prestação de serviços auxiliares, não é sequer aplicável o dever de adequação, se estiverem verificados os pressupostos legais estabelecidos no artigo 314º-D do Código dos Valores Mobiliários.

Os cinco pressupostos fixados por este dispositivo são os seguintes: *(i)* o serviço ter sido prestado por iniciativa do cliente, *(ii)* o cliente ter sido advertido, por escrito, ainda que de forma padronizada, de que o intermediário financeiro não se encontra obrigado à determinação da adequação da operação considerada às circunstâncias do cliente e, por último, *(iii)* consistir o objeto da operação em instrumentos financeiros não complexos[1616], *(iv)* não haver concessão de crédito pelo intermediário financeiro na aquisição de instrumentos financeiros *(v)* ter o intermediário financeiro cumprido os deveres relativos a conflitos de interesses previstos no CVM. Este regime foi examinado atrás, no âmbito do tratamento dos deveres de adequação[1617].

[1612] Arts. 66º e 68º do Regulamento Delegado (UE) 2017/565, da Comissão, de 25 de abril de 2016.

[1613] Art. 47º nº 1 *c)* do Regulamento Delegado (UE) 2017/565, da Comissão, de 25 de abril de 2016.

[1614] Sobre a autonomia do contrato de receção e transmissão de ordens perante o contrato de gestão de carteiras, cfr. o Acórdão do TJUE de 14 de junho de 2017 (Proc. C-678/15) [*Mohammad Zadeh Khorassani v. Kathrin Pflanz*].

[1615] Artigo 314º-A CVM.

[1616] Sobre o conceito de instrumento financeiro complexo, reenvia-se para o tratamento dispensado no § 13º, 3. Por seu turno, os deveres relacionados com a prevenção de conflito de interesses foram tratados *supra*, § 23º, 10.-12.

[1617] Cfr. *supra*, § 24º, 18.

2. *Colocação de valores mobiliários*

I – A colocação é o contrato através do qual o intermediário financeiro se vincula ao dever de desenvolvimento dos melhores esforços em ordem à distribuição dos valores mobiliários que são objeto de oferta pública. O serviço exibe natureza bicéfala: é prestado ao emitente (que contrata o intermediário e o remunera) e envolve contactos com os investidores, perante os quais devem ser observados os deveres de conduta correspondentes[1618].

A celebração de contrato de colocação é obrigatória nas ofertas públicas de distribuição, de acordo com o art. 113º, nº 1, do Código dos Valores Mobiliários.

O contrato de colocação pode assumir uma morfologia muito diversa. A classificação é tripartida[1619], havendo que distinguir:

- *Contrato de colocação simples* (art. 338º);
- *Garantia de colocação ou colocação com garantia* (art. 338º e 340º); e
- *Tomada firme* (art. 338º e 339º).

II – Toda a matéria surge esclarecida, quanto ao seu regime, nos arts. 338º e seguintes, situados no Título do Código dedicado à intermediação. É a partir destes preceitos que temos de indagar do conteúdo dos deveres do intermediário financeiro.

Os deveres gerais existentes em todos os contratos de colocação relacionam-se com a obrigação de meios relativa à distribuição dos valores mobiliários pelo público. Segundo o nº 1 do art. 338º: "*O intermediário financeiro obriga-se a desenvolver os melhores esforços em ordem à distribuição dos valores mobiliários que são objeto de oferta pública.*

III – Precisa o legislador, no art. 113º, que a intermediação obrigatória inclui, não só a colocação, mas também a receção de ordem de subscrição ou de aceitação. Tal também se insere nos deveres gerais dirigidos à disseminação dos valores mobiliários pelo público.

A obrigação quanto a empregar os melhores esforços para distribuir não se verifica apenas na colocação simples[1620]. Nas outras modalidades de colocação somam-se prestações que figuram como um *plus* em relação ao dever de melhores esforços na distribuição. Portanto, o dever do art. 338º existe em todas

[1618] Francesco Acetella, *Il collocamento di strumento finanziari*, Milano (2013), 51-155.

[1619] Embora à luz do Código de 1991, mantém interesse: Helena Tapp Barroso, *Subscrição de acções através de intermediários financeiros. O caso especial da tomada firme* (1994), 117-205; Fátima Gomes, *Subscrição Indireta e Tomada Firme*, Sep. *Direito e Justiça*, Vol. VIII, 1 (1994), 201-294.

[1620] Com classificação terminológica diversa, tratando a colocação simples como *best effort underwriting*: Katja Langenbucher, *Aktien- und Kapitalmarktrecht*[4], München (2017), 285.

as modalidades de colocação – também vale para a garantia de colocação e para a tomada firme.

IV – Na *garantia de colocação (soft underwriting)*, o intermediário financeiro, assumindo o dever de diligenciar para que os valores sejam distribuídos, obriga-se também a que, no final do período da oferta, perante os valores remanescentes, irá adquirir aqueles que não tenham sido colocados.

A garantia de colocação pode ser parcial ou total. Se a garantia for total, fica totalmente eliminado o risco de distribuição incompleta. Por outro lado, a garantia de colocação diz-se parcial, se a obrigação de aquisição apenas cobrir parte dos valores mobiliários que são objeto da oferta: aqui o risco de oferta incompleta não desaparece.

Na garantia de colocação, a aquisição do intermediário financeiro apenas ocorre após o apuramento dos resultados da oferta – pois só então será possível determinar o número dos valores mobiliários remanescentes.

V – O contrato de *tomada firme (hard underwriting)*, de seu lado, caracteriza-se por implicar uma dupla vinculação: a obrigação de aquisição imediata dos valores mobiliários que são objeto da oferta; e a obrigação de colocação dos valores mobiliários junto do público[1621].

Também a tomada firme pode ser total ou parcial, consoante a extensão dos valores mobiliários abrangidos, valendo nesse particular o que foi atrás dito quanto à eventualidade de oferta incompleta.

Todavia, a diferença é grande em relação à garantia de colocação. Na tomada firme, a aquisição do intermediário financeiro ocorre antes da fase da exteriorização da oferta. Assim, quando os valores mobiliários são oferecidos ao público, o intermediário é titular dos mesmos: ele é, portanto, o oferente durante o período da oferta.

Assim, a aquisição que farão os investidores finais será sempre uma aquisição derivada. Mesmo quando estivermos perante uma oferta pública de subscrição o intermediário financeiro adquire e a aquisição feita pelos adquirentes finais representa uma aquisição derivada e não uma aquisição originária.

Enquanto os valores mobiliários não foram adquiridos pelos investidores finais, a posição jurídica do tomador é a de um titular desses valores mobiliários, o que decorre com particular clareza no art. 339º, nº 1[1622].

1621 Catarina Figueiredo Rodrigues, *Contrato De Colocação Com Tomada Firme (Breves Notas)*, *Cadernos MVM*, nº 41 (Abr.-2012), 35-64.

1622 Um setor da doutrina vislumbra aqui uma titularidade fiduciária: assim, Pedro de Albuquerque, *Direito de preferência dos sócios em aumento de capital nas sociedades anónimas e por quotas* (1993), 367-370. Em sentido contrário: Rui Pinto Duarte, *Contratos de Intermediação no Código dos*

O tomador firme assume a titularidade com todas as posições adjacentes ao valor mobiliário. Esta era uma questão controversa face ao direito anterior – perante a tomada firme de ofertas de ações –, discutindo-se então se o tomador tinha o direito de voto relativamente àquelas ações, dada a sua obrigação de ulterior distribuição dos valores mobiliários acionistas.

A resposta agora surge mais clara no art. 339º, nº 1, na medida em que o intermediário é diretamente considerado titular pleno dos valores mobiliários que adquire, tendo todos os direitos inerentes ao valor mobiliário. Não se esqueça que, em geral, o nº 1 do art. 55º dispõe que o titular dos valores mobiliários está legitimado para o exercício dos direitos que lhe são inerentes. Assim, se estão em causa ações, o intermediário financeiro tomador pode votar relativamente às ações de que é titular, incluindo aquelas que são objeto da tomada firme.

VI – A ocorrer, entretanto, o vencimento de direitos patrimoniais relativos aos valores mobiliários que são objeto de tomada firme, aplica-se o art. 339º, no nº 2. O tomador firme deve transferir para os adquirentes finais todos os direitos patrimoniais entretanto constituídos. O adquirente final deve adquirir os valores mobiliários como se os tivesse adquirido no momento em que foi feita a aquisição por parte do intermediário financeiro.

Mas note-se bem: o direito ao juro ou o direito aos dividendos chega a constituir-se na esfera jurídica do intermediário financeiro tomador. Não obstante, este deve transferir para os adquirentes finais tais frutos no momento da última aquisição.

Se os valores mobiliários a constituir dão direito a preferência na aquisição ou na subscrição, como é o caso das ações emitidas em aumento de capital e das obrigações convertíveis ou com *warrant*, aplicar-se-á o nº 3 do art. 339º, por forma a que os direitos de preferência não sejam afetados. Segundo este preceito, os acionistas que têm direito de preferência podem proceder ao seu exercício na aquisição ou subscrição dos valores mobiliários, sendo a notificação para a preferência feita pelo intermediário financeiro. O intermediário tem, assim, uma incumbência suplementar neste caso: deve efetuar a comunicação aos titulares do direito de preferência, para permitir o exercício deste direito.

3. *Assistência em oferta pública*

I – A autonomização da assistência como serviço auxiliar de investimento (art. 291º *e)*) foi efetuada apenas a partir do Código dos Valores Mobiliários de

Valores Mobiliários, cit., 367-370 (negando haver excesso de atribuição ao fiduciário); Helena Tapp Barroso, *Subscrição de acções através de intermediários financeiros. O caso especial da tomada firme*, cit., 277-286.

1999[1623]. Aí se inclui a prestação dos serviços necessários à preparação, ao lançamento e à execução da oferta (art. 337º, nº 1). Os deveres compreendidos nesse serviço envolvem o conselho ao oferente sobre os termos da oferta, nomeadamente no que se refere ao calendário e ao preço, e sobre o cumprimento pelos preceitos legais e regulamentares, em especial quanto à qualidade da informação transmitida (art. 337º, nº 3).

Em razão disto, a prestação deste serviço apresenta implicações ao nível da responsabilidade pelo prospeto de oferta, nos termos do art. 149º, nº 1 *g)*. Todavia, o intermediário financeiro encarregue da assistência não é qualificado como responsável pelo prospeto de admissão (art. 243º *a)*).

II – No elenco de atos em que é obrigatória a assistência, delimitado pelo nº 2 do art. 337º, não resulta claro a sua aplicação à recolha de intenções de investimento. Embora este processo não constitua uma oferta pública, deve porém considerar-se abrangida pelo âmbito do preceito, dada a sua ligação à possível futura oferta e atento o relevo da informação transmitida nesse âmbito.

4. *Gestão de carteiras*

I – A gestão de carteiras era já prevista no DL nº 229-E/88, de 4 de julho. O tema foi depois retomado pelo Código do Mercado de Valores Mobiliários, no seu art. 608º *h)*, antes do seu tratamento no atual Código dos Valores Mobiliários – na sua versão originária nos arts. 332º-336º e, a partir do DL nº 357-A/2007, de 31 de outubro, nos arts. 323º-A-323º-C e 335º-336º. De referir que, paralelamente, o 4º, nº 1 *i)* RGIC qualifica a gestão de carteiras como atividade bancária.

O regime institucional das sociedades gestoras de patrimónios, por seu turno, consta de lei especial: em causa está o DL nº 163/94, de 4 de junho.

II – A gestão de carteiras assenta num contrato[1624] celebrado entre o titular do património gerido e a entidade gestora. Atualmente, segundo o direito positivo português, a qualidade de gestora pode ser assumida por:

- sociedades gestoras de patrimónios (DL nº 163/94, de 4 de junho);
- bancos (4º, nº 1 *i)* RGIC);
- sociedades de investimento (art. 3º, nº 1 *e)* do DL nº 260/94, de 22 de outubro);

[1623] Luís Menezes Leitão, *Atividades de Intermediação e Responsabilidade dos Intermediários Financeiros*, cit., 139-142.

[1624] Para Luís Menezes Leitão, em causa está um contrato-quadro: *O Contrato de Gestão de Carteiras*, *Cadernos MVM*, nº 51 – Ensaios de Homenagem a Amadeu Ferreira Volume I (ago.-2015), 111.

- sociedades corretoras e sociedade financeira de corretagem (arts. 2º, nº 2 e 3º, nº 2 do DL nº 262/2001 de 28 de setembro, com as alterações introduzidas pelo DL nº 357-A/2007, de 31 de outubro); e por
- sociedades gestoras de fundos de investimento mobiliário (se as carteiras incluirem instrumentos financeiros enumerados na Secção C do anexo da Diretiva nº 2004/39/CE, do Parlamento Europeu e do Conselho, de 21 de abril de 2004: art. 31º, nº 4 do DL nº 252/2003, de 17 de outubro).

III – Na sua essência, esta atividade reconduz-se à gestão de instrumentos financeiros detidos pelo cliente. A celebração deste contrato não envolve qualquer efeito translativo, dado que o cliente mantém a titularidade dos instrumentos financeiros sob gestão[1625].

Neste quadro, o Supremo Tribunal de Justiça sustentou, em acórdão proferido em 11 de janeiro de 2000[1626], à luz do anterior Código, inexistir um autónomo contrato de gestão de carteiras – havendo tão-só uma atividade desenvolvida a coberto de um contrato de mandato. Trata-se, porém, de uma posição isolada, que não se tem furtado a críticas[1627]. Antes se deve entender que o contrato de gestão de carteiras assume a natureza de mandato[1628], de princípio sem representação, mas recebe aplicação de um regime com feições próprias, o que lhe confere autonomia[1629].

Trata-se de uma gestão discricionária, tendo o gestor a margem decisória para praticar as decisões de investimento adequadas à política de gestão contratualmente definida[1630]. A discricionariedade pode porém ser limitada, através de ordens vinculativas dos clientes, que a lei considera em geral admissíveis[1631],

[1625] Através de titularidade direta ou de titularidade fiduciária, como esclarece Manuel Carneiro da Frada, *Crise mundial e alteração das circunstâncias*, ROA III-IV (2009), 658-670.

[1626] Ac. STJ de 11 de janeiro de 2000 (Ribeiro Coelho), proferido no âmbito do processo nº 99A792, e disponível em www.dgsi.pt.

[1627] Para uma crítica do acórdão, cfr. Maria Miguel Rebelo Pereira, *Do Contrato de Gestão de Carteiras de Valores Mobiliários (Natureza Jurídica e Alguns Problemas de Regime)*, FDUL (2003), 35-37; Maria Vaz de Mascarenhas, *O Contrato de Gestão de Carteiras: Natureza, Conteúdo e Deveres*, *Cadernos MVM* nº 13 (2002), 117-128.

[1628] Neste sentido: Maria Vaz de Mascarenhas, *O Contrato de Gestão de Carteiras: Natureza, Conteúdo e Deveres*, cit., 122-123; Orlando Vogler Guiné, *Do Contrato de Gestão de Carteiras e do Exercício do Direito de Voto: OPA Obrigatória, Comunicação de Participação Qualificada e Imputação de Direitos de Voto*, em *Direito dos Valores Mobiliários*, Vol. VIII (2008), 153-155, 178; Tiago Correia Moreira, *O escrutínio da discricionariedade do intermediário financeiro no âmbito do contrato de gestão de carteiras*, *EH Vasco Vieira de Almeida* (2017) 153-156.

[1629] Chistoph Benicke, *Wertpapiervermögensverwaltung*, Tübingen (2006), 176-191.

[1630] Rui Pinto Duarte, *Contratos de Intermediação no Código dos Valores Mobiliários*, cit., 365-366.

[1631] A transmissão de ordens vinculativas é vedada em contratos de gestão de carteiras que garantam uma rendibilidade mínima de capital: art. 336º, nº 2 CVM.

ainda que não estejam contratualmente previstas (art. 336º, nº 1). Tais ordens devem estar submetidas aos deveres gerais de registo, gravação e arquivo.

A gestão de carteiras pode envolver[1632]:

- Subscrição, aquisição ou alienação de quaisquer valores mobiliários ou certificados de depósito;
- Aquisição, oneração ou alienação de direitos reais sobre bens imóveis, metais preciosos e mercadorias transacionadas em mercado organizado[1633];
- Celebração de contratos de opções, futuros e de outros instrumentos financeiros derivados, bem como a utilização de instrumentos do mercado monetário e cambial.

O contrato de gestão de carteiras deve incluir um catálogo dos tipos de instrumentos financeiros que podem ser adquiridos e vendidos e os tipos de operações que podem ser executadas em nome do cliente, bem como a indicação de quaisquer instrumentos ou transações que sejam proibidos[1634].

A entidade gestora assume usualmente uma obrigação de meios quanto à valorização da carteira e à rendibilidade que a gestão pode proporcionar[1635]. Em alguns casos, porém, há acordos contratuais de garantias de desempenho, que são válidos e vinculam a entidade gestora a uma rendibilidade mínima. A lei prevê-os diretamente no art. 336º, nº 2 CVM, impedindo que nestes casos haja ordens vinculativas do cliente. Neste quadro, não pode confundir-se entre, de um lado, previsões de remuneração futura e, de outro lado, obrigações de rendibilidade: estas devem decorrer, sem ambiguidade, do enunciado contratual.

IV – O regime codificado da gestão de carteiras tem vindo a sofrer uma acentuada redução da sua extensão, por contraposição ao incremento de deveres gerais de fonte europeia, nomeadamente constantes do Regulamento Delegado (UE) 2017/565 da Comissão, de 25 de abril de 2016. Atualmente, quanto aos deveres matriciais do gestor o art. 335º CVM basta-se como a indicação de que este deve promover a realização dos atos tendentes à valorização da carteira e deve exercer os direitos inerentes aos instrumentos financeiros que integram a carteira.

[1632] Art. 6º do DL nº 163/94, de 4 de junho.

[1633] O art. 6º do DL nº 163/94, de 4 de junho, ainda se refere às transacções em *bolsa*, no que deve ser objeto de uma interpretação atualista.

[1634] Art. 58º *b)* do Regulamento Delegado (UE) 2017/565 da Comissão, de 25 de abril de 2016.

[1635] Tapia Hermida, *Atuacíon y Gestión en el Mercado de Valores* (1999), 5158-5159; Luís Menezes Leitão, *O Contrato de Gestão de Carteiras, cit.*, 116-117; Tiago Correia, *O escrutínio da discricionariedade do intermediário financeiro no âmbito do contrato de gestão de carteiras, EH Vasco Vieira de Almeida* (2017) 139-194.

O objeto típico de gestão é a carteira de instrumentos financeiros, que representa uma massa patrimonial segregada, mas não um património autónomo, em sentido técnico[1636]. Assim, o elenco de deveres vale para a gestão de instrumentos financeiros[1637], ainda que a carteira integre bens de outra natureza (art. 335º, nº 2).

O ponto merece no entanto ser complementado por recurso aos dados gerais do sistema. Assim, de entre os deveres gerais dos intermediários financeiros, cabe em particular referir os deveres de adequação e os deveres de segregação patrimonial. Como assinalado, os deveres de adequação recebem aqui uma concretização mais intensa, atenta a natureza fiduciária do serviço, obrigando à recolha de informação adicional sobre situação financeira e objetivos de investimento[1638] e a não realizar transações que sejam inadequadas ao perfil do cliente[1639]. A acrescer, a gestão de carteiras implica:

- deveres de cuidado; e
- deveres de lealdade[1640].

Os deveres de cuidado orientam as decisões de investimento tomadas, em prol da maximização do património gerido, segundo a política de investimento acordada. Postulam, ainda, deveres de informação sobre a atividade de gestão desenvolvida[1641], sobre a evolução da carteira, bem como os deveres de comunicar imediatamente os pormenores dos negócios concluídos (art. 4º, nº 1 *b)* do DL nº 163/94, de 4 de junho).

Cabe referir, mais concretamente, que os clientes do serviço de gestão de carteiras devem ser informados sobre[1642]: o método e a frequência de avaliação

[1636] Henri Hovasse, *Qualification du Portefeuille de Valeurs Mobilières, Revue de Droit Bancaire et de la Bourse* nº 71 (jan/fev 1999), 1-3; Tapia Hermida, *Atuacíon y Gestión en el Mercado de Valores,* cit., 5152-5153; Fátima Gomes, *Contratos de intermediação financeira: sumário alargado,* cit., 588-589.

[1637] Não deixa de ser admissível o contrato de gestão de carteira que, ao momento da sua celebração, não inclua qualquer instrumento financeiro, desde que preveja, como seu objeto, a ulterior aquisição e gestão de instrumentos financeiros: assim, também, Luca Enriques, *Dalle attività di intermediazione mobiliare ai servizi di investimento,* cit., 1022-1023.

[1638] Esta informação, por seu turno, deve ser acrescida em caso de mudança de investimentos, de modo a propiciar uma análise de custos e benefícios decorrentes de tal mudança: art. 54º, nº 11 do Regulamento Delegado (UE) 2017/565 da Comissão, de 25 de abril de 2016.

[1639] Arts. 314º-A CVM e 54º do Regulamento Delegado (UE) 2017/565 da Comissão, de 25 de abril de 2016. Cfr. *supra*, § 23º, 15.-17.

[1640] Lise Beaudoin, *Le contrat de gestion de portefeuille de valeurs mobilières,* Cowansville (1994), 92-114.

[1641] Sobre estes, veja-se a Sentença da 5ª Vara Cível da Comarca do Porto de 4 de setembro de 2007, em *Cadernos MVM* nº 30 (agosto de 2008), 147-153, com anotação de Pedro Boullosa Gonzalez.

[1642] Art. 47º, nº 3 do Regulamento Delegado (UE) 2017/565 da Comissão, de 25 de abril de 2016.

dos instrumentos financeiros da carteira dos clientes; qualquer eventual subcontratação da gestão discricionária da totalidade ou de uma parte dos instrumentos financeiros ou dos fundos da carteira do cliente; a especificação do valor de referência face ao qual serão comparados os resultados da carteira dos clientes; os tipos de instrumentos financeiros suscetíveis de serem incluídos na carteira de clientes e os tipos de transações suscetíveis de serem realizadas sobre esses instrumentos, incluindo eventuais limites aplicáveis; os objetivos de gestão, o nível de risco que deve ser refletido no exercício, pelo gestor[1643], da sua discricionariedade e quaisquer eventuais limitações específicas a esse exercício.

Em reforço da proteção informativa do investidor, a DMIF II fixou ainda deveres de informação específicos sobre o desempenho da carteira e sobre desvalorizações dos investimentos iniciais. De um lado, devem ser enviados aos clientes relatórios periódicos (em regra trimestrais) a conter uma análise imparcial e equilibrada das atividades realizadas e do desempenho da carteira durante o período[1644]. De outro lado, são constituídos deveres de informação ad hoc sempre que ocorra uma depreciação de 10% e, seguidamente, em múltiplos de 10%, do valor global da carteira global[1645]. A aferição da depreciação é realizada em termos globais, salvo quando esteja em causa uma conta de cliente não profissional que inclua posições em instrumentos financeiros alavancados ou transações com passivos contingentes. Mesmo neste último caso, o cliente pode consentir no regime de comunicação agregada[1646].

De notar que, em termos instrumentais aos deveres informativos, os intermediários financeiros devem estabelecer um método adequado de avaliação e de comparação, nomeadamente um valor de referência relevante, baseado nos objetivos de investimento do cliente e nos tipos de instrumentos financeiros incluídos na sua carteira, de modo a permitir que o cliente possa avaliar os resultados da gestão obtidos pelo intermediário financeiro[1647]. Não pode ser transmitida informação sobre rentabilidade histórica com base em períodos inferiores a um ano[1648].

Por seu turno, os deveres de lealdade obrigam ao respeito impostergável pelos interesses do cliente[1649]. Valem aqui os deveres gerais ligados à prevenção, à

[1643] Gestor é o correspondente a "*manager*", na tradução inglesa do diploma. Neste ponto, a tradução nacional do Artigo 47º, nº 3 *e)* do Regulamento Delegado (UE) 2017/565 encontra-se errada.

[1644] Art. 60º do Regulamento Delegado (UE) 2017/565 da Comissão, de 25 de abril de 2016.

[1645] Art. 62º do Regulamento Delegado (UE) 2017/565 da Comissão, de 25 de abril de 2016.

[1646] Art. 62º nº 2 do Regulamento Delegado (UE) 2017/565 da Comissão, de 25 de abril de 2016.

[1647] Art. 44º, nº 4 *b)* do Regulamento Delegado (UE) 2017/565 da Comissão, de 25 de abril de 2016.

[1648] Art. 47º, nº 2 do Regulamento Delegado (UE) 2017/565 da Comissão, de 25 de abril de 2016.

[1649] No tocante à transmissão de ordens para transações imputáveis à carteira do cliente, v. o art. 65º do Regulamento Delegado (UE) 2017/565 da Comissão, de 25 de abril de 2016.

identificação e à gestão de conflito de interesses, à proibição de intermediação excessiva e à interdição de utilização de informação privilegiada[1650]. A acrescer, encontramos aqui deveres específicos, entre os quais os de depositar os fundos e valores mobiliários em conta bancária (art. 5º, nº 1 do DL nº 163/94, de 4 de junho), em respeito pelas regras de segregação e de segurança patrimonial.

5. *A consultoria para investimento*

I – O atual[1651] elenco legal de serviços de intermediação financeira faz referência a três tipos diferentes de consultoria:

- a consultoria para investimento (art. 290º, nº 1*f*));
- a consultoria sobre estrutura de capital, a estratégia industrial e questões conexas, bem como sobre a fusão e a aquisição de empresas (art. 291º, *d*)) e
- a consultoria genérica (incluindo aqui os estudos de investimento, a análise financeira e as recomendações genéricas, referidas no art. 290º, *c*)).

A primeira representa um serviço principal, ao passo que as demais são caracterizadas como serviços auxiliares. Além disso, apenas a primeira modalidade corresponde ao tema aqui tratado.

A qualificação da consultoria para investimento como serviço de investimento principal consiste numa das novidades da DMIF I, trazida para o direito nacional em 2007[1652].

Na base da consultoria está um contrato[1653]. E a relação entre o prestador de serviços e o cliente neste contrato é usualmente qualificada como fiduciária[1654] – dando, por isso, origem à constituição de particulares deveres de cuidado e de lealdade. Tal explica, aliás, os deveres de verificação de adequação que aqui se constituem.

[1650] Chistoph Benicke, *Wertpapiervermögensverwaltung*, cit., 519-801.

[1651] Para um útil levantamento sobre a evolução história do tratamento da consultoria: Alexandre Lucena e Vale, *Consultoria para investimento em valores mobiliários, Direito dos Valores Mobiliários*, Vol. V (2004), 349-403. Sobre o regime atual: Ana Perestrelo de Oliveira, *DMIF II e consultoria para investimento: da compliance à revisão de modelos de negócio*, em Paulo Câmara (coord.), *O Novo Direito dos Valores Mobiliários*, Coimbra, (2017), 199-215.

[1652] Considerando 3 da Diretiva nº 2004/39/CE, de 21 de abril de 2004 (DMIF).

[1653] O ponto foi colocado em dúvida pelo CESR, que no seu Parecer admitia consultoria incidental sem base contratual; mas o art. 19º, nº 7 da DMIF nega essa ideia, ao pressupor a existência de contrato: assim, Peter Mülbert, *The Eclipse of Contract Law*, in Guido Ferrarini/Klaus Hopt/ /Eddy Wymeersch, *Capital Markets in the Age of the Euro*(2002), 303-304.

[1654] R. P. Austin, *Moulding the Content of Fiduciary Duties*, in A. J. Oakley (ed.), *Trends in Contemporary Trust Law*, Clarendon Press, Oxford (1996), 156.

II – Como prioridade, cabe, neste âmbito, diferenciar a consultoria genérica (*generic advice, Beratung*) da consultoria para investimento (*investment advice, Empfehlung*) em sentido próprio.

A consultoria genérica não implica qualquer ponderação concreta da situação do cliente ou uma referência específica aos instrumentos financeiros a recomendar[1655].

A consultoria para investimento em sentido técnico, pelo contrário, assume três características principais:

- implica um conselho de investimento;
- reporta-se a instrumentos financeiros específicos; e
- supõe um aconselhamento personalizado[1656].

A consultoria, em primeiro lugar, pressupõe uma concreta indicação de investimento. Assim, a mera descrição de vantagens e desvantagens associadas a um instrumento financeiro não se qualificará como consultoria[1657].

Além disso, está-lhe subjacente um grau de concretização, que a distingue da avaliação genérica de instrumentos financeiros (por exemplo: conselhos sobre como investir em *warrants*).

Este aconselhamento personalizado, por último, define-se como sendo feito na qualidade de investidor efectivo ou potencial, apresentando-se como sendo adequado ao concreto perfil dessa pessoa[1658]. Este elemento consubstancia uma feição significativa do regime da consultoria.

Mas irreleva ao caso se o aconselhamento é feito por iniciativa do cliente ou do intermediário. A título de exemplo, o aconselhamento realizado através de meios de comunicação social não é, naturalmente, tido como personalizado[1659].

Em relação à delimitação do conceito de consultoria para investimento, a autoridade europeia dos valores mobiliários (então designada *Comittee of European Securities Regulators*, hoje designada ESMA) preconiza a aplicação de um critério com cinco testes[1660], abaixo indicados:

- Importa verificar que se está na presença de uma recomendação e não de prestação de informação;

[1655] Considerando nº 81 da Diretiva nº 2006/73/CE, de 10 de agosto de 2006.

[1656] Art. 4º, nº 1 4) da Diretiva nº 2004/39/CE, de 21 de abril de 2004 (DMIF).

[1657] Também neste sentido: CHRIS BATES, *A Practitioner's Guide to MiFID*, cit., 43.

[1658] Art. 52º da Diretiva nº 2006/73/CE, de 10 de agosto de 2006.

[1659] Considerando nº 79 da Diretiva nº 2006/73/CE, de 10 de agosto de 2006. O Considerando nº 83 assimila estas hipóteses às recomendações de investimento.

[1660] COMITTEE OF EUROPEAN SECURITIES REGULATORS, *Understanding the definition of advice under MiFID*, CESR/10-293 (19-ab.-2010), 6-ss, disponível em https://www.esma.europa.eu/sites/default/files/library/2015/11/10_293.pdf.

– Importa verificar que a recomendação incide sobre tipos específicos e individualizados de instrumentos financeiros e que não se está perante consultoria genérica;
– Importa verificar que a recomendação é apresentada como adequada para um cliente;
– Importa verificar que a comunicação foi personalizada; e
– Importa verificar que a recomendação foi feita ao cliente na capacidade de potencial investidor.

III – Esta contraposição entre consultoria e consultoria genérica comporta consequências jurídicas de monta. À consultoria genérica, enquanto serviço auxiliar, aplicam-se apenas os deveres de lealdade e de prestação de informação clara e objetiva[1661]. A consultoria para investimento, ao invés, é crivada por um acervo mais exigente de deveres de conduta, designadamente quanto à sua adequação, à frente analisados de modo mais detido.

Os deveres de conhecimento do cliente serão, nestes termos, de diferente densidade num caso e no outro.

IV – Um nexo relevante pode porém surgir entre consultoria genérica e consultoria para investimento: referimo-nos aos casos em que uma é preparatória da outra. Aí, segundo o texto preambular da Diretiva de execução, o que é preparatório deve ser tido como parte integrante da atividade principal[1662]. Apesar de em tese ser disputável a força interpretativa dos enunciados preambulares, parece certo que estas indicações merecem ser tidas em atenção na concretização aplicativa do regime da consultoria.

V – A segunda Diretiva relativa aos Mercados de Instrumentos Financeiros introduz uma nova distinção no âmbito da prestação de serviços de consultoria, ao separar a consultoria prestada numa base independente da que não é prestada numa base independente[1663].

Para a consultoria poder ser considerada como prestada numa base *independente*, deve o intermediário avaliar uma gama suficiente de instrumentos financeiros disponíveis no mercado, que devem ser suficientemente diversificados quanto ao seu tipo e emitentes ou fornecedores de produtos para garantir que os objetivos de investimento do cliente possam ser adequadamente satisfeitos e

[1661] Considerando nº 81 da Diretiva nº 2006/73/CE, de 10 de agosto de 2006.

[1662] Considerando nº 82 da Diretiva nº 2006/73/CE, de 10 de agosto de 2006.

[1663] Sofia Leite Borges, *A consultoria para o investimento e o regime dos benefícios no Código dos Valores Mobiliários e na segunda Diretiva dos Mercados de Instrumentos Financeiros (DMIF II)*, RDS nº 4 (2015).

não devem estar limitados aos instrumentos financeiros emitidos ou fornecidos pela própria empresa de investimento ou por entidades com relações estreitas ou por outras entidades com as quais a empresa de investimento tenha estreitas relações jurídicas ou económicas, como relações contratuais, suscetíveis de colocar em risco a independência do serviço de consultoria prestado[1664].

Além disso, na consultoria em base independente o prestador de serviço não pode aceitar nem auferir remunerações, comissões ou quaisquer prestações monetárias ou não monetárias pagas ou concedidas por qualquer terceiro ou por uma pessoa que atue em nome de um terceiro em relação à prestação do serviço aos clientes.

Execionam-se apenas as prestações não monetárias não significativas que possam melhorar a qualidade do serviço prestado a um cliente e de dimensão e natureza tais que não se possa considerar que prejudicam a obrigação da empresa de investimento de agir no melhor interesse do cliente, sem prejuízo do dever de informação sobre as mesmas.

A distinação entre consultoria para investimento independente e não independente corresponde, em termos de política regulatória, a uma boa ideia mal concretizada em termos legislativos. Com efeito, os requisitos da consultoria independente foram erigidos a um patamar de tal modo elevado, que se tornaram muito excecionais os casos de consultores a sssumir atuarem em termos independentes, na classificação europeia. Com isto, o regime atual abriu porta a uma trivialização da consultoria não independente, erodindo inadvertida mas decivsivamente o relevo da própria independência na prestação de serviços de consultoria.

VI – O recenseamento das pessoas habilitadas ao exercício da consultoria conclui pela existência de um quadro multifacetado.

Preliminarmente, à luz do artigo 294º, nº 4, há que ter em conta que a consultoria para investimento pode ser exercida:

a) Por intermediário financeiro autorizado a exercer essa atividade, relativamente a quaisquer instrumentos financeiros;
b) Por consultores para investimento, relativamente a valores mobiliários.

Na primeira categoria, cumpre destrinçar:

– intermediários financeiros não-especializados: bancos, sociedades gestoras de fundos de investimento;
– intermediários financeiros especializados: sociedades de consultoria para investimento.

[1664] Artigo 24º, nº 7 da Diretiva 2014/65/UE, de 15 de maio de 2014.

VII – Os consultores para investimento em valores mobiliários correspondem a uma figura doméstica consagrada ao abrigo da opção consagrada no art. 3º, nº 1 § 2º da DMIF. Não podem, como tal, beneficiar do passaporte europeu na prestação de serviços de investimento.

O interesse na consagração desta figura, que resulta como continuidade dos consultores autónomos, foi vincado no processo de consulta pública e na discussão parlamentar da proposta de Lei apresentada em 2006.

VII – Convém notar que estes consultores não podem prestar o serviço de consultoria a instrumentos financeiros que não sejam valores mobiliários.

Os consultores para investimento em valores mobiliários podem prestar o serviço de receção e transmissão de ordens, desde que a transmissão de ordens se dirija a intermediário financeiro habilitado e não recebam fundos ou valores mobiliários dos clientes (art. 294º, nº 5).

Não são intermediários financeiros, mas aplica-se-lhes as regras da intermediação financeira, com as necessárias adaptações (art. 294º, nº 6).

IX – O exercício da atividade dos consultores para investimento depende de registo na CMVM (art. 301º e Regulamento nº 2/2007 da CMVM). O registo só é concedido a pessoas singulares idóneas que demonstrem possuir qualificação e aptidão profissional, de acordo com elevados padrões de exigência, adequadas ao exercício da atividade e meios materiais suficientes, incluindo um seguro de responsabilidade civil, ou a pessoas coletivas que demonstrem respeitar exigências equivalentes.

Quando o registo for concedido a pessoas coletivas:

a) A idoneidade e os meios materiais são aferidos relativamente à pessoa coletiva, aos titulares do órgão de administração e aos colaboradores que exercem a atividade;

b) A adequação da qualificação e da aptidão profissional é aferida relativamente aos colaboradores que exercem a atividade;

c) O seguro de responsabilidade civil é exigido para cada colaborador que exerce a atividade.

X – As sociedades de consultoria de investimento encontram-se reguladas pelo DL nº 357º-B/2007, de 31 de outubro (regime das sociedades de consultoria para investimento)[1665].

[1665] Sobre o correspondente Ante-projeto, submetido à discussão pública no primeiro trimestre de 2007: Glória Teixeira/Rute Teixeira Pedro, *Sociedades de Consultoria para Investimento – Breve Nota Interpretativa*, em *Estudos em Honra do Professor Doutor José de Oliveira Ascensão* (2008), Vol. II, 1265-1274.

Estas sociedades têm como objeto exclusivo a prestação do serviço de consultoria para investimento em instrumentos financeiros e a receção e transmissão de ordens por conta de outrem relativas àquele. A sua constituição está sujeita a autorização da CMVM.

No momento da autorização de constituição, a sociedade de consultoria para investimento deve satisfazer, pelo menos, um dos seguintes requisitos patrimoniais:

a) Um capital social inicial mínimo de € 50.000, realizado à data da constituição da sociedade;
b) Um seguro de responsabilidade civil que abranja todo o território da União Europeia, ou qualquer outra garantia equivalente, que cubra as responsabilidades resultantes de negligência profissional, que represente, no mínimo, uma cobertura de € 1.000.000 por sinistro e, globalmente, € 1.500.000 para todos os sinistros que ocorram durante um ano;
c) Uma combinação de capital social inicial e de seguro de responsabilidade civil numa forma que resulte num grau de proteção equivalente ao conferido por qualquer uma das alíneas anteriores.

Com a transposição da DMIF II foram, por fim, estabelecidos deveres de bom governo a serem cumpridos pelas sociedades de consultoria para investimento (art. 6º-A do DL nº 357º-B/2007).

6. *As recomendações de investimento*

I – No âmbito da regulação dos conflitos de interesses, uma área que tem suscitado intensa discussão é a das recomendações de investimento (*investment research*)[1666] – na versão portuguesa dos diplomas europeus impropriamente traduzida por estudos de investimento.

As recomendações de investimento são entendidas como os estudos ou informações que formulem recomendações ou sugestões de investimento, ainda que sob a forma de preço-alvo (*price target*), destinados aos *media* ou ao público. O Regulamento Delegado define-as como estudos ou outras informações que recomendem ou sugiram, explicita ou implicitamente, uma estratégia de investimento relativa a um ou vários instrumentos financeiros ou aos emitentes dos mesmos, incluindo qualquer parecer quanto ao preço ou ao valor atual ou futuro desses instrumentos, destinados aos canais de distribuição ou ao público[1667].

[1666] Complementa-se aqui o tratamento feito atrás a propósito dos analistas: cfr. *supra*, § 19º, 4. Em geral, sobre este ponto: Gonçalo Castilho dos Santos, *Recomendações de Investimento em Valores Mobiliários e Conflitos de Interesses*, cit., 337-356.

[1667] Art. 36º, nº 1 do Regulamento Delegado (UE) 2017/565, da Comissão, de 25 de abril de 2016.

Distinguem-se, como tal, da atividade de consultoria, que pressupõe um aconselhamento personalizado ao cliente[1668].

II – A recomendação de investimento sujeita-se às regras gerais sobre qualidade de informação enunciadas no art. 7º CVM. Segundo este preceito, a informação deve ser completa, verdadeira, atual, clara, objetiva e lícita, o que se aplica seja qual for o meio de divulgação e ainda que a informação seja inserida em *conselho, recomendação,* mensagem publicitária ou relatório de notação de risco (art. 7º, nº 2 CVM: itálico meu).

III – Além destas indicações, o tema é, de um lado, regulado através de prescrições constantes do Regulamento de Abuso de Mercado e do Regulamento (UE) 2016/958, transpostas para o Direito interno através dos arts. 12º-A a 12º-D CVM.

Com efeito, é conhecido o risco de comunicação seletiva de informação a analistas[1669] e de conflito de interesses.

Por isso, o diploma europeu obrigou à previsão de regras sobre o conteúdo das recomendações e sobre a divulgação de conflitos de interesses, a fim de permitir uma adequada apreensão do teor das mesmas por parte dos investidores.

IV – Tais normas surgem agora complementadas através da DMIF II no tocante aos estudos de investimento elaborados por empresas de investimento. A um tempo, a emissão de recomendações de investimento foi considerada serviço auxiliar de investimento[1670] – o que faz estender as normas de conduta para as empresas de investimento que prestem estes serviços.

De entre as prescrições gerais que recebem aplicação, merece destacar as regras sobre política de conflito de interesses – em particular quanto à independência do analista – e os benefícios ilegítimos (*inducements*).

V – Convém reter ainda a existência de indicações cominadas em reforço da independência das pessoas que preparam análises de investimento. O tema encontra desenvolvido tratamento no art. 37º do Regulamento Delegado (UE) 2017/565, da Comissão, de 25 de abril de 2016.

Além da necessidade de ser adotada política de conflito de interesses e de salvaguarda de informação, devem ser acatadas as seguintes restrições: *a)* Os

[1668] Cfr. *infra*, § 24º, 5.

[1669] Ian Taylor/Simon Orton/Sarah Parkes, *Selective Disclosure by Companiesto Analysts*, JIFM (2001), 174-184.

[1670] Nº 5 da Secção B do Anexo I da DMIF II.

analistas financeiros e outras pessoas relevantes não devem realizar, exceto na qualidade de criadores de mercado agindo de boa fé e no decurso da atividade normal de criação de mercado ou no quadro da execução de uma ordem de um cliente não solicitada, transações pessoais ou em nome de qualquer outra pessoa, incluindo a empresa de investimento, sobre instrumentos financeiros com os quais os estudos de investimento se relacionem, ou sobre quaisquer instrumentos financeiros relacionados, com conhecimento da calendarização ou conteúdo prováveis desses estudos de investimento, que não estejam disponíveis publicamente ou à disposição dos clientes nem possam ser rapidamente inferidos a partir da informação que esteja assim disponível, até aos destinatários dos estudos de investimento terem tido uma possibilidade razoável de reagir aos mesmos; *b)* Em circunstâncias não abrangidas pela alínea anterior, os analistas financeiros e quaisquer outras pessoas relevantes envolvidas na elaboração de estudos de investimento não devem realizar transações pessoais sobre instrumentos financeiros com que os estudos de investimento se relacionam ou sobre quaisquer instrumentos financeiros relacionados, em infração das atuais recomendações, exceto em circunstâncias excecionais e com a autorização prévia de um membro do serviço jurídico ou da função de verificação de cumprimento da empresa; *c)* Deve existir uma separação física (*chinese walls*) entre os analistas financeiros envolvidos na elaboração dos estudos de investimento e outras pessoas relevantes cujas responsabilidades ou interesses comerciais possam entrar em conflito com os interesses de pessoas a quem são divulgados os estudos de investimento ou, quando se considerar que tal não é apropriado à dimensão e à organização da empresa e à natureza, dimensão e complexidade das suas atividades, o estabelecimento e a aplicação de barreiras de informação alternativas adequadas; d) Os intermediários financeiros, os analistas financeiros e outras pessoas relevantes envolvidas na elaboração de estudos de investimento não devem aceitar incentivos proporcionados por quem tenha um interesse significativo na matéria objeto dos estudos de investimento; e) Os intermediários financeiros, os analistas financeiros e outras pessoas relevantes envolvidas na elaboração de estudos de investimento não devem prometer aos emitentes um tratamento favorável nos estudos de investimento; f) Antes da divulgação dos estudos de investimento, os emitentes, as pessoas relevantes que não os analistas financeiros e quaisquer outras pessoas não estão autorizados a analisar um projeto de estudo de investimento para efeitos de verificação da exatidão de declarações factuais feitas nesses estudos ou para qualquer outro efeito que não seja a verificação do cumprimento das obrigações legais da empresa, caso o projeto inclua uma recomendação ou um preço-alvo.

VI – Além dos enunciados, somam-se outros problemas regulatórios usualmente associados às recomendações de investimento[1671] mas que não encontram tratamento direto na atual regulação europeia (v.g. registo dos analistas).

Conhecem-se, é certo, recomendações emitidas no âmbito europeu em 2003, na sequência de um grupo de trabalho criado pela Comissão Europeia[1672], a par de um documento da IOSCO, centrado na questão dos conflitos de interesses[1673].

A Comissão Europeia chegou a realizar um processo de consulta pública sobre a necessidade de intervenção adicional no tema dos analistas. Uma vez terminado o processo de consulta, a Comissão emitiu uma Comunicação a este propósito, referindo estar a acompanhar constantemente o assunto – mas sem que na altura necessidade de propor ou adotar adicionais medidas legislativas[1674]. A DMIF II, entretanto adotada, veio aparentemente encerrar o ciclo regulatório nesta matéria.

7. *Outras atividades prévias à decisão de investimento: a publicidade relativa a instrumentos financeiros*

I – É sabido que o enfoque do direito dos valores mobiliários é eminentemente preventivo, procurando – a título prioritário – acautelar decisões de investimento informadas. Por outro lado, sabe-se igualmente que, em virtude das usuais extensão e complexidade técnica dos prospetos de ofertas e de admissão, muitos investidores não dispõem de tempo ou de conhecimentos técnicos bastantes para se empenharem numa leitura atenta daquela peça informativa, tomando na prática as suas decisões de investimento com base nas mensagens publicitárias sobre a oferta ou a admissão que lhes são dirigidas. Na abordagem das finanças comportamentais, a publicidade opera como um atalho das decisões cognitivas dos investidores[1675].

Frise-se ainda que o regime europeu - tal como o nacional - não trata a publicidade como atividade de intermediação (art. 292º CVM)[1676] - embora substancialmente também sirvam para aproximar a oferta e a procura em instrumentos financeiros.

[1671] Para um panorama mais alargado, cfr. IOSCO, Technical Committee, Statement *of Principles for Addressing Sell-Side Securities Analyst Conflict of Interests* (2003).

[1672] http://ec.europa.eu/internal_market/securities/docs/analysts/bestpractices/report _en.pdf

[1673] IOSCO, Technical Committee, Statement of Principles for Addressing Sell-Side *Securities Analyst Conflict of Interests* (2003).

[1674] European Commission, *Investment research and financial analysis. Communication to the Council and to the European Parliament* (12-Dez.-2006).

[1675] Decision Technology (coord.), *Consumer Decision-Making in Retail Investment Services: A Behavioural Economics Perspective Final Report* (2010).

[1676] Sobre o regime pregresso, reenvia-se para José de Oliveira Ascensão, *Publicidade Enganosa e Comparativa e Produtos Financeiros, Revista da Banca* (janeiro/junho1998), 23-44.

II – Assinale-se, de antemão, que o tratamento europeu conferido à publicidade é extremamente fragmentário, repartindo-se pela Diretiva de Publicidade Enganadora (Diretiva nº 2006/114/CE), pela Diretiva de Comercialização Porta-a-Porta (Diretiva nº 85/577/CEE), pela Diretiva de Comércio Electrónico (arts. 6º a 8º da Diretiva nº 2000/31/CE) e, com maior atenção à área mobiliária, pela Diretiva de Comercialização à Distância de Serviços Financeiros (Diretiva nº 2002/65/CE), pela Diretiva dos Mercados de Instrumentos II (Considerando 111 da Diretiva nº 2014/65/UE), pelo regime dos PRIIPS (art. 4º do Regime jurídico dos pacotes de produtos de investimento de retalho e de produtos de investimento com base em seguros[1677]) e pelo art. 15º da Diretiva do Prospeto, que encerra um regime de harmonização mínima nesta matéria[1678].

III – O Código dos Valores Mobiliários contém diversas regras sobre publicidade em geral sobre valores mobiliários (arts. 7º e 366º CVM), bem como inclui regras dedicadas especialmente à publicidade respeitante a ofertas públicas (arts. 121º, 122º, 167º e 292º CVM)[1679]. À publicidade relativa a instrumentos financeiros e a atividades reguladas no Código dos Valores Mobiliários aplica-se ainda o regime geral da publicidade (art. 7º, nº 2).

O regime admite que a CMVM autorize publicidade anterior à aprovação do prospecto ou à concessão do registo (art. 122º CVM). Em todo o caso, a exigência de identificabilidade da comunicação publicitária é aqui aplicável (art. 8º Código Publicidade *ex vi* do art. 7º, nº 4 CVM).

Além disso, quanto ao conteúdo da informação contida em mensagem publicitária, obriga-se a que esta seja verdadeira, objetiva, atual, clara e lícita (art. 7º, nº 1 e art. 121º, nº 1 *a)* CVM).

Caso seja divulgado material publicitário ilegal a CMVM pode ordenar: as modificações necessárias para pôr termo à ilegalidade; a suspensão da ação publicitária; e/ou a imediata publicação pelo responsável de retificação apropriada (art. 366º, nº 2 CVM).

Finalmente, advirta-se que o regime de responsabilidade civil pela informação publicitária, por força do art. 121º, nº 3, toma por referência as regras nacionais sobre responsabilidade civil pelo prospeto (arts.149º e seguintes CVM).

[1677] Anexo II à Lei nº 35/2018, de 20 de julho.

[1678] Paulo Câmara, *A Diretiva dos Prospetos: Contexto, Conteúdo e Confronto com o Direito Positivo Nacional*, nos *EH ao Professor Doutor António Marques dos Santos*, I (2005), 1083-1114.

[1679] Cfr. sobre estas Carlos Costa Pina, *Publicidade, promoção e prospeção nos serviços financeiros*, em *Direito dos Valores Mobiliários*, Vol. IV (2003), 256-287 (269-271); Sofia Nascimento Rodrigues, *Publicidade relativa a Valores Mobiliários* Cad MVM nº 1 (2001), 95-136.

Capítulo VII
Estruturas de Negociação

§ 25º Evolução histórica das bolsas e da sua governação

1. *Percurso histórico*

I – As bolsas constituem um produto da História, pelo que não nos podemos furtar a um retrato, ainda que sumário, da trajetória dos mercados bolsistas. As nossas preocupações são limitadas: concentramo-nos nos mercados de valores mobiliários, sendo certo que à negociação de instrumentos derivados são apontadas origens mais recuadas[1680].

Pela sua importância, um relance ao percurso verificado na Holanda e em Inglaterra antecede o exame da situação nacional.

II – A Bolsa de Amesterdão é comummente considerada como a primeira bolsa a negociar regularmente valores mobiliários – tendo conquistado um largo tráfego de negociação, logo a partir de inícios do Século XVII, sobretudo em torno das ações da Companhia Holandesa das Índias Oriental (*Verenigde Oost*

[1680] Edward J. Swan, *Building the Global Market. A 4000 Year History of Derivatives*, The Hague/ /London/Boston (1999), 27-ss., encontra comprovados antecedentes dos contratos de derivados na Antiga Mesopotâmia (1750 AC). A negociação, a contado e a prazo, respeitante a mercadorias serviria de experiência basilar para o desenvolvimento ulterior dos mercados bolsistas de valores mobiliários. Sobre os primórdios da negociação bolsista na Europa, recomenda-se ainda Hanno Merkt, *Zur Entwicklung des deutschen Börsenrechts von den Anfängen bis zum Zweiten Finanzmarktförderungsgesetz*, em Klaus Hopt/Bernd Rudolph/Harald Baum (org.), *Börsenreform. Eine ökonomische, rechtsver-gleichende und rechtspolitische Untersuchung*, cit., 22-33.

Indische Compagnie, constituída em 1602) e da Companhia Holandesa das Indias Ocidental (*Verenigde West Indische Compagnie*, constituída em 1621)[1681].

Os observadores da época documentam amplamente o elevado desenvolvimento das práticas bolsistas na praça de Amsterdão, sendo já conhecidas as operações a prazo, as vendas a descoberto e os negócios diferenciais – bem como a sofisticação, já então patente, dos delitos bolsistas, nomeadamente da manipulação de mercado. É desta época o livro de JOSEPH DE LA VEGA, *Confusion de Confusiones. Dialogos Curiosos entre un Philosopho agudo, un Mercador discreto, y un Acionista erudito descriviendo el negocio de las Acciones, su origen, su ethimologia, su realidad, su juego y su enredo*, (1688)[1682]. Trata-se de uma obra pioneira e de referência na literatura mobiliária que descreve as práticas bolsistas da praça de Amesterdão através de uma sucessão de diálogos ficcionados entre um acionista, um mercador e um filósofo: o primeiro – na verdade, um *alter ego* do autor – utiliza um registo discursivo simultaneamente pedagógico e crítico quanto ao funcionamento do mercado e à atuação dos profissionais bolsistas[1683].

A necessidade de regulação tornara-se, pois, evidente. A resposta surgiu através da adoção da forma de associação pela bolsa em 1851, logrando assim organizar e regular a atividade bolsista.

Volvido mais de um século, em 1997, a bolsa adotaria a forma societária, o que lhe permitiu encetar um processo gradual de concentração empresarial: primeiro com a *European Options Exchange* (1997), depois com as bolsas de Paris e de Bruxelas (2000), assumindo a denominação de *Euronext N.V.*. A estrutura societária desenhada implica, a par daquela sociedade de direito holandês, que funciona como uma holding, a existência de subsidiárias detidas integralmente, sendo estas formalmente gestoras dos mercados locais[1684]. Logo a seguir, em 2001, a holding *Euronext N.V.* abriria o seu capital ao público, admitindo as ações da entidade gestora à negociação bolsista. O processo de concentração alargar-

[1681] PAUL ARLMAN, *What is a "Stock Exchange" in the Modern Financial System?*, in *Les Opérations Boursières en Europe: Vers un Droit Commun?*, Bruylant: Bruxelles (2002), 2-3 – situando o início de atividade bolsista no ano de 1598, num edifício dos correios; HENK DEN HEIJER, *De VOC en de Beurs/The VOC and the Exchange*, Amsterdam (2002), 30-35 e *passim*.

[1682] Consultado através de reedição da Wiley: New York et al (1998).

[1683] Apesar de alguma controvérsia em torno da nacionalidade do autor da obra, escrita originalmente em castelhano, uma corrente historiográfica sustenta tratar-se de um judeu português, pertencente à vasta comunidade de judeus emigrados em Amsterdão (assim, HERMANN KELLENBENZ, introdução à reedição de 1957 reproduzida na reedição de 1998, cit., 125-128, embora admita que a família DE LA VEGA tenha passado não apenas por Portugal mas também por Espanha; manifestando dúvidas sobre o parentesco luso, DAVID JUSTINO, *História da Bolsa de Lisboa*, Lisboa (1994), 52).

[1684] Para maiores desenvolvimentos: SANDRINE HIRSH/VANESSA MARQUETTE, *Euronext: The First Pan-European Exchange. An Overview from Creation to Completion*, JIFM nº 3 (2001), 105-112.

-se-ia ainda à Bolsa de Valores de Lisboa e Porto, através de uma oferta de troca de ações realizada em 2002: em consequência desta, os acionistas da BVLP tornaram-se titulares de participações sociais da holding e a bolsa local – depois redenominada *Euronext Lisbon* – passou a ser detida exclusivamente pela Euronext N.V.[1685]. Anos mais tarde, em virtude da integração entre a Euronext e a NYSE, ocorrida em 2007, a Euronext Lisbon passou a fazer parte do grupo NYSE Euronext. Por último, em 2013 os acionistas da NYSE Euronext aprovaram a sua aquisição pela Intercontinental Exchange (ICE). A ICE procedeu a um reagrupamento de atividade bolsista na Europa continental e admitiu à cotação em bolsa, em 2014, a sociedade daqui resultante: a Euronext, que por esse motivo readquiriu a sua autonomia.

III – Em Inglaterra, as origens do comércio bolsista remontam aos finais do Século XVII. A *Royal Exchange* entrou em funcionamento em 1558, mas os primeiros indícios de negociação organizada de valores mobiliários são seiscentistas. A partir de 1698, por iniciativa de um corretor londrino – John Castaing –, começou a ser publicada num café – o *Jonathan's Cofee House* –, com uma periodicidade bisemanal, uma lista de preços de mercadorias, moeda estrangeira e ações: um antecedente direto do atual boletim de cotações. Nesse mesmo ano, os negociantes em ações foram expulsos da *Royal Exchange*, tendo passado a centrar a sua atividade nos cafés e nas ruas circundantes.

Ao longo do século XVIII, a praça londrina afirma-se como grande centro financeiro europeu, a par de Amesterdão, tendo aumentado exponencialmente a quantidade de emitentes de ações negociáveis pelo público. O negócio dos intermediários financeiros, porém, sendo essencialmente um comércio de rua, incondicionado e incontrolado, granjeara má reputação. Por esses motivos, sentida a necessidade de encontrar esquemas de organização e de cuidar da imagem pública do negócio[1686], os intermediários bolsistas decidiram em 1761 formar, entre eles, um clube para negociar ações, que funcionou originariamente no *Jonathan's*. Em 1773, este clube passa a designar-se *The Stock Exchange*. Os interesses dos utilizadores da bolsa eram salvaguardados através de uma comissão financiada por estes – o *Committee for General Purposes* – dotada de poderes disciplinares em relação aos membros incumpridores. Este seria o embrião de um sistema de auto-regulação bolsista que viria a prolongar-se por dois séculos.

A resistência no pagamento da mensalidade ao *Committee for General Purposes* levou a que a partir de 1801, o acesso à bolsa passasse a ser regulado através de

[1685] João Soares da Silva, *Euronext – Alguns Aspetos de Enquadramento e Estrutura Jurídica, Direito dos Valores Mobiliários*, IV, Coimbra (2003), 369-375.

[1686] Stuart Banner, *Anglo-American Securities Regulation. Cultural and Political Roots, 1690-1860*, Cambridge (1998), 88-95 (95).

um processo de subscrição, renovado anualmente – processo esse que garantiria a continuidade do financiamento da estrutura bolsista e, da mesma penada, permitiria impedir a entrada de membros desonestos.

Nos anos oitenta do século XX, no rescaldo de alguns escândalos financeiros (um dos quais atingiu a própria bolsa), cresceu o cepticismo sobre a suficiência de um sistema de auto-regulação. Novas modificações ocorreram em 1986, passando a admitir-se a detenção de capital em membros do mercado por sociedades: no mesmo ano, a bolsa transforma-se em sociedade comercial de responsabilidade limitada (*private limited company*). Tal estatuto não durou muito tempo: no ano de 2000, a London Stock Exchange transforma-se numa sociedade aberta ao investimento do público (*public limited company*)[1687] cujas ações, aliás, foram admitidas à negociação bolsista em julho de 2001.

IV – Em Portugal, o surgimento de mercados organizados para a negociação de valores mobiliários é mais tardio.

Também no caso português, a sedentarização do tráfego mobiliário auxiliou o desenvolvimento da fórmula organizativa bolsista. A construção da primeira bolsa concluiu-se em 1758, tendo sido financiada por donativos de comerciantes atribuídos ao Rei, para estímulo do tráfego na sequência do grande terramoto que afectou a capital. A constituição das companhias pombalinas e a representação da dívida pública através de títulos transmissíveis serviriam de estímulos adicionais à consolidação do mercado de valores mobiliário nacional[1688].

Esta evolução não passou despercebida ao Código Comercial de Ferreira Borges (1833), que forneceu as primeiras indicações legislativas sobre as bolsas. Muito sumárias, estas pouco esclareciam sobre a sua natureza e organização, salvo quanto aos horários e à sua polícia interna, que se sujeitariam ao regulamento da administração local (arts. 97º-99º).

Importantes peças normativas do início do século XIX são os Regulamentos das Praças Comerciais e da Corporação dos Corretores de 16 de janeiro de 1837. Esses diplomas faziam repousar o epicentro do governo bolsista na Câmara dos Corretores. Esta Câmara agregava profissionais de corretagem, não apenas na

[1687] Essencial, para um retrato deste percurso, é a monumental dissertação de DAVID KYNASTON, *The City of London,* 4 Vols, London (1994, 1995, 1999, 2001). Complementese ainda com ELIZABETH HENNESSY, *Coffee House to Cyber Market,* London (2001); EDWARD J. SWAN, *Building the Global Market. A 4000 Year History of Derivatives,* cit., 151-234; MINISTÈRE DES FINANCES, *Bourses de Valeurs et Sociétés par Actions,* Paris
(1903), 393-442.

[1688] DAVID JUSTINO, *História da Bolsa de Lisboa,* cit., 53-72; RUI ULRICH, *Da Bolsa e Suas Operações,* Coimbra (1906), 95; RUI FIGUEIREDO MARCOS, *As Companhias Pombalinas Contributo para a História das Sociedades por Acções em Portugal,* Coimbra (1997) 629-ss. e *passim.*

intermediação de valores mobiliários, mas também de metais preciosos, de navios e de mercadorias. A esta eram atribuídos os seguintes deveres: o dever de vigilância sobre todos os corretores *"para que se contenham nos limites da suas funções legais"*; o dever de divulgação de preços; o dever de fiscalizar o exercício da intermediação não autorizada; e o dever de assegurar o policiamento da praça. De entre as atribuições da Câmara dos Corretores incluía-se o poder disciplinar sobre os corretores, o poder de cobrar comissões e o de dirimir conflitos entre corretores sobre aspetos profissionais.

Esta estrutura orgânica era desprovida de personalidade jurídica mas assumia claramente, neste regime, uma função decisiva. Por isso, pode considerar-se que este período corresponde ao apogeu do poder auto-regulador das bolsas.

V – O Código Comercial de 1888 retomou o tratamento codificado das bolsas: estas eram, à luz desse diploma, de entre os lugares destinados ao comércio, consideradas estabelecimentos públicos (art. 82º).

Em termos gerais, a disciplina do código e do regulamento que o complementou[1689] assenta numa distribuição tripartida de poderes entre o Governo, a associação comercial da localidade (de âmbito geral, que representava os interesses de todo o comércio local, e não apenas o bolsista) e a Câmara de Corretores. Nesta configuração, resultavam limitações ao poder auto-regulador dos corretores, organizados através da Câmara respetiva. Estas limitações eram patentes não apenas através da expressa superintendência do Governo no âmbito das bolsas, de que se destacam os poderes de autorização na constituição de bolsas e na admissão de fundos públicos estrangeiros, mas também através da outorga de relevantes poderes de administração à associação comercial.

O modelo de administração das bolsas compreendia agora duas instâncias diferentes: a administração superior das bolsas seria confiada à associação comercial – ou, na falta destas, ao secretário do tribunal do comércio; a gestão da bolsa, em matérias atinentes à admissão dos valores nacionais à negociação, era confiada a câmaras de corretores (art. 87º). A repartição de matérias era desigual: a função de organização bolsista estava, no essencial, subtraída à Câmara dos Corretores.

VI – O figurino decorrente do Código Veiga Beirão vigoraria quase um século. Como modelo transitório na substituição deste, interessa ainda referir o

[1689] O desenvolvimento do regime do Código de Veiga Beirão coube ao Regulamento das Bolsas de 8 de outubro de 1889. Mais tarde, esta disciplina sofreu modificações através do Decreto de 24 de dezembro de 1901 e do Decreto de 30 de outubro de 1903, com ajustamentos às competências da associação comercial e da Câmara de Corretores. Cfr. ADRIANO ANTHERO, *Commentario ao Codigo Commercial Portuguez*, Porto (1913), 152-165.

resultante do DL nº 8/74, de 14 de janeiro. À luz deste diploma, as bolsas eram qualificadas como instituições auxiliares de crédito. Apesar de se consagrar a sua autonomia administrativa e financeira, a estatização das bolsas atingiria aqui um ponto alto, dado que as comissões Diretivas das bolsas, presididas por um representante ministerial, eram colocadas na dependência do Ministro das Finanças, a quem cabia igualmente a aprovação do regulamento interno de cada bolsa[1690]. À Câmara dos Corretores era dada a oportunidade de participar na comissão Diretiva através do seu síndico, assumindo no mais apenas competências corporativas genéricas (praticamente destituídas da componente disciplinar) e consultivas[1691].

VII – No Código dos Mercados de Valores Mobiliários, a estrutura das bolsas sofreria nova viragem.

Uma primeira feição relevante deste regime de 1991 seria a privatização das bolsas: embora a lei mantivesse a constituição de bolsas na dependência de autorização governamental e tivesse instituído na altura uma autoridade pública de supervisão do mercado de capitais (a CMVM), determinou paralelamente que as bolsas seriam criadas e geridas por associações de direito privado[1692].

De outro lado, em termos institucionais, este regime tornaria mais clara a separação entre a bolsa e a respetiva entidade gestora: esta passou a ser uma entidade dotada de personalidade jurídica. A solução deparava-se, porém, com

[1690] Cfr., respectivamente, os arts. 1º, 4º, 5º e 10º do DL nº 8/74, de 14 de janeiro. Como se sabe, os primeiros de vigência deste diploma foram atravessados por diversas vicissitudes ligadas à suspensão dos mercados bolsistas após 25 de abril de 1974. Assim, o Regulamento Interno da Bolsa de Valores de Lisboa foi aprovado através da Portaria nº 262/74, de 10 de abril, ao passo que o Regulamento Interno da Bolsa de Valores do Porto apenas mereceu aprovação através da Portaria nº 1063/80, de 12 de dezembro.

[1691] Arts. 121º-124º do DL nº 8/74, de 14 de janeiro.

[1692] Em sentido contrário, AMADEU FERREIRA considerava que o regime do Código do Mercado de Valores Mobiliários não obstava a que outras entidades gestoras assumissem a forma de sociedade comercial (*Direito dos Valores Mobiliários*, Lisboa (1997), 99). Essa asserção, porém, parecia confundir o direito positivo com a análise *de lege ferenda* (a qual – não por acaso – se veio a revelar premonitória da solução quanto à nova forma jurídica das entidades gestoras da bolsa, dois anos mais tarde crismada no DL nº 394/99, de 13 de outubro e que tem continuação no atual regime positivo – art. 2º do DL nº 357-C/2007, de 31 de outubro). Historicamente, desde as primeiras intervenções legislativas, em Portugal sempre houve tipicidade de formas jurídicas das bolsas. Segundo o regime de 1991, a realização de operações de bolsa era reservada a associados de associações de bolsa (art. 206º, nº 2 CdMVM); assim, admitir – segundo esse regime – sociedades gestoras societárias não faria sentido porque os corretores que aí atuassem teriam antes de ser membros de uma associação (não-societária) de bolsa. Aliás, refira-se que nenhuma entidade gestora societária foi constituída ao abrigo daquele diploma.

o óbice da proibição de distribuição de dividendos (art. 248º CdMVM), que retirava incentivos à racionalização e à contenção de custos de funcionamento da bolsa.

Acresce que, em termos de técnica legislativa, há também a registar uma alteração de estilo. À imagem do Código do Mercado de Valores Mobiliários, o regime das associações de bolsa seria tratado por um amplo conjunto de preceitos (arts. 190º e 198º-263º CdMVM)[1693].

Segundo esta disciplina, o governo das associações de bolsa assentava na existência de quatro órgãos: a assembleia geral, o conselho de administração, o administrador-delegado e o conselho fiscal. Neste quadro, e como desvio significativo à matriz orgânica das associações, tem interesse sublinhar o papel importante do administrador-delegado, atentos os seus amplos poderes: competia-lhe fiscalizar a execução das operações e a atividade dos intermediários financeiros, sendo dotado de prerrogativas excecionais, que envolviam o cancelamento de negócios já efetuados, quando necessário para preservar a regularidade de negociação bolsista[1694]. O sistema manteria todavia muitos laivos juspublicistas, designadamente dispondo que das decisões do conselho de administração caberia recurso para a CMVM[1695].

VIII – Em 1999, paralelamente à aprovação do Código dos Valores Mobiliários, foi introduzida uma nova modificação ao regime das bolsas.

Em termos formais, o regime das entidades gestoras de mercados passou a ser tratado fora do Código, numa lei especialmente dedicada a estas e às entidades gestoras de sistemas de liquidação e de sistemas centralizados – o DL nº 394/99, de 13 de outubro, mais tarde substituído pelo DL nº 357-C/2007, de 31 de outubro. Duas características dos códigos aconselhavam esta solução: o seu carácter sintético e a sua estabilidade. A primeira das características apontadas dos códigos contrastava com a regulação de uma matéria que não dispensa tradicionalmente um certa pormenorização dos enunciados normativos. De outro lado, e mais importante, a intensa dinâmica que rodeia a estrutura dos mercados torna o tema muito permeável a alterações legislativas, o que dificulta, ainda que transitoriamente, a sua inserção num código.

Já em termos substanciais, a novidade maior daqui decorrente prende-se com a manutenção de uma tipicidade da forma jurídica das entidades gestoras de bolsa, passando estas agora a assumir necessariamente a forma de sociedades

[1693] Sobre este regime, recorde-se ainda Vital Moreira, *Auto-Regulação Profissional e Administração Pública*, Coimbra (1997), 87-88, 343-347.

[1694] Art. 225º, nº 1, alíneas *f)* e *g)*.

[1695] Art. 221º CdMVM.

anónimas (art. 2º do DL nº 357-C/2007, de 31 de outubro). Paralelamente, no plano terminológico, é interessante assinalar que o diploma coloca o acento tónico na gestão de mercados regulamentados – omitindo na totalidade as referências diretas às bolsas.

A par desta disciplina, o Código dos Valores Mobiliários mostraria além disso a superação do conceito de bolsa como espaço físico – antes vigente no Código Comercial. Se no passado a aceção da bolsa como local serviu para consolidar a sua organização e o seu desenvolvimento, com a evolução tecnológica e os desafios da internacionalização bolsista, tal deixou de ser assim. Os reflexos normativos desta evolução processaram-se gradualmente, em duas fases. Na sua versão originária, o Código definiu os mercados de valores mobiliários como "qualquer espaço *ou organização* em que se admite a negociação de valores mobiliários por um conjunto indeterminado de pessoas atuando por conta própria ou através de mandatário[1696]. Desde a transposição da DMIF I (2007), o conceito de mercado regulamentado e de sistema de negociação multilateral passou a assentar no elemento definitório, ainda mais evanescente, de "sistema" que posibilita a celebração de contratos[1697]. A DMIF II confirmaria esta tendência no tratamento conferido aos sistemas de negociação organizados (OTF: art. 200º-A CVM). Em definitivo fecho de ciclo, a referência espacial para caracterização do mercado bolsista foi inteiramente suprimida.

2. *Vocação funcional e empresarialidade das entidades gestoras de bolsas*

I – O significado da evolução acabada de descrever é mais facilmente alcançado se confrontarmos a atual estrutura das bolsas com o seu perfil funcional.

Em primeiro lugar, revela-se aqui uma mudança de perspetiva que deve ser assinalada. Desde 1974 que se assiste a um movimento de gradual acentuação da natureza privatística das bolsas e da sua regulação, com uma progressiva libertação dos condicionamentos juspublicistas em torno da sua atividade.

Além disso, a natureza das bolsas sofreu de igual modo uma evolução apreciável. No Código Comercial, as bolsas eram encaradas como *lugar para o comércio,* do que resultava a qualificação como comercial dos atos aí praticados (art. 351º Cód.Com). Agora, como vimos, o conceito de mercado prescinde de localização física – o que se explica pela aceleração tecnológica e pela crescente informatização das plataformas de negociação: o contato pessoal entre intermediários torna-se dispensável, os *floors* de negociação vão progressivamente caindo em desuso e prevalece a negociação automática. Além disso, a lei distingue sem

[1696] Art. 198º, nº 1 CVM.

[1697] Arts. 199º e 200º CVM. Cfr. ainda sobre o assunto § 17º e § 26º, 3. e 4.

ambiguidade o mercado de bolsa e a respetiva entidade gestora: e esta, ao assumir necessariamente a forma de sociedade comercial, *passa a ser qualificada como comerciante.*

II – Ainda a este propósito, deve merecer atenção suplementar a contraposição entre a bolsa e a respetiva entidade gestora[1698]. Com efeito, a sociedade gestora pode gerir vários mercados de bolsa, nos termos do art. 2º, *a)* do DL nº 349/99, de 13 de outubro. A bolsa, por seu turno, como mercado, não implica qualquer elemento de direcção; traduz uma organização de coisas corpóreas e incorpóreas para a negociação de valores mobiliários e a prestação de serviços acessórios; a sua aptidão para atrair clientela (embora intermediada) é manifesta; e não é pessoa jurídica, sendo a sua gestão confiada a uma entidade gestora. E, embora a lei não se lhe refira, deve aceitar-se a transmissão da titularidade de mercados bolsistas. Percebe-se assim que as bolsas oferecem um exemplo claro da distinção, ainda sujeita a debate entre nós, entre empresa e estabelecimento. As bolsas são estabelecimentos comerciais; as entidades gestoras são, pelo contrário, empresas.

A partir daqui, fica mais claro que os problemas de governação de que nos ocupamos prendem-se com a entidade gestora da bolsa e não com o objeto da sua gestão.

III – Apesar de ser empresa e de lhe subjazer uma finalidade lucrativa – como sociedade comercial –, a entidade gestora de bolsa desempenha funções centrais no mercado de valores mobiliários[1699].

Com efeito, e em primeira linha, a bolsa presta serviços de negociação do mercado (art. 220º), que incluem a disponibilização de meios necessários para o encaminhamento de ordens (*order routing*), para a comparação de ordens (*order*

[1698] Esta contraposição encontra reflexo na distinção, esboçada nomeadamente por Guido Ferrarini, entre *"exchanges as firms"* e *"exchanges as markets"* (do autor: *Stock Exchange Governance in the European Union,* in Morten Balling/Elizabeth Hennessy/Richard O'Brien, *Corporate Governance, Financial Markets and Global Convergence,* Kluwer: Dordrecht/Boston/London (1998), 139-160; Id., *Il governo delle borse dell'Unione Europea,* in Guido Alpa et al (org.), *Analisi Economica del Diritto Privato,* 405-426; Id., *The European Regulations of Stock Exchanges: New Perspectives, Common Market LR* 36 (1999), 570). Previna-se que o quadro conceptual na Alemanha é mais complexo, devido à contraposição entre a gestão feita pela entidade pública de capacidade de exercício limitada (*Börsenveranstalter*) e pelo operador privado (*Börsenträger*) (sobre estas singularidades, cfr. nomeadamente Harald Baum , *Changes in Ownership, Governance and Regulation of Stock Exchanges in Germany: Path Dependence Progress and an Unfinished Agenda,* cit., 688-690).

[1699] Jonathan Macey/Hideki Kanda, *The Stock Exchange as a Firm: The Emergence of Close Substitutes for the New York and Tokyo Stock Exchanges, Cornell LR* 75 (1990), 1007-1024; Guido Ferrarini, *Stock Exchange Governance in the European Union,* cit., 139-140.

matching) e para a execução de ordens. A prestação destes serviços assenta numa rede de contratos direccionada principalmente em dois sentidos: relações contratuais estabelecidas com os intermediários que são membros do mercado, de um lado e, usualmente, relações contratuais com os emitentes[1700], de outro lado. Esta prestação de serviços de negociação implica designadamente que a bolsa assuma a seu cargo obrigações ligadas à divulgação informativa dos preços e à promoção das empresas emitentes dos valores mobiliários aí admitidos. O Código em muitos pontos eleva estes deveres à condição de deveres legais (arts. 222º, 223º). De resto, a prestação de serviços de informação usualmente contribui em termos apreciáveis para as receitas das bolsas.

IV – Uma análise de governação pressupõe sempre, em termos prévios, um recenseamento do sistema de poderes subjacente. Ora, o objeto dos mercados mobiliários conduz à atribuição de relevantes poderes às respetivas entidades gestoras. Pode distinguir-se aqui:

- poderes de supervisão; e
- poderes de regulação.

Os poderes de supervisão prendem-se com o acompanhamento permanente da negociação do mercado e têm como corolário poderes de inspecção, de suspensão e de exclusão de instrumentos financeiros.

Os poderes de regulação têm, por seu turno, três principais áreas de incidência: as condições de admissão dos valores mobiliários; a admissão dos membros do mercado; e as regras de negociação.

Cabe chamar a atenção para o facto de que, no âmbito da admissão, a entidade gestora do mercado se preocupa em fixar critérios de eligibilidade dos valores mobiliários e de consagrar exigências de informação correspondentes. Aliás, entre nós o poder das bolsas neste domínio foi consideravelmente ampliado com a nova redação do art. 230º CVM conferida pelo DL nº 66/2004, de 24 de março. Com esta modificação legislativa, os requisitos de admissão de ações e de obrigações, decorrentes de fonte europeia[1701], passam a ser enunciados no Código (arts. 228º e 229º) – e as entidades gestoras de bolsas passaram a estabelecer, segundo o seu critério, os requisitos de admissão dos outros valores mobiliários. Trata-se de um alargamento da autonomia das entidades gestoras que se mostra congruente com a sua natureza empresarial e com a necessidade

[1700] Dizemos usualmente, na medida em que há casos de admissão independente de requerimento da sociedade emitente (nº 2 do art. 205º CVM e arts. 14º nº 6 e 40º nº 5 da Diretiva nº 2004/39/ /CE, de 21 de abril de 2004, sobre Mercados em Instrumentos Financeiros): cfr. *infra*, § 26º, 5.

[1701] Arts. 42º-ss. Diretiva 2001/34/CE, de 28 de maio de 2001 e 51º DMIF II.

de se lhe conferir alguma flexibilidade decisória em matérias sensíveis do ponto da sua competitividade.

Interessa ainda notar que, no âmbito das exigências de admissão de valores mobiliários, é usual deparar com deveres ligados às práticas de mercado primário[1702] ou ao governo das sociedades emitentes formulados pelas bolsas. Tal não foi o caso da bolsa portuguesa que nunca revelou particular empenho quanto a esta matéria – mas o mesmo não sucedeu em outras bolsas[1703].

V – As regras fixadas pelas entidades gestoras de bolsa nas três áreas mencionadas merecem o escrutínio prévio da autoridade de supervisão: a lei sujeita-as a comunicação à CMVM, em assuntos operacionais, ou a registo na Comissão quando em causa esteja o controlo da respetiva legalidade (arts. 209º, n.os 3 e 4 e 372º, nº 2 CVM).

Vistos no seu conjunto, estes poderes de supervisão e de regulação são atribuídos a um sujeito de direito privado e colhem a sua justificação por imperativos de interesse público, ligados ao risco sistémico que rodeia a atividade bolsista, mas também por motivos de interesse privado, ligados à defesa da reputação da bolsa.

O exercício de funções de interesse público por entidades privadas não deve causar estranheza no âmbito do direito dos valores mobiliários, já que não ocorre apenas em relação às bolsas. Os auditores e as sociedades de notação de risco, a título de exemplo, desempenham funções neste ponto similares[1704].

VI – Na construção jurídica sobre esta matéria, ocupa lugar central a questão de saber se os poderes das bolsas configuram posições jurídicas de direito privado ou de direito público: no primeiro caso, tratar-se-ia de poderes-deveres (ou poderes funcionais) privados; a ser correta a segunda configuração, estaríamos perante atribuições de direito administrativo.

O entendimento tradicional na Europa Continental assinala natureza pública ao sistema de poderes da bolsa. Tal acontece por razões históricas, perceptíveis a partir da exposição antecedente, dada a funda intervenção do Estado

[1702] Uma ilustração é-nos apresentada por MICHAEL SCHLITT/PHILIP D. SMITH/THOMAS WERLEN, *Die Going-Public Grundsätze der Deutsche Börse AG*, AG (2002), 478-489.

[1703] A documentá-lo, reenvia-se para as regras da *New York Stock Exchange*, aprovadas ao abrigo do *Sarbanes-Oxley Act* (*Section 303 A Corporate Governance Rules*, fazendo parte do *NYSE's Listed Company Manual*, e acessíveis para consulta em http:// www.nyse.com/pdfs/section303A final rules. pdf) e também, no sistema jurídico transalpino, o *Codice di Autodisciplina della Borsa Italiana* (sobre o qual se pode consultar MICHELE DE MARI, *La Quotazione di Azione nei Mercati Regolamentati: Profili Negoziale e Rilieno Organizzativo*, Torino (2004), 112-118).

[1704] Cfr. *supra*, § 19º.

exercida durante um longo período temporal em relação a esses poderes bolsistas – o que entre nós, como se viu, teve a máxima expressão nos tempos em que a bolsa era dirigida por uma comissão dependente do Ministério das Finanças[1705]. Do ponto de vista cultural, essa leitura juspublicista mostrar-se-ia dificilmente superável, criando dependências dogmáticas (*path dependence*), mesmo quando os dados de direito positivo iam sofrendo modificações apreciáveis. Nesta linha, em Portugal ainda se vislumbrava no regime de 1991 a atribuição às bolsas do estatuto de "*delegatários de funções públicas*"[1706].

Tal tese, todavia, não resiste perante o atual direito positivo. Hoje cabe afirmar sem tibiezas que, entre nós, o leque de poderes funcionais bolsistas se situa na área do direito privado – e não do direito público. A comprovação deste ponto supõe um esclarecimento sobre a base de legitimação dos mencionados poderes. Importa, a esse respeito, aferir se existem casos de admissão forçada em bolsa, à revelia da vontade da sociedade gestora. Ora, perante o Código dos Valores Mobiliários, a designada admissão oficiosa foi abolida, passando todas as admissões – mesmo de valores mobiliários emitidos pelo Estado – a serem decididas pela bolsa, na base de um prévio pedido de admissão[1707]. Repise-se, assim, que o fundamento dos poderes atribuídos à sociedade gestora de bolsa emerge de uma teia de relações contratuais – *maxime*, do contrato de admissão celebrado entre a sociedade gestora e os emitentes que livremente aceitem submeter-se aos poderes bolsistas. A legitimação contratual dos poderes da sociedade gestora de bolsa denuncia, de modo indelével, a sua natureza privada. Aliás, a visão contrária não captaria, na sua exacta extensão, a problemática da constelação de conflitos de interesses que, como adiante melhor se verá, constitui o cerne da análise sobre a governação das empresas bolsistas[1708].

Os ténues indícios publicistas ainda persistentes na lei – de resto, severamente diminuídos pelo DL nº 357-C/2007, de 31 de outubro – não são suficientes para desmentir o que acaba de se referir. A decisão de admissão pertence em exclusivo à entidade gestora de bolsa – apesar de a CMVM poder promover a suspensão ou exclusão dos valores admitidos (214º, nº1)[1709]. Recorde-se, a propósito, que os arts. 228º a 230º CVM tornam livre a fixação de critérios adicionais de admissão aos que a lei prevê para ações e obrigações, sendo irrestrita a autonomia da bolsa para determinar critérios de admissão em outros valores mobiliários. É insustentável, por isso, vislumbrar nesse caso um prolongamento do exercício dos poderes públicos da autoridade de supervisão.

[1705] Cfr. *supra*, § 25º, 1. V-VII.

[1706] VITAL MOREIRA, *Auto-Regulação Profissional e Administração Pública*, cit., 342-343.

[1707] Art. 205º, nº 1 CVM.

[1708] Cfr. *infra*, § 25º, 3. e 4.

[1709] À CMVM compete ainda a aprovação do prospeto de admissão (art. 236º).

Frise-se que os poderes bolsistas, assumindo natureza disciplinar, entre nós não são objeto de uma transferência para as bolsas pelas autoridades públicas. As competências públicas de supervisão das autoridades administrativas, de seu lado, mantêm-se intatas. Um dos exemplos mais claros do que acaba de ser dito relaciona-se com os deveres de defesa de mercado, que se impõem às bolsas, mas não deixam de se impor igualmente à CMVM e até aos intermediários financeiros[1710]. Por isso, de modo algum se divisa aqui uma delegação, expressa ou tácita, de poderes públicos[1711].

Não pode perder-se de vista o essencial: mesmo que, fundados na autonomia da vontade, sejam conferidos poderes enérgicos às bolsas, tais como a suspensão e a exclusão de valores mobiliários, a sua raiz jus-privada não merece questionamento[1712]. A intensidade de um poder jurídico não é critério para ajuizar da sua natureza privatística ou publicística: decisivo é antes determinar se esse poder surge como manifestação de uma hetero-regulação (*jus imperii*) ou de uma auto-vinculação[1713]. E a presença, já assinalada, de interesses públicos na

[1710] Cfr. art. 311º CVM e o art. 43º, nº 2 da Diretiva de Mercados de Instrumentos Financeiros.

[1711] Tão-pouco são transponíveis para o direito português as conclusões extraídas na Alemanha sobre a questão, aliás muito debatida, da natureza das bolsas, porquanto aí a posição dominante – perante os dados positivos vigentes – é a de qualificar as bolsas como estabelecimentos de direito público. Lembre-se, nomeadamente, a distinção entre *Börsenveranstalter* (de natureza pública) e *Börsenträger*, já atrás aflorada (cfr. *supra*, n. 35). Além disso, no seio das bolsas alemãs funciona uma comissão pública para decidir a admissão de valores mobiliários (*Zulassungsstelle*). O quadro normativo conducente a esta qualificação é objeto de críticas vigorosas por uma parte representativa da doutrina. Cfr. Klaus Hopt/Harald Baum, *Börsenrechtsreform in Deutschland*, in Klaus Hopt/Bernd Rudolph/Harald Baum (org.), *Börsenreform. Eine ökonomische, rechtsvergleichende und rechtspolitische Untersuchung*, cit., 401; Heiko Beck, anotação 8 ao § 1 BörsG, in E. Schwark (org.), *Kapitalmarktrechtskommentar*³, München (2004), 26; Carsten Peter Claussen, *Bank- und Börsenrecht* (1996), 286-287; Rüdiger Von Rosen, in Heinz-Dieter Assmann/Rolf Schütze, *Handbuch des Kapitalanlagerechts*² (1997), 61-62; Harald Baum, *Changes in Ownership, Governance and Regulation of Stock Exchanges in Germany: Path Dependence Progress and an Unfinished Agenda*, cit., 690- 694; Horst Hammen, *Börsenorganisationsrecht im Wandel*, AG 11/2001 (2001), 549-554 (551-552); Petra Buck-Heeb, *Kapitalmarktrecht*⁹, cit., 24-25.

[1712] Uma aplicação do exposto, quanto à natureza das certidões emitidas pelas entidades gestoras, pode consultar-se no Acórdão do Supremo Tribunal de Justiça (Salvador Costa), de 18 de novembro de 2008, disponível em www.dgsi.pt

[1713] Em sentido contrário, veja-se Carlos Ferreira de Almeida, *O Código dos Valores Mobiliários e o Sistema Jurídico, Cadernos MVM*nº 7 (2000), 31-34, considerando que a presença de alguns "actos autoritários" das bolsas, tais como a suspensão e a exclusão de valores mobiliários, obriga à defesa de uma tese compromissória, baseada na natureza híbrida dos instrumentos auto-regulamentadores das entidades gestoras de mercados, devendo – na opinião do autor – fazer-se aplicação analógica do regime contratual ou administrativo, consoante a maior proximidade que no caso se verificasse. Lembre-se, porém, que no que respeita aos exemplos apresentados esta tese revela-se afinal desnecessária no plano aplicativo, porquanto a própria Lei das Entidades Gestoras obriga à

boa execução do programa contratual não lhe confere natureza jus-publicística: decisivo é, isso sim, a autonomia da vontade como base da celebração do contrato de admissão de valores mobiliários em bolsa.

VII – Ocorre ainda mencionar que as bolsas vivem num ambiente concorrencial muito aceso. Com efeito, embora durante séculos tenham atuado em regime de monopólio ou de oligopólio, atualmente, a sua atividade é desenvolvida em ambiente de concorrência perante:

– outras bolsas;
– sistemas multilaterais de negociação multilaterais e sistemas organizados de negociação;
– intermediários financeiros.

A concorrência entre bolsas funda-se basicamente na liberdade que cada emitente tem de escolher a bolsa em que os valores mobiliários se negoceiam – seja esta bolsa nacional ou estrangeira e, no caso de admissão a bolsa estrangeira, quer através de cotação direta quer através de cotação de certificados de depósito de valores mobiliários (*depositary receipts*)[1714]. Dada a essencialidade das comissões cobradas pelas operações bolsistas, as bolsas desenvolvem um esforço intenso para apresentarem cada vez maiores volumes de negociação[1715]. Fala-se por isso em *mercado de mercados*[1716].

As bolsas concorrem igualmente com os sistemas multilaterais de negociação e com os sistemas organizados de negociação – cujo desenvolvimento tem sido exponencial graças em larga medida à utilização de tecnologia baseada na Internet[1717]. Estas plataformas são caracterizadas como sistemas multilaterais vocacionados para promover encontros de ordens de compra e de venda[1718]. A sua

aplicação de regras do Código de Procedimento Administrativo aos processos de suspensão e de exclusão (art. 14º, nº 1).

[1714] Bernd Rudolph/Heiver Röhrl, *Grundfragen der Börsenorganisation aus ökonomischer Sicht,* in Klaus Hopt/Bernd Rudolph/Harald Baum (org.), *Börsenreform. Eine ökonomische, rechtsvergleichende und rechtspolitische Untersuchung,* 222-256, 281-284; John Coffee Jr., *Racing towards the Top? The impact of cross-listing and stock market competition on international corporate governance,* http://ssrn.com (2002), *per totum.* Sobre esta figura, cfr. *supra,* § 8º, 7.

[1715] Reeva Aggarwal, *Demutualization and Corporate Governance of Stock Exchanges, Journal of Applied Corporate Finance* (Spring 2002), 105.

[1716] Para uma boa descrição deste mercado na Europa: Stefav Prigge, *Developments in Market for Markets for Financial Instruments,* cit., 47-85.

[1717] Harald Baum, *Changes in Ownership, Governance and Regulation of Stock Exchanges in Germany: Path Dependence Progress and an Unfinished Agenda,* cit., 680-681. Cfr. *infra,* § 26º, 1.-3.

[1718] Cfr. arts. 4º, nº 1 (15), 14º, 26º, 29º e 30º da Diretiva 2004/39/CE, de 21 de abril de 2004, e, sobre os antecedentes deste regime, CESR, *Standards for Alternative Trading Systems,* CESR/02-086b (2002).

afinidade funcional com as bolsas é, pois, manifesta. Porém, não se tratando de mercados regulamentados, estes sistemas são sujeitos a exigências menos severas, designadamente em termos de exigências de prestação de informação e de critérios de eligibilidade dos valores a admitir – o que lhes confere uma grande capacidade para atrair emitentes, sobretudo os que não têm acesso aos mercados principais.

A concorrência das bolsas com os intermediários financeiros assume características de especial complexidade e ambivalência, em particular em sistemas financeiros com forte peso do setor bancário, como é caso do português[1719]. Tal concorrência, aliás, ver-se-á exponencialmente aumentada quando for transposta para a ordem jurídica interna a Diretiva dos Mercados de Instrumentos Financeiros, ao suprimir o princípio de concentração da execução de ordens em mercado regulamentado, permitindo a internalização sistemática de ordens – isto é, a sistemática execução das ordens dos clientes fora de mercado[1720].

Acentue-se, ainda, que a concorrência sentida pelas bolsas não conhece limites territoriais, antes assumindo natureza internacional. A justificá-lo aponta-se sobretudo, no plano infra-jurídico, o progresso tecnológico nas telecomunicações e na informática – a facilitar uma rápida execução de ordens de bolsa por parte de investidores estrangeiros e a estimular as alianças entre bolsas – e, no plano jurídico, as permissões concedidas aos intermediários financeiros de atuação em mercados estrangeiros[1721]. Essas permissões, aliás, no âmbito europeu, com a nova Diretiva dos Mercados de Instrumentos Financeiros, adicionar-se-ão às permissões concedidas aos mercados regulamentados de atuar em outros Estados-membros e de entrar em acordos com os sistemas de liquidação e compensação locais[1722].

VIII – Em virtude do exposto, é um dado adquirido que as bolsas atuam hoje num contexto de mercado. Há decorrências jurídicas desta situação: as bolsas colocam-se, por conseguinte, sob a alçada, não apenas do direito dos valores

[1719] Ruben Lee, *What is an Exchange? The Automation, Management, and Regulation of Financial Markets*, cit., 57-61.

[1720] Cfr. art. 4º, nº 1 (7) e 27º da Diretiva 2004/39/CE e, para o enquadramento da matéria no âmbito das inovações trazidas por esta Diretiva, Rafaela Rocha, *Da DSI à Diretiva dos Mercados de Instrumentos Financeiros: Principais Inovações, Cadernos MVM* nº 18 (2004) 87-91. Quanto ao respetivo desenvolvimento comitológico, consulte-se CESR, *Draft Technical Advice on Possible Implementing Measures of the Directive 2004/39/CE on Markets in Financial Instruments*, CESR/04-562 (2004), 61-74. O tratamento normativo da internalização sistemática de ordens foi inaugurado entre nós através do nº 3 do art. 210º CVM introduzido através do DL nº 66/2004, de 24 de março.

[1721] Arts. 31º-33º da Diretiva nº 2004/39/CE, de 21 de abril de 2004.

[1722] Art. 46º da Diretiva nº 2004/39/CE, de 21 de abril de 2004.

mobiliários, mas também do direito da concorrência relativamente aos serviços que prestam[1723].

A aplicação das regras de sã concorrência à prestação de serviços bolsistas ganhou, aliás, renovada atualidade com os recentes movimentos de concentração nas plataformas bolsistas europeias[1724].

Deste ponto de vista, deteta-se aqui um movimento cíclico que merece ser assinalado. Nos anos setenta do século XX, ao longo do tempo de preparação da primeira Diretiva comunitária sobre admissão à cotação em bolsa, proliferavam na Europa as bolsas que operavam em regime de monopólio. Por esse motivo, a preocupação primordial da Diretiva nº 79/279 (mais tarde codificada na Diretiva nº 2001/34/CE) foi a de prevenir abusos de posição dominante por parte das bolsas: daí a origem do conceito de "mercado de cotações oficiais"[1725]. O ulterior desenvolvimento dos mercados bolsistas em habitat concorrencial, sobretudo a partir de meados dos anos oitenta, originou um coro de críticas às regras da Diretiva 2001/34/CE sobre admissão e, em particular, ao conceito de mercado de cotações oficiais *("official list")*, com ressonância excessivamente estatizante ou monopolista[1726]. Sucede, porém, que a recente maré de concentrações de sociedades gestoras de bolsas conduz, de novo, ao recrudescimento de preocupações de ordem concorrencial, dada a possibilidade e a perigosidade de criação de monopólios bolsistas – desta feita até em escala transnacional.

IX – O aparecimento de uma diversidade de formas de estruturação dos sistemas de negociação multilaterais além de, em termos infra-jurídicos, estimular a concorrência com as bolsas, conduz de igual modo a questionar as características das bolsas e a fazer com que o conceito perca nitidez[1727].

[1723] Cfr. a propósito, entre nós, a decisão da CONSELHO DA CONCORRÊNCIA, *Práticas restritivas da concorrência por parte da ABVL com fundamento em utilização abusiva da informação bolsista* (22.02.2001), com um interessante voto de vencido de MIGUEL MOURA E SILVA. Um episódio ilustrativo mais recente prende-se com a abertura, em 2011, de uma investigação aprofundada pela Comissão Europeia quanto ao projeto de fusão entre a Deutsche Börse e a NYSE Euronext – dado os riscos alegadamente apresentados ao ambiente de concorrência, seja na fixação de custos de transação bolsistas, seja na prestação de serviços de liquidação e compensação.

[1724] NIS JUL CLAUSEN/KARTEN ENGSIG SØRENSEN, *Competition and Co-operation between Stock Exchanges in Europe – Legal Aspects and Challenges,* EBOR 3 (2003), 371-402 (382-387, 391-400).

[1725] GUIDO FERRARINI, *Ammissione alla quotazione e ammissione alle negoziazioni: significato e utilità di una distinzione,* CEDIF Working Paper n. 3 (2002), 3-9 (7-8); Id., *The European Regulations of Stock Exchanges: New Perspectives,* cit., 573-575.

[1726] Cfr. *infra,* § 26º, 4. II.

[1727] Em resposta a esta questão: RUBEN LEE, *What is an Exchange? The Automation, Management, and Regulation of Financial Markets,* cit., 279-316 e *passim* (sem preocupações dogmáticas, dada a formação não-jurídica do autor); JEAN-BAPTISTE ZUFFEREY/MARGARET TSCHANZ-NORTON, *Regulation of*

Este tópico mostra particular interesse perante o sistema jurídico nacional. Como se sabe, à luz do Código dos Valores Mobiliários as bolsas são mercados de valores mobiliários que se caracterizam por dois traços fundamentais. A bolsa constitui, de um lado, um tipo de *mercado secundário* – noção que o novo Código já não utiliza mas que continua a ser útil, reportando-se ao facto de aí se transacionarem valores mobiliários já emitidos. Por outro lado, as bolsas são mercados regulamentados[1728]; o mercado de bolsa é, aliás, o mercado regulamentado paradigmático.

Ora, uma das características principais das recentes Diretivas consiste em centrarem-se no conceito de mercado regulamentado e não no de bolsa. O caso mais emblemático é o da DMIF II, que toma igualmente como referência o conceito de mercado regulamentado, impondo diversas exigências de funcionamento (arts. 36º, 44º-56º). Outros diplomas legislativos europeus seguem o mesmo caminho: no Regulamento sobre Abuso de Mercado, o dever de informar sobre informação privilegiada estende-se a todos os emitentes de valores negociados em mercados regulamentados (art. 17º); a Diretiva nº 2003/71/CE sobre Prospetos cuida do prospeto de admissão em mercado regulamentado[1729]; a Diretiva nº 2004/109/CE, da Transparência, fixa os deveres de entidades emitentes admitidas à negociação em mercado regulamentado; e a Diretiva nº 2004/25/CE, sobre OPAs, também exige a prestação de informação por parte das sociedades com ações admitidas à negociação em mercado regulamentado (art. 10º).

Estes motivos – infra-jurídicos e jurídicos – conduzem a um declínio na utilização do conceito de bolsa.

3. *Titularidade de participações sociais*

I – O sumário levantamento histórico efetuado permitiu concluir que a estrutura tradicional das bolsas assentava em formas associativas sem escopo lucrativo. Foi igualmente verificado que se vindo a assistir a um processo gradual

Trading Systems on Financial Markets, London (1997), 171-204 – que indicam como elementos caracterizadores das bolsas a presença de membros, a existência de serviços de informação, a centralização de ordens, a par da capacidade de fixar preços para valores mobiliários e de executar transacções; Klaus Hopt/Harald Baum, *Börsenrechtsreform in Deutschland*, cit., 377-391. Refira-se igualmente Paul Arlman, *What is a "Stock Exchange" in the Modern Financial System?*, cit., 2-10 (9).

1728 A Diretiva europeia sobre admissão trata o mercado de bolsa como um dos mercados regulamentados: cfr. art. 43º, nº 3 da Diretiva 2001/34/CE do Parlamento Europeu e do Conselho, de 28 de maio de 2001, relativa à admissão de valores mobiliários à cotação oficial de uma bolsa de valores e à informação a publicar sobre esses valores (ainda em vigor). No início do século, porém, o enfoque europeu incidia sobre as bolsas, relegando para a margem outros mercados regulamentados.

1729 Paulo Câmara, *A Diretiva dos Prospetos: Contexto, Conteúdo e Confronto com o Direito Positivo Nacional*, nos *EH ao Professor Doutor António Marques dos Santos*.

de adoção de forma societária pelas bolsas[1730]. Esta evolução conduz a que a análise da estrutura de propriedade dos mercados bolsistas seja agora realizada sobretudo no âmbito de quadros societários que são familiares à ciência da governação societária em geral.

A este processo de transição de formas organizativas não lucrativas para a forma de sociedade anónima usa designar-se *desmutualização das bolsas*. Embora muito utilizado, o termo é em alguma medida impróprio, porquanto em muitos casos a forma jurídica pregressa não é a de uma cooperativa em sentido técnico, mas a de uma associação[1731]. Assim sucedeu, como vimos, no sistema jurídico nacional[1732].

Para assentar as bases terminológicas da exposição subsequente, nota-se que se pode falar de desmutualização em duas acepções distintas:

- Em sentido amplo, a expressão designa a adoção de forma societária e de titularidade privada;
- Em sentido restrito, o termo reporta-se à dispersão do capital social, de forma a permitir a sua detenção pelos investidores e, em consequência, a facilitar a segregação entre as posições de acionista, de gestor da sociedade e de profissional interveniente no mercado.

II – Mostra-se útil recorrer à análise económica como elemento auxiliar nesta sede, no apuramento e no saldo dos custos e dos benefícios inerentes aos processos de desmutualização.

Nesse plano, os estudos económicos revelam que as bolsas desmutualizadas têm maior tendência para realizar inovações que aumentam a qualidade dos serviços mobiliários prestados[1733]. Conhecem-se também análises empíricas que documentam uma maior eficiência das bolsas com estrutura societária[1735].

[1730] Cfr. *supra*, § 25º, 1.

[1731] Ruben Lee assenta numa tipologia tripartida de formas jurídicas das bolsas (*non-profit, consumer cooperative, for -profit*) (*What is an Exchange? The Automation, Management, and Regulation of Financial Markets*, cit., 9-12). O autor chega a propor termos alternativos à desmutualização – *companization* (ob. cit., 35), *corporatisation (Id., Corporatisation of exchanges and central counterparties: the dark side will come,* s.d, acessível em < http://www.exchange-handbook.co.uk >); mas sem seguidores visíveis. Carmine Di Noia apresenta uma classificação mais desenvolvida, distinguindo entre: bolsas públicas; cooperativas de intermediários financeiros; sociedades dominadas por intermediários financeiros; sociedades dominadas por intermediários financeiros, investidores institucionais e emitentes; e sociedades dominadas por titulares terceiros (*Customer-Controlled Firms: the Case of Financial Exchanges,* in Guido Ferrarini/ Klaus Hopt/Eddy Wymeersch, *Capital Markets in the Age of the Euro,* The Hague (2002), 182-183).

[1732] Cfr. *supra*, § 2º VI-VII.

[1733] Ian Domowitz/Benn Steil, *Automation, Trading Costs, and the Structure of the Trading Services Quality, Brookings-Wharton Papers on Financial Services* (1999), *passim;* Benn Steil, *Why do exchanges*

É, aliás, patente que a tendência de desmutualização das bolsas se explica por razões de índole eminentemente económica. Este processo é motivado essencialmente pela concorrência entre bolsas – a levar as empresas bolsistas a querer ganhar dimensão e a procurar um contínuo aperfeiçoamento tecnológico dos seus sistemas de negociação. A forma societária facilita a transmissão de participações e as operações de concentração, sobretudo estando em causa sociedades anónimas ou estruturas societárias equivalentes: trata-se de fatores importantes para que as bolsas possam conquistar maior dimensão. Além disso, a adoção de forma societária postula regras de votação na proporção do capital detido – o que fornece maior incentivo ao investimento por parte dos sócios – e proporciona maiores opções de financiamento, designadamente operações de captação de aforro no mercado de valores mobiliários. Por seu turno, tal facilita a obtenção dos fundos necessários para os investimentos tecnológicos[1735].

A desmutualização aparece, assim, como solução de governação com vantagens. Este ponto não pode ser descurado: a eficiência das bolsas contribui para a eficiência do mercado como um todo e, indiretamente, para a economia em geral.

III – A principal consequência da desmutualização é a de obrigar a distinguir entre, de um lado, a titularidade de participações na entidade gestora e, de outro lado, a qualidade de membros da bolsa.

Ora, como vimos, entre nós é a sociedade gestora de mercado regulamentado que personifica a propriedade e a gestão do mercado.

Aliás, a terminologia empregue pela lei de "sociedade gestora de mercado regulamentado" obriga a uma explicação, sob pena de se tornar falaciosa. Não existe aqui um fenómeno de gestão por entidade terceira, como sucede nas entidades gestoras de fundos de investimento e nas entidades gestoras de fundos de pensões, as quais administram mas não são proprietárias dos fundos geridos. Ao invés, a sociedade gestora de mercado é simultaneamente gestora e titular dos bens corpóreos (instalações, equipamento informático) e incorpóreos (firma, marcas, patentes) que, de modo organizado, compõem o mercado.

Perante este quadro, interessa verificar que sujeitos jurídicos têm legitimidade para serem titulares de participações sociais das bolsas.

demutualize?, < www.exchange-handbook.co.uk > (2002), 1-2; Chandrasekhar Krishnamurti/ /John M. Sequeira/Fu Fangjian, *Stock Exchange governance and Market Quality*, *Journal of Banking and Finance* 27 (2003) 1859-1878.

1734 Centrados em exemplos de auto-admissão mas extrapolando os resultados para as bolsas societárias em geral: Alfredo Mendiola/Maureen O'Hara, *Taking Stock in Stock Markets: The Changing Governance of Exchanges*, Cornell University (2003).

1735 IOSCO – Technical Committee, Discussion Paper on Exchange Demutualization (2000), 2; IOSCO – Technical Committee, Issues Paper on Exchange Demutualization (2001), 3-4.

IV – Tendo em vista uma sindicabilidade (*accountability*) mais apurada do funcionamento das bolsas, mostra-se vantajoso que todas as categorias de utilizadores da plataforma bolsista possam ter acesso à titularidade de participações sociais da entidade gestora.

A este propósito, o DL nº 394/99, de 13 de outubro estabelecia uma tipologia de titulares de ações representativas do capital social de sociedades gestoras de mercados regulamentados[1736]. Tal sistema foi, porém, acertadamente substituído por um regime de comunicação prévia à CMVM de participações qualificadas em gestora de mercado regulamentado, para verificação da idoneidade do titular da participação qualificada[1737].

V – Interessa verificar até que ponto o regime descrito facilita a sindicabilidade de todos as categorias de utilizadores e determinar o grau de abertura que confere para funcionamento de um mercado de controlo societário e da sua inerente função disciplinadora da gestão.

A este propósito, de um lado, deve frisar-se que o regime originário das sociedades gestoras de bolsas estabelecia uma limitação legal ao exercício do direito de voto a 15% (art. 6º). Tal imposição foi, entretanto, abolida através do Decreto-Lei nº 8-D/2002, de 15 de janeiro. Todavia, o DL nº 349/99 restringia a titularidade por investidores não-institucionais a um máximo de 30% – e neste caso apenas se o contrato de sociedade o permitir (art. 5º nº 2), o que prejudicava a possibilidade de abertura total de capital aos investidores, através de admissão à negociação ou de outras técnicas de captação de aforro junto do público. Sem razão que o justificasse: dada a acesa concorrência, a necessidade de a bolsa efetuar investimentos avultados para a sua modernização tecnológica constitui uma chave vital para o seu sucesso[1738].

Em resposta a estas críticas, posiciona-se diversamente o regime atual, constante do DL nº 357-C/2007, de 31 de outubro, ao não impor limites à titularidade acionista em sociedades gestoras. Assim, ficou facilitado o mercado de controlo societário em relação a estas entidades. Permite-se, deste modo, capturar todos os benefícios da desmutualização.

E o certo é que o funcionamento do mercado de controlo societário quanto a bolsas tem conhecido uma dinâmica crescente. Como exemplos relevantes, deve anotar-se as diversas aquisições da *London Stock Exchange* no capital social da *Borsa Italiana*, do *Nasdaq* na bolsa escandinava OMX e na bolsa do Dubai.

[1736] Art. 5º, nº 1 DL nº 349/99, de 13 de outubro.

[1737] Arts. 9º-15º DL nº 357-C/2007, de 31 de outubro.

[1738] Para uma crítica a esta solução: PAULO CÂMARA, *O Governo das Bolsas, Direito dos Valores Mobiliários*, Vol. VI, Coimbra (2006), 211-217.

Paralelamente, as fusões sucedem-se, como o ilustram a integração entre a Euronext e a NYSE (mais tarde revertida), a fusão entre a *Montreal Stock Exchange* e a *Toronto Stock Exchange*, a fusão entre a *Chicago Mercantile Exchange* (CME) com a *Chicago Board of Trade* (CBOT), e a posterior integração da *Nymex* e da *Bats Global Market* e a integração da Liffe (Reino Unido) na *Intercontinental Exchange* (ICE)[1739].

4. *Administração*

I – No plano da governação, as principais especificidades relacionadas com a administração de bolsas prendem-se essencialmente com a resolução adequada de conflito de interesses e com a existência de um escrutínio eficaz da gestão bolsista[1740].

A este propósito, ocorre lembrar que a vocação aplicativa subsidiária do Código das Sociedades Comerciais conduz à vigência dos mecanismos gerais de sindicabilidade da administração também em relação a sociedades gestoras de bolsas – responsabilidade civil dos administradores, prestação de contas, destituição dos administradores, fiscalização societária, entre outros. Frise-se haver de igual maneira liberdade de escolha do modelo de administração. O DL nº 357-C/2007, de 31 de outubro dispensou-se de repetir estes dados – e nem lhe cabia fazê-lo: tal um reflexo da integração do direito dos valores mobiliários no sistema jurídico geral, um dos objetivos principais na base da reforma pontificada pelo atual Código dos Valores Mobiliários[1741].

À semelhança do que ocorrera no diploma pregresso, insistiu a atual lei das sociedades gestoras em deixar a indicação de que o respetivo órgão de administração deve ter composição plural[1742]. Tal estatuição é, porém, desnecessária; atento os capitais sociais mínimos destas sociedades (decorrentes da Portaria nº 1619/2007, de 26 de dezembro) essa solução já decorreria das regras gerais societárias (art. 390º, nº 2 CSC).

Interessa ainda acrescentar que o regime português sobre administração de bolsas, em obediência às directrizes comunitárias, revela uma penetração de normas de carácter prudencial, ao exigir idoneidade dos membros dos órgãos de administração e de fiscalização[1743].

[1739] OECD, *Changing Business Models of Stock Exchanges and Stock Market Fragmentation* (2016).

[1740] Zsuzsanna Fluck/Alex Stomper, *The Political Economy of Stock Exchanges: Exchange Governance and Fee Structures* (2003), 3, 12-ss.

[1741] Carlos Ferreira de Almeida, *O Código dos Valores Mobiliários e o Sistema Jurídico*, cit., 19-47.

[1742] Art. 18º, nº 1 do DL nº 357-C/2007, de 31 de outubro.

[1743] Arts. 16º-18º do DL nº 357-C/2007, de 31 de outubro. Lembre-se que a CMVM goza de poderes de supervisão prudencial das entidades gestoras de mercado (art. 363º CVM).

II – As espécies de conflito de interesses que podem afectar as entidades gestoras de bolsas variam em função da forma jurídica da entidade. Nas entidades gestoras de bolsas que assumam natureza mutualista, recorde-se, as bolsas são controladas pelos clientes dos serviços que prestam. Ora, essa circunstância pode criar efeitos perversos: a fixação do preçário pode implicar um favorecimento dos grandes intermediários financeiros, em detrimento dos intermediários de pequena dimensão; o exercício dos poderes de regulação bolsistas pode ficar prejudicado, por falta de distanciamento entre entidade fiscalizadora e entidade fiscalizada; a fixação de condições de admissão pode revelar ora uma tendência clubista (i.e. ser hostil à entrada de novos membros) ora uma tendência laxista perante membros do mercado que são também titulares de participações sociais[1744].

III – O cenário é diverso quando confrontado com gestoras de bolsa de natureza societária, como acontece em Portugal. A finalidade lucrativa das empresas bolsistas e a intensa pressão da concorrência funcionam como fator suficiente para eliminar alguns dos riscos – que não todos[1745] – emergentes da gestão mutualista da bolsa.

De um lado, a necessidade de adotar uma organização eficiente conduz ao abandono de filosofias clubistas na gestão da bolsa. A dimensão da plataforma bolsista torna-se fator crítico[1746] e, por esse motivo, a bolsa torna-se não apenas aberta mas também pró-ativa na captação de novos membros e emitentes[1747].

Por outro lado, para maximizar o encaixe financeiro das bolsas, os seus preçários procuram ser optimizados para responder aos diferentes tipos de interes-

[1744] JOEL SELIGMAN, *Cautious Evolution or Perennial Irresolution: Stock Market Self-Regulation During the First Seventy Years of the Securities and Exchange Commission, Business Lawyer* Vol. 59 nº 4 (2004), 1347-1385, rico em elementos históricos retirados da experiência norte-americana; JEAN-BAPTISTE ZUFFEREY/MARGARET TSCHANZ-NORTON, *Regulation of Trading Systems on Financial Markets*, cit., 255-256.

[1745] Há vozes que sustentam que, em termos de sã concorrência, o risco é maior nas gestoras bolsistas de base societária, dada a possibilidade de subsidiação cruzada de atividades e dada a hipótese de auxílios estatais em caso de crises financeiras quando a empresa bolsista também se encarregue da gestão de sistemas de compensação e de liquidação, designadamente envolvendo contraparte central: RUBEN LEE, *Corporatisation of exchanges and central counterparties: the dark side will come*, cit., 2-3. Igualmente muito crítica quanto às implicações decorrentes da adoção da forma societária por bolsas, veja-se ROBERTA KARMEL, *Turning Seats into Shares: Causes and Implications of Demutualization of Stock and Futures Exchange, Hastings LJ* 53 (2002), 421-427.

[1746] *Exchanges live or die with trading volume* (ADAM PRITCHARD, *Self-Regulation and Securities Markets, Regulation* (Spring 2003), 33).

[1747] Exemplar, a este propósito, é a história mais recente da bolsa londrina: cfr. DAVID KYNASTON, *The City of London:* Vol. IV – *A Club No More* (2001).

ses envolvidos na gestão da empresa de bolsa, isto é: às diferentes categorias de utilizadores (emitentes, intermediários, investidores); e às diversas intensidades de utilização da plataforma bolsista. O grau de sucesso no equilíbrio de posições conseguido a este respeito é, naturalmente, variável[1748].

IV – Na administração das sociedades gestoras de bolsas, as preocupações mais agudas prendem-se com o exercício das funções reguladoras bolsistas. Os riscos da ocorrência de conflito de interesses entre o posicionamento lucrativo e as funções de disciplina do mercado são invariavelmente acentuados. A situação conflituante baseia-se no seguinte: de um lado, a defesa da reputação e da credibilidade das bolsas implica incentivos para adotar estratégias rigorosas de regulação e fiscalização; de outro lado, porém, o exercício efectivo desses poderes, mobilizando recursos humanos e financeiros e potenciando litígios com membros e emitentes, pode significar, ainda que apenas no curto prazo, uma diminuição de receitas[1749]. Além disso, convém ter presente que a falta de fiscalização de regras fixadas pela bolsa pode conduzir a defraudar a confiança depositada nessa instituição pelos seus utilizadores – *maxime,* pelos investidores[1750].

As respostas a estes riscos podem ser múltiplas. No plano da distribuição de funções figura como relevante a distinção entre:

- separação subjectiva de funções; e
- separação orgânico-administrativa de funções.

A solução mais radical, envolvendo uma separação subjectiva de funções, foi a adotada no Reino Unido aquando da adoção de forma societária por parte da *London Stock Exchange*[1751]. Tal conduziu à transferência das funções de admissão da LSE para uma autoridade pública – na altura, a *Financial Services Authority* (correspondente neste domínio *à Financial Conduct Authority)* – por se crer que a finalidade lucrativa seria incompatível com a manutenção de funções de regulação na bolsa[1752]. Soluções semelhantes foram no essencial seguidas pelo

[1748] Essa uma decorrências de as entidades gestoras de bolsas serem detidas por utilizadores, como observa Carmine di Noia, *Customer-Controlled Firms: the Case of Financial Exchanges,* cit., 173-182.

[1749] IOSCO – Technical Committee, *Discussion Paper on Exchange Demutualization,* cit., 4-6; IOSCO – Technical Committee, *Issues Paper on Exchange Demutualization,* cit., 7-8.

[1750] Aquando do encerramento do *Neuer Markt,* em 2002, o diagnóstico feito apontou responsabilidades designadamente à frouxa fiscalização efetuada em relação ao cumprimento dos elevados padrões bolsistas: cfr. Eilís Ferran, *Building an EU Securities Market,* Cambridge (2004), 245.

[1751] Cfr. *supra,* § 25º, 1., III.

[1752] Financial Services Authority, *The transfer of the UK Listing Authority to the FSA,* Consultation Paper n. 37 (1999). Criticamente, considerando que a desmutualização não obriga a transferir poderes de regulação, cfr. Guido Ferrarini, *Ammissione alla quotazione e ammissione alle nego-*

NASDAQ e pela Australian Stock Exchange, com a criação de instituições separadas para, respetivamente, assegurar as funções regulatórias e fiscalizar as funções de supervisão da bolsa[1753].

Esse não é, todavia, um caminho obrigatório segundo o direito europeu vigente[1754]. Um sinal do que acaba de ser dito encontra-se na Diretiva dos Prospetos, que coloca limites à delegação na aprovação do prospeto precisamente a pensar nas entidades gestoras de bolsas. Segundo o novo regime, a entidade delegada deve agir e estar organizada de modo a evitar conflito de interesses e de modo a que a informação obtida na realização de funções delegadas não seja utilizada de maneira desleal ou para entravar a concorrência[1755]. Mas não se envereda por uma proibição, *tout court*, da delegação da aprovação do prospeto na sociedade gestora de bolsa[1756].

Outro indício de sentido equivalente colhe-se do Direito português em vigor, que – na linha das prescrições europeias – quanto a este aspeto se limita a obrigar a que as entidades gestoras dos mercados regulamentados promovam mecanismos de identificação e de resolução das consequências adversas que para as operações de mercado possam resultar de conflito de interesse entre, de um lado, o interesse do mercado, dos seus titulares ou do seus membros e, de outro lado, o interesse de funcionamento do mercado[1757].

ziazioni: significato e utilità di una distinzione, cit., 11-13; PAUL ARLMAN, *What is a "Stock Exchange" in the Modern Financial System?*, cit., 7.

1753 EILÍS FERRAN, *Building an EU Securities Market*, cit., 248-249.

1754 O regime em matéria de abuso de informação privilegiada e de manipulação de mercado, decorrente do Regulamento de Abuso de Mercado, não excepciona o que vai dito no texto. Com efeito, o texto europeu obriga os gestores de mercado a estabelecer dispositivos preventivos eficazes nessa matéria (considerando nº 45).

1755 Art. 21º, nº 2 Diretiva nº 2003/71/CE, de 4 de novembro de 2003. A versão final deste dispositivo representa uma notável viragem em relação às propostas antecedentes sobre o tema, quer provenientes do FESCO, quer da Comissão Europeia, que procuravam arredar em definitivo as bolsas em relação ao escrutínio do prospeto, pois para muitos estas eram em larga medida responsáveis pelo *dumping* regulador que essa atividade conhecera (EILÍS FERRAN, *Building an EU Securities Market*, Cambridge (2004), 262-264). A equilibrar o regime, consagrou-se igualmente uma harmonização do conceito de aprovação de prospeto (art. 2º, nº 1 *q)* da Diretiva nº 2003/ /71/CE), para que o insatisfatório resultado decorrente da aplicação da Diretiva nº 2001/34/CE não se repetisse (PAULO CÂMARA, *A Directiva dos Prospetos: Contexto, Conteúdo e Confronto com o Direito Positivo Nacional*, cit., § 2º).

1756 O problema não se coloca, em todo o caso, em relação ao sistema jurídico português, que confia à CMVM a função de aprovação do prospeto de oferta pública e de admissão de valores mobiliários (arts. 114º e 236º CVM).

1757 Art. 33º do DL nº 357-C/2007, de 31 de outubro, em transposição do art. 39º *a)* da Diretiva 2004/39/CE, de 21 de abril de 2004. O preceito adita ainda, no seu nº 2, que as sociedades gestoras devem tratar, de modo leal e equitativo, os seus acionistas, os membros do mercado ou do sistema e os emitentes de valores mobiliários.

Prefiguram-se, assim, como alternativas as soluções que implicam uma separação orgânico-administrativa de funções. Essa constitui a abordagem permitida numa proposta de regulamento da SEC sobre o tema, a qual pugnava por uma segregação, nas bolsas, entre as funções de regulação e as funções de mercado ou comerciais, seja em pessoas jurídicas diferentes, seja em unidades funcionais separadas da mesma pessoa jurídica[1758]. A eficácia desta separação seria acompanhada por um comité intra-societário formado por administradores independentes, designado *Regulatory Oversight Committee*. A autoridade norte-americana baseava esta proposta na necessidade de assegurar a independência dos profissionais que asseguram a regulação bolsista em relação aos emitentes e membros regulados.

Ambas as soluções expostas acarretam dificuldades. A um tempo, a segregação meramente orgânico-administrativa obriga a assegurar a impermeabilidade de facto dos departamentos encarregues da regulação em relação à influência dos departamentos comerciais, o que pode ser melindroso. A outro tempo, a separação subjectiva pressupõe uma cuidadosa fixação do estatuto e dos meios da entidade delegatária, implicando ainda um risco de uma inconveniente demissão absoluta das bolsas em temas relacionados com o interesse público no regular funcionamento dos mercados.

V – Uma linha alternativa de solução envolve a composição do órgão de administração, por forma a assegurar uma resolução adequada de eventuais conflitos de interesses.

Uma variante possível desta orientação basearia a composição do órgão de administração num espelho dos principais interesses envolvidos na empresa. Com efeito, uma das consequências da desmutualização é a de poder conduzir a uma gestão da sociedade de bolsa sem qualquer intervenção dos seus utilizadores – ou com intervenção de apenas algumas categorias de utilizadores em detrimento das outras. Ora, a esta luz uma representação do espectro global de utilizadores no órgão de administração da bolsa poderia diminuir o risco de parcialidade no exercício dos poderes inerentes à administração bolsista. Adverte-se, contudo, que esta saída pode não ser viável se colocar em causa a coesão do órgão social e, com isto, a sua operatividade. A este propósito, embora em contexto diferente, interessa notar a criação, em novembro de 2004, na Interbolsa, de dois comités de utilizadores – o Conselho Consultivo Geral e o Conselho Consultivo Operacional. Trata-se de órgãos de natureza consultiva, compostos pelos utilizadores considerados mais representativos dos sistemas de liquidação

[1758] Securities and Exchange Commission, Proposed Rules 6a-5 and 15Aa-3, Fair Administration and Governance of Self-Regulatory Organizations, Release No. 34-50699 (2004).

e dos sistemas centralizados geridos pela Interbolsa. O modelo é promissor, indo de encontro aos padrões europeus sobre o governo de sistemas de liquidação e compensação[1759], mas a sua eficácia fica dependente do acolhimento que seja dispensado aos pareceres emitidos por este corpo societário.

Caminho diverso é o da designação de membros da administração independentes dos utilizadores. Pode referir-se nomeadamente na *New York Stock Exchange* (NYSE), a composição do seu órgão de administração até ao início do século incluía um Presidente, um CEO, 12 membros representando o público e 12 membros representando a indústria financeira[1760]. Tal foi reformulado de forma a incluir no órgão de administração, a par do Presidente e do CEO, apenas administradores independentes[1761].

Esta hipótese traz à colação a problemática geral dos administradores independentes, que não pode ser aqui tratada em profundidade. Em todo o caso, esta opção traduz um aproveitamento para este plano específico de dados elaborados no núcleo da reflexão sobre governação societária. Nessa medida, convém assinalar sinteticamente algumas conclusões que a este propósito têm sido extraídas: o conceito de independência deve ser bem demarcado, ainda que através de uma delimitação negativa; deve cuidar-se das qualificações dos administradores independentes para que o seu contributo para a melhoria da qualidade da gestão seja efectivo; estes devem manter uma disponibilidade adequada para o cargo; não deve haver um número excessivo de administradores independentes[1762].

[1759] Cfr. CESR/ European Central Bank, *Standards for Securities Clearing and Settlement in the European Union* (2004). A referência respeita ao Standard nº 13 destes Princípios, que dispõe que os mecanismos de governação devem ser desenhados designadamente para promover os objetivos dos titulares e dos participantes do mercado.

[1760] NYSE, *Governance of the New York Stock Exchange* (2003).

[1761] A descrição do sistema atual de governação desta bolsa (que ainda funciona como associação sem finalidade lucrativa) e alguns elementos sobre as fórmulas organizativas utilizadas no passado, encontram-se disponíveis em < http://www.nyse.com/about/theorganization/1091545088167.html >.

[1762] Indicações úteis sobre esta matéria podem obter-se na Recomendação da Comissão Europeia nº 2005/162/CE, de 15 de fevereiro de 2005, relativa ao papel dos administradores não-executivos de sociedades cotadas, que descreve no seu Anexo II, de modo exemplificativo e através de uma técnica de delimitação negativa, o perfil dos administradores independentes. Além disso, a documentar empiricamente os efeitos perniciosos de um excesso de administradores independentes, reenvia-se para Sanjai Bhagat/Bernard Black, *The Uncertain Relationship between Board Composition and Performance, Business Lawyer* (1999), 54-ss. A delimitação do conceito de independência dos administradores aplicada ao contexto das entidades gestoras de mercados supõe também verificada a independência em relação aos utilizadores: veja-se a esse propósito o ensaio, igualmente através da técnica de recorte negativo, constante da proposta da Securities And Exchange Commission, *Proposed Rules 6a-5 and 15Aa-3, Fair Administration and Governance of Self-Regulatory Organizations,* cit., 20-22.

No tocante à composição dos órgãos sociais, cabe notar o dever de constituição de comité de nomeações para identificar e recomendar os candidatos a membros naqueles órgãos (art. 16º-A do DL nº 357-C/2007).

VI – Outro remédio para evitar uma resolução incorreta de conflito de interesses consiste na prestação de informação sobre o governo da sociedade de bolsa. Esse constitui um meio adequado para que os utilizadores da plataforma bolsista possam ajuizar da bondade das opções tomadas pela empresa bolsista.

Em particular, valem para as bolsas as recomendações gerais ligadas à divulgação da remuneração dos administradores – à semelhança do que se recomenda em geral para os titulares do órgão de administração das sociedades cotadas – na medida em que a extração de benefícios privados pelos administradores constitui também um risco a acautelar.

VII – Tratamento separado merece a administração das sociedades gestoras que têm as ações representativas do seu capital social cotadas nas próprias bolsas. Trata-se do fenómeno que podemos traduzir como de auto-admissão (*self-listing*)[1763].

Estas situações são frequentes, porquanto uma das vantagens da desmutualização se prende precisamente com a possibilidade de recurso ao financiamento através do mercado de capitais[1764].

Juridicamente, pergunta-se se existe nesta situação um contrato consigo próprio. A resposta deve ser negativa. Existe antes um auto-consumo de serviços – isto é, a utilização de serviços de admissão bolsista disponibilizados pelo próprio[1765].

Ainda assim, os poderes inerentes à sociedade gestora de bolsa conferem a esta situação matizes próprias que não podem ser escamoteadas. Como observam Renzo Costi e Luca Enriques, a susceptibilidade de a sociedade gestora bolsista, enquanto emitente, exercer direitos ligados à admissão e não estar sujeita aos correspondentes deveres de vigilância é perturbadora para o bom serviço da bolsa – obrigando a um tratamento diferenciado do comum auto-consumo de serviços[1766].

Por esse motivo, não é difícil perceber que a auto-admissão representa uma importante fonte de conflito de interesses, seja pelo risco de lesão da igualdade

[1763] Cfr. *supra*, § 25º, 3. I.

[1764] Cfr. *supra*, § 25º, 3. II.

[1765] Guido Ferrarini, *L'ammissione a quotazione: natura, funzione, responsabilità e* self listing, CEDIF Working Paper n. 1 (2002), 25-35.

[1766] Renzo Costi/Luca Enriques, *Il Mercato Mobiliare*, in Gastone Cottino (org.), *Trattato di Diritto Commerciale*, VIII (2004), 474. Em sentido semelhante, Carmine di Noia, *Customer-Controlled Firms: the Case of Financial Exchanges*, cit., 190.

de tratamento de emitentes, pela possibilidade de se afrouxar a vigilância pelo cumprimento, pela própria bolsa, das regras mobiliárias. Num caso limite, se as ações representativas da bolsa cotada desrespeitarem as regras de manutenção à admissão, pode nomeadamente haver relutância da bolsa em ensaiar a auto-aplicação de medidas sancionatórias e em promover a exclusão de cotação das suas próprias ações[1767]. Ou pode correr-se o risco de a bolsa adotar uma atitude de complacência perante comportamentos manipulatórios dos preços que favoreçam as ações representativas do seu capital social.

Um vector possível de solução envolve uma intervenção mais direta das autoridades competentes. Esse foi o exemplo da *Australian Stock Exchange*, que dedicou um capítulo autónomo das suas regras de admissão à admissão de ações da própria entidade gestora. Neste caso, havendo *self-listing*, a empresa bolsista auto-cotada fica excecionalmente privada dos poderes enquanto entidade gestora, os quais são confiados à autoridade de supervisão (a *Australian Securities & Investment Commission)*. No mais, os direitos e as obrigações da bolsa enquanto emitente são os mesmos das restantes sociedades cotadas[1768].

Outro caminho que pode ser trilhado, em termos alternativos ou complementares ao anteriormente examinado, prende-se com a cominação de deveres de prestação de informação às entidades gestoras em toda a sua atuação enquanto emitente cotada, para melhor escrutínio público.

Entre a ampla míriade de soluções possíveis, no Direito português, o legislador foi mais comedido: bastou-se com a indicação de que a sociedade gestora de mercado regulamentado deve adotar os procedimentos adequados a prevenir a ocorrência de conflitos de interesses em caso de auto-admissão de valores mobiliários[1769], em articulação com os deveres gerais de bom governo fixados no art. 32º do DL nº 357-C/2007.

VIII – A condensar o exposto, deve assinalar-se que a área do governo das bolsas se encontra ainda em evolução – faltando ainda designadamente um menu suficientemente estabilizado de soluções para contramotivar e resolver adequadamente a constelação de conflitos de interesses que decorrem da administração de sociedades gestoras de bolsa.

No momento atual deste percurso, pontuado por uma dinâmica surpreendente – progresso tecnológico, evolução de formas jurídicas da bolsa, incremento da concorrência –, não consegue esconder-se alguns sinais de crise. Em causa

[1767] Sobre a exclusão de cotação, cfr. *infra*, § 40º.

[1768] Australian Stock Exchange, *Listing Rules* (2004), Capítulo 20 – excepcionando-se apenas os poderes bolsistas de aprovar as regras de admissão.

[1769] Art. 34º do DL nº 357-C/2007, de 31 de outubro.

está a crise da auto-regulação bolsista em sistemas desmutualizados, ante o cepticismo no tocante à sua eficácia e à dúvida quanto à possibilidade de resgatar a sua credibilidade enquanto pedra angular da confiança nos mercados.

Este cenário não poderá, porém, significar o fim da atribuição de poderes funcionais de regulação às bolsas – antes resultará numa reapreciação global do funcionamento desses poderes-deveres e, eventualmente, numa redução do seu âmbito, designadamente em situações de auto-admissão. Não se esqueça que as bolsas têm uma proximidade do negócio que lhe confere um capital de experiência e de conhecimento importante para a regulação. Além disso, dada a ampla dinâmica dos movimentos internacionais de concentração, as bolsas são portadoras de uma visão transnacional da regulação que constitui uma indispensável mais-valia em relação à intervenção dos reguladores públicos nacionais[1770].

Acima de tudo, retenha-se que o pluralismo de fontes constitui uma das características marcantes do direito dos valores mobiliários – e uma das suas riquezas. Preteri-lo a favor de uma conceção do sistema mobiliário exclusivamente baseada nas normas emitidas por órgãos públicos representaria um retrocesso que nem os intrincados problemas relacionados com a governação bolsista podem em momento algum justificar.

§ 26º As estruturas de negociação

1. *Da concentração à concorrência de estruturas de negociação*

I – A Diretiva dos Serviços de Investimento, de 1993, não obrigava, mas permitia uma concentração de negociação nos mercados regulamentados.

Segundo a ideologia da época, a concentração de ordens favoreceria a concentração de liquidez, e com isso tornaria – em tese – mais eficientes os mecanismos de formação de preços[1771]. Além disso, as bolsas apresentar-se-iam como plataformas mais transparentes, mercê das regras de informação a rodear a negociação de valores mobiliários em bolsa. Estes motivos levaram esta opção a ser exercida em alguns Estados-membros – como em França, em que se cominava como nulo o negócio celebrado fora de bolsa, salvo contadas exceções[1772]. Não faltava porém quem, já à altura, apontasse críticas ao princípio de concentração de ordens, sustentando que este frustraria a sã concorrência entre estruturas de negociação, servindo afinal como uma medida proteccionista em favor

[1770] Eilís Ferran, *Building an EU Securities Market*, cit., 255-256.

[1771] Brian Scott-Quinn, *EC Securities Markets Regulation*, em Benn Steil (org.), *International Financial Market Regulation*, Chichester et al (1994, reimp. 1995) 140-143.

[1772] Guido Ferrarini, *Pan-European Securities Markets: Policy Issues and Regulatory Responses*, CEDIF WP 2 (2002), 16-18.

das bolsas domésticas[1773]. O debate havia de durar mais de uma década, até que a primeira Diretiva europeia sobre mercados financeiros (a DMIF I, de 2004) viesse a consumar uma viragem nesta matéria.

II – Em Portugal, o tratamento legislativo conferido à concentração da celebração de negócios em bolsa variou ao longo do tempo.

A primeira tomada de posição conhecida sobre o problema foi de cunho liberal, dispondo o Código Comercial de 1888, no seu art. 86º que o regime sobre operações de bolsa não impedia o comerciante de fazer *fora do local da bolsa qualquer negociação de bolsa diretamente por si ou por interposta pessoa*.

Volvido quase um século, e a orientação legislativa começou a inflectir. O DL nº 8/74, de 14 de janeiro, introduziu restrições à regra oitocentista, ao estabelecer que *salvo estipulação em contrário, formulada por escrito, entender-se-á que as ordens de compra e venda de títulos cotados, recebidas* [por entidades autorizadas], *se destinam a ser executadas na bolsa* [1774]. Todavia, as operações fora de bolsa eram objeto de um tratamento fiscal tendencialmente neutro[1775].

Uma tónica de maior concentração bolsista foi levada a cabo no Código do Mercado de Valores Mobiliários, de 1991. Este diploma favorecia a concentração ao dispor, de um lado, que a transmissão de valores mobiliários admitidos à negociação em bolsa deveria ser feita em bolsa ou em mercado de balcão, sob pena de nulidade, salvo situações excecionais[1776] e, de outro lado, que para a transação em mercado de balcão desses valores deveria haver autorização expressa do ordenador[1777]. Além disso, era estabelecida uma taxa de operações fora de bolsa[1778], que induzia à realização de transações em bolsa, tornando estas fiscalmente mais atrativas.

No Código de 1999, a consagração deste traço foi mitigada. Na versão originária, preceituava o art. 330º, nº 4 CVM que *as ordens relativas a valores mobiliários admitidos à negociação num mercado devem ser executadas nesse mercado, salvo indicação expressa e por escrito do ordenador*. Entende-se, a partir daqui, que o favor que era conferido à negociação em mercado atingia qualquer mercado – e não apenas mercados regulamentados; e poderia ser afastada por indicação expressa e por escrito do cliente.

Porém, à altura, em Portugal, a concentração existia, não apenas juridicamente (em termos mitigados, como notado), mas sobretudo no plano fáctico,

[1773] Richard Dale, *Risk and Regulation in Global Securities Markets* (1996), 25.

[1774] Cfr. art. 70º, nº 3 do DL nº 8/74, de 14 de janeiro.

[1775] A Portaria nº 448/81, de 2 de junho reflecte, no seu preâmbulo, a intenção de proceder à uniformização dos encargos das operações, sejam as operações efetuadas na bolsa ou fora dela.

[1776] Cfr. art. 180º Cód.MVM.

[1777] Cfr. art. 502º, nº 1 Cód.MVM.

[1778] Cfr. art. 407º Cód.MVM e Portaria do Ministro das Finanças nº 904/95, de 18 de julho.

mercê da elevadíssima percentagem de ordens executadas no único mercado regulamentado para valores privados.

III – A primeira Diretiva dos Mercados de Instrumentos Financeiros (2004) motivou nova inflexão na disciplina da negociação bolsista. Esta Diretiva e o regime desta decorrente sobre as estruturas de negociação surgiram associados a um dos objetivos mais ambiciosos do projeto Europeu. Em causa estava a meta, traçada na Cimeira de Lisboa de março de 2000, de tornar a Europa na economia mais dinâmica e competitiva do mundo em 2010.

O acréscimo de concorrência nas plataformas de negociação implicaria, forçosamente, uma substituição da Diretiva dos Serviços de Investimento e o fim da permissão comunitária de concentração.

Esta alteração de paradigma não pode ser subestimada – e é, de resto, reflectida, entre nós, no Título IV do Código dos Valores Mobiliários. Antes de 2007 esta parte do diploma era dedicada aos mercados – e passou a ser a partir da transposição da DMIF I intitulado "negociação de instrumentos financeiros".

Além disso, o atual nº 7 do art. 330º passou a rezar o seguinte: *A execução de ordens de clientes fora de uma plataforma de negociação depende de consentimento expresso do cliente, o qual pode ser dado sob a forma de um acordo geral ou em relação a cada transação.* Esta formulação patenteia as seguintes alterações em relação à versão anterior:

- Eliminou-se o princípio de que a ordem de valores deve ser executada no mercado em que estão admitidos à negociação;
- Para a execução fora de mercado é suficiente autorização expressa, não tendo de observar forma escrita; e
- O consentimento para execução de ordens fora de mercado ou de sistema pode ser expresso genericamente.

IV – Deixa o regime europeu fundamentalmente em aberto a questão de saber se são admissíveis outras formas organizadas de negociação[1779].

Em face deste silêncio legislativo, o Código veio prever a possibilidade de a CMVM reconhecer outras formas organizadas de negociação de instrumentos financeiros (art. 198º nº 1, proémio). Não que a margem de manobra regulamentar seja incondicionada pelos dados legislativos, que descendem das indicações comunitárias; bem pelo contrário: o espaço de conformação de eventuais novas

[1779] Contra, sustentando existir uma taxatividade de estruturas de negociação nos textos europeus: Sofia Nascimento Rodrigues, *Cabimento da figura dos "mercados não regulamentados" no âmbito da DMIF e na consequente revisão do Código dos Valores Mobiliários*, *Direito dos Valores Mobiliários*, Vol. VIII (2008), 319-335.

figuras não pode deixar de respeitar a lógica de concorrência justa entre formas de negociação.

No mesmo sentido, o regime das entidades gestoras admite a gestão de sistemas de negociação mais informais. Com efeito, o art. 4º, nº 1 *c)* do DL nº 357-C/ /2007, de 31 de outubro refere-se à prestação de outros serviços relacionados com a negociação de instrumentos financeiros, incluindo-a no rol de atividades permitidas às entidades gestoras.

E o certo é que a prática tem já revelado a existência de diversas plataformas informais de negociação, que escapam à qualificação de sistemas multilaterais de negociação. Estas plataformas de liquidez assumem uma natureza multifacetada, podendo não disponibilizar sequer preços de negociação. Começa, assim, a ser esboçada a distinção entre *dark pools of liquidity* e *quoting venues*, consoante o grau de transparência e a circunstância de divulgarem, ou não, preços de negociação[1780]. Ante o Direito português, o ponto está em saber que grau de organização reclama a habilitação regulamentar prevista no art. 198º (que se dirige a outras formas *organizadas* de negociação).

Estes pólos obscuros de liquidez (*dark pools of liquidity*) têm marcado a agenda regulatória recente o que, ao mesmo tempo, confirma o acerto do art 198º no Código nacional.

V – A multiplicação de estruturas de negociação gerou, entretanto, dois fenómenos importantes. De um lado, os mercados passaram a ser caracterizados por uma acentuada fragmentação, determinando uma maior dificuldade à descoberta dos preços pelos investidores. A DMIF potenciou este quadro, ao favorecer a concorrência entre mercados regulamentados e outras estruturas de negociação. Porém, a DMIF não previu o aumento da fragmentação, não apenas através do aumento da quota de sistemas alternativos de negociação mas também, e mais importante, através de uma miríade de estruturas de negociação não cobertas pela DMIF. Sucede que a vigilância destas estruturas se revelava muito pobre, e por isso nestas o risco de abuso de mercado apresentava-se como substancialmente mais elevado.

Surgiu, de outro lado, uma pressão muito elevada para a rapidez da execução de transações – atualmente medida em microsegundos. Os desenvolvimentos tecnológicos auxiliaram, nesta vertente, algumas transformações nos sistemas

[1780] Assim, embora com notórias dificuldades em distinguir estas plataformas dos sistemas multilaterais de negociação e da internalização sistemática: Erik Sirri, *Keynote Speech at the SIFMA 2008 Dark Pools Symposium* (1-Fev.-2008), em www.sec.gov. Um levantamento sobre o relevo dos *dark pools* na Europa, representando cerca de 4% da negociação europeia, pode encontrar-se em Miranda Mizen, *Trading in the Dark in Europe: choice and complexity on the Cusp of Europe*, disponível em www.tabbgroup.com.

de transação – sobretudo quanto à negociação automática baseada na utilização de algoritmos (*algorithmic trading, high frequency trading*)[1781]. Daqui resultou igualmente a utilidade, sentida pelos intermediários, de localização física mais próxima do servidor do mercado (*co-location*), para as suas ofertas serem executadas alguns microsegundos mais cedo. Este quadro, porém, também pode potenciar resultados perversos, dado que os mecanismos de negociação automática podem amplificar o efeito de eventos de mercado e aumentar exponencialmente os efeitos de erros na negociação[1782]. Não apenas a proibição de manipulação de mercado (art. 379º), mas também o dever de defesa do mercado (art. 311º), que impende sobre intermediários financeiros, podem servir de cláusulas gerais a impedir abusos nesta matéria.

VI – Este novo contexto determinou um novo ímpeto na consolidação dos mercados regulamentados e, em termos regulatórios, mostrou influência relevante na DMIF II e no Regulamento sobre o Abuso de Mercado.

De um lado, a DMIF II reconheceu uma nova estrutura de negociação: os sistemas organizados de negociação (*OTF: organized trading facility*). Trata-se de sistemas multilaterais que não sejam mercados regulamentados nem sistemas alternativos de negociação dentro dos quais múltiplos interesses de compra e venda de obrigações, produtos financeiros estruturados, licenças de emissão ou derivados manifestados por terceiros podem interagir de modo a que tal resulte num contrato[1783]. Procura-se, assim, dotar de maior transparência plataformas que escapavam ao âmbito da DMIF I (ex: *dark pools of liquidity, broker crossing networks*).

Os sistemas organizados de negociação são dotados de maior discricionariedade, no acesso ao sistema, na colocação, revogação e encontro de ordens[1784].

[1781] Sobre esta matéria: Miguel Santos Almeida, *A evolução da negociação de instrumentos financeiros: em especial, a negociação de alta frequência*, Lisboa, (2015), 31-102; Id., *Introdução à Negociação de Alta Frequência, Cadernos MVM* nº 54 (2016), 1-14; Id., *High frequency trading – regulamentação e compliance no contexto da nova DMIF II*, em Paulo Câmara (coord.) *O Novo Direito dos Valores Mobiliários* (2017), 427-445; Teresa Mira Oliveira, *"High frequency trading": o novo paradigma de negociação automatizada*, RDS 2 (2018), 319-361.

[1782] O episódio emblemático é o do Flash Crash de 6 de maio de 2010, data em que o índice Dow Jones, durante escassos minutos, perdeu 5% do seu valor em resultado da atuação automática de um único operador: cfr. CFTC/SEC, *Findings regarding the market events of May 6, 2010*, (2010); Janet M. Angstadt, *What will be the legacy of the "Flash Crash"? Developments in US securities market regulation*, CMLJ Vol. 6 nº 1 (2011), 80-91.

[1783] Art. 4º, nº 1 23) da Diretiva nº 2014/65/UE (DMIF II). Cfr. a propósito Danny Busch, *MiFID II and MiFIR: Stricter Rules for the EU Financial Markets* (2017), 4-7.

[1784] Art. 200º-A CVM e 20º, nº 6 da Diretiva nº 2014/65/UE (DMIF II).

Por esse motivo, a gestão de OTF é considerada atividade de intermediação[1785] e, além disso, na sua atividade estes operadores estão sujeitos a diversos deveres típicos da intermediação financeira: dever de adequação, dever de execução nas melhores condições, deveres ligados à prevenção e gestão de conflito de interesses e restrições quanto às remunerações[1786].

A técnica legislativa utilizada na Diretiva, porém, é permeável a críticas, porquanto a delimitação conceptual dos OTF não cobre plataformas de negociação de ações e por isso não se assume como categoria residual em sentido próprio em relação a qualquer plataforma de negociação em funcionamento. Duvida-se, assim, que esta categoria consiga resistir ao tempo e à célere evolução tecnológica nesta área.

VII – A DMIF II inaugurou igualmente o tratamento legislativo da negociação algorítmica[1787]. Esta é definida pela Diretiva como a negociação em instrumentos financeiros, em que um algoritmo informático determina automaticamente os parâmetros individuais das ordens, tais como o eventual início da ordem, o calendário, o preço ou a quantidade da ordem ou o modo de gestão após a sua introdução, com pouca ou nenhuma intervenção humana. Esta definição não inclui qualquer sistema utilizado apenas para fins de encaminhamento de ordens para uma ou mais plataformas de negociação, para o processamento de ordens que não envolvam a determinação de parâmetros de negociação ou para a confirmação das ordens ou o processamento pós-negociação das transações executadas[1788].

Os intermediários financeiros que realizam negociação algorítmica passam a ser sujeitos a deveres especiais de defesa do mercado, a deveres de informação perante as autoridades de supervisão, a deveres reforçados em termos organizativos e de controlo interno e a deveres de registo das ofertas e ordens transmitidas[1789].

No mesmo diploma, autonomiza-se – de entre a negociação algorítmica – as técnicas de negociação algorítmica de alta frequência[1790] que se caracterizam por:

a) Uma infraestrutura destinada a minimizar a latência de rede e de outros tipo, incluindo pelo menos um dos seguintes sistemas para a entrada de

[1785] Artigo 18º da Diretiva nº 2014/65/UE (DMIF II).

[1786] Anexo I, Seção A 9) da Diretiva nº 2014/65/UE (DMIF II).

[1787] Como justificação para a estreia legislativa neste domínio, esta forma de negociação é considerada acertadamente por MOLONEY como *a crisis "poster child" for excessive financial innovation and intensity* (NIAMH MOLONEY, *EU Securities and Financial Markets Regulation*^{3}, (2014), 744).

[1788] Art. 4º, nº 1 39) da Diretiva nº 2014/65/UE (DMIF II).

[1789] Art. 17º da Diretiva nº 2014/65/UE (DMIF II).

[1790] Art. 4º, nº 1 40) da Diretiva nº 2014/65/UE (DMIF II).

ordens algorítmicas: partilha de instalações (*co-location*), alojamento de proximidade ou acesso eletrónico direto de alta velocidade;

b) A determinação pelo sistema da abertura, geração, encaminhamento ou execução de ordens sem intervenção humana para as transações ou ordens individuais; e

c) Elevadas taxas de mensagens intradiárias constituídas por ordens, ofertas de preços ou cancelamentos.

Às entidades gestoras de mercados é assinalado o dever de adoção de sistemas, procedimentos e mecanismos eficazes, de modo a assegurar que os sistemas de negociação algorítmica utilizados por membros no mercado não criam nem contribuem para a perturbação da negociação no mercado e para gerir quaisquer perturbações que afetem a negociação decorrentes desses sistemas de negociação algorítmica (art. 208º-A nºs 3-7 CVM).

A Diretiva reconhece que estas técnicas implicam riscos particulares, relacionados com a potencial sobrecarga dos sistemas das plataformas de negociação e a possibilidade de serem geradas ordens erradas a resultar numa perturbação do mercado[1791]. Dada a opção de evitar uma atitude proibicionista, em relação a estes padrões de negociação sobram deveres acrescidos para os supervisores, sobretudo em relação a algoritmos com programações manipulatórias.

VIII – Qualquer previsão sobre a evolução futura das estruturas de negociação não pode prescindir de dedicar atenção aos desenvolvimentos verificados com a tecnologia *blockchain*.

Numa apresentação sintética, esta é uma tecnologia de armazenamento de informação baseado numa estrutura multi-polar de registos (*distributed ledger technology: DLT*)[1792] que liga diversas instituições e geografias. Todos os participantes têm acesso a uma cópia idêntica do registo: havendo uma modificação de informação na rede, imediatamente todos os pólos atualizam os respetivos registos.

Estas redes podem ser estruturadas de acordo com diversos modelos, nomeadamente quando ao respetivo acesso, e moldadas com diferentes graus de centralização.

[1791] Considerando 56) da Diretiva nº 2014/65/UE (DMIF II). Cfr. a propósito Haim Bodek, *The problem of HFT. Collected Writings on High Frequency Trading & Stock Market Structure Reform*, (2013); Edgar Perez, *The Speed Traders*. New York (2011); Miguel Santos Almeida, *A evolução da negociação de instrumentos financeiros: em especial, a negociação de alta frequência*, cit., 69-102.

[1792] Para uma descrição científica desta tecnologia e das suas aplicações potenciais: UK Government Chief Scientific Adviser, *Distributed Ledger Technology: beyond block chain* (2016).

O possível aproveitamento destas redes à celebração de negócios, nomeadamente relativos a relativos a instrumentos financeiros, afigura-se atrativo, dado que esta tecnologia permite a contrapartes que não se conhecem celebrarem contratos seguros graças ao acesso a uma chave de autenticação encriptada.

Além disso, as suas possíveis aplicações aos mercados financeiros podem abranger não apenas a negociação de instrumentos financeiros, mas também a liquidação e a compensação[1793]. A ESMA já divulgou sobre o tema um relatório[1794], apresentando um ponto de situação sobre os potenciais benefícios, riscos e desafios decorrentes da utilização desta tecnologia no mercado de instrumentos financeiros[1795].

Além disso, um consórcio internacional de bancos encontra-se a estudar a possível criação de um blockchain fechado para intermediários financeiros.

O êxito da utilização do blockchain nos mercados financeiros depende em larga medida do que vier a ser o correspondente tratamento regulatório. A ambição de disseminar esta tecnologia à escala mundial apenas logrará amplos resultados se este desenvolvimento tecnológico motivar uma harmonização internacional das transações mobiliárias. Caso contrário, este projeto pode vir a resultar em aplicações locais que se venham a situar muito aquém do seu pleno potencial.

2. *Internalização sistemática*

I – Designa-se por internalização (*in-house matching*) a execução de ordens através da entrega de valores ou da aquisição a expensas da carteira própria do intermediário. Neste contexto, a ordem não chega a ser confrontada com diversas alternativas de contraparte – como é próprio de um mercado –, sendo antes objeto de execução em circuito fechado. A DMIF define o internalizador sistemático como o intermediário financeiro que, de modo organizado, frequente, sistemático e substancial, negoceia por conta própria quando executa ordens de

[1793] Philipp Paech, *Integrating Global Blockchain Securities Settlement with the Law – Policy Considerations and Draft Principles*, London School of Economics (2016); Id., *Securities, Intermediation and the Blockchain – An Inevitable Choice between Liquidity and Legal Certainty?*, LSE Legal Studies Working Paper 20/2015 (atualização Jun.-2016).

[1794] ESMA, *Report: The Distributed Ledger Technology Applied to Securities Markets*, | ESMA 50--1121423017-285 (2017). Cfr. ainda IOSCO, *Research Report on Financial Technologies (Fintech)* (2017).

[1795] Sobre a matéria, por último: Dirk Zetzsche/ Ross P. Buckley/ Douuglas W. Arner/ / Janos N. Barberis, *From FinTech to TechFin: The regulatory challenges of data-driven finance*, EBI WP nº 6 (2017); Francisco Mendes Correia, *A tecnologia descentralizada de registo de dados (Blockchain) no sector financeiro*, em *O Novo Direito dos Valores Mobiliários* (2017), 447-494; Guilherme Ribeiro Martins, *A Tecnologia Blockchain e a sua aplicação ao Mercado de Instrumentos Financeiros*, dissertação de mestrado, UCP, Lisboa (2018).

clientes fora de um mercado regulamentado, de um MTF ou de um OTF, sem operar um sistema multilateral[1796]. Assim, a internalização agrega, em termos articulados, o serviço de execução de ordens por conta de outrem com a atividade de negociação por conta própria.

Deve distinguir-se a partir daqui a internalização incidental da internalização sistemática. Apenas esta última é objeto de uma regulação mais densa, por se entender figurar em concorrência direta com as outras fromas organizadas de negociação. Esta caracteriza-se por negociar por conta própria fora de mercado regulamentado, de MTF ou OTF de modo *organizado, frequente e sistemático e substancial*[1797]. Sempre que os padrões de negociação ultrapassam os liliares relevantes de frequência, sistematicidade e substância, o intermediário deve proceder à devida comunicação à CMVM (art. 201º, nº 5), identificando os instrumentos financeiros que estão a ser objeto de internalização sistemática[1798].

II – A partir desta caracterização preliminar, é possível discernir diferenças entre a internalização sistemática e algumas figuras próximas. Assim:

– o encontro de ordens de clientes em sentido diferente (*back-to-back deals*) não se qualifica como internalização, porque não supõe aquisição de valores de carteira própria;
– as ofertas simultâneas em sentido cruzado (*cross trades*), ao não implicarem ordens, também não são internalização.

A distinção entre internalização e a criação de mercado obedece a critérios diversos, dado que em ambas as situações se deparam aquisições de conta própria. Estruturalmente, a internalização configura uma alternativa às transações em mercado, ao passo que a criação de mercado envolve aquisições em mercado, para estímulo deste. Funcionalmente, a criação de mercado representa um serviço – em regra prestado ao emitente, para aumento da liquidez dos seus valores mobiliários – o que não se verifica na internalização.

[1796] Art. 4º, nº 1 20) da Diretiva nº 2014/65/UE (DMIF II). Face ao quadro anterior, cfr. desenvolvidamente Isabel Vidal, *Internalização Sistemática, Direito dos Valores Mobiliários*, Vol IX (2009), 221-246.

[1797] Art. 4º, nº 1 20) da Diretiva nº 2014/65/UE (DMIF II). Sobre o regime atual: Danny Busch, *MiFID II and MiFIR: Stricter Rules for the EU Financial Markets* (2017), 7-9. Face ao quadro anterior, cfr. desenvolvidamente Isabel Vidal, *Internalização Sistemática, Direito dos Valores Mobiliários*, Vol IX (2009), 221-246.

[1798] Somam-se os deveres de divulgação de informação sobre ofertas, de execução de ordens de clientes e de acesso de preços de ofertas, previstos nos arts. 14º-18º RMIF, como o recorda o art. 252º CVM.

III – A espaços, deteta-se uma tendência de associar a internalização ao fim do princípio da concentração[1799], uma vez que deste derivou uma abordagem mais horizontal das estruturas de negociação, o que tomou corpo nas Diretivas dos Mercados de Instrumentos Financeiros (DMIF I e DMIF II). Todavia, a internalização sistemática não era proibida no enquadramento europeu anterior – de tal modo que, a título de exemplo, no Reino Unido constituía prática frequente. No entanto, ao passo que na Diretiva dos Serviços de Investimento a internalização não era objeto de interdição, na DMIF a concentração passou a ser proibida – e, consequentemente, a permissão de internalização é generalizada a todo o espaço europeu.

IV – As ofertas assumem em princípio a natureza de propostas, em relação a investidores não profissionais. No entanto, em casos devidamente justificados, os internalizadores podem executar essas ordens a um preço melhor, desde que esse preço se situe dentro de um intervalo de variação divulgado ao público e próximo das condições de mercado.

Em relação a investidores profissionais pode haver majoração do preço proposto quando se trate de transações cuja execução em vários títulos constitua uma única transação ou de ordens sujeitas a condições que não sejam a do preço corrente de mercado (art. 15º, nºs 2 e 3 RMIF).

Nestes casos, a oferta assume uma natureza *sui generis:* vincula o intermediário quanto ao negócio, não permitindo a não execução do negócio, quando aceite; mas não obriga o intermediário quanto ao preço, pois permite-lhe um certo espaço de conformação (apesar da *reformatio in pejus* estar vedada).

Todavia, para evitar uma exposição excessiva, o internalizador pode limitar, de forma não discriminatória, o número de transações do mesmo cliente que se comprometem a efetuar nas condições publicadas (art. 17º, nº 2 RMIF).

V – É patente que no direito europeu, o regime da internalização – previsto no RMIF – é muito centrado na internalização de ações, certificados de depósito, ETF, certificados e outros instrumentos financeiros similares. Uma vez que a internalização constitui uma forma organizada de negociação que pode atingir qualquer instrumento financeiro (art. 201º), as regras gerais do instituto hão-de extrair-se indutivamente. Nesse esforço interpretativo, há nomeadamente que separar as regras privativas das ações, certificados de depósito, ETF, certificados e outros instrumentos financeiros similares , das que surgem como indicações gerais, com vocação para qualquer instrumento financeiro.

[1799] Cfr. *supra,* § 26º, 1.

VI – O internalizador não deixa de estar sujeito ao dever de melhor execução. Como já frisado, este dever aplica-se às transações em qualquer estrutura de negociação. Aliás, é oportuno recordar que na preparação do texto europeu de referência nesta matéria, a Comissão Europeia deixou claro que o internalizador sistemático se distinguia do internalizador incidental por aquele estar sujeito a regras mais exigentes de *best execution*[1800].

Porém, a possibilidade de majoração de ofertas introduz especificidades que não podem ser descuradas.

VII – No seu conjunto, as regras dirigidas aos internalizadores sistemáticos mostram um apreciável grau de exigência.

O grau de compromisso envolvido neste negócio – em termos organizativos, de recursos humanos e financeiros – pode não estimular a sua disseminação.

A exigência é maior, já o sabemos, em relação aos que lidam com ações líquidas dentro do volume normal de mercado.

Resta saber, contudo, se a fasquia foi colocada em patamar excessivamente elevado, o que no limite pode comprometer a almejada concorrência entre estruturas de negociação que está na base da DMIF II. Merece recordar, neste contexto, que as autoridades competentes devem divulgar uma lista de internalizadores sistemáticos a negociar em cada Estado-membro[1801] – e que, sem surpresa, os números conhecidos à data revelam uma utilização modesta da figura.

3. *Sistemas de negociação multilateral*

I – Desde o final do século XX, sobretudo em virtude da Internet, a evolução tecnológica determinou a proliferação de uma plêiade de sistemas informáticos de negociação geridos por empresas que não se qualificavam como entidades gestoras de bolsas ou de mercados regulamentados. Estes sistemas multilaterais de negociação distinguiam-se sobretudo pela eficiência das suas estruturas, ao pressuporem exigências de admissão e custos mais baixos[1802]. O desenvolvimento deste fenómeno obrigou a tomar posição sobre o respetivo enquadramento normativo, em termos europeus, já que cedo serviram de concorrência séria para os mercados regulamentados tradicionais. O problema levantava dificuldades conceptuais, já que na base de qualquer intervenção haveria que traçar

[1800] Guido Ferrarini/Fabio Recine, *The MiFID and Internalization*, cit., 246.

[1801] Art. 21º, nº 4 do Regulamento nº 1287/2006.

[1802] Robert Prentice, *The Future of Corporate Disclosure: The Internet, Securities Fraud, and Rule 10b-5*, em Langevoort, Donald, *Securities Law Review* (1999), 186-189.

uma linha de separação nítida entre os conceitos de bolsa, de plataforma alternativa de negociação e de intermediação financeira[1803].

A autonomização de um regime para os sistemas de negociação alternativa ou, como modernamente se designam, sistemas de negociação multilateral[1804], tem antecedentes nas orientações emanadas do FESCO (o antecessor do CESR e da ESMA), em 2002[1805]. Este organismo internacional preparou um conjunto de princípios que viriam a ser retomados e aprofundados na primeira Diretiva dos Mercados de Instrumentos Financeiros (DMIF), de 2004.

A definição legal de sistema de negociação multilateral constante do Código português, em transposição das indicações europeias, é bastante lacónica: dispõe o art. 200º, no seu nº 1, que são sistemas de negociação multilateral os sistemas que têm essa qualidade e possibilitam o encontro de interesses relativos a instrumentos financeiros no sistema e de acordo com regras não discricionárias com vista à celebração de contratos sobre tais instrumentos, bem como os sistemas referidos no nº 2 do artigo 23º do Regulamento (UE) nº 600/2014, de 15 de maio de 2014, do Parlamento Europeu e do Conselho.

II – A gestão de sistemas de negociação multilateral passou a ser considerada, a partir de 2007, uma atividade de intermediação financeira. A partir de 2018, com a transposição da DMIF II, idêntica qualificação passou a recair sobre a gestão de sistemas de negociação organizada. Os sistemas de negociação multilateral e os sistemas de negociação organizada podem ser geridos por entidades dominadas por intermediários financeiros – o que contribui adicionalmente para esbater a linha divisória entre os intermediários financeiros e os mercados.

Em sistemas de negociação multilateral e em sistemas de negociação organizados, podem ser negociados instrumentos financeiros que não se encontrem admitidos à negociação em mercado regulamentado.

[1803] Clássico, sobre o tema: RUBEN LEE, *What is an Exchange? The Automation, Management, and Regulation of Financial Markets*, cit., 117-135, 297-316 e *passim*.

[1804] Antes da expressão sistema de negociação multilateral – ou MTS (*multilateral trading systems*), caso se prefira a tradução inglesa –, outras siglas foram utilizadas, tais como ATS (*alternative trading system*) e ECN (*electronic communication networks*). Ironicamente, RUBEN LEE propôs MONSTER, sigla designativa de *Market-Oriented New System for Terrifying Exchanges and Regulators* (RUBEN LEE, *What is an Exchange? The Automation, Management, and Regulation of Financial Markets*, cit., 1; Id., *What is an Exchange? A Discussion Paper*, Capital Markets Forum, London (1992), 3, 18-20). Remete-se para o enquadramento institucional atrás feito sobre a figura: § 17º, 6.

[1805] FESCO, *Standards For Alternative Trading Systems*, CESR/02-086b (Jul.-2002). Um comentário a este texto encontra-se em ISABEL VIDAL/RITA DUARTE DE SOUSA/SOFIA NASCIMENTO RODRIGUES, *Aspetos Jurídicos dos Sistemas Alternativos de Negociação, Cadernos do MVM* nº 12 (Dez.-2001), 187-214.

III – A Diretiva 2006/46/CE, sobre governo das sociedades, concede um relevo particular à negociação de ações em sistema de negociação multilateral. Com efeito, as sociedades com ações negociadas nestes sistemas se emitirem outros valores admitidos à negociação em mercado regulamentado não podem ser dispensadas da divulgação de um relatório de governo das sociedades[1806].

Trata-se de um traço até agora único do regime, segundo o qual a negociação em sistema multilateral pode afectar o estatuto do emitente. Mas o ponto é permeável a críticas, na medida em que pode não ser o emitente a solicitar a negociação nessa estrutura.

4. *Mercados regulamentados*

I – A afetação da intensidade regulatória de acordo com o risco das atividades visadas terá conduzido a distinguir diversos tipos de mercados de valores mobiliários e a eleger os mercados regulamentados, como os mais importantes e mais exigentemente regulados.

Nestes se centra uma larga parte do regime europeu mobiliário[1807], daqui decorrendo nomeadamente a exigência de prospeto de admissão (art. 236º, nº 1) e de regras mais severas de acesso (art. 227º).

II – Persistem, entre nós, autonomizados os mercados de cotações oficiais, que formam uma sub-categoria entre os mercados regulamentados. Para muitos considerados uma reminiscência anacrónica de um regime hoje desajustado em face da concorrência de estruturas de negociação postulado pela DMIF[1808], os mercados de cotações oficiais pressupõem regras mais exigentes de acesso. Em geral, tal prende-se com a imposição de um *track-record* do emitente de três anos antes da admissão, com documentos financeiros referentes a esse período (art. 228º, nº 1 – embora possa ser objeto de derrogação por parte da CMVM: art. 228º, nº 3).

Quanto à admissão de ações a este mercado, impõe-se um grau adequado de dispersão pelo público e uma capitalização bolsista previsível de, pelo menos, um milhão de euros, ou, nos termos do art. 229º, nº 1 *b)*, se a capitalização bolsista não puder ser determinada, os capitais próprios da sociedade, incluindo os resultados do último exercício, de pelo menos um milhão de euros. Frise-se que o grau adequado de dispersão pública pode não implicar a realização de oferta

[1806] É o que decorre do novo art. 46º-A, nº 3 inserido na Diretiva nº 78/660/CEE em virtude do art. 1º da Diretiva 2006/46/CE, de 14 de junho de 2006.

[1807] Artigos 44º a 56º da Diretiva 2014/65/UE (DMIF II).

[1808] Niamh Moloney, *EC Securities Regulation*², cit., 72-74.

pública precedente, podendo ser suficiente uma oferta particular que atinja a dispersão acionista tida como suficiente pela entidade gestora de mercado[1809].

A admissão de obrigações ao mercado de cotações oficiais depende de exigências de volume da emissão, que deve ascender a, pelo menos, 200.000 euros (art. 230º, nº 1).

5. *Admissão à negociação*

I – A negociação de ações em mercado regulamentado constitui o central – conquanto que não único[1810] – meio de dispersão da titularidade acionista pelo público.

A negociação continuada em mercado regulamentado, como aliás em qualquer mercado, funda-se num ato de *admissão* decidido por regra pela entidade gestora do mercado a requerimento do emitente[1811]. A admissão em mercado regulamentado afecta a esfera jurídica do emitente dos valores mobiliários, designadamente pelo acervo de deveres de prestação de informação a que fica sujeito – designadamente o dever de publicação integral de documentos de prestação de contas (anuais, semestrais e, no caso de emitentes financeiros, trimestrais, conforme dispõem os arts. 245º e 246º do Código e art. 10º do Regulamento da CMVM nº 5/2008), o dever de auditoria às contas anuais e semestrais através de auditor registado na CMVM (art. 8º CVM) e o dever de prestar informação sobre informação privilegiada (art. 17º do Regulamento europeu sobre o Abuso de Mercado)[1812]. Por esse motivo, exige-se uma manifestação de vontade desse emitente[1813], através da apresentação de um pedido de admissão. O deferimento deste pedido realiza-se naturalmente através de uma decisão de admissão tomada pela entidade gestora da bolsa, cabendo entretanto à CMVM a aprovação

[1809] As regras harmonizadas da Euronext consideram existir uma dispersão em número suficiente de ações se "*pelo menos 25% do capital subscrito representado pela correspondente categoria de Valores Mobiliários estiver distribuído pelo público ou numa percentagem inferior a esta determinada, no juízo da Entidade Gestora de Mercados da Euronext Competente, em razão da quantidade elevada de Valores Mobiliários em causa e o seu grau de dispersão pelo público. Esta última percentagem não pode ser inferior a 5% do capital subscrito representado pela categoria de Valores Mobiliários em causa e deve representar um valor de, pelo menos, cinco (5) milhões de euros, calculado com base no preço de subscrição*": EURONEXT, Regulamento I, Regras de Mercado Harmonizadas, (2018), 6702/1.

[1810] Cfr. *supra*, § 28º.

[1811] Confronte-se, naturalmente entre muitos, E. SCHWARK, *Börsengesetz Kommentar*², München (1994), 262-280 (Anm. § 36).

[1812] Cfr. *infra*, § 37º, 8.

[1813] A lei não especifica que órgão terá competência para tal, devendo concluir-se, no caso de sociedades anónimas, que o órgão de administração terá poderes bastantes para o efeito. O ponto pode ser mais problemático em caso de exclusão, adiante considerado (cfr. *infra*, § 2º, 5. e 6.).

do competente prospeto de admissão. Esse é o figurino usual, decorrente do art. 205º, nº 1 CVM.

II – Este cenário principal sofria dois desvios no regime precedente – reconhecendo-se aí a admissão oficiosa e a admissão a pedido de titulares dos valores. Atualmente, o quadro de exceções no Código dos Valores Mobiliários apresenta algumas diferenças[1814].

De facto, o Código anterior referia-se a uma admissão oficiosa, imposta fosse por despacho do Ministro das Finanças, fosse pela CMVM, em casos em que tal se revelasse indispensável para a adequada defesa dos investidores e do mercado em geral[1815]. No entanto, a figura desapareceu no direito vigente – de tal modo que mesmo a admissão de valores mobiliários emitidos pelo Estado depende de decisão da entidade gestora de bolsa.

Mas subsiste agora – à semelhança do direito pregresso[1816] – a previsão de que o requerimento possa ser apresentado por uma percentagem dos titulares de valores mobiliários, fixada em 10%. No contexto da cotação de valores mobiliários emitidos por sociedades abertas, temos portanto um direito que se filia na tutela dos sócios minoritários, embora valha para outros valores mobiliários. Diga-se de outro modo: embora inserido no Código dos Valores Mobiliários, o direito a solicitar a admissão à negociação é claramente um direito de minorias, tendente a salvaguardar a liquidez dos valores mobiliários na posse de uma parcela de minoritários[1817]. Não se afigura, por outro lado, estar aqui em causa a proteção dos pequenos aforradores dadas as dificuldades gerais de atuação coletiva e porque a lei não disponibiliza nenhum meio de concertação de vontade de investidores dispersos que pretendam lançar mão deste expediente.

A Diretiva europeia aos mercados de instrumentos financeiros aditou mais uma exceção a este quadro, prevendo a possibilidade de ocorrer uma selecção para admissão (*admission to trading*) em mercado regulamentado ou em sistema de negociação multilateral, sem consentimento do emitente, se os valores mobiliários estiverem já admitidos à negociação em outro mercado regulamentado. Adiante retorna-se a esta figura[1818].

1814 Não se refere aqui o caso de admissão obrigatória de acções (art. 228º, nº 6 CVM), que não prescinde todavia do pedido de admissão pela sociedade e da decisão de admissão pela entidade gestora da bolsa.

1815 Art. 315º CódMVM.

1816 Art. 312º, nº 2 *a)* CódMVM.

1817 A regulação destes casos não previu diretamente, todavia, a estatuição de um dever de colaboração do emitente para a conformação do prospeto de admissão, contrariamente ao disposto para OPV promovida unilateralmente por um sócio (art. 171º CVM).

1818 Entre nós: art. 205º, n.os 2 e 3. Cfr. *infra*, § 25º, 7.

III – À luz do direito nacional, com notado, os minoritários têm legitimidade para solicitar a admissão em mercado regulamentado se a sociedade for aberta (art. 233º 1. *b)* CVM).

A razão de ser deste regime prende-se com a circunstância de a admissão à negociação em mercado regulamentado de ações implicar a aquisição de qualidade de sociedade aberta[1819]. Assim, a lei não pretende que, por ato unilateral dos minoritários, a sociedade adquira esse estatuto, com as consequências daí decorrentes.

Neste ponto, pode invocar-se o paralelo com o art. 13º nº 2 do Código dos Valores Mobiliários, preceito que acautela preocupações semelhantes, ao facultar a possibilidade de se prever uma restrição estatutária para o lançamento de OPV de ações de sociedades fechadas – operação que igualmente determinaria a aquisição da qualidade de sociedade aberta.

Frise-se, no entanto, que a admissão à negociação de valores mobiliários em mercado regulamentado requerida por minorias – apenas possível, como vimos, se a sociedade for aberta – não é isenta de consequências. De um lado, a admissão inclui todos os valores da mesma categoria (art. 232º, nº 3 CVM) e não apenas os detidos pelos requerentes. Assim, a admissão requerida pelos minoritários afecta a posição de terceiros, ao acrescentar novas formas de negociabilidade de valores mobiliários que não estão na titularidade daqueles. De outro lado, a admissão torna a sociedade obrigada à prestação de informação regular e por informação privilegiada (art. 17º nº 1 do Regulamento europeu sobre o Abuso de Mercado)[1820]. A sociedade fica assim constituída no dever de prestar informação aos investidores, não obstante não ter solicitado a admissão.

IV – O ato de admissão baseia-se em regras legais, regulamentares e em cláusulas contratuais gerais impostas pela própria entidade gestora de mercado, atinentes à qualidade da sociedade ou dos valores por ela emitidos (por exemplo, quanto à sua negociabilidade (art. 204º nº 1 *a)*) e quanto à sua dispersão (art. 229º, nº 1 *a)* CVM)[1821]).

E os requisitos de admissão são mais exigente na admissão à negociação no mercado de cotações oficiais (arts. 228º-230º CVM) do que na admissão à negociação em outros mercados regulamentados (art. 227º CVM).

[1819] Art. 13º, nº 1 *c)* CVM. De notar que vigora, no regime do papel comercial, a possibilidade de pedido de admissão por um só acionista qualificado que subscreva mais do que 50% da emissão (art. 16º nº 4 do DL nº 69/2004, de 25 de março).

[1820] Cfr. *infra*, § 37º, 8. Excetua-se o caso de seleção para admissão (art. 205º, nº 3).

[1821] Entre muitos, cfr. Guido Ferrarini, *Sollecitazione del risparmio e quotazione in borsa*, in G. Colomso/G. Portale, *Trattato delle Società per Azioni*, Torino (1993), 184-249; Carsten Peter Claussen, *Bank- und Börsenrecht* (1996), 306-314.

Como conclusão destas linhas, pode afirmar-se que na admissão em mercado o peso de regras injuntivas é incontornável, o que encontra explicação no facto de uma parcela significativa do regime da admissão corresponder a transposição de Diretivas europeias[1822].

Perante este cenário, deve também notar-se que a parcela de deveres impostos contratualmente tende a aumentar. As entidades gestoras criam segmentos especiais de mercado, com vista a assegurar maior visibilidade às empresas, em contrapartida de deveres contratuais específicos. Concebem-se, pois, hierarquizações adicionais dentro dos mercados regulamentados ou dentro dos mercados não regulamentados, designadamente em função dos critérios de admissão ou dos deveres de informação ou de governação impostos às sociedades admitidas. A isso conduz a concorrência entre entidades gestoras de mercados e, bem assim, a circunstância de, em muitos países (entre os quais Portugal), as entidades gestoras de mercados assumirem a natureza de sociedades anónimas. Apesar do interesse público no bom funcionamento do mercado, o escopo lucrativo das bolsas é, assim, inteiramente assumido – e a criação de segmentos de mercado apresenta-se como elemento concorrencial de atração de empresas para a cotação bolsista.

Refira-se marginalmente que estes dados obrigam a apreciar a uma diferente luz a auto-regulação bolsista. A vocação comercial e lucrativa das bolsas diminui o seu (possível) papel como crivo de legalidade do sistema mobiliário[1823]. Aliás, pode qualificar-se como contrastante a solução portuguesa, que concedeu com o Código atual um interessante espaço para a auto-regulação, designadamente de regras aprovadas por entidades gestoras de mercados (art. 372º CVM), ao mesmo tempo que sistemas tradicionalmente mais auto-reguladores, como é o caso inglês, abandonavam esse modelo[1824].

V – É incontornável aflorar aqui a natureza da relação que liga a entidade gestora de mercado e a entidade emitente e da qual decorre a negociação no mercado gerido por aquela dos valores emitidos por esta.

Se atendermos a experiências jurídicas estrangeiras, verificamos que o tema não impõe uma resposta única, conhecendo-se sistemas no âmbito dos quais é

[1822] Consulte-se, em particular, os arts. 42º a 63º da Diretiva nº 2001/34/CE. Uma boa ilustração destas regras é-nos fornecida por NIAMH MOLONEY, *EC Securities Regulation*, cit., 83-117.

[1823] Os casos de auto-cotação (cotação da bolsa na própria bolsa) são a este propósito particularmente elucidativos quanto à possibilidade de ocorrência de conflito de interesses: GUIDO FERRARINI, *L'ammissione a quotazione: natura, funzione, responsabilità e* self listing, CEDIF Working Paper n. 1 (2002), 25-33.

[1824] FINANCIAL SERVICES AUTHORITY, *The transfer of the UK Listing Authority to the FSA*, Consultation Paper n. 37 (1999).

pacífica a afirmação da natureza privada do ato de admissão[1825] e outros em que se aponta como de direito público o ato de admissão[1826].

Entre nós, à partida dir-se-ia tratar-se de uma pura relação contratual de direito privado, não só dada a natureza privada da entidade gestora mas sobretudo atendendo à sua posição desprovida de *jus imperii*.

E em termos estruturais assim é: a admissão funda-se essencialmente num encontro de vontades que desencadeia deveres para a entidade gestora (respeitantes, v.g., ao bom funcionamento das estruturas de negociação e à divulgação de informação) e igualmente para a sociedade emitente dos valores cotados (deveres de informação, entre outros). Ainda que com características peculiares, trata-se de um contrato de prestação de serviços atinentes à negociação bolsista.

Não obstante, sucede que, em Portugal, a relação em apreço é marginalmente contaminada por normas de direito público. Saliente-se, de um lado, o dever da entidade gestora promover a exclusão de negociação, nomeadamente quando os requisitos de admissão deixaram de se verificar ou quando ocorra incumprimento insanável de regras de mercado (art. 213º nº 3). Além disso, determina-se que a CMVM poderá intervir, ordenando a exclusão ou suspensão dos instrumentos financeiros admitidos (art. 214º)[1827]. Frise-se ainda que a entidade gestora está obrigada a deveres de defesa do mercado[1828] que também se manifestam na admissão e exclusão de valores.

VI – Resta acrescentar que a admissão à negociação em mercado não funda nenhuma relação direta entre a entidade gestora e os investidores nos valores mobiliários negociados em bolsa.

Por isso, refere o art. 234º, nº 2 CVM que a decisão de admissão não envolve qualquer garantia quanto ao conteúdo da informação, à situação económica ou

[1825] É pacificamente o que sucede em Itália. GUIDO FERRARINI, *L'ammissione a quotazione: natura, funzione, responsabilità e* self listing, cit., 2.

[1826] Na Alemanha, a admissão é decidida por uma comissão pública constituída junto de cada bolsa (*Zulassungsstelle*). Nessa medida, a qualificação da admissão como acto administrativo é indiscutível (WOLFGANG GROB, *Rechtsprobleme des Delisting*, ZHR 165 (2001), 146-147; CARSTEN PETER CLAUSSEN, *Bank- und Börsenrecht*, cit., 286-288, 293-294, 310; RÜDIGER VON ROSEN, IN HEINZ-DIETER ASSMANN/ROLF SCHÜTZE, *Handbuch des Kapitalanlagerechts*² (1997), 84). Na mesma linha, em termos jurisprudenciais, sobre a qualificação do acto de exclusão pela bolsa como acto administrativo, consulte-se nomeadamente a decisão do Tribunal administrativo de Frankfurt (1ª instância) de 2.11.2001, AG nº 4 (2003), 218-221; e sobre a relação jus-publicística de admissão (embora admitindo a interferência de alguns elementos de direito privado, a propósito do Neuer Markt), veja-se a decisão do LG de Frankfurt de 16.8.2001, AG nº 1 (2002), 53-56.

[1827] Anote-se que esta intervenção extrema da CMVM pode ocorrer a pedido do Banco de Portugal: art. 214º, nº 5 CVM.

[1828] Art. 35º DL nº 357-C/2007, de 31 de outubro.

financeira do emitente, à viabilidade deste ou à qualidade dos valores mobiliários admitidos. Identicamente, as regras sobre responsabilidade pelo prospeto de admissão não incluem a entidade gestora de bolsa na galeria dos sujeitos potencialmente responsáveis – solução que decorre do art. 149º, aplicável *ex vi* do art. 243º CVM.

6. *Selecção para negociação*

I – A selecção para negociação (*admission to trading* ou *non-consensual admission)* assenta exclusivamente numa decisão da entidade gestora (art. 205º, nº 1), não implicando um pedido de admissão ou sequer o consentimento do emitente (art. 205º, nº 2)[1829]. Assim, neste caso inexiste uma relação contratual entre o emitente e a estrutura de negociação na qual os valores mobiliários por aquela emitidos são negociados.

Este expediente funciona, assim, como um meio adicional para deslocalizar a negociação, em alternativa ao acesso remoto por intermediários financeiros fora de fronteiras (art. 224º).

II – Embora pressuponha uma admissão prévia, a selecção para negociação representa um passo no sentido da diminuição da relevância da vontade da sociedade na admissão à negociação.

Nestes casos, porém, o emitente não ficará sujeito a qualquer obrigação direta de prestação de informações, relativamente a qualquer mercado regulamentado, sistema de negociação multilateral ou sistema de negociação organizado que tenha admitido os seus valores mobiliários à negociação sem o seu consentimento[1830]. Esta solução foi transposta para o direito nacional através do nº 3 do art. 205º.

7. *Venda a descoberto* (short selling)

I – Diz-se haver venda de valores mobiliários "curta" ou "a descoberto" (*short sale* ou *short selling)* nos casos em que o alienante não tem, ao tempo do negócio, titularidade sobre os valores alienados, recorrendo a empréstimos ou a outros negócios de cobertura para fazer face à liquidação dos valores a transferir.

O fenómeno é relativamente comum, dada a dilação temporal entre a data do negócio em mercado e a data de liquidação física e financeira. Conhece algumas variantes, distinguindo-se na gíria o *covered short selling* do *naked short*, por-

[1829] Apesar de ter como apenas referência a Diretiva 2001/34/CE, mantém utilidade GUIDO FERRARINI, *Ammissione alla quotazione e ammissione alle negoziazioni: significato e utilità di una distinzione*, CEDIF Working Paper n. 3 (2002), 3-9.

[1830] Artigos 18º, nº 8 e 51º, nº 5 da Diretiva 2014/65/UE (DMIF II).

que respetivamente o primeiro pressupõe a existência[1831] e o segundo a falta de negócio de cobertura na data da alienação.

Em variante do segundo, o *short squeeze* verifica-se quando os alienantes vão adquirir os valores em mercado para cobrir as suas posições curtas.

Convirá ter presente que a prática de *short selling* é usual no contexto de descida de preços de mercado, em que o alienante estima vir a adquirir valores mobiliários até à liquidação em preços mais baixos do que os da alienação. O esquema tornou-se muito frequente, nomeadamente em mercados dotados de maior volatilidade, tais como os mercados de *warrants* e de certificados. Alguns agentes de mercado sofisticados, como os fundos com alavancagem (130/30) ou os *hedge funds*[1832], também contribuíram, em tempos recentes, para uma intensificação desta prática.

II – O tratamento normativo desta conduta tem variado ao longo do tempo. Desde o século XVIII que se conhecem intervenções legislativas a proibir ou a limitar o *short selling*, em França e em Inglaterra[1833].

Em Portugal, o Código Comercial admite em geral a venda de bens alheios, exigindo que nessa situação o vendedor fique obrigado a adquirir a propriedade da coisa vendida e a proceder à sua entrega ao comprador, sob pena de incorrer no dever de indemnizar pelos danos causados (art. 467º, nº 2 CodCom). Porém, à luz do Código do Mercado de Valores Mobiliários, de 1991, vigorava uma solução impeditiva do *short selling*, que resultava na imposição de bloqueio sobre os valores mobiliários abrangidos pela ordem de venda (art. 68º, n.os 2-7 e art. 93º CdMVM). Tal equivalia, em termos práticos, a uma proibição de alienação de valores mobiliários não detidos ao momento da transmissão da ordem.

Impôs-se, mais tarde e progressivamente, a ideia de que o *short selling*, ao incrementar a liquidez, contribuía para a eficiência dos mercados e para uma formação de preços mais regular.

Em acolhimento destas ideias, o Código de 1999 consumou uma viragem ao paradigma do código anterior, em dois pontos essenciais[1834]. De um lado, tornou facultativo o bloqueio de valores mobiliários a alienar (art. 72º, nº 2). De outro

[1831] Uma definição de *covered short selling* depara-se no Parecer Genérico da CMVM sobre o tema, que o entende como "*a operação de venda em que o ordenador obteve os instrumentos financeiros alienados por via de empréstimo ou por qualquer outro negócio jurídico que lhe atribua uma titularidade temporária e o constitua numa obrigação de restituição desses instrumentos*".

[1832] Cfr. *infra*, § 45º.

[1833] Ferreira de Almeida, *Contratos Diferenciais*, em *Estudos Comemorativos do 10 Anos da Faculdade de Direito da Universidade Nova de Lisboa* (2008), Vol. II, 82.

[1834] Fundamental, na caracterização do atual regime: Paula Costa e Silva, *As operações de Venda a Descoberto de Valores Mobiliários*, cit., 50-66 e *passim*.

lado, o regime permite a aceitação de ordens ainda que o ordenador não faça prova da disponibilidade dos valores mobiliários a alienar (art. 326º, nº 2 *a*))[1835].

De todo o modo, deve reconhecer-se que o regime atual repousa em larga medida no critério do intermediário financeiro, como válvula de escape do sistema. Com efeito, se o cliente não fizer prova da disponibilidade dos valores mobiliários a alienar, pode haver recusa de execução da ordem (art. 326º, nº 2 *a*)). Além disso, o intermediário financeiro *pode* exigir o bloqueio, sendo a recusa de bloqueio neste caso igualmente susceptível de fundar uma recusa da execução da ordem (art. 326º, nº 2 *b*)).

Paralelamente ao regime comum sobre transmissão prévia à titularidade, a lei prevê normas especiais de permissão e de proibição. Uma solução especial é a prevista no nº 2 do art. 232º CVM, que admite a alienação de valores ainda não emitidos e negociados em *grey market*[1836]. Quanto a previsões legislativas proibitivas, reenvia-se para as proibições vigentes nos organismos de investimento coletivo (arts. 91º, nº 1 *b*) e 175º, nº 4 *c*) do RGOIC).

III – As vendas a descoberto podem ser realizadas para cumprir diversas funções: arbitragem, criação de mercado, especulação ou cobertura de risco.

Um ponto importante é o de precisar que o *short selling* não configura necessariamente uma concessão de crédito por parte do intermediário. Com efeito, se à data de liquidação o cliente for titular dos valores a alienar, não há qualquer crédito concedido pelo corretor. Por essa razão, o *short selling* é também permitido às sociedades corretoras, em relação às quais é vedada a concessão de crédito[1837].

IV – Caso diferente é o da utilização do *short selling* acompanhado de expedientes utilizados para artificialmente baixar os preços dos instrumentos financeiros visados. Um exemplo é o da divulgação de rumores falsos sobre a sociedade visada, em paralelo à venda curta de ações por esta emitidas, para potenciar os ganhos decorrentes da expectável depreciação das cotações. Neste caso, pode estar em causa uma prática do crime de manipulação de mercado (art. 379º CVM).

[1835] A disciplina legislativa é complementada através do art. 33º do Regulamento da CMVM nº 2/2007, relativo à aceitação de ordens com insuficiente saldo financeiro ou de instrumentos financeiros.

[1836] Sobre o *grey market*, cfr. *supra*, § 21º, 1.

[1837] Sobre o tema, embora com referência a dados normativos ultrapassados, registe-se ainda: CMVM, *Parecer Genérico sobre Vendas Curtas em Mercado* (2001), disponível em http://www.cmvm.pt/NR/exeres/62AC0592-F2C6-47D3-B07A-F3BA6B1E5102.htm.

Por esse motivo é que, no contexto da crise financeira de 2008, se sucederam diversas intervenções a vedar práticas abusivas de vendas a descoberto, uma vez que aí estas serviram de fator acelerador das perdas bolsistas[1838]. O impulso inicial teve origem na autoridade norte-americana (SEC), que interveio através de um regulamento de emergência a impor a proibição de *naked shorts* – isto é, as vendas sem prévia celebração de contratos de empréstimo – relativamente a um conjunto de valores mobiliários mais vulneráveis a comportamentos manipulatórios[1839]. Por iniciativa própria ou sob influência da ESMA e da IOSCO, diversas autoridades de supervisão internacionais seguiram esse exemplo[1840].

No sistema jurídico nacional, a CMVM não constituiu exceção à maioritária tendência proibicionista, e além de ter estabelecido deveres de informação sobre operações de *short selling* e de interesses a descoberto relevantes sobre ações das instituições financeiras cotadas[1841], emanou em 22 de setembro de 2008 uma instrução dirigida a impor, aos intermediários membros de mercado, um dever de recusa de ordens de venda quando não esteja assegurada a disponibilidade dos valores no momento da emissão da ordem, relativamente a valores mobiliários emitidos por instituições financeiras[1842].

V – Presentemente, o regime do *short-seling* encontra-se fixado através do Regulamento (UE) nº 236/2012 do Parlamento Europeu e do Conselho, de 14 de março de 2012[1843]. Este diploma veio, de um lado, impor deveres de informação extensos relativamente a posições curtas em ações e em dívida soberana[1845].

[1838] Desenvolvidamente: Luís Miguel Coelho de Castilho, *A Regulação do Short Selling*, dissertação de mestrado, UCP, Lisboa (2010), 40-190.

[1839] Securities and Exchange Commission, *Release nº 58166* (15-Jul.-2008), disponível em http://www.sec.gov/rules/other/2008/34-58166.pdf.

[1840] De realçar nomeadamente que a Comissão Europeia publicou um entendimento sobre o conceito de *covered short selling*, que forçou o CESR a alterar uma interpretação de nível 3 sobre ativos elegíveis em fundos de investimento harmonizados (http://www. cesr-eu.org/index.php?page=homedetails&id=325). Vd. o quadro global de medidas adotadas na Europa, tal como compilado pelo CESR, acessível em http://www.cesr.eu/index. php?docid=5238 e tal como compilado pela Comissão Europeia, acessível em em http://europa.eu/rapid/pressReleasesAction.do?reference=MEMO/10/409&type=HTML, e o comunicado da IOSCO, que pode encontrar-se em http://www.iosco. org/news/pdf/IOSCONEWS129.pdf.

[1841] Regulamento da CMVM nº 4/2008.

[1842] Instrução da CMVM nº 2/2008, de 22 de setembro de 2008.

[1843] Este diploma encontra-se por seu turno complementado através dos Regulamentos Delegados da Comissão Europeia n.os 826/2012 e 827/2012, ambos de 29 de junho de 2012, e os Regulamentos 918/2012 e 919/2912, ambos de 5 de julho de 2012. Cfr. a propósito Cristina Sofia Dias, *Notas Breves A Propósito do Regulamento sobre Short Selling e Credit Default Swaps, Cadernos MVM*, nº 39 (Ag.-2011), 60-63; Manuel Monteiro, *O Regime Europeu do Short Selling, Cadernos MVM*, nº 51 – Ensaios de Homenagem a Amadeu Ferreira Volume II (Ago.-2015), 29-55.

Além disso, o Regulamento europeu de short-selling determina que a venda a descoberto de ações admitidas à negociação numa plataforma de negociação apenas é admitida se o alienante tiver tomado de empréstimo a ação ou ter tomado disposições alternativas que tenham um efeito jurídico equivalente, se celebrou um acordo que assegure que a liquidação possa ser efetuada no momento devido ou se estabeleceu com um terceiro um mecanismo nos termos do qual esse terceiro confirma que a ação foi localizada e tomou medidas em relação a terceiros necessárias para que o alienante tenha uma expectativa razoável de que a liquidação possa ser efetuada no momento devido[1845].

Sobre as contrapartes centrais é, por fim, imposto um dever de criação de mecanismos substitutivos de liquidação, caso sejam excedidos 4 dias úteis em relação à data em que a entrega das ações seria devida[1846].

Fica, assim, assegurado um regime equilibrado, que salvaguarda a transparência e a integridade do mercado. O Reino Unido chegou a contestar junto do TJE os poderes excecionais da ESMA neste âmbito; mas a ação foi julgada improcedente[1847].

Este Regulamento foi complementado através de medidas legislativas de nível 2: o Regulamento de Execução (UE) nº 827/2012 da Comissão, de 29 de junho de 2012, e o Regulamento Delegado (UE) nº 918/2012 da Comissão de 5 de julho de 2012.

[1844] Artigos 5º-7º do Regulamento (UE) nº 236/2012 do Parlamento Europeu e do Conselho, de 14 de março de 2012.

[1845] Artigo 13º do Regulamento (UE) nº 236/2012 do Parlamento Europeu e do Conselho, de 14 de março de 2012. Cfr. Rüdiger Veil (ed.), *European Capital Markets Law*, cit., 204-208.

[1846] Artigo 15º do Regulamento (UE) nº 236/2012 do Parlamento Europeu e do Conselho, de 14 de março de 2012.

[1847] Acórdão do Tribunal de Justiça (Grande Secção) de 22 de janeiro de 2014 (C-270/12).

Capítulo VIII
Liquidação e Compensação

§ 27º Enquadramento

1. *O quadro conceptual e institucional*

I – A liquidação sempre foi tradicionalmente reconduzida aos atos de cumprimento das operações de bolsa[1849]. Atualmente, os serviços de liquidação diversificaram-se, envolvendo não apenas o pagamento do preço e a transferência de registos, mas também o pagamento de dividendos, de juros e de outros direitos pecuniários associados a instrumentos financeiros.

A compensação de operações sobre instrumentos financeiros, por seu turno, compreende a determinação de posições creditícias e debitórias entre diversas partes, o apuramento de saldos líquidos e a confirmação sobre a disponibilidade dos valores e fundos para liquidar.

Dado que estas operações são concretizadas após a celebração do contrato na estrutura de negociação, estes temas são usualmente designados na terminologia anglo-saxónica como relativos ao *post-trading* (isto é: às fases pós-negociação)[1850].

II – As instituições de referência neste âmbito são as centrais internacionais de custódia (*international central securities depositories* ou ICSD, de que são

[1849] Luiz Cunha Gonçalves, *Anotações aos artigos 354º-360º, Código Comercial Anotado*, cit., Vol. II, 368.

[1850] É o caso de Moloney, que trata o post-trading como *"the process through which ownership in a financial instrument is transferred from the buyer to the seller, and involves a number of stages"* (Niamh Moloney, *EU Securities and Financial Markets Regulation*[3], Oxford, (2014), 502).

exemplo a Euroclear e a Clearstream) e as centrais nacionais de custódia (usualmente designadas por *central securities depositories* ou CSD)[1851].

Nesta área, o aparelho institucional europeu é ainda caracterizado por uma acentuada fragmentação[1852]. O elevado número de centrais de liquidação e compensação na Europa contrasta com o cenário norte-americano, em que a *Depositary Trust and Clearing Corporation* (DTCC) concentra quase todas as operações.

2. *As fontes internacionais*

I – No contexto mundial, o *Committee on Payment and Settlement Systems* (CPSS), constituído no âmbito do *Bank for International Settelments,* foi o primeiro organismo internacional a emitir orientações sobre liquidação e compensação: tratava-se dos *Core Principles for Systematically Important Payment Systems,* de janeiro de 2001. Embora constituindo um documento com vocação para o problema dos pagamentos internacionais em geral, incorporava recomendações mínimas para um funcionamento eficiente dos sistemas de pagamentos, que se aplica quer a transferências de dinheiro quer de valores mobiliários[1853].

Volvidos poucos meses após a finalização dos *Core Principles,* o CPSS e a IOSCO aprovaram um conjunto de recomendações conjuntas sobre a liquidação e compensação em valores mobiliários[1854]. Continha dezanove recomendações e indicações específicas, recomendação a recomendação, sobre o modo de avaliar o seu cumprimento.

II – Em outubro de 2001, o Banco Central Europeu e o CESR acordaram elaborar padrões comuns que procurariam adaptar as recomendações do CPSS/ /IOSCO ao contexto europeu. Deste trabalho resultou um documento provisório, datado de 2004, que não progrediu – ante divergências entretanto surgidas quanto ao âmbito e conteúdo do documento.

Uma das mais relevantes causas da divergência prende-se com o alegado risco de duplicação ou de antinomias em relação a exigências formuladas pelo Direito bancário europeu, sobretudo ao nível prudencial.

[1851] André Figueiredo, *Novidades da infraestrutura do mercado de capitais: o Regulamento nº 909/2014 relativo à melhoria da liquidação de valores mobiliários na União Europeia e às Centrais de Valores Mobiliários,* RDS nº 2 (2015), 325-358.

[1852] Heiko Schmiedel/Andreas Schönenberger, *Integration of Securities Market in the Euro Area,* ECB Occasional Paper Series nº 33 (Jul.-2005).

[1853] Committee On Payment And Settlement Systems/Bank For International Settlements, *Core Principles for Systematically Important Payment Systems* (2001), 1.7.

[1854] Committee On Payment And Settlement Systems/Technical Committee Of The International Organization Of Securities Commissions, *Recommendations for Securities Settlement Systems* (2001).

III – Paralelamente, foram produzidos dois importantes relatórios (relatórios Giovannini), de 2001[1855] e 2003[1856]. Estes relatórios identificaram e sistematizaram as barreiras à integração dos sistemas de liquidação e compensação, agrupando-as em três categorias fundamentais: barreiras técnicas; barreiras fiscais; e barreiras ligadas ao diverso tratamento jurídico destes serviços nos Estados-membros[1857]. Em ordem a procurar ultrapassar estas barreiras, a Comissão Europeia constituiu grupos de peritos dedicados a cada um dos núcleos problemáticos detetados[1858].

Apesar destes relatórios Giovanninni, os serviços de pós-negociação não foram incluídos entre os serviços de intermediação financeira nas Diretiva dos Mercados de Instrumentos Financeiros (I e II).

IV – Entretanto, em julho de 2006, a Comissão Europeia anunciou que não iria propor qualquer Diretiva na área da liquidação e compensação, entendendo na altura que nesse domínio seria suficiente um instrumento de auto-regulação[1859]. É neste contexto que, em novembro de 2006, sob iniciativa da Comissão Europeia, foi assinado pelos representantes desta indústria um Código de Conduta Europeu sobre Liquidação e Compensação[1860].

Este documento não abrangia bancos custodiantes e centrava-se em questões de transparência e comparabilidade de preços e de interoperabilidade entre centrais – de modo a assegurar níveis satisfatórios de concorrência no setor. O seu início de vigência foi gradual, tendo entrado plenamente em vigor em 1 de janeiro de 2008.

[1855] The Giovanninni Group, *Cross Border Clearing and Settlement Arrangements in the European Union* (Nov.-2001), acessível em http://ec.europa.eu/internal market/ financial-markets/docs/clearing/first giovannini report en.pdf.

[1856] The Giovanninni Group, *Second Report on EU Clearing and Settlement Arrangements*, em *http://ec.europa.eu/internal market/financial-markets/docs/clearing/second giovannini report en.pdf*.

[1857] Sobre o contexto e efeitos destes relatórios: Peter Norman, *Plumbers and Visionaries. Securities Settlement Systems and Europe's Financial Market*, Chichester (2007), 196-201. Entre nós: Sofia Leite Borges/Catarina Tavares Loureiro, *Liquidação Transfronteiriça de Valores Mobiliários: Desenvolvimentos Recentes no Espaço Europeu*, Cad. MVM nº 25 (2006), 60-69.

[1858] Em causa estão o *Clearing and Settlement Advisory and Monitoring Experts' Group* (CESAME: sobre barreiras técnicas), o *EU Clearing and Settlement Fiscal Compliance Experts' Working Group* (FISCO: sobre fiscalidade) e o *Legal Certainty Group*. O sítio Internet da Comissão Europeia divulga os documentos produzidos por cada um destes grupos.

[1859] Charlie McCreevy, *Clearing and Settlement: The Way Forward*, Brussels (11-Jul.-2006).

[1860] Federation of European Securities Exchanges/European Association of Central Counterparty Clearing Houses/European Central Securities Depositories Association, *European Code Of Conduct For Clearing And Settlement* (2006).

Para avaliar o cumprimento do Código, a Comissão Europeia designou um comité de acompanhamento (*Monitoring Group of the Code of Conduct on Clearing and Settlement (MOG)*).

A avaliação do Código de Conduta, porém, detectou dificuldades na interligação, dado o défice de harmonização do enquadramento regulatório envolvente. Por outro lado, este tema reclama atenção em relação aos aspetos prudenciais e de proteção do investidor, dada a crítica relevância da liquidação e compensação no plano do risco sistémico, o que não é coberto pelo Código de Conduta.

V – Por esses motivos, e atentas as dificuldades de liquidação de derivados de crédito detetadas no âmbito da crise financeira, seguidamente foi aprovado o Regulamento (UE) nº 648/2012 do Parlamento Europeu e do Conselho de 4 de julho de 2012 relativo aos derivados do mercado de balcão, às contrapartes centrais e aos repositórios de transações – diploma conhecido como EMIR (*European Market Infrastructure Regulation*).

Além disso, foi divulgado em janeiro de 2011 um documento de consulta sobre centrais internacionais de custódia e liquidação de valores mobiliários[1861], que precedeu a aprovação do Regulamento nº 909/2014 sobre a matéria[1862].

Por fim, CPSS e a IOSCO aprovaram em 2012 os *Principles for Financial Markets Infrastructures* que, em termos de *soft law*, visam harmonizar e reforçar a exigência dos padrões internacionais nesta matéria.

VI – Paralelamente, o Banco Central Europeu criou um sistema europeu de liquidação e compensação denominado *Target 2 Securities* (T2S)[1863]. Assume-se como plataforma de liquidação, a poder ser utilizada pelas centrais nacionais de custódia, de processamento padronizado e elevada rapidez, segurança e eficiência[1864].

O sistema visa facilitar as liquidações internacionais, servindo de complemento ao funcionamento dos operadores privados e entrou em funcionamento em 22 de junho de 2015. Portugal passou a estar ligado ao T2S em março de 2016.

[1861] European Commission, *Public Consultation On Central Securities Depositories (CSDs) And On The Harmonisation Of Certain Aspects Of Securities Settlement In The European Union*, DG Markt G2 D (201)8641 (2011).

[1862] André Figueiredo, *Novidades da infraestrutura do mercado de capitais: O Regulamento (UE) nº 909/2012 relativo à melhoria da liquidação na União Europeia e às Centrais de Valores Mobiliários*, RDS nº 2 (2015), 325-358.

[1863] Eurossystem, *A Single Currency – An Integrated Market Infrastructure* (2008), 14-17.

[1864] O modelo de acordo-quadro (*Framework Agreement*) a celebrar neste contexto entre o BCE ou o Banco Central e cada central encontra-se disponível no sítio do BCE em www.ecb.europa.eu.

§ 28º Análise do regime

1. *O regime nacional*

I – No sistema jurídico português, o exame da compensação e liquidação obriga a concatenar fontes de diversas proveniências: além do regime contido no EMIR (e respetivos diplomas de nível 2) e no Título IV do Código dos Valores Mobiliários, interessa também considerar o DL nº 1/97, de 7 de janeiro (aceitação de cláusulas de compensação pelo Estado), o DL nº 70/97, de 3 de abril (oponibilidade de cláusulas de compensação à massa falida) e o DL nº 105/2004, de 8 de maio (contratos de garantia financeira) – sem descurar, naturalmente, o regime civilístico da compensação.

No âmbito do Código, há uma evolução interessante a registar quanto ao âmbito da disciplina. Até 2007, o Título IV continha disposições aplicáveis apenas aos mercados regulamentados. Através do DL nº 357-A/2007, de 31 de outubro, em transposição da DMIF, foi alargado o âmbito do Título a regime comum aplicável a qualquer estrutura de negociação.

II – A disciplina falimentar, de princípio, não mostra implicações nesta sede. Com efeito, segundo o artigo 101º do Código da Insolvência e Recuperação de Empresas, as normas relativas a efeitos falimentares sobre créditos não prejudicam o que em contrário se estabelece nos artigos 283º e seguintes do Código dos Valores Mobiliários. Por seu turno, o art. 31º do DL nº 199/2006, de 25 de outubro, que estabelece o regime da liquidação de instituições de crédito e de sociedades financeiras, indica que a adoção de medidas de saneamento ou a instauração de processo de liquidação não prejudica o direito dos credores à compensação dos seus créditos com os da instituição em causa, desde que esse direito seja reconhecido pela lei aplicável aos créditos da instituição.

2. *Contraparte central*

I – A contraparte central (*Central Counterparty*: CCP) é a pessoa que se interpõe em negócios em mercado ou sistema multilateral de negociação, apresentando-se como contraparte exclusiva dos participantes do sistema [1865]. Por outras palavras, a contraparte central interpõe-se no negócio, figurando como adquirente relativamente a cada vendedor e vendedora em relação a cada adquirente.

Trata-se de uma exigência para a negociação dos contratos derivados OTC a que se refere o art. 4º do Regulamento (UE) nº 648/2012.

[1865] Artigo 2º, nº 1 do Regulamento (UE) nº 648/2012 do Parlamento Europeu e do Conselho de 4 de julho de 2012 e artigo 268º, nº 1 *b)* CVM.

Caso exista contraparte central, não são exigíveis os mecanismos de substituição elencados no nº 3 do art. 280º. Tal deve-se ao facto de ficar suprimido, ou, ao menos, largamente mitigado, o risco sistémico decorrente de falhas de liquidação[1866].

II – Além da garantia de pagamento, a contraparte central está incumbida do registo de posições, da gestão de garantias e dos ajustes de ganhos e de perdas das operações (art. 259º, nº 1).

Os membros compensadores, por seu turno, são responsáveis perante a contraparte central (art. 259º, nº 4).

Quanto a aspetos institucionais, as sociedades que atuam como contraparte central regem-se pelo EMIR[1867] e pelo disposto no DL nº 357-C/2007, de 31 de outubro (cfr. nomeadamente os arts. 42º-44º deste diploma).

[1866] Paula Costa e Silva, *Direito dos Valores Mobiliários. Relatório*, cit., 215.

[1867] Artigos 7º, 9º, 11º e 14º-23º do Regulamento (UE) nº 648/2012 do Parlamento Europeu e do Conselho de 4 de julho de 2012.

Capítulo IX
Sociedades Abertas

§ 29º Evolução histórica e delimitação tipológica

1. *As sociedades com o capital aberto ao investimento do público; razão de ordem*

I – Neste passo, a análise dedicar-se-á à instituição que assume, à face do atual Código, um renovado protagonismo: *a sociedade com o capital aberto ao investimento do publico* – designação que também é utilizada pelo código de modo abreviado, apenas por *sociedade aberta*[1868].

Esta categoria aparece referida em diversas disposições do Código: desde logo, no Capítulo IV do Título I, que lhe é consagrado inteiramente (arts. 13º-29º). Mas o conceito de sociedade aberta serve igualmente outros propósitos:

- demarca o conceito de oferta pública (art. 109º, nº 3 *a*));
- traça o perímetro de aplicação das ofertas públicas de aquisição obrigatórias (arts. 187º e seguintes);
- justifica o regime especial para a aquisição tendente ao domínio total (art. 194º; art. 490º, nº 7 CSC);
- confere o direito de admissão à negociação em mercado regulamentado a titulares de valores mobiliários representativos de, pelo menos, 10% dos valores mobiliários emitidos (art. 233º, nº 1 *b*));

[1868] Na literatura nacional, cfr. nomeadamente Oliveira Ascensão, *Direito Comercial,* Vol. IV, *Sociedades Comerciais. Parte Geral,* Lisboa (2000), 50-54.

- é tida em conta na definição do âmbito das entidades sujeitas à supervisão da CMVM (art. 359º/1.*d*)) e na conformação de diversas disposições sancionatórias (arts. 390º, 393º/2.i.).

Mesmo fora do Código, as referências à sociedade aberta – atualizadas por virtude do art. 7º do DL nº 486/99, de 13 de novembro, que aprovou o código – abundam. Destaque-se, nomeadamente o facto de as publicações obrigatórias deverem ser feitas na íntegra, ao abrigo do art. 72º, nº 3 do Código de Registo Comercial. O Código das Sociedades obriga, ainda, a uma determinação estatutária de regras especiais de eleição de administradores por minorias (art. 392º, nº 8 CSC). De resto, o mesmo diploma dispensa diversas soluções especiais às sociedades emitentes de ações admitidas à negociação em mercado regulamentado[1869], que representam uma parcela do universo das sociedades abertas (art. 13º, nº 1 *a*)).

II – Uma cabal compreensão da figura exige uma tripla perspetiva: uma visão histórica; uma análise tipológica; e uma análise do regime jurídico. E por esta ordem que se prossegue.

2. *Análise histórica: a evolução bipartida do direito das sociedades anónimas*

I – A característica fundamental da sociedade aberta, que justifica a multiplicidade de utilizações legislativas apontadas, é a de ter uma estrutura acionista fragmentada, através da dispersão das ações representativas do seu capital social dispersas pelo público. Pode, por isso, adotar a forma de sociedade anónima ou de sociedade em comandita por ações. No entanto, a potencial deconcentração de poder societário, que a caracteriza, está à partida arredada neste último tipo societário. Nessa medida, a génese do tratamento normativo da sociedade aberta apreende-se mais corretamente se tivermos em vista, em visão necessariamente sintética, a evolução histórica da sociedade anónima.

II – O intenso desenvolvimento dos mercados de valores mobiliários que caracteriza as últimas décadas provocou importantes consequências quanto ao comportamento e estruturação dos agentes económicos. O símbolo mais perfeito destes ajustamentos é a *sociedade anónima*, forma jurídica idónea a satisfazer, através do mercado mobiliário, as necessidades de financiamento da empresa

[1869] Arts. 77º, nº 1, 294º, nº 2, 349º, nº 4 *a*), 365º, nº 2, 368º, nº 5, 372º-A, nº 2, 374º-A, nº 1, 396º, n.os 1 e 3, 413, nº 2 *a*), 414º, nº 6, 423º-B, n.os 4 e 5, 444º, n.os 2 e 6 e 446º-A, nº 1, todos do CSC. Cfr. a propósito Paulo Câmara, *O Governo das Sociedades e a Reforma do Código das Sociedades Comerciais*, 1-141 e *infra*, § 30º.

moderna e alicerce da larga maioria dos intermediários financeiros e das sociedades com o capital disperso pelo público.

Deste ponto de vista, o percurso histórico do seu tratamento normativo – envolvendo uma progressiva libertação das peias estatais – merece ser, a traço grosso, relembrado. No seu desenho legal originário, a sociedade anónima descende das companhias majestáticas dos séculos XVII e XVII. Nessa medida, dependia estritamente do poder público, manifestado este na concessão da personalidade por ato do Estado ou na autorização para a sua constituição. A partir do século XIX, o direito da sociedade anónima afirmou-se como zona de direito privado, do que é tradução a independência administrativa para a sua constituição e o reconhecimento normativo da sua personalidade jurídica[1870]. Marco importante, a este respeito, no sistema jurídico português foi a Lei de 22 de junho de 1867, que dispensaria de autorização ou homologação as sociedades já crismadas de anónimas no Código Comercial de 1833. Assim se inaugurava, entre nós, o sistema de reconhecimento normativo, assegurando-se no plano societário os vetores fundamentais da liberdade empresarial e da iniciativa privada.

III – Enquanto tipo societário, a sociedade anónima sempre foi tradicionalmente entendida, à luz dos quadros continentais, como forma jurídica apta a servir de base quer a empresas familiares quer a empresas de grande porte, supondo em ambos os casos a aplicação indistinta do mesmo regime legislativo. Graças ao generoso espaço de conformação estatutária e parassocial da atividade da sociedade anónima, este tipo societário configura-se como tipo extremamente variável – um *tipo aberto*[1871].

Uma das manifestações desta plasticidade da sociedade anónima prende-se com a circunstância de, no âmbito da sua estrutura, se ter registado o desenvolvimento paralelo de três principais modelos de governação diversos[1872].

[1870] Para uma primeira ilustração, pode confrontar-se: GEORGES RIPERT, *Aspects Juridiques du Capitalisme Moderne*², Paris (1951), 51-127; PAOLO SPADA, La Tipicità delle Società, Padova (1974); Id., *Dalla nozione al tipo della società per azioni*, in Riv.DCiv. ano XXXI, I (1985), 95-132; CARLO ANGELICI, *Società per azioni e in accomandita per azioni*, in EdD, XLII, Milano (1990), 977-1042; FRANCESCO GALGANO, Le Società per Azioni. Principi Generali (Artt. 2325-2341), in *Il Codice Civile. Commentario*, dir. P. SCHLESINGER, Milano (1996), 3-25; entre nós, veja-se MENEZES CORDEIRO, *Da Responsabilidade Civil dos Administradores das Sociedades Comerciais*, Lisboa (1996), 76-ss.; RUI MANUEL FIGUEIREDO MARCOS, *As Companhias Pombalinas – Contributo para a História das Sociedades por Acções em Portugal*, Coimbra (1997).

[1871] KARSTEN SCHMIDT, *Gesellschaftsrecht*⁴, cit., 770-775; OLIVEIRA ASCENSÃO, *A Tipicidade dos Direitos Reais*, Lisboa (1968), 64; Id., *Direito Comercial. IV. Sociedades Comerciais*, Lisboa (1993), 40; VINCENZO CARIELLO, *"Controllo Congiunto" e Accordi Parasociali*, Milano (1997), 41-43.

[1872] Para desenvolvimentos: PAULO CÂMARA, *Modelos de Governo das Sociedades Anónimas*, in *Reformas do Código das Sociedades*, Coimbra (2007), 181-242; Id., *Código das Sociedades Comerciais e Governo das Sociedades*, cit., 66-133.

IV – Ocorre, todavia, notar que no tratamento normativo da sociedade anónima deste século se verificou um desenvolvimento legislativo, de duplo sentido, que *acentuou as diferenças entre o regime da grande e o da pequena sociedade anónima.*

De um lado, diversos sistemas jurídicos passaram a contemplar um corpo de regras dirigidas a ampliar a autonomia estatutária quanto à organização e funcionamento da pequena sociedade anónima. Os ordenamentos alemão e francês documentam nitidamente este caminho evolutivo[1873]. A Alemanha conheceu, dentro do regime das anónimas, um desenvolvimento das regras sobre *Kleine Aktiengesellschaften,* sendo a admissibilidade de anónimas unipessoais acompanhada de um alargamento da liberdade de distribuição de dividendos e de uma flexibilização do processo de realização de assembleias gerais para todas as sociedades anónimas de pequena dimensão[1874]. No direito francês, assistiu-se à criação de um tipo societário autónomo – a *société par actions simplifiée,* sustentáculo jurídico de filiais comuns dominadas por sociedades abertas ao investimento do público, a merecer favores legislativos designadamente em relação à maleabilidade da sua estrutura organizativa[1875].

Se bem se reparar, é dissemelhante a ligação que estes avanços legislativos permitem documentar entre o atual direito da sociedade anónima e as normas de direito mobiliário que respeitam à dispersão do capital e à captação de aforro junto do público. Dada a enorme popularidade das *Gesellschaften mit beschränkter Haftung* no contexto empresarial alemão, mesmo como base de empresas de grande porte, a reforma germânica de 1994 teve como uma das suas principais motivações a de aliciar as pequenas e médias empresas a assumirem a forma de sociedade anónima para ulteriormente terem as suas ações admitidas à nego-

[1873] Agostino Gambino, *Verso la riforma della societá per azioni non quotata,* in *Rivista delle Società* (1998), 1581-1590.

[1874] Peter Hommelhoff, *"Kleine Aktiengesellschaften" im System des deutschen Rechts,* in AG nº 12 (1995), 529-538; Kurt G. Weiljfabienne Kutscher-Puis, *Vague de débureaucratisation des Sociétés Anonymes allemandes: naissance d'une Société par Actions Simplifiée à l'allemande?, DPCI,* t. 20, n. 3 (1994), 401-410.

[1875] As novidades introduzidas pela Lei nº 94/1, de 3 de janeiro de 1994 não tinham em vista, em derradeira análise, as pequenas e médias empresas, na medida em que as sociedades participantes no capital da *société par actions simplifiée* devem respeitar um exigente capital social mínimo (1,5 milhões de francos franceses). No entanto, a alteração introduzida pela lei nº 99-587 veio alargar esta possibilidade à constituição de SAS por pessoas singulares ou coletivas, abrindo também a porta às SAS unipessoais. Em geral, sobre a reforma francesa: Alain Couret/Paul Le Cannu (coord.), *Société par Actions Simplifiée,* Paris (1994); Yves Guyon, *Die Société par Actions Simplifiée (SAS) – eine neue Gesellschaftsform in Frankreich,* in ZGR (1994), 551-569; AA.VV., *La Société par Actions Simplifiée: Expériences nationales et etrangéres – perspectives europeènes,* in *Les Petites Affiches* nº 43 (9.4.1997), 1-31; Dominique Vidal, *La Société par Actions Simplifiée,* Paris (1994).

ciação em bolsa[1876]. Em contrapartida, em França a pequena sociedade anónima mantém-se firmemente arredada do direito dos valores mobiliários. Embora os sócios da *société par actions simplifiée* sejam necessariamente sociedades que fazem apelo ao aforro público, a este tipo de sociedade é vedado o recurso a ofertas públicas de subscrição.

Em confronto com estes sistemas jurídicos, é ainda tímida a reação esboçada pelo direito português. O quadro nacional de tipos de sociedades comerciais mantém-se inalterado desde a entrada em vigor da Lei das Sociedades por Quotas de 11 de abril de 1901, não se prevendo no nº 2 do art. 1º do Código das Sociedades Comerciais sub-tipos da sociedade anónima. Embora com este Código o número mínimo de sócios tenha descido, nas empresas privadas monossocietárias, de dez para cinco (art. 273º nº 1 CSC), é de notar que na transposição da 12ª Diretiva europeia em matéria de direito das sociedades (Diretiva nº 89/667/CEE, de 21 de dezembro de 1989) para o direito interno nacional se negligenciou o art. 6º da Diretiva quanto à possibilidade de extensão do regime das sociedades unipessoais às anónimas, fora dos quadros já permitidos no art. 488º CSC[1877].

Deve, aliás, ter-se em conta que grande parte das mudanças legislativas recentes no direito societário português foram impulsionadas pelas Diretivas europeias e que a evolução do direito das pequenas sociedades anónimas é, à data, alheio à influência comunitária. A ilustrá-lo, veja-se que nomeadamente a Segunda Diretiva apenas se aplica às *public companies*, e não já às *private companies*[1878].

A reforma societária de 2006 veio, em parte, conceder relevo à dimensão da sociedade anónima em materia de governação. Com efeito, a dimensão da

[1876] Peter Hommelhoff, *"Kleine Aktiengesellschaften" im System des deutschen Rechts*, cit., 530, 532-533; Id., *Les "Petites Sociétés Anonymes" dans le Système Juridique Allemand*, in *Revue des Sociétés* nº 2 (1996), 244-265 (246, 251, 253).

[1877] A transposição analógica de alguns traços do regime constantes dos arts. 270º-A e seguintes CSC à sociedade constituída sob domínio total inicial (também conhecida por subsidiária integral, fruto de um infeliz anglicanismo de inspiração brasileira) poderá impor-se, por respeito ao texto europeu. Mais pacífica – mas igualmente relevante do ponto de vista da distinção de tratamento normativo entre grande e pequenas sociedades anónimas – é a atualização do capital social mínimo destas para 50.000 euros, levada a cabo pelo DL nº 343/98, de 6 de novembro, cifra próxima da utilizada em outros ordenamentos europeus, embora corresponda a metade do capital mínimo homólogo exigido no direito italiano (art. 17º/8 do Decreto Legislativo nº 213, de 24 de junho de 1998).

[1878] Cfr. Paulo Câmara, *Anotações aos arts. 32º a 34º*, em Menezes Cordeiro (org.), *Código das Sociedades Comerciais Anotado2*, cit., 165-172. O facto é considerado relevante por Andrea Guaccero para fundamentar a maior autonomia estatutária nas *private companies*, à luz do direito inglês: *Gran Bretagna: Publice Private Companies*, in Mario Porzio/Marinela Rispoli Farina/Gennaro Rotondo (eds.), *La Riforma delle Società per Azioni non Quotate*, Milano (2000), 169-175 (171).

sociedade anónima é tida em conta para afastar o modelo de fiscalização clássico, na sua versão simplificada, às sociedades de elevado porte (art. 413º, nº 2 CSC). Além disso, mantém-se em vigor a permissão de administrador único e de diretor único em sociedades cujo respetivo capital social não exceda os 200.000 euros (arts. 390º e 424º CSC, na redação dada pelo DL nº 343/98, de 6 de novembro).

No mais, o direito societário nacional é caracterizado aqui por uma avisada flexibilidade, ao conceder a possibilidade de escolha de modelo de governo, entre os três modelos (e os diversos sub-modelos) possíveis (art. 278º CSC)[1879].

V – Este texto concentrar-se-á numa breve análise de outra vertente do desenvolvimento recente do direito das anónimas, representada pela autonomização do tratamento normativo dedicado à sociedade de estrutura acionista aberta ao investimento do público, o que conduziu à introdução no direito português do conceito de *sociedade aberta*.

Logo à partida deve advertir-se que este surgimento de novas regras dirigidas às sociedades abertas ao investimento do público apresenta implicações profundas seja para o direito societário seja para o direito mobiliário. Em relação ao primeiro, a regulação das sociedades abertas *realiza um movimento legislativo de sentido inverso* ao verificado na era oitocentista, revelado pela nova incidência de normas de direito público no espaço societário. O direito mobiliário, por seu turno, encontra aqui um motor de desenvolvimento da sua componente institucional, a par do lugar concedido às instituições financeiras e às autoridades de supervisão.

Suscitar-se-ão, naturalmente, dúvidas sobre o *acerto da inserção sistemática do tratamento legislativo da sociedade de estrutura acionista aberta ao investimento do público em diplomas formalmente societários ou, pelo contrário, em textos normativos do direito dos valores mobiliários*[1880].

O tema reveste-se de dificuldades que podem ser documentadas no panorama norte-americano. À partida, dir-se-ia que a ambiguidade entre a matéria societária e a mobiliária ficaria desfeita nos Estados Unidos, que nesta matéria constituem um interessante laboratório, pois vigora aí uma separação entre as competências para a legislação societária, de âmbito dos Estados federados, e a legislação mobiliária, cuja competência é de âmbito federal. Nem aí, todavia, a distinção assume inteira linearidade, pois frequentemente se cruzam diplomas federais e estaduais sobre a mesma matéria e a matéria das *publicly-traded*

[1879] Paulo Câmara, *O Governo das Sociedades e a Reforma do Código das Sociedades Comerciais*, cit., 121-133.

[1880] Cfr. *infra* § 32º, 1.

companies é objeto de previsões seja no *Securities Exchange Act* seja nas legislações estaduais[1881].

Nos ordenamentos continentais, o *avanço histórico*, mais que secular, da codificação societária em relação à codificação mobiliária conduziu a fenómenos de *absorção pontual de algumas matérias de direito mobiliário em leis societárias:* tal manifesta-se em que, sobretudo até à criação de autoridades administrativas independentes de supervisão, houvesse *produção normativa mobiliária contida em diplomas de vocação societária* (ou formalmente tidos como tal), sendo mais raro o fenómeno inverso. Entre nós, uma ilustração desta realidade pode encontrar-se na versão inicial do Código das Sociedades Comerciais, no tratamento que conferiu às ofertas públicas de aquisição (cf. os já revogados arts. 313º-ss. CSC).

Todavia, esta é uma questão a que não pode atribuir-se, neste momento, excessiva importância. Mais que um pólo de conflitos relativos à demarcação das fronteiras entre o direito dos valores mobiliários e o direito das sociedades, este é um espaço de confluência, de diálogo e de interdependência entre as duas disciplinas[1882].

3. *Evolução e quadro geral da distinção entre sociedades abertas e sociedades fechadas ao investimento do público: as raízes anglo-americanas*

I – A contraposição entre sociedades abertas e sociedades fechadas ao investimento do público é contrastante com o catálogo de tipos de sociedades comerciais constante do nº 2 do art. 1º do Código das Sociedades Comerciais, na medida em que este não considera a disseminação do capital social como índice de tipo autónomo. Este constitui um reflexo das mais diretas influências do sistema jurídico-societário nacional, sobretudo provindas de França, de Itália e da Alemanha. Com efeito, a autonomização de um conjunto de regras dedicadas às sociedades cujo capital social está representado por ações dispersas pelo público foi inicialmente forjada em território britânico, como abaixo se documenta.

II – A distinção entre *public limited company* e *private limited company* foi primeiro reconhecida no Reino Unido no *Companies Act* de 1900 sendo ulteriormente retomada, com uma determinação legal das respetivas consequências, no *Companies Act* de 1907 e no *Companies (Consolidation) Act* de 1908[1883].

[1881] Em geral: Harry Henn/John Alexander, *Law of Corporations*³, St. Paul (Minn.) (1983), 29-ss.; Roberta Romano, *The Genious of American Corporate Law*, Washington (1993), 1-6, 75-117; Id., *Empowering Investors: A market Approach to Securities Regulation*, in *Yale Law Journal* vol. 107, nº 8 (Jun.-1998), 2363-2367; Pier Giusto Jaeger/Francisco Denozza, *Appunti di Diritto Commerciale. I – Impresa e Società*³, Milano (1994), 469.

[1882] Associazione Disiano Preite, *Rapporto sulla Società Aperta*, Bologna (1997), 57-58.

[1883] Podem divisar-se antecedentes mais remotos no *Bubble Act* de 1720 que indirectamente concedia relevo a esta distinção, sem a nominar, ao interditar as *unchartered joint stock companies* de

Estes diplomas faziam incluir previsões legislativas a demarcar o conceito de *private company*, definida esta pelo número de sócios – mais de um e menos de 50[1884] –, pela existência de restrições à transmissibilidade das ações representativas do seu capital social e pela interdição do recurso ao aforro público[1885]. Os primeiros tempos da figura foram caracterizados por uma crescente popularidade contrabalançada por alguma inquietude legislativa. O regime de favor definido para as *private companies* – sobretudo no tocante à exceção de apresentação do documento anual de prestação de contas junto do *Registrar of Companies* – deu lugar a abusos, por propiciar uma confidencialidade da situação financeira de empresas importantes para o Estado britânico. Tal determinou a reformulação desta categoria no *Companies Act* de 1948, dando origem à designação legal de *exempt private companies* a qual, em reação legislativa mais veemente, acabou por ser suprimida em 1967[1886].

A matéria seria novamente reformulada no *Companies Act* de 1980, desta feita dando origem à autonomização da definição normativa de *public company*, que se manteria na vigência do *Companies Act* de 1985. A qualidade de *public company* decorre da sua indicação nos estatutos e da sua alusão na composição da firma

recorrerem à subscrição pública (HARRY HENN/JOHN ALEXANDER, *Law of Corporations*[3], cit., 21). Há também notícia de decisões jurisprudenciais britânicas do século XIX que aludiam ao conceito de *private company* – a saber, *Re British Seamless Paper Box Co.* (1881) e *Broderip v. Salomon* (1895) – sem que, no entanto, tal significasse a sujeição a um regime legal definido, antes visando recortar uma categoria de entes que voluntariamente renunciavam ao recurso ao financiamento societário através do apelo ao aforro do público (MICHAEL BOWEN, *Fox and Bowen on The Law of Private Companies*[2], London (1995), 1).

1884 No direito inglês, a contraposição entre sociedade aberta e sociedade fechada foi importante na redução das exigências quanto ao número mínimo de sócios: no *Joint Stock Companies Act* o número mínimo era de sete membros (*sections* 3), tendo com o *Companies Act* de 1907 reduzido para dois sócios no caso de *private company* (*section* 34 (4)) (JOHN FARRAR/BRENDA HANNIGAN, *Company Law*[3], London/Dublin/Edinburgh (1991), 62; MICHAEL BOWEN, *Fox and Bowen on The Law of Private Companies*[2], cit., 2-3).

1885 É muito interessante constatar que volvidos mais de cem anos sobre o *Consolidation Act* britânico de 1908 se encontra ainda em vigor uma definição exactamente decalcada desse instrumento normativo no direito do Québec: a *Loi sur les Valeurs Mobilières* define a *société fermée* como aquela em que se restringe o direito de transmitir as acções, em que se veda o recurso aos convites ao público para a subscrição de valores mobiliários e em que se limita a cinquenta o número de acionistas, excluindo os trabalhadores, atuais e passados. Sobre a formulação originária inglesa: ANDRÉ TUNC, *Le Droit Anglais des Sociétés Anonymes*[3], Paris (1987), 38-39; L.C.B. GOWER, *Principles of Modern Company Law*[5], London (1992), 49-51. Relativamente ao conceito do direito do Québec: MAURICE MARTEL/PAUL MARTEL, *La Compagnie au Québec. Les Aspects Juridiques*, Vol. 1, Montréal (1998), 35-2.

1886 STEPHEN MAYSON/DEREK FRENCH/CHRISTOPHER RYAN, *Company Law*[14], London (1997), 40-42; JOHN FARRAR/BRENDA HANNIGAN, *Company Law*[3], cit., 44-46; MICHAEL BOWEN, *Fox and Bowen on The Law of Private Companies*[2], cit., 5.

(aditamento da expressão *public limited company* ou da sigla *plc*). As *private companies*, que o *Financial Services Act* impede de estarem admitidas à negociação em bolsa e de emitirem valores mobiliários representativos de dívida[1887], passaram a ser recortadas residualmente por oposição às sociedades abertas[1888], deixando de contar com uma limitação ao número de sócios – podendo inclusivamente ser unipessoais a partir de 1992, por efeitos da transposição da Diretiva 89/667/ /CEE, de 21 de dezembro de 1989[1889].

III – Paralelamente ao desenvolvimento britânico em relação às especialidades de regime das sociedades abertas, nos Estados Unidos verificou-se homólogo movimento no direito federal e no direito dos estados federados a distinguir as *closely-held corporations* (ou *close corporations*) das *publicly-held corporations*[1890].

Além do aproveitamento inteligente da experiência britânica[1891], na base da utilização legislativa desta distinção deve ser tida em conta a influência teórica de *Berle* e *Means*, máximos responsáveis nos anos 1930 pela detecção da importância económica das sociedades em que, fruto da multiplicação de acionistas, existe uma *separação entre a titularidade acionista e o controlo societário*[1892]. Partindo

[1887] Cf. *Section* 143 (3) FSA e a propósito Barry Rider, *Guide to Financial Services Regulation*[3] (1989), Oxfordshire, 808-809.

[1888] Em referência está a *section* 1 (3) CA 1985, que corresponde a atual *section* 4 (1) CA 2006.

[1889] O *Companies Act* distinguiria ainda, com base na dimensão, diversos graus de exigência na organização dos elementos contabilísticos de pequenas e médias empresas: cf. L. S. Sealy, *Cases and Materials in Company Law* (1992), 6. Difícil é, no entanto, encontrar em solo britânico critério consensual quanto à diferenciação entre a sociedade de pequena dimensão e de grande dimensão, em atenção a parâmetros económicos: em 1994, o *Department of Trade and Industry* detectou nove diferentes acepções em textos legislativos e pré-legislativos de direito societário, de direito fiscal e de direito bancário (John Farrar/Brenda Hannigan, *Company Law*[4], London/Edinburgh/Dublin (1998), 38-41).

[1890] William Cary/Melvin Eisenberg, *Corporations – Cases and Materials*7, Westbury (1995), 389-403.

[1891] É bom ter presente que a exigência do prospeto popularizada pelo *Securities Act* de 1933 também decorre de influência do Reino Unido, que já previra idêntica figura desde há quase noventa anos mais cedo, no *Companies Act* de 1844. Cf. Harold Bloomenthal/Samuel Wolff, *Emerging Trends in Securities Law*, London (1998-99), Harry Henn/John Alexander, 1091-1095; Louis Loss, *Fundamentals of Securities Regulation*, Boston/Toronto (1983), 1-7; Paulo Câmara, *Os deveres de informação e a formação de preços no mercado de valores mobiliários, in Cadernos do Mercado de Valores Mobiliários nº 2 (1998), 82, n. 4.*

[1892] Os autores definem a sociedade aberta como *a corporation in which a large measure of separation of ownership and control has taken place through the multiplication of owners* (Adolph A. Berle/Gardiner C. Means, *The Modern Corporation and Private Property*, New Brunswick/London (1932, reed. 1991), 5). É claro que o fenómeno da massificação do accionariado interessa aos autores sobretudo do ponto de vista da dispersão do capital social e da subtração de instrumentos de controlo à maioria (William Cary/ /Melvin Eisenberg, *Corporations – Cases and Materials*[7], cit., 242).

de um quadro estatístico extremo – e, diga-se, muito distante do cenário empresarial português[1893] –, em que os maiores acionistas de uma significativa parcela das empresas norte-americanas, mercê da intensa disseminação do capital, não detinham mais que 3% do capital social, *Berle* e *Means* traçam um diagnóstico céptico quanto aos instrumentos de controlo acionista das sociedades abertas. O quadro apresentado pelos autores é o da perda de poder decisório dos acionistas em benefício dos administradores em virtude da desmotivação para o exercício dos direitos sociais em tais sociedades e graças à desvantagem no controlo das procurações para o exercício do direito de voto (as *proxies*). As repercussões desta constatação feita por *Berle* e *Means* foram vibrantes, deixando fundações para toda a subsequente análise económica do direito das sociedades abertas e abrindo portas para a análise dos problemas relacionados com o governo das sociedades (*corporate governance*).

Frise-se que à data da publicação da obra de *Berle* e *Means* não havia reflexos legais da abertura ao público[1894], mas a sua obra determinou profundamente as principais leis mobiliárias federais – o *Securities Act* de 1933 e o *Securities Exchange Act* de 1934, ambos ainda em vigor. Este último diploma impôs um vasto conjunto de deveres às sociedades abertas: deveres de registo dos valores mobiliários admitidos à cotação em bolsa; e deveres de informação das sociedades cotadas em bolsa e das sociedades com mais de 500 sócios ou com mais de um milhão de dólares de património; deveres de informação dos administradores e sócios qualificados das sociedades abertas[1895].

A contraposição entre *closely-held corporations* (ou *close corporations*) e *publicly-held corporations* viria também, paulatinamente, a ser recebida nas legislações estaduais norte-americanas[1896]. A técnica distintiva nos direitos dos estados federados não se revelaria uniforme, embora os critérios mais utilizados sejam o número de sócios, a inexistência de um mercado para a negociação das participações sociais e a influência dos sócios na administração[1897].

[1893] Cfr. *supra*, § 29º, 4 e sobre o tema: SAMPAIO E MELLO, *Competitividade do Mercado de Acções Português*, Lisboa (1996), 26-ss., 59-65.

[1894] Op. cit., 7.

[1895] *Sections* 12, 13, 14 e 16 do *Securities Exchange Act*. V. nomeadamente DAVID RATNER, *Securities Regulation*, St. Paul, Minn. (1996), 93-100.

[1896] O Estado de *Delaware*, onde – por mérito da flexibilidade e aprimoramento da sua legislação societária – se constituem a maioria das grandes sociedades passou a dedicar em 1967 uma secção às sociedades fechadas na sua *General Corporation Law* – prática, aliás, também seguida nos direitos de outros Estados federados –, o que constitui um sinal de que a competitividade de legislações estaduais também se faz sentir, no contexto norte-americano, em relação às sociedades fechadas (ROBERTA ROMANO, *The Genious of American Corporate Law*, cit., 24-28; HARRY HENN/ /JOHN ALEXANDER, *Law of Corporations*³, cit., 31-32).

[1897] HARRY HENN/JOHN ALEXANDER, *Law of Corporations*³, cit., 694-705 (695, 705).

Não pode, por fim, deixar de se fazer referência, no âmbito do direito dos Estados federados norte-americanos, à génese de uma nova figura societária – a *limited liability company* (também denominada *statutory partnership association)*, criada em 1977 no Estado do *Wyoming* e que nas décadas de oitenta e noventa se difundiu em quase todo o espaço jurídico norte-americano[1898]. Trata-se de uma sociedade com dilatada autonomia estatutária constituída em geral com um mínimo de dois sócios – pese embora seja crescente, nos direitos estaduais, a admissibilidade de *limited liability companies* unipessoais – que pode recorrer ao aforro do público, podendo nomeadamente emitir ações com direito a uma quota de liquidação preferencial, por forma a ajustar-se a empresas dedicadas a investimentos (v.g. tecnológicos) de maior risco[1899].

IV – *É importante fazer notar que a autonomização da categoria das sociedades abertas funcionou como motor do desenvolvimento do direito dos valores mobiliários e da criação de autoridades de supervisão.*

De facto, a transposição da problemática das sociedades com o capital social pulverizado para o contexto continental liga-se de perto à criação de autoridades administrativas de supervisão, tendo por referência a norte-americana *Securities and Exchange Commission* (SEC)[1900].

Deve salientar-se, neste contexto, a introdução em França de um regime dedicado às *sociétés faisant appel à l'épargne* na lei das sociedades comerciais de 24 de julho de 1966, que antecedeu a criação, no ano seguinte, da primeira autoridade europeia de supervisão especializada na área mobiliária: a *Commission des Opérations de Bourse* (COB)[1901]. Esta teria como missão principal a de zelar pela proteção das poupanças aplicadas em valores mobiliários devendo, nesse

[1898] *Id., ibid.*, 101-109.

[1899] Para uma descrição, consulte-se Rémi Turcon, *La L.L.C. Américaine: Étude de Droit Comparé,* in *Les Petites Affiches* nº 43 (9.4.1997), 26-31.

[1900] Para uma análise crítica desta evolução: Nelson Eizirik, *Propriedade e controlo na companhia aberta – uma análise teórica,* in *Revista de Direito Mercantil* (1984), 99-103.

[1901] Lembre-se, a este respeito, já em inícios dos anos cinquenta Ripert – responsável pela afirmação, tornada célebre, de que *le société anonyme est un merveilleux instrument créé par le capitalisme moderne pour collecter l'épargne en vue de la fundation et de l'exploitation des entreprises* – advertia que a defesa da recolha do aforro público constituía a primeira prioridade na política legislativa societária: *le vrai problème est celui de la collecte de l'épargne (...). Cette création d'une richesse nouvelle, et au fond fictive, doit attirer l'atention du legislateur* (Georges Ripert, *Aspects Juridiques du Capitalisme Moderne*[2], cit., 109, 118). Apesar do pioneirismo assinalado no texto à autoridade administrativa francesa, não deve esquecer-se que a primeira autoridade de supervisão europeia foi a *Commission Bancaire* belga, criada em 1935, e de poderes de supervisão em toda a área financeira, cujo controlo efetuado em relação à informação societária influenciou diretamente a sua congénere francesa.

âmbito, controlar a veracidade, a completude e a clareza da informação transmitida pelas sociedades que fazem apelo ao aforro público[1902].

Sete anos mais tarde, à França seguir-se-ia a Itália na autonomização de regras dedicadas às sociedades cotadas passando a prever-se designadamente a possibilidade de emissão de ações preferenciais sem voto e instituindo-se um controlo mais apertado para os respetivos documentos financeiros. Uma vez mais, estas regras vieram acompanhadas da criação de uma autoridade de supervisão – a *Commisione nazionale per le società e la borsa,* designada abreviadamente por Consob –, sob o enquadramento da Lei nº 216, de 7 de junho de 1974[1903]. Há mais de uma década, o espaço dedicado às sociedades cotadas foi ampliado através do esforço codificador levado a cabo pelo *Testo Unico sull'Intermediazione Finanziaria,* aprovado pelo decreto legislativo nº 58, de 24 de fevereiro de 1998[1904].

Na implantação definitiva de um regime das sociedades abertas, em reconhecimento da importância do legado anglo-americano já assimilado em França e Itália, viria a ter papel protagonista a harmonização comunitária. É também por esta via que o regime das sociedades com subscrição pública chegaria ao ordenamento português.

4. *A receção no direito português*

I – No espaço jurídico nacional, as primeiras referências em textos legislativos dedicadas às sociedades abertas ao investimento do público surgiram a propósito do processo de constituição de sociedades através de subscrição pública (artigos 164º e 165º do Código Comercial) e dos deveres de informação das sociedades com ações cotadas em bolsa (art. 43º do DL nº 8/74, de 14 de janeiro). Não se consignava então, todavia, um conceito de sociedade aberta.

Credita-se, por isso, ao Código das Sociedades Comerciais a introdução do conceito de *sociedade com subscrição pública*[1905]. O legislador faz incluir nesse

[1902] Sobre a reforma introduzida em França pela Lei nº 66-537, de 24 de julho de 1966 e pela *Ordonnance* nº 67-833, de 28 de setembro de 1967, cf. nomeadamente Michel Jeantin, *Droit des Sociétés*³, Paris (1994), 333-360; Vanina Paoli-Gagin, *Les Commissions des Valeurs Mobilières aux États-Unis et en Europe. Des origines a nos jours,* Bruxelles (1998), 24-27, 80, 193; Georges Ripert/René Roblot, *Traité de Droit Commercial*¹³, t. 2, Paris (1992), 74-80; Lucien Martin, *Banques et Bourses*³, in Michel de Juglart/Benjamin Ippolito, *Traité de Droit Commercial,* Paris (1991), 691-699.

[1903] Renzo Costi, *Il Mercato Mobiliare,* Torino (1997), 22-24; Francesco Galgano, *Le Società per Azioni. Principi Generali (Artt. 2325-2341),* cit., 71-76; Associazione Disiano Preite, *Rapporto sulla Società Aperta,* cit., 38-42 (41-42); Niccolò Salanitro, *Società per Azioni e Mercati Finanziari,* Milano (1996), 20-56.

[1904] Gustavo Minervini, *Le società quotate nel Testo Unico sull'intermediazione finanziaria. Prove techniche di una riforma,* in *Rivista di Diritto Civile* nº 3 (1998), 205-214.

[1905] Oliveira Ascensão, *Direito Comercial. IV. Sociedades Comerciais,* cit., 179-193; Jorge Brito Pereira, *A OPA Obrigatória,* Coimbra (1998), 117-181.

conceito três tipos de sociedades: as sociedades constituídas com apelo à subscrição pública; as sociedades que, num aumento de capital, tenham recorrido a subscrição pública; e as sociedades cujas ações estivessem, à altura, cotadas na bolsa[1906].

II – A entrada em vigor do Código do Mercado de Valores Mobiliários de 1991 determinou nova fase do regime das sociedades abertas. O artigo 527º, nº 1 *a)*, inserido sistematicamente no tratamento das ofertas públicas de aquisição, na sua versão originária equiparava às sociedades com subscrição pública a que se refere a alínea *a)* do nº 1 do artigo 313º do Código das Sociedades Comerciais as sociedades que, embora não pudessem qualificar-se como tal segundo o disposto no artigo 284º do mesmo Código, houvessem dispersado o seu capital pelo público por qualquer outra forma não prevista neste último preceito, nomeadamente através de oferta ou ofertas públicas de venda ou troca lançadas pela própria sociedade ou pelos seus acionistas.

De seu lado, as modificações ao Código do Mercado de Valores Mobiliários impostas pela entrada em vigor do DL nº 261/95, de 3 de outubro acarretaram duas novidades de monta no regime mobiliário da sociedade aberta. De um lado, a par da revogação do alargamento conceptual constante do art. 527º, introduziu-se o conceito de *sociedade de subscrição pública* no art. 3º, nº 1 alínea *j)* do Código do Mercado de Valores Mobiliários; de outro lado, dada a amplitude deste último, foi firmado o correlativo instituto da perda de qualidade de sociedade de subscrição pública (art. 531º-A)[1907]. As sociedades de subscrição pública passaram a ser definidas diretamente como as sociedades que tenham parte ou a totalidade do seu capital social disperso pelo público. Foram, demais, estabelecidos cinco índices relevantes de dispersão acionista: a constituição com apelo à subscrição pública, de acordo com o regime fixado nos arts. 279º e seguintes da lei societária; a realização de aumento de capital através de subscrição pública; a cotação em bolsa das ações representativas do seu capital social; o lançamento de oferta pública de venda ou de troca; e a realização de vendas em bolsa, nos termos do artigo 366º do Código do Mercado de Valores Mobiliários. Nota-se, porém, que o legislador – tendo no mesmo diploma revogado alguns preceitos do Código das Sociedades Comerciais – manteve em vigor o art. 284º CSC, dando lugar a uma nefasta e insustentável duplicação de figuras nesta matéria.

[1906] Anota-se que esta formulação conceptual impunha uma taxatividade de situações a dar lugar à qualificação da sociedade como com subscrição pública mas é carecida de unidade, na falta de uma referência direta à dispersão de capital da sociedade. Tratava-se, demais, de uma definição normativa sem pretensões de exclusividade, na medida em que o art. 284º CSC ressalva a existência de lei em contrário.

[1907] AMADEU FERREIRA, *Direito dos Valores Mobiliários*, Lisboa (1997), 94-97.

III – Esta descrição permite compreender as deficiências de técnica legislativa na delimitação da sociedade aberta, antes da entrada em vigor do Código dos Valores Mobiliários. À altura, duas formulações da categoria coexistiam: o conceito de sociedade com subscrição pública (art. 284º CSC) e o conceito de sociedade de subscrição pública (art. 3º/1. *j)* Cód.MVM). Daqui resultava a *assistematicidade que rodeava a categoria das sociedades abertas ao investimento público, na medida em que existiam dois conceitos próximos em diplomas separados com significados diversos.*

A disparidade começava na terminologia, na medida em que o art. 284º CSC tratava da sociedade *com* subscrição pública, ao passo que o art. 3º/1.*j)* Cód.MVM incluía o conceito de sociedade *de* subscrição pública. Nenhum dos vocábulos, aliás, seria acertado porque em ambos os casos a abertura ao público não decorre necessariamente de *subscrição* pública – ou seja, de dispersão através do mercado primário – podendo nomeadamente ser consequência da admissão das ações em bolsa.

O problema maior, todavia, residia na discrepância de conceitos entre as duas leis, particularmente em relação a três aspetos: o Código das Sociedades Comerciais excluía sociedades que *no passado* tiveram as suas ações cotadas em bolsa, o que era tido em conta no Código do Mercado; a lei societária não inclui *dispersão através de oferta pública de venda ou oferta pública de troca,* ao contrário da lei mobiliária; e o Código das Sociedades afasta a dispersão através de *vendas em bolsa,* que por seu turno releva para efeitos do art. 366º/2 Cód.MVM.

Daqui resultava um conceito mais restrito no Código das Sociedades Comerciais, concebendo-se a hipótese de – em qualquer das três situações atrás referidas – uma sociedade de subscrição pública à luz do Código do Mercado não ser qualificada como sociedade com subscrição pública pelos critérios societários. A articulação entre os dois conceitos obriga a considerar que cada qual se aplicará às consequências previstas no diploma respetivo que o consagra[1908]. O facto de a definição do art. 284º CSC não gozar, como vimos, de pretensões sistemáticas – admitindo definições diversas em outros diplomas legais – confirma este entendimento.

IV – As apontadas deficiências foram anuladas com a consagração do conceito de sociedade aberta, tal como fixado no Código dos Valores Mobiliários, tornado conceito único e comum a todo o sistema jurídico português, ao abrigo do art. 7º do DL nº 486/99, de 13 de novembro[1909].

[1908] Embora não se debatendo com o problema aqui equacionado, parece retirar conclusão idêntica (ao considerar que a noção de sociedades com subscrição pública *apenas se justifica pelos efeitos a que estão submetidas):* Oliveira Ascensão, *Direito Comercial.* IV. *Sociedades Comerciais,* cit., 179.

[1909] Cfr. *infra,* § 29º, 6. I.

Este diploma pôs termo a um percurso legislativo sinuoso, a incluir quatro formulações diferentes em treze anos. O período de gestação da solução vigente determinou um claro hibridismo das referências historico-culturais que subjazem aos critérios delimitativos da sociedade aberta no direito nacional, ao abrigo do atual art. 13º do Código dos Valores Mobiliários. A sua análise deve ser precedida de um enquadramento sobre os traços estruturais da sociedade aberta, para melhor poder enquadrar o respetivo regime.

5. *Análise tipológica: fundamento estrutural da distinção*

I – Do ponto de vista estrutural, estas sociedades abertas ao investimento do público exibem problemas próprios sobretudo ao nível das relações de poder dentro da sociedade. Aqui costuma distinguir-se entre a *estrutura interna* e a *estrutura externa* da conformação do poder na sociedade aberta. É de acordo com esta ordem que se prossegue.

II – No plano da estrutura interna, impõe-se notar, em primeiro lugar, que a sociedade aberta é aquela em que, mercê da dispersão das ações pelo público, existe a possibilidade de uma minoria de sócios lograr reunir a posição de domínio sobre essa sociedade. O limite mais baixo a constituir o dever de lançamento de OPA constitui eloquente demonstração deste aspeto, no direito positivo, porquanto impõe o lançamento de oferta quando superado o terço dos direitos de voto da sociedade aberta (art. 187º, nº 1 CVM)[1910].

Por conseguinte, surge aqui mais nítida a contraposição entre os fornecedores de capital e as pessoas a que incumbe a sua administração: é o que se designa a *separação entre a propriedade acionista e o controlo da mesma sociedade*, detido este apenas por uma minoria de participantes no capital social.

Em consequência deste facto, as sociedades abertas patenteiam um risco maior ligado ao que se denomina de *problemas de agência* (*agency problems*) – isto é, denunciam uma maior probabilidade de desvio entre o fim prosseguido pela sociedade e os atos praticados pelos seus representantes[1911].

Daqui resulta uma preocupação maior em resolver as situações que podem originar potenciais conflitos de interesses. Este é, também, o núcleo de problemas ligados ao governo das sociedades abertas.

[1910] Cfr. *infra*, § 34º, 7.

[1911] Cfr. Reinier Kraakman/Paul Davies/Henry Hansmann/Gérard Hertig/Klaus Hopt/ /Hideki Kanda/Edward Rock, *The Anatomy of Corporate Law. A Comparative and Functional Approach*, Oxford (2004), *passim;* Lucian Bebchuk/Jesse Fried, *Pay Without Performance*, Cambridge/London (2004); Id., *Executive Compensation as an Agency Problem*, *Journal of Economic Perspectives* (Summer 2003).

Além disso, a malha de interesses que são aqui relevantes para a sociedade aberta é mais complexa porque não só temos de atender aos interesses dos acionistas atuais, aos interesses dos credores e dos trabalhadores – portanto, dos terceiros com os quais a sociedade contacta –, mas também com os interesses dos investidores, isto é, com os interesses daqueles que são potenciais acionistas (não são acionistas efectivos mas que acompanham a evolução da sociedade e que podem revelar-se potenciais adquirentes das ações dessa sociedade). Se a sociedade aberta se singulariza por ter aberto o seu capital acionista ao mercado, por conseguinte, a malha de sujeitos nela envolvidos (*stakeholders)* é mais vasta.

III – Quanto à estrutura externa, importa referir que a abertura da sociedade ao mercado implica, por um lado, uma maior volatilidade a mudanças de controlo: a sociedade aberta movimenta-se num mercado de controlo acionista (*market for corporate control*). Como refere García de Enterria: *o controlo societário, como elemento que acarreta a faculdade de administração da empresa e, com isso, a possibilidade de rentabilizar o próprio investimento, converte-se num bem susceptível de ser adquirido e transmitido, em virtude fundamentalmente do princípio de livre transmissão das ações*[1912].

É neste contexto que ganha expressão o fenómeno, que à frente se estudará com pormenor, das ofertas públicas de aquisição[1913]. Com efeito, o facto de uma sociedade ter ações que estão a ser negociadas abertamente em mercado significa que essa sociedade, tendo embora a facilidade de se financiar através do mercado, é em contrapartida mais permeável a mudanças do controlo acionista, nomeadamente através do lançamento de ofertas públicas de aquisição.

Por outro lado, do ponto de vista da pressão externa sobre estas sociedades, é muito importante também mencionar a pressão sobre o desempenho. Numa sociedade comercial normal familiar, se os resultados societários decrescem, os efeitos são fundamentalmente intra-societários, nomeadamente através da diminuição dos dividendos a receber no fim do exercício.

Porém, se estamos perante uma sociedade aberta ao investimento do público, os piores resultados conduzem tendencialmente os investidores à alienação das participações sociais, o que levará por seu turno a uma descida dos preços do mercado das ações dessa sociedade, pela diminuição da procura dos valores mobiliários (numa aplicação do que de designa por *Wall Street rule).* Tal provoca uma erosão no preço das ações, propiciando o aparecimento de tomadas de domínio hostis. Por isso, refere-se existir uma *função disciplinadora das ofertas públicas de aquisição*[1914].

[1912] Javier García de Enterria, *Mercado de Control, Medidas Defensivas y Ofertas Competidoras. Estudios sobre OPAs,* Madrid (1999), 25.

[1913] Cfr. *infra,* §§ 33º-36º.

[1914] Cfr. *infra,* §§ 33º, 4.

Este é um fenómeno de extremo relevo nas atuais correntes metodológicas quanto à *análise económica do direito das sociedades abertas*[1915]. O princípio da liberdade de lançamento de ofertas públicas de aquisição acaba por ter uma função economicamente salutar, estimulando a optimização do desempenho das sociedades e dos titulares do órgão de administração. Quanto melhor o desempenho societário, mais elevado será tendencialmente a cotação das ações e, em consequência, mais remota será a possibilidade de uma investida hostil. Daqui se infere a função disciplinadora das OPAs.

IV – Uma resolução satisfatória deste problema passa por eleger como critério delimitador decisivo para aliar a consideração da estrutura de financiamento a capitais exteriores – mesmo que tal não envolva a cotação em bolsa – à superação das dificuldades de concretização de um critério quantitativo deve assentar no conceito de *mercado*. Na base do entendimento doutrinário da literatura norte-americana, como sociedade aberta qualifica-se a que tem um número de acionistas suficientemente amplo que permita o desenvolvimento de um mercado ativo no qual as ações são negociadas[1916]. Pode, assim, dizer-se em síntese que *a sociedade aberta é a sociedade que se coloca no mercado de controlo acionista*[1917].

[1915] Entre muitos: John C. Coffee Jr., *Regulating the Market for Corporate Control; A Critical Assessment of the Tender Offer's Role in Corporate Governance,* in Columbia LR, 84 (1984), 1145-1296; Alexander Dyck/Luigi Zingales, *Private Benefits of Control: An International Comparaison, Journal of Finance* nº 2 (2004), 537-600; Luigi Zingales, *Costs and Benefits of Financial Market Regulation,* cit.; Sanjai Baghat/Roberta Romano, *Empirical Studies of Corporate Law,* em A. Mitchell Polinsky/Steven Savell (org.), *Handbook of Law and Economics* (2005) = ECGI WP 05.16; Mike Burkart, *Economics of Takeover Regulation,* Discussion Paper n. 256, LSE Financial Markets Group (1996); Frank Easterbrook/Daniel Fischel, *Takeover Bids, Defensive Tactics, and Shareholders' Welfare, Bus. Law.* 36 (1981), 1733-1750; Id., *Corporate control transactions, Yale LJ* (1981/82), 698-737; Michael Jensen/William H. Meckling, *Theory of the firm: Managerial Behavior, Agency Costs, and Ownership Structures, Journal of Financial Economics* 3 (Oct. 1976), 305-360; Michael Jensen/ /Ruback, *The market for corporate control: the scientific evidence,* in *Journal of Financial Economics,* Vol. 11 (1983), 127-168.

[1916] Robert W. Hamilton, *The Law of Corporations,* St. Paul, Minn. (1996), 286. Próxima desta conceção é a subjacente à delimitação de companhia aberta no direito brasileiro pois, como já se disse, a Lei nº 6.404, de 15 de dezembro de 1976 considera que a companhia é aberta ou fechada *consoante os valores mobiliários de sua emissão estejam ou não admitidos à negociação em bolsa ou no mercado de balcão.* Cfr. também *infra,* § 50º, 5.

[1917] A título de balanço, deve também reparar-se que a sociedade aberta ao investimento público tem, para o direito mobiliário, diversos pontos de contacto com o conceito de instituição de crédito na área da banca: ambas as figuras se definem por pressuporem um contacto com o público; em ambas existe uma *recolha massificada de poupanças;* e quer uma, quer a outra se inserem, no circuito financeiro, na interligação entre aforro e investimento. Não existe, todavia, uma assimilação entre as duas figuras, servindo o conceito de fundos reembolsáveis de importante elemento distintivo. Com efeito, a definição de instituição de crédito, na sequência das Diretivas comunitárias

V – A consideração dos elementos infra-jurídicos para compreender os aspetos distintivos da sociedade aberta documenta uma maior concentração acionista na Europa – o que vem igualmente reflectir-se em Portugal. De facto, a fazer fé num estudo da Bolsa de Valores de Lisboa datado de 1998, verificou-se que o maior acionista detém, em média, 39% do capital social da sociedade admitida à negociação no mercado de cotações oficiais[1918]. Nos Estados Unidos, em contraste, a média é de 5% e de 10% no Reino Unido). A pressão do mercado sobre o desempenho das sociedades (o *controlo externo*) foi, por estes motivos, avaliada como limitada em Portugal.

A estrutura acionista concentrada apresenta reflexos no governo das sociedades abertas. Os titulares de participações qualificadas à partida terão mais incentivos para acompanhar diligentemente a administração. Em contrapartida, haverá uma clivagem maior entre acionistas maioritários e minoritários.

6. *Os efeitos jurídicos da abertura do capital social; a aquisição da qualidade*

I – Como notado, o Código dos Valores Mobiliários procedeu a uma autonomização formal da categoria das sociedades abertas ao investimento do público: essa autonomização surge precisamente nos arts. 13º e ss., sendo referida ao longo de todo o diploma.

Trata-se de um conceito *que é comum a toda a ordem jurídica portuguesa.* De facto, no art. 7º do DL nº 486/99, de 13 de novembro – diploma de aprovação do Código dos Valores Mobiliários – determina-se que outras expressões que tenham sido utilizadas pelo legislador (sociedades com subscrição pública e sociedades de subscrição pública) passam agora a designar-se sociedades abertas ou mais extensivamente, sociedades abertas ao investimento do público.

assenta na atividade de receção de fundos reembolsáveis (art. 2º RGIC), o que não inclui a emissão de acções, em que não existe um crédito sobre a entidade emitente, faltando a característica da reembolsabilidade. Tal serve, aliás, de principal argumento para considerar, no contexto das operações de securitização de créditos, que os emitentes de valores mobiliários na base destes esquemas de transmissão de créditos (os *special purpose vehicle* emitentes de *pay-trough securities*), embora tendo como objeto exclusivo o recurso ao aforro público, não se qualificam como instituições de crédito (Theodor Baums/Eddy Wymeersch, *Asset-backed securitizarion in Europe*, London/The Hague/Boston (1996), 140-141, 255-256). Além disso, a aproximação do regime das sociedades abertas à disciplina, mais apertada, das sociedades bancárias pode ser perniciosa: facilmente se entende que o direito mobiliário, sendo moldado para sustentar, em bases sãs, o crescimento do mercado e a proteção dos investidores, pode, em formulações radicais, acabar por o prejudicar. Exemplificadamente, o regresso à dependência de autorização administrativa – que ainda vigora em relação às instituições de crédito e sociedades financeiras para a constituição de sociedades abertas significaria um claro retrocesso.

[1918] Sampaio e Mello, *Competitividade do Mercado de Acções Português*, cit., 26-ss., 59-65, 68-72.

Para estudarmos esta categoria societária, importa atender a dois aspetos: *como é que este estatuto se adquire e como é que se perde;* e seguidamente *quais são as implicações jurídicas que decorrem do estatuto de sociedade aberta ao investimento do público.*

II – Em primeiro lugar, interessa apurar os meios através dos quais uma sociedade pode adquirir a qualidade de sociedade aberta ao investimento do público. A resposta é dada pelo art. 13º do Código dos Valores Mobiliários, preceito que nos vem indicar uma *lista fechada* de modos através dos quais a sociedade sujeita a lei pessoal portuguesa[1919] adquire esta qualidade.

A qualidade de sociedade aberta adquire-se automaticamente, bastando para tal a verificação de uma das situações previstas no art. 13º. A eficácia que se desprende do estatuto de sociedade aberta não depende de uma declaração judicial ou administrativa. Dito de outro modo: uma sentença que confirme a natureza de sociedade aberta terá sempre alcance declarativo, e não constitutivo. O ponto é importante porque, como se verá, diverso sistema vale para a perda de qualidade de sociedade aberta[1920].

Não é apenas através da verificação pelo intérprete que, de facto, aquela sociedade tem uma dispersão das suas ações pelo público que a qualidade se tem por atribuída; interessa, para a qualificação da sociedade ser merecida, haver a subsunção a um dos seis critérios de aquisição da qualidade como sociedade aberta[1921], que são os seguintes:

1) *A constituição da sociedade através de oferta pública de subscrição.* Esta é uma modalidade de oferta que se encontra regulada nos arts. 279º-283º do Código das Sociedades Comerciais[1922]. O confronto destes preceitos com o art. 13º, nº 1. *a)* CVM, obriga a concluir que a constituição de uma sociedade anónima através de uma oferta pública de subscrição leva à sua qualificação como sociedade aberta logo desde a sua génese.
2) *A emissão de ações ou valores equiparados através de oferta pública.* Para funcionar este critério de aquisição da qualidade de sociedade aberta, apenas releva a emissão de ações ou de valores mobiliários que conferem o direito à aquisição de ações (warrants autónomos, obrigações convertíveis em

[1919] Juliano Ferreira, *Sociedade com o capital aberto ao investimento do público: Relevância da lei pessoal na aquisição e perda da qualidade de sociedade aberta,* Cadernos MVM 58 (2017), 54-78.

[1920] Cfr. *infra,* § 41º.

[1921] Cfr. a propósito Paula Costa e Silva, *O domínio da sociedade aberta e os seus efeitos,* em *Direito dos Valores Mobiliários,* Vol. V (2004), 326-333.

[1922] António Pereira De Almeida, *Sociedades Comerciais, Valores Mobiliários e Mercados*[6], cit., 432-437; Menezes Cordeiro/ Adelaide Menezes Leitão, *Anotações aos arts. 279º-283º,* em Menezes Cordeiro (org.), *Código das Sociedades Comerciais Anotado*[2], cit., 813-817.

ações e obrigações com warrants) – se realizada através de um processo de oferta pública (arts. 108º e 109º do Código dos Valores Mobiliários). Uma vez que a lei não o distingue, é forçoso concluir que a qualidade de sociedade aberta é reconhecida mesmo em relação a sociedades que tenham o seu capital disperso unicamente através de ações preferenciais sem voto. Em abono desta conclusão, lembre-se que a proteção acrescida que se atribui aos acionistas de sociedades abertas é designadamente de natureza informativa, não implicando apenas a distribuição equitativa do prémio de controlo subjacente ao dever de lançamento de oferta pública de aquisição.

3) *A constituição a partir de cisão ou fusão de uma sociedade aberta.* Quando haja sucessão de pessoas jurídicas através de operações de cisão ou fusão, a qualidade de sociedade aberta transmite-se à sociedade cindida ou à que é objeto de fusão.
4) *A admissão de ações ou valores equiparados à negociação em mercado regulamentado.* Uma sociedade emitente de ações negociadas em mercado regulamentado (v. art. 199º) é, por esse motivo, uma sociedade aberta. Deve notar-se que a admissão à negociação unicamente em sistema de negociação multilateral (art. 200º) não releva para efeitos da aquisição da qualidade de sociedade aberta[1923].
5) *A realização de oferta pública de venda ou de troca em quantidade superior a 10%.* Uma sociedade em relação à qual houve um sócio que fez uma dispersão do capital através da realização de uma oferta pública de venda de ações em quantidade superior a 10%, também se torna, por esse facto, uma sociedade aberta ao investimento do público. Neste ponto, o art. 13º, nº 1.d) equipara a dispersão de capital através de oferta pública de venda à dispersão através de oferta pública de troca (v. art. 178º). Neste caso, a abertura da sociedade pode estar estatutariamente condicionada a autorização da assembleia geral, nos termos do art. 13º, nº 2;
6) *A conversão de créditos independentemente do consentimento dos seus titulares.* O art. 204º CIRE qualifica como sociedade com o capital aberto ao investimento do público a sociedade emitente de acções em que sejam convertidos créditos sobre a insolvência independentemente do consentimento dos respectivos titulares. A letra da lei parece não exigir dispersão de participações acionistas resultante da conversão; este critério de aquisição resulta, nessa medida, como um desvio à coerência do sistema qualificativo.

[1923] Cfr. *supra*, § 26º, 3.

III – O legislador não esclarece qual o *momento* determinante para a aquisição da qualidade de sociedade aberta, devendo entender-se – em interpretação do art. 13º– que tal ocorre quando há um contato irreversível com decisões de investimento tomadas pelo público. Tal ocorrerá no momento do apuramento, com êxito, de resultados de oferta de distribuição, do registo de fusão ou cisão ou da admissão à negociação em mercado, consoante os casos.

Uma característica tendencial – mas não absoluta – deste leque de critérios de aquisição da qualidade de sociedade aberta é o facto de depender da *vontade da sociedade* emitente.

Nos quatro primeiros critérios de aquisição, a vontade da sociedade emitente revela-se através da deliberação da assembleia de fundadores, da deliberação da assembleia geral ou da apresentação do pedido de admissão à negociação de ações ou valores mobiliários equiparados.

No entanto, no tocante ao último fundamento, depara-se um critério de aquisição da qualidade de sociedade aberta determinado pelos sócios. Aqueles que detenham, pelo menos, 10% das ações ou 10% de valores mobiliários que dão direitos à aquisição de ações, através do lançamento de uma oferta pública de venda, têm ao seu alcance a possibilidade de modificar o estatuto da sociedade, tornando-a sociedade aberta ao investimento do público. O facto de a realização de oferta pública de venda funcionar como facto aquisitivo da qualidade de sociedade aberta – em que está ausente a respetiva voluntariedade – é, no entanto, um dado mitigado pelo art. 13º, nº 2.

§ 30º O regime jurídico das sociedades abertas

1. *O estatuto da sociedade aberta; aspetos gerais e de sistematização*

I – O quadro a apresentar procurará uma avaliação global do regime jurídico em análise, por forma a facultar uma apreciação quanto ao perfil estrutural da sociedade aberta ao investimento do público.

Até ao Código dos Valores Mobiliários, e à semelhança do que ainda sucede no ordenamento jurídico britânico[1924], em Portugal as sociedades com o capital aberto ao investimento público não eram dotadas de um regime unitário, existindo uma fragmentariedade de disciplina com que era difícil de lidar. A dissonância terminológica, a pluralidade de diplomas a tratar do seu regime e a antecedência histórica do direito societário explicam esta *balcanização* do regime nacional das sociedades abertas.

No regime atual, para uma correta ordenação do material normativo relevante, devem ponderar-se as especialidades de regime das sociedades abertas

[1924] John Farrar/Brenda Hannigan, *Company Law*[4], cit., 43-44.

no quadro da sua comparação com o regime das sociedades emitentes de ações admitidas à negociação em mercado regulamentado. Daqui resultam dois *círculos normativos secantes,* unidos pelo regime comum das sociedades abertas, cujo universo sofre parcialmente os efeitos particulares da admissão à cotação das ações das sociedades em mercado regulamentado.

II – Atualmente, no direito português, coexistem dois códigos com vocação para as matérias societárias. De um lado, desde 1999 o Código dos Valores Mobiliários isolou uma gama de preceitos dedicados em especial às sociedades abertas. Todavia, a aprovação do Código dos Valores Mobiliários, em 1999, foi acompanhada por uma abordagem propositadamente minimalista nas modificações que promoveu em relação ao Código das Sociedades Comerciais[1925].

Por outro lado, no Código das Sociedades Comerciais são diversas as prescrições que, na sequência da reforma de 2006 – mas também, embora em menor grau, antes desta –, estabelecem soluções especiais para sociedades emitentes de ações admitidas à negociação em mercado regulamentado. Estas não estão formalmente unificadas na lei societária, sendo abaixo arroladas:

- redução das participações sociais mínimas (2%) para propor ações de responsabilidade, a favor da sociedade, contra membros da administração ou da gerência (art. 77º, nº 1 CSC);
- inadmissibilidade de prorrogação do prazo de vencimento do crédito de dividendos (art. 294º, nº 2 CSC);
- inaplicabilidade de limites quantitativos à emissão de obrigações (art. 349º, nº 4 *a)* CSC)[1926];
- admissão à negociação em mercado regulamentado de obrigações convertíveis na dependência de negociação em mercado regulamentado das ações que servem de subjacente (art. 365º, nº 2 CSC);
- admissibilidade de cláusulas de reajustamento automático da relação de conversão em obrigações convertíveis (art. 368º, nº 5 CSC);
- admissão à negociação em mercado regulamentado de obrigações com warrant na dependência da negociação em mercado regulamentado das ações que servem de subjacente (art. 372º-A, nº 2 CSC);
- requisitos de independência dos membros da mesa da assembleia geral (art. 374º-A, nº 1 CSC);

[1925] Nesta matéria, merece reter a posição de MENEZES CORDEIRO, que, em esforço de simplificação, sustenta que o Código mobiliário deveria encarregar-se dos valores mobiliários, ao passo que o Código das Sociedades deveria tratar todas as sociedades, ainda que abertas: do autor, *A Directriz 2007/36, de 12 de Julho (Acionistas de Sociedades Cotadas): Comentários à Proposta de Transposição,* ROA (2008), 533.

[1926] Cfr. *supra,* § 7º, 1.

- agravamento e inderrogabilidade da caução ou seguro da responsabilidade dos administradores (art. 396º, n.os 1 e 3 CSC); –proibição de modelo clássico simplificado de governação (art. 413º, nº 2 *a*));
- exigência de independência de metade dos membros dos órgãos de fiscalização (arts. 414º, n.os 4 e 6, 423º-B, n.os 4 e 5, 444º, n.os 2 e 6 CSC);
- requisitos de diversidade de género dos membros dos órgãos sociais (Lei 62/2017, de 1 de agosto)[1927];
- designação obrigatória de secretário e de suplente (art. 446º-A-446º-F CSC).

Além das disposições legislativas descritas, convém anotar que as sociedades emitentes de ações admitidas à negociação em mercado regulamentado estão sujeitas ao Código de Governo das Sociedades, texto recomendatório elaborado e aprovado pela CMVM, devendo anualmente, em anexo ao relatório de gestão ou em capítulo autónomo, divulgar informação detalhada sobre as recomendações acolhidas e as recomendações não acolhidas, e informar sobre os fundamentos do não acolhimento, quanto a estas últimas (*comply or explain*) (art. 245º-A)[1928].

III – Além da coexistência de dois Códigos com incidência nas sociedades com participações sociais disseminadas, há ainda categorias societárias recortadas nas previsões de ambos os diplomas que não são inteiramente coincidentes. O Código dos Valores Mobiliários concentra dezenas de dispositivos sobre o estatuto da *sociedade aberta* – que é definida, através de diversos critérios típicos, como a sociedade com dispersão de capital, atual ou pretérita (artigo 13º CVM). Mas o mesmo diploma também inclui normas dirigidas a sociedades emitentes de valores mobiliários admitidos à negociação em mercado regulamentado, particularmente no campo dos deveres de prestação de informação (artigos 236º e seguintes CVM). A utilização de ambas estas categorias é igualmente promovida pelo Código das Sociedades Comerciais, apesar de o tratamento das sociedades abertas *per se* não ter tido qualquer eco na intervenção societária de 2006.

Nestes termos, o direito português conhece regras sobre sociedades abertas tratadas de modo unitário no Código dos Valores Mobiliários e em termos fragmentários no Código das Sociedades Comerciais. Paralelamente, sobram dispositivos sobre sociedades cotadas, em termos fundamentalmente dispersos,

[1927] Paulo Câmara, *Diversidade de Género e Governo das Sociedades, Inside* 01 (2016), 5-8.

[1928] Paulo Câmara (coord.), *Código de Governo das Sociedades Anotado*, (2011); Id., *Códigos de Governo das Sociedades, Cadernos MVM* nº 15 (dezembro de 2002), 65-90; Manuel Carneiro da Frada, *"Ou cumpres ou explicas-te" – Sobre a soft law no governo societário*, em *III Congresso DSR* (2014), 339-343; Ana Sílvia Falcão Mestre Efigénia, *As declarações de comply or explain falsas*, Lisboa (2014).

quer no Código das Sociedades Comerciais quer no Código dos Valores Mobiliários[1929].

IV – No âmbito da disciplina das sociedades cotadas, merece referência separada o dever de designação de *secretário* (art. 446º-A CSC) da sociedade. A lei designa-o secretário da sociedade, e não secretário do conselho de administração, contrariamente ao que sucede em Espanha, pois aquele ator societário[1930] secretaria as reuniões da assembleia geral e do órgão de administração.

Expõe-se abaixo o elenco das suas principais funções, tal como descritas no art. 446º-B do Código das Sociedades Comerciais.

1. Atenta a complexidade de normas em que se movem as sociedades cotadas, o secretário prossegue, a um primeiro nível, funções de *garantia de legalidade:* embora seja função um pouco diminuída em Portugal, esta encontra-se espelhada no dever de lavrar atas (art. 446º-B, alínea *b)*) e expedir convocatórias *(d)*); na possibilidade de certificar cópias de livros, documentos arquivados *(f)*), deliberações *(i)*) e documentação anexa *(f)*), do contrato social (h)), assim como certifica assinaturas *(e)*).
2. Ao secretário são ainda atribuídas funções ligadas ao *diálogo com os acionistas,* que lhe conferem um papel de equilíbrio entre a propriedade e a gestão destas sociedades[1931]. A lei fixa o dever de responder a solicitações informativas, embora empregando uma fórmula tautológica quanto ao seu âmbito (refere *satisfazer, no âmbito da sua competência,* numa norma dirigida a estabelecer precisamente essa competência: art. 446º-A, alínea *g)* CSC).
3. Competem-lhe, por fim, *funções de apoio e arquivo,* que se concretizam não só no dever de secretariar reuniões *(a)*), mas também da conservação de livros de atas e do livro de registo de ações *(c)*).

Numa avaliação global, este perfil do secretário é contrastante com o traçado para o representante das relações para o mercado (art. 233º, nº 4 CVM). Do confronto entre ambas as figuras, resulta um quadro tingido por alguma incoerência, pelos motivos abaixo expostos.

[1929] Rui Pinto Duarte, *Considerações sobre níveis de regulação e conceitos legais a propósito das sociedades comerciais, cit.*, 93-107.

[1930] Ao não constituir instrumento da expressão da vontade social, deve ser recusada a sua qualificação como órgão social. No mesmo sentido: Sofia Henriques, *Anotação ao artigo 446º-B*, em Menezes Cordeiro (org.), *Código das Sociedades Comerciais Anotado*², cit., 1142-1146 (1145).

[1931] Luís Fernandez de la Gándara, *El secretario del consejo de administración*, em *El Gobierno de las Sociedades Cotizadas,* Madrid/Barcelona (1999), 274; Paulo de Tarso Domingues, O(s) secretario(s) das sociedades comerciais, Revista Electrónica de Direito nº 1 (2015).

Em primeiro lugar, parece existir um sub-aproveitamento das funções do secretário, que – embora apenas obrigatório para as sociedades cotadas[1932] – não tem assinaladas na lei funções diretamente com o mercado: as suas *competências são de carácter mais interno* (sobretudo quanto às suas competências de certificação), à exceção de duas: a de expedição de convocatórias (art. 446º-B/1.*d)* CSC); e a de satisfazer pedidos de acionistas no âmbito de direitos informativos (art. 446º-B/1.*g)* CSC)[1933]. Ora, o facto é que tais competências poderiam ser, com proveito, alargadas às matérias que têm que ver diretamente com o mercado – organização das publicações e dos documentos informativos. De outro modo dito, não se vislumbra fundamento convincente para a atual coexistência, como figuras separadas, do secretário e do representante das relações com o mercado.

A acrescer, apesar de não existir tecnicamente uma incompatibilidade, verifica-se paradoxalmente que, na prática, são dificilmente cumuláveis as funções de secretário e de representante das relações com o mercado. É que aquele tem nomeadamente como função secretariar as reuniões do conselho de administração, ao passo que o representante para o mercado deve ser dotado de poderes bastantes, o que conduz frequentemente (mas não forçosamente, dada a disponibilidade aqui exigida) à designação de administrador para o cargo.

2. *Menção em atos externos; o princípio de igualdade de tratamento*

I – O art. 14º consagra uma novidade digna de nota, ao obrigar a que os atos externos revelem a qualidade de sociedade aberta.

O ponto é relevante, já que antes da vigência do atual Código um investidor poderia ter dificuldades em saber se a sociedade era, ou não, aberta. Esta circunstância era tanto mais perturbadora quanto é certo que desde sempre o direito português concebeu a sociedade aberta – nas suas várias formulações – como não se restringindo às sociedades cotadas. Nessa medida, da consulta ao boletim de cotações da bolsa nunca poderia resultar um quadro exaustivo quanto ao rol de sociedades abertas.

II – O princípio de tratamento igual dos acionistas conta com raízes profundas no direito das sociedades, sendo objeto de previsão na 2ª Directiva CEE, no

[1932] O preâmbulo do DL nº 257/96, de 31 de dezembro, falava de provável futura generalização da figura (nº4): mas até à data não há indicações que tal se venha a concretizar – nem é desejável que aconteça, sob pena de se tornar mais pesada a estrutura orgânica das pequenas sociedades anónimas, ao arrepio das correntes legislativas dominantes (cf. *supra*, § 29º, 2. e 3.).

[1933] O legislador terá porventura colhido inspiração na circunstância de a figura ser tratada no direito inglês na lei societária, relacionada com o cumprimento das regras sobre deliberações sociais (*sections* 270 a 273 *Companies Act* de 2006); mas falhou a articulação com o instituto paralelo do representante das relações com o mercado. Sobre o secretário da sociedade: San Sebastián Flechoso, *El Gobierno de las Sociedades Cotizadas y su Control*, cit., 263-ss.

seu art. 42º, preceito que obriga os Estados-membros a garantir um tratamento igual aos acionistas que se encontrem em condições idênticas. Na sequência deste texto europeu, aliás, o direito português transpôs para o direito nacional tal prescrição, embora o tenha feito apenas a propósito da transmissão de ações próprias, no art. 321º CSC.

Tal deve entender-se como afloramento geral de um princípio, tendo um âmbito aplicativo que transcende o enunciado direto do art. 321º CSC. Mas sucede que o princípio de igualdade de tratamento tem também consagração no direito dos valores mobiliários. Frise-se que aquela que é invariavelmente referida como a primeira Diretiva comunitária em matéria de mercados mobiliários – a Diretiva nº 79/279/CEE, de 5 de março de 1979 – refere que o princípio de igualdade de tratamento constitui um dos deveres a cargo das sociedades com ações e obrigações admitidas à negociação em bolsa. Não pode, demais, esquecer-se a circunstância de o novo Código dos Valores Mobiliários tornar muito visível a consagração genérica de um princípio de tratamento igual, seja em relação aos titulares de valores mobiliários emitidos por sociedades abertas ao investimento do público (art. 15º), seja para os destinatários de ofertas públicas relativas a valores mobiliários (art. 112º), alargando os quadros da sua aplicação a domínios que exorbitam claramente a relação entre a sociedade e os sócios.

Assim, a afirmação de que o tratamento igual apenas se aplica nas relações entre a sociedade e os sócios equivale a contrariar uma evidência perante o direito mobiliário, em geral, e perante as OPAs obrigatórias, em particular. Neste campo, aliás, a concretização do princípio de igualdade surge reforçada: manifesta-se não só ao nível da igualdade informativa e da igualdade de tratamento, como é timbre em qualquer oferta pública, mas também ao nível da igualdade de oportunidades económicas dos potenciais destinatários da oferta, concretizada nos termos em que é, a todos, assegurada a possibilidade de alienação dos valores mobiliários de que são titulares[1934].

3. *A imputação de direitos de voto*

I – A técnica utilizada no Código dos Valores Mobiliários para identificar, medir e divulgar a influência acionista em sociedades abertas é particularmente sofisticada. Visa, a um tempo, favorecer a transparência dos mecanismos de influência atento o desenvolvimento que se verificou na estruturação da propriedade acionista de sociedades abertas e, a outro tempo, prevenir hipóteses de circunvenção do regime ligado aos deveres de informação e aos deveres de lançamento de OPA. Assenta, para o efeito, em imputações de direitos de votos[1935].

[1934] Cfr. *infra*, § 34º.

[1935] Entre nós: Carlos Osório de Castro, *A Imputação dos Direitos de Voto no Código dos Valores Mobiliários*, in *Cadernos do Mercado de Valores Mobiliários*, nº 7 (2000), 161-193; Paula Costa e Silva,

A teleologia das imputações de direitos de voto liga-se, em primeira linha, à relevância externa que o domínio das sociedades abertas tem para o mercado.

O domínio das sociedades abertas influencia a sua gestão; e, por seu turno, a gestão determina o preço dos valores em mercado. Tal fundamenta um dever de transparência relativamente ao controlo e à influência, ainda que potencial, em sociedades abertas.

II – Sucede que, atualmente, a concentração de controlo pode não implicar o exercício direto de direitos sociais sobre as empresas atingidas: pode não implicar sequer a titularidade das ações.

O que releva, nessa medida, é a influência de uma pessoa jurídica sobre outra, o que pode manifestar-se de diversos meios, nomeadamente através da influência no exercício de direitos sociais e na nomeação de titulares de órgãos sociais.

Tal, é certo, pode suceder através de participações sociais – diretas e indiretas. E neste quadro que importa considerar o fenómeno da coligação entre sociedades para o exercício conjunto, também de direitos sociais, através de relações verticais de domínio (cf. art. 486º CSC e, para o que nos interessa, o art. 21º do CVM) ou de relações horizontais de coligação entre sociedades (por ex.: o contrato de grupo paritário, previsto no art. 492º CSC).

No entanto, não é apenas através de participações sociais que se ganha influência sobre sociedades – e designadamente sobre sociedades abertas: tal pode acontecer também, por exemplo, através da celebração de contrato de grupo ou da celebração de acordo parassocial.

A técnica de influência societária tem evoluído – e a modernização do tecido normativo passa por reconhecê-lo.

Organismos de Investimento Coletivo e Imputação de Direitos de Voto, Cadernos MVM nº 26 (2007), 70-81; Id., *A Imputação de Direitos de Voto na Oferta Pública de Aquisição*, em Maria de Fátima Ribeiro (org.), *Jornadas Sociedades Abertas, Valores Mobiliários e Intermediação Financeira*, Coimbra (2007), 243-282; Id., *Sociedade aberta, domínio e influência dominante*, Vol. VIII (2008), 541-571; João Mattamouros Resende, *A imputação de diretos de voto no mercado de capitais, Cadernos MVM* nº 26 (2007), 59-69; Id., *A imputação de direitos de voto no mercado de capitais*, Lisboa (2010); João Soares da Silva, *Algumas observações em torno da tripla funcionalidade da técnica de imputação de direitos de voto no Código dos Valores Mobiliários, Cadernos MVM* nº 27 (2007), 47-58; Vitor Pereira Neves, *A natureza transitiva dos critérios de imputação de direitos de voto no Código dos Valores Mobiliários*, em *Estudos Comemorativos do 10 Anos da Faculdade de Direito da Universidade Nova de Lisboa* (2008), Vol. II, 507-541; Id., *Determinação dos votos relevantes para efeitos de constituição e de exigibilidade do dever de lançamento de oferta pública de aquisição*, em *EH ao Professor Doutor Carlos Ferreira de Almeida*, (2011), 711-754; Hugo Moredo Santos, *Transparência, OPA Obrigatória e Imputação de Direitos de Voto*, Coimbra (2011); Daniela Baptista, *A Atuação Concertada como Fundamento da Imputação de Direitos de Voto no Mercado de Capitais*, (2016); Bruno Ferreira, *A transposição da Diretiva da Transparência II*, em Paulo Câmara (coord.) *O Novo Direito dos Valores Mobiliários*, (2017) 46-48.

III – Além disso, na estruturação da propriedade acionista sucede não relevar apenas a propriedade detida apenas por uma pessoa, mas também importa considerar a titularidade detida por um conjunto de pessoas que estão contratualmente concertadas.

É deste ponto de partida, tomando nomeadamente a parassocialidade como meio de exercício do domínio (provocando a modificação ou a preservação do mesmo), individual ou coletivo, sobre uma sociedade com o capital aberto ao investimento do público, que se justifica a imputação de direitos de voto à luz do Código dos Valores Mobiliários.

Um ponto delicado subsiste nesta matéria. É que a delimitação do perímetro de critérios de imputação de direito de voto, se se revelar excessivo, pode contramotivar a simples interação entre acionistas. O ponto foi sido muito discutido em 2007, na Alemanha, a propósito do projeto da lei sobre limitação de riscos (*Risikobegrenzungsgesetz*)[1936]. Em causa estava uma formulação legislativa que definia atuação em concertação como a "*coordenação idónea a influenciar a estratégia societária em termos permanentes ou substanciais*". O problema que esta abordagem apresenta é que torna difusas as fronteiras entre o exercício coletivo do domínio e a interação entre acionistas, como base para o exercício informado do direito de voto.

IV – A estas justificações gerais, aduzem-se considerações ligadas à técnica revelada no direito positivo nacional.

É consensual a ideia de que a teleologia subjacente ao artigo 20º é a da deteção e revelação do braço de influência decisiva[1937] sobre o exercício dos direitos de voto em sociedades abertas. Nos comentários publicados sobre a matéria as expressões utilizadas equivalem-se. Reconhece-se uma "função prioritária de demarcação de posições de influência, efetiva ou potencial, sobre direitos de voto correspondentes a sociedade aberta"[1938]. Aponta-se, por outro lado, o objetivo de dar conhecimento sobre "a identidade e os principais participantes nas sociedades"[1939]

Para alcançar estes objetivos, a técnica utilizada faz uso de ficções legais que têm na sua base um perigo de influência no exercício de direito de voto que, perante o concreto juízo subsuntivo, não pode ser refutado.

[1936] Acessível em http://dis21.bundestag.de/dip21/btd/16/074/1607438.pdf.

[1937] Carlos Ferreira de Almeida, *OPA obrigatória no direito português. Pressupostos do dever e efeitos civis do incumprimento*, Estudos IVM (2013), 4.

[1938] Vitor Pereira Neves, *Determinação dos votos relevantes para efeitos de constituição e de exigibilidade do dever de lançamento de oferta pública de aquisição*, em *EH ao Professor Doutor Carlos Ferreira de Almeida*, (2011), 712.

[1939] Hugo Moredo dos Santos, *Transparência, OPA Obrigatória e Imputação de Direitos de Voto*, Coimbra (2011), 329.

O art. 20º, nesta conformidade, faz relevar não apenas a titularidade do direito de voto mas também a *influência no modo como o direito de voto pode ser exercido.*

É o equivalente mobiliário de uma norma de perigo abstrato – faz imputar direitos de voto a uma pessoa pelo perigo, abstractamente considerado, de esta influenciar o exercício do direito de voto, num conjunto de situações tipicamente definidas.

V – A consagração de um conjunto de imputações de direito de voto começou a ser imposto, por via europeia, através da Diretiva do Conselho nº 88/627/CEE, de 12 de dezembro de 1988, relativa à informação a publicar em caso de transmissão de participação qualificada em sociedade cotada em bolsa[1940].

A Diretiva nº 88/627/CEE veio a ser substituída pela Diretiva nº 2004/109/CE, do Parlamento Europeu e do Conselho, de 15 de dezembro de 2004 – a Diretiva da Transparência –, por seu turno alterada pela Diretiva 2013/50/UE do Parlamento Europeu e do Conselho de 22 de outubro de 2013 (Diretiva da Transparência II)[1941]. Estes diplomas passaram a centrar as exigências de comunicação de participações qualificadas em sociedades admitidas à negociação em mercado regulamentado. O art. 10º da Diretiva da Transparência obrigava a computar como percencentes ao participante, os direitos de voto:

a) Detidos por um terceiro com o qual essa pessoa singular ou coletiva tenha celebrado um acordo que os obrigue a adotarem, através do exercício concertado dos direitos de voto que possuem, uma política comum duradoura em relação à gestão do emitente em causa;

b) Detidos por um terceiro por força de um acordo celebrado com essa pessoa singular ou coletiva em que se preveja uma transferência temporária e a título oneroso dos direitos de voto em causa;

c) Inerentes a ações dadas em garantia a essa pessoa singular ou coletiva, desde que esta controle os direitos de voto e declare a sua intenção de os exercer;

d) Inerentes a ações relativamente às quais essa pessoa singular ou coletiva tenha o usufruto;

e) Detidos, ou que possam ser exercidos na aceção das alíneas *a)* a *d)*, por uma empresa controlada por essa pessoa singular ou coletiva;

[1940] Sobre a Diretiva de 1988, considerando os deveres de comunicação de participações qualificadas mais como matéria societária de que a admissão em bolsa é mero pressuposto de aplicação, v. EDDY WYMEERSCH, *The EU Directives on financial disclosure,* in *European Financial Services Law* (Feb.-1996), 39.

[1941] NIAMH MOLONEY, *EC Securities Regulation*², cit., 194-198.

f) Inerentes a ações depositadas junto dessa pessoa singular ou coletiva e que esta possa exercer segundo o seu critério na ausência de instruções específicas dos acionistas;

g) Detidos por um terceiro em seu nome, por conta dessa pessoa singular ou coletiva;

h) Que essa pessoa singular ou coletiva possa exercer na qualidade de procurador e segundo o seu critério na ausência de instruções específicas dos acionistas.

Paralelamente, a Diretiva sobre OPAs também contém disposições sobre atuação em concertação, obrigando a que a posição destas seja tida em conta no cálculo da posição do potencial oferente[1942]: nesse âmbito incluem-se as pessoas singulares ou coletivas que cooperam com o oferente ou com a sociedade visada com base num acordo, tácito ou expresso, oral ou escrito, tendo em vista, respetivamente, obter o controlo da sociedade visada ou impedir o êxito da oferta[1943]. Trata-se de uma formulação que não é inteiramente coincidente com a Diretiva da Transparência, o que no plano sistemático é merecedor de crítica[1944]. A lei nacional procurou, no entanto, superar esta desarmonia, através do estabelecimento de um regime unificado de imputação de direitos de voto, em termos abaixo examinados.

VI – Mais recentemente, a Diretiva 2013/50/UE do Parlamento Europeu e do Conselho de 22 de outubro de 2013 veio impor o alargamento dos títulos de imputação de direitos de voto, ao impor a relevância de instrumentos financeiros com exposição equivalente às ações ou a direitos de aquisição de ações.

[1942] Art. 2º, nº 1 *d)* e art. 5º da Diretiva nº 2004/25/CE, do Parlamento Europeu e do Conselho, de 21 de abril de 2004. Não é possível, por isso, afirmar que a origem única das regras sobre imputação sejam os deveres de transparência (contra: Paula Costa e Silva, *A Imputação de Direitos de Voto na Oferta Pública de Aquisição*, cit., 281).

[1943] Bettina Gaede, *Koordiniertes Aktionärsverhalten im Gesellschafts- und Kapitalmarktrecht*, Baden Baden (2008), 77-87, 92-127.

[1944] O ponto é objeto de discordância por um setor da literatura nacional que, baseado em diversas finalidades legislativas subjacentes a ambas as Diretivas – ou ao correspondente regime nacional –, preconiza uma solução aplicativa diferente para um e o outro caso. Assim: Paula Costa e Silva, *A Imputação de Direitos de Voto na Oferta Pública de Aquisição*, cit., 243-282; Id., *Sociedade aberta, domínio e influência dominante*, cit., 541-571; João Mattamouros Resende, *A imputação de diretos de voto no mercado de capitais*, cit., 59-69; Vitor Pereira Neves, *A natureza transitiva dos critérios de imputação de direitos de voto no Código dos Valores Mobiliários*, cit., 507-541; Hugo Moredo Santos, *Transparência, OPA Obrigatória e Imputação de Direitos de Voto*, cit., 327-505. A este respeito, uma posição intermédia há-de reconhecer-se em João Soares da Silva, *Algumas observações em torno da tripla funcionalidade da técnica de imputação de direitos de voto no Código dos Valores Mobiliários*, cit., 47-58.

É em resultado das influências europeias descritas que se apresenta o regime constante do nº 1 do art. 20º, que considera imputáveis aos participantes, além dos direitos de voto inerentes às ações de que seja titular ou usufrutuário, os direitos de voto:

a) Detidos por terceiros em nome próprio, mas por conta do participante;
b) Detidos por sociedade que com o participante se encontre em relação de domínio ou de grupo;
c) Detidos por titulares do direito de voto com os quais o participante tenha celebrado acordo para o seu exercício, salvo se, pelo mesmo acordo, estiver vinculado a seguir instruções de terceiro[1945];
d) Detidos, se o participante for uma sociedade, pelos membros dos seus órgãos de administração e de fiscalização;
e) Que o participante possa adquirir em virtude de acordo celebrado com os respetivos titulares ou de instrumento financeiro:
   i) Que lhe confira o direito incondicional ou a opção de adquirir, por força de acordo vinculativo, ações com direitos de voto já emitidas por emitente cujas ações estejam admitidas à negociação em mercado regulamentado;
   ii) Com liquidação física, não abrangido pela subalínea anterior, mas indexado às ações nessa subalínea mencionadas e com efeito económico similar à detenção de ações ou de instrumentos referidos nessa mesma subalínea;
f) Inerentes a acções detidas em garantia pelo participante ou por este administradas ou depositadas junto dele, se os direitos de voto lhe tiverem sido atribuídos;
g) Detidos por titulares do direito de voto que tenham conferido ao participante poderes discricionários para o seu exercício;
h) Detidos por pessoas que tenham celebrado algum acordo com o participante que vise adquirir o domínio da sociedade ou frustrar a alteração de domínio ou que, de outro modo, constitua um instrumento de exercício concertado de influência sobre a sociedade participada[1946];
i) Inerentes a ações subjacentes a instrumentos financeiros detidos pelo participante, com liquidação financeira, indexados às ações mencionadas

[1945] Os acordos parassociais – transmissivos ou de voto – relevam mesmo que não revistam a forma escrita – para adequar a sua relevância ao regime privado dos acordos parassociais, cuja celebração está sujeita ao princípio de liberdade de forma (art. 17º CSC). Sobre a delimitação da figura, reenvia-se para Paulo Câmara, *Acordos Parassociais: estrutura e delimitação*, em *EH ao Professor Doutor Saldanha Sanches*, (2011), 783-819.

[1946] Sobre esta previsão: Ana Perestrelo de Oliveira, *Manual de Grupos das Sociedades*, Coimbra, (2016), 116-120.

na alínea *e)* e com efeito económico similar à detenção de ações ou de instrumentos referidos nessa mesma alínea;

j) Imputáveis a qualquer das pessoas referidas numa das alíneas anteriores por aplicação, com as devidas adaptações, de critério constante de alguma das outras alíneas.

VII – É mister anotar que o sistema nacional apresenta várias diferenças em relação ao regime europeu.

Como atrás adiantado, a diferença mais notória prende-se com o facto de se ter consagrado um regime unificado para a imputação de direitos de voto, que é instrumental seja do regime de comunicação de participações qualificadas, seja do regime das OPAs obrigatórias (art. 20º).

Esta opção é explicada quer por razões de ordem histórica, quer por razões de ordem sistemática.

Historicamente, esta solução explica-se também como uma reação crítica à experiência falhada no Código do Mercado de Valores Mobiliários, que separara a imputação de direitos de voto sobre transparência (art. 346º CdMVM) da técnica de imputação de direitos de voto para efeitos de OPA (art. 530º CdMVM). Esse regime dual revelara-se extremamente penalizador para os aplicadores do Código, criando dificuldades de interpretação de monta[1947], o que conduziu a um amplo consenso em torno da solução unificadora, à data da aprovação do atual Código.

No plano da sistematização do material normativo, uma unificação do regime de imputação de direitos favorece a clareza aplicativa, facilita os modelos de decisão por parte dos investidores e torna a lei mais acessível e corretamente compreendida. O facto de atingir também o regime do dever de lançamento de OPA encontra respostas adequadas no Direito nacional – como destaque para a prova negativa do domínio (art. 187º, nº 2) e a suspensão do dever (art. 190º), como adiante se comprova[1948].

Outra nota distintiva do regime nacional em confronto com o Direito europeu prende-se com o facto de, entre nós, a imputação de direitos de voto valer para todas as sociedades abertas e não se limitar às sociedades com ações admitidas à negociação em mercado regulamentado. Este traço do regime é coerente com o sistema do Código, e em particular com o lugar central ocupado pelas sociedades abertas como centro de imputação de normas de proteção dos investidores. As Diretivas europeias, pelo contrário, tomam como referência as socie-

[1947] Carlos Osório de Castro, *Os Casos de Obrigatoriedade do Lançamento de uma Oferta Pública de Aquisição*, in *Problemas Societários e Fiscais do Mercado de Valores Mobiliários*, Lisboa (1992).

[1948] Cfr. *infra*, § 34º.

dades cotadas ou os emitentes de valores mobiliários admitidos à negociação em mercado regulamentado.

Note-se, porém, que a Diretiva Transparência II não admite que os Estados-Membros adotem regras mais rigorosas do que as previstas no direito europeu em matéria de cálculo dos limiares de notificação, de agregação da detenção de direitos de voto associados a ações com a detenção de direitos de voto associados a instrumentos financeiros, e de isenções de requisitos de notificação[1949]. Trata-se de um caso de harmonização máxima, a condicionar o espaço do legislador nacional.

VIII – Visto em conjunto, o sistema de imputação de direitos de voto em sociedades abertas apresenta as características abaixo indicadas.

A primeira feição a destacar é a sua *rigidez,* detectável em duas distintas vertentes. A um tempo, o preceito apresenta uma tipologia taxativa de situações que fazem estender o cômputo da posição acionista.

Além disso, visto estarmos perante uma estatuição assente em ficções legais, a rigidez do sistema manifesta-se igualmente na circunstância de o resultado aplicativo ser incontornável mesmo que, em concreto, inexista a possibilidade de influência no exercício de direitos de voto[1950]. Tal não dispensa, em todo o caso, a atividade interpretativa, segundo os cânones gerais, na ponderação da teleologia do art. 187º CVM e dos interesses em jogo[1951].

De igual modo, há que reparar na possível *seletividade* do sistema de imputação dos direitos de voto. A seletividade apresenta-se, aqui, em duas diferentes acepções. De um lado, impõe-se distinguir consoante a imputação é feita na base de elementos objetivos, em função dos valores mobiliários atingidos (imputação seletiva por motivos *objetivos*), ou se a imputação atende apenas à qualidade da pessoa que determina a imputação (imputação subjectiva). Um exemplo de imputação seletiva por motivos objetivos é o que deparamos na detenção fiduciária (art. 20º, nº 1 alínea *a)*)[1952]. Se alguém detém certa quantidade de ações por conta

[1949] Considerando 12 da Diretiva 2013/50/UE do Parlamento Europeu e do Conselho de 22 de outubro de 2013.

[1950] Paula Costa e Silva, *A Imputação de Direitos de Voto na Oferta Pública de Aquisição,* cit., 279; Vitor Pereira Neves, *A natureza transitiva dos critérios de imputação de direitos de voto no Código dos Valores Mobiliários,* cit., 518.

[1951] Sustentando, a propósito, a relevância de critérios qualitativos na interpretação destes preceitos: Vítor Pereira das Neves, *Determinação dos votos relevantes para efeitos de constituição e de exigibilidade do dever de lançamento de oferta pública de aquisição,* em *EH Professor Doutor Carlos Ferreira de Almeida,* (2011), 711-754.

[1952] A transferência dos riscos e benefícios é comummente entendida como o elemento chave para a densificação do conceito de atuação por conta de outrem e, por essa via, para a imputação ao sujeito por conta de quem as participações são detidas, dos direitos de voto que lhe são inerentes.

de outrem, os votos são imputados ao real beneficiário, mas apenas na medida quantitativa dos valores abrangidos pela fidúcia. Se o fiduciário detém outras ações, por sua conta, não devem estas ser alargadas à imputação à esfera jurídica do fiduciante. Às mesmas conclusões chegar-se-ia se estivéssemos perante contratos parassociais transmissivos ou detenção em garantia: as alíneas *e)* e *f)* também configuram hipóteses de imputação seletiva por motivos objetivos, pois apenas abrangem as ações atingidas pelo laço contratual subjacente.

Mas a imputação pode realizar-se apenas em atenção à qualidade do detentor, abrangendo necessariamente todos os valores mobiliários por ele detidos. É o que acontece nos acordos de voto, por virtude do princípio da unidade de voto, que impede que a participação social seja fraccionada em votos de diferentes sentidos, nos termos do art. 385º, nº 1, CSC. A relação de domínio e a detenção por membro de órgão social (alíneas *b)* e *d)*) incluem-se igualmente nesta categoria.

A imputação de direitos de voto pode igualmente considerar-se seletiva, por poder ser unidireccional ou bidireccional. De facto, *a imputação dos direitos de voto não é forçosamente recíproca.* No caso da detenção fiduciária, como ilustração, é fácil entender que não há base para imputar ao fiduciário os votos inerentes às ações detidas pelo fiduciante[1953].

Mais: dada a redação do nº 1 do art. 20º, pode afirmar-se que a imputação será de princípio apenas unidireccional, salvo se assentar em juízos relacionais. É o que se passa com os acordos de voto nos quais o sentido do voto é decidido conjuntamente (art. 20º, nº 1 *c)*, 1ª parte).

Outra nota a apontar ao sistema de imputações respeita à sua *cumulatividade.* Foi notado que o nº 1 do artigo 20º CVM arrola um conjunto de títulos de imputação de direitos de voto, além da titularidade e usufruto. Neste normativo, sob particular atenção está a alínea *i)* do nº 1 do artigo 20º do Código dos Valores Mobiliários, que declara imputáveis ao participante os direitos de voto imputáveis a qualquer das pessoas referidas numa das alíneas anteriores por aplicação, com as devidas adaptações, de critério constante de alguma das outras alíneas. O apelo a uma adaptação aplicativa ("com as necessárias adaptações") afasta,

A título de ilustração, cfr. nomeadamente UWE SCHNEIDER, § 22 anotação 24, in HEINZ-DIETER ASSMANN UWE SCHNEIDER, *Wertpapierhandelsgesetz,* 2ª edição (1999), Köln; VON BÜLOW, § 30 anotação 53, *Kölner Kommentar zum WpUG,* Köln el al (2003); EBERHARD SCHWARK, § 22 WpHG, anotação 4, in EBERHARD SCHWARK (org.), *Kapitalmarktrechtskommentar,* 3ª edição (2004), Miinchen.

[1953] No mesmo sentido, face ao sistema jurídico germânico: VON BÜLOW, § 30 anotação 58, *Kölner Kommentar zum WpUG,* cit., 821; CHRISTOPH FADEN, *Das Pflichtangebot nach dem Wertpapiererwerbs- und Ubernahmegesetz (WpUG),* Hamburg (2008), 94-97.

desde logo, aplicações formalistas[1954]. Esta cumulatividade pode assumir duas naturezas diversas: 1) pode ligar-se à *pessoa do participante*, ou 2) pode relacionar-se com *outras pessoas referidas no art. 20º cuja titularidade determine a imputação ao participante*.

O resultado desta cumulatividade, seja na primeira seja na segunda aceção, é que a soma dos votos imputáveis em cada participante pode superar os 100%. Tal, porém, não apresenta dificuldades, em virtude da ausência de efeitos societários daqui decorrentes.

Derradeira característica é a da *alterabilidade* do título de imputação. Pode, de facto, alterar-se a causa de imputação de direitos de voto a uma pessoa. É o que sucede, por exemplo, se o participante adquirir as ações cujos votos já lhe eram imputáveis a outro título (v.g., em virtude da celebração de acordo parassocial com outro sócio). O participante fica, nesse caso, constituído tão-só perante o dever de comunicação da *alteração do título de imputação*[1955]. A alteração do título de imputação de direitos de voto representa, assim a mudança do facto jurídico constitutivo da imputação que não altere o montante global dos direitos de votos imputáveis ao participante[1956].

IX – No confronto com a disciplina societária, devem anotar-se três conclusões. De um lado, o regime de imputação de direitos de voto acaba por significar um apagamento da relevância jurídico-mobiliária da posição de sócio, na medida em que o titular de participação qualificada pode não ser formalmente titular de qualquer participação social.

De outro lado, cabe reiterar que não existem consequências da imputação do art. 20º ao nível societário. A imputação decorrente deste normativo não significa, nomeadamente, legitimação para o exercício dos direitos de voto – ou para o exercício de outro direito inerente à posição de socialidade.

Saliente-se ainda que apenas as ações que conferem direito a voto são utilizadas para efeitos da imputação. A imputação, naturalmente, não incide sobre ações sem voto ou sobre ações próprias.

Por último, se olharmos a um plano comparatístico, há que admitir que esta matéria não atingiu ainda o grau óptimo de harmonização. Mercê de uma harmonização mínima nos instrumentos europeus que regulam esta matéria, no

[1954] Carlos Osório de Castro alerta para a necessidade de fixar limites à cumulação, sob pena de se gerar um regime de *«cadeias de imputação labirínticas e inextrincáveis»*: *A Imputação dos Direitos de Voto no Código dos Valores Mobiliários, in Cadernos do Mercado de Valores Mobiliários*, nº 7 (2000), 161-193.

[1955] Artigo 16º, nº 6 CVM.

[1956] Sobre as implicações da figura em sede do regime das OPAs obrigatórias, reenvia-se para o § 34º, 7.

âmbito europeu, a disparidade de regimes nacionais quanto aos critérios de imputação serve de desincentivo ao investimento e ao exercício ativo dos direitos sociais, particularmente por parte de investidores institucionais que atuam globalmente. Além disso, a inexistência de alinhamento entre as principais Diretivas europeias referentes ao tema, felizmente mitigada no Direito português, constitui outra potencial fonte de desarmonia que conviria no futuro eliminar.

X – Mais recentemente, o artigo 21º CVM, que cuida precisamente de esclarecer o conteúdo da relação de domínio relevante para efeitos da imputação de direitos de voto em sociedades abertas, foi modificado através do DL nº 77/2017, de 30 de junho[1957]. Com efeito, ao artigo 21º CVM foi acrescentado um novo nº 3, embora tendo sido mantido inalterado o conteúdo do artigo 20º CVM, de que depende em larga medida este preceito. A acrescer, foi renumerado o antigo nº 3, que passou a ser o nº 4 do artigo 21º CVM.

O conteúdo do novo nº 3 do artigo 21º CVM introduzido por este recente DL nº 77/2017 é o seguinte: *Para efeitos do disposto nos números anteriores, e sem prejuízo da imputação de direitos de voto à pessoa que exerça influência dominante, as relações de domínio existentes entre a mesma pessoa singular ou coletiva e mais do que uma sociedade são consideradas isoladamente*[1958].

Dado que o nº 3 do artigo 21º CVM estabelece um conteúdo normativo *sem prejuízo da imputação de direitos de voto à pessoa que exerça influência dominante*, a regra de imputação de direitos de voto à pessoa jurídica dominante assume primazia na estrutura deste preceito.

A previsão da nova norma refere-se a pessoas que dominam diversas entidades. Deve, assim, distinguir-se dois casos diferentes em que o nº 3 do artigo 21º cobra aplicação: a relação de domínio em estrela; e a relação de domínio em cascata.

[1957] Ana Perestrelo de Oliveira, *A imputação de direitos de voto nas relações de domínio ou de grupo: o sentido do novo nº 3 do art. 21º CVM*, RDS 1 (2018), 9-27.

[1958] O preâmbulo do DL 77/2017 neste ponto afigura-se equívoco e pouco esclarecedor. O texto revela-se equívoco, ao referir que está a aproveitar a *oportunidade desta intervenção legislativa no âmbito do Código dos Valores Mobiliários para esclarecer os deveres jurídicos que oneram as sociedades integradas numa relação de domínio.* Se bem se reparar, a alteração legislativa não modifica deveres jurídicos das pessoas dominantes; basta-se na explicitação do título de imputação baseado no domínio, para daí lograr atingir (ou procurar atingir) maior *clareza interpretativa.* Mostra-se igualmente equívoca a referência a *entidades infra estaduais estrangeiras.* Não só o legislador omite neste nº 3 qualquer referência a estas entidades, como sobretudo mantém intocada a regra do atual nº 4 (anterior nº 3), segundo a qual se consideram em relação de grupo as sociedades como tal qualificadas pelo Código das Sociedades Comerciais, *independentemente de as respetivas sedes se situarem em Portugal ou no estrangeiro.*

A relação de domínio em estrela é a que põe em confronto diferentes empresas irmãs, unidas pela mesma pessoa jurídica dominante (empresa-mãe ou entidade dominante[1959]). Tal encontra tradução no caso em que a pessoa jurídica A domina a empresa B e domina a empresa C, sem que B domine C. Nesta configuração, A é a empresa-mãe ou pessoa jurídica dominante; B e C são empresas irmãs. Nesta situação, os votos inerentes a ações detidas por B e por C em sociedades abertas imputam-se a A. Tal o que decorre do artigo 20º, nº 1 *b)* CVM[1960]. Além disso, em decorrência do nº 3 do artigo 21º, os votos de B e C são considerados separadamente, isto é, os votos de B não são imputáveis a C e, bem assim, os votos de C não são imputáveis a B. Percebe-se, assim, que na relação de domínio em estrela, por efeito do novo nº 3 do artigo 21º CVM, os direitos de voto de ações de sociedades abertas na titularidade das sociedades-irmãs não se imputam reciprocamente.

Ao invés, no domínio em cascata o regime revela-se diverso. Perante este tipo de domínio, os votos inerentes a ações detidas por C em sociedades abertas imputam-se a B e os imputáveis a B por seu turno imputam-se a A. Tal significa que do mesmo modo os votos imputáveis a B e a C se imputam a A, enquanto empresa dominante: A. O fundamento desta conclusão assenta no artigo 20º, nº 1 *b)* CVM[1961]. O que nos traz o nº 3 do artigo 21º é a asserção de que os votos de B e C são considerados separadamente, ou seja, os votos de A não são imputáveis a B e a C e, bem assim, os votos de B não são imputáveis a C. Também neste caso a imputação de direitos de voto baseada no domínio não opera em termos recíprocos entre dominante e dominadas, mas apenas no sentido da dominante (artigo 20º, nº 1 *b)* CVM).

Assim sendo, percebe-se que com esta recente alteração ao art. 21º CVM procura-se tão-só clarificar a não reciprocidade da imputação de direitos de voto em situação de domínio. Deste modo, em balanço derradeiro sobre as implicações da alteração promovida pelo DL nº 77/2017 no artigo 21º CVM, deve ser deixado claro que a clarificação operada por lei não se desvia do entendimento já antes preconizado sobre a matéria[1962]. As implicações desta modificação legislativa acabam, assim, por ser praticamente nulas.

XI – A encerrar, interessa dar nota de que na lei bancária (art. 13.-A e 13º-B RGIC) e na lei seguradora (art. 3º-A e 3º-B do DL nº 94-B/98) vigoram regi-

[1959] Note-se que o artigo 21º CVM (seja antes seja pós o DL nº 77/2017) é construído independentemente da forma ou natureza jurídica da pessoa jurídica dominante – que pode não assumir natureza empresarial.

[1960] Cfr. *supra*, § 2º.

[1961] Cfr. *supra*, § 2º.

[1962] Essa, de resto, era a leitura já sustentada na literatura: v. H. Moredo dos Santos, *Transparência, OPA obrigatória e imputação de direitos de voto*, (2011) 397-398.

mes essencialmente concidentes com a disciplina sobre imputação de direitos de voto atrás analisada. Tal resulta da transposição para a nossa ordem jurídica interna da Diretiva 2007/44/CE (Diretiva das Fusões e Aquisições de Instituições Financeiras), efetuada através do DL nº 52/2010, de 26 de maio[1963]. Note-se, porém, que as recentes alterações decorrentes da Diretiva da Transparência II não se aplicam aos setores bancário e segurador[1964]. Com esta ressalva, o contributo interpretativo desenvolvido no âmbito mobiliário pode, com proveito, ser utilizado nessas outras áreas do sistema financeiro.

4. *O regime de comunicação de participações qualificadas*

I – A titularidade de participações qualificadas de sociedades abertas tem uma projecção externa relevante. Mercê da competência dos sócios para a designação dos membros da administração, os acionistas com participações sociais mais expressivas podem influenciar a gestão das sociedades abertas; e, por seu turno, a gestão determina o preço dos valores em mercado. Assim, a titularidade deve ser conhecida, quando quantitativamente relevante. Tal serve, em primeira linha, de justificação para o dever de comunicação das participações qualificadas[1965].

Além disso, a comunicação de participações acionistas qualificadas cumpre igualmente funções internas à própria sociedade. Com efeito, a administração está vinculada aos interesses de longo prazo dos sócios (art. 64º, nº 1 *b)*) e o exercício de alguns direitos sociais depende da percentagem detida pelo acionista[1966]. Além disso, a titularidade de participação qualificada constitui causa de falta de independência dos membros dos órgãos de fiscalização (art. 414º, nº 5 *a)*).

O dever de comunicação de participações qualificadas, por fim, é instrumental em relação a outras prescrições mobiliárias – e designadamente o dever de lançamento de OPA (art. 187º) e a proibição de abuso de informação privilegiada (cfr. art. 378º, nº 1 *a)*). A não existência de deveres de informação, tornaria a fiscalização sobre o cumprimento destas normas muito deficitária.

[1963] Paulo Câmara/Miguel Brito Bastos, *A Transposição da Diretiva das Fusões e Aquisições de Instituições Financeiras*, cit., 424-432.

[1964] Bruno Ferreira, *A transposição da Diretiva da Transparência II*, em Paulo Câmara (coord.) *O Novo Direito dos Valores Mobiliários*, (2017) 46-48.

[1965] Menezes Cordeiro, *Manual de Direito das Sociedades*, Vol. II, cit., 613-ss.; José Engrácia Antunes, *Os Grupos de Sociedades*² (2002), 329-ss.; Id., *Participações Qualificadas e Domínio Conjunto*, Porto (2000), 29-30; Pedro Bullosa Gonzalez, *Deveres de Comunicação de Participações Qualificadas*, em *Cad MVM* nº 34 (2009), 88-109.

[1966] Cfr. por exemplo nos arts. 74º, nº 2, 76º, nº 1, 77º, nº 1, 116º, nº 3 *d)*, 288º, nº 1, 289, nº 3 *a)*, 291º, nº 1, 375º, nº 2, 392º e 403º CSC.

Assim se fundamenta a imposição do dever de comunicação das participações qualificadas nas sociedades abertas, prevista nos arts. 16º e seguintes[1967]. Opera aqui o reverso da conceção tradicional da sociedade anónima: ao invés do anonimato da qualidade de sócio, na sociedade aberta a regra é a inversa – a da transparência e da comunicação das participações qualificadas.

O declínio do anonimato, aliás, era já visível no regime comum das sociedades anónimas disposto no Código das Sociedades Comerciais, dado que o art. 448º CSC impõe a divulgação anual de participações qualificadas de acionistas[1968].

II – A relevância jurídica dos contratos parassociais no cômputo de direitos de voto é depois auxiliada pelo facto de o art.19º obrigar a divulgar ao mercado os acordos parassociais *que visem adquirir, manter ou reforçar uma participação qualificada em sociedade aberta.* Enquanto técnica de estruturação da propriedade acionista, estes acordos parassociais são elementos que o mercado deve conhecer e como tal está sujeito a deveres de comunicação, podendo parte do seu conteúdo ser objeto de publicação (art. 19º, nº 2).

Este dever comina-se independentemente da validade dos acordos em questão.

III – Abaixo dos limiares da participações qualificadas, parece dever entender-se que as sociedades abertas estão submetidas ao geral regime societário (art. 448º CSC). A questão mostra acuidade nomeadamente quanto ao acesso que os sócios possam ter ao documento de registo de sócios da sociedade. Quanto a esse ponto, conclui-se que os acionistas apenas poderão consultar os seus dados, e não os relativos aos demais acionistas, salvo se os requerentes forem titulares de pelo menos 1% do capital social (art. 288º, nº 1 *e)* CSC).

IV – A partir do DL nº 211-A/2008, de 3 de novembro, o dever de comunicação de participações qualificadas, a cargo dos titulares de participações qualificadas em sociedades abertas (arts. 16º-19º do Código dos Valores Mobiliários),

[1967] Em complemento, cfr. o Regulamento Delegado (UE) 2015/761 da Comissão de 17 de dezembro de 2014 que completa a Diretiva 2004/109/CE do Parlamento Europeu e do Conselho no que diz respeito a certas normas técnicas de regulamentação relativas às participações qualificadas.

[1968] É interessante anotar que no projeto de Código das Sociedades divulgado em 1983, o regime societário de comunicação de participações qualificadas se circunscrevia às sociedades com subscrição pública (art. 446º do *Código das Sociedades (Projeto)*, BMJ nº 327 (1983), 304). Todavia, na versão final do diploma, o enunciado passou a abranger todas as sociedades anónimas: Paulo Câmara, *Anotação ao art. 448º*, em Menezes Cordeiro (org.), *Código das Sociedades Comerciais Anotado*[2], cit., 1153. Num paralelo mais distante, mas igualmente relevante, merece notar que o princípio da unidade de voto, consagrado no art. 385º CSC, induziria em idêntico sentido.

passou a estender-se às participações sociais detidas por sociedades abertas em Estados que não sejam membros da União Europeia.

O sujeito passivo do dever de prestação de informação, neste caso, é a própria sociedade aberta: o art. 16º-C remete para o art. 16º do Código, o que deve entender-se como abrangendo não apenas os prazos e conteúdo da informação a prestar, mas também os limiares das participações qualificadas constitutivas de tal dever.

A preocupação subjacente ao aditamento do art. 16º-C ao Código dos Valores Mobiliários prende-se, em particular, com o risco inerente aos investimentos em jurisdições *off-shore*.

5. *As deliberações sociais das sociedades abertas*

I – Nas sociedades abertas, o absentismo do exercício dos direitos sociais – sobretudo no caso do direito de voto – é tendencialmente acentuado. Essa constitui uma das consequências usualmente apontadas à pulverização da titularidade acionista nestas sociedades. A acrescer, tenha-se presente que em economias globalizadas é-se, com muito maior facilidade, acionista de sociedades sujeitas a lei pessoal estrangeira: e a dispersão geográfica dos acionistas amplia, por seu turno, a tendência absentista nas assembleias gerais.

O grau de ativismo acionista encontra-se dependente da estrutura acionista das sociedades abertas, sendo tendencialmente menor em relação a sociedades com um núcleo estável de titulares de participações qualificadas[1969]. O absentismo no exercício do voto, aliás, pode em certas situações revelar uma apatia *racional* da banda dos pequenos acionistas: em função do diminuto número de ações de que dispõem, estes investidores podem não colher suficiente vantagem económica na análise profunda dos documentos financeiros da sociedade ou de outros elementos preparatórios da assembleia que se mostrem relevantes para um exercício crítico do direito de voto. Mais vale, por vezes, confiar no juízo dos investidores profissionais e mimetizar as suas decisões de voto (*free riding*)[1970].

O absentismo crónico no exercício do direito de voto em sociedades abertas pode, contudo, apresentar consequências perversas. Quanto maior o absentismo dos acionistas no exercício dos direitos de voto, maior se revela a possibilidade de um grupo minoritário, vir a dominar, de facto, a assembleia geral. Daqui

[1969] A estrutura de propriedade acionista é, bem entendido, uma de entre diversas variáveis a considerar: cfr. a propósito RONALD J. GILSON, *Controlling Shareholders and Corporate Governance: Complicating the Comparative Taxonomy*, ECGI WP 49/2005 (2005); ROLF SKOG, *A Remarkable Decade: The Awakening of Swedish Institutional Investors*, AG n.os 1-2 (2005), 2-9.

[1970] FRANK EASTERBROOK/DANIEL FISCHEL, *Voting in Corporate Law*, *JLEconomics*, Vol. XXVI (1983), 395-427; HENRY G. MANNE, *Some Theoretical Aspects of Share Voting*, *Columbia LR* 64 (1964), 1427-1445.

decorre um aumento dos custos de agência e uma diminuição da pressão sobre o desempenho na gestão das sociedades abertas – em grau variável, como vimos, em função da estrutura da propriedade acionista. Daí que, do ponto de vista do governo das sociedades com capital aberto ao público, o estímulo à participação acionista assuma um papel relevante. Este, aliás, um dos temas decisivos que conduziu à Diretiva nº 2007/36/CE, de 11 de julho, sobre direitos dos acionistas em sociedades cotadas[1971].

II – Outra componente importante quanto aos efeitos do estatuto da sociedade aberta respeita à formação da vontade da mesma, através da adoção de deliberações sociais. Importa conhecer, neste âmbito, as especialidades do regime deliberativo das sociedades abertas tratadas nos arts. 22º a 26º do Código dos Valores Mobiliários[1972].

Genericamente, estes dispositivos têm como objetivo, a um tempo, ampliar as possibilidades de uso do voto e, a outro tempo, mitigar possíveis problemas operacionais que possam surgir da configuração massificada em que decorre o exercício dos direitos assembleares.

Como expedientes para atingir esses desideratos figura, desde logo, o novo regime de legitimidade para o exercício dos direitos de participação e de voto em assembleia geral de sociedade emitente de ações negociadas em mercado regulamentado. Forjado para evitar as perturbações decorrentes da anterior exigência de prévio bloqueio das ações para o exercício dos direitos de participação e de voto, o Código acolhe o sistema de data de registo (*record-date system*), por força da Diretiva 2007/36/CE – a Diretiva dos direitos dos acionistas[1973]. Segundo este sistema, gozam de legitimidade para o exercício dos direitos de participação, de discussão e de voto em assembleia geral de sociedade cotada os titulares das respetivas ações com direito de voto numa data de referência –

[1971] Arthur Pinto, *The European Union's Shareholder Voting Rights Directive from an American Perspective: Some Comparisons and Observations,* Brooklyn Law School (2008); Dirk Zetzsche, *Shareholder Passivity, Cross-Border Voting and the Shareholders Rights Directive, CBC* – Düsseldorf (2008); Richard Nolan, *Shareholders Rights in Britain, EBOR* (2006), 549-588. Entre nós: Menezes Cordeiro, *A Directriz 2007/36, de 12 de Julho (Acionistas de Sociedades Cotadas): Comentários à Proposta de Transposição,* cit., 503-553.

[1972] Fundamental, sobre este ponto: Rafaela Rocha, *As Deliberações Sociais de Aumento de Capital Social em Sociedades Abertas, Cadernos MVM* nº 11 (2001), 141-154.

[1973] Menezes Cordeiro, *A Directriz 2007/36, de 12 de Julho (Accionistas de Sociedades Cotadas): Comentários à Proposta de Transposição,* cit., 542-545; Paula Costa e Silva, *O conceito de accionista e o sistema de record date,* Vol. VIII (2008), 447-460; João Sousa Gião, *Notas sobre o anunciado fim do bloqueio de acções como requisito do exercício do voto em sociedades cotadas, Cadernos MVM,* nº 21 (agosto 2005), 49-56; Francisco Mendes Correia, *Anotação às Recomendações I.2.1 e I.2.2* em Paulo Câmara (coord.), *Código do Governo das Sociedades Anotado,* cit.. Cfr. ainda *supra,* § 5º, 8.

definida legislativamente como as 0 horas (GMT) do 5º dia de negociação anterior ao da realização da assembleia (art. 23º-C, nº 1). Assim, para exercício dos seus direitos em assembleia, o acionista deve declarar a sua intenção ao presidente da mesa da assembleia geral e ao intermediário financeiro registador das ações até à véspera do dia de referência (art. 23º-C, nº 3). Subsequentemente, o intermediário deve enviar ao presidente da mesa da assembleia geral desta, até ao fim da data de referência, informação sobre o número de ações registadas em nome dos seus clientes interessados em participar na assembleia (art. 23º-C, nº 4). Havendo desencontro entre o número de ações indicadas pelo acionista e registadas no intermediário financeiro, é este último que deve prevalecer – conforme entendimento interpretativo que a CMVM expressou nesta matéria, através de Recomendações, em fevereiro de 2011.

Os acionistas interessados em participar na assembleia que transmitam a titularidade de ações entre a data de registo e o fim da assembleia geral, estão obrigados a comunicá-lo imediatamente ao presidente da mesa da assembleia geral e à CMVM (art. 23º-C, nº 7). Neste âmbito, o Código dá origem a uma dúvida aplicativa, dado o teor divergente entre os nºs 2 e 7 do art. 23º-C. Segundo se crê, o único sentido útil possível do mencionado dever de comunicação é o de implicar que o acionista alienante deixe de ter o direito a participar e a votar em assembleia, mau grado o teor (aparentemente inverso) do art. 23º-C, nº 2; o entendimento contrário implicaria, em termos sistemáticos, um entorse ao art. 384º, nº 1 CSC e abriria a porta a um esvaziamento do voto por vontade legislativa, o que deve ser recusado[1974].

Embora a lei não o diga, deve entender-se que o intermediário financeiro do alienante pode substituir-se ao seu cliente na comunicação devida ao abrigo do art. 23º-C, nº 7. Se o acionista alienante não informa sobre a transmissão de ações, atua ilicitamente e está sujeito a consequências contra-ordenacionais por esse facto (art. 400º CVM).

III – Igualmente destinada a maximizar o ativismo dos acionistas é a permissão de voto por correspondência (art. 22º), adiante analisada autonomamente[1975], e o alargamento da possibilidade de solicitação de procurações para representação em assembleia geral – embora com contrapartidas informativas (art. 23º).

[1974] No mesmo sentido: Menezes Cordeiro, *Novas regras sobre assembleias gerais: a reforma de 2010*, RDS, II (2010), 11-33 (30); Francisco Mendes Correia, *Anotação às Recomendações I.2.1 e I.2.2* em Paulo Câmara (coord.), *Código do Governo das Sociedades Anotado*, cit..

[1975] Cfr. *infra*, § 30º, 6.

IV – Para sociedades cotadas, o Código dos Valores Mobiliários reserva, no seu artigo 23º-B, o direito de inclusão de propostas de deliberação relativas a assuntos referidos na convocatória ou a esta aditados ao acionista ou acionistas que satisfaçam as condições exigidas no nº 1 do artigo 23º-A.

Assim, as listas de candidatos a membros dos órgãos sociais, aceites enquanto propostas admitidas a votação em assembleia geral eletiva, devem ser apresentadas por acionistas com direito de voto ou grupos de acionistas que representem um mínimo de 2% dos direitos de voto[1976].

Já foi sugerido que esta interpretação poderia colidir com a Diretiva dos Direitos dos Acionistas[1977] – procurando ao arrepio da letra da lei alargar o direito a apresentar propostas a qualquer acionista, ainda que tenha participação inferior a 2% do capital. Tal crítica é totalmente improcedente. Com efeito, a Diretiva admite que os Estados-membros possam limitar o direito a apresentar propostas – conquanto que não façam exigências superiores a 5% do capital social[1978]. Ao exigir menos (2%) do que o tecto da Diretiva europeia, o legislador nacional transpôs corretamente o diploma europeu.

V – Além disso, para evitar o abuso do direito dos acionistas minoritários, impôs-se que a suspensão de deliberação social adotada por sociedade aberta seja requerida por titulares de, pelo menos, 0,5% do capital social (art. 24º). Neste contexto, pode qualquer acionista instar, por escrito, o órgão de administração a abster-se de executar deliberação social que considere inválida, explicitando os respetivos vícios. Se, não obstante esse facto, o órgão de administração decidir executar a deliberação e esta vier a ser declarada nula ou anulada, os administradores deixam de se prevalecer do disposto no nº 5 do art. 72º CSC para excluírem eventual responsabilidade civil perante a sociedade[1979].

Paralelamente, foram consagrados expedientes destinados a reduzir a perturbação decorrente de uma possível anulação ou declaração de nulidade da deliberação social de aumento de capital. Assim, as ações emitidas em aumento de capital social constituem uma categoria autónoma durante 30 dias contados

[1976] Artigos 23º-A e 23º-B do Código dos Valores Mobiliários.

[1977] Paulo Olavo Cunha, *Convocação, participação e funcionamento de assembleias gerais de sociedades anónimas*, em *EH Miguel Galvão Teles*, (2015), 501-502; Id., *Impugnação de Deliberações Sociais* (2015), 135-136.

[1978] Dispõe o artigo 6º, nº 2 da Diretiva 2007/36/CE do Parlamento Europeu e do Conselho, de 11 de julho de 2007: *Quando qualquer dos direitos especificados no n.º 1 estiver sujeito à condição de o acionista ou os acionistas em causa deterem uma participação mínima na sociedade, essa participação não pode ser superior a 5% do capital social.*

[1979] A referência, ainda feita no nº 3 do art. 24º, ao nº 4 do art. 72º CSC deve ser atualizada, após a revisão societária de 2006 introduzida pelo DL nº 76-A/2006, de 29 de março.

da deliberação de aumento de capital ou até ao trânsito em julgado de decisão judicial sobre ação de anulação ou de declaração de nulidade de deliberação social proposta dentro daquele prazo (art. 25º). Tal facilita a ulterior amortização das novas ações, em caso de anulação judicial da deliberação social que fundou a emissão, se as ações emitidas foram admitidas à negociação em mercado regulamentado (art. 26º). Quanto ao âmbito deste mecanismo de amortização, já foi criticada a redação legislativa, ao limitar-se às emissões baseadas em deliberações anuláveis[1980]. Porém, ao se apresentar como uma extensão natural da disciplina contida no art. 25º, que acautela o risco de anulação e de declaração de nulidade, o regime consignado no art. 26º deve forçosamente valer, em interpretação extensiva, para os aumentos de capital baseados em deliberações nulas.

Neste contexto, a lei não esclarece diretamente é se a falta de legitimidade para pedir a suspensão de deliberação social afasta a legitimidade para os acionistas lesados com tais deliberações, se desconformes com a lei ou os estatutos[1981]. Mas uma resposta negativa parece impor-se, com base nas regras gerais. A limitação trazida pelo art. 24º é de cariz processual, para obviar a perturbação da vida societária, mas não interfere com o regime de reparação de danos.

VI – Para esse instrumento de mobilização do poder dentro da sociedade aberta, de grande influência nos Estados Unidos (*proxies*), prescrevem-se, entre nós, regras informativas mais exigentes do que aquelas já consagradas no Código das Sociedades Comerciais. Este Código, no art. 381º, já prevê esta possibilidade da recolha de procurações para concertar e conjugar votos na assembleia. O art. 23º do Código dos Valores Mobiliários vem sobrecarregar a importância da informação quando a recolha de procurações é feita em relação a assembleias gerais de sociedades abertas, no tocante aos direitos de voto imputáveis ao solicitante e à fundamentação do sentido de voto por este exercido.

6. *O voto por correspondência*

I – O Código dos Valores Mobiliários consagra diretamente um regime quanto ao exercício de voto por correspondência nas assembleias gerais de sociedades abertas, no art. 22º.

A função deste preceito foi alterada com a reforma societária de 2006. Na versão originária do Código, o art. 22º procurava dissipar dúvidas quanto à

[1980] MIGUEL GALVÃO TELES, *Fungibilidade de valores mobiliários e situações jurídicas meramente categoriais*, cit., 201, em nota.

[1981] O ponto é objeto de uma intervenção direta no Direito italiano (art. 2377 c.civ.). Cfr. a propósito LUCA ENRIQUES/ANDREA ZORZI, *Spunti in Tema di Rimedi Risarcitori contro l'Invalidità dele Deliberazioni Assembleari, Rivista DC*, n.os 1-3 (2006), 1-33.

admissibilidade da utilização do voto por correspondência em sociedades abertas. Com efeito, o Código das Sociedades Comerciais até 2006 conviveu com a dúvida sobre a possibilidade de votação por correspondência a partir da interpretação do nº 8 do art. 384º CSC, que conferia ao contrato social, às deliberações dos sócios e ao presidente da mesa da assembleia geral a possibilidade de determinação da forma do exercício do direito de voto em assembleia. O alcance deste preceito foi desconsiderado por muitos autores, nomeadamente com base no princípio de taxatividade de formas de deliberação consagrado no art. 53º do mesmo Código[1982]. Uma correta análise do problema passava por lembrar que o art. 22º se refere a um novo tipo de voto, mas não a uma nova forma de deliberação. Dito de outra maneira, a admissibilidade de voto por correspondência não acrescentava uma nova forma de deliberação social – enquadrando-se ao invés nas deliberações adotadas em assembleia geral. Não era, porém, benéfica a dúvida quanto às sociedades abertas, com a dispersão de acionistas e a possibilidade de muitos deles serem estrangeiros, pelo que foi introduzido o art. 22º no Código dos Valores Mobiliários, afirmando claramente a admissibilidade da votação à distância em relação a esta categoria societária.

Entretanto, o DL nº 76-A/2006, de 29 de março, determinou uma alteração ao art. 384º CSC, tendo sido aditado um novo número (nº 9) a este preceito, estabelecendo diretamente a permissão de voto por correspondência nas sociedades anónimas, se este não for vedado nos estatutos, e obrigando a uma regulação estatutária de aspetos relevantes para a sua concretização[1983].

Com esta intervenção legislativa, o art. 22º CVM perdeu significado quanto à genérica admissibilidade de voto por correspondência, tendo em outros aspetos sido ultrapassado, do ponto de vista da densidade normativa, por prescrições societárias.

O relevo que preserva quanto à disciplina comum societária prendese agora unicamente com a redução da autonomia estatutária vigente para as sociedades abertas. Com efeito, nas sociedades anónimas fechadas é admissível uma

[1982] Na literatura anterior a 2006, em sentido negativo à admissibilidade de voto por correspondência, Vasco da Gama Lobo Xavier, *Anulação de Deliberação Social e Deliberações Conexas* (1975), 468; Lucas Coelho, *Direito de voto dos acionistas nas assembleias gerais das sociedades anónimas*, Lisboa (1987), 121; Id., *A formação das deliberações sociais*, Coimbra (1994), 62; Brito Correia, *Direito Comercial. III: Deliberações dos Sócios*, Coimbra (1989), 176; Pinto Furtado, *Deliberações de sociedades comerciais* (2005), 99-110; em sentido positivo, Gonçalo Castilho dos Santos, *O Voto por Correspondência nas Sociedades Abertas*, in *Cadernos do Mercado de Valores Mobiliários*, nº 7 (2000), 138-140.

[1983] Luís Menezes Leitão, *Voto por correspondência e realização telemática de reuniões de órgãos sociais*, em *Jornadas em Homenagem ao Professor Doutor Raul Ventura. A Reforma do Código das Sociedades Comerciais* (2007), 269-277; Pedro Maia, *Deliberações dos sócios*, in Coutinho de Abreu (coord.), *Estudos de Direito das Sociedades*[8] (2007), 237-238.

restrição do voto por correspondência, que pode ser absoluta (art. 377º, nº 5 *f)* e 384º, nº 9 CSC). Pelo contrário, nas sociedades abertas a lei concede, apenas, a possibilidade de afastamento parcial, por via estatutária, deste mecanismo de voto, que não pode valer em relação à eleição de titulares de órgãos sociais e à aprovação do relatório e contas (nº 2 do artigo 22º CVM).

II – A admissibilidade de exercício do voto por correspondência insere-se genericamente num movimento internacional que tem vindo procurado estimular, não só por via recomendatória mas também por via legislativa, a participação ativa dos sócios no governo das sociedades.

A este propósito, o art. 22º CVM sofreu notória a influência do art. 127 do *Testo Unico Finanziario* italiano, que já em 1998 adiantava solução semelhante. Entretanto, a permissão de voto expresso por correspondência passou a ser imposta pela Diretiva comunitária sobre Direito de Voto dos Acionistas de Sociedades Cotadas (Diretiva nº 2007/36/CE, de 11 de julho de 2007), no seu art. 11º[1984].

Por detrás destas previsões, há uma justificação económica, uma vez que se pressupõe que o ativismo acionista propiciará uma gestão mais eficiente dos recursos da sociedade, ao ampliar a sindicabilidade dos atos societários, ao estimular o papel desafiador dos investidores institucionais e ao contramotivar a prática de atos decididos pelos administradores em prossecução de interesses próprios e não da sociedade. Por isto, se afirma que o ativismo acionista favorece a diminuição dos designados *custos de agência*.

Há que reconhecer, paralelamente, que a votação por correio significa a superação da manifestação presencial do voto em assembleia geral, aliás, já manifestada em fenómenos de representação. Além disso, acaba por servir de confirmação da perda de importância atribuída à discussão em assembleia, correspondendo ainda a uma forma de votação pessoal[1985].

III – Na aceção aqui utilizada, o voto por correspondência distingue-se do voto expresso electronicamente em assembleias realizadas através de conferências multimedia. Este é um voto reativo, não deixando de se considerar expresso na assembleia. Estruturalmente diverso é o voto por correspondência, mais assemelhado a um voto referendatário, pois exprime uma declaração antecipada,

[1984] CMVM, *Transposição Da Diretiva dos Direitos dos Acionistas e Alterações Ao Código Das Sociedades Comerciais. Processo De Consulta Pública Nº 10/2008* (2008), disponível em http://www.cmvm.pt/NR/rdonlyres/339C4AA6-6A99-4BE9-B048-8747400 35859/10133/ 19082008CPTranspDiretiva DtosAltCSC.pdf.

[1985] Guido Alpa/Francesco Capriglione, Commentario al Testo Unico delle Disposizioni in Materia di Intermediazione Finanziaria, Padova (1998), II, 1170.

submetida por correio em papel ou por correio electrónico, em relação às propostas deliberativas submetidas a votação.

Os votos por correspondência expressos antes da assembleia valem para a formação do *quorum* constitutivo da assembleia, uma vez que denunciam uma vontade prévia para que a assembliea se constitua e delibere. Assim não sucederá com a modalidade de voto por correspondência *a posteriori*, estabelecido no art. 384º, nº 9 b), por clara impossibilidade prática. Na modalidade inversa, de votação prévia, deve entender-se que a lista de presenças, imposta pelo art. 382º CSC em cada assembleia geral, dê igualmente conta dos votos expressos por correspondência. Há que reconhecer, a partir daqui, que com a proliferação de formas de votação desligadas da presença física, a importância do quórum constitutivo sofre uma clara erosão, o que – *de jure condendo* – pode conduzir no futuro ao seu desaparecimento enquanto exigência deliberativa suplementar em relação ao quórum deliberativo[1986].

O ponto é tanto mais relevante dada a atual possibilidade de se realizarem *assembleias virtuais*, em que todos os votos são expressos à distância (art. 377º, nº 6 *b)*)[1987]. Refira-se que no Código de Governo do IPCG (2018), se recomendou às sociedades cotadas a implementação de meios adequados para a participação dos acionistas na assembleia por meios telemáticos (II.4)[1988].

IV – O nº 3 do art. 22º do Código dos Valores Mobiliários obriga a que o aviso convocatório dê notícia sobre a possibilidade e sobre o modo de exercício de voto por correspondência. Esta norma encontra complemento na alínea *f)* do nº 5 do art. 377º CSC, que obriga a incluir no aviso convocatório, se o voto por correspondência não for afastado estatutariamente, *a descrição do modo como o mesmo se processa, incluindo o endereço, físico ou electrónico, as condições de segurança, o prazo para a receção das declarações de voto e a data do cômputo das mesmas*[1989].

Da conjugação destes preceitos, resulta necessária a inclusão de informação sobre voto por correspondência e, em consequência, a anulabilidade de uma

[1986] Certeiro, a propósito: ARMANDO TRIUNFANTE, *Código das Sociedades Comerciais Anotado* (2007), 371-372.

[1987] Na literatura: DIRK ZETZSCHE, *Corporate Governance in Cyberspace – A Blueprint for Virtual Shareholder Meetings*, Düsseldorf (2005); Id., *Virtual Shareholder Meetings and the European Shareholder Rights Directive – Challenges and Opportunities*, *Direito dos Valores Mobiliários*, Vol. VIII (2008), 473-540; GIUSEPPE ALBERTO RESCIO, *L'assemblea della public company e la sua verbalizzazione*, in *Rivista delle Società* (set./out.-1998), 1384-1385.

[1988] Trata-se de uma recomendação associada a alguma polémica: com efeito, este texto recomendatório revela uma contradição com o seu Princípio II.B que apela a uma participação pessoal em assembleia geral.

[1989] ARMANDO TRIUNFANTE, *Código das Sociedades Comerciais Anotado* (2007), 356-360.

deliberação adotada sem que se aluda à possibilidade de exercício de voto por correio ou ao modo de o exercer, nos termos do art. 58º, nº 1 *c)* da lei societária.

Todavia, já não se julga que um voto emitido por correspondência em relação a uma assembleia cuja convocatória era, quanto a este ponto, omissa, possa impedir, à partida, a consideração de que tal voto possa ser validamente expresso, uma vez que a permissão de votação por correio decorre diretamente da lei[1990].

V – A permissão de manifestação do voto por correspondência coloca um problema prático, ligado à *possibilidade de serem aditados novos assuntos na ordem do dia na própria assembleia.* A verdade é que esta possibilidade de aditamentos à ordem dos trabalhos não é derrogada para as sociedades abertas, importando por isso determinar o efeito do voto manifestado por correspondência perante uma modificação do objeto da deliberação.

A resposta a esta questão depara-se com um condicionamento logístico, uma vez que não é possível, em termos práticos, fazer o contato com os acionistas para os prevenir, de modo imediato, da alteração na ordem de trabalhos da assembleia, para que estes possam alterar o seu sentido de voto em conformidade.

Os estatutos devem prever a solução para o caso de ser feita uma alteração à proposta concreta submetida a sufrágio, dentro de um ponto que constava da ordem de trabalhos. Segundo o nº 9 do art. 384º, uma de duas soluções é possível: os estatutos podem determinar que os votos assim emitidos valham como votos negativos em relação a propostas de deliberação apresentadas ulteriormente à emissão do voto; ou pode ser autorizada a emissão de votos até ao máximo de cinco dias seguintes ao da realização da assembleia, caso em que o cômputo definitivo dos votos é feito até ao 8º dia posterior ao da realização da assembleia e se assegura a divulgação imediata do resultado da votação.

Resta saber que resultado é imposto no silêncio nos estatutos[1991]. Nessa circunstância, e na falta de indicação estatutária, se o voto por correspondência é manifestado positivamente perante uma proposta ulteriormente modificada, deve valer a solução crismada na alínea *a)* do nº 9 do art. 384º CSC: o voto considera-se validamente expresso, mas como voto negativo. Com efeito, o sócio manifestou-se perante o ponto em discussão, mas em sentido contrário à proposta apresentada. A justificação desta conclusão pode amparar-se, por via da analogia, no art. 233º CC e no art. 247º, nº 5 CSC, que disciplina o voto escrito nas sociedades por quotas. Demais, esta conclusão interpretativa provoca resul-

[1990] Luís Menezes Leitão, pelo contrário, entende que a assembleia ou o seu presidente podem decidir sobre a aceitação dos votos, nessa circunstância (*Voto por correspondência e realização telemática de reuniões de órgãos sociais,* cit., 274).

[1991] Também para este problema, Luís Menezes Leitão confia no critério da assembleia ou do seu presidente: *Voto por correspondência e realização telemática de reuniões de órgãos sociais,* cit., 274.

tados aceitáveis na votação de titulares para a administração, porquanto o voto contrário abre a possibilidade (logisticamente difícil, concede-se, mas não incontornável) de eleição de administrador por minoria, ao abrigo do art. 392º, n.ºs 6 e 7 CSC.

7. *Um novo tipo societário?*

I – A questão final que se coloca, após o exame do competente regime, é a de saber se a sociedade aberta representa ou não um novo tipo societário. Mais precisamente, em causa está saber se, face ao regime que lhe é dedicado, se revela um sub-tipo societário com características distintivas em relação às da sociedade anónima[1992].

É certo que o art. 1º, nº 2 do Código das Sociedades Comerciais não arrola a sociedade aberta entre os tipos de sociedades comerciais. Essa circunstância, porém, não é decisiva, visto saber-se que o legislador pode, em textos legislativos avulsos, estabelecer outros tipos societários além dos fixados naquele preceito[1993].

A este propósito, algumas indícios podem colher-se em sentido afirmativo, através do conjunto de dispositivos dedicados em especial às sociedades abertas. É designadamente sintomática a circunstância de a sociedade aberta dever mencionar, nos atos externos, tal qualidade, ao abrigo do art.14º do Código dos Valores Mobiliários. No entanto, há elementos que nos apontam no sentido de não haver aqui um tipo societário autónomo, na conceção extraída do Código das Sociedades Comerciais.

II – A primeira indicação diz respeito à voluntariedade da qualidade. Como notado, a qualidade de sociedade aberta ao investimento do público, pode não ser adquirida por vontade da sociedade – e, bem assim, pode ser perdida sem ser o acontecer por decisão da sociedade aberta em causa.

Pode, assim, não divisar-se um ato de vontade na base da aquisição da qualidade e da perda da qualidade de sociedade aberta ao investimento do público. Depara-se aqui uma distinção em relação aos tipos societários em geral, que assentam sempre numa decisão da sociedade[1994].

[1992] Em rigor, a análise poderia ser também ensaiada em relação às sociedades em comandita por acções – mas a sua importância prática em Portugal é quase nula.

[1993] Para não falar da problemática da consagração de tipos que, embora regulados no Código das Sociedades Comerciais, não constam do elenco do nº 2 do art. 1º – como é caso da discussão que pode ser travada em torno da sociedade unipessoal por quotas.

[1994] Em sentido concordante, face à lei italiana de 1974: FRANCESCO GALGANO, *Le Società per Azioni. Principi Generali (Artt. 2325-2341)*, cit., 72.

III – As implicações organizativas decorrentes da qualificação das sociedades como abertas[1995], por seu turno, são distintas consoante se trate, ou não, de sociedades com cotação atual em mercado regulamentado. A conclusão aqui extraída prende-se com a disparidade de categorias societárias utilizadas no Código dos Valores Mobiliários e do Código das Sociedades Comerciais[1996]. À luz da lei societária, impõem-se exigências particulares às sociedades que sejam emitentes de valores admitidos à negociação de valores mobiliários, impondo-se aí, não apenas uma segregação entre as funções de fiscalização e de revisão de contas, entre três modelos básicos possíveis (arts. 414º, nº 4, 423º-B, nº 4 e 444º, n.os 2 a 5), mas sendo além disso cominadas exigências acrescidas quanto à independência dos membros da mesa da assembleia geral (excepcionado o secretário: assim deve ser lido o art. 374º-A) e quanto à caução de responsabilidade dos administradores (art. 396º, nº3)[1997]. No entanto, estas disposições normativas, de um lado, envolvem apenas uma parte do universo das sociedades abertas e, de outro lado, incidem sociedades que não são sociedades abertas, tais como emitentes de obrigações e de valores mobiliários de estrutura derivada.

Além disso, o Código das Sociedades consagra normas injuntivas sobre organização de emitentes de ações admitidas à negociação em mercado regulamentado, reclamando uma maioria de membros independentes nos órgãos de fiscalização (arts. 423º-B, nº 5, 444º, nº 6 e 446º-A), o que afecta apenas parte das sociedades abertas, ao deixar de fora as que recebem essa qualificação por via das alíneas *a)*, *b)*, *d)* e *e)* e da segunda parte da alínea *c)* (no que concerne à cotação pretérita) do nº 1 do art. 13º.

Os deveres de informação também atingem mais intensamente as sociedades emitentes de ações admitidas à negociação do que as sociedades abertas em

[1995] Ainda clássico, sobre a relevância da estrutura organizativa na identidade de cada tipo societário: Luis Fernandez de la Gandara, *La Atipicidad en Derecho de Sociedades*, Zaragoza (1977), 350-425.

[1996] Menezes Cordeiro, *A grande reforma das sociedades comerciais*, O Direito (2006), III; Paulo Câmara, *Modelos de Governo das Sociedades Anónimas*, em *Reformas do Código das Sociedades*, ed. IDET, Almedina (2007); Id., *O Governo das Sociedades e os Deveres Fiduciários dos Administradores*, em *Jornadas sobre Sociedades Abertas, Valores Mobiliários e Intermediação Financeira*, ed. UCP – Porto (2007), 163-179; Id., *O Código das Sociedades Comerciais e o Governo das Sociedades* (co-autoria), Coimbra (2008); Gabriela Figueiredo Dias, *Fiscalização de Sociedades e Responsabilidade Civil*, Coimbra (2006); Id., *Estruturas de fiscalização de sociedades e responsabilidade civil*, em *Nos 20 Anos do Código das Sociedades Comerciais*, Coimbra (2007), 803-836; Pinto Furtado, *Competências e funcionamento dos órgãos de fiscalização das sociedades comerciais*, no ult. vol. cit., 593-619; Paula Costa e Silva, *Sociedade aberta, domínio e influência dominante*, Vol. VIII (2008), 547-548.

[1997] Paulo Câmara, *O Governo das Sociedades e a Reforma do Código das Sociedades Comerciais*, cit., 21, 81-83.

geral, o que é notório no tema da comunicação de participações qualificadas (art. 16º, comparando o nº 1 e o nº2)[1998] e da divulgação de informação privilegiada, neste último caso apenas aplicável a emitentes de valores mobiliários admitidos à negociação em mercado e a participantes no mercado das licenças de emissão (art. 17º do Regulamento europeu do Abuso de Mercado)[1999].

IV – Em balanço relativamente ao regime das sociedades abertas, percebe-se existirem consequências mais profundas do seu estatuto no que respeita àquelas que são emitentes de ações atualmente negociadas em mercado regulamentado.

Além disso, vigora uma dupla permissão de intromissão estatutária no regime das sociedades abertas: de um lado, o art. 187º, nº 4, consagra a possibilidade de supressão estatutária do limite de obrigatoriedade de OPA mais baixo (um terço); de outro lado, o art. 13º, nº 2 prevê que as sociedades coloquem estatutariamente a abertura do capital através de oferta pública de venda na dependência de deliberação social da assembleia geral[2000].

A estrutura tipológica da sociedade aberta revela, assim, uma morfologia distintiva menos nítida e recortada do que é usual encontrar nos tipos societários[2001], dado confrontar-se com categorias societárias desencontradas entre os dois códigos e resultar muito dependente da gradatividade e da plasticidade do seu regime.

[1998] Cfr. *supra*, § 30º, 5.

[1999] Cfr. *infra*, § 37º, 8.

[2000] Cfr. *infra*, § 34º, 8.

[2001] Regresse-se a Paolo Spada, *La Tipicità dellle Società*, Milano (1974), 231-426.

Capítulo X
Ofertas Públicas

§ 31º Regime geral das ofertas públicas relativas a valores mobiliários

1. *Introdução; sistematização*

I – No Direito dos valores mobiliários, assume relevo notório a tutela legislativa de proteção na fase preparatória do contrato. Uma vez que o enfoque da regulação mobiliária se centra nos investidores não-profissionais, é na fase preliminar de formação da vontade, das negociações e da preparação da decisão de investimento que encontramos uma densidade prescritiva mais acentuada. Em termos comparativos, a fase da conclusão do contrato acaba por assumir relevo mais reduzido do que representa a fase pré-contratual, do ponto de vista do Direito dos valores mobiliários[2002].

A razão de ser desta técnica legislativa liga-se, de um lado, aos objetivos de fundo da regulação mobiliária, já atrás explicitados[2003], e, de outro lado, a motivos de ordem prática. Quanto a estes últimos, reconhece-se existirem dificuldades visíveis para provocar a anulação ou a declaração de invalidade de contratos aquisitivos de valores mobiliários celebrados em massa, dada a dificuldade em promover a restituição do que foi prestado (art. 289º CC). Por isso, no plano da política legislativa, mostra-se mais pragmático e adequado atuar preventi-

[2002] Raffaele Lener, *Forma contrattuale e tutela del contraente "non qualificatto" nel mercato finanziario*, Milano (1996), 19 e *passim;* Niccolò Salanitro, *Società per Azioni e Mercati Finanziari*, Milano (1996), 57-69, 78-86.

[2003] Cfr. *supra*, § 18º, em particular no ponto 2.

vamente, procurando acautelar uma decisão de investimento ou de desinvestimento livre e esclarecida.

Estas asserções valem quer para a disciplina das ofertas públicas, quer para o regime da intermediação, já que os contratos de intermediação são sujeitos a regras injuntivas a influenciar a conformação dos comportamentos contratualmente devidos[2004]. Começa-se, para já, pela análise do direito das ofertas públicas.

II – Expostos os dados gerais que explicam a importância conferida pelo Código dos Valores Mobiliários ao tratamento das ofertas públicas, cabe antes do mais precisar o conceito aqui utilizado.

As ofertas públicas relativas a valores mobiliários são propostas dirigidas ao público tendo em vista a emissão, a alienação ou a aquisição de valores mobiliários, através de um processo prescrito por lei. O seu tratamento ocupa todo um título do Código dos Valores Mobiliários – o Título III, por sinal o mais extenso do diploma – constando dos seus arts. 108º a 197º. Aqui são tratadas as regras processuais atinentes às ofertas, aos deveres de informação nomeadamente ligados ao conteúdo do prospeto e aos poderes de fiscalização da autoridade de supervisão.

Quanto ao prospeto de oferta pública de distribuição e à publicidade, cabe ainda considerar a disciplina ditada pelo Regulamento (CE) nº 809/2004.

III – Olhando para a sistematização deste Título, depara-se uma divisão em três capítulos fundamentais:

Capítulo I: Disposições comuns: arts. 108º-155º;

Capítulo II: Ofertas Públicas de Distribuição: arts. 156º-172º;

- Disposições gerais: arts. 156º-163º;
- Recolha de intenções de investimento: arts. 164º-167º;
- Ofertas Públicas de Subscrição: arts. 168º-169º;
- Ofertas Públicas de Venda: arts. 170º-172º;

Capítulo III: Ofertas Públicas de Aquisição: arts. 173º-197º.

A partir desta estruturação de matérias legislativas, merece salientar a existência de uma parte geral respeitante às ofertas públicas (Capítulo I). Tal marca uma diferença em relação ao verificado no Código anterior, em que, à custa de diversas normas remissivas, o regime das ofertas públicas de subscrição servia de paradigma à regulação dos restantes tipos de ofertas. A opção encontrada no código vigente não impede que no Capítulo I se encontrem alguns preceitos dedicados

[2004] Cfr. *supra*, § 24º.

a apenas alguns tipos de ofertas – como é caso dos arts. 137º e 138º(conteúdo do prospeto em oferta de distribuição e em OPA, respetivamente).

Não obstante, a reordenação normativa levada a cabo pelo novo diploma teve assumidamente o propósito[2005] – que se julga cumprido – de lograr um tratamento mais sistematizado dos institutos gerais ligados às ofertas públicas. Por outro lado, afigura-se cientificamente mais rigoroso distinguir as normas gerais das especiais, com primazia dada às primeiras. O regime das ofertas públicas de aquisição demonstra esta tendência, ao fazer tratar as OPAs em geral antes de regular as OPAs obrigatórias[2006]. Evitam-se, deste modo, antinomias normativas, incoerências sistemáticas, repetições escusadas ou remissões em abundância[2007]. Note-se, em particular, o tratamento geral agora conferido ao regime do prospeto e da responsabilidade civil que lhe é inerente e o maior apuro da sistematização da disciplina processual relativa à oferta.

Refira-se, ainda, que o Código de 1991 contrapunha ofertas de subscrição a ofertas públicas de transação, fazendo desse modo reflectir na tipologia legal sobretudo a clivagem do regime das ofertas consoante realizadas em mercado primário ou em mercado secundário. Contrariamente, o atual Código introduz uma nova categoria – as ofertas públicas de distribuição –, a agrupar as ofertas de subscrição e as ofertas de venda. A novidade, contudo, aqui é relativa: deve anotar-se que esta nova categoria já estava implicitamente presente na Diretiva europeia nº 89/298/CEE, de 17 de abril, por se aplicar indistintamente às ofertas públicas de subscrição e às ofertas de venda[2008].

Considera-se, assim, mais relevante determinar se estamos perante um mecanismo típico de solicitação ao investimento ou de apelo à alienação de valores mobiliários.

IV – Esta sistematização revela, todavia, duas simplificações na apresentação feita pelo legislador das matérias abarcadas.

A primeira nota diz respeito à recolha de intenções de investimento, reguladas na Secção II do Capítulo dedicado às ofertas públicas. Apesar da sua inserção, a recolha de intenções de investimento não representa uma oferta pública; antes constitui uma fase eventual de preparação de uma possível futura oferta pública de distribuição, assim se justificando o seu tratamento ao lado destas.

[2005] Cfr. o nº 11 do Preâmbulo do Código.

[2006] Cfr. *infra*, § 20º, 3.

[2007] ALEXANDRE LUCENA E VALE, *Estudo sobre o regime das ofertas públicas de distribuição consagrado no novo Código dos Valores Mobiliários*, in Revista da Banca (julho/dezembro 1998, embora o texto tenha sido elaborado em 2000), 21-25.

[2008] A Diretiva 89/298/CEE do Conselho, de 17 de abril, aplica-se aos valores mobiliários que são pela primeira vez objeto de oferta publica (art. 1º, nº 1), não distinguindo consoante se trate de valores mobiliários emitidos ou a emitir.

De igual modo, constitui uma simplificação tratar a oferta pública de troca no âmbito das ofertas públicas de aquisição. Nas ofertas públicas de troca (ofertas de aquisição envolvendo valores mobiliários como contrapartida: cfr. art. 178º), há uma relação de troca que singulariza evidentemente este tipo de oferta de entre as ofertas públicas de aquisição.

A mitigar o alcance deste último reparo, observa-se que, também neste âmbito, há uma razão para esta inserção sistemática. Deve-se tal ao facto de na oferta pública de troca a intenção principal do oferente ser a de adquirir valores, e não de alienar valores. Ou seja: o que justifica o lançamento da oferta é a intenção de adquirir valores mobiliários; a entrega de valores como contrapartida é meramente instrumental da primeira.

2. *O conceito de oferta pública*

I – O regime das ofertas públicas relativas a valores mobiliários é delimitado com base numa importante definição normativa. Com efeito, para determinar o âmbito desta quase centena de normativos do Título III importa atender ao conceito de oferta pública. Significa isto que o legislador não abandona o intérprete à qualificação da oferta como pública ou particular; pelo contrário, por razões de segurança jurídica, a lei intervém a estabelecer um conceito normativo de oferta pública.

Este conceito de oferta pública tem um alcance sistemático[2009], revestindo-se de um significado que é equiparável à importância da definição normativa de sociedade com o capital aberto ao investimento do público (art. 13º)[2010] e ao conceito bancário de instituição de crédito (art. 2º-A w RGIC). Estes são os conceitos-chave no sistema jurídico-financeiro nas previsões normativas relacionadas com o contato com o público aforrador[2011].

II – O objetivo desta distinção entre oferta pública e particular é o de procurar isolar uma categoria de ofertas em que à partida os destinatários das mesmas sejam carecidos de maior proteção. Trata-se, pois, de uma diferença que se pretende qualitativa entre determinadas ofertas, cujos destinatários vão

[2009] Numa interessante leitura de direito comparado: Erik Oioli/ José Romeu Amaral, *Conceito de oferta pública como elemento delineador do regime jurídico dos valores mobiliários, Revista de Direito das Sociedades e dos Valores Mobiliários*, 2 (nov.-2015), 139-174. Entre nós: Hugo Moredo Santos/ / Benedita Aires, *Sobre o conceito de oferta pública relativa a valores mobiliários, EH Vasco Vieira de Almeida* (2017) 223-246.

[2010] Cfr. *supra*, § 30º.

[2011] *Livro Branco sobre o Sistema Financeiro* (1992), 29-40.

ser à partida definidos como aqueles que são carecidos de maior proteção (*need of legal protection*) – os destinatários de ofertas públicas[2012].

Como melhor se compreenderá adiante, a proteção conferida pelas ofertas públicas é sobretudo informativa – mas também significa, consequentemente, uma intervenção mais profunda da autoridade de supervisão.

A maior dose informativa das ofertas públicas tem um paralelo com um preceito já analisado: o art. 312º, nº 2. É o preceito que regula a intensidade dos deveres de informação dos intermediários financeiros, determinando que o dever de informação é tanto maior intenso quanto menor for a informação detida pelo cliente. A regra, pois, é da proporcionalidade inversa entre a densidade da informação a fornecer ao cliente e o grau de conhecimento e de experiência que este detém[2013].

Uma lógica de fundo similar atravessa o regime das ofertas públicas: como ponto de partida, o legislador supõe que os destinatários das ofertas públicas detêm um conhecimento insuficiente sobre o investimento que lhes é proposto e, por isso, para colmatar este presumido défice informativo, há um lote importante de informação exigida.

Aqui deteta-se, porém, uma diferença grande em relação ao critério de doseamento de informação a prestar por intermediário financeiro: enquanto que o grau de conhecimento é aferido em concreto face ao artigo 312º (alicerçado no dever de conhecimento do cliente – *know your client*) [2014], para a distinção das ofertas públicas há uma avaliação em abstrato, por categorias de destinatários. Aqui o legislador intervém *a priori*, determinando em abstrato se os destinatários estão ou não posicionados para aceder a informação suficiente sobre aquela oferta. Se não for o caso, justificar-se-á a qualificação da oferta como pública, em aplicação dos critérios legais.

Importa frisar, por fim, que a exigência informativa em ofertas públicas corresponde ao padrão mais elevado de proteção informativa em todo o sistema financeiro – e, porventura, em todo o sistema jurídico privado.

III – O critério normativo que vem dividir a qualificação da oferta como pública repousa em dois preceitos: os arts. 109º e 110º[2015].

A técnica utilizada é de articular um critério principal, no nº 1 do 109º, com três critérios complementares nas diversas alíneas do nº 3 do art. 109º. A somar-

[2012] Paulo Câmara, *Emissão e subscrição de valores mobiliários*, cit., 215-218.

[2013] Cfr. *supra*, § 23º, 20. e *infra*, § 37º, 6.

[2014] Cfr. *supra*, § 23º, 20.

[2015] Alexandre Lucena e Vale, *Estudo sobre o regime das ofertas públicas de distribuição consagrado no novo Código dos Valores Mobiliários*, cit., 29-36.

-se a isto, contrapõem-se dois critérios negativos – isto é, duas previsões em que se afasta a qualificação da oferta como pública – consagrados no art. 110º.

É importante reter esta estrutura do critério distintivo da oferta pública, na medida em que tal força o intérprete a percorrer sempre os artigos 109º e 110º para verificar se a oferta é ou não pública. A não haver subsunção no art. 109º, a oferta considera-se particular. A categoria residual das ofertas relativas a valores mobiliários é, assim, a das ofertas particulares.

Antes da análise de cada critério, é igualmente importante referir que a *natureza onerosa ou gratuita* da oferta irreleva para efeitos da sua qualificação como particular ou pública.

IV – O critério principal de autonomização das ofertas públicas vem enunciado no nº 1 do art. 109º do Código dos Valores Mobiliários: tal como resulta do direito privado comum[2016], a oferta é pública se é dirigida no todo ou em parte a destinatários indeterminados (*im incertam personam*).

O critério principal é, nestes termos, o critério da indeterminação dos destinatários. Frise-se que a indeterminação pode ser meramente parcial: ora, a indeterminação parcial de destinatários é suficiente para qualificar a oferta, no seu todo, como pública (art. 109º, nº 1, proémio). Não há nenhum *tertium genus* ou categoria intermédia: a oferta ou é particular ou é pública.

Deve reter-se o momento temporalmente relevante para a qualificação da oferta. À semelhança do critério do direito privado comum, o que distingue a proposta da oferta ao público é o facto de esta se destinar a uma pluralidade *a priori* indefinida de destinatários. Relevante, para o efeito, é a (in)determinação de destinatários ao momento em que a oferta entra em contato com o público.

Esta indeterminação pode resultar de dois fatores principais:

- da utilização de meios de comunicação que impliquem um contato potencial com o público (p.ex: oferta anunciada através da televisão, rádio ou jornal);
- por se dirigir a pessoas que não são previamente identificadas.

Um caso de fronteira, que é objeto de previsão no código, é o das listas de correspondência identificando, em massa, centenas ou milhares de destinatários. Nessa circunstância, atenta a massificação do meio utilizado, ainda que haja identificação do destinatário, a oferta é tida como pública. Esra conclusão ampara-se art. 109º nº 2, segundo o qual a indeterminação não é prejudicada se tivermos comunicações em massa ainda que dirigidos a destinatários individualmente identificados[2017].

[2016] Carlos Ferreira de Almeida, *Contratos,* I, cit., 62-63.

[2017] Extraindo idêntica conclusão, em geral, quanto à qualificação de um anúncio público, cfr. Carlos Ferreira de Almeida, *Contratos,* I, cit., 63.

V – A par do critério geral, a lei utiliza igualmente critérios complementares para a destrinça entre ofertas públicas e particulares. O primeiro critério complementar prende-se com a qualidade da entidade emitente. Quando o emitente for uma sociedade aberta ao investimento do público (art. 13º) e quando a oferta se dirigir à generalidade dos acionistas desta sociedade, a oferta qualifica-se como pública.

Este critério é estabelecido em coerência com o próprio conceito de sociedade aberta[2018]. Com efeito, se é aberta a sociedade que tem o capital disperso pelo público e se dirigimos uma oferta para todos os acionistas dessa sociedade estamos a contactar com o público – a oferta deve, forçosamente, qualificar-se como pública.

No entanto, chama-se a atenção para o 109º nº 3 *a)*, que estabelece a qualificação apenas nos casos em que a oferta é dirigida *à generalidade* dos acionistas da sociedade aberta[2019]. Assim, havendo um aumento de capital a que apenas um sócio acorre, com renúncia do direito de preferência pelos demais sócios, essa oferta poderá ser qualificada como particular se não se verificarem os demais critérios do 109º.

Por outro lado, é oportuno anotar que a alínea *b)* do nº 2 do art. 110º também concede relevo ao conceito de oferta dirigida à generalidade de sócios, entendendo que nestes casos, a oferta de subscrição é particular se o emitente for uma sociedade com o capital fechado ao investimento do público. Nesta medida, a qualificação da sociedade emitente – como sociedade aberta ou não – é, nas ofertas dirigidas à generalidade dos acionistas, decisiva para a qualificação da oferta como pública ou particular.

VI – A oferta é igualmente considerada como pública se for precedida de contatos com o público (art. 109º, nº 3, alínea *b)*). Assim, se antes da oferta houver prospeção, publicidade ou recolha de intenções de investimento, implicando estas atividades uma maturação da decisão de investimento e um contato como público, tal conduz à qualificação da oferta que se lhes segue como pública.

VII – A novidade legislativa em relação ao Código de 1991 reside na adoção de um critério quantitativo no art. 109º nº 3 *c)*, por transposição da Diretiva dos Prospetos[2020]. Segundo este dispositivo, considerar-se-á como pública a oferta

[2018] Cfr. *supra*, § 29º.

[2019] A solução do direito anterior era diversa: cfr. art. 116º, nº 3, alínea *a)* do Código de 1991.

[2020] Art. 3º, nº 2 da Diretiva nº 2003/71, de 4 de novembro de 2003. Cfr. a propósito Paulo Câmara, *A Diretiva dos Prospetos: Contexto, Conteúdo e Confronto com o Direito Positivo Nacional*, *Direito dos Valores Mobiliários*, Vol. VII (2007), 22-23.

dirigida a pelo menos 150 pessoas que sejam investidores não profissionais com residência ou estabelecimento em Portugal[2021].

Este é um mero critério de desempate, por imperativos de segurança jurídica, visando fixar um esclarecimento em termos interpretativos para casos de fronteira. Dito claramente: o art. 109º, nº 3, *c)*, não consente, por raciocínio *a contrario*, a conclusão de que toda a oferta endereçada a menos de 150 destinatários que sejam investidores não profissionais se qualifica como oferta particular[2022]. Exemplificadamente, se uma oferta com um âmbito contido de destinatários é precedida ou acompanhada de prospeção (art. 109º, nº 3 *b)*), a sua qualificação como pública é inevitável.

Contudo, o critério quantitativo não desempenha unicamente uma função interpretativa do critério geral; antes é efectivamente estendido o âmbito da qualificação, na medida em que uma oferta dirigida a uma centena e meia ou a um número superior de investidores não profissionais, ainda que todos estejam determinados, se considera como oferta pública.

Fique claro, por último, que, ao respeitar apenas a investidores não profissionais, este critério admite ofertas particulares dirigidas a mais de 150 investidores profissionais, se os demais critérios se não aplicarem.

VIII – A lei prevê ainda a hipótese de a qualificação como oferta pública decorrer da aplicação dos critérios do artigo 109º à revenda ou à colocação final por intermediários financeiros: é o que denomina *oferta pública de distribuição em cascata* (*retail cascade*)[2023]. Pretende-se com esta formulação alcançar ofertas públicas que são precedidas de distribuições em mercado primário realizadas através de oferta particular, junto de intermediários financeiros. A ideia de base é a de que cada retransmissão seja considerada como uma oferta separada, devendo observar os requisitos legais quando se tratar de oferta pública[2024].

Na oferta de distribuição em cascata, o oferente é o intermediário financeiro. Na preparação da oferta, este pode, se obtiver consentimento escrito do emitente ou da pessoa responsável pela sua elaboração, utilizar prospeto válido e atual que tenha sido previamente divulgado[2025].

[2021] É o seguinte o teor da alínea *c)* do nº 3 do art. 109º, introduzida pelo DL nº 22/2016, de 3 de junho: *A oferta dirigida a, pelo menos, 150 pessoas que sejam investidores não qualificados, por Estado membro.*

[2022] Margarida Azevedo de Almeida, *A responsabilidade civil por prospeto no Direito dos Valores Mobiliários – o bem jurídico protegido*, cit., 191-196.

[2023] Artigo 110º-B CVM. O tema é igualmente tratado no artigo 5º da Proposta de Regulamento dos Prospetos, COM(2015) 583 final, 2015/0268(COD).

[2024] Niamh Moloney, *EU Securities and Financial Markets Regulation*[3], (2014), 95-96.

[2025] Artigo 110º-B nº 1.

Estas ofertas públicas em cascata seguem um regime simplificado[2026], dado que não lhes é aplicável o disposto quanto à obrigatoriedade de rateio (art. 112º/2), à inalterabilidade da oferta e unicidade do preço (art. 124º/1 e 2), ao processo de oferta (art. 126º a 130º) e quanto à possibilidade de revogação de ordens em caso de suspensão da oferta (art. 133º/3).

IX – Merece testar os critérios acabados de enunciar através da sua aplicação a casos sobre os quais podem recair dúvidas.

O primeiro caso é o da *oferta dirigida a trabalhadores ou a administradores*, havendo por vezes hesitações quanto à sua qualificação como

oferta pública ou particular[2027]. A tomada de posição do direito atual é a da aplicação dos critérios gerais. Assim, uma oferta dirigida aos trabalhadores ou a membros da administração de entidade emitente pode ser pública ou particular de acordos com os critérios dos artigos 109º e 110º.

É bom lembrar, aliás, que um dos *leading cases* norte-americanos na base do qual foi gizada a distinção entre oferta pública e particular – *SEC v. Ralston Purina Co.* – implicou uma oferta a trabalhadores[2028]. No entanto, esta decisão jurisprudencial de 1953 é citada para diminuir a importância do critério quantitativo; ao passo que é sobretudo este que determinará, à luz do direito português atual, a qualificação como pública das ofertas a trabalhadores. Isto é, à luz do direito nacional, se a oferta se destinar a pelo menos 100 trabalhadores, recebe a qualificação de pública.

Porém, a ser oferta pública, a oferta pode beneficiar de uma derrogação da exigência de prospeto, de acordo com o art. 134º nº 2 c), se respeitar a emitente de valores mobiliários admitidos à negociação num mercado regulamentado ou a sociedade dominada pelo mesmo, desde que esteja disponível um documento com informações sobre o número e a natureza dos valores mobiliários, bem como sobre as razões e características da oferta. Esta derrogação é importante porque modernamente há muitos esquemas de retribuição aos trabalhadores que envolvem a atribuição de direitos à aquisição de ações emitidas pela empresa empregadora (*stock option plans*)[2029]. O fundamento desta derrogação deve-se

[2026] Artigo 110º-B nº 3.

[2027] Sobre o tema, em geral: Alejandro Araoz Goméz-Acebo/Iñigo Gomez-Jordana Moya, *La Colocacíon Privada de Valores*, Madrid (1999), 95-115.

[2028] Luis de Carlos Bertran, *Regimen Juridico de las Ofertas Publicas de Suscripcion y Venta de Valores Negociables*, Madrid (1998), 210-211.

[2029] Guido Ferrarini/Niamh Moloney, *Executive Remuneration and Corporate Governance in the EU: Convergence, Divergence and Reform Perspectives*, em Guido Ferrarini/Klaus Hopt/Jaap Winter/Eddy Wymeersch, *Reforming Company and Takeover Law in Europe*, Oxford (2004), 267-346 (284-299).

ao facto de estes planos poderem, em tese, servir relevantes interesses laborais – fidelização laboral, incentivo à optimização do desempenho e atração de profissionais talentosos. Além disso, no plano da governação societária, a participação acionista dos trabalhadores é tida como instrumento essencial de alinhamento de interesses entre estes *stakeholders* e os acionistas[2030].

X – Outro caso que suscita frequentes dúvidas de qualificação é o das ofertas de valores mobiliários de sociedades emitentes que estão em processo de recuperação da empresa. Estas também se sujeitam às regras gerais, portanto sendo necessário prospeto nestas situações.

O único desvio aqui introduzido pelo legislador teve em mira as ofertas públicas de aquisição obrigatórias, estatuindo nestes casos uma derrogação no art. 189º, nº 1 *b)*.

XI – Deve acrescentar-se uma referência particular relativamente ao tratamento conferido às ordens transmitidas em mercado. Neste caso, embora a sua execução se dirija a destinatários indeterminados, o art. 111º, alínea *e)*, do Código afasta essa matéria do âmbito de regulação das ofertas públicas.

Para esta exclusão do regime das ofertas públicas, as ordens devem, todavia, satisfazer dois requisitos: devem ser apresentadas exclusivamente através dos meios de comunicação próprios desse mercado e não podem ser precedidas ou acompanhadas de prospeção ou de recolha de intenções de investimento junto de destinatários indeterminados ou de prospeção publicitária.

XII – Em balanço deste regime quanto à qualificação da oferta pública, deve notar-se que não deixa de haver o recurso a conceitos indeterminados. Assim, retêm-se dois exemplos significativos:

– o conceito de generalidade de acionistas (109º nº 3, alínea *a)*); e
– o conceito de múltiplas comunicações padronizadas (109º, nº 2).

Nesta medida, pode haver uma certa flutuação aplicativa – o que, em alguma medida, condiciona o objetivo de segurança jurídica pretendido pelo legislador, ao estabelecer um sistema de definições normativas.

Para resolver casos de dúvida, importa recorrer ao elemento teleológico das normas contidas no art. 109º. Em situações de fronteira, cabe verificar se os destinatários da oferta em causa, abstractamente considerados, são ou não

[2030] Retenho uma frase célebre, atribuída a Lawrence Weisenbach: *The United States would never have the high-technology business it has today if it wasn't for stock options.*

carecidos de proteção informativa[2031]. Se a resposta for afirmativa, na concretização aplicativa destes conceitos indeterminados, deve concluir-se pela qualificação da oferta como pública.

3. *Consequências ao nível do regime*

I – Cabe agora analisar os efeitos jurídicos que decorrem da qualificação de uma oferta como pública.

Em primeiro lugar, se a oferta é particular há apenas um dever de comunicação subsequente da oferta à CMVM para efeitos estatísticos, nos termos do art. 110º nº 2. Na versão originária do Código, este dever estendia-se a todos os emitentes, sem aparente utilidade. Na sua redação atual, a comunicação obrigatória apenas incide sobre ofertas particulares dirigidas por sociedades abertas e por sociedades emitentes de valores mobiliários negociados em mercado.

O regime das ofertas públicas, em contrapartida, apresenta uma densidade significativamente maior, como se demonstra de seguida.

II – O primeiro traço relevante do regime, decorrente do art. 114º, é o da *necessidade de aprovação de prospeto ou, no caso das OPAs, de registo prévio na CMVM.* A aprovação do prospeto é adiante tratada. Quanto ao registo de OPA na CMVM, consiste num registo de supervisão, que não deve confundir-se com o registo de titularidade[2032] ou com o registo da emissão feito no intermediário financeiro ou entidade que presta esse serviço ou na entidade emitente[2033].

O registo da oferta consiste num ato administrativo praticado no âmbito de funções de supervisão. O código esclarece que este ato não afasta um dever do oferente de assegurar que a oferta cumpre as normas aplicáveis, ao abrigo do art. 117º. Apesar deste traço do regime, o registo de oferta tem como finalidade o controlo da sua legalidade (art. 118º, nº 6), não envolvendo juízos de mérito sobre a oferta, quanto a saber se traduz, ou não, uma operação vantajosa para os destinatários.

Se a CMVM concluir pelo registo ou pela aprovação do prospeto, tal representa um *nihil obstat* à oferta. Na verificação dos requisitos legais, o registo é concedido ou o prospeto aprovado. Como qualquer ato administrativo, o registo é sindicável judicialmente. É-o igualmente a oferta mobiliária, pois não pode

[2031] Louis Loss, *Fundamentals of Securities Regulation*, cit., 319-320; Klaus Hopt, *Die Verantwortlichkeit der Banken dei Emissionen. Recht und Praxis in der EG, in Deutschland und in der Schweiz*, trad. it. C. Honoizati, *Le Banche nel Mercato dei Capitali*, Milano (1995), 75-ss.; Alonso Espinosa, *Mercado Primario de Valores Negociables*, cit., 232-ss.

[2032] Arts. 74º e 80º, nº 1.

[2033] Art. 43º.

concluir-se que eventuais vícios da oferta sejam sanados por virtude do ato da CMVM. A consequência para a falta de registo ou de aprovação do prospeto é a cominação de uma sanção contra-ordenacional muito grave para a entidade oferente (art. 393º nº 1 *a)*).

III – A segunda consequência da qualificação da oferta como pública é constituição de um dever de contratar intermediário financeiro, nos termos do art. 113º.

Para apurar o conteúdo da intermediação obrigatória, importa distinguir consoante o tipo de oferta. Nas ofertas públicas de distribuição, o intermediário financeiro deve prestar pelo menos os serviços de assistência e colocação, de acordo com alínea *a)* do nº 1 do art. 113º. Nas ofertas públicas de aquisição, os únicos serviços de intermediação obrigatórios são a assistência e a recolha de declarações de aceitação, segundo a alínea *b)* do mesmo preceito.

O dever de assistência envolve o auxílio à preparação, ao lançamento e à execução de todo o processo da oferta pública. O âmbito dos deveres que estão compreendidos na assistência vem definido no art. 337º a propósito dos contratos de intermediação. A colocação, por seu turno, aparece tratada nos artigos 338º e seguintes do Código, como já foi tratado[2034].

Se o oferente for intermediário financeiro não precisa de contratar outro para a realização da oferta. Estando assegurado o *know how* na condução da oferta, o próprio oferente pode, nessa situação, desempenhar os deveres referidos no 337º quanto à diligência na preparação da oferta (art. 113º, nº 2).

IV – Em caso de oferta pública, deve ser preparado e divulgado um prospeto. Este regra é consagrada no art. 134º, preceito que estabelece também uma lista de casos em que o prospeto não é exigível (art. 134º, nº 2).

A propósito da exigência do prospeto, merece atenção a possibilidade de aproveitamento de um prospeto de base, nos termos do art. 135º-C. Este documento contém os dados sobre o emitente e os valores mobiliários emitidos ao abrigo de programas, de forma contínua ou repetida.

V – Justifica-se sumário apontamento para outras consequências de regime aplicável às ofertas públicas. De um lado, toda a publicidaderelativa à oferta está sujeita a aprovação prévia por parte da CMVM nos termos do art. 121º nº 2 do Código. Este controlo procurará assegurar que a informação publicitária obedece às prescrições constantes do art. 7º.

De outro lado, tenha-se presente que as ordens dadas pelos destinatários das ofertas, para aceitação das ofertas públicas, de acordo com o art. 327º nº 2,

[2034] Cfr. *supra*, § 24º, 2.

devem ser necessariamente transmitidas por escrito – o que significa uma exceção à regra geral de liberdade de forma das ordens transmitidas a intermediários financeiros fixada no nº 1 do mesmo preceito.

VI – Não pode, por último, esquecer-se que o lançamento de uma primeira oferta pública de ações ou valores mobiliários que lhes dêem direito (o que os anglo-saxónicos designam de *initial public offering*, ou abreviadamente *IPO*) pode determinar a qualidade de sociedade aberta do emitente, nos termos do art. 13º.

Neste plano, é importante estabelecer uma distinção. A tratar-se de oferta de subscrição, a aquisição da qualidade de sociedade aberta é automática, independendo do montante em concreto colocado no público. Tratando-se, ao invés, de oferta pública de venda, o emitente apenas adquire tal qualidade se estiverem colocados mais de 10% do capital social (alíneas *b)* e *d)* do art. 13º, respetivamente)[2035].

4. *Os princípios gerais aplicáveis às ofertas públicas*

I – Num esforço de síntese, pode resumir-se a dois princípios fundamentais os aplicáveis em matérias de ofertas públicas: o princípio da igualdade de tratamento e o princípio da estabilidade da oferta pública.

O *princípio da igualdade do tratamento* dos investidores assume, aqui, vincada importância. A concretização mais profunda deste princípio reporta-se à necessidade de acautelar uma igualdade informativa, o que é proporcionado pelo prospeto e pela proibição de disseminação assimétrica de informação relevante, visando que todos os destinatários da oferta estejam em igualdade de condições quanto à informação necessária para tomar uma decisão de investimento esclarecida.

II – O princípio de igualdade de tratamento mrece igualmente concretizações ao longo do processo de oferta, regendo o art. 112º, em matéria da igualdade no preço e das demais condições da oferta.

Adiante entender-se-á que nas ofertas públicas de aquisição obrigatórias o princípio de igualdade de tratamento recebe uma concretização particularmente vigorosa. Com efeito, no regime da contrapartida mínima, obriga-se a uma comparação entre o tratamento dispensado aos destinatários e o conferido aos que alienaram valores mobiliários ao oferente nos últimos seis meses, servindo este de referência mínima para aquele (art. 188º, nº 1 *a)*[2036]).

[2035] Cfr. *supra*, § 30º.

[2036] Cfr.desenvolvidamente *infra*, § 34º. Sobre a aplicação do princípio da igualdade de tratamento em OPAs, v. José Engrácia Antunes, *A igualdade de tratamento dos acionistas na OPA*, DSR

Sabe-se, também, que igualdade não equivale a uniformidade de preço. Uma oferta pública de aquisição que é dirigida a acionistas e a titulares de *warrants* compreenderá naturalmente preços diferentes para os acionistas em relação aos titulares dos *warrants*. O mesmo acontecerá se tivermos acionistas de diferentes categorias.

Outra concretização do princípio da igualdade liga-se ao rateio – que representa o critério supletivo de distribuição, em caso de oferta excedentária, dos valores na proporção das declarações emitidas, nos termos do art. 112º, nº 2.

III – Outro princípio estruturante na conformação do regime das ofertas públicas é o princípio da estabilidade da oferta.

Este vai-se revelando em várias concretizações, a saber:

– A estabilidade de conteúdo;
– A estabilidade do processo;
– A irrevogabilidade da oferta.

IV – O *princípio da estabilidade do conteúdo da oferta* significa que o conteúdo da oferta deve manter-se tendencialmente inalterável ao longo de todo o processo.

Apenas dois fatores podem quebrar esta inalterabilidade do conteúdo da oferta. O primeiro é o instituto da modificação da oferta por *alteração das circunstâncias* referida no art. 128º. Trata-se de uma figura homóloga do instituto de direito civil (art. 437º CC), a merecer análise detida[2037].

O acolhimento no Código dos Valores Mobiliários do instituto da alteração das circunstâncias revela bem a natureza expansiva e a adequação dos institutos gerais ao Direito dos valores mobiliários, o que é esclarecedor quanto à sua abertura e contato com o sistema jurídico em geral.

Note-se, porém, que este instituto da alteração das circunstâncias no Código dos Valores Mobiliários denota alguma diferenças em relação ao homólogo instituto civil. Destacamos quatro principais diferenças. Em primeiro lugar, a figura mobiliária omite uma referência explícita à quebra dos princípios da boa fé como critério orientador da existência de alteração das circunstâncias. Além disso, embora com menor relevância, o art. 437º qualifica a alteração como anormal, ao passo que o preceito do Código dos Valores Mobiliários a referencia como alteração imprevisível e substancial das circunstâncias que, de modo

(março 2010), 87-111; Paul Davies, *The notion of equality in European takeover regulation*, em Jennifer Payne, *Takeover in English and German Law*, Oxford (2002), 9-32; David Kershaw, *Principles of Takeover Regulation*, Oxford, (2016), 184-205.

[2037] Paula Costa e Silva, *Ofertas públicas e alteração das circunstâncias, Direito dos Valores Mobiliários*, Vol. IV (2003), 127-146.

cognoscível pelos destinatários, hajam fundado a decisão de lançamento da oferta. Por outro lado, a lei mobiliária, contrariamente ao disposto no nº 1 do art. 437º CC, não faz apelo explícito ao juízo *ex aequo et buono* para promover a modificação da oferta. Finalmente, a invocação da alteração das circunstâncias apenas pode promover a modificação da oferta se for autorizado pela CMVM.

Os dois primeiros pontos não são decisivos quanto a um afastamento dos institutos relacionados com a alteração das circunstâncias. De facto, sempre se há de reconhecer como aconselhável uma leitura interpretativa integrada de ambos, por imperativos sistemáticos, a resultar numa aproximação da previsão civil ao enunciado do art. 118º.

Ao invés, a sujeição a autorização revela um indelével traço distintivo deste normativo sem paralelo no direito privado comum. Existe, pois, como incontornável singularidade do instituto mobiliário, a mediação de uma autoridade administrativa para poder desencadear o funcionamento deste expediente excecional. O enunciado do art. 128º não obsta a que possa haver uma utilização deste instituto através de decisão judicial; mas não basta, em todo o caso, uma decisão unilateral do oferente para fazer mudar a oferta ou o seu conteúdo ao abrigo deste art. 128º.

Como se sabe, este é sempre um instituto subsidiário, apenas se aplicará quando for forçoso introduzir modificações aos termos da proposta para repor o equilíbrio da oferta, por obediência aos princípios da boa fé, e na medida do necessário para corrigir a base em que o oferente decidiu lançar a oferta. A sua excecionalidade é ainda maior num domínio em que deve prevalecer a estabilidade da oferta.

Existe, por outro lado, a possibilidade de *revisão* de oferta – sujeita embora a diversas limitações. De um lado, a revisão apenas pode acontecer para melhorar a posição dos destinatários e, de outro lado, apenas pode versar sobre a contrapartida. Assim, em oferta pública de distribuição podemos ter revisão para baixar o preço, pelo menos 5% nos que nos diz o art. 172º, ao passo que em oferta pública de aquisição a revisão terá como escopo único elevar o preço de aquisição pelo menos também 5% nos termos do art. 184º. Rege, também, como derradeiro constrangimento, o princípio da unicidade da revisão ao longo da oferta: a oferta não pode ser revista mais que uma vez[2038].

V – A segunda vertente do princípio da estabilidade é o princípio da estabilidade do processo – ou seja, o princípio da ininterruptibilidade do processo da oferta.

[2038] Embora não seja claro que esta regra valha igualmente para o domínio das OPAs (após o competente registo), crê-se dever responder afirmativamente.

Também este princípio conhece desvios e estes apenas podem verificar-se por iniciativa da CMVM através de duas formas distintas: a *suspensão* da oferta (art. 133º) e a *retirada* da oferta (arts. 131º e 132º).

Estes dois expedientes verificam-se no decurso da oferta e não depois desta ocorrer e só se for detetada uma ilegalidade ou violação a regulamento na oferta. A suspensão aplica-se a vícios que são sanáveis, ao passo que a retirada é reservada para vícios insanáveis da oferta (por exemplo, a falta de capacidade do emitente).

VI – O significado mais profundo da estabilidade da oferta tem que ver com a irrevogabilidade. À partida, não é permitido que o oferente venha revogar por ele anunciada, conforme dispõe o art. 130º[2039].

Fala-se aqui de irrevogabilidade de oferta em sentido próprio – portanto, antes de haver aceitação por parte dos destinatários. Apenas num caso pode haver este tipo de revogação, prevista no art. 128º – a revogação por alteração de circunstâncias. Também aqui há dependência de autorização da CMVM para desencadear esta mecanismo excecional.

A irrevogabilidade consagrada no art. 130º, nº 1, deve ser analisada quanto às suas implicações relacionadas com a natureza da oferta.

Relembre-se que, no direito civil, o único ponto em que o Código civil intervém para tratar da oferta ao público é para tratar da sua revogabilidade. Com efeito, o art. 230º CC, na única alusão que faz à oferta ao público, determina que esta pode ser revogada se respeitada for a forma da proposta inicial[2040].

Vê-se, portanto, que *o direito mobiliário, no tratamento que confere à oferta relativa a valores mobiliários, se demarca claramente do único ponto do regime civil sobre oferta ao público, ao declarar a oferta de valores mobiliários irrevogável,* salvo o caso da alteração das circunstâncias.

A análise deve prosseguir. Se é certo o dado anterior, ligado à irrevogabilidade da oferta mobiliária, a verdade é que nos aproximamos, não do regime da oferta ao público, mas do regime da promessa pública.

Com efeito, a promessa pública obriga o oferente mesmo antes da aceitação, sendo à partida será irrevogável, quando lhe é fixado um prazo, salvo havendo justa causa nos termos do art. 461º nº 2 CC[2041].

[2039] O que contrasta com a revogabilidade da declaração de aceitação de oferta, prevista no art. 126º, nº 2 – como bem salienta MARGARIDA COSTA ANDRADE, *Algumas considerações sobre a oferta pública de aquisição de acções simples e voluntária no regime jurídico português*, BFDUC (2002), 718-719.

[2040] Cf. a propósito MENEZES CORDEIRO, Da Abertura *de Concurso para a Celebração de Contrato em Direito Privado* in BMJ 369, 45; Id., *Tratado de Direito Civil Português*, cit., 299; CARLOS FERREIRA DE ALMEIDA, *Contratos*, I, cit., 63.

[2041] Cfr. a propósito VAZ SERRA, *Promessa pública*, in BMJ nº 74 (março 1958), 300-307.

Daí que deva perguntar-se, quanto à natureza da oferta relativa aos valores mobiliários, apreendida a partir do regime, se existe aqui uma promessa pública e não uma oferta ao público.

A resposta é negativa. Apesar desta aproximação por via da irrevogabilidade ao regime e à figura da promessa pública, não se detetam aqui os traços essenciais da promessa pública. Esta define-se por ser uma atribuição unilateral por vontade daquele que aparece a prometer uma prestação dirigida ao público cujo direito depende da mera adesão do destinatário.

As ofertas públicas mobiliárias não representam uma realidade puramente unilateral. Há aqui um fenómeno contratual, aliás confessado em diversos pontos do diploma.

Em primeiro lugar, repare-se no art. 123º, em cujo nº 1 se determina que o anúncio de lançamento deve conter os elementos essenciais para a formação do contrato. Além disso, no art. 327º, nº 2, – que nos fala da forma escrita para as ordens de aceitação – transmite igualmente a ideia de haver aqui um fenómeno tem raiz contratual. Por fim, também o art. 143º, nº 3, se refere à emissão de declaração contratual a propósito da responsabilidade pelo prospeto da oferta.

Por outro lado, não é a simples vontade do destinatário que é suficiente para provocar a consumação do negócio aquisitivo, porque, como notado, pode haver ofertas incompletas e ofertas excedentárias a perturbar a eficácia da oferta e da declaração de aceitação.

Assim, a aceitação do destinatário da oferta é um elemento essencial mas não suficiente para haver a celebração do negócio aquisitivo que a oferta tem em vista.

Estes dados conduzem à qualificação da oferta mobiliária como proposta dirigida ao público[2042]. A firmeza da oferta é característica tendencial desta declaração negocial, tendo-se porém presente a possibilidade de revisão da oferta, dentro do apertado condicionalismo legal, já atrás examinado.

5. *O processo da oferta*

I – As ofertas públicas são, como vimos, propostas contratuais dirigidas ao público, tendo em vista a emissão, a alienação, a aquisição ou a troca de valores mobiliários, através de um processo prescrito por lei.

Atenta a envolvente processual das ofertas – estamos perante *operações* –, vale a pena neste passo relembrar aquilo que são as suas etapas fundamentais.

[2042] Em sentido próximo, Margarida Costa Andrade, *Algumas considerações sobre a oferta pública de aquisição de acções simples e voluntária no regime jurídico português*, cit., 739-742.

1. A primeira fase é preparatória e prende-se com o processo de rastreio informativo (*due diligence*) conduzido pelos intermediários financeiros, auditores e advogados.
   Este processo é particularmente exigente em dispersões iniciais em mercado (*inicial public offerings* ou IPO's) e visa apurar a informação relevante sobre o emitente, designadamente para a elaboração do prospeto. A relevância é medida pela sua pertinência para a tomada de decisão pelos destinatários da oferta. O processo de *due diligence* envolve a dispobilização de um acervo importante de informação, em papel (*physical data room*) ou informaticamente (*virtual data room*): estas últimas ganham preferência natural por evitarem o extravio de documentos e possibilitarem o acesso por pessoas situadas em zonas geograficamente distantes. Esta informação deve ser permanentemente atualizada. Tal supõe o estabelecimento de cláusulas contratuais sobre acesso à informação e sobre a confidencialidade da mesma[2043].
2. *Segue-se, necessariamente, a deliberação da oferta, isto é, a decisão de lançamento da oferta tomada pela entidade oferente,* através dos órgãos competentes.
   De modo geral, dentro da repartição de poderes das sociedades anónimas, é revelada uma maior preocupação em definir o órgão com competência para deliberar a emissão – sobretudo quando estamos perante deliberações de aumento do capital, em que é regra a competência da assembleia geral (embora com exceções: art. 456º CSC). Ao invés, a decisão de lançamento de OPA ou de OPV deve considerar-se como um ato de gestão, para cuja decisão é competente o órgão de administração.
3. Posteriormente, é momento da aprovação do prospeto ou do *registo prévio na CMVM,* tratado com algum desenvolvimento nos arts. 114º a 120º do Código dos Valores Mobiliários[2044]. Já atrás foi analisada a função do registo da oferta. O registo envolve a aprovação do prospeto da oferta e caduca nos prazos previstos no art. 120º.
   É nesta fase que é apreciado o conteúdo da oferta e a validade das cláusulas que constam da proposta contratual apresentada. Frise-se, nomeadamente, que a admissibilidade de condições não é irrestrita, nos termos do art. 124º, n.os 3 e 4, sendo nomeadamente proibidas as designadas condições potestativas (art. 124º, nº 4)[2045]. Esta proibição filia-se na mesma

[2043] Contrapõe-se usualmente a *green room* da *red room,* com documentos especialmente sensíveis, a facultar apenas a um círculo restrito de pessoas.

[2044] Em análise à luz do Direito europeu: PIERRE SCHAMMO, *The Prospectus Approval System,* EBOR 7 (2006), 501-523.

[2045] O tema interessa sobretudo às ofertas públicas de aquisição, sendo adiante retomado (§ 33º, 16.).

ordem de preocupações que levam à consagração do princípio da estabilidade da oferta.

Se a oferta de distribuição é objeto de tomada firme, é concedido o registo provisório antes da aquisição pelo intermediário que toma firme, nos termos do art. 157º. Antes da oferta ao público, que deve ocorrer no prazo de doze meses (art. 157º, nº 4), deve ser obtido o registo definitivo.

4. Procede-se, depois, à fase da exteriorização da oferta, isto é, da possibilidade de surgirem as *aceitações da oferta*.

   As aceitações são transmitidas através de ordens dirigidas a intermediário financeiro (art. 126º)[2046]. De notar que as ordens são revogáveis até 5 dias antes de findar o prazo da oferta, segundo o art. 126º, nº 2.

   Há duas peças fundamentais nesta fase: de um lado, temos um documento que incorpora a proposta contratual – o *anúncio de lançamento* (art. 123º); paralelamente, é também divulgado o *prospeto*. Atualmente, o prospeto de oferta pública de distribuição pode ser elaborado sob a forma de um documento único ou de documentos separados – documento de registo, nota sobre os valores mobiliários e sumário (art. 135º-B). O prospeto deve ser sempre acompanhado de sumário (art. 135º-A). O regime do prospeto é retomado, mais à frente[2047].

5. O processo é completado com a *fase de apuramento de resultados e de execução da oferta*.

   O apuramento dos resultados consiste numa operação material desempenhada por um intermediário financeiro ou pela entidade gestora, a quem compete concentrar as declarações de aceitação ou em mercado, conforme dispõe o art. 127º, nº 1.

Com o apuramento dos resultados, e no pressuposto da inexistência de vicissitudes da oferta que comprometam a sua eficácia, dá-se a formação dos contratos de investimento relativos aos valores mobiliários que são objeto da oferta. Nisto se distingue a oferta de valores mobiliários da comum proposta dirigida ao público: ao passo que nesta os contratos se vão formando à medida em que se registam aceitações, na oferta pública respeitante a valores mobiliários há uma formação simultânea dos contratos em relação a todos os aceitantes.

A tal etapa, nas ofertas públicas de subscrição, segue-se o cumprimento das formalidades associadas à génese do valor mobiliário, nos termos do art. 47º, após o que se procede à adoção da competente forma de representação. Esta circunstância leva a que, em ofertas de subscrição de valores mobiliários

[2046] Sobre a disciplina das ordens, reenvia-se para o § 24º, 1.

[2047] Cfr. infra, § 38º, 1.

que vão ser admitidos à negociação em mercado, haja frequentemente um inconveniente lapso temporal entre a conclusão da oferta e o momento da sua efectiva admissão à negociação em mercado.

6. *Desvios à matriz processual: a recolha de intenções de investimento*

I – A matriz processual descrita conhece diversos desvios no regime específico de cada tipo de oferta pública.

Assim sucede nomeadamente nas ofertas públicas de aquisição, que determinam múltiplos entorses ao regime comum das ofertas. A par do relatório da administração da visada e da possibilidade de concorrência entre ofertas, uma das mais relevantes singularidades do processo das OPAs prende-se com a sua fase inicial.

Com efeito, a partir do momento em que é a tomada de decisão da oferta tem de ser publicado o anúncio preliminar (art. 175º). Tal significa que, entre a deliberação e o registo da oferta pública de aquisição, a lei estabelece o dever de publicação de uma documento que contém os elementos essenciais da proposta a apresentar ulteriormente – elementos que, aliás, podem ser alterados desde que em termos mais favoráveis para os destinatários até ao anúncio de lançamento (art. 175º, nº 2 *a)*). O anúncio preliminar não encontra paralelo em outro tipo de oferta pública. Assim, adiante retoma-se a sua análise ao tratarmos das ofertas públicas de aquisição[2048].

II – Outro afastamento processual digno de menção, relacionado com as ofertas de distribuição, diz respeito aos processos de *recolha de intenções de investimento*[2049].

A recolha de intenções de investimento, disciplinada no Código dos Valores Mobiliários nos arts. 164º a 167º, é uma *fase eventual e anterior às ofertas públicas de distribuição.*

Trata-se de uma fase eventual, na medida em que a lei nunca impõe a sua realização: a opção pela existência de recolha de intenções depende, apenas, da escolha do oferente.

E, por outro lado, uma fase anterior às ofertas públicas de distribuição. A existir, realiza-se previamente à oferta de distribuição, e pode verificar-se seja em relação a ofertas públicas de subscrição, seja em relação a ofertas públicas de venda. A atividade de *testing the waters* apenas é vedada em relação às OPAs. A sua atual sistematização do instituto fundamenta, em termos pacíficos, esta conclusão.

[2048] Cfr. *infra*, § 33º, 6.

[2049] Este processo surge por vezes denominado pela gíria publicitária, em termos impróprios, como fase de *pré-registo.*

No entanto, pode antecipar-se que a recolha de intenções de investimento não pode qualificar-se tecnicamente como uma oferta. Representa uma etapa preparatória e eventual que surge antes de uma oferta pública de distribuição, mas não se confunde com esta.

A recolha de intenções de investimento consiste numa fase de contato com o público visando apurar intenções de subscrição ou intenções de aquisição. Os intermediários encarregados deste processo irão recolhendo e registando as intenções: *building the book*. Por isso, este expediente equivale, grosso modo, ao designado como *bookbuilding*[2050].

Assim se obtêm quatro desideratos fundamentais:

- A formação de um preço não especulativo, numa oferta futura a lançar;
- A maximização da procura, através da divulgação e da publicidade (art. 167º) associadas a este período;
- O apuramento de uma quantidade que seja ajustada à procura numa oferta pública a lançar; e
- A possibilidade de articulação com ofertas dirigidas ao estrangeiro.

Após a realização do processo de recolha, o potencial oferente terá elementos para cumprir o que é, afinal, a finalidade principal deste expediente: a formação da própria decisão de lançamento ou não lançamento da oferta pública de distribuição e, caso afirmativo, os termos em que será lançada.

Depois desta fase da recolha de investimento, o potencial oferente, se vir que o preço que estão a oferecer é muito baixo ou se a quantidade que augura distribuir é insuficiente, tendo em conta as suas metas quanto à colocação da oferta, pode decidir licitamente não lançar a oferta pública de distribuição.

III – O regime da recolha de intenções de investimento assenta em duas linhas principais: as exigências de informação e a relação com a eventual oferta futura.

Em primeiro lugar, uma vez que há contato com o público, são impostos deveres de prestação de informação. A peça informativa necessária nesta etapa é o designado prospeto preliminar. Como vai ser tomada uma decisão de investimento, ainda que a sua concretização seja incerta, valem aqui as mesmas exigências que encontramos nas ofertas públicas, embora com adaptações de pormenor.

O prospeto preliminar é elaborado nos termos gerais dos prospetos. Isto é: tem de haver a assistência de um intermediário financeiro, o qual é responsável também pela informação em cuja preparação está envolvido. Por seu turno,

[2050] Wolfgang Grob, *Bookbuilding*, ZHR 162 (1998), 318-339.

as regras sobre a responsabilidade civil pelo conteúdo do prospeto preliminar pautam-se, por remissão prevista no art. 166º, pelas regras gerais da responsabilidade pelo prospeto.

O legislador impõe igualmente a necessidade de registo prévio da fase da recolha de intenções de investimento, designadamente para verificar se o prospeto preliminar é elaborado de acordo com as exigências legais respetivas.

IV – Para se entender a *relação desta recolha de intenções de investimento com a oferta* futura, é preciso relembrar que a entidade que promove a recolha de intenções de investimento pode decidir não lançar a oferta. Se é essa a sua decisão, trata-se de uma decisão lícita, que não obriga a consulente a indemnizar as pessoas consultadas.

Ora, neste contexto, é importante precisar qual é a natureza das declarações produzidas. A entidade que promove a recolha está a solicitar e a recolher informações; não se encontra a formular propostas. E as pessoas que respondem àquele pedido de informações que manifestam e que comunicam as suas intenções de investimento, não estão também a fazer aceitações de propostas, estão a transmitir meras informações. É a esta luz que deve entender-se o art. 164º, nº 3, que claramente refere que as intenções de investimento não podem servir de meio de formação de contratos.

Nem tão pouco pode entender-se aquela troca de informação como uma celebração de uma promessa para a celebração de um contrato futuro. Não há uma vinculação nestes termos que surja em termos de compromisso para a celebração de um contrato futuro, quer da parte da entidade que está a recolher as intenções de investimento, quer da parte das pessoas que respondem e que manifestam as suas intenções em resposta a esse processo. Por isso, o art. 164º, nº 3, declara que as intenções de investimento não podem servir como meio de formação de contratos[2051].

No entanto – e este é um aspeto que merece atenção –, a verdade é que este processo de recolha de intenções de investimento pode resultar na atribuição de condições mais favoráveis, às pessoas consultadas, em eventual oferta futura. Esta faculdade vem prevista na parte final do art. 164º, nº 3, e é correntemente concretizada quanto à posição no rateio ou do preço, em que se concede uma condição vantajosa para quem responda em termos coerentes quanto ao preço pretendido, durante a fase de recolha de intenções de investimento.

V – A condensar o exposto, resta apurar a natureza desta recolha de intenções de investimento. Em primeiro lugar, *a recolha de intenções não constitui uma*

[2051] Extraindo idêntica conclusão em relação ao regime do Código de 1991, cfr. PAULO CÂMARA, *Deveres de informação e formação de preços no direito dos valores mobiliários*, cit., 85-86.

proposta, por não ser firme. Recorde-se que uma das características que reveste necessariamente uma proposta é a revelação de uma intenção inequívoca de contratar. Aqui, como diversas vezes foi referido, pode a entidade que promove esta recolha acabar por não lançar a oferta, fazendo-o licitamente. Por este motivo, a recolha de intenções de investimento *não constitui uma oferta.*

A informação contida no prospeto preliminar também não é completa, designadamente porque os termos da possível oferta futura não estão ainda definidos. Há, de todo o modo, uma tendencial completude no tocante aos demais aspetos da futura proposta, de tal forma que o prospeto que surge na ulterior oferta pública de distribuição se pode limitar a complementar o prospeto preliminar, sendo por isso, nesses casos, substancialmente menos extenso que este.

Perante estes dados, estamos aqui perante um *concurso público, de natureza indicativa, para a eventual celebração futura, em massa, de contratos relativos à subscrição ou à alienação de valores mobiliários.*

Justifiquemos a qualificação atribuída. É um *concurso* porque promove o aparecimento de interessados em contratar através da divulgação, nos meios próprios, possivelmente dotada de publicidade, de elementos respeitantes ao potencial oferente e ao eventual futuro contrato (art. 167º)[2052].

Neste caso, estamos perante um concurso *indicativo* porque não vincula a entidade que recolhe as intenções de investimento a lançar, a final, a oferta pública de distribuição. O concurso, por seu turno, dirige-se à distribuição de valores mobiliários – isto é: tem em vista a celebração, em massa, de contratos no contexto da subscrição ou alienação de valores mobiliários.

Este concurso, de todo o modo, singulariza-se do tradicional concurso, porque o fundamental não é a escolha do destinatário: o que releva sobretudo é o apuramento do preço e da quantidade da eventual futura oferta. Os critérios de alienação não são, assim, critérios de selecção de pessoas – o que constitui também uma decorrência do princípio de igualdade de tratamento dos destinatários. Vê-se, pois, que o princípio de igualdade de tratamento que se aplica em geral às ofertas públicas também tem a sua aplicação aqui concretizada nesta fase preparatória e eventual de recolha de intenções de investimento.

Assim, se até agora se dizia que a figura do concurso em direito privado era, salvo o art. 463º CC, fundamentalmente atípica, conclui-se que existe regulação típica deste expediente pré-negocial na fase preliminar de ofertas públicas de distribuição, nos arts. 164º a 167º do Código dos Valores Mobiliários.

[2052] Cfr., quanto ao conceito de concurso público, embora analisando a figura no ambiente do direito administrativo, Margarida Olazabal Cabral, *O Concurso Público nos Contratos Administrativos*, Coimbra (1997), 19-ss.; e em geral, além de Menezes Cordeiro, *Da Abertura de Concurso para a Celebração de Contrato em Direito Privado*, cit.; Pedro Pais de Vasconcelos, *Teoria Geral do Direito Civil*, Vol. I, Lisboa (1999), 264-269.

§ 32º As ofertas públicas de distribuição

1. *Razão de ordem*

A lei designa como oferta pública de distribuição a categoria que envolve todas as ofertas em que haja um apelo a uma decisão de investimento: quer decisão de subscrição, quer decisão de compra.

Esta categoria comporta duas modalidades distintas:

- A *oferta pública de subscrição:* a ocorrer quando o oferente apela uma decisão de subscrição por parte dos destinatários, por forma a dar origem à emissão de valores mobiliários; e
- A *oferta pública de venda,* em que se pretende distribuir, já no mercado secundário, valores mobiliários já emitidos.

2. *Ofertas públicas de subscrição*

I – As ofertas públicas de subscrição dirigem-se à emissão de valores mobiliários, ocorrendo no mercado primário.

Nas ofertas de subscrição, há uma forçosa coincidência entre a pessoa do emitente e a pessoa do oferente: o emitente é, ele próprio, oferente dos valores mobiliários.

Este é um ponto importante, nomeadamente perante as regras sobre responsabilidade sobre o prospeto (art. 149º, nº 1, alíneas *a)* e *c)*)[2053]. Tal apenas não valerá para as ofertas de subscrição com tomada firme, uma vez que aí o intermediário é que assume a posição de oferente[2054].

II – A oferta pública de subscrição conhece especialidades nos casos em que tem por objeto a emissão de ações. Sendo esse o caso, o processo da oferta deve ser precedido da divulgação de um anúncio para exercício dos direitos de subscrição, a que se segue o período de exercício e transmissão desses direitos (art. 459º CSC).

3. *Ofertas públicas de venda*

I – As ofertas públicas de venda têm merecido intensa utilização no âmbito dos processos de privatização ocorridos nas décadas de oitenta e noventa do século passado. O seu perfil funcional está, por isso, muito associado à finalidade de dispersão de ações pelo público, podendo constituir nessa medida fonte de qualificação do emitente como sociedade aberta, nos termos do art. 13º, nº 1, *d)*.

[2053] Cfr. *supra,* § 24º, 2.
[2054] Cfr. *supra,* § 24º, 2.

II – Na oferta pública de venda, o oferente pode ser qualquer pessoa que tenha poderes de disposição sobre os valores mobiliários.

O oferente pode até ser o emitente – o que sucede nas ofertas públicas de venda de valores mobiliários próprios. O expediente é de comum utilização para respeitar o princípio da igualdade de tratamento nas alienação de valores emitidos pelo própria sociedade (art. 321º CSC). Ao ser promovida a alienação através de oferta púbica dirigida aos acionistas, garante-se a todos eles a igualdade de oportunidades e de preço (art. 112º).

Todavia, as hipóteses mais frequentes são aquelas em que não há coincidência entre a pessoa do oferente e a pessoa do emitente.

III – Mesmo faltando a coincidência entre a pessoa do oferente e a pessoa do emitente, é obrigatório o prospeto. Para a sua elaboração, deve necessariamente ser divulgada informação produzida pelo emitente.

Neste caso, goza de aplicação o art. 171º, preceito que obriga o emitente a prestar colaboração ao oferente quanto à informação e aos documentos necessários para a elaboração do prospeto.

É mister notar que este dispositivo contém um enunciado bastante mais sintético que o do preceito homólogo do Código anterior (art. 591º CódMVM). No entanto, o seu sentido material não se desvia em substância da disciplina pretérita. Decisivo é, assim, o dever de fornecer todos os documentos necessários para a realização de oferta pública de venda. Em interpretação de tal preceito, e apesar do seu enunciado minimalista – o que como se sabe é característica formal de fundo do Código atual, por contraposição ao anterior –, deve inferir-se que no art. 171º se devem considerar incluídos alguns aspetos explicitamente mencionados no Código de 1991: o dever de prestação de informações ou de entrega de elementos, mas também a disponibilidade para a realização de auditoria e o dever de elaboração de contas especiais, quando necessárias.

A bitola de decisão será sempre o princípio da proporcionalidade, a determinar a adequação da informação solicitada para o fim a que se destina. Assim, não se inclui no âmbito do dever os elementos informativos supérfluos do ponto de vista da relevância para a sua inclusão no prospeto (isto é: aferindo do ponto de vista dos investidores). Demais, se o oferente pode obter a informação necessária por outra via, não pode exigir tal informação à sociedade. Do mesmo modo, deve entender-se que a informação cobre matéria fatual e não apreciações que sobre a mesma sejam feitas.

Este dever de prestação de informação estende claramente o âmbito de prestação obrigatória nos termos do Código das Sociedades Comerciais, não se circunscrevendo à prestação de elementos a acionistas que são, à luz daquele código, titulares de direito à informação. Deve, porém, ser feita prova da decisão de lançamento de OPV, para evitar perturbações inúteis à sociedade.

Além disso, embora não colha (pelo menos diretamente) os benefícios da informação prestada, o emitente é responsável pela informação prestada, nos termos gerais (art. 149º, nº 1 *c*)).

Daqui pode resultar, *prima facie,* a ideia de que a sociedade é injustificadamente penalizada com este dever. Mas não; o que confere equilíbrio a este regime é o facto de o emitente poder sempre condicionar a possibilidade de realização de ofertas públicas de venda, fazendo-as depender de deliberação da assembleia geral, nos termos do art. 13º, nº 2.

3. *Ofertas públicas de valores mobiliários no âmbito de financiamento colaborativo (crowdfunding)*

I – O desenvolvimento tecnológico, nomeadamente através da Internet, tem propiciado o surgimento de novas técnicas de relacionamento entre investidores, intermediários e emitentes – usualmente designadas sob a qualificação genérica de *FinTech* – cujas aplicações podem revelar-se bastante importante no futuro próximo.

Um relevante fenómeno de desintermediação merece, em particular, ser examinado a esta luz: o financiamento colaborativo ou *crowdfunding*. Trata-se de operações de recolha de fundos através de plataformas eletrónicas da Internet junto de uma comunidade alargada de investidores[2055], nas quais o contributo de cada investidor para as empresas beneficiárias é relativamente baixo. A sua finalidade pode dirigir-se à celebração de contratos de diversa natureza, incluindo a doação, o mútuo e a subscrição ou aquisição de valores mobiliários[2056].

Um dos exemplos destas operações é o do designado financiamento colaborativo de capital (*equity crowdfunding*). Apesar da formulação acanhada da lei, não deve afastar-se a hipótese de a recolha de fundos ter por base não apenas a emissão de ações mas também a emissão de valores mobiliários representativos de dívida[2057]. Além disso, o financiamento colaborativo de capital pode envolver apenas uma partilha de dividendos e não a atribuição da titularidade de ações aos investidores – não envolvendo neste último caso qualquer oferta de valores mobiliários[2058].

No âmbito mobiliário, estas formas de desintermediação apresentam vantagens dignas de nota: alargam a base de investidores, reduzem os custos de transação e induzem maior concorrência nos processos de obtenção de

[2055] Sílvia Gomes Nunes, *"Crowdfunding" Como Meio Especial De Celebração De Contratos De Mútuo*, IDEFF, Lisboa (2013).

[2056] Artigo 10º, nº 1 da Lei nº 102/2015, de 14 de agosto.

[2057] Artigo 3º da Lei nº 102/2015, de 14 de agosto.

[2058] Artigo 3º *c*) da Lei nº 102/2015, de 14 de agosto.

capital[2059]. Porém, também estão envolvidos riscos (risco de fraude, risco de utilização indevida de dados pessoais, risco de não cumprimento das vinculações do oferente), nomeadamente quando é limitado o apoio informativo aos clientes, dada a não aplicação das redes de proteção do sistema financeiro (SII, FGD)[2060].

II – A Lei nº 102/2015, de 24 de agosto, regulou esta matéria e clarificou o espaço permissivo existente, embora sujeito a regulamentação e a supervisão da CMVM, que passou a concentrar competências transversais nesta matéria. O tema foi subsequentemente desenvolvido através do Regulamento da CMVM nº 1/2016. Paralelamente, refira-se que a European Crowdfunding Network preparou um código de conduta sobre estas operações, para promover maior transparência[2061].

O regime nacional admite as operações de recolha de fundos em base *All-or-Nothing* (AoN) (implicando a ineficácia da oferta caso não seja atingido o montante total visado) ou *Keepit-All* (KiA) (redução da oferta para ajustamento ao montante recolhido), desde que cumpridos os requisitos legais[2062]. Exige-se neste último caso que a oferta preveja expressamente a possibilidade de alteração dos montantes e dos prazos, que esse facto seja comunicado inicialmente aos investidores e que as plataformas notifiquem todos os investidores da alteração superveniente das condições de subscrição, identificando, qual o novo montante máximo a angariar. Além disso, apenas é permitida uma prorrogação de prazo ou alteração de montante por cada oferta[2063].

O essencial do regime português centra-se nas obrigações de informação dos beneficiários do financiamento colaborativo, que se concretiza através do dever de divulgação de Informações Fundamentais destinadas aos Investidores de Financiamento Colaborativo (IFIFC)[2064].

Para mitigar o risco do investimento e para repelir a qualificação de financiamento profissional, são ainda estabelecidos diversos limites: um limite máximo

[2059] European Commission, *Commission Staff Working Document. Crowdfunding in the EU Capital Markets Union*, Brussels, 3.5.2016 SWD(2016) 154 final (2016), 2-7; John Armour/ Dan Awrey/ Paul Davies/ Luca Enriques/ Jeffrey Gordon/ Colin Mayer/ Jennifer Payne, *Principles of Financial Regulation*, Oxford (2016), 170.

[2060] Sobre o risco de fraude, cfr. Douglas J. Cumming./ Lars Hornuf/ Moein Karami/ Denis Schweizer, *Disentangling Crowdfunding from Fraudfunding*, Max Planck Institute for Innovation & Competition Research Paper No. 16-09 (2016).

[2061] O Código de conduta encontra-se disponível em http://eurocrowd.org/about-us/code-of-conduct-2.

[2062] Artigo 9º, n.os 1 e 2 da Lei nº 102/2015, de 14 de agosto.

[2063] Artigo 9º, n.os 1 e 2 da Lei nº 102/2015, de 14 de agosto.

[2064] Artigo 19º da Lei nº 102/2015, de 14 de agosto e artigos 16º-17º e anexo 2 do Regulamento da CMVM nº 1/2016.

de angariação por oferta (€ 1.000.000)[2065]; um limite máximo de investimento por oferta (€ 3.000) e um limite máximo de investimento anual por investidor (€ 10.000)[2066]. Estes limites não são aplicáveis a pessoas coletivas, a investidores profissionais e a pessoas singulares com rendimento anual superior a € 70.000[2067]. Nestes casos, o limite máximo por oferta é fixado em € 5.000.000[2068].

III – Atenta a indeterminação dos correspondentes destinatários, as ofertas de valores mobiliários realizadas através de plataformas de financiamento colaborativo merecem, de princípio, a qualificação de ofertas públicas. Nessa medida, tais ofertas encontram-se sujeitas ao dever de intermediação obrigatória[2069] e ao regime do prospeto, salvo derrogação legislativa[2070].

A única situação de sujeição a prospeto de oferta pública é a de ofertas que perfaçam €5.000.000. Embora admissíveis ao abrigo do regime especial destinado a pessoas coletivas, investidores profissionais e equiparados, podem ficar sujeitas à exigência de prospeto, que apenas dispensa as ofertas de valor inferior a € 5.000.000[2071].

Por fim, o regime nacional do *equity crowdfunding* não afastou a aplicação da disciplina sobre sociedades abertas, pelo que a dispersão de capital através de oferta de ações em plataforma colaborativa conduz à aquisição da qualidade de sociedade aberta por parte da sociedade financiada, com as amplas (e, neste contexto, porventura desencorajadoras) implicações daqui decorrentes.

§ 33º As ofertas públicas de aquisição – elementos gerais

1. *A instabilidade legislativa e as influências europeias no direito das ofertas públicas de aquisição*

I – O direito português das ofertas públicas de aquisição tem sido fustigado por diversas reformas legislativas. A sua evolução conheceu já seis etapas significativas, abaixo descritas.

2065 Artigo 19º, nº 1 do Regulamento da CMVM nº 1/2016.
2066 Artigo 12º, nº 1 do Regulamento da CMVM nº 1/2016.
2067 Artigo 12º, nº 2 do Regulamento da CMVM nº 1/2016.
2068 Artigo 19º, nº 2 do Regulamento da CMVM nº 1/2016.
2069 Artigo 10º, nº 2 da Lei nº 102/2015, de 14 de agosto.
2070 ESMA, *Advice Investment-based crowdfunding*, 18 December 2014 | ESMA/2014/1560 (2014), 13-14; Ana Sá Couto /Frederico Romano Colaço, *O Equity Crowdfunding e os meios alternativos de financiamento*, Atualidad Jurídica Uría Menéndez, no. 39, (2015), 133-134; Inês Dias Lopes, *Equity Crowdfunding: a governação da sociedade financiada*; WP Governance Lab no. 4/2018.
2071 Artigo 111º, nº 1 *i)* CVM.

A inauguração das intervenções normativas nacionais em matéria de OPAs deu-se com o DL nº 429/83, de 13 de dezembro, que fez depender de autorização ministerial as ofertas lançadas do estrangeiro sobre ações emitidas por sociedades com sede em Portugal, alegadamente com base no receio de um aproveitamento externo das lacunas do direito nacional sobre a matéria.

Pouco depois, a versão originária do Código das Sociedades Comerciais, datada de 1986, desenvolvia o tema, oferecendo regras processuais sobre as ofertas e instituindo um dever de lançamento de oferta prévia parcial quando o lote acionista pretendido atribuísse o domínio ou quando, somado às aquisições verificadas desde o ano civil anterior, excedesse 20% dos direitos de voto[2072].

Com o aparecimento do Código do Mercado de Valores Mobiliários, aprovado pelo DL nº 142-A/91, de 10 de abril, seguiu-se uma fase marcada por uma problemática coexistência entre regimes societário e mobiliário sobre a matéria[2073]. A oferta obrigatória conheceu então relevante alteração, aditando-se às previsões do Código das Sociedades Comerciais a cominação do dever de lançamento de oferta geral, prévia e subsequente, sempre que os valores mobiliários a adquirir, ou de outro modo detidos, excedessem 50% dos direitos de voto do capital social de sociedade que haja dispersado o seu capital pelo público. Por outro lado, o apuramento da medida do controlo, individual ou concertado, sobre a sociedade visada passou a fazer-se em termos mais sofisticados, assentando na articulação entre, de um lado, as presunções de atuação em concertação com o oferente e, de outro, as ficções legais quanto ao cômputo dos direitos

[2072] Sobre o regime originário da oferta obrigatória, constante do art. 313º CSC e da Portaria nº 422-A/88, de 4 de julho, consulte-se João Labareda, *Das Acções das Sociedades Anónimas*, Lisboa (1988), 258-264; Vasco da Gama Lobo Xavier, *Defensive Measures against Hostile Takeovers in Portugal*, in J. M. M. Maeijer/K. Geens (ed.), *Defensive Measures against Hostile Takeovers in the Common Market*, Dordrecht/Boston/London (1991), 198-200.

[2073] De entre a bibliografia nacional, à luz do direito anterior sobre aspetos gerais das OPAs, pode consultar-se António Menezes Cordeiro, *A Oferta Pública de Aquisição*, in *Direito dos Valores Mobiliários* (1997); Id., *A OPA estatutária como defesa contra tomadas hostis*, in ROA ano 58 (1998), 133-145; Id., *Da tomada de sociedades (takeover): efectivação, valoração e técnicas de defesa* in *Revista da Ordem dos Advogados* ano 54 (Dez.-1994), 761-ss.; Carlos Osório de Castro, *Da admissibilidade das chamadas "OPA's estatutárias" e dos seus reflexos sobre a cotação das acções em bolsa*, in Manuel Afonso Vaz/J. A. Azeredo Lopes (coordenação), *Juris et de Jure. Nos vinte anos da Faculdade de Direito da Universidade Católica Portuguesa – Porto*, Porto (1998), 117-148; Jorge Brito Pereira, *OPA Obrigatória* (1998); Augusto Teixeira Garcia, *Da Oferta Pública de Aquisição e o seu Regime Jurídico* (1995); José Nunes Pereira, *O regime jurídico das ofertas públicas de aquisição no Código do Mercado de Valores Mobiliários: principais desenvolvimentos e inovações* in *Revista da Banca* nº 18 (1991); Raúl Ventura, *Estudos Vários sobre Sociedades Anónimas*, Coimbra (1992).

de voto incluídos em participações importantes e quanto aos valores contados pela lei como do oferente[2074].

Este mesmo Código viria a ser objeto de uma importante revisão introduzida pelo DL nº 261/95, de 3 de outubro, que revogou o regime constante do Código das Sociedades Comerciais[2075]. O regime do dever de lançamento de oferta, todavia, passou a apresentar uma complexidade ainda mais acentuada no tocante às previsões de ofertas obrigatórias, fixando cinco limites ao longo dos arts. 527º, nº 1, e 528º, nº 2. De um lado, cominava-se a obrigatoriedade para quem detivesse mais de metade e menos de dois terços dos direitos de voto e pretendesse adquirir mais de 3% desses direitos num ano. Em segundo lugar, determinava-se a constituição do dever quando o oferente pretendesse adquirir valores que confiram dois terços ou mais de dois terços desses direitos. Por seu turno, era imposta a OPA a quem pretendesse adquirir mais de metade dos direitos de voto da sociedade visada e a quem, por qualquer motivo, houvesse ultrapassado tal fasquia. Além disso, foi estabelecida a obrigatoriedade aos que adquiram mais de 20% desde 1 de janeiro do ano civil anterior, independentemente da posição de partida do oferente.

A complexidade do edifício normativo relativo às ofertas de aquisição atingia, aqui, proporções reconhecidamente excessivas, o que constituiu motivo decisivo – menos substancial que formal – para sugerir a necessidade de uma revisão de fundo.

[2074] Cfr., respectivamente, os arts. 525º, nº 2, 346º e 530º do Código do Mercado de Valores Mobiliários. Em geral, sobre o regime do Código do Mercado de Valores Mobiliários, antes das modificações introduzidas em 1995, consulte-se AUGUSTO TEIXEIRA GARCIA, *Da Oferta Pública de Aquisição e o seu Regime Jurídico*, Coimbra (1995); CARLOS OSÓRIO DE CASTRO, *Os Casos de Obrigatoriedade do Lançamento de uma Oferta Pública de Aquisição*, in *Problemas Societários e Fiscais do Mercado de Valores Mobiliários*, Lisboa (1992); FERNANDO DA COSTA LIMA, *A Experiência das OPA em Portugal*, in *Anuário da Economia Portuguesa* (1995), 71-74; JOÃO CALVÃO DA SILVA, *Estudos de Direito Comercial (Pareceres)*, Coimbra (a edição é de 1996, embora os pareceres respeitantes a esta matéria sejam anteriores à entrada em vigor do DL nº 261/95, de 3 de outubro), 207-246; JOSÉ MIGUEL JÚDICE/ /MARIA LUÍSA ANTAS/ANTÓNIO ARTUR FERREIRA/JORGE BRITO PEREIRA, *OPA. Ofertas Públicas de Aquisição. Legislação Comentada*, Lisboa (1992); JOSÉ NUNES PEREIRA, *O regime jurídico das ofertas públicas de aquisição no Código do Mercado de Valores Mobiliários: principais desenvolvimentos e inovações*, in *Revista da Banca* nº 18 (1991); RAÚL VENTURA, *Estudos Vários sobre Sociedades Anónimas*, Coimbra (1992), 29-98.

[2075] Cfr. ANTÓNIO MENEZES CORDEIRO, *A Oferta Pública de Aquisição*, in *Direito dos Valores Mobiliários* (1997); Id., *A OPA estatutária como defesa contra tomadas hostis*, in ROA ano 58 (1998), 133-145; JORGE BRITO PEREIRA, *OPA Obrigatória* (1998); PAULO CÂMARA, *Deveres de informação e formação de preços no direito dos valores mobiliários*, in *Cadernos do Mercado de Valores Mobiliários*, nº 2 (1998), 79-94.

II – Este percurso conduz-nos ao regime das ofertas públicas de aquisição constante do Código dos Valores Mobiliários, aprovado pelo DL nº 486/99 de 13 de novembro[2076].

Já após a versão originária do atual Código, a disciplina sobre OPA viria a conhecer algumas novidades relevantes, por força da transposição de dois textos europeus para o ordenamento jurídico interno: a Diretiva das OPAs (Diretiva nº 2004/25/CE, do Parlamento Europeu e do Conselho, de 21 de abril)[2077], a Diretiva da Transparência (Diretiva nº 2004/109/CE, do Parlamento e do Conselho, de 15 de dezembro) e a sua Diretiva de execução (Diretiva nº 2007/14//CE da Comissão, de 8 de março de 2007). A transposição do primeiro diploma europeu foi efetuada para o Direito português através das modificações ao Código dos Valores Mobiliários introduzidas pelo DL nº 219/2006, de 2 de novembro[2078] – ao passo que o regime europeu da transparência foi incorporado na ordem jurídica interna portuguesa através de alterações ao mesmo Código provocadas pelo DL nº 357-A/2007, de 31 de outubro.

III – Em balanço, a partir do recenseamento realizado, vê-se que em Portugal os regimes das ofertas de aquisição sucediam-se à razão média de um por cada quatro anos. Apenas a partir de 2007 os dados legislativos começaram a revelar-se estáveis. Para tal, revela-se determinante o silêncio que a Comissão Europeia dedica à futura revisão da Diretiva europeia sobre OPAs, que já inquieta alguma literatura mais atenta[2079].

Certo é que ao direito das ofertas públicas de aquisição falta ainda a espessura do tempo, pelo que este não é caso único no contexto europeu. Basta lembrar que o principal texto inspirador do dever de lançamento de OPA – o britânico *City Code on Takeovers and Mergers* – é objeto de alterações em cadência ainda

[2076] Margarida Costa Andrade, *Algumas considerações sobre a oferta pública de aquisição de acções simples e voluntária no regime jurídico português*, BFDUC (2002), 699-744.

[2077] Philippe Lambrecht, *The 13th Directive on Takeover Bids – Formation and Principles*, in Ferrarini, Guido/Hopt, Klaus/Wymeersch, Eddy, *Capital Markets in the Age of the Euro. Cross-Border Transactions, Listed Companies and Regulation*, The Hague/London (2002), 441-465.

[2078] Ana Sá Couto, *Breve Comentário à Transposição da Diretiva das OPA, Cadernos Mercado de Valores Mobiliários* nº 25 (dezembro 2006), 70-76.

[2079] Entre os contributos mais recentes, cfr. Luca Enriques/ Ronald Gilson / Alessio Pacces, *The Case for an Unbiased Takeover Law (with an Application to the European Union)*, ECGI – Law Working Paper nº 212 (2013); João Soares da Silva, *Nótula sobre passivity rule e optimal default nacional em tempo de revisão da directiva das OPA*, em *Estudos em Homenagem a Miguel Galvão Teles*, Vol. 2 (2012), 783-ss.

mais intensa, registando-se mais de dez modificações nos seus primeiros trinta anos de vigência[2080].

De todo o modo, a instabilidade legislativa do instituto provoca sérias consequências no tráfego, pois é adversa à segurança e à previsibilidade das decisões de tomada de sociedades, que também são decisões de investimento que o direito deve tutelar. Por outro lado, à luz das concepções continentais, tal coloca dúvidas sobre a apetência de tratamento do dever de lançamento de oferta pública de aquisição num instrumento normativo carecido de estabilidade, como é caso de um Código dos Valores Mobiliários.

Perante esta dúvida, uma saída possível foi ensaiada em Itália, cujo sistema jurídico conheceu duas reformas de fundo na década de noventa quanto ao regime do dever de lançamento de oferta. Por isso, o *Testo Unico Finanziario* de 1998, optando por uma sensível desgraduação normativa do instituto, passou confiar mais espaço ao desenvolvimento regulamentar promovido pela autoridade de supervisão[2081].

A resposta do ordenamento português é diferente, assentando ao invés numa maior depuração dos enunciados normativos para lhes assegurar estabilidade. Com efeito, na linha do que em geral caracteriza o Código dos Valores Mobiliários[2082], sobretudo na sua versão originária, é patente a menor densidade normativa da atual disciplina, sendo reduzida a quase um terço o conjunto de preceitos que, sobre as mesmas matérias, se encontravam no anterior Código.

[2080] O próprio *Panel* vê na revisão do *City Code* um processo contínuo para assegurar que o diploma reflecte a prática dos mercados (TAKEOVER PANEL, *Report* (1997/ /1998), 12). A versão oficial do *City Code* é, por este motivo, editada em encadernação com folhas soltas (*loose-leafs*).

[2081] PIERGAETANO MARCHETTI/LUIGI ARTURO BIANCHI (ed.) *La Nuova Disciplina delle Società Quotate*, Milano (1999), T. I, 182-499 (495-499); ROBERTO WEIGMANN, *La Nuova Disciplina delle OPA*, in F. BONELLI/V. BUONOCORE/F. CORSI/R. COSTI/P. FERRO-LUZZI/A. GAMBINO/P. G. JAEGER/A. PATRONI GRIFFI, *La Riforma delle Società Quotate*, Milano (1998), 197-209; RAFFALELE D'AMBROSIO, *Offerte Pubbliche di Acquisto o di Scambio*, in CARLA RABITTI BEDOGNI, *Il Testo Unico della Intermediazione Finanziaria. Commentario*, Milano (1998), 593-612; LUCA PICONE, *Le Offerte Pubbliche di Acquisto*, Milano (1999); MARCO MARTINI, *The New Italian Law on Takeover Bids*, in *Quaderni di Finanza*, nº 32 (Mar.-1999), 7-13; FRANCESCO CARBONETTI, *La nuova disciplina delle offerte pubbliche di acquisto*, in *Rivista delle Società* (Set/Out.-1998), 1352-1365 (1361-1365). De entre todos, este último autor é o que se apresenta mais crítico em relação ao espaço regulador da Consob, por considerar que as OPAs brigam com princípios, constitucionalmente sustentados, de liberdade contratual e do direito à propriedade (1364 -1365).

[2082] Sobre a reformulação formal que o novo Código pretendeu introduzir, cfr. SOUSA FRANCO, *Apresentação*, in *Trabalhos Preparatórios do Código dos Valores Mobiliários*, Lisboa (1999), 21, e, no mesmo volume, também os despachos ministeriais e os documentos de trabalho referidos a págs. 43-44, 46, 48-52, 92 e 104. O Preâmbulo do Código também reflecte esta preocupação de simplificação e síntese, no seu nº 3.

2. *Conceito e âmbito*

I – As ofertas públicas de aquisição – ou, abreviadamente, OPA – são propostas dirigidas ao público tendo em vista a aquisição de valores mobiliários, através de um processo estabelecido por lei. Ao contrário do que sucede em relação às emissões, as ofertas de aquisição apelam a uma decisão de alienação de valores mobiliários: visam decisões de desinvestimento.

Apesar da intermediação, a oferta dirige-se aos titulares dos valores mobiliários emitidos pela sociedade visada: depende, pois, do grau de aceitação por estes o sucesso ou insucesso da oferta[2083].

II – Em causa pode estar a proposta de aquisição de qualquer tipo de valor mobiliário. Na disciplina instituída pelo Código do Mercado de Valores Mobiliários de 1991 circunscrevia-se a OPA a valores mobiliários que dêem lugar a aquisição, mediata ou imediata, de direitos de votos[2084]. *Mas não teria de ser necessariamente assim:* é inteiramente legítimo projectar adquirir, através de oferta pública, qualquer tipo de valor mobiliário. Não poderia, por isso, aceitar-se a lacuna legislativa constante do Código de 1991, que omitia nomeadamente a regulação de ofertas de aquisição de valores mobiliários representativos de dívida – que deveriam ter pleno cabimento no tratamento codificado das ofertas de aquisição em geral.

Em resposta a estas objecções, o Código atual veio consagrar um *princípio de liberdade do objeto* das OPA, o que se retira do art. 173º, nº 3: a OPA, de acordo com este preceito, pode ser dirigida em relação a qualquer valor mobiliário.

No entanto, o processo das OPA está sobretudo pensado para a aquisição de valores mobiliários com interferência no domínio. Daí a função do nº 3 do art. 173º, que esclarece que há um conjunto de normativos que não se aplicam à OPA sem interferência do controlo da sociedade (anúncio preliminar, deveres de informação sobre transações efetuadas, deveres do emitente, oferta concorrente e OPA obrigatória).

3. *A oferta pública de aquisição como técnica de concentração empresarial*

I – Apesar do princípio de liberdade de objeto das OPAs, acabado de examinar, a matéria tem umbilicavelmente uma ligação ao controlo de sociedades emitentes de ações. As OPAs configuram-se, por esse motivo, como *técnica de concentração do controlo* nas mãos do oferente.

[2083] Sobre a possibilidade de vinculação prévia à aceitação ou não-aceitação da OPA, cfr. Manuel Requicha Ferreira, *Acordos de aceitação e não-aceitação de OPA*, Coimbra (2015).

[2084] Art. 523º, nº 1 CdMVM.

À margem das ofertas públicas de aquisição, o legislador nacional regula outras possíveis técnicas de concentração de empresas: destaca-se a fusão entre sociedades (arts. 97º-117º CSC), a celebração de contrato de grupo (contrato de grupo paritário e contrato de subordinação: arts. 492º e 493º-ss. CSC), o processo conducente à perda de qualidade de sociedade de subscrição pública (arts. 27º-29º Cód.VM) e a aquisição tendente ao domínio total (arts. 194º a 197º Cód.VM). Faremos seguidamente um sumário exercício comparativo destes institutos, para preparar a análise do perfil funcional das ofertas públicas de aquisição.

II – A fusão, regulada nos arts. 97º a 117º CSC, supõe um sólido mecanismo de legitimação decisória entre os órgãos sociais e os sócios das sociedades envolvidas. Com efeito, o projeto de fusão carece de aprovação pelos órgãos de administração das sociedades que vão ser objeto da fusão e também pelas assembleias gerais das sociedades que vão ser integradas na fusão. O melindre envolvido na partilha de poder societário e a eventualidade de ocorrerem impugnações das deliberações sociais por parte dos sócios discordantes constituem aspetos que caracterizam os processos de fusão.

Por outro lado, do ponto de vista de proteção dos sócios que discordam com a fusão, esta técnica de concentração apresenta outro aspeto digno de menção, ao não assegurar o respetivo direito de exoneração. Segundo o art. 105º CSC, só se o contrato de sociedade o previr (e raramente o faz), é que este direito de exoneração é salvaguardado[2085].

III – Outra técnica alternativa de concentração do poder societário é a da celebração de um *contrato de grupo*, nos termos dos arts. 492º ou 493º CSC. Tal pode revestir a forma de *contrato de grupo paritário* ou de *contrato de subordinação:* e em ambos os casos, contrariamente à fusão, pressupõe-se a independência formal das pessoas jurídicas coligadas. Nessa medida, esta representa uma modalidade menos intensa de concentração empresarial.

Porém, o contrato de grupo paritário envolve a subordinação a uma direcção unitária que é, em termos práticos, difícil de arquitectar – trata-se, consequentemente, de um contrato praticamente inexistente em Portugal. De seu lado, o contrato de subordinação envolve a subordinação da gestão de uma sociedade a

[2085] Menezes Cordeiro, *Manual de Direito das Sociedades*, I (2007), 959-ss.; Raúl Ventura, *Fusão, Cisão, Transformação de Sociedades* (1990, reimp. 2006), 5-55; Diogo Costa Gonçalves, *Anotações aos arts. 97º-117º*, em Menezes Cordeiro (org.), *Código das Sociedades Comerciais Anotado*², cit., 332-434; *Fusão, Cisão e Transformação de Sociedades Comerciais – A posição dos sócios e a determinação do "Statuo viae"*, (2009); Sofia Carreiro, *A fusão*, em Paulo Câmara (org.) *Aquisição de Empresas*, (2011), 127-155.

outra, podendo a sociedade dominante dar instruções desvantajosas à sociedade dominada (art. 503º CSC) – oferecendo por isso pouca concretização na prática.

IV – O Código dos Valores Mobiliários prevê uma outra técnica de concentração empresarial, dirigida exclusivamente às sociedades abertas, que é precisamente o processo de *perda da qualidade de sociedade aberta.*

Esta é uma qualidade que se adquire quando há dispersão do capital pelo público, mas pode ser perdida através de um ato formal da CMVM, tendo-se em vista os arts. 27º a 29º do Código dos Valores Mobiliários. A perda de qualidade pode resultar uma de três situações: de uma OPA com sucesso a 90%; da tomada de deliberação tomada a 90% do quórum em termos de votos expressos; da exclusão de mercado com base na falta de dispersão pelo público[2086].

A segunda hipótese – a deliberação com maioria qualificada – pode configurar-se como saída mais fácil para a perda da qualidade de sociedade aberta. Mas para o recurso a este meio, tem de haver um sócio – conforme exige o art. 27º, nº 3 *a)* – que se comprometa a garantir a aquisição das ações dos sócios que não votaram favoravelmente a perda de qualidade. Essa pessoa emitirá uma declaração que é irrevogável pelo período fixado na lei (pelo menos três meses: art. 27º, nº 3 *a)*) isto é, que equivale a uma proposta de aquisição das ações sobrantes em relação aos sócios que não votaram favoravelmente a perda de qualidade. Este processo, que também revela alguma dificuldade do ponto de vista da concentração do capital social das sociedades, é fiscalizado de perto pela CMVM.

4. *Perfil funcional da oferta pública de aquisição*

I – No mercado de controlo das sociedades abertas ao investimento do público, as ofertas públicas de aquisição representam uma técnica de concentração empresarial que institui um tratamento paritário entre os destinatários, o que se revela muito importante.

Além disso, a oferta de aquisição representa, em geral, um fator de eficiência. Este é um campo muito propício para a análise económica do direito, como seguidamente se demonstrará[2087].

II – O ponto de partida para a compreensão desta ideia reside na circunstância de a decisão, tomada pelos titulares de um órgão de administração, de dispersão do capital pelo mercado significa uma maior vulnerabilidade relativa-

[2086] Cfr. *infra*, § 44º.

[2087] Cfr., sobre este ponto, Roberta Romano, *A Guide to Takeovers: Theory, Evidence and Regulation*, in Klaus Hopt/Eddy Wymeersch ed., *European Takeovers. Law and Practice*, London et al. (1992), 3-48.

mente a tomadas hostis, que pode – em última análise – desalojar essas mesmas pessoas das suas funções, por funcionamento do jogo livre do mercado[2088].

Com efeito, o princípio de livre transmissibilidade assegura a cada sócio a possibilidade de, a qualquer momento, se desembaraçar das ações emitidas pelas sociedades anónimas (art. 328º CSC). Ora, fácil é perceber que essa faculdade mostra mais probabilidade de ser exercida em situações de descontentamento em relação ao desempenho dos administradores. Por outro lado, a vulnerabilidade a ofertas de aquisição é maior em sociedades em que o desempenho menos eficiente da administração tenha conduzido a uma desvalorização dos preços em mercado (*Wall Street rule*)[2089]. Com a OPA[2090], abre-se a porta à designação de uma nova administração – que, procurará tendencialmente afinar os resultados da sociedade e assim furtar-se a nova tomada. Aqui residem, em síntese, as virtualidades económicas das OPAs[2091] – e isto, em parte, fornece explicação para a subida de preços que a oferta de aquisição, quase invariavelmente, gera.

É neste sentido, também, que se afirma que a fidelização dos acionistas – com um desempenho inatacável dos administradores, compreendendo designadamente uma política adequada de distribuição de dividendos – constitui por si o meio mais eficaz de contrariar ofertas hostis.

III – Estas considerações, somadas à ideia de liberdade de iniciativa empresarial (de tomada de sociedades – entenda-se) também serão retomadas à frente, pois favorecem uma pré-compreensão adversa aos meios de defesa, ou seja, ao conjunto de medidas que se oferecem a uma sociedade visada com vista a evitar

[2088] JOHN C. COFFEE JR, *Regulating the Market for Corporate Control; A Critical Assessment of the Tender Offer's Role in Corporate Governance*, in Columbia LR, 84 (1984), 1145-1296; MIKE BURKART, *Economics of Takeover Regulation*, Discussion Paper n. 256, LSE Financial Markets Group (1996); FRANK EASTERBROOK/DANIEL FISCHEL, *Takeover Bids, Defensive Tactics, and Shareholders' Welfare, Bus. Law.* 36 (1981), 1733-1750; Id., *Corporate control transactions, Yale LJ* (1981/82), 698-737; MICHAEL JENSEN/RUBACK, *The market for corporate control: the scientific evidence*, in *Journal of Financial Economics*, Vol. 11 (1983), 127-168.

[2089] JONATHAN MACEY, *Takeovers in the United States: a Law and Economics Perspective*, in Quaderni di Finanza, nº 32 (1999), 28-40; OMESH KINI/WILLIAM KRACAW/SHEZAD MIAN, *The Nature of Discipline by Corporate Takeovers*, *Journal of Finance* nº 4 (2004), 1511-1552.

[2090] O ângulo subjacente a esta exposição centra-se nos méritos económicos das OPAs para as sociedades visadas – não devendo, porém, descrurar-se o exame (não necessariamente coincidente) das vantagens económicas do projeto de aquisição para o oferente. Cfr. A propósito ATHANASIOS KOULORIDAS, *The Law and Economics of Takeovers – An Acquirer's Perspective*, Oxford (2008), 119-265.

[2091] O ângulo subjacente a esta exposição centra-se nos méritos económicos das OPAs para as sociedades visadas – não devendo, porém, descurar-se o exame (não necessariamente coincidente) da svantagens económicas do projeto de aquisição para o oferente. Cfr. A propósito ATHANASIOS KOULARIDAS, *The Law and Economics of Takeovers – An Acquirer's Perspective*, Oxford, (2008), per totum.

uma mudança da estrutura de controlo e, por via do novo jogo de forças na assembleia geral, que tenham por escopo prevenir uma alteração da composição do seu órgão de administração[2092]. Como se verá seguidamente, a validade e a eficácia destes meios de defesa depende de um largo número de variáveis: a sua admissibilidade não é juridicamente irrestrita[2093].

5. *Modalidades de ofertas públicas de aquisição*

I – As ofertas públicas de aquisição conhecem diversas modalidades. Em atenção ao critério da *natureza da contrapartida*, a OPA (empregando aqui o termo em sentido restrito) é a oferta que pressupõe uma contrapartida em dinheiro, ao passo que na *oferta pública de troca* a contrapartida é representada por valores mobiliários, emitidos ou a emitir, designação mantida ainda na circunstância de uma alternativa em dinheiro ser também prevista. Como sem dificuldade se intui, a oferta pública de troca com valores a emitir implica a coexistência de uma OPA e de uma oferta pública de subscrição.

II – Em função do objeto da oferta, a OPA qualifica-se como *geral* quando visa o universo das ações e dos valores mobiliários que dêem direito à sua subscrição ou aquisição emitidos pela sociedade visada.

Nesta qualificação, é lícito descontar os valores já detidos pelo oferente.

Por oposição, dir-se-á que a oferta parcial se caracteriza pelo fato de o respetivo objeto ser mais circunscrito que o da oferta geral. No plano do regime positivo, detetam-se relevantes decorrências desta classificação. As ofertas obrigatórias são necessariamente gerais (art. 187º, nº 1).

III – Resta referir que é *obrigatória* a OPA cujo lançamento surge em cumprimento de imposição legal (art. 187º); a OPA *voluntária*, pelo contrário, assenta numa decisão do oferente incondicionada por lei.

Entre nós, as ofertas obrigatórias são unicamente aquelas que têm por objeto ações e outros valores mobiliários que confiram o direito à sua subscrição ou aquisição emitidos por sociedades abertas.

Esta contraposição assume importância em termos sistemáticos, porque existem regras gerais sobre OPA – a saber, as incluídas nos arts. 173º até 186º – aplicáveis a todas as ofertas, sejam voluntárias ou obrigatórias[2094]. As regras contidas nos arts. 187º, por seu turno, apenas são aplicáveis às ofertas obrigatórias.

[2092] Cfr. *infra*, § 33º, 10.

[2093] Olaf Weiss, *Der angemessene Handlungsrahmen der Zielverwaltung in der Übernahmesituation*, Berlin (2008), 19-28.

[2094] Mas neste caso a aplicação da parte geral deve processar-se com cautelas: cfr. *infra*, § 34º, 2.

6. *O processo da oferta pública de aquisição: quadro geral*

I – O processo da oferta pública de aquisição denota uma complexidade variável[2095]. Abaixo consideram-se as *fases processuais necessárias*, a verificar-se mesmo em OPAs de extrema simplicidade.

A oferta inicia-se com a divulgação do anúncio preliminar, que serve de comunicado urgente a condensar os aspetos principais da proposta de aquisição (arts. 175º e 176º). Segue-se o relatório preparado pelos membros do órgão de administração da sociedade visada, elaborado perante os projetos de prospeto e de anúncio de lançamento (art. 181º).

O registo na CMVM constitui a condição legal para o início do período da oferta (arts. 115º, 116º e 179º), a que se segue a divulgação do anúncio de lançamento (art. 183º-A) e do prospeto (art. 138º).

Durante o período da oferta, os destinatários transmitem as ordens de alienação aos respetivos intermediários financeiros (art. 126º). O prazo da oferta pode variar entre 2 a 10 semanas, devendo em todo o caso ser adequado às características da oferta, aos interesses dos sujeitos envolvidos na operação e às exigências de funcionamento do mercado (art. 125º).

Como sucede em qualquer oferta pública, o processo encerra com o apuramento e a divulgação de resultados (art. 127º).

II – Há, por outro lado que ter em conta as *fases processuais eventuais.* Assim, o anúncio preliminar pode ser revisto, desde que não o seja em sentido menos favorável para os destinatários da oferta (art.175º, nº 2). Além desta, outras vicissitudes processuais podem ocorrer. No seu todo, as vicissitudes que podem atravessar o processo de oferta são as seguintes:

- Revisão de anúncio preliminar;
- Autorizações de outras autoridades administrativas de que dependa a aquisição dos valores mobiliários visados (por exemplo: Banco de Portugal, Autoridade de Supervisão de Seguros e Pensões, Autoridade da Concorrência ou Comissão Europeia);
- Anúncio de oferta(s) concorrente(s);
- Revisão da oferta;
- Atualização de relatório da administração da visada;
- Aprovação de medidas com potencial alcance defensivo.

Cada uma destas fases será analisada adiante.

[2095] O processo de oferta é sintomaticamente rotulado por Kershaw como "*the offer dance*": David Kershaw, *Principles of Takeover Regulation*, Oxford, (2016), 168.

7. *A fase preliminar*

I – A fase preliminar da oferta pública de aquisição constitui um pólo de confluência de múltiplos interesses, em certa medida divergentes entre si.

Quando o oferente decide lançar uma oferta, e para que esta tenha probabilidade de ter êxito, é natural oferecer um valor superior do que aquilo por que as ações estão a ser compradas no mercado. Por esse motivo, a fase inicial de preparação da oferta pública de aquisição comporta um risco muito significativo de *abuso de informação privilegiada*, isto é, implica a possibilidade de alguém ter acesso à informação de que está em vias de lançamento uma oferta pública de aquisição e, com base nessa informação precisa, que não é informação pública, utilizá-la em seu proveito ou em proveito de terceiros.

A partir daqui compreende-se que o abuso de informação privilegiada (art. 378º) tenha como uma das áreas aplicativas mais importantes precisamente a da altura em que o oferente não tornou ainda pública a decisão de lançamento de OPA. O fundamento desta prescrição reside fundamentalmente na igualdade de tratamento em termos informativos[2096].

II – Estas preocupações ligadas aos interesses em jogo na preparação da oferta, conduzem a dois traços importantes do regime na fase preparatória da oferta: o primeiro tem a ver com a imposição, à entidade oferente e às pessoas que estão envolvidas na preparação da oferta, de deveres de segredo até ao momento em que a oferta é tornada pública.

Os deveres de segredo nesta fase preparatória aparecem consagrados no art. 174º e apenas cessam no momento em que é tornada pública a oferta de aquisição. O âmbito subjectivo deste dever de segredo é bastante amplo, cobrindo o oferente, a sociedade visada, os seus acionistas e os titulares de órgãos sociais e todas as pessoas que lhes prestem serviços, ainda que a título ocasional.

O dever de segredo imposto pelo art. 174º não pode, como tal, reconduzir-se (pelo menos na íntegra) ao sigilo profissional, na medida em que abrange também os sócios[2097].

Deve frisar-se que este regime é mais severo do que o encontrado a propósito da divulgação de informação na fase preparatória das ofertas públicas de distribuição, no art. 162º: neste preceito estabelece-se, tão só, deveres de discrição e de utilização vinculada da informação, e não de segredo em sentido técnico.

III – Os riscos informativos inerentes à fase de preparação da oferta pública de aquisição determinaram o *sistema de duplo anúncio* em que o processo

[2096] Cfr. *infra*, § 48º.

[2097] Há consequências, ao nível penal, desta constatação que não serão aqui exploradas.

de oferta pública de aquisição assenta. Como já foi dito, além de o *iter* da oferta compreender, como em todas as ofertas públicas, um *anúncio de lançamento,* que incorpora em si os elementos essenciais da declaração contratual do oferente e cuja divulgação determina o início da oferta, temos também necessariamente na OPA, em fase processualmente anterior, um anúncio que deve ser publicado logo que seja tomada a decisão, que é o *anúncio preliminar* (arts. 175º e 176º).

A existência destes dois documentos informativos é estabelecida injuntivamente, e são ambos insubstituíveis. Apesar de o conteúdo do anúncio preliminar apenas dever cumprir as exigências mínimas quanto às menções obrigatórias descritas no art. 176º[2098], a verdade é que, mesmo que o conteúdo do anúncio preliminar fosse exaustivo, cobrindo todos os elementos que, nos termos do art. 123º, nº 1, são tidos como essenciais à descrição do contrato, tal não dispensaria a publicação de anúncio de lançamento, ainda que substancialmente repetindo a informação já constante do anúncio preliminar.

IV – O dever de comunicação do anúncio preliminar é consagrado no art. 175º: o seu fundamento deve-se precisamente à necessidade de prevenir assimetrias informativas, por forma a que, mal a decisão sobre o lançamento da OPA seja tomada, imediatamente ela seja tornada pública através de um anúncio[2099].

O dever de publicação do anúncio preliminar é de cumprimento imediato, assim que seja tomada a respetiva decisão. Uma exigência tão severa, quanto ao momento da divulgação de informação, apenas encontra paralelo, no regime mobiliário, no dever de informação sobre informação privilegiada previsto no art. 17º do Regulamento europeu do Abuso de Mercado [2100]: e não será coincidência, uma vez que também a decisão de lançamento de uma oferta constitui, por si, um fato potencialmente muito sensível à evolução de preços em mercado.

Utiliza-se no art. 175º (tal como no art. 17º do Regulamento europeu sobre o Abuso de Mercado) o conceito indeterminado de *imediatividade*[2101]. A sua densificação interpretativa é insusceptível de uma conceptualização rígida, sendo embora de vincar que a interpretação do tráfego tem convergido no sentido de que em poucas horas o anúncio deve ser divulgado. Os meios modernos de divulgação podem impor, em certos casos, uma divulgação ainda mais rápida.

Isto vem significar que na maturação da decisão sobre lançamento de uma oferta, existe uma alternativa rígida: o potencial oferente ou guarda segredo; ou, ao invés, tomada a decisão, deve imediatamente publicar o anúncio preliminar.

[2098] Cfr. *infra*, VII.

[2099] THOMAS RAISER/ RUDIGER VEIL, *Recht der Kapitalgesellschaften*[6], München (2015), 893.

[2100] Cfr. *infra*, § 37º, 8.

[2101] Quanto a informação privilegiada, ao abrigo do art. 17º do Regulamento (UE) 596/2014, a comunicação deve ser feita "o mais rapidamente possível": cfr. *infra*, § 37º, 8.

V – A articulação do segredo anterior à decisão com a imediata divulgação da mesma sob a forma de anúncio preliminar conduz a que exista, neste momento preliminar, uma alternativa rígida: o potencial oferente, ou guarda segredo, ou torna pública a decisão.

Na tão difícil quanto essencial distinção entre os dois momentos – o da existência de um dever de não revelar a provável futura oferta – e o momento de imediata divulgação do anúncio preliminar, o que é importante é determinar o momento em que a decisão se considera tomada.

Este, contudo, é um ponto em que o Código dos Valores Mobiliários não fornece nenhum subsídio direto para a sua resolução. Estudando problema paralelo, nos Estados Unidos, a jurisprudência tem entendido que, nas negociações preliminares entre a sociedade visada e um potencial oferente relativamente ao lançamento, por este, de uma OPA não existe dever de informação até estar determinado o preço: é o designado *price and structure test*[2102].

Como já assinalei noutro local[2103], julgo que este contributo pode merecer algum aproveitamento em relação ao direito português. Em adaptação ao contexto jurídico nacional, deverá alargar-se tal construção, por forma a considerar que a decisão negocial se reputa como tomada logo que determinados os respetivos elementos essenciais. Lembre-se que tal modelo decisório é coerente com a regra civil expressa no art. 232º CC – e não poderá legitimamente duvidar-se que, no âmbito do lançamento de uma OPA, o apuramento do preço constitua, efectivamente, um elemento essencial do negócio a propor aos acionistas da sociedade visada.

Assim, em conclusão, pode retirar-se que o dever de divulgação do anúncio preliminar se constitui logo que estejam fixados os elementos essenciais da projectada oferta – nomeada, mas não exclusivamente, quando determinada estiver a respetiva contrapartida.

VI – Uma das consequências mais visíveis do carácter imediato de publicação do anúncio preliminar prende-se com a circunstância de dele constar a identificação do intermediário financeiro a prestar assistência à oferta *apenas se este tiver já sido designado* (alínea *e)* do nº 1 do art. 176º).

Este traço do regime, que se demarca do código anterior, prende-se com a eventualidade de os contatos com intermediários – até que o oferente encontre o parceiro contratual certo – poderem aumentar o risco de fugas de informação. O desejo legislativo de limitar suplementarmente, deste modo, a probabilidade

[2102] Thomas Lee Hazen, *Treatise on the Law of Securities Regulation*³, St. Paul Minn. (1995), 307-308.
[2103] *Deveres de informação e formação de preços no direito dos valores mobiliários*, in *Cadernos do Mercado de Valores Mobiliários*, nº 2 (1998), 89.

de aproveitamento ilícito de informação privilegiada fez com que a contratação com um intermediário financeiro possa, por isso, ficar relegada para um momento posterior ao da divulgação do anúncio preliminar.

Não se trata, porém, de uma regra facultativa: a indicação do intermediário do oferente é efectivamente obrigatória, caso já tenha havido celebração de contrato de assistência com o intermediário.

VII – O anúncio preliminar assume-se como um comunicado urgente e sumário sobre a oferta a ser lançada. A indicação transmitida pelo art. 176º sobre o conteúdo do anúncio preliminar é minimalista. Não se exige que anúncio preliminar seja completo quanto aos elementos da oferta pública de aquisição, limitando-se este aos elementos essenciais que vêm descritos neste preceito.

De outro lado, para a compreensão do significado deste anúncio, deve atender-se ao art. 175º, nº 1, al. *a)*, segundo o qual o efeito do anúncio preliminar é o de vincular o oferente a lançar a oferta. Assim, a publicação do anúncio preliminar não equivale tecnicamente ao lançamento da oferta – que apenas ocorre com a divulgação do anúncio de lançamento –, mas obriga o oferente a lançar a oferta em termos não menos favoráveis para os destinatários do que os termos constantes daquele anúncio.

VIII – Na determinação da relação entre os dois anúncios divulgados ao longo do processo da oferta, releva saber se e em que medida podem ocorrer alterações de conteúdo entre aquela peça que anuncia pela primeira vez a decisão do lançamento da oferta e o documento informativo que incorpora, em termos definitivos, a declaração contratual.

Preliminarmente, deve esclarecer-se que há uma parcela de aditamentos que inevitavelmente surgem no anúncio de lançamento, em virtude de o conteúdo informativo deste ser mais exigente do que o do anúncio preliminar. O simples confronto entre o art. 176º e o art. 123º permite extrair essa conclusão: veja-se nomeadamente que o prazo da oferta não constitui elemento a constar obrigatoriamente do anúncio preliminar.

No entanto, é a alínea *a)* do nº 1 do art. 175º que desempenha um papel decisivo para determinar a relação entre o anúncio preliminar e o anúncio de lançamento de uma oferta pública de aquisição, ao estipular que o anúncio preliminar vincula o oferente a lançar a oferta *em termos não menos favoráveis* que os resultantes daquele anúncio.

A partir daqui, é pacífico que se podem esboçar situações de modificação efectiva dos termos da oferta. Impõe-se considerar, nesse cenário, três hipóteses distintas, seguidamente arroladas.

Numa primeira hipótese, o anúncio de lançamento mantém as mesmas condições do anúncio preliminar: ao abrigo do art. 175º esta hipótese é permitida. Nesta conformidade, o anúncio de lançamento pode repetir as mesmas condições já constantes do anúncio preliminar.

Situação distinta é a verificada quando o anúncio de lançamento introduz uma melhoria nas condições dos destinatários em relação ao anúncio preliminar: trata-se de hipótese igualmente consentida no art. 175º. Frise-se que a melhoria pode respeitar não apenas à contrapartida da oferta.

A última hipótese a ponderar, é a de o anúncio de lançamento introduzir um desfavor das condições do destinatário em relação ao anúncio preliminar. Esta é uma situação claramente proibida pelo art. 175º, al. *a)*.

IX – Hipótese mais melindrosa é aquela em que o anúncio de lançamento favorece, nalguns pontos os destinatários, em relação à peça preliminar – mas em outras cláusulas introduz termos menos favoráveis. O tema foi tratado pelo Professor Menezes Cordeiro que retoma, a propósito, os contributos paralelos relativos à articulação de fontes de direito de trabalho, onde – na concretização aplicativa do *favor laboratoris* – tem prevalecido a teoria da conexão, que prefere a comparação de conjunto de cláusulas que se mostrem incindíveis. Transportando estes dados para o domínio mobiliário, o autor concluiu dever a comparação entre o anúncio preliminar e o anúncio de lançamento ser efetuada por referência a grupos de cláusulas materialmente ligadas[2104].

A isto acrescentar-se-á, naturalmente, a essencialidade do preço no plano da apreciação típica de uma oferta por parte dos destinatários. Tal significa que dificilmente se admitirá uma redução do preço, ainda que tal venha acompanhada de um favorecimento da oferta em outros pontos da mesma.

X – A lei não veda a possibilidade de introdução de modificações ao anúncio preliminar antes do registo da oferta pública de aquisição.

Repare-se que após o registo da oferta, a sua modificação apenas pode ocorrer ao abrigo do art. 128º– isto é, havendo alteração das circunstâncias. Antes dessa etapa processual, como verificámos, não existe semelhante condicionamento, podendo qualquer modificação ser introduzida, desde que não introduza termos menos favoráveis do prisma dos destinatários.

Uma exigência implícita da lei é que a decisão de modificação do anúncio preliminar deva ser imediatamente divulgada, para que, em cumprimento de lógica semelhante à do art. 175º, não haja riscos de abuso de informação privilegiada.

[2104] *Ofertas Públicas de Aquisição*, cit., 289-290.

XI – Na determinação da possível extensão da alterabilidade do anúncio preliminar, ponto é que seja *a mesma oferta*, ainda que alterada. De facto, não pode a modificação ao anúncio preliminar ser tão radical que implique outra oferta.

Sem preocupação de exaustão, no plano das vicissitudes objetivas, consideram-se sem embaraço admissíveis alterações de contrapartida, supressão de condições de eficácia e alargamento do objeto da oferta.

É menos claro que possa haver alteração da pessoa do oferente. Como adiante se esclarecerá, a lei consente a substituição do oferente, mas no contexto próprio das ofertas obrigatórias.

Um alargamento do número de oferentes é comparativamente hipótese menos problemática, na medida em que se reforça a garantia patrimonial ligada ao pagamento da contrapartida. Mas o ponto pode ser mais complexo, caso os objetivos dos novos oferentes sejam diversos dos do oferente inicial.

XII – Após a análise efetuada ao regime do anúncio preliminar, pode ensaiar-se uma sintética tomada de posição sobre a sua natureza.

Repare-se que – até por força urgência da sua divulgação – o anúncio preliminar não apresenta uma descrição completa da oferta a ser dirigida, apenas devendo conter os elementos impostos pelo art. 176º. Além disso, não representa tão-pouco a última palavra do oferente (não é, neste sentido, *definitivo)* na medida em que, as condições da oferta podem ser alteradas no anúncio de lançamento.

Além disso, em diversos pontos da lei, transmite-se a ideia que o lançamento da oferta apenas ocorre após o respetivo registo e com a divulgação do anúncio de lançamento. E é apenas a propósito do conteúdo deste que se diz conter *os elementos do contrato a que se refere* (art. 123º, nº 1).

Assim, como primeira conclusão a extrair, impõe-se referir que o anúncio preliminar *ainda não é tecnicamente uma proposta contratual*.

No entanto, a verdade é que – e este é outro efeito que decorre do art. 175º, nº 2, al. *a)* – o anúncio preliminar obriga o oferente a lançar a oferta e portanto revela a intenção inequívoca de contratar. Dito de outro modo, o anúncio preliminar corresponde ao cumprimento de um dever informativo que, por seu turno, tem como decorrência a assunção de um dever de lançamento da oferta pública de aquisição.

Isto é de tal forma verdade que passamos a ter aqui já aplicáveis as principais regras em matéria das ofertas públicas. Indicam-se, a título exemplificativo, as seguintes:

a. Do mesmo modo, embora não haja ainda a partir do anúncio preliminar uma oferta porque o quadro contratual não está ainda fixado em definitivo, já merecem aplicação os princípios gerais da matéria das ofertas designadamente em termos de igualdade de tratamento (vejam o problema informativo que justifica este dever de publicação imediata do anúncio preliminar).

b. Se a oferta é obrigatória ou concorrente, já se aplicam as regras relacionadas com o preço mínimo a apresentar.

c. Idêntica conclusão vale quanto à irrevogabilidade da oferta. Com efeito, não pode haver revogação do anúncio preliminar salvo em casos de alteração das circunstâncias (nos termos, já estudados, do art. 128º) o que, se já é excecional no direito civil, mais excecional se revela ainda no domínio das ofertas públicas relativas a valores mobiliários.

d. A retirada da oferta (art. 131º), embora pressuponha na sua configuração central que a oferta tenha sido lançada, corresponde a um instituto que também se ajusta a ofertas preliminarmente anunciadas. Não se esqueça, preliminarmente, o impacto que o simples anúncio preliminar provoca no mercado, designadamente em termos dos preços dos valores mobiliários visados pela oferta: dado que o oferente apresentará, de princípio, um preço superior ao verificado no mercado.

Um duplo argumento pode ser apresentado a este propósito. Por maioria de razão, se à CMVM assiste o poder de retirar a oferta já lançada quando o seu objeto é legalmente impossível, também se lhe reconhecerá a faculdade de ordenar a retirada de uma oferta preliminarmente anunciada. Além disso, através da invocação do argumento *ad absurdam*, seria inadmissível que uma oferta pública de aquisição relativa a um objeto ilícito não possa ser objeto de ordem de retirada antes do respetivo pedido de registo. As maiores exigências informativas que rodeiam a retirada conduzem, até, que esta via seja preferível em relação à simples recusa de registo da oferta.

Daqui extrai-se a importante constatação quanto à natureza do anúncio preliminar: embora não consubstanciando uma proposta, este não se situa num espaço livre do direito, enquadrando-se já no âmbito processual da oferta pública de aquisição.

8. *O relatório da sociedade visada*

I – O art. 181º do Código dos Valores Mobiliários consagra, a cargo do órgão de administração da sociedade visada, o dever de elaboração de um relatório sobre a oportunidade e as condições da oferta.

Em causa está um dever de conteúdo triplo, porquanto os administradores da sociedade visada, além de preparar o relatório, devem proceder ao seu envio à CMVM e ao oferente e, bem assim, divulgá-lo publicamente. Tal processo deve ser cumprido no prazo de oito dias a contar da receção dos projetos de prospeto e de anúncio de lançamento e no prazo de cinco dias após a divulgação de adenda aos documentos da oferta (art. 181º, nº 1).

II – Em diversos pontos, o preceito em apreço representa uma evolução em relação ao sistema vigente no Código de 1991. Este previa a existência de duas oportunidades para uma apreciação da oferta por parte do órgão de administração da sociedade visada – reflectindo-se de um lado numa reação ao anúncio preliminar (comentários emitidos no prazo de oito dias após receção do anúncio preliminar: art. 536º CdMVM) e, de outro lado, em outra apreciação, mais profunda, perante o projeto do anúncio de lançamento (arts. 540º e 553º CdMVM).

O direito atual reduziu esta apreciação a uma única peça documental. Na base desta mudança está o carácter sintético e alterável do anúncio preliminar, o que conduzia que no sistema anterior o comentário preliminar servia sobretudo, no caso de ofertas hostis, de instrumento de agressão verbal sem resultar garantidamente em benefício informativo efectivo para os investidores e o mercado em geral. Apenas perante o projeto de anúncio de lançamento é que o órgão de administração da visada disporá de informação completa sobre a projectada oferta para que o comentário, sendo esclarecido, seja também esclarecedor para o mercado. Assim, o prazo de oito dias para apresentação do relatório da administração da visada conta-se a partir da receção do projeto de prospeto e do projeto de anúncio de lançamento (art. 181º, nº 1 CVM).

Ainda assim, deve esclarecer-se que muitas vezes o projeto de prospeto e o projeto de anúncio de lançamento sofrem modificações, sobretudo quando o registo da OPA deve aguardar por autorizações administrativas. Nestes casos, em que podem distar várias semanas entre a apresentação do projeto de prospeto e do projeto de anúncio de lançamento e o registo final, pode haver lugar a uma atualização do relatório da administração da visada.

Além disso, o art. 181º CVM consagra um dever de apresentação e divulgação do relatório, cujo incumprimento é susceptível de ser considerado contra-ordenação grave (art. 393º, nº 4 *d)*) – e não um ónus, como sucedia no Código pregresso. Isto permite ver que esta peça documental não representa um direito de defesa verbal da administração, mas uma imposição informativa para acautelar os *interesses da sociedade no seu conjunto*[2105]: visa, assim, um melhor esclarecimento da decisão dos destinatários da oferta, relacionada com a aceitação ou não aceitação da oferta, e a informação sobre o impato geral provocado pela oferta de aquisição. São, assim, os investidores e, indiretamente, os outros *stakeholders*, tais

[2105] A expressão assinalada em itálico é retirada do nº 5 do art. 9º da Diretiva nº 2004/25/CE, de 21 de abril de 2004.

como os trabalhadores – e não propriamente os administradores –, os sujeitos tutelados pelo âmbito de proteção daquela norma[2106].

III – A lei não obriga a que o relatório da administração da sociedade visada seja precedido de um estudo preparado por um banco de investimento sobre a justeza e adequação da contrapartida proposta. Tal não obsta a que estes estudos (*fairness opinions*) possam ser utilizados, como é prática corrente (e por vezes imposição[2107]) em muitas jurisdições[2108], sobretudo para demonstração do cumprimento dos deveres de cuidado por parte dos administradores.

IV – O relatório da administração da visada é divulgado publicamente em simultâneo ao envio à CMVM.

Esta simultaneidade explica-se pelo potencial impato nas cotações que tal documento pode determinar, e pela preocupação em eliminar negociação de ações da visada com base em informação assimétrica. Esta solução, todavia, tem o defeito de não agregar formalmente o relatório da visada ao prospeto da oferta, sendo certo que são ambos os documentos que influenciam a tomada de decisão por parte dos destinatários da oferta.

O conteúdo mínimo do relatório é prescrito por lei (art. 181º, nº 2), que obriga que este incida pelo menos sobre: o tipo e o montante da contrapartida oferecida; os planos estratégicos do oferente para a sociedade visada; as repercussões da oferta nos interesses da sociedade visada, em geral, e, em particular, nos interesses dos seus trabalhadores e nas suas condições de trabalho e nos locais em que a sociedade exerça a sua atividade; e a intenção dos membros do órgão de administração que simultaneamente sejam acionistas da sociedade visada, quanto à aceitação da oferta.

É mister anotar que o documento agrega, de um lado, declarações coletivas, exprimindo a apreciação do órgão de administração quanto à OPA, o que representa a parte central do relatório, e, de outro lado, declarações individuais dos membros, seja quanto à intenção de aceitarem a oferta, no caso de serem

[2106] No mesmo sentido, em face do § 27 WpÜG alemão: JÖRN KUBALEK, *Die Stellungnahme der Zielgesellschaft zu öffentlichen Angeboten nach dem WpUG*, Berlin (2006), 75-104.

[2107] ANTÓNIO SOARES/ RITA OLIVEIRA PINTO, *Os deveres do órgão de administração da sociedade visada na pendência de uma oferta pública de aquisição*, em *EH Ferreira de Almeida*, (2011) I, 865-866.

[2108] Sobre *fairness opinions*, veja-se nomeadamente LUCIAN ARYE BEBCHUK/ MARCEL KAHAN, *Fairness Opinions: How Fair Are They and What Can Be Done about It?*, *Duke Law Journal*, Vol. 1989, nº 1, (1989), 27-53; STEVEN M. DAVIDOFF, *Fairness Opinions*, *American University Law Review*, Vol. 55, (2006) 1557-1622.

acionistas (art. 181º, nº 2 *d)*)[2109], seja quanto aos votos negativos expressos na deliberação (art. 181º, nº 3).

A informação a incluir no relatório obedece às exigências gerais de completude, veracidade, atualidade, clareza, objetividade e licitude (art. 7º). A vocação aplicativa destas exigências é da maior importância, para evitar que os administradores da sociedade visada anunciem promessas irrealizáveis, no intuito de desencorajarem as aceitações da OPA. Em alguns casos, para que o cumprimento dos deveres de informação seja devidamente acautelado, a administração da visada pode ser forçada a recorrer a consultores independentes (o que o *City Code* britânico designa de *fair and competent advice*[2110]). Neste âmbito, é interessante referir que no direito alemão se exige que o relatório seja igualmente produzido pelo órgão de fiscalização[2111], o que pode ser indutor de maior objetividade na informação prestada. No entanto, também entre nós, o incumprimento das regras informativas pode ser gerador de responsabilidade civil e contraordenacional, nos termos gerais[2112].

V – O relatório da administração da sociedade visada determina a constituição de um ónus na esfera jurídica dos trabalhadores. Nos termos da Diretiva europeia sobre a matéria[2113], os trabalhadores ou os seus representantes podem submeter um parecer sobre as repercussões da oferta ao nível do emprego que, a ser elaborado em tempo, deve ser incluído em apenso ao documento da administração (art. 181º, nº 4).

Neste âmbito, não se pretende que a apresentação do relatório dos trabalhadores venha a ditar um atraso para a oferta. Por isso, o direito à apresentação de comentários pelos trabalhadores deve ser exercido até ao início da oferta.

VI – A partir de 2006, o relatório passou a dever incidir igualmente sobre a adenda aos documentos da oferta (art. 181º, nº 1), dado que estes poderiam alterar significativamente os termos propostos pelo oferente[2114].

[2109] Neste ponto, a lei deve ser interpretada extensivamente de modo a cobrir as situações em que os administradores sejam titulares de valores não acionistas também cobertos pelo objeto da oferta.

[2110] Dispõe o art. 3.1 do City Code: *The board of the offeree company must obtain competent independent advice on any offer and the substance of such advice must be made known to its shareholders.*

[2111] Para uma defesa da solução agora consagrada no § 27 (1) WpÜG: Klaus Hopt, *Ubernahmen, Geheimhaltung und Interessenkonflikte: Probleme für Vorstände, Aufsichräte und Banken*, ZGR (2002), 333-376. Em geral, sobre este dispositivo, na versão anterior à transposição da Diretiva, Heribert Hirte, *Kölner Kommentar zum WpUG* (2003), 725-751.

[2112] Jörn Kubalek, *Die Stellungnahme der Zielgesellschaft zu öffentlichen Angeboten nach dem WpUG*, cit., 161-205.

[2113] Art. 9º, nº 5 da Diretiva nº 2004/25/CE, de 21 de abril de 2004.

[2114] Sobre a adenda, cfr. art. 142º CVM.

A lei não coloca a aprovação, pela CMVM, das alterações à oferta na dependência da divulgação de novo relatório da visada. Porém, para melhor esclarecimento dos destinatários da oferta, tal revela-se recomendável.

9. *Transações na pendência da oferta*

I – Durante a OPA, podem deparar-se ao oferente oportunidades para adquirir, em antecipação do desfecho do processo da oferta, valores mobiliários por esta visados. Nestas situações, deve ponderar-se o regime contido no art. 180º, nº 3 do Cód.VM, dedicado às aquisições realizadas na pendência da oferta. Em decorrência deste dispositivo, as aquisições realizadas na pendência de OPA voluntária, se efetuadas acima do valor da contrapartida, podem determinar a revisão desta se por efeito daquelas a contrapartida apresentada em OPA deixar de se considerar equitativa (art. 180º, nº 3 *a*)). No caso de oferta obrigatória, a revisão do preço ocorre necessariamente (art. 180º, nº 3 *b*)).

O preço das aquisições realizadas pelo oferente é relevante para aferir a necessidade de revisão da contrapartida, ao abrigo do art. 180, nº 3 CVM. Neste contexto, tem sido leitura interpretativa constante deste preceito, que aqui se reafirma, à semelhança do que sucede com o art. 188º, nº 1 *a*), que o maior preço pago, neste contexto, significa o maior preço *acordado* pelo oferente, ainda que o respetivo pagamento seja realizado posteriormente. Tenha-se, presente, a esse propósito, que o direito português, mercê da técnica da imputação de direitos de voto reflectida no art. 20º CVM, faz relevar contratos de opção e outros acordos de eficácia translativa diferida na constituição do dever de lançamento de OPA[2115]: em consequência, o preço acordado de tais contratos serve de critério mínimo da contrapartida na OPA obrigatória, antes mesmo de ser pago. Aliás, se assim não fosse, e se acaso fosse perfilhado entendimento hermenêutico diverso, estaríamos a abrir a porta a que o fraccionamento do momento de pagamento do preço pudesse resultar em circundação das regras de OPAs obrigatórias. Figure-se, por exemplo, que o pagamento do sobrepreço viesse a ocorrer já fora do período da OPA: se nos ativéssemos a uma leitura formal do art. 180º, nº 3, tal não poderia ser considerado como critério mínimo de pagamento da contrapartida em OPA. É hipótese que, por absurda, não deve ser aceite.

A equiparação entre o preço pago e o preço acordado, como critérios de fixação do preço mínimo não é, de resto, privativa do direito nacional, sendo comum nos ordenamentos jurídicos próximos. Idêntica conclusão se extrai do regime italiano sobre OPA, que considera como índice o preço mais alto negociado[2116] pelo oferente, solução que aí se explica em virtude da ocorrência de frequentes

[2115] Art. 20, nº 1, em particular alínea *e*).

[2116] No original, "*pattuito*" [art. 106 (2) t.u.f.].

ajustamentos de preço que são introduzidos no momento da execução final (*closing*) de operações de transmissão de domínio[2117] – pretendendo a lei que a oferta seja lançada antes mesmo desses acertos de preço, de modo a que o oferente não possa apropriar-se dos benefícios do domínio antes da apresentação da OPA[2118]. O mesmo sucede na lei alemã, que na determinação do preço mínimo equipara às aquisições os acordos por via dos quais a transmissão pode ser exigida, valendo portanto, também nesse contexto, não apenas o preço pago pelo oferente no período anterior à OPA mas também o preço por ele acordado no contexto de negócios transmissivos[2119] – no âmbito dos quais a doutrina conclui incluir também opções de compra de ações[2120].

II – O regime português sobre aquisições na pendência de OPA assume natureza dual. Em sede de ofertas voluntárias, as aquisições feitas pelo oferente na pendência de OPA não determinam uma revisão automática da contrapartida em caso de aquisições a preço superior: tal revisão apenas será efetuada se a CMVM o determinar, podendo a Comissão fazê-lo *se, por efeito das aquisições realizadas, a contrapartida inicial não se mostrar equitativa* (art. 180º, nº 3 *a)* CVM).

Contrariamente, nas ofertas de aquisição obrigatórias, o preço de aquisição passa a ser preço mínimo da oferta (art. 180º, nº 3 *b)* CVM). É patente, por isso, o contraste entre a disciplina das ofertas voluntárias e o regime das aquisições anteriores ao anúncio preliminar que servem automaticamente de referência mínima ao preço oferecido em OPA (art. 188º, nº 1 *a)* CódVM). No primeiro caso, a relevância de aquisições a preço superior é eventual e depende do juízo discricionário da CMVM, fundado em critérios de equidade; no segundo caso, tal como nas OPAs lançadas em cumprimento do art. 187º, o relevo das aquisições a preços superiores surge *ex lege*, em termos automáticos. O princípio de igualdade de tratamento entre os acionistas da sociedade visada recebe assim diferentes concretizações, consoante esteja em causa a oferta voluntária ou obrigatória.

[2117] Luca Enriques, *Mercato del Controllo Societario e Tutela degli Investitori. La disciplina della OPA Obligatoria*, Bologna (2002), 136-140.

[2118] Gianluca Romagnoli, *Diritti dell'Investitore e dell'azionista nell'OPA Obbligatoria*, Milano (2005), 192.

[2119] § 31 (6) WpÜG; § 4 AngebVO. A propósito destes normativos, com referência explícita à inclusão de prestações adicionais como fazendo parte do preço mínimo da OPA se estão computadas no preço da transmissão, cfr. Henrik Drinkuth, in Marsch/Barner/Schäfer, *Handbuch Börsennotierte AG*, Köln (2005), 2056, Anm. 147; Matthias-Gabriel Kremer/Henning Oesterhaus, in *Kölner Kommentar zum WpUG*, cit., 896.

[2120] Hartmut Krause, in Assmann/Pötzsch/Schneider, *WpUG Kommentar* (2005), 959.

III – A aquisição dos valores acionistas na pendência de oferta deve ainda satisfazer exigências de informação, devendo ser comunicadas diariamente à CMVM (art. 180º, nº 1 *b)*) e, sempre que a Comissão o determine, ao mercado.

10. *A posição jurídica da sociedade emitente dos valores mobiliários visados pela oferta*

I – Os membros dos órgãos de administração da sociedade visada encontram-se, em caso de ocorrência de OPA, numa situação de potencial grave conflito de interesses, podendo colidir, de um lado, os seus interesses pessoais – que tenderão a favorecer a sua permanência na titularidade do órgão social – e, do outro lado, o interesse da sociedade na *maximização do valor venal das ações representativas do seu capital social em ordem a beneficiar os acionistas*[2121].

De entre as soluções legislativas encontradas em outros ordenamentos, este quadro é encarado por uma de duas maneiras essenciais: ou por uma limitação *a anteriori* dos poderes da administração da sociedade visada; ou por uma liberdade de atuação, complementada por uma rigorosa sindicabilidade judicial (*a posteriori*) da razoabilidade dos atos defensivos adotados[2122].

II – O legislador nacional opta claramente pela primeira das abordagens referidas. Com efeito, a situação de conflito de interesses que durante a pendência de uma oferta pública de aquisição hostil se manifesta em relação aos administradores da sociedade visada conduziu a uma limitação legal dos poderes de administração durante o período da oferta (art. 182º Cód.VM) (*passivity rule*).

A inibição legal atinge a prática de atos pela administração que reúnam três características, cumulativamente:

1. *A susceptibilidade de alterar de modo relevante a situação patrimonial da sociedade visada.* E, exemplificativamente, a alínea *b)* do nº 2 do art. 182º lista tipos de atos que o legislador considera como conduzindo a uma alteração patrimonial relevante;

[2121] Thomas Lee Hazen, *The Law of Securities Regulation*, 2ª ed., West Publishing (1990), 573; Roberto Weigmann, *Le difese contrattuali contro le O.P.A. agressive*, in *Il Contratto-Silloge in onore di Giorgio Oppo*, Vol. II, Cedam, Padova (1992), 611-ss. Entre nós: Luís Menezes Leitão, *As medidas defensivas contra uma oferta pública de aquisição hostil, Direito dos Valores Mobiliários*, Vol. VII (2007), 57-76; Jorge de Brito Pereira, *A limitação dos poderes da sociedade visada durante o processo de OPA*, in *Estudos de Direito dos Valores Mobiliários*, Vol. II (2000), 175-202; e , desenvolvidamente, Orlando Vogler Guiné, *Da Conduta (Defensiva) da Administração "Opada"* Coimbra, (2009); Alexandre Soveral Martins, *Poderes dos administradores e OPA: "em bolandas" entre o art. 182º CVM e o art. 490º do CSC*, DSR vol. 17 (2018), 87-111.

[2122] Roberto Weigmann, *Le difese contrattuali*, cit., 612-ss.

2. O *exorbitarem da gestão normal da sociedade;* e
3. A *susceptibilidade de afectar relevantemente os objetivos anunciados pelo oferente.*

Os objetivos anunciados pelo oferente são os que constam dos documentos da oferta; não podem cobrar relevo motivações sem reflexo nestes[2123].

III – A lei introduz três desvios à inibição: a circunstância de se tratarem de atos de administração em cumprimento de obrigação assumida antes do conhecimento da oferta (art. 182º, nº 3, alínea *a)*); a existência de autorização da assembleia geral da visada exclusivamente convocada para o efeito durante o período da oferta (art. 182º, nº 3, alínea *b)*); e os atos destinados à procura de oferentes concorrentes (art. 182º, nº 3, alínea *c)*).

A limitação de poderes de administração prolonga-se por todo o período da oferta iniciando-se com o conhecimento da decisão de lançamento por parte da visada (art. 182º, nº 1), marco temporal que se compreende em atenção ao dever de informação do anúncio preliminar à visada previsto nos termos do art. 175º, nº 1.

IV – O art. 182º cobre exclusivamente atos de administração, pelo que não é condicionador de deliberações aprovadas pela assembleia geral na pendência da oferta, assim se compreendendo que o próprio colégio dos sócios possa autorizar o órgão de administração para a prática de atos sujeitos a inibição (art. 182º, nº 3, *b)*)[2124].

Lembre-se que sempre as deliberações sociais estarão sujeitas à sanção da anulabilidade, se forem abusivas (art. 58º/1 *b)* CSC).

Além disso, em aditamento às soluções gerais, o legislador dispôs agora que as deliberações relativas à distribuição antecipada de dividendos e outros rendimentos apenas podem ser tomadas pela maioria exigida para a modificação dos estatutos (art. 182º, nº 4).

V – Mais delicada é a extensão da limitação dos poderes de administração às sociedades dominadas pela sociedade visada. Na falta de referência direta pelo legislador, cabe distinguir aí duas gamas diversas de situações: em caso de sociedade ligada à visada por contrato de subordinação ou por esta detida a 100%, a instrução emitida nos termos do art. 503º CSC pode ser ilícita, se não se recon-

[2123] Do mesmo modo: Alexandre Soveral Martins, *Poderes dos administradores e OPA, cit.*, 97; em sentido contrário, admitindo a relevância de objetivos implícitos: Jorge de Brito Pereira, *A limitação dos poderes da sociedade visada durante o processo de OPA, cit.*, 196.

[2124] Cfr., em sentido contrário, perante o direito anterior, mas isolado doutrinariamente, Menezes Cordeiro, *Oferta Pública de Aquisição*, cit., 277.

duzir à gestão normal da sociedade; e se puder afectar relevantemente o êxito da oferta; nos demais casos, a atuação da sociedade dominada pela sociedade visada parece escapar ao âmbito de aplicação do art. 182º.

VI – A verdade é que esta inibição dos poderes de administração vem condicionar fortemente a atividade da sociedade visada e deste ponto de vista coloca a sociedade visada numa situação de perturbação da sua atividade normal. Há, nestas condições, o risco de alguém se aproveitar da *passivity rule* e lançar uma oferta pública de aquisição principalmente com o propósito de paralisar a administração da visada para ela não desempenhar atos que exorbitem da sua gestão normal.

Para fazer face a estes problemas, e como novidade legislativa, o nº 5 do art. 182º considera o oferente como responsável por danos causados se a OPA é lançada com o propósito principal de colocar a visada nesta situação de inibição dos poderes.

Neste quadro, e para maximizar a repressão do abuso de direito de lançamento de ofertas[2125], o legislador basta-se com o propósito *principal* de colocar a previsão do art. 182º em aplicação, não sendo requerido que o oferente actue *exclusivamente* com aquele propósito no lançamento da oferta pública de aquisição[2126].

11. *A suspensão de restrições à transmissibilidade e ao exercício do direito de voto; a lei de desblindagem dos bancos*

I – Uma das novidades trazidas pela transposição da Diretiva das OPA, operada através das modificações introduzidas pelo DL nº 52/2006, de 15 de março, no Código dos Valores Mobiliários, reside na inclusão de um novo preceito – o art. 182º-A – a regular a suspensão voluntária da eficácia de restrições transmissivas e de direito de voto. Este preceito encontra-se em revisão, dado o processo de consulta pública promovido pela CMVM em agosto e setembro de 2011. Assim, a matéria em causa será examinada em duas fases: primeiro, atendendo à redação originária do art. 182º-A; subsequentemente, apreciando a proposta relativa à sua alteração.

A figura situa-se no coração do debate sobre o grau óptimo de contendibilidade do domínio de sociedades com dispersão em mercado e sobre o papel das intervenções legislativas a esse respeito.

[2125] Menezes Leitão, *A responsabilidade civil no âmbito da OPA*, *Direito dos Valores Mobiliários*, Vol. IV (2003), 124.

[2126] As dificuldades de prova serão, ainda assim, volumosas, como lembra Jorge Brito Pereira, *A limitação dos poderes da sociedade visada durante o processo de OPA*, cit., 192, em nota.

Como se verá adiante, não estão aqui em evidência todas as medidas defensivas preventivas – isto é, adotadas antes do lançamento de uma OPA. Isto significa que este mecanismo é à partida limitado: apenas incide sobre as restrições à transmissibilidade e ao exercício do direito de voto, de fonte estatutária ou parassocial.

Quedam-se de fora, nomeadamente, as estruturações piramidais do domínio, as ações e certificados de depósito (*depositary receipts*) sem direito de voto, bem como a estipulação de cláusulas compensatórias exorbitantes a membros da administração ou fornecedores[2127]. A existência de bancos cooperativos admitidos à negociação em bolsa, tal como sucede em Itália, também não é tocada pelo âmbito da Diretiva – prevendo estes a atribuição de um voto por participantes, o que igualmente impede o funcionamento do mercado de controlo societário. Os direitos especiais do Estado, embora possam ter alcance defensivo[2128], são identicamente deixados de fora do âmbito da Diretiva.

II – O art. 182º-A não tem antecedentes no direito português. A sua origem deteta-se no trajeto que levou à consagração dos artigos 11º e 12º da Diretiva nº 2004/25/CE, de 21 de abril de 2004[2129], sobre OPAs.

A preparação desta Diretiva, como é sabido, ocupou mais de quinze anos. Os principais contributos da Diretiva – a OPA obrigatória em caso de transição de domínio e a limitação das medidas defensivas – suscitaram difíceis e prolongadas discussões. Em boa medida, aliás, foi o tema das defesas que deu origem ao início formal dos trabalhos relacionados com o texto europeu.

Sucede que, neste tema, durante largos anos de gestação do texto europeu, a Proposta de Diretiva relativa às OPAs obedecia à abordagem britânica, apenas proibindo as medidas reativas não autorizadas pela assembleia geral – isto é, as decisões tomadas pelo órgão de administração ante uma oferta conhecida[2130].

Surpreendentemente, quando se adivinhava que o processo estaria perto do fim, deu-se um significativo revés político. A proposta que tinha juntado 14 dos 15 Estados-Membros numa Posição Comum do Conselho em junho de 2000 mereceu, em 4 de julho de 2001, uma rejeição no Parlamento Europeu. Perante o sucedido, impôs-se a sua reapreciação de raiz.

2127 *Emmenthaler breaktrough:* na irónica terminologia proposta por JAAP WINTER, *The good, the bad and the ugly of the European Takeover Directive, in* JEREMY GRANT (ed.), *European Takeovers – The Art of Acquisition* (2005), xxvii.

2128 PAULO CÂMARA, *The End of the "Golden" Age of Privatisations? – The Recent ECJ Decisions on Golden Shares,* EBOLR 3.2 (2002) 511. cfr. *infra*, 9.

2129 JO L 142, 30.4.2004, p. 12-23.

2130 HIGH LEVEL GROUP OF COMPANY LAW EXPERTS, *Report on Issues related to Takeover Bids,* cit., 34, 74-75; PAULO CÂMARA, *The End of the "Golden" Age of Privatisations? – The Recent ECJ Decisions on Golden Shares,* cit., 511-512.

Como meio de resolver o impasse em que mergulhou o processo legislativo posteriormente ao chumbo pelo Parlamento Europeu, a Comissão Europeia encomendou em setembro de 2001 um estudo a um Grupo de Peritos em Direito das Sociedades, presidido pelo Professor Jaap Winter. O Grupo deveria pronunciar-se sobre três principais temas: os meios de assegurar um mercado justo e equitativo (*level playing field*) em termos de tratamento igual dos acionistas; a determinação do conceito de preço equitativo em OPA; e o direito de aquisição potestativa[2131]. No seu Relatório sobre questões em matéria de ofertas públicas de aquisição, divulgado em janeiro de 2002, o Grupo defendeu que a criação de um mercado competitivo e justo para o controlo de sociedades (*level playing field*) pressuporia a eliminação de barreiras ao sucesso de ofertas. O documento sustenta ainda que a criação do *level playing field* deve basear-se em dois princípios basilares: o da soberania do poder decisório dos acionistas e o da proporcionalidade entre o capital que suporta o risco e o controlo[2132]. No primeiro plano, o documento afirma que a administração da sociedade visada não deve ter qualquer papel em prejudicar ou assegurar o êxito de uma OPA. A ideia de neutralidade, embora não diretamente afirmada (apenas o é mais à frente, p. 27), subjaz claramente ao espírito do Grupo de Peritos – embora o texto ressalve a função de aconselhamento dos administradores e de busca de ofertas alternativas. Na vertente da proporcionalidade entre o capital que suporta o risco e o controlo, o texto apresenta-se mais inovador. São enunciados, neste contexto, três princípios basilares: em primeiro lugar, sentencia-se que apenas o capital que suporta o risco económico da empresa (*risk-bearing capital*) deve normalmente conferir o controlo; de outro lado, aduz-se que esse capital deve implicar direitos de controlo proporcionais ao risco criado; por fim, determina-se que as estruturas eventualmente existente que confiram direitos de controlo desproporcionais ao risco inerente não devem ser idóneas a frustrar o êxito de OPAs .

No tema das defesas, o Relatório Winter propôs uma abordagem mais ambiciosa que a até aí seguida nas Propostas antecedentes, que estendesse o âmbito de aplicação da regulação comunitária às defesas preventivas. É neste contexto que é proposta a introdução, no quadro europeu sobre OPAs, de uma regra de suspensão obrigatória de defesas (*breaktrough rule*) na assembleia geral subsequente à aquisição de domínio qualificado. Trata-se, assim, das poucas figuras do jovem direito das OPAs que não tem raízes anglo-americanas.

2131 O mandato do Grupo é publicado como Anexo 1 ao Relatório: High Level Group Of Company Law Experts, *Report on Issues Related to Takeover Bids*, Bruxelles (10 janeiro 2002).

2132 High Level Group Of Company Law Experts, *Report on Issues Related to Takeover Bids*, cit., 20-23.

A ideia esteve na base de duas propostas apresentadas nos anos noventa em França e na Holanda, que apenas foi posta em prática em Itália. Da lei italiana sobre privatizações de 1994 constava uma regra segundo a qual as restrições do direito de voto em sociedades privatizadas cessariam automaticamente caso, na sequência de OPA, alguém atingisse a maioria do capital[2133]. O Relatório Winter pretendeu generalizar esta solução como mecanismo das medidas preventivas, não apenas ligadas ao exercício de voto, mas também à transmissibilidade de ações.

A solução, porém, não logrou convencer a maioria dos Estados-membros – tendo havido uma reação muito negativa designadamente por parte dos países Escandinavos, alegando ser importante preservar a sua prática das ações com voto múltiplo. O novo impasse, daqui resultante, apenas foi perturbado pela proposta submetida pela delegação portuguesa – que procurou tornar a adoção da *breaktrough rule* como opcional, aditando-lhe uma regra de reciprocidade.

Foi o acolhimento da solução portuguesa, em última análise, que permitiu a aprovação da Diretiva das OPA[2134]. A proposta nacional encerra, é certo, um compromisso: espelha um equilíbrio entre os defensores do mercado de controlo societário sem barreiras e os que sustentam que pode haver espaço lícito para algumas atuações defensivas[2135]. Mas a ideia proposta não foi fruto da mera táctica negocial do momento; antes foi desenhada para permitir que a pressão dos mercados fosse determinante na escolha e que a concorrência regulatória entre jurisdições europeias pudesse encontrar a solução final mais adequada.

III – Como resulta da exposição antecedente, o regime de suspensão de medidas defensivas assenta numa matriz opcional: a suspensão de defesas é voluntária, e não hetero-imposta às sociedades. É a esta luz que o nº 1 do art.

[2133] Mais tarde, o regime italiano passou a determinar a suspensão automática das restrições de voto mal uma oferta fosse lançada para mais de 60%, independentemente do seu sucesso: HIGH LEVEL GROUP OF COMPANY LAW EXPERTS, *Report on Issues related to Takeover Bids* (10-Jan.-2002), 30.

[2134] A proposta foi preparada, em representação do Estado Português, pelo Dr. JOSÉ BRITO ANTUNES, pela Drª CRISTINA DIAS e pelo autor deste texto. Deve notar-se que alguns pontos sugeridos por Portugal acabaram por não ser acolhidos ao longo da sua apreciação pela Comissão Europeia e os demais Estados-membros. Previa-se nomeadamente que a decisão de não proceder ao levantamento de defesas fosse periodicamente reavaliado pela assembleia geral. Além disso, no silêncio da escolha das sociedades, valeria o regime de *opting-in*. Uma descrição e apreciação desta proposta pode encontrar-se em GÉRARD HERTIG/JOSEPH MCCAHERY, *Company and Takeover Law Reforms in Europe: Misguided Harmonization Efforts or Regulatory Competition?*, EBOR nº 4 (2003), 204-205.

[2135] Entre muitos: ERIK BERGLÖF/MIKE BURKART, *European Takeover Regulation*, Economic Policy (April 2003); JOHN C. COATES IV, *Ownership, Takeovers and EU Law: How Contestable Should EU Corporations Be?*, ECGI Law Working Paper n. 11/2003 (2003); PETER O. MÜLBERT, *Make It or Break It: The Break-Through Rule as a Break-Through for the European Takeover Directive?*, ECGI WP nº 13 (2003); JOÃO SOARES DA SILVA, *Voting caps em sociedades cotadas: algumas reflexões*, em PAULO CÂMARA (coord.) *O Novo Direito dos Valores Mobiliários*, (2017) 91-104.

182º-A consagra a permissão que as sociedades sujeitas a lei pessoal portuguesa prevejam estatutariamente que:

- As restrições, previstas nos estatutos ou em acordos parassociais, referentes à transmissão de ações ou de outros valores mobiliários que dêem direito à sua aquisição fiquem suspensas, não produzindo efeitos em relação à transmissão decorrente da aceitação da oferta;
- As restrições, previstas nos estatutos ou em acordos parassociais, referentes ao exercício do direito de voto fiquem suspensas, não produzindo efeitos na assembleia geral convocada para a adoção de medidas defensivas;
- Quando, na sequência de oferta pública de aquisição, seja atingido pelo menos 75% do capital social com direito de voto, ao oferente não sejam aplicáveis as restrições relativas à transmissão e ao direito de voto referidas nas anteriores alíneas, nem possam ser exercidos direitos especiais de designação ou de destituição de membros do órgão de administração da sociedade visada.

IV – Segundo o nº 2 do preceito *sub judice: Os estatutos das sociedades abertas sujeitas a lei pessoal portuguesa que não exerçam integralmente a opção mencionada no número anterior não podem fazer depender a alteração ou a eliminação das restrições referentes à transmissão ou ao exercício do direito de voto de quórum deliberativo mais agravado do que o respeitante a 75% dos votos emitidos*

Este dispositivo pretende evitar a eternização de cláusulas estatutárias com efeito defensivo.

A inicial proposta submetida a consulta pública era de ter como referência 2/3 dos votos emitidos. Todavia, a fasquia utilizada como referência no texto legislativo final foi fixada num valor percentual excessivamente elevado. Com efeito, atualmente, não se conhece sociedade aberta em Portugal que tenha exigências de quórum superiores a 75%. Assim sendo, o universo de sociedades afetado é vazio; e duvida-se que em algum momento venha a ser preenchido.

V – Uma das discussões mais difíceis no contexto da Diretiva prendeu-se com a reparação pelos danos provocados pela suspensão. Alegava-se, então, que a reparação de danos constituía uma defesa escondida, que poderia onerar substancialmente o processo de tomada. Para muitos, a contrapartida pela expropriação de vantagens societárias revelava-se como o calcanhar de Aquiles da regra de suspensão obrigatória de defesas.

No Relatório Winter, sustentou-se que em regra não deveria haver lugar a qualquer indemnização aos titulares de direitos especiais – embora não afastasse a possibilidade de ressarcimento de danos, a título excecional[2136].

[2136] High Level Group Of Company Law Experts, *Report on Issues related to Takeover Bids*, cit., 35.

Semelhante posição não colheu no texto final do diploma. A Diretiva das OPAs previu que a suspensão de direitos devesse ser reparada, remetendo para o direito de cada Estado-Membro os termos dessa indemnização (art. 11º, nº 5).

O tema passou para o direito interno, por via da transposição do texto europeu. O nº 4 do preceito em análise considera o oferente responsável pelos danos causados pela suspensão de eficácia de acordos parassociais integralmente divulgados até à data da publicação do anúncio preliminar. Ao mesmo tempo, é afastada a responsabilidade pelos danos causados aos acionistas que tenham votado favoravelmente as alterações estatutárias para efeitos do nº 1 e as pessoas que com eles se encontrem em alguma das relações previstas no artigo 20º.

A exclusão de cobertura de acordos parassociais não divulgados serve de estímulo adicional à divulgação, obrigatória de acordos parassociais (artigo 19º CVM). A não cobertura da responsabilidade por alteração estatutária aos que votam a favor visa, por seu turno, impedir que estes possam *venire contra factum proprium*.

Acresce que o prospeto deve indicar a indemnização proposta pelo oferente para efeitos da reparação (art. 138º, nº 1 *m)*), fazendo incluir a apreciação desse quantum indemnizatório na ponderação, por parte dos destinatários, da bondade da oferta.

Este título de imputação consubstancia um exemplo de responsabilidade por facto lícito, em que o essencial se centra no cômputo do dano.

Frise-se, em todo o caso, que a circunstância de em Portugal se interditarem as ações com voto múltiplo (art. 384º, nº 5 CSC) reduz em muito o correspondente campo aplicativo.

Além disso, é bom reter que o preceito apenas cobre a reparação pela supressão de vantagens e não pela supressão de limitações no exercício dos direitos de voto ou de transmissão das participações acionistas.

No caso das restrições transmissivas em que seja possível identificar um beneficiário, não podem pedir reparação os acionistas que viam a transmissibilidade das suas ações limitada; potencial credor indemnizatório será antes o beneficiário da restrição transmissiva. Em caso diverso (v.g. preferências recíprocas entre diversos acionistas), a resposta é mais complexa.

Havendo suspensão de limitações ao direito de voto, parecem também difícil divisar situações em que daí resultem danos para os acionistas – salvo os que não fossem atingidos pela limitação e vissem a sua influência diminuída com a suspensão. Mas tal apenas sucede com o Estado, que é deixado de fora do âmbito do preceito. Examina-se o tema de seguida.

VI – No direito nacional, o expediente de suspensão voluntária de defesas não se aplica no caso de um Estado membro ser titular de valores mobiliários da sociedade visada que lhe confira direitos especiais.

O fundamento desta prescrição situar-se-á na convicção de que os direitos especiais dos Estados não devem estar à mercê do jogo deliberativo em cada sociedade – devendo, como tal, estar imunes em relação a possíveis vicissitudes. É possível alegar que se trata de uma solução congruente com o artigo 30º do Decreto-Lei nº 76-A/2006. E, por fim, à luz do Considerando 20 do texto europeu, é admissível estritamente à luz da Diretiva, que relega para fora do seu âmbito o tratamento dos direitos especiais dos Estados, confiando ao TCE a apreciação da sua admissibilidade.

Porém, a solução exposta não se revela aceitável. Em primeiro lugar, a exclusão dos direitos estatais não surge como uma inevitabilidade no plano das escolhas de política legislativa. O relatório *Winter* preconizava que mesmo os direitos especiais estatais deveriam estar em regra submetidos à *breaktrough rule* – e ainda que o TCE os considerasse conformes ao Tratado da União. O texto salvaguardava apenas exceções ditadas por via legislativa para casos concretos que servissem interesses públicos[2137].

Em segundo lugar, tal como surge na lei portuguesa, a solução é permeável a críticas porque não deixa de fora apenas os direitos especiais do Estado, mas todas as sociedades em que o Estado detenha participações com direitos especiais. Ainda que o Estado não seja o único sujeito a beneficiar de vantagens especiais, tais sociedades passam a constituir um grupo à parte, onde a auto-suspensão de defesas é impenetrável.

Aprofundar, por via legislativa, a clivagem do regime do Estado enquanto acionista pode revelar uma perigosa indistinção entre a posição do Estado enquanto legislador e enquanto proprietário.

Cabe recordar que os Princípios da OCDE que postulam: *there should be a clear separation between the State's ownership functions and other State functions that may influence conditions for state-owned enterprises, particularly with regard to market regulation* (I.A)[2138].

Interessa ainda ter em conta que os documentos preparatórios da reforma societária de 2006 reflectiram uma filosofia ambiciosa quanto à posição do Estado enquanto acionista, tendo deposto a favor de uma diminuição das especialidades de regime das sociedades anónimas de titularidade pública em relação à comum disciplina societária[2139], designadamente por tais desvios de regime *implicarem perdas de eficiência para as empresas*[2140].

[2137] HIGH LEVEL GROUP OF COMPANY LAW EXPERTS, *Report on Issues related to Takeover Bids*, cit., 34.

[2138] OECD, *Guidelines on Corporate Governance of State-Owned Enterprises* (2005), A.1.

[2139] CMVM, *Governo das Sociedades Anónimas – Propostas de Alteração ao Código das Sociedades Comerciais* (2006), disponível em http://www.cmvm.pt/NR/rdonlyres/ 9A6DF665-B529-426E-B266-75E08A225352/5654/proposta alter csc.pdf, 23-26.

[2140] ID., ibid., 24.

Refira-se ainda a Resolução do Conselho de Ministros nº 49/ 2007, de 28 de março, que fixa um conjunto de princípios elementares sobre o bom governo do setor empresarial do Estado, depõe no sentido de que o Estado deve assegurar que nas sociedades cotadas em que participe são cumpridas as melhores práticas de governo nacional e internacionalmente aceites[2141]. Mais recentemente, em cumprimento das obrigações assumidas pelo Estado Português através do *Memorandum of Understanding on Specific Economic Policy Conditionality* (maio de 2011), foi promovida a eliminação dos direitos especiais do Estado, através do DL nº 90/2011, de 25 de julho[2142].

A previsão do nº 8 do art. 182º-A surge, por isso, em manifesto contra-ciclo com as boas práticas em matéria de governo de sociedades. Além disso, a exigência de paridade deve ser superior em relação a sociedades em que o Estado detenha direitos especiais cujas ações sejam negociadas em mercado regulamentado. É que aí o Estado, como os demais acionistas, beneficia da exposição ao mercado líquido: deve aceitar submeter-se também às regras inerentes[2143].

VII – Em agosto de 2011, a CMVM submeteu a consulta pública um Anteprojeto de alteração ao artigo 182º-A. O projeto visava transformar a solução normativa respeitante à suspensão de defesas, de modo a que esta passasse a ser injuntiva – em acolhimento da *breakthrough rule* permitida pela Diretiva europeia sobre OPAs. Para tal, previa a proposta normativa a suspensão de eficácia das limitações de direito de voto e as limitações à transmissibilidade, com fonte estatutária ou parassocial, em três situações: *i)* no período de aceitação da oferta; *ii)* na assembleia geral convocada para a adoção de medidas defensivas reativas (ao abrigo do art. 182º, nº 3 *b)*); iii) caso a OPA tenha um sucesso superior a 2/3, na primeira assembleia-geral de acionistas subsequente ao encerramento da oferta convocada a fim de alterar os estatutos da sociedade ou de destituir ou nomear membros do órgão de administração[2144].

Um dos cunhos importantes da proposta era a de não aplicar de pleno a solução de reciprocidade: com efeito, a suspensão de defesas apenas ficava parali-

[2141] PEDRO LOMBA/ DUARTE SCHMIDT LINO, *Democratizar o governo das empresas públicas: o problema do duplo grau de agência*, em PAULO CÂMARA (coord.), *O Governo das Organizações. A vocação expansiva do corporate governance*, (2011), 683-719; PAULO CÂMARA, *Corporate Governance e o Setor Público Empresarial Dos Açores*, em *Jornadas sobre Direito Regional Açoriano*, (2011), 195-210.

[2142] Cfr. *supra*, § 5º, 6.

[2143] HIGH LEVEL GROUP OF COMPANY LAW EXPERTS, *Report on Issues related to Takeover Bids*, cit., 34; PAULO CÂMARA, *The End of the "Golden" Age of Privatisations? – The Recent ECJ Decisions on Golden Shares*, cit., 513.

[2144] ANDRÉ MONDAINE RODRIGUES, *Das restrições ao exercício do direito de voto no âmbito de uma oferta pública de aquisição: uma análise do anteprojeto de alteração do artigo 182º-A do Código dos Valores Mobiliários*, RDS 2 (2012), 331-380.

sada se a sociedade visada decidisse lançar uma OPA dirigida às ações emitidas pela sociedade oferente.

A proposta em causa tinha o mérito de eliminar as especialidades das sociedades abertas participadas pelo Estado, pondo cobro à assimetria atrás criticada entre estas e as sociedades abertas de capital exclusivamente privado. Além disso, o objetivo legislativo de contribuir para o estímulo do mercado de controlo societário afigura-se, em si, positivo. Todavia, a solução enfermava de um unilateralismo na radical eliminação da estrutura opcional do regime quanto à *breakthrough rule* – ademais com uma cláusula de reciprocidade amputada. A acrescer, a amputação da cláusula de reciprocidade implicava uma circularidade de soluções, porquanto a deliberação para lançamento de contra-OPA (proposta de novo art. 182º-A, nº 5) – condição a observar para reposição das restrições transmissivas e de direito de voto –, devendo ser tomada pela assembleia geral (art. 181º, nº 3 *b)*) estaria, em si, sujeita ao regime de *break-through*. Daqui resultava, no seu todo, a imposição de um padrão único quanto ao grau de contendibilidade do domínio das sociedades abertas. Tratava-se, aliás, de uma solução original, que apenas conhece paralelo sistemas jurídicos europeus com mercados de capitais pouco desenvolvidos, como é caso da Letónia, Lituânia e Estónia[2145]. Dado o monolitismo do regime proposto, não surpreende, por último, que a proposta tenha sido abandonada.

VIII – O regime nacional quanto à suspensão de medidas defensivas conheceu um desenvolvimento setorial recente.

O DL nº 20/2016, de 20 de abril, promoveu uma modificação ao Regime Geral bancário ao estabelecer um dever de reavaliação quinquenal dos limites estatutários à detenção e ao exercício de direitos de voto por acionistas de instituições de crédito (art. 13º-C nº 1 RGIC). Caso não seja adotada deliberação de reapreciação dentro deste prazo, os limites estatutários caducam automaticamente[2146].

[2145] No entender das associações nacionais relacionadas com o setor mobiliário – AEM e IPCG – que se pronunciaram em posições manifestadas em resposta ao processo de consulta pública, a circunstância de esta proposta estar em preparação em conjuntura bolsista depressiva e antes da próxima reforma europeia do regime das OPAs amplia consideravelmente o seu sentido de inoportunidade.

[2146] Artigo 13º-C nº 3 RGIC. Sobre este regime: Joana Torres Ereio, *One share-one vote: os tetos de voto e as alterações introduzidas pelo DL nº 20/2016, Atualidad Juridica* 44 (2016), 96-106; Jorge Brito Pereira, *O DL nº 20/2016, de 20 de abril* e Diogo Leónidas Rocha, *A nova lei de desblindagem dos bancos*, ambos em Paulo Câmara (coord.), *O Novo Direito dos Valores Mobiliários* (2017), 161-196; Jorge Coutinho De Abreu, *De novo a banca – tetos de voto, gestores públicos a céu-aberto*, DSR vol. 17 (2017), 15-22. No plano da análise geral às restrições ao exercício do direito de voto, refira-se

Esta alteração à lei bancária motiva dois principais comentários críticos. De um lado, o diploma invoca no seu preâmbulo o objetivo de melhorar as condições de atração de investimento (designadamente investimento estrangeiro) e os modelos de governo das sociedades. Todavia, a disciplina que institui aplica-se unicamente a bancos, instituições financeiras de crédito e instituições de crédito hipotecário[2147].

Esta opção apenas é compreensível à luz do enquadramento histórico que ditou a aprovação deste decreto-lei. Em inícios de 2016, estava instalada uma tensão entre os dois principais acionistas de um banco cotado português[2148]. Malograda a hipótese de um acordo que satisfizesse ambas as partes, o Governo decidiu intervir legislativamente, para viabilizar a oferta pública de aquisição apresentada por uma das partes, e assim evitar o prolongamento do impasse.

O DL 20/2016 padece dos vícios de todas as lei-medida. Procurando a solução de um caso concreto através de normas gerais e abstratas, acaba por se prejudicar uma disciplina coerente em termos sistemáticos fora do âmbito estrito das preocupações diretas que determinaram a sua aprovação. Assim, quanto ao âmbito de aplicação do diploma esta regra provoca uma entorse nas regras relativas ao mercado de controlo acionista, fixando para as instituições de crédito (cotadas ou não) um regime especial em relação ao aplicável às sociedades anónimas em geral, sem que nesta matéria nada justifique tal especialidade[2149]. *Hard cases make bad law.*

A segunda perplexidade trazida pelo DL nº 20/2016 prende-se com o regime da deliberação de apreciação da manutenção ou revogação do *voting cap* estatutário. Na lógica da *breakthrough rule*, determina-se que a deliberação de apreciação, quando proposta pelo órgão de administração, não está sujeita a quaisquer limites à detenção ou ao exercício de direitos de voto, nem a quaisquer requisitos de quórum ou maioria agravados relativamente aos legais[2150].

A solução normativa daqui decorrente é a de confiar ao órgão de administração uma legitimidade para a apresentação de deliberação com um regime favorável que é negado quando a proposta é da iniciativa dos acionistas. A justificação surge no preâmbulo do diploma e deve-se alegadamente "às particulares responsabilidades e autonomia deste órgão na defesa dos interesses da insti-

ainda João Soares da Silva, *Voting caps em sociedades cotadas: algumas reflexões*, em Paulo Câmara (coord.) *O Novo Direito dos Valores Mobiliários*, (2017) 91-104.

[2147] São excluídas as caixas de crédito agrícola mútuo e as caixas económicas: artigo 13º-C nº 5 RGIC.

[2148] Em referência estava em causa um litígio acionista no Banco BPI, SA, amplamente documentado na imprensa financeira de janeiro a abril de 2016.

[2149] Coutinho de Abreu, *De novo a banca – tetos de voto, gestores públicos a céu-aberto*, cit., 16-17.

[2150] Artigo 13º-C nº 2 RGIC.

tuição". Este raciocínio, ao revelar um tratamento favorável para a administração incumbente, não convence. Embora os resultados desta opção se mostrem mitigados por se tratar de um dever (e não uma opção) da administração, a regra mostra preferir alterações de domínio amigáveis em relação às alterações hostis – conceção esta que se mostra potencialmente desequilibrada e ao arrepio das conceções dominantes em matéria do direito do mercado de controlo societário.

12. *A revisão de oferta*

I – O regime da revisão de OPA é diverso consoante a fase processual em que esta seja decidida. Desde o anúncio preliminar e até ao registo, não oferece dúvidas que a revisão é livre quanto ao seu objeto. Ponto é que não provoque um desfavorecimento das condições da oferta (art. 175º, nº 2).

II – Após esse momento, é permitido que o oferente reveja a contrapartida oferecida quanto à sua natureza e montante (art. 184º, nº 1), desde que a contrapartida revista seja superior à antecedente em pelo menos 2% do seu valor (art. 184º, nº 2).

Pergunta-se, a partir daqui, se vigora uma proibição de uma revisão da contrapartida em outros aspetos que possam beneficiar os destinatários da oferta – nomeadamente quanto à renúncia a cláusula de sucesso ou à ampliação do objeto da oferta. Da lei não se extrai uma resposta totalmente clara. O princípio de estabilidade das ofertas (art. 124º, nº 1) poderia induzir numa resposta negativa. Porém, o 184º, nº 2 dispõe que a oferta revista *não pode conter condições que a tornam menos favorável,* o que, em comparação com a parte final do preceito – que, precisamente, diz respeito à necessária majoração da contrapartida –, parece inferir poderem existir modificações que não respeitem à contrapartida oferecida.

13. *As ofertas concorrentes*

I – É usual justificar a existência de uma disciplina reservada às ofertas públicas de aquisição concorrentes com dois objetivos principais. O primeiro é o de assegurar que a rivalidade de ofertas se manifeste respeito dos imperativos de transparência, acautelando-se nomeadamente a igualdade de tratamento dos compradores e visando assegurar a todos os potenciais interessados condições equivalentes para a aquisição de valores mobiliários emitidos pela sociedade visada, em condições justas e equitativas, implementando o denominado *level playing field rule*[2151].

[2151] Lucien Arye Bebchuk, *The Case for Facilitating Competing Tender Offers,* Harvard LR 95 (1982), 1028-1056; Id., *The Case for Facilitating Competing Tender Offers: A Reply and Extension,* Stanford LR vol. 35 (1982), 23-50; Paolo Montalenti, *Il problema del "rilancio" del prezzo nell'OPA concorrente,*

Paralelamente, pretende-se também que cada nova oferta apresentada em concorrência traduza uma melhoria dos termos da oferta do ponto de vista dos interesses dos seus destinatários – o que confere à apresentação de ofertas concorrentes uma proximidade com a estrutura de uma aquisição através de *leilão* público[2152].

A partir desta dupla justificação do regime de ofertas concorrentes, pode reconhecer-se que este é um dos mais importantes alicerces do mercado de controlo societário.

II – A matéria encontra-se disciplinada no arts. 185º a 185º-B do Código dos Valores Mobiliários.

Embora pareça à partida trivial, é útil ter presente que a oferta concorrente é uma oferta pública de aquisição, regulando-se pelo regime geral consagrado nos arts. 173º, no que não seja desviado por estes preceitos. Este *princípio de equiparação* é, aliás, tornado explícito no art. 185º, nº 2[2153].

Deve sublinhar-se que o regime geral das ofertas tido em conta para efeito deste princípio de equiparação excluirá, de princípio, os preceitos dedicados às ofertas obrigatórias. É certo que, como dispõe o nº 1 do art. 185º, a partir da publicação do anúncio preliminar de uma oferta pública de aquisição de valores mobiliários admitidos à negociação em mercado regulamentado, qualquer outra oferta pública de aquisição de valores mobiliários da mesma categoria só pode ser realizada através de oferta concorrente – havendo, nesta perspetiva, *uma situação jurídica passiva a rodear o anúncio preliminar de oferta concorrente.* Mas a partir daqui cessa a proximidade com as ofertas disciplinadas pelos arts. 187º e seguintes do Código. As regras sobre contrapartida mínima, por exemplo, são muito contrastantes consoante surjam no art. 188º ou no art. 185º.

Esta conclusão não deve estranhar. Não se esqueça, aliás, que toda a oferta pública de aquisição – ainda que voluntária – se inicia em cumprimento de um dever: o de divulgação pública imediata da decisão de lançamento.

BBTC, XLVIII, II (1995), 247-248; Javier García de Enterría, *Mercado de Control, Medidas Defensivas y Ofertas Competidoras. Estudios sobre OPAs,* Madrid (1999), 118-125. Entre nós: Hugo Moredo Santos, *Ofertas Concorrentes,* Coimbra (2008); Miguel Stokes, *Ensaio sobre os Requisitos Substantivos da OPA Concorrente, Cadernos MVM,* nº 48 (Ag.-2014), 9-34.

[2152] Com qualificação idêntica, face ao Direito italiano: Bartolomeo Quatraro/Luca Picone, *Le Offerte Pubbliche di Acquisto e Scambio* (2000), 31.

[2153] Este mesmo princípio significará, ainda, uma decorrência da Diretiva comunitária, embora esta se limite a forçar a regulação das OPAs concorrentes por cada Estado-Membro (art. 13º), sem fornecer indicações quanto ao conteúdo do regime: Guus Kemperink/ Jules Stuyck, *The Thirteenth Company Law Directive and Competing Bids, Common Market Law Review* 45 (2008), 93-130.

III – Para haver concorrência de ofertas, é necessário que as propostas incidam sobre valores mobiliários da mesma categoria, como esclarece o nº 1 do art. 185º. Nem poderia ser de modo diverso, pois apenas com esta delimitação do conceito ganha sentido aplicar a regra da revogabilidade das aceitações da oferta inicial[2154].

Daqui resulta como possível que coexistam no tempo diversas ofertas lançadas sobre valores mobiliários emitidos pela mesma sociedade que – se os valores visados não pertencerem à mesma categoria – não se qualificam como ofertas concorrentes.

Antes de haver registo da oferta inicial e da oferta concorrente aplicase, em relação a ambos os oferentes, a regra da livre alterabilidade dos termos fixados no anúncio preliminar, desde que em termos mais favoráveis aos destinatários da oferta (art. 175º, nº 2 *b*)). Durante esta fase do processo não estamos, portanto, perante um cenário em que haja uma comparabilidade de propostas, por não existirem aí verdadeiramente propostas em sentido técnico, por falta de sedimentação do respetivo objeto. Nessa etapa processual, há, por isso, o que podemos designar de *concorrência imperfeita.*

IV – Dispõe o nº 1 do art. 185º CVM que *a partir da publicação do anúncio preliminar de oferta pública de aquisição de valores mobiliários admitidos à negociação em mercado regulamentado, qualquer outra oferta pública de aquisição de valores mobiliários da mesma categoria só pode ser realizada através de oferta concorrente lançada nos termos do presente artigo.*

Tecnicamente, a lei institui através deste dispositivo um *ónus*: a intenção de consumar o lançamento de uma oferta pública, havendo uma OPA precedente sobre valores mobiliários da mesma categoria, deve forçosamente implicar o lançamento de OPA concorrente.

O enunciado legislativo reserva o qualificativo de *concorrente* à oferta pública de aquisição que concorra com outra oferta pública de aquisição já apresentada.

Não o estende a outros processos em que a sociedade visada esteja envolvida, sejam estes ofertas particulares[2155], aquisições em mercado (art. 111º, nº 1 *d)* e 180º CVM), processos de integração empresarial, processos de reestruturação ou de alienação de ativos, mesmo que conducentes a uma alteração ou aquisição do domínio (de facto ou de direito)[2156]. Do que se trata é, nos termos e para os fins adiante devidamente explicitados, assegurar um paralelismo jurídico entre

[2154] ROBERTO WEIGMANN, *Le offerte pubbliche di acquisto*, cit., 544.

[2155] HUGO MOREDO SANTOS, *Ofertas Concorrentes*, (2008), 59-65.

[2156] A transferência do domínio da empresa pode envolver, com efeito, diversas técnicas, sem que pressuponha necessariamente o lançamento de OPA. Cfr. nomeadamente MARIA STELLA RICHTER JR., *"Transferimento del Controllo e Rapporti tra Soci"*, (1996).

ofertas públicas de aquisição sucessivamente anunciadas; e não, manifestamente, impor que qualquer operação com impato nos valores mobiliários objeto de uma OPA previamente anunciada assuma imperativamente a forma de uma operação concorrente, consumindo qualquer outra modalidade prevista na lei, mesmo que, como se disse, possa envolver uma tomada de controlo.

O propósito da comparabilidade subjacente ao regime das ofertas alternativas deve, no entanto, ser interpretado adequadamente.

Em primeiro lugar, *o regime instituído pretende propiciar uma comparabilidade informativa das ofertas mas não uma identidade de natureza ou de conteúdo das mesmas.* Basta lembrar que se admite a concorrência de ofertas públicas de troca (que impliquem uma contrapartida em valores mobiliários: art. 178º) com ofertas públicas que pressuponham contrapartida em dinheiro. Deste ângulo, a proximidade funcional entre as ofertas públicas de troca e fusões (ambas operações de troca, embora apenas esta com efeito integrador das estruturas empresariais) deveria bastar para admitir simultaneidade de fusões e OPA. Este dado releva igualmente em termos mais largos, porquanto com a modificação ao Código dos Valores Mobiliários promovida pelo Decreto-Lei nº 219/2006, de 2 de novembro, foi ampliado o perímetro de situações em que se admite ofertas públicas de troca, estendendo-se agora mesmo às OPAs obrigatórias (sujeito embora a limites: art. 188º, nº 5)[2157].

Além deste caso, múltiplos outros exemplos podem documentar a ampla diversidade de possíveis operações em concorrência. Com efeito, a lei também admite concorrência entre: ofertas condicionadas e ofertas não condicionadas; ofertas públicas de aquisição obrigatórias e ofertas voluntárias; ofertas sujeitas a restrição de defesas reativas e ofertas não vinculadas por esse regime (art. 182º, nº 6); ofertas universais e ofertas parciais – e, dentro destas, ofertas parciais visando percentagens diversas dos valores emitidos pela sociedade visada[2158]; ofertas sujeitas a controlo da concorrência com outras não sujeitas às autoridades da concorrência.

V – Para que a concorrência de ofertas se insira num ambiente de disputa leal, o concorrente deve apresentar uma proposta que incida pelo menos sobre o mesmo objeto do oferente inicial[2159]. De modo contrário, ser-lhe-ia fácil apresentar um preço mais favorável, sujeitando em contrapartida os destinatários a regras mais apertadas de rateio. Assim, a oferta concorrente deve ter um objeto pelo menos idêntico ao objeto da oferta inicial, conforme dispõe o nº 4 do art. 185º.

[2157] Cfr. *infra*, § 34º, 9, X.

[2158] MANUEL REQUICHA FERREIRA, *A OPA Concorrente*, CdMVM nº 30 (2008) 29-30.

[2159] MIGUEL STOKES, *Ensaio sobre os Requisitos Substantivos da OPA Concorrente, cit.*, 23-26.

Por exemplo, se a oferta inicial é uma oferta total, a oferta concorrente deve ser uma oferta total. Identicamente, caso a oferta inicial seja dirigida a titulares de ações e de *warrants*, o mesmo objeto deve ser mantido na oferta concorrente.

VI – O nº 3 do art. 185º obriga a que o oferente concorrente introduza uma melhoria nas condições quando apresenta a sua oferta. O legislador quantifica, aliás, aquilo que no mínimo deve corresponder a melhoria das condições – deve traduzir em termos da contrapartida pelo menos um aumento de 2% do valor da contrapartida e não pode conter condições que a tornem menos favorável.

Uma vez que a lei não limita o número de oferentes concorrentes, é oportuno frisar que esta exigência vale para todas as ofertas concorrentes, e não apenas para a oferta que se siga à inicial. Por outro lado, uma vez que estamos perante normas imperativas mínimas, assiste, naturalmente, ao oferente concorrente a faculdade de proceder a uma revisão mais generosa.

Por outro lado, reitere-se que o oferente concorrente pode introduzir qualquer alteração na oferta a partir do anúncio preliminar e até ao registo, desde que em termos mais favoráveis. Não é necessário, nesse caso, respeitar a indicação mínima de 2%, nem sendo forçoso que a modificação dos termos da oferta incida sobre a contrapartida.

VII – Diversa é a questão de se saber se ao oferente concorrente se reconhece também a faculdade de introduzir uma melhoria das condições em relação a outros aspetos não relacionados com a contrapartida. O direito anterior, neste ponto, era bastante diferente, ao bastar-se com a indicação genérica que a oferta concorrente deveria melhorar as condições da oferta antecedente, apenas fazendo a exigência de melhoria de 5% caso a oferta fosse melhorada quanto à contrapartida, o que não era forçoso (art. 562º, n.os 1 e 2 CdMVM). Tal solução, porém, criava dúvidas aplicativas na ponderação do que poderia constituir revisão mais favorável, sobretudo nos casos em que o oferente melhorava um ponto, mas noutros aspetos alterava os termos da oferta em sentido desfavorável aos destinatários da mesma.

Perante o direito atual, parece ser de concluir que o preço deve ser necessariamente melhorado em 2%. Respeitada esta indicação, podem ser alterados outros aspetos do conteúdo da oferta, desde que em sentido mais favorável para os destinatários. Fica, ainda, vedada a estipulação de cláusulas que, ainda que individualmente consideradas, sejam menos favoráveis para os destinatários (art. 185º, nº 5 *in fine*).

VIII – A disciplina das OPAs concorrentes centra a sua teleologia na proteção dos acionistas da sociedade visada, e não na proteção do oferente inicial[2160].

O favorecimento do primeiro oferente concorrente, aliás, é considerado na literatura como uma postura anti-concorrencial[2161].

Entre nós, o ponto é bastante nítido após ter sido expurgado o direito exclusivo de revisão final (*priority rights*) do lado do oferente inicial. Além disso, não se prevêem em Portugal as *break-up fees*, através das quais os oferentes iniciais se podem ressarcir das despesas pela preparação da oferta em caso de aparecimento superveniente de operação mais vantajosa[2162]. Este silêncio legislativo tem um significado importante. Com efeito, entre nós a estipulação de *abort-fees* ou *break-up fees* deve ser evitada por dois motivos. Por um lado, porque o *break-up fee* pode deprimir os deveres de lealdade, ao impor uma penalização contratual à sociedade pelo aparecimento de uma oferta mais vantajosa (o que é benéfico para os investidores). Por outro lado, os *break-up fees* podem quebrar o princípio de igualdade de concorrentes fixado por lei, se compensarem em termos favoráveis um oferente em relação aos outros. À luz do direito vigente, a *par conditio concorrendum* é agora total.

O regime das ofertas concorrentes obriga, como vimos, a uma melhoria dos termos de cada nova oferta; impondo, além disso, uma relevância da melhoria introduzida – medida quantitativamente, quando referente à contrapartida.

Nesta perspetiva, há aqui um ponto de ligação muito claro em relação ao instituto da *revisão da oferta,* na medida em que o legislador também admite uma melhoria nos termos das ofertas públicas de venda (art. 172º) e de aquisição, fora do jogo da concorrência de ofertas (art. 184º), obrigando também, nestes casos, ao respeito por um favorecimento mínimo de 2% em relação à formulação inicial.

IX – Em balanço, percebe-se que perante o aparecimento de uma oferta concorrente, o oferente inicial pode esboçar quatro reações possíveis – retirada da oferta, manutenção dos termos da oferta, alteração ou revisão da mesma –, que seguidamente se descrevem.

[2160] Sobre a (limitada) tutela do oferente através do equilíbrio processual, cfr. *infra* 4.4..

[2161] Francesco Cannella, em Piergaetano Marchetti/Luigi Arturo Bianchi, *La Disciplina delle Società Quotate. Commentario*, I, (1999), 254-255; Giovanni Falcone/Genaro Rotondo//Luigi Scipione, *Le Offerte Pubbliche di Acquisto,* Milano, (2001), 102-103; Manuel Requicha Ferreira, *A OPA Concorrente,* cit., 28-29.

[2162] Diversa é a solução do Direito espanhol, segundo o Art. 42º nº 6 do Real Decreto 1066/2007. Sobre este ponto, recomenda-se de novo Alejandro Fernández de Araóz, *sub* art. 42, em Javier Garcia de Enterría/Javier Zurrira y Sáenza de Navarrete (org.), *La Regulación de las OPAs. Comentario Sistematico del RD 1066/2007, de 27 Julio,* cit., 880-897.

a. *Retirada da oferta.* Ao oferente inicial assiste a possibilidade de proceder à retirada da oferta, se se tratar de oferta voluntária, porquanto o art. 185º-B, nº 4, qualifica esta hipótese como de alteração das circunstâncias, para efeitos do art. 128º do Código dos Valores Mobiliários. *A contrario* se infere que, no caso de OPA obrigatória, a oferta deve prosseguir até final, ainda que com reduzidas hipóteses de recolher aceitações.
   A decisão de revogação deve, contudo, ser tomada num prazo relativamente curto: a lei exige que tal ocorra até 4 dias a contar do lançamento de oferta concorrente (art. 185º-B, nº 5).
b. *Manutenção inalterada da oferta.* O oferente não está, contudo, obrigado a retirar ou a modificar a oferta, podendo mantê-la nos seus exatos termos (art. 185º-B nº 2, *in fine)*.
c. *Alteração dos termos da oferta.* Não é forçoso que o oferente inicial modifique a contrapartida, podendo optar por alterar outros aspetos da oferta (renúncia a condição, por ex.), se o fizer antes do registo da OPA.
d. *Revisão da contrapartida.* A verdade é que os oferentes concorrentes, ao abrigo deste art. 185º-B nº 1, têm a faculdade, perante cada oferta, de proceder à revisão da oferta inicial. Estando a oferta registada, há que respeitar a imposição da melhoria de 2% no seu valor, relativamente à oferta concorrente.

X – Compreende-se que as ordens de aceitação da oferta inicial, deparando-se com uma ulterior oferta concorrente com melhores condições, podem ser revogadas, para adesão à oferta concorrente (aspeto que vem acautelado no nº 6 do art. 185º-A). Aqui pretende-se servir esta igualdade de tratamento em termos dos oferentes com o favorecimento que se reconhece ao oferente inicial, àquele que tomou o impulso de lançar a primeira oferta e também, sempre na perspetiva de tal servir uma melhoria substancial dos destinatários das ofertas públicas de aquisição.

XI – Deve discutir-se igualmente o problema jurídico de saber se um oferente sujeito ao dever de lançamento de OPA pode ficar também sujeito às regras sobre OPAs concorrentes[2163]. A conclusão a que se chega é negativa, fundada em três ordens de argumentos: estruturais, teleológicos e formais.

No plano estrutural, há que observar que as regras sobre ofertas concorrentes procuram acautelar sobretudo a justeza do processo de cruzamento de ofertas sobre o mesmo objeto e o funcionamento equitativo do jogo de mercado

[2163] Sobre o tema, mas extraindo conclusões diversas: MANUEL REQUICHA FERREIRA, *OPA Concorrente, Cadernos do MVM* nº 30 (2008), 55-73.

nesse caso. Há, é certo, uma vantagem atribuída aos acionistas em virtude da regra de majoração necessária entre ofertas (art. 185º, nº 3) – mas ainda assim essa majoração é meramente procedimental, por se desligar de uma aferição substancial da justeza da contrapartida oferecida. O caso das ofertas obrigatórias é inteiramente diverso, porquanto aí há razões substanciais a amparar o instituto, que se ligam sobretudo à distribuição do prémio de controlo concretizada no preço mínimo a ser oferecido aos acionistas (art. 188º).

Demais, revela-se uma diferença de teleologia entre os dois institutos, que se deteta nas regras sobre retirada de oferta. Com efeito, impedese a retirada nas ofertas obrigatórias (mesmo que em concurso com uma oferta concorrente) ao passo que sempre se faculta o afastamento voluntário de oferente concorrente em caso de surgimento de oferta em condições mais favoráveis. De novo, explica esta diversidade de saídas o facto de a lógica da concorrência de ofertas ser sobretudo processual, procurando a legitimação através do processo de um controlo eventual futuro, ao passo que a lógica da oferta obrigatória é substancial, visando legitimar um controlo pretérito e já consumado.

Ora, esta circunstância demonstra que o oferente obrigatório está numa situação de menor espaço de liberdade contratual. Repugna por isso que este fique sujeito a ofertas concorrentes que o forcem a subir a contrapartida, sabendo-se que o oferente obrigatório não poderá nunca arrepiar caminho no processo de OPA.

Esta diversidade entre as regras sobre ofertas concorrentes e ofertas obrigatórias encontra ainda comprovação formal no tratamento diferenciado concedido pela Proposta de Diretiva em matéria de OPAs – que considera a oferta obrigatória como aspeto harmonizado e a oferta concorrente como campo normativo confiado aos Estados-membros.

As consequências aplicativas desta conclusão devem, no entanto, ser extraídas com cautela. A tese convive pacificamente com o caso em que o oferente obrigatório mantém a oferta, ainda que lhe preceda ou suceda uma oferta concorrente a preço superior. O oferente obrigatório não estará aí obrigado a rever – embora esteja forçado a fazer seguir o processo da OPA até ao final.

Esta indicação é importante para resolver um tipo importante de situações. Trata-se dos casos em que o oferente obrigatório já comunicou a ultrapassagem de um limite de um terço ou 50% ao abrigo do regime de participações qualificadas (deve fazê-lo em 3 dias úteis) mas ainda não publicou o respetivo anúncio preliminar (dispondo para o efeito de um prazo de 30 dias úteis). Aí é tentativa vã a de alguém lançar (nesses 30 dias) uma oferta apenas para pressionar o oferente obrigatório a fazer a oferta a um preço superior. O oferente obrigatório apenas ficará vinculado ao preço decorrente do art. 188º.

Estes são os casos em que, a meu ver, estamos a confirmar a consumpção do regime das ofertas obrigatórias em relação ao das ofertas concorrentes.

Caso diverso é aquele em que o oferente concorrente venha ele próprio a fazer seguir o processo da oferta obrigatória até final, em substituição do oferente obrigatório. Aqui o abandono de uma oferta inicial para ser revista como obrigatória em substituição a preço inferior ao inicialmente proposto (ao abrigo dos arts. 128º e 129º) não parece aceitável. Efectivamente, aí estão em causa duas outras regras decisivas no sistema das OPAs: a da inalterabilidade da oferta salvo por alteração das circunstâncias (art. 124º, nº 1) e a proibição de reformatio in pejus (art. 175º, nº 2 *a)*). E ambas resultariam violadas sem um fundamento suficientemente sólido, abrindo-se a porta para a fraude.

Atrás sempre foi analisada a questão do ponto de vista de um oferente que é colocado em concorrência por razões externas. Se o oferente já era oferente concorrente antes de assumir o dever de lançamento de OPA, tal deve evidentemente manter-se, até por força dos princípios de estabilidade da oferta (arts. 124º/1 e 175º 2 *a)*).

XII – Em balanço do regime descrito, há que reconhecer que foi instituída uma *par conditio concurrentium* plena, na medida em que o legislador concede a ambos os oferentes a possibilidade de proceder à revisãoda oferta. Esta regra é apenas temperada com prazos de revisão (art. 185º-A, n.os 1-4) e limiares de revisão mínima, que não se distanciam, em termos comparatísticos, dos encontrados em ordenamentos próximos.

A eventual perturbação, para a sociedade visada, adveniente da possibilidade de uma disputa prolongada de lances, com sucessivas revisões das ofertas concorrentes, representará sem dúvida um inconveniente menor do regime quando confrontado com o princípio de abertura do mercado de controlo que enforma o Direito europeu atinente a esta matéria[2164].

14. *A sucessão das ofertas*

I – As ofertas públicas de aquisição envolvem uma perturbação, revelada sobretudo na inibição dos poderes de administração da sociedade visada e na possibilidade de surgirem ofertas concorrentes. Uma vez que o processo pode ser longo e o mecanismo da oferta pública de aquisição não pode ser contínuo, o oferente fica inibido de durante os próximos 12 meses lançar uma OPA sobre os mesmos valores.

[2164] Em sentido concordante: Guus Kemperink/Jules Stuyck, *The Thirteenth Company Law Directive and Competing Bids*, cit., 123-130.

Esta regra (art. 186º) pode ser excepcionada por autorização da CMVM. Subjaz-lhe o desiderato de assegurar uma certa dose de regularidade do funcionamento das sociedades, impedindo que haja um lançamento sucessivo e ininterrupto de ofertas, lançadas sempre pela mesma pessoa em relação aos mesmos valores mobiliários.

II – No art. 186º apenas se toma como referência o apuramento dos resultados da oferta para impedir uma OPA sucessiva. O preceito, porém, deve ser interpretado extensivamente, porquanto a letra não cobre a cessação da eficácia de oferta por verificação de condição resolutiva ou não verificação de condição suspensiva. A teleologia da norma abrange ambas as situações, ao pretender evitar o prolongamento temporal do condicionamento aos poderes da administração.

15. *A contrapartida*

No domínio da contrapartida na oferta pública de aquisição, a alternativa que o legislador nos apresenta é muito rígida: a oferta pública de aquisição apenas pode ter como contrapartida, dinheiro, valores mobiliários ou uma coisa e a outra. Não há a possibilidade de oferecer outros bens como contrapartida, que não os mencionados.

Além disso, estabelece o art. 187º que, os valores mobiliários oferecidos como contrapartida podem ser valores mobiliários emitidos ou a emitir. Os valores mobiliários oferecidos, por seu turno, podem ser emitidos pelo próprio oferente ou por terceiro (art. 178º, nº 2).

Se assim acontecer chegamos a operações em que se combina uma *oferta pública de aquisição* com uma *oferta pública de subscrição*. O destinatário da OPA, nesse caso, ao transmitir uma ordem de aceitação da OPA está simultaneamente a transmitir uma ordem de subscrição em relação aos valores mobiliários que vão ser emitidos, para efeito da contrapartida da oferta pública de aquisição.

Nestas ofertas, para uma avaliação adequada da justeza da contrapartida, importa que a informação a prestar não incida apenas sobre os valores mobiliários que vão ser adquiridos; importa ainda transmitir informação sobre os valores mobiliários que vão ser emitidos ou entregues na aceitação da OPA. Por isso, o anúncio de lançamento e o prospeto obedecem quer às regras sobre o prospeto da OPA, quer às exigências em matéria de um prospeto de ofertas publicas de distribuição (art. 178º, nº 2).

16. *As condições de oferta pública de aquisição*

I – Como sucede em relação às simples declarações negociais, a eficácia de oferta pública pode ser sujeita a condições.

O tema é aqui analisado no prisma das ofertas públicas de aquisição, mas deve prevenir-se que o regime se apura através da aplicação de regras constantes das disposições gerais, no art. 124º do CVM, que valem para qualquer tipo de oferta.

A possibilidade de afixação de condições é mais restritiva neste campo do que no domínio do direito privado comum[2165]. Assim, para poder haver a aposição a condições, importa obedecer a dois requisitos fundamentais, ambos enunciados no art. 124º, nº 3: as condições devem corresponder a um interesse legítimo do oferente; e não podem afectar o funcionamento normal do mercado.

II – O correto enquadramento deste regime obriga a proceder à distinção de figuras próximas, mas distintas entre si – discernindo em primeiro lugar as *condições da decisão da oferta* das *condições da eficácia da oferta.*

Se a oferta não está ainda decidida, surgindo condicionantes à própria decisão da oferta, em rigor não está ainda o constituído o dever de publicação do anúncio preliminar. Com efeito, o art. 175º sentencia que o anúncio preliminar só é publicado quando tomada uma decisão incondicionada da oferta – este é um preceito que se prende com *condições da decisão da oferta.*

Figura diversa, e a única a que alude o art. 124º, é a *condição de eficácia da oferta.* Nestes casos, a oferta é lançada – havendo o dever de publicação do anúncio preliminar logo que a respetiva decisão seja tomada –, mas a celebração do negócio aquisitivo que a oferta tem em vista fica condicionada – a eventos que, como já sabemos, têm de servir os interesses legítimos do oferente e não ofender os interesses do mercado.

De entre as condições de eficácia da oferta, pode ainda contrapor-se as *condições de lançamento da oferta* e as *condições de aquisição,* consoante da sua verificação dependa ou não o registo da oferta. Nas primeiras, a verificação do evento condicionante apura-se até ao registo (é, por exemplo, o que sucede com as autorizações administrativas de que depende o lançamento da oferta, para que o seu objeto seja lícito). As *condições de aquisição,* por seu turno, são aquelas que não prejudicam o decurso do período da oferta até final e em que a verificação do evento é determinada até à sessão de bolsa ou na pendência desta.

Separa-se, por último, as condições *legais* das condições *voluntárias.* Estas últimas correspondem ao conceito técnico de condição. A prática nacional tem, no entanto, levado a enunciar iguamente no anúncio preliminar as condições legais da oferta, que se referem aos requisitos de que depende o legítimo e regular lançamento da oferta – a saber, registo na CMVM e obtenção das eventuais autorizações administrativas necessárias.

[2165] DAVID KERSHAW, *Principles of Takeover Regulation*, cit., 209-219.

III – Para se entender devidamente o alcance prático desta faculdade de condicionamento das ofertas, é preciso não esquecer que os oferentes querem normalmente acautelar o êxito na oferta pública de aquisição. O processo da oferta envolve vultuosos meios humanos e materiais – estes decorrentes nomeadamente do dever de prestação de caução ou de obtenção de garantia (art. 177º, nº 2) e do dever de contratação de intermediário financeiro (art. 113º, nº 1, alínea *b)*). Além disso, a explicar a utilidade em se garantir que a oferta pública de aquisição atinge efectivo sucesso, lembre-se que, por virtude das regras da sucessão das ofertas, a não haver êxito das ofertas, importa aguardar um ano para se procurar promover novo lançamento de OPA, nos termos do art. 186º.

Neste contexto, uma condição de larga utilização prática é a chamada *cláusula de sucesso*. Esta subordina a eficácia da oferta à sua aceitação por parte de um número determinado de pessoas ou por parte de uma percentagem determinada de direitos de voto dos titulares aceitantes da oferta.

Este ponto é importante na medida em que a verificação da condição neste caso apenas pode apurar-se na data do apuramento dos resultados da oferta. A fixação da cláusula de sucesso é vulgarmente colocada em fasquias percentuais próximas do domínio. Assim, oferente obtém a garantia que se houver aceitação por parte deste universo obtém o domínio da sociedade visada. Nesta medida, trata-se de uma condição que cumpre ambos os requisitos constantes do nº 3 do art. 124º.

Assim sendo, a cláusula de sucesso representa uma *condição de aquisição*. O que está em causa não é uma condição do lançamento da oferta (que corre os seus termos) mas é uma condição da eficácia dos negócios transmissivos que a oferta tem em vista. Aliás, em rigor, quando no âmbito do direito das ofertas se referem as condições, apenas se está a considerar estas.

IV – O nº 4 do art. 124º restringe suplementarmente o âmbito da permissão quanto à aposição de condições em ofertas, ao estabelecer uma *proibição de condições potestativas*. Assim, a oferta não pode estar apenas dependente de factos que dependam exclusivamente da vontade do oferente. Esta regra representa, aliás, uma confirmação da regra enunciada no nº 3 do mesmo preceito, porquanto as condições potestativas, por definição, podendo ou não servir legítimos interesses do oferente, afectam seguramente o funcionamento do mercado.

Neste contexto, aliás, deve ir-se mais longe na determinação do fundamento deste traço do direito positivo. Com efeito, a proibição de condições potestativas figura também como uma das decorrências do *princípio da estabilidade da oferta*. Não pode haver a sujeição da oferta pública a condições potestativas, já que isso conduziria a que o oferente na realidade podesse retirar ou revogar a oferta quando melhor lhe aprouvesse, colocando-o numa posição informativa de vantagem perante os demais agentes do mercado, o que inclusivamente potenciaria situações de abuso de informação privilegiada.

V – Como notado, o regime descrito, respeitante à admissibilidade das condições, vale em geral para qualquer oferta. Impõe-se, todavia, introduzir uma ressalva, porquanto em ofertas públicas de aquisição obrigatórias, por regra, não pode haver a sujeição da oferta à aposição de condições. A fundamentação desta asserção é encontrada no capítulo seguinte[2166].

§ 34º O dever de lançamento de oferta pública de aquisição

1. *Introdução*

I – O regime nacional sobre ofertas públicas de aquisição exibe uma característica que o marca estruturalmente.

O atual figurino legal mantém as linhas fundamentais do sistema nacional vigente desde 1986 – um *sistema que institui um dever de lançamento de oferta pública de aquisição, de fonte legal*.

É preservada, pois, a distância em relação ao conjunto de ordenamentos que prevêem ofertas exclusivamente facultativas – de que são exemplos os EUA[2167].

II – Em múltiplos ordenamentos, a existência de um dever jurídico a cominar o lançamento de OPA tem conduzido a preocupações em assegurar a eficácia das previsões de obrigatoriedade.

Um primeiro nível de resposta reside no apuramento dos enunciados normativos, por forma a servir o fundamento e a prevenir esquemas defraudatórios da estatuição do dever.

A preocupação no cumprimento das normas relativas a ofertas públicas – e, em particular, relativamente ao dever de lançamento de OPA, tem igualmente conduzido na Europa a indícios de institucionalização, de modo autónomo, de comissões cuja competência principal é a de fiscalizar o cumprimento de normas relativas às OPAs. Este modelo institucional faculta, a um passo, uma vigilância mais atuante; mas também alicerça uma maior flexibilidade do regime, uma vez que a estas autoridades são assinalados poderes de produção de normas. O caso mais relevante e pioneiro é o encontrado no Reino Unido, no *Panel on Takeovers*

[2166] Cfr. *infra*, § 34º.

[2167] Descontam-se, claro está, os Estados federados norte-americanos que prevêem *cash-out statutes* (Maine e Pennsylvannia), os quais funcionam como equivalente da oferta obrigatória no além-Atlântico: cfr. Arthur Fleisher Jr./ Alexander R. Sussmann, *Takeover Defenses*[5], New York (1997), § 4.06 B.

and Mergers; diga-se, porém, que o *City Panel* não se estrutura como entidade pública, tendo ao invés uma natureza privada de raiz corporativa[2168] – modelo replicado, aliás, no recente Comitê de Aquisições e Fusões (CAF) brasileiro. Na Europa, conhecem-se instituições criadas para fiscalizar o direito das ofertas de aquisição nas *Ubernahmekommissionen* suíça e austríaca, surgidas respetivamente em 1995 e em 1998[2169].

Com algumas características próprias, podem divisar-se outros exemplos desta tendência. O fenómeno da institucionalização do controlo das ofertas também se depara na Nova Zelândia, com a autonomização do *Takeovers Panel*[2170].

III – A consagração de um dever legal de lançamento de oferta pública de aquisição não é incontroverso no plano das escolhas de política legislativa[2171]. Além disso, apresenta implicações com a estrutura típica de titularidade acionista e com o sistema de direito das sociedades existentes em cada Estado, em particular quanto à demarcação do conceito de domínio. Este constitui um dos motivos pelos quais a harmonização comunitária nesta área consumiu mais de quinze anos de discussão.

Com efeito, desde 1989 que nas instâncias comunitárias foram discutidas sucessivas propostas de Diretiva, visando nomeadamente instituir um regime mínimo no domínio das ofertas obrigatórias, por forma a uniformizar níveis mínimos de proteção dos acionistas minoritários da sociedade visada e a facilitar a realização de ofertas públicas internacionais no espaço europeu[2172]. Porém, apenas em 2004 se logrou aprovação e publicação do texto final da Diretiva nº 2004/25/CE, do Parlamento Europeu e do Conselho, de 21 de abril, a comi-

[2168] Peter Lee, Takeovers – The United Kingdom Fxperience, in John Farrar (ed.), *Takeovers. Institutional Investors and the Modernization of Corporate Laws,* Oxford (1993), 192-197.

[2169] Para adicional informação, consulte-se respectivamente http://www.takeover.ch e http://www.takeover.at.

[2170] Amnon Mandelbaum, *Economic Aspects of Takeovers Regulation with Particular Reference to New Zeland,* in John Farrar (ed.), *Takeovers. Institutional Investors and the Modernization of Corporate Laws,* cit., 202.

[2171] Cfr. a discussão a que se alude mais à frente, relativamente ao fundamento do dever.

[2172] Entre muitos: L. S. Sealy, *The Draft Thirteenth E. C. Directive on Take-overs,* in Mads Andenas/Stephen Kenyon-Slade, *EC Financial Market Regulation and Company Law,* London, 47-59; Klaus Hopt, *Europäisches und deutsches Ubernahmerecht,* ZHR 161 (1997), 379-392; Id., *Einfürung,* in Schuster/Zschocke, *Ubernahmerecht/Takeover Law,* Frankfurt am Main (1996), 180-185; Jürgen Reul, *Die Pflicht zur Gleichbehandlung der Aktionäre bei privaten Kontrolltransaktionen,* Tübingen (1991), 10-14; Eddy Wymeersch (ed.), *The proposal for a 13th Company Law Directive on takeovers: a multi -jurisdiction survey* in *European Financial Services Law* (Nov. 1996), 301-307 (Jan.-1997), 2-7; Rolf Skog, *Does Sweden Need a Mandatory Bid Rule? A Critical Analysis,* cit., 8-16; Françoise Blanquet, *Les Orientations Communautaires,* in *Quaderni di Finanza,* nº 32 (março 1999), 14-27.

nar designadamente um dever de lançamento de oferta pública de aquisição em caso de transição de controlo[2173].

Paralelamente ao desenvolvimento que os trabalhos europeus foram registando ao longo de quinze anos, multiplicaram-se os indícios que ilustram a tendência expansiva do modelo da obrigatoriedade de lançamento de OPA. Tal revela-se no facto de alguns ordenamentos tradicionalmente hostis a este dever, mesmo antes da Diretiva estar finalizada, terem consumado inflexões legislativas para o acolhimento do dever de lançamento de oferta pública de aquisição. Neste plano, retém-se em particular como sintomática a aprovação em 1998, na Áustria, e em 2001, na Alemanha, de leis relativas a ofertas públicas de aquisição prevendo o dever de lançamento de OPA[2174].

Não pode esquecer-se, por fim, que a harmonização legislativa depende, neste campo, da convergência sentida no comportamento dos mercados. A este propósito, em termos infra-jurídicos, assistiu-se no final do século XX a uma oferta hostil de grande dimensão lançada pela inglesa *Vodafone Airtouch* sobre germânica *Mannesmann,* a chamar eficazmente a atenção de britânicos e alemães para a vantagem de harmonização de regimes das ofertas em termos europeus[2175]. De facto, a resistência dos alemães no desenvolvimento de um regime de injuntividade das ofertas tem também raízes na estrutura acionista concentrada nas sociedades alemãs, virtualmente invulneráveis a tomadas hostis. Neste contexto, o significado do êxito da oferta sobre a *Mannesmann* foi duplo: de um lado, veio demonstrar que as preocupações de proteção dos minoritários também colhem em solo germânico. De outro lado, simbolizou um choque de culturas societárias e mobiliárias, pois paradoxalmente a que foi, até à data, a maior oferta hostil na Europa foi precisamente aquela em que são confrontados sistemas com perspetivas radicalmente diversas sobre o governo das sociedades abertas, em geral, e sobre as ofertas de aquisição, em particular, como o são os ordenamentos jurídicos do oferente e da sociedade visada[2176].

[2173] As mais relevantes colecções de estudos sobre este texto europeu constam de Guido Ferrarini/Klaus Hopt/Jaap Winter/Eddy Wymeersch, *Reforming Company and Takeover Law in Europe,* Oxford (2004) e de Jeremy Grant (ed.), *European Takeovers – The Art of Acquisition* (2005).

[2174] Uma anotação à proposta de lei que esteve na base da *Ubernahmegesetz* de 1998, que entrou em vigor em 1 de janeiro de 1999, pode ver-se em: Peter Doralt/Christian Nowotny/Martin Schauer, *Takeover-Recht,* Wien (1997), 207-284. De entre os comentários à *Wertpapiererwerbs- und Ubernahmegesetz* (WpÜG) germânica, entrada em vigor em 1 de janeiro de 2002, cfr. Matthias-Gabriel Kremer/Henning Oesterhaus, in *Kölner Kommentar zum WpÜG* (2003), anot. §§ 35-39 WpÜG; Christoph Faden, *Das Pflichtangebot nach dem Wertpapiererwerbs- und Ubernahmegesetz (WpUG),* Hamburg (2008). Entre nós: António Menezes Cordeiro, *A 13ª Directriz do Direito das Sociedades (Ofertas Públicas de Aquisição), ROA* I-II (2004).

[2175] *European Takeovers. Barriers to Entry,* cit., 136; Justin Doebele, *Napalm in Düsseldorf,* in *Forbes Global* (24.01.00), 18-19.

[2176] *Bid battle heralds German governance shift,* in *Governance,* nº 75 (Jan.-2000), 6-7.

2. *O enquadramento sistemático*

I – No Código dos Valores Mobiliários, o tratamento do dever de lançamento das ofertas públicas de aquisição, embora merecendo regulação autónoma, sofre influências da reorganização normativa de que foram objeto as ofertas públicas em geral, aproveitando-se, naturalmente, das soluções encontradas a dois níveis: na parte geral das ofertas públicas, constante dos artigos 108º a 155º do Código; e nas disposições gerais reservadas às ofertas públicas de aquisição, nos artigos 173º a 186º.

Assim, valerá para a OPA obrigatória o dever de registo prévio na CMVM (art. 114º, nº 2), o dever de celebração de contrato de assistência e de recolha de declarações com intermediário financeiro (art. 113º, nº 1, alínea *b)*) e o dever de elaboração do prospeto (art. 134º, nº 1) – cujo conteúdo deve conformar-se com o art. 138º. Com esta última exigência aboliu-se a figura da nota informativa, o que tem a vantagem de unificação da terminologia e do regime do documento informativo da oferta, preparando o direito nacional para uma eventual futura extensão do regime de reconhecimento europeu do prospeto às ofertas públicas de aquisição. Tal permite, também, a unificação do tratamento da responsabilidade civil pelos danos originados por vícios do prospeto (arts. 149º e seguintes) em termos que resultam mais harmoniosos que os decorrentes da disciplina de 1991.

Outros dados normativos gerais que atingem as ofertas obrigatórias são, nomeadamente, os relativos à qualificação da oferta como pública (arts. 109º e 110º), às declarações de aceitação (arts. 126º e 327º, nº 2), bem como os respeitantes à publicidade à oferta (arts. 121º e 122º).

II – No Capítulo III do Título III, as ofertas públicas obrigatórias são, por seu turno, tratadas em local separado das disposições gerais sobre ofertas públicas de aquisição.

Frise-se haver igualmente, neste ponto, um afastamento em relação ao Código do Mercado de Valores Mobiliários. O legislador de 1991 inseriu o tratamento das previsões sobre obrigatoriedade na secção I, dedicada às disposições gerais (arts. 523º-ss.), no que terá sido possivelmente influenciado pelo *City Code on Takeovers and Mergers*, que igualmente trata da oferta obrigatória (*section* F.) antes da oferta voluntária (*section* G.). Julga-se, porém, mais acertado considerar a matéria das OPAs obrigatórias como especial em relação ao tema das OPAs em geral.

Uma ilustração desta relação de especialidade reside na circunstância de, no domínio de aplicação no espaço, as regras sobre ofertas obrigatórias terem âmbito diverso, conforme nos demonstra o art. 108º, nº 2, confinando os arts. 187º e seguintes às ofertas públicas de aquisição lançadas sobre valores mobiliários emitidos por sociedades que tenham como lei pessoal a lei portuguesa. Importa ainda referir que a publicação do anúncio preliminar em cumprimento do dever deve ser feita no prazo de trinta dias fixado no art. 191º, não se aplicando o art. 175º, como adiante será retomado.

III – A existência de uma parte geral não dispensa, como é evidente, o amparo dos instrumentos interpretativos comuns, sobretudo quando confrontada com o instituto com as singularidades próprias da oferta pública de aquisição obrigatória. Valem aqui, como em qualquer ramo jurídico, as indicações doutrinárias que recomendam que as partes gerais dos diplomas – em particular, dos Códigos – não sejam encaradas como ferramentas de rigidez aplicativa e de irrealismo conceptualista, sendo antes veículos de construções interpretativas permanentemente renovadas, através da articulação segura entre os dados normativos "gerais" e "especiais"[2177].

Assim, mesmo quando o legislador não o esclarece diretamente, a articulação com a parte geral deve fazer-se em alguns casos *cum granu salis*, na medida em que certos preceitos não se ajustam a uma aplicação às ofertas obrigatórias.

O exemplo maior do que acaba de ser dito encontra-se na possibilidade de aposição de condições de eficácia. Em geral, as condições nas ofertas públicas relativas a valores mobiliários só são admissíveis se servirem interesses legítimos dos oferentes e não afectarem o funcionamento normal do mercado (art. 124º, nº 3). Ora, como é fácil de entender, esta possibilidade de condicionamento da oferta sofre uma limitação mais profunda nas ofertas cujo lançamento surge em cumprimento de imposição legal. É no momento prévio à transposição da fasquia relevante que o interessado deve ponderar possíveis eventos condicionantes ao lançamento da oferta, e não após a constituição do dever.

Descendo a outro quadrante normativo, tem interesse mencionar que no direito suíço se declara expressamente que as ofertas obrigatórias não podem ser condicionadas, salvo em três situações: quando para a aquisição seja necessária uma autorização de uma autoridade; quando a oferta não incida sobre valores mobiliários representativos de direitos de voto; ou quando o oferente exija que a substância económica da sociedade visada não seja alterada[2178].

É de inferir que conclusões paralelas valem para o direito português[2179]. Em particular, devem considerar-se que *nas ofertas obrigatórias são proibidas as*

[2177] Franz Wieacker, *História do Direito Privado Moderno*, trad. port. de A. M. Hespanha, Lisboa (1980), 544-548, 558-561; Menezes Cordeiro, *Teoria Geral do Direito Civil. Relatório*, Lisboa (1988), 77-82; Id., *Tratado de Direito Civil Português* (1999), 62-64.

[2178] Art. 32 da *Börsenordnung*.

[2179] Ressalva-se evidentemente a condição respeitante à inalterabilidade da substância económica do emitente dos valores visados, que é assegurada pelo princípio de neutralidade da adminis-

designadas cláusulas de sucesso, que fazem depender a eficácia da oferta de um número mínimo de aceitações por parte dos titulares, tanto mais que no sistema atual o dever se constitui no momento subsequente à aquisição do limiar de direitos de voto tido legalmente como relevante[2180].

À mencionada incompatibilidade da aposição de condições em relação ao regime do art. 187º apenas se excepciona o caso das condições que resultam da lei, como sucede com a sujeição a autorizações administrativas de que dependa o lançamento da oferta. Admite-se que seja igualmente o caso da dependência de deliberação de assembleia geral para o aumento de capital, no caso de se prever também que a contrapartida tenha alternativa em valores mobiliários – embora neste último caso a não verificação da condição tenha como única implicação que a oferta seja lançada oferecendo uma contrapartida apenas em dinheiro[2181], não legitimando, pois, a sua retirada.

IV – Semelhante análise pode aplicar-se em relação à regra sobre sucessão de ofertas, que impõe em geral um intervalo de doze meses entre cada oferta lançada pela mesma pessoa em relação aos mesmos valores mobiliários, de acordo com o art. 186º. Uma vez que, como adiante se explicitará[2182], entre nós a oferta obrigatória vem legitimar uma ultrapassagem já consumada de determinada percentagem relevante de direitos de voto, o dever sobrepõe-se ao impedimento de lançamento sucessivo de ofertas sem um intervalo mínimo de doze meses. Assim, por exemplo, se um acionista lança uma oferta para legitimar a superação da fasquia do terço dos direitos de voto e, semanas mais tarde, mas após a OPA, adquire um lote suplementar que lhe faculta mais de metade dos votos, vê-se inapelavelmente obrigado ao lançamento de oferta, sem que a tal obste o regime fixado no art. 186º.

Do ponto de vista da conformação axiológica do sistema jurídico, o fundamento desta conclusão assenta na circunstância de a *ratio* do dever de lançamento servir objetivos mais estruturantes do que os que fundam o art. 186º, o qual visa sobretudo acautelar a regularidade da gestão da visada. Aliás, uma demonstração suplementar de que a lei considera valorativamente mais importante a proteção de minoritários através de oferta obrigatória do que a estabilidade da sociedade visada, reside agora na circunstância de a CMVM poder

tração da sociedade visada (arts. 181º e 182º) e excecionalmente, pelo instituto da alteração das circunstâncias (art. 128º).

2180 Cfr. *infra*, § 34º, 3. II.

2181 Sobre as hipóteses em que são admitidas ofertas obrigatórias de troca, cfr. o art. 188º, nº 5. Cfr. a propósito *infra*, § 34º, 9. X.

2182 Cfr. *infra*, § 34º, 3. I-II.

autorizar o lançamento de oferta antes de decorrido o prazo fixado no art. 186º, não lhe sendo em contrapartida facultado dispensar o lançamento de OPA.

V – Poderiam multiplicar-se os exemplos de ajustamento aplicativo das disposições constantes da parte geral às ofertas obrigatórias. Assim, a faculdade de alteração ou de revogação da oferta em caso de alteração das circunstâncias (art. 128º), que de si é já excecional no domínio das ofertas públicas relativas a valores mobiliários, ante o princípio de irrevogabilidade das ofertas (art. 130º, nº 1), deve considerar-se expediente de utilização ainda mais remota nas ofertas obrigatórias[2183]. No entanto, não pode afirmar-se liminarmente afastada a sua aplicação, designadamente quando a modificação do cenário que rodeou o lançamento da oferta atinja o facto constitutivo do dever.

Finalmente, o mesmo se dirá quanto às regras que permitem afixação de preço em intervalos, prevista genericamente no art. 123º, nº 1, alínea e). Dir-se-á que esta permissão não se mostra adequada ao regime das ofertas públicas de aquisição, por frustrar – ou, pelo menos, dificultar seriamente – a possibilidade de surgimento de ofertas concorrentes, porquanto estas dependem de uma determinação precisa do preço apresentado em cada oferta em concorrência, como pressuposto da observância do nº 3 do art. 185º.

3. *O dever de lançamento de oferta como dever jurídico*

I – O dever de lançamento de oferta pública de aquisição constitui-se quando alguém ultrapasse uma das duas fasquias quantitativas, definidas pelo art. 187º do Código dos Valores Mobiliários, relacionadas com a percentagem de direitos de voto detida, individual ou conjuntamente, em sociedade aberta.

A previsão do art. 187º repousa firmemente na técnica utilizada para a imputação dos direitos de voto, consagrada no art. 20º[2184]. Relevantes serão, nestes termos, não apenas as aquisições que conduzam à superação dos limiares quantitativos críticos, mas também as demais situações que o art. 20º enuncia como determinantes para conduzir à imputação dos direitos de voto na esfera do potencial oferente[2185].

A partir do momento da ultrapassagem do limite relevante, a pessoa sobre a qual recai o dever deve imediatamente proceder à publicação do anúncio

[2183] Esta constatação vai de encontro à depuração dogmática que atingiu o instituto civil da alteração das circunstâncias para possibilitar uma utilização adequada de um instrumento que é reconhecidamente, nas palavras de MENEZES CORDEIRO, um remédio de equidade de concretização difícil e de saída imprevisível: cfr., do autor, *Da Alteração das Circunstâncias*, in Separata dos *EH ao Prof. Paulo Cunha*, Lisboa (1987), passim (44).

[2184] Sobre o art. 20º, cfr. *infra* § 34º, 6. e *supra*, § 30º, 3.

[2185] ANA PERESTRELO DE OLIVEIRA, *Manual de Grupos das Sociedades*, cit., 120-137.

preliminar (art. 191º), o que por seu turno a força a prosseguir o processo da oferta até final (art. 175º, nº 2).

II – Nesta conformação, a oferta pública de aquisição obrigatória surge agora, exclusivamente, sob a modalidade de oferta *subsequente,* e não de oferta prévia. Isto significa que o lançamento de OPA por imposição do art. 187º não é um processo obrigatório através do qual se deve efetuar a aquisição do lote acionista relevante, representando ao invés um meio de legitimar, *a posteriori,* uma ultrapassagem da fasquia relevante de direitos de voto já consumada[2186].

Esta opção legislativa segue a maioria dos ordenamentos europeus. Genericamente, a razão da preferência pelas ofertas subsequentes deve-se ao facto de as ofertas prévias serem mais permeáveis em relação a aquisição indiretas, as quais se revestem de muita importância na conformação do tecido empresarial moderno.

Frise-se que, *summo rigore,* a lei impõe um dever de lançar uma oferta pública de aquisição, e não um dever de aquisição. Com efeito, o dever considera-se cumprido se tiver havido lançamento de oferta, ainda que não se registem aceitações pelos destinatários. Nem pode falar-se, tão-pouco, em obrigação de meios para conduzir ao maior número de adesões possíveis. Ao oferente basta cumprir o processo de divulgação da oferta e observar o esquema processual previsto em geral por lei. Frise-se, todavia, que o oferente deve conduzir o processo até final, valendo com particular acuidade neste domínio a regra da irrevogabilidade das ofertas, plasmada no art. 130º, nº 1. Além disso, o dever de lançamento da oferta coloca o oferente numa situação técnica de sujeição quanto à aquisição dos valores dos destinatários que respondam positivamente no período da oferta. Nessa medida, embora não se confundam, o dever de lançamento de uma oferta geral de aquisição envolve uma sujeição em relação à aquisição dos destinatários aceitantes.

Embora sedimentada, deve assinalar-se que a terminologia empregue – ao implicar a locução *oferta subsequente* – não é, igualmente, imune a reparos. Importa designadamente esclarecer que, de harmonia com a técnica nacional de imputação de direitos de voto vertida no art. 20º, a ultrapassagem das fasquias relevantes pode não implicar diretamente uma aquisição. Assim, designadamente, se existe, válida e eficazmente constituído na esfera jurídica de um sócio, um direito à aquisição de ações em montante significativo, tal pode determinar a

[2186] Acerca destas duas técnicas possíveis para conceber o dever de lançamento de oferta, cfr. José Nunes Pereira, *O regime jurídico das ofertas públicas de aquisição no Código do Mercado de Valores Mobiliários: principais desenvolvimentos e inovações,* cit., 93-94; Jorge Brito Pereira, *A OPA Obrigatória,* cit., 266-280.

imputação dos direitos de voto nas fasquias relevantes antes mesmo da aquisição projectada se consumar, de acordo com o art. 20º, nº 1 *e)*, não deixando por isso de se qualificar a oferta como *subsequente*[2187].

III – Outra decorrência da adoção da técnica das ofertas subsequentes prende-se com o facto de uma oferta lançada com o intuito de adquirir uma fatia relevante dos direitos de voto ser qualificada como oferta *voluntária*. Todavia, como veremos mais à frente, há um estímulo importante para que mesmos estas ofertas sejam lançadas nos termos em que o seriam caso surgissem em cumprimento do art. 187º[2188].

O carácter subsequente do dever conduz igualmente a decorrências relevantes para os casos em que a sociedade visada detém, por seu turno, o domínio de outra (s) sociedade (s) aberta (s). Nesse caso, o lançamento de ofertas deve ser simultâneo em relação a todas estas, nos prazos legalmente prescritos.

Finalmente, no plano do *direito em ação,* à partida esta configuração do dever torna mais improváveis ofertas concorrentes em relação às ofertas lançadas em cumprimento do art. 187º. De facto, uma vez que quem lança uma oferta forçada pretende, com esse gesto, legitimar *a posteriori* o domínio já atingido, torna-se remota a eventualidade de concorrência de ofertas, nomeadamente atento o facto de o oferente concorrente dever apresentar contrapartida mais favorável que o inicial.

IV – O abandono da técnica das ofertas prévias fornece novos dados sobre a estrutura da situação jurídica subjacente à estatuição do art. 187º, obrigando a repensar de raiz a sua qualificação. Em particular, interessará agora tomar posição quanto à recondução da vinculação de lançamento de oferta pública de aquisição como ónus ou como dever[2189].

Recuando um pouco o plano de análise, o ponto mostra implicações com as dificuldades de delimitação notadas, em geral, em torno da figura do ónus[2190].

[2187] A articulação deste traço do regime com a exceção do dever assente na prova negativa do domínio revela, porém, consequências importantes, que adiante serão referidas: cfr. *infra* § 35º, 1.

[2188] Cfr. *infra*, § 35º, 2.

[2189] Na doutrina italiana, é patente uma divisão entre os autores a considerar a oferta preventiva como ónus ou como dever: cfr. sobre este ponto Gianluca Romagnoli, *Le Offerte Pubbliche d'Acquisto Obbligatorie,* Padova (1996), 143-171; Id., *Omissione di OPA Obbligatoria e Violazione della Parità di Trattamento degli Oblati: Aspetti Problematici delle Conseguenze,* in *Rivista del Diritto Commerciale* (Jul./Out.-1997), 621-625.

[2190] Em Itália, as modernas construções em torno da figura do ónus surgem em reação à tese de Brunetti, de inspiração neo-kantiana, relativa à autonomização do designado *dever livre,* pela sua ambivalência. Cfr. nomeadamente Oberdan Tommaso Scozzafava, *Onere (nozione),* in *FdD* Vol.

A sua distinção em relação ao dever é, porém, clara, atendendo a três critérios, que cumpre sumariamente relembrar.

Segundo um *critério estrutural,* o ónus constitui a situação jurídica em que se encontra um sujeito que deve adotar certo comportamento para evitar consequências desfavoráveis ou para lograr o exercício de um poder: o ónus tem, assim, como objeto um *ato necessário* para, enquanto que o dever toma como referência o *ato devido*[2191].

De outro lado, e consequentemente, em atenção aos *efeitos atribuídos ao não cumprimento,* considera-se que o ónus confere uma margem de liberdade ao sujeito a ele adstrito, não sendo susceptível de cumprimento coercivo[2192]. Assim, a conduta que é objeto do ónus, a não ser observada, não resulta num ilícito.

Aplicando, por fim, o *critério dos interesses tutelados,* dir-se-á que o ónus é autonomizado por lhe subjazerem interesses do próprio sujeito sobre o qual incide o ónus, em cuja disponibilidade está a observância, ou não, da conduta em causa – falando-se, aí, por esse motivo, de uma forma de auto-responsabilidade[2193]; o dever, por seu turno, visa salvaguardar interesses alheios.

V – Este punhado de indicações era importante para chegar à conclusão que *o dever de lançamento de oferta de aquisição representa um dever jurídico em sentido técnico,* isto é, um dever de apresentação de uma proposta de aquisição de valores mobiliários ao público, através de um processo prescrito por lei.

Não se trata de um ónus, uma vez que o lançamento de oferta representa um ato devido por lei para a legitimação, *a posteriori,* da superação da fasquia relevante de direitos de voto detidos em sociedade aberta. Admite-se que a conclusão fosse menos segura perante ofertas prévias, mas deve julgar-se assente em relação a ofertas subsequentes. Em reforço desta conclusão, veja-se que o não cumprimento do dever não conduz à invalidade das aquisições, embora tolha parte dos direitos inerentes aos valores mobiliários adquiridos sem posterior legitimação das ofertas, nos termos do art. 192º.

As consequências decorrentes do não cumprimento do dever, por seu lado, indiciam claramente a ilicitude desse facto. Assim, repare-se que o incumpri-

XXX, Milano (1980), 99-113; PAOLA GELATO, *Onere,* in *Digesto delle Discipline Privatistiche. Sezione Civile,* XII, Torino (1995), 59-65. Entre nós, pode confrontar-se OLIVEIRA ASCENSÃO, *Teoria Geral do Direito Civil,* Vol. IV (1993), 100-101; MENEZES CORDEIRO, *Tratado de Direito Civil Português,* cit., 144-145; CARVALHO FERNANDES, *Teoria Geral do Direito Civil²,* II, Lisboa (1996), 512-514.

2191 OBERDAN TOMMASO SCOZZAFAVA, *Onere (nozione),* cit., 108-111; ANTONIO PALERMO, *Onere,* in *Novissimo Digesto Italiano,* Vol. XI, 915-920 (916).

2192 ANTONIO PALERMO, *Onere,* cit., 917.

2193 ANTONIO PALERMO, *Onere,* cit., 916; OBERDAN TOMMASO SCOZZAFAVA, *Onere (nozione),* cit., 102, 108; PAOLA GELATO, *Onere,* cit., 60.

mento do dever gera responsabilidade contra-ordenacional, se logo após a ocorrência do facto constitutivo do dever não tiver ocorrido a publicação do anúncio preliminar, como decorre da articulação entre os arts. 393º, nº 2 *h)* e 388º, nº 3. Há, ainda, consequências indemnizatórias decorrentes do incumprimento, nos termos do art. 193º. O mesmo resultado conclusivo é obtido a partir da consideração da amputação dos direitos inerentes às ações cuja aquisição determinou a constituição do dever, conforme disposto no já mencionado art. 192º.

De outro lado, a oferta obrigatória visa proteger os interesses dos acionistas minoritários e dos titulares de valores mobiliários que dêem direito à subscrição ou à aquisição de ações visadas – e não, evidentemente, o interesse do próprio oferente.

Adiantando um passo mais, refira-se igualmente que a estatuição do art. 187º configura uma situação jurídica passiva absoluta, que não assenta numa relação jurídica[2194]. Por detrás deste dever não existe prestação – daí que se reconheça até uma certa impropriedade terminológica na designação de oferta "obrigatória", corrente na prática e perfilhada pela lei.

Esta constatação mostra ligações profundas com a técnica normativa empregue, em geral, no direito dos valores mobiliários, que assenta preferencialmente na previsão de proteções reflexas, e não no reconhecimento de direitos subjectivos na esfera jurídica dos investidores.

Sendo uma posição jurídica absoluta, é entendimento dominante que o cumprimento do dever de lançamento de OPA não possa, por isso, ser exigido coativamente pelos destinatários da oferta[2195]. Não obstante, como já referido, o incumprimento deste dever é gerador de responsabilidade civil, de acordo com o art. 193º do Código.

4. *O âmbito objetivo: os valores mobiliários visados pela oferta*

I – O lançamento de oferta pública de aquisição, quando surja em cumprimento da lei, incide sobre ações e outros valores mobiliários que dêem direito à subscrição ou à aquisição de ações[2196] emitidas por sociedades que, nos termos

[2194] Cfr., em geral, MENEZES CORDEIRO, *Tratado de Direito Civil Português*, cit., 145-146; CARVALHO FERNANDES, *Teoria Geral do Direito Civil*[2], II, cit., 501-502.

[2195] ROBERTO WEIGMANN, *Le offerte pubbliche di acquisto*, in COLOMBO/PORTALE (dir.), *Trattato delle Società per Azioni*, Vol. 10, t. II (1993), Torino, 564-565; GIANLUCA Romagnoli, *Le Offerte Pubbliche d'Acquisto Obbligatorie*, cit., 143; Id., *Omissione di OPA Obbligatoria e Violazione della Parità di Trattamento degli Oblati: Aspetti Problematici delle Conseguenze*, in *Rivista del Diritto Commerciale*, cit., 617-659.

[2196] A referência à distinção entre os valores mobiliários que conferem o direito de aquisição e os valores mobiliários conferindo direito de subscrição é justificada, dada a diferença conceptual existente entre a subscrição e a aquisição. Sobre estes conceitos, permito-me reenviar para o meu

do art. 13º, se qualificam como sociedades com o capital aberto ao investimento do público.

Neste sentido, é mais rigoroso denominar tais valores como *valores mobiliários visados pela oferta* do que designar a respetiva emitente como *sociedade visada,* expressões popularizadas na prática e que o Código vigente mantém[2197].

À margem da ponderação entre a comodidade e o rigor linguísticos e voltando à substância, o certo é que pode haver ofertas lançadas sobre valores mobiliários emitidos por sociedades fechadas. E podem, bem assim, aparecer ofertas lançadas sobre valores mobiliários que, embora emitidos por sociedades abertas, não incorporem posições jurídicas relacionadas com o direito de voto (cfr. art. 173º, nº 3). Ambas, todavia, recebem a qualificação de *ofertas voluntárias,* não lhes sendo consequentemente aplicável o regime constante dos arts. 187º e seguintes[2198].

II – A sociedade com o capital aberto ao investimento do público representa, assim, a referência central para demarcação do âmbito de proteção instituído pelo dever de lançamento de OPA.

Em confronto com a maioria dos ordenamentos jurídicos próximos, neste ponto revela-se uma singularidade do direito português, presente no atual diploma e em todas as normas correspondentes anteriores desde o início de vigência do Código das Sociedades Comerciais, na medida em que o dever de lançamento de oferta não existe apenas para as sociedades com ações admitidas em mercado, embora também valha para estas[2199].

Considera-se a opção legislativa nacional compreensível à luz dos fundamentos correntemente aduzidos para alicerçar a existência de uma oferta obrigatória. Com efeito, a preocupação de tratamento igual dos investidores e da partilha equitativa do prémio de controlo[2200] colhe justificação não apenas para as sociedades "cotadas", mas para todas que registem uma dispersão das ações representativas do capital social em torno das quais se possa gerar um mercado de controlo. Nesta óptica, a referida determinação do âmbito subjectivo

Emissão e subscrição de valores mobiliários, in AA.VV., *Direito dos Valores Mobiliários,* Lisboa (1997), 210-211, 235-237.

[2197] A observação vale sobretudo ante a circunstância de as ofertas (voluntárias) de aquisição de valores mobiliários desligados do controlo da visada ser agora diretamente admitida: cfr. art. 173º, nº 3.

[2198] Cfr. porém as observações constantes *infra:* § 34º, 5. III.

[2199] As sociedades emitentes de acções negociadas em mercado regulamentado são diretamente qualificadas como sociedades abertas, no art. 13º, nº 1 *c).*

[2200] Cfr. *infra,* § 34º, 9.

do dever procura que este mercado de controlo, conquanto que não revestindo a natureza de mercado regulamentado, funcione regularmente, sem posições de favor de uns investidores em relação a outros. Esta demarcação do âmbito da oferta é, assim, coerente com a técnica legislativa do Código em vigor, que autonomizou um corpo de regras dirigidas às sociedades abertas, tendo em vista adequar o regime societário geral – aplicável de princípio indistintamente à grande e à pequena empresa – às especificidades das sociedades com uma estrutura acionista fragmentada[2201].

Uma solução próxima é a decorrente do ordenamento belga, que recorta o dever por referência aos valores mobiliários emitidos por *société faisant ou avaint fait appel public à l'épargne*[2202].

III – Repare-se também, na delimitação do objeto necessário da oferta, as ofertas obrigatórias incidem não apenas sobre ações – quer confiram, ou não, o direito de voto – mas também sobre valores mobiliários que dêem direito à sua aquisição ou subscrição emitidas por sociedades abertas.

Este aspeto vem traduzir, em termos substanciais, uma extensão do princípio de igualdade de tratamento aos titulares destes valores mobiliários[2203], dentro de uma linha que, embora com consequências menos arrojadas, o nosso sistema jurídico já conhecia através do art. 368º, nº 3, CSC. Lembre-se, todavia, que juridicamente a igualdade não equivale a uniformidade, havendo que ter em conta a categoria dos valores mobiliários em causa (cfr., neste sentido, o art. 15º), sendo nomeadamente justificada a existência de diferentes contrapartidas oferecidas aos sócios e aos titulares de outros valores mobiliários com direito de aquisição ou de subscrição de ações da sociedade aberta.

Além disso, importa frisar que a delimitação do âmbito do dever, nestes termos, era importante, na medida em que vigora entre nós um regime dos *warrants* autónomos, valores mobiliários que podem ter como ativo subjacente quaisquer valores mobiliários admitidos à negociação em bolsa (art. 3º do DL nº 172/99, de 20 de Maio). Ora, nem todos os *warrants autónomos* conferindo o direito de aquisição de ações da visada são objeto de OPA obrigatória: apenas o são quando

[2201] Note-se, porém, que a circunstância de a sociedade aberta ser, ou não, emitente de valores mobiliários negociados em mercado regulamentado tem consequências ao nível do regime, que se detetam na possibilidade de eliminação estatutária do limite mais baixo de obrigatoriedade, o que é apenas permitido em relação às sociedades abertas sem acções negociadas em mercado regulamentado (art. 187º, nº 4). Cfr. *infra*, § 34º, 8.

[2202] O lugar central do conceito de *société faisant ou avaint fait appel public à l'épargne* no direito belga assenta no art. 438º do *Côde des Sociétés*.

[2203] Antecipa-se igualmente neste ponto um aspeto ligado ao fundamento do dever, que será mais adiante explicitado: cfr. *infra*, § 34º, 9.

os *warrants autónomos* são emitidos pela própria sociedade visada (art. 187º, nº 1). Em relação aos demais, não há uma forçosa implicação no domínio, visto que o direito português acolhe a sensata regra segundo a qual os *warrants* sobre valores mobiliários alheios conferem sempre a faculdade alternativa de cumprimento através de liquidação financeira (art. 13º, nº 2, do DL nº 172/99, de 20 de Maio)[2204].

Assim, o universo de valores mobiliários que conferem o direito à aquisição ou subscrição de ações visados necessariamente pela oferta inclui: os *warrants* autónomos emitidos pela própria sociedade visada conferindo o direito de aquisição de ações representativas do seu capital social; as obrigações convertíveis em ações; e as obrigações com *warrant.*

IV – Note-se, porém, que os valores mobiliários mencionados não relevam para o cômputo da posição acionista, na medida em que o art. 20º do Código não faz relevar os direitos de voto que, no futuro, possam vir a ser adquiridos em virtude do exercício de direitos de subscrição ou de aquisição de ações que lhes estão subjacentes[2205].

O direito pregresso, optando por solução contrária, expunha-se a acesas críticas[2206]. De facto, o Código de 1991 previa que os direitos de voto *potenciais* respeitantes a obrigações convertíveis ou a obrigações com *warrant* fossem também contados como do oferente (art. 530º, nº 3)[2207]. O preceito levantava profundas

[2204] Sobre o tema, cfr. *supra*, § 8º, 4.

[2205] Não pode, todavia, afirmar-se genericamente que o legislador apenas considera os direitos de voto efectivos no cômputo da posição do potencial oferente. De facto, toda a técnica que subjaz ao art.20º supõe um juízo de influência possível – ou *perigo de influência* – no exercício dos direitos de voto, o que designadamente mostra concretização nos contratos preliminares de aquisição, julgados relevantes nos termos da alínea *e)* do nº 1 do referido preceito. Poderia, assim, parecer contraditória a solução legal que, a um passo, nega relevância aos valores mobiliários que confiram direito a adquirir acções e, no mesmo Código, atribui significado aos direitos de voto respeitantes a valores mobiliários que sejam objeto de um direito de aquisição de base contratual. Julga-se, de todo o modo, que se trata de uma discrepância compreensível se tivermos em vista as diferenças de raiz entre as duas situações. Não haverá de princípio, em primeiro lugar, possibilidade de antecipação do prazo de exercício do direito potestativo de aquisição em valores mobiliários deste tipo; por outro lado, inexistirão restrições de acesso aos valores mobiliários que atribuam direito a aquisição, como bens aptos à circulação; por fim, as suas condições de exercício serão, em tese, de possível conhecimento por parte do mercado. Estas são características distintivas tendenciais que justificam a mencionada diversidade de tratamento legislativo. A não serem verificadas, poderá em concreto impor-se uma leitura extensiva do art. 20º.

[2206] Em tom igualmente crítico: Carlos Osório de Castro, *Os Casos de Obrigatoriedade do Lançamento de uma Oferta Pública de Aquisição*, cit., 42-43.

[2207] Cfr. um extrato de um parecer da CMVM sobre o assunto, publicado no *Relatório Anual sobre a Situação Geral dos Mercados de Valores Mobiliários* (1996), 177-178.

dificuldades aplicativas[2208], ao não resolver a questão do universo dos direitos de voto a ponderar. Por um lado, não era logicamente aceitável que os votos potenciais apenas fossem contados no numerador e não no denominador – na medida em que tal equivaleria a contar duplamente direitos de voto. Porém, se valesse como denominador a soma do direitos efectivos e dos direitos potenciais, o preceito deveria ser interpretado cautelosamente. Com efeito, poderiam gerar-se circunstâncias em que existia tomada de controlo efectiva (isto é, a maioria dos votos efectivos) mas sem tomada de controlo *ex vi* do art. 530º, nº 2 do Código revogado. Nesse tipo de situações, não poderia deixar de se considerar como decisiva a percentagem dos votos efectivos, concluindo-se pela verificação da previsão constitutiva da obrigatoriedade de lançamento de oferta de aquisição.

Estas dificuldades aplicativas tornam vantajosa a solução agora acolhida pelo Código dos Valores Mobiliários.

V – Assim descrito, o perímetro aplicativo das ofertas obrigatórias assenta de perto em regras a impor transparência no apuramento exato da posição de controlo sobre a sociedade visada[2209].

A este propósito, merece realizar um exercício de comparação com o Código do Mercado de Valores Mobiliários, agora revogado. À luz do direito anterior, neste plano as regras informativas sobre meios parassociais de concertação eram insuficientes, o que constituía uma falha séria do sistema. É certo que o art. 547º do Código de 1991 obrigava ao *disclosure* de diversos tipos de acordos parassociais na nota informativa da oferta, fazendo o art. 553º correlativa exigência em relação ao relatório da sociedade visada; mas a questão inspirava cuidados em relação à divulgação destes meios de concertação antes de se proceder ao respetivo lançamento ou na falta deste – momentos que, como se compreende, se afiguram como mais relevantes do ponto de vista da fiscalização relativa ao cumprimento do dever de lançamento de oferta.

Além disso, apesar de o regime das OPA obrigatórias à luz do Código de 1991 se aplicar a todas as sociedades de subscrição pública, os preceitos relativos à comunicação de participações qualificadas apenas se dirigiam às sociedades com ações atualmente cotadas (arts. 345º e 346º), o que não era senão uma parcela das sociedades qualificadas no art. 3º, nº 1. *j)* do Código do Mercado de Valores Mobiliários. Ficavam de fora do âmbito de aplicação de tais regras informativas as sociedades que se constituíram por apelo à subscrição pública, as sociedades

[2208] O Preâmbulo do diploma que aprova o Código refere-se expressamente, quanto a este ponto, às "*perplexidades que apresentava o regime anterior*" (cfr. nº 12).

[2209] A propósito das regras de transparência neste domínio, cf. H.-D. Assmann, *Verhaltensregeln für freiwillige Sffentliche Ubernahmeangebote. Der Ubernahmekodex der BSrsensachverständigenkommission*, *AG* nº 12 (1995), 563-575 (565-566).

que aumentaram o seu capital social por oferta pública de subscrição, as sociedades que estiveram cotadas, mas que atualmente não estão, bem como as sociedades que promoveram vendas em bolsa para efeitos do art. 366º[2210].

Procurando colmatar as imperfeições do anterior regime, no atual Código, verificam-se importantes alterações a servir a transparência da propriedade acionista nas sociedades abertas.

De um lado, os deveres de comunicação de participações qualificadas passam a incidir sobre todas as sociedades abertas (arts. 16º a 18º), o que assegura a simetria entre o âmbito destes deveres informativos e o âmbito da obrigatoriedade da oferta. Frise-se também que foram criados novas fasquias a determinar deveres de informação para as sociedades abertas emitentes de ações ou valores mobiliários que dêem direito à sua subscrição ou aquisição admitidas à negociação em mercado regulamentado, agora estabelecidas nos 2% (unicamente para sociedade emitente de ações cotadas sujeita a lei pessoal portuguesa) e 5% (art. 16º, nº 2).

De outro lado, foram impostos deveres de comunicação e divulgação de acordos parassociais, nos termos do art. 19º do Código, o que resulta na prática em larga maximização da transparência no cômputo da posição de controlo sobre a sociedade visada[2211].

5. *Os princípios da generalidade e da universalidade da oferta*

I – De acordo com o art. 173º do Código, qualquer oferta pública, voluntária ou obrigatória, deve dirigir-se a todos os titulares dos valores mobiliários que dela são objeto. Este *princípio da generalidade da oferta* (*all holders rule)* constitui uma decorrência do carácter público da oferta, vedando qualquer discriminação entre os potenciais destinatários. Além disso, obriga, no caso de a oferta ter em vista apenas parte dos valores mobiliários emitidos pela sociedade visada, a proceder a rateio, em caso de excesso de declarações de aceitação relativamente aos valores pretendidos pelo oferente (art. 112º, nº 2)[2212].

[2210] Para uma análise mais desenvolvida, permito-me reenviar para o meu *Parassocialidade e Transmissão de Valores Mobiliários*, cit., 386-392.

[2211] Tem interesse mencionar que já antes da entrada em vigor do Código, havia uma disposição recomendatória de sentido próximo nas *Recomendações da CMVM sobre o Governo das Sociedades Cotadas* (outubro 1999) (recomendação nº 5).

[2212] Parece, com efeito, mais adequado propor a antinomia terminológica oferta parcial/oferta universal, na medida em que qualquer oferta é dirigida a todos os titulares: qualquer oferta é, pois, segundo o art. 112º, nº 2, uma oferta *geral*, o que é igualmente uma decorrência do princípio da igualdade de tratamento no plano mobiliário. Apesar disto, deve reparar-se que o legislador refere-se às ofertas gerais como sinónimo de ofertas universais: cfr. por exemplo o art. 187º, nº 3 *b)* e o art. 194º, nº 1.

Esta circunstância demonstra claramente que uma oferta parcial não assegura a todos os acionistas a possibilidade de saírem da sociedade. Mesmo manifestando a sua declaração de aceitação da oferta, o acionista, mercê das regras de rateio, pode lograr apenas alienar parte dos valores mobiliários que detém ou mesmo, no limite, pode acabar por não conseguir alienar nenhum título.

A censura às ofertas parciais funda-se também na circunstância de estas poderem implicar distorções à liberdade de aceitação por parte dos destinatários. De facto, as ofertas parciais podem, em certos casos, colocar os acionistas perante uma indevida pressão para vender[2213]. Sabe-se que o lançamento de uma oferta, por si, constitui em relação aos destinatários um fator de pressão superior ao que é normal estar associado a uma vulgar proposta contratual, na medida em que poderá pesar o receio de os acionistas que rejeitarem a oferta se quedarem com um pacote minoritário de ações, o que provoca uma erosão no seu valor[2214]. No entanto, preocupações particulares suscitam os casos das ofertas estruturalmente concebidas para forçar a aceitação.

O exemplo mais claro depara-se nas *ofertas geminadas* – que a literatura norte-americana designa de *front-ended loaded two-tier bids* ou simplesmente de *two-tier bids*. Trata-se de esquemas de aquisição de domínio envolvendo uma sucessão de ofertas apresentadas pelo mesmo oferente, estruturalmente moldadas para forçar a aceitação da oferta inicial, em virtude de uma diferença negativa no preço da segunda oferta. É entendido que este tipo de ofertas condiciona a vontade do acionista ao darem origem a uma síndroma *do dilema do prisioneiro*[2215]. Perante a possibilidade de obtenção do domínio acionista consumada através de duas ofertas sucessivas, a primeira das quais parcial, na falta de mecanismos de racionalização coletiva das decisões, os acionistas podem reagir sob influência do receio que a segunda oferta seja lançada a um preço substancialmente inferior que a oferta dirigida inicialmente[2216].

[2213] *Gower's Principles of Modern Company Law*[6], London (1997), 795-796.

[2214] Lucien Arye Bebchuck, *The Pressure to Tender: an Analysis and a Proposed Remedy, Delaware Journal of Corporate Law,* Vol. 12 (1987), 911-949.

[2215] Uma clara descrição do dilema do prisioneiro, usualmente tratado no âmbito da teoria dos jogos, pode encontrar-se, numa aplicação ensaiada a propósito da conversão de acções com voto em ações preferenciaisações preferenciais sem voto, em Cándido Paz-Ares, *¿Dividendos A Cambio de Votos?,* Madrid (1996), 94-122.

[2216] Frank H. Easterbrook/Daniel Fischel, *The Economic Structure of Corporate Law,* Cambridge/London (1991), 179-181, 208; Robert Clark, *Corporate Law* (1986), 467-471; Roberta Romano, *A Guide to Takeovers: Theory, Evidence and Regulation,* in Klaus Hopt/Eddy Wymeersch ed., *European Takeovers. Law and Practice,* London et al. (1992), 38-39; Jonathan R. Macey, *Takeovers in the United States: a Law and Economics Perspective,* cit., 33; Brian R. Cheffins, *Company Law. Theory, Structure and Operation,* Oxford (1998), 268-274. Adiantando algo que mais à frente será examinado, diga-se desde já que, à luz do direito nacional, o receio acionista é fundado se entre a

Deste ponto de vista, é severamente questionada a idoneidade das ofertas parciais como meio de proteção dos minoritários, *sendo a OPA geral a que tutela mais eficientemente o princípio de igualdade acionista*[2217].

II – As reações legislativas podem documentar esta apreciação negativa das ofertas parciais.

A posição mais adversa às ofertas parciais provém do Reino Unido. Aí, segundo a *Rule* 36 do *City Code*, faz-se depender o lançamento de oferta parcial do consentimento do *City Panel*. A autorização é usualmente sujeita às seguintes condições: o oferente não pode adquirir títulos durante a oferta ou nos doze meses posteriores ao seu desfecho e carece de aprovação por mais de 50% dos votos não imputáveis ao oferente. Além disso, o *Panel* não reconhece a possibilidade de lançamento de ofertas parciais se houver aquisições em quantidades importantes durante os últimos doze meses, pois tal significaria que a alguns sócios foi dada a possibilidade de alienarem totalmente as posições acionistas detidas, ao passo que outros veriam essa faculdade fortemente limitada[2218].

Exemplos semelhantes podem ser compulsados nos sistemas jurídicos continentais. Nomeadamente, deve referir-se que a Bélgica desde 1989 impõe que a oferta obrigatória seja lançada para a totalidade dos valores mobiliários emitidos pela sociedade visada[2219]. Por seu turno, também o ordenamento francês abandonou em 1992 as ofertas parciais[2220].

Nesta linha, a Diretiva europeia sobre OPAs veda as ofertas obrigatórias parciais, ao dispor que a oferta obrigatória deve ser lançada em relação à totalidade das participações dos titulares[2221].

front stage bid e a *back stage bid* medear mais de um semestre; caso contrário, o art. 188º, nº 1 a), obrigaria sempre a que o preço a oferecer na segunda oferta fosse pelo menos idêntico ao oferecido na primeira oferta (cfr. infra, § 2º, 9.).

2217 Mario Stella Richter Jr., *"Trasferimento del Controllo" e Rapporti tra Soci*, Milano (1996), 59-64; Marco Pagano/Fausto Panunzi/Luigi Zingales, *Osservazioni sulla riforma della disciplina dell'opa, degli obblighi del possesso azionario e dei limiti agli incroci azionari*, in *Rivista delle Società* (1998), 161; Marco Martini, *The New Italian Law on Takeover Bids*, cit., 10.

2218 Peter Lee, *Takeovers – The United Kingdom Experience*, cit., 200.

2219 Eddy Wymeersch, *Problems of the Regulation of Takeover Bids in Western Europe: A Comparative Survey*, in Klaus Hopt/Eddy Wymeersch ed., *European Takeovers. Law and Practice*, cit., 105-110 (108-109).

2220 Alain Viandier, OPA, OPE, Garantie de Cours, Retrait, OPV, Paris (1993), 121-122.

2221 Cfr. art. 5º, nº 1 da Diretiva nº 204/25/CE, de 21 de abril de 2004. Quanto aos antecedentes deste texto, refira-se que o art. 10º da Proposta alterada de 13 ª Diretiva em matéria de ofertas públicas de aquisição (97/C 378/09, in JO 13.12.97) previa que a oferta não possa ser lançada para menos de 70% dos valores mobiliários, salvaguardando autorização em contrário pela autoridade de fiscalização. Cfr. a propósito Françoise Blanquet, *Les Orientations Communautaires*, cit., 23. Semelhante proposta não se converteu, porém, em texto final.

Em Portugal, a ponderação sobre a proteção dispensada pelas ofertas parciais teve implicações num episódio célebre. Recorde-se que a oferta pública lançada em 1994 pelo Banco Comercial Português para a aquisição de 40% das ações do Banco Português do Atlântico contou com uma oposição ministerial, baseada nomeadamente na circunstância de que apenas uma oferta geral protegeria adequadamente os acionistas da sociedade visada[2222].

III – Estas preocupações foram corporizadas em algumas análises de reforma legislativa tornadas públicas na fase que antecedeu a aprovação do novo diploma[2223]. Em acolhimento destas ideias, o Código dos Valores Mobiliários consagrou, no art. 187º, o *princípio da universalidade* da oferta (*equal opportunity rule)*, ao dispor que a oferta obrigatória deve abranger todas ações emitidas pela sociedade visada e os valores mobiliários que dêem direito à sua aquisição ou subscrição[2224].

A consagração do princípio de universalidade das ofertas obrigatórias não implicou, todavia, a proibição das ofertas parciais voluntárias, sendo a sua admissibilidade alicerçada em geral no princípio de liberdade de lançamento de ofertas.

No entanto, a verdade é que a derrogação prevista no art. 189º, nº 1, alínea *a)* apenas se aplica se for observado o regime de contrapartida mínima e se a oferta for geral. Em termos práticos, isto significa que quem lançar uma oferta parcial até 50,1% dos direitos de voto da visada, obtendo o máximo pretendido, deve lançar logo a seguir uma oferta universal para legitimar a ultrapassagem do limiar previsto no art. 187º[2225].

Além disso, um forte argumento para desencorajar as oferta parciais prende-se como facto de uma oferta que incida sobre menos de um terço dos valores mobiliários da respetiva categoria emitidos pela sociedade visada não se deparar com as limitações aos poderes da administração fixados no art.

[2222] Idêntica objecção não foi, como se sabe, formulada aquando do lançamento da oferta geral lançada pelo mesmo oferente com a Companhia de Seguros Império, em 1995, sobre a mesma sociedade visada, que acabou por ter êxito. Escrevendo na altura, e sustentando já então, nomeadamente com base neste episódio, a abolição das ofertas parciais: FERNANDO DA COSTA LIMA, *A Experiência das OPA em Portugal*, cit., 73.

[2223] FERNANDO DA COSTA LIMA, *A Experiência das OPA em Portugal*, cit., 73; Id., *Intervenção*, in MINISTÉRIO DAS FINANÇAS/COMISSÃO DO MERCADO DE VALORES MOBILIÁRIOS, *Atas das Reuniões do Conselho Nacional do Mercado de Valores Mobiliários* (1998), 57, 171; OSÓRIO DE CASTRO, *Intervenção*, in *Atas das Reuniões do Conselho Nacional do Mercado de Valores Mobiliários*, cit., 170.

[2224] Cfr. igualmente o Ponto 12. do Preâmbulo do Código, que declara as ofertas parciais – assim como as prévias – "mais falíveis na proteção dos minoritários".

[2225] Acerca da não aplicação, neste caso, do art. 186º, cfr. *supra*, § 34º, 2. III.

182º, nº 1, tendo nessa circunstância o órgão de administração da visada campo aberto para adotar medidas que possam, inclusivamente, comprometer o êxito da oferta[2226].

De todo o modo, a menor densidade normativa do instituto das OPAs funda o amparo dos instrumentos gerais perante ofertas voluntárias parciais. Em particular, ganha evidência o princípio de igualdade de tratamento, imposto em geral para as ofertas públicas, que em ofertas parciais para a aquisição de fatia relevante do domínio pode forçar a uma aplicação do art. 188º[2227].

6. *O âmbito subjectivo: os sujeitos do dever*

I – O dever de lançamento de OPA constitui-se na esfera jurídica de quem ultrapasse uma das fasquias críticas descritas no nº 1 do art. 187º – mesmo que tal abarque mais que uma pessoa.

Se existe uma imputação plurisubjectiva dos direitos de voto, para efeitos do art. 20º, o dever abrange todos os sujeitos a quem é imputada a participação qualificada – embora o lançamento por apenas um deles exonere os demais.

A imputação dos direitos de voto comporta também consequências infracionais, ao nível da autoria do ilícito: a haver incumprimento, as sanções devem recair sobre todos os sujeitos que estariam obrigados ao lançamento da oferta. Esta constatação, aliás, tem reflexos na determinação das consequências do incumprimento do dever, assim como previstas no art. 192º, nº 3.

II – Não pode esquecer-se que, na técnica do Código, o que é relevante para o funcionamento do instituto das ofertas obrigatórias é, nos termos do art. 20º, a detenção de direitos de voto, e não a aquisição de valores mobiliários.

Esta dependência da técnica de imputação de direitos de voto conduz a que possa a ultrapassagem ocorrer involuntariamente, nomeadamente através de aquisição por herança ou legado.

Também pode haver superação da fasquia sem que o potencial oferente tenha efetuado, naquele momento, qualquer aquisição – o que acontece, por exemplo, quando há redução do universo dos direitos de voto. É o caso em que um sócio que detém 49% dos direitos de voto se depara com uma aquisição de ações próprias que faz ultrapassar a fasquia dos 50% ou se depara com uma inibição de direitos de voto (nomeadamente nos termos do art. 192º).

[2226] Frise-se, todavia, que o art. 181º– também com implicações relevantes no domínio da determinação do perímetro de admissibilidade de medidas preventivas contra ofertas hostis – sobretudo na alínea *d)* do nº 2 –, não contém idêntica restrição.

[2227] Cfr. *infra* § 34º, 9, VIII-X.

III – A circunstância de o dever se constituir sobre as pessoas que são titulares de participações qualificadas sobre sociedades abertas mostra implicações dogmáticas que devem, pelo menos, merecer breve aceno.

A verdade é que o dever se constitui, na maioria dos casos, perante um sócio, o qual é forçado a dirigir uma oferta sobretudo a outros sócios. Mas nem sempre será assim: para efeitos do art. 187º, o que releva é a imputação de direitos de voto, feita em articulação com o art. 20º. Sendo assim, no limite, *o dever pode constituir-se perante quem nem sequer é, tecnicamente, sócio* da sociedade emitente dos valores visados pela oferta, por não se exigir no art. 20º a titularidade direta de ações. O objeto da oferta, por seu lado, abrange não só ações emitidas pela visada mas também valores mobiliários que conferem o direito à sua aquisição ou subscrição.

Assim, a lógica subjacente à estatuição do art. 187º não se insere numa relação jurídica, ao caracterizar-se como situação jurídica absoluta, nem tão-pouco opera através da constituição de um dever exclusivamente *entre sócios.*

Apesar disto, não pode deixar de se analisar o dever de lançamento de OPA em confronto com a discussão, que tem ultimamente suscitado grande atenção no Direito da Sociedades, ligada ao reconhecimento de deveres ligados aos *sócios maioritários,* mesmo fora dos quadros do direito mobiliário. O tema é tratado sobretudo nos ordenamentos anglo-saxónicos, sob a denominação de *fiduciary duties,* moldados sob a matriz paradigmática dos *trustees.*

Nos sistemas continentais, o ponto de partida para a sua admissibilidade não é aceite sem contestação, dada a ideia tradicional de que a qualidade de acionista apenas funda direitos perante a sociedade, e não direitos entre si. Durante décadas, com efeito, foi considerado que a personalidade jurídica das sociedades anularia qualquer relação jurídica entre sócios, motivo suficiente para rejeitar qualquer dever de fidelidade entre eles existente; por outras palavras, pretendia-se que a personalidade coletiva significasse o total obnubilamento da esfera privada do associado[2228]. Tal explica que o reconhecimento de deveres de fidelidade se tenha processado lenta e paulatinamente. No momento atual, porém, pode já considerar-se vencidas as resistências doutrinárias, por

[2228] De entre vários, cfr. MARCUS LUTTER *Zur Treuepflicht des Grossaktionärs,* in *JZ* (1976), 225-ss.; Id., *Die Treuepflicht des Aktionärs,* in *ZHR* 153 (1989), 446-471; THOMAS BAUMGÄRTNER, *Rechtsformiibergreifende Aspekte der gesellschaftsrechtlichen Treuepflicht im deutschen und angloamerikanischen Recht,* Peter Lang, Frankfurt/Bern/New York, Paris (1990), 116-126, 205-224 e *passim;* CARLO ANGELICI, *Note in teme di raporti contrattuali tra soci e società,* in *Il Contratto – Silloge in onore di Giorgio Oppo – Vol. II,* 569 (1992), CEDAM, 579-ss.; Id., *Le Azioni,* 142-ss.; ALBERTO MUSSO, *La Rilevanzia Esterna del Socio nelle Società di Capitali,* Giuffrè (1996), 49-ss.; PAULO CÂMARA, *Parassocialidade e Transmissão de Valores Mobiliários,* cit., 271-294.

forma a abrir espaço à autonomização dos deveres de fidelidade (*Treuepflicht*) nos sistemas societários continentais mais avançados.

Por aqui se pode entender o paralelismo entre, do lado societário, o desenvolvimento dogmático da existência de particulares concretizações da boa fé nas relações entre sócios e entre sócios e a sociedade e a análise, no plano mobiliário, do regime jurídico que orbita em torno do dever de lançamento de oferta pública de aquisição. É que as previsões legais em matéria de OPA obrigatória, não só compreendem deveres laterais perante a sociedade, designadamente para maximizar a informação relativa aos detentores de participações qualificadas (arts. 16º e 19º CVM), como também projectam uma dimensão externa da qualidade de titular de participação qualificada, o que significa novo revés no carácter "anónimo" da sociedade por ações e faz inscrever sinais de uma erosão da função tradicionalmente reconhecida à sua personalidade jurídica.

7. *Continuação: as fasquias percentuais de direitos de voto constitutivas do dever*

I – O sistema nacional de ofertas injuntivas assenta fundamentalmente numa quantificação da percentagem relevante de direitos de voto para a constituição do dever de lançamento[2229].

Há, neste plano, novidades legislativas dignas de nota. Ao passo que o Código anterior consagrava cinco previsões de obrigatoriedade, atrás descritas[2230], os limiares de percentagens de direitos de voto a determinar a constituição do dever são agora reduzidos a dois. O dever de lançamento de oferta verifica-se quando se ultrapasse *um terço* e *metade* dos direitos de voto de sociedade aberta[2231].

II – Pode, sem esforço, considerar-se que estes limiares correspondem aos parâmetros médios nos sistemas jurídicos que adotam um modelo de oferta pública de aquisição obrigatória.

De facto, embora não exista uma convergência absoluta de soluções que, em ordenamentos próximos, vigoram na matéria das previsões legais de obrigato-

[2229] Adiante compreender-se-á melhor que a prova negativa do domínio, permitida no art. 187º, nº 2, acaba por ter importância decisiva na conformação global do sistema nacional de obrigatoriedade: cfr. *infra*, § 35º, 1. I-II.

[2230] Cfr. *infra*, § 33º, 1. II.

[2231] No nº 5 do art. 187º, determina o Código que na subsunção às previsões constitutivas do dever irreleva a inibição de direitos de voto ocorrida, como sanção para o incumprimento do dever, por via do art. 192º. De outro modo, o dever de lançamento subsequente veria tolhida uma parte substancial das consequências assinaladas para o seu incumprimento, premiando sem justificação o infractor. Neste modo de ver, o preceito, note-se, precisa de ser interpretado restritivamente. De facto, o art. 187º, nº 5 apenas versa a inibição do próprio sujeito obrigado ao lançamento de OPA, não se aplicando a uma inibição de terceiro.

riedade, pode afirmar-se que o limite mais comum é o da imposição de lançamento de oferta geral entre 30% e um terço dos direitos de voto[2232]. Assim, para reter alguns exemplos mais significativos, pode adiantar-se que o limite de 30% é o vigente no Reino Unido[2233] e em Itália[2234]. Por outro lado, é de um terço dos direitos de voto a fasquia principal a determinar o lançamento de oferta geral em França e na Suíça[2235].

Há, também, um ajustamento à realidade infra -jurídica no limite mais baixo, uma vez que nas sociedades abertas, mercê da fragmentação da estrutura acionista que tipicamente as caracteriza, o domínio obtém-se correntemente muito aquém dos 50%. Para ilustrar esta afirmação, tem interesse referir um estudo realizado pela Bolsa de Valores de Lisboa, relativo à estrutura acionista das sociedades abertas nacionais. De acordo com esse levantamento, o acionista com maior participação em sociedades com ações admitidas à negociação no mercado de cotações oficiais detém, em média, 39% do capital social da sociedade em causa[2236].

Finalmente, anote-se ainda poder fazer sentido o estabelecimento de um segundo limite a determinar a constituição do dever de lançamento de oferta geral em valores percentuais próximos da metade dos direitos de voto da sociedade visada. A justificação deste segundo limite prende-se com a proximidade que essa percentagem, em sociedades abertas, usualmente revela em relação à influência societária – concretizando-se em grau que, na prática, denuncia a possibilidade de fazer aprovar alterações estatutárias em assembleia geral.

III – Merece ainda salientar que esta redução das previsões constitutivas do dever se insere na linha de depuração dos enunciados normativos, uma vez

[2232] Como é inevitável, no texto procede-se a uma simplificação da descrição dos regimes de obrigatoriedade, que por vezes apresentam significativa complexidade, concentrando o conspecto apresentado nas ofertas universais. Por exemplo, em Espanha, deparamo-nos com uma exigência de lançamento de OPA imposta ao detentor de 25% dos direitos de voto (art. 1º, nº 2, Real Decreto 1197/91, de 26 de julho) – mas que não consubstancia o dever de lançamento de oferta dirigida a todos os valores mobiliários da categoria dos que são objeto da oferta.

[2233] Cfr. *Rule* 9 do *City Code on Takeovers and Mergers.*

[2234] Cfr. art. 106 do *Testo Unico in materia di Intermediazione Finanziaria.*

[2235] Cfr. art. 5-5-2 *Réglement Général du Conseil des Marchés Financiers* e art. 32 *Börsengesetz,* respectivamente. O ordenamento jurídico suíço conta, porém, com uma singularidade digna de nota, em benefício da flexibilidade do sistema, ao conceder às sociedades a faculdade de se fixar estatutariamente o limite de obrigatoriedade até 49% dos direitos de voto (*opting up*). O ponto será adiante retomado: cfr. *infra,* 8. II.

[2236] Os dados referidos apresentam um desvio padrão de 12%, tendo sido extraídos em 1998, a partir da participação em assembleia geral. O estudo encontra-se disponível no sítio da Bolsa de Valores de Lisboa, em: www.bvl.pt.

que o sistema anterior resultava, como referido, particularmente complexo[2237]. De igual modo, a abolição dos limites "dinâmicos" é coerente com a linha da simplificação em que o novo Código se insere. No todo, deve ver-se neste sistema de previsões constitutivas do dever a exteriorização de uma intenção de restringir as exigências para cumprir os objetivos legislativos de fundo.

A relação entre os dois limites a cominar ofertas obrigatórias é de *cumulatividade e não exclusão:* quem ficar obrigado a lançar uma OPA não fica dispensado de ter de o fazer de novo ulteriormente.

Esta ideia comporta dois corolários adicionais: a OPA legitima aquisições já feitas, mas não legitima aquisições futuras, salvo por aplicação de regras de exclusão do dever[2238]. Se o oferente descer abaixo do nível de obrigatoriedade, volta a ter de lançar uma OPA se e quando voltar a atingi-lo.

Neste passo, em comentário ao sistema de previsões constitutivas do dever, diga-se que um argumento suplementar a conduzir à abolição das ofertas prévias dizia respeito ao facto de vigorar, no Código de 1991, uma relação de *complementaridade em sentido fraco* entre as ofertas prévias e subsequentes existentes à altura, concretizada na circunstância de a violação de OPA prévia nem sempre gerar obrigação de OPA subsequente. Tal apenas sucedia estando em causa uma OPA geral, em virtude da ultrapassagem de mais de metade dos direitos de voto. Por aqui se vê que, no plano da política legislativa, o novo sistema, se bem que diminuindo o número de fasquias determinantes da constituição do dever, pode contribuir para aumentar a eficácia no cumprimento dos objetivos de proteção que o determinam.

IV – Para que o dever de lançamento de OPA se constitua, cabe verificar se ocorre a ultrapassagem dos limiares de um terço ou de metade dos direitos de voto.

Caso particular a examinar a este propósito é o de *alteração do título de imputação.* A alteração do título de imputação reporta-se à modificação do facto constitutivo da ligação com as ações da sociedade visada que não implica mudança no total de direitos de voto do participante. Se esta alteração for neutra e não envolver terceiras entidades, não conduz a uma ultrapassagem das fasquias constitutivas do art. 187º: cumpridos aqueles requisitos, tal alteração é isenta de consequências no plano do dever de lançamento de OPA.

Assim apresentada, a alteração do título de imputação deve revestir duas características para ser irrelevante ao abrigo do art. 187º. De um lado, deve apresentar clara neutralidade – ou seja, deve importar a inalterabilidade na

[2237] Cfr. *supra,* § 33º, 1. II.

[2238] Cfr. *infra,* § 35º.

matriz da relação de domínio projetada sobre a sociedade visada. De outro lado, deve haver uma coincidência do núcleo dominante após a modificação do título de imputação.

Para uma ilustração simples: se a uma pessoa são imputáveis 35% dos direitos de voto com base num contrato de opção de aquisição de ações de sociedade aberta, o subsequente exercício da opção pode ou não desencadear consoante o que for apurado na avaliação da prova negativa do domínio. Se o exercício da opção não for relevante para efeitos da conformação do domínio (em atenção nomeadamente à existência de outro acionista com maior participação acionista), não é constituído o dever de lançamento de OPA.

O teste crítico a aplicar é o da interposição de sociedades na cadeia de domínio. Se a sociedade interposta na cadeia de domínio altera o figurino do domínio (v.g. através da entrada de novos acionistas ou criação de uma holding familiar), constitui-se o dever de lançamento *ex vi* do art. 187º porque a operação não é neutra no plano da conformação do domínio de sociedade aberta[2239]. Se, ao invés, ocorre apenas a transformação de um domínio direto num domínio indireto e a sociedade interposta é dominada a 100%, a solução é neutral no plano da estrutura acionista de domínio e por isso não comporta a ultrapassagem das fasquias relevantes.

8. *A autonomia privada e as previsões constitutivas do dever*

I – Perante o dever de lançamento de oferta, interessa sempre ponderar a margem de conformação estatutária para adaptação à estrutura acionista de cada sociedade.

Há nesse campo alguns dados fornecidos por ordenamentos estrangeiros que merecem ser sumariamente descritos, antes de focar o problema em relação ao direito nacional.

II – Na Suíça, depara-se um dever de lançamento de oferta fixado por lei, mas as sociedades cotadas podem optar por não se submeterem a tal regime, através da introdução nos estatutos das designadas cláusulas de *opting out*[2240]. Além disso, confere-se espaço aos estatutos das sociedades cotadas para fixar o limite de

[2239] Em sentido convergente, embora com construção diversa: Ana Perestrelo de Oliveira, *OPA obrigatória e controlo indireto*, RDS 3 (2012), 593-661. Em sentido contrário: Carlos Osório de Castro, *O Dever de OPA no Quadro das Transmissões Intra-grupo*, Cadernos MVM nº 52 (dez.-2015), 9-39.

[2240] O dever de lançamento de oferta, na Suíça, decorre da articulação da *Börsengesetz* de 1995 (art. 25) com a *Verordnung der Eidgenössischen Bankenkommission iiber die Börsen und der Effektenhandel* de 1997 (art. 32). Relativamente às designadas cláusulas de *opting out* no direito suíço, cfr. Marco Gruber, *Die Pflicht zum Ubernahmeangebot im neuen Börsengesetz*, Ziirich (1996), 115, 117-119.

percentagem de direitos de voto que determina a constituição da obrigatoriedade de lançamento de oferta pública de aquisição: o limite geral é de 33 1/3% dos direitos de voto, mas permite-se que os estatutos aumentem o limite até 49% dos direitos de voto (cláusulas de *opting up*).

Este expediente foi encontrado como fórmula de efetuar uma transição de sistemas quanto ao regime das ofertas de aquisição[2241]. Desde 1989 vigorava no ordenamento helvético um sistema de ofertas dispositivas, com a cominação de um dever de lançar OPA a quem detivesse mais de 50% dos direitos de voto[2242]. Em 1 de janeiro de 1998 passou a vigorar um sistema de obrigatoriedade. Este foi precedido de alguma controvérsia quanto ao limite que deveria fixar-se, o que é importante sublinhar para entender o regime atual. Em 1992, havia notícia da existência de duas propostas diferentes no tocante à determinação da fasquia a partir da qual a oferta seria obrigatória: uma situava a obrigação do lançamento de OPA aos 33,3% dos votos; uma proposta alternativa, porém, indicava a ultrapassagem dos 50% como barreira mais significativa, muito próximo do regime então vigente[2243].

Cabe também referir, em balanço da receção feita relativamente à disciplina suíça, que a maioria das sociedades preferiu reger-se pelo limite geral de 33,3% dos votos como fasquia a determinar o lançamento de oferta. Apenas cerca de 20% das sociedades escolheram a exclusão do regime do dever de lançamento de OPA e só 4% aprovaram alterações estatutárias para incluir cláusulas de elevação do limiar crítico (*opting up*)[2244].

III – Impõe-se, todavia, assentar, como conclusão provisória, que diversos ordenamentos jurídicos dispensam, de facto, atenção direta à questão de saber se a autonomia estatutária goza de espaço para se conceberem situações de obrigatoriedade diversos dos impostos em geral, mas na maioria dos casos depara-se com intervenções legislativas a resolver, de modo claro, o problema.

[2241] Carlo Lombardini, *La Legislazione sulle Borse in Svizzera*, in *BBTC* ano LX (1997), V, 654-655.

[2242] Artigo 3.8: cf. Henry Peter, *Les Offres Publiques d'Achat en Suisse: Analyse et évolution, en particulier depuis l'entrée en viguer du nouveau "Côde Suisse des OPA"*, in Riv.Soc. (1990), 959-984; Marco Gruber, *Die Pflicht zum Ubernahmeangebot im neuen Börsengesetz*, cit., 36-39; Klaus Hopt, *Reglementacion europea sobre ofertas públicas de adquisicion*, in AA.VV., La Lucha por el Control de las Grandes Sociedades (1992), 35.

[2243] Eddy Wymeersch, *La oferta pública de adquisicion obligatoria. Una opinión critica*, in AA.VV., *La Lucha por el Control de las Grandes Sociedades*, cit., 49.

[2244] A estatística referida no texto pode ser confrontada com a informação disponí- vel e permanentemente atualizada no sítio da Bolsa suíça (www.swx.ch), que apresenta a lista de sociedades que incluíram cláusulas de *opting out* e de *opting up*.

Além disso, o levantamento efetuado documenta uma preferência pelos limites que rondam o terço dos direitos de voto como indício relevante a determinar a constituição do dever de lançamento, que vem de encontro aos dados atrás extraídos a propósito da análise das fasquias legais[2245].

IV – Entre nós, na vigência do anterior código, o tema das implicações da autonomia privada com o dever de lançamento de oferta já foi estudado. Com efeito, o panorama doutrinário nacional animou-se em 1998 com uma discussão sobre a apreciação jurídica de cláusulas de contrato de sociedade que, em matéria das ofertas públicas de aquisição, instituíssem um limite de obrigatoriedade fora das previsões de obrigatoriedade dos artigos 527º e 528º do Código de 1991. O debate em torno da admissibilidade destas designadas *OPAs estatutárias* gerou, então, uma divisão de opiniões nos autores que tomaram posição pública perante o problema[2246].

Não havendo aqui espaço para dissecar todas as coordenadas da questão, limito-me a apontar as indicações principais perante o Código dos Valores Mobiliários.

V – À luz do nº 4 do art. 187º, as sociedades abertas que não tenham ações negociadas em mercado regulamentado podem, através de modificação estatutária, suprimir o limite mais baixo a determinar a obrigatoriedade de lançamento de oferta pública de aquisição.

O dispositivo, sem precedentes no direito português, acaba por implicar que o regime de ofertas públicas de aquisição, embora valendo para a aquisição de posições relevantes em sociedades abertas, *não é uniforme para todas estas.* Isto é: as sociedades abertas que não tenham ações negociadas em mercado regulamentado podem alterar os estatutos, passando a submeter-se apenas ao limite da metade dos direitos de voto.

No entanto, no art. 187º não é determinada a permissão de suprimir o limite dos 50%, o que é coerente com a ideia de que a metade dos direitos de voto indicia inilidivelmente, nas sociedades abertas, como atrás se deixou referido.

VI – Este traço do regime reforça a conclusão de que a dispersão do capital comporta diversos graus, sendo possível divisar efeitos jurídicos diversos consoante a abertura do capital seja maior ou menor.

[2245] Cfr. *supra*, § 34º, 7. II.

[2246] António Menezes Cordeiro, *A OPA estatutária como defesa contra tomadas hostis*, cit., 140-145; Carlos Osório de Castro, *Da admissibilidade das chamadas "OPA's estatutárias" e dos seus reflexos sobre a cotação das acções em bolsa*, cit., *passim*.

Aliás, se tivermos na devida conta o regime das sociedades abertas, verificamos que tal também é patente no art. 13º, nº 2 do Código dos Valores Mobiliários, preceito que prevê que as sociedades podem, estatutariamente, colocar a abertura do capital através de oferta pública de venda na dependência de deliberação social da assembleia geral.

Daí que, a partir destes pontos do regime, seja possível distinguir-se quatro categorias diferentes de sociedades, de acordo com a sua dispersão pelo público:

- As *sociedades abertas comuns,* qualificadas nos termos do art. 13º;
- As *sociedade semi-abertas,* isto é, aquelas que por aplicação do art. 187º, nº 4, modificaram os estatutos e deixaram de se governar pelo limite do terço dos direitos de voto;
- As *sociedades que não são abertas,* seja originariamente ou através de declaração de perda de qualidade, nos termos dos arts. 27º a 29º;
- As *sociedades fechadas,* em que, de acordo com o art. 13º, nº 2, os estatutos obrigam a deliberação de assembleia geral para o lançamento de oferta pública de venda.

VII – A disciplina decorrente do nº 4 do art. 187º, surgida já na sequência de um debate interno acerca da possibilidade de ofertas estatutárias, permite extrair algumas conclusões importantes.

Assim, dir-se-á, em primeiro lugar, que as sociedades com ações negociadas em mercado regulamentado não podem suprimir o limite do terço dos direitos de voto. Desta forma, se uma sociedade, antes de abrir o seu capital ao público, introduz uma cláusula de abolição do limite do terço, apenas poderá ulteriormente admitir as suas ações à negociação em mercado regulamentado após a revogação da dita cláusula.

Repare-se que a lei não permitiu a fixação de limites intermédios entre o terço e metade dos direitos de voto, contrariamente ao que sucede na Suíça. Esta saída serve, a meu ver, a regularidade do mercado, facilitando a sua percepção pelos investidores e a fiscalização devida pelas autoridades competentes. Além disso, é oportuno referir que, mesmo no mercado suíço, a larga maioria de sociedades que introduz cláusulas de *opting up* fá-lo pelo limiar mais elevado[2247].

VIII – Queda examinar a possibilidade de uma intromissão dos estatutos das sociedades abertas na fixação de limites mais baixos do que os resultantes da lei. Neste plano, será designadamente lícito perguntar se o panorama perma-

[2247] De acordo com uma pesquisa efetuada em janeiro de 2000, das 12 sociedades que elevaram o limiar de obrigatoriedade, 9 fixaram o limite em 49%, uma estabeleceu a fasquia de 45% e duas exerceram o *opting up* para 40%: cfr. www.swx.ch.

nece em última análise inalterado, dado que o sistema ainda repousa em limiares quantificados. Sem que haja espaço para uma abordagem *ex professo* de todas as implicações do problema, há sinais manifestos que induzem a uma resposta negativa.

Há, em primeiro lugar, um argumento de ordem histórica, de menor valia interpretativa mas que nem por isso irreleva, baseado na circunstância de a proposta, aventada nos trabalhos preparatórios do novo Código, de reconhecimento de liberdade estatutária para a fixação de limites mais baixos[2248] ter sido afastada no texto legal definitivo. Se atendermos aos sistemas legislativos atrás analisados, é patente a opção nacional por um modelo que favorece, ainda que em termos moderados, a possibilidade de elevar a fasquia mínima de obrigatoriedade, em abolição estatutária do limite do terço; *mas não o contrário.* Neste sentido, o sistema nacional resulta intencionalmente mais próximo do direito suíço que do direito finlandês.

O aspeto mais importante, todavia, refere-se à margem de autonomia estatutária conferida às sociedades para se resguardarem contra investidas hostis, havendo sinais positivos no sentido da sua menor amplitude em sociedades abertas. O art. 13º, nº 2, e sobretudo o art. 187º, nº 4, servem, no presente Código, de fundamentos normativos para esta conclusão.

Todavia, a apresentação da questão nestes termos não é suficiente para aplicar, na generalidade, um juízo de validade ou invalidade de tais hipotéticas estipulações estatutárias. Estas cláusulas podem receber a mais diversa configuração, pelo que tal apreciação deve ser feita casuisticamente, ante o concreto esquema proposto. Tendo presente o regime societário, dir-se-á que a qualificação do esquema estatutário em apreço pode merecer, pelo menos, uma de quatro qualificações: ou se trata de uma restrição à transmissão de ações; ou se configura como um ónus ou um encargo; ou se trata da imposição de uma obrigação aos sócios; ou, por fim, se apresenta como uma mera estipulação parassocial enxertada no texto estatutário[2249]. Em termos tendenciais, pode afirmar-se que quanto mais desqualificado o expediente gizado pela sociedade ou pelos seus sócios, tendencialmente maior será a probabilidade de se lhe reconhecer validade – por se revelar correlativamente menor a probabilidade de ofensa aos princípios e regras cogentes[2250].

[2248] Osório de Castro, *Intervenção*, in *Atas das Reuniões do Conselho Nacional do Mercado de Valores Mobiliários*, cit., 168; Nunes Pereira, *ibid.*, 173.

[2249] Acerca da distinção entre os elementos próprios e os elementos formais dos estatutos e, ainda, sobre as cláusulas parassociais formalmente inseridas nos estatutos, cfr. Paulo Câmara, *Parassocialidade e Transmissão de Valores Mobiliários*, cit., 138-144, 167-170.

[2250] Concretizando o enunciado do problema, quando a cláusula estatutária venha considerar inválida uma aquisição acima de determinado limite sem lançamento de uma OPA que a lei não

Nesta linha de raciocínio, permanece em aberto a fixação de cláusulas deste tipo em acordos parassociais – não sendo, porém, gerador de outra consequência exorbitante do plano indemnizatório, nem vinculando, naturalmente, outras pessoas que não figurem como partes no contrato[2251].

9. *O regime da contrapartida mínima*

I – O regime da contrapartida representa, como é geralmente reconhecido, um traço central no regime das ofertas obrigatórias[2252]. Não é um ponto totalmente abandonado à autonomia do oferente, sendo antes balizado por normas imperativas *mínimas*. Ao oferente assiste sempre a possibilidade de oferecer um preço superior ao que decorre, como valor mínimo, da lei.

Este aspeto da disciplina da transição de domínio das sociedades abertas deve inspirar especiais deveres de cuidado por parte de potenciais oferentes. Uma vez que, entre nós, as ofertas obrigatórias são lançadas subsequentemente[2253], a aquisição de ações que conduzam ao atingir de fasquias relevantes quanto à percentagem de direitos de voto deve ser precedida da ponderação sobre a capacidade financeira do potencial oferente perante a oferta que terá de lançar, de acordos com as regras sobre contrapartida mínima fixadas no art. 188º[2254].

prevê nem exige, está-se perante uma restrição transmissiva: por essas cláusulas defrontarem o princípio da livre transmissibilidade e exorbitarem o *numerus clausus* das limitações à transmissibilidade são inválidas, não sendo passíveis de negociação organizada as acções por aquelas atingidas (art. 328º, n.os 1 e 2 CSC; art. 204º, nº 1, alínea *a)* CVM). Há igualmente a apontar requisitos à eficácia desta sorte de estipulações pactícias. Assim, se implicarem restrições transmissivas ou prestações acessórias, as acções atingidas devem ser todas nominativas, quer sejam escriturais ou tituladas, nos termos do artigo 299º do Código das Sociedades Comerciais. Se envolver o aumento das prestações ao sócio, a cláusula deve ser aprovada por todos os sócios, como decorre do nº 2 do artigo 86º do Código das Sociedades Comerciais. Na falta da verificação cumulativa destes dois requisitos, tais cláusulas contratuais assumem-se como ineficazes, quer em relação a terceiros, quer aos próprios sócios. Apenas não merecerão aplicação tais exigências se estiverem em causa estipulações parassociais, independentemente da sua inserção formal.

[2251] Não é surpreendente acrescentar que os contratos parassociais beneficiam da discussão, travada em geral, relativamente a certas manifestações de eficácia externa das obrigações – o que é objeto de análise, designadamente, no meu *Parassocialidade e Transmissão de Valores Mobiliários*, cit., 417-429.

[2252] ALAIN DE FOUCAUD/ANDRÉ GOIX, *Les Règles Relatives à la Fixation du Prix en Matière d'Offres Publiques*, in *Revue de Droit Bancaire et de la Bourse* nº 42 (1994), 61-ss.; PETER DORALT, *Ökonomischer Hintergrund und Interessengegensätze bei Ubernahmeangeboten*, in PETER DORALT/CHRISTIAN NOWOTNY/MARTIN SCHAUER, *Takeover-Recht*, cit., 6-7; JORGE BRITO PEREIRA, *A OPA Obrigatória*, cit., 355-368; PAULO CÂMARA, *Deveres de informação e formação de preços no mercado de valores mobiliários*, cit., 84 ss.

[2253] Cfr. *supra*, § 34º, 3. I-II.

[2254] Trata-se de um ponto que, embora se julgue resultar em geral dos sistemas de obrigatoriedade de ofertas subsequentes, mereceu direta consagração positiva na lei austríaca: § 22 (9) *Ubernah-*

II – A disciplina positiva do preço da oferta constitui o terreno mais adequado para se descortinarem os objetivos de política legislativa em torno da cominação de um dever de lançamento de oferta pública de aquisição.

Com efeito, qualquer exercício de análise crítica relativamente ao fundamento do dever é metodologicamente criticável se não procede indutivamente ao recenseamento dos traços normativos principais a revelá-lo (a universalidade da oferta, já referida, constitui um deles[2255]) e é limitado se não se concentrar na disciplina da contrapartida.

O ponto de partida para aclarar esta afirmação reside na constatação de que um dos fundamentos na base do sistema de obrigatoriedade de OPAs consiste na circunstância de se conceder ao sócio minoritário a possibilidade de saída. De facto, ante uma transição de domínio da sociedade, o acionista pode ter justificados motivos para querer abandonar a sociedade. Assim, designadamente, pode o acionista não acreditar na capacidade de gestão do novo detentor do controlo, desconfiar dos seus métodos, recear transações intra-grupos que sejam desfavoráveis para a sociedade, temer o desmantelamento do grupo societário em redor do qual esta orbita ou discordar de uma inflexão no objeto social[2256].

Deste prisma, é tentadora a aproximação do dever de lançamento de oferta à figura societária do *direito à exoneração*[2257]. O confronto, porém, depara-se com diversas limitações: a exoneração define-se por consistir num direito à saída voluntária do sócio perante a sociedade, ao passo que o dever de lançamento de oferta se aplica e desenvolve como um dever

constituído na esfera de um titular de uma participação qualificada em sociedade aberta perante outro titular de valores mobiliários. Perante o cumprimento

megesetz. No *City Code* britânico, é consagrado um normativo de alcance paralelo, ao se prever no *General Principle* 3. que a divulgação da oferta deve ser feita quando o oferente tem razões para crer que pode dirigir a oferta e mantê-la até final: o cumprimento desta exigência é igualmente da responsabilidade do intermediário financeiro. Aponta-se usualmente que o objetivo de norma com esta configuração é o de evitar a criação artificial de procura em relação aos valores mobiliários emitidos pelo oferente e pela sociedade visada (cfr. Takeover Panel., *Report* (1996/1997), 14-15). Não se esqueça, afinal, que o princípio da estabilidade das ofertas, entre nós consagrado no art. 130º, nº 1, recebe uma intensidade maior no domínio das ofertas públicas de aquisição.

[2255] Cfr. *supra*, § 34º, 5.

[2256] Peter Lee, *Takeovers – The United Kingdom Experience*, cit., 198-199; Klaus Hopt, *Europäisches und deutsches Übernahmerecht*, cit., 385-386; Eddy Wymmersch, *Takeovers from a comparative perspective*, in *Quaderni di Finanza*, nº 32 (março 1999), 62; Id., *The Mandatory Bid: A Critical View*, in Klaus Hopt/Eddy Wymeersch ed., *European Takeovers. Law and Practice*, cit., 365-368; Schuster/Zschocke, *Übernahmerecht/Takeover Law*, cit., 54; Rolf Skog, *Does Sweden Need a Mandatory Bid Rule? A Critical Analysis*, cit., 34-36.

[2257] Entre nós, essa é a tese partilhada por Pedro Pais de Vasconcelos, *Concertação de acionistas, exoneração e OPA obrigatória em sociedades abertas*, em DSR (março 2010), 11-48.

do dever, como perante o lançamento de qualquer oferta de aquisição, a sociedade deve observar um comportamento de lealdade[2258].

Por fim, na OPA obrigatória, em algumas situações previstas no nº 5 do art. 188º, a contrapartida pode consistir em valores mobiliários, o que aumenta a distância em relação à figura da exoneração.

III – O confronto com o direito à exoneração deve ser conduzido até mais longe. Se bem se reparar, tendo em conta que a oferta obrigatória se dirige sempre a sociedades abertas, em que a fluidez da disciplina transmissiva é sempre assegurada, mal se entenderia o instituto consagrado nos arts. 187º e seguintes apenas por este lado, porque ao sócio está sempre aberta a porta para alienar as ações de que é titular, manifestando assim o seu desagrado pela transição de domínio.

Este ponto é bastante sublinhado na análise económica do direito das sociedades abertas, sobretudo na base dos estudos de HIRSCHMAN[2259]. O autor chamou a atenção para a alternativa que têm os acionistas – assim como, em geral, os membros de qualquer organização – de reagir perante factos ocorridos na condução dos destinos societários que motivem desordem e insatisfação. Assiste-lhes, de um lado, a possibilidade de saída da sociedade (*exit);* alternativamente, pode ser assumida uma participação ativa na sociedade, designadamente através da comunicação das razões de descontentamento (*voice),* por forma a contribuir construtivamente para superar a dificuldade organizativa detetada.

Sucede que a primeira alternativa é a mais imediata, por estar permanentemente assegurada nas sociedades abertas, graças à existência de um mercado em torno da transmissão das ações emitidas. É sabido até que partir daqui recolhe-se um argumento para a contestação, movida no âmbito do direito das sociedades[2260], a que o direito de exoneração exista, como figura geral, nas sociedades anónimas[2261].

[2258] No Código, o âmbito dos deveres de lealdade nas ofertas manifesta-se não apenas nas limitações aos poderes da administração da sociedade visada, decorrente do art. 182º, mas também é erigido em dever geral de proteção no art. 181º.

[2259] ALBERT HIRSCHMAN, *Exit, Voice and Loyalty, Responses to Decline in Firms, Organizations and States* (1970); Id., *Exit and Voice,* in JOHN EATWELL/MURRAY MILGATE/PETER NEWMAN (eds.), *The New Palgrave Dictionary of Economics,* McMillan (1988), Vol. 2, 219-223. Cf. também, a propósito, J. E. PARKINSON, *Corporate Power and Responsability,* Oxford (1993, reimp. 1996), 166-177 (174); LUIGI BIANCHI, *Considerazioni introduttive,* in *Rivista delle Società* (1996), 414-415; SAN SEBASTIÁN FLETCHOSO, *El Gobierno de las Sociedades Cotizadas y su Control,* Madrid (1996), 87-88.

[2260] Na literatura nacional, cfr. EVARISTO FERREIRA MENDES, *A Transmissibilidade das Acções,* Lisboa (1989), polic., Vol. II, 11-13, 44-49; MARIA AUGUSTA FRANÇA, *Direito à exoneração,* in *Novas Perspetivas do Direito Comercial,* Coimbra (1988), 205-227 (219-224); JOÃO LABAREDA, *Das Acções das Sociedades Anónimas,* Lisboa (1988), 305-320 (306-309).

Aliás, a figurar como argumento decisivo, a existência de normas imperativas mínimas a balizar a contrapartida de oferta obrigatória demonstra que o objetivo deste dever não é apenas o de assegurar um sucedâneo do direito de exoneração para o domínio das sociedades anónimas. Além disso, a tese que sustenta uma assimilação do dever de formulação de proposta aos minoritários à exoneração acionista (*way out*) assenta na implícita convicção que as ofertas pliblicas de aquisição são, em si, perniciosas, o que é contrariado empiricamente pelo balanço feito sobre os efeitos económicos das OPAs[2262].

IV – Apesar do que fica dito, a explicação teleológica do dever de lançamento de OPA enquanto técnica sucedânea do direito de um direito de saída da sociedade pode colher alguma aceitação quando a ultrapassagem da fasquia relevante não seja operada através de uma aquisição direta de participações acionistas, mas através de uma reunião de direitos de voto estruturada diversamente (sobretudo, mas não só, em casos de domínio conjunto). *Todavia, não pode servir como explicação global do instituto.*

Estas considerações obrigam a procurar diverso enfoque para uma explicação da natureza e fundamento do dever de lançamento de oferta pública de aquisição.

[2261] O ponto está, no entanto, a ser submetido a uma revisão doutrinária, na medida em que a exoneração também cumpre funções vantajosas, como instrumento do governo societário, designadamente como meio de precaver atuações abusivas dos acionistas maioritários. Tenha-se nomeadamente presente que, nos Estados Unidos, o *Model Business Corporation Act* e diversas legislações societárias estaduais reconhecem o *appraisal right* como expediente que visa proporcionar um direito de saída, a um justo valor, por parte dos acionistas minoritários, em caso de transições relevantes do domínio (cfr. nomeadamente Frank H. Easterbrook/Daniel Fischel, *The Economic Structure of Corporate Law*, cit., 145-161). Para uma apreciação deste prenúncio de inversão na literatura continental, tem interesse consultar um projeto de reforma normativa que foi apresentado em Itália, em defesa de uma ampliação do *diritto di recesso:* cfr. Danilo Galletti, *Una proposta di riforma del diritto di recesso*, in *Giurisprudenza Commerciale* (nov./dez.-1999), 768/803-I (792-799). Para uma informada colocação do problema, no domínio particular da faculdade de exoneração em caso de fusão, consulte-se ainda Adoracion Perez Troya, *La Tutela del Acionista en la Fusion de Sociedades*, Madrid (1998), 469-567.

[2262] Corroborando os efeitos benéficos das ofertas pliblicas de aquisição, com dados empíricos: cfr. Frank H. Easterbrook/Daniel Fischel (para quem as OPAs foram *o fenómeno económico mais estudado no século XX), The Economic Structure of Corporate Law*, cit., 171-174, 193-196 (193); Roberta Romano, *A Guide to Takeovers: Theory, Evidence and Regulation*, cit., 4-11; Jürgen Reul, *Die Pflicht zur Gleichbehandlung der Aktionäre bei privaten Kontrolltransaktionen*, cit., 151-215; J. Fred Weston/ /Kwang Chung/Jun Siu, *Takeovers, Restructuring and Corporate Governance*, New Jersey (1997), 80-87, 124-145; e também Roberto Weigmann, *Le offerte pubbliche di acquisto*, cit., 328-345; Francesco Carbonetti, *La nuova disciplina delle offerte pubbliche di acquisto*, cit., 1358.

Ora, do prisma da política legislativa, existem dois fundamentos principais – relacionados, mas distintos entre si – que depõem a favor da existência de um preço legal mínimo para as ofertas de aquisição obrigatórias: um fundamento prende-se com a necessidade de garantir um tratamento *justo* aos destinatários da oferta; e o outro, por seu turno, liga-se ao princípio de tratamento *igual* entre os destinatários da oferta. Analisar-se-ão subsequentemente estes dois fundamentos do dever.

V – De um lado, uma vez que a oferta obrigatória visa uma proteção adequada aos interesses dos acionistas da sociedade visada, existe uma tendência legislativa muito nítida em diversos ordenamentos europeus em impor um preço equitativo como valor mínimo da oferta, resultante normalmente de uma média dos preços praticados no mercado em período próximo ao da oferta pública. Assim se contam as soluções normativas em França e na Finlândia.

A ideia que subjaz a esta exigência prende-se com a possibilidade ocorrer um decréscimo no preço em virtude da mudança do controlo. Esta constatação é apoiada por estudos empíricos que dão conta que, normalmente, depois do encerramento, com êxito, de uma oferta pública de aquisição o preço das ações visadas decresce[2263].

Neste contexto, interessa sublinhar que o objetivo do legislador na prescrição de limitações deste jaez tem em vista a limitação de uma perda do valor acionista[2264]. Tal escopo é prosseguido *preventivamente:* para que os acionistas não sofram por antecipação este efeito, o legislador considera a média no período mais recente (e note-se que o art. 188º apenas considera o último semestre) para permitir a saída ao preço indicado pelo mercado antes da mudança de controlo da sociedade[2265].

VI – Os detentores do bloco acionista de controlo usualmente logram alienar a sua posição por um preço mais vantajoso do que o que ocorreria em causa estivesse a alienação de um lote acionista minoritário. Assim, um dos fundamentos apresentados para fundamentar dever de lançamento de OPA prende-se com o objetivo de assegurar uma distribuição equitativa do prémio de controlo,

[2263] Este, aliás, constitui um fator de pressão sobre os destinatários da oferta para a alienação, como é explicado por LUCIEN ARYE BEBCHUCK, *The Pressure to Tender: an Analysis and a Proposed Remedy*, cit., 917-922.

[2264] Este cenário pode criar, por isso, a tentação de manipulação de preços, para o lançamento da oferta a preços mais baixos, como advertem MARCO PAGANO/FAUSTO PAGANO/FAUSTO PANUNZI/ /LUIGI ZINGALES, *Osservazioni sulla riforma della disciplina dell'opa, degli obblighi del possesso azionario e deilimiti agli incroci azionari*, cit., 158.

[2265] MARCO MARTINI, *The New Italian Law on Takeover Bids*, cit., 9-10.

correspondendo este *grosso modo* ao valor dos benefícios futuros decorrentes da tomada de uma empresa, descontando os custos implícitos decorrentes da transição de controlo[2266].

Aliás, o Preâmbulo do DL nº 486/99, de 13 de novembro, aponta esta ideia como fundadora do dever, ao assentar a oferta obrigatória na partilha dos benefícios da aquisição do domínio pelos acionistas minoritários (nº 12).

Neste contexto, é também através da fixação de uma contrapartida mínima que se prossegue o *princípio de tratamento igual* entre o acionista de controlo que aliena as suas participações e os acionistas minoritários, dando a estes a possibilidade de sair da sociedade pelo menos ao mesmo preço que os primeiros[2267].

[2266] Marco Pagano/Fausto Panunzi/Luigi Zingales, *Osservazioni sulla riforma della disciplina dell'opa, degli obblighi del possesso azionario e deilimiti agli incroci azionari*, in *Rivista delle Società* (1998), 153.

[2267] Na literatura, envolve-se em densa controvérsia – não cabendo nestas linhas a sua descrição em termos completos – a fundamentação do dever de partilha igualitária do prémio de domínio. Uma das formulações iniciais do problema deve-se a Berle e Means, que, na sua obra canónica, ao analisarem a transição de controlo em sociedades de grande dimensão, deixam referências (sintéticas) concluindo que o controlo constituiria um bem da empresa: estaria, assim, aberta a porta para sustentar que deva existir uma distribuição proporcional por todos os sócios (embora esta conclusão não seja diretamente apresentada por estes autores [que, a um passo, afirmam que *"the power going with control is an asset which belongs only to the corporation; and that payment, if it goes anywhere, must go into the corporate treasury"*], devendo-se sobretudo ao desenvolvimento que as suas ideias mereceram na literatura subsequente: cfr. Adolph Berle/Gardiner Means, *The Modern Corporation and Private Property* (1932, reimp. 1991), New Jersey, 216-217). Regista-se, todavia, que esta construção, após conhecer, durante décadas, uma receção entusiástica pela doutrina, é agora rodeada por uma visível aura de criticismo (cfr. Nomeadamente Frank H. Easterbrook//Daniel Fischel, *The Economic Structure of Corporate Law*, cit., 126-129; Robert Clark, *Corporate Law*, cit., 491-498; Jürgen Reul, *Die Pflicht zur Gleichbehandlung der Aktionäre bei privaten Kontrolltransaktionen*, cit., 47-51; Rolf Skog, *Does Sweden Need a Mandatory Bid Rule? A Critical Analysis*, cit., 32-34; Javier García de Enterría, *La Opa Obligatoria*, cit., 167-197). Numa descrição telegráfica, há vozes que sustentam que o prémio de controlo representa a expectativa de valorização da empresa nas mãos da nova administração, o que levaria a não fundar a sua distribuição. Dependendo exclusivamente da atribuição de uma pretensa titularidade sobre o prémio do domínio, a discussão arrisca-se a ser improdutiva. Tal prende-se antes com a conceção relativa ao governo societário, devendo ser nesse contexto reapreciada. Dados relevantes para a questão são, de um lado, o reconhecimento de que os titulares do órgão de administração são nomeados pela maioria dos sócios, mas ainda assim a sua atuação deve ser exercida no interesse da sociedade, enquanto centro de imputação dos interesses de todos os sócios (para uma confirmação positiva, cfr. o art. 64º CSC). De outro lado, como já foi referido no texto (cfr. supra, § 2º, 9 V), do ponto de vista da proteção dos sócios minoritários, importaria reter que a repartição do sobrevalor do domínio tem uma finalidade preventiva, procurando assegurar o equilíbrio na composição de interesses ligados à sociedade aberta, ao fazer com que os acionistas não sejam prejudicados – através da erosão do valor patrimonial das suas acções – por uma transição de domínio (a qual configura uma externalidade, na aceção utilizada no âmbito da análise económica

Esta linha de raciocínio conduz a considerar o preço praticado pelo oferente ou por pessoas concertadas, anteriormente à oferta, como referências mínimas na oferta a ser lançada (*best price rule*). O exemplo paradigmático de ordenamento enformado por esta preocupação é o britânico, pois o *City Code on Takeovers and Mergers* prevê, na sua *Rule* 9, que a contrapartida a oferecer em caso de oferta obrigatória não pode ser menor que o preço mais alto pago pelo oferente ou qualquer pessoa em concertação com este para ações da categoria das que são objeto da oferta nos 12 meses anteriores ao seu início[2268].

Há exemplos de sistemas que adotam esta lógica em termos moderados, permitindo a fixação de preço em valor percentual abaixo do preço praticado pelo oferente. Tal o caso do ordenamento Suíço, que permite a fixação 25% abaixo do limiar relevante[2269]. Na Áustria, permite-se que o preço se quede 15% abaixo do maior preço pago pelo oferente ou pessoas em concertação: mas combina-se tal critério com o da média dos preços em mercado, no que mostra uma curiosa semelhança com o sistema nacional[2270].

Tais formulações híbridas consubstanciam, todavia, um enfraquecimento do princípio de igualdade de tratamento dos acionistas, pois consentem uma margem de desfavor dos destinatários da oferta em relação aos sócios que alienaram o bloco de controlo[2271].

VII – Como sinal evidente da exigência que emprega no regime da obrigatoriedade das ofertas e da generosidade com que acolhe as influências de ordenamentos próximos, *o sistema jurídico português conta com a particularidade de conceder acolhimento, no direito positivo, a ambos os fundamentos descritos.*

De facto, constitui tradição legislativa nacional a imposição que a oferta respeite não apenas o preço mais alto pago pelo oferente ou por qualquer pes-

mica do direito). Esta ideia, aliás, nem pode considerar-se distante do núcelo central da conceção perfilhada por BERLE e MEANS, dado que estes também apresentavam o controlo societário como poder exteriorizável em actos aparentemente estranhos à sociedade, mas que a acabam por poder afectá-la [muito relevante, neste contexto, é a seguinte observação: "the control may perform acts which nominally have nothing todo with the corporation, but which in fact gravely affect the fate of the enterprise. For instance, control may be sold": cfr. The Modern Corporation and Private Property, cit., 212].

[2268] GRAHAM STEDMAN, *Takeovers,* London (1993), 191-198. O sistema britânico influenciou os ordenamentos dos Estados federais norte-americanos que instituíram *cash-out statutes,* designadamente na Pennsylvania, em que o dever de lançamento de oferta deve concretizar-se pelo menos ao preço mais elevado pago pelo oferente nos últimos 90 dias: cfr. ARTHUR FLEISHER JR./ALEXANDER R. SUSSMANN, *Takeover Defenses*[5], cit., § 4.06 B.

[2269] Cfr. o art. 38º da *Börsenverordnung* de 25 de junho de 1997. Cfr. ainda, KLAUS HOPT, *Europäisches und deutsches Ubernahmerecht,* cit., 389-391.

[2270] Cfr. § 26 UbG.

[2271] EDDY WYMMERSCH, *Takeovers from a comparative perspective,* cit., 62.

soa agindo em concertação com este nos últimos meses mas também a cotação média ponderada dos valores nesse período[2272]. Salvaguarda-se, nestes termos, quer o tratamento paritário, quer o tratamento justo dos destinatários da oferta. Já assim o era perante o Código de 1991; e é um aspeto que se mantém com o atual regime.

Com efeito, o atual Código dos Valores Mobiliários, que condensa o regime da contrapartida mínima no seu art. 188º, dispõe que a contrapartida de oferta pública de aquisição obrigatória não pode ser inferior ao mais elevado dos seguintes montantes: *o maior preço pago pelo oferente ou por qualquer das pessoas que, em relação a ele, estejam em alguma das situações previstas no nº 1 do artigo 20º pela aquisição de valores mobiliários da mesma categoria, nos 6 meses imediatamente anteriores à data da publicação do anúncio preliminar da oferta; e o preço médio ponderado desses valores mobiliários apurado em mercado regulamentado durante o mesmo período.*

Estes dados documentam suficientemente que o regime da contrapartida se prefigura numa linha de continuidade em relação à disciplina constante do código aprovado pelo Decreto-Lei nº 142-A/91, de 10 de abril. Existem, é certo, diferenças de pormenor em relação ao nº 6 do art. 528º do Código anterior. Assim, o novo Código apenas estatui regras para a contrapartida de oferta obrigatória – e apenas para as ofertas gerais, pois deixam de existir previsões de obrigatoriedade de lançamento de oferta parcial. Além disso, o legislador reduziu para seis meses o limiar temporal relevante para efeitos do cálculo do preço mais alto pago pelo oferente. Por fim, esclareceu-se que o recurso a auditor caso o preço não seja equitativo pode ocorrer ainda quando o preço apurado se mostre excessivo (nº 2).

A linha dominante, contudo, é a de manter as soluções já desenhadas na codificação anterior, em tutela da partilha equitativa e igualitária do prémio de controlo, como confessado no preâmbulo do diploma[2273]. Tarefa a empreender de seguida é a de examinar, mais de perto, o fundamento e o alcance destas soluções.

VIII – No plano teórico, deve anotar-se que alguns autores recusam a recondução do fundamento do dever ao princípio de igualdade de tratamento, argumentando que este apenas se manifesta nas relações entre sócios e a sociedade[2274].

[2272] Este aspeto do regime mostra paralelo com as leis austríaca e italiana (cfr. quanto a esta, no domínio da apelidada *oferta totalitaria obbligatoria*, FRANCESCO CARBONETTI, *La nuova disciplina delle offerte pubbliche di acquisto*, cit., 1357; LUCA PICONE, *Le Offerte Pubbliche di Acquisto*, cit., 196-200).

[2273] Cfr. nº 12 do Preâmbulo do DL nº 486/99, de 13 de novembro.

[2274] EDDY WYMMERSCH, *Takeovers from a comparative perspective*, cit., 62; JAVIER GARCÍA DE ENTERRÍA, *La Opa Obligatoria*, cit., 149-150.

É certo que o princípio de tratamento igual dos acionistas conta com raízes profundas no direito das sociedades[2275], sendo objeto de previsão na 2 ª Diretiva CEE, no seu art. 42º, preceito que obriga os Estados-membros a garantir um tratamento igual aos acionistas que se encontrem em condições idênticas. Na sequência deste texto europeu, aliás, o direito português transpôs para o direito nacional tal prescrição, embora o tenha feito apenas a propósito da transmissão de ações próprias, no art. 321º CSC. Tal deve entender-se como afloramento geral de um princípio, tendo um âmbito aplicativo que transcende o enunciado direto do art. 321º CSC.

Mas sucede que o princípio de igualdade de tratamento tem também consagração no direito dos valores mobiliários. Frise-se que aquela que é invariavelmente referida como a primeira Diretiva comunitária em matéria de mercados mobiliários – a Diretiva nº 79/279/CEE, de 5 de março de 1979 – refere que o princípio de igualdade de tratamento constitui um dos deveres a cargo das sociedades com ações e obrigações admitidas à negociação em bolsa[2276]. Não pode, demais, esquecer-se a circunstância de o atual Código dos Valores Mobiliários tornar muito visível a consagração genérica de um princípio de tratamento igual, seja em relação aos titulares de valores mobiliários emitidos por sociedades abertas ao investimento do público (art. 15º), seja para os destinatários de ofertas públicas relativas a valores mobiliários (art. 112º), alargando os quadros da sua aplicação a domínios que exorbitam claramente a relação entre a sociedade e os sócios[2277].

Assim, a afirmação de que o tratamento igual apenas se aplica nas relações entre a sociedade e os sócios equivale a contrariar uma evidência perante o direito mobiliário, em geral, e perante as OPAs obrigatórias, em particular. Neste campo, aliás, a concretização do princípio de igualdade surge reforçada: manifesta-se não só ao nível da igualdade informativa e da igualdade de

[2275] Pela ampla análise empreendida, seja ao nível do impacto deste princípio nas estruturas monossocietárias, seja ao nível do direito dos grupos, é incontornável referir JÜRGEN REUL, *Die Pflicht zur Gleichbehandlung der Aktionäre bei privaten Kontrolltransaktionen*, cit., em particular a págs. 251-313. Entre nós, reenvia-se nomeadamente para EVARISTO FERREIRA MENDES, *A Transmissibilidade das Acções*, cit., 16, nota 11; PINTO COELHO, *Estudo sobre as Acções das Sociedades Anónimas*, in *RLJ* ano 89º, nº 3075, 82-ss.; ANTÓNIO PEREIRA DE ALMEIDA, *Sociedades Comerciais – Miscelânea* (1992), 23-ss.; ENGRÁCIA ANTUNES, *A igualdade de tratamento de acionistas na OPA*, 89-93 e *passim*; PAULO CÂMARA, *Parassocialidade e Transmissão de Valores Mobiliários*, cit., 342-346.

[2276] Anexo C.2.a) (acções) e Anexo D.A.1.a).

[2277] Documente-se com consagrações do princípio em algumas das mais relevantes leis mobiliárias da atualidade: Art. 92 do *Testo Unico della Finanza* (Itália); Art. 24 (2) da *Börsengesetz* BEHG (Suíça); *Rule* 20 do *City Code on Takeovers* (Reino Unido). Em geral, merece complementar com: MASSIMO MONTANARI, *Il principio di parità di trattamento fra disciplina del mercato mobiliare e diritto delle società*, in *Giurisprudenza Commerciale*, I (1996), 899-918.

tratamento, como é timbre em qualquer oferta pública, mas também ao nível da igualdade de oportunidades económicas dos potenciais destinatários da oferta, concretizada nos termos em que é, a todos, assegurada a possibilidade de alienação dos valores mobiliários de que são titulares[2278]. Como refere *Hopt*, a chave para ultrapassar este impasse pode estar no reconhecimento de que o problema transcende a regulação societária[2279], o que, do prisma do direito nacional, tem comprovação na inserção sistemática do instituto.

IX – A amparar o fundamento do dever de lançamento de oferta pública[2280] de aquisição no princípio de igualdade de tratamento, há que apontar todavia que este denuncia uma limitação, ligada ao seu funcionamento temporal.

Com efeito, a proteção dispensada pelo dever apenas funciona para o futuro, a partir do processo da oferta. Ao impor uma comparação entre o preço oferecido na oferta e o preço mais alto pago pelo oferente e pessoas concertadas no último semestre, o legislador apenas se interessa com uma eventual situação de desfavor em que estejam os destinatários da oferta. Neste exercício comparativo, do ponto de vista da conformação da oferta forçada, irreleva evidentemente um eventual desfavor em relação a quem tenha alienado antes da oferta, a preço inferior. Dito claramente: o art. 188º só protege quem vende em OPA; e não já os que alienaram (em mercado ou fora de mercado) antes da OPA.

X – A tradução positiva do princípio de tratamento igual não impõe que a transição feita com contrapartida em espécie corresponda uma oferta necessariamente em espécie. Assim, se alguém ultrapassa um dos limiares relevantes à custa de uma aquisição por troca de ações, constitui-se o dever de lançamento de oferta mas a contrapartida em valores mobiliários é sempre facultativa.

De facto, segundo o nº 5 do art. 188º, a contrapartida pode consistir em valores mobiliários, se estes forem do mesmo tipo do que os visados na oferta e estiverem admitidos ou forem da mesma categoria de valores mobiliários de comprovada liquidez admitidos à negociação em mercado regulamentado, desde que o oferente e pessoas que com ele estejam em alguma das situações do nº 1 do artigo 20º não tenham, nos seis meses anteriores ao anúncio preliminar e até ao encerramento da oferta, adquirido quaisquer ações representativas do capital

[2278] Interessa referir, neste contexto, a sistematização de MAURO CUSMAI E RAFFAELE D'AMBROSIO, em *Reflessioni sull'Instituto dell'OPA Obbligatoria*, in *Rivista di Diritto Commerciale*, n.os 5-6 (1995), 405-450; e ROBERTO WEIGMANN, *Le offerte pubbliche di acquisto*, cit., 414-ss.

[2279] KLAUS HOPT, *Reglamentacion Europea sobre Ofertas Públicas de Adquisición*, in AA.VV., *La Lucha por el Control de las Grandes Sociedades*, cit., 33-34.

[2280] ROBERTO WEIGMANN, *La Nuova Disciplina delle OPA*, cit., 207.

social da sociedade visada com pagamento em dinheiro, caso em que deve ser apresentada contrapartida equivalente em dinheiro.

O fundamento das limitações à admissibilidade de oferta pública obrigatória de troca pode basear-se em dois aspetos distintos, seguidamente apresentados. Em termos económicos, o pagamento em ações do oferente corre o risco sério de fazer repercutir sobre o destinatário da oferta o esforço financeiro da tomada[2281]. Juridicamente, encarando o lançamento da OPA como forma de permitir a saída do sócio – ideia que, como vimos tem fortes limitações – se o sócio tem receio de ficar *preso* numa sociedade que tem um novo domínio, a aceitação da oferta apenas o fará "mudar de cárcere"[2282]. Em atenção a estes argumentos, aliás, a atual solução nacional[2283] – embora em consonância com os dados europeus – pode ter ido longe demais[2284].

XI – A referência ao maior preço *pago*, feita no art. 188º, exigirá, em alguns casos, uma interpretação extensiva para dar resposta ao fundamento de obrigatoriedade. O problema coloca-se sobretudo em contratos preliminares de negócios aquisitivos – sobretudo, mas não apenas, contratos de opção – relevantes para efeitos do art. 20º, nº 1, sobretudo quanto à sua alínea *e)*, em que o sócio que projecta lançar a oferta se vê detém o direito relativo à aquisição de um lote de ações.

Suponha-se que uma pessoa, que projecta tomar o domínio de uma sociedade aberta, obtém por parte de um acionista uma vinculação, a favor do primeiro, a uma opção de venda de um lote importante de ações. Após a celebração deste contrato, mas antes da sua execução, o beneficiário da opção de venda decide lançar uma oferta sobre a sociedade emitente dessas ações. Relevará o preço acordado para efeitos da contrapartida mínima?

[2281] Para uma análise dos motivos conducentes a uma escalada de ofertas com contrapartida em acções nos Estados Unidos – e apontando o menor esforço financeiro pelo oferente e a sobrevalorização de alguns títulos como alguns dos motivos plausíveis para este fenómeno –, cfr. MARCEL KAHAN, *Jurisprudential and Transactional Developments in Takeovers*, in KLAUS HOPT/HIDEKI KANDA/ /MARK ROE/EDDY WYMMERSCH/STEFAN PRIGGE, *Comparative Corporate Governance – The State of the Art and Emerging Research*, Oxford (1998), 691-694.

[2282] A expressão é de FRANCESCO CARBONETTI, *La nuova disciplina delle offerte pubbliche di acquisto*, cit., 1363.

[2283] Na versão originária do nº 3 do art. 188º, o oferente deveria sempre apresentar uma alternativa em dinheiro nas ofertas obrigatórias.

[2284] Em sentido contrário, já sustentando, em face do regime pregresso, a admissibilidade de contrapartida em espécie em OPAS obrigatórias: JOÃO SOARES DA SILVA, *Mandatory bid rule e alternativa necessária em dinheiro: nota sobre a artigo 188º, nº 3, do Código dos Valores Mobiliários*, nos *EH ao Prof. Doutor Inocêncio Galvão Telles*, Vol. IV (2003), 1031-1054.

Uma vez que o contrato de opção não fora ainda executado, à primeira leitura do art. 188º responder-se-ia em sentido negativo, na medida em que este preceito faz relevar o maior preço *pago* pelo oferente. Todavia, na aplicação do preceito a este tipo de casos, podem divisar-se situações em que o potencial alienante é beneficiado com um preço superior ao que decorreria da aplicação das regras do art. 188º. Em determinados casos, portanto, uma interpretação literal do art. 188º deve ceder perante o entendimento de que o maior preço é o montante que é objeto do contrato aquisitivo, embora não tenha ainda, efectivamente, sido pago. Essa leitura seria, aliás, coerente com a técnica de imputação dos direitos de voto, que faz relevar o contrato preliminar aquisitivo, mesmo antes da sua execução (art. 20º, nº 1 *e)*).

XII – Deve, por fim, ter-se presente que as regras existentes para a determinação do preço em oferta pública contrastam com as indicações gerais, em matéria societária, para a avaliação das participações sociais.

No direito das sociedades, a principal referência decorre do art. 1021º CC, que manda fixar o valor da quota do sócio com base no *estado da sociedade* à data em que ocorreu ou produziu os seus efeitos o facto determinante da liquidação. Apesar de ser aplicável diretamente à liquidação de quotas de sociedade civil, este dispositivo ocupa lugar central, uma vez que é objeto de diversas remissões ao longo do Código das Sociedades Comerciais, a propósito da forma de avaliação em caso de fusão, exoneração, amortização de quota e exclusão de sócio[2285].

Acontece, todavia, que a determinação do valor das participações sociais, medida como se o fosse à data da liquidação, é meramente contabilística. Ora, como critério exclusivo de avaliação, essa técnica é claramente redutora quando aplicada a valores mobiliários, uma vez que, em relação a estes, o princípio contabilístico da continuidade – tomando a empresa como *going concern* – e a expectativa de valorização futura constitui um dado incontornável na sua avaliação – o que designadamente é melhor expresso pela cotação média em mercado, que releva para efeitos do art. 188º CVM. Esta constatação põe a claro o que não pode deixar de se considerar como um défice do regime societário, que acaba por penalizar o sócio em caso de exoneração, amortização ou exclusão, sobretudo, mas não exclusivamente, em sociedades admitidas à negociação em mercado regulamentado.

XIII – Como já tive oportunidade de frisar noutro local[2286], as autoridades de supervisão mobiliárias assumem um papel decisivo na verificação do cumpri-

[2285] Cfr. arts. 105º, nº 2, 240º, nº 4, 235º, nº 1. *a)*, 241º, nº 2 e 242º, nº 4, todos do CSC.

[2286] *Deveres de informação e formação de preços no mercado de valores mobiliários*, cit., 85, n. 14.

mento das normas que prescrevem uma contrapartida mínima em ofertas públicas de aquisição. Embora aqui, como em geral, a sua atuação se manifeste em juízos de legalidade, e não de mérito, e apesar de não caber às autoridades de supervisão uma proposta de preço, o facto é que o espaço de discricionariedade é claramente dilatado quanto ao controlo da contrapartida mínima apresentada pelo oferente.

O ponto releva para analisar o nº 2 do art. 188º do nosso Código dos Valores Mobiliários, segundo o qual na falta de determinabilidade da contrapartida por recurso aos critérios referidos, ou se a CMVM entender que a contrapartida, em dinheiro ou em valores mobiliários, proposta pelo oferente não se encontra devidamente justificada ou não é equitativa, por ser insuficiente ou excessiva, a contrapartida mínima será fixada a expensas do oferente por auditor independente[2287] designado pela CMVM[2288].

Segundo o nº 3 do art. 188º, a contrapartida proposta pelo oferente, presume-se não equitativa nas seguintes situações:

a) Se o preço mais elevado tiver sido fixado mediante acordo entre o adquirente e o alienante através de negociação particular;
b) Se os valores mobiliários em causa apresentarem liquidez reduzida por referência ao mercado regulamentado em que estejam admitidos à negociação;
c) Se tiver sido fixada com base no preço de mercado dos valores mobiliários em causa e aquele ou o mercado regulamentado em que estes estejam admitidos tiverem sido afetados por acontecimentos excecionais.

Os n.os 2 e 3 do art. 188º estão atravessados por diversos conceitos indeterminados (contrapartida *não equitativa*, liquidez *reduzida*, acontecimentos *excecionais)*, o que obriga a situar devidamente, em termos interpretativos, o possível âmbito desta fixação de contrapartida através de auditor. Ora, para aquilatar no plano sistemático o âmbito aplicativo desta faculdade, deve ter-se presente a diminuição do peso publicístico no regime das OPAs, igualmente revelado no

[2287] Cfr. Pedro Costa Gonçalves, *Anotação ao Acórdão do Tribunal Central Administrativo-Sul de 6 de fevereiro de 2010*, em RLJ nº 3964 (2011), 39-67, que – em sentido concordante ao aresto anotado – conclui pela natureza jurídico-administrativa do acto de fixação da contrapartida através de auditor.

[2288] Em termos sistemáticos, *de iure condendo*, teria sido melhor opção a de exigir que o auditor estivesse registado na CMVM, dadas as acrescidas exigências de idoneidade, independência e competência técnica decorrentes de tal registo (art. 9º). Tal não resulta, porém, expressamente exigido no art. 188º, nº 2. Sobre a responsabilidade do auditor, v. Diogo Tavares, *A Responsabilidade Civil do Auditor Independente pela Determinação da Contrapartida Mínima de Oferta Pública de Aquisição*, Cadernos MVM 58 (2017), 9-32.

regime da exclusão do dever e na disciplina da inibição dos poderes de administração da sociedade visada na pendência da oferta. Além disso, a interpretação do art. 188º, nº 2 há-de ser congruente com o facto de, em lugar paralelo, a regulamentação da contrapartida em processo de aquisição tendente ao domínio total ter abandonado a exclusividade da referência ao juízo de auditor, ainda prevista no art. 490º do Código das Sociedades Comerciais para sociedades fechadas. Convém, ademais, adiantar não ser muito clara a ligação de tal expediente aos fundamentos que enformam o dever. Em particular, a fixação de contrapartida pode ser indutora de incerteza jurídica, o que contraria um dos elementares fundamentos da OPA apresentada *ex vi* do art. 187º[2289].

Perante isto, há que concluir que a faculdade prevista no art. 188º, nº 2, deve sempre considerar-se subsidiária, sendo prioritário o apuramento do preço por recurso aos mecanismos de mercado.

§ 35º As técnicas de exclusão do dever

1. *A prova negativa do domínio*

I – A técnica legislativa de exclusão do dever repousa, no Código dos Valores Mobiliários, em quatro institutos diferentes – a prova negativa do domínio, a derrogação, a suspensão e a substituição[2290] – com pressupostos distintos de aplicação. Preliminarmente à sua análise, e para entender a *ratio* que lhes está subjacente, convém relembrar que o estabelecimento de um dever de lançamento de OPA depende de uma ponderação entre, de um lado, as preocupações de proteção dos investidores e, de outro lado, a eficiência dos mercados. Assim sucede, de resto, em toda a regulação mobiliária, como nos demonstra, por exemplo, o art. 352º, que hierarquiza como prioritários, no plano da supervisão, os princípios de proteção dos investidores e da eficiência e da regularidade do funcionamento dos mercados.

A imposição deste dever de apresentação de oferta, aliás, não traduz qualquer juízo de desconfiança ante as mudanças de controlo de sociedades aberta, cujos efeitos – vistos à luz da análise económica do direito – acabam por ser benéficos sobretudo quanto ao incremento da eficiência alocativa no mercado[2291].

[2289] Gérard Hertig/Joseph McCahery, *Company and Takeover Law Reforms in Europe: Misguided Harmonization Efforts or Regulatory Competition?*, cit., 199-200.

[2290] Quanto à substituição, esta qualificação é provisória, uma vez que, embora permitindo afastar o cumprimento pelo sujeito originário, esta figura conduz ao cumprimento do dever: cfr. *infra*, § 35º, 6. I.

[2291] Roberta Romano, *A Guide to Takeovers: Theory, Evidence and Regulation*, cit, 3-27; Laura Schiuma, *Controllo, Governo e Partecipazione al Capitale*, Padova (1997), 296-299.

Porém, todo o regime das oferta assenta no reconhecimento da necessidade de salvaguardar a posição dos acionistas havendo transição de controlo, o que, do ponto de vista pré-legislativo, ganha conforto na circunstância de a proteção dos investidores instilar confiança nos mercados, acabando por resultar em benefício duplo – dos investidores e dos mercados.

Todavia, não é aconselhável que a disciplina das ofertas denote uma severidade excessiva nos limites percentuais constitutivos do dever, pois que tal pode, por seu lado, conduzir a um efeito perverso de inibição de ofertas e paralisação do mercado de controlo acionista[2292]. Neste quadro, interessa atingir um fino e difícil equilíbrio, relevando atender às singularidades do mercado, à dispersão média acionista, e às implicações no regime societário vigente em cada ordenamento.

É esta a grande dificuldade que rodeia a fixação dos limites percentuais constitutivos do dever de lançamento de OPA. Este é, igualmente, o motivo principal pelo qual em alguns ordenamentos jurídicos prescinde-se da utilização de uma fasquia quantitativa precisa para delinear o dever de lançamento da oferta. Embora sendo uma técnica em declínio (a Itália abandonou-a em 1998, com a aprovação do *Testo Unico*[2293]), é ainda a que é utilizada no sistema jurídico belga, relevando aqui o controlo verificado de facto sobre a sociedade visada, o que é detetado através do conceito qualitativo de influência decisiva naquela sociedade[2294].

Como resulta da análise precedente, a solução apresentada pelo ordenamento nacional distingue-se claramente da vigente na Bélgica, ao assentar fundamentalmente em previsões quantitativas para detetar a constituição do dever. Veja-se, nomeadamente, que para o direito nacional não é relevante o domínio consumado que se traduza em percentagem de direitos de voto situada aquém do limite mais baixo consagrado no art. 187º. Porém, no Código dos Valores Mobiliários é ensaiada uma forte aproximação ao conceito material de domínio, a qual acaba por se revelar decisiva na legitimação substancial do instituto.

Consequentemente, este aspeto, adiante analisado, singulariza o sistema nacional no plano comparatístico, acabando por situá-lo a meio caminho entre,

[2292] Jonathan R. Macey, *Takeovers in the United States: a Law and Economics Perspective*, in *Quaderni di Finanza*, nº 32 (Mar.-1999), 35-36; Marco Pagano/Fausto Panunzi/Luigi Zingales, *Osservazioni sulla riforma della disciplina dell'opa, degli obblighi del possesso azionario e deilimiti agli incroci azionari*, cit., 159-161.

[2293] Em defesa da solução que logrou consagração no atual texto normativo, cfr. nomeadamente Associazione Disiano Preite, *Rapporto sulla Società Aperta*, cit., 137-138.

[2294] Art. 5 do *Arrêté Royal* de 10 de maio de 1989: cfr. a propósito Eddy Wymeersch (ed.), *The proposal for a 13th Company Law Directive on takeovers: a multi – jurisdiction survey* in *European Financial Services Law* (Jan.-1997), 2-3; Id., *The Mandatory Bid: A Critical View*, cit., 352-354 (354).

de um lado, os ordenamentos que consagram, tão-só, previsões quantitativas rígidas ligadas à percentagem de direitos de voto detida no universo dos valores mobiliários visados e, de outro lado, os sistemas que recorrem a cláusulas gerais de domínio.

II – A aproximação ao conceito material de domínio a que se pretende fazer referência é revelada na circunstância de o art. 187º, nº 2, determinar que o lançamento da oferta não é exigível quando, ultrapassado o limite de um terço, a pessoa que estaria obrigada ao lançamento da oferta *provar não ter o domínio da sociedade visada nem estar com esta em relação de grupo.*

Este constitui um expediente de afastamento do dever que apenas vale para a fasquia do terço dos direitos de voto. O que significa que a ultrapassagem de metade dos direitos de voto não consente o afastamento do dever mesmo para quem prove não deter o domínio. Neste sentido, pode dizer-se que a detenção de metade dos direitos de voto, na economia deste regime, acaba por resultar como uma *presunção inilidível* de aquisição do domínio nas sociedades abertas.

Tal resulta coerente com a técnica empregue em geral no Código dos Valores Mobiliários, quanto à delimitação do domínio, neste ponto divergente da encontrada no Código das Sociedades Comerciais. Veja-se que no art. 21º, nº 2, alínea *a),* da lei mobiliária a detenção da maioria dos direitos de voto é considerada, *iuris et de iure,* como relação de domínio – ao passo que na disciplina societária a detenção da maioria dos direitos de voto apenas serve de presunção ilidível da existência de relação de domínio (art. 486º, nº 2, *a)* CSC)[2295].

Deste ponto de vista, a possibilidade de apresentação de prova negativa do domínio contribui para trazer maior ajustamento à realidade infrajurídica a um modelo legislativo que assenta em ficções legais no cômputo das participações qualificadas (arts. 20º e 21º, nº 2). Além disso, este mecanismo contorna os problemas ligados à aleatoriedade do limiar mais baixo a constituir o dever de lançamento, não caindo por seu turno no sistema, dificilmente controlável pela autoridade de supervisão, de dependência única de uma cláusula de domínio.

III – Na averiguação do que poderá constituir demonstração de inexistência de domínio para efeitos do art. 187º, nº 2, e antes de se examinar o direito nacional, tem enorme interesse confrontarmo-nos com a experiência do direito austríaco.

2295 Deste ponto de vista, o regime mobiliário é próximo – embora em termos não totalmente coincidentes – do conceito de domínio existente no art. 2º-A *ff)* RGIC. O ponto não pode desenvolver-se nesta sede, mas a verdade é que a diversidade de técnicas legislativas reveladoras do domínio é tão frequente quanto insatisfatória em termos da coerência sistemática do ordenamento jurídico: cfr. a propósito PAULO CÂMARA, *O governo dos grupos bancários,* in *Estudos de Direito Bancário,* Coimbra (1999), 142-146.

Como nos permitimos relembrar, na Áustria foi determinado um dever de lançamento de oferta pública de aquisição para os detentores de uma participação que assegure o domínio, de acordo com o § 22 da *Ubernahmegesetz*[2296]. O conceito de domínio, para efeito de tal prescrição normativa, foi concretizado através de um decreto da Comissão austríaca das OPA de dois modos diferentes, cumulativos entre si, em termos que importa explicitar.

De um lado, existe o acolhimento de indícios semelhantes aos que vigoram no nosso art. 21º, nº 2, CVM: o domínio é irrefutavelmente revelado através da detenção maioritária de direitos de voto, através do direito a nomear ou a destituir a maioria dos órgãos sociais ou quando houver a susceptibilidade de exercer influência dominante[2297].

De outro lado, no direito austríaco presume-se a existência de domínio designadamente se houver a detenção de pelo menos 30% dos direitos de voto da sociedade visada. Ora, tal presunção, por seu turno, pode ser afastada através de um de dois expedientes, seguidamente descritos.

Em primeiro lugar, a presunção de domínio é ilidida com a demonstração de que um acionista, numa ligação com outros acionistas que seja relevante para efeito do direito dos grupos, detenha pelo menos o mesmo número ou mais direitos de voto na sociedade visada, em comparação com os detidos pelo interessado e respetivas pessoas concertadas.

Em segundo lugar, na Áustria o domínio também é afastado provando-se que um acionista, em concertação com outros acionistas, com base num acordo relativo ao exercício do voto, detenha pelo menos o mesmo número ou mais direitos de voto na sociedade visada, comparativamente com os detidos pelo interessado e respetivas pessoas concertadas[2298].

IV – Regressando agora ao direito português, importa procurar antever como se produz esta prova negativa do domínio, que o art. 187º, nº 2, esclarece dever ser feita perante a CMVM.

Deve dizer-se, em primeiro lugar, que à luz do mencionado preceito o interessado não precisa de provar quem detém o domínio. Na Áustria, como vimos, alinha-se sensivelmente pela mesma ideia, na medida em que é facultado o afastamento da presunção de domínio com a mera demonstração de que outro detém *idêntica* participação, medida em termos de direitos de voto.

No entanto, a verdade é que *o conceito de domínio pressupõe a exclusividade:* o nosso direito conhece o domínio plurisubjectivo – designadamente, nos con-

[2296] Cfr., em anotação à proposta legislativa na base deste normativo, Peter Doralt/Christian Nowotny/Martin Schauer, *Takeover-Recht,* cit., 265-268.

[2297] § 1 *Verordnung der Ubernahmekommission vom 9.März 1999 zum Ubernahmegesetz* (1.ÜbV).

[2298] § 2 1.ÜbV.

tratos de grupo paritário e em sociedades cujo controlo conjunto seja estruturado na base de acordos parassociais; mas é avesso ao duplo controlo sobre a mesma sociedade, entendido este enquanto domínio detido em simultâneo por mais que uma pessoa, não estando estas concertadas entre si.

Assim, dir-se-á que a prova do domínio por um terceiro – individual ou concertado – não constitui elemento *necessário* na prova negativa do domínio, mas constituirá condição *suficiente* para ilidir a presunção do domínio.

Em concretização do exposto, julga-se que a demonstração da verificação, por parte de um terceiro, de qualquer dos indícios previstos no nº 2 do art. 21º bastará para excluir a exigibilidade do dever de lançamento de oferta.

Porém, em comparação com o regime austríaco, pode afirmar-se que no nosso direito a demonstração de domínio por parte de terceiro não se faz exclusivamente na base da demonstração da titularidade da maioria dos direitos de voto. A indicação fundamental para efeitos da delimitação do conceito de domínio, resultante do art. 21º, nº 1, reside na existência de uma influência dominante sobre a sociedade visada.

Dir-se-á, pois, que o afastamento do dever de OPA, *ex vi* do art. 187º, nº 2, pode verificar-se através de dois meios alternativos: quer através da prova de influência dominante de terceiro – ainda que em fundamentos diversos dos constantes do nº 2 do art. 21º; quer mediante a demonstração da inexistência de uma influência dominante por parte de quem ultrapassou o terço dos direitos de voto.

Todavia, neste último caso, uma vez que o elenco do nº 2 do art. 21º do Código não é exaustivo quanto aos indícios do domínio, não pode bastar ao interessado demonstrar a não verificação dos três indícios deste preceito. Facilmente se entende, aliás, não ser designadamente bastante a demonstração da titularidade de uma percentagem inferior a metade dos direitos de voto; é que a ser de modo contrário tal retiraria autonomia do limite do terço dos direitos de voto como facto constitutivo do dever. Assim, é necessário demonstrar que, além de se não atingir a metade dos direitos de voto ou os outros dois indícios do n.os 2 e 3 do art. 21º, não existe influência dominante para haver o recurso ao art. 187º, nº 2.

Assim, a existência de influência dominante resulta igualmente como critério fundamental na prova negativa de domínio, podendo neste particular ser aproveitados os avanços societários que, a propósito do art. 483º, nº 1, CSC, têm sido patentes na densificação deste conceito.

Um campo aplicativo importante para a prova negativa do domínio diz respeito aos contratos preliminares de aquisição – contratos de opção ou contratos-promessa de compra e venda – na medida em que a sua celebração implicará a imputação dos direitos de voto, o que pode conduzir à constituição do dever antes de ter existido aquisição. Pois bem: nestes casos, se o promitente comprador fizer prova da não celebração do contrato definitivo, poderá resguardar-se na exclusão do dever *ex vi* do art. 187º, nº 2. Note-se, porém, que, dado que a detenção de direitos de voto não funciona como critério único na aferição do que o Código entende por domínio[2299], o interessado nesse caso deve demonstrar não ter antecipado a influência societária que apenas a aquisição consumará.

V – No art. 187º, a lei não prescreve um prazo durante o qual deve ser feita a prova negativa do domínio. Atendendo ao espírito do dever e aos imperativos de certeza, julga-se que essa demonstração deve ser feita logo após a constituição do dever de lançamento de OPA, em coerência com a imediatividade da publicação do anúncio preliminar, decorrente no art. 191º.

VI – A demonstração da inexistência de domínio conduz a que o interessado se submeta a uma regime de especial vigilância.

Assim, nos termos do art. 187º, nº 3, tal pessoa fica vinculada a dois deveres: de um lado, constitui-se o dever de informação, perante a CMVM, de qualquer alteração de percentagem de direito de voto de que resulte aumento superior a 1% em relação à participação anteriormente comunicada. De outro lado, é cominado um dever de lançamento de oferta pública de aquisição logo que atinja posição que permita exercer influência dominante na sociedade visada.

Não há uma explícita delimitação do âmbito temporal do nº 3 do art. 187º, mas julga-se que estes deveres se mantêm enquanto a posição do interessado não descer, em termos percentuais, abaixo do terço de direitos de voto.

A estatuição do dever consagrada na alínea *b)* do nº 3 do art. 187º não se confunde com uma nova ultrapassagem do limite do terço dos direitos de voto. Se o oferente, após prova negativa do domínio, baixar do terço e depois voltar a ultrapassar esta fasquia, deve novamente afastar a presunção ou lançar uma oferta – mas, neste último caso, se o fizer, será ao abrigo do nº 1 do art. 187º e não do nº 3 do mesmo preceito.

Na alínea *b)* do nº 3 do art. 187º está em causa, por isso, que algum elemento fáctico na base da prova negativa do domínio deixou de se verificar (o que sucederá, designadamente, se o terceiro dominante deixou de deter o domínio) ou se por outro motivo passar a existir influência dominante na sociedade aberta em questão (será, por exemplo, o caso de a sociedade adquirir ações próprias, fazendo aumentar relevantemente a posição do acionista em questão, medida em termos de percentagem dos direitos de voto).

[2299] Cfr. art. 21º, nº 2 do Código dos Valores Mobiliários.

2. *As derrogações*

I – O tema das derrogações sofreu radicais modificações com o novo diploma, para se adequar à filosofia de simplificação do Código e para contrabalançar a redução de previsões constitutivas do dever. De facto, o Código de 1991 arrolava extensivamente nos arts. 528º-A e 529º casos de derrogações e dispensas, somando, ao todo, *dezasseis* válvulas de escape a isentar o lançamento do processo aquisitivo.

Em claro contraste com o regime anterior, o Código dos Valores Mobiliários reduz a três situações as hipóteses de derrogação do dever, consagradas no art. 189º[2300].

Todas as cláusulas derrogatórias são de funcionamento automático, inexistindo agora a figura da dispensa. Há, neste sentido, uma *privatização* do dever, na medida em que se diminui a dependência das decisões administrativas, em benefício de *hard and fast rules*.

II – Para efeitos da alínea *a)* do nº 1 do art. 189º, a aquisição de ações efetuada através de OPA apenas beneficia de derrogação de oferta subsequente se aquela oferta cumprir dois requisitos: em primeiro lugar, deve ter sido lançada sobre a totalidade das ações e valores mobiliários que dêem direito à sua subscrição ou aquisição; em segundo lugar, a derrogação funcionará apenas se o preço mínimo e a alternativa em dinheiro, nos termos do art. 188º, tiver sido respeitado na sobredita oferta[2301].

Neste contexto, é preciso lembrar o lançamento de oferta voluntária não força à observância do princípio da universalidade ou ao respeito das regras sobre o preço mínimo. Assim, interessa traçar o quadro de possíveis saídas, podendo uma de três hipóteses ocorrer.

1ª hipótese: Uma pessoa, sem estar constituída no dever de lançamento de oferta, pode decidir dirigir uma oferta pública de aquisição voluntária. Nessa circunstância, o lançamento de uma oferta pública de aquisição pode realizar-se sem observância dos arts. 187º e 188º. Se, no apuramento dos resultados da oferta, se os valores mobiliários adquiridos se quedarem abaixo dos limites que determinariam o lançamento obrigatório de OPA, não chega a haver implicações com o dever de lançamento de OPA.

[2300] Deixou nomeadamente de figurar uma cláusula derrogatória para a aquisição por herança ou legado: cfr. a propósito Manuel Requicha, *O dever de lançamento de OPA nos casos de sucessão mortis causa*, RDS 1 (2014), 9-58.

[2301] Desenvolvidamente: Domingos Salgado/ Juliano Ferreira, *OPA Derrogatória; A derrogação do dever de lançamento de OPA com fundamento no prévio lançamento de OPA voluntária: momento em que deve ser apreciada e requisitos de que depende*, Cadernos MVM nº 52 (dez.-2015), 40-59.

2ª hipótese: Caso seja lançada oferta voluntária sem obediência a estas directrizes, sendo ultrapassado um dos limiares constitutivos do dever, segue-se uma outra oferta, desta vez obrigatória, por efeitos do art. 187º. Como vimos, neste caso, à constituição do dever não se opõe o art. 186º[2302].

3ª hipótese: Finalmente, se forem observados os requisitos do art. 189º na oferta voluntária, o oferente não se verá constrangido a lançar segunda oferta, desta feita para legitimar *a posteriori* a fatia de domínio adquirida pela OPA.

Este sistema conduz a resultados que podem ser avaliados positivamente de diversas perspetivas. De um lado, não estimula as ofertas voluntárias parciais, como já foi referido[2303]; e funciona como contramotivação para ofertas voluntárias a preços inferiores aos que resultariam da aplicação do art. 188º. Este efeito fica prejudicado apenas nas situações em que o oferente não crê ultrapassar os limiares de obrigatoriedade e, apostando nessa eventualidade, prefere oferecer um preço mais baixo para uma parcela do universo de titulares dos valores mobiliários emitidos pela visada.

Por outro lado, este regime desencoraja, na prática, as tomadas de domínio perpetradas através de duas ofertas geminadas (as já atrás analisadas *two tier front-ended bids*)[2304]. Os destinatários de uma primeira oferta, perante a eventualidade de se lhe seguir uma oferta que, por imposição do art. 188º, deverá seguir um preço mais elevado, não se sentirão pressionados a vender na primeira oferta. Até pelo contrário; mais facilmente os acionistas serão, por esta via, tendencialmente estimulados a alienar na segunda oferta, até porque é certo que, por força do art. 188º, nº 1 alínea *a)*, nunca lhes poderá ser então oferecido preço inferior ao proposto na oferta inicial. A sua decisão de (des)investimento será livre, o que permite o funcionamento regular do mercado de controlo acionista.

III – A derrogação encontrada na alínea *b)* tem em linha de conta que uma aquisição aos preços referidos o art. 188º pode, em certas circunstâncias, impedir o saneamento financeiro de empresas em dificuldades.

A justificação do preceito reside, além do mais, na circunstância de os planos de gestão controlada implicarem uma suspensão dos órgãos sociais durante o período de execução dessa providência de recuperação financeira[2305]. Nesse cenário, o decurso de período de saneamento poderá deparar-se com a manutenção

[2302] Cfr. *supra*, § 34º, 2. IV.

[2303] Cfr. *supra*, § 34º, 5. III.

[2304] Cfr. *supra*, § 34º, 5. I.

[2305] Cfr. art. 105º do Código dos Processos Especiais de Recuperação de Empresa e de Falência.

da qualidade de sociedade aberta da empresa em dificuldades financeiras, o que – por força do art. 109º, nº 3 *a)* – faz com que todas as ofertas dirigidas à generalidade dos acionistas se qualifiquem como públicas, com todas as consequências ao nível do regime daí decorrentes. A este propósito, lembre-se que a assembleia de credores não pode deliberar a perda de qualidade de sociedade aberta, uma vez que o art. 27º, nº 1, alínea *c)* do Código dos Valores Mobiliários dispõe que o órgão competente para adotar a deliberação de perda é a assembleia geral.

IV – O fundamento da derrogação fundada na alínea *c)* do nº 1 do art. 189º repousa, em primeiro lugar, na maior legitimação desta técnica de concentração, uma vez que a concretização da fusão envolve necessariamente a aprovação por parte dos órgãos de administração e das assembleias gerais das sociedades que serão fusionadas[2306]. A legitimação assenta, como é evidente, sobretudo na circunstância de haver deliberação do colégio de sócios, a qual é adotada pela maioria exigida para a alteração do contrato de sociedade, que deve pronunciar-se nomeadamente sobre a relação de troca das participações sociais na sociedade incorporante ou resultante da fusão (art. 103º, nº 1 CSC)[2307].

Aliás, esta é estruturalmente uma técnica que mantém a dispersão, logrando até potenciar a fragmentação da propriedade acionista. Não há, nessa medida, fora a diluição tendencial da participação acionista, uma alteração qualitativa do estatuto de sócio em relação à abertura de capital da sociedade ou, mais latamente, à concentração empresarial resultante da fusão.

É de menor importância a referência a que, em caso de fusão, os sócios que tenham votado contra o projeto de fusão podem ter assegurado, pelos estatutos, o direito de exoneração, de acordo com a possibilidade prevista no art. 105º CSC[2308]. De facto, – e a meu ver, lamentavelmente –, na prática societária nacional, é muito rara a estipulação estatutária respeitante ao direito de exoneração surgido neste contexto.

Importa deixar claro que esta cláusula derrogatória, valendo embora qualquer que seja a modalidade de fusão em causa – fusão simples ou fusão por

[2306] Não se esquece, evidentemente, o facto de ser consentida uma hipótese excecional de consumação de fusão sem deliberação da assembleia geral das sociedades a serem fusionadas, prevista no art. 116º do Código das Sociedades Comerciais, em aplicação dos arts. 24 e seguintes da Terceira Diretiva comunitária em matéria de direito das sociedades (Dir. 78/855/CEE). Sucede, porém, que a designada fusão abreviada apenas se aplica às sociedades em relação de domínio total (que devem, demais, observar os requisitos constantes do nº 3 do art. 116º CSC), o que é estrutura acionista precisamente simétrica à verificada nas sociedades abertas.

[2307] Não é indiferente reter que nestas situações o voto por correspondência não pode ser suprimido, de acordo com o art. 22º, nº 2 CVM.

[2308] Sobre o tema: Raúl Ventura, *Fusão, Cisão e Transformação de Sociedades*, Coimbra (1990), 36-40, 138-148.

incorporação –, apenas se aplica caso a sociedade aberta *seja ela própria objeto de fusão*[2309]. A este resultado chega-se por consideração do elemento teleológico da norma em apreço, uma vez que só assim se assegura a proteção e a paridade de tratamento dos sócios que faz isentar o lançamento de oferta. Por outras palavras, não beneficiaria da derrogação a fusão de uma (ou várias) sociedade(s) dominante(s) da sociedade aberta (potencialmente) visada, na medida que nesse caso os potenciais destinatários da oferta não tinham legitimado, com o seu voto, a concentração. A mesma conclusão, aliás, relativa à inaplicabilidade do art. 189º é de manter ainda que a assembleia geral da sociedade aberta venha ulteriormente a manifestar *ad hoc* a sua concordância com a fusão envolvendo um ou vários sócios, uma vez que assentir numa fusão de outrem (com menores garantias informativas e de fiscalização do processo) é hipótese claramente distinta da manifestação de vontade para a fusão da própria sociedade – sendo que apenas neste último caso a cláusula derrogatória tem aplicação[2310].

3. *A exclusão do dever em situações de domínio fortuito; principais modelos legislativos*

I – Paralelamente à redução do número de previsões a delimitar negativamente o dever de lançamento de oferta, o art. 190º introduziu a figura, nova entre nós, da *suspensão do dever de lançamento de oferta.*

Segundo o que se prevê nesse preceito, a pessoa vinculada ao lançamento compulsivo de uma oferta de aquisição pode proceder à suspensão do dever, caso se obrigue por escrito, perante a CMVM, imediatamente após a constituição do facto constitutivo do dever, a pôr termo à situação constitutiva do mesmo no prazo de 120 dias.

A depuração dos enunciados normativos, já detetada ao longo do Código, e a confiança no sistema jurídico atinge aqui um dos expoentes máximos, na medida em que o legislador se limita a indicar que a eficácia da suspensão depende de uma comunicação dirigida à CMVM. A atenção no exame do dispositivo deve, pois, ser redobrada.

[2309] Releva mencionar que, perante cláusula derrogatória semelhante no *Testo Unico,* a autoridade de supervisão italiana, em intervenção regulamentar, sustentou a sua não aplicação a fusões de conveniência, gizadas para escapar à constituição do dever e não para obter uma racionalização de meios e uma sinergia económica entre as sociedades fusionadas: cfr. a propósito o art. 49 *f)* do Regulamento da Consob nº 11971/99, e de modo crítico, ante a vaguidade do texto regulamentar, Luca Picone, *Le Offerte Pubbliche di Acquisto,* cit., 233-234; Piergaetano Marchetti/Luigi Arturo Bianchi (ed.) *La Nuova Disciplina delle Società Quotate,* cit., 383-387.

[2310] Uma análise casuística destas situações, à luz do direito francês das ofertas, pode encontrar-se em Henri Hovasse, *La fusion de sociétés dans la réforme des offres publiques d'acquisition,* in *Revue de Droit Bancaire et de Bourse,* nº 71 (Jan./Fev.-1999), 3-5.

II – A análise do regime jurídico da suspensão do dever de lançamento de oferta pode ser enriquecida através do recenseamento dos antecedentes em ordenamentos próximos.

Este expediente terá manifestado influências na conformação do regime italiano[2311], que prevê o afastamento do dever de lançamento de OPA se a ultrapassagem da fasquia crítica de trinta por cento é superada em não mais de 3%, desde que o adquirente se comprometa a transmitir as ações excedentárias em doze meses e se vincule a não exercer o respetivo direito de voto[2312]. O não cumprimento do dever é sancionado com o dever de lançamento de oferta ao preço mais elevado que resultaria da aplicação das regras sobre preço mínimo nos doze meses anteriores[2313].

Na Suíça, prevê-se a faculdade de derrogação do dever de lançamento de oferta se o limiar relevante é ultrapassado temporariamente, a qual será exercida se a exclusão do dever se impuser por motivos importantes (*aus wichtigen Gründen*)[2314].

Sobra mencionar que, em Espanha, não é considerado obrigatório o lançamento de OPA se no prazo de seis meses após se atingir metade dos direitos de voto for realizada uma oferta pública de venda relativamente ao excedente que determinaria a constituição do dever. Nesse caso, a oferta pública de venda não pode realizar-se a preços superiores do que aqueles a que seria lançada a OPA[2315].

III – Estes dados recolhidos de sistemas jurídicos próximos são importantes para revelar um número significativo de soluções legislativas que procuram instituir previsões de exclusão do dever em caso de detenção transitória que ultrapasse limiares críticos. A partir daqui, infere-se que *este expediente não representa uma fratura intra-sistemática ao modelo de lançamento compulsivo de oferta, de tal modo que, só inserido nessa sistemática, pode ser cabalmente compreendido.*

[2311] Piergaetano Marchetti/Luigi Arturo Bianchi (ed.) *La Nuova Disciplina delle Società Quotate*, cit., 380.

[2312] Cfr. art. 49º, nº 1 *e)* e nº 2 *c)*, do *Regolamento recante norme di attuazione del decreto legislativo*, 24 de fevereiro de 1998, n. 58, relativa aos emitentes. Esta norma vem desenvolver o disposto no art. 106º, nº 5 *d)* do *Testo Unico Finanziario.*

[2313] A formulação legislativa consente margem para algumas dúvidas quanto ao limiar temporal relevante, uma vez que devem articular-se os doze meses anteriores à aquisição e os doze meses de detenção legítima transitória: cfr. a propósito Luca Picone, *Le Offerte Pubbliche di Acquisto*, cit., 231.

[2314] Art. 32, nº 2 da *Börsengesetz* e art. 34, nº 1, da *Börsenordnung.*

[2315] Art. 3.1.*c)* do Real Decreto 1197/1991, de 26 de julho, na versão modificada pelo Real Decreto 1676/1999, de 29 de outubro.

4. *Continuação: a suspensão do dever de lançamento*

I – Na posse destas conclusões, impõe-se apreciar ao regime previsto no art. 190º do Código dos Valores Mobiliários que, como se viu, trata a situação como de *suspensão* do dever, no que não é acompanhado por nenhum dos ordenamentos compulsados.

Além disso, em confronto com os sistemas perfilhados em ordenamentos próximos, a solução nacional repousa nos instrumentos jurídicos gerais, sobretudo ao orbitar em torno de um direito potestativo[2316]. Deve, por isso, convocar-se todo o direito privado para examinar o regime jurídico da suspensão do dever, em particular quanto aos requisitos da sua utilização, quanto à pendência da suspensão e quanto à cessação dos seus efeitos.

II – O texto preambular do DL nº 486/99, de 13 de novembro, fornece uma indicação no tocante ao fundamento do expediente de suspensão do dever no novo Código nacional, que revela decisiva importância na fixação do sentido inerente ao instituto, em particular no tocante aos limites para a sua utilização. Tem-se em vista, segundo o que consta do preâmbulo, dar resposta às *situações de domínio conjuntural*[2317].

Assim sendo, este ponto do Código vai de encontro à evolução registada no novo Código no sentido de aproximar o dever de lançamento de OPA à situação que o fundamenta – a transição de domínio já consumada – o que já foi notado a propósito da relevância atribuída à prova negativa do domínio (art. 187º, nº 2 e nº 3, *b)*) e da qualificação da oferta em cumprimento do dever como subsequente[2318]. O próprio Preâmbulo do Código confessa a ligação entre a suspensão do dever e o *critério do domínio efectivo,* como parâmetro para calcular a posição acionista relevante.

Deve, porém, ser efetuada com cautela a aproximação entre este instrumento e o conceito material de domínio, presente em outras áreas jurídicas. Refiro-me, em particular, no direito das sociedades, às leituras doutrinárias que exigem uma estabilidade temporal mínima para revelar a existência de influência dominante. Estas coordenadas apresentam, porém, duas ordens de restrições. A estabilidade temporal é entendida em grau variável, em função do instrumento de domínio utilizado[2319]. De outro lado, é também feita a ressalva – que adiante retomarei – quanto às situações em que o dominante se aproveita da sua

[2316] Cfr. *supra,* § 35º, 3.

[2317] Cfr. nº 12 do Preâmbulo do DL nº 486/99, de 13 de novembro.

[2318] Cfr. *supra,* § 34º, 3. e § 35º, 1.

[2319] Marco Lamandini, *Il "Controllo". Nozioni e "Tipo" nella Legislazione Economica,* Milano (1995), 215-217.

influência para a exercer em momento decisivo, ainda que fugaz, que tal lhe aproveite[2320].

Na transposição destes dados para a área das ofertas públicas de aquisição, é todavia importante ter presente que o domínio se define como potencial influência dominante sobre uma pessoa coletiva, que se verifica mesmo antes de, na prática, ser exercido[2321]. Além disso, como já deixei apontado, mercê da ambiciosa técnica de imputação de direitos de voto, vertida no art. 20º do Código dos Valores Mobiliários, pode existir a superação da fasquia constitutiva do dever de lançamento de oferta sem estar fundada numa aquisição por parte do potencial oferente.

Feita esta ressalva, não deixa naturalmente se relevar a efectividade do domínio, em virtude, como se disse, da teleologia do dever, que é umbilicalmente ligada à proteção dos investidores em situações de transição de domínio de sociedades abertas. Trata-se, demais, de um aspeto que é confortado pela suspensão dos direitos de voto inerentes à participação adquirida transitoriamente, o que ocorre automaticamente, durante todo o período de suspensão, por força do art. 190º, nº 3. A este regressa-se adiante[2322].

III – Embora seja clara e compreensível a teleologia da suspensão do dever de lançamento de oferta, tal como denunciada no Preâmbulo do Código dos Valores Mobiliários, interessa todavia notar que não existe referência expressa na letra do art. 190º à circunstância de a aquisição se perfilar forçosamente como resposta normativa às situações de domínio fortuito.

Uma vez que, em Direito, a atividade hermenêutica não se confina ao elemento literal da norma jurídica, esta constatação não deve embaraçar o intérprete, dado que a dependência da suspensão face a situações de domínio fortuito, além de resultar do texto preambular, decorre igualmente, de modo implícito, de dois pontos do regime. Em primeiro lugar, tal depreende-se da necessidade de haver, por parte do interessado, a assunção de um dever de alienação para a suspensão poder produzir a sua eficácia; e, de outro lado, tal decorre da limitação dos sujeitos a quem o interessado pode alienar os valores mobiliários excedentes[2323]. Tanto o primeiro como o segundo dos elementos literais apontados

[2320] Engrácia Antunes, *Os Grupos de Sociedades*, Coimbra (1993), 360-365.

[2321] Volker Emmerich/Jürgen Sonnenschein, *Konzernrecht*⁶, München (1997), 41-42; Marco Lamandini, *Il "Controllo". Nozioni e "Tipo" nella Legislazione Economica*, cit., 60-69; António Patroni Griffi, *I gruppi di imprese*, in Vincenzo Buonocore (ed.), *Manuale di Diritto Commerciale*², Torino (1999), 646-647.

[2322] Cfr. *infra*, § 35º, 5. I.

[2323] O tópico pode ser melhor compreendido quando for tratado adiante: cfr. *infra*, § 35º, 4. IV.

denunciam a *natureza excecional* do instituto da suspensão do dever de lançar OPA, o que deve ser tido em conta ao nível interpretativo.

Além disso, há um argumento de ordem histórica e sistemática que, num momento de transição de códigos, não deve esquecer-se. Tendo a reforma do regime das ofertas públicas de aquisição sido dirigida sobretudo a um afinamento formal e de reforço de eficácia do dever, o que é revelador da continuidade substancial dos sucessivos regimes[2324], deve sobretudo ter-se em mente as situações de exclusão do dever estatuídas no Código anterior para o domínio conjuntural, designadamente aquelas em que a aquisição dos valores mobiliários surge de modo involuntário ou inadvertido, posto que, com o novo Código, estas situações foram relegadas para fora das cláusulas derrogatórias.

Raciocinando através do argumento *ad absurdum,* acrescentar-se-á que a desconsideração deste ponto – e a interpretação meramente literal do preceito – conduziria a uma contradição no modelo de proteção instituído pela OPA obrigatória com resultados inaceitáveis, no plano da tutela dos interesses subjacentes à disciplina em apreço. Com efeito, *o art. 190.° não tem como finalidade a de encontrar um outro sujeito jurídico obrigado ao lançamento da oferta: tal resultado pode suceder, mas não é forçoso que ocorra.* Assim, um entendimento literal do art. 190º, em sustento de uma utilização irrestrita da suspensão do dever, abriria uma brecha na previsão do art. 187º, contradizendo valorativamente o sistema que orbita em torno do dever de lançamento de oferta pública de aquisição, o que não corresponde ao espírito do diploma. A utilização da suspensão deve, pelo contrário, fazer-se com extrema prudência, para não perverter o objetivo, confessado no Preâmbulo do Código, e expresso na sistemática deste, que conduziu à sua consagração legal.

A consideração destes elementos não é arbitrária, antes surge como decorrência da tecnicidade da interpretação jurídica e dentro dos limites da Ciência do Direito. Não se apresenta, assim, como mera alternativa interpretativa; impõe-se ao intérprete como necessária.

Tudo visto, impõe-se realizar uma interpretação restritiva da proposição normativa que consagra este instituto. Daqui resulta que, embora o enunciado do art. 190º o não diga expressamente, *o preceito apenas se aplica às situações de domínio conjuntural*[2325].

[2324] Cfr. *supra,* § 35º,1. II-III, e o Preâmbulo do DL nº 486/99, de 13 de novembro.

[2325] Em sentido concordante: João Paulo Menezes Falcão, *A OPA Obrigatória –Fundamentos e Regime no Novo Código dos Valores Mobiliários, em Direito dos ValoresMobiliários,* Vol. III (2001), 222. No patamar infra-legislativo, chama-se complementarmente a atenção para o art. 44º do Regulamento nº 10/2000 da CMVM que, na sua alínea b), reclama que seja dada divulgação pública *à situação de facto que justifica a suspensão.* Trata-se de uma intervenção regulamentar de evidente

Fica, assim, arredada a aplicação da suspensão do dever em três situações distintas, de seguida analisadas: às situações de domínio efectivo; às situações de utilização abusiva; e aos casos de concurso entre os pressupostos da suspensão e os da substituição no cumprimento do dever[2326].

IV – A utilização da suspensão do dever fica, de um lado, arredada em relação às situações de domínio efectivo. Como decorre do nº 3 do art. 190º, a existência de um domínio efectivo é inconciliável com o instituto da suspensão, forçando o lançamento de oferta pública de aquisição. Neste caso, o sujeito vinculado ao dever de lançamento não pode fazer valer-se do instituto da suspensão para prorrogar o momento de publicação do anúncio preliminar. Julga-se que esta constatação emerge, com meridiana clareza, do regime positivo, dispensando argumentos adicionais.

Por outro lado, a par de se reconhecerem os limites da possibilidade de recurso à suspensão do dever, não pode olvidar-se que a menor densidade normativa do novo Código conduz a que se deva repousar nos instrumentos gerais do sistema jurídico. Assim, a boa fé poderá paralisar o recurso à suspensão, se esta se revelar abusiva ou se traduzir um exercício inadmissível de posições jurídicas.

Para uma ilustração do que ficou exposto, adiantam-se três exemplos de utilização tendencialmente abusiva. Um exemplo inicial de abuso é o que resultaria de diversas suspensões em cadeia entre sucessivos adquirentes, convertendo a suspensão numa moratória prolongada *ex vi* do art. 190º. A lei prevê a suspensão como remédio transitório, forçando que no prazo de 120 dias tal situação anómala esteja resolvida. Tal prazo é improrrogável, pelo que o instituto é adverso à cumulação de sucessivas suspensões.

Demais, julga-se abusivo o aproveitamento de uma detenção transitória para atingir finalidades relevantes relacionadas com o exercício de faculdades societárias. Tratar-se-á nomeadamente do caso de uma aquisição de um lote relevante de ações de uma sociedade aberta, por parte de um acionista de referência, como manobra defensiva para fazer face a uma oferta hostil[2327].

Finalmente, deve considerar-se tendencialmente abusivos *os casos em que o adquirente toma a iniciativa de premeditadamente se colocar sob sua alçada para beneficiar da transmissão, em bloco, do lote de domínio*[2328]. De modo contrário, estaria

importância no reconhecimento dos limites do instituto da suspensão do dever: só dentro destes limites a sua utilização será "*justificada*".

[2326] Cfr., quanto a este último, § 35º, 6.

[2327] O ponto pode ser assimilado ao aproveitamento das faculdades inerentes ao domínio em momento decisivo, dispensando por isso a determinação da sua perenidade temporal para revelar significado ao nível do domínio inter-societário: cfr. *supra*, § 3º, 13. II.

[2328] Anote-se a posição dissonante perfilhada por João Calvão da Silva, *Suspensão do Dever de Lançamento de OPA*, em *Estudos Jurídicos (Pareceres)*, Coimbra (2001), 22-26.

aberta a porta para atuações predadoras, a envolver adquirentes de lotes significativos projectando aquisições significativas para, logo de seguida, alienarem todas as ações detidas em mercado, por exemplo através de ofertas públicas de venda, logrando assim uma mais-valia à margem do sistema de obrigatoriedade das ofertas públicas de aquisição[2329]. Lembre-se, aliás, que o expediente natural para fazer cessar a suspensão, ao abrigo do art. 190º, nº 2, consiste, tão-só, na alienação das ações *que excedam* os limiares críticos para efeitos do art. 187º do Código.

Concede-se, em todo o caso, que nem toda a utilização premeditada fira os limites da boa fé na utilização do art. 190º. A aquisição judicial de participações sociais, em execução de um crédito, constitui um exemplo de uma aquisição que pode ser projectada para se lhe seguir o recurso lícito à suspensão do dever. Tal caso será, contudo, excecional. Adiantese também que, neste contexto, merece consideração separada a aquisição, diretamente projectada, de uma sociedade que tenha, de entre diversas participações detidas, uma porção relevante de ações de uma sociedade aberta. Aí, interessará a apurar, em termos objetivos, a relevância patrimonial da participação social na sociedade aberta e o peso relativo que tais participações jogam no objeto social da sociedade adquirida, assim como, em termos subjectivos, a importância que a aquisição da participação na sociedade aberta mereceu na decisão de aquisição da sociedade gestora de participações sociais[2330].

Para evitar o risco de conceptualismo, a que a aplicação de institutos concretizadores da boa fé é adversa, não é possível indicar uma lista exaustiva de situações em que o recurso à suspensão é inatacável. De todo o modo, sempre se dirá que o preceito se mostra vocacionado para casos de aquisição por herança ou legado, da ultrapassagem do limite em decorrência da aquisição de ações próprias da sociedade visada, da aquisição na sequência de contrato de reporte, tomada firme ou garantia de colocação, da aquisição em virtude da redução do universo de direitos de voto decorrente ou da aquisição judicial em virtude de valores mobiliários dados em garantia de um crédito.

[2329] O tratamento de tipos próximos destas aquisições de sociedades tem merecido algum desenvolvimento nos Estados Unidos, concluindo-se nomeadamente pela responsabilidade do sócio maioritário que culposamente aliene a sua posição a investidores movidos por intuitos reconhecidamente "predadores" (*looters*), que procurarão ilicitamente delapidar o património social: cfr. Robert Clark, *Corporate Law*, cit., 478-480.

[2330] É propositada a utilização de critérios que já eram vertidos no anterior Código. Note-se, todavia, que o art. 529º, nº 3 do Código de 1991 utilizava, como referência, que a participação na sociedade visada não ultrapassasse 30% do total do ativo bruto da sociedade adquirida, critério que apresentava evidente falibilidade, designadamente ao assentar numa percentagem fixa e ao implicar implicitamente o recurso à avaliação contabilística dos bens adquiridos.

V – É conveniente deixar claro que o reconhecimento de limites à utilização da suspensão do dever de lançamento da oferta não colide com a natureza potestativa do direito a requerer a suspensão. Aquele problema é anterior a este, posto que a afirmação da natureza potestativa apenas significa que, *verificados os pressupostos que conduzem à constituição do direito à suspensão,* o interessado pode unilateralmente decidir comunicar a sua utilização, o que tem como consequência imediata a suspensão da contagem do prazo previsto no art. 191º.

Se a invocação é feita fora dos limites do direito instituído pela previsão do art. 190º, *a comunicação não é eficaz para paralisar o decurso do prazo para a publicação do anúncio preliminar* e, se num prazo curto a seguir à génese do facto constitutivo do dever, tal não vem a suceder, seguem-se as consequências aplicáveis ao incumprimento do dever.

5. *Pendência e cessação do período de suspensão: o âmbito da legitimidade dos adquirentes*

I – O regime aplicável na pendência da suspensão precisa de ser explicado ante o perfil funcional e teleológico do dever de lançamento de oferta e do respetivo esquema de suspensão. Nos termos do art. 190º, nº 3, durante tal período ficam suspensos os direitos de voto cuja imputação ao interessado determinou a constituição do dever de lançamento de oferta pública de aquisição.

Compreende-se, a partir daqui, que a suspensão do dever não fere os interesses subjacentes à previsão do art. 187º. Na medida em que não houve transição de domínio, em termos efectivos, não há igualmente prémio de domínio a partilhar paritariamente entre os sócios. Ainda que o sócio, ao alienar os valores excedentários a terceiros, receba preço superior por esse lote, tal não representará o prémio do domínio, porque ele não chegou a exercê-lo[2331].

A ser assim, deve aditar-se um ponto, aliás, quanto aos efeitos do regime da suspensão. Em interpretação do nº 3 do art. 190º, deve ir-se mais longe, no sentido de que o poder de domínio não pode ser exercido, independentemente da forma que revista. Trata-se, na formulação encontrada na mencionada Diretiva nº 95/26, de *não permitir que se exerça qualquer influência sobre a estrutura e a política financeira da empresa.*

Tal liga-se ao conceito de domínio consagrado no art. 21º, que admite a detenção de direitos de voto como tradução de influência dominante, deixando todavia margem para entender que podem existir outros meios de revelar o domínio.

[2331] Insiste-se que, em relação ao que fica dito no texto, merece tratamento separado o caso da transmissão a terceiros do lote integral do domínio – e não apenas dos valores excedentários – que pode configurar indício de utilização abusiva – e, como vimos, não permitida – do expediente de suspensão.

II – O recurso à suspensão impõe um condicionamento do universo de pessoas a quem os valores mobiliários se podem alienar, para pôr termo à situação de ultrapassagem pontual dos limiares críticos. Com efeito, o interessado apenas pode alienar a pessoas que, segundo o art. 190º, nº 2, *não estejam em alguma das situações previstas no art. 20º*.

Assim, para um cabal entendimento da concretização aplicativa da suspensão do dever, interessa esclarecer alguns dados gerais sobre a função que o mencionado art. 20º cumpre no Código dos Valores Mobiliários.

O art. 20º, embora situado sistematicamente no capítulo dedicado às sociedades abertas, revela uma importância que se repercute por todo o diploma de base dos valores mobiliários, transcendendo em rigor o âmbito de normas aplicáveis àquela categoria societária.

Ao longo do Código, as múltiplas referências feitas a este preceito servem duas finalidades distintas, que, em benefício de uma melhor compreensão analítica do diploma, interessa considerar separadamente.

III – Em algumas previsões legislativas, a referência feita ao art. 20º, nº 1, do Código dos Valores Mobiliários atinge o seu propósito direto, que é o de *estabelecer uma imputação de direitos de voto.*

Tal é nomeadamente o que acontece nos arts. 23º, nº 1 *a)*, 27º, nº 1 *a)* e, como já atrás aludido, no próprio art. 187º, nº 1, na fixação dos limites determinantes da constituição do dever[2332].

Em todos estes preceitos, o legislador procede à determinação, como direitos de voto contados como de um sujeito, os direitos de voto inerentes a participações detidas por outrem. Desta maneira se pretende evitar manobras defraudatórias que contornem o cumprimento deveres legais importantes, como o são os deveres de comunicação de participações qualificadas e o dever de lançamento de OPA. *Subjacente à utilização do art. 20º haverá sempre, nestes casos, uma ficção legal:* o conteúdo precetivo assente na referência ao art. 20º impõe-se ao intérprete, ainda que da relação subjacente não resulte, em concreto, qualquer poder de influência em benefício do titular de participação qualificada. *Há uma utilização plena da técnica de imputação vertida no art. 20º CVM.*

Aí será sempre necessário distinguir, demais, se a imputação normativa dos direitos de voto do terceiro na esfera jurídica do participante funciona também em sentido inverso. Este exercício apela para um juízo interpretativo de cada uma das situações descritas ao longo das alíneas do nº 1 do art. 20º, que sugerem resultados diversos[2333].

[2332] Cfr. *supra*, § 34º, 3.

[2333] Cfr. *supra*, § 30º, 3, com indicações bibliográficas.

IV – A par da técnica descrita relativa à imputação de direitos de voto, existe uma miríade de previsões legislativas que se refere ao art. 20º com objetivo diferente – aliás, não necessariamente ligadas a sociedades abertas.

Trata-se, de facto, de *demarcar normativamente uma zona de influência* próxima de uma pessoa, o que é feito para atingir as finalidades mais diversas. Como exemplos desta utilização do art. 20º cumpre referir, a título exemplificativo, os seguintes preceitos:

- art. 115º, nº 3: na fase de instrução do registo de oferta pública, é conferido à CMVM um poder de solicitação de informações ao círculo de pessoas que estejam com o oferente e com o emitente em alguma das situações previstas no art. 20º;
- art. 138º, nº 1 *e)*: o prospeto de oferta pública de aquisição deve indicar as pessoas que estão com o oferente em alguma das relações previstas no art. 20º;
- art. 162º: durante a fase de preparação de oferta pública de distribuição, cominam-se deveres de conduta ao emitente, ao oferente, ao intermediário e a pessoas que com estes estejam em alguma das situações previstas no nº 1 do art. 20º, deveres que se relacionam com a informação transmitida;
- art. 173º, nº 2: é vedada a aceitação de oferta pública de aquisição parcial por pessoas que estejam com o oferente em alguma das situações previstas no nº 1 do art. 20º;
- art. 180º: as transações feitas na pendência de oferta pública de aquisição sujeitam-se a restrições quanto ao mercado onde podem ser efetuadas e acarretam deveres de informação, quando realizadas pelo oferente e por pessoas que com este esteja em alguma das situações previstas no art. 20º;
- art. 186º: nos doze meses após o apuramento dos resultados de uma oferta pública de aquisição, fica o oferente e pessoas que com este esteja em alguma das relações previstas no art. 20º impedidas de lançar nova oferta sobre valores mobiliários da mesma categoria.

A caracterizar transversalmente esta utilização do art. 20º, está a cominação de deveres de conduta, de conteúdo positivo e negativo, em relação aos quais é irrelevante determinar em que sentido se joga a influência societária. Nestes casos, remete-se tão-só para um juízo relacional e não já para uma imputação de direitos de voto. Assim, aqui não está já, em sentido próprio, em causa uma ficção legal, porquanto a referência ao art. 20º é incorporada na previsão da norma, e não já na sua estatuição[2334]. *Estamos, pois, tão-só, perante situações de utilização parcial do art. 20º.*

Vem a propósito explicitar esta dupla utilização[2335] do art. 20º porque o art. 190º também se inclui neste último universo – ligado à demarcação relacional dos sujeitos próximos de titulares de participações qualificadas –, por motivos de seguida indicados.

V – A circunstância de o art. 190º, no seu nº 2, vedar a alienação do interessado na suspensão a pessoas que com ele se encontrem em alguma das situações previstas no nº 1 do art. 20º revela uma importância extrema para a compreensão do fundamento e do funcionamento do instituto da suspensão do dever. De facto, esta limitação do universo dos potenciais adquirentes atinge duas finalidades distintas: a um passo, *impõe que a alienação seja efectiva;* paralelamente, *previne a utilização da figura fora do domínio conjuntural* – no sentido, atrás explanado[2336], de domínio fortuito.

Quanto ao primeiro objetivo da norma, é fácil afirmar que esta impede que a alienação dos lotes acionistas sobrantes se faça a pessoas a quem os direitos de voto já eram imputados. Com efeito, tal frustraria sequer o abaixamento dos limites de voto: não se lograria *pôr termo à situação de domínio* preexistente, para empregar a formulação verbal do nº 1 do art. 190º.

Mas o nº 2 do art. 190º confessa, de igual maneira, uma suspeição relativamente às pessoas que tenham estabelecido qualquer relação (intersocietária ou contratual) com o interessado, que seja tida como relevante à luz da técnica mobiliária para a imputação dos direitos de voto. De facto, esta limitação à faculdade de alienação não consente a transmissão a terceiros que estejam com o interessado em alguma relação descrita no nº 1 do art. 20º, *ainda que a estes os direitos de voto respeitantes às ações excedentárias não fossem imputados.*

Repare-se que o art. 190º, nº 2 remete para um juízo relacional, ao referir-se às pessoas relacionadas com o adquirente de acordo com situações previstas no art. 20º, omitindo qualquer referência explícita quanto ao sentido da imputação dos direitos de voto. Assim, no âmbito da dicotomia atrás desvendada[2337], o art. 20º é referido na previsão do art. 190º como zona de influência próxima para

[2334] É certo não ser possível demonstrar que a influência que conduz à utilização do art. 20º, em concreto, inexiste: mas neste caso o sentido da estatuição desinteressa-se da morfologia do domínio (ou pressupõe-na: e a entender assim falar-se-ia de uma ficção legal de 2º grau).

[2335] Soares da Silva utiliza construção diversa, preferindo falar de uma tripla funcionalidade do preceito (*Algumas observações em torno da tripla funcionalidade da técnica de imputação de direitos de voto no Código dos Valores Mobiliários*, cit., 47-58).

[2336] Cfr. *supra*, § 35º, 4.

[2337] Cfr. *supra*, § 35º, 5. II-IV.

condicionar a legitimidade dos terceiros adquirentes, em prevenção da utilização abusiva do expediente da suspensão.

Este o modo de concretização, à luz do direito nacional, do conceito de terceiro com legitimidade para adquirir as ações excedentárias por forma a fazer cessar a suspensão do dever de lançamento de OPA. Embora não se exigindo o lançamento de uma oferta pública de venda, como se impõe no direito espanhol, acaba por se perfilhar fórmula que, resultando próxima da encontrada no direito alemão[2338], mostra em relação a este a diferença de a legitimidade do terceiro adquirente ser objeto de uma direta densificação, empreendida pela lei.

Para ilustrar o que acaba de ser dito, pode traçar-se um quadro de situações em que a limitação do art. 190º, nº 2 é posta à prova. Por comodidade de análise, partir-se-á sempre da situação em que dois sujeitos (A e *b*) detêm diretamente, cada um, ações representativas de 15% dos direitos de voto de uma sociedade aberta. Assim:

1ª hipótese: A e B celebraram um acordo de voto, o que – por força da imputação recíproca de direitos de voto – conduz a que ambos detenham 30% dos direitos de voto[2339]. A adquire, através de herança, mais um lote acionista representativo de 10% dos direitos de voto da mesma sociedade. Caso pretenda suspender o dever de lançamento de OPA, não poderá alienar a B, uma vez que tal não impediria que lhe fossem imputáveis, a ele e a B, os mesmos 40% de direitos de voto.

2ª hipótese: As ações de que B é titular são por ele detidas por conta de A. As regras de imputação, neste caso, determinam que a A sejam imputados 30% dos direitos de voto, mas a B apenas 15%[2340]. Se A adquirir, através de herança, mais um lote acionista representativo de 10% dos direitos de voto da mesma sociedade e quiser suspender o dever de lançamento de OPA, não poderá alienar a B, uma vez este se encontra em uma das relações previstas no art. 20º, o que justifica o receio do legislador que tal venha a consubstanciar uma influência de A no exercício dos direitos inerentes às ações que aliena a B.

3ª hipótese: As ações de que o Banco B é titular são por ele detidas por conta de A. Tal como no caso anterior, as regras de imputação determinam que a A sejam imputados 30% dos direitos de voto, mas a B apenas 15%. Se o Banco B, em virtude de um contrato de garantia de colocação, adquirir um conjunto de ações representativo de 10% dos direitos de voto da mesma sociedade e quiser suspender o dever de lançamento de OPA, não poderá

[2338] Cfr. *supra*, § 35º, 3., em particular II-III.

[2339] Cfr. art. 20º, nº 1 alínea *c)* CVM.

[2340] Cfr. art. 20º, nº 1 alínea *a)* CVM.

igualmente alienar a A, uma vez este se encontra em uma das relações previstas no art. 20º. A suspeição de aquisição premeditada, justificada objetivamente na relação fiduciária entre A e B, impedirá de igual modo o recurso à figura da suspensão. Aliás, de modo contrário, estaria aberta a porta para que a aquisição de B fosse feita em cumprimento de instruções de A, hipoteticamente para que a OPA fosse lançada por aquele a um preço inferior.

VI – Fique assegurado que do exposto não resultam dificuldades na concretização aplicativa do nº 2 do art. 190º do Código de tal monta que tolham a utilização de uma figura que, repisa-se, constitui uma válvula de escape do sistema, tendo neste de ser integrada interpretativamente para ser corretamente entendida. Aliás, um exemplo claro de alienação a terceiro, inatacavelmente subsumível ao nº 2 do art. 190º como modo de cessação dos efeitos do instituto da suspensão, diz respeito à alienação em oferta pública de aquisição. Se o dever de lançamento se constitui numa altura em que existe uma oferta pendente sobre a mesma sociedade, o interessado pode suspender o dever para alienar na OPA.

6. *A substituição no cumprimento do dever*

I – Uma rigorosa demarcação do âmbito da suspensão do dever de lançamento de oferta é auxiliada através da sua diferenciação, a traço grosso, em relação à substituição no cumprimento do dever.

No entanto, frise-se que a substituição, permitida no art. 191º, nº 2, do Código dos Valores Mobiliários, culmina no cumprimento do dever de lançamento de oferta, não se tratando por isso de uma técnica de exclusão do dever.

Nessa medida, a substituição do oferente não implica uma alteração ao conteúdo do dever a cumprir. Trata-se de mera vicissitude subjectiva concretizada na substituição da figura do oferente, supondo o lançamento em termos pelo menos tão favoráveis quanto os que decorreriam do lançamento pelo adquirente da fasquia relevante para a constituição do dever, designadamente quanto aos deveres de diligência envolvidos, quanto à correção da informação exigida ao longo da oferta e quanto à contrapartida a ser oferecida.

Este último dado, aliás, merece uma observação complementar. De facto, quando seja calculada a contrapartida mínima no âmbito de oferta lançada em substituição, *as referências feitas no art. 188.º ao oferente devem entender-se reportadas quer ao substituto, quer igualmente à pessoa substituída.* Só assim se logra um resultado aceitável do ponto de vista dos interesses protegidos com a estatuição do dever, conduzindo a que o expediente substitutivo não defraude as exigências de contrapartida mínima, seja por parte do oferente, seja por parte do sujeito obrigado ao lançamento da oferta.

II – A substituição pressupõe que ao oferente substituto não seja imputada, por via do art. 20º, a percentagem de votos que determinou a constituição do dever. Caso contrário, o oferente estará a cumprir um dever próprio, e não um dever alheio.

Havendo uma oferta dirigida em substituição, não pode falar-se em cumprimento por terceiro por não estarmos verdadeiramente perante uma obrigação em sentido técnico (não existe prestação), mas perante um dever legal. Mas, feita esta ressalva, pode dizer-se que a regra constante do art. 191º, nº 2, se encontra em estrita consonância com a concessão generalizada de legitimidade ativa reconhecida pelo direito português[2341].

Este confronto com o regime civil mostra um interessante ponto de contato com a ressalva da parte final do art. 767º, nº 2, CC, que impede o cumprimento por terceiro nomeadamente quando a substituição prejudique o credor. A este propósito, deve, em particular, frisar-se que da substituição não resulta prejuízo para os destinatários da oferta pública de aquisição, em virtude do dever de prestar caução do preço ou de bloquear a contrapartida em espécie (arts.177º, nº 2 e 178º, nº 1).

III – A oferta dirigida ao abrigo do art. 191º, nº 2, deve assumir desde o início a sua natureza. Não pode evidentemente uma oferta em curso ser ulteriormente tida como feita em substituição, ainda que o facto constitutivo do dever seja anterior[2342]. Por outras palavras, dir-se-á que a anterioridade do facto constitutivo do dever sobre a oferta funciona como condição necessária mas não suficiente para fazer funcionar o esquema do art. 191º, nº 2.

Adiantando um passo, pode mesmo afirmar-se que a substituição no lançamento da oferta *carece de uma declaração de substituição,* tal como sucede com a sub-rogação voluntária pelo devedor.

Com efeito, para permitir concluir que o obrigado originário se considera exonerado, é forçoso que se manifeste uma declaração de substituição no anúncio preliminar; na expressão do Código, o oferente substituído tem o ónus de se fazer substituir, isto é de emitir uma declaração pública de substituição no cumprimento do dever. Caso contrário, estar-se-á perante o lançamento de uma

[2341] Pessoa Jorge (autor, aliás, que chega a falar em *dispensa de legitimidade), Direito das Obrigações,* Lisboa (1975/1976), 329-332 (330); Menezes Cordeiro, *Direito das Obrigações,* Lisboa (reimp. 1994), 196-198.

[2342] Impor-se-ia, claro está, solução diversa na situação de a alienação do lote de domínio ser feita pelo obrigado originário ao oferente, uma vez que aí estaria já em causa, não apenas o cumprimento de um dever alheio, mas também o cumprimento de um dever próprio – o que impediria a retirada da oferta em curso, embora modificasse a sua natureza, de voluntária para obrigatória.

oferta que não provoca qualquer efeito extintivo quanto ao dever de lançamento do adquirente anterior.

IV – Ensaiando um sintético exercício comparativo entre a suspensão e a substituição, importa ainda salientar alguns pontos distintivos entre as duas figuras.

Por um lado, a substituição envolve sempre lançamento de OPA; todavia, a suspensão do dever pode não envolver lançamento de oferta. Como já foi afirmado, na suspensão *pretende-se "pôr termo à situação" que gerou a obrigatoriedade, e não substituir a pessoa do oferente.*

De outro lado, ainda que a suspensão envolva o lançamento de oferta pública de aquisição, pode compreender uma dilação temporal maior até à sua realização que o verificado na substituição. Se houver substituição, o oferente substituto deve publicar o anúncio preliminar imediatamente, conforme dispõe o art. 191º; ao invés, tratando-se de suspensão, o obrigado goza de um período de 120 dias encontrar um adquirente dos valores mobiliários que determinam a constituição do dever. Logo que esse adquirente, por seu turno, ficar constituído no dever de lançamento de oferta em virtude da transmissão, está forçado a apresentar o anúncio preliminar de OPA.

Este confronto entre a suspensão e a substituição revela incontornáveis consequências interpretativas em situações de potencial concurso entre os dois expedientes. Esta deixa intocados os interesses dos destinatários da oferta, representando um meio de cumprimento do dever; aquela constitui uma válvula de escape ao dever, de natureza excecional e de desfecho incerto. Assim, em caso de potencial concurso entre ambas as figuras, deve entender-se que os efeitos da suspensão são anulados pelas consequências da substituição, tornando aquela figura *implicitamente subsidiária em relação à substituição.*

§ 36º Consequências do incumprimento do dever de lançamento de oferta pública de aquisição

1. *Razão de ordem*

I – A primeira anotação a consignar em tema das consequências sobre o não cumprimento do dever consagrado no art. 187º prende-se com a validade das aquisições efetuadas. Se, após uma aquisição de valores mobiliários em montante quantitativamente relevante, não é publicado o anúncio preliminar de OPA, não resulta prejudicada a validade da mencionada aquisição. De outro modo dito, o Direito não reage perante esta aquisição acima dos limiares de OPA estabelecendo uma invalidade do negócio aquisitivo.

Esta solução representa um *desvio à regra do artigo 294. ° do Cod. Civil.* Embora estejamos perante a violação de normas injuntivas (a saber, os arts. 187º e seguintes CVM), tal não gera a invalidade dos negócios aquisitivos não legitimados através do lançamento de uma subsequente oferta.

O fundamento para esta conclusão é sobretudo de ordem pragmática. Tratando-se de negócios em massa, é difícil promover a sua anulação ou declaração de nulidade: lembre-se, a propósito, que as mais das vezes em causa estão negócios celebrados em mercado, o que dificulta sobremaneira a detecção da identidade das partes contratantes.

II – Interessa, ainda, preliminarmente, determinar quando é que o incumprimento ocorre, uma vez que há consequências automaticamente desencadeadas a partir desse momento.

Ora, o artigo 191º CVM estabelece que em caso de OPA obrigatória o anúncio deve ser publicado logo após a verificação do facto que determinou a ultrapassagem da fasquia de obrigatoriedade.

Por outro lado, o artigo 388º nº 3 refere que se a lei ou regulamento exigirem que um dever seja cumprido num determinado prazo, considerase que existe incumprimento logo que o prazo tenha sido ultrapassado.

Por conseguinte, se tiver decorrido um lapso de tempo curto após a ultrapassagem do limiar percentual relevante sem publicação do anúncio preliminar, em articulação dos arts. 388º e 191º, ocorre uma situação de incumprimento.

2. *As sanções; níveis de eficácia sancionatória*

I – O incumprimento do dever de lançamento de OPA desencadeia consequências a três níveis diversos: contra-ordenacionais, civis e societários. Interessa, pois, percorrê-los de seguida.

Em primeira linha, o não cumprimento do dever de lançamento sujeita os infratores a responsabilidade contra-ordenacional, concretizada nomeadamente na aplicação da correspondente coima. Com efeito, o art. 393º, nº 2 alínea *h)* considera a situação de falta de lançamento de OPA obrigatória como sendo uma sanção contra-ordenacional muito grave, sujeitando o infrator a uma coima que pode ir até aos 5 milhões de euros.

II – A sujeição a responsabilidade civil por parte do infrator é diretamente esclarecida pelo art. 193º[2343].

No tocante à legitimidade para o exercício de pretensões indemnizatórias, este preceito indica que todas as pessoas que seriam destinatárias da OPA têm

[2343] A propósito, sustentando a admissibilidadede execução específica do dever de lançamento de OPA, v. Pedro Pais de Vasconcelos, *Concertação de acionistas, exoneração e OPA obrigatória*, 40-49.

essa legitimidade. Ou seja, todos os titulares de ações, obrigações convertíveis em ações, obrigações com warrant, warrants próprios emitidos pela própria sociedade visada podem demandar os infratores para uma reparação dos danos sofridos em virtude do não lançamento de oferta.

Para uma determinação da medida do dano, importa articular o art. 193º com a prescrições vigentes em matéria de contrapartida mínima. Assim, o infrator deve indemnizar pelo que seria devido se a OPA fosse efectivamente lançada – valendo aqui, por analogia próxima, a *ratio* que subjaz ao art. 192º, nº 2 alínea *a)*. Em suma, a medida de dano é aferida pelo preço que seria pago se o dever tivesse sido cumprido atempadamente.

III – Embora a aquisição de valores mobiliários acima da percentagem crítica seja válida, a lei determina uma redução da potencialidade de aproveitamento das faculdades inerentes aos valores mobiliários adquiridos em contravenção ao art. 187º. Nesta linha, o artigo 192º vem determinar uma vicissitude nos valores mobiliários, cuja aquisição foi constitutiva do dever de lançamento de OPA: os seus direitos de voto e os dividendos a que dão direito ficam suspensos.

Esta vicissitude só incide sobre a quantidade marginal de valores mobiliários cuja aquisição determinou o dever de lançamento de OPA.

Assim, se por exemplo uma pessoa adquire 40% de ações de uma sociedade aberta com direitos de voto sem lançar OPA, impõe-se distinguir. Até um terço dos direitos de voto, essa aquisição seria lícita; o artigo 192º só incide sobre os 6,66% restantes.

IV – A descrita vicissitude dos valores mobiliários adquiridos em violação ao dever consagrado no art. 187º apresenta três características: a seletividade, a subjectividade e a provisoriedade.

Em primeiro lugar, trata-se de uma vicissitude seletiva: apenas incide sobre ações, só altera uma parcela do seu conteúdo e a modificação do conteúdo das ações só atinge a quantidade marginal que determinou a constituição do dever de lançamento de OPA.

Além disso, o art. 192º determina uma *vicissitude subjectiva.* A alteração ao conteúdo das ações é estabelecida em função do titular daqueles valores mobiliários adquiridos, de acordo com o art. 192º, nº 2 b). Se essa pessoa alienar as ações inibidas, a aquisição por um terceiro é uma aquisição *plena,* com todas as faculdades inerentes aos valores mobiliários. A vicissitude desaparece com a transmissão a terceiro. Note-se, porém, que este terceiro não pode estar concertado com o infrator, no âmbito de artigo 20º. Se assim não fosse, ainda estaríamos no âmbito da mesma pessoa que tinha o dever de lançamento de OPA obrigatória.

Por fim, estamos perante uma *vicissitude temporária*. O art. 192º não determina uma alteração permanente, para todo o sempre, do conteúdo dos valores mobiliários; é tão só uma alteração temporária do conteúdo dessas ações.

Desta caracterização apuram-se três formas de cessação da inibição, de seguida enunciadas.

1. O art. 192º, nº 2 refere que a inibição dos direitos de voto e dos direitos aos dividendos vigora durante 5 anos, contados a partir do incumprimento. Este ponto é importante, porque a inibição é *automática:* não precisa de ser declarada pela CMVM, pelos tribunais ou pelo presidente da mesa da assembleia geral. Assim, a partir do momento em que há incumprimento contam-se 5 anos de suspensão dos direitos de voto e dos dividendos, o que constitui um prazo a servir de penalização bastante para o infrator. Logo, a primeira causa de extinção de eficácia da vicissitude mobiliária em apreço é o decurso do prazo de 5 anos contados desde a data em que se verificou o incumprimento.
2. Outra causa que pode determinar o fim desta modificação do conteúdo dos valores mobiliários é, evidentemente, o cumprimento do dever. Se, embora tardiamente, é efetuada a publicação do anúncio preliminar e o subsequente lançamento da oferta, nos termos em que, ao nível do preço e do objeto, a oferta seria devida (arts. 187º e 188º), fica sanada a inibição e retomado o pleno exercício das participações sociais.
3. Por fim, a alienação dos valores mobiliários atingidos a terceiros será, como vimos, válida. Demais, na medida respetiva, faz desaparecer a suspensão dos direitos de voto e dos dividendos. Ressalva-se, de novo, a alienação feita a pessoa em concertação, nos termos do art. 20º: esta não interrompe a suspensão de direitos.

3. *O âmbito de suspensão do conteúdo dos valores mobiliários*

I – A suspensão do art. 192º abarca todas as ações cuja aquisição determinou a ultrapassagem da fasquia constitutiva do dever de lançamento de OPA: atinge, pois, todos os infratores.

De todo o modo, o preceito faz uma distinção conforme sejam titulares *diretos* de ações, ou titulares *não diretos* de ações (agindo concertadamente), fazendo neste caso uma redistribuição proporcional da medida da inibição para repor a fasquia no máximo permitido sem lançamento de OPA.

II – Quanto à delimitação do âmbito objetivo da vicissitude, importa notar que o art. 192.º incide sobre os direitos de voto e os direitos aos dividendos.

Da afetação d*os direitos de voto* resulta que o infrator não pode exercer mais o que os direitos de voto relativos às ações que lhe seria permitido adquirir sem o lançamento da OPA. No entanto, este efeito tem implicações em relação a todos os outros acionistas. Uma vez que há uma paralisação dos direitos de voto de uma parte das ações, temos também (como já vimos acontece na aquisição de ações próprias) uma *redução do universo dos direitos de voto:* isso significa, para os outros sócios que não os sócios infratores, um aumento proporcional dos direitos de voto em termos percentuais detido na sociedade visada.

Uma pessoa chave no contexto da inibição dos direitos de voto e na quantificação dos direitos de voto inibidos é o *presidente de mesa da assembleia geral.* Trata-se da pessoa que, na virtude do sistema societário, tem em suas mãos o cálculo dos direitos de voto que são imputáveis a cada um dos acionistas. Tal revela-se importante, em vista do art. 192.º, n.º 4, que estatui que *"uma deliberação que é tomada com votos inibidos, se esses votos são decisivos para fazer aprovar a deliberação, essa deliberação é anulável".* A sua função fiscalizadora do regular funcionamento da assembleia, também nesta vertente, é decisiva.

Por outro lado, os dividendos que pertenciam àquele que faltou ao dever de OPA devem reverter a favor da sociedade: esta é a solução decorrente do art. 192.º, n.º 5.

III – Cabe, ainda, fazer uma distinção final entre os direitos reflexamente atingidos, e os direitos imunes à situação de incumprimento.

Interessa, em primeiro lugar, chamar a atenção para os direitos não diretamente atingidos pela situação de incumprimento, mas apenas indiretamente. As posições jurídicas aqui incluídas são as seguintes: o direito de exercício do warrant quando o ativo sbjacente seja constituído por ações da sociedade visada; o direito à conversão de obrigações convertíveis em ações detidas pelo infrator pode ser exercido; e o direito à subscrição preferencial em caso de aumento de capital.

Todos estes direitos podem ser exercidos pelo infrator. No entanto, em relação a todas as ações adquiridas através do seu exercício (através de *warrant,* em caso de conversão das obrigações convertíveis em ações e em caso de subscrição preferencial) estas resultam afectadas nos seus direitos ao lucro e nos seus direitos de voto. Permite-se a aquisição destes valores mobiliários, mas o seu conteúdo é de novo afetado, como rege o artigo 192, nº 1 *b).*

Por último, cabe frisar que a seletividade da suspensão dos direitos tem reflexos num conjunto de direitos inerentes às ações adquiridas que se mantêm inalterados. Aqui cabem, nomeadamente: o direito à quota da liquidação; o direito à transmissão de ações (recorde-se que a inibição cessa com a transmissão, como notado); e o direito à informação societária respeitantes às ações adquiridas em situação de incumprimento.

Capítulo XI
Deveres de Informação e Responsabilidade Civil

§ 37º Os deveres de informação

1. *Os deveres de informação e a génese histórica da disciplina*

I – Mercê da dinâmica muito acelerada dos mercados de instrumentos financeiros, os investidores, os intermediários financeiros e os demais agentes do mercado são confrontados em contínuo com decisões sobre a afetação das aplicações financeiras, para o aproveitamento de oportunidades ou para a redução do risco. Para que tal ocorra regularmente, é decisivo que haja um fluxo contínuo de informação, seja a servir a proteção da confiança dos investidores, ao favorecer decisões de investimento informadas e a tornar mais remota a celebração inadvertida de negócios sobre valores mobiliários a preços desajustados, seja a acautelar um funcionamento mais eficiente dos mercados.

A informação constitui, assim, um tema transversal do Direito dos valores mobiliários. As suas implicações atingem praticamente todos os aspetos desta disciplina, aí cabendo nomeadamente o regime dos mercados, da intermediação e das ofertas públicas, o sistema de supervisão e o direito penal mobiliário. Cabe, pois, lembrar preliminarmente alguns traços fundamentais quanto à história do seu tratamento normativo e quanto ao método para a sua abordagem jurídica.

II – Os deveres de informação ligam-se a vetores profundos da génese da disciplina do mercado de capitais. Como foi exposto[2344], o grande avanço do

[2344] Cfr. *supra*, § 2º, 2.

direito dos valores mobiliários foi conquistado nos anos 1930 e teve como palco os E.U.A., com a plena instauração de um sistema de *full disclosure*. Embora a ideia de um prospeto obrigatório fosse originariamente britânica, foi o pleno aproveitamento deste instrumento e dos deveres de informação adjacentes, estendidos aos intermediários financeiros, e sob a fiscalização de uma autoridade de supervisão independente, a marcar o sistema norte-americano, e a determinar influências decisivas nos sistemas mobiliários europeus[2345].

Um dos legados mais significativos do sistema anglo-americano de *full disclosure* liga-se ao facto de este não implicar uma análise de mérito sobre as ofertas relativas a valores mobiliários. Apesar da distinção, aí esboçada, entre as ofertas públicas e particulares – com a maior densidade informativa a recair nas primeiras[2346] –, a verdade é que o sistema norte-americano não pressupõe uma aferição da bondade económica da oferta, ou da solidez financeira do emitente: limita-se a verificar que os deveres de informação estão cumpridos.

Este vector é revelador, em termos mais amplos, e mostra influência na função atribuída pela informação no direito português. Com a cominação de uma malha apertada de deveres ligados à informação não se anula o risco do investimento; o que interessa sobretudo é tornar visível e transparente esse mesmo risco para que os investidores possam tomar uma decisão de aforro esclarecida.

Assim, tal como sucede em outros ramos do Direito privado, são, à partida, lícitas as decisões irracionais do ponto de vista económico, ainda que potenciando prejuízos[2347]. Impõe-se, no entanto, que se assegurem condições informativas para que a decisões dos investidores não-profissionais sejam esclarecidas.

III – Se olharmos ao conjunto de deveres de informação, conclui-se com nitidez não existir uma função única que lhes seja assinalada. A título de exemplo, a informação económico-financeira das sociedades procura reflectir os resultados da gestão, ao passo que as comunicações sobre participações qualificadas têm como objeto tornar pública a identidade dos sujeitos que podem mostrar influência nas sociedades abertas. Há, ainda, deveres de informação específicos que, por seu turno, servem finalidades diversas.

Numa apreciação global, porém, pode afirmar-se que as regras sobre informação procuram servir uma quádrupla função: prosseguir objetivos de proteção

[2345] Hahlo, *Cases and Materials on Company Law*[3], London (1987), 179-193; Heinz-Dieter Assmann, *Prospekthaftung*, Köln/Berlin/Bonn/München (1985), 39-66; Louis Loss, *Fundamentals of Securities Regulation*, Boston/Toronto (1983), 1-7.

[2346] Cfr. *supra*, § 31º.

[2347] Osório de Castro, *A Informação no Direito do Mercado de Valores Mobiliários*, *Direito dos Valores Mobiliários*, I (1997), 336-337.

dos investidores, de robustecimento da governação, de defesa do mercado e de prevenção de ilícitos.

Assim, a um tempo, as regras informativas constituem um instrumento de proteção dos investidores, uma vez que estes poderão avaliar melhor os riscos de ganhos e de perdas ligados ao seu investimento se estão permanentemente informados sobre o mesmo, podendo, em consequência, agir mais eficientemente na defesa dos seus interesses.

Há, paralelamente, que recordar que a maximização de informação constitui uma trave mestra do sistema de governação dos emitentes[2348].

Com efeito, a transparência das decisões empresariais e a divulgação imediata dos indicadores do desempenho servem de base para o escrutínio da gestão e, com isso, favorecem o efeito disciplinador do mercado de capitais.

A outro tempo, os deveres de prestação de informação salvaguardam o regular e eficiente funcionamento dos mercados. Com efeito, e em primeira linha, cumprem o objetivo de assegurar uma igualdade de oportunidades na realização de decisões de investimento, para que a informação relevante seja acessível a todos em termos imediatos e paritários, contribuindo para a redução do risco de utilização de informação privilegiada. Além disso, a informação procura contribuir para uma adequada formação dos preços[2349], através do estabelecimento dos alicerces necessários para que a eficiência dos mercados seja assegurada normativamente, através de um amplo e eficaz conjunto de deveres informativos. A este desiderato legislativo subjazem razões económicas, na medida em que a obrigação de prestar informação ao mercado acaba por reduzir os custos que os investidores suportam na sua obtenção para a tomada de decisões de investimento[2350].

Paralelamente, são reduzidos os custos de capital na obtenção de financiamento pelas empresas[2351].

[2348] MERRITT FOX, *Required Disclosure and Corporate Governance*, em KLAUS HOPT/HIDEKI KANDA/ /MARK ROE/EDDY WYMEERSCH/STEFAN PRIGGE, *Comparative Corporate Governance. The State of the Art and the Emerging Research*, cit., 701-718.

[2349] PAULO CÂMARA, *Deveres de informação e formação de preços no direito dos valores mobiliários*, Cadernos MVM, nº 2 (1998), 79-94; Id., *Vocação e influência universal do corporate governance: uma visão transversal sobre o tema*, em *O Governo das Organizações*, (2011), 26-30.

[2350] Afirma JOHN COFFEE JR.: *the SEC's mandatory disclosure system represents the lower cost means of correting the market's failure to provide adequate securities research and verification* (RICHARD W. JENNINGS/ /HAROLD MARSH JR./JOHN COFFEE JR., *Securities Regulation – Cases and Materials*[7], Westbury, N.Y. (1992), 228-229). Cf. ainda Id., *Market Failure and the Economic Case for a Mandatory System*, in *Virginia Law Review* nº 70 (1984), 717-ss.; GIULIO VESPERINI, *La Consob e l'Informazione del Mercato Mobiliare*, Padova (1993), 118-123.

[2351] JENS WÜSTERMANN/JANNIS BISHOF/CHRISTOPHER KOCH, *Regulierung durch Transparenz – Ökonomische Analysen, empirische Befunde und Empfehlungen für eine europäische Kapitalmarktregulierung*,

Por fim, os deveres de informação cumprem uma finalidade preventiva de irregularidades e de ilícitos[2352]. A génese oitocentista, em território britânico, dos deveres de informação visou precisamente expor, de modo público, os negócios fraudulentos ligados às *joint stock companies,* para evitar a sua ocorrência. Esse foi o contexto histórico (meados do século XIX) em que foi cunhada a lapidar frase de GLADSTONE: *publicity is all that is necessary, show up the roguery and it is harmless*[2353]. Este momento histórico assinala a descoberta do efeito que a informação, graças à censura social, pode projectar no comportamento dos agentes do mercado, no sentido de contramotivar atos ilícitos ou irregulares. Mais tarde, a mesma ideia de fundo foi retomada na celebrada expressão de LOUIS BRANDEIS: *Publicity is justly commended as a remedy for social and industrial diseases. Sunlight is said to be the best of desinfectants; electric light the most efficient policeman*[2354].

2. *A informação e a análise económica do direito: uma introdução*

I – A informação no mercado de valores mobiliários oferece um importante campo aplicativo dos dados atuais relativos à análise económica do direito. Com efeito, a consideração pela eficiência das soluções normativas é cada vez mais incontornável e atual – tendo no domínio dos deveres de informação um excelente laboratório de trabalho[2355].

II – A premissa de partida é a de que o preço nos mercados incorpora a informação disponível sobre os valores mobiliários. Em termos muito simplificados: se a informação colhida pelo investidor o conduz à conclusão que determinado

em KLAUS HOPT/RÜDIGER VEIL/JÖRN AXEL KÄMMERER, *Kapitalmarktgesetzgebung im Europäischen Binnenmarkt,* Tübingen (2008), 3-18.

2352 LOUIS LOSS, *Disclosure as Preventive Enforcement,* in KLAUS HOPT /GUNTHER TEUBNER (org.), *Corporate Governance and Diretors' Liabilities,* Berlin/New York (1985), 327-337.

2353 A expressão foi recolhida por KNAUS, *A reappraisal of the role of disclosure, Michigan LR* 62 (1964), 611, citado por HEINZ-DIETER ASSMANN, *Prospekthaftung,* cit., 94.

2354 LOUIS BRANDEIS, *Other People's Money and How Bankers Use It,* Boston/New York (1914, reimp 1995), 89. O autor foi conselheiro do Presidente norte-americano Woodrow Wilson, designado como juiz do Supreme Court em 1916, sendo um dos pensadores mais influentes da doutrina do *full disclosure* do início do século XX.

2355 FRANK EASTERBROOK/DANIEL FISCHEL, *Mandatory Disclosure and the Protection of Investors, Virginia LR* Vol. 70 nº 4 (1984) 669-715; JOHN C. COFFEE JR., *Market Failure and the Economic Case for a Mandatory Disclosure System,* Virginia LR 70 (1984), 717-753; GREGORY F. MAASSEN/FRANS A. J. VAN DEN BOSCH/HENK VOLBERDA, *The importance of disclosure in corporate governance self-regulations across Europe: A review of the Winter Report and the EU Plan, International Journal of Corporate Governance* Vol. 1 n. 2 (2004), 146-15; PAUL G. MAHONEY, *Mandatory Disclosure as a Solution to Agency Problems, University of Chicago LR* Vol. 62 (1995) 1047-1112; Entre nós: FILIPA FERRO DOS SANTOS, *Importância da informação no mercado de capitais,* RDS 2 (2018), 363-393.

valor mobiliário está subavaliado, haverá uma tendência para a aquisição daquele ativo, na perspetiva de uma futura valorização – o que, por sua banda, ao pressionar a procura, levará a um aumento dos preços. Inversamente, se a informação induz no sentido de que certos valores mobiliários estão sobreavaliados (em virtude, por exemplo, de uma deficitária situação financeira da entidade emitente), a tendência será a de desinvestir: a descida de cotações será, nesse caso, inevitável. Os preços no mercado tenderão, por isso, a reflectir a informação disponível no mercado no tocante à avaliação dos valores mobiliários. É em torno destes corolários que se estrutura o denominado paradigma da eficiência dos mercados (*efficient-market hipothesis*)[2356].

É certo que se deve evitar uma conceção absolutista deste paradigma. Sabe-se, com efeito, a literatura sobre finanças comportamentais tem demonstrado que nem sempre os preços incorporam racionalmente a informação disponível, já que os investidores atuam frequentemente em termos irracionais[2357]. Mas – por relevante que seja esta corrente científica, designadamente na conceção de modelos de gestão de ativos – tal não coloca em causa o fundamento das exigências informativas vigentes.

Assim, é importante que o preço de mercado reflicta toda a informação de que rodeia o ambiente dos valores mobiliários em questão. Quanto mais rigorosa a informação, mais eficientes podem ser as decisões dos investidores, do ponto de vista da alocação dos seus recursos. Este ponto documenta-se na circunstância de, em sociedades com maus resultados, se a informação é prestada corretamente, tornar-se-á desinteressante para os investidores – pelo que, em resultado do equilíbrio entre oferta e procura, o preço dos valores mobiliários tenderá normalmente a descer. Desta perspetiva, o mercado revela uma função disciplinadora, penalizando as sociedades que revelem um desempenho menos positivo, função essa que apenas opera se apoiada num sistema informativo eficaz e rigoroso[2358].

III – Apesar deste enunciado geral, a concreta conformação e o grau de exigência dos deveres de informação podem determinar implicações sensíveis do ponto de vista dos custos para os correspondentes sujeitos passivos. Assim, no plano pré-legislativo, em aplicação das bitolas gerais da proporcionalidade,

[2356] Eugene F. Fama, *Efficient Capital Markets: A Review of Theory and Empirical Work*, in *Journal of Finance* (1970), 383-417; Id., *Efficient Capital Markets: II, The Journal of Finance* Vol. XLVI nº 5 (1991), 1575-1617; Katja Langenbucher, *Aktien- und Kapitalmarktrecht*, München (2008), 6-9.

[2357] Clara Martins Pereira, *Reviewing the literature on behavioural economics, Capital Markets Law Journal* Vol. 11:3 (2016) 414-428.

[2358] O mercado de controlo das sociedades só funciona regularmente, se for alicerçado num habitat informativo adequado: cfr. sobre o tema *supra*, § 29º, 5. e § 33º, 4.

importa avaliar se cada exigência informativa corresponde a um benefício claramente identificável, em proteção do mercado ou dos investidores, e em tese superior ao custo que o cumprimento do dever informativo acarreta[2359].

Além disso, no tocante aos deveres de informação periódicos sobre as sociedades, é reconhecido que uma periodicidade excessivamente apertada nos deveres de prestação de informação financeira pode, em alguns casos – e nomeadamente quando associadas a esruturas de remunerações dos administradores baseadas na atribuição de ações ou de direitos sobre ações da empresa –, induzir a uma visão de curto prazo na gestão societária (*earnings management*)[2360].

Intuem-se, a partir daqui, as dificuldades na conceção e na aplicação de uma política regulatória mobiliária, no âmbito dos deveres de informação – razão pela qual os estudos empíricos, de natureza económica, se revelam de extrema utilidade. O desenvolvimento seguinte auxiliará a compreendê-lo.

3. *Os deveres gerais de informação*

I – Na análise do regime dos deveres de informação importa articular, de um lado, os *dados gerais* sobre a informação que é divulgada no mercado, ainda que voluntária e espontaneamente, e, de outro lado, os dados que governam *em particular* os deveres de informação.

Impõe-se esta análise dual pela coexistência, no direito português, de deveres de informação e de regras sobre a informação transmitida sob impulso voluntário.

II – O art. 7º do Código dos Valores Mobiliários, tendo por epígrafe a *qualidade da informação,* dedica-se a enunciar as exigências gerais que a informação deve revestir para se configurar juridicamente como *informação de qualidade.* Computam-se, segundo este dispositivo, seis imposições gerais no tocante à informação: a completude; a veracidade; a atualidade; a clareza; a objetividade e a licitude[2361].

Estes critérios são estipulados tendo em vista a formação de uma esclarecida decisão de investimento. O critério de exigência da qualidade da informação atende, neste quadro, ao investidor médio e às suas necessidades para formar uma decisão de investimento esclarecida.

[2359] Jorge Miranda/Rui Medeiros, *Constituição Portuguesa Anotada,* Vol. III (2007), 572.

[2360] Como ilustração empírica: Christian Leuz/Dhananjay Nanda/Peter D. Wysocki, *Earnings Management and Investor Protection: An International Comparison* (2002); Terry Warfield/Qiang Cheng, *Equity Incentives and Earnings Management* (2004).

[2361] Sobre o conteúdo de cada uma destas exigências: Pedro Boullosa Gonzalez, *Qualidade da Informação, Cadernos MVM,* nº 49 (dez.-2014), 8-17; Carlos Costa Pina, *Dever de Informação e Responsabilidade pelo Prospeto no Mercado Primário de Valores Mobiliários,* cit., 39-48.

Tal enunciado vale, em geral, para toda informação obrigatória, e ainda para a informação facultativa que seja susceptível de influenciar as decisões dos investidores ou que seja prestada às autoridades de supervisão e às entidades gestoras de mercados, de sistemas de liquidação, e de sistemas centralizados de valores mobiliários (art. 7º, nº 1). De resto, idênticas exigências são reiteradas, a propósito dos deveres de informação no prospeto (arts. 135º, nº 1 e 393º, nº 2 d))[2362].

Importa deixar claro que o art. 7º não configura uma fonte autónoma de deveres de informação; apenas opera em articulação e em complemento com os normativos que estabelecem deveres de informação para, em relação a estes, disciplinar o critério de qualidade informativa à luz do qual o cumprimento dos deveres de informação é avaliado[2363]. Do mesmo modo, afirma Ferreira de Almeida que o art. 7º não se apresenta nem como norma de imputação de responsabilidade civil nem sequer como norma de proteção, "*porque só funciona em conjugação com normas concretas prescritoras de deveres de informação*"[2364].

III – Por fim, tenha-se em conta que a violação de deveres de informação mobiliários corresponde a um ilícito de mera ordenação social, de acordo com o catálogo sancionatório previsto no Título VIII do Código (cfr. nomeadamente o art. 389º).

Os deveres de informação mobiliários sujeitam-se, assim, ao princípio da tipicidade[2365], o que supõe, por parte do operador jurídico, uma interdição da analogia e, por parte do legislador, uma forçosa determinação da correspondente previsão legislativa. Convém anotar, não obstante, que os deveres mobiliários de informação assentam, em larga medida, em cláusulas gerais (arts. 311º-312º-G CVM e 17º do Regulamento europeu sobre Abuso de Mercado).

4. *A informação previsional*

I – A previsão é juridicamente considerada como informação. Quando uma empresa afirma antecipar um determinado resultado financeiro ou adianta dados previsionais sobre a evolução da sua atividade, presta informação[2366].

[2362] Cfr. *infra*, § 38º.

[2363] Do mesmo modo: Acórdão do Supremo Tribunal de Justiça de 5 de abril de 2016 (Proc. 127.10.0/TBPDL.L1.S1) (Garcia Calejo).

[2364] Carlos Ferreira de Almeida, *Normas de imputação e normas de proteção no regime de responsabilidade civil extracontratual pela informação nos mercados de valores mobiliários*, DSR Vol. 16 (out.-2016), 31.

[2365] Em geral: Figueiredo Dias, *Direito Penal. Parte Geral*^{2}, I (2007), 188-193. Quanto ao direito contra-ordenacional: Maria da Glória Garcia/António Cortês, *Anotação ao art. 266º CRP*, em Jorge Miranda/Rui Medeiros, *Constituição Portuguesa Anotada*, Vol. III (2007), 562-563.

[2366] International Capital Markets Group, *Prospective Financial Information*, ICMG (1998).

A informação previsional apresenta, todavia, uma estrutura mais complexa do que a informação comum, na medida em que representa, estruturalmente, uma projeção ou uma estimativa sobre um desenvolvimento futuro, não verificável à data em que a informação é produzida, e que é apoiada ou resulta de uma base fáctica.

Assim entendida, a informação previsional pode ser quantitativa ou qualitativa, consoante respetivamente resulte em dados numéricos ou não.

II – Como se adivinha, o principal problema que a informação previsional suscita é o da conjugação com os critérios gerais do art. 7º[2367].

Nas indicações específicas que o Código dispensa sobre esta matéria resulta, como preocupação fundamental, a imposição de *objetividade e clareza da previsão* (cfr., por ex.: art. 135º, nº 2). Destaque-se que a inclusão de previsões no prospeto deve obediência ao nº 13 do Anexo I do Regulamento (CE) nº 809/2004, de 29 de abril, obrigando nomeadamente a uma verificação do auditor independente que ateste que a previsão ou estimativa foi realizada de forma adequada a partir dos pressupostos declarados e que a base contabilística utilizada para a previsão ou estimativa de lucros é coerente com as políticas contabilísticas do emitente.

Interessa sobretudo precisar o que significa, neste contexto, a exigência de *objetividade da previsão informativa*.

A este propósito, no contexto norte-americano tem sido desenvolvida a *bespeaks caution doctrine*. Segundo esta corrente, uma formulação linguística suficientemente cautelosa pode servir de mecanismo excludente de responsabilidade. Nesse caso, a previsão deixa de ser considerada enganadora, afastando por isso a ilicitude da divulgação informativa[2368]. Retenha-se, porém, que esta teoria apenas cobre previsões e projecções, não atingindo informação fatual ou declarações cuja inveracidade seja conhecida pela sociedade ao momento em que são proferidas[2369].

Embora porventura útil para os redatores de informação a divulgar ao mercado, em última análise, a *bespeaks caution doctrine* deixa ainda por saber qual o critério de ilicitude da previsão. A propósito, uma outra orientação geral, proposta por LANGEVOORT, para descortinar o carácter enganador da informação, é a de avaliar se a informação em causa teria sido divulgada se *não* houvesse um

[2367] Quanto ao direito alemão: RÜDIGER VEIL, *Prognosen im Kapitalmarktrecht*, AG (2006), 690-697.

[2368] THOMAS LEE HAZEN, *The Law of Securities Regulation*[4], St. Paul/Minn. (2002), 165-167; SUSANNA RIPKEN, *Predictions, Projections, and Precautions: Conveying Cautionary Warnings in Corporate Forward-Looking Statements, University of Illinois Law Review*, nº 4 (2005), 929-988.

[2369] THOMAS LEE HAZEN, *The Law of Securities Regulation*[4], cit., 166.

intuito de enganar os investidores[2370]. Mas a tarefa delimitativa proposta, ao ser apoiada num juízo subjetivista, torna-se de difícil operatividade.

O essencial parece, assim, residir na idoneidade da informação divulgada para fundar juízos de inferência previsional insuficientemente apoiados. Para que a previsão se possa considerar objetiva, é necessário que a base empírica de que se parte, disponível à data da divulgação da informação, constitua informação que obedeça aos critérios do art. 7º. Além disso, importa que a relação estabelecida a partir dessa base para extrapolar uma previsão deve ter uma relação adequada (cfr., de novo, o art. 135º, nº 2 e 13.3 do Anexo I ao Regulamento (CE) nº 809/2004, de 29 de abril[2371]).

A concretização das gerais exigências informativas no âmbito das previsões, em qualquer caso, é revestida de dificuldade. Por esse motivo, o Regulamento do Prospeto comina o dever de as previsões serem objeto de um relatório elaborado por um auditor (13.2 do Anexo I ao Regulamento (CE) nº 809/2004, de 29 de abril).

Além disso, a divulgação de informação previsional determina o dever de publicação de adenda, ao abrigo do art. 2º *b)* Regulamento Delegado (UE) 383/2014.

Lembre-se que uma previsão lícita pode, a final, não ser atingida. Dito de outro modo, uma previsão que cumpra as regras informativas do art. 7º e 135º, pode, por circunstâncias imponderáveis, não se verificar. Seja como for, o momento para se aferir da correção informativa da previsão é aquele em que a previsão é apresentada e não a altura, temporalmente posterior, em que pode verificar-se se o evento previsto se concretizou ou não.

Pese os limites da sua intervenção, a intervenção do auditor aumenta, de um lado, a probabilidade de correção técnica da previsão, mas também significa um reforço ao nível da responsabilidade da pessoa que vai emitir a sua opinião sobre respetivos pressupostos. Recorde-se, aliás, que o auditor é um dos sujeitos submetidos ao regime de responsabilidade pelo prospeto, nos termos do art. 149º, nº 1, *f)*.

III – Outro dos relevantes deveres relacionados com as previsões prende-se com a sua atualização. Com efeito, se as sociedades emitentes divulgam informação previsional, devem proceder à sua atualização sempre que haja informação segura que obrigue a alterar as projecções realizadas[2372].

[2370] DONALD LANGEVOORT, *Half-Truths: Protecting Mistaken Inferences by Investors and Others, Stanford Law Review*, Vol. 52, nº 1 (1999), 87-125.

[2371] *A previsão ou estimativa de lucros deve ser elaborada numa base comparável à do historial financeiro.*

[2372] Muito interessante, neste contexto, a Sentença do Tribunal Judicial da Maia, de 18 de maio de 2000, que discutiu a falta de atualização de previsão dos lucros de exercício por parte de socie-

6. *Deveres de informação dos auditores*

I – Os auditores são objeto de especiais deveres informativos quando prestem serviços a emitentes com valores mobiliários admitidos à negociação em mercado regulamentado ou a intermediários financeiros ou de sociedades em relação de domínio ou de grupo com intermediário financeiro[2373].

Nestes casos, os auditores devem comunicar qualquer irregularidade que detetem à CMVM, segundo o art. 9º-A nº 3 (regime geral) e no artigo 304º-C (regime especial dos auditores de intermediários financeiros). Em causa estão os factos que constituam crime ou ilícito de mera ordenação social, factos que possam afectar a continuidade do exercício da atividade e os factos que justifiquem emissão de reservas, escusa de opinião, opinião adversa ou impossibilidade de emissão de relatório.

Revela-se aqui um dever de denúncia de irregularidades, as quais devem ser comunicadas à CMVM para que esta autoridade de supervisão adote as medidas, nomeadamente de raiz contra-ordenacional, que forem devidas. Além disso, este dever tem uma finalidade preventiva, quando haja iminência de reserva ou de opinião contrária do auditor, na medida em que, quando cumprido tempestivamente, permite uma articulação entre auditores, emitente e autoridade de supervisão, relativa à finalização do processo de relato financeiro, o que por vezes logra ultrapassar a divergência contabilística e sanar o problema detetado nos documentos de prestação de contas.

II – Os auditores estão ainda sujeitos a deveres de informação perante a CMVM, o que pode envolver informação confidencial, nos termos do art. 355º, nº 1 *f)*.

7. *Deveres de informação das entidades gestoras*

I – As entidades gestoras de mercados e de sistemas multilaterais de negociação submetem-se igualmente a deveres de informação, o que representa uma componente das suas funções relacionadas com a fiscalização e a conformação ordenada do funcionamento das estruturas de negociação (art. 211º CVM e art. 35º do DL nº 357-C/2007, de 31 de outubro)[2374].

dade emitente de acções admitidas à negociação em mercado regulamentado. Segundo o aresto, *tendo a sociedade optado por incluir nas contas semestrais as previsões para o exercício, terá de manter essa informação atualizada.*

[2373] Em geral, sobre os auditores e os mercados de valores mobiliários, cfr. *supra* § 19º, 2. Cfr. ainda José Melo Rodrigues/ Juliano Ferreira, *Responsabilidade pelo Conteúdo do Prospeto. O caso específico do Revisor Oficial de Contas*, Cadernos MVM 55 (2017) 167-182

[2374] Remete-se para a análise atrás feita sobre as entidades gestoras e as estruturas de negociação (§§ 17º, 25º e 26º).

II – Há duas vertentes essenciais dos deveres de informação que convém separar, consoante os destinatários da informação sejam o público ou a CMVM.

Isola-se, de um lado, a informação a divulgar publicamente, que tem por objeto os instrumentos financeiros admitidos à negociação ou seleccionados para negociação, as operações realizadas e respetivos preços, incluindo o respetivo tratamento estatístico (art. 212º) e os titulares de participações qualificadas na entidade gestora (art. 15º do DL nº 357-C/ /2007, de 31 de outubro). As próprias regras do mercado, após o competente registo ou comunicação à CMVM, são objeto de divulgação necessária de acordo com o art. 209º, nº 4 e o art. 212º, nº 5 *c)*.

Quanto ao meio de divulgação pública, assenta-se num equilibrado princípio de adequação – às características de cada sistema, ao nível de conhecimentos e à natureza dos investidores e à composição dos vários interesses envolvidos (art. 212º, nº 3) –, sendo autorizado que o boletim de cada sessão (art. 212º, nº 5 *a)*) seja divulgado apenas em suporte informático se preenchidos os requisitos fixados no art. 4º.

De outro lado, as entidades gestoras estão sujeitas a deveres de informação perante a autoridade de supervisão. Com efeito, segundo o art. 211º, nº 2, estão obrigadas a comunicar à CMVM qualquer violação de regras, condições anormais de funcionamento ou comportamentos susceptíveis de pôr em risco a regularidade de funcionamento, a transparência e a credibilidade do mercado.

8. *Deveres de informação dos emitentes; o dever de divulgação de informação privilegiada*

I – Os deveres de informação dos emitentes de valores mobiliários representam a pedra angular do sistema jurídico-mobiliário.

Os deveres em apreço comportam múltiplas distinções, cabendo distinguir:

- consoante o momento da divulgação: deveres de informação periódica, ocasional ou permanente;
- consoante o modo de divulgação: deveres de informação avulsa ou no prospeto;
- consoante a informação divulgada: deveres de divulgação de informação financeira, deveres de divulgação de informação respeitante ao governo societário ou deveres de divulgação de informação previsional.

A principal técnica utilizada no Código para impor deveres de informação aos emitentes é a de abranger os emitentes de valores mobiliários admitidos à negociação em mercado regulamentado. Assim, deixando de lado o caso do prospeto, a fundamental sede normativa dos deveres a examinar encontra-se nos arts. 244º a 251º do Código dos Valores Mobiliários.

Os sujeitos passivos abrangidos por estes deveres não são, assim, necessariamente sociedades abertas[2375]. São-no apenas no caso dos emitentes de ações admitidas à negociação em mercado regulamentado (art. 13º, nº 1 *c)*). Sublinhe-se, no entanto, que os deveres de informação dos emitentes de valores mobiliários negociados em mercado regulamentado aplicam-se igualmente às sociedades emitentes de outros valores mobiliários (v.g. representativos de dívida ou valores mobiliários de estrutura derivada) negociados em mercado regulamentado – as quais não são, por este facto, sociedades abertas.

Frise-se ainda que em alguns casos, outras estruturas de negociação (além dos mercados regulamentados) estendem o âmbito dos deveres de informação aos emitentes ali negociados[2376]. Nessa situação, a fonte do dever de prestação de informação não é a lei, mas as regras de admissão dessas estruturas de negociação – sejam sistemas multilaterais de negociação ou sejam outras estruturas mais informais.

II – A análise dos deveres mobiliários de informação obriga a confrontar os deveres dos emitentes no direito dos valores mobiliários e a estrutura das exigências de informação à luz do Código das Sociedades Comerciais[2377].

A verdade é que a lei societária consagra verdadeiramente *direitos à informação*, e – no regime da informação do acionista – configura-os sobretudo como direitos à informação de exercício pessoal. Pensando, por exemplo, no direito de consulta, no direito a obter informações preparatórias da assembleia geral e no direito a obter informações por escrito, vê-se que o sistema de direitos informativos do acionista no CSC (arts. 288º e 291º CSC) pressupõe o seu exercício pessoal, ainda que tal possa ocorrer de modo coletivo. A informação financeira, por seu turno, é apenas exigida periodicamente – ou em eventos extraordinários (art. 98º, nº 1 *d)* e nº 2, a propósito da fusão). É o que designo de *micro-informação*[2378].

O ângulo empregue no direito dos valores mobiliários é diferente. Aqui, a técnica *não é a do estabelecimento de direitos à informação; é, sim, a da previsão de proteções reflexas do investidor através da consagração de deveres de informação.* Com efeito, o modo típico de cumprimento dos deveres de informação dos emitentes é a

[2375] Cfr. *supra*, § 30º.

[2376] Paul Davies, *Liability for misstatements to the market/Davis Review Of Issuer Liability* (2007), 12-15.

[2377] Cfr. Paulo Câmara, *Deveres de informação e formação de preços no direito dos valores mobiliários*, cit., 88.

[2378] Carlos M. Pinheiro Torres, *O Direito à Informação nas Sociedades Comerciais* (1998), 233-240; Armando Triunfante, *A Tutela das Minorias nas Sociedades Anónimas. Direitos Individuais*, Coimbra (2004), 215-223; Sofia Ribeiro Branco, *O Direito dos Acionistas à Informação* (2009); Menezes Cordeiro, *Código das Sociedades Comerciais Anotado*², cit., 822-838.

divulgação electrónica, nomeadamente através do sistema de difusão de informações da CMVM (art. 367º)[2379]. Em vez de exigir o esforço pessoal do investidor na obtenção de informação, coloca-se a informação disponível através de meios públicos, para acesso massificado (*macro-informação*).

III – No tocante à informação sobre a titularidade de participações qualificadas em sociedades abertas, aqui já analisada[2380], importa consignar um apontamento complementar quanto à estrutura do modo de cumprimento dos deveres informativos conexos (arts. 16º-ss. CVM).

De acordo com o art. 16º, o titular de participações qualificadas deve comunicar à CMVM e à sociedade participada, que atingiu uma fasquia relevante. Na sequência deste ato, cabe à sociedade participada promover a divulgação, nos termos gerais (art. 17º, nº 1).

Cabe prevenir, a propósito, que o participante deve fazer a comunicação no prazo de quatro dias de negociação após o dia da ocorrência do facto ou do seu conhecimento – presumindo-se o conhecimento no prazo máximo de dois dias de negociação após a ocorrência do facto constitutivo do dever. Por seu turno, o emitente deve promover a divulgação o mais rapidamente possível e no prazo de três dias de negociação após receção da comunicação. Estes prazos podem revelar-se desajustados quando estiver em causa a ultrapassagem de fasquia constitutiva do dever de lançamento de OPA, que conduz ao imediato dever de publicação do anúncio preliminar (art. 191º).

IV – As sociedades emitentes de valores mobiliários negociados em mercado regulamentado estão submetidas a *deveres de informação periódica*, que devem ser cumpridos na cadência prescrita por lei. Em causa estão os documentos de prestação de contas anuais, semestrais e trimestrais.

As entidades emitentes de valores mobiliários admitidos à negociação estão obrigados a preparar, aprovar e divulgar informação anual (artigo 245º do CVM). Por seu turno, o Regulamento (CE) nº 1606/2002, do Parlamento Europeu e do Conselho, de 19 de julho, obrigou a que as contas consolidadas fossem elaboradas em conformidade com as normas internacionais de contabilidade. Além disso, em anexo ou em capítulo autónomo do relatório de gestão deve nomeadamente ser prestada informação anual sobre o governo da sociedade, tendo por referência o grau de acolhimento ao código recomendatório de governo societário (artigo 245º-A).

[2379] Cfr. *infra*, § 37º, 9.
[2380] Cfr. *supra*, § 30º, 4.

A acrescer, os emitentes de ações e de valores mobiliários representativos de dívida admitidos à negociação em mercado regulamentado devem também produzir informação semestral, nos termos do art. 246º CVM.

Por fim, as instituições de crédito e sociedades financeiras que sejam emitentes de ações admitidas à negociação em mercado regulamentado estão obrigadas à divulgação de informação trimestral em relação à sua situação económica e financeira (cfr. art. 246º-A).

Com a nova versão da Diretiva da Transparência, introduzida pela Diretiva 2013/50/UE do Parlamento Europeu e do Conselho, de 22 de outubro de 2013, para as sociedades cotadas não financeiras a divulgação de informação trimestral passou a ser facultativa[2381]. Subjaz a esta solução opcional, de um lado, a perceção de que o dever geral de publicação de informação trimestral representava um encargo financeiro significativo e desproporcionado para pequenos emitentes[2382] e, de outro lado, as acusações de uma ligação causal entre a informação trimestral e a visão excessivamente de curto prazo por parte de gestores e de investidores (*short-termism*)[2383]. Apesar destes dados, são numerosos os emitentes que mantêm a divulgação de informação trimestral, para não quebrar o nível de transparência e a continuidade da informação prestada aos mercados.

V – A partir da transposição da Diretiva da Transparência para o sistema jurídico nacional operada através do DL nº 357-A/2007, de 31 de outubro, passou a ser imposta uma declaração de responsabilidade a acompanhar os documentos de prestação de informação anual e semestral (art. 245º, nº 1. *c)* e art. 246º, nº 1 *c)*).

Em causa estão declarações de cada uma das pessoas responsáveis do emitente, cujos nomes e funções devem ser claramente indicados, onde afirmem que, tanto quanto é do seu conhecimento, a informação financeira foi elaborada em conformidade com as normas contabilísticas aplicáveis, dando uma imagem verdadeira e apropriada do ativo e do passivo, da situação financeira e dos resultados do emitente e das empresas incluídas no perímetro da consolidação, quando for o caso, e que o relatório de gestão intercalar expõe fielmente as informações sobre riscos e incertezas.

Reitere-se que está em causa um dever de origem europeia, plasmado na Diretiva da Transparência[2384]. À semelhança do que sucede no regime paralelo

[2381] Artigo 3º, nº 1-A da Diretiva 204/109/CE, na redação aditada pela Diretiva 2013/50/UE do Parlamento Europeu e do Conselho, de 22 de outubro de 2013 (Diretiva Transparência II).

[2382] Considerando 5 da Diretiva 2013/50/UE do Parlamento Europeu e do Conselho, de 22 de outubro de 2013.

[2383] Assonime, Circulare nº 12/15 (abr.-2016).

[2384] Art. 4º, nº 2 da Diretiva nº 2004/109/CE, de 15 de dezembro de 2004.

consagrado no Regulamento (CE) nº 809/2004, sobre Prospetos, supõe-se uma articulação com o regime de responsabilidade civil. Os autores da declaração são os membros da administração responsáveis pelos documentos de prestação de contas: no caso português, tal envolve todos os membros do órgão de administração (art. 249º, aplicável *ex vi* do art. 243º e 251º CVM)[2385].

A lei não esclarece se a declaração deve ser assinada nos documentos divulgados. Não se pode presumir tal exigência, já que quando a lei pretende, di-lo diretamente (cfr., *inter alia*, art. 65º, nº 3 CSC). Como elemento de imputação da autoria da aprovação das contas, deve entender-se suficiente a assinatura do relatório de gestão. Uma vez que a responsabilidade pela informação deriva da lei, não se vislumbra base para impor adicionais requisitos.

VI – A exigência de publicação da informação económico-financeira das sociedades cotadas é decisiva. Segundo o regime comum das sociedades anónimas, basta o depósito na conservatória do registo comercial, na pasta da sociedade, dos documentos de prestação de contas (art. 3º, nº 1 *n)* e art. 53º-A, nº 4 *a)* Código de Registo Comercial) e a correspondente publicação no sítio Internet do Ministério da Justiça (art. 70º, nº 2 Código de Registo Comercial). Nas sociedades emitentes de valores mobiliários admitidos à negociação em mercado regulamentado, o emitente ainda deve proceder à divulgação dos documentos financeiros por forma a torná-los diretamente acessíveis aos destinatários da informação (art. 5º), o que envolve a divulgação através do sistema de difusão de informação da CMVM (art. 367º).

VII – Ao longo do desenvolvimento da atividade societária, é contínuo o fluxo de ocorrências com reflexos na sua situação económica e patrimonial. Assim, as decisões de investimento não podem estar na dependência da informação produzida no final do ano, do semestre ou (se for o caso) do trimestre. A não existência de deveres de prestação permanente de informação, a cargo dos emitentes, por outro lado, acentuaria sobremaneira o risco de divulgação seletiva de informação e de abuso de informação privilegiada[2386].

São estes os fundamentos que mais diretamente baseiam o *dever de divulgação de informação privilegiada (Ad-hoc-Publizität, ongoing disclosure)* consagrado no art. 17º do Regulamento europeu do Abuso de Mercado. Este constitui o paradigma dos deveres informativos ao mercado, por dois motivos principais: pela sua ligação direta à formação regular dos preços em mercado; e pela imediatividade do

[2385] No Reino Unido, a responsabilidade não atinge necessariamente todos os membros: cfr. MICHAEL RAFFAN (org.), *A Practitioner's Guide to EU Financial Services Directives*^{2}, cit., 376-377.

[2386] Cfr. *infra*, § 48º.

seu cumprimento[2387], de modo a favorecer decisões de investimentos informadas, sem descontinuidades temporais[2388].

Este dever de divulgação de informação privilegiada pretende contrariar uma divulgação seletiva e o surgimento de assimetrias informativas relacionadas com factos sensíveis aos preços. Existe, por esse motivo, uma ligação evidente entre o dever de informação privilegiada e o tipo criminal de *insider trading* estabelecido no art. 378º do Código dos Valores Mobiliários[2389] – não apenas quanto à função profilática que aquele desempenha em relação ao abuso de informação privilegiada, mas também quanto ao paralelismo ligado ao conceito de informação privilegiada delimitado no art. 7º do Regulamento europeu do Abuso de Mercado e na prescrição penal (art. 378º, n.os 4 e 5)[2390]. Vejamos os seus traços principais deste dever informativo[2391].

VIII – O dever de divulgação de informação privilegiada é estabelecido através de fonte normativa europeia, encontrando-se atualmente fixado no 17º do Regulamento europeu sobre Abuso de Mercado (Regulamento (UE) 596/2014 do Parlamento Europeu e do Conselho, de 16 de abril de 2014). Este Regulamento substituiu a anterior Diretiva do Abuso de Mercado (Diretiva nº 2003/6/

[2387] O dever de divulgação imediata articula-se, de qualquer modo, com a possibilidade de diferimento de divulgação de informação privilegiada (art. 17º n.os 4-7 do Regulamento sobre Abuso de Mercado), adiante tratada. Sobre a imediatividade do dever de divulgação, reenvia-se em particular para Thomas Möllers, *The "Immediatness" of Ad Hoc Disclosure Statements in the Context of National and European Legal Doctrine, International Company and Commercial Law Review* (2007), 369-377.

[2388] Paulo Câmara, *Deveres de informação e formação de preços no direito dos valores mobiliários*, in *Cadernos do Mercado de Valores Mobiliários*, nº 2 (1998), 79-94 (90-91).

[2389] Paulo Câmara, *Anotação ao artigo 449º*, em Menezes Cordeiro (org.), *Código das Sociedades Comerciais Anotado*[2] (2011), 1157-1158. Cfr. também *infra* §48º.

[2390] Fala-se aqui em paralelismo e não em coincidência de delimitações conceptuais de informação privilegiada: retenha-se nomeadamente que o conceito de informação privilegiada na previsão do art. 378º, nº 3, abrange instrumentos financeiros ainda que não admitidos à negociação em mercado regulamentado, ultrapassando claramente o âmbito do conceito homólogo recortado pelo art. 248º, que surge decalcado da Diretiva sobre Abuso de Mercado.

[2391] Em complemento aos elementos de direito positivo, deve referir-se que o *Committee of European Securities Regulators* (CESR), atualmente designado *European Securities and Markets Authority* (ESMA), divulgou orientações de nível 3 referentes à operatividade das regras da Diretiva de Abuso de Mercado, designadamente quanto ao conceito de informação privilegiada (CESR, *Market Abuse Directive. Level 3 – Second set of CESR guidance and information on the common operation of the Directive to the market*, Refª CESR/06-562b (Jul.-2007)). No caso português, também a autoridade de supervisão facultou orientações interpretativas, visivelmente inspiradas no documento do CESR: cfr. CMVM, *Entendimentos da CMVM sobre a Divulgação de Informação Privilegiada por Emitentes* (2008), disponível em http://www.cmvm.pt/NR/exeres/2E413690-9197-46 F2-A997-AA3528484B03 .htm.

/CE, de 28 de janeiro de 2003, então complementada pela Diretiva nº 2003/ /124/CE, de 22 de dezembro de 2003)[2392].

Segundo o Regulamento europeu sobre Abuso de Mercado, o âmbito subjectivo do dever cobre os emitentes de *instrumentos financeiros* negociados em mercado regulamentado[2393]. Deteta-se aqui uma incongruência linguística, porquanto os únicos instrumentos financeiros objeto de emissão, em sentido técnico, são os valores mobiliários. Do mesmo modo, na transposição para o direito nacional, o art. 248º-A incluiu os "*emitentes que tenham valores mobiliários ou outros instrumentos financeiros admitidos à negociação ou requerido a respetiva admissão*". A interpretação deste preceito nacional deve realizar-se em conformidade com as regras de Direito europeu, de modo a que resulte clara a abrangência de instrumentos do mercado monetário, contratos derivados e qualquer outro instrumento financeiro admitido à negociação em mercado regulamentado[2394] como constitutivo de deveres de informação permanente, ainda que a cargo da entidade gestora do mercado.

O âmbito objetivo do dever é o da imediata divulgação de toda a informação privilegiada – definida pelo diploma europeu[2395] como a informação que diga diretamente respeito aos emitentes ou aos valores mobiliários por si emitidos, que tenha carácter preciso, que não tenha sido tornada pública e que, se lhe fosse dada publicidade, seria idónea para influenciar de maneira sensível o preço desses valores mobiliários ou dos instrumentos subjacentes ou derivados com estes relacionados (art. 17º nº 1 do Regulamento europeu sobre Abuso de Mercado). O dever estende-se, igualmente, às alterações à informação privilegiada[2396].

2392 Niamh Moloney, *EC Securities Regulation*², cit., 967-981. As monografias nacionais de referência sobre este dever são as seguintes: Gonçalo Castilho dos Santos, *O Dever de Informação sobre Factos Relevantes pela Sociedade Cotada*, AAFDL, Lisboa (1998); Id., *O Dever dos Emitentes de Valores Mobiliários Admitidos à Negociação em Bolsa de Informar sobre Factos Relevantes, Cadernos MVM* nº 15 (2002), 27-50; Filipe Matias Santos, *Divulgação de Informação Privilegiada*, Coimbra (2011). Deste último autor, consulte-se ainda a anotação ao acórdão da Relação de Lisboa de 17 de junho de 2009 em *O Carácter Preciso da Informação Privilegiada*, Cad. MVM nº 32 (2009), 145-170.

2393 Art. 7º, nº 1 do Regulamento (UE) 596/2014 do Parlamento Europeu e do Conselho, de 16 de abril de 2014. Sobre as implicações penais do Regulamento, cfr. *infra* §48º-49º.

2394 Art. 7º, nº 1 do Regulamento (UE) 596/2014 do Parlamento Europeu e do Conselho, de 16 de abril de 2014.

2395 Art. 7º, nº 1 do Regulamento (UE) 596/2014 do Parlamento Europeu e do Conselho, de 16 de abril de 2014. Cfr., a propósito, Guido Ferrarini, *La nuova disciplina europea dell'abuso di mercato, Riv. Società* (2004), 51-54.

2396 Sobre os factos aqui compreendidos: Marco Ventoruzzo/ Sebastian Mock, *Market Abuse Regulation. Commentary and Annotated Guide*, Oxford (2017), 47-61, 175-206; Jesper Hensen, *Say when: When must and issuer disclose inside information?, Nordic and European Company Law LSN Research Paper* nº 16/03 (2016); Frederico Costa Pinto, *O novo regime europeu do abuso do mercado e a adaptação do sistema sancionatório nacional*, em Paulo Câmara (coord.) *O Novo Direito dos Valores*

Na delimitação do conceito de informação privilegiada, o critério central é o da idoneidade do facto para influenciar o preço dos valores mobiliários em causa. A informação privilegiada abrange os factos ocorridos, existentes ou razoavelmente previsíveis, independentemente do seu grau de formalização, que, por serem susceptíveis de influir na formação dos preços dos valores mobiliários ou dos instrumentos financeiros, qualquer investidor razoável poderia normalmente utilizar, se os conhecesse, para basear, no todo ou em parte, as suas decisões de investimento.

Pode a relevância nos preços (*price-sensitiveness*) ser negativa ou positiva[2397]. Dito de outro modo, o facto deve ser comunicado, quer seja potencialmente apto a gerar uma apreciação das cotações, quer a determinar uma depreciação das mesmas.

O grau de afetação dos preços não pode ser aferido através de uma fórmula quantitativa única; importará determinar se pode ocorrer uma alteração (positiva ou negativa) de preços que se distancie claramente da flutuação normal de cotações bolsistas. Para este efeito, todas as variáveis de mercado relevam – nomeadamente volume de ofertas, volume de transações, volatilidade, preços das ofertas e liquidez[2398].

A relevância é aferida *ex-ante*, isto é, quanto à potencialidade, previamente aferida, de o facto causar um impato nos preços[2399]. Podendo a susceptibilidade de alterar cotações ser apreendida objetivamente, e de modo prévio, não deixa de haver relevância se esta é, posteriormente, e em concreto, anulada, não causando qualquer alteração nos preços: basta, pois, a potencialidade de causar uma modificação positiva ou negativa dos preços para haver a constituição deste dever.

O dever de informação deve ser cumprido "o mais rapidamente possível"[2400], assim que a informação em causa revista a natureza de informação privilegiada, de acordo com os critérios agora analisados.

Mobiliários, (2017) 36-37. Face ao regime anterior: Joachim V. Klitzing, *Die Ad-Hoc-Publizität*, cit., 67-153; Carsten Peter Claussen, *Insiderhandelsverbot und Ad Hoc-Publizitat*, Köln (1996), 74-95; Valerio Sangiovanni, *L'Informazione c.d. Continua o Permanente Nel Diritto Tedesco del Mercato dei Capitali*, BBTC (1998) 582-625; Thierry Bonneau/ France Drummond, *Droit des Marchés Financiers*[3], (2010), 696-702; Katja Langenbucher, *Aktien- und Kapitalmarktrecht*, cit., 268-270.

[2397] Klaus Hopt, *Insider Regulation and Timely Disclosure*, em *Forum Internationale* nº 21 (1996), 13-14.

[2398] Klaus Hopt, *The European Insider Dealing Directive*, *Common Market Law Review*, (1990), 51; Guido Ferrarini, *La nuova disciplina europea dell'abuso di mercato*, *cit.*, 54.

[2399] Joachim V. Klitzing, *Die Ad-Hoc-Publizität*, cit., 127-133.

[2400] Artigo 17º, nº 1 e 7 do Regulamento (UE) 596/2014 do Parlamento Europeu e do Conselho, de 16 de abril de 2014.

Um dos testes de aplicação quanto ao momento temporal de aplicação respeita aos factos ocorridos por etapas ou de verificação sucessiva. Nestes casos, dispõe o Regulamento Europeu que cada etapa do processo pode constituir informação privilegiada se preencher os requisitos relativos à sua qualificação como informação privilegiada[2401]. Como exemplos de factos que podem potencialmente receber esta qualificação, o diploma indica *o estado das negociações de um contrato, as condições contratuais acordadas a título provisório no âmbito das negociações, a possibilidade de colocação de instrumentos financeiros, as condições nas quais os instrumentos financeiros serão comercializados, as condições provisórias de colocação de instrumentos financeiros ou a consideração da inclusão de um instrumento financeiro num índice importante ou a supressão de um instrumento financeiro desse índice*[2402]. Neste contexto, adquire relevo decisivo o juízo probabilístico sobre cada fase do processo em relação à sua *price-sensitiveness*. Importa a propósito ter em atenção o Acórdão do Tribunal de Justiça Europeu de 28 de junho de 2012 no caso Markus Gelt v. Daimler AG, que concluiu que o conceito de informação privilegiada não cobre eventos futuros de ocorrência improvável. O mesmo Tribunal também sustentou em 11 de março de 2015 que para que um facto consubstancie informação privilegiada deve implicar com elevada probabilidade uma modificação nas cotações[2403].

IX – A informação privilegiada abrange quer os factos novos, quer os factos anteriores não revelados mas que continuam a ser relevantes para efeitos do art. 7º do Regulamento europeu sobre Abuso de Mercado.

A fonte da informação será, as mais das vezes, a sociedade (sendo matéria informativa interna por exemplo, a celebração de parceria, um aumento de capital ou uma reestruturação estratégica). Mas pode não suceder assim, havendo factos informativos de natureza exógena (fixe-se o caso da atribuição ou revogação de uma licença relevante para o exercício de atividade ou o desfecho positivo de um importante concurso público). Por exemplo, em alguns casos, um rumor pode, em si, conduzir a um dever de publicação por existência de informação informação privilegiada[2404]. Tal decorre do nº 7 do art. 17º do Regulamento europeu.

[2401] Sobre a interpretação do TJE em relação ao direito pregresso: RÜDIGER VEIL (ED.), *European Capital Markets Law*, cit., 145-148.

[2402] Considerandos 16 e 17 do Regulamento (UE) 596/2014 do Parlamento Europeu e do Conselho, de 16 de abril de 2014. Cfr. a propósito JESPER HENSEN, *Say when: When must and issuer disclose inside information?, Nordic and European Company Law LSN Research Paper* nº 16/03 (2016), 23-28.

[2403] Caso *Jean-Bernard Lafonta v. Autorité des Marchés Financiers* (C-428/13).

[2404] Sobre o tema: HOLGER FLEISCHER/KLAUS ULRICH SCHMOLKE, *Gerüchte im Kapitalmarktrecht. Insiderrecht, Ad-hoc-Publizität, Marktmanipulation*, AG 27 (2007), 841-854; PETRA BUCK-HEEB,

Este traço do regime obriga, todavia, a distinções. Se o rumor não aparenta a credibilidade mínima para sequer influenciar os preços e os comportamentos dos investidores, não desencadeia o dever de divulgação de informação[2405]. Caso contrário, a sociedade deve desmentir o rumor repondo a veracidade, a completude e a clareza da informação ao mercado.

O direito português não trata explicitamente a intenção de lançamento futuro de oferta pública[2406]. Em alguns casos, porém, os rumores ligados ao lançamento de oferta podem obrigar os visados a publicar desmentidos, para reposição da verdade fatual.

Um dos exemplos de facto sujeito ao dever de informação *ex vi* do art. 17º do Regulamento europeu é o aviso relativo a desvios significativos nos resultados (*profit warning*)[2407]. O *profit warning* constitui um anúncio sumário sobre expectativas de resultados que deve ser divulgado quando, antes da divulgação de informação periódica, se deteta um desvio entre os resultados e a percepção generalizada do mercado sobre os resultados financeiros, ponderadas todas as circunstâncias envolventes. Ponto é que tal desvio seja significativo – positivo ou negativo –, entendendo-se usualmente como tal aquele que se reflicta numa variação mínima de 25% em relação ao montante estimado.

X – O Regulamento europeu do Abuso de Mercado concede aos emitentes a permissão de *diferimento* de divulgação pública de informação privilegiada. A ideia por detrás deste expediente prende-se precisamente com o reconhecimento de que certa divulgação extemporânea pode ser lesiva dos interesses comerciais do emitente, em termos desproporcionados aos benefícios que o mercado recolheria de uma divulgação imediata da informação[2408]. A chave deste regime reside, assim, na prevalência do interesse legítimo no diferimento da prestação de informação sobre os interesses do mercado que deporiam no sentido da sua pronta divulgação[2409].

*Kapitalmarktrecht*², cit., 40-41.

[2405] Considerando 47 e artigo 17º, nº 7 do Regulamento (UE) 596/2014 do Parlamento Europeu e do Conselho, de 16 de abril de 2014.

[2406] Contrariamente ao que sucede, por exemplo, no sistema jurídico francês: Nicolas Rontchevsky, *La déclaration d'intention en cas d'actes préparatoires au dépôt d'une offre publique: commentaire du dispositif de gestion de rumeurs en matière d'offre publique, Bulletin Joly Bourse* (2007), 5-13.

[2407] Sobre o impacto significativo destes anúncios nas cotações bolsistas, veja-se por exemplo Dave Jackson/ Jeff Madura, *Profit Warnings and Timing, Financial Review*, Vol. 38, No. 4, (Nov. 2003), 497-513.

[2408] Niahm Moloney, *EC Securities Regulation*², cit., 957; Id., *EU Securities and Financial Markets Regulation*³, cit., 734-735; Rüdiger Veil (ed.), *European Capital Markets Law*, cit., 288-298.

[2409] Rüdiger Veil (ed.), *European Capital Markets Law*, cit., 291.

Para que tal diferimento possa ser legítimo, importa que[2410]:

- A divulgação imediata seja susceptível de prejudicar os legítimos interesses do emitente;
- O diferimento não seja susceptível de induzir o público em erro;
- O emitente demonstre que assegura a confidencialidade da informação.

A densificação dos dois primeiros requisitos encontra apoio interpretativo nas Orientações da ESMA sobre a matéria[2411].

Se estiverem observados cumulativamente estes requisitos, se não for instituição financeira, o emitente pode decidir o diferimento de prestação de informação. A decisão deve ser ponderada e fundamentada. Além disso, imediatamente após a divulgação ao público da informação, o emitente deve informar desse diferimento a CMVM e apresentar por escrito uma explicação sobre o cumprimento dos pressupostos de diferimento[2412].

Ao remeter, no segundo pressuposto descrito, para o conceito técnico de erro, a possibilidade jurídica de diferimento depende da não essencialidade da natureza do facto cuja divulgação é diferida. De outro modo dito, a indução dos investidores em erro verifica-se quando a percepção generalizada do público investidor atinge uma representação materialmente incorreta de aspetos *essenciais* relacionados com o emitente. O art. 250º, nº 1 serve de argumento adicional a suportar esta interpretação, no plano sistemático, ao remeter para *factos e circunstâncias essenciais para a avaliação dos valores mobiliários*. Este requisito veda, assim, que factos de grande relevância na situação patrimonial ou financeira da sociedade possam ser divulgados em momento temporalmente posterior ao da sua ocorrência. Uma ilustração célebre prende-se com o diferimento da informação relacionada com a insolvência do *Northern Rock* (2008), comummente tida por inadequada por se referir a factos de magna importância na estrutura deste banco inglês[2413].

[2410] Artigo 17º, nº 4 do Regulamento (UE) 596/2014 do Parlamento Europeu e do Conselho, de 16 de abril de 2014 e artigos 4º e 5º do Regulamento de Execução (UE) 2016/1055 da Comissão, de 29 de junho de 2016.

[2411] ESMA, *MAR Guidelines Delay in the disclosure of inside information*, 20/10/2016 | ESMA/2016//1478 (2016). Cfr. ainda Marco Ventoruzzo/ Sebastian Mock, *Market Abuse Regulation. Commentary and Annotated Guide*, Oxford (2017), 372-381.

[2412] Artigo 17º, nº 4 do Regulamento (UE) 596/2014 do Parlamento Europeu e do Conselho, de 16 de abril de 2014 e artigo 4º do Regulamento de Execução (UE) 2016/1055 da Comissão, de 29 de junho de 2016.

[2413] Andrew Haynes, *Market abuse, Northern Rock and bank rescues, Journal of Banking Regulation* (2009), 321-334.

Devido a casos como o descrito, aliás, o Regulamento prevê agora um regime especial e mais exigente para o diferimento de divulgação de informação privilegiada respeitante a instituições financeiras. Neste caso, o diferimento apenas pode ocorrer se for do interesse público e deve ser objeto de autorização por parte da CMVM[2414].

XII – O Código admite a possibilidade de *dispensa* de divulgação de transações de dirigentes e do documento de consolidação de informação anual.

Conforme disposto no nº 1 do art. 250º, a dispensa pode ser concedida quando a divulgação da informação em causa seja contrária ao interesse público e possa causar prejuízo grave para o emitente, desde que não induza o público em erro sobre factos e circunstâncias essenciais para a avaliação dos valores mobiliários.

A lei prevê um deferimento tácito do pedido de dispensa, se a CMVM não comunicar qualquer decisão até 15 dias após receção do pedido (art. 250º, nº 2).

Convém esclarecer que em causa está uma dispensa de divulgação, e não de comunicação à CMVM. Embora a lei não o diga expressamente, o deferimento do pedido de dispensa, por seu turno, parece implicar deveres de segredo em relação à informação visada, de modo a evitar uma divulgação seletiva dos factos em causa: assim o impõe o art. 248º, nº 4.

O instituto da dispensa é de utilização pouco frequente, dada a faculdade de diferimento prevista no art. 17º do Regulamento sobre abuso de mercado. Além disso, suscitam-se fundas dúvidas sobre se a disciplina nacional sobre dispensa de divulgação de informação privilegiada se mostra compatível com o regime europeu – o qual não prevê derrogações ao dever de divulgação autorizadas por decisão administrativa da autoridade de supervisão.

9. *Disseminação e armazenamento de informação*

I – O regime europeu sobre prestação de informação por emitentes, reflectido na Diretiva nº 2004/109/CE (Diretiva da Transparência), procurou acautelar a disseminação, à escala europeia, da informação obrigatória, e o armazenamento adequado da informação divulgada. Assim se procura contribuir para uma maior integração dos mercados de valores mobiliários na Europa e favorecer uma igualdade de acesso em relação aos dados informativos relevantes.

[2414] Artigo 17º, nºs 5 e 6 do Regulamento (UE) 596/2014 do Parlamento Europeu e do Conselho, de 16 de abril de 2014 e artigo 5º do Regulamento de Execução (UE) 2016/1055 da Comissão, de 29 de junho de 2016.

Para o efeito, no plano da disseminação de informação, requer-se que a divulgação seja efetuada, de modo a permitir o acesso rápido e sem custos específicos, numa base não-discriminatória (entre nós, rege o art. 244º, nº 4 *a)*[2415]).

Além disso, os Estados-membros devem assegurar a existência de pelo menos um mecanismo oficialmente designado para o armazenamento de informação[2416], de modo a permitir a consulta do historial informativo de cada emitente. Neste contexto, a Recomendação da Comissão Europeia, de 11 de outubro de 2007[2417] e a Diretiva da Transparência II[2418] fornecem indicações sobre a rede electrónica de mecanismos oficialmente designados para o armazenamento central de informações. Os textos europeus apontam igualmente para uma futura interligação entre, de um lado, esta rede de mecanismos oficialmente designados com, de outro lado, a rede de registos comerciais desenhada no âmbito do projeto europeu BRIS (*Business Registers Interconnection System*)[2419].

II – O modelo europeu de disseminação, porém, assenta num dever do emitente que se considera cumprido logo que a informação obrigatória é disponibilizada aos meios de comunicação que possam proporcionar uma ampla difusão da informação, no espaço europeu[2420]. Na prática, o cumprimento do dever informativo ocorre com o envio da informação às agências noticiosas de cobertura europeia. Ora, por este motivo, este regime ostenta o risco de as agências noticiosas poderem não sentir incentivo algum no tratamento de informação sobre algumas empresas, nomeadamente quando se trata de pequenos emitentes. No limite, essa informação pode não chegar a merecer qualquer tratamento noticioso, escapando por isso à atenção dos investidores (*black hole problem*).

O meio escolhido em Portugal para contornar este problema foi o de concentrar as funções de disseminação e de armazenamento no sistema de difusão

[2415] Este regime vale identicamente para a comunicação de participações qualifica- das pelo emitente, *ex vi* do art. 17º, nº 1.

[2416] Art. 21º, nº 1 da Diretiva nº 2004/109/CE, de 15 de dezembro de 2004. Sobre o tema: Niamh Moloney, *EC Securities Regulation*², cit., 206-210.

[2417] JO L 267/16, de 12.10.2007.

[2418] Artigos 21º-A e 22º, na redação dada pela Diretiva 2013/50/UE do Parlamento Europeu e do Conselho de 22 de outubro de 2013.

[2419] A Diretiva 2013/50/UE do Parlamento Europeu e do Conselho de 22 de outubro de 2013 (Diretiva Transparência *ii)* indica expressamente que na elaboração dos projetos de normas técnicas de regulamentação, a ESMA deve ter em conta os sistema de interconexão dos registos de empresas estabelecido pela Diretiva 2012/17/UE do Parlamento Europeu e do Conselho, de 13 de junho de 2012 (nova redação do art. 22º, nº 2). Os requisitos técnicos deste sistema são fixados pelo Regulamento de Execução da Comissão (UE) 2015/884 de 8 junho de 2015.

[2420] Considerando 15 e art. 21º, nº 1 da Diretiva nº 2004/109/CE, de 15 de dezembro de 2004. Cfr. Niamh Moloney, *EC Securities Regulation*², cit., 205-206.

de informação da CMVM (art. 367º), acessível através do site Internet da autoridade de supervisão. Assim, os emitentes não só devem fazer uso dos meios gerais de disseminação de informação, como devem igualmente enviar a informação para o sistema de difusão de informação da CMVM (art. 244º, nº 4 *b)*). O sistema de difusão de informação, por seu lado, tem ligações às agências noticiosas e a outros meios de comunicação social, de modo a dar pleno acatamento às exigências europeias.

§ 38º A responsabilidade civil pelo prospeto

1. *O prospeto: enquadramento*

I – O prospeto é o documento sujeito a fiscalização administrativa prévia que, em termos padronizados, concentra a informação relevante sobre o emitente, os valores mobiliários por este emitidos e o processo da oferta ou a admissão em mercado regulamentado.

A nossa ordem jurídica prevê a existência de cinco tipos de prospetos, seguidamente enumerados.

Há que ter em conta, em primeiro lugar, no processo das ofertas públicas, o prospeto como a peça obrigatória a congregar a dose de informação relevante relativa ao emitente e à oferta: trata-se do *prospeto da oferta* (consulte-se nomeadamente o art. 134º).

Por outro lado, merece referência o prospeto exigido no processo de admissão à negociação de valores mobiliários em mercado regulamentado, que merece a designação de *prospeto de admissão*. A sua exigência decorre do art. 236º.

Refira-se, demais, o *prospeto de base*, que incorpora a informação sobre a situação económica e financeira do emitente e informação estabilizada sobre valores mobiliários não acionistas, conforme previsto no art. 135º-C e no art. 26º do Regulamento (CE) nº 809/2004 e no Regulamento Delegado (UE) nº 486/2012 da Comissão, de 30 de março de 2012. Trata-se de um documento sujeito à aprovação da CMVM, com periodicidade anual, permitindo aligeirar os prospetos de oferta e de admissão, tendo sobretudo em vista as sociedades que com maior frequência emitem valores mobiliários.

Importa, ainda, atender ao *prospeto preliminar*, o qual agrega a informação respeitante a processos de recolha de intenções de investimento (arts. 164º, nº 2, 165º, nº 2 e 166º)[2421].

Merece reter, por último, o que a legislação sobre fundos de investimento denomina de *prospeto do fundo de investimento*, que é um documento informativo

[2421] Cfr. *supra*, § 31º, 7.

que deve ser elaborado no momento da constituição de fundos de investimento e mantido atualizado[2422].

Apesar da extensão deste rol de prospetos, aqui, todavia, concentrarnos-emos nos dois primeiros – prospeto de oferta pública e prospeto de admissão –, que se afiguram no nosso Direito como paradigmáticos[2423].

II – O regime europeu sobre o prospeto repousa sobre dois pilares legislativos: a Diretiva 2003/71/CE, de 4 de novembro de 2003 (Diretiva dos Prospetos), e o Regulamento (CE) nº 809/2004, de 29 de abril de 2004, que a complementa. A Diretiva do Prospeto foi já complementada através do Regulamento Delegado (UE) nº 382/2014 da Comissão de 7 de março de 2014, em matéria de publicação de adendas ao prospeto. Além disso, o Regulamento (CE) nº 809/2004 foi modificado através de três diplomas: o Regulamento Delegado (UE) nº 486/2012 da Comissão, de 30 de março de 2012 (formato e ao conteúdo do prospeto, do prospeto de base, do sumário e das condições definitivas, bem como aos requisitos de divulgação); o Regulamento Delegado (UE) nº 759/2013 da Comissão de 30 de abril de 2013 (requisitos de divulgação para os valores convertíveis e passíveis de troca); e o Regulamento Delegado (UE) nº 862/2012 da Comissão, de 4 de junho de 2012 (informação sobre a autorização de uso do prospeto, à informação sobre os índices subjacentes e ao requisito de apresentação de um relatório elaborado por contabilistas ou revisores de contas independentes).

Por fim, no âmbito da União dos Mercados de Capitais, encontra-se em discussão uma Proposta de Regulamento que irá substituir o atual quadro legislativo europeu. Esta nova Proposta procura nomeadamente uma harmonização europeia da responsabilidade pelo prospeto, de modo a colmatar diferenças importantes no regime dos Estados-membros que dedicam legislação especial à matéria[2424].

[2422] Cfr. a propósito *infra*, § 43º, 9 e Sónia Teixeira da Mota, *Regime Jurídico dos Fundos de Investimento Mobiliário (alterações em matéria de informação aos investidores)*, in Cadernos do Mercado de Valores Mobiliários, CMVM, nº 8, agosto, (2000), 125-141.

[2423] Na Alemanha, discute-se a extensão do conceito de prospeto, para efeito da disciplina de reparação de danos, a documentos similares: Klaus Hopt/Hans-Christoph Voigt, *Prospekt- und Kapitalmarktinformationshaftung*, Tübingen (2005), 45-50; Heinz-Dieter Assmann, *Civil Liability for the Prospectus*, em *Direito dos Valores Mobiliários*, Vol. VI (2006), 177-178. Esta discussão perde o sentido em Portugal, dada a remissão efetuada pelo art. 251º para o regime comum da responsabilidade por deficiências do prospeto. Entre nós, cfr. Margarida Azevedo Almeida, *A responsabilidade civil por prospecto no direito dos valores mobiliários: o bem jurídico protegido*, (2013), 132-219 e *passim*.

[2424] Elucidativo, a propósito, o levantamento coordenado por Klaus Hopt/Hans-Christoph Voigt, *Prospekt- und Kapitalmarktinformationshaftung*, cit., 187-999.

Os diplomas europeus mencionados têm em vista o prospeto de oferta pública de distribuição e o prospeto de admissão em mercado regulamentado. O prospeto de oferta pública de aquisição não é, por ora, objeto de integral harmonização comunitária[2425].

III – Para se entender a função do prospeto, tem interesse dar breve nota sobre o percurso histórico relativo à sua consagração na ordem jurídica portuguesa.

A introdução da figura do prospeto em Portugal deve-se à Portaria nº 103/72, de 21 de fevereiro, diploma que veio desenvolver e regulamentar o regime fixado no DL nº 55/72, de 16 de fevereiro. Trata-se de uma peça legislativa de manifesta relevância, por trazer para o plano das preocupações da disciplina mobiliária a necessidade de uma oferta pública de valores *"ser acompanhada de um conjunto de informações que permita aos detentores de poupanças formular um juízo objetivo sobre o valor das aplicações que lhe são propostas"*, conforme reza o correspondente Preâmbulo. O regime tomava como paradigma a oferta pública de subscrição de ações (art. 1º, nº 1), mas estendia-se a qualquer oferta de valores (art. 1º, nº 3). A Portaria nº 103/72 continha, porém, restrições significativas quanto ao seu âmbito de aplicação: não se aplicava às ofertas realizadas através de bolsa de valores e às ofertas sujeitas à fiscalização da Inspecção-Geral de Crédito e dos Seguros.

Mais ampla viria a ser a disciplina instituída pelo DL nº 371/78, de 30 de novembro, que alargou a exigência de prospeto à admissão de valores em bolsa. O desenvolvimento regulamentar viria a constar da Portaria nº 365/79, de 25 de julho – que contava com a peculiaridade de obrigar a incluir no prospeto o rol de pessoas que se obrigavam pela informação nele contida.

Contam-se, depois, intervenções pontuais que sublinhavam a necessidade de prospeto, nomeadamente o DL nº 321/85, relativo à emissão de títulos de participação (art. 8º).

A obrigatoriedade de prospeto de admissão à cotação em bolsa viria, mais tarde, a ser reformulada para os cânones europeus através do DL nº 8/88, de 15 de janeiro. Mais do que transpor, o legislador nacional transcreveu o texto da Diretiva nº 80/390 CEE, de modo a ler-se no art. 2º/2 do DL nº 8/88 que o prospeto deveria *"conter todas as informações que, de acordo com as características da entidade emitente e dos valores mobiliários cuja admissão oficial à cotação é requerida, sejam necessários para que os investidores tenham um conhecimento fundamentado sobre o património, situação financeira, resultados e perspetivas da entidade emitente, bem como dos direitos ligados a esses valores mobiliários"*.

[2425] Ressalva-se, no entanto, a informação mínima reclamada pelo art. 6º, nº 3 da Diretiva 2004/25/CE, de 21 de abril de 2004.

A Portaria nº 295-A/88, de 10 de maio viria a completar este regime, cominando nomeadamente a exigência de prospeto suplementar para a publicitação de qualquer "*facto novo que seja significativo e que possa influenciar a avaliação dos valores mobiliários e que ocorra entre o momento em que o conteúdo está estabelecido e o momento em que a cotação oficial se torna efectiva*"[2426].

IV – Os dados que, em sumária análise histórica, foram apurados a propósito do perfil funcional do prospeto no direito nacional, mantêm-se na generalidade atuais.

Com efeito, o *conteúdo* do prospeto, de acordo com o art. 135º do Código dos Valores Mobiliários, abrange três vertentes fundamentais:

- a informação sobre o processo de admissão ou de oferta;
- a informação sobre os valores mobiliários e respetivos direitos inerentes que estão a ser objeto do processo de admissão ou do processo da oferta;
- a informação sobre a situação económica, patrimonial e financeira do emitente.

O prospeto de oferta deve ser elaborado por intermediário no âmbito de contrato de assistência. O art. 337º, nº 2, alínea *a)* explicita, de entre as obrigações incluídas no contrato de assistência, o dever de elaboração do prospeto e do anúncio de lançamento. Idêntica exigência não é diretamente formulada para outros tipos de prospetos.

Assim sendo, a função de proteção do prospeto é cumprida através de três vias. De um lado, há que tomar em consideração os elementos informativos que – para dar cumprimento aos objetivos assinalados ao prospeto – formam o seu conteúdo obrigatório (cf. arts. 136º a 138º CVM).

Em segundo lugar, desempenha funções ligadas ao reforço da proteção informativa a intervenção de intermediário financeiro a prestar a assistência na elaboração do prospeto, que tem inclusivamente deveres de exame na indagação dos elementos fácticos importantes sobre a sociedade, por forma a carreá-los para o prospeto. Não se pode, pois, limitar a uma posição passiva de receção e tratamento da informação que o oferente lhe transmite.

Por fim, a função de proteção conexa ao prospeto decorre igualmente do particular regime de responsabilidade civil que lhe está associado, de seguida estudado.

[2426] Sobre a disciplina instituída por este diploma, reenvia-se para os contributos de Marcelo Rebelo de Sousa e Manuel Gomes da Silva/Rita Amaral Cabral, em *A Privatização da Sociedade Financeira Portuguesa*, Lisboa (1995), respectivamente 244-245, 310-ss.

É certo que existem adversários desta perspetiva, que sustentam que o investidor médio não lê os prospetos na prática ou tem escassos conhecimentos para entender documentos financeiros. Porém, a apreciação daqueles que entendem o prospeto, sobretudo intermediários financeiros, será reflectida nos conselhos aos seus clientes e no preço em mercado, o que conduzirá o investidor a decisões satisfatórias[2427].

2. *Aspetos gerais*

I – A responsabilidade pelo prospeto corresponde a um desenvolvimento nas margens da responsabilidade civil, apresentando contornos próprios.

Contrariando a tradicional absorção estrutural que conduz ao tratamento da responsabilidade civil na disciplina do Direito das obrigações, esta figura tem conhecido diversos desenvolvimentos periféricos. Novas áreas têm, assim, merecido tratamento recente, de que se destaca nomeadamente a responsabilidade pelo produtor, a responsabilidade dos administradores de sociedades, a responsabilidade dos auditores e a responsabilidade por danos ambientais. A responsabilidade pelo prospeto constitui outro exemplo desta tendência – apresentando-se como um importante campo para a análise jurídica.

II – A autonomização de um corpo de regras relativas à responsabilidade civil pelo prospeto ganhou foros de cidadania normativa a partir do desenvolvimento que teve sobretudo no Reino Unido, na Alemanha e nos Estados Unidos. O desenvolvimento da responsabilidade pelo prospeto toma por referência alguns casos jurisprudenciais célebres, que cabe a traço grosso lembrar.

Preliminarmente, deve reconstituir-se a decisão *Lucca-Pistoia-Actienstreit:* realizada em 1853 uma oferta pública de subscrição de ações preferenciais sem voto em que era emitente uma sociedade incumbida da construção do troço ferroviário Lucca-Pistoia. Não obstante os documentos distribuídos à altura da oferta documentarem rendibilidade da sociedade emitente, esta veio a falir pouco tempo depois[2428].

No Reino Unido, o caso *Derry v. Peek* (1889) funciona como *leading case:* uma empresa de transportes anunciava, no prospeto da sua oferta de subscrição pública, estar autorizada por lei a utilizar veículos a vapor e outros aparelhos mecânicos de propulsão. No entanto, o prospeto omitia que tal dependia de autorização do governo. Negada a autorização, foi apresentado um pedido de reparação de danos por parte dos subscritores[2429].

[2427] Heinz-Dieter Assmann, *Civil Liability for the Prospectus,* cit., 178-180.

[2428] Heinz-Dieter Assmann, *Prospekthaftung,* cit., 51-53.

[2429] Guido Ferrarini, *Sollecitazione del Risparmio e Quotazione in Borsa* in Colombo/Portale (dir.), *Trattato delle Società per Azioni,* Vol. 10, t. II, UTET, Torino, 289-292.

Em Portugal, o instituto começou a merecer ampla divulgação a partir do litígio que opôs o Banco Mello ao Banco Pinto & Sotto Mayor no âmbito da privatização da Sociedade Financeira Portuguesa. Tratava-se, em síntese, de uma garantia que gravava o emitente de ações num processo de privatização, que não se encontrava relevada no prospeto da oferta. Na altura, porém, fora dos quadros gerais civilísticos, inexistia qualquer regime específico para a responsabilidade pelo prospeto. O caso movimentou larga parte da comunidade académica portuguesa. Sem, no entanto, lograr conclusões coincidentes: os múltiplos Pareceres de Direito à altura produzidos revelaram uma profunda divisão doutrinária quanto à construção jurídica a adotar, o que sugeriu fortemente a necessidade de um regime autónomo para esta matéria[2430].

III – No direito português, o instituto foi introduzido com o Código do Mercado de Valores Mobiliários de 1991 (arts. 160º-165º, 33º, 578º e 605º CodMVM). Tratou-se de um avanço legislativo muito importante, que colocou o nosso sistema jurídico na primeira linha, em termos de soluções adotadas nos sistemas mobiliários ocidentais. Havia, todavia, uma notória prolixidade do regime[2431], a sofrer visível influência britânica, que funcionou como possível causa da inexistência de decisões jurisprudenciais sobre o tema.

Em contrapartida, foi notório o interesse sentido pela doutrina, tendo a responsabilidade civil pelo conteúdo do prospeto dado origem a diversos estudos[2432].

[2430] O Acórdão do Tribunal Arbitral de 31 de março de 1993, bem como diversos Pareceres de Direito elaborados a propósito do caso, encontram-se compilados em *A Privatização da Sociedade Financeira Portuguesa*, Lisboa (1995). Cfr. ainda Antunes Varela, *Anotação a Tribunal Arbitral – Acórdão de 31 de Março de 1993*, *RLJ* (1993), 160-ss.; M. Henrique Mesquita, *Oferta pública de venda de acções e violação do dever de informar*, Coimbra (1996); João Calvão da Silva, *Compra e venda de empresas*, *CJ* (1993), II, 9-ss.

[2431] Menezes Leitão refere-se ao *excessivo casuísmo* da lei anterior, em contraponto à maior simplicidade do Código vigente: *Atividades de intermediação e responsabilidade dos intermediários financeiros*, cit., 151, 155.

[2432] Pode consultar-se, quanto à análise do regime constante deste diploma: Carlos Costa Pina, *Dever de informação e Responsabilidade pelo Prospeto no Mercado Primário de Valores Mobiliários*, Coimbra (1999); Amadeu Ferreira, *Direito dos Valores Mobiliários*, cit., 368-413; António Rocha Alves, *Responsabilidade do intermediário financeiro pelo prospeto no mercado primário. Pressupostos e natureza*, trabalho apresentado na Faculdade de Direito de Lisboa para concurso a Assistente-estagiário, polic., Lisboa (1998); Ana Catarina Mendonça Peres, *Responsabilidade do emitente pelo conteúdo do prospeto*, in *Cadernos do Mercado de Valores Mobiliários*, nº 5 (agosto 1999), 53-95; Manuel Botelho da Silva, *Dos critérios de aferição de insuficiência de informação numa oferta pública de subscrição de valores mobiliários fundadora de responsabilidade civil pelo prospeto*, in *Cadernos do Mercado de Valores Mobiliários*, nº 3 (segundo semestre 1998), 161-199.

IV – No atual Código, a responsabilidade pelos vícios do prospeto aparece regulada nos arts. 149º a 154º, notando-se uma maior depuração dos enunciados normativos, em afastamento às influências britânicas, que eram mais visíveis no primeiro Código.

O regime aplicável aos prospeto de ofertas e que se encontra nos referidos dispositivos afigura-se em larga medida como *paradigmático*, sendo aplicável a outras matérias. Em primeiro lugar, figura como modelo em relação ao regime da publicidade relativa a oferta pública, mesmo em período anterior ao anúncio de lançamento e à publicação de prospeto, nos termos do art. 121º, nº 3 CVM. Demais, as mesmas regras mostram vocação aplicativa em relação à violação de normas sobre conformação do prospeto preliminar (art. 166º). Por outro lado, e relação à responsabilidade pelo conteúdo do prospeto de admissão, o art. 243º remete, no seu proémio, para o regime que estamos a analisar (embora lhe introduza adaptações).

Finalmente, tenha-se presente que o regime de responsabilidade pelo prospeto de oferta serve de base à responsabilidade por informação periódica e por factos relevantes (art. 251º), quando divulgada em termos contrários aos prescritos por lei.

V – O fundamento do desenvolvimento de um corpo de regras autónomas reservado à responsabilidade pelo prospeto, além de raízes culturais, conta também com uma explicação dogmática, ligada ao reforço da proteção do lesado. Como melhor veremos adiante, as regras constantes do Código, ao instituírem uma presunção de culpa do lesante (art. 149º, nº 1) e uma regra de solidariedade em caso de pluralidade de responsáveis (art. 151º), acabam por acautelar mais eficazmente a posição do lesado[2433].

A responsabilidade pelo prospeto, ao pressupor maior segurança jurídica dos investidores, acaba igualmente por beneficiar os mercados. Desse modo, a responsabilidade pelo prospeto serve a eficiência dos mercados, na medida em que não desempenha unicamente uma função de proteção individual, mas persegue igualmente, como refere Assmann, finalidades de proteção funcional e institucional dos mercados de valores mobiliários[2434].

Paralelamente, não pode desligar-se o instituto da responsabilidade pelo prospeto do problema, de carácter mais amplo, relativo à possível qualificação dos deveres mobiliários como normas destinadas a proteger interesses alheios

[2433] Margarida Azevedo de Almeida, *A responsabilidade civil perante os investidores por realização defeituosa de relatórios de auditoria, recomendações de investimento e relatórios de notação de risco*, cit. 28.

[2434] Heinz-Dieter Assmann, *La responsabilità da prospetto tra normativa azionaria e disciplinadei mercati mobiliari*, in Pietro Abbadessa/Angelrojo, *Il Diritto delle Società per Azioni: Problemi, Esperienze, Progetti*, Milano (1993), 642.

(*Schutzgesetze*), para efeitos da imputação indemnizatória em caso de incumprimento, nos termos do art. 483º do Código Civil. Lembre-se, nomeadamente, que em alguns casos a lei mobiliária explicita-o diretamente (arts. 193º e 341º, por exemplo), embora tal não implique uma resolução do problema em geral.

Da mesma penada, os dispositivos traduzem uma maior certeza jurídica, pois contornam o problema da qualificação da natureza da responsabilidade civil pelo prospeto, quanto a saber se se configuraria como responsabilidade civil obrigacional ou uma responsabilidade civil extra-obrigacional. Esta seria sempre uma dúvida importante, dadas as diferenças encontradas entre a responsabilidade extra-contratual (arts. 483º a 510º CC) e a responsabilidade obrigacional (arts. 798º e seguintes CC).

Como caracterização fundamental da responsabilidade pelo prospeto, deve deixar-se assinalado que esta abrange um perímetro indeterminado de titulares de créditos indemnizatórios, não exigindo um prévio nexo contratual entre lesado e lesante. Apesar da forte coloração delitual que daqui resulta, não se justifique consignar aqui uma tomada de posição sobre o tema da natureza da responsabilidade pelo prospeto[2435]. Merece anotar, no entanto, a posição original que sustenta que o instituto da responsabilidade civil pelo prospeto representa, de alguma sorte, um contributo para uma *terceira via* da responsabilidade civil – utilizando-se aqui a terminologia proposta por CARNEIRO DA FRADA, que a reserva para as formas de responsabilidade *não susceptíveis de ordenação límpida na responsabilidade delitual ou contratual*[2436].

Repise-se que, em termos substanciais, a lógica subjacente a este regime é uma lógica de proteção do investidor e dos mercados, resultando desse objetivo pré-legislativo um expediente de tutela indemnizatória melhor adaptado ao contexto dos mercados de valores mobiliários e à proteção daquele que toma uma decisão de investimento no mercado de valores mobiliários.

VI – A responsabilidade civil pelo conteúdo do prospeto está ligada à exigência desta peça informativa, pelo que nos casos de ofertas dispensadas de prospeto, não se suscita a aplicação das regras contidas nos arts. 149º e seguintes.

[2435] No sentido da sua natureza delitual: HEINZ-DIETER ASSMANN, *Prospekthaftung*, cit., 249-272. Preferindo reconduzi-la a uma forma de responsabilidade pré-contratual, mas não descartando a possível relevância aplicativa da imputação delitual: GUIDO FERRARINI *La Responsablilita da prospetto. Informazione societaria e tutela degli investitori*, Milano (1986), 49-147; Id., *Sollecitazione del Risparmio e Quotazione in Borsa*, cit.,. Não falta quem diminua o relevo desta discussão doutrinária, sob alegação de que a mesma tem poucas implicações práticas (assim, KATJA LANGENBUCHER, *Aktien- und Kapitalmarktrecht*, cit., 244).

[2436] Cfr., do autor, *Uma "Terceira Via" no Direito da Responsabilidade Civil?*, Coimbra (1997), 85-ss. (85) e *passim;* Id., MANUEL CARNEIRO DA FRADA, *Teoria da Confiança e Responsabilidade Civil*, Coimbra (2004), 185-192.

Merece destaque a exclusão da emissão de valores mobiliários representativos de dívida emitidos pelo Estado português por outro Estado membro da União Europeia, nos termos da alínea *a)* do art. 111º. Tal deve-se à circunstância de a subscrição de dívida pública estar reservada a investidores institucionais – os designados operadores especializados em valores do tesouro (OEVT). A informação relativa à emissão dos valores mobiliários, neste caso, é tão-só assegurada pela necessária publicação em Diário da República da autorização de emissão.

VII – Tradicionalmente, entende-se que o tema da responsabilidade pelo prospeto comporta uma vertente civil e outra estritamente mobiliária[2437].

Nesse caminho, era explícito o art. 165º do Código anterior, que ressalvava aplicabilidade de outras normas sobre responsabilidade delitual ou obrigacional. Apesar de o novo Código não tomar direta posição sobre o problema, entende-se que a mesma conclusão deve manter-se.

A pluralidade de mecanismos indemnizatórios implica que, à partida, o lesado perante um vício do prospeto tem a possibilidade de escolher se a tutela do dano é feita ao abrigo da lei mobiliária ou ao abrigo da lei civil.

Mais frequente, porém, será o conjunto de situações em que o recurso à tutela indemnizatória civil serve para corrigir as limitações do instituto mobiliário. O ponto é sobretudo importante em virtude das limitações de âmbito do instituto da responsabilidade pelo prospeto, sobretudo quanto à tipicidade de responsáveis e da tipicidade de vícios. Assim, permanece em aberto o recurso à via civil quando o Código dos Valores Mobiliários não constituiria expediente idóneo para o ressarcimento indemnizatório ante vícios do prospeto.

A limitação principal para a aplicação articulada do Código dos Valores Mobiliários e do Código Civil reside, claro está, na interdição de dupla indemnização pelo mesmo dano, a decorrer das regras gerais1737.

VIII – O instituto da responsabilidade pelo conteúdo do prospeto representa um regime injuntivo, não podendo ser afastado ou modificado através de negócio jurídico. Trata-se de um traço do regime que ostenta raízes fundas na génese histórica do instituto, na medida em que o *Securities Act* norte-americano já há mais de sessenta anos que indicava esta solução, na sua *Section* 14.

Este aspeto, que é entre nós esclarecido diretamente no art. 154º CVM, representa um avanço em relação ao código anterior, na medida em que clarifica um ponto em que o código pregresso não intervinha. A clarificação do ponto, assim, representa um aspeto positivo da atual disciplina.

[2437] H.-D. Assmann, *Prospekthaftung* (1985), 17-20; J. Sinde Monteiro, *Responsabilidade por Conselhos, Recomendações ou Informações,* Coimbra (1989), 97-98.

3. *Legitimidade ativa e passiva na relação indemnizatória*

I – O regime da responsabilidade civil pelo conteúdo do prospeto deve ser analisada através das ferramentas dogmáticas ligadas aos pressupostos gerais da responsabilidade civil. Todos os avanços quanto à responsabilidade civil são aqui convocados.

Na análise da imputação por danos causados pelo prospeto, deve distinguir-se o âmbito subjectivo do título de imputação e o respetivo âmbito objetivo. Ainda dentro do âmbito subjectivo impõe-se tratar separadamente a *legitimidade passiva* – isto é, a legitimidade da pessoa que na relação indemnizatória figura como lesante, e consequentemente como devedor no dever de indemnizar – e a *legitimidade ativa*, reportando-se a lesado, à pessoa que se assume como credor quanto ao dever de indemnizar[2438].

A razão do emprego destas categorias prende-se com a particular delimitação do âmbito do instituto, adiante explicitada.

II – No tocante à *legitimidade passiva*, começa por referir-se que há diversas pessoas que podem ser responsabilizadas pelo conteúdo do prospecto[2439].

Assmann separa, a este propósito, três círculos de responsáveis: os autores materiais do prospeto; as pessoas que têm influência no prospeto; e outras pessoas que motivam a confiança do investidor[2440]. Na nossa lei, é o art. 149º, nº 1 – sede reguladora desta matéria –, a incluir uma lista de responsáveis potenciais. Assim, as regras sobre responsabilidade pelo prospeto apenas se aplicam se o responsável for:

- Oferente;
- Titular do órgão de administração do oferente;
- Emitente;
- Titular do órgão de administração do emitente;
- Promotor, no processo de constituição de sociedade por apelo à subscrição pública (arts. 279º-ss. CSC);

[2438] Quanto a este ponto, sustentando que a tutela indemnizatória do Código dos Valores Mobiliários não preclude a aplicação das regras civis em matéria de responsabilidade pré-contratual, atenta a diversidade de valores em presença, cfr. Dário Moura Vicente, *Da Responsabilidade Pré--Contratual em Direito Internacional Privado*, Coimbra (2001), 269-270.

[2439] Para uma discussão do problema, em análise crítica à jurisprudência do BGH, a filiar a responsabilidade pelo prospeto na culpa in contrahendo: Claus-Wilhelm Canaris, *Autoria e Participação na Culpa in Contrahendo*, RDE 16 a 19 (1990 a 1993), 25-31.

[2440] Heinz-Dieter Assmann, *La responsabilità da prospetto*, em Pietro Abbadessa/Angel Rojo, *Il Diritto Delle Società Per Azioni: Problemi, Esperienze, Progetti*, Milano (1993), 674-677.

- Titular do órgão de fiscalização e revisores que tenham apreciado documentos financeiros em que o prospeto se baseie;
- Intermediário financeiro encarregue da assistência; ou
- Outra pessoas responsável por informações ou estudos que aceite responsabilizar-se.

Trata-se de uma técnica de desenho do âmbito da responsabilidade civil que se diferencia da empregue no código civil.

Além do mais, esta tipologia de responsáveis é taxativa – daqui resultando, a afirmação de um *principio de taxatividade de responsáveis.*

III – Esta constatação da taxatividade de responsáveis tem consequências aplicativas importantes, na medida em que a haver vícios originados pelo prospeto que não tenham como responsáveis uma das pessoas que aqui aparece enumerada. Nesse caso, o lesante não pode ser condenado no pagamento da indemnização ao abrigo do Código dos Valores Mobiliários – restando as gerais saídas civis, em decorrência da referida dualidade de mecanismos indemnizatórios.

Embora constando do mesmo rol, a responsabilidade das pessoas referidas no art. 149º, nº 1, não obedece a uma disciplina totalmente uniforme[2441]. Veja-se nomeadamente que os titulares de órgãos de fiscalização e os revisores que tenham apreciado documentos financeiros em que o prospeto se baseie (alínea *f)* e as pessoas responsáveis por estudos ou informações (alínea *h)* têm uma responsabilidade confinada às matérias referidas[2442].

Há igualmente que ter em conta a extensão do âmbito de responsabilidade do oferente, do emitente e do chefe do consórcio de colocação nos termos do art. 150º, adiante referido.

IV – A taxatividade de responsáveis surge como paralela à não indicação de responsabilidade da CMVM no elenco do art. 149º, nº 1.

Deve, porém, frisar-se que a CMVM pode ser responsável por vícios do prospeto. Há importantes funções públicas desenvolvidas pela CMVM na apreciação de informação, e a possibilidade que esta autoridade tem de corrigir os vícios do prospeto deve mostrar implicações ao nível da competente responsabilidade.

[2441] Entre nós, analisando a diferente delimitação do ilícito e da culpa para cada categoria de responsável: José Ferreira Gomes, *Responsabilidade Civil pelo Prospeto: A Delimitação dos Responsáveis perante o Art. 149º/1 CVM*, Cadernos MVM 56 (2017), 53-76.

[2442] José Melo Rodrigues/ Juliano Ferreira, *Responsabilidade pelo Conteúdo do Prospeto. O caso específico do Revisor Oficial de Contas,* Cadernos MVM 55 (2017) 167-182.

Assim, se nos termos gerais da responsabilidade por atos praticados no exercício de funções públicas, se houver uma atuação culposa e ilícita a causar danos, a CMVM poderá ser responsabilizada em termos indemnizatórios[2443].

Assim, a não inclusão da CMVM na lista do art. 149º, nº 1, não significa que fique arredada toda e qualquer responsabilidade desta autoridade de supervisão – embora não lhe seja aplicável, enquanto potencial lesante, o regime especial de responsabilidade pelo prospeto constante dos arts. 149º e seguintes.

V – Outro ponto importante quanto ao âmbito subjectivo do tipo de imputação prende-se com a *legitimidade ativa* na relação indemnizatória – isto é, quanto a saber quem pode fazer-se valer dos arts.149º e seguintes para ressarcimento dos danos sofridos por vícios do prospeto.

Há, neste plano, relevantes restrições, porque apenas a quem tomou uma decisão de investimento (decisão de aquisição, de subscrição ou de troca) ou a quem tomou uma decisão de desinvestimento (decisão de alienação) é que se assegura tal legitimidade.

Esta conclusão extrai-se, em termos interpretativos, do art. 152º, nº 1, a propósito do cálculo do dano. Com efeito, o art. 152º manda atender ao momento de aquisição ou de alienação dos valores mobiliários para fixar a medida do dano indemnizável. Isto significa que apenas quem tomou *efectivamente* uma decisão de investimento de vender, de trocar, de subscrever ou de comprar se encontra dentro do âmbito de aplicação do instituto da responsabilidade pelo prospeto.

Refira-se complementarmente que o Código não limita a tutela indemnizatória aos primeiros adquirentes. Todos os que fundaram a sua decisão de investimento no prospeto merecem a tutela dos arts. 149º e seguintes[2444]. Porém, se os valores mobiliários são subsequentemente admitidos à negociação em mercado regulamentado, a responsabilidade pelo rpospecto pauta-se pelo regime adaptado do art. 243º.

Além do mais, o Código não obriga à conservação dos valores mobiliários até ao ressarcimento se efetuar (ou, sequer, até ao momento em que o vício é torna público): a legitimidade não se perde com a alienação dos valores mobiliários[2445].

[2443] Extraindo idêntica conclusão à luz do regime anterior, cfr. Carlos Costa Pina, *Dever de informação e Responsabilidade pelo Prospeto no Mercado Primário de Valores Mobiliários*, cit., 129-135.

[2444] Esta constitui a tendência dominante: Klaus Hopt, *Die Verantwortlichkeit der Banken dei Emissionen. Recht und Praxis in der EG, in Deutschland und in der Schweiz*, trad. it. C. Honorati, *Le Banche nel Mercato dei Capitali*, Milano (1995), 86-87; Manuel Carneiro da Frada, *Teoria da Confiança e Responsabilidade Civil*, Coimbra (2004), 191.

[2445] *Id, ibidem.*

4. *A estrutura do ilícito*

I – A responsabilidade civil pelo prospeto representa uma modalidade de *responsabilidade por factos ilícitos.* O seu regime assenta, na sua estrutura, numa cláusula geral (art. 149º, nº 1), à semelhança do que ocorre em relação à responsabilidade extra-contratual. No entanto, o seu âmbito é sensivelmente mais limitado no seu âmbito objetivo por apenas relevar um dos seis vícios elencados pelo legislador no art. 135º – insuficiência, falta de veracidade, falta de atualidade, falta de clareza, falta de objetividade e ilicitude da informação.

Além disso, para medir a suficiência da informação disseminada, importa referir que existe uma grande concretização dos deveres de prestação de informação no prospeto, sobretudo atenta a existência do formato do prospeto, que descreve desenvolvidamente as rubricas que esta peça informativa deve conter. Neste contexto, merece atenção prioritária a descrição realizada sobre os riscos inerentes ao emitente e aos valores mobiliários distribuídos.

Pode, pois, falar-se de uma *tipicidade de vícios do prospeto,* para efeitos da responsabilidade civil aqui examinada.

Importa sublinhar, pois, que só estes vícios relevam para gerar responsabilidade ao abrigo dos arts. 149º ss. Se o prospeto não corresponde à estrutura imposta pelas Diretivas comunitárias ofende a lei – mas os danos que daí decorram não serão ressarcidos ao abrigo do Código dos Valores Mobiliários se não existir um dos vícios relevantes ao abrigo do art. 135º.

II – Numa síntese, pode dizer-se que os vícios da insuficiência e da falta de atualidade se prendem com *o que* deve constar do prospeto, ao passo que os demais vícios se relacionam mais com *o modo* como a informação deve ser apresentada no prospeto.

A aplicação do princípio da completude do prospeto tem levantado algumas dificuldades no que diz respeito aos relatórios de pesquisa sobre entidade emitente ou de análise de investimento (*research*) e aos relatório de avaliação do risco sobre a operação concreta que esta desenvolva ou venha a desenvolver (*rating*). Devem todos estes ser incluídos no prospeto? Responde-se negativamente: a Lei obriga a que o prospeto contenha de forma exaustiva os *dados objetivos* sobre a emissão; de fora quedam-se os *juízos subjectivos* emitidos sobre os mesmos, a não ser quando tal seja diretamente exigido – como é caso das previsões que a emitente deva formular sobre a evolução da sua situação financeira (art. 137º/1.*c*)).

III – A este propósito, deve reter-se que o padrão de avaliação da suficiência da informação deve ser o que o *investidor médio e pouco sofisticado*[2446].

É verdade que a evolução da utilização dos prospetos, na prática, tem revelado que poucos são os investidores a ler o prospeto na íntegra e a compreender toda a informação nele contida. Os destinatários principais do prospeto acabam por ser, em muitos casos, os investidores institucionais e os especialistas que apoiam as decisões dos investidores não-institucionais, direta ou indiretamente (*free riding*).

Esta constatação, aliada à vantagem em suprimir custos por parte dos oferentes, tem conduzido ao aparecimento de versões aligeiradas do prospeto, como sucede com as informações fundamentais destinadas a investidores, no regime dos organismos de investimento coletivo e dos PRIIPS, ou com o *sumário do prospeto*. Outras autoridades de supervisão – é caso da SEC norte-americana – incentivam a maior clareza e acessibilidade do texto dos prospetos, por forma a estimular a sua utilização pelo investidor comum (*Plain English Disclosure*).

Estas tendências que apelam a uma maior pedagogia e acessibilidade do prospeto não significam, porém, que o nível de exigência da suficiência da informação no prospeto comum deva reduzir-se. Bem pelo contrário: visam que o dever de elaboração do prospeto conduza a uma efectiva proteção informativa dos seus destinatários. O entendimento contrário traria consequências perniciosas, significando um retrocesso no desenvolvimento mais que secular das regras informativas ligadas ao mercado de valores mobiliários.

IV – O nosso direito conhece mecanismos de segurança para que o prospeto seja corrigido a tempo de não chegar a gerar danos.

O principal mecanismo preventivo consiste na sujeição do prospeto a prévia aprovação pela CMVM (arts. 140º, nº 3, e 236º, nº 1). Com o seu poder de aprovação ou de recusa de aprovação do prospeto – a implicar a concessão do registo ou a recusa do registo, em caso de prospeto de oferta (arts. 118º e 119º) –, a CMVM tem o poder de impor modificações (retificações ou aditamentos) ao prospeto.

Além disso, no art. 142º prevêem-se dois institutos que procuram, *já após a aprovação do prospeto*, corrigir os vícios do prospeto, sob impulso da CMVM. Em causa estão:

– a *adenda ao prospeto* – aplicável aos casos em que for detetada alguma deficiência no prospeto ou ocorrer qualquer facto novo ou se tomar conhecimento de qualquer facto anterior não considerado no prospeto, que sejam

[2446] Esta a posição doutrinária hegemónica: cfr. Guido Ferrarini, *Sollecitazione di risparmio e quotazione in borsa*, in Colombo/Portale (ed.), *Trattato delle Società per Azioni*, 10**, 257-258; J. Sinde Monteiro, *Responsabilidade por Conselhos, Recomendações ou Informações*, cit., 101.

relevantes para a decisão dos destinatários, e que resulta num aditamento ao prospeto originário; e

– a *retificação do prospeto* – que tem em vista retificar vício informativo descoberto antes do fim da oferta.

5. *A culpa e a causalidade*

I – A responsabilidade pelo prospeto fundada no art. 149º caracteriza-se como responsabilidade subjectiva, assentando na culpa do lesante.

No entanto, em ordem a facilitar a proteção indemnizatória do investidor, a lei consagra um mecanismo de *presunção de culpa.* Com efeito, reza o art. 149º, nº 1, no seu proémio: "são responsáveis pelos danos causados pela desconformidade do prospeto com o disposto no art. 135º, *salvo se provarem que agiram sem culpa"*.

A presunção de culpa aqui revelada, como é regra no nosso direito (art. 350º, nº 2 CC), é ilidível, podendo as pessoas referidas no art. 149º, nº 1 contrariar a presunção para se eximirem da sua responsabilidade.

II – O sistema de responsabilidade subjectiva do art. 149º assenta numa especial exigência quanto ao padrão de apreciação da culpa.

O sistema é um sistema de responsabilidade subjectiva exigente, na medida em que o nº 2 do art. 149º estatui que a culpa é apreciada de acordo com *elevados padrões de diligência profissional.* Assim, haverá negligência ainda que o lesante actue com culpa levíssima[2447].

Desta forma, os profissionais dos mercados financeiros podem, em concreto, deparar-se com maiores dificuldades em afastar a presunção de culpa uma vez que o grau de apreciação da culpa é um grau de exigência. Mais precisamente, relativamente aos intermediários financeiros, a diligência informativa respeitante ao conteúdo do prospeto é de grau equiparável à diligência elevada que, em toda a sua atividade profissional, o intermediário deve revelar nas relações com todos os intervenientes no mercado – e, em particular, nas relações com os seus clientes, consoante dispõe o nº 2 do art. 304º (que se refere aos "*elevados padrões de diligência, lealdade e transparência*")[2448].

[2447] Luís Menezes Leitão, *Atividades de intermediação e responsabilidade dos intermediários financeiros*, cit., 156. Sistema diverso vigora, porém, na Alemanha, que exige culpa grave para responsabilizar o intermediário financeiro perante o § 45º Börsengesetz. Cfr. a propósito Klaus Hopt, *Le Banche nel Mercato dei Capitali*, cit., 99-100.

[2448] Cfr. as observações críticas de Luís Menezes Leitão em relação ao regime pregresso, relativamente ao qual era patente uma assimetria de critérios quanto, de um lado, à diligência devida na atividade de intermediação em geral e, de outro lado, ante o dever de elaboração do prospeto, em particular (*Atividades de intermediação e responsabilidade dos intermediários financeiros*, cit., 151).

O nº 2 do art. 149º dá, no entanto, origem a uma clivagem no sistema de culpa, pois ao emitente e ao oferente, se não forem intermediários financeiros, poderá ser em contrapartida mais fácil afastar a presunção de culpa consagrada no art. 149º, nº 1. Este um traço do regime que, em termos de política legislativa, favorece a desintermediação – mas que se afasta do sentido do direito norte-americano, que reconhece existir responsabilidade objetiva (*strict liability*) ao emitente[2449].

Em balanço, veja-se que resulta daqui um sistema particularmente eficaz na proteção indemnizatória. O art. 149º contém uma previsão de responsabilidade que assenta numa presunção de culpa – como o art. 799º CC para a responsabilidade obrigacional – e que, além disso, prevê um critério exigente de apreciação da culpa – o dos elevados padrões de diligência profissional. A eficácia deste sistema indemnizatório é, ainda, redobrada, com o mecanismo de responsabilidade por facto de terceiro previsto no art. 150º, de seguida referido.

III – O alcance do art. 149º, nº 1, acaba por significar mais do que uma simples presunção de culpa, projectando implicações ao nível da relação de causalidade.

O problema liga-se ao tema, mais vasto, das especificidades da imputação por danos causados por vícios informativos. Para haver imputação importa que a informação esteja na base da decisão de investimento, ainda que apenas a título concausal; mas não se podem fazer exigências excessivas, dada a dificuldade de provar com segurança o nexo causal[2450].

Não é permitido afastar a responsabilidade mesmo provando que o investidor não leu o prospeto. A propósito, a jurisprudência alemã do início do século XX sustentava que a oferta ao público e o prospeto criam uma atmosfera de investimento (*Anlagestimmung*): enquanto ela não se dissipa, a responsabilidade pode exigir-se. Se bem que a ideia de uma atmosfera de investimento é em alguma medida excessiva e não colhe em todas as ofertas[2451], é consensual uma necessidade de ajustamentos às exigências de causalidade quanto a danos provocados por prospeto deficitário. A literatura germânica fala a este propósito de uma *causalidade indireta*, bastando-se com o facto de o prospeto viciado determinar no público investidor uma predisposição ao investimento comunicável ao adquirente, sem se revelar necessário indagar, em concreto, do seu conhecimento pessoal sobre o conteúdo do mesmo[2452].

[2449] Guido Ferrarini, *Sollecitazione del risparmio e quotazione in borsa*, in Colombo/Portale, *Tratatto delle Società per Azioni*, Vol. 10 **, 309.

[2450] J. Sinde Monteiro, *Responsabilidade por Conselhos, Recomendações ou Informações*, cit., 147-148, 297, 393, 472.

[2451] Heinz-Dieter Assmann, *Civil Liability for the Prospectus*, cit., 181-182.

[2452] Klaus Hopt, *Le Banche nel Mercato dei Capitali*, cit., 96-98.

IV – Neste quadro, no plano da imputação de danos, subjaz ao art. 149º um *nexo causal adaptado.*

Esta conclusão baseia-se na correlação entre preços e informação, pressuposto essencial dos mercados eficientes e redoma infra-jurídica incontornável do instituto. Se certa informação é omitida no prospeto ou é aí apresentada de modo incorreto, tal implica uma repercussão nos preços, como é regra em mercados eficientes. Deve bastar esta constatação do efeito negativo[2453] nos preços para o cômputo do dano.

Nesta medida, ao lesado basta provar a existência de um vício do prospeto e a relação de imputação entre o vício e o responsável. Tal, na maioria dos casos, não reveste dificuldade, porque à partida é fácil descobrir a autoria de cada tipo de informação contida no prospeto, dado que a enumeração dos responsáveis pelo prospeto deve constar do capítulo I do prospeto.

A conclusão inversa quedaria sem explicação o art. 152º, nº 2, que admite redução da responsabilidade do lesante apenas se este *provar* existir concausalidade. O acento tónico coloca-se, evidentemente, na distribuição do ónus da prova: a não ser produzida demonstração da concausalidade, o dano é imputado ao responsável.

Assim, em termos práticos, não tem sequer o lesado que provar que leu o prospeto, porque o regime pressupõe adquirida a influência gerada pelo prospeto[2454]. Todavia, a pressuposta relação de causalidade não é juridicamente irrelevante, designadamente porque o potencial responsável pode afastar a sua responsabilidade, ao abrigo do art. 149º, nº 3.

V – O art. 149º, nº 3 prevê um relevante motivo de exclusão de responsabilidade, determinando que o responsável à partida pode afastar a responsabilidade se provar:

- que o destinatário tinha conhecimento do vício; ou
- que o destinatário teve conhecimento do vício numa altura em que era possível revogar a sua declaração de aceitação da oferta.

Tem interesse sublinhar que, por imperativos de certeza e segurança, o legislador descreve os comportamentos que revelam atuações do lesado. No entanto, é duvidoso que se possa considerar estarmos perante um regime de culpa do

[2453] Se o efeito nos preços decorrente da revelação do vício informativo for positivo, não há lugar a indemnização, por inexistência de dano.

[2454] Aparentemente contra: LUÍS MENEZES LEITÃO, *Atividades de intermediação e responsabilidade dos intermediários financeiros*, cit., 156.

lesado, na medida em que o comportamento desta não é concausal para a produção do dano[2455].

A prova destas situações incumbe sobre o potencial responsável. É duvidoso precisar se o tribunal pode conhecer oficiosamente da culpa do lesado, como sucede em geral no domínio civil (art. 572º, *in fine* CC). A esta questão, que tem aliás reduzido alcance prático, dada a autonomia do regime *ex vi* dos arts. 149º-ss., julga-se dever responder negativamente. As circunstâncias atrás referidas revelam falta de diligência por parte do lesado, o que não leva a uma redução do *quantum* indemnizatório: a sua verificação conduz automaticamente a uma exclusão da responsabilidade. De qualquer das formas, e com a ressalva atrás apontada quanto à qualificação desta situação, esta é uma solução que confirma o regime civil do art. 570º, nº 2 CC, que determina que, quando a responsabilidade assenta numa presunção de culpa, a culpa do lesado afasta a responsabilidade.

VI – No prospeto de oferta pública e de admissão, é obrigatória a inclusão de um sumário, que sintetiza as características essenciais e os riscos associados ao emitente, ao eventual garante e aos valores mobiliários objeto da oferta ou da admissão (arts. 135º-A e 238º).

Para que tal figura não constitua uma fonte de responsabilidade por informação incompleta, a Diretiva do Prospeto forçou uma exclusão de responsabilidade se os danos causados resultarem apenas do sumário de prospeto, ou de qualquer das suas traduções, salvo se o mesmo contiver menções enganosas, inexatas ou incoerentes quando lido em conjunto com os outros documentos que compõem o prospeto (art. 149º, nº 4)[2456].

6. *A responsabilidade objetiva por facto de terceiro*

I – O art. 150º consagra um título de imputação adicional, embora dependente em relação ao do art. 149º, e com algumas características distintivas em relação a este.

Em causa está a responsabilidade por factos de terceiros, e assenta na imputação decorrente de uma atuação culposa e ilícita de algumas das pessoas referidas no art. 149º, nº 1.

A previsão de responsabilidade contida no art. 150º é de responsabilidade *objetiva,* conforme esclarece logo a epígrafe deste preceito. Assim, para o funcionamento deste outro título de imputação dispensa-se a averiguação sobre a culpa do responsável.

[2455] ANTÓNIO ROCHA ALVES, *Responsabilidade do intermediário financeiro pelo prospeto no mercado primário. Pressupostos e natureza,* cit., 34-35.

[2456] HEINZ-DIETER ASSMANN, *Civil Liability for the Prospectus,* cit., 179-180.

Esta é uma responsabilidade por facto de terceiro, na medida em que a responsabilidade do art. 150º pressupõe que haja um titulo de imputação a uma outra pessoa, em relação à qual o responsável de 2º grau tem uma especial ligação – orgânica ou contratual.

Cumpre clarificar que a imputação ao primeiro responsável não deixa de se fazer nos termos da responsabilidade subjectiva: logo, se o primeiro responsável ilide a presunção de culpa, deixa de operar a responsabilidade do garante. Aqui se vê nitidamente a dependência que existe da responsabilidade do garante em relação à do sujeito que figura como primeiro responsável[2457].

De seu lado, o garante será responsável objetivamente, mesmo que não tenha culpa na ocorrência do dano, se estiverem preenchidos os pressupostos de responsabilidade do primeiro responsável.

II – São três os sujeitos que, à luz do art. 150º, são responsáveis pelo facto de outrem:

– O oferente é responsável pelo membro de órgão de administração, por intermediário financeiro contratado ou por pessoas responsável por estudos ou informações (alínea *a)*);
– O emitente responde pelos vícios do prospeto causados pelo administrador, pelo promotor na sua constituição e pela pessoa que faz a fiscalização e revê as contas (alínea *b)*);
– E, por último, o líder do consórcio de assistência, que é responsável pela constituição do consórcio (art. 341º, nº 2 CVM), responde pelos vícios do prospeto originados por algum dos consorciados (alínea *c)*).

III – A partir da análise deste leque de responsáveis, pode afirmar-se que o fundamento da imputação *ex vi* do art. 150º reside em diversas circunstâncias, que cumpre distinguir.

Fundamental é o facto de alguém se aproveitar de outrem, que escolheu para o desempenho de uma atividade que serve (pelo menos também) o seu inte-

[2457] Estamos perante um domínio próximo, mas com diferenças assinaláveis, em relação à *responsabilidade do comitente. Com* efeito, o conceito de comissão para efeitos do regime do art. 500º CC é tradicionalmente delineado em termos restritivos, ao reclamar três características básicas: (1) que exista escolha do comitente no tocante ao conteúdo da comissão ou à pessoa do comitente; (2) que o comissário actue por sua conta; (3) e que se estabeleça uma relação de subordinação entre o primeiro e o segundo, relação essa que legitime que o comitente dê instruções ao comissário. No caso do art. 150º CVM, apenas se verifica o primeiro pressuposto, mas não os demais – pelo que deste ponto de vista o regime é menos exigente que o constante do regime comum delitual consagrado no Código Civil. Mas não pode esquecer-se, de outro lado, que da mesma maneira que há tipicidade de responsáveis subjetivamente (art. 149º, nº 1), também há tipicidade de responsáveis objetivamente (art. 150º), o que não sucede à luz do art. 500º CC.

resse, dever responder pelos danos que essa pessoas provoque com os vícios que origine no prospeto.

Por outro lado, em relação ao autor do estudo e da revisão das contas, pode sustentar-se que o regime da responsabilidade do oferente e do emitente se apoia igualmente numa presunção de facto de que estes terão maior capacidade económica que o sujeitos que figuram nas alíneas *f)* e *h)* do art. 149º, nº 1, pelo que a sua posição de responsável se assemelha à de um garante do pagamento da prestação indemnizatória perante o terceiro lesado.

Lembre-se que resta sempre, como em geral, a possibilidade de qualquer das pessoas referidas no art. 150º responder igualmente, se se provar que procedeu ilícita e culposamente na escolha de alguém que não seria apto para elaborar a parte do prospeto que lhe competia sem vícios (*culpa in eligendo*). Mas a responsabilidade, nessa situação, será responsabilidade subjectiva, tratada nos termos gerais – independendo da culpa do designado.

7. *O cômputo do dano*

I – Os critérios de cálculo do dano são-nos fornecidos pelo art. 152º Código dos Valores Mobiliários, em termos mais sucintos que os resultantes do código anterior[2458].

O primeiro dado de fundo com que temos de nos defrontar prende-se com uma hostilidade do direito dos valores mobiliários a considerar aquilo que é chamado o ressarcimento do interesse contratual negativo.

Para entender o alcance desta asserção, deve preliminarmente lembrar-se que em geral divide-se a indemnização em duas categorias:

- A indemnização pelo *interesse contratual positivo* ("de cumprimento"), que visa colocar o lesado na exacta situação em que estaria se o contrato tivesse sido pontualmente cumprido.
- E a indemnização pelo *interesse contratual negativo* ("de confiança"), corresponde ao prejuízo que o lesado evitaria se não tivesse celebrado o contrato ou mesmo iniciado as negociações preparatórias tendentes à sua conclusão.

II – O Direito dos valores mobiliários mostra uma explícita aversão pela segunda técnica indemnizatória. A jurisprudência britânica, com importantes créditos no desenvolvimento da figura, sempre estribou o cálculo da indemnização

[2458] Sobre o regime pregresso: CARLOS COSTA PINA, *Dever de informação e Responsabilidade pelo Prospeto no Mercado Primário de Valores Mobiliários*, cit., 216-222; AMADEU FERREIRA, *Direito dos Valores Mobiliários*, cit., 406-408. Sobre o regime atual: MARGARIDA AZEVEDO DE ALMEIDA, *A responsabilidade civil por prospeto no Direito dos Valores Mobiliários – o bem jurídico protegido*, cit., 382-483.

na diferença entre o preço desembolsado na decisão de investimento e o que teria sido desembolsado se o prospeto tivesse sido corretamente elaborado – é a designada *out of pocket rule*[2459].

Esta ideia mostra confirmação no art. 152º, nº1[2460]. Tal deve-se ao facto de a regulação mobiliária conviver de modo pouco pacífico com a anulação dos negócios transmissivos, como se nota a propósito do art. 277º Cód.VM, e que tem implicações mais profundas quanto às consequências de violação de norma imperativa no domínio transmissivo. Em termos gerais, o direito mobiliário é avesso à ruptura da decisão de investimento.

Soma-se um aspeto prático, que não é igualmente despiciendo – é que é árduo o apuramento da situação que teria ocorrido se não tivesse havido investimento.

Assim, se há uma imperfeição no prospeto que serviu de base a uma aquisição, o negócio deve ir para a frente, repondo-se a situação em que o lesado estaria se, *concretizando a sua decisão de investimento,* o prospeto estivesse corretamente elaborado.

Exemplificando: se o investidor tomou uma decisão de subscrição de ações do emitente ao preço de 20 euros cada, cujo prospeto escondia um problema financeiro significativo conduzindo a que afinal cada ação apenas valesse 6 euros, a medida da indemnização seria de 14 euros. Não se pretende, pois, restituir aquilo que foi investido, mas tão-só repor a decisão de investimento aos termos em que seria tomada se fosse tomada com base num prospeto corretamente elaborado.

Mesmo perante ordenamento sem idêntico arrimo positivo, esta conclusão é em geral aceite doutrinalmente mesmo para quem qualifica a responsabilidade pelo prospeto como pré-contratual[2461]. No entanto, é claro que a dinâmica do mercado, pelas razões apontadas, impõe uma lógica diversa da *culpa in contrahendo,* por exemplo, que prefere tutelar o dano negativo[2462].

[2459] ALMEIDA COSTA, *Voto de vencido, Acórdão arbitral* de 2 de junho de 1992, em *A Privatização da Sociedade Financeira Portuguesa,* Lisboa (1995), 68. Em geral, a propósito do dano indemnizável por *misrepresentation,* cfr. DÁRIO MOURA VICENTE, *Da Responsabilidade Pré-Contratual em Direito Internacional Privado,* cit., 329.

[2460] Tendencialmente no mesmo sentido, mas em tom dubitativo: LUÍS MENEZES LEITÃO, *A Responsabilidade Civil do Auditor de uma Sociedade Cotada,* em *Direito dos Valores Mobiliários,* cit., 238-239. Do mesmo modo, entendendo estar em causa uma indemnização correspondente ao interesse contratual positivo: PAULO MOTA PINTO, *Interesse Contratual Negativo e Interesse Contratual Positivo,* (2009), 1460-1463.

[2461] GUIDO FERRARINI, *Sollecitazione di risparmio e quotazione in borsa,* cit., 312-13; Id., *Responsabilità da Prospetto,* Milano (1986) 127-128.

[2462] Embora admita aplicação das regras gerais, como constitui posição de SINDE MONTEIRO, *Culpa in Contrahendo, Justiça Administrativa* nº 42 (novembro/dezembro 2003), 9.

Na mesma linha, é forçoso concluir que o nosso sistema não cobre a tutela do investimento alternativo (deixando de lado a *loss of bargain rule)*, pois prescinde de apurar os ganhos que o investidor obteria se tivesse aplicado o dinheiro noutro investimento.

Tal o sentido do art. 152º, nº 1 do Código dos Valores Mobiliários, segundo o qual o lesado deve ser posto na exacta situação que estaria se tomando a decisão de investimento ou desinvestimento tivesse a fazê-lo perante o prospeto corretamente elaborado[2463]. A interpretação desta norma deve ter presente que os preços incorporam a informação, de acordo com a *market efficiency hippotesis*.

III – O ressarcimento de danos não patrimoniais originados por vícios do prospeto é resolvido de acordo com o tratamento geral do nosso código civil a essa questão.

Como se sabe, a possibilidade de indemnizar por danos morais é hoje expressamente admitida no nosso sistema jurídico, através do art. 496º CC[2464]. Tal preceito, porém, não os consagra indiscriminadamente; apenas serão tidos em conta, para efeitos de indemnização os danos não patrimoniais que revistam envergadura suficiente para merecerem proteção jurídica[2465].

Assim, em rigor, a reparação de danos não patrimoniais pelo conteúdo do prospeto é admissível; é, porém, sabido que o dano não patrimonial só é ressarcível se houver uma especial envergadura jurídica em redor desse dano não patrimonial nos termos do art. 496º CC – o que é possível, mas não se afigura muito provável em concreto perante danos originados por vícios do prospeto.

IV – O ressarcimento à luz do art. 152º pode fazer-se por danos emergentes e por lucros cessantes. Os primeiros referem-se à supressão de vantagens já existentes no património do lesado à data da lesão; os lucros cessantes equivalem aos acréscimos patrimoniais frustrados. Ambas as modalidades de danos se incluem no conteúdo do dever de indemnizar. Lembre-se, aliás, que quando o legislador pretende excluir a ressarcibilidade dos lucros cessantes, fá-lo expressamente: é o que sucede, nomeadamente, nos arts. 899º e 909º CC.

[2463] Diferentemente, porém, cfr. Margarida Azevedo de Almeida, *A responsabilidade civil por prospeto no Direito dos Valores Mobiliários – o bem jurídico protegido*, cit., 345-369.

[2464] O art. 496º mostra, aliás, vocação aplicativa a toda a área da responsabilidade civil: cfr. a propósito Luís Menezes Leitão, *Direito das Obrigações*, I, cit., 297-299 (298).

[2465] Almeida Costa considera que deve o dano não patrimonial corresponder a uma reação normal por parte do lesado (*Direito das Obrigações cit.*, 484), ponto de vista sufragado por Ribeiro de Faria (*Direito das Obrigações*, cit., I, 491-492). Não obstante, tal questão apenas releva em sede de causalidade.

A indemnização pode, ainda, ser reduzida se houver concorrência de causas, nos termos do art. 152º, nº 2. A existência de causas concorrentes deve ser provada pelos potenciais responsáveis.

8. *Cessação do direito à indemnização*

I – Por imperativos de segurança, foi estabelecido no art. 153º do Código dos Valores Mobiliários um prazo de cessação do direito à indemnização muito curto[2466]. Com efeito, o direito à indemnização cessa no prazo de 6 meses desde o conhecimento do vício e de 2 anos desde a data de divulgação dos resultados da oferta[2467]. O preceito evita propositadamente qualificar este prazo, embora o primeiro prazo, visando penalizar o titular pelo não-exercício, corresponde a um prazo de caducidade, ao passo que o segundo prazo consubstancia um prazo não seletivo, logo prescricional[2468].

O preceito conhece adaptações para a responsabilidade por vícios do prospeto de admissão, cessando nesse caso o direito à indemnização no prazo de 2 anos contado deste a data de divulgação do prospeto ou da alteração ao prospeto que contém o vício em causa (art. 243º).

II – Se o regime da presunção de culpa (art. 149º, nº 1) aproxima a responsabilidade pelo prospeto da responsabilidade obrigacional, este prazo prescricional mais abreviado, por questões de segurança jurídica, acaba curiosamente por ter pontos de ligação com a responsabilidade delitual, em que valerá igualmente um prazo prescricional mais curto (art. 498º CC). Nesta matéria, aliás, é comum o encurtamento de prazos de cessação do direito à indemnização, como meio de refrear a litigância[2469].

[2466] Carlos Ferreira de Almeida, *Caducidade do Direito a Indemnização por Informação Deficiente no Âmbito dos Mercados de Valores Mobiliários*, Cadernos MVM 54 (2016), 9-22.

[2467] Recorde-se que, quanto à responsabilidade do intermediário financeiro por atuação negligente (excluindo a culpa grave), em geral, o art. 324º, nº 2 dispõe também um prazo prescricional mais curto.

[2468] Em sentido contrário, para Carlos Ferreira de Almeida em causa estão dois prazos de caducidade: *Caducidade do Direito a Indemnização por Informação Deficiente no Âmbito dos Mercados de Valores Mobiliários*, Cadernos MVM 54 (2016), 9-22. Não cabe analisar aqui os problemas de delimitação entre as duas figuras. Cfr. em geral Menezes Cordeiro, *Teoria Geral do Direito Civil*, Lisboa (2ª ed., 1987/88), 282-285; Id. *Tratado de Direito Civil*, I, T. IV (reimp. 2007), 121-ss.; Ana Filipa Morais Antunes, *Prescrição e Caducidade*, Coimbra (2008), 28-31 e *passim*.

[2469] Pronunciando-se a favor de um encurtamento ainda mais severo do prazo (6 meses, como prazo único): Heinz-Dieter Assmann, *Civil Liability for the Prospectus*, cit., 184.

Capítulo XII
Operações de Saída de Mercado

§ 39º As operações de saída de mercado: introdução e quadro geral

1. *Apresentação do tema*

I – Todos os mercados conhecem ciclos. O mercado bolsista não constitui exceção. Os momentos de alta bolsista (designados *bull markets*) são seguidos por fases de baixa de cotações (*bear markets*), até novo ciclo de valorização bolsista – e assim sucessivamente[2470].

Também se constata empiricamente que aos diversos momentos do ciclo de mercado correspondem tendências igualmente diversas nas operações de dispersão e de concentração do capital social. Assim, as fases de alta de cotações estimulam novas sociedades a distribuir pelo mercado ações representativas do seu capital através de ofertas públicas de subscrição e ofertas públicas de venda (*going public*). Nas fases depressivas, por seu turno, é usual deparar com várias sociedades a retirar-se do contato com o mercado de valores mobiliários (*going private*).

II – Este duplo movimento pendular, por si, já justificaria a relevância de nos ocuparmos das operações de saída. A isto soma-se o elevado número de operações de saída do mercado entre nós registado em tempos recentes. Tal revela uma tendência de concentração de propriedade acionista em Portu-

[2470] Para leituras complementares: Martin S. Fridson, *It was a very good year – Extraordinary Moments in Stock Markets History*, New York (1998); Charles Kindleberger/ Robert Alifer, *Manics, Panics and Manias – A History of Financial Crisis*, New Jersey, (2005).

gal. Esta tendência de concentração da propriedade acionista contrasta com a tendência detetada na maioria dos países europeus, que aponta no sentido de um aumento da dispersão da propriedade acionista[2471]. A constatação apresentada obriga naturalmente a uma reflexão profunda sobre as causas de tão significativa desertificação do mercado acionista português (ao que não são alheios, de um lado, a diversificação de meios de captação de aforro e, de outro lado, o efeito de *overkill* de alguns excessos legislativos) e, no plano da política legislativa, sobre as medidas que deveriam ser adotadas para facilitar uma inversão do ciclo. Mas esse é um exercício que se queda fora do âmbito desta obra[2472].

III – Aqui propomo-nos analisar juridicamente as três operações de saída de mercado: a exclusão de mercado, a perda de qualidade de sociedade aberta e a transmissão potestativa tendente ao domínio total. Apesar de todos estes institutos serem objeto de previsão no Código dos Valores Mobiliários, são-no em locais separados: a exclusão de mercado é tratada legislativamente nos arts. 207º a 209º CVM; da perda de qualidade de sociedade aberta ocupam-se os arts. 27º a 29º CVM; e à transmissão potestativa tendente ao domínio total são dedicados os arts. 194º a 197º CVM. Assim, não se encontra no Código um tratamento unificado destas operações, o que justifica que se ensaie aqui uma análise transversal das mesmas.

Trata-se, convém lembrá-lo, de *operações* financeiras – logo, de processos que compreendem em termos estruturais um conjunto de atos jurídicos e materiais e que se realizam em mercados financeiros[2473]. A sua finalidade é comum – a retirada de sociedades anónimas do contato com o mercado de valores mobiliários, por forma a tornar-se (mais) fechada a sua estrutura acionista (*public-to -private transactions*).

2. *Delimitação negativa: a extinção do valor mobiliário*

I – Cumpre apresentar uma explicação relativamente à delimitação que foi aqui efetuada quanto ao âmbito desta análise. De facto, certas operações de

[2471] Steen Thomsen, *The Convergence of Corporate Governance Systems to European and Anglo-American Standards, European Business Organization Law Review* 4 (2003), 31-50 (43).

[2472] Cfr. a propósito a Resolução do Conselho de Ministros nº 100/2015, o *Relatório da Estrutura de Missão para a Capitalização das Empresas* (2016) e, em concretização parcial destes objetivos de fundo, o DL nº 77/2017, de 20 de junho.

[2473] Sobre este conceito, pode consultar-se Paulo Câmara, *Emissão e Subscrição de Valores Mobiliários*, em *Direito dos Valores Mobiliários*, Lex, Lisboa (1997), 208. Diversa é a aceção civilística de operação, enquanto acto voluntário, em que irreleva a finalidade do agente e que se apresenta destituído de função comunicativa: cfr. sobre esta Oliveira Ascensão, *Teoria Geral do Direito Civil*, II vol., Coimbra (2003), 42-43, 493-494.

saída de mercado (a saber: as operações de exclusão de mercado) poderiam estudar-se em relação a qualquer tipo de valor mobiliário.

O tema deve ser atravessado, porém, por uma distinção primordial: a que separa a saída de mercado de ações da saída de mercado de outros tipos de valores mobiliários.

Na segunda categoria de situações, quando respeitante à saída de mercado de valores mobiliários com prazo determinado, o tema articula-se com a problemática, usualmente pouco estudada, da extinção do valor mobiliário – o que autoriza um sintético comentário a esse propósito.

II – Os valores mobiliários são direitos representados que fundam a sua existência em operações coletivas de investimento e que são susceptíveis de transmissão em mercado[2474]. Assim, se as situações jurídicas representadas se extinguem, o valor mobiliário extingue-se igualmente.

Para uma ilustração, indicam-se duas modalidades gerais de extinção dos valores mobiliários: a caducidade (figure-se o caso dos *warrants* que não são exercidos, por atingirem o prazo de vencimento *out-of-the money);* e o cumprimento (seja o caso de valores mobiliários representativos de dívida após o pagamento do capital e juros). Somam-se modalidades especiais de extinção de valores mobiliários, como é caso do resgate de unidades de participação em fundos de investimento abertos[2475] e, no âmbito dos valores acionistas, a amortização com redução de capital (art. 347º CSC) ou a remissão de ações (art. 345º CSC). Em todas estas situações, ainda que acidentalmente subsista o documento (papel ou registo informático), este deixa de ter as funções de legitimação e de representação associado ao valor mobiliário. Será uma forma sem direito: não é, já, valor mobiliário[2476].

Compreende-se deste modo que os valores mobiliários, nos casos assinalados, sejam susceptíveis de extinção. Tratando-se de valores admitidos à negociação em mercado, com a extinção cessa automaticamente a negociação, havendo lugar à sua exclusão.

Análise separada reclama a saída de mercado dos fundos de investimento, por remeter para uma problemática prenhe de especificidades, sem grandes pontos em comum com as ações – salvo, claro está, quando os organismos de

[2474] Cfr. *supra*, § 5º, 1. -4.

[2475] Art. 18º RGOIC.

[2476] O caso inverso, de destruição física da forma de representação, não equivale à destruição do valor mobiliário, dada a possibilidade de reforma ou de reconstituição extra-judicial do valor mobiliário. Cfr. *supra*, § 10º, 3.

investimento coletivo são dotados de personalidade jurídica. Não nos deteremos aqui em tais especificidades[2477].

III – Sobra o campo principal de análise neste capítulo, relacionado com operações de retirada de mercado de participações acionistas[2478], usualmente ligadas a processos de concentração de controlo. Limitar-nos-emos, assim, a estas – tratando-se de operações que, portanto, não suponham a extinção do valor mobiliário em si.

Ainda quanto à delimitação da análise a efetuar, deve aduzir-se um comentário quanto à não consideração, neste quadro, das aquisições de ações próprias. Nos Estados Unidos, estas são sujeitas às regras atinentes às operações de saída do mercado, o que implica exigências informativas detalhadas, designadamente quanto ao objetivo da transação de ações próprias, à justeza da contrapartida e aos acordos que rodearam a operação (*Schedule* 13E-3 da SEC)[2479]. E entende-se, sem dificuldade, que a aquisição de ações próprias (realize-se esta em bolsa ou através de OPA) possa reduzir ou anular o *free-float* acionista. No entanto, no contexto português, na inexistência de regras semelhantes às impostas nos EUA pela *Securities and Exchange Commission* e, sobretudo, atenta a limitação quantitativa da aquisição de ações próprias (art. 317º, nº 2 CSC), não parece justificado tratar a aquisição de ações próprias em pé de igualdade com as operações de saída de mercado atrás arroladas.

3. *Os interesses em jogo e os principais vetores do regime adjacente*

I – Importa ponderar os interesses em presença neste tema. De um lado, pode sustentar-se ser interesse da sociedade retirar-se do mercado, se já não o utiliza como fonte de financiamento e se os custos suportados com a cotação – relacionados sobretudo com a prestação de deveres de informação, com os encargos atinentes aos relatórios de auditoria e com as comissões bolsistas – não são compensados com os benefícios de ter uma malha mais ampla de acionistas[2480].

[2477] Cfr. desenvolvidamente *infra* § 43º-44º, a forma de sociedade de investimento mobiliário, remetendo a sua regulamentação para legislação especial (art. 4º, n.os 1 e 3), à data inexistente.

[2478] A operação de perda de qualidade de sociedade aberta pode envolver acções e outros valores que atribuam o direito à aquisição de acções (valores convertíveis ou com warrant): cfr. *infra*, § 3º.

[2479] Thomas Lee Hazen, *Treatise on the Law of Securities Regulation*³, Vol. 2 (1995), 312-316.

[2480] Nos Estados Unidos, estimou-se nos anos noventa que os encargos diretos derivados da cotação de uma sociedade podem ascender a 400.000 USD: Ronald Gilson/Bernard Black, *The Law and Finance of Corporate Acquisitions*², New York (1995), 1245-1246. Os mesmos autores matizam o peso deste argumento, chamando a atenção para o facto de estes custos não aumentarem proporcionalmente quando aumenta a dimensão da sociedade (p. 1246).

Em causa podem estar igualmente os interesses dos acionistas dominantes, se tivermos presente que as operações de saída de mercado são frequentemente etapas finais de processos transmissivos – seguindo-se a aquisições bem sucedidas do domínio de sociedades abertas, através de ofertas públicas de aquisição. Ou, em cenário diferente, os acionistas dominantes podem entender simplesmente que o momento não é propício para colocar as suas ações à venda em mercado.

De outro lado, os sócios minoritários podem sentir-se lesados com estas operações, conquanto a liquidez dos seus títulos – em muitos casos já de si reduzida – diminui-se substancialmente com a concretização da decisão de saída de mercado. Ora, a liquidez dos valores mobiliários – ou seja, a medida da susceptibilidade de surgimento de interessados na sua transmissão – afecta negativamente a posição dos investidores na medida em que as dificuldades em encontrar contraparte negocial conduzem usualmente os potenciais alienantes a dispor-se a vender os valores por um preço inferior[2481].

Resta considerar que, quando a saída de mercado envolva processos aquisitivos, é natural a contraposição de interesses entre o acionista maioritário, que se apresenta como comprador, e os acionistas minoritários, que são potencialmente vendedores das suas participações. O ponto é particularmente crítico em operações que impliquem transmissão forçada de ações.

II – Ainda em sede de uma contextualização preliminar, há interesses públicos na preservação da confidencialidade do processo de preparação destas operações que merecem ser relembrados.

Releva desde logo anotar que se podem colocar problemas de *insider trading* em relação à decisão de saída. Basta lembrar que a preparação das decisões aqui envolvidas preenche normalmente um período temporal considerável no conhecimento reservado de um círculo restrito de pessoas (fundamentalmente, os administradores e seus auxiliares) e que o anúncio da decisão é usualmente susceptível de influenciar os preços em mercado: trata-se de elementos importantes para que o tipo criminal previsto no art. 378º CVM possa estar em causa[2482].

[2481] Niamh Moloney, *EC Securities Regulation*, Oxford (2002), 83.

[2482] Em geral, cfr. nomeadamente Louis Loss/Joel Seligman, *Securities Regulation*[3], Aspen, Vol. VIII Revised (2004), 3605-3613 (qualificando diretamente as operações de aquisições de acções próprias como situações em que a sociedade é *insider);* Donald Langevoort, *Insider Trading*[5], Deerfield/New York/Rochester (1996), § 5.01-§ 5.03. Especificamente sobre situações de saída de mercado: Theodore Levine, *The Proposed SEC Going Private Rules, Business Lawyer* Vol. 32 (1977), 1511-1512; Robert Clark, *Corporate Law*, Aspen (1986), 507-508.

Em particular, quando decidida a realização de uma operação de saída envolvendo um processo de aquisição, o respetivo anúncio pode provocar um aumento de cotações. Neste contexto, a lei veda que o adquirente adie a comunicação da decisão ao mercado para se aproveitar para adquirir valores antes da previsível subida de cotações: tal uma decorrência da incriminação do abuso de informação e da imediatividade de constituição do dever de comunicação de informação privilegiada (cfr. neste sentido os arts. 7º do Regulamento sobre o Abuso de Mercado e 194º, nº 2 CVM)[2483].

A perigosidade de existência de comportamentos de abuso de informação privilegiada é especialmente acentuada quando as operações de saída de mercado têm na sua base aquisições feitas por membros do órgão de administração em funções (*management buy-outs*) ou aquisições feitas à custa de financiamentos garantidos pela sociedade visada na aquisição (*leveraged buy-outs*)[2484].

III – As operações de saída do mercado justificam, ainda, uma renovada atenção porque estão, em parte, sujeitas a uma harmonização europeia. Com efeito, a 13ª Diretiva sobre Direito das Sociedades, em matéria de ofertas públicas de aquisição, tratou do tema da transmissão potestativa após o lançamento de OPA nos seus arts. 15º e 16º.

Tal intervenção surge na sequência das conclusões extraídas por dois grupos de análise constituídos por impulso da Comissão Europeia. De um lado, para tal contribuiram parcialmente as conclusões extraídas no contexto do SLIM Group – que aconselhou uma simplificação dos esquemas de aquisição potestativa de ações[2485] – a que se juntaram, em termos mais decisivos, as propostas apresentadas pelo Grupo de Alto Nível em Matéria de Direito das Sociedades, presidido pelo Professor Jaap Winter, no seu primeiro relatório (usualmente referido

[2483] Frise-se que a ligação entre dever de comunicação de factos relevantes e insider trading foi reforçada com atual regime europeu, onde os dois temas são tratados conjuntamente [cfr. a propósito infra § 48º e Jens Fürhoff, *Neuregelung der Ad-hoc-Publizitätspflicht auf europäischer Ebene*, AG n. 2 (2003), 80-85; Helena Bolina, *A Revisão das Diretivas do Abuso de Mercado: Novo Âmbito, o mesmo Regime*, *Cadernos MVM*, nº 51 – Ensaios de Homenagem a Amadeu Ferreira Volume II (ago.-2015), 12-28]. Por outro lado, não cabe discutir aqui a extensão do tipo de abuso de informação privilegiada aos casos em que a sociedade a que respeite a informação constitua o próprio *insider*. Sobre a conformidade dessa leitura com o texto da Constituição veja-se por último o acórdão do Tribunal Constitucional nº 494/03, de 22 de outubro de 2003 (Processo nº 140/03, 3 ª Secção, de que foi relator o Conselheiro Gil Galvão), disponível em < http://www.tribunalconstitucional.pt/jurisprudencia.htm >.

[2484] Menezes Cordeiro, *Da Tomada de Sociedades (Takeover): Efectivação, Valoração e Técnicas de Defesa*, ROA (1994), 769-771.

[2485] Company Law Slim [Simpler Legislation for the Internal Market] GROUP, *Recommendations on the Simplification of the First and Second Company Law Directives* (2000), 4, 13.

como Relatório Winter I)[2486]. Entretanto, o FORUM EUROPAEUM também emitira um documento de reflexão sobre o direito dos grupos na Europa, em que se pronunciara em sentido favorável à transmissão potestativa[2487].

Apesar deste texto normativo europeu, convém deixar esclarecido que a saída de mercado continua a ser uma zona não integralmente harmonizada no direito dos valores mobiliários europeu. Impressiona designadamente que as Diretivas mais diretamente vocacionadas para curar das questões de admissão em mercado (agora consolidadas na Diretiva nº 2001/34/CE) tenham omitido qualquer menção à respetiva exclusão.

§ 40º A exclusão de cotação

1. *Exclusão: terminologia e classificações*

A exclusão (*delisting*) consiste na cessação definitiva da negociação de valores mobiliários em mercado. Pode ser voluntária ou forçada, consoante dependa de decisão da emitente, no primeiro caso, ou da entidade gestora do mercado ou da autoridade de supervisão, no outro. Embora aqui tenhamos em vista sobretudo a exclusão *total*, deve notar-se que a exclusão pode ser *parcial*, seja por envolver apenas a exclusão de uma das bolsas em que os valores mobiliários estão negociados – no caso de pluricotação –, seja por se referir apenas a um dos segmentos bolsistas em que os valores se negoceiam[2488].

Importa diferenciar a exclusão de mercado da alteração de mercado ou da modificação de segmento de negociação[2489]. Nestes casos, contrariamente à exclusão, não cessa a negociabilidade dos valores mobiliários. Porém, ainda assim, cabe distinguir. Se o mercado ou o segmento de mercado onde os valores se passam a transaccionar apresentam características equivalentes em termos de exigências informativas, não se justificam as mesmas preocupações de proteção de investidores que rodeiam a exclusão. Se, ao invés, essa modificação tiver por efeito a negociação em mercado ou em segmento de mercado que implique uma diminuição dos deveres de informação a cargo do emitente, devem empregar-se cautelas quanto à posição dos titulares dos valores mobiliários afetados[2490].

[2486] HIGH LEVEL GROUP OF COMPANY LAW EXPERTS, *Report on Issues related to Takeover Bids* (2002), 54-70.

[2487] Cfr. FORUM EUROPAEUM, *Corporate Group Law for Europe,* Stockholm (2000), 71-78.

[2488] PETER MÜLBERT, *Rechtsprobleme des Delisting,* ZHR 165 (2001), 106-107.

[2489] Para fornecer uma ilustração, o mercado Euronext conhece vários segmentos de negociação – *Next Prime* e *Next Economy.* Nestes casos a exclusão de segmento não implica necessariamente uma exclusão do mercado.

[2490] KLAUS HOPT/HARALD BAUM, *Börsenrechtsreform in Deutschland,* in KLAUS HOPT/BERND RUDOLPH/HARALD BAUM (org.), *Börsenreform. Eine ökonomische, rechtsvergleichende und rechtspolitische Untersuchung,* cit., 418-420.

A exclusão distingue-se ainda da suspensão, que representa uma interrupção transitória da negociabilidade dos valores em mercado. O ato de suspensão de negociação pode desembocar em uma de duas situações: caso as irregularidades que determinaram a suspensão não tenham sido sanadas em tempo útil, existe fundamento para uma exclusão; caso contrário, cessará a suspensão, retomando--se a negociação.

2. *Exclusão de cotação e proteção de acionistas minoritários*

I – A admissão à negociação em mercado constitui um vínculo tendencialmente estável em termos temporais. Os investidores criam expectativas de manutenção das condições de negociabilidade dos seus valores, confiando no inerente poder de alienar sem dificuldades, a qualquer tempo, os valores de que são titulares. Não é, por isso, aceitável que essa confiança depositada na manutenção da admissão seja injustificadamente frustrada.

Além disso, reportando-nos ao caso das ações, deve ter-se presente que as sociedades, quando deixam de ter as suas ações negociadas em mercado regulamentado, passam a dispensar uma proteção menos intensa ao sócio. Deste ponto de vista, não é inócua a decisão de saída de mercado. O défice é sobretudo ligado à informação acessível aos investidores, na medida em que não se aplica à sociedades não cotadas o dever de publicação integral de documentos de prestação de contas, o dever de auditoria às contas anuais e semestrais através de auditor registado na CMVM e o dever de prestar informação sobre factos relevantes. A não aplicação destes deveres mantém-se, mesmo que a sociedade conserve a sua qualidade de sociedade aberta.

Particularmente problemática, neste cenário, é a decisão societária de saída de mercado, em desfavor da liquidez e da proteção informativa das participações sociais dos seus acionistas.

Para acautelar devidamente este risco, existe um leque de soluções alternativas no plano da política legislativa. Destacam-se, para já, quatro saídas possíveis. De um lado, a imposição de uma deliberação aprovada em assembleia geral permite uma legitimação ampla do pedido de exclusão por parte dos acionistas e faculta, além disso, um controlo judicial mais eficaz, designadamente quanto ao seu possível carácter abusivo. A exigência de um prazo de antecedência longo até que a exclusão se torne eficaz constitui solução alternativa, porquanto deste modo os acionistas podem precaver-se quanto a uma futura perda de liquidez das suas participações mobiliárias[2491]. Figura ainda como possível a previsão, na lei ou nos estatutos, de um direito de exoneração na esfera jurídica dos acionis-

[2491] Trata-se da solução preferida pela obra de referência de reforma do direito mobiliário alemão: KLAUS HOPT/HARALD BAUM, *Börsenrechtsreform in Deutschland*, cit., 419-420.

tas discordantes, mediante o pagamento de uma contrapartida justa[2492]. Por fim, a constituição de um dever de lançamento de OPA de saída do mercado daria a oportunidade de uma saída aos acionistas minoritários antes da retirada das ações de bolsa, rodeada de ampla informação divulgada ao mercado.

II – Perante esta apresentação de possíveis soluções para acautelar os minoritários em caso de exclusão, interessa verificar que solução foi adotada na lei portuguesa. Como foi indicado, o Código dos Valores Mobiliários regula a admissão em dois locais distintos: nas disposições gerais sobre os mercados e nas disposições especiais sobre mercados regulamentados. Sucede que apenas no primeiro contexto a lei fixa as condições em que deve existir exclusão: fá-lo no art. 207º[2493], aqui já citado, preceito que cura da exclusão forçada.

Assim, uma conclusão importante a que somos conduzidos nesta matéria prende-se com o facto de a lei vedar uma exclusão voluntária de mercado regulamentado.

Não se sustenta esta asserção somente no facto de a lei apenas prever a exclusão por iniciativa da entidade gestora de bolsa ou da CMVM. A exclusão pelo emitente aparece somente referida num texto regulamentar, a propósito do mercado sem cotações[2494]. Além disso, a aplicação do princípio da legalidade ao procedimento de exclusão e a complexa malha de interesses envolvidos nesta matéria tornam claro que o silêncio normativo sobre exclusão voluntária requerido pela sociedade implica a sua inadmissibilidade.

Esta conclusão apresenta consequências importantes. Devem, designadamente, manifestar-se dúvidas perante reestruturações societárias que tenham por efeito impedir, por vontade do emitente, o prosseguimento da negociação dos seus valores mobiliários em mercado. Pensamos sobretudo em fusões e cisões de sociedades cotadas em mercado – operações que, para melhor respeito do sistema mobiliário, tal como descrito, parece deverem conduzir à cotação das ações das sociedades incorporantes ou das sociedades resultantes da cisão ou da fusão.

2492 Uma versão alternativa, muito mais matizada, desta via aparece consagrada em Itália: o art. 145, n. 2 do *Testo Unico della Finanza* devolve aos estatutos das sociedades cotadas em bolsa a previsão dos direitos dos acionistas em caso de exclusão de negociação. No sentido de que tal não assegura necessariamente uma compensação pecuniária em caso de exclusão de mercado, veja-se o comentário *Diritti spettanti agli azionisti in caso di delisting, Rivista delle Società* n. 1 (2002), 365-369.

2493 Admite-se, contudo, que as causas de recusa de admissão (art. 235º) possam fundar igualmente uma exclusão de cotação. Acrescente-se ainda que a Diretiva do Prospeto (2003/71/CE, de 4 de novembro de 2003) determina que a autoridade competente deve ter poderes para proibir a negociação em mercado regulamentado quando as disposições da Diretiva forem infringidas (art. 21º/3 *h*)).

2494 Em causa está o Regulamento da CMVM nº 17/2000, que previa a exclusão requerida pelo emitente à sociedade gestora se não houver prejuízos para o mercado (art. 4º).

No entanto, no plano de uma valoração económica destas regras, é sabido que uma interdição da exclusão voluntária a pedido do emitente não constitui, por si, uma boa solução. De facto, tal torna as empresas prisioneiras das bolsas, anulando os efeitos benéficos da concorrência entre mercados e dando origem a rendimentos de cariz monopolista. Além disso, a ideia de uma entrada irreversível em mercado pode criar o receio de uma eternização do vínculo e, assim, afugentar as sociedades do mercado bolsista[2495].

Não se crie, a partir daqui, a impressão de que o ordenamento português consagrou uma solução radical com consequências nefastas. Como adiante se compreenderá, a lei faculta à sociedade ou ao seu grupo acionista dominante dois mecanismos que levam à exclusão de negociação em mercado regulamentado: a perda de qualidade de sociedade aberta (art. 27º-29º-A) e a aquisição potestativa tendente ao domínio total (art. 194º-197º)[2496]. A existência destes dois institutos equilibra satisfatoriamente o regime nacional, evitando que a admissão bolsista se transforme num vínculo necessariamente perpétuo.

III – A exclusão forçada também coloca problemas interessantes, resultantes da natureza mista da admissão no nosso Direito.

O facto é que decisão da CMVM de ordenar a suspensão ou a exclusão de instrumentos financeiros (art. 214º, nº 1) está sujeita a uma ponderação delicada, atentas as consequências que projecta.

O princípio da proporcionalidade assume, neste contexto, decisivo relevo. De facto, tenha-se ainda presente que a exclusão como sanção por incumprimento de deveres inerentes à admissão é mais penalizadora para os titulares dos valores mobiliários do que para a própria sociedade, devendo por isso ser entendida apenas como derradeiro recurso[2497].

IV – Outra questão importante é a de saber se pode haver exclusão de cotação decidida pela entidade gestora com base em dificuldades económicas do emitente. Devemos responder negativamente: o investimento mobiliário implica sempre um risco e a negociação bolsista não deve interromper-se quando esse risco se agrava. Na lógica de supervisão informativa que rodeia estes bens, o importante é que os investidores conheçam adequadamente o risco através do pontual e rigoroso cumprimento das regras de informação.

[2495] Klaus Hopt/Harald Baum, *Börsenrechtsreform in Deutschland*, cit., 418.

[2496] Cfr. *infra*, respectivamente, § 3º e § 4º.

[2497] Cfr. no mesmo sentido Klaus Hopt, *Unternehmensführung, Unternehmenskontrolle, Modernisierung des Aktienrechts – Zum Bericht der Regierungskommission Corporate Governance*, in Hommelhoff/ /Lutter/Schmidt/Schön/Ulmer (organiz.), *Corporate Governance. Gemeinschaftssymposion der Zeitschriften*, ZHR/ZGR (2002), 53-54.

A resposta apenas pode ser positiva se as dificuldades puserem em causa a negociabilidade dos valores mobiliários, dado que aí se afecta um requisito essencial para a negociação dos valores mobiliários. Também neste sentido depõe explicitamente o direito suíço, de acordo com a solução constante do art. 80 do *Kotierungsreglement*[2498].

Concretizando a solução em relação ao direito nacional, inferia-se, face à anterior legislação falimentar, que a partir do despacho de prosseguimento de ação de recuperação de empresa poderia decidir-se a suspensão ou exclusão de negociação, na medida em que aquele momento determinava a ineficácia de atos aquisitivos de ações da sociedade em recuperação (art. 30º, nº 2 Cód. Falências). Tal solução foi, porém abandonada no atual Código de Insolvência, o qual mantém a livre transmissibilidade dos valores na pendência de procedimentos pré-falimentares.

V – Interessa, por fim, verificar como se processa a exclusão quando a admissão foi requerida por minorias. Aqui parece estar vedada a exclusão por vontade do emitente, porquanto não foi tida em conta a opinião deste quando os valores foram admitidos. Restará apenas a hipótese da exclusão forçada.

É interessante confrontar este regime com a possibilidade de selecção para negociação, que foi aberta pela Diretiva relativa aos mercados de instrumentos financeiros de admissão à negociação sem consentimento do emitente – caso em que o emitente não fica obrigado à prestação de informação[2499]. No entanto, a exclusão mantém-se como zona não harmonizada. Perguntar-se-á assim se a exclusão no mercado principal determina exclusão nos mercados de negociação "acessórios". Embora o texto europeu não o esclareça – em nova manifestação do desinteresse europeu pela exclusão bolsista –, a resposta deveria ser positiva, na medida em que as obrigações de prestação de informação (em contexto internacional, com densos problemas relacionados com o idioma) só são prestadas perante o mercado principal.

§ 41º A perda de qualidade de sociedade aberta

1. *Elementos gerais*

I – O Código dos Valores Mobiliários estatui diversas consequências para as sociedades qualificadas como sociedades com o capital aberto ao investimento

[2498] Peter Nobel, *Schweizerisches Finanzmarktrecht*, Bern (1997), 493.

[2499] Cfr. art. 205º, n.os 2 e 3 CVM e arts. 14º, nº 6 e 40º, nº 5 da Diretiva relativa aos mercados de instrumentos financeiros. Para um tratamento autónomo do tema, reenvia-se para o § 26º, 6.

do público[2500], abreviadamente designadas como sociedades abertas. Para reter alguns exemplos, basta relembrar o regime do dever de lançamento de OPA (arts. 187º-194º CVM), a disciplina de comunicação de participações qualificadas (arts. 16º-21º CVM), a previsão do voto por correspondência e outros aspetos da tomada de deliberações (arts. 22º- -26º CVM), as regras de eleição de administradores por minorias (art. 392º, nº 6 CSC) e a transmissão potestativa tendente ao domínio total (arts. 194º-197º CVM), adiante estudada[2501].

A qualidade de sociedade aberta não é indelével – adquire-se mas pode perder-se. De facto, a circunstância de uma sociedade ter sido no passado sociedade que se abriu ao investimento do público, não significa que não possa perder essa qualidade. Tão-pouco se impede a reaquisição da qualidade de sociedade aberta[2502].

Nesta conformidade, ao longo da vida de uma sociedade anónima, é admissível que esta tenha adquirido e perdido sucessivamente, por diversas vezes, a qualidade de sociedade aberta.

II – A perda da qualidade de sociedade aberta ao investimento do público foi regulada pela primeira vez numa alteração introduzida em 1995 ao Código anterior.

Previa-se então, no art. 531º-A do Código do Mercado de Valores Mobiliários, e segundo a terminologia aí utilizada, a declaração de perda de qualidade de sociedade de subscrição pública, que se poderia seguir a uma deliberação da sociedade com esse conteúdo tomada por uma maioria agravada ou a uma OPA com sucesso de 90%[2503].

Atualmente, a perda de qualidade de sociedade aberta aparece regulada nos arts. 27º a 29º CVM, tendo-se aí aproveitado larga porção da disciplina pregressa. Procedeu-se no entanto à inclusão de uma terceira situação que poderia fundar a perda de qualidade de sociedade aberta: referimo-nos à alínea *c)* do nº 1 do art. 27º CVM – baseada na exclusão de mercado por falta de dispersão –, que não tem paralelo no direito anterior.

Contrariamente ao que sucede com a aquisição da qualidade de sociedade aberta, que ocorre automaticamente a partir da verificação dos factos descritos no art. 13º CVM, o facto jurídico de sentido inverso supõe um escrutínio administrativo específico sobre a verificação dos respetivos pressupostos. Além

[2500] Cfr. o art. 13º CVM quanto aos critérios de qualificação das sociedades abertas.

[2501] Cfr. *infra*, § 4º.

[2502] Cfr. no entanto o art. 29º, nº 2 CVM e a análise feita a propósito no texto.

[2503] Sobre este preceito, confrontando-o com o regime do art. 490º CSC: NELSON RAPOSO BERNARDO, *A Aquisição do Domínio Total nas Sociedades Comerciais*, dissertação de mestrado, FDL, Lisboa (1997), 49-54.

disso, implica a apresentação de um requerimento pela sociedade ou, no caso de declaração de perda subsequente a OPA, pelo acionista dominante junto da autoridade de supervisão (art. 27º, nº 2 CVM).

Assim, a eficácia da perda de qualidade – e portanto, a não aplicação dos efeitos jurídicos decorrentes do estatuto de sociedade aberta – depende da prática de um ato administrativo favorável pela CMVM e da respetiva publicação (art. 29º, nº 2 CVM).

III – A declaração de perda de qualidade de sociedade aberta determina a exclusão da negociação, em mercado regulamentado, das ações representativas do seu capital social e dos valores mobiliários emitidos pela sociedade que dêem direito a tais ações. Para evitar ciclos imediatos de saída e reentrada em mercado e obrigar a alguma ponderação em torno do requerimento de perda, a readmissão destes valores em mercado regulamentado é proibida durante um ano (art. 29º, nº 2 CVM).

Note-se que estas são as únicas restrições introduzidas à negociabilidade de ações emitidas pela sociedade visada. Este procedimento não impede, pois, que essas ações se negoceiem entretanto num mercado não regulamentado ou fora de mercado, valendo aqui as regras gerais. Reitere-se que tão-pouco fica prejudicada a aquisição da qualidade de sociedade aberta por outro motivo que não a admissão em mercado regulamentado – por exemplo, através da realização de oferta pública de distribuição de ações ou de fusão por incorporação com uma sociedade aberta[2504].

IV – Uma vez que o processo de perda de qualidade de sociedade aberta implica uma exclusão de negociação em mercado regulamentado, dele deriva usualmente uma depreciação das ações detidas pelos minoritários, atento o efeito da iminente falta de liquidez. A divulgação pública e atempada de informação sobre a decisão de submissão ao processo de perda de qualidade deve ser por isso assegurada, sob pena de se abrir a porta a situações de abuso de informação privilegiada, também possíveis nestes processos de saída do mercado[2505].

Sucede que, no domínio informativo, a secção do Código dedicada à perda de qualidade de sociedade aberta circunscreve-se à publicidade da decisão tomada pela CMVM – logo, à informação posterior à conclusão do processo, não cuidando da informação *ex ante*. Quanto à prestação de informação sobre o início do processo – em ultima análise o momento de maior probabilidade de alte-

[2504] Art. 13º, nº 1, alíneas *a)*, *b)* e *e)* CVM.

[2505] Cfr. *supra*, § 41º, 3. II.

ração nos preços das ações –, confia-se na disciplina da prestação de informação sobre factos relevantes.

Assim, ao abrigo do art. 7º do Regulamento europeu sobre o Abuso de Mercado, uma sociedade emitente de ações admitidas à negociação em mercado regulamentado está obrigada a informar imediatamente o mercado assim que tome a decisão de se submeter ao procedimento de perda de qualidade de sociedade aberta – ou, no caso de assentar em deliberação da assembleia geral (art. 27º, nº 1 *b)* CVM), assim que proceda à convocatória da competente reunião do órgão representativo dos sócios.

Quanto a este ponto, é mister notar o défice informativo que atinge as sociedades abertas não cotadas. No caso das sociedades sem ações admitidas à negociação em mercado regulamentado, não há informação antecedente sobre o processo da perda – salvo se o procedimento assenta na alínea *b)* do nº 1 do art. 27º, uma vez que aqui a informação pública é, ao menos em parte[2506], acautelada pela convocatória da assembleia geral que é publicada em Diário da República. Nos demais casos, o acionista apenas toma conhecimento da perda de qualidade de sociedade aberta quando este ato se tornou eficaz, através da publicação da declaração da CMVM nos termos do art. 28º, nº 2 CVM. Este constitui outro reflexo da menor proteção informativa conferida aos titulares de valores mobiliários emitidos por sociedades abertas não-cotadas, por não se lhes aplicar o regime de prestação de informação sobre factos relevantes.

2. *Os pressupostos da perda de qualidade*

I – O ato administrativo de declaração da perda de qualidade de sociedade aberta constitui um ato vinculado. A prática deste ato depende da verificação de um dos fundamentos, enunciados no art. 27º, nº 1 CVM, em que pode assentar. Perante a verificação de um destes pressupostos, a CMVM deve emitir a declaração mencionada. Ao invés, faltando o preenchimento de qualquer dos pressupostos legais, deve o requerimento ser indeferido. Isto explica por que razão a análise da perda de qualidade é polarizada na apreciação dos competentes pressupostos.

Merece a pena sublinhar o carácter formal que, em homenagem à certeza jurídica, resulta do regime em apreço. Pode haver concentração do capital social sem que lhe corresponda uma perda de qualidade de sociedade aberta, seja por falta de preenchimento dos requisitos legislativos, seja por falta de requerimento da competente declaração administrativa.

[2506] Diz-se "em parte" porque a indicação do preço da transação – de central relevância no ajustamento de cotações –, quando a saída se baseia no art. 27º, nº 1 *b)*, que desejavelmente deveria constar do texto convocatório, nem sempre aí figura. No mais, não é linear que as indicações gerais dos nº 5 e 8 do art. 377º CSC se apresentem como suficientes para fundar uma tal exigência.

São três os pressupostos que podem conduzir à perda da qualidade de sociedade aberta, procedendo-se de seguida à sua análise.

II – O primeiro fundamento que pode conduzir à perda é a *ultrapassagem de 90% dos direitos de voto em consequência do lançamento de oferta pública de aquisição,* conforme disposto no art. 27º, nº 1 *a)* CVM.

Neste caso é o sucesso da oferta que determina um grau de concentração de capital tal que legitima o pedido de saída da sociedade de mercado. Frise-se que, caso a fasquia de 90% se atinja apenas com aquisições subsequentes à OPA, não se considera verificado o fundamento para recorrer à perda de qualidade.

Como adiante melhor se compreenderá, dada a percentagem de direitos de voto que se exige serem atingidos com a oferta pública de aquisição, esta previsão é próxima da norma contida nos arts. 194º e 196º, respeitantes à transmissão tendente ao domínio total[2507]. Há no entanto uma significativa diferença: no instituto em apreço, no art. 27º, nº 1 *a)* CVM, exija que o acionista passe a deter, em consequência de oferta pública de aquisição, mais de 90 % dos direitos de voto, não exigindo nomeadamente que se trate de uma oferta dirigida à generalidade dos acionistas da sociedade visada. Contrariamente, no art. 194º consagra-se um requerimento adicional, ao forçar-se que a oferta antecedente seja geral[2508]. Compreende-se a exigência mais acentuada na transmissão tendente ao domínio total (arts. 194º e seguintes CVM): afinal, como veremos, trata-se de uma operação mais delicada (uma "*transação de alto risco*"[2509]), que assenta em direitos potestativos de transmissão, a provocar unilateralmente a modificação da titularidade das ações, estando a contraparte numa situação técnica de sujeição. Pelo contrário, como já assinalado, a única alteração à negociabilidade dos valores acionistas introduzida pelo instituto da perda de qualidade de sociedade aberta prende-se com a interdição de negociação em mercado regulamentado durante um ano.

Seja como for, a proximidade da previsão contida no art. 27º, nº 1 *a)* CVM com aqueloutra que pode conduzir à transmissão potestativa tendente ao domínio total coloca os acionistas dominantes da sociedade visada perante uma confortável alternativa. No caso de OPA que tenha obtido um sucesso a 90%, o oferente tem a possibilidade de escolher entre uma de três possibilidades: manter a empresa no mercado; solicitar a declaração de perda de qualidade de sociedade aberta; ou utilizar a aquisição potestativa ao abrigo do art. 194º.

[2507] Cfr. infra, § 42º.

[2508] Para uma apreciação crítica desta terminologia, seja-nos permitido remeter para *supra*, § 34º, 3.

[2509] A expressão é de Cándido Paz-Ares, *Aproximación al Estudio de los Squeeze-Outs en el Derecho Español,* RDBB 91 (2003), 27-28.

Se a oferta apresentada não tiver sido dirigida à generalidade dos acionistas, essa última alternativa fica anulada, restando-lhe apenas recorrer ao pedido de perda de qualidade de sociedade aberta, caso pretenda promover a saída do mercado da sociedade visada.

No âmbito da alínea *a)* do nº 1 do art. 27º CVM, a CMVM veio em 2013 apresentar publicamente o entendimento interpretativo de que a perda de qualidade de sociedade aberta neste caso está condicionada a ser assegurada aos acionistas "*a possibilidade de, uma vez confrontados com a decisão concreta e definitiva do oferente de requerer a perda de qualidade de sociedade aberta, saírem da sociedade em condições que assegurem a tutela dos respetivos interesses, designadamente através da alienação das ações ao acionista dominante (ou por quem este indicar) por valor justo*"[2510]. Embora a nova leitura da Comissão seja bem intencionada e sirva de contributo *de iure condendo*, não se vislumbra todavia amparo algum na letra ou na teleologia da lei para uma consequência hermenêutica com esta amplitude[2511].

III – Admite-se ainda que a declaração de perda possa basear-se em *deliberação da assembleia geral da sociedade visada tomada com um quorum de 90% relativamente ao capital social* (art. 27º, nº 1 *b)*).

Esta corresponde a outra operação de perda de qualidade de sociedade aberta inserida em processo aquisitivo, na medida em que se obriga um dos sócios a oferecer-se para comprar as ações detidas pelas pessoas que não votaram favoravelmente a aprovação de tal medida na assembleia geral (art. 27º, nº 3). Se a sociedade tiver emitido obrigações com *warrant* ou obrigações convertíveis, a proposta deve estender-se a estes valores, dado que a negociabilidade destes fica igualmente prejudicada com a declaração de perda[2512]. A justeza do preço proposto é assegurada através da aplicação das regras da contrapartida em ofertas públicas de aquisição dirigidas em cumprimento de dever legal (artigo 188º, aplicável por remissão do nº 4 do artigo 27º CVM).

Além disso, para garantir ampla informação sobre a apresentação da proposta de aquisição, a publicação da decisão da CMVM é repetida, por duas vezes, ao longo dos três meses de duração da proposta (art. 28º, nº 2 CVM).

[2510] CMVM, *Decisão do Conselho Diretivo sobre o Pedido da Tagus – Holdings S.à.r.l. de Perda de Qualidade de Sociedade Aberta da Brisa – Autoestradas de Portugal, S.A.* (11- fev.- 2013). Em apoio desta orientação interpretativa: Manuel Carneiro da Frada/ Diogo Costa Gonçalves, *Perda da Qualidade de Sociedade Aberta (Delisting de ações) e Tutela dos Acionistas Minoritários, Cadernos MVM*, nº 51 – Ensaios de Homenagem a Amadeu Ferreira Volume I (ago.-2015), 23-44.

[2511] Em sentido concordante: Paula Costa e Silva/ Nuno Trigo dos Reis, *A Perda da Qualidade de "Sociedade Aberta" em consequência de Oferta Pública de Aquisição. O Modelo de Concordância Prática de Interesses no Direito Mobiliário Português, Cadernos MVM*, nº 51 – Ensaios de Homenagem a Amadeu Ferreira Volume I (ago.-2015), 45-80.

[2512] Art. 29º, nº 2 CVM e arts. 365º e 372º-A, nº 1 CSC.

Deve chamar-se a atenção para que este pressuposto assenta na existência de uma proposta contratual. Confrontando esta proposta apresentada com a terminologia empregue pelo Código em outros locais, é inevitável concluir tratar-se de uma *oferta* de aquisição dirigida às ações ou valores mobiliários que dêem direito à sua aquisição, não detidas pelos sócios que aprovaram a deliberação. Notar-se-á, a este propósito, a exigência de uma caução da contrapartida a pagar aos aceitantes (art. 27º, nº 3 *b)* CVM), também existente no regime das OPAs (art. 177º, nº 2 CVM). Fora este aspeto, evita-se no entanto a submissão desta declaração negocial ao regime das ofertas públicas de aquisição. Assim, ainda que a oferta seja dirigida a uma centena de acionistas (art. 109º, nº 3 *c)*), sujeitar-se-á em todo o caso a um regime especial. De entre as regras sobre ofertas públicas que aqui não cobram aplicação, destaca-se o facto de a lei não impor a aprovação de prospeto.

À proposta apresentada e publicamente divulgada, os acionistas minoritários aderirão ou não, consoante a sua vontade. Aliás, a eficácia da perda de qualidade de sociedade aberta não se queda prejudicada ainda que não haja qualquer aquisição. Demais, o art. 27º, nº 3 não obriga que o proponente seja o acionista maioritário ou alguém cujos votos se imputem agregadamente à participação do acionista maioritário. Por estes motivos, no desfecho do processo descrito pode não se lograr uma concentração total da propriedade acionista da sociedade visada. Diferentemente sucede com a aquisição potestativa, como teremos oportunidade de verificar[2513].

Repare-se que esta deliberação, embora adotada por um quorum deliberativo agravado, *não envolve uma alteração do contrato de sociedade* – quedando-se deste modo inaplicáveis as correspondentes formalidades. Assim sucede porque a lei, forçando embora que a menção à qualidade de sociedade aberta conste dos atos externos da sociedade (art. 14º CVM), não obriga a que tal indicação seja incluída nos estatutos. E igualmente claro constatar, aliás por maioria de razão, que não são aqui aplicáveis as disposições respeitantes à transformação de sociedades constantes do Código das Sociedades Comerciais.

IV – Por último, prevê agora a lei que a perda de qualidade possa ser declarada após o *decurso de um ano sobre a exclusão das ações em mercado regulamentado por falta de dispersão* (art. 27º, nº 1 *c)* CVM).

A *ratio* desta norma é fácil de alcançar: se já houve uma verificação formal, realizada pela entidade gestora do mercado, de concentração de capital social a ponto de conduzir à exclusão de negociação, faz sentido que, volvido um ano sobre a data de exclusão com base nesse fundamento, a sociedade possa perder

[2513] Cfr. *infra*, § 42º.

o seu estatuto de sociedade aberta ao investimento do público. Pressupõe-se, naturalmente, que na pendência desse período não se tenha verificado qualquer operação subsequente de dispersão de ações pelo público ou qualquer outro facto que, segundo os critérios do art. 13º, nº 1 CVM, conduziria à qualificação de sociedade aberta.

A partir daqui, percebe-se melhor que a exclusão de negociação de ações em mercado regulamentado não implica de modo automático a perda de qualidade de sociedade aberta[2514]. Se a exclusão de mercado se baseou num motivo diferente da falta de liquidez, a sociedade retém o seu estatuto de sociedade aberta.

§ 42º A transmissão potestativa mobiliária

1. *Experiências jurídicas de base; principais problemas de política legislativa*

I – De entre as diversas operações de saída de mercado, cabe ter presente que aquelas que mais afectam o equilíbrio de interesses nas sociedades abertas são as que implicam, a final, uma transferência forçada das participações sociais dos acionistas minoritários. Merece neste plano ter em consideração os diferentes institutos jurídicos que resultem numa saída forçada dos acionistas minoritários, tendo por objetivo e por efeito atingir uma concentração absoluta da propriedade acionista sobre as sociedades.

Um correto enquadramento destas operações obriga a evidenciar, ainda que a traço grosso, as experiências jurídicas pioneiras que estão na base do desenvolvimento atual destas operações de saída, ambas provindas do mundo anglo-saxónico.

II – O direito inglês consagra desde 1929 um direito de aquisição das ações remanescentes quando o acionista maioritário adquira 90% das ações através de oferta publica de aquisição[2515]. Na literatura, a justificação da figura é ligada não apenas à salvaguarda dos interesses do grupo em que a sociedade dominada se pode inserir, e à facilitação de apresentação de OPAs, mas também à proteção de investimentos mais avultados que o sócio dominante pretenda realizar na

[2514] Relembre-se que à luz da alínea *c)* do nº 1 do art. 27º CVM releva como critério de atribuição da qualidade de sociedade aberta a admissão à negociação em mercado regulamentado, atual ou pretérita.

[2515] Cfr. Secção 155 do *Companies Act* de 1929. Subsequentemente, o preceito foi retomado pelo *Companies Act* de 1948 e pelo *Companies Act* de 1985. Cfr. Stephen Mayson/Derek French/ /Christopher Ryan, *Company Law*[14], London (1997/1998), 229-233 (229).

sociedade e relativamente aos quais não é de esperar um esforço proporcional por parte dos minoritários[2516].

Ao longo do tempo, o instituto mereceu algumas adaptações e aperfeiçoamentos, sendo agora tratado nas secções 974 a 991 do *Companies Act*. Este diploma prevê, paralelamente, um direito de aquisição por parte do acionista dominante (*buy-out right*) e um direito de alienação por parte dos minoritários (*right to be bought-out* ou *sell-out right*). A constituição simétrica destes direitos apenas se aplica aos casos em que, em virtude de uma OPA, se atinja mais de 90% das ações visadas. As ações adquiridas anteriormente não são tidas em consideração para este efeito[2517].

É bom reconhecer, em abono da verdade, que o direito de transmissão potestativa, assim configurado, não se aplica apenas a sociedades cujo capital esteja disseminado pelo público (*public companies*)[2518]. No entanto, a exigência de OPA antecedente como pressuposto necessário para a constituição dos direitos de *buy-out* e de *sell-out* estabelece uma ligação natural a esta categoria de sociedades.

III – Paralelamente, nos Estados Unidos desenvolveu-se um património muito rico de experiência quanto a operações de saída de mercado envolvendo a saída forçada dos acionistas minoritários – trata-se dos aí designados *freeze-outs*.

Contrariamente à experiência britânica, que assenta necessariamente na existência de uma OPA, na base destas operações encontra-se usualmente uma fusão – a qual pode ser precedida, ou não, por uma oferta pública de aquisição. Mais concretamente, entram aqui em jogo operações de fusão entre o sócio maioritário (ou uma sociedade por este dominada) e a sociedade-alvo, no âmbito das quais os sócios desta não recebem como contrapartida ações ordinárias da sociedade incorporante ou resultante da fusão, sendo-lhes ao invés entregue dinheiro, valores mobiliários representativos de dívida ou ações remíveis. Em função do tipo de contrapartida entregue fala-se respetivamente de *cash mergers, debt mergers* e de *redeemable preferred mergers*.

Nesta medida, o carácter forçado da transmissão das participações dos minoritários no âmbito dos *freeze-outs* não advém da constituição de direitos potestativos, mas antes do funcionamento das regras sobre fusões, cujos efeitos jurídicos – como é sabido – se repercutem igualmente sobre os sócios dissidentes, e da circunstância de não ser concedido aos sócios minoritários um direito a receber participações sociais da sociedade incorporante ou resultante da fusão[2519].

2516 Merece destacar John Farrar/Brenda Hannigan, *Farrar's Company Law 4*, London (1998), 607 e L. C. B. Gower, *Principles of Modern Company Law*^{5}, London (1992), 732-738.

2517 Sobre o regime antecedente: L. C. B. Gower, *Principles of Modern Company Law*^{5}, cit., 734.

2518 L. C. B. Gower, *Principles of Modern Company Law*^{5}, cit., 732.

2519 Victor Brudney/Marvin Chirelstein, *A Restatement of Corporate Freezeouts, Yale Law Journal* vol. 87 (1978), 1357-1359.

No conceito de *freeze-out* compreende-se outras modalidades, de que se destacam[2520]:

- *Dissolution freeze-outs:* operações de dissolução iníqua do património social, por forma a transferir o cerne do património para o sócio maioritário;
- *Sale-of-assets freeze-outs:* operações de tomada de sociedade por um sócio maioritário, recebendo os minoritários dinheiro ou valores mobiliários representativos de dívida;
- *Reverse stock split:* aumento muito significativo do valor nominal das ações por forma a que os acionistas minoritários apenas tenham direito a uma fração de ação, que é reembolsada em dinheiro.

Os *freeze-outs* atingem indiferentemente sociedades familiares e sociedades cotadas em mercado, embora nestas últimas se reconheçam usualmente critérios mais exigentes quanto à informação a rodear o processo. Assim se explica a intervenção que a SEC realizou nesta matéria[2521].

Para uma apreciação dos critérios de admissibilidade destas operações, deve atender-se à evolução da jurisprudência norte-americana sobre a matéria, particularmente a provinda do influente Estado de Delaware. Numa primeira fase, deu-se a afirmação da figura através de legislações societárias estaduais, o que deu origem a plúrimas impugnações judiciais, invariavelmente rejeitadas[2522]. A partir de finais da década de setenta, passou-se a um novo ciclo, com o acolhimento da doutrina do *business purpose test:* os tribunais entendiam que operações desta natureza seriam vedadas se fossem dirigidas apenas à eliminação da minoria societária e não servissem nenhum objetivo da sociedade visada ou uma necessidade da sua atividade negocial (*corporate purpose or compelling business need*)[2523], por alegada violação dos deveres fiduciários dos acionistas dominantes.

[2520] William Cary/Melvin Aron Eisenberg, *Corporations. Cases and Materials7*, Westbury, New York (1995), 1187-1188; Ronald Gilson/Bernard Black, *The Law and Finance of Corporate Acquisitions*², cit., 1253-1254; Robert Clark, *Corporate Law*, cit., 500-501.

[2521] Rule 13e-3 da SEC. Cfr. Ronald Gilson/Bernard Black, *The Law and Finance of Corporate Acquisitions*², cit., 1255-1256, 1307-1315; Robert Clark, *Corporate Law*, cit., 523-524.

[2522] A primeira intervenção normativa estadual data de 1925, tendo ocorrido no Estado da Florida, como informam Ronald Gilson/Bernard Black, *The Law and Finance of Corporate Acquisitions*², cit., 1253-1254.

[2523] O trecho transcrito é retirado de um dos *leading cases* desta época: Singer v. Magnavox Co. [320 A.2d 969 (Del.1977)], acessível também em Ronald Gilson/Bernard Black, *The Law and Finance of Corporate Acquisitions*², cit., 1257-1264 (1262). Outras decisões de referência deste período são Tanzer v. International General Industries, Inc. [379 A.2d 1121 (Del.1977)] e Lynch v. Vickers Energy Corp. [383 A.2d 278 (Del. 1977)]. Sobre esta corrente jurisprudencial, cfr. ainda, criticamente, Victor Brudney/Marvin Chirelstein, *A Restatement of Corporate Freezeouts*, cit., 1354-1376; Sidney Silberman, *Minority Stockhoder Freeze-outs and Going Private Transactions.*

Por fim, através da decisão *Weinberger v. UOP*, datada de 1983[2524], os tribunais adotaram uma tendência diferente, ao considerar suficiente para a admissibilidade da operação, de um lado, a obediência a um procedimento justo designadamente do ponto de vista informativo (*fair dealing*) e, de outro lado, que fosse acompanhada de uma contrapartida justa (*fair price*): a nova orientação ficaria popularizada como o teste da justeza integral da operação (*entire fairness test*). A evolução posterior veio a introduzir restrições adicionais a esta linha jurisprudencial, não a aplicando em fusões precedidas de OPA nem em fusões simplificadas (*short -form mergers*)[2525]-[2526].

No seu todo, e em grande medida graças à produção jurisprudencial, a experiência norte-americana vale como testemunho central quanto aos pontos nodais da regulação de operações forçadas de saída do mercado: a necessidade de uma avaliação justa da contrapartida e o imperativo ligado ao tratamento cuidadoso da informação ao longo do processo, para evitar abusos.

IV – O aparecimento destas figuras teve repercussões importantes na Europa. Muitos Estados sentiram-se em situação de competitividade desvantajosa por as sociedades nacionais não poderem lançarem mão de expedientes que resultariam em saídas forçadas dos sócios detentores de pequenas parcelas do capital[2527]. A pressão dos mercados e dos investidores internacionais, partidários por natureza de soluções normativas convergentes, encarregou-se igualmente de propagar a figura para fora do mundo anglo-saxónico.

An Overview, Business Lawyer Vol. 32 (1977), 1489-1494; S. SAMUEL ARSHT, *Minority Stokholder Freezeouts under Delaware Law, Business Lawyer* vol. 32 (1977), 1495-1496; ROBERT CLARK, *Corporate Law*, cit., 514, 50-522.

[2524] Weinberger v. UOP, Inc. [457 A.2d 701 (Del.1983)], igualmente disponível em RONALD GILSON/BERNARD BLACK, *The Law and Finance of Corporate Acquisitions*², cit., 1270-1286.

[2525] *Short -form mergers* são fusões que seguem um procedimento simplificado (por oposição às *long -form mergers*, que se pautam pelo procedimento regular), dada a posição dominante que a incorporante tem sobre a incorporada, ao dispensar nomeadamente a aprovação por parte dos acionistas desta última. A propósito, pode consultar-se nomeadamente BARTON BEEK, *Disclosure Requirements in Minority Freezeouts, Business Lawyer* Vol. 32 (1977), 1505-1508.

[2526] Cfr. as decisões Siliconix [In re Siliconix Inc., S'holders litig., N. Civ. A. 18700, 2001 Del. Ch. 19.06.2001] e Unocal Exploration [Glassman v. Unocal Exploration Corp., 777 A.2d 242 (Del. 2001)]: e a propósito: BRADLEY ARONSTAN/FRANKLIN BALOTTI/TIMO REHBOCK, *Delaware's Going-Private Dilemna: Fostering Protections for Minority Shareholders in the Wake of Siliconix and Unocal Exploration, Business Lawyer* 58 (2003), 519-ss.

[2527] Reconhece-o, quanto ao ordenamento jurídico alemão: KAI HASSELBACH, *Kölner Kommentar zum WpÜG*, cit., sub § 327a AktG, Rdn. 7-8, Köln et al. (2003), 1420; *Die Aktienkultur und das Squeeze-out*, AG (2001) R274-R278 [com uma lista de sociedades relativamente às quais a figura se adequaria].

À semelhança do que sucede no percurso histórico do direito das OPAs e nos códigos de governação societária[2528], a Europa continental aproveitou-se sobretudo da influência britânica. Constata-se, de facto, que muitos Estados europeus seguiram abordagem legislativa próxima da encontrada no *Companies Act*. Em Itália e na Suíça, por exemplo, apenas se prevêem transmissões potestativas na sequência de oferta pública de aquisição[2529]. Em França, a oferta pública de exclusão *(offre publique de retrait)* assenta igualmente numa matriz próxima da inglesa, implicando a apresentação de uma OPA e a subsequente constituição de direitos recíprocos de transmissão potestativa[2530]. O mesmo sucede, como adiante se verá, em Portugal.

No entanto, convém assinalar que a influência inglesa foi menos penetrante no cálculo dos limites quantitativos da oferta antecedente, bastando-se as soluções continentais descritas com a mera ultrapassagem de 90% após a OPA (relevando, assim, aquisições anteriores à OPA)[2531].

Por outro lado, tenha-se presente também que houve sistemas jurídicos que ensaiaram aplicações da figura sem exigir como pressuposto anterior o lançamento da oferta pública de aquisição. Tal o caso da exclusão de sócios minoritários prevista no direito belga[2532], holandês[2533] e alemão[2534].

[2528] Paulo Câmara, *Introdução* ao *Código do Governo das Sociedades Anotado*, (2011), 11-46 (12-19); Id., *Os Códigos de Governo das Sociedades*, *Cadernos do Mercado de Valores Mobiliários* nº 15 (2002), 65-90 (69-74) = *Códigos de Gobierno de Sociedades*, *Revista Iberoamericana de Mercados de Valores* nº 10 (2003), 62-83 (66-70).

[2529] Cfr. respectivamente art. 111 *Testo Unico in materia di mercati finanziari*, de 1998, e art. 33 da *Bundesgesetz über die Börsen und den Effektenhandel* de 1995 (BEHG). Sublinhe-se existirem países da União Europeia em que não se encontra equivalente direto desta figura (p.ex. Espanha).

[2530] Cfr. arts. 5-6-1 a 5-6-3 e 5-7-1 a 5-7-3 do *Réglement Générale du Conseil des Marchés Financiers* – agora aplicado pela *Autorité des Marchés Financiers*.

[2531] A Diretiva sobre OPAs não concede grande importância a esta diferença, acolhendo quer a técnica inglesa quer a técnica continental: art, 15º, nº 2.

[2532] Na Bélgica conhece-se o instituto da transmissão potestativa após o lançamento de OPA e fora do contexto de OPA. A primeira situação encontra-se regulada pelos arts. 32 e 41 do *Arrêté Royal* de 8 de novembro de 1989. O segundo caso, designado por *offre publique de reprise* e sujeito a exigências de prospeto e a um controlo apertado pela autoridade de supervisão, merece tratamento nos arts. 45 a 60 do mesmo diploma.

[2533] Cfr. art. 92a do Livro II do Código Civil Holandês.

[2534] §§ 327a-327f AktG, introduzidos pela WpÜG. Na Alemanha debateu-se se o *squeeze-out* deveria circunscrever-se, ou não, a sociedades cotadas: cfr. em sentido positivo Mathias Habersack, *Der Finanzplatz Deutschland und die Rechte der Aktionäre*, ZIP (2001), 1234; Tim Drygala, *Die Vorschläge der SLIM-Arbeitsgruppe zur Vereifachung des Europäischen Gesellschaftsrecht*, AG 6 (2001), 297-298; em sentido negativo, apoiando a solução consagrada nos §§ 327a-327f AktG, Gerd Krieger, *Squeeze-out nach neuen Recht: Uberblick und Zweifelsfragen*, BB (2002), 55; Kai Hasselbach, *Kölner Kommentar zum WpUG*, cit., sub § 327a AktG, Rdn. 18-21 (1427); Ebhard Vetter,

V – Na Europa, podem detetar-se algumas diferenças sensíveis nas soluções previstas para a aquisição potestativa aqui em apreço[2535].

Assim, quanto ao âmbito, verifica-se que, em alguns Estados, a aquisição mobiliária aplica-se apenas a sociedades presentemente cotadas em mercado regulamentado. A solução contrastante é a portuguesa, que alarga a figura a todas as sociedades abertas, ainda que não mantenham uma atual negociação bolsista.

Por outro lado, a fasquia relevante diverge sensivelmente de sistema jurídico para sistema jurídico: os 90% reclamados em Portugal diferenciam-se dos 98% fixados em Itália e na Suíça e dos 95% exigidos em França, na Bélgica e na Holanda.

Diversas são outrossim as soluções encontradas quanto ao modo de cálculo da contrapartida: de acordo com regime vigente na Alemanha e em Itália, exige-se a intervenção de um perito nomeado judicialmente. Ao invés, o regime português assenta nas regras sobre ofertas obrigatórias – no âmbito das quais não é certa a designação de auditor para certificar a justeza do preço proposto (art. 188º, nº 2 CVM)[2536].

Neste quadro, e dada a disparidade de soluções europeias, percebe-se ter sido de alcance limitado a harmonização promovida pela Décima Terceira Diretiva sobre Direito das Sociedades, que dedica às transmissões potestativas os seus arts. 15º e 16º.

2. *Transmissão potestativa mobiliária e societária: confronto dos regimes*

I – Em Portugal, a transmissão potestativa tendente ao domínio total representa um instituto em dois contextos distintos: no art. 490º CSC e nos arts. 194º e seguintes do Código dos Valores Mobiliários[2537].

Em ambos os casos, parte-se de uma situação de domínio qualificado – 90% do capital social, na lei societária, e 90% dos direitos de voto correspondentes ao capital social e 90% dos direitos de voto abrangidos pela OPA antecedente, no art. 194º CVM – para legitimar duas situações jurídicas simétricas: um direito de aquisição forçada por parte do sócio maioritário; e um direito de alienação forçada por banda dos sócios minoritários[2538]. A lei designa a primeira situação

Squeeze-out – Der Ausschluß der Minderheitsaktionäre aus der Aktiengesellschaft nach den §§ 327a-327f AktG, AG n. 3 (2002), 184-185.

[2535] Não se referindo todavia apenas às aquisições mobiliárias, consulte-se High Level Group of Company Law Experts, *Report on Issues related to Takeover Bids* (January 2002), 56-57.

[2536] Cfr. *infra*, § 4º, 12.

[2537] Por último: Ana Filipa Morais Antunes, *A aquisição tendente ao domínio total no direito societário e no direito dos valores mobiliários*, em Paulo Câmara (coord.), *Aquisição de Empresas*, cit., 313-369.

[2538] A Diretiva europeia sobre fusões permitia ainda que os Estados-membros estabelecessem um processo simplificado de fusão nos casos em que a sociedade incorporante detivesse uma parti-

como aquisição potestativa e a segunda como alienação potestativa. Assim, *no tocante ao tipo geral de esquema transmissivo, para abarcar ambos os sub-tipos descritos, afigura-se mais apropriado falar em transmissão potestativa tendente ao domínio total.*

Deve prevenir-se de antemão que, contrariamente à aquisição potestativa, a alienação potestativa não configura necessariamente um mecanismo de exclusão de mercado. Tudo dependerá da percentagem de acionistas minoritários que decidir utilizar este expediente. Se apenas um número reduzido de ações for atingido pela alienação potestativa, esta não provoca *de facto* uma concentração do capital.

II – Note-se existirem ligeiras discrepâncias na previsão dos dois preceitos, a merecer cautelosa análise. O Código das Sociedades Comerciais regula, no art. 490º, a aquisição potestativa no direito de grupos. Neste caso, a operação aquisitiva insere-se no regime da coligação de sociedades, ligando-se aos poderes respeitantes ao domínio total. Trata-se de uma figura que combina inspirações inglesas e germânicas, neste caso relacionadas com a influência que a *Aktiengesetz* moveu em relação à disciplina nacional da coligação de sociedades[2539].

No Código mobiliário, pelo contrário, determina-se um regime especial quando a sociedade dominada seja uma sociedade aberta, mesmo que o sócio dominante não se estruture como uma sociedade.

Nestes termos, os arts. 194º a 197º CVM incidem sobre uma situação de saída do mercado, ligando-se à esfera mobiliária, em geral, mas também à problemática do domínio – que o Código dos Valores Mobiliários entende poder ser exercido por pessoas singulares (art. 21º CVM) – em especial.

Convém deixar bem claro que nas sociedades abertas a possibilidade de alienação potestativa e de aquisição potestativa passa a governar-se apenas pelos arts. 194º a 197º do Código dos Valores Mobiliários, dada a modificação no art. 490º CSC, introduzida pelo art. 13º do Decreto-Lei que aprovou aquele Código. Com efeito, o novo nº 7 do art. 490º CSC determina que a aquisição tendente ao domínio total de sociedade se rege pelo disposto no Código dos Valores Mobi-

cipação superior a 90% da incorporada. Mas tal faculdade não foi utilizada, havendo apenas um regime simplificado de fusão em caso de relação de domínio total entre sociedades fusionadas (art. 116º CSC).

[2539] Acerca das influências da solução societária nacional, entre outros, veja-se Menezes Cordeiro, *Da Constitucionalidade das Aquisições tendentes ao Domínio Total (artigo 490º, nº 3, do Código das Sociedades Comerciais),* BMJ nº 480 (1998) 14-22 (21-22); Engrácia Antunes, *Os Grupos de Sociedades*[2], Coimbra (2002), 870-871; e, acentuando as proximidades com o direito inglês: Raul Ventura, *Estudos Vários sobre Sociedades Anónimas,* Coimbra (1992), 161-171; Bernhard Gause, *Europäisches Konzernrecht im Vergleich. Eine Untersuchung auf der Grundlage dês portugiesischen Rechts,* Berlin (2000), 112-116.

liários. Não há, assim, conflito de normas, coexistindo uma solução geral para sociedades fechadas em relação de grupo (art. 490º CSC) e uma solução especial para as sociedades abertas, constante dos arts. 194º e seguintes CVM[2540].

III – Há ainda outras diferenças de regime entre as disciplinas societária e mobiliária da aquisição total que importa apontar.

Quanto à *contrapartida,* referir-se-á que no art. 490º CSC não há qualquer indicação sobre critério do preço na alienação por minoritário, apenas se dizendo que o preço da aquisição potestativa deve ser justificado por relatório do auditor (art. 490º, nº 2 CSC). Por esse motivo, colocam-se aqui exigências redobradas quanto à independência do auditor, obrigando a uma interpretação cuidadosa do preceito: o auditor deve ser independente não apenas perante a sociedade (art. 68º-A do DL nº 487/99, de 16 de novembro) mas também perante o grupo em que aquela se insere[2541]. Além disso, importa efetuar uma interpretação conforme à Recomendação da Comissão Europeia sobre independência dos auditores de 2002, atendendo-se igualmente à rede de auditores para aplicar o juízo de independência imposto por este preceito[2542]. Diferente é o regime da aquisição potestativa mobiliária, que se louva dos avanços em matéria da OPA obrigatória, por virtude da remissão que o art. 194º, nº 1 CVM opera para o art. 188º CVM. Retomar-se-á este aspeto adiante[2543].

Se atendermos, em segundo lugar, ao *modo de transmissão,* notar-se-á que na transmissão potestativa societária revela-se um desequilíbrio na técnica transmissiva: a aquisição pelo maioritário é feita através de escritura pública (art. 490º, nº 3 CSC), ao passo que a alienação potestativa promovida pelo minoritário ocorre apenas através de sentença judicial (art. 490º, nº 6 CSC). Ao invés, à luz do art. 194º CVM dispensa-se a escritura pública e a intervenção judicial como requisitos da transmissão. Quer a aquisição potestativa quer a alienação potestativa estão submetidas a controlo de legalidade pela CMVM. Para a sua concretização basta o registo e a notificação efetuado pela autoridade de supervisão.

[2540] Devem retirar-se consequências desta relação de especialidade em termos de integração de lacunas do regime da aquisição potestativa societária: cfr. *infra,* § 42º, 5. V.

[2541] Colocando a questão da interpretação do art. 490º CSC em situações de estrutura plurissocietária da cliente, cfr. Coutinho de Abreu/Alexandre Soveral Martins, *Grupos de Sociedades. Aquisições Tendentes ao Domínio Total* (2003), 18-29.

[2542] Comissão Europeia, Recomendação de 16 de maio de 2002, sobre independência dos auditores, JO L 191, 19.07.2002, A 2.*b*), Anexo 2. e definição de rede no Apêndice. As preocupações com a rede de auditores foram reiteradas em posterior Comunicação da Comunicação Europeia, já em resposta aos escândalos contabilísticos que afectaram a Enron Corporation e outras sociedades cotadas em bolsa de grande dimensão: cfr. European Commission, *Reinforcing the Statutory Audit in the EU* (21.05.2003), 13-14.

[2543] Cfr. *infra,* § 42º, 4.

Soma-se que, quanto à *prestação de informação,* no Código das Sociedades Comerciais, a ultrapassagem de uma participação de 90% do capital deve ser objeto de uma comunicação à sociedade (art. 490º, nº 1 CSC), mas não é objeto de publicação imediata – o que conduz a que o minoritário apenas possa conhecer a ultrapassagem da fasquia percentual crítica através do relatório anual da administração (art. 448º, nº 4 CSC), que pode distar vários meses desde o momento a que a ultrapassagem da fasquia de 90% se reporta. No Código dos Valores Mobiliários, em contraste, existe um dever de publicação de participação qualificada de 90% em sociedade aberta, o qual se aplica também a sociedades abertas não cotadas (art. 16º CVM), assegurando assim um conhecimento atempado do momento de constituição do direito de alienação potestativa.

Por fim, o regime mobiliário abrange o domínio exercido por sociedades submetidas a lei pessoal estrangeira (art. 21º, nº 1 CVM), o que difere do previsto na lei societária, que por força do art. 481º, nº 2 CSC se cinge às sociedades com sede em Portugal[2544].

IV – Uma outra diferença, que é merecedora de tratamento separado, prende-se com o facto de o art.490º CSC se referir a percentagem do capital social, ao passo que o art. 194º CVM faz relevar a percentagem dos direitos de voto. Assim, para o cálculo do limiar crítico não conta apenas a titularidade direta de ações, mas também outras situações jurídicas enunciadas no nº 1 do art. 20º CVM[2545].

Esta constatação tem implicações importantes, na medida em que permite aquisição forçada amparada numa imputação plurissubjectiva de direitos de voto. Com efeito, do regime nacional decorre a possibilidade de haver a imputação a uma pessoa dos direitos de votos inerentes a participações detidas por outrem (art. 20º CVM). Assim, quando se obtenha a participação de 90% dos direitos de voto por conjugação de influências societárias de mais que uma pessoa (singular ou coletiva), é possível lançar mão do expediente de transmissão forçada das participações sobrantes.

[2544] Esta a posição doutrinária dominante: ENGRÁCIA ANTUNES, *O âmbito de aplicação das sociedades coligadas,* em *EH à Professora Doutora Isabel de Magalhães Collaço,* Vol. II (2002), 105-116; MARIA MARIANA DE MELO EGÍDIO PEREIRA, *A aquisição tendente ao domínio total. Breves reflexões sobre o art. 490º do CSC, O Direito* IV (2008), 933-934. Em sentido contrário, bastando-se com a conexão espacial com o território nacional de uma das sociedades envolvidas: ANA FILIPA MORAIS ANTUNES, *O instituto da aquisição tendente ao domínio total (artigo 490º do CSC); um exemplo de êxpropriação legal" dos direitos dos minoritários?,* em *Nos 20 Anos do Código das Sociedades Comerciais. Homenagem aos Professores Doutores Ferrer Correia, Orlando Carvalho e Vasco Lobo Xavier,* Coimbra (2007), II, 215-218.

[2545] VITOR PEREIRA NEVES, *A natureza transitiva dos critérios de imputação de direitos de voto no Código dos Valores Mobiliários,* cit., 520-529.

Esta conclusão surge acompanhada por previsões próximas encontradas em outros ordenamentos jurídicos. Assim sucede na Alemanha, em interpretação feita ao § 327a. da AktG[2546], aditado pelo WpÜG, consagrando direito de exclusão de minoritários em caso de detenção individual ou conjunta de mais de 95% do capital[2547].

No entanto, perante o direito português, há indicações interpretativas suplementares que devem ser deixadas. Os casos que inspiram mais cuidados são os de ultrapassagem da fasquia crítica por virtude de transmissões temporárias ou arranjos contratuais, sem que lhes subjaza uma concentração do capital social[2548]. Assim, através de uma redução teleológica do preceito, este não deve aplicar-se em caso de ultrapassagem dos 90% obtida através de votos potenciais alicerçados em contratos transmissivos, por exemplo fundada em contrato de opção ou em contrato-promessa relativos a ações (art. 20º, nº 1 *e)* CVM). Com efeito, estas situações de transmissibilidade potencial de participações sociais, embora justifiquem uma imputação plurissubjectiva à luz do art. 20º, podem não resultar numa efectiva concentração do controlo, devendo nesse caso estar arredada a hipótese de recurso à transmissão potestativa.

V – Comprovadas as diferenças entre os dois regimes[2549], sugere-se o emprego de termos identicamente diversos. Propomos para o efeito a terminologia transmissão potestativa societária (art. 490º CSC) e transmissão potestativa mobiliária (arts. 194º-ss. CVM), atentas as respetivas fontes codificadas. Concentrar-nos-emos, a partir daqui, na segunda.

VI – A este propósito, merece atenção particular a tendência internacional de fixação da fasquia percentual a partir da qual se constitui o direito de aqui-

[2546] Em sentido próximo, era a redação da secção 430 E CA de 1985: consulte-se a propósito L. C. B. Gower, *Principles of Modern Company Law*[5], cit., 738.

[2547] Kai Mertens, *Der Auskauf von Miderheitsaktionären in gemeinschaftlich beherrschten Unternehmen*, AG 7/2002, 377-383; Thomas Raiser/ Rudiger Veil, *Recht der Kapitalgesellschaften*[6], München (2015), 897-898.

[2548] Um catálogo de situações consideradas abusivas à luz da lei alemã, entre as quais insere as descritas no texto, depara-se em Kai Hasselbach, *Kölner Kommentar zum WpIIG*, cit., sub § 327a AktG, Rdn. 51-55, 1440.

[2549] Assinale-se muito brevemente não compartilharmos das dúvidas que Engrácia Antunes manifestou quanto à equivalência de regimes entre o art. 490º CSC e o arts. 194º-197º CVM no tocante à fiscalização da suficiência da contrapartida oferecida no processo de transmissão forçada (*Os Grupos de Sociedades*[2], cit., 888, n. 1747). Em ambos os casos a adequação da contrapartida pode ser sujeita a escrutínio judicial, o que no caso da transmissão potestativa em sociedade aberta – assente, como vimos num acto administrativo de registo pela autoridade de supervisão – se fará através da impugnação judicial do acto de registo da CMVM.

sição potestativa em valores superiores a 90%. Designadamente, em Itália, Suíça e França essa fasquia percentual encontra-se estabelecida em 98%.

O ordenamento português aparta-se deste rumo, em função dos contornos apresentados pelo instituto pátrio da perda de qualidade de sociedade aberta. Com efeito, segundo o 27º do Código dos Valores Mobiliários, atrás analisado, a qualidade de sociedade de capital aberto ao investimento do público atinge-se quando declarada formalmente a concentração de capital a 90%, manifestadas quer através do resultado de uma oferta pública de aquisição, quer através de deliberação adotada por tal exigente maioria (alíneas *a)* e *b)* do nº 1)[2550]. Não faria, assim, sentido restringir quantitativamente o exercício dos direitos de aquisição e alienação potestativa de valores mobiliários emitidos por sociedades abertas para fasquias percentuais mais exigentes do que os estabelecidos como fundamento para tal qualidade deixar de se verificar.

Além disso, em termos sistemáticos, outros traços do regime existem a fundamentar a solução juspositivada no art. 194º. De um lado, é sabido que para sociedades fechadas ao investimento do público, a constituição dos direitos de transmissão potestativa se verifica aos 90% (art. 490º, nº 1 CSC), percebendo-se mal que outra fosse a fasquia apontada, para as sociedades abertas, na lei do mercado de capitais. Soma-se que a lei societária associa importantes consequências à detenção de 10% do capital social, como seja o previsto no art. 291º CSC (direito coletivo à informação), no art. 392º CSC (designação de titulares do órgão social a requerimento de minorias), no art. 448º CSC (publicidade de participações), no art. 483º CSC (relação de simples participação) e no art. 485º CSC (participações recíprocas), entre outros. No seu conjunto, estes normativos transmitem a mensagem de que a ultrapassagem de 10% do capital social assume um peso especial no governo da sociedade, a justificar especiais medidas de proteção ou de preocupação legislativas. A fixação de limiares quantitativos como aquele em apreço constitui sempre um momento difícil da ação legiferante; mas neste caso a opção nacional afigura-se suficientemente amparada no sistema jurídico.

3. *Pressupostos e processo; em especial, a oferta antecedente*

I – Como já foi adiantado, segundo o art. 194º, a faculdade de aquisição tendente ao domínio total relaciona-se com o regime das ofertas públicas de aqui-

[2550] Tome-se nota que o art. 27º prevê um terceiro fundamento para a perda de qualidade de sociedade aberta, desligado de uma quantificação da percentagem relevante de concentração de titularidade acionista. Com efeito, a qualidade de sociedade aberta pode ainda ser perdida se tiver decorrido um ano sobre a exclusão de negociação das acções em mercado regulamentado, fundada na sua falta de dispersão pelo público (alínea *c)* do nº 1).

sição. De facto, só depois de o sócio maioritário dirigir uma OPA geral é que pode fazer-se valer dos direitos de aquisição potestativa do 194º e seguintes – e apenas nessa eventualidade podem os minoritários prevalecer-se dos direitos de alienação potestativa consagrados no art. 196º CVM.

O principal pressuposto da aquisição potestativa é, assim, a realização desta oferta antecedente. Se utilizarmos a classificação usual em matéria de ofertas de aquisição, esta oferta antecedente qualificar-se-á como *prévia,* na medida em que a oferta surge como meio de ultrapassar o duplo limite dos 90% (como se refere na letra do nº 1 do art. 194º). Contrariamente sucede com o dever de lançamento de OPA, à luz do art. 187º CVM, cujo cumprimento se exige apenas após a ultrapassagem da fasquia percentual relevante – trata-se, pois, de uma OPA subsequente[2551].

Deve frisar-se, neste contexto, que os 90% se referem, cumulativamente, ao universo dos direitos de voto da sociedade e ao universo abrangido pela OPA[2552]. Se o capital social estiver representado por ações de várias categorias, não basta a existência de 90% em uma das categorias. A aquisição potestativa é, neste sentido, uma aquisição geral, que não se faz por categorias. Trata-se de um ponto em que o Direito português não acolheu a influência inglesa, dado que à luz do *Companies Act* faz-se funcionar o *buy-out right* por cada categoria de ações[2553].

II – Dispõe claramente o art. 194º CVM que a ultrapassagem dos 90% dos direitos de voto deve ocorrer após o lançamento de OPA. De fora da previsão do art. 194º CVM quedam-se, assim, as situações em que o acionista maioritário já detenha mais de 90% antes de lançar a oferta – o que sucederá nomeadamente se a oferta for obrigatória, por via do art. 187º CVM, graças a uma aquisição de um lote de ações conferindo uma participação acionista superior a 90%[2554].

A interpretação deste trecho da lei obriga, todavia, a uma articulação com o regime das aquisições feitas na pendência da oferta pública de aquisição,

[2551] Para um esclarecimento sobre este quadro terminológico, cfr. *supra,* § 34º, 3.

[2552] O Código não resolve diretamente a questão de saber se uma ultrapassagem fortuita dos 90% após OPA deixa ou não intacta a possibilidade de proceder a uma alienação potestativa. A Diretiva aponta uma resposta negativa, afastando a alienação potestativa quando a ultrapassagem tenha ocorrido por um período de curta duração. Aparentemente, resposta diversa há-de extrair-se do direito positivo nacional. Na falta de um regime paralelo ao da suspensão do dever de lançamento de OPA para o âmbito das transmissões potestativas, a ultrapassagem dos 90%, ainda que transitória, não deixa de desencadear as consequências normais.

[2553] Cfr. secção 979 CA. Em Portugal, a solução prevista para a perda de qualidade de sociedade aberta com diversas categorias de acções é, porém, um tanto dissonante, porque aí se exige uma votação por assembleias especiais de acionistas (art. 27º, nº 1 *b)* CVM).

[2554] Relembre-se que o art. 187º consagra um dever de lançamento de oferta subsequente. Sobre as previsões constitutivas do dever: cfr. *supra,* § 34º, 3.

estabelecida no art. 180º CVM. É que este preceito autoriza as aquisições feitas pelo oferente (fora da OPA) na pendência da oferta pública de aquisição por ele dirigida – livremente, se as aquisições forem realizadas em mercado, e sujeitas a autorização da CMVM, nas transações fora de mercado. Assim, pode dar-se o caso de a ultrapassagem dos 90% dos direitos de voto resultar não apenas das aceitações em OPA mas também de aquisições bolsistas paralelas.

Na ponderação da solução para a questão enunciada, sobreleva a natureza permissiva da norma contida no art. 180º e a redação folgada do art. 194º, nº 1 CVM, que parece acomodar uma resposta positiva. Assim, da interpretação conjugada entre ambos os preceitos resulta que as transações na pendência da oferta pública de aquisição, realizadas ao abrigo do disposto no artigo 180º, importam para efeitos da aplicação do artigo 194º, ambos do Código dos Valores Mobiliários[2555]. Para tal, irreleva a percentagem de aceitações em OPA. Por outras palavras, a conclusão exposta é mantida ainda que ninguém venda qualquer ação da visada através da oferta, desde que o limite dos 90% seja ultrapassado depois do lançamento da oferta e na sua pendência.

III – A apresentação de uma OPA antecedente representa, como já foi dito, a via única para se atingir a aquisição do domínio total de uma sociedade aberta. Não obstante, deve sublinhar-se não existir um dever de aquisição potestativa após a realização da oferta pública de aquisição que ultrapasse a dupla fasquia dos 90%: se o sócio dominante não pretender efetuar a aquisição tendente ao domínio total, não precisa de fazê-lo – ficando no entanto sujeito à alienação potestativa se os minoritários o decidirem. O lançamento de OPA não constitui por isso um dever, mas um simples *ónus* para efetuar a aquisição tendente ao domínio total.

Repare-se todavia que a lei exige que a oferta antecedente seja geral, mas não obriga a que a contrapartida oferecida no seu âmbito seja calculada nos mesmos termos da contrapartida em OPAs obrigatórias (art. 194º, nº 1 CVM). Solução idêntica, aliás, é a prevista na Diretiva europeia sobre a matéria (art. 15º, nº 1). Este aspeto do regime torna mais delicada – conquanto que não impossível – a determinação, para efeitos de aquisição potestativa, do "preço" de aquisição de ações de sociedade visada em OPA quando a contrapartida é paga em espécie.

[2555] Em Itália, a Consob proferiu decisão próxima perante o mesmo tema (Consob Informa 10.7.2000 n. 28/2000): cfr. a propósito SIMONA SIANI, *Le Offerte Pubbliche do Acquisto e Scambio nel Testo Unico della Finanza e nelle Disposizioni Regolamentari* (2002), 179-180. Em Inglaterra, conclusão semelhante parece extrair-se da secção 979 (10) do Companies Act, exigindo-se aí expressamente que o preço das aquisições fora da OPA não excedam o apresentado na oferta: cfr. a propósito JOHN FARRAR/BRENDA HANNIGAN, *Farrar's Company Law*[4], cit., 608; L. C. B. GOWER, *Principles of Modern Company Law*5, cit., 734.

No entanto, a possibilidade de recurso a avaliação da contrapartida através de auditor serve de significativa válvula de escape para esta disciplina.

A este propósito, uma questão usualmente colocada no direito das OPAs e que importa aqui equacionar é a de saber se há uma pressão indevida para vender *(pressure to tender)* na oferta antecedente à aquisição potestativa. O problema situa-se sobretudo quanto a tomadas de controlo faseadas, perante o risco de os acionistas se sentirem induzidos a alienar na primeira fase por temerem que o preço proposto em fase subsequente seja inferior[2556]. Ora, entende-se que tal efeito de pressão aqui não se verifica precisamente na medida em que a oferta antecedente pode não se sujeitar às regras do art. 188º CVM, ao passo que a transmissão potestativa obedece forçosamente àquelas regras (art. 194º, nº 1 CVM). Por outro lado, o preço das aquisições feitas na OPA antecedente funciona como preço mínimo da oferta, dado que o art. 188º, nº 1 alínea *a)* CVM obriga a considerar as aquisições no último semestre como preço mínimo da aquisição subsequente. Assim, o acionista pode não se ver coagido a vender as suas ações na OPA porque sabe que o preço subsequente será, pelo menos, igual ou talvez maior na (eventual) transmissão potestativa que se lhe siga. Também por este motivo, perante o direito português, não é correto entrever na alienação potestativa uma mera extensão do prazo da oferta antecedente, como pretendido por alguns autores[2557].

E também sabido que nas OPAs antecedentes é usual a divulgação da intenção do oferente de recurso futuro à aquisição *ex vi* do art. 194º e seguintes CVM. Assim, pode igualmente suceder que os acionistas calculem que o preço da aquisição potestativa venha a ser igual ao já oferecido na OPA antecedente, e optem por alienar os valores nesta, realizando de imediato o respetivo encaixe financeiro. Para que este cenário não coloque hipóteses de pressão para a aceitação dessa oferta, é útil haver uma indicação nos documentos da oferta sobre se a autoridade de supervisão, em eventual futura aquisição potestativa proposta com a mesma contrapartida, estima que a contrapartida na aquisição potestativa possa vir a ser sujeita a revisão por auditor[2558].

IV – Interessa atentar no fundamento desta oferta antecedente. A lei obriga a que a oferta a dirigir tenha uma dimensão quantitativa mínima para poder

[2556] Sobre o tema, cfr. o clássico Lucien Arye Bebchuk, *A pressure to tender: an analysis and a proposed remedy, Delaware Journal of Corporate Law* vol. 12 (1987), 911-949; e Paulo Câmara, *O dever de lançamento de oferta pública de aquisição no novo Código dos Valores Mobiliários*, cit., 226-227.

[2557] É o caso de Mike Burkart/Fausto Panuzzi, *Mandatory Bids, Squeeze-out, Sell-out and the Dynamics of the Tender Offer Process*, ECGI Law Working Paper n. 10//2003 (2003), 20-22.

[2558] Trata-se, aliás, de uma prática que a CMVM tem seguido: consulte-se a propósito o prospeto da OPA voluntária dirigida sobre as acções representativas do capital social da ITI – Sociedade de Turismo da Ilha da Madeira, SA (janeiro de 2002).

servir de acesso à aquisição (e à alienação) potestativa. Aos destinatários da oferta cabe, assim, decidir se, através do seu grau de adesão à oferta, consideram dever abrir-se caminho para a aquisição forçada. Desta perspetiva, há uma certa proximidade – mas não, de modo algum, uma equivalência – entre esta exigência e o requisito, formulado no direito alemão, de aprovação pela assembleia geral da sociedade visada para utilização da transmissão potestativa (§ 327a WpÜG).

Nesta conformidade, o fundamento desta oferta antecedente é diferente do subjacente ao dever de lançamento de oferta pública de aquisição. A OPA antecedente prevista no art. 194º CVM pretende legitimar uma mudança qualitativa do estatuto da sociedade: de sociedade aberta, a sociedade converte-se em sociedade unipessoal (salvo em caso de domínio exercido por uma pluralidade de pessoas).

Reconhece-se, porém, que esta ligação é limitada, em virtude de depender de uma fasquia percentual fixa: assim, uma oferta lançada para 10,1% das ações permite o acesso à aquisição potestativa se houver adesão por parte de pelo menos mais de 0,1% dos destinatários da oferta – o que é reconhecidamente pouco exigente do ponto de vista da representatividade da manifestação de vontade dos destinatários. O limite escolhido mostra, contudo, coerência sistemática com o facto de a lei considerar que a abertura de capital através de oferta de venda ou de troca é quantitativamente relevante quando excede 10% dos valores mobiliários distribuídos (art. 13º, nº 1, alínea *d)* CVM).

V – O regime descrito vem a significar, em termos práticos, que quando uma sociedade aberta deseje sair do mercado, vê duas fundamentais alternativas para cumprir tal desiderato.

A primeira saída é a do recurso ao instituto da perda de qualidade de sociedade aberta (art. 27º CVM), o que tem como implicação a de deixar de poder lançar mão do art. 194º CVM. Frise-se, porém, que neste caso se mantém a hipótese de haver aplicação do art. 490º do Código das Sociedades Comerciais, se verificados os pressupostos deste preceito societário. A segunda opção que, em alternativa, se abre é a de se fazer uso do direito de aquisição e de alienação potestativa previsto no art. 194º CVM.

Assim, uma questão que o instituto da aquisição potestativa mobiliária vem colocar é o de saber se esta provoca a perda de qualidade da sociedade aberta visada.

A resposta afirmativa decorre agora do art. 195º, nº 4. O fundamento desta solução é fácil de descortinar. De um lado, não há motivos a justificar uma fiscalização administrativa de um processo de saída de mercado após a fiscalização de uma aquisição potestativa, porquanto na prática este processo esgotaria o exame de todos os aspetos relevantes. Não há, por outro lado, interesses a acautelar em sociedade que foi objeto de aquisição potestativa[2559] – conduzindo esta, as mais das vezes, a uma situação de unipessoalidade. Ou seja, aqui a concentração do capital tornase tão patente que repugnaria considerar, por puro formalismo, que a sociedade se mantivesse como sociedade aberta[2560].

Diferentemente, porém, se passam as coisas com a alienação potestativa, dada a gradual concentração acionista que esta implica – que pode nunca vir a ser total.

VI – Podem naturalmente levantar-se dúvidas quanto a saber se a solução atrás apontada para o reconhecimento *ex lege* da perda de qualidade de sociedade aberta em caso de aquisição potestativa conduz a concluir identicamente no caso de o lançamento da oferta antecedente ter logrado uma aceitação de 100% dos destinatários, dando origem a uma sociedade unipessoal. Entende-se que a resposta aqui é negativa.

Com efeito, ao passo que a supervisão administrativa sobre o processo de aquisição potestativa implica como natural a verificação de uma situação de concentração absoluta de capital em resultado do processo registado, tal não é desfecho inevitável aquando do registo de uma OPA. Isto é: ao passo que um registo de aquisição potestativa e de perda de qualidade significaria uma clara duplicação de procedimentos, o mesmo não se verifica se considerarmos o registo de uma OPA seguido de uma declaração de perda de qualidade de sociedade aberta da sociedade visada. De todo o modo, a decisão administrativa neste caso reduz-se ao mero *accertamento,* baseado sobretudo no resultado da oferta pública de aquisição, e com fundamento no art. 27º 1. *a)* CVM.

Aliás, esta alínea *a)* não excepciona da previsão os casos em que a ultrapassagem de 90% na sequência de OPA significa o êxito total daquela oferta. Como tal, deve manter-se a conclusão de que, mesmo neste caso, é necessário haver uma declaração de perda de qualidade para a sociedade visada se libertar efectivamente de tal estatuto.

2559 Tenha-se presente, todavia, que é diverso o efeito dos dois expedientes do ponto de vista da possibilidade de readmissão ao mercado: o art. 29º, nº 2 CVM (perda de qualidade) veda a readmissão por um ano, ao passo que o art. 195º, nº 4 CVM (aquisição potestativa) impede a readmissão por dois anos.

2560 Cfr., no mesmo sentido, CMVM, *Parecer Genérico sobre Perda de Qualidade de Sociedade Aberta na sequência de Aquisição Tendente ao Domínio Total* (2000), que concluiu que *a utilização do procedimento previsto nos artigos 194º e 195º do Código dos Valores Mobiliários, na estrita medida do aí previsto e com respeito dos pressupostos nesses preceitos estabelecidos, determina a perda de qualidade de sociedade aberta da sociedade emitente das acções que foram objeto do direito de aquisição potestativa.* O texto deste Parecer encontra-se disponível em http://www.cmvm.pt/estudos documentos/ entendimentos e pareceres/perdaqualidade.asp.

VII – O regime da aquisição tendente ao domínio total envolve a publicação de anúncio preliminar, de acordo com o art. 194º, nº 2; mas não é, em si, um processo de oferta pública, porque não depende de aceitação dos acionistas minoritários[2561].

O direito de alienação potestativa, previsto no art. 196º, envolve um convite pelo sócio; trata-se, com efeito, de um verdadeiro e próprio convite a contratar, em sentido técnico. Este convite desencadeia, porém, consequências particulares. Faltando proposta, pode haver requerimento à CMVM para determinação da contrapartida devida. De sua banda, a CMVM notifica o sócio dominante, e a certidão deste ato constitui título executivo (art. 196º, n.os 3 e 4).

Ponto relevante a este propósito é o de determinar o círculo de sócios com legitimidade para promover o convite a contratar e, subsequentemente, a alienação potestativa. A interpretação que a CMVM tem sustentado a este propósito é a de considerar que tal legitimidade se circunscreve aos sócios que detinham tal qualidade à data da oferta antecedente. De acordo com esta leitura, apenas os sócios que poderiam ter aceite a oferta e não o fizeram é que podem fazer uso do direito de venda forçada. Já existe jurisprudência a sufragar este entendimento[2562].

Em ambas as vertentes – aquisição potestativa e alienação potestativa –, este processo é objeto de controlo por parte da CMVM através do registo, que tem em vista o apuramento da contrapartida, o respeito pelas prescrições informativas e a preservação do princípio de igualdade.

Restaria saber, naturalmente, se o processo de aquisição tem o seu aspeto nuclear na declaração do sócio ou no registo efetuado pela CMVM. A primeira tese, defendida por Ferreira de Almeida, reconheceria o negócio jurídico unilateral como modo de aquisição forçada pelo sócio dominante[2563]. No entanto, há que apontar que a aquisição apenas se torna eficaz com a declaração da

[2561] O processo da aquisição potestativa não se trata claramente de uma oferta pública. Fora isso, tem interesse analisar se algumas das regras sobre ofertas públicas podem ser aplicadas por via da analogia. É evidente a inaplicabilidade das regras sobre prospeto, rateio, intermediação obrigatória e processo de registo e de lançamento. Caso à parte é o das regras sobre igualdade de tratamento e de contrapartida de OPA obrigatória em que existe confirmação positiva (art. 197º) ou norma remissiva direta (art. 194º, nº 1). Além disso, deve igualmente ter-se como aplicável analogicamente a regra da irrevogabilidade das ofertas (130º, nº 1 CVM): uma vez registada a aquisição potestativa, não é possível fazer retroceder a decisão do sócio maioritário.

[2562] Consulte-se, em sentido concordante, a Sentença do Tribunal Administrativo de Círculo de Lisboa de 30 de novembro de 2015: Proc. 116/15.9 BELSB (Fernando Duarte) e o Acórdão do Tribunal Central Administrativo Sul, 2º Juízo, 1ª Seção (Proc. 12894/16) de 5 de maio de 2016 (Cristina dos Santos).

[2563] Ferreira de Almeida, *Contratos. I*, Coimbra (2001), 111-112.

CMVM, que não pode pronunciá-la *ex officio* mas que tão-pouco a pode produzir caso entenda não estarem preenchidos os pressupostos da alienação potestativa (art. 196º, nº 3 CVM). Esta constatação aproxima o alcance da intervenção da autoridade de supervisão da função constitutiva da intervenção judicial na transmissão realizada ao abrigo do art. 490º, nº 6 do Código das Sociedades Comerciais[2564].

VIII – A natureza potestativa da transmissão foi já por diversas vezes confrontada, na prática, com tentativas dos sócios minoritários de obstar à sua execução através do recurso ao bloqueio facultativo das suas ações. Sobre este tema, aliás, já foi proferido um controverso acórdão do Tribunal Cível da Comarca de Lisboa[2565].

O bloqueio consiste num registo em conta que torna temporariamente indisponíveis os valores mobiliários visados. A lei permite que o bloqueio seja efetuado por iniciativa do titular (art. 72º, nº 2. *a)* CVM). No entanto, essa permissão sujeita-se aos dados gerais, não podendo prevalecer sobre normas injuntivas (como é caso do art. 195º, nº 1 CVM), nem servir de instrumento de comportamentos abusivos, apenas podendo operar quando o espaço jurídico de disponibilidade sobre os valores se mantém intocável. Mais concretamente, o bloqueio não pode ser utilizado para paralisar o efeito de processos de aquisição forçada – como é o caso da aquisição em execução judicial ou da aquisição potestativa *ex vi* do art. 194º CVM[2566].

4. *A contrapartida*

I – A disciplina respeitante à contrapartida devida no âmbito destes processos representa, como se disse, um regime aperfeiçoado em relação ao da aquisição potestativa societária, constante do art. 490º do Código das Sociedades Comerciais.

2564 Cfr. sobre esta Ferreira de Almeida, *Contratos. I*, cit., 111.

2565 Tal decisão judicial (Acórdão da Relação de Lisboa de 28.07.1999, in *Cadernos do Mercado de Valores Mobiliários*, nº 6 (1999), 241-252) foi proferida no âmbito do direito pregresso e ante a transmissão potestativa societária. Cfr., sobre esta decisão, criticamente, Fazenda Martins, *Bloqueio de Valores Mobiliários e Aquisição Potestativa ao Abrigo do Art. 490º do Código das Sociedades Comerciais, Cadernos do Mercado de Valores Mobiliários*, nº 6 (1999), 253-256.

2566 Cfr., substancialmente no mesmo sentido, Filipa Jorge Ramos/José Pedro Fazenda Martins/Maria Rebelo Pereira, *Efeitos da Aquisição Potestativa nos Ónus e Encargos eno Bloqueio de Acções, Cadernos do Mercado de Valores Mobiliários*, nº 12 (2001), 89-104 (96-103); CMVM, *Parecer Genérico sobre o Bloqueio de Acções por iniciativa do Titular e Respectiva Articulação com a Aquisição tendente do Domínio Total*, disponível em www.cmvm.pt/estudos_documentos/entendimentos_e_pareceres/ bloqueio/asp.

Há aspetos instrumentais melhor cuidados – como é caso do bloqueio obrigatório dos valores a entregar – mas sobretudo por se impor uma contrapartida segundo as regras das OPAs obrigatórias.

Este é um modelo mais avançado, rodeado de maiores garantias para os acionistas, que não interessa examinar senão nas especificidades que denota no contexto das transmissões potestativas[2567].

II – Deve fixar-se, em termos hermenêuticos, o alcance da remissão para o art. 188º CVM quanto ao cálculo da contrapartida da aquisição potestativa. Em primeiro lugar, importa esclarecer que daqui resulta que a apresentação de contrapartida exclusivamente em valores mobiliários apenas é permitida nos casos do nº 3 do art. 188º. Neste contexto, a atribuição de uma escolha aos destinatários de uma sujeição transmissiva constitui hipótese na prática inexequível: a alternativa de contrapartida não parece, pois, compatibilizar-se com o carácter potestativo deste processo. O adquirente deve, pois, escolher a contrapartida que deseje oferecer: em dinheiro ou, cumprido o nº 3 do art. 188º, em valores mobiliários. Aqui residirá, portanto, outra diferença da aquisição potestativa mobiliária em relação à aquisição potestativa societária.

III – Acresce devermos cuidar do período temporalmente relevante para efeitos do cálculo da contrapartida. Desde logo, previna-se que o período de seis meses relevante ao nível das aquisições feitas pelo adquirente ou pessoas com ele relacionadas (art. 188º, nº 1, aplicável *ex vi* do art. 194º, nº 1 CVM) deve naturalmente contar-se por referência ao anúncio preliminar de aquisição potestativa e não por referência ao anúncio preliminar da OPA antecedente.

Isto significa que a aquisição na OPA antecedente releva sempre para efeitos do cálculo da contrapartida da aquisição potestativa, dado que esta deve ser realizada no prazo de três meses. Por outras palavras, o montante oferecido na OPA antecedente será sempre o limite inferior da contrapartida da aquisição potestativa que se lhe siga. Esta, todavia, poderá ser superior, caso intervenha auditor na sua fixação (art. 188º, nº 2 *ex vi* do art. 194º, nº 1 CVM). Este aspeto revela-se identicamente importante, na medida em que diminui a pressão junto dos acionistas para aceitarem a oferta antecedente.

IV – Em caso de alienação potestativa, apesar de nova remissão para o art. 188º (art. 196º, nº 2 *b)*) e atenta a ausência de limitação temporal direta (salvo, naturalmente, prescrição do direito nos termos gerais), o problema coloca-se em termos um pouco diversos. Aqui não há anúncio preliminar do adquirente;

[2567] Cfr. *supra*, § 34º, 9.

apenas podemos considerar a oferta antecedente e as propostas apresentadas pelos sócios minoritários. Não obstante, a lei não determina diretamente qual o marco temporal a partir do qual se deve aferir a contrapartida.

Para a resolução desta questão, em tese pode acolher-se aqui uma de três soluções interpretativas possíveis, consoante o marco temporalmente relevante seja:

- o anúncio preliminar da oferta antecedente;
- cada proposta de alienação potestativa;
- o primeiro convite a contratar apresentado por um sócio.

A primeira opção teria a vantagem da certeza jurídica: o adquirente já saberia com que contar, cristalizando-se a contrapartida a oferecer para todos os destinatários. No entanto, pode haver um grande desfasamento temporal entre o momento da oferta antecedente e o da proposta, o que retira viabilidade a esta via interpretativa.

A segunda via hermenêutica teria o mérito de ajustar o montante a oferecer ao momento em que cada sócio formula a sua proposta. Mas deve ser afastada, porque colidiria com o princípio de igualdade de tratamento, que precisamente o art. 197º CVM veio impor.

A terceira hipótese afigura-se, assim, como a mais adequada. O primeiro sócio a apresentar um convite contratual de transmissão fixará, de imediato, o momento relevante para determinação da contrapartida. Pode, é certo, distar ainda algum tempo entre o primeiro convite contratual e o último que vier a ser apresentado por um minoritário. Mas por definição será sempre um hiato temporal menor do que o resultante da primeira possibilidade interpretativa, atrás exposta. Acresce que a informação prestada publicamente pela CMVM sobre o recurso a processos de alienação potestativa previne os demais potenciais interessados, matizando dessa forma os seus prejuízos.

V – Atenta a menor liquidez dos valores mobiliários de sociedade com elevada concentração do capital social, no contexto das aquisições potestativas é mais frequente o recurso a uma avaliação feita por auditor ao abrigo do art. 188º, nº 2[2568].

Relembre-se que, ao abrigo do mencionado dispositivo, o recurso a auditor representa uma solução subsidiária em relação ao cômputo por recurso à média do mercado ou ao preço mais alto pago pelo oferente ou por pessoas ligadas a este através de uma das relações do art. 20º CVM. No entanto, a intervenção do auditor justifica-se em três situações: quando a contrapartida proposta não possa ser determinada através dos critérios do nº 1; quando a contrapartida apre-

[2568] Sobre o tema, cfr. PEDRO COSTA GONÇALVES, *Anotação ao Acórdão do Tribunal Central Administrativo-Sul de 6 de Fevereiro de 2010*, em RLJ nº 3964 (2011), 39-67.

sentada não se encontre devidamente justificada; e quando a contrapartida não seja equitativa, por insuficiente ou excessiva

Cada uma destas previsões é merecedora de anotação.

A impossibilidade de determinação da contrapartida mínima através dos critérios do art. 188º, nº 1 ocorre quando as ações representativas do capital social da visada não estão admitidas à negociação em mercado regulamentado e quando não existem aquisições feitas pelo adquirente e pessoas próximas (nos termos do art. 20º CVM). Tal pode ser frequente em operações de saída de mercado em que a sociedade tenha uma concentração de capital há mais de seis meses que tenha determinado a sua exclusão da bolsa.

A falta de justificação da contrapartida constitui um índice que se liga sobretudo ao carácter equitativo do preço proposto. Isto é: a suficiência da fundamentação depende da convicção sobre a justeza do preço apresentado[2569].

Por fim, deve interpretar-se habilmente a última parte do art. 188º, nº 2, quando se refere a uma iniquidade do preço apresentado, por excessivo. Não pretende certamente este normativo conduzir a uma redução da contrapartida quando a transição de controlo se efectuou a um preço alto. Deve antes sustentar-se que o preceito se dirige à correção de consequências decorrentes do funcionamento da imputação nos termos do art. 20º CVM em articulação com o art. 188º CVM. Pensamos sobretudo em casos de aquisições de valores acionistas efetuadas por partes relacionadas (imputáveis ao oferente nos termos do art. 20º) que se realizem a preços significativamente superiores aos do mercado, criando a dúvida se tal corresponderia a uma avaliação consciente ou a uma compra arbitrária feita por um terceiro que o adquirente não controle. Assim, salvo estes casos marginais, deve inferir-se que o auditor não poderá fixar uma contrapartida menor do que a apresentada pelo adquirente.

A posição do auditor é decisiva, tanto mais que, no registo da aquisição potestativa, a CMVM não tem poder de aprovação da contrapartida fixada por auditor. Consequentemente, a opinião do auditor implica naturalmente um regime de responsabilidade. A responsabilidade do auditor pela contrapartida fixada funda-se no interesse público que ele deve proteger, ao apresentar o seu estudo quanto a uma contrapartida justa[2570].

VI – O art. 197º CVM estabelece um princípio de igualdade de tratamento quanto à fixação da contrapartida. Este constitui um princípio que não tem con-

[2569] Numa locução sintética, dir-se-á que a *verba* apresentada é naturalmente mais importante que o *verbo* oferecido em sua justificação.

[2570] Diogo Tavares, *A Responsabilidade Civil do Auditor Independente pela Determinação da Contrapartida Mínima de Oferta Pública de Aquisição*, Cadernos MVM 58 (2017), 9-32.

sagração expressa no âmbito da transmissão potestativa societária – sendo positivo o seu acolhimento no Código dos Valores Mobiliários.

Trata-se, é bom de ver, de um princípio aplicável a ações da mesma categoria. Obriga-se, por isso, a tratar igual o que é igual e de modo diferente o que é diferente. Assim, em aplicação deste princípio, o preço das transmissões forçadas pode não ser único, se houver diferentes categorias de ações representativas do capital social da visada.

5. *Balanço final sobre o instituto*

I – O processo de aquisição potestativa societária foi durante décadas atormentado com dúvidas sobre a sua constitucionalidade, um pouco por toda a Europa. Assim foi de tal modo que é pertinente revisitar o tema por forma a apreciar se idêntica *vexata quaestio* tem cabimento em relação à aquisição potestativa mobiliária.

Entre nós, o STJ pronunciou-se pela inconstitucionalidade do art. 490º CSC num acórdão de 2 de outubro de 1997[2571]. Em causa foi fundamentalmente apontada a alegada existência de violação dos princípios constitucionais de propriedade, da proporcionalidade e de igualdade.

Nessa altura, porém, em reação àquela tomada de posição jurisprudencial, a doutrina, quando se pronunciava publicamente sobre o assunto, fazia-o maioritariamente em sentido divergente ao sustentado pelo Supremo[2572]. Contrapunha-se que a aquisição potestativa funcionaria como sucedâneo da dissolução da sociedade (Raúl Ventura[2573]) ou uma afetação da participação social decorrente dos princípios corporativos gerais, e em particular do primado do princípio da maioria (Menezes Cordeiro[2574], Engrácia Antunes[2575]). Do meu lado, embora incidentalmente, tive oportunidade de manifestar posição

[2571] BMJ nº 470 (1997), 619-629. Cfr. a propósito Engrácia Antunes, *A Aquisição Tendente ao Domínio Total. Da Sua Constitucionalidade,* Coimbra (2001), 103-155; e um comentário breve deixado em Paulo Câmara, *Os deveres de informação e a formação de preços no mercado de valores mobiliários,* Cad MVM nº 2 (1998), 84, n. 11. Em sentido contrário à posição defendida pelo Supremo, veja-se, porém, o Acórdão da Relação de Lisboa de 6 de junho de 2002, CJ III (2002), 92-96 (94-95).

[2572] Alinhando ao lado de posições críticas ao instituto, cfr., porém, João Labareda, *Das acções das sociedades anónimas,* Lisboa (1988), 276-279.

[2573] Raúl Ventura, *Estudos Vários sobre Sociedades Anónimas,* cit., 168-169.

[2574] Menezes Cordeiro, *Da Constitucionalidade das Aquisições tendentes ao Domínio Total (artigo 490º, nº 3, do Código das Sociedades Comerciais),* cit.; Id., *Aquisições tendentes ao domínio total: constitucionalidade e efectivação da consignação em depósito (art. 490º/3 e 4 do CSC), O Direito* III (2005).

[2575] Engrácia Antunes, *O Artigo 490º do CSC e a Lei Fundamental – "Propriedade Corporativa", Propriedade Privada, Igualdade de Tratamento,* in *Estudos em Comemoração dos Cinco Anos (1995-2000) da Faculdade de Direito da Universidade do Porto,* Coimbra (2001), 147-276; Id., *A Aquisição Tendente ao Domínio Total. Da Sua Constitucionalidade,* cit., *passim.*

coincidente, encarando a aquisição potestativa como instrumento equilibrado, cuja admissibilidade é comprovada pela intervenção de auditor na aferição de uma contrapartida justa e pela existência de simetria de direitos potestativos (de aquisição e de alienação), apresentando-se assim como corolário de um são governo societário[2576].

II – O problema, todavia, deve considerar-se atualmente já superado[2577]. Numa recente decisão sobre o art. 490º CSC, o Tribunal Constitucional veio decidir[2578], em termos amplamente fundamentados:

- não haver lesão do princípio constitucional de proteção da propriedade societária, porquanto a aquisição potestativa traduziria uma limitação imanente e genética à titularidade de participações sociais;
- não existir violação ao princípio da igualdade, dada a existência de um direito de alienação forçada por contraposição à aquisição potestativa, sem que funcionem de modo arbitrário;
- não se ver ofendido o princípio da proporcionalidade, dada a relação adequada entre a finalidade da medida legislativa (favorecimento dos grupos de sociedades) e os seus efeitos, designadamente quanto à subsistência do ente societário;
- estar respeitado o princípio da tutela da confiança, dada a aplicação não retroativa do preceito (art. 541º CSC).

Atento o *thema decidendum*, o aresto não considerou diretamente as questões relacionadas com a transmissão potestativa de sociedades abertas. Todavia, não se apresentam obstáculos a uma transposição destes argumentos para o instituto em apreço, o que melhor se compreende à luz de uma reflexão sobre o fundamento da aquisição potestativa mobiliária.

III – Há quem aponte que a transmissão potestativa mobiliária surge como contraponto das OPAs obrigatórias: se alguém se vê forçado a dirigir uma oferta a percentagens significativas de minoritários em caso de transição de controlo deve então poder adquirir as ações sobrantes detidas por parcelas menos signi-

[2576] Paulo Câmara, *Os deveres de informação e a formação de preços no mercado de valores mobiliários*, cit., 84, nº 11.

[2577] São concordantes com a conclusão extraída no texto os contributos de Ana Filipa Morais Antunes, *O instituto da aquisição tendente ao domínio total (artigo 490º do CSC); um exemplo de "expropriação legal" dos direitos dos minoritários?*, cit., 203-253; e de Maria Mariana de Melo Egídio Pereira, *A aquisição tendente ao domínio total. Breves reflexões sobre o art. 490º do CSC*, cit., 940-961.

[2578] Acórdão nº 491/02, de que foi Relator o Conselheiro Paulo Mota Pinto, disponível em http://www.tribunalconstitucional.pt/jurisprudencia.htm.

ficativas de minoritários[2579]. Apenas em parte, todavia, este argumento encontra acolhimento na prática dos países da União Europeia: de facto, antes da transposição da Diretiva, todos os Estados Europeus que conheciam a transmissão potestativa igualmente previam a OPA obrigatória, mas nem todos os Estados a prever a OPA obrigatória admitiam direitos de aquisição e alienação potestativa[2580]. Não se pode ver também um sinal decisivo no facto de os *law makers* europeus terem incluído o tratamento da transmissão potestativa mobiliária numa Diretiva sobre ofertas públicas de aquisição, na medida em que em causa está a transmissão potestativa após OPA e dado que a Diretiva não cura apenas das ofertas obrigatórias. Não parece, por outro lado, adequado falar-se de uma simetria entre aquisição potestativa e dever de lançamento de OPA, na medida em que o lançamento de OPA obrigatória não assegura, por si, a obtenção do limiar que abre porta à transmissão potestativa. O contrário sucede entre aquisição potestativa e alienação potestativa, onde – pela coincidência da previsão[2581] – existe de facto uma simetria perfeita de posições jurídicas.

É por isso mais convincente assentar em que a proporcionalidade da aquisição potestativa mobiliária e dos fundamentos que lhe estão subjacentes se confirma mais facilmente à luz de uma análise económica das regras jurídicas. Com efeito, nesta modalidade de transmissão forçada há finalidades de eficiência ligadas ao funcionamento das sociedades, quando assumem a ruptura com o modelo de sociedade aberta.

Neste plano, o principal argumento reside na ponderação entre custos que a operação impõe aos minoritários e os benefícios daí decorrentes para o acionista dominante[2582]. Graças ao funcionamento das regras respeitantes à contrapartida justa e visto que o direito de alienação potestativa equilibra consideravelmente o instituto, evitando que os minoritários fiquem encurralados, "prisioneiros dos seus títulos", os inconvenientes sofridos pela perda das participações dos minoritários são claramente menores do que os benefícios resultantes para os acionistas dominantes.

A demonstração deste ponto passa, em primeiro lugar, por indicar que a transmissão potestativa constitui elemento de pacificação da estrutura de

[2579] Forum Europaeum, *Corporate Group Law for Europe,* cit., 71, 76-77; Kai Hasselbach, *Kölner Kommentar zum WpUG,* cit., sub § 327a AktG, Rdn. 8, 1421.

[2580] Confira-se, de novo, o caso da Espanha, já atrás referido.

[2581] Lembre-se estarem em causa direitos potestativos: logo, são situações jurídicas absolutas, independentes uma da outra – e não relativas.

[2582] Para uma boa análise da racionalidade económica desta operação: Cándido Paz-Ares, *Aproximación al Estudio de los Squeeze-Outs en el Derecho Español,* cit., 8-15. Cfr. substancialmente no mesmo sentido Tim Drygala, *Die Vorschläge der SLIM-Arbeits- gruppe zur Vereifachung des Europäischen Gesellschaftsrecht,* cit., 298 [embora entenda que saída diferente deveriam merecer as sociedades que contam desde a sua génese com uma parcela de acionistas minoritários].

propriedade da sociedade. De um lado, o instituto serve o propósito de resolver situações de desentendimentos graves entre sócios que seriam conducentes à dissolução da sociedade decidida pelo sócio maioritário (*favor societatis*). De outro lado, ao resolver a tensão entre minoria a maioria, permite que se libertem fundos para investimentos em prol do robustecimento da empresa[2583]. Demais, é bom ter presente que, à luz do direito português, o domínio total atribui à sociedade dominante o direito de transmitir instruções desvantajosas à sociedade dominada (art. 503º, nº 1 CSC). Nesta medida, a transmissão potestativa facilita a exploração de sinergias entre a pessoa dominante e a sociedade dominada. Além disso, quando a pessoa dominante surge à cabeça de uma coligação de sociedades, a aquisição potestativa abre porta a uma simplificação da direcção empresarial do grupo[2584].

Este ponto de vista é complementado com o reconhecimento de que as aquisições potestativas tornam a aquisição mais atraente do ponto de vista dos adquirentes – pois facilitam a obtenção de um domínio total sobre uma sociedade, o que tem um valor maior do que um domínio a 90%[2585]. Com isto, as aquisições potestativas estimulam o aparecimento de propostas de aquisição dirigidas ao público acionista, facilitando o funcionamento do mercado de controlo societário – o que reverte em benefício dos acionistas minoritários.

Além disso, o recurso ao mecanismo de transmissão forçada pode ser entendida como escolha racional para obviar aos custos em que a sociedade pode incorrer por efeito das minorias e de possíveis atuações abusivas ou de extorsão indevida de vantagens (*green mail*)[2586]. A justificá-lo, convém recordar, neste contexto, que as sociedades anónimas se encontram em situação mais delicada perante estes comportamentos, por não lhes ser possível lançar mão da exclusão de sócio como resposta para o abuso de minoria. Este argumento, se bem que contrarie a opinião dominante no tocante às sociedades anónimas em geral[2587],

[2583] Frank Easterbrook/Daniel Fischel, *Corporate control transactions, Yale LJ* (1981/82), 705-706.

[2584] Kai Hasselbach, *Kölner Kommentar zum WpUG*, cit., sub § 327a AktG, Rdn. 6, 1419.

[2585] Para uma demonstração, reenvia-se para Mike Burkart/Fausto Panuzzi, *Mandatory Bids, Squeeze-out, Sell-out and the Dynamics of the Tender Offer Process*, cit., 17-19.

[2586] High Level Group Of Company Law Experts, *Report on Issues related to Takeover Bids*, cit., 60-61; M. Henrique Mesquita, *Os Grupos de Sociedades*, in *Os Quinze Anos de Vigência do Código das Sociedades Comerciais*, Coimbra (2003), 241.

[2587] O ponto não pode ser aqui desenvolvido, embora possa adiantar-se que a estrutura matricial das anónimas e o regime previsto no Código das Sociedades Comerciais apenas parece abrir espaço para exclusões fundadas em cláusulas estatutárias. Veja-se aliás que no caso extremo de incumprimento da obrigação de entrada, a perda de acções do acionista remisso (art. 285º, nº 4 CSC) não implica entre nós necessariamente a exclusão do acionista – podendo conservar a titularidade das acções integralmente liberadas. Formulação igualmente restritiva pode encontrar-se em Avelãs Nunes, *O Direito de Exclusão de Sócios de Sociedades Comerciais*, Coimbra (1968), 85-94. Em sen-

deve considerar-se isento de controvérsia em relação às sociedades cotadas em mercado, dada a ampla liberdade transmissiva que lhes é inerente (art. 204º, nº 2 *a)* CVM).

Todas estas justificações confirmam claramente a proporcionalidade do instituto, em confronto com os dados constitucionais, e assentam na eficiência da operação, na aceção de KALDOR-HICKS – que se atinge quando, no conjunto, os benefícios obtidos com uma transação excedem os custos[2588].

IV – Há ainda dois argumentos que são apresentados em apreciação da aquisição potestativa que têm em comum o facto de acentuarem a circunstância de o acionista não ter qualquer domínio sobre o momento em que a transmissão se verifica. De um lado, aponta-se que este esquema tem o inconveniente de, em mercados de tendência de quebra de cotações, poder consumar uma perda, quando o investimento dos minoritários havia sido realizado a preços superiores. Por exemplo, se um investidor adquiriu ações a 100 e um ano mais tarde se vê confrontado com a aquisição potestativa quando as cotações estão estavelmente a 30, não deixa de sofrer um prejuízo relativamente ao preço de aquisição, ainda que as exigências de contrapartida justa fixadas no art. 188º CVM se vejam cumpridas. Além disso, em hipóteses inversas, mas menos frequentes, em que a transmissão potestativa ocorre em momento de cotações em alta, a sua realização corre o risco de afectar o planeamento fiscal do acionista alienante, podendo resultar na constituição de mais-valias.

No entanto, ambas as situações descritas significam meras decorrências do funcionamento exógeno dos mecanismos de mercado, não tendo que ver diretamente com o desenho do instituto da aquisição potestativa[2589]. Assim, o primeiro caso significa uma decorrência da aplicação do critério essencial que deve ser mantido, respeitante à valorização justa da contrapartida à data em que a transmissão é operada: é certo, aliás, que o acionista poderia ter evitado uma perda

tido dissonante, admitindo (embora sempre com critérios de exigência) a transposição analógica do art. 242º, nº 1 CSC para o domínio das anónimas, veja-se: LUÍS MENEZES LEITÃO, *Pressupostos da Exclusão de Sócio nas Sociedades Comerciais,* Lisboa (1989), 92-98; COUTINHO DE ABREU, *Curso de Direito Comercial,* II, Coimbra (2001), 437-438; CAROLINA CUNHA, *A Exclusão de Sócios,* in *Problemas do Direito das Sociedades,* Coimbra (2002), 231-233. Sobre o abuso de minoria, cfr. em geral COUTINHO DE ABREU, *Abuso de Minorias* in *Problemas do Direito das Sociedades,* cit., 65-70.

[2588] JULES COLEMAN, *Efficiency, Utility, and Wealth Maximization,* in AVERY WIENER KATZ, *Foundations of the Economic Analysis of Law,* cit., 11-17 (11-12); BRIAN CHEFFINS, *Company Law. Theory, Structure and Operation,* cit., 14-16.

[2589] Para a discussão destas questões face ao direito inglês, e com conclusões similares às apresentadas no texto, tem interesse consultar a decisão Re Grierson Oldham and Adams Ltd [1968] Ch 17, [1967] 1 Al ER 192 (Chancery Division), acessível em L. S. SEALY, *Cases and Materials in Company Law*[5] (1992), 521-523.

tão acentuada se tivesse procedido à alienação (voluntária) das suas ações no início da curva descendente do ciclo de cotações. O segundo caso, por seu turno, não inspira preocupações significativas de tutela, porquanto a planificação fiscal, implicando um dano ligado à situação concreta de apenas alguns acionistas, não se apresenta como elemento incluído no escopo de proteção destas normas societárias; soma-se que o sobrepreço usualmente pago aos minoritários cobre, geralmente, os inconvenientes de uma frustração da planificação fiscal[2590].

V – Atenta a análise atrás feita sobre o confronto entre o art. 490º CSC e o correspondente esquema mobiliário, deve assentar-se em que, com a recente tomada de posição do Tribunal Constitucional, o problema deve considerar-se, *por maioria de razão,* resolvido para o art. 194º CVM.

Correspondendo a um aprimoramento da solução societária, e colocando-se à margem do estigma da dúvida da constitucionalidade que recaía sobre o art. 490º CSC, o novo regime da aquisição, sendo mais garantístico, representa um instrumento equilibrado de um são governo societário.

Além disso, visto que os arts. 194º e seguintes são normas especiais e não excecionais, contêm soluções que podem ser transpostas por integração analógica para o direito dos grupos – designadamente, mas não só, quanto aos critérios materiais para determinação da contrapartida e quanto ao bloqueio dos valores mobiliários escriturais que a integram[2591].

Designadamente, não creio que a circunstância de o nº 7 do art. 490º remeter para o Código dos Valores Mobiliários a regulação da aquisição potestativa mobiliária impeça o uso das ferramentas gerais de interpretação por recurso ao elemento sistemático e de integração de lacunas[2592]. Este constitui um caminho que compete à prática aplicativa – designadamente jurisprudencial – desenvolver.

6. *Síntese conclusiva*

I – O ordenamento jurídico português, embora não facultando de modo direto uma exclusão de cotação a requerimento da sociedade[2593], disponibiliza

[2590] ROBERT CLARK, *Corporate Law,* cit., 504-505.

[2591] Veja-se nomeadamente que quanto à aplicação do princípio de igualdade de tratamento, o Acórdão nº 491/02 do Tribunal Constitucional, atrás analisado, invoca o art. 197º CVM (p. 25-26 da versão disponível no sítio do TC) para inferir, como argumento sistemático de interpretação do art. 490º CSC, não ser possível fazer uso do mecanismo de aquisição potestativa em relação apenas a uma parcela do universo de sócios minoritários.

[2592] Tendencialmente em sentido contrário, mas apenas referindo-se ao problema da consignação de depósito da contrapartida, consulte-se COUTINHO DE ABREU/ALEXANDRE SOVERAL MARTINS, *Grupos de Sociedades. Aquisições Tendentes ao Domínio Total* (2003), 34.

[2593] Cfr. *supra,* § 40º, 2.

dois institutos que conduzem ao mesmo efeito – a perda de qualidade de sociedade aberta e a aquisição potestativa tendente ao domínio total.

Aliás, neste quadro, as operações de saída de mercado podem revestir configurações menos intensas – a exclusão de mercado, na medida em que deixa intocada a qualidade de sociedade aberta – ou mais intensas. Na manifestação mais intensa – a aquisição potestativa tendente ao domínio total – a saída de mercado implica uma cessação do vínculo social dos sócios minoritários.

É, porém, de notar que a saída de mercado não envolve tecnicamente uma exclusão de sócios. De facto, a transmissão potestativa distingue-se da exclusão de sócios prevista na lei societária na medida em que as participações sociais são adquiridas pelo sócio dominante e não pela própria sociedade. Aliás, um traço importante do regime das operações de saída de mercado em confronto com as tradicionais categorias societárias da exoneração e da exclusão de sócios diz respeito ao facto de ser o sócio dominante, e não a sociedade, a arcar com os encargos da saída dos minoritários (seja esta forçada ou voluntária: segundo respetivamente os arts. 194º, nº 1 e 27º, nº 1, *b)* CVM).

II – Pode também acrescentar-se que a exclusão do mercado implica tendencialmente uma operação tendente à concentração do domínio sobre sociedades abertas – apenas assim não sucedendo forçosamente na exclusão de mercado. É certo, porém, que nem todas as operações de concentração se passam em mercado ou visam a exclusão de mercado.

A legitimidade para recorrer à saída do mercado será diferente consoante os casos. Pertencerá em regra ao sócio maioritário, e não à sociedade. Esta apenas goza de legitimidade para solicitar a saída de mercado, no caso de perda de qualidade que decorra de deliberação societária (art. 27º, nº 1 *b)* CVM) ou do decurso de um ano sobre exclusão por falta de liquidez (art. 27º, nº 1 *c)* CVM).

Capítulo XIII
Gestão de Patrimónios Coletivos

§ 43º Os organismos de investimento coletivo

1. *Enquadramento geral; a evolução do tratamento normativo*

I – No âmbito do mercado de instrumentos financeiros, contrapõe-se a gestão de patrimónios individuais (ou de carteiras) e a gestão de patrimónios coletivos.

A gestão de patrimónios coletivos realiza-se através de organismos de investimento coletivo – que podem revestir a forma de fundos de investimento (mobiliário ou imobiliário) ou de sociedades de investimento (mobiliário ou imobiliário), consoante a forma jurídica adotada e os ativos geridos[2594].

Os fundos de investimento são patrimónios autónomos tipicamente constituídos para permitirem o aforro coletivo segundo um princípio de divisão de riscos. A sua gestão deve ser exercida no interesse exclusivo dos participantes. Atualmente, são instrumentos que têm conhecido uma enorme difusão no universo da população de investidores. Ao ancorar-se numa diversificação de ativos, que pode conhecer graus mais ou menos intensos, constituem uma aplicação popular da teoria de portfolio[2595].

[2594] Art. 2º, nº 1 *aa)* RGOIC, aprovado pela Lei nº 16/2015, de 24 de fevereiro. O artigo 1º, nº 3 da Diretiva nº 2009/65/CE admite ainda organismos de investimento coletivo que adoptem a forma de *trusts* – mas estes recebem regime idêntico ao dos fundos contratuais. Cfr. *infra,* § 43º, 8. e § 44º, 5.

[2595] John Armour/ Dan Awrey/ Paul Davies/ Luca Enriques/ Jeffrey Gordon/ Colin Mayer/ Jennifer Payne, *Principles of Financial Regulation*, Oxford (2016), 251-252.

A designação "fundo" tem conhecido um progressivo alargamento, de modo a cobrir figuras que obedecem a características diferenciadas.

Além dos fundos de titularização de créditos, já analisados[2596], cabe referir os fundos de reestruturação e internacionalização empresarial e os fundos de gestão de património imobiliário. Algumas situam-se totalmente fora da órbita dos fundos de investimento, como os fundos de capitais públicos[2597] e os fundos soberanos[2598]. Análise separada merecem, mais à frente, os fundos de capital de risco[2599].

II – O regime jurídico dos fundos de investimento tem, entre nós, sofrido diversas modificações, desde a sua consagração originária.

O Decreto-Lei nº 46342, de 20 de maio de 1965, forneceu as primeiras indicações sobre a matéria no âmbito do qual se desenvolveram os fundos FIDES e FIA, nacionalizados em 1976[2600].

O tema foi retomado pelo Decreto-Lei nº 134/85, de 2 de Maio, que revogava o diploma anterior e introduzia maior densidade ao regime dos fundos e das sociedades gestoras[2601].

Volvidos poucos anos, o Decreto-Lei nº 229-C/88, de 4 de julho determinou o regime dos fundos de investimento, mobiliários ou imobiliários, abertos ou fechados.

O Decreto-Lei nº 276/94, de 2 de novembro foi o marco normativoseguinte, ao transpôr para a ordem jurídica interna a Diretiva do Conselho nº 85/611//CEE, de 20 de dezembro de 1985 no âmbito dos fundosde investimento mobiliário. Foi entretanto alterado pelo DL nº 308/95,de 20 de novembro, pelo DL nº 323/97, de 26 de novembro, pelo DLnº 323/99, de 13 de agosto e pelo Decreto-Lei nº 60/2002 de 20 de março.

Ao Decreto-Lei nº 252/2003, de 17 de outubro coube a transposição para a ordem jurídica nacional das Diretivas n.os 2001/107/CE e 2001/108/CE, com vista a regulamentar as sociedades gestoras, os prospectos simplificados e os inves-

2596 Cfr. *supra*, § 21º.

2597 Tal é nomeadamente o caso do Fundo de Reabilitação e Conservação Patrimonial, regulado pelo DL nº 24/2009, de 21 de janeiro.

2598 Ronald Gilson/Curtis Milhaupt, *Sovereign Wealth Funds and Corporate Governance: A Minimalist Response to the New Merchantilism* (2008), http://ssrn.com/ abstract=1095023; European Commission, *A Common European Approach to Sovereign Wealth Funds* (2008); OECD, *Sovereign Wealth Funds and Corporate Governance of State-Owned Assets* (2007).

2599 Cfr. *infra*, §§ 46º e 47º.

2600 Álvaro Reis Figueira, *Fundos Comuns de Investimento: Uma experiência interrompida, Scientia Jurídica* t. 34 (1985), 344-377.

2601 Álvaro Reis Figueira, *Fundos Comuns de Investimento: Uma experiência interrompida*, cit., 377-380.

timentos em OICVM. Também sofreu alterações impostas pelo DL nº 52/2006, de 15 de março, pelo DL nº 357-A/2007, pelo DL nº 148/2009, de 25 de junho e pelo DL nº 71/2010, de 18 de junho.

Por seu turno, este diploma foi substituído pelo DL nº 63 -A/2013, de 10 de maio, de curta vigência, que aprovou o então designado Regime Jurídico dos Organismos de Investimento Coletivo, em transposição das Diretivas nºs 2009/ /65/CE, de 13 de julho de 2009, 2010/43/UE, de 1 de julho de 2010, 2010/ /44/UE, de 1 de julho de 2010, e parcialmente, a Diretiva nº 2010/78/UE, de 24 de novembro de 2010.

III – Paralelamente, os fundos de investimento imobiliário, de seu lado, também foram objeto de diversas modificações.

Até ao DL nº 229-C/88, de 4 de julho, o regime dos fundos de investimento compreendia a disciplina dos fundos mobiliários e imobiliários.

O DL nº 294/95, de 17 de novembro, entretanto, separou os fundos de investimento imobiliário, dedicando-lhes um diploma autónomo. Este, por seu turno, foi alterado pelo Decreto-Lei nº 323/97, de 26 de novembro.

Subsequentemente, o DL nº 60/2002, de 20 de março aprovou nova modificação ao regime destes fundos[2602]. Este diploma, de seu lado, tinha merecido alterações através do Decreto-Lei nº 252/2003, de 17 de outubro, do Decreto-Lei nº 13/2005, de 7 de janeiro, do DL nº 357-A/2007, de 31 de outubro, do DL nº 211-A/2008, de 3 de novembro e do DL nº 71/2010, de 18 de junho.

IV – O momento presente é caracterizado por um maior grau de consolidação normativa. A Lei nº 16/ 2015, de 24 de fevereiro aprovou o novo Regime Geral dos Organismos de Investimento Coletivo (RGOIC), que substitui e unifica a legislação anterior em matéria de organismos de investimento mobiliários e imobiliários, revogando o DL nº 63-A/2013, de 10 de maio e o DL nº 60/2002, de 20 de março.

Este diploma revela alguma assimetria no desenvolvimento normativo das matérias por si tratadas, sobretudo em resultado do vasto material normativo em transposição[2603]. Todavia, a unificação normativa por si consumada exibe vantagens claras em termos aplicativos. Com 278 artigos na sua versão originária, o RGOIC apresenta-se como um diploma de indiscutível mérito, já que atinge uma consolidação normativa perdida entre nós durante mais de vinte anos.

[2602] Tiago Santos Matias/ João Pedro Luís, *Fundos de Investimento em Portugal – Análise do regime jurídico e tributário*, Coimbra, (2008), 39-47.

[2603] Para reter um exemplo, contrasta a circunstância de haver alguns tipos de organismos de investimento tratados apenas em sede regulamentar, ao passo que os fundos de alimentação e a fusão de fundos ocupam dezenas de preceitos.

V – O DL nº 59/2018, de 9 de julho, realizou a mais profunda alteração do RGOIC desde a sua aprovação, ao modificar 120 preceitos e ao aditar 29 novos normativos.

Aprovada no âmbito e escassos dias antes da transposição da DMIF II, esta reforma visou sobretudo inserir no RGOIC todas as normas relativas à organização e ao exercício de atividade de gestão de organismos de investimento coletivo, talhando-as à medida das suas especificidades e prevenindo desse modo a sua diluição no regime geral de serviços de investimento. Ao procurar uma disciplina autónoma de normas de conduta, foi deste modo acentuado o cunho codificador do RGOIC, dispensando a aplicação em bloco das regras do CVM. A chave consiste na nova redação do art. 72º RGOIC, que subdivide o regime aplicável consoante esteja em causa a gestão de organismos de investimento coletivo (remissão muito seletiva para o regime consagrado no Código e no RGIC: art. 72º, nº 1 RGOIC), a comercialização (art. 72º, nº 2 RGOIC) ou a prestação de serviços de consultoria e gestão de carteiras (art. 72º, nº 3 RGOIC). Adiante retoma-se este ponto[2604].

VI – Ao todo, no Direito comum dos fundos de investimento, e deixando por ora de lado os diplomas europeus e os fundos com características especiais, computam-se vinte e cinco intervenções legislativas, o que merece ser anotado. Demais, no plano europeu, volvidos mais de trinta anos de harmonização europeia, temos agora duas diretivas que operam como peças centrais de referência nesta matéria: de um lado, em matéria de organismos de investimento coletivo em valores mobiliários (UCITS), a peça normativa central é a Diretiva nº 2009/65/CE, do Parlamento Europeu e do Conselho, de 13 de julho de 2009, já alterada pela Diretiva 2014/91/UE (Diretiva UCITS V); de outro lado, para os demais organismos de investimento coletivo (batizados como organismos de investimento coletivo alternativos), rege a Diretiva 2011/61/UE (AIFMD)[2605]. Cada uma destas Diretivas merece complemento através de diversos diplomas, como é próprio da abordagem Lamfalussy e De Larosière[2606]. A isto acrescem os documentos técnicos preparados pela ESMA (e antes deste, pelo *Committee of European Securities Regulators* (*CESR*)), com relevo interpretativo. Em termos nacionais, o regime fiscal dos fundos de investimento, por seu lado, recebe tratamento no Estatuto dos Benefícios Fiscais, o que o torna permeável a alterações quase contínuas. A estes sinais de persistente flutuação legislativa soma-se a

[2604] Reenvia-se para § 43º, 3.

[2605] Cfr. *infra*, § 43º, 3.

[2606] O ponto é desenvolvido mais à frente: cfr. *infra*, § 43º, 3.

elevada densidade e extensão dos textos regulamentares nesta matéria[2607], a que acresce, por fim, a assimetria de tratamento entre organismos de investimento coletivo e outros tipos de fundos, a gerar recorrentes dúvidas aplicativas.

Daqui resulta um quadro normativo instável, de extrema densidade prescritiva e de difícil acessibilidade.

2. *Tipologia dos organismos de investimento coletivo*

I – De acordo com a definição legislativa, os organismos de investimento coletivo são instituições, dotadas ou não de personalidade coletiva, que têm como fim o investimento coletivo de capitais obtido junto de investidores, cujo funcionamento se encontra sujeito a um princípio de repartição de riscos e à prossecução do interesse exclusivo dos participantes[2608].

Desta definição resultam três características estruturais destes organismos[2609]:

- O seu *objeto*: a gestão de ativos na titularidade coletiva dos participantes, cujo interesse exclusivo deve prevalecer;
- A *proveniência* dos capitais aplicados: os capitais são recolhidos junto de investidores; e
- A *vocação* de investimento: o património gerido destina-se a ser aplicado em ativos (mobiliários ou imobiliários), de acordo com um princípio de repartição de riscos.

Importa assinalar preliminarmente que os organismos de investimento coletivo estão sujeitos a um princípio de tipicidade (artigo 4º RGOIC). O alcance deste princípio, porém, acaba por ser reduzido por duas vias: de um lado, trata-se de uma tipicidade suscetível de alargamento não apenas através da lei, mas também através de regulamento da CMVM, desde que estejam respeitadas adequadas condições de transparência e de informação[2610]; de outro lado, deve

[2607] O RGOIC foi complementado através do Regulamento da CMVM nº 2/2015 e do Regulamento nº 16/2003 (contabilidade). No tocante ao registo de entidade gestora de fundos de investimento, tem ainda aplicação o Regulamento nº 2/2007, sobre registo de atividades de intermediação financeira.

[2608] Art. 2º, nº 1 *aa)* RGOIC.

[2609] Para uma apresentação próxima: Claude Kremer/ Isabelle Lebbe, *Collective Investment Schemes in Luxembourg*, Oxford, (2014), 1-2.

[2610] Artigo 4º, nº 2 RGOIC. Sobre a tipologia de organismos de investimento coletivo, deve consultar-se os artigos 2-11º do Regulamento da CMVM nº 2/2015. Este diploma reconheceu nomeadamente os organismos de investimento coletivo estruturados definidos como os organismos de investimento coletivo que, em datas pré-definidas, permitem aos investidores auferir ganhos baseados em algoritmos associados aos resultados, a alterações dos preços ou a outras condições de

notar-se que os OIC alternativos funcionam atualmente como categoria residual[2611], como adiante se examinará.

II – Os organismos de investimento coletivo podem ser classificados segundo diversos critérios.

Consoante sejam ou não dotados de personalidade jurídica, distingue-se os fundos de investimento das sociedades de investimento mobiliário e das sociedades de investimento imobiliário. Nesta contraposição, os fundos de investimento, são por lei definidos como *"os patrimónios autónomos, sem personalidade jurídica, pertencentes aos participantes no regime geral de comunhão regulado no presente Regime Geral"*[2612].

III – Em atenção à composição dos patrimónios geridos, a bipartição fundamental é a que separa os organismos de investimento coletivo em valores mobiliários dos organismos de investimento coletivo alternativos.

Os organismos de investimento coletivo em valores mobiliários (*UCITS*, na designação europeia) são organismos abertos que têm como objeto típico a gestão de patrimónios de investidores não exclusivamente profissionais compostos por ativos financeiros de elevada liquidez cujas unidades de participação são, a pedido dos seus titulares, readquiridas ou resgatadas, direta ou indiretamente, a cargo destes organismos[2613].

Os demais organismos de investimento coletivo são, na terminologia legal, *alternativos*. Entre os organismos de investimento coletivo alternativos[2614] incluem-se os seguintes:

- organismos de investimento alternativo em valores mobiliários: os organismos abertos ou fechados, cujo objeto é o investimento coletivo em valores mobiliários ou outros ativos financeiros (o que abrange, de entre os abertos, os que não cumprem os requisitos dos organismos de investimento coletivo em valores mobiliários);
- organismos de investimento imobiliário: organismos abertos ou fechados, cujo objeto é o investimento em ativos imobiliários (OII);
- organismos de investimento em ativos não financeiros: outros organismos fechados cujo objeto inclua o investimento em ativos não financeiros que sejam bens duradouros e tenham valor determinável (OIAnF);

ativos financeiros, índices ou carteiras de referência ou organismos de investimento coletivo com características semelhantes (artigo 10º).

2611 Niamh Moloney, *EU Securities and Financial Markets Regulation*³, (2014), 283.

2612 Artigo 2º, nº 1, alínea *u)* RGOIC.

2613 Art. 2º, nº 1 *aa) i)* RGOIC.

2614 Art. 2º, nº 1 *aa) ii)* RGOIC.

– organismos de investimento em capital de risco, fundos de empreendorismo social e organismos de investimento alternativo especializado e organismos de investimento coletivo previstos em legislação da União Europeia [2615].

Estes últimos são dotados de autonomia formal e substancial, pelo que serão tratados separadamente[2616].

IV – Central é igualmente a distinção entre organismos de investimento coletivo abertos e organismos de investimento coletivo fechados: estes pressupõem um número tendencialmente fixo de unidades de participação[2617], ao passo que nos organismos de investimento coletivo abertos o número de unidades de participação varia em função das respetivas subscrições[2618].

Os organismos de investimento coletivo abertos estão igualmente associados a uma maior liquidez, dado que nestes os participantes podem proceder ao resgate das unidades de participação. Este é o ato jurídico de exercício individual que provoca a extinção da unidade de participação[2619] e que investe o participante no direito ao recebimento do valor patrimonial líquido, em dinheiro, referente aos valores mobiliários resgatados[2620]. O resgate não é permitido nos fundos de investimento fechados, exceto no caso do artigo 62º, nº 3 RGOIC[2621] sendo deliberada a respetiva prorrogação e relativamente aos participantes que tenham votado contra a delliberação.

Para a distinção entre fundos abertos e fechados, irreleva a sua eventual admissão à negociação ou a sua política de distribuição de rendimentos, como se infere do Regulamento Delegado (UE) nº 694/2014 da Comissão, de 17 de dezembro de 2013.

No plano do governo do OIC[2622], outras implicações relevantes desta contraposição prendem-se com o facto de, por um lado, nos organismos de investimento coletivo alternativo fechados, os participantes poderem requerer a

[2615] Art. 1º nº 2 *a)* RGOIC.

[2616] Cfr. *infra*, §§ 46º-47º.

[2617] O que não prejudica a possibilidade de aumento de capital do OIC: art. 50º, nº 4 e 60º RGOIC.

[2618] Art. 10º, nº 1 RGOIC. Na literatura nacional, embora em relação a anteriores dados normativos cfr. nomeadamente Alexandre Brandão da Veiga, *Fundos de investimento mobiliário e imobiliário / Regime jurídico*, Coimbra, (1999), 193-ss; Maria João Vaz Tomé, *Fundos de investimento mobiliário abertos,* Almedina, Coimbra, 1997, 147-ss; António Pereira de Almeida, *O governo dos fundos de investimento*, in *Direito dos valores mobiliários*, VIII, Coimbra, 2008, 14.

[2619] Art. 9º, nº 2 RGOIC.

[2620] Art. 14º, nº 2 *c)* e 18º RGOIC.

[2621] Artigo 10º, nº 3 RGOIC.

[2622] Quanto ao governo da sociedade gestora, cfr. *infra*, § 43º, 5.

substituição da sociedade gestora – faculdade que se encontra vedada nos OIC abertos, atenta a faculdade de resgate nestes existente[2623] – e, por outro lado, deverem aprovar, em assembleia de participantes, diversos atos relevantes para o OIC[2624].

V – Merece ainda distinguir os *fundos de fundos*, que se caracterizam por circunscreverem os seus investimentos em unidades de participações de outros fundos. Tal permite um acesso indireto a aplicações em fundos mais inacessíveis e abre a porta a uma maior diversificação. Em contrapartida, porém, as comissões de gestão podem ser suportadas duplamente[2625].

Dadas as imposições a que se sujeitam os fundos UCITS quanto à diversificação do risco, o direito europeu autonomizou, como tipo autónomo, os organismos de investimento coletivo em valores mobiliários de tipo alimentação *(feeder)*: são organismos de investimento coletivo em valores mobiliários ou compartimentos patrimoniais autónomos destes autorizados a investir pelo menos 85 % do valor líquido global em unidades de participação (ou outro tipo de exposição) de outro organismo de investimento coletivo em valores mobiliários ou compartimento patrimonial autónomo – o organismo de investimento coletivo em valores mobiliários de tipo principal[2626]. Para evitar estruturas circulares e opacas, o organismo de investimento coletivo em valores mobiliários de tipo principal não pode ser um organismo de investimento coletivo em valores mobiliários de tipo alimentação e não pode ser titular de unidades de participação de um organismo de investimento coletivo em valores mobiliários de tipo alimentação[2627]. Além disso, o OIC em valores mobiliários de tipo alimentação tem deveres de fiscalização do organismo de tipo principal[2628].

VI – Distintos são igualmente os *organismos de investimento coletivo de mercado monetário*[2629], que investem tipicamente em instrumentos financeiros de curto prazo – tais como papel comercial e bilhetes do tesouro[2630]: tradicionalmente

[2623] Artigo 77º, nº 2 RGOIC. Sobre o tema: Pedro Simões Coelho/Orlando Vogler Guiné, *Substituição de Entidade Gestora de Fundos de Investimento Alternativos, EH Vasco Vieira de Almeida* (2017) 113-137.

[2624] Artigos 59º e 61º RGOIC. Cfr. *infra*, § 43º 7.

[2625] Timothy Spangler, *The Law of Private Investment Funds*, Oxford (2008), 14.

[2626] Artigos 2º nº 1 dd) e 179º, nº 4 RGOIC.

[2627] Artigo 179º, nº 4 RGOIC. Cfr. Claude Kremer/ Isabelle Lebbe, *Collective Investment Schemes in Luxembourg*, Oxford, (2014), 94-96.

[2628] Cfr. nomeadamente os artigos 187º e 189º RGOIC.

[2629] O respetivo regime consta dos artigos 3º-5º do Regulamento da CMVM nº 2/2015.

[2630] Cfr. *supra*, § 12º.

estão associados a um menor risco e a uma menor volatilidade[2631]. Pode ainda distinguir-se, entre estes fundos, os fundos de tesouraria de muito curto prazo (*short-term money market funds*) e os fundos de tesouraria clássicos (*money market funds*), que operam com instrumentos financeiros de maturidade mais longa[2632]. A maturidade média ponderada ajustada da carteira dos organismos de investimento coletivo do mercado monetário deve ser igual ou inferior a seis meses[2633].

Refira-se ter sido aprovado o Regulamento (UE) 2017/1131 do Parlamento Europeu e do Conselho de 14 de junho de 2017 relativo aos fundos do mercado monetário[2634], enquanto concretização parcial do programa de ação da Comissão Europeia sobre *shadow banking*[2635].

VII – O catálogo de tipos admitidos inclui ainda os *organismos de investimento coletivo garantidos*, que comportam garantias prestadas por terceiros quanto à proteção do capital, rendimento ou perfil de rendimentos.

Nestes casos, se os garantes ou contrapartes do organismo de investimento coletivo de capital garantido foram partes relacionadas com a entidade gestora, com os promotores ou com o depositário deve ser demonstrado perante a CMVM que a gestão do organismo de investimento coletivo é conduzida de modo autónomo em relação à eventual necessidade de acionamento das garantias, no estrito cumprimento da política de investimento e no interesse dos participantes[2636].

VIII – Uma das modalidades de fundo de investimento a conhecer um desenvolvimento importante, em tempos recentes, refere-se aos fundos de negociação bolsista ou *exchange-traded funds* (também designados pela abreviatura ETF's).

Emitidos a partir da década de 1990, estes valores mobiliários singularizam-se pela dupla característica de, a um tempo, a sua política de investimento se basear na réplica de índices bolsistas da mais variada natureza – sendo, nessa medida, um instrumento de captação de aforro assente numa gestão "passiva"

[2631] Sobre esta figura, cfr. Jonathan Macey, *Reducing Systemic Risk: The Role of Money Market Mutual Funds as Substitutes for Federally Insured Bank Deposits*, Yale Law & Economics Research Paper No. 422 (2011).

[2632] CESR, *Guidelines on a common definition of European money market funds*, CESR/10-049 (2010).

[2633] Artigo 3º, nº 6 do Regulamento da CMVM nº 2/2015.

[2634] Quanto à propostas origiária e respetiva fundamentação: European Commission, *Proposal for a Regulation Of The European Parliament And Of The Council on Money Market Funds* / /* COM/2013/0615 final – 2013/0306 (COD).

[2635] European Commission, *Communication To The Council And The European Parliament Shadow Banking – Addressing New Sources of Risk in the Financial Setor*, COM/2013/0614 final (2013), 3.2.

[2636] Artigo 147º, nº 4 *a)* RGOIC. Cfr. ainda o artigo 9º do Regulamento da CMVM nº 2/2015.

de ativos (podendo implicar, assim, custos de gestão mais baixos)[2637] – e, a outro tempo, pela sua admissão à negociação em mercado regulamentado, o que lhes augura maior liquidez. No seu todo, a atual dimensão dos ativos por si geridos é já muito apreciável.

Os ETF's comportam diversas modalidades, tais como: os ETF's avalancados *(leveraged ETF's)*, que apreciam ou depreciam de modo exponencial em relação a variações do ativo subjacente; os ETF inversos (*inverse ETF's*), que têm uma apreciação inversa ao dos ativos que tomam como referência. Particularmente sofisticados são os ETF's sintéticos, que não investem diretamente nos ativos subjacentes, mas antes celebram contratos de derivados, que lhes asseguram uma exposição a tais ativos.

Os *exchange-traded funds* têm suscitado preocupações quanto ao respetivo tratamento regulatório[2638]. Em geral, o risco de diminuição de liquidez aflora como um dos temas dominantes, especialmente nos ETF's de estrutura complexa. No caso dos ETF's sintéticos, teme-se igualmente os efeitos de uma possível falência do banco de investimento que assegure a exposição aos ativos; apesar de tal posição ser usualmente coberta por instrumentos financeiros, o certo é que tais instrumentos são diferentes, e possivelmente de menor qualidade, do que os ativos em referência na política de investimento do ETF. São aplicáveis a estes fundos as exigências da sua designação como UCITS ETF[2639] e os requisitos gerais de reprodução de índices fixados no artigo 167º RGOIC[2640].

IX – Atendendo ao modo de distribuição – e nomeadamente ao recurso ou não de oferta pública de acordo com os critérios do Código[2641], merece distinguir ainda os organismos de investimento coletivo de subscrição pública e os organismos de investimento coletivo distribuídos através de oferta de subscrição particular[2642]. Estes últimos são objeto de uma sensível diminuição da carga precetiva e na derrogação de aplicação de um corpo importante das regras

[2637] Os ETF consubstanciam, neste sentido, uma modalidade fundos *index-tracker* (aqueles cuja carteira procura replicar determinado índice bolsista ou o desempenho a este associado).

[2638] Financial Stability Board, *Potential financial stability issues arising from recent trends in Exchange-Traded Funds (ETFs)*, (Ab.-2011); ESMA, *Policy orientations on guidelines for UCITS Exchange-Traded Funds and Structured UCITS*, (2011); Bank of International Settlements, *Market Structures and Systemic Risk of Exchange-Traded Funds*, (2011).

[2639] Artigo 49º do Regulamento da CMVM nº 2/2015.

[2640] Cfr. ainda o artigo 8º do Regulamento da CMVM nº 2/2015.

[2641] Artigo 63º RGOIC.

[2642] Esta contraposição é próxima da distinção, esboçada no direito norte-americano, entre *mutual funds* e *private funds*: cfr. a propósito Deborah DeMott, *Fiduciary Contours: Perspectives on Mutual Funds and Private Funds*, em *Research Handbook on Mutual Funds* (2016).

gerais – como pode ilustrar-se designadamente nos artigos 1º, nº 4, 9º, nº 3 *a)*, 16º, nº 4, 17º, nº 4, 20º, nº 4 *b)* e 26º, nº 4 RGOIC.

X – Outras modalidades de OIC devem ser arroladas, designadamente os OIC de distribuição – cujo regulamento de gestão preveja a distribuição de rendimentos, ao abrigo do artigo 142º.

Os agrupamentos de fundos, por seu turno, são geridos pela mesma entidade gestora para proporcionar vantagens na transferência de unidades de participação, de acordo com o previsto no artigo 166º, a propósito dos agrupamentos de organismos de investimento coletivo em valores mobiliários.

Por fim, os próprios organismos de investimento coletivo podem prever a sua divisão em compartimentos autónomos. Estes são patrimónios autónomos dentro de cada OIC (artigo 12º RGOIC) – sendo designados como subfundos nos fundos de investimento. Cada compartimento autónomo segue as regras individuais de valor líquido global e de contas, mas o prospeto do OIC é global, abrangendo os diversos compartimentos autónomos[2643].

XI – Cabe considerar, por último, os fundos europeus de investimento a longo prazo *(European Long Term Investment Funds: ELTIF)*[2644]. ELTIF é a designação aplicada aos fundos de investimento alternativos sujeitos ao Regulamento (UE) 2015/760 do Parlamento Europeu e do Conselho, de 29 de abril de 2015 (Regulamento ELTIF) e à regulação nacional sobre fundos de investimento alternativos e que investem pelo menos 70% do seu capital em instrumentos de dívida de longo prazo, instrumentos representativos de capital ou quase-capital.

O objetivo destes organismos de investimento é o de mobilizar e canalizar capital para investimentos europeus de longo prazo. As empresas elegíveis para investimento são apenas as empresas não-financeiras não admitidas em mercado regulamentado ou, se admitidas, com uma capitalização inferior a 500 milhões de euros[2645].

3. *A moldura europeia; as Diretivas UCITS, AIFMD e DMIF II e a sua transposição*

I – Na Europa, os fundos de investimento foram regulados pela primeira vez através da Diretiva do Conselho nº 85/611/CEE (usualmente designada como Diretiva UCITS ou Diretiva OICVM). Esta assume como padrão os organismos

[2643] Artigo 12º, n.ºs 6-7 e 9 RGOIC.

[2644] Artigo 1º *j)* RJCR.

[2645] Artigos 1º, nº 2, 10º e 11º do Regulamento (UE) 2015/760 do Parlamento Europeu e do Conselho, de 29 de abril de 2015.

de investimento coletivo em valores mobiliários abertos direcionados aos investidores não profissionais e como tal sujeitos a requisitos apertados de diversificação de ativos e de liquidez[2646].

Esta Diretiva, entretanto submetida a diversas revisões, assentou de raiz na opção de deixar de lado fundos de investimento mobiliário com grau de risco mais elevado (nomeadamente os *hedge funds*), os fundos de investimento imobiliário e os fundos de capital de risco.

Apesar da sua longevidade e das sucessivas alterações sofridas[2647], esta opção não foi questionada, mantendo-se respeitada na atual Diretiva sobre organismos de investimento coletivo em valores mobiliários – a Diretiva nº 2009/65/CE, do Parlamento Europeu e do Conselho, de 13 de julho de 2009, já alterada pela Diretiva 2014/91/EU do Parlamento Europeu e do Conselho, de 23 de julho de 2014.

O regime europeu de organismos de investimento coletivo em valores mobiliários tem como corolários principais o reconhecimento mútuo da autorização das entidades gestoras e correspondente "passaporte" para exercício de atividade no espaço europeu, quer através de sucursal, quer através de livre prestação de serviços[2648], somado a um sistema de notificações simplificadas para comercialização de unidades de participação em qualquer Estado-membro (*regulator-to-regulator procedure*) [2649]. Para tanto, foi harmonizada a informação a dispensar aos investidores, a qual envolve nomeadamente o documento de informação fundamental ao investidor (IFI ou KIID, se tivermos por referência a expressão inglesa *key investor information document*)[2650].

A atual Diretiva UCITS foi, por seu turno, complementada através de um fluxo volumoso de diplomas europeus: a Diretiva nº 2010/43/UE da Comissão de 1 de julho de 2010, no que diz respeito aos requisitos organizativos, aos conflitos de interesse, ao exercício da atividade, à gestão de riscos e ao conteúdo do acordo celebrado entre o depositário e a sociedade gestora; a Directiva 2010/

[2646] Dirk Zetzsche *(ed.), The Alternative Investment Fund Managers Directive: European Regulation of Alternative Investment Funds²* (2015), 1-7.

[2647] Niamh Moloney, *EC Securities Regulation²*, cit., 231-335. Em referência estão as alterações provocadas pelas Diretivas n.os 88/220/CEE do Conselho de 22 de março de 1988, 95/26/CE do Parlamento Europeu e do Conselho de 29 junho de 1995, 2000/64/CE do Parlamento Europeu e do Conselho de 7 de novembro de2000, 2001/107/CE do Parlamento Europeu e do Conselho de 21 de janeiro de 2002, 2001/108/CE do Parlamento Europeu e do Conselho de 21 de janeiro de 2002 (UCITS III), 2004/39/CE do Parlamento Europeu e do Conselho de 21 de abril de 2004 (DMIF), 2005/1/CE do Parlamento Europeu e do Conselho de 9 de março de 2005 e 2008/ /18/CE.

[2648] Artigos 5º e 16º a 21º da Diretiva nº 2009/65/CE, de 13 de julho de 2009.

[2649] Artigos 91º-94º da Diretiva nº 2009/65/CE, de 13 de julho de 2009.

[2650] Artigos 78º-82º da Diretiva nº 2009/65/CE, de 13 de julho de 2009.

/44/UE da Comissão de 1 de julho de 2010, no que respeita a certas disposições relativas a fusões de fundos, estruturas de tipo principal/de alimentação (master/feeder) e procedimentos de notificação; e o Regulamento (UE) nº 583/2010 da Comissão de 1 de julho de 2010, no que diz respeito às informações fundamentais destinadas aos investidores e às condições a respeitar no fornecimento das informações fundamentais destinadas aos investidores ou do prospeto num suporte duradouro diferente do papel ou através de um sítio Web; Regulamento (UE) nº 584/2010 da Comissão de 1 de julho de 2010, no que respeita à forma e conteúdo da minuta de carta de notificação e da certidão dos OICVM, à utilização de comunicações eletrónicas entre autoridades competentes para efeitos de notificação e aos procedimentos a seguir para as verificações no local, para as investigações e para a troca de informações entre autoridades competentes; Regulamento da Comissão (UE) nº 583/2010 de 1 julho 2010, sobre informação fundamental aos investidores; e Regulamento da Comissão (UE) nº 584/2010, de 1 de julho, sobre notificações a colaboração entre autoridades.

II – Paralelamente, foi aprovada a Diretiva 2011/61/UE do Parlamento Europeu e do Conselho, de 8 de junho de 2011 (AIFMD), sobre gestores de fundos de investimento alternativos. Esta Diretiva, por seu turno, foi complementada através de diversos diplomas: Regulamento Delegado (UE) 231/2013 da Comissão, de 19 de dezembro de 2012, Regulamento Delegado (UE) 694/2014 da Comissão, de 17 de dezembro de 2013, Regulamento de Execução (UE) 447/2013 da Comissão, de 15 de maio de 2013 e o Regulamento de Execução (UE) 448/2013 da Comissão, de 15 de maio de 2013.

Repare-se que a abordagem das Diretivas é diferente: a Diretiva UCITS cuida da regulação do produto, gestão e depositário, ao passo que a Diretiva AIFMD apenas trata da gestão e do depositário[2651].

O processo de preparação da AIFMD decorreu num clima de elevada pressão política no âmbito do conjunto de medidas adotadas em resposta à crise financeira iniciada em 2008. Todavia, é hoje claro que as entidades gestoras cobertas pela AIFMD não foram responsáveis pela crise. O certo é que a animosidade política em relação aos *hedge funds* explica em larga medida o tom severo e exigente de muitas prescrições.

Durante a preparação do diploma europeu, o Parlamento Europeu foi responsável pelo alargamento de muitas soluções inicialmente pensadas para *hedge funds* a todas as formas de gestão de fundos não-UCITS[2652]. O movimento

[2651] DIRK ZETZSCHE (ed.), *The Alternative Investment Fund Managers Directive*², (2015), 49-84; Id., *The Anatomy of European Investment Fund Law* (2017), 8-14.

[2652] Tal foi conseguido sobretudo mercê da pressão do Relatório de Klaus-Heine Lehne (22-set.-2009), a exigir maior transparência para os hedge funds e capital de risco. Para uma descrição do

político que conduziu à aprovação da AIFMD foi também influenciado por dois escândalos de elevado alcance na área da gestão de ativos: de um lado, a crise e reestruturação do LTCM (1998); de outro lado, a fraude Madoff (2008). Este contexto levou Eilís Ferran a afirmar (2011): *AIF reforms have little real connection to the crisis itself*[2653].

A Diretiva aplica-se, assim, a gestores de fundos de investimento alternativos (GFIAs) que gerem e/ou comercializam fundos de investimento alternativos (FIAs) na União Europeia, o que abrange gestores de fundos de capital de risco, gestoras de fundos de investimento imobiliário e gestoras de fundos de investimento mobiliário especiais.

A Diretiva define «fundo de investimento alternativo» como um organismo de investimento coletivo, incluindo os respetivos compartimentos de investimento, que: *i)* reúna capital junto de um certo número de investidores (*requisito da pluralidade de investidores*); *ii)* tenha em vista investi-lo de acordo com uma política de investimento definida em benefício desses investidores (*requisito da definição de política de investimento*), e que iii) não requeira autorização ao abrigo da Diretiva UCITS (*requisito da residualidade*)[2654].

A natureza residual do regime instituído através da AIFMD conduz a que este se apresente, em derradeira análise, como o regime geral dos organismos de investimento coletivo – por oposição ao regime especial dos UCITS. Nesta medida, a designação europeia "organismos de investimento alternativo", pese embora a razão histórica que lhe subjaz – dada a precedência da Diretiva UCITS sobre a AIFMD –, acaba por se revelar tecnicamente desajustada.

Na sua essência, esta Diretiva propõe um *trade-off*: de um lado, impõe requisitos e uma supervisão a organismos antes intocados pela harmonização europeia; de outro lado, faculta um passaporte europeu na distribuição destes instrumentos a investidores profissionais.

De acordo com o princípio da proporcionalidade, a Diretiva AIFMD exclui a sua plena aplicação a gestores de fundos alavancados que não excedam 100 milhões de euros ou a gestores de fundos não alavancados que não excedam 500 milhões de euros e em que não exista direito de reembolso no período de

ambiente de preparação do diploma: Niamh Moloney, *EU Securities and Financial Markets Regulation*³, (2014), 276-282

[2653] Eilís Ferran, *The Regulation of Hedge Funds and Private Equity: A Case Study in the Development of the EU's Regulatory Response to the Financial Crisis, University of Cambridge Faculty of Law Research Paper* No. 10/2011, (2011)

[2654] Artigo 4º, nº 1 *a)* da Directiva 2011/61/UE do Parlamento Europeu e do Conselho de 8 de junho de 2011 (AIFMD).

5 anos contado desde o início do investimento[2655]. Neste caso, os gestores ficam sujeitos a um regime especial de supervisão e transparência, com uma gama mais restrita de obrigações[2656]. Os gestores excluídos podem voluntariamente aderir à AIFMD, devendo para o efeito apresentar um pedido de autorização junto da autoridade competente[2657].

Em Portugal, a transposição deste diploma foi aguardada com expectativa, dado que a maior parte dos gestores nacionais de fundos alternativos (nomeadamente gestoras de fundos imobiliários e de capital de risco) têm um volume de gestão inferior ao limiar de relevância mencionado. A opção do legislador nacional, contudo, foi a de ignorar quase exclusivamente esta diferenciação[2658]. Com efeito, a transposição da AIFMD optou pelo acréscimo de imposições domésticas ("*goldplating*") às gestoras de fundos de pequena e média dimensão. Embora permitida[2659], a adição de imposições nacionais ao regime mínimo europeu (*goldplating*) foi causadora de diversos inconvenientes: sobrecarregou sem justificação os custos das empresas, com repercussão sobre a sua sustentabilidade e sobre os investidores; penalizou os operadores portugueses face aos seus concorrentes europeus; promoveu a saída de gestoras de Portugal para outros países europeus, para operarem a partir daí, com base no passaporte; e deprimiu em geral a atividade de gestão de patrimónios coletivos.

O resultado saldou-se num sobrepeso regulatório injustificado para as entidades gestoras de pequena e média dimensão, algumas das quais encerraram a sua atividade ou migraram para ordenamentos mais favoráveis.

[2655] Artigo 3º, nº 2 da Directiva 2011/61/UE do Parlamento Europeu e do Conselho de 8 de junho de 2011 (AIFMD). Ficam as gestoras constituídas em deveres de comunicação em caso de ultrapassagem destes limiares, fixados no artigo 4º do Regulamento Delegado (UE) 231/2013 da Comissão, de 19 de dezembro de 2012.

[2656] Em causa estão o seguintes deveres, considerados como o núcleo mínimo de aplicação pela AIFMD: dever de registo perante a CMVM; dever de identificação dos fundos geridos perante a CMVM; dever de prestação de informações à CMVM, no momento do registo, sobre as estratégias de investimento dos FIAs geridos; deveres de prestação regular de informação sobre os principais instrumentos em que negoceiam, quer sobre as principais posições de risco e as concentrações mais importantes dos FIAs que gerem; e dever de notificar a CMVM caso ultrapassem os limiares de dimensão que permitem tratamento diferenciado.

[2657] Tem-se presente o regime constante do Regulamento de Execução (UE) nº 447/2013 da Comissão, de 15 de maio de 2013, que estabelece os procedimentos para os GFIA (gestores de fundos de investimento alternativos) que optem por ser abrangidos pela Diretiva 2011/61/UE.

[2658] Com a exceção isolada do art. 65º, nº 2 RGOIC, embora aqui apenas para abrir a gestão de OIA fechados a instituições de crédito. No regime do capital de risco, houve maior atenção a esta diferenciação.

[2659] Artigo 3º da Directiva 2011/61/UE do Parlamento Europeu e do Conselho de 8 de junho de 2011 (AIFMD).

III – O legislador europeu optou desde sempre por tratar a gestão dos fundos de investimento de modo separado da intermediação em instrumentos financeiros[2660].

Trata-se de uma opção que não é isenta de críticas, dado que resultam algumas antinomias desta separação de tratamento europeu. As Diretivas europeias em matéria de fundos de investimento são, respetivamente, diretivas "de produto" – no caso da Diretiva UCITS, sendo muito centrada num tipo de valor mobiliário e no enquadramento que o envolve – ou de "gestão", no caso da Diretiva AIFMD. Pelo contrário, a DMIF (I e II: à semelhança da Diretiva pré-vigente, a DSI) representa uma Diretiva que regula serviços e atividades de intermediação financeira[2661]. Por esse motivo, a regulação dos fundos de investimento tem sido considerada como assimétrica em relação à dos produtos financeiros equivalentes que são comercializados sob a forma de contratos de seguro ou de contratos de depósito[2662].

O certo é que a DMIF II é muito mais desenvolvida no tocante aos deveres de conduta dos intermediários e uma aplicação plena deste quadro à gestão de organismos de investimento coletivo seria excessiva. Porém, a DMIF II inclui no seu âmbito a gestão de carteiras e a consultoria entre os serviços de intermediação financeira, serviços que podem ser prestados por sociedades gestoras de fundos de investimento mobiliário.

A forma tentativamente equilibrada de anular este quadro foi ensaiada, entre nós, na redação do art. 72º RGOIC introduzida pelo DL nº 56/2018, de 9 de julho, que separa três regime diferentes, seguidamente considerados: gestão de organismos coletivo; comercialização de unidades de participação; e consultoria para investimento e gestão de carteiras.

A gestão de organismos de investimento coletivo constitui um serviço excluído do âmbito da DMIF II[2663]. Por esse motivo, o art. 72º nº 1 sujeita este núcleo principal da atividade das entidades gestoras a uma componente muito reduzida de normas do Código, apenas se aplicando o regime codificado em matéria de registo na CMVM, dever de segredo profissional, presunção de culpa (artigo 304º-A nº 2), salvaguarda dos bens de clientes, registo do cliente e defesa de mercado. São ainda aplicáveis as disposições constantes dos Títulos X e X-A do RGIC.

[2660] Recorde-se que a DMIF exclui do seu âmbito os organismos de investimento coletivo, seus gestores e depositários: art. 2º, nº 1 *h)* da Diretiva nº 2004/39/CE do Parlamento Europeu e do Conselho de 21 de abril de 2004 (DMIF).

[2661] NIAMH MOLONEY, *EC Securities Regulation*², cit., 238-242.

[2662] Cfr. *supra*, § 2º, IV.

[2663] O texto europeu também exclui a sua aplicação aos depositários: artigo 2º, nº 1 *i)* e Considerando 34 da Diretiva 2014/65/UE do Parlamento Europeu e do Conselho, de 15 de maio de 2014.

Por seu turno, a DMIF II submete a receção e transmissão de ordens ligadas a unidades de participação a uma isenção facultativa, devolvendo aos Estados-membros a decisão da sua aplicação, não aplicação ou aplicação parcial[2664]. Esta última foi a opção assumida pelo legislador nacional: quanto à comercialização de unidades de participação, o nº 2 do art. 72º RGOIC faz aplicar a disciplina constante do Código que vale para a colocação de valores mobiliários e receção e transmissão de ordens, nomeadamente no que tange às seguintes matérias: salvaguarda dos bens dos clientes; informação a disponibilizar aos clientes efetivos e potenciais; avaliação do caráter adequado da operação; categorização de investidores; contratos de intermediação; e receção de ordens. Esta aplicação, contudo, não pode contrariar o disposto no RGOIC, o que obriga a realizar um *teste de conformidade* com o RGOIC para que as normas em referência cobrem aplicação.

Por fim, o nº 3 do art. 72º RGOIC manda aplicar as regras do Código e da DMIF II (e fontes normativas complemantares) à prestação de serviços de consultoria e gestão de carteiras. Em causa estão nomeadamente as seguintes matérias, na medida em que sejam aplicáveis às funções concretamente exercidas: disposições gerais; organização interna; salvaguarda dos bens e clientes; contabilidade, registo e conservação de documentos; subcontratação; conflitos de interesses; aprovação de produção e distribuição de instrumentos financeiros; informação a investidores; benefícios ilegítimos; e avaliação do caráter adequado da operação.

Todavia, esta recente reforma do RGOIC não deixa de apresentar uma impureza no intuito prosseguido: o DL nº 59/2018, de 9 de julho, deixou de fora o art. 289º *c)* (que insiste na qualificação da gestão de fundos como atividade de intermediação financeira), o art. 293º nº 1 *b)* e *d)*, que qualifica como intermediários financeiros as entidades gestoras e o art. 11º, nº 5 RGOIC, que mantém a qualificação como intermediários financeiros dos organismos de investimento coletivo sob forma societária autogeridos. Trata-se de um inadvertido lapso legislativo, conquanto é uma solução contraditória com o movimento de fundo visado pelo legislador, que separa os serviços prestados pelas entidades gestoras dos serviços de investimento regulados pelo Código e pela DMIF II, com exceção da gestão de carteiras e consultoria para investimento. A acrescer, trata-se de uma solução dissonante com os arts. 22º, nº 1 *b)* e 72º, nº 1 RGOIC com o art. 199º-A nº 1 RGIC e com o art. 2º, nº 7 do DL 77/2017, no tocante às SIMFE. Enquanto não surge a retificação por via legislativa, está aberta a porta para uma interpretação corretiva dos mencionados preceitos.

2664 Artigo 3º, nº 1 *b)* da Diretiva 2014/65/UE do Parlamento Europeu e do Conselho, de 15 de maio de 2014.

4. *A sociedade gestora*

I – Na sua atividade, a sociedade gestora está vinculada a estritos deveres fiduciários em defesa dos interesses dos participantes[2665].

Cabem aqui deveres de cuidado na gestão dos fundos (concretizados na diligente selecção dos ativos, na sua contabilização, no exercício dos direitos inerentes, na distribuição de rendimentos e na prestação de informação[2666]) e, igualmente, deveres de lealdade na defesa impostergável dos interesses dos participantes[2667].

Entre os deveres de fonte legislativa aqui incluídos contam-se os deveres de correta valorização do valor das unidades de participação e da sua divulgação diária, no caso dos fundos abertos, ou mensal, no caso dos fundos fechados[2668].

Além dos deveres fixados na lei, somam-se os deveres decorrentes do regulamento de gestão e dos demais documentos constitutivos.

Correspetivamente ao cumprimento destes deveres, a sociedade gestora aufere uma comissão de gestão, que deve ser indicada nos documentos constitutivos do fundo. Dado que o produto das comissões de subscrição e de resgate revertem para a titularidade do OIC (Artigo 139º, nº 4 RGOIC)[2669], a comissão de gestão representa a única forma de retribuição da gestora. Esta comissão é determinada usualmente pelo volume dos ativos sob gestão mas pode incluir igualmente uma componente variável calculada em função do desempenho do organismo de investimento coletivo («*carried interest*»)[2670].

II – As sociedades gestoras são sociedades financeiras (art. 6º, nº 1 *b) vi* RGIC) sujeitas à supervisão comportamental da CMVM e à supervisão prudencial do Banco de Portugal[2671]. Por este motivo, a sua constituição envolve uma autori-

[2665] Pier Giusto Jaeger/Paolo Casella, *I Fondi comuni d'investimento*, Milano (1984), 101-108; Francesco Capriglione (org.), *Le Gestioni di Patrimoni Mobiliari. Un'analisi comparata*, Milano (1991), 37-57, 85-98, 145-179, 279-297, 343-357.

[2666] Artigo 74º RGOIC e artigos 17º-20º do Regulamento Delegado (UE) 231/2013 da Comissão, de 19 de dezembro de 2012.

[2667] Artigos 2º, nº 1 *aa)*, 15º, 72º-A e 73º RGOIC e artigos 21º, 23º-24º do Regulamento Delegado (UE) 231/2013 da Comissão, de 19 de dezembro de 2012. Aproximando a sua função à do *trustee;* Maria João Tomé, *Alguns aspetos dos fundos comuns de investimento mobiliário abertos " private"*, em Maria de Fátima Ribeiro (org.), *Jornadas Sociedades Abertas, Valores Mobiliários e Intermediação Financeira*, Coimbra (2007), 140-144; Id., *Fundos de Investimento Mobiliários Abertos*, em *EH ao Banco de Portugal – 150º aniversário (1846-1996)* (1998), 150-172.

[2668] Arts. 93º-95º RGOIC.

[2669] Admite-se, contudo, que parte ou a totalidade das comissões de subscrição, resgate e transferência possam reverter para a entidade comercializadora, desde que tal esteja previsto nos documentos constitutivos do organismo de investimento coletivo (artigo 139º, nº 5 RGOIC).

[2670] Artigo 67º RGOIC.

[2671] Artigo 241º RGOIC.

zação e registo no Banco de Portugal e uma autorização e registo na CMVM[2672] – o que constitui uma duplicação autorizativa pesada, anacrónica e a envolver, de resto, uma morosidade excessiva no processo autorizativo.

O seu objeto de atividade tem vindo a sofrer um alargamento significativo. Atualmente, além da gestão de organismos de investimento coletivo mobiliário, as sociedades gestoras de fundos de investimento mobiliário podem ainda proceder à gestão de organismos de investimento alternativo em valores mobiliários, de organismos de investimento em ativos não-financeiros, de carteiras individuais e de fundos de pensões[2673]. Podem ainda proceder ao registo e depósito de unidades de participação, comercializar unidades de participação geridas por outros organismos de investimento coletivo e, bem assim, prestar o serviço de consultoria para investimento[2674]. Acessoriamente, podem ainda gerir organismos de investimento em capital de risco, organismos de investimento em empreendorismo social, organismos de investimento alternativo especializado, fundos europeus cujo investimento inclua ativos elegíveis para organismos de investimento em valores mobiliários e organismos de investimento em capital de risco e, por fim, podem ainda gerir organismos de investimento imobiliário[2675]. No caso das gestoras de fundos imobiliários, podem ainda prestar serviços de consultoria em imobiliário e proceder à gestão individual de patrimónios imobiliários[2676].

As entidades gestoras podem ainda assegurar o registo individualizado das unidades de participação dos organismos de investimento coletivo sob gestão quando assegurem a respetiva comercialização: todavia, neste caso exige-se que as unidades de participação estejam integradas em sistema centralizado, para reforço da tutela dos participantes[2677].

As sociedades gestoras assumem-se, por isso, como sociedades gestoras de ativos polifuncionais. Trata-se de um reconhecimento relevante e que por si sugere a necessidade de, no futuro, se proceder a uma reformulação transversal do regime da gestão de ativos, eliminando diferenças injustificadas que subsistam na disciplina jurídica da gestão de ativos de diversa natureza detidos coletivamente[2678].

[2672] Artigos 19º e 241º, nº 1 *a)* RGOIC.

[2673] Artigo 68º nº 1 RGOIC.

[2674] Artigo 68º nº 2 RGOIC.

[2675] Artigo 68º nº 3 RGOIC.

[2676] Artigo 69º RGOIC.

[2677] Artigo 66º nº 4 RGOIC, que dispensa o registo na CMVM para a prestação deste serviço. Sobre o registo centralizado, remete-se para os arts. 128º-A e 128º-B RGOIC.

[2678] Neste sentido, pronunciando-se a favor de uma futura autonomização legislativa de sociedades gestoras de ativos polifuncionais: CONSELHO NACIONAL DE SUPERVISORES FINANCEIROS, *Better Regulation do Sistema Financeiro* (2007), 15-20.

Por seu turno, como já indicado, os organismos de investimento coletivo sob forma societária autogeridos são intermediários financeiros para efeitos do Código dos Valores Mobiliários[2679]: o que constitui solução inadvertida e inteiramente contraditória com a solução de fundo quanto à articulação de fontes presente na atual versão do RGOIC (art. 72º, n.os 1-3).

III – A posição dos fundos, como investidores institucionais, é igualmente da maior importância no governo das sociedades em que investem. Vale recordar, a este propósito, as indicações do *Stewardship Code* britânico[2680] e, influenciadas por este, as recentes propostas de alteração da Diretiva europeia dos Direitos dos Acionistas.

Neste contexto, particularmente importante se revela o exercício ativo, crítico e informado dos direitos de voto inerentes às ações integrantes do património dos fundos. Por esse motivo, a lei obriga as entidades gestoras a estabelecer uma política de exercício de direito de voto e a proceder à sua divulgação ao mercado e à CMVM[2681]. Neste âmbito, deve ser disponibilizada aos investidores, mediante pedido, uma descrição sumária das estratégias relativas ao exercício do voto e pormenores das medidas tomadas com base nessas estratégias[2682].

IV – O regime dos benefícios, comissões e remunerações (*inducements*) a receber ou a pagar a terceiros é disciplinado pelo art. 92º RGOIC e pelo art. 24º do Regulamento Delegado (UE) nº 231/2013. Trata-se de uma simplificação da disciplina constante da DMIF II , com indicações específicas para o research, que se submetem aos requisitos do art. 139º nº 3 RGOIC para serem admissíveis.

Refira-se, por fim, que o dever de obtenção do melhor resultado possível (*best execution*) por sociedades gestoras de OICVM na execução de operações sobre instrumentos financeiros – com sede legal no art. 80º RGOIC e no art. 27º do Regulamento Delegado (UE) nº 231/2013 – também revela uma considerável diluição normativa em relação ao quadro da DMIF II.

V – Os organismos de investimento coletivo de forma contratual ou societária podem ser objeto de processo de insolvência[2683]. Frise-se, contudo, que o

[2679] Artigo 11º, nº 5 RGOIC.

[2680] Consulte-se Financial Reporting Council, *The UK Stewardship Code*, (2012), cujo Princípio inicial consagra que *Institutional investors should publicly disclose their policy on how they will discharge their stewardship responsibilities.*

[2681] Artigos 55º, nº 1 *e)* e 90º RGOIC e artigo 37º do Regulamento Delegado (UE) 231/2013 da Comissão, de 19 de dezembro de 2012.

[2682] Artigo 37º nº 3 do Regulamento Delegado (UE) 231/2013 da Comissão, de 19 de dezembro de 2012.

[2683] Artigo 2º, nº 1, alíneas *a)* e *h)*, do CIRE e artigo 253º RGOIC.

artigo 2º, nº 2, alínea *b)*, do Código da Insolvência e da Recuperação de Empresas, exclui da sua aplicação os organismos de investimento coletivo, na medida em que a sujeição a processo de insolvência seja incompatível com os regimes especiais previstos para tais entidades. Assim sendo, o Código da Insolvência e da Recuperação de Empresas apenas será aplicável aos organismos de investimento coletivo na medida em que o RGOIC não inclua regras que se mostrem incompatíveis com a sujeição dos organismos a processos de insolvência.

Em causa está sobretudo a articulação com o regime próprio de dissolução e liquidação dos organismos de investimento coletivo previsto nos artigos 42º-48º RGOIC.

Daqui se infere que, verificando-se uma situação de insolvência, constitui-se um dever de apresentação à insolvência dos organismos de investimento coletivo caso o organismo de investimento coletivo não se dissolva por outro motivo[2684]. A situação de insolvência, nos termos do artigo 3º, nº 1 CIRE, corresponde à situação de o devedor não conseguir cumprir as obrigações a que está adstrito ou, alternativamente, segundo o disposto no artigo 3º nº 2 CIRE, sendo o devedor uma pessoa coletiva ou património autónomo quando o montante do passivo é substancialmente superior ao do ativo. A competência para apresentação à insolvência é do órgão de administração da entidade gestora ou da sociedade de investimento mobiliário ou imobiliário[2685].

Em alternativa, pode o organismo de investimento coletivo recorrer ao processo especial de revitalização (PER), nos termos dos artigos 17º-A a 17º-H do Código da Insolvência e da Recuperação de Empresas, se estiverem verificados os respetivos pressupostos[2686].

5. *O governo da sociedade gestora*

I – As atuais regras de *corporate governance* de sociedades gestoras de organismos de investimento coletivo decorrem da aplicação conjugada de diversas fontes, abaixo indicadas.

De um lado, a Lei nº 16/2015, de 24 de fevereiro, que aprovou o RGOIC, fixa o novo regime em matéria de governação de entidades gestoras de organismos de investimento coletivo e de independência do auditor. Em termos europeus, este quadro é complementado pelo Regulamento Delegado (UE) 231/2013 da

[2684] Cfr. a sentença do Tribunal de Comércio de Lisboa – 4º Juízo de 22 de abril de 2010 (Proc. 445/10.85 YLSB).

[2685] Artigo 19º do CIRE.

[2686] Em geral: Isabel Alexandre, *Efeitos processuais da abertura do processo de revitalização*, in *II Congresso de direito da insolvência*, Coimbra, (2014), 235, Fátima Reis Silva, *Processo especial de revitalização. Notas práticas e jurisprudência recente*, Porto Editora, Porto, (2014), 20.

Comissão, de 19 de dezembro de 2012, para organismos de investimento alternativo, e pelo Regulamento Delegado 2016/438 (UE), para organismos de investimento coletivo UCITS.

De outro lado, o Regime Geral das Instituições de Crédito e Sociedades Financeiras ("RGIC") transpôs para Portugal a Diretiva 2013/36/UE do Parlamento Europeu e do Conselho, de 26 de junho de 2013 (correntemente designada por *Capital Requirements Directive* IV ou CRD IV). Sucede que, quanto ao seu âmbito de aplicação, esta Diretiva se aplica a instituições de crédito mas a opção nacional foi a de estender o âmbito de aplicação destas regras também a sociedades financeiras, categoria que inclui as sociedades gestoras de fundos de investimento[2687]. Este traço do regime legislativo deve ser analisado à luz do princípio da proporcionalidade, para prevenir soluções excessivas[2688].

Por último, o novo regime europeu de auditoria reforçou significativamente as exigências de independência dos revisores oficiais de contas e os deveres de vigilância dos membros dos órgãos de fiscalização. Este regime decorre do Regulamento (UE) nº 537/2014 do Parlamento Europeu e do Conselho, de 16 de abril de 2014 e da Diretiva nº 214/56/UE, do Parlamento Europeu e do Conselho, de 16 de abril de 2014. Em Portugal, este diploma foi transposto através da Lei nº 140/2015, de 7 de setembro, que aprovou um novo Estatuto dos Revisores Oficiais de Contas, e da Lei nº 148/2015, de 9 de setembro, que aprova o Regime Jurídico da Supervisão de Auditoria. O tema adquire relevo prático para as sociedades gestoras de organismos de investimento coletivo porque estas são qualificadas como entidades de interesse público à luz da transposição nacional, como adiante se explicitará[2689].

II – O regime legal em matéria de composição quantitativa do órgão de administração obriga a um *mínimo de três membros*, dos quais pelo menos dois devem ser membros executivos[2690].

De outro lado, a existência de comités societários (v.g. comités de nomeações, de remuneração e de riscos[2691]) apenas é obrigatória se a sociedade gestora

[2687] Artigo 6º, 1 *a) vi)* RGIC. Tal o que decorre da aplicação conjugada de duas normas remissivas. De um lado, o artigo 174º-A RGIC manda aplicar o Título II deste diploma, que contém nomeadamente regras sobre adequação dos dirigentes. De outro lado, o artigo 196º RGIC manda aplicar o Título VII, o que inclui as regras sobre sistema de governo, política de remunerações e risco.

[2688] Sobre o princípio de proporcionalidade na governação de instituições financeiras: PAULO CÂMARA, *O governo dos bancos: uma introdução*, em PAULO CÂMARA (COORD.), *A Governação de Bancos nos Sistemas Jurídicos Lusófonos* (2016), 31-32.

[2689] Cfr. *infra*, § 43º, 5., VI.

[2690] Artigo 15º RGICSF, aplicável através do artigo 174º-A do mesmo diploma.

[2691] Artigos 115º-B (comité de nomeações), 115º-H (comité de remunerações) e 115º-L (comité de riscos) RGIC. Cfr. Ainda PAULO CÂMARA, *The AFM's Governance and Remuneration Committees,*

for, para efeitos dos exigentes critérios legais, uma instituição significativa em termos de dimensão, organização interna e natureza, âmbito e complexidade das suas atividades.

Todavia, as regras materiais sobre adequação dos dirigentes[2692], política de remunerações[2693] e gestão de riscos devem ser integralmente cumpridas, mesmo por gestoras de pequena dimensão.

III – A interação entre o RGOIC e o RGIC determina importantes consequências no tocante à composição qualitativa dos órgãos de administração e de fiscalização, nomeadamente quanto à independência dos seus membros.

De um lado, ao abrigo do RGIC, como requisito da adequação dos membros dos órgãos sociais, todos os administradores devem ser independentes. Este requisito de independência dos administradores deve ser entendido em termos amplos. No fundo, reconduz-se à "independência de espírito" e à "autonomia do juízo de avaliação" do titular do órgão de administração[2694]. Para este efeito, são situações suscetíveis de afetar a independência: (i) o exercício atual ou de cargos na instituição ou noutras instituições (ii) a existência de relações de parentesco, profissionais ou económicas com (A) outros membros dos órgãos da instituição, da empresa-mãe ou das filiais ou com (B) detentores de participações qualificadas na instituição, na empresa-mãe ou nas suas filiais.

De outro lado, o RGOIC também se refere à exigência de independência, mas em termos restritos. Para efeitos deste diploma, o órgão de administração de entidade gestora integra *um número mínimo adequado de membros independentes*, atendendo, entre outros fatores, à dimensão da entidade gestora e à do próprio órgão de administração[2695]. Na sua prática aplicativa recente, a CMVM tem entendido que em órgãos de administração de composição reduzida o número mínimo adequado, para efeitos desta exigência, é de inclusão de *um administrador independente*.

Para efeitos do RGOIC, considera-se independente o membro que não esteja associado a qualquer grupo de interesses específicos na entidade gestora nem se encontre em alguma circunstância suscetível de afetar a sua isenção de análise ou de decisão. Soma-se que não podem ser qualificadas como membros independentes pessoas que, de modo direto ou indireto, prestem serviços ou

em Dirk Zetzsche *(ed.), The Alternative Investment Fund Managers Directive: European Regulation of Alternative Investment Funds*², (2015), 293-309.

2692 Paulo Câmara (coord.), *A Governação de Bancos nos Sistemas Jurídicos Lusófonos* (2016), 33-46, 77-88, 438-442.

2693 Artigo 78º e Anexo I RGOIC.

2694 Paulo Câmara (coord.), *A Governação de Bancos nos Sistemas Jurídicos Lusófonos* (2016), 37-39.

2695 Artigo 75º, nº 1 RGOIC.

mantenham relação comercial significativa, ou o tenham feito nos dois anos antecedentes, com a entidade gestora ou sociedade que com esta se encontre em relação de domínio ou de grupo.

Além disso, *o órgão de fiscalização deve ser composto por uma maioria de membros independentes, incluindo o seu presidente,* de acordo com o que resulta da aplicação conjugada do artigo 75º, nº 2 do RGOIC e do artigo 2º *c)* da Lei nº 148/2015, de 9 de setembro.

Este conceito de independência deve ser entendido em sentido restrito e afere-se, nos termos do nº 5 do artigo 414º CSC, não apenas pela ausência de ligação a qualquer grupo de interesses específicos na sociedade e pela ausência de alguma circunstância suscetível de afetar a sua isenção de análise ou de decisão, como também pela não ligação à gestão executiva, aos acionistas qualificados da gestora e, para evitar o risco de familiaridade, a sua não recondução por mais do que 3 mandatos.

IV – As sociedades gestoras devem definir a sua política de diversidade, incluindo de diversidade de género[2696]. Com efeito, na sua política de avaliação de adequação, deve indicar-se a diversidade de qualificações e competências necessárias para o exercício das funções de administração e fixar-se objetivos para a representação de homens e mulheres, concebendo uma política destinada a aumentar o número de pessoas do género sub-representado[2697].

Todavia, a lei confia avisadamente uma larga margem de autonomia a cada entidade gestora na conformação das respetivas políticas de diversidade.

V – A independência do depositário, exigida como instrumento de reforço da efetividade da sua função fiscalizadora[2698], também atinge a composição dos órgãos sociais da entidade gestora. É também este o contexto que explica o artigo 21º do Regulamento Delegado 2016/438 (UE), segundo o qual a sociedade gestora e o depositário devem, em qualquer momento, cumprir todos os requisitos seguintes: *i)* Os membros do órgão de administração da sociedade gestora não podem ser simultaneamente membros do órgão de administração

[2696] Artigo 30º, nº 6 RGIC.

[2697] Artigo 30º, nº 6 RGIC e Considerando 60 e artigos 88º, nº 2 *a)* e 91º, nº 10 da Diretiva nº 2013/36/EU, do Parlamento Europeu e do Conselho, de 26 de junho de 2013 (CRD IV). Em geral, reenvia-se para Paulo Câmara, *Diversidade de género e governo das sociedades, Inside* 001/2016 (2016), 5-8; Sofia Leite Borges, *Mulheres em cargos de administração: algumas notas sobre a proposta de Directiva COM (2012) 614 final relativa à melhoria do equilíbrio entre homens e mulheres no cargo de administrador não executivo das empresas cotadas em bolsa e a outras medidas conexas,* RDS 3 (2013), 427-461.

[2698] Cfr. *infra*, § 43º, 6.

do depositário ou trabalhadores[2699] do depositário; *ii)* Os membros do órgão de administração do depositário não podem ser simultaneamente trabalhadores da sociedade gestora ou sociedade de investimento; *iii)* Se o órgão de administração da sociedade gestora não assumir funções de fiscalização no âmbito da empresa, somente um terço, no máximo, dos membros do seu órgão responsável pelas funções de fiscalização pode ser constituído por membros que são simultaneamente membros do órgão de administração, do órgão responsável pelas funções de fiscalização ou trabalhadores do depositário; *iv)* Se o órgão de administração do depositário não assumir funções de fiscalização no âmbito do depositário, somente um terço, no máximo, dos membros do seu órgão responsável pelas funções de fiscalização pode ser constituído por membros que são simultaneamente membros do órgão de administração da sociedade gestora, ou do órgão responsável pelas funções de fiscalização da sociedade gestora ou da sociedade de investimento ou trabalhadores da sociedade gestora ou da sociedade de investimento.

Importa sublinhar que estas regras europeias em matéria de incompatibilidades não estabelecem distinções quanto a administradores executivos e não executivos. Nos termos gerais, a designação que contrarie a lei é nula. Além disso, a violação de preceitos legais determina consequências contraordenacionais.

VI – Um dos pontos centrais relacionados com o governo societário das entidades gestoras de organismos de investimento coletivo prende-se com a sua qualificação como *entidade de interesse público* para efeitos do regime jurídico de auditoria e de fiscalização.

Sucede que a Lei nº 148/2015, de 9 de setembro, elenca como entidades de interesse público os organismos de investimento coletivo sob forma contratual ou societária, a par de outras entidades – tais como os bancos, as sociedades de capital de risco, as sociedades de investimento alternativo especializado e os fundos de investimento alternativo especializado.

Por outro lado, o diploma referido esclarece diretamente que nas entidades de interesse público sem personalidade jurídica os requisitos de fiscalização aplicam-se à respetiva entidade gestora[2700]. Assim, sem margem para dúvidas, as entidades gestoras de organismos de investimento coletivo são entidades de interesse público[2701].

[2699] *Employees*, na versão inglesa.

[2700] Artigo 3º, nº 4 da Lei nº 148/2015, de 9 de setembro.

[2701] Trata-se, porém, de um ponto atualmente sujeito a revisão, por iniciativa da CMVM, que preconiza uma diminuição do elenco de entidades de interesse público. A CMVM concluiu, aliás, que 35% destas entidades são OIC: CMVM, *Processo de Consulta Pública, nº 8/2018*.

Tal implica, como consequência principal, a proibição de órgão unipessoal de fiscalização. Com efeito, o novo regime impõe a obrigatoriedade de a fiscalização das entidades gestoras e organismos de investimento coletivo ser acautelada através de conselho fiscal, em vez de fiscal único[2702].

Além disso, como notado, o conselho fiscal deve ser composto por uma maioria de membros independentes, incluindo o seu presidente[2703].

Por último, um dos membros do conselho fiscal deve ter habilitação académica adequada ao exercício das suas funções e conhecimentos em auditoria ou contabilidade. Soma-se que os membros do conselho fiscal devem ter em geral, no seu conjunto, formação e experiência prévias no setor de gestão de organismos de investimento coletivo[2704] e, em particular, devem possuir conhecimentos técnicos em gestão de riscos e remunerações[2705].

VII – Dada a qualificação das entidades gestoras como entidades de interesse público, decorrem importantes deveres a cargo do respetivo conselho fiscal.

Neste quadro, o conselho fiscal da gestora estará sujeito aos seguintes deveres: *i)* dever de informar o órgão de administração dos resultados da revisão legal das contas e explicar o modo como esta contribuiu para a integridade do processo de preparação e divulgação de informação financeira, bem como o papel que o órgão de fiscalização desempenhou nesse processo; *ii)* dever de acompanhar o processo de preparação e divulgação de informação financeira e apresentar recomendações ou propostas para garantir a sua integridade; *iii)* dever de fiscalizar a eficácia dos sistemas de controlo de qualidade interno e de gestão do risco e, se aplicável, de auditoria interna, no que respeita ao processo de preparação e divulgação de informação financeira, sem violar a sua independência; *iv)* dever de acompanhar a revisão legal das contas anuais individuais e consolidadas, nomeadamente a sua execução, tendo em conta as eventuais constatações e conclusões da Comissão do Mercado de Valores Mobiliários; *v)* dever de verificar e acompanhar a independência do revisor oficial de contas ou da sociedade de revisores oficiais de contas e, em especial, verificar a adequação e aprovar a prestação de outros serviços, para além dos serviços de auditoria; e *vi)* dever de selecionar os revisores oficiais de contas ou sociedades de revisores oficiais de contas a propor à assembleia geral para eleição e recomendar justificadamente a preferência por um deles.

2702 Artigo 3º, nº 3 da Lei nº 148/2015, de 9 de setembro.

2703 Artigo 3º, nº 2 *b)* da Lei nº 148/2015, de 9 de setembro.

2704 Artigo 3º, nº 2 da Lei nº 148/2015, de 9 de setembro.

2705 Anexo I, nº 1 *b)* da Lei nº 148/2015, de 9 de setembro.

VIII – Em virtude da Lei nº 148/2015, a sociedade gestora deve ter *um revisor oficial de contas que não integre o conselho fiscal da sociedade.* Com efeito, a lei obriga à adoção de um modelo de governo em que haja uma segregação entre fiscalização societária e revisão oficial de contas[2706].

O revisor oficial de contas deve naturalmente cumprir os deveres gerais de independência que são estabelecidos no atual Regime da Ordem dos Revisores Oficiais de Contas.

Por fim, somam-se os requisitos especiais de independência do auditor em relação aos fundos geridos. De um lado, passa a impor-se uma regra de rotatividade dos auditores dos fundos a cada 6 anos[2707]. De outro lado, o auditor do organismo de investimento coletivo não pode ser auditor, nem pertencer à rede do auditor, da empresa-mãe em que a entidade responsável pela gestão consolida as suas contas[2708].

6. *O depositário*

I – Os ativos geridos por organismos de investimento coletivo devem ser confiados a um único depositário[2709].

O depositário assume uma dupla função: a um tempo, cumpre funções de custódia dos ativos do fundo[2710] – que, pese embora o infeliz *nomen iuris* deste sujeito, assentam sobretudo em contratos de registo (e não de depósito), dada a forçosa desmaterialização dos valores mobiliários líquidos (art. 62º CVM). Estes deveres de custódia podem ser subcontratados a terceiro, se existirem razões objetivas que justifiquem a subcontratação e se os demais requisitos se mostrarem observados[2711].

Além disso, são-lhe confiados uma ampla gama de deveres de fiscalização e acompanhamento dos fundos[2712]. Em causa estão nomeadamente os deveres de fiscalizar e garantir perante os participantes o cumprimento da lei, dos regulamentos e dos documentos constitutivos dos fundos, designadamente quanto aos prazos de entrega da contrapartida e das operações sobre os ativos do fundo; o dever de fiscalização do cálulo e distribuição de rendimentos do organismo de

[2706] Artigo 3º, nº 1 da Lei nº 148/2015, de 9 de setembro.

[2707] Artigo 50º do Regulamento da CMVM 2/2015.

[2708] Artigo 132º, nº 2 RGOIC.

[2709] Art. 120º, nº 1 RGOIC.

[2710] Art. 121º, nº 1 *b)* RGOIC.

[2711] Art. 124º RGOIC.

[2712] Sobre o regime europeu nesta matéria: SEBASTIEN HOOGHIEMSTRA, *Depositary regulation*, in DIRK ZETZSCHE (ed.), *The Alternative Investment Fund Managers Directive. European Regulation of Alternative Investment Funds,* (2012) 431-432, 436-439. Entre nós: ANTÓNIO BARRETO MENEZES CORDEIRO, *O depositário no Regime Geral dos Organismos de Investimento Coletivo*, em *O Novo Direito dos Valores Mobiliários*, (2017) 281-296.

investimento coletivo; o dever de acompanhamento dos fluxos de caixa; o dever de controlo das contas em numerário; o dever de efetuar o pagamento aos participantes dos rendimentos das unidades de participação e do valor do resgate, reembolso ou produto da liquidação; o dever de elaborar e manter atualizada a relação cronológica de todas as operações realizadas para os fundos; e o dever de elaborar mensalmente o inventário discriminado dos valores à sua guarda e dos passivos dos fundos[2713].

Esta segunda vertente dos deveres dos depositários representa uma especificidade do regime dos fundos de investimento, que não se verifica nos depositários dos fundos de pensões[2714].

II – A lei declara o depositário responsável, nos termos gerais, perante a entidade responsável pela gestão e perante os participantes pela perda, por si ou por terceiro subcontratado, de instrumentos financeiros confiados à sua guarda e por qualquer prejuízo sofrido pelos participantes em resultado do incumprimento culposo das suas obrigações[2715].

Até 2015, em razão da essencialidade das funções que lhe são cometidas, o depositário era solidariamente responsável com a entidade gestora pelo cumprimento dos deveres respetivos[2716].

Este regime de responsabilidade solidária foi eliminado, por se desviar das atuais indicações de direito europeu; aliás, a solução pregressa acabava por incentivar inadvertidamente ligações próximas entre o depositário e a entidade gestora. Em contrapartida, porém, o acervo de deveres de fiscalização a cargo do depositário aumentou exponencialmente por via europeia, seja através das diretivas de nível 1, seja através do Regulamento Delegado (UE) 231/2013 da Comissão, de 19 de dezembro de 2012 (organismos de investimento alternativos) e do Regulamento Delegado (UE) 2016/438 da Comissão, de 17 de dezembro de 2015 (organismos de investimento coletivo em valores mobiliários – UCITS).

III – O depositário representa um papel importante no âmbito da governação dos fundos de investimento. Também nesse contexto, o depositário deve atuar de modo independente[2717], com honestidade, equidade, profissio-

[2713] Art. 121º RGOIC. Este regime é complementado, para os fundos UCITS, através dos artigos 3º-17º do Regulamento Delegado (UE) 2016/438 da Comissão, de 17 de dezembro de 2015 e, para os organismos de investimento alternativos, através dos artigos 85º-99º do Regulamento Delegado (UE) 231/2013 da Comissão, de 19 de dezembro de 2012.

[2714] Art. 49º do DL nº 12/2006, de 20 de janeiro.

[2715] Artigo 122º RGOIC.

[2716] Art. 29º, nºs 4 e 5 DL nº 252/2003, de 17 de outubro (RJOIC).

[2717] Um dos exemplos clássicos a documentar a essencialidade da independência do depositário é o da fraude de grandes proporções na gestão de ativos realizada pela *Bernard L. Madoff Investment*

nalismo[2718] e no exclusivo interesse dos participantes (artigos 15º e 123º nº 2 RGOIC), atenta a natureza fiduciária da sua posição[2719].

Frise-se, todavia, que os deveres fiduciários dos depositários não envolvem o acompanhamento da comercialização dos fundos; mas apenas a sua gestão.

7. *Os participantes*

I – As unidades de participação em fundos de investimento são valores mobiliários que representam quotas ideais detidas por cada participante sobre um património reunido para o investimento em valores mobiliários, de acordo com o artigo 7º RGOIC[2720].

O titular das unidades de participação é designado participante. O acervo de direitos associados à posição jurídica dos participantes compreende nomeadamente o direito de informação, o direito a receber o valor do resgate, do reembolso ou o produto de liquidação[2721] e o direito a participar e a votar nas assembleias de participantes quando estas sejam convocadas.

O quadro de direitos dos participantes resulta da lei e do disposto no regulamento de gestão do OIC. Nos organismos de investimento alternativo fechados, algumas das alterações significativas do regulamento de gestão estão dependentes de aprovação através de assembleia de participantes[2722]. Em relação aos demais fundos, aos participantes não assiste nem o poder de aprovar nem o de vetar alterações, mesmo que profundas, ao regulamento de gestão[2723].

O funcionamento da assembleia de participantes rege-se supletivamente pelo disposto para as assembleias gerais no Código das Sociedades Comerciais, mas pode ser objeto de alterações nos documentos constitutivos – sendo nomeadamente admissível um encurtamento dos prazos convocatórios nos organismos de investimento fechados[2724].

Securities, detetada em 2008. Cfr. nomeadamente THE HIGH LEVEL GROUP ON FINANCIAL SUPERVISION IN THE EU (coord. JACQUES DE LAROSIÈRE), *Report* (25-Fev.-2009), 26.

2718 Artigo 123º, nº 2 RGOIC.

2719 Merece registar, a propósito, as propostas de desdobramento da função do depositário formuladas por FERNANDO NUNES SILVA, *Governação de Organismos de Investimento Coletivo. Análise crítica do modelo vigente em Portugal, Cadernos MVM* nº 21 (agosto 2005), 74-81.

2720 A figura fora já enquadrada atrás: cfr. *supra*, § 9º, 1. Cfr. ainda VÍCTOR CERVERA-MERCADILLO, *Las participaciones como valores mobiliarios negociables, Revista de Derecho Bancario y Bursátil* (Jan./Mar.-1999), 131-197.

2721 Artigo 14º RGOIC.

2722 Artigo 61º RGOIC.

2723 Como única válvula de escape, o artigo 26º, nº 2 RGOIC admite o resgate sem pagamento de comissão em caso de aumento global de comissões de gestão e de depósito ou uma modificação significativa da política de investimentos e da política de distribuição de rendimentos.

2724 Artigos 61º, nº 3 e 159º, nº 3 *d)* RGOIC.

Aos participantes incumbe o dever de pagamento da comissão de subscrição e da comissão de resgate, quando tais atos ocorram.

II – Dada a concentração dos poderes de gestão e de representação na sociedade gestora, os participantes não podem dirigir instruções específicas quanto à gestão do fundo[2725] – nisto se demarcando a título principal a gestão de patrimónios coletivos da gestão individual de carteiras[2726].

O poder de influência sobre a entidade gestora investido nos participantes dos organismos de investimento coletivo fechados é maior, dado que estes têm o poder de provocar a substituição da entidade gestora[2727], estando além disso diversos atos societários dependentes de deliberação favorável de assembleia de participantes – entre os quais o aumento de comissões, a alteração significativa da política de investimento e da política de distribuição de rendimentos[2728]. Além disso, algumas operações vedadas podem ser autorizadas por deliberação adotada por meioria qualificada em organismos de investimento alternativo de subscrição particular ou dirigidos exclusivamente a investidores profissionais[2729].

Na estrutura de governação dos organismos de investimento coletivo, a influência dos participantes pode ser ampliada através da constituição de comités consultivos. No âmbito dos organismos de investimento imobiliário é comum a integração nesses comités de representantes dos participantes e da sociedade gestora para procederem à análise e à emissão de pareceres sobre operações relevantes de investimento e de desinvestimento. Convém, no entanto, precisar que a natureza das deliberações destes comités é meramente consultiva. A informação sobre a existência destes comités consultivos deve estar refletida no regulamento de gestão, de acordo com o artigo 159º, nº 4 *d)* RGOIC.

Para contextualizar devidamente os poderes dos participantes no regime dos organismos de investimento coletivo, convém por fim assinalar a diferença verificada na disciplina das sociedades de capital de risco. Com efeito, nestas deve ser convocada uma reunião anual da assembleia geral[2730], o que potencia maior

[2725] Art. 15º e 61º, n.º 2 RGOIC.

[2726] Emblemático, a este propósito, sobre este aspeto definitório dos organismos de investimento coletivo, é o acórdão do Supreme Court britânico *Asset Land Investment Plc v The Financial Conduct Authority* [2016] UKSC 17, de 20 de abril de 2016.

[2727] A regra geral é a de que a substituição da gestora a requerimento da própria depende de previsão nos documentos constitutivos, de alinhamento com os interesses dos participantes e com o regular funcionamento do mercado e de autorização da CMVM (77º, nº 1 RGOIC); nos OIA fechados dispensa-se a previsão nos documentos constitutivos e o requerimento da entidade gestora (77º, nº 2 RGOIC).

[2728] Artigo 59º e 61º RGOIC.

[2729] Artigo 147º, nº 9 RGOIC.

[2730] Artigo 36º da Lei nº 18/2015, de 4 de março.

influência destes na apreciação geral da gestão e da política de investimentos dos fundos de capital de risco. Ora, a dinâmica decisória nos fundos de investimento é totalmente diversa, inexistindo uma reunião periódica da assembleia de participantes[2731]. Por aqui também se alcança o menor grau de influência dos participantes no processo decisório relacionado com estes fundos.

III – Contrariamente aos comproprietários (art. 1412º CC), aos participantes não assiste o direito de solicitar a divisão de coisa comum[2732]. Caso pretendam desvincular-se do investimento do fundo, devem transmitir as unidades de participação ou, no caso dos fundos abertos, proceder ao correspondente resgate (*open-end principle*)[2733].

A qualidade de participante cessa também em caso de reembolso, de liquidação do fundo ou de outra forma de extinção das unidades de participação[2734].

IV – Nos organismos de investimento coletivo abertos, o resgate é encarado como um *direito* fundamental dos participantes – a que corresponde naturalmente uma obrigação simétrica da gestora[2735]. O resgate corporiza o direito de exercício individual de saída, sem a interferência na esfera dos co-participantes, que assegura uma possibilidade de desinvestimento nas condições fixadas nos documentos constitutivos.

Em desenvolvimento do regime nacional, em relação ao resgate de unidades de participação em organismos de investimento alternativo, o Regulamento Delegado da Comissão (UE) nº 231/2013 fixa regras adicionais quanto ao acompanhamento dos ativos sob gestão (artigo 3º: deve ponderar resgates), quanto a conflito de interesses em relação a resgates (artigo 32º), quanto à política de liquidez (artigos 48º e 49º), quanto ao processamento eletrónico e registo de

[2731] Esta conclusão não depende da forma jurídica do OIC (cfr. artigo 59º RGOIC *in fine*) embora se admita que os documentos constitutivos possam instituir uma assembleia de participantes anual.

[2732] A natureza dos fundos de investimento é palco de alguma discussão doutrinária, dividindo-se entre os que sustentam que o direito do participante tem natureza contratual, os que ao invés se assinalam natureza real, e os que sustentam tratar-se de propriedade fiduciária. Para uma ilustração: Pier Giusto Jaeger, *Prospettive e problemi giuridici dei fondi comuni d'investimento mobiliare*, em Luigi Geraci/Pier Giusto Jaeger (org.), *L'istituzione dei fondi comuni d'investimento*, Milano (1970), 3-142; Maria João Tomé, *Alguns aspetos dos fundos comuns de investimento mobiliário abertos "private"*, cit., 123-144; Id., *Fundos de Investimento Mobiliários Abertos*, cit., 150-172; Álvaro Reis Figueira, *Fundos Comuns de Investimento: Uma experiência interrompida*, cit., 356-366.

[2733] Ressalva-se a possibilidade excecional de resgate em fundos fechados prevista no artigo 62º, nº 3 RGOIC. Cfr. *supra*, § 43º, 2 e ainda: Maria João Tomé, *Fundos de Investimento Mobiliários Abertos*, em *EH ao Banco de Portugal – 150º aniversário (1846-1996)* (1998), 146-150.

[2734] Artigos 9º, nº 2, 18º e 43º RGOIC.

[2735] Dirk Zetzsche (ed.), *The Alternative Investment Fund Managers Directive*², (2015), 64.

ordens de resgate (artigos 52º e 65º), quanto a deveres de informação (artigo 108º, nº 3). Adiante são analisadas as especialidades no resgate de organismos de investimento imobiliário abertos[2736].

8. *As entidades comercializadoras*

I – A comercialização de unidades de participação consiste no serviço relacional dirigido a clientes com vista à distribuição destes valores mobiliários. A AIFMD define comercialização como a oferta ou colocação de unidades de participação ou de ações de organismo de investimento coletivo efetuada direta ou indiretamente através da gestora ou por sua conta[2737]. A lei nacional, porém, não delimita diretamente este serviço de investimento, que escapa à tipologia do artigo 290º do Código. Na terminologia da DMIF, este serviço engloba quer a colocação de unidades de participação quer a recolha de ordens de subscrição dos clientes.

II – Podem ser entidades comercializadoras de unidades de participação: as entidades gestoras; os depositários; os intermediários financeiros registados junto da CMVM para o exercício das atividades de colocação em ofertas públicas de distribuição ou de receção e transmissão de ordens por conta de outrem; e outras entidades autorizadas pela CMVM[2738].

Para os bancos e outros intermediários financeiros não é necessário um registo específico enquanto comercializador de unidades de participação se estiverem já registados para o exercício das atividades de colocação em ofertas públicas de distribuição ou de receção e transmissão de ordens por conta de outrem. Para outras entidades, porém, será necessária uma autorização específica prestada pela CMVM.

A autorização na CMVM depende nomeadamente da existência de meios humanos, materiais e técnicos adequados ao exercício desta atividade e de formação específica dos seus colaboradores na sua área de atividade[2739]. Estas entidades, apesar de não serem intermediários financeiros, observam as regras impostas aos intermediários financeiros relativas ao exercício da sua atividade, designadamente as de prevenção e resolução de conflitos de interesses, ficando os serviços responsáveis pela comercialização sujeitos à supervisão da CMVM,

[2736] Cfr. *supra*, § 44º, 2.

[2737] Artigo 4º, nº 1 *x)* da Diretiva 2011/61/UE. Note-se que o Regulamento da Comissão nº 583/2010 esclarece que a simples entrega de material informativo não representa *"marketing material"* (artigo 4º, nº 3).

[2738] Artigo 129º RGOIC.

[2739] Artigo 54º Regulamento da CMVM nº 2/2015.

nos mesmos termos do que aqueles intermediários financeiros (artigo 129º, nº 2 RGOIC).

III – Como requisitos da comercialização, além do registo na CMVM, deve ser celebrado um contrato de comercialização entre cada comercializador e a sociedade gestora (artigo 129º, nº 3 RGOIC e artigo 51º Regulamento da CMVM nº 2/2015). Os comercializadores podem ser registados como agentes vinculados, mas não têm necessariamente de o fazer[2740].

IV – As entidades comercializadoras recolhem as ordens dos investidores de subscrição e resgate, registando os respetivos elementos essenciais (artigo 85º, nº 2 RGOIC) e transmitem as ordens à gestora (artigo 85º, nº 1 RGOIC).

Recorde-se que as entidades comercializadoras de um organismo de investimento coletivo devem agir de modo independente e no exclusivo interesse dos participantes. Por esse motivo, as comercializadoras prestam, além disso, todo o apoio para a formação de decisões de investimento esclarecidas: facultando toda a informação devida (artigos 130º e 156º RGOIC) e realizando os testes de adequação aos clientes de modo a confirmar que o seu perfil é o indicado para as unidades de participação subscritas[2741].

Para efeitos da aplicação do regime jurídico associado à comercialização, a lei não concede relevância a saber se a iniciativa do contato parte do intermediário ou do cliente. Também este último caso (*reverse solicitation*) se encontra sujeito aos deveres jurídicos analisados[2742].

9. *Os documentos constitutivos*

I – Os documentos constitutivos dos organismos de investimento coletivo são os elementos documentais de existência obrigatória para a prestação de informação aos participantes e aos investidores em geral.No caso dos organismos de investimento coletivo de natureza contratual, consideram-se documentos constitutivos o prospeto, o regulamento de gestão e o documento com informações fundamentais destinadas aos investidores. Em relação aos organismos de investimento coletivo de natureza societária, o contrato de sociedade também é

[2740] O agente vinculado não pode atuar em nome e por conta de mais do que um intermediário financeiro, exceto quando entre estes exista relação de domínio ou de grupo (294º-A/3 CVM).

[2741] A formação das comercializadoras constitui um dever da sociedade gestora, de acordo com o artigo 73º, nº 5 *b)* RGOIC.

[2742] Irreleva ainda saber se a solicitação do cliente atinge um ou vários instrumentos financeiros (respetivamente: *single* ou *multiple reverse solicitation*).

um documento constitutivo além do prospeto, do regulamento de gestão e do documento com informações fundamentais destinadas aos investidores[2743].

II – Os documentos constitutivos estão sujeitos a aprovação pela CMVM[2744], o que abrange as suas posteriores modificações[2745].

Uma vez aprovados os documentos constitutivos e as suas alterações, devem os mesmos ser facultados gratuitamente aos investidores num suporte duradouro[2746] e através de um sítio na Internet e devem, bem assim, ser divulgados no sistema de divulgação de informação da CMVM[2747].

III – De entre os documentos constitutivos, merece salientar o regulamento de gestão. Esta peça representa o instrumento contratual que conforma o âmbito da atuação devida pela sociedade gestora e que delimita a política de investimentos e distribuições a ser prosseguida, na margem permitida pela lei.

A natureza do regulamento de gestão – enquanto instrumento conformador da relação contratual entre o OIC e a gestora – acarreta implicações em termos interpretativos. A interpretação deste documento deve guiar-se pelo sentido objetivo do regulamento de gestão, desprezando as intenções negociais que não tenham logrado atingir expressão em tal documento (artigo 236º, nº 1 CC). Esta conclusão decorre também do ambiente de mercado onde as declarações de subscrição e de aquisição são produzidas e das suas implicações do ponto de vista da proteção da confiança dos participantes.

10. *Conflito de interesses e gestão de organismos de investimento coletivo*

I – O direito europeu financeiro tem mantido a regulação dos serviços financeiros e da gestão das instituições coletivo em instrumentos normativos separados[2748]. Em decorrência deste quadro, a DMIF não se aplica à gestão de OICVM.

Mas não há uma estanquicidade plena entre ambas as atividades, detetando-se ao invés dois relevantes pontos de ligação. No tocante ao objeto do investimento, nota-se que as unidades de participação são considerados instrumentos

[2743] Artigo 2º, nº 1 *f)* RGOIC.

[2744] Artigo 19º, nº 2 RGOIC.

[2745] Artigo 25º RGOIC.

[2746] Quanto à informação fundamental aos investidores, a utilização de suporte duradouro diferente de papel encontra-se sujeita aos requisitos constantes do Regulamento (UE) nº 583/2010, de 1 de julho de 2010 e o respetivo formato ao modelo estabelecido no Regulamento nº 2/2015 da CMVM.

[2747] Artigos 163º-164º RGOIC.

[2748] Cfr. *infra*, § 43º, 3.

financeiros ao abrigo DMIF II[2749]. Nessa medida, embora a gestão de fundos de investimento se quede fora do âmbito do regime destas Diretivas[2750], a sua comercialização por intermediários financeiros encontra-se claramente regulada por alguns dispositivos da DMIF II em termos do dever de melhor execução, deveres de informação e deveres de aferição de adequação.

A acrescer, as gestoras de fundos podem prestar alguns serviços de investimento (v.g. gestão de carteiras e consultoria para investimento) e alguns serviços auxiliares (registo de unidades de participação), convocando nessa medida a aplicação (menos intensa neste caso, mais intensa naquele) das regras do Código e da DMIF II, nos termos já analisados do art. 72º RGOIC[2751].

II – A regulação do conflito de interesses na área da gestão de organismos de investimento coletivo registou uma evolução recente.

Até à transposição da DMIF II, e para evitar uma possível desarticulação entre ambas as fontes, o Regime Geral dos Organismos de Investimento Coletivo dispunha que a entidade gestora está sujeita aos princípios, condições, termos e requisitos aplicáveis à organização e exercício dos intermediários financeiros previstos no RGIC e no Código dos Valores Mobiliários[2752].

Além disso, o mesmo diploma determinava que as entidades comercializadoras de unidades de participação devem observar as regras impostas aos intermediários financeiros relativas ao exercício da sua atividade, designadamente as de prevenção e resolução de conflitos de interesses[2753].

A partir da transposição da DMIF II preparada pelo DL nº 59/2018, de 9 de julho, os deveres de exercício profissional relacionados com a gestão de organismos de investimento coletivo passaram a constar do RGOIC em termos autónomos a adaptados ao regime do Código. O essencial consta agora dos arts. 88º-A a 92º, em seção com amplo desenvolvimento dedicado exclusivamente a esta matéria.

III – Refira-se ainda que, no âmbito do conflito de interesses, foram estabelecidas prescrições legais importantes em matéria de operações pessoais (art. 79º-O), operações proibidas (arts. 91º, 147º e 149º RGOIC), em matéria de

[2749] Como o eram na DMIF I: cfr. nº 3 Secção C do Anexo I da DMIF I e nº 3 Secção C do Anexo I da DMIF II.

[2750] Artigo 2º, nº 1 *i)* da Diretiva 2014/65/UE (DMIF II).

[2751] Artigos 68º nº 2 e 69º e art. 72º RGOIC.

[2752] Artigo 72º RGOIC.

[2753] Quanto ao tema do conflito de interesses em organismos de investimento coletivo, v. em geral Luc Thévenoz/ Rashid Bahar (ed.), *Conflict of Interest. Corporate Governance and Financial Markets*, Genève (2007), 337-361.

benefícios ilegítimos (art. 92º RGOIC), em matéria de fiscalização do depositário (art. 121º-123º RGOIC)[2754] e quanto ao exercício do direito de voto pelos fundos de investimento. No tocante a este último aspeto, recorda-se que as sociedades gestoras de OIC devem comunicar à CMVM e divulgar ao mercado o sentido do exercício dos direitos de voto inerentes às ações detidas pelos fundos por si geridos[2755]; conhecem-se, além disso, Recomendações da CMVM sobre o incentivo à participação em assembleia geral. O tema mostra ainda implicações quanto à imputação de direitos de voto, atenta a prescrição do art. 20º-A CVM, que torna os direitos de voto integrantes de carteira de fundo imputáveis à sociedade dominante da entidade gestora caso a entidade gestora ou o intermediário financeiro não exerça os direitos de voto de modo independente da sociedade dominante ou das sociedades associadas.

O RGOIC contém, por fim, uma solução de legitimação de operações suscetíveis de gerarem conflito de interesses, através da adoção de acordo de todos os participantes prévio à operação, de deliberação da assembleia de participantes tomada por uma maioria agravada[2756] ou de autorização pela CMVM[2757].

11. *As sociedades de investimento mobiliário*

I – O conceito *de organismo de investimento coletivo* delineado na ordem jurídica portuguesa abre a possibilidade de estes serem dotados de personalidade jurídica, assumindo forma societária[2758], como aliás é admitido nas Diretivas europeias que disciplinam a matéria[2759]. Todavia, até há pouco tempo esta possibilidade concedida pelo Direito nacional tinha mero alcance programático, dada a inexistência de organismos de investimento coletivo dotadas de personalidade jurídica: o sistema nacional era, pois, puramente contratual. O panorama alterou-se com o DL nº 71/2010, de 18 de junho, que permitiu a constituição de fundos de investimento sob forma societária – as sociedades de investimento mobiliário e as sociedades de investimento imobiliário. O atual RGOIC manteve esta opção, admitindo três tipos de sociedades de investimento mobiliário: os organismos de investimento coletivo em valores mobiliários, os organismos de investimento alternativo em valores mobiliários e os organismos de investimento em ativos não financeiros[2760].

[2754] Cfr. *infra*, § 43º, 5.

[2755] Artigos 90º e 161º, nº 4 RGOIC e artigo 37º do Regulamento Delegado (UE) nº 231/2013.

[2756] Artigo 147º, nº 9 RGOIC.

[2757] Artigo 147º, nº 4 RGOIC.

[2758] Artigos 2º, nº 1 *aa)* e 5º RGOIC.

[2759] Cf. art. 1º, nº 3 da Diretiva nº 2009/65/CE e artigo 2º, nº 2 *b)* e *c)* da Diretiva 2011/61/UE.

[2760] Artigo 49º RGOIC.

Pode referir-se que em muitos Estados europeus – tal como França, Itália e Espanha –, esta alternativa entre fundos personalizados e não personalizados já era há muito efectiva. Com efeito, nesses sistemas coexistem respetivamente os *Fonds Communs de Placement*, os *Fondi comuni di investimento mobiliare* e os *Fondos de Inversíon Mobiliaria,* ao lado das *Sociétés d'Investissement à Capital Variable* (SICAV)[2761], das *Società d'Investimento a Capitale Variable* (também denominadas pela mesma abreviatura, SICAV) e das *Sociedades de Inversíon Mobiliaria.* Os primeiros obedecem a um modelo contratual, sendo meros patrimónios autónomos, nos termos existentes na lei nacional; os últimos, em contrapartida, são sociedades que se encarregam diretamente da gestão do respetivo acervo patrimonial dirigido ao investimento em valores mobiliários[2762].

II – Em Portugal, a discussão sobre a desejabilidade da consagração de sociedades de investimento mobiliário e imobiliário iniciou-se em 2008[2763]. Adianta-se recorrentemente que o aumento das formas jurídicas de captação de aforro coletivo apenas traz vantagens, do ponto da eficiência de afetação de recursos e do desenvolvimento dos mercados financeiros. Esta forma jurídica do aforro coletivo, com larga difusão no estrangeiro, faculta ao mercado nacional alternativas na natureza, na constituição e funcionamento de organismos de investimento coletivo. Além do mérito inerente à diversificação, como vantagens adicionais desta solução figuram a sua maior atração para a constituição de fundos e para o investimento por entidades de base não residente.

A admissibilidade legislativa de organismos de investimento coletivo sob forma societária, correspondeu, assim, a uma tendência internacional bem definida e obedeceu a razões de índole funcional, ligadas ao princípio de maximização de formas de investimento, consensualmente partilhadas. O regime consagrado no RGOIC para as sociedades de investimento mobiliário (bem como para as sociedades de investimento imobiliário) reflecte um alinhamento com o sistema jurídico-mobiliário pré-vigente. As SIM e SII podem ser heterogeridas ou autogeridas, consoante designem ou não uma terceira entidade para o exercício da respetiva gestão. Às SIM ou SII autogeridas é aplicável os artigos 49º a 53º e 57º a 59º RGOIC, ficando sujeitas, com as necessárias adaptações, aos requisitos de organização e aos deveres da sociedade gestora em relação aos

2761 Isabelle Riassetto/Michel Storck, *OPCVM*, Paris (2002), 115-152.

2762 J. Pilverdier-Latreyte, *Le Marché Financier Français*³, Paris (1991), 38-ss.; Anna Gervasoni/ /Francesco Perrini, *I Fondi di Investimento Mobiliare Chiusi*, Milano, (1994), 12-ss.; J. E. Cachón Blanco, *Derecho del Mercado de Valores*, cit., I, 575-ss; AA.VV., *Le Gestioni di Patrimoni Mobiliari. Un'Analisi Comparata*, Giuffrè, Milano (1991), 78-ss., 345-ss. e *passim*.

2763 O processo legislativo referente à consagração das sociedades de investimento mobiliário foi promovido sob iniciativa da CMVM (cfr. processo de consulta pública nº 6/2008).

fundos de investimento mobiliários ou imobiliários, aos ativos por eles geridos e aos respetivos investidores, designadamente decorrentes das regras de conduta, dos deveres de informação e delegação de funções.

A opção de fundo respeitante à fiscalidade das SIM e SII é a da sua neutralidade ante os fundos homólogos de natureza contratual. Esta neutralidade fiscal da forma jurídica dos fundos impede que os SIM e SII tenham um efeito predatório em relação aos fundos de forma contratual.

III – Estas sociedades consubstanciam tipos de organismos de investimento coletivo[2764], o que obriga à articulação entre o regime acionista e o regime mobiliário da gestão coletiva de investimentos. Importa referir que – sem embargo do regime especial que lhe é dedicado pelo RGOIC – os organismos de investimento coletivo sob forma societária se regem subsidiariamente pelo disposto no Código das Sociedades Comerciais, salvo quando as respetivas normas se mostrem incompatíveis com a natureza e objeto específicos destas sociedades ou com o disposto na sua disciplina especial (art. 11º, nº 1 RGOIC). A Lei considera inaplicáveis designadamente os seguintes aspetos do regime societário: *a)* composição, aumento, redução e intangibilidade do capital social e amortização de ações; *b)* constituição de reservas; *c)* limitação de distribuição de resultados aos acionistas; *d)* regras relativas à celebração e prestação de contas; *e)* regime de fusão e cisão de sociedades; e *f)* regime de aquisição tendente ao domínio total[2765].

As ações dos organismos de investimento coletivo sob forma societária são marcadas por um assinalável hibridismo. É-lhes aplicável, salvo disposição em contrário, o regime jurídico das unidades de participação, nomeadamente no que respeita à sua emissão, avaliação e comercialização. Tenha-se ainda presente que a constituição das sociedades emitentes destas ações depende de autorização da CMVM (art. 19º RGOIC).

IV – A opção do legislador mobiliário foi a de admitir que as sociedades de investimento mobiliário e as sociedades de investimento imobiliário possam ter capital fixo ou capital variável. As sociedades de capital variável são legislativamente designadas por SICAV (mobiliários) e SICAVI (imobiliários)[2766]. A estas sociedades, aplica-se o regime dos fundos abertos, do que decorre a possibilidade de ocorrerem subscrições e de resgates de ações a todo o tempo.

Feito este enquadramento, cabe referir que apenas no caso das sociedades de investimento mobiliário com capital variável (SICAV) e das sociedades de

[2764] Artigos 2º, nº 1 *aa)* e 5º RGOIC.
[2765] Artigo 11º, nº 2 RGOIC.
[2766] Artigo 6º, nº 3 RGOIC.

investimento imobiliário com capital variável (SICAVI) é que, por natureza, se imporia a ausência de valor nominal acionista. Nas restantes (SICAF e SICAFI ou SICAF — investimento alternativo e SICAV — investimento alternativo, nas abreviaturas de consagração legal[2767]), sujeitas à fixidez de capital, como é regra do direito societário comum (arts. 9º, nº 1 *f)* e 85º CSC e 6º, nº 3 RGOIC), deveria ser concedida a opção para as ações poderem ter, ou não, valor nominal, também nos termos societários gerais. Não foi, porém, essa a opção do legislador nacional (artigo 7º, nº 1 RGOIC), forçando a ausência de valor nominal acionista também neste caso.

V – Quanto ao capital social das SICAV e das SICAVI, de acordo com o artigo 50º, nº 3 RGOIC, atenta a sua natureza variável, este corresponde, em cada momento, ao valor líquido global do seu património, variando em função das subscrições e dos resgates, os quais, salvo as situações de suspensão, são livres e ocorrem a todo o tempo.

Por seu turno, o capital social das SICAF e das SICAFI é definido no momento da constituição da sociedade, nos termos do Código das Sociedades Comerciais, com as eventuais alterações decorrentes de aumento e de redução do capital (art. 50º, nº 4 RGOIC).

VII – Cabe ainda salientar que, segundo o art. 12º RGOIC, pode ser estatutariamente prevista a divisão das sociedades de investimento mobiliário e imobiliário em compartimentos patrimoniais autónomos. Trata-se de uma previsão que visa concretizar a Diretiva europeia em matéria de fundos de investimento que permite que quer os fundos contratuais, quer os fundos societários compreendam, na mesma estrutura (enquanto *umbrella funds*), diversos patrimónios autónomos (*investment compartments*)[2768].

Nesta configuração fragmentada das SIM, cada compartimento é representado por uma ou mais categorias de ações e está sujeito às regras da autonomia patrimonial. A constituição de cada compartimento depende de autorização prévia simplificada da CMVM.

A parte do património da SIM constituída pelos bens necessários ao exercício da atividade é, nos termos dos documentos constitutivos, rateada por todos

[2767] Artigo 6º, n.os 3 e 4 RGOIC.

[2768] Artigo 1º, nº 2, 2º parágrafo, da Diretiva 2009/65/CE do Parlamento Europeu e do Conselho, de 13 de julho de 2009. Sobre as especificidades da prestação de informação simplificada aos investidores acerca destes compartimentos acionistas, veja-se em particular as orientações do CESR, *Transition From The Simplified Prospectus To The Key Investor Information Document*, (20-Dez--2010).

os compartimentos ou integrada num compartimento autónomo das restantes, cujas ações não são objeto de resgate.

O valor das ações do compartimento determina-se, em cada momento, pela divisão do valor líquido global do compartimento pelo número de ações da respetiva categoria em circulação.

Uma vez que, neste caso, a latitude de conformação de cada compartimento é muito ampla, crê-se que se não impõe, neste caso, uma identidade de fração de capital social para cada ação entre diferentes compartimentos. Para uma ilustração, o regime vigente no Luxemburgo autoriza diretamente que as ações representativas de cada compartimento tenham um valor nominal ou valor contabilístico diferente entre si[2769]: e não se vê que disciplina diversa deva valer para o quadro normativo português. Dentro de cada compartimento, porém, as ações devem ser fungíveis entre si, representando por isso a mesma percentagem do capital social.

12. *As SIMFE*

I – As sociedades de investimento mobiliário para fomento da economia (SIMFE) encontram-se reguladas através do DL nº 77/2017, de 30 de junho[2770].

A criação da figura procura contribuir para suprir, de um lado, necessidades de financiamento de PME e, de outro lado, incrementar o número de sociedades cotadas. Como referido no texto preambular do DL 77/2017: *a dinamização do mercado de capitais pode ser exponencialmente incrementada se estiver associada ao financiamento de pequenas e médias empresas com potencial de investimento e de criação de emprego, que não encontram no mercado de capitais soluções de financiamento, o que as coloca numa situação de desigualdade face às grandes empresas.*

Assim encarada, a criação das SIIMFE insere-se no processo de dinamização do mercado de capitais, visando criar um veículo de investimento especificamente vocacionado para apoiar o tecido empresarial em pequenas e médias empresas, quer por via direta, através da participação das SIMFE nas empresas financiadas, quer por via indireta, através da participação do mercado de capitais nas SIMFE, enquanto sociedades cotadas. Procura-se, além disso, incrementar o universo de sociedades cotadas nacionais, ainda a ressentir-se de sucessivos *delistings*[2771].

[2769] Em referência está o artigo 71 (3) da Lei sobre *Specialised Investment Funds* de 13 de fevereiro de 2007.

[2770] Para uma apresentação do diploma pela voz do coordenador da sua preparação: Pedro Siza Vieira, *As reformas legislativas do Programa Capitalizar*, Advocatus (novembro-2017) 32-33; Id., *Encerramento do II Congresso Valores Mobiliários e Mercados Financeiros*, neste volume.

[2771] A Flexdeal – SIMFE, SA foi a primeira SIMFE a obter o registo na CMVM, o que ocorreu em janeiro de 2018.

II – No plano da natureza das SIMFE, a opção legislativa central foi a de qualificar as SIMFE como organismo de investimento coletivo sob forma societária de capital fixo (art. 2º, nº 1 DL 77/2017, de 20 de junho). De salientar ainda que as SIMFE não são intermediários financeiros[2772].

Este modelo oferece vantagens para os diversos *stakeholders* que orbitam em torno das SIMFE. Para os investidores não profissionais, a forma jurídica das SIMFE implica uma dupla tutela, dado convocar o regime dos OIC e a disciplina das sociedades abertas e das sociedades cotadas. Para os investidores profissionais esta escolha reveste aspetos positivos: ao ser uma sociedade cotada, a SIMFE torna-se também investimento elegível por parte de fundos de investimento e fundos de pensões, ao abrigo do regime europeu dos ativos elegíveis[2773].

Frise-se, porém, que este modelo não deixa de constituir uma exigência importante para as próprias empresas, obrigando a uma hábil articulação entre o regime do CVM e o regime do RGOIC. Adiante regressa-se a este ponto.

Assim configurada, a figura das SIMFE tem alguma proximidade com os *Venture capital trusts* britânicos (criados em 1995) e com os *Piani individuali di risparmio* italianos. Em relação aos primeiros, regista-se a importante diferença de que os *Venture capital trusts* são sociedades de capital de risco que investem em empresas não cotadas ou admitidas à negociação em mercados não regulamentados[2774]. É de assinalar ainda a proximidade com a figura italiana dos *Piani individuali di risparmio* (PIR) (criados em 2017)[2775]: nestes, porém, a titularidade de unidades de participação nos PIR apenas pode caber a pessoas individuais; além disso, 70% do investimento deve ser reservado para ações emitidas por empresas estabelecidas em Itália, dos quais 30% em small e mid caps. Cabe assinalar ainda que aos *Venture capital trusts* britânicos e aos *Piani individuali di risparmio* italianos são associados benefícios fiscais sem paralelo no regime das SIMFE. As SIMFE preservam, assim, feições próprias que importa analisar mais detidamente.

III – Como mencionado, à criação das SIMFE subjaz a finalidade de aproximar o mercado de valores mobiliários a empresas de média e pequena dimensão nas quais a SIMFE irá investir. Assim, pelo menos 70% do património das SIMFE apenas pode traduzir-se em investimento em empresas elegíveis que cumpram um dos seguintes critérios[2776]:

[2772] Art. 2º, nº 7 DL 77/2017, de 20 de junho.

[2773] Art. 50º da Diretiva 2009/65/CE, de 13 de julho de 2009 (UCITS IV).

[2774] DOUGLAS J. CUMMING, *The Structure, Governance and Performance of UK Venture Capital Trust*, *Journal of Corporate Law Studies*, VOL. 3, NO. 2, (2003), 191-217.

[2775] Os PIR foram criados pela *Legge de Stabilità* de 2017 (Lei de 11 dezembro 2016, n. 232 art, 1, 100-114).

[2776] Art. 3º do DL 77/2017, de 20 de junho.

a) Pequenas e médias empresas na aceção do nº 1 do artigo 2º do anexo à Recomendação 2003/361/CE da Comissão, de 6 de maio de 2003, relativa à definição de micro, pequenas e médias empresas;

b) Empresas emitentes de ações admitidas à negociação num mercado regulamentado mas que, na média dos últimos três anos civis, tenham tido uma capitalização bolsista inferior a (euro) 50 000 000 com base na cotação no final do ano nos três anos civis precedentes ao investimento;

c) Empresas qualificadas como Mid Caps ou Small Mid Caps na aceção do Decreto-Lei nº 81/2017, de 30 de junho, que não sejam emitentes de valores mobiliários admitidos à negociação em mercado regulamentado.

O universo das empresas elegíveis afasta a qualificação as SIMFE como OICVM: trata-se antes de organismos de investimento coletivo alternativo, para efeitos da AIFMD. Anote-se ainda que, contrariamente ao que sucede com o regime italiano, o legislador nacional não limitou o investimento a empresas nacionais.

O objeto social das SIMFE é o de proceder à aquisição e alienação de participações sociais e de outros instrumentos elegíveis. O modelo de relacionamento com as empresas participadas não é determinado por lei. Cada SIMFE pode optar por pretender uma gestão mais intrusiva nas sociedades participadas, ao modo das sociedades de capital de risco, ou uma monitorização do investimento sem interferir na gestão, como é o paradigma típico dos OICVM.

Por seu turno, quanto ao modo de investimento em empresas elegíveis, o património das SIMFE pode ser composto pelos seguintes ativos:

a) Ações e outras partes sociais representativas do capital de empresas elegíveis;

b) Obrigações e outros valores mobiliários representativos de dívida emitidos por empresas elegíveis, desde que os mesmos não tenham sido objeto de oferta pública e tenham, de acordo com as condições originárias de emissão, uma maturidade igual ou superior a cinco anos.

Revela-se, pois, uma primazia do investimento acionista, o que é indício do propósito originário do Programa Capitalizar, que está na base do DL nº 77/2017, ao procurar reduzir o endividamento das empresas. Porém, a limitação dos valores mobiliários representativos de dívida em termos de maturidade representa uma reminiscência da ligação funcional ao capital de risco e um desvio criticável às regras dos organismos de investimento coletivo, que podem adquirir valores mobiliários de curto prazo[2777].

[2777] Tal vale mesmo para OICVM: art. 169º e 172º nº 1 e 2 RGOIC.

De modo a diversificar o risco inerente às empresas participadas, a SIMFE não pode investir mais de 15% do seu património em ativos emitidos por uma única empresa elegível ou por várias empresas elegíveis que estejam entre si em relação de grupo[2778]. O conceito de grupo aqui empregue é o que decorre do Código das Sociedades Comerciais.[2779]

IV – A atividade das SIMFE encontra-se, assim, circunscrita ao investimento em ativos financeiros, não admitindo a possibilidade de exercício da atividade de intermediação financeira – nomeadamente, e a título exemplificativo, a receção e transmissão de ordens ou a consultoria para investimento. Por esse motivo, as SIMFE não se qualificam como intermediários financeiros[2780]. Por outras palavras, o art. 11º nº 5 RGOIC não cobra aqui aplicação.

O capital social deve corresponder ao mínimo de 125.000,00€, o qual deverá ser subscrito por um mínimo de 5 acionistas, integralmente representado por ações nominativas. Trata-se de um requisito moderado e que compara bem com os requisitos de capital mínimo aplicáveis a instituições financeiras de natureza próxima.

Um elemento central deste regime prende-se com a obrigação da admissão de ações das SIMFE à negociação em mercado regulamentado. As ações representativas do capital social das SIMFE devem ser admitidas à negociação em mercado regulamentado no prazo de 12 meses contados desde o registo na CMVM[2781]. A admissão em mercado regulamentado deve ser submetida com um prospeto de admissão, cuja preparação deve ser acompanhada por intermediário financeiro.

A circunstância de se tratar de um dever de admissão torna inaplicável o artigo 228º, nº 1 *a)* CVM. Todavia, devem ser cumpridos os requisitos de dispersão em mercado regulamentado, seja através de oferta pública, seja através de oferta particular precedente.

A partir da admissão à negociação a SIMFE torna-se uma sociedade aberta, com as consequências de regime daí advenientes. As SIMFE não se encontram, porém, sujeitas ao regime de OPA obrigatória (art. 187º-193º CVM). Com efeito, a Diretiva das OPAs isenta as sociedades de investimento mobiliário do seu âmbito, o que tem acolhimento no art. 111º, nº 1 *m)* CVM. O art. 12º do DL 77/2017 recorda-o, em confirmação do regime codificado.

[2778] Art. 5º, nº 1 DL 77/2017, de 20 de junho.
[2779] Art. 2º nº 1 *gg)* do RGOIC e art. 21º nº 4 CVM.
[2780] Art. 2º, nº 7 DL 77/2017, de 20 de junho.
[2781] Art. 2º, nº 4 DL 77/2017, de 20 de junho.

V – O início de atividade das SIMFE depende de registo prévio da CMVM, devendo a decisão de registo ser notificada aos requerentes, pela CMVM, no prazo de 15 dias a contar da data da receção do pedido ou, se aplicável, das informações complementares solicitadas pela CMVM.

No exercício da sua atividade, as SIMFE sujeitam-se apenas à supervisão e regulamentação da CMVM. O modelo de simplificação supervisiva das SIMFE poderia, com vantagem, alargar-se a outras gestoras de OIC.

VI – A título de conclusão, importa assinalar que as SIMFE vieram suprir uma lacuna do mercado, ao contribuir para a aproximação das pequenas e médias empresas ao investimento por sociedades cotadas – sendo estas, por seu turno, elegíveis para investimento por investidores profissionais e não profissionais. Contribuem igualmente para alargar o número de sociedades cotadas, o que em si constitui também um objetivo regulatório importante.

Quanto à constituição destas instituições, a chave do regime das SIMFE encontra-se na simplificação do processo de registo e na sujeição à supervisão e jurisdição de um único supervisor – a CMVM.

Cabe ainda notar que o estatuto jurídico das SIMFE atravessa duas fases essenciais: antes e depois da admissão à negociação em mercado regulamentado. Esta admissão é obrigatória no prazo de um ano contado do registo prévio na CMVM (Art. 2º, nº 4 DL 77/2017, de 20 de junho). A partir da admissão passam as SIMFE a estar sujeitas ao regime dos OIC e das sociedades cotadas[2782].

§ 44º Fundos de investimento imobiliário

1. *Introdução*

I – As especificidades dos fundos de investimento imobiliário resultam da natureza dos ativos em que os fundos investem. Os ativos imobiliários exibem nítidas características distintivas em relação aos valores mobiliários, em que avultam

[2782] O estatuto da SIMFE cotada implica nomeadamente a designação de uma maioria de membros do órgão de fiscalização independentes, incluindo o seu presidente (Lei nº 148/2015, de 9 de setembro); o dever de publicação de informação privilegiada (arts. 17º do Regulamento sobre Abuso de Mercado e 248º-A CVM); o dever de publicação de contas anuais auditadas e de contas semestrais (arts 245º e 246º CVM); o dever de integração das ações em sistema centralizado (art.62º CVM); o dever de divulgação de acordos parassociais (art 19º CVM); o dever de elaboração e atualização de listas de insiders (art. 18º do Regulamento sobre Abuso de Mercado); restrições nas operações com dirigentes (art. 19º do Regulamento sobre Abuso de Mercado); a divulgação de participações qualificadas, divulgadas em atenção aos critérios exigentes de imputação de direitos de voto (arts. 16º-21º CVM); e o dever de elaboração de relatório anual de governo societário (art 245º-A CVM), tendo por referência o Código de corporate governance escolhido.

a fixidez espacial, a heterogeneidade, reduzida liquidez, a indivisibilidade, os elevados custos de informação e de transação e os elevados preços por unidade, além da sujeição a riscos específicos (v.g. ambientais e de expropriações)[2783].

II – Como vimos, a matéria dos fundos mereceu um regime unificado até 1995, altura em que – por obra do DL nº 294/95, de 17 de novembro – foi cindido o tratamento dos fundos de investimento mobiliário dos fundos de investimento imobiliários. O RGOIC veio repor a concentração do material normativo, ao fim de duas décadas de cisão de fontes. Esta representa a melhor opção legislativa. Uma concentração do material normativo permite identificar mais claramente pontos comuns e diferenças de disciplina dos dois tipos fundamentais de fundos. Aliás, é sabido que, entre nós, as entidades gestoras de fundos de investimento mobiliário podem dedicar-se à gestão de fundos de diversa natureza. Bem esteve, assim, o RGOIC no seu fôlego agregador de todos os organismos de investimento coletivo – mobiliários e imobiliários[2784].

2. *Tipologia*

I – Em função da fixidez ou variabilidade de unidades de participação, são admitidos fundos imobiliários fechados e abertos – e ainda mistos, quando coexistam duas categorias de unidades de participação, uma em número fixo e outra em número variável (art. 10º RGOIC).

II – A admissibilidade de organismos de investimento coletivo imobiliários abertos tem assento na Diretiva europeia AIFMD, que não apresenta soluções mais restritivas para os organismos de investimento coletivo abertos que integrem ativos imobiliários[2785]. Esta tomada de posição europeia é importante, dado que, previamente à Diretiva, foram debatidos os termos da regulação dos organismos de investimento imobiliário abertos. A verdade é que o correspondente investimento é centrado em bens imobiliários, que são indivisíveis por natureza e cuja alienação não é imediata.

O nó górdio desta reflexão prende-se com o regime do resgate. Por estes motivos, alguns sistemas jurídicos consagram nesse contexto limitações temporais aos resgates, o que os aproxima nessa medida dos fundos fechados[2786].

[2783] João Carvalho das Neves/ Joaquim Montezuma/ Amaro Laia, *Análise de Investimentos Imobiliários*, Lisboa (2010), 22-28, e *passim*.

[2784] O legslador acolheu, assim, a orientação que sempre foi tida como a preferível nas edições anteriores deste Manual.

[2785] Artigo 2º, nº 2 *a)* da Diretiva 2011/61/UE do Parlamento Europeu e do Conselho de 8 de junho de 2011. Dirk Zetzsche (ed.), *The Alternative Investment Fund Managers Directive*, 2ª edição, Kluwer (2015), 64-65.

[2786] Expert Group Report, *Open-Ended Real Estate Funds* (Mar.-2008).

Esta conceção legislativa padece todavia de um vício de raciocínio: admite-se poder haver, do lado das gestoras, dificuldade possível para fazer face a surtos inesperados de resgates, mas o certo é que um regime livre de subscrições e de resgates a todo o tempo pode apresentar-se como o cenário mais favorável para os participantes. Além disso, as gestoras podem prever suspensões de resgate ou janelas temporais para resgates (*redemption gates*) nos documentos constitutivos dos fundos.

Por seu turno, o Regulamento Delegado UE nº 694/2014 qualifica como de tipo aberto o fundo cujas ações ou unidades de participação, a pedido de qualquer um dos seus acionistas ou detentores de unidades de participação, são resgatadas ou reembolsadas antes do início da sua fase de liquidação ou dissolução, direta ou indiretamente, a partir dos ativos do FIA e em conformidade com os procedimentos e a frequência estabelecidos no seu regulamento ou instrumentos constitutivos, prospetos ou documentos de oferta[2787]. A existência de janelas temporais de que dependa o resgate (*redemption gates*) não prejudica, assim, a qualificação dos fundos como abertos[2788].

Apesar do exposto, o RGOIC determinou a aplicação de um regime restritivo do resgate[2789]. Diversas limitações temporais são impostas: de um lado, os resgates das unidades de participação ocorrem com um intervalo mínimo de seis meses e máximo de 12 meses entre si (período de resgate), sem prejuízo de poderem ser recebidos pedidos de resgate a todo o tempo; de outro lado, os pedidos de resgate são feitos no mínimo com seis meses e no máximo com 12 meses de antecedência face à data do resgate; todavia, o investidor pode cancelar o pedido de resgate nos 30 dias seguintes ao pedido, desde que o cancelamento ocorra em data que anteceda o resgate pelo período previsto nos termos da alínea anterior; o prazo máximo de pagamento dos pedidos de resgate é de três meses.. Soma-se que as operações de resgate podem igualmente ser suspensas por decisão da entidade gestora[2790], se a tanto autorizarem documentos constitutivos, e pela CMVM, com base no interesse dos participantes ou no interesse público.

Ante as críticas manifestadas pelo regime originário do RGOIC, uma novidade introduzida pelo DL nº 59/2018 é a de que os documentos constitutivos dos OII abertos podem estabelecer que estando em causa unidades de

[2787] Artigo 1º do Regulamento Delegado UE nº 694/2014.

[2788] Dirk Zetzsche (ed.), *The Alternative Investment Fund Managers Directive*, 2ª edição, Kluwer (2015), 64.

[2789] Artigo 18º RGOIC.

[2790] Para os requisitos desta deliberação da gestora, cfr. o artigo 95º do Regulamento da CMVM nº 2/2015.

participação detidas por investidores não profissionais: os resgates das unidades de participação possam ocorrer com um intervalo inferior ao previsto por lei, com um limite mínimo de dois meses entre si; e os pedidos de resgate sejam feitos com uma antecedência inferior à prevista por lei, com um limite mínimo de dois meses face à data do resgate (art. 18º nº 6 RGOIC).

O resultado suscita apreciações contraditórias: de um lado, mostra-se desarticulado com o regime da periodicidade de avaliação de imóveis (art. 144º nº 1 *a)* RGOIC); de outro lado, equilibra parcialmente a rigidez aplicativa excessiva do regime originário, no sentido de uma maior salvaguarda do interesse natural dos investidores em ter ao seu dispor valores mobiliários com porta aberta para o desinvestimento.

III – O desenvolvimento legislativo tem reconhecido outros tipos de fundos de investimento imobiliário. Cabe mencionar, em particular, os fundos de investimento imobiliário em reabilitação urbana, em que pelo menos 75% dos seus ativos devem ser bens imóveis sujeitos a ações de reabilitação realizadas nas áreas de reabilitação urbana; e os fundos de investimento imobiliário em recursos florestais. Os fundos de investimento imobiliário para arrendamento habitacional serão à frente considerados.

3. *Composição e avaliação do património do fundo*

I – Em matéria de composição do património do fundo, o regime atual separa claramente as regras aplicáveis aos organismos de investimento imobiliário comuns das relativas aos organismos de investimento especiais, com maiores restrições para os primeiros. Entre os organismos de investimento imobiliário comuns são ainda estabelecidas diferenças entre fundos abertos e fechados, de um lado, e no tocante a estes, fundos de subscrição pública e particular.

Como regra geral, o ativo dos organismos de investimento imobiliário podem ser constituído por imóveis que correspondam a prédios urbanos ou a frações autónomas. Tais imóveis podem ser detidos através de direito de propriedade, de superfície ou outro direito de conteúdo equivalente[2791]. Esta cláusula geral confere flexibilidade suficiente para acomodar outros tipos de direitos sobre imóveis: ponto é que existam utilidades económicas daqui transferidas para o fundo.

Podem ainda integrar o património destes organismos liquidez e instrumentos financeiros derivados, desde que exclusivamente para cobertura do risco dos ativos sob gestão e cujo ativo subjacente e maturidade correspon-

[2791] Artigo 204º, n.os 1 e 2 RGOIC.

dam à natureza dos ativos e passivos detidos pelos organismos de investimento imobiliário[2792].

É proibida a integração no património destes organismos de ativos com ónus ou encargos que dificultem excessivamente a sua alienação, nomeadamente ativos sobre os quais incidam garantias reais, penhoras ou procedimentos cautelares[2793].

As regras sobre composição do património são mais exigentes em caso de fundos de investimento fechados objeto de oferta pública de subscrição (art. 212º RGOIC) e, mais ainda, em caso de fundos de investimento imobiliários abertos (art. 211º RGOIC).

II – A RGOIC autonomiza agora os organismos especiais de investimento imobiliário que são objeto de uma comercialização restrita, dado que lhes pode estar associado um risco mais elevado. Por esse motivo, o montante mínimo de subscrição inicial é de €15.000 ou montante diferente aprovado pela CMVM, salvo no caso dos fundos garantidos[2794].

Os organismos especiais de investimento imobiliário podem investir nos ativos atrás referidos, mas podem também investir em prédios mistos ou rústicos, simples direitos de exploração sobre imóveis e instrumentos derivados para qualquer finalidade[2795].

III – O valor patrimonial das unidades de participação deve ser calculado de acordo com a periodicidade estabelecida no respetivo regulamento de gestão, dentro dos limites fixados por lei.

Os organismos de investimento imobiliário devem divulgar o valor das unidades de participação pelo menos uma vez por mês[2796].

IV – Para acautelar a proteção dos participantes, a transparência e regular funcionamento do mercado e a adequada gestão dos fundos, é central a disciplina relativa à avaliação do património dos organismos de investimento imobiliário.

A um tempo, a lei estabelece requisitos apertados relativos aos peritos avaliadores de imóveis. Estes assumem-se como *gatekeepers* dos fundos imobiliários, sendo decisiva a sua independência, integridade e probidade profissional. Por esse motivo, estão sujeitos a requisitos de idoneidade, de habilitações técni-

[2792] Artigos 207º, nº 1 e 208º RGOIC.

[2793] Artigo 209º RGOIC.

[2794] Artigo 217º RGOIC.

[2795] Artigo 215º RGOIC.

[2796] Artigo 143º, nº 2 *c)* RGOIC.

cas e de experiência profissional fixados na Lei nº 153/2015, de 14 de setembro[2797]. Sujeitam-se, além disso, a regras profissionais especiais, bem como a registo na CMVM como condição do exercício da sua atividade[2798] e são objeto de supervisão por esta autoridade de supervisão[2799].

O perito não pode subcontratar as suas funções e é responsável perante a entidade gestora pelos danos causados culposamente em resultado do incumprimento dos deveres profissionais[2800]. Esta responsabilidade deve estar coberta por um seguro de responsabilidade civil profissional[2801].

Para reforço das garantias de isenção na avaliação e para prevenção de conflito de interesses, a lei fixa um regime de incompatibilidades[2802] e obriga à existência de uma pluralidade e rotatividade de avaliadores[2803].

A outro tempo, a avaliação dos imóveis deve ser feita pelo menos anualmente ou, no caso dos organismos de investimento imobiliário abertos, na periodicidade dos resgates, se for inferior. Deve, além disso, proceder-se à avaliação dos imóveis sempre que ocorram circunstâncias suscetíveis de introduzir alterações significativas no seu valor e previamente a aquisições, alienações e a atos societários relevantes – aumento ou redução do capital, fusão, cisão ou liquidação do fundo[2804].

V – Retenha-se, por fim, que as sociedades gestoras de fundos de investimento imobiliário podem, além da gestão de fundos, prestar igualmente serviços de consultoria para investimento imobiliário e proceder à gestão individual de patrimónios imobiliários. Neste último caso, ficam todavia sujeitas ao regime prudencial que vale para as sociedades gestoras de patrimónios[2805].

4. *Os fundos de investimento imobiliário para arrendamento habitacional*

I – Uma das medidas recentemente previstas para contribuir para o desagravamento dos encargos decorrentes da crise financeira prende-se com a consa-

[2797] Complemente-se com o artigo 73º do Regulamento (UE) 231/2013.

[2798] Mostra-se relevante a crítica ao regime anterior de simples comunicação prévia à CMVM formulada por Tiago Santos Matias/ João Pedro Luís, *Fundos de Investimento em Portugal – Análise do regime jurídico e tributário*, Coimbra, (2008), 39.

[2799] Artigos 2º-3º, 25º-29º da Lei nº 153/2015, de 14 de setembro e artigo 133º RGOIC.

[2800] Artigo 133º n.os 2 e 5 RGOIC. A republicação desta norma na Lei 35/2018 ocorreu com um lapso, obliterando o nº 2.

[2801] Artigo 7º da Lei nº 153/2015, de 14 de setembro.

[2802] Artigo 19º da Lei nº 153/2015, de 14 de setembro e artigo 94º, nº 2 *b)* RGOIC.

[2803] Artigo 145º RGOIC.

[2804] Artigo 144º RGOIC.

[2805] Cfr. artigo 69º RGOIC.

gração dos fundos de investimento imobiliário para arrendamento habitacional (FIIAH) e sociedades de investimento imobiliário para arrendamento habitacional (SIIAH), disciplinados pela Lei de Orçamento do Estado para 2009[2806] e pela Portaria nº 1553-A/2008, de 31 de dezembro, que neste ponto a veio complementar.

Os FIIAH recebem aplicação do regime geral dos organismos de investimento imobiliário, salvo algumas especialidades que importa conhecer.

As SIIAH são sociedades de investimento imobiliário, estando nessa medida sujeitas ao regime geral constante dos arts. 49º-59º e 204º-217º RGOIC[2807].

II – O regime agora consagrado prevê que os FIIAH e as SIIAH constituídos entre 1 de janeiro de 2009 e 31 de dezembro de 2013, bem como os imóveis por aqueles adquiridos durante esse período, possam beneficiar de um regime especial em sede fiscal.

Para efeitos de aplicação do regime em análise, consideram-se FIIAH os fundos que reúnam as seguintes características:

(i) Fundos fechados de subscrição particular ou de subscrição pública, devendo o respetivo valor do ativo total atingir, após o primeiro ano de atividade, o montante mínimo de dez milhões de euros, sob pena de a Comissão do Mercado de Valores Mobiliários poder revogar a autorização do FIIAH;

(ii) Tratando-se de fundo de subscrição pública, deve ter a participação de, pelo menos, cem participantes, não podendo a respetiva participação individual exceder 20% do valor do ativo total do fundo. No caso de incumprimento daquele limite, além da possibilidade da revogação da autorização do fundo, o direito à distribuição de rendimentos do FIIAH é imediata e automaticamente suspenso, no valor da participação que exceda o limite de participação individual[2808];

(iii) Pelo menos 75% do ativo total do FIIAH deve ser constituído por imóveis, situados em Portugal, destinados ao arrendamento para habitação permanente. Note-se que este limite percentual é aferido em relação à média dos valores apurados no final de cada um dos últimos seis meses,

[2806] Cfr. arts. 102º-104º da Lei nº 64-A/2008, de 31 de dezembro. Como elementos preparatórios do atual regime, cfr. o texto originário da Proposta de Lei – que pode ser consultado através de www.parlamento.pt – e as alterações aprovadas no debate parlamentar referentes ao correspondente art. 87º, constantes do *Diário da Assembleia da República* I Série, nº 20 (29-nov.-2008).

[2807] Cfr. *supra*, § 43º, 7. e *infra* § 44º, 5.

[2808] Art. 3º do regime jurídico constante do nº 1 do art. 104º da Lei nº 64-A/2008, de 31 de dezembro.

devendo verificar-se no prazo de dois anos a contar da data de constituição do FIIAH e de um ano a contar da data do aumento do capital, relativamente ao montante do aumento.

III – Uma das principais marcas distintivas dos FIIAH consiste na possibilidade de celebração de um contrato de arrendamento entre a entidade gestora do fundo e os mutuários de contratos de crédito à habitação que procedam à alienação do imóvel objeto do contrato a um FIIAH. Nestes casos, o valor da renda do arrendamento é fixado por acordo das partes e é susceptível de atualização nos termos gerais.

Esta relação contratual assume natureza híbrida, já que o arrendatário adquire, *ex lege*, um direito de opção de compra do imóvel ao fundo, susceptível de ser exercido até 31 de dezembro de 2020.

O direito de opção de compra pode ser exercido a todo o tempo, desde que observado um período de antecedência mínima de 90 dias. Contudo, este direito de opção de compra extingue-se caso o arrendatário não proceda ao pagamento da renda acordada, por um período superior a três meses. Note-se ainda que o direito de opção apenas é transmissível por morte do titular.

O exercício da opção de compra é realizado com base no valor, susceptível de atualização, da alienação do imóvel ao FIIAH. A *susceptibilidade* de atualização, neste quadro, significa que a atualização apenas é devida se prevista contratualmente. Se acolhida no contrato, a atualização é efetuada de acordo com a variação do índice harmonizado de preços no consumidor. O valor de exercício da *call option* é acrescido dos encargos suportados pelo FIIAH, nomeadamente os custos de avaliação, de transmissão e de registo do imóvel, caso a opção de compra seja exercida nos dois anos imediatamente subsequentes à alienação do imóvel ao FIIAH.

Esta configuração aproxima o contrato celebrado da locação financeira restitutiva. Também aqui há uma união de contratos: compra e venda e arrendamento, a que está associado um direito de recompra, de natureza potestativa. Pode, neste sentido, afirmar-se estarmos perante um *arrendamento restitutivo*.

Uma feição distintiva, porém, reside no facto de o arrendatário gozar, nos termos da lei, de um direito a receber o valor correspondente à diferença entre o *valor da alienação futura do imóvel a terceiros* e o valor atualizado da aquisição desse mesmo imóvel pelo FIIAH.

Para tal, com uma antecedência mínima de 90 dias em relação ao prazo do contrato de arrendamento ou à data de uma eventual cessação antecipada do contrato, o arrendatário deve comunicar não pretender exercer direito de aquisição. A prestação do arrendatário é deduzida dos seguintes montantes: de um lado, das importâncias relativas aos custos de colocação do imóvel no mercado em condições normais de utilização e a eventuais rendas vencidas e não pagas[2809]; de outro lado, do montante correspondente às rendas relativas ao período entre o momento da cessação antecipada do contrato e o momento da alienação do imóvel a terceiro, tendo como limite as rendas devidas até ao termo do contrato de arrendamento que havia sido acordado pelas partes[2810].

Por fim, em caso de dificuldade ou impossibilidade de alienação do imóvel por causa não imputável à entidade gestora do fundo, o pagamento devido ao arrendatário tem lugar no prazo máximo de dois anos após a cessação do contrato de arrendamento, sendo, neste último caso, o imóvel valorizado de acordo com a média simples do valor atribuído por dois avaliadores.

IV – De forma a incentivar a constituição de FIIAH, foi criado um regime fiscal mais favorável, assente numa ampla série de benefícios fiscais[2811]. Este regime fiscal vigorará até 31 de dezembro de 2020, data a partir da qual é aplicável o regime geral dos fundos de investimento imobiliário[2812].

A acrescer, podem as entidades gestoras realizar transações entre fundos de investimento imobiliário sob sua gestão com a finalidade exclusiva de integrar na carteira dos FIIAH imóveis para habitação permanente desde que o façam regularmente nos seis meses subsequentes à autorização do fundo e, no limite, até 31 de dezembro de 2009[2813].

[2809] Art. 5º do regime jurídico constante do nº 1 do art. 104º da Lei nº 64-A/2008, de 31 de dezembro.

[2810] Art. 3º, nº 1 da Portaria nº 1553-A/2008, de 31 de dezembro.

[2811] Em causa estão os seguintes benefícios: Isenção de IRC dos rendimentos obtidos por FIIAH constituídos regularmente entre 1 de janeiro de 2009 e 31 de dezembro de 2013, e que operem ao abrigo do direito português; Isenção de IRC e de IRS dos rendimentos respeitantes a unidades de participação nos FIIAH, devendo, porém, ser excluído o saldo positivo entre as mais-valias e as menos-valias da alienação dessas unidades de participação; Isenção de IMI dos prédios urbanos destinados ao arrendamento para habitação permanente, enquanto se mantiverem na carteira do FIIAH, bem como isenção de Imposto Municipal de Transacções no que toca às respectivas aquisições pelo fundo ou pelos arrendatários; Dedução à colecta, em sede de IRS, das rendas pagas e isenção de IRS das maisvalias decorrentes da transmissão, nos casos em que ocorreu a conversão do direito de propriedade num direito de arrendamento; Isenção de imposto de selo dos actos praticados, desde que conexos com a transmissão dos prédios urbanos destinados a habitação permanente, seja no momento da constituição da situação arrendatícia, seja no da sua extinção por exercício do direito de compra; Isenção de taxas de supervisão devidas pelas entidades gestoras de FIIAH quanto à gestão desses fundos.

[2812] Art. 9º, nº 2 do regime jurídico constante do nº 1 do art. 104º da Lei nº 64-A/2008, de 31 de dezembro.

[2813] Art. 9º, nº 1 do regime jurídico constante do nº 1 do art. 104º da Lei nº 64-A/2008, de 31 de dezembro.

Frise-se estar ainda prevista a constituição de uma comissão de acompanhamento para a verificação do regime legal e regulamentar aplicável à atividade dos FIIAH e para o controlo da observância dos princípios de bom governo[2814].

V – O elemento crítico deste regime situa-se no equilíbrio entre, de um lado, os interesses dos arrendatários, e, de outro lado, os interesses dos investidores no fundo.

Sucede que o valor de recompra é calculado com base no valor de aquisição do imóvel pelo FIIAH, atualizado com base do índice de preços no consumidor. Além disso, o arrendatário que não pretenda exercer a opção de compra tem o direito a receber o valor correspondente a diferença entre o valor da alienação futura do imóvel a terceiros e o valor atualizado de aquisição desse imóvel pelo FIIAH, deduzido dos custos de colocação do imóvel, em condições normais de utilização, e de eventuais rendas vencidas e não pagas[2815]. São ainda deduzidas as rendas relativas ao período que medeia entre o momento de cessação antecipada do contrato e o momento de alienação do imóvel a terceiro, tendo como limite as rendas devidas até ao termo do contrato de arrendamento acordado entre as partes[2816].

Desta forma, pode ser criado um encargo permanente para o fundo, que em última análise fica sujeito a uma *call option* do arrendatário. Assim configurado, o esquema pode revelar-se desinteressante para os participantes do fundo. Com efeito, em ambas as alternativas, e deixando de lado o recebimento das rendas, o fundo pode ficar a perder: se o imóvel valorizar, o adquirente tem incentivos para comprar o imóvel em boas condições e, ainda que não exerça a opção, beneficia da valorização ulterior do imóvel – descontados os custos de colocação e as rendas devidas pelo período decorrido até ser alienado o imóvel a terceiro. Se, ao invés, ocorrer uma depreciação profunda do imóvel, o adquirente não terá vantagem em exercer a *call option* e renunciará naturalmente ao direito de adquirir o imóvel[2817].

5. *As sociedades de investimento imobiliário*

I – Em ordenamentos jurídicos próximos, é comum a permissão de organismos de investimento coletivo imobiliários sob forma societária. Cabe citar, a

[2814] Art. 7º do regime jurídico constante do nº 1 do art. 104º da Lei nº 64-A/2008, de 31 de dezembro.

[2815] Art. 4º, n.ºs 1 e 3 da Portaria nº 1553-A/2008, de 31 de dezembro.

[2816] Art. 4º, nº 4 da Portaria nº 1553-A/2008, de 31 de dezembro.

[2817] A mitigar o exposto, deve referir-se que a isenção de mais-valias cessa quando o contrato de arrendamento termine ou quando não seja exercido o direito de opção de compra: art. 8º, nº 4 do regime jurídico constante do nº 1 do art. 104º da Lei nº 64-A/ /2008, de 31 de dezembro.

este propósito, os exemplos da Holanda (desde 1969), da Itália, da Espanha, da Bélgica, da França, da Alemanha e do Reino Unido.

Pese embora a impropriedade terminológica, estas figuras societárias são usualmente designadas por REITs (*real estate investment trusts*). Convém esclarecer que o regime dos REITs conhece acentuadas dissemelhanças entre os Estados que os reconhecem, embora seja comum a obrigação de distribuição de uma elevada percentagem de lucros[2818] e o dever de proceder à admissão em mercado das participações sociais correspondentes.

É comum os REITs estarem associados a um regime fiscal mais favorável. Refira-se nomeadamente o caso espanhol das SOCIMI (*Sociedades Anónimas Cotizadas de Inversión Inmobiliaria*), cujo objeto social é a aquisição, promoção e reabilitação de imóveis para arrendamento[2819], as quais vêm acompanhadas de diversos benefícios fiscais.

Em Portugal, o processo legislativo dirigido ao reconhecimento de REITs foi iniciado em 2017 e aguarda ainda conclusão. Revela-se importante que este processo seja finalizado com êxito, em benefício de um apoio mais direto do mercado de capitais ao desenvolvimento do investimento imobiliário entre nós.

II – Em Portugal, a consagração legislativa das sociedades de investimento imobiliário foi consumada através das alterações ao regime jurídico dos fundos de investimento imobiliário realizadas através do DL nº 71/2010, de 18 de junho. Atualmente, o seu regime consta do RGOIC, que unifica a disciplina dos organismos de investimento sob forma societária. A sua análise foi efetuada em paralelo à das sociedades de investimento mobiliário, para onde se remete[2820].

§ 45º Os *hedge funds*

1. *Caracterização estrutural*

I – Nos anos recentes, os *hedge funds* têm assumido particular relevo, não apenas pela dimensão dos ativos investidos[2821], mas também pelas procupações que por vezes colocam quanto ao competente regime.

[2818] A percentagem de lucros obrigatoriamente distribuíveis na Alemanha é de 9%: Guido Quass/ /Roman Becker, *Die REIT-AG nach dem Gesetz über deutsche Immobilien-Aktiengesellschaften mit börsennotieren Anteilen*, *AG* nº 12 (2007), 421-435 (430-431). Em geral, cfr. William Brueggeman/ /Jeffrey Fisher, *Real Estate Finance and Investments*, 13ª ed., Boston et al. (2008), 621-647.

[2819] O correspondente tratamento normativo consta da Ley 11/2009, de 26 de outubro.

[2820] Cfr. *supra*, § 43º, 7.

[2821] Em 2007 computavam-se 11.000 fundos alternativos ao todo, com gestão de 1.700 biliões de dólares, segundo a Hedge Fund Research.

É corrente referir-se que o primeiro *hedge fund* foi criado por ALFRED WINSLOW JONES em 1949. Na ocasião, o fundo administrado por este antigo investigador reunia cinco características: utilizava uma estrutura societária não regulada (no caso, uma *limited partnership);* combinava estratégias de aquisição de ações e de vendas a descoberto; implicava uma alavancagem, ao ser financiado externamente para as aquisições feitas; supunha uma comissão de gestão significativa; foi constituído a partir de um conjunto limitado de investidores[2822].

A partir desta experiência pioneira, estas características estão comummente associadas a este tipo de fundos. Os *hedge funds,* porém, foram conhecendo paulatinamente uma diversificação crescente.

Na configuração atual, estes fundos são predominantemente domiciliados em *off-shores* – embora sejam geridos a partir de intermediários localizados sobretudo nos EUA ou Europa[2823].

II – Os *hedge funds* têm como finalidade genérica a obtenção de retorno absoluto do investimento, o que frequentemente tem subjacente uma perspetiva de curto prazo.

Além disso, dada a frequente utilização de empréstimos de ações e de instrumentos derivados (por exemplo a aquisição de ações e paralela a compra de *put options* no mercado de derivados sobre o índice respetivo), estes fundos estão associados à existência de posições acionistas sem o risco associado à típica qualidade de acionista.

Reconhece-se, porém, que a atuação dos *hedge funds* aumenta a liquidez dos valores mobiliários, o que é benéfico para os interesses da sociedade e do mercado em geral.

III – Importa deixar claro que estes fundos representam um fenómeno muito heterogéneo em termos das técnicas de gestão empregues, das estratégias de investimento e das áreas de investimento correspondentes – e consequentemente, perfil de risco associado[2824].

[2822] Sobre a evolução da figura, entre nós: GABRIELA FIGUEIREDO DIAS, *Regulação e Supervisão de Hedge Funds: Percurso, Oportunidade e Tendências,* em *Direito dos Valores Mobiliários,* Vol. VIII (2008), 65-74; JOSÉ ENGRÁCIA ANTUNES, *Os "hedge funds" e o governo das sociedades, Direito dos Valores Mobiliários,* Vol IX (2009), 14-15; HELDER SANTOS CORREIA, *Os gestores de hedge funds e a gestão de riscos. Um ensaio sobre a nova regulação,* Universidade Católica Portuguesa, Lisboa (2014), 10-24.

[2823] DALE GABBERT, *Hedge Funds,* London (2008), 7-53; CHARLES GOTTLIEB, *Hedge Funds: Heading for a regulatory hard landing?, ECMI Policy Brief* nº 5 (2007), 2 (citandonúmeros de 2004 segundo os quais 64% destes fundos seriam domiciliados em *off-shores).*

[2824] GABRIELA FIGUEIREDO DIAS, *Regulação e Supervisão de Hedge Funds: Percurso, Oportunidade e Tendências,* cit., 74-78.

Não há, aliás, uma harmonização das classificações adotadas em termos de estratégias dos *hedge funds*, o que constitui sinal de que a qualificação utilizada não é indício suficientemente seguro do grau de risco envolvido[2825].

Segundo o estudo da ESMA[2826], as classificações mais usuais distinguem as seguintes estratégias:

- valor relativo/arbitragem: estratégias que combinam posições longas e curtas, para mitigar ou anular o risco de mercado
- investimento direccional: estratégias orientadas por tendências (*inter alia*, baseada em variáveis macroeconómicas ou aplicada em mercados emergentes)
- baseadas em eventos (p. ex.: investimento em empresas em situação de dificuldades financeiras)

Nota-se, ainda, uma certa plasticidade do perfil de risco destes fundos – dada a metamorfose de estratégias que alguns destes investidores apresentam[2827].

Deteta-se, por fim, e como somatório de todas estas variáveis, uma acentuada diversidade de práticas quanto à estrutura jurídica do fundo, seja quanto à densidade do respetivo regulamento de gestão, seja quanto ao regime do resgate, seja quanto ao modelo de governação do fundo. Para fornecer um exemplo, a prática tem assistido à frequente celebração de *side letters* – documentos contratuais em que são partes os fundos e investidores, ao abrigo das quais se concede um tratamento preferencial a estes[2828].

IV – Embora ambas as figuras sejam por vezes associadas (v.g. sob a designação genérica de *private investment funds*), os *hedge funds* diferenciam-se claramente do capital de risco. O capital de risco envolve a interferência na gestão e a tomada de posições importantes, em alguns casos (*buy-outs* e *buy-ins*) envolvendo o domínio das sociedades-alvo[2829].

Os *hedge funds*, por seu turno, não visam assumir responsabilidades de gestão nem pretendem atingir o domínio de sociedades cotadas[2830]. Usualmente os *hedge funds* exercem pressão sobre a administração das sociedades em que participam, para maximizar a rendibilidade do investimento efetuado, mas não

[2825] CESR, *Review of Hedge Fund Classification Methodologies* (Jan.-2007), 2.

[2826] CESR, *Review of Hedge Fund Classification Methodologies* (Jan.-2007).

[2827] Sobre as implicações deste ponto, em matéria de gestão de riscos: Helder Santos Correia, *Os gestores de hedge funds e a gestão de riscos. Um ensaio sobre a nova regulação,* Universidade Católica Portuguesa, Lisboa (2014), 25-53.

[2828] Dale Gabbert, *Hedge Funds,* cit., 196-199.

[2829] Cfr. *infra,* Capítulo XV.

[2830] Hedge Fund Working Group, *Hedge Funds Standards: Consultation Paper* (October 2007), 12.

procuram substituir-se àquela[2831]. O regime de ambos também diverge consideravelmente, como abaixo se verifica[2832].

2. *Problemas regulatórios*

I – Além do regime dos fundos alternativos em atenção à sua natureza, há um conjunto importante de temas gerais com incidência nos *hedge funds* em razão da sua atividade.

Destaque justo deve ser conferido às regras de prevenção do abuso de mercado. É inegável que estes fundos podem aumentar a volatilidade dos preços, dado que têm um peso muito significativo na negociação bolsista. Nomeadamente quando actuem coligados, os *hedge funds* podendo determinar movimentos importantes na evolução das cotações – sobretudo em mercados pouco líquidos. Em caso de comunicação de pressões para fazer subir preços (*pump and dump*), as regras gerais sobre manipulação de mercado têm aplicação, revelando-se aptas a lidar com problemas, sejam quais forem os correspondentes intervenientes[2833].

Acresce a vocação aplicativa dos critérios gerais em matéria de qualidade da informação (art. 7º) – maxime quanto às condições de resgate das participações e à avaliação correspondente.

Por outro lado, quanto a ações em sociedades abertas, os *hedge funds* estão abrangidos pela disciplina sobre participações qualificadas decorrente da Diretiva da Transparência – e transposta para o direito nacional através dos arts. 16º e seguintes do CVM. Mais complexa se revela a situação em que os *hedge funds* fazem uso do *empty voting*" – por votarem por vezes com ações cuja titularidade não detêm ou cujo risco financeiro foi definitivamente removido[2834].

[2831] Klaus Hopt, *Comparative Corporate Governance: The State of the Art and International Regulation, American Journal of Comparative Law*, Vol. 59, p. 1, (Jan. 2011), 53-54.

[2832] Ao capital de risco é dedicado o Capítulo XIV.

[2833] Cf., com interesse, as recomendações n.os 23 e 24 do Hedge Fund Working Group, *Hedge Funds Standards: Consultation Paper* (October 2007), 76-78.

[2834] Henry Hu/Bernard Black, *Hedge Funds, Insiders, and the Decoupling of Economic and Voting Ownership: Empty Voting and Hidden (Morphable) Ownership, Journal of Corporate Finance* Vol. 13 (2007), 343-367. Mais em geral sobre o mesmo tema, dos mesmos autores: *The New Vote Buying: Empty Voting and Hidden (Morphable) Ownership, Southern California Law Review* Vol. 79 (2006), 811-908; *Equity and Debt Decoupling and Empty Voting II: Importance and Extensions, University of Pennsylvania Law Review* Vol. 156 (2008), 625-739. A utilização dos empréstimos de acções para exercício do direito de voto é desaconselhada pelo código de conduta britânico (Hedge Fund Working Group, *Hedge Funds Standards: Consultation Paper* (October 2007), 80-81), embora seja menos claro a propósito dos deveres de informação sobre interesse económico estruturado com base em instrumentos derivados. Cfr. ainda sobre o tema Inês Dias Lopes, *Empty Voting Manifestações Principais e Tratamento Normativo*, Governance Lab Working Paper nº 03/2015 (jun.-2015).

III – Tipicamente, o investimento em *hedge funds* é reservado a investidores profissionais. Porém, nota-se que alguns *hedge funds* são indiretamente distribuídos a investidores não institucionais – nomeadamente por via de fundos de *hedge funds* ou através de valores mobiliários derivados (certificados e obrigações estruturadas) que chegam a ser admitidos à negociação em mercado regulamentado. Além disso, os fundos de pensões também passaram a contar-se entre os investidores em *hedge funds,* o que não deixa de ser delicado do ponto de vista da gestão de risco daqueles investidores institucionais.

Tal acaba por implicar uma alteração sensível na análise do competente regime: a acentuada complexidade dos *hedge funds* pode justificar um regime especial, ao menos quando passe a ter uma distribuição no retalho. Há, a acrescer, quem admita que o investimento indireto em *hedge funds* (através de fundos de *hedge funds* ou índices de *hedge funds)* diminua a sua eficácia de prestação de contas aos investidores[2835]. O problema da valorização contabilística de ativos pouco líquidos constitui outro dos temas que aqui tem particular concretização aplicativa.

IV – Os *hedge funds* são usualmente tidos como acionistas com exercício ativo, por vezes agressivo, dos seus direitos[2836]. Há alguns casos célebres que a este propósito são invariavelmente invocados. Em 2005, um grande hedge fund (TCI) moveu com êxito uma mobilização de rejeição a uma tentativa de integração entre a *Deutsche Börse* e a LSE, conduzindo à destituição do CEO da *Deutsche Börse* (Werner Seifert).

A associação dos *hedge funds* a investidores ativos, porém, deve ser lida em contexto – já que apenas 5% dos *hedge funds* têm um exercício ativo dos direitos sociais das ações em que investem[2837].

Em Portugal, a revisão do art. 64º CSC efetuada em 2006, ao conferir uma primazia aos acionistas de longo prazo, acaba por ter relevo nesta área. Com efeito, dado o perfil típico de investimento associado aos *hedge funds,* os seus interesses não são tidos, por lei, como os que mais diretamente vinculam a atuação dos membros da administração[2838].

[2835] Charles Gottlieb, *Hedge Funds: Heading for a regulatory hard landing?,* cit., 3.

[2836] José Engrácia Antunes, *Os "hedge funds" e o governo das sociedades,* cit., 41-70; William W. Bratton, *Hedge Fund Activism, Poison Pills, and the Jurisprudence of Threat,* European Corporate Governance Institute Law Research Paper nº 320/2016 (2016).

[2837] Marcel Kahan/Edward Rock, *Hedge Funds in Corporate Governance and Corporate Control* (2006), citando a propósito um estudo da J. P. Morgan.

[2838] Paulo Câmara, *O Governo das Sociedades e a Reforma do Código das Sociedades Comerciais,* cit., 36-40.

3. *Soluções regulatórias*

I – Tradicionalmente, a abordagem a emprender sobre a regulação dos *hedge funds* oscila entre três principais vetores de análise, de seguida consideradas: a regulação indireta; a auto-regulação; a regulação direta.

II – Numa fase inicial do debate, vários setores sustentaram que os *hedge funds* deveriam ser apenas objeto de uma regulação indireta. Esta basear-se-ia na educação dos investidores e na regulação das contrapartes dos *hedge funds.*

Naturalmente, os deveres fiduciários de diligência no investimento e no financiamento de *hedge funds* têm aqui particular concretização aplicativa. Tal implicaria identicamente colocar o enfoque nos deveres organizativos dos intermediários financeiros e dos fundos de pensões (em particular quanto aos sistemas de gestão de risco). Essa é a tónica aplicada pelas Diretivas comunitárias sobre mercados de instrumentos financeiros e sobre fundos próprios das instituições de crédito – ao postularem ambas uma exigência de robustos sistemas de gestão de riscos[2839].

III – No início do século XXI, a auto-regulação igualmente desempenhou um papel interessante na conformação dos comportamentos de gestores de *hedge fund.*

Ao nível associativo, deve notar-se que a *Alternative Investment Management Association* tem produzido diversos guias de boas práticas.

O exemplo mais avançado de auto-regulação proveio no entanto do Reino Unido, onde sob impulso do Banco de Inglaterra em 2008 foi aprovado um documento recomendatório por parte do *Hedge Fund Working Group,* que reúne os fundos alternativos mais relevantes do mercado britânico. Baseava-se numa técnica de *comply or explain:* os fundos deviam prestar informação sobre se seguem as recomendações ou sobre as razões do não acolhimento, se fosse o caso. Foi ainda constituído um órgão destinado a vigiar o cumprimento destas recomendações (*Hedge Fund Standard Board*)[2840].

Há que ter em conta que muitos dos esforços auto-reguladores foram impulsionados pelas autoridades públicas. Tal o caso do documento britânico, como mencionado, mas também dos *Principles and Guidelines regarding Private Pools of Capital* elaborados pelo *US President's Working Group on Financial Markets,* nos EUA, em fevereiro de 2007.

[2839] Cfr. um exemplo de documento da indústria que sublinha estas boas práticas: Counterparty Risk Management Policy Group, *Towards Greater Financial Stability: a Private Setor Perspective* (2005). Cfr. *supra,* § 23º, 14.

[2840] Hedge Fung Working Group, *Hedge Fund Standards; Final Report* (Jan.- 2008).

IV – Por último, no plano da regulação direta, tem-se disseminado a convição de que o futuro robustecimento de deveres de informação constitui a via principal a desenvolver em relação aos *hedge funds*.

Invariavelmente, as estratégias de gestão destes fundos não são *a priori* reveladas; o que, em termos competitivos, constituirá porventura um dos seus trunfos, ao diminuir os comportamentos miméticos.

Além disso, a informação que os *hedge funds* prestam sobre o património do fundo é muito variável – obedecendo de qualquer modo a padrões muito menos exigentes do que os verificados em relação aos fundos de investimento harmonizados.

V – Apesar deste ponto de partida, a crise iniciada em 2007 tem determinado, na prática dos mercados, um cuidado maior nos documentos constitutivos dos fundos, ante as dificuldades de liquidez sentidas durante este período para fazer face a um fluxo importante de resgates. Por fim, tem sido largamente sustentado um aumento dos deveres de informação a cargo destes fundos – nomeadamente sobre a sua estratégia, o seu grau de alavancagem e os riscos envolvidos – com incidência sobretudo em *hedge funds* com dimensão significativa[2841]. Esta orientação foi acolhida, por último, na Diretiva 2011/61/UE sobre gestores de fundos alternativos (AIFMD), que abrange nomeadamente *hedge funds*.

Entre nós, além disso, a subscrição de unidades de participação de organismos de investimento coletivo flexíveis só se torna efetiva após a ratificação pelo investidor, no respetivo boletim de subscrição, da menção destacada que o risco do organismo de investimento coletivo pode ser alterado devido, nomeadamente, à modificação da composição do património e da natureza dos ativos que o integram[2842].

[2841] Muito relevantes, a este propósito, as propostas do High Level Group On Financial Supervision In The EU (Coord. Jacques De Larosière), *Report* (25-Fev.-2009), 23-25, apesar deste relatório considerar que os *hedge funds* não tiveram um papel importante na irrupção da crise (24); e do Technical Committee Of The International Organization Of Securities Commissions, *Hedge Funds Oversight* (Mar.-2009), 31-38.

[2842] Artigo 11º, nº 2 do Regulamento da CMVM nº 2/2015.

Capítulo XIV
Capital de Risco

§ 46º Introdução ao capital de risco: delimitação e fontes

1. *Âmbito e terminologia*

I – Caracterizam-se como de capital de risco as operações de financiamento ou aquisição de empresas, envolvendo uma influência na gestão e a assunção do risco da empresa adquirida ou financiada tendo em vista a valorização e posterior alienação das participações detidas. O legislador nacional define capital de risco como a aquisição, por período de tempo limitado, de instrumentos de capital próprio e de instrumentos de capital alheio em sociedades com elevado potencial de desenvolvimento, como forma de beneficiar da respetiva valorização[2843].

Para uma apresentação delimitadora do tema, não pode esquecer-se ainda que, em termos instrumentais, o capital de risco envolve também a prestação de serviços de assistência no aprimoramento, na reorganização, na promoção ou na racionalização da estrutura e atividade empresarial[2844]. A sua origem é norte-americana, apontando-se a *American Research and Development Company*, fundada em 1946 por Georges Doriot, como o exemplo pioneiro de sociedade de capital de risco[2845]. Atualmente o capital de risco constitui uma técnica de financiamento generalizada em termos globais.

[2843] Artigo 3º nº 1 do Regime Jurídico do Capital de Risco (RJCR), aprovado pela Lei nº 18/2015, de 4 de março.

[2844] António Soares, *Breves notas sobre o novo regime jurídico das sociedades de capital de risco e dos fundos de capital de risco, Cadernos do MVM* nº 15 (Dez.-2002), 233-234.

[2845] A documentar o percurso histórico desta instituição pioneira e os seus antecedentes: David H. Hsu/Martin Kenney, *Organizing Venture Capital: The Rise and Demise of American Research & Development Corporation, 1946-1973,* University of California, Berkeley (2004).

II – A moldura regulatória do capital de risco toma como referência a AIFMD, que incluiu os organismos de investimento em capital de risco entre os OIC alternativos.

O sistema de fontes europeias é por isso coincidente com as descritas atrás, com a exceção do Regulamento Europeu sobre fundos europeus de capital de risco (*European Venture Capital Funds Regulation*) – Regulamento 345/2013, de 17 de abril de 2013 ('EuVECA). Este diploma é aplicável a gestores de fundos europeus alternativos não superiores a 500 milhões euros, assegurando um passaporte em condições menos exigentes do que os previstos na AIFMD.

Por outro lado, o âmbito do capital de risco tem vindo a alargar-se. Originariamente, esta técnica envolveria unicamente investimentos em participações sociais – daqui teria resultado, aliás, a expressão anglo-saxónica *private equity* – mas hoje o capital de risco cobre uma realidade diversificada, aqui cabendo:

– *Venture capital* e *growth capital:* apoio à criação ou desenvolvimento de empresas;
– *Buy-outs:* aquisição do domínio de empresas para efetuar alterações na gestão.

Esta diferenciação de modalidades do capital de risco não encontra tradução linguística nacional: todas estas operações são cobertas na noção nacional de capital de risco.

III – Para uma caracterização destas operações, deve esclarecer-se estar definitivamente superada a ideia de que o capital de risco apenas realiza investimento em empresas de pequena dimensão. Nos tempos recentes, uma vaga de aquisições de largo porte (v.g. *HCA, TXU Corp., Boots Alliance, Novo Banco, Tranquilidade)* levada a cabo por sociedades e fundos de *private equity* demonstrou a potencialidade destas estruturas para investimentos de elevado fôlego financeiro.

A dimensão da empresa financiada não constitui, assim, elemento tipológico para a delimitação do capital de risco.

2. *O capital de risco como operação: caracterização estrutural*

I – O capital de risco representa uma operação de investimento, com o objetivo de beneficiar da valorização da empresa visada[2846]. Desdobra-se num conjunto de atos jurídicos e materiais para a concretização das finalidades de

[2846] Artigo 3º nº 1 RJCR.

financiamento[2847]. Postula, por isso, tradicionalmente, um ciclo de cinco fases principais, envolvendo sucessivamente:

– a fase preparatória;
– a fase de negociação do quadro contratual associado ao investimento;
– a fase de recolha de intenções de investimento;
– a aplicação do programa de investimento;
– a fase de desinvestimento.

II – Os preliminares da operação reconduzem-se à detecção da oportunidade de negócio (originação) e o desenvolvimento do plano de negócio. Segue-se a negociação dos contratos associados à operação: contratos de transmissão ou subscrição de participações sociais, contratos de financiamento, alterações aos estatutos, acordos parassociais e documentos negociais adjacentes[2848].

A negociação do investimento pode envolver diversas instituições de capital de risco, como co-financiadoras (*club deals*). Lateralmente, pode haver injecções de fundos nas instituições de capital de risco, por via de contratos de financiamento, aumentando a alavancagem (*leverage*) das operações.

Por seu turno, a aplicação do programa de investimento desdobra-se em diversas etapas consoante o objeto de investimento, cada etapa estando usualmente associada a chamadas de capital (*capital calls*).

O desinvestimento, por seu turno, pode concretizar-se através de uma alienação de participações sociais direta ou em mercado. Quando envolve uma alienação a outra instituição de capital de risco (*private to private transaction*), diz-se estarmos perante uma transação secundária (*secondary*).

Ao implicar uma influência na empresa visada, o capital de risco introduz tendencialmente uma maior disciplina de gestão nas empresas em que investem.

O regime jurídico originário retratava o capital de risco como uma operação de investimento temporalmente limitada[2849]. Porém, em operações de maior envergadura revela-se difícil a fixação de um prazo rígido da operação. Assim, a limitação temporal do investimento foi eliminada com o DL nº 56/2018, de 9 de julho.

III – É usual apresentar as operações de capital de risco como antinómicas em relação às operações no mercado de valores mobiliários, uma vez que tipica-

[2847] Sobre o conceito de operação, permito-me reenviar para o meu *Emissão e Subscrição de Valores Mobiliários*, em *Direito dos Valores Mobiliários*, Lex, Lisboa (1997), 208.

[2848] Para uma ilustração: Miguel Trìas Sagnier (org.), *Regímen Jurídico y Fiscal del Capital Riesgo en España*, Madrid (2006), 177-249.

[2849] Redação originária do Artigo 3º nº 1 RJCR.

mente aquelas não envolvem captação de fundos junto do público. Todavia, as relações entre as duas técnicas de financiamento têm vindo a aumentar.

Neste contexto, importa notar que o capital de risco está associado ao Direito dos valores mobiliários por diversos modos. A um tempo, as instituições de capital de risco são emitentes de valores mobiliários e investidores institucionais. A consumação da operação de investimento, por seu turno, pode supor a emissão de valores mobiliários pela empresa financiada – designadamente ações ou obrigações convertíveis em ações.

A outro tempo, as instituições de capital de risco cumprem funções relevantes de financiamento, através de técnicas diversas. Uma vez que o financiamento do capital de risco é por natureza temporário, o ciclo do capital de risco por vezes implica, na fase da aquisição, operações de saída de mercado[2850]; mas na fase de desinvestimento, pode envolver operações de admissão ao mercado.

A relação entre financiamento no mercado mobiliário e o financiamento através de capital de risco é, nestes termos, basicamente complementar. Por outras palavras, augurar que o desenvolvimento do capital de risco (*private equity*) desemboca no progressivo declínio das admissões em mercado (*public equity*) afigura-se, por isso, patentemente desajustado[2851].

3. *Sentido geral do tratamento normativo e evolução das fontes*

I – O capital de risco constitui uma alternativa ao financiamento de projetos empresariais através da banca. Por esse motivo, em termos comparatísticos, a atividade do capital de risco é usualmente objeto de intervenções regulatórias ligeiras – como modo de estímulo a esta atividade financiadora.

A área do capital de risco revela, em contrapartida, e em termos tendenciais, uma influência significativa de modos de auto-regulação.

II – Dada a sua ligação ao empreendorismo e ao financiamento do tecido empresarial, ciclicamente é travada a discussão sobre a abordagem regulatória do capital de risco.

Nota-se, de um lado, um apelo a maior transparência dos documentos de prestação de contas: na Europa as empresas, ainda de estrutura fechada, devem

[2850] Sobre as operações de saída de mercado no contexto do capital de risco: MIGUEL TRÌAS SAGNIER (org.), *Regímen Jurídico y Fiscal del Capital Riesgo en España*, cit., 251-270.

[2851] A propósito, mas levando longe demais as limitações do capital de risco: BRIAN CHEFFINS/ /JOHN ARMOUR, *The Eclipse of Private Equity*, ECGI – Law Working Paper nº 82 (2007). Em sentido contrário depõe o clássico artigo de MICHAEL JENSEN, *The Eclipse of the Public Corporation* (1989), que prenuncia o progressivo ocaso das sociedades de estrutura dispersa, e cuja versão revista em 1997 pode ser acessível em http://ssrn. com/abstract=146149.

tornar acessíveis as suas contas, nos termos do disposto através da Primeira Diretiva de Direito das sociedades; mas em muitos países tal não sucede (ex: EUA).

De outro lado, o capital de risco é usualmente associado a um tratamento fiscal mais favorável, para premiar o risco subjacente a estas empresas. Não falta, porém, quem considere esta abordagem apenas justificada para empreendimentos de pequena e média dimensão e não já para aquisições de elevados montantes.

O tema de fundo é o de que o cerne da atividade de capital de risco apenas envolve investidores profissionais: falta nessa medida justificação para uma intromissão regulatória significativa nesta área.

III – Em Portugal, o tema foi objeto de sucessivas reformas legislativas[2852]. A primeira intervenção formal ocorreu através do DL nº 433/91, de 7 de novembro. Seguiu-se o DL nº 319/2002, de 28 de dezembro, que concentrou na CMVM a supervisão das instituições de capital de risco e traçou, no âmbito dos fundos de capital de risco, uma diferenciação entre regime dos fundos para investidores qualificados (FIQ) e o dos fundos comercializáveis jundo do público (FCP)[2853].

O regime do capital de risco conheceu, subsequentemente, uma nova reformulação, consagrada através do DL nº 375/2007, de 8 de novembro.

Por último, entrou em vigor o Regime Jurídico do Capital de Risco, do Empreendorismo Social e do Investimento Especializado (RJCR), aprovado pela Lei nº 18/2015, de 4 de março. Esta foi modificada recentemente através do DL nº 56/2018, de 9 de julho.

As sociedades de capital de risco (aí incluindo os investidores em capital de risco) e os fundos de capital de risco são submetidos à supervisão da CMVM (art. 67º RJCR e art. 359º, nº 1 *h)* CVM). São ainda considerados investidores profissionais ao abrigo do art. 30º, nº 1 *f)* CVM.

Em geral, o investimento pelo Estado em capital de risco não é vedado pelo Tratado (art. 107º (1) TFUE) sempre que respeite o critério do investidor privado: de outro modo dito, se o Estado atuar em condições normais de mercado, não existe um auxílio estatal[2854]. Caso contrário, os auxílios estatais sob a forma de capital de risco são permitidos ao abrigo do Regulamento (CE) nº 800/2008 da Comissão, de 6 de agosto de 2008, que declara certas categorias de auxílios

[2852] Sobre este percurso: Augusto De Athayde/Augusto Albuquerque De Athayde/Duarte Athayde, *Curso de Direito Bancário,* Vol. I, cit., 367-370.

[2853] Uma apresentação do regime instituído por este diploma pode conferir-se em Carlos Tavares, *Políticas Microeconómicas para Portugal* (2007), 136-138.

[2854] Acórdão do TJUE de 14 de novembro de 1984 [*Intermills c. Comissão* (323/82)], CJ (1984) 3809, par. 32.

compatíveis com o mercado comum, desde que cumpram os requisitos previstos no art. 29º do diploma europeu.

IV – Por último, as instituições de capital de risco são qualificadas como organismos de investimento coletivo alternativo à luz da Diretiva 2011/61/UE do Parlamento Europeu e do Conselho, de 8 de junho de 2011, sobre gestores de fundos de investimento alternativo (AIFMD)[2855].

Esta Diretiva não se aplica a gestoras cujos ativos sob gestão não ultrapassem os seguintes limites: €100 000 000, quando as carteiras incluam ativos adquiridos através do recurso ao efeito de alavancagem; € 500 000 000, quando as carteiras não incluam ativos adquiridos através do recurso ao efeito de alavancagem e em relação às quais não existam direitos de reembolso que possam ser exercidos durante um período de cinco anos a contar da data do investimento inicial[2856].

Esta exclusão do âmbito aplicativo da AIFMD configurava uma oportunidade de ouro para o legislador nacional reduzir a carga de deveres das instituições, em alinhamento com o regime mínimo fixado na nova Directiva AIFMD. Não foi isso, todavia, o que sucedeu, tendo em diversos pontos o legislador nacional incorrido no vício do goldplating e acumulado exigências domésticas que exorbitam do texto europeu. É certo que o regime jurídico do capital de risco não deixa de fazer uma acentuada distinção entre as instituições abaixo do limite crítico (reguladas pelos artigos 6º-43º RJCR) e aquelas acima do limite crítico, sujeitas ao crivo mais exigente dos artigos 44º e seguintes do diploma. Poderia, porém, ter ido mais longe nessa clivagem, sobretudo no sentido de um substancial alívio regulatório do investimento em capital de risco reservado a investidores profissionais.

§ 47º As instituições de capital de risco

1. *Os tipos de instituições de capital de risco*

I – No regime jurídico do capital de risco, são previstas e reguladas as instituições de capital de risco, as instituições de empreendorismo social e as instituições de investimento alternativo especializado.

[2855] Patrícia Ribeiro Penaforte Rodrigues, *O Capital de Risco e o Conflito De Interesses*, UCP, Lisboa (2012), 40-48; Cfr. Ainda o documento de consulta European Commission / D.G. Internal Market And Services, *A New European regime for Venture Capital* (2011), com adicionais propostas sobre a matéria.

[2856] Artigo 3º, nº 2 da Directiva 2011/61/UE do Parlamento Europeu e do Conselho de 8 de junho de 2011 (AIFMD).

Como instituições de capital de risco, a lei admite as sociedades de capital de risco, as sociedades gestoras de fundos de capital de risco, as sociedades de investimento em capital de risco, os fundos de capital de risco e os investidores em capital de risco[2857]. A primeira tem o objeto social mais amplo, dado poder ser investidora direta ou gestora de instituições de capital de risco. As sociedades de investimento em capital de risco e os fundos de capital de risco são organismos de investimento coletivo fechados – aquelas dotadas de personalidade jurídica – que se designam conjuntamente "organismos de investimento em capital de risco"[2858].

Por seu turno, o investimento em empreendorismo social envolve a aquisição de instrumentos de capital próprio e de instrumentos de capital alheio em sociedades que desenvolvem soluções adequadas para problemas sociais, com o objetivo de atingir incidências sociais quantificáveis e positivas[2859].

Finalmente, por investimento alternativo especializado entende-se a aquisição de ativos de qualquer natureza, não podendo cada ativo representar mais do que 30% do respetivo valor líquido global[2860]. Os organismos de investimento alternativo especializado apenas podem ser comercializados junto de investidores profissionais[2861].

Em termos de regime aplicável, aos fundos de investimento alternativo especializado geridos por sociedades de capital de risco e por instituições de crédito são aplicáveis as regras previstas para os fundos de capital de risco previstas no título II do RJCR, salvo as previstas na alínea *b)* do nº 1 e nas alíneas *a)* e *b)* do nº 2 do artigo 10º, com as especificidades previstas em regulamento da CMVM. Por seu turno, os fundos de investimento alternativo especializado geridos por sociedades gestoras de fundos de investimento mobiliários e por sociedades gestoras de fundos de capital de risco sujeitam-se a um regime mais exigente: ficam adicionalmente sujeitos ao disposto no capítulo IV do título III do RJCR, que consiste no regime dos organismos de investimento em capital de risco geridos por entidades acima dos limiares relevantes para efeitos da AIFMD.

II – A gestão de organismos de investimento em capital de risco, organismos de empreendedorismo social e organismos de investimento alternativo especializado enquadra-se no catálogo típico de atividades de intermediação financeira (art. 289º nº 1 *c)* iv) CVM).

2857 Artigo 1º *a)* a *e)* RJCR.

2858 Artigo 13º nº 2 RJCR.

2859 Artigo 4º RJCR.

2860 Artigo 5º nº 1 RJCR.

2861 Artigo 5º nº 4 RJCR.

Porém, esta qualificação oferece escasso relevo, dado que as sociedades gestoras dos organismos atrás mencionados não são intermediários financeiros, de acordo com o artigo 2º, nº 1 RJCR.

2. *O governo das instituições de capital de risco*

I – O modelo básico de governação do capital de risco assenta na influência significativa da empresa adquirida.

Tal influência pode ser mais expressiva – como sucede nas operações de aquisição (*buy-outs*), em que a instituição de capital de risco adquire o domínio da empresa visada – ou ser representada apenas por participações minoritárias (operações de *venture capital* e *growth capital*).

Além disso, é comum haver um investimento pessoal dos gestores nos fundos de capital de risco geridos, de modo a favorecer um alinhamento de interesses em relação aos demais participantes.

Tem sido imposto, por isso, um incremento da informação a prestar pelas instituições de capital de risco, nomeadamente sobre a estrutura organizativa, participações detidas e política em matéria de conflito de interesses. O expoente máximo dessa abordagem encontra-se na AIFMD, através das disposições já examinadas.

II – A estrutura de propriedade das instituições de capital de risco é diversificada. Cabe distinguir, em particular, as instituições independentes, as dominadas por uma sociedade ou grupo societário (*captives*) e as participadas por uma pluralidade de pessoas (*semi-captives*)[2862].

No caso português, regista-se ainda um peso significativo da banca como participantes destas instituições.

Nota-se, porém, em mercados próximos, uma coexistência entre essa estrutura e as sociedades de capital de risco com dispersão do capital através da admissão à negociação. Com efeito, há algumas *private equity firms* que são admitidas em mercado regulamentado (vejam-se os casos KKR, *3i* ou *Blackstone*). Este fenómeno reforça a interdependência do mercado de capital de risco com o mercado de valores mobiliários. Em Portugal, aliás, não há obstáculos de natureza jurídica a que as sociedades de capital de risco sejam admitidas à negociação em mercado regulamentado – como sucede, em exemplo bastante próximo, com as SIMFE.

[2862] Utiliza-se a sistematização proposta por James Dow, *The Role of Private Equity*, in Darryl J. Cooke, *Private Equity: Law and Practice*³, London (2008), 1-3.

III – O desenvolvimento do capital de risco revela um cenário de concorrência e complementaridade entre diversas formas de estrutura de propriedade acionista.

Com efeito, um postulado básico do capital de risco é o da influência assegurada na sociedade financiada. Pressupõe, assim, uma concentração da influência – o que contrasta com a tradicional estrutura de capital disseminado das sociedades cotadas. Por outras palavras, o capital de risco constitui uma cabal demonstração de que o percurso evolutivo das estruturas societárias não desemboca necessariamente, numa fatalidade Darwiniana, na generalização das sociedades de estrutura aberta[2863].

3. *Sociedades de capital de risco*

I – Segundo o regime nacional, as sociedades de capital de risco são sociedades anónimas cujo capital social é representado por ações nominativas[2864].

Embora à luz da versão originária do Regime Geral das Instituições de Crédito e Sociedades Financeira[2865] se qualificasse as sociedades de capital de risco como sociedades financeiras, tal solução foi considerada desajustada, por implicar um sobrepeso excessivo na disciplina do capital de risco. Por esses motivos, tal qualificação foi abandonada desde 2002[2866].

II – As sociedades de capital de risco podem ser investidores diretos ou simples gestores de fundos de capital de risco (artigo 17º, n.º 2 do RJCR).

Em qualquer dos casos, o capital social mínimo das sociedades de capital de risco é de € 125.000.

4. *Investidores em capital de risco*

I – O regime dos investidores em capital de risco procura ir de encontro à disciplina dos *business angels*.

Formalmente, os investidores em capital de risco são um subtipo societário[2867], organizando-se como sociedades unipessoais por quotas (art. 14º, nº 1

[2863] Assim, Ronald Gilson/Charles Whitehead, *Deconstructing Equity: Public Ownership, Agency Costs, and Complete Capital Markets, Columbia Law Review* (2007) http://ssrn.com/abstract=991352; para uma visão contrastante, cfr. Brian Cheffins/John Armour, *The Eclipse of Private Equity*, cit.

[2864] Artigo 11º RJCR.

[2865] Cfr. art. 6º, nº 1 alínea *h)* do DL nº 298/92, de 31 de dezembro.

[2866] O diploma que procedeu a esta alteração foi o Decreto-Lei nº 319/2002, de 28 de dezembro.

[2867] Quedando-se por isso sujeito à supervisão da CMVM, nos termos do art. 359º *h)* CVM, apesar de este não se referir explicitamente aos investidores em capital de risco.

RJCR), o que faculta a limitação de responsabilidade do sócio único. O sócio único, por seu turno, deve ser pessoa singular (art. 9º, nº 2 RJCR).

II – O capital social mínimo dos investidores em capital de risco é o fixado no Código das Sociedades Comerciais para as sociedades por quotas.

O investimento em capital de risco por investidores particulares, porém, é por regra feito no anonimato, o que aliás é acautelado na lei, que obriga a que o registo na CMVM seja confidencial[2868]. A intenção de preservar a confidencialidade é porém seriamente frustrada, dado o facto de a forma societária escolhida (sociedade por quotas) permitir o acesso à identidade do sócio através da consulta ao registo comercial. Estima-se que seja este um dos motivos pelos quais a figura não tem tido ainda utilização prática.

5. *Fundos de capital de risco*

I – Uma das características do DL nº 319/2002, de 28 de dezembro, foi a de impor uma diferenciação entre fundos de capital de risco cujas unidades de participação se destinam a ser negociados unicamente junto de investidores qualificados (FIQ) e fundos de capital de risco cujas unidades de participação se destinem a ser comercializados junto do público (FCP).

Esta contraposição, todavia, revelou-se artificiosa, sobretudo ante a nula existência de fundos de capital de risco com difusão junto do público. Por esse motivo, o regime atual promoveu uma unicidade tipológica dos fundos de capital de risco, pondo cobro às sub-distinções anteriores.

Ainda assim, o certo é que ainda no regime vigente subsiste uma diferenciação que ocorre no tipo de ato administrativo praticado. Com efeito, os fundos de capital de risco não distribuídos pelo público ficam submetidos a um regime administrativo simplificado, que consiste numa simples comunicação prévia à CMVM (art. 7º, nº 14 RJCR).

II – As unidades de participação em fundos de capital de risco, embora não sejam objeto de qualificação expressa como valores mobiliários, devem ser considerados como tal. Vários são os traços do regime a suportar esta conclusão: trata-se de valores transmissíveis (art. 22º nº 3 RJCR); são agrupáveis em conjuntos fungíveis, constituindo uma categoria (art. 23º RJCR); e devem ser nominativos, o que constitui uma modalidade de valor mobiliário (art. 22º RJCR).

Aplica-se-lhes por isso o regime geral dos valores mobiliários contido no Código, salvo no que for vedado pelo seu regime especial.

[2868] Artigo 7º, nº 13 RJCR.

III – A gestão dos fundos de capital de risco pode ser exercida por sociedades de capital de risco, por sociedades de desenvolvimento regional ou por entidades habilitadas a gerir organismos de investimento alternativo fechados (art. 17º, nº 2 RJCR).

Falta, por isso, um tratamento legislativo transversal do tema, que aborde conjuntamente estas matérias, que propicie a existência de sociedades gestoras de ativos polifuncionais e que faculte, em termos acessíveis e sistematizados, as linhas do seu regime.

Capítulo XV
Crimes do Mercado

§ 48º Introdução; o crime do abuso de informação privilegiada

1. *O Direito criminal mobiliário: uma introdução*

I – Os vetores regulatórios de fundo de preservação da integridade e regularidade dos mercados de valores mobiliários são identicamente prosseguidos através de normas penais. No sistema jurídico português, são tipificados como crimes de mercado o abuso de informação privilegiada (art. 378º), a manipulação do mercado (art. 379º) e o uso de informação falsa ou enganosa na captação de investimento (ar. 379º-E).

O Direito criminal mobiliário não surge, neste quadro, como um apêndice ao sistema jurídico-mobiliário, mas antes se apresenta como uma parte integrante deste. A fundamentá-lo, cabe referir que os crimes do mercado operam nomeadamente uma extensão às normas de prestação de informação, uma vez que o *insider trading* visa contrariar o aproveitamento ilícito de assimetrias informativas, e a manipulação de mercado toma a divulgação de informação falsa, incompleta, exagerada ou tendenciosas, como um dos instrumentos de alteração artificial dos preços.

A acrescer, há uma conexão clara entre, de um lado, os deveres de segredo (v.g. art. 174º) e o abuso de informação privilegiada e, de outro lado, os deveres sobre defesa do mercado (art. 311º) e a tipificação da manipulação do mercado (arts. 379º-379º-C).

II – Importa esclarecer que esta é uma área que recebe uma importante influência europeia.

Apesar das diversas disposições do Código dedicadas aos crimes do mercado, a principal peça normativa nesta área é o Regulamento europeu nº 596/2014, do Parlamento Europeu e do Conselho, de 16 de abril de 2014 – designado Regulamento sobre o abuso de mercado[2869].

Sob influência do Relatório De Laroisière – que concluiu que o sistema europeu de supervisão e perseguição infracionatória ligado aos crimes do mercado era "*fraco e heterogéneo*"– [2870], este Regulamento procurou reforçar o esforço harmonizador na área dos crimes mobiliários[2871], com uma carga prescritiva substancialmente mais densa do que a que resultava da anterior Diretiva de abuso de mercado (Diretiva nº 2003/6/CE)[2872].

Por outro lado, a preparação do Regulamento do abuso de mercado constituiu também em parte o produto da reflexão emergente dos escândalos relacionados com a manipulação do indexante Libor[2873] e com a manipulação de preços de mercadorias[2874]. Daqui resultou sobretudo a necessidade de estender a proibição de manipulação de mercado a outros instrumentos financeiros e à contratação a pronto de mercadorias.

Por fim, o Regulamento procurou também estender o seu âmbito de aplicação aos sistemas multilaterais de negociação, aos sistemas de negociação orga-

[2869] Este diploma foi alterado através do Regulamento (UE) 2016/1033 do Parlamento Europeu e do Conselho de 23 de junho de 2016 quanto aos prazos de aplicação.

[2870] The High Level Group of Financial Supervision in the EU, Report, (25-fev.-2009), 23.

[2871] A título de exemplo, em inícios de 2008 a manipulação de mercado não tinha implicações penais em quatro Estados-membros. Sobre as deficiências do quadro jurídico pregresso, reenvia-se para CESR, *Report on administrative measures and sanctions as well as the criminal sanctions available in Member States under the Market Abuse Directive* (2008); European Securities Markets Experts (ESME), *Market Abuse EU legal framework and its implementation by Member States: a first evaluation* (6. Jul. 2007); Comissão Europeia, *Reforçar o regime de sanções no setor dos serviços financeiros*, COM(2010) 716 final (2010).

[2872] À altura, este diploma era complementado através da Diretiva nº 2003/124/CE, de 22 de dezembro, da Diretiva nº 2003/125/CE, de 22 de dezembro, da Diretiva nº 2004/72/CE, de 29 de abril e do Regulamento nº(CE) 273/2003, de 22 de dezembro de 2003.

[2873] A deteção de indícios de manipulação na Libor remonta pelo menos a 2008 (Jacob Gyntelberg/ Philip Wooldridge, *Interbank rate fixings during the recent turmoil, BIS Quarterly Review* (March 2008), Bank for International Settlements, 59-72). O relatório oficial produzido na sequência do escândalo Libor sentenciava: *the EU and UK market abuse regimes were designed to capture market abuse in relation to financial instruments, and were not constructed with activities such as benchmark manipulation in mind.* (The Wheatley Review of Libor, *final report*, (set. 2012), 15).

[2874] Para um relato de diversas decisões judiciais envolvendo a manipulação de mercadorias: Thomas B. Hatch/ Thomas C. Mahlum, *Beyond Supply & Demand: Manipulation in the Commodities Markets, Bloomberg Law Report – Securities Law* (2011).

nizada e à negociação algorítmica, de modo a ir de encontro aos avanços mais recentes dos mercados[2875].

III – Dada a aplicação do sistema Lamfalussy de multi-estratificação de fontes[2876], o Regulamento sobre Abuso de Mercado, por seu turno, é complementado através de um elenco muito vasto de diplomas.

Por um lado, foram aprovadas duas novas Diretivas, respeitantes às infrações relativas ao abuso de mercado. A Diretiva 2014/57/UE, de 16 de abril de 2014, obriga as autoridades nacionais a impor sanções penais sobre *insider trading* e manipulação de mercado, ao passo que a Diretiva de Execução (UE) 2015/2392 da Comissão, de 17 de dezembro de 2015, regula a comunicação de infrações às autoridades competentes. Ainda em matéria infracionatória, deve ter-se presente o Regulamento Delegado (UE) 2016/1052 da Comissão de 8 de março de 2016 que fixa normas técnicas de regulamentação das condições aplicáveis aos programas de recompra e às medidas de estabilização e o Regulamento Delegado (UE) 2016/908 da Comissão de 26 de fevereiro de 2016 que estabelece normas técnicas de regulamentação para os critérios, os procedimentos e os requisitos de definição de uma prática de mercado aceite e os requisitos para a sua manutenção e cessação ou a alteração das condições da sua aceitação. De relevância instrumental para este efeito são ainda o Regulamento Delegado (UE) 2016/957 e o Regulamento (UE) 2016/958, ambos de 9 de março de 2016, que dispõem sobre as técnicas utilizadas para a prevenção, a deteção e a comunicação de práticas abusivas ou ordens ou operações suspeitas e sobre as modalidades técnicas a observar em sede de comunicação de recomendações de investimento ou estratégias de investimento, respetivamente.

Por outro lado, contam-se, com importância direta para os emitentes: o Regulamento de Execução (UE) 2016/523, de 10 de março de 2016, que estabelece normas técnicas relativas ao formato e ao modelo de comunicação e divulgação pública das operações de dirigentes; o Regulamento de Execução (UE) 2016/1055 da Comissão de 29 de junho de 2016 que trata das modalidades técnicas para a divulgação pública adequada de informação privilegiada e para o diferimento da divulgação pública de informação privilegiada; e o Regulamento de Execução (UE) 2016/347 da Comissão de 10 de março de 2016 que estabelece normas técnicas de execução no que se refere ao formato exato das listas de pessoas com acesso a informação privilegiada e ao formato para a atualização

[2875] Helena Bolina, *A Revisão das Diretivas do Abuso de Mercado: Novo Âmbito, o mesmo Regime*, *Cadernos MVM*, nº 51 – Ensaios de Homenagem a Amadeu Ferreira Volume II (ago.-2015), 12-20. Cfr. *supra*, § 26º, 1.

[2876] Cfr. *supra*, § 2º, 4.

de tais listas. Em matéria de sondagens de mercado (*market soundings*), as normas técnicas de regulamentação relativas aos dispositivos, sistemas e procedimentos adequados aplicáveis aos participantes no mercado que transmitem a informação e que realizam sondagens de mercado encontram-se fixadas no Regulamento Delegado (UE) 2016/960, complementado pelo Regulamento de Execução (UE) 2016/959, ambos datados de 17 de maio de 2016[2877].

A acrescer a este extenso leque legislativo, no tocante às notificações às autoridades competentes, refira-se o Regulamento de Execução (UE) 2016/378 da Comissão de 11 de março de 2016 que estabelece normas técnicas de execução relativas à data, ao formato e ao modelo da apresentação das notificações às autoridades competentes e o Regulamento Delegado (UE) 2016/909 da Comissão de 1 de março de 2016 que determina as normas técnicas de regulamentação aplicáveis ao conteúdo das notificações a apresentar às autoridades competentes e à compilação, publicação e manutenção da lista de notificações.

Por fim, três diplomas cobram aplicação quanto ao âmbito de aplicação deste quadro normativo: o Regulamento Delegado da Comissão (UE) 2016/522, de 17 de dezembro de 2015, fixa os limiares mínimos de dióxido de carbono relevantes para efeitos de determinação da imputação dos deveres de divulgação pública de informação privilegiada aos participantes no mercado de licenças de emissão; Regulamento (UE) 2016/1011 do Parlamento Europeu e do Conselho de 8 de junho de 2016 relativo aos índices utilizados como índices de referência; e o Regulamento Delegado (UE) 2016/522 da Comissão de 17 de dezembro de 2015 cuida das isenções para determinados organismos públicos e bancos centrais de países terceiros.

Este quadro multifacetado coloca, por si, maiores desafios práticos ao obrigar os destinatários do novo regime a manter atenção à pluralidade de diplomas envolvidos e à sua conjugação.

Apesar da central matriz europeia, cabe notar que ao passo que, em relação a alguns intrumentos financeiros, o regime europeu confina o tratamento do abuso de mercado aos instrumentos financeiros negociados em mercado regulamentado, OTF ou MTF, a disciplina nacional tem um âmbito mais vasto, atingindo atos ilícitos a atingir valores mobiliários ou outros instrumentos financeiros não negociados em mercado (art. 378º, nº 2 e art. 379º, nº 1).

IV – No prisma do Direito em ação, uma das preocupações centrais liga-se à eficácia das normas penais para contramotivar a ocorrência de delitos mobiliários.

[2877] Arad Reisberg, *Market soundings,* em Marco Ventoruzzo/ Sebastian Mock, *Market Abuse Regulation. Commentary and Annotated Guide,* Oxford (2017), 297-307; Stefano Lombardo/ / Federico Mucciarelli, *Market Soundings: The Interaction between Securities Regulation and Company Law in the United Kingdom and Italy* (2017), ECGI – Law WP nº 362/2017.

Depõem, neste sentido, dificuldades de base na recolha e sustentação de prova em juízo: basta referir que a primeira condenação em Portugal em matéria de insider trading ocorreu 17 anos depois da entrada em vigor da incriminação. A eficácia de fiscalização (*enforcement*) é adicionalmente dificultada pela diversificação e sofisticação de instrumentos financeiros e pela multiplicação de estruturas de negociação. A isso acresce, como adicionais fatores, a interligação decisiva entre instrumentos financeiros derivados e ativos subjacentes e a integração geográfica e intersetorial dos mercados. Tal sugere, a um tempo, a necessidade de maior sofisticação das autoridades de supervisão, órgãos de polícia criminal e autoridades judiciárias e, a outro tempo, obriga a um aprofundamento da cooperação internacional[2878].

2. *Deveres jurídicos relacionados com a prevenção dos crimes de mercado*

I – Antes do exame dos pressupostos de incriminação por abuso de informação privilegiada e manipulação de mercado, importa esclarecer que – com a finalidade de contramotivar condutas de abuso de mercado – o regime jurídico dedica importante relevo a normas preventivas de ilícitos criminais[2879].

Como ponto de referência central, nota-se que o Regulamento do Abuso de Mercado considera legítima a conduta de pessoa coletiva se a mesma, não obstante dispor ou ter disposto de informação privilegiada, estabeleceu, concretizou e manteve dispositivos e procedimentos intermos adequados e eficazes para garantir que nem a pessoa singular que tomou, em seu nome, a decisão de adquirir ou alienar instrumentos financeiros a que a informação diz respeito nem qualquer outra pessoa singular que possa ter tido alguma influência nessa decisão se encontravam na posse de informação privilegiada[2880].

O legislador europeu não esclarece diretamente o que entende por «procedimentos internos adequados e eficazes»[2881]. Importa, a este propósito, distinguir. O juízo de adequação equivale a uma remissão implícita para um ajustamento

[2878] Os resultados internacionais mais recentes, aliás, são animadores: Harry McVea, *Supporting market integrity*, em Niamh Moloney/ Eilís Ferrán/ Jennifer Payne, *The Oxford Handbook of Financial Regulation* (2015), 651-654; Lev Bromberg/George Gilligan/Jasper Hedges/ Ian Ramsay, *Sanctions Imposed for Insider Trading in Australia, Canada (Ontario), Hong Kong, Singapore, New Zealand, the United Kingdom and the United States: An Empirical Study*, CIFR Paper No. 117/2016 (2016); John Armour/ Dan Awrey/ Paul Davies/ Luca Enriques/ Jeffrey Gordon/ Colin Mayer/ Jennifer Payne, *Principles of Financial Regulation*, Oxford (2016), 192-194.

[2879] Marco Ventoruzzo/ Sebastian Mock, *Market Abuse Regulation. Commentary and Annotated Guide*, Oxford (2017), 337-341.

[2880] Artigo 9º, nº 1 *a)* do Regulamento (UE) nº 596/2014.

[2881] Sobre dificuldades equivalentes no contexto norte-americano: John P. Anderson, *Solving the paradox of insider trading compliance for issuers*, Temple Law Review Vol. 88 (2016), 273.

às particularidades de cada empresa (em atenção nomeadamente à sua natureza e dimensão) de modo a que se atinja um reforço efetivo dos procedimentos preventivos e organizativos. A eficácia, por seu turno, reporta-se à suficiência, à aderência prática e à continuidade de acolhimento das práticas e procedimentos de cada sociedade. Os pontos críticos para uma cultura de cumprimento eficaz situar-se-ão, a um tempo, na agilização interna de processos decisórios para publicação imediata de informação privilegiada, favorecendo o cumprimento pontual dos deveres auxiliares e, a outro tempo, na adoção de controlos às transações por pessoas com acesso a informação sensível (períodos de negociação proibida e sujeição a procedimentos de autorização prévia) e na imposição de barreiras informativas inter-departamentais que impeçam fugas de informação privilegiada ("*Chinese walls*").

II – O dever de preparação e de atualização das *listas de insiders* constitui um dos deveres de maior relevo em sede preventiva. Em causa está o dever, a cargo das sociedades cotadas, de elaboração e atualização permanente de uma listagem das pessoas que consigo trabalham ou colaboram, de alguma forma, e que podem ter acesso, ocasional ou regular, a informação privilegiada[2882].

O novo Regulamento exige a inclusão da informação pessoal detalhada de todas as pessoas que possam ter acesso a informação privilegiada, incluindo o contato telefónico e a respetiva morada, nas listas de insiders[2883]. Alterações significativas foram também introduzidas no conteúdo obrigatório das listas de insiders, que passam a dever incluir a data e a hora em que o insider acede e deixa de aceder à informação confidencial[2884] – o que coloca notórias dificuldades práticas.

O formato das listas encontra-se regulado através do Regulamento de Execução (UE) 2016/347 da Comissão, de 10 de março de 2016, que no âmbito das listas autonomiza, de um lado, a seção das pessoas com acesso permanente à informação privilegiada (*permanent insiders*) de, por outro lado, a seção respeitante às pessoas com acesso a informação privilegiada relativa a determinadas operações ou eventos[2885]. Ambas as seções da lista de insiders e os procedimentos respeitantes à sua elaboração devem ser atualizados periodicamente.

[2882] Artigo 18º do Regulamento (UE) nº 596/2014. Cfr. a propósito Marco dell'Erba, *Insider lists*, em Marco Ventoruzzo/ Sebastian Mock, *Market Abuse Regulation. Commentary and Annotated Guide*, Oxford (2017), 385-399.

[2883] Algumas recomendações quanto ao formato das listas podem encontrar-se em ESMA, *Draft guidelines on the Market Abuse Regulation* (2-jan.-2016).

[2884] Artigo 18º nº 3 do Regulamento (UE) nº 596/2014.

[2885] Art. 2º, nº 2 do Regulamento de Execução (UE) 2016/347 da Comissão, de 10 de março de 2016 e Marco dell'Erba, *Insider lists*, em Marco Ventoruzzo/ Sebastian Mock, *Market Abuse Regulation. Commentary and Annotated Guide*, cit., 395-398.

Essa listagem é conservada pelo prazo de 5 anos desde a última atualização[2886], sendo remetida à CMVM sempre que solicitada[2887].

As sociedades cotadas têm o dever de informar todas as pessoas singulares ou coletivas que constem na lista de insiders das sanções aplicáveis em caso de abuso de informação privilegiada e de transmissão ilícita de informação privilegiada[2888].

Em interpretação deste regime, a ESMA sustentou que quem atue por conta do emitente e tenha acesso a informação privilegiada (ex: consultores) deve elaborar a sua própria lista de insiders relativamente à informação confidencial a que tenha tido acesso[2889].

III – Atenção particular deve ser dedicada ao regime de operações de instrumentos financeiros por dirigentes e pessoas com estes estreitamente relacionadas[2890]. Ao impor deveres de divulgação sobre operações de dirigentes, este quadro[2891] visa desencorajar transações com base em informação privilegiada[2892].

De um lado, estas pessoas devem comunicar as operações realizadas sobre instrumentos financeiros emitidos pelo emitente ou com este relacionados. O prazo de comunicação é curto (3 dias úteis) e aplica-se a cada operação ou conjunto de operações que excedam 5.000 euros durante um ano civil[2893].

[2886] Artigo 18º nº 5 do Regulamento (UE) nº 596/2014.

[2887] Artigo 18º nº 1 *c)* do Regulamento (UE) nº 596/2014.

[2888] E devem obter o reconhecimento escrito do conhecimento desse estatuto por parte dos *insiders*: Artigo 18º nº 2 do Regulamento (UE) nº 596/2014.

[2889] ESMA, *Q&A Market Abuse*, Q.10.1.

[2890] São consideradas pessoas estreitamente relacionadas as seguintes: *a)* Cônjuge do dirigente ou pessoa que com ele viva em união de facto, descendentes a seu cargo e outros familiares que com ele coabitem há mais de um ano; *b)* A pessoa coletiva, um fundo ou uma associação, cujas responsabilidades de gestão sejam exercidas pela pessoa com responsabilidades de gestão ou por pessoa referida na alínea a), que seja, direta ou indiretamente, controlada por essa pessoa, a qual é constituída em benefício dessa pessoa, ou cujos interesses económicos sejam substancialmente equivalentes aos dessa pessoa. (Artigo 3º, nº 26, do Regulamento (UE) nº 596/2014).

[2891] O regime constante do artigo 19º do Regulamento sobre o Abuso de Mercado é complementado através do Regulamento de Execução (UE) 2016/523, de 10 de março de 2016, que estabelece normas técnicas relativas ao formato e ao modelo de comunicação e divulgação pública das operações de dirigentes.

[2892] John Armour/ Dan Awrey/ Paul Davies/ Luca Enriques/ Jeffrey Gordon/ Colin Mayer/ Jennifer Payne, *Principles of Financial Regulation*, Oxford (2016), 189. Sobre a ligação entre o regime do insider trading e a aquisição de valores mobiliários no âmbito de planos remuneratórios: Ana Cláudia Salgueiro, *Abuso de Informação Privilegiada – O Especial Caso dos Instrumentos de Remuneração dos Administradores*, Cadernos MVM nº 53 (abr.-2016), 37-56.

[2893] Artigo 19º nºs 1 e 8 do Regulamento (UE) nº 596/2014.

Para este efeito todas as operações são computadas: não há compensação entre alienações e aquisições[2894].

Além disso, o conceito de operação é muito amplo e cobre não apenas aquisição e alienação de instrumentos financeiros, mas também a constituição de penhor (ou garantia equivalente), operações realizadas por qualquer pessoa que, a título profissional, prepare ou execute as operações ou por outrem atuando por conta de um dirigente ou pessoa com este estreitamente relacionada, inclusive no âmbito da gestão discricionária e a celebração de contrato de seguro financeiro com exposição ao emitente[2895].

Como novidade igualmente importante, o Regulamento impõe agora um período durante o qual a realização de transações por dirigentes é proibida (*closed period*) – período este que se estende por 30 dias antes do anúncio de relatório financeiro intercalar ou anual[2896]. *De iure condendo*, teria sido prudente estender esta proibição a pessoas relacionadas com os dirigentes. As transações durante o período de negociação limitada podem ser autorizadas pelo emitente em circunstâncias excecionais que requeiram alienações imediatas (como por exemplo em caso de graves dificuldades financeiras) ou para cumprimento de planos de aquisição de instrumentos financeiros para trabalhadores[2897]. A lei não designa o órgão de governo competente para esta aprovação, que fica ao critério de cada sociedade cotada. Ressalva-se, porém, que na deliberação adotada durante o período sensível que se pronuncia sobre a autorização da transação excecional de instrumentos financeiros, o dirigente interessado encontra-se legalmente sujeito a um impedimento de voto (artigo 410º, nº 6 CSC).

Além disso, importa deixar claro que, nos termos gerais, mesmo fora dos períodos acima referenciados, devem os dirigentes abster-se de realizar operações por conta própria ou por conta de terceiros, direta ou indiretamente, relacionada com as ações ou outros instrumentos financeiros emitidos pela sociedade cotada quando exista acesso a informação privilegiada.

Por fim, o Regulamento europeu estabelece diretamente que os emitentes devem informar por escrito os dirigentes sobre as obrigações que sobre estes recaem ao abrigo deste regime. Além disso, os dirigentes devem notificar por escrito as pessoas com eles estreitamente relacionadas quanto aos deveres de comunicação de operações e devem conservar uma cópia dessa notificação[2898].

[2894] Artigo 19º nº 8 do Regulamento (UE) nº 596/2014.
[2895] Artigo 19º nºs 1 e 7 do Regulamento (UE) nº 596/2014.
[2896] Artigo 19º nº 11 do Regulamento (UE) nº 596/2014.
[2897] Artigo 19º nº 12 do Regulamento (UE) nº 596/2014.
[2898] Artigo 19º nº 5 do Regulamento (UE) nº 596/2014.

IV – O Regulamento do Abuso de Mercado também pela primeira vez disciplina as sondagens de mercado, *i.e.* a comunicação de informação, antes do anúncio de uma operação, a fim de avaliar o interesse de potenciais investidores numa possível operação e as condições com ela relacionadas – como, por exemplo, a sua potencial dimensão ou a fixação de preço[2899]. Incluem-se aqui os *road-shows* dirigidos a investidores se revestirem natureza transacional.

Para que neste contexto a divulgação de informação seja permitida, o Regulamento obriga a que, antes da divulgação da informação, o participante no mercado que efetua a sondagem de mercado (i) pondere se a sondagem de mercado implica a transmissão de informação privilegiada; e (ii) efetue um registo escrito da sua conclusão e motivos, bem como cada informação transmitida no decurso da sondagem, a fim de facultá-lo à CMVM, sempre que lhe seja solicitado[2900].

A pessoa que executa a sondagem de mercado deve manter um registo de toda a informação divulgada, entre as quais a identidade dos potenciais investidores a quem prestou a informação, a data e hora de cada transmissão, durante um período mínimo de 5 (cinco) anos[2901]. Os deveres de registo são aplicáveis mesmo em relação a informação que não seja privilegiada.

V – A acrescer, a DMIF e os respetivos textos europeus de execução também consagraram regras importantes em matéria de prevenção do abuso de mercado a cargo de intermediários financeiros.

Com efeito, em ordem a incrementar o índice de detecção de práticas ilícitas, foi consagrado um dever de denúncia de operações suspeitas de configurarem crimes de mercado, que impendem sobre os intermediários financeiros, em geral, nos termos dos arts. 305º-F e 382º, nº 2 CVM e sobre quem prepare execute transações sobre instrumentos financeiros, reforçado através do artigo 16º, nº 2 do Regulamento sobre Abuso de Mercado.

Não pode perder-se de vista, além disso, que o reporte de operações referentes a instrumentos financeiros negociados em mercado regulamentado (art. 315º) serve diretamente a detecção de práticas de mercado delituais. São igualmente instrumentos de prevenção do insider trading as regras em matéria de limitação ao acesso ao conteúdo da recomendação de investimento e, no tocante a pessoas envolvidas na elaboração da recomendação, à realização de operações pessoais (art. 309º-D).

Por último, outro contributo importante para a profilaxia do abuso de mercado prende-se com a consagração de deveres organizativos, seja no que

[2899] Artigo 11º n.ºs 1-2 do Regulamento (UE) nº 596/2014.

[2900] Artigo 11º nº 3 do Regulamento (UE) nº 596/2014.

[2901] Artigo 11º nº 8 do Regulamento (UE) nº 596/2014.

respeita ao sistema geral de controlo do cumprimento, já analisado[2902], seja no tocante a deveres de organização específicos relacionados com a prevenção e deteção do abuso de mercado, consagrados pelo artigo 16º, nº 1 do Regulamento sobre Abuso de Mercado.

3. *O crime do abuso de informação privilegiada: contexto*

I – Embora tenha sido muito desafiada por algumas correntes ligadas à análise económica do Direito[2903], a interdição da utilização e comunicação de informação assimétrica concita hoje largo consenso, podendo considerar-se superadas as teses contrárias. Duas vertentes principais servem para, em termos complementares, fundar a *ratio* da proibição, de seguida sinteticamente expostas.

Numa vertente microjurídica, a ilicitude destes comportamentos serve a proteção da confiança dos acionistas nos dirigentes societários e representa, em relação a estes, uma extensão do dever fiduciário de lealdade (art. 64º, nº 1 *b)*). Além disso, protege os acionistas de celebrarem inadvertidamente negócios sobre valores mobiliários a preços desajustados[2904].

Numa vertente macrojurídica, a proscrição do *insider trading* evita custos de transação advenientes dos mercados mais opacos, em que os instrumentos financeiros são tendencialmente negociados a desconto[2905]. É, por isso, indutora de um funcionamento mais eficiente dos mercados, diminuindo os custos de captal[2906]. Por fim, se tomarmos a informação como um bem público ou ao menos coletivo (societário), a prevenção do seu aproveitamento impede a sua apropriação para finalidades privadas e favorece o respetivo acesso em condições de paridade por parte dos acionistas.

[2902] Cfr. *supra*, § 23º, 12.-15.

[2903] O título fundamental é creditado a Henry G. Manne, *Insider Trading and the Stock Market*, New York (1966). Para tratamentos mais recentes do tema: Stephen Bainbridge, *Insider Trading, Encyclopedia of Law and Economics* 5650 (1999), 777-794; Id., *Corporation Law and Economics*, New York (2002), 583-607; Wolfgang Krauel, *Insiderhandel*, Baden-Baden (2000), 20-59; Harry McVea, *Supporting market integrity*, em Niamh Moloney/ Eilís Ferrán/ Jennifer Payne, *The Oxford Handbook of Financial Regulation* (2015), 639-642.

[2904] Jonathan R. Macey, *Insider Trading: Economics, Politics, and Policy*, Washington DC (1991), 7-10; Frederico Costa Pinto, *O Direito de Informar e os Crimes de Mercado, Cadernos do Mercado de Valores Mobiliários*, nº 2 (1998), 95-108; Id., *O Novo Regime dos Crimes e Contra-Ordenações no Código dos Valores Mobiliários*, Coimbra (2000), 66-68; Sandra Borba, *Abuso de informação*, Cad. MVM nº 5 (2010), 63-104.

[2905] Guido Ferrarini, *La nuova disciplina europea dell'abuso di mercato, Rivista delle Società* (2004), 46-48.

[2906] Paolo Carbone, *Tutela Civile del Mercato e Insider Trading*, Padova (1993), 35-48.

II – A crescente internacionalização dos mercados tem impulsionado uma convergência crescente de soluções relacionadas com o tratamento normativo do insider trading[2907].

O Direito europeu reflecte bem essa tendência na atenção dedicada ao assunto. O tema foi primeiro tratado na Diretiva de insider trading nº 89/592//CEE, de 13 de novembro de 1989[2908], e depois retomado através da Diretiva nº 2003/6/CE, sobre abuso de mercado[2909], e respetivos textos europeus de execução – Diretiva nº 2003/124/CE, de 22 de dezembro, Diretiva nº 2003//125/CE, de 22 de dezembro e Diretiva nº 2004/72/CE, de 29 de abril e Regulamento nº (CE) 273/2003, de 22 de dezembro de 2003[2910]. Atualmente, ocupa lugar central o Regulamento sobre o Abuso de Mercado (Regulamento (UE) nº 596/2014) e a vasta correspondente legislação complementar, já atrás elencada[2911].

Em Portugal, o abuso de informação privilegiada sujeita o infrator a sanções de diferente natureza: responsabilidade penal (art. 387º CVM), responsabilidade civil (art. 449º CSC), destituição (art. 449º, nº 4 CSC) e inibição temporária do exercício de cargos na sociedade e em sociedades em relação de domínio e de grupo com estas (art. 450º nº 5 CSC).

III – Deve-se ao Código das Sociedades Comerciais a inaugural consagração, em Portugal, do abuso de informação privilegiada como tipo penal, no seu art. 524º. O preceito veio a ser revogado na sequência da aprovação do Código do Mercado de Valores Mobiliários, em 1991. A norma que o substituiu – o art. 666º deste primeiro código mobiliário[2912] – aproveitou para transpor a Diretiva nº 89/592/CEE, de 13 de novembro, para a ordem jurídica interna[2913].

2907 Donald Langevoort, *Insider Trading: Regulation, Enforcement and Prevention*, cit., 14-01-ss.; Guido Ferrarini, *La nuova disciplina europea dell'abuso di mercato*, cit., 36.

2908 Sobre esta Diretiva: Niamh Moloney, *EC Securities Regulation*, (2002), 742-772; Klaus Peter Weber, *Insiderrecht und Kapitalmarktschutz*, cit., 132-159.

2909 Acerca das razões que conduziram à atualDiretiva de 2003: Niamh Moloney, *EC Securities Regulation*, (2002), 780-802; Id., *EC Securities Regulation*, (2008), 935-941.

2910 Filippo Annunziata, *Abusi di Mercato e Tutela di Risparmio*, Torino (2006), 3-78; Stefano Vincenzi, *Mercato Finanziario e Direttive Europee*, Roma (2005) 43-82.

2911 Cfr. *supra*, § 48º, 1. III.

2912 J. J. Vieira Peres, *O Delito de "Insider Trading" e a Obrigação de Informação, Problemas Societários e Fiscais do Mercado de Valores Mobiliários*, Lisboa (1992), 82-93; Fátima Gomes, *Insider Trading*, Lisboa (1996), 63-91; Miguel Pedrosa Machado, *A entrada em vigor das incriminações de abuso de informação e da manipulação do mercado do Código do Mercado de Valores Mobiliários*, em *Temas de legislação penal especial*, Lisboa (1992), 93-106.

2913 Sobre a técnica legislativa utilizada: Frederico Costa Pinto, *O Novo Regime dos Crimes e Contra-Ordenações no Código dos Valores Mobiliários*, cit., 42.

Volvidos oito anos, a incriminação do abuso de informação privilegiada foi retomada através do artigo 378º do Código dos Valores Mobiliários[2914], que constitui a sua sede atual. Este, por seu turno, foi objeto de três revisões profundas, primeiro na sequência da transposição para o sistema jurídico nacional das Diretivas relativas ao Abuso de Mercado através do DL nº 52/2006, de 15 de março, depois em resultado do agravamento da moldura penal através da Lei nº 28/2009, de 19 de junho[2915] e, por fim, em virtude da adaptação ao direito português do Regulamento europeu sobre Abuso de Mercado e da transposição da Diretiva 2014/57/EU do Parlamento Europeu e do Conselho, de 16 de abril de 2014, relativa às sanções penais aplicáveis.

4. *Pressupostos da incriminação*

I – O tipo de abuso de informação privilegiada supõe um tratamento mais agravado para os insiders primários – isto é, as pessoas que têm acesso à informação pela sua proximidade com a fonte ou por terem cometido um ato ilícito. Como tal, qualificam-se os que ganharam acesso à informação: devido à sua qualidade de titular de um órgão de administração, de direção ou de fiscalização de um emitente ou de titular de uma participação no respetivo capital; em razão do trabalho ou do serviço que preste, com carácter permanente ou ocasional, a um emitente ou a outra entidade; em virtude de profissão ou função pública que exerça; ou que, por qualquer forma, tenha sido obtida através de um facto ilícito ou que suponha a prática de um facto ilícito (art. 378º, nº 1).

Do lado dos insiders primários, as condutas penalmente típicas são as seguintes:

- transmitir informação privilegiada a alguém fora do âmbito normal das suas funções;
- com base em informação privilegiada, negociar ou aconselhar alguém a negociar em valores mobiliários ou outros instrumentos financeiros;
- com base em informação privilegiada, ordenar a subscrição, aquisição, venda ou troca, direta ou indiretamente, para si ou para outrem ou tentar adquirir ou alienar um instrumento financeiro ou cancelar ou alterar uma ordem[2916].

[2914] Sobre a constitucionalidade desta norma, e designadamente sobre a sua compatibilidade com o princípio de proporcionalidade, com o princípio de livre iniciativa privada e com o princípio de igualdade, veja-se o Acórdão do Tribunal Constitucional nº 494/03, de 22-Out.-2003 (Gil Galvão), acessível em www.tribunalconstitucional.pt.

[2915] Este diploma deixou de punir a tentativa, através da revogação do nº 6 do art. 378º: Paulo Câmara, *Crise financeira e regulação*, cit., 711-712.

[2916] Artigo 14º *a)* do Regulamento (UE) nº 596/2014.

O conceito de informação privilegiada realiza uma função dupla[2917], ao recortar o âmbito dos deveres de informação dos emitentes[2918] e delimitar uma componente essencial dos pressupostos de incriminação do abuso de informação privilegiada. Porém, em matéria sancionatória há um tipo de informação privilegiada que se aplica apenas aos intermediários financeiros que prestam o serviço de execução de ordens e aos seus colaboradores: trata-se da informação relativa a ordens pendentes sobre valores mobiliários ou outros instrumentos financeiros transmitidas por clientes de intermediários financeiros, que não seja pública, tenha caráter preciso e esteja direta ou indiretamente relacionada com emitentes ou com instrumentos financeiros, a qual, se lhe fosse dada publicidade, seria idónea para influenciar de maneira sensível o seu preço ou o preço dos contratos de mercadorias à vista conexos[2919].

Considera-se também abuso de informação privilegiada a utilização de informação privilegiada para cancelar ou alterar uma ordem relativa a um instrumento financeiro a que essa informação diz respeito, caso a ordem tenha sido colocada antes de a pessoa em causa estar na posse da informação privilegiada.

Finalmente, no que diz respeito especificamente aos leilões de licenças de emissão ou de outros produtos leiloados baseados nestas, a proibição de utilização de informação privilegiada inclui ainda a apresentação, alteração ou cancelamento de uma licitação por uma pessoa por conta própria ou por conta de terceiros[2920].

II – A incriminação atinge também qualquer pessoa que, não sendo insider primário, tenha conhecimento de uma informação privilegiada (insiders secundários ou *tipees)* e venha a:

- transmitir a informação privilegiada a outrem;
- com base em informação privilegiada, negociar ou aconselhar alguém a negociar em valores mobiliários ou outros instrumentos financeiros;
- com base em informação privilegiada, ordenar a subscrição, aquisição, venda ou troca, direta ou indiretamente, para si ou para outrem ou tentar adquirir ou alienar um instrumento financeiro ou cancelar ou alterar uma ordem.

[2917] Niamh Moloney, *EU Securities and Financial Markets Regulation*³, (2014), 730; com uma interessante análise sobre a evolução dos trabalhos preparatórios: Helena Bolina, *A Revisão das Diretivas do Abuso de Mercado: Novo Âmbito, o mesmo Regime, cit.*, 18-20.

[2918] Remete-se para o tratamento feito *supra*, § 37º, 8.

[2919] Artigo 7º nº 1 *d)* do Regulamento (UE) nº 596/2014.

[2920] Cfr. *supra*, §13º, 14..

III – Em ambos os casos, a proibição de divulgação a terceiro de informação privilegiada inclui a interdição de quem:

a) Recomenda ou induz, com base nessa informação, que outra pessoa adquira ou aliene instrumentos financeiros a que essa informação diga respeito, ou

b) Recomenda ou induz, com base nessa informação, que outra pessoa cancele ou altere uma ordem relativa a um instrumento financeiro a que essa informação diga respeito.

IV – O crime de abuso de informação privilegiada apenas é imputável a pessoas singulares e a título doloso. Todavia, as pessoas coletivas e as pessoas singulares atuando de forma negligente estão sujeitas à aplicação da sanção contra-ordenacional muito grave prevista no art. 394º, nº 1 *i)* CVM, em articulação com o art. 248º, nº 4 do mesmo diploma. Nessas situações, pode haver ainda a constituição no dever de indemnização, como abaixo se refere.

5. *Diferenças entre os pressupostos do art. 449º CSC e do art. 378º CVM*

I – As soluções atualmente contidas nos arts. 449º CSC e 378º CVM são separadas por duas décadas, quanto à data da sua aprovação, e por plúrimas diferenças, quanto ao seu conteúdo, cujo conhecimento é importante para uma interpretação correta de ambos os regimes. O âmbito subjectivo do regime penal do *insider trading* é mais amplo do que o regime civil, na medida em que aquele abrange a informação respeitante a qualquer sociedade anónima (ainda que de estrutura acionista fechada) e, além disso, a respeitante a qualquer tipo de emitente de instrumento financeiro. Todos os valores mobiliários, instrumentos de mercado monetário e derivados são por isso tidos em consideração no regime penal, ao passo que o Código das Sociedades se refere apenas a sociedades anónimas e às ações e obrigações por elas emitidas.

Interessa notar que o desenvolvimento dos mercados levou a que os instrumentos financeiros derivados se tenham tornado instrumentos mais usuais de *insider trading*. De um lado, porque a operação realizada com base em informação assimétrica pode ser deslocalizada geograficamente, podendo aliás não ser executado em mercado; de outro lado, porque é menos oneroso para o prevaricador. Por essa razão a não inclusão dos derivados na previsão do art. 449º CSC torna-se particularmente sensível.

II – Convém ter presente, por fim, que ao passo que o crime de *insider trading* se mostra apenas aplicável a pessoas singulares[2921] que actuem de forma dolosa,

[2921] Frederico Costa Pinto, *O Novo Regime dos Crimes e Contra-Ordenações no Código dos Valores Mobiliários*, cit., 34-37; José Faria da Costa/Maria Elisabete Ramos, *O crime de abuso*

semelhante distinção não é feita na lei societária. As pessoas coletivas relativamente às quais se possa imputar o delito (v.g. pessoas coletivas que integrem os órgãos sociais[2922]) ou as pessoas singulares que actuem negligentemente quedam-se, por isso, igualmente submetidas ao regime fixado no art. 449º CSC.

Além disso, a lei societária apenas qualifica como *insiders* primários os membros de órgãos de administração e de fiscalização, ao passo que o CVM inclui, além destes, os que detenham informação privilegiada devido à titularidade de uma participação no capital ou os que obtenham por qualquer facto ilícito ou que suponha a prática de facto ilícito.

A acrescer, o conceito de informação privilegiada apresenta-se mais densificado no Código dos Valores Mobiliários do que o conceito homólogo na lei societária. O regime criminal, por último, é rodeado de mecanismos preventivos mais robustos (cfr. arts. 12º-C nº 4, 248º e 309º-D CVM) do que os encontrados na lei societária (art. 449º, nº 5 CSC).

6. *As cláusulas de exclusão de ilicitude*

As operações de aquisição de ações próprias no âmbito de programas de recompra e de estabilização estão excluídas da proibição do abuso de informação privilegiada desde que cumpram os requisitos enunciados no artigo 5º do Regulamento sobre o Abuso de Mercado e no Regulamento Delegado (UE) 2016/1052 da Comissão de 8 de março de 2016. Estes são relacionados com os objetivos, informação e negociação das operações de aquisição de ações próprias no âmbito de programas de recompra. O aspeto mais problemático prende-se com a tipologia taxativa de objetivos do programa de *buy-back* fixada no regime europeu. Com efeito, para beneficiar da exceção à qualificação como manipulação de mercado deve ser dado cumprimento a um dos objetivos fixados no Regulamento (UE) 596/2014 do Parlamento Europeu e da Comissão de 16 de abril de 2014: redução de capital; emissão de convertíveis; ou execução de programa de stock options[2923].

O não cumprimento destes requisitos não torna a operação automaticamente ilícita; tudo depende da subsunção (ou não) aos critérios de imputação decorrentes da lei (art. 449º CSC ou art. 378º CVM). Mas fora da previsão dos mencionados Regulamentos europeus, deixa a operação de beneficiar desta cláusula de exclusão da ilicitude.

de informação privilegiada (insider trading): a informação enquanto problema jurídico-penal?, Coimbra (2006), 88-90.

[2922] Reenvia-se para os arts. 390º, nº 4, 413º, nº 1, 414º, nº 1, 425º, nº 8 e 434º, nº 3.

[2923] Artigo 5º do Regulamento (UE) 596/2014 do Parlamento Europeu e da Comissão de 16 de abril de 2014. O objetivo deve ser exclusivo ("*sole purpose restriction*") na leitura de Niamh Moloney, *EU Securities and Financial Markets Regulation*[3], Oxford (2014), 753-754.

7. *A responsabilidade civil por abuso de informação privilegiada*

I – A antecedência da codificação societária do século XX em Portugal, levada a cabo pelo Código das Sociedades Comerciais de 1986, sobre a codificação mobiliária, apenas iniciada 5 anos mais tarde – no Código do Mercado de Valores Mobiliários de 1991 –, conduziu a que, por conveniência, alguns temas ligados ao mercado recebessem tratamento normativo originário na lei societária, para depois serem transladados para o domínio mobiliário. Assim sucedeu nomeadamente com a disciplina das OPAs, da manipulação do mercado e também, em parte, com o regime do abuso de informação privilegiada.

Quanto a este último ponto, cumpre lembrar que a versão originária do Código das Sociedades Comerciais inaugurou as intervenções legislativas no âmbito do abuso de informação privilegiada ao regular a reparação de danos provocados pelo aproveitamento e comunicação de informação privilegiada no seu art. 449º. À semelhança de todo o Título VII da lei societária, a criminalização do abuso de mercado viria a ser objeto de posterior aditamento ao Código, através da consagração do art. 524º CSC realizada através do DL nº 184/87, de 21 de abril[2924]. O Código do Mercado de Valores Mobiliários, porém, veio retirar da órbita da codificação societária a criminalização do *insider trading*, revogando o art. 529º, em termos que foram sujeitos a dois posteriores aperfeiçoamentos, já no Código dos Valores Mobiliários (em 1999 e em 2006). Ao mesmo tempo, permaneceu intocado o regime indemnizatório com um âmbito e pressupostos dissemelhantes. No plano do âmbito subjectivo, o quadro não é satisfatório, ao resultar na coexistência, em paralelo, entre nós, um normativo sobre responsabilidade civil por abuso de informação privilegiada em sociedades anónimas, na lei societária, e uma tipificação criminal que atinge todos os emitentes de instrumentos financeiros, no Código dos Valores Mobiliários.

II – Ao disponibilizar um regime sobre reparação de danos provocados por abuso de informação, o Direito nacional mostra ter superado, com vantagem, a tese de que o *insider trading*, assentando em negociações voluntárias, não implicaria dano[2925]. É certo que na transmissão de valores mobiliários em mercado regulamentado com base em informação assimétrica, duas características da negociação dificultam a determinação do lesado: a intermediação obrigatória

[2924] Frise-se, porém, que a matéria sancionatória havia sido divulgada anteriormente como parte integrante do projeto de Código societário, incluindo já uma previsão sobre o crime do abuso de informações: cfr. art. 511º do *Código das Sociedades (Projeto)*, BMJ nº 327 (1983), 335.

[2925] Klaus Hopt, *Okonomische Theorie und Insiderrecht, AG* (1995), 354-355; Piergaetano Marchetti, *Profili privatistici dell'insider trading, in* Carla Rabitti Bedogni (org.), *Il dovere di reservatezza nel mercato finanziario l' insider trading*, Milano (1992), 156-158.

(as partes não estabelecem um contato direto); e o tendencial anonimato (as partes não se conhecem)[2926]. A lei, porém, resolve de modo adequado esta dificuldade, ao estipular – como à frente se retoma – que a sociedade é credora da indemnização se não for possível identificar os lesados (art. 449º, nº 1 *in fine* CSC).

III – A delimitação do dano indemnizável tem em vista a dupla dimensão que fundamenta a ilicitude do *insider trading*: a um tempo microjurídica, ou relativa à tutela individual da confiança da contraparte, e a outro tempo macrojurídica, no que concerne à defesa do eficaz e eficiente funcionamento do mercado[2927].

Em resposta a esta dupla preocupação, e dada a dificuldade em avaliar o dano causado ao mercado pelo abuso informativo[2928], a lei utiliza uma técnica peculiar que não se centra no cálculo e reparação dos danos causados à contraparte, como é regra na obrigação de indemnização (art. 564º CC). Ao invés, para reconstituição da situação que teria ocorrido se não houvesse delito (art. 562º CC), obriga-se o infrator a pagar aos lesados o montante da vantagem patrimonial realizada. O projeto divulgado em 1983 dava conta que o montante a indemnizar os lesados equivaleria ao montante do "*lucro conseguido ou da perda evitada*" pelo infrator[2929]. O texto publicado deixou cair tal explicitação mas no essencial é essa a ideia que, de forma mais elíptica, está consagrada na lei. Esse montante corresponderá usualmente à diferença entre o preço de mercado caso a informação fosse pública e o preço pago ou recebido. A demonstração de uma relação causal entre a utilização de informação privilegiada e a obtenção de benefícios levanta, no entanto, dificuldades probatórias que não são despiciendas[2930].

Além deste regime, convém ter presente haver um dever de restituição de lucros produzidos na esfera de terceiros ao abrigo do art. 378º, nº 7 do Código dos Valores Mobiliários. Embora consagrado a propósito da incriminação penal, este preceito procede a uma extensão dos efeitos civis do *insider trading* que deve ser tido em conta: determina que, sendo o beneficiário é terceiro, este deve

[2926] Há, por isso, quem conteste a natureza contratual da negociação em bolsa. Cfr. a refutação desta tese *supra*, § 22º, 7.

[2927] Klaus Peter Weber, *Insiderrecht und Kapitalmarktschutz*, Berlin (1999), 28-30, 38.

[2928] Paolo Carbone, *Tutela Civile del Mercato e Insider Trading*, cit., 190-191. Entre nós, veja-se Ana Brochado, *A indemnização por abuso de informação privilegiada no Código das Sociedades Comerciais*, Cad. MVM nº 36 (2010), 32-48; Ana Micaela Pedrosa Augusto, *Insider trading: perspetiva sobre o enquadramento jurídico societário no ordenamento português*, O Direito (2004), V, 1028-1042.

[2929] *Código das Sociedades (Projeto)*, BMJ nº 327 (1983), 307.

[2930] Como nota, a propósito do anterior regime penal, Helena Bolina, *A Manipulação de Mercado e o Abuso de Informação Privilegiada na Nova Diretiva sobre Abuso de Mercado (2003/6(CE)*, *Cadernos MVM* nº 18 (Ag.-2004), 65.

devolver os benefícios obtidos com a operação ilícita, ainda que não seja responsável civil ou criminalmente.

IV – Na sua parte final, prevê ainda o nº 1 do art. 449º que, na impossibilidade de identificar os lesados, a indemnização deve ser paga à sociedade. Uma vez que nos situamos ainda no campo da responsabilidade civil, este mecanismo supõe, em todo o modo, a demonstração da existência de prejuízo causado pela atuação ilícita do *insider* ou do *tippee*.

O regime de indemnização a favor da sociedade distingue-se, assim, do instituto de apreensão das vantagens do crime fixado no art. 380º-A CVM[2931]. Esta apreensão é decidida oficiosamente pelo juiz, como consequência direta do crime, ao passo que a indemnização depende do competente pedido judicial. Além disso, a repartição dos benefícios é diferente nos dois casos, revertendo em parte para o Estado e para o sistema de indemnização aos investidores no caso do art. 380º-A CVM. O modo mais adequado para entender a articulação entre os dois preceitos é o de concluir que a apreensão oficiosa das vantagens do crime apenas opera subsidiariamente em relação ao pedido indemnizatório a favor da sociedade.

V – O nº 4 do art. 449º CSC esclarece que o abuso de informação privilegiada constitui justa causa de destituição dos titulares dos órgãos de administração ou de fiscalização. Em caso de *insider trading*, a destituição do dirigente infrator pode ser decidida judicialmente, para o que bastará o requerimento de um acionista. A destituição pode ser igualmente deliberada, pelo mesmo motivo, sem aguardar o desfecho do processo judicial, pela assembleia geral (arts. 403º e 419º, nº 1, 423º-E e 430º, nº 1 *b)* CSC) ou, no caso dos administradores no modelo dualista com designação pelo conselho geral e de supervisão, por este órgão (art. 430º, nº 1 *a)* CSC).

VI – A proibição de abuso de informação assimétrica apresenta implicações profundas ao nível da governação e da organização societária[2932]. Com efeito, os sistemas de controlo de cumprimento em sociedades anónimas tomam invariavelmente como referência central a disciplina interna sobre o acesso e a utilização de informação sensível[2933]. Disso dá conta o nº 5 do art. 449º CSC, que incumbe à administração zelar que outras pessoas que, no exercício de profissão

[2931] Trata-se de regra especial em relação à norma geral contida no art. 111º Código Penal.

[2932] Heinz-Dieter Assmann, *The Impact of Insider Trading Rules on Company Law*, em Klaus Hopt/ /Eddy Wymeersch, *Capital Markets and Company Law*, Oxford (2003), 529-547.

[2933] Carsten Peter Claussen, *Insider-handelsverbot und Ad hoc-Publizität*, cit., 67-73.

ou atividade exteriores à sociedade, tomem conhecimento de informação privilegiada não façam uso da mesma nem a divulguem.

Embora não se apresente como um dever de garantia (notando-se que formulação diversa é por exemplo a prevista, a propósito da manipulação de mercado, no art. 378º, nº 3 CVM), o dever de vigilância aqui estatuído estabelece de modo claro um objetivo, embora não identificando em concreto os meios de o atingir. A intensidade dos deveres será naturalmente maior em sociedades de elevada dimensão ou que tenham valores admitidos à negociação em mercado regulamentado. Nestas últimas, tem sido identificada a prática da atribuição de opções de aquisição de ações (*stock options*) como uma das que reclama mais cuidados organizativos para prevenir o abuso informativo[2934].

Entre as possíveis medidas organizativas figuram a adoção de separações informativas inter-departamentais (*chinese walls*), para prevenir a circulação de informação sensível para fora do núcleo de pessoas estritamente necessário[2935]. A acrescer, na negociação de contratos sensíveis ou importantes para a sociedade impõe-se naturalmente a celebração de acordos de confidencialidade para disciplinar a comunicação de informação. Em sociedades cotadas é obrigatória a elaboração de listas de *insiders,* para apuramento, a cada momento, do perímetro de pessoas com acesso à informação privilegiada[2936].

VII – O nº 5 do art. 450º CSC comina uma sanção adicional aos agentes que utilizem informação privilegiada, a somar-se à responsabilidade criminal e civil. O preceito impõe uma inibição de titularidade de cargos por um prazo de cinco anos desde a prática do facto ilícito, na mesma sociedade ou em sociedade em relação de domínio ou de grupo.

Uma vez que o *cooling-off period* aqui imposto se refere, em termos amplos, à proibição do exercício de *cargos,* queda-se abrangido não apenas o exercício de funções em órgãos sociais mas de qualquer função na sociedade ou em outras em relação de domínio ou de grupo.

Dada a teleologia sancionatória do preceito, deve entender-se que esta inibição vale mesmo que as funções desempenhadas no novo mandato sejam diferentes das vigentes à data da prática do facto, e mesmo que à data da infração o agente não fosse dirigente da sociedade.

[2934] Heinz-Dieter Assmann, *The Impact of Insider Trading Rules on Company Law,* cit., 542.

[2935] Donald Langevoort, *Insider Trading: Regulation, Enforcement and Prevention,* Deerfield et al. (1996), 12-4-12-11; Paulo Câmara, *O governo de grupos bancários,* em *Estudos de Direito Bancário* (1999), 190-195.

[2936] Art. 248º, n.os 6 e 7 CVM.

O intervalo temporal entre o ato ilícito do *insider* e o (re)início de funções foi fixado em 5 anos, o que coincide com o prazo de prescrição aplicável ao abuso de informação privilegiada decorrente do art. 118º, nº 1 *c)* do Código Penal.

§ 49º Manipulação de mercado e uso de informação falsa ou enganosa

1. *Manipulação de mercado; âmbito e pressupostos da incriminação*

I – A finalidade da incriminação da manipulação do mercado é a salvaguarda do regular funcionamento do mecanismo de formação de preços no mercado. Procura-se, assim, acautelar a eficiência do funcionamento dos mercados (na forma fraca): de modo a que o preço corrente reflicta os preços passados e nenhum investidor retire daí um ilegítimo aproveitamento[2937].

II – Como objeto de comportamentos manipulatórios inclui-se qualquer instrumento financeiro (art. 379º, nº 1). A amplitude da formulação utilizada na previsão penal leva a crer que os instrumentos aqui considerados não se confinam ao elenco constante do art. 2º CVM.

III – A incriminação pressupõe um efeito de alteração artificial do regular funcionamento do mercado de instrumentos financeiros prosseguido através de uma das seguintes condutas típicas:

– divulgação de informações falsas, incompletas, exageradas ou tendenciosas;
– a realização de operações de natureza fictícia; ou
– a execução de outras práticas fraudulentas.

Perante este recorte da conduta incriminatória, a lei não exige a demonstração da relação causal entre o ato praticado e o movimento anormal nos mercados; basta-se com a prova de que a conduta praticada seria em abstrato idónea a conduzir ao efeito provocado nos preços[2938]. Estamos, assim, perante um crime de perigo, e não perante um crime de dano[2939].

[2937] Frederico Costa Pinto, *O Novo Regime dos Crimes e Contra-Ordenações no Código dos Valores Mobiliários*, cit., 86-96; Alexandre Brandão da Veiga, *Crime de Manipulação, Defesa e Criação de Mercado*, Coimbra, (2001), 31-166; João Gomes da Silva, *O crime de manipulação do mercado*, Direito e Justiça, ano XIV (2000), 210-ss.

[2938] Cfr. com interesse Paulo de Sousa Mendes/João António Miranda, *Kausalität als heuristisches Kriterium – dargestellt am Beispiel von Kursmanipulation am Finanzmarkt, Gerechtigkeitswissenschaft – Kolloquium aus Anlass des 70. Geburtstages von Lothar Philipps*, Berlin (2005), 329-367.

[2939] Neste sentido, o Acórdão da Relação de Lisboa, 2 novembro de 1999, *Cadernos MVM* nº 6 (1999). Considerando, a propósito deste aresto, o crime de manipulação um crime de *perigo abs-*

Note-se que a partir o Regulamento sobre o Abuso de Mercado, a tentativa de manipulação passou a ser igualmente punida[2940]. Segundo o Regulamento, a prática do crime sob forma tentada inclui situações em que a atividade é iniciada mas não completada, por exemplo devido a uma falha tecnológica ou a uma instrução de negociação que não se concretiza, e também engloba casos de colocação de ordens que podem não ser executadas[2941].

A incriminação da manipulação de mercado e da tentativa de manipulação estende-se não apenas a instrumentos financeiros, incluindo índices de referência (art. 379º-C), mas também a contratos de mercadorias à vista com estes relacionados (art. 379º-B) e a produtos leiloados baseados em licenças de emissão (art. 379º-A)[2942].

IV – Refira-se que, adicionalmente, os titulares do órgão de administração e as pessoas responsáveis pela direcção ou pela fiscalização de áreas de atividade de um intermediário financeiro que, tendo conhecimento de factos anteriormente descritos, praticados por pessoas diretamente sujeitas à sua direcção ou fiscalização e no exercício das suas funções, não lhes ponham imediatamente termo são punidos com pena de prisão até quatro anos ou pena de multa até 240 dias, se pena mais grave não lhes couber por força de outra disposição legal (art. 379º, nº 5)[2943].

2. *Práticas de mercado aceites*

I – O regime europeu referente ao abuso de mercado permite a exclusão de responsabilidade se houver transações realizadas ao abrigo de práticas de mercado aceites pela autoridade nacional[2944]. Trata-se de uma cláusula de exclusão de tipicidade de âmbito doméstico[2945].

tracto-concreto: Alexandre Brandão da Veiga, *Crime de Manipulação de Mercado. Anotação ao Acórdão da Relação de Lisboa de 2 de Novembro de 1999*, em *Cadernos MVM* nº 6 (1999).

[2940] Artigo 15º do Regulamento (UE) nº 596/2014.

[2941] Considerandos 41 e 46 do Regulamento (UE) nº 596/2014.

[2942] Artigo 12º n.os 1 e 2 do Regulamento (UE) nº 596/2014.

[2943] Para uma leitura comparada das consequências sancionatórias que têm sido aplicadas em caso de manipulação: Lev Bromberg/ George Gilligan/ Ian Ramsay, *Enforcement of Financial Market Manipulation Laws: An International Comparison of Sanctions*, CIFR Paper nº 126/2016 (2016).

[2944] Art. 13º do Regulamento (UE) nº 596/2014. Cfr. Arad Reisberg, *Accepted market practices*, em Marco Ventoruzzo/ Sebastian Mock, *Market Abuse Regulation. Commentary and Annotated Guide*, Oxford (2017), 318-324.

[2945] Tal é identicamente a qualificação atribuída por Frederico Costa Pinto, *O novo regime europeu do abuso do mercado e a adaptação do sistema sancionatório nacional*, em Paulo Câmara (coord.) *O*

Ao abrigo do esquema previsto no Regulamento sobre o Abuso de Mercado, a prática de mercado deve ser submetida a parecer da ESMA, que pondera se a definição da prática de mercado aceite não ameaçará a confiança do mercado no mercado financeiro da União[2946]. Mais pormenores são encontrados no Regulamento Delegado (UE) 2016/908 da Comissão de 26 de fevereiro de 2016 que estabelece normas técnicas de regulamentação para os critérios, os procedimentos e os requisitos de definição de uma prática de mercado aceite e os requisitos para a sua manutenção e cessação ou a alteração das condições da sua aceitação.

Entre nós, o Código prevê sobretudo três exclusões típicas da ilicitude em caso de atividades que, pese embora possa ter inteferência nos preços dos instrumentos financeiros, se consideram admissíveis. Em causa estão as operações de fomento de mercado (de que os contratos de liquidez constituem um exemplo), as operações de estabilização e as operações efetuadas pelo Banco Central Europeu, por um Estado, pelo seu banco central ou por qualquer outro organismo designado pelo Estado, por razões de política monetária, cambial ou de gestão de dívida pública (art. 379º, nº 5). São igualmente excluídos da norma proibitiva as transações de ações próprias ao abrigo de programas de recompra de ações próprias, nas condições estabelecidas no artigo 5º do Regulamento sobre o Abuso de Mercado e no Regulamento Delegado (UE) 2016/1052 da Comissão de 8 de março de 2016.

II – As operações de fomento de mercado surgem reguladas no art. 348º CVM e são aí definidas pelo objetivo típico que prosseguem: visar a criação de condições para a comercialização regular num mercado de uma determinada categoria de valores mobiliários ou de instrumentos financeiros, nomeadamente o incremento da liquidez (art. 348º, nº 1).

O suporte contratual de base ao fomento de mercado sofreu uma alteração de disciplina com o DL nº 66/2004, de 24 de março. Na redação originária do Código dos Valores Mobiliários, o contrato de fomento envolvia, como partes, o emitente e o intermediário financeiro encarregue da execução das ordens. Com o diploma de 2004, a relação contratual exigida passou a ser de modo principal entre a entidade gestora do mercado e o intermediário financeiro, por forma a possibilitar àquela uma participação mais direta e uma vigilância mais apertada em operações que afectam o preço dos valores negociados em mercado (art. 348º, nº 2). A mudança de perspetiva com que o legislador encara a figura é, todavia, bem menor do que *prima facie* poderia aparentar e o regime descrito não

Novo Direito dos Valores Mobiliários, (2017) 38.

[2946] Para a respectiva justificação, e para uma indicação das práticas de mercados aceites, deve ser consultado o sítio Internet do ESMA em http://www.esma.europa.eu.

significa que o emitente esteja afastado desta operação: quando respeite a valores mobiliários e nos casos típicos, o contrato envolve igualmente o emitente dos valores atingidos (art. 348º, nº 3) – o qual será, aliás, em circunstâncias normais o impulsionador do fomento de mercado, por deste beneficiar diretamente.

É bom ter presente que a lei apenas trata diretamente das operações de estabilização e fomento de mercado como atividades de intermediação, não disponibilizando um tratamento geral para os casos em que não são intermediários financeiros a desenvolver atividades (efectiva ou potencialmente) estabilizadoras. O caso mais relevante a que nos referimos respeita à negociação desenvolvida pelo emitente em relação a ações próprias, que traduz usualmente um efeito estimulador de liquidez – e, em caso de aquisição de ações próprias que envolvam quantidades apreciáveis, pode idóneo a provocar subidas nos preços. Até final de 2004, apenas indicações recomendatórias da CMVM cobriam essa matéria[2947]. O panorama alterou-se com a transposição para o direito português da Diretiva sobre Abuso de Mercado e com a vigência do Regulamento que neste ponto a complementou[2948], que – como atrás indicado – criaram uma delimitação negativa da punição criminal da manipulação e do abuso (*safe harbour*) em caso de programas de recompra de ações próprias. O mesmo quadro essencial mantém-se atualmente, com o Regulamento sobre o Abuso de Mercado e o Regulamento Delegado (UE) 2016/1052 da Comissão de 8 de março de 2016. Estes textos europeus, todavia, não esclarecem em que caso as operações de aquisições de ações próprias são lícitas – apenas tratam dos programas de recompra e, ainda assim, neste caso apenas para afastar a punição por manipulação de mercado (e não a ilicitude por outros motivos).

III – O desenvolvimento de operações de estabilização de preços, a que alude o art. 349º, procura contrariar um fenómeno comummente verificado nas ofertas públicas de distribuição. São de ocorrência frequente, após a realização de ofertas de distribuição, as descidas de preços dos valores mobiliários distribuídos – fenómeno particularmente detectável perante ofertas de subscrição de ações, atento o efeito de diluição por virtude do aumento do capital social. Neste quadro, a estabilização de preços visa precisamente corrigir e atenuar este efeito de queda, dentro de limites aceitáveis que se harmonizem com o princípio de formação regular dos preços.

Na versão originária do Código, a execução de contratos de estabilização poderia ocorrer a partir da publicação do anúncio de lançamento e até 30 dias após

[2947] Cfr. http://www.cmvm.pt/recomendacoes e orientacoes/recomendacoes/ accoes.asp.

[2948] Art. 8º da Diretiva 2003/6/CE, de 28 de janeiro de 2003 e Regulamento nº 2273/2003, de 22 de dezembro de 2003.

o apuramento do resultado da oferta pública. O preceito que albergava tal previsão (art. 160º) foi entretanto revogado pelo Decreto-Lei nº 52/2006, de 15 de março. Atualmente, as operações de estabilização apenas são permitidas quando realizadas nas condições estabelecidas no artigo 5º do Regulamento sobre o Abuso de Mercado e no Regulamento Delegado (UE) 2016/1052 da Comissão de 8 de março de 2016.

3. *O crime de uso de informação falsa ou enganosa na captação de investimento*

I – A transposição da Diretiva do Abuso de Mercado para o direito nacional, através da Lei nº 28/2017, de 30 de maio, veio determinar a consagração de um novo tipo criminal mobiliário: o uso de informação falsa ou enganosa na captação de investimento. Trata-se de uma novidade legislativa assumida oficiosamente como resposta política aos danos provocados pela operação de aumento de capital que precedeu o colapso do Banco Espírito Santo (2014). Esta modalidade de génese legislativa ocorre frequentemente na área mobiliária. Como afirma Matteo Gatti, *there is consensus that corporate and securities laws are reactive in nature*[2949]. O preceito merece, assim, ser analisado no seu conteúdo e nas suas implicações.

II – A sede legal da matéria é o art. 379º-E CVM, cujo nº 1 determina que os titulares de um órgão de direção ou administração de um intermediário financeiro, de uma entidade que detenha uma participação qualificada num intermediário financeiro ou de uma entidade emitente de valores mobiliários ou de outros instrumentos financeiros que, por qualquer forma, deliberem ou decidam, para essa entidade ou para outrem, a captação de investimentos, a colocação de valores mobiliários ou de instrumentos financeiros ou a captação de financiamento por qualquer outro meio, utilizando para o efeito informação económica, financeira ou jurídica falsa ou enganosa, são punidos com pena de prisão de 1 a 6 anos.

O primeiro aspeto criticável deste preceito é o de que o legislador coloca o enfoque da incriminação na *deliberação adotada* sobre levantamento de fundos com base em informação deficitária. O tipo criminal de base não requer prejuízo dos investidores, nem influência nos preços, nem captação de investimento[2950]

[2949] Matteo Gatti discute precisamente o efeito de transações incomodativas (*upsetting deals*) que determinam alterações legislativas: *Upsetting Deals and Reform Loop: Can Companies and M&A Law in Europe Adapt to the Market for Corporate Control?*, Columbia Journal of European Law, (2018).

[2950] O art. 379º-E CVM prevê um caso de agravamento do ilícito se forem efetivamente subscritos ou comercializados valores mobiliários ou outros instrumentos financeiros, obtidos investimentos ou recebidos financiamentos: nesse caso, o agente é punido com pena de prisão de 2 a 8 anos.

para a conduta se revelar passível de censura penal. Surge, pois, uma antecipação extrema da tutela jurídica da distribuição de instrumentos financeiros com base em informação deficitária.

Sucede, porém, que a lesão de prescrições em matéria informativa já tem respostas normativas ao nível da responsabilidade civil (nomeadamente no âmbito da responsabilidade pelo prospeto) e contraordenacional. Além disso, este novo tipo penal parece esquecer a manipulação de mercado ou a vigência de tipos penais gerais, tais como os crimes de burla ou de falsificação de documentos, de branqueamento de capitais ou de prestação de informações falsas no âmbito societário que são aptos a corrigir comportamentos ilícitos no mercado de valores mobiliários ligados a deficiências informativas[2951].

Impressiona identicamente a extrema amplitude do tipo penal, ao cobrir os casos de captação de financiamento por qualquer meio, ainda que não realizadas por sociedades cotadas, não se limitando o legislador às situações centrais de oferta pública de distribuição. Ao se centrar na captação de investimento, a divulgação de informação deficitária ou enganadora em ofertas públicas de aquisição queda-se fora do âmbito aplicativo da norma.

III – Para efeitos do preenchimento do tipo de ilícito, deve haver utilização de *informação económica, financeira ou jurídica falsa ou enganosa*. Segundo o art. 379º-E nº 4, a informação é considerada falsa ou enganosa sempre que, designadamente, apresente situações favoráveis sem correspondência na realidade ou omita factos desfavoráveis que deveriam ser apresentados. Não é, assim qualquer vício informativo (designadamente uma incompletude no prospeto) que se pode qualificar para este efeito como informação falsa ou enganosa.

Esta delimitação coloca problemas aplicativos de monta. Consegue-se antever o que seja informação económica ou financeira falsa, que se deteta nomeadamente nos casos em que os documentos de prestação de contas não revelem uma imagem verdadeira e apropriada da situação financeira da sociedade[2952]. Por seu turno, na prática revela-se bastante mais difícil configurar casos de qualificação da informação *jurídica* como enganosa. Com efeito, se a informação jurídica assentar em premissas factuais verídicas situamo-nos fora do âmbito da tipicidade da norma; por seu turno, se as premissas factuais não são verídicas o problema não é do tratamento jurídico, mas da fonte da informação factual incorreta.

[2951] Paulo Câmara/ Cláudia Amorim, *Regulação financeira e goldplating*, Negócios, (10-abr.-2017).

[2952] Frederico Lacerda da Costa Pinto, *Falsificação de Informação Financeira nas Sociedades Abertas*, Cadernos do Mercado de Valores Mobiliários nº 16 (2003); Id., *A Responsabilidade Criminal dos Auditores, as Normas de Conduta Profissional e a Informação no Sistema Financeiro, Cadernos MVM* 55 (2017), 192-201.

IV – Um dos elementos mais marcantes deste tipo penal é o de determinar a imputação subjetiva ainda que a título negligente – embora nesse caso a pena seja reduzida a metade nos seus limites mínimos e máximos. Tal mostra implicações em termos dos critérios interpretativos da norma e dos deveres de cuidado a empregar em casos de operações de captação de investimento.

Os artigos 7º e 9º da Diretiva 2014/57/UE determinam que as sanções penais aplicáveis em matéria de abuso de mercado devem ser proporcionais[2953]: nessa medida, o art. 379º-E deve ser interpretado à luz deste princípio. De acordo com o princípio da proporcionalidade, o aplicador do direito deve aplicar um critério de culpa particularmente exigente para merecer a tutela penal: se a culpa for leve ou média, revela-se suficiente a resposta a imputação de danos com base em responsabilidade civil; apenas em caso de negligência grosseira é que se deve ter por preenchido o tipo penal.

Por seu turno, na avaliação do cumprimento dos deveres de cuidado releva ponderar o efeito da intervenção da CMVM, cujo registo prévio de oferta pública e cuja aprovação do prospeto de admissão servirão precisamente para evitar a inclusão de informações favoráveis sem correspondência na realidade ou a omissão de factos desfavoráveis que deveriam ser divulgados.

V – Em balanço final, importa salientar que não há diploma europeu algum que obrigue à adoção desta solução.

Designadamente, a Diretiva 2014/57/UE do Parlamento Europeu e do Conselho, de 16 de abril de 2014 não obriga à consagração deste tipo criminal, embora admita o reforço de sanções penais.

Sucede que as respostas normativas paralelas encontradas em ordenamentos jurídicos próximos revelam um equilíbrio ausente na delimitação do tipo penal consagrado no art. 379º-E[2954]. Assim, o crime de falsidade do prospeto em Itália reclama o objetivo de obtenção de um enriquecimento injusto, a intenção de enganar e o conhecimento da falsidade do prospeto por parte do agente e uma ligação causal entre o défice informativo e o erro do investidor[2955]. Por seu turno, em Espanha o crime de falsidade no mercado de capitais exige uma conduta dolosa na falsificação de informação com o propósito de captar investidores ou

[2953] Reenvia-se igualmente para os Considerandos 18, 19 e 24 da Diretiva 2014/57/UE do Parlamento Europeu e do Conselho, de 16 de abril de 2014.

[2954] Trata-se de um ponto convincentemente defendido por José Lobo Moutinho, em intervenção sobre o tema no II Congresso de Valores Mobiliários e Mercados Financeiros (2018).

[2955] Art. 2623 codice civile italiano.

depositantes[2956]. Por último, a punição penal germânica da fraude no mercado de capitais não se estende a condutas negligentes[2957].

Em suma: este novo tipo criminal combina, numa aliança perversa, gold-plating e experimentalismo regulatório, suspeitando-se que a sua aplicação possa ter como efeitos o de contramotivar ofertas de distribuição dirigidas ao mercado nacional e o de contribuir, ainda que inadvertidamente, para uma retração ainda mais significativa do mercado nacional de valores mobiliários.

[2956] Art. 282 bis Código Penal espanhol.

[2957] Art. 264 a StrGB.

Capítulo XVI
Direito Internacional dos Valores Mobiliários

§ 50º Internacionalização do Direito dos valores mobiliários

1. *Direito dos valores mobiliários e normas de conflitos*

I – A internacionalização dos mercados financeiros amplia a liberdade de escolha dos investidores e dos operadores e favorece a diversificação dos investimentos, propiciando por isso a eficiência alocativa dos mercados[2958]. Porém, tal internacionalização acarreta de igual modo riscos. Figuram, à cabeça, os riscos sistémicos: a integração dos mercados e a prática da arbitragem importam uma correlação internacional de preços, pelo que os desequilíbrios se propagam muito facilmente em todo o globo. Somam-se os riscos de internacionalização dos delitos, potenciados pela utilização da Internet, dada a dificuldade de imputação do delito realizados através de meios informáticos. Por fim, deve ser ponderado o risco de incerteza jurídica, revelados na existência de conflitos positivos ou negativos de jurisdição ou na dificuldade na determinação da lei aplicável.

Como se sabe, estes problemas são adensados em virtude de o Direito dos valores mobiliários combinar normas de Direito privado com normas de Direito público[2959] e de situar em zona de grande proximidade com o Direito da sociedades[2960].

[2958] Rüdiger Veil (ed.), *European Capital Markets Law*, Oxford (2013), 18-19.

[2959] Uwe Schneider, *Internationales Kapitalmarktrecht*, AG nº 6 (2001), 270-274.

[2960] Sergio Carbone, *Stumenti finanziari, corporate governance e diritto internazionale privato tra disciplina dei mercati finanziari e ordinamenti nazionali*, *Rivista delle Società* (2000) 457-479; Hans Van

II – Ante este quadro, duas tendências clássicas antagónicas se desenhavam: ou o problema da incerteza jurídica era ignorado ou se proclamava *à outrance* uma aplicação extra-territorial da *lex fori*.

A orientação comunitária reflectia, até há pouco tempo, a primeira tendência. A ilustrá-lo, releva invocar a Diretiva nº 79/279/CEE sobre admissão de valores mobiliários, que dispunha que os valores mobiliários deve respeitar as leis e regulamentos a que se sujeitam – sem no entanto esclarecer quais os critérios no apuramento do direito aplicável[2961]. A Convenção de Roma sobre obrigações contratuais de 1980, por seu turno, na sua versão originária deixava de fora uma larga parte da matéria do Direito mobiliário.

Orientação contrária era a decorrente de algumas intervenções legislativas norte-americanas, as quais, geradas em contexto histórico pouco preocupado com a globalização, acabam por traduzir efeitos aplicativos extra-territoriais[2962].

Em confronto com estes dados, o Direito mobiliário português, logo desde o Código de 1991, revelou uma preocupação para o problema. A solução encontrada nesse pioneiro diploma, porém, envolvia uma maximização da aplicação da lei doméstica, que deveria aplicar-se aos valores mobiliários emitidos, negociados ou comercializados em Portugal (art. 2º CdMVM). Embora cómoda para os órgãos de aplicação do direito nacionais, trata-se de uma solução irrealista e inadequada para um mercado de dimensões modestas, que acaba por repelir o investimento estrangeiro.

III – A evolução mais recente do Direito internacional privado mobiliário tem como marcos essenciais a regulação constante do Código dos Valores Mobiliários e o renovado Regulamento (CE) nº 593/2008, de 17 de junho de 2008.

O Código dos Valores Mobiliários alberga uma disciplina internacional-privada mais analítica e equlibrada que a constante do diploma anterior, o que envolve inclusivamente alguns traços de pioneirismo, se comparados com instrumentos legislativos provindos de outros sistemas jurídicos.

No Código não se prescindiu, porém, de uma cláusula geral que afirma a aplicação do seu regime sempre que haja uma conexão relevante com o território português (art. 3º). Para este efeito, considera o nº 2 do art. 3º CVM apresentarem conexão relevante com o território português, designadamente: as ordens dirigidas a membros de mercados regulamentados ou de sistemas de

HOUTTE, *The Law applicable to Securities Transactions: Choice of Laws Issues,* em *The Future for the Global Securities Market (Legal and regulatory aspects)* Clarendon Press. Oxford (1996) 69-83.

2961 Anexo A. I.1 e Anexo B I da Diretiva nº 79/279/CEE.

2962 MARC STEINBERG, *International Securities Law: A Contemporary and Comparative Analysis* (1999), 1-51; CHRISTOF AHA, *Die Cross-Border Rules der SEC und ihre Bedeutung für das Kapitalmarktrecht,* AG 6/2002 (2002), 313-328.

negociação multilateral registados na Comissão de Mercado de Valores Mobiliários (CMVM) e as operações realizadas nesses mercados ou sistemas; as atividades desenvolvidas e os atos realizados em Portugal; e a difusão de informações acessíveis em Portugal que digam respeito a situações, a atividades ou a atos regulados pelo direito português.

Representando em certa medida um resquício do Código pregresso, esta solução tem recebido críticas pela sua vaguidade e pela incerteza jurídica a que pode dar azo[2963]. É certo que a norma deixa por apresentar critérios diretos de localização dos atos jurídicos relevantes e pode suscitar dificuldades aplicativas, nomeadamente em atividades desenvolvidas através da Internet (por exemplo, manipulação plurilocalizada de mercados). Ainda assim, o art. 3º apresenta um esforço sensível de densificação: se, por via interpretativa, for mantida a extrema contenção no elenco de elementos de conexão relevante com o território português, o preceito postula o que se crêem ser soluções ajustadas.

Aliás, em múltiplos pontos, o Código denota o cuidado de não pretender enveredar por uma solução maximalista quanto à aplicação da lei local. Repare-se, em primeiro lugar, que a sociedade aberta unicamente adquire essa qualidade, para efeitos do Código, se a abertura do capital for realizada em Portugal, seja através de oferta pública dirigida especificamente a pessoas com residência ou estabelecimento em Portugal ou através de mercado regulamentado situado ou a funcionar em Portugal (art. 13º, nº 1); semelhante limitação vale para os deveres de comunicação de participação qualificada (art. 16º, n.os 1 e 2). A disciplina contida no Título III, por sua banda, vale para as ofertas dirigidas especificamente a pessoas com residência ou estabelecimento em Portugal (art. 108º, nº 1), salvo quanto a OPAs, no âmbito das quais se aplica uma laboriosa distinção entre a *lex mercatus* e a *lex societatis* decorrente da Diretiva comunitária na matéria e plasmada, entre nós, no nº 2 do art. 108º(em articulação com o art. 145º-A). A aplicação do critério quantitativo para qualificação das ofertas como públicas, de outra banda, apenas se verifica se a centena de pessoas a que a oferta se dirige forem investidores não profissionais com residência ou estabelecimento em Portugal (art. 109º, nº 3). As normas relativas às entidades gestoras de mercados apenas respeitam às que giram mercados regulamentados situados ou a funcionar em Portugal (por ex. art. 218º). Pode ainda ser conferido relevo ao incumprimento das regras de direito estrangeiro, por parte do emitente, para efeitos da recusa de admissão (art. 235º, nº 1 *b)*). O conceito de intermediário financeiro atém-se aos sujeitos como tal autorizados a exercer atividades de intermediação financeira em Portugal (art. 293º, nº 1). Por último, os critérios de delimi-

[2963] Assim, defendendo uma interpretação restritiva da norma contida no art. 3º, cfr. Luís Lima Pinheiro, *Direito Aplicável às Operações Bancárias Internacionais*, cit., 626-627.

tação da competência da CMVM quanto à aprovação do prospeto (arts. 145º e 145º-A), quanto à supervisão dos emitentes (arts. 244º, 244º-A e 244º-B, nº 5) e dos intermediários financeiros (art. 315º) e as regras sobre acesso a membros remotos do mercado (arts. 224º e 225º) representam soluções comunitárias, relativamente às quais o legislador interno não se poderia desviar.

Dogmaticamente menos contestado é o catálogo de normas de conflitos constante dos arts. 39º a 41ºe a proibição de reenvio consagrada no art. 42º[2964].

IV – O Direito mobiliário das normas de conflitos é ainda abrangido pelo Regulamento (CE) nº 593/2008 do Parlamento Europeu e do Conselho, de 17 de junho de 2008 – usualmente designado de forma abreviada como Regulamento Roma I[2965].

2. *Harmonização e concorrência legislativa*

I – A aproximação de soluções jurídicas no Direito dos valores mobiliários, em termos internacionais, pode comportar diversos graus[2966].

Concebe-se, assim, como modalidade menos intensa, um *reconhecimento unilateral* de regulação, a ocorrer quando um Estado, através de autoridade competente para o efeito, anuncia considerar as regras de outro Estado adequadas e suficientes para acautelar os interesses dos investidores e do mercado. Acima deste, figura o *reconhecimento mútuo,* que pressuõe uma recíproca aceitação da suficiência das regras jurídicas em comparação.

A *harmonização legislativa,* como é sabido, significa o estabelecimento de soluções normativas comuns a vários Estados. Distingue-se, ainda, consoante os temas sujeitos a harmonização sejam objeto de uma uniformização parcial (como é caso da *harmonização mínima)* ou total.

Por último, o grau máximo de aproximação jurídico-mobiliária é aquele em que a harmonização legislativa é acompanhada de uma *convergência* de práticas, designadamente interpretativas e de *enforcement,* pelos órgãos aplicadores do Direito – nomeadamente por parte das autoridades de supervisão.

II – Detetam-se várias manifestações destas formas de aproximação. O exemplo mais acabado provém da Europa, mercê do gradual processo de harmoni-

2964 Maria Helena Brito, *Sobre a aplicação no espaço do novo Código dos Valores Mobiliários,* em *Cadernos do Mercado de Valores Mobiliários,* nº 7 (2000), 49-73; Luís Lima Pinheiro, *Direito Aplicável às Operações Bancárias Internacionais,* ROA ano 67, Vol. II (Set.-2007), 607-627; Id., *Direito Aplicável às Operações sobre Instrumentos Financeiros,* cit., 185-189 e *passim.*

2965 Remete-se para a apresentação do Regulamento ensaiada *supra,* § 3º, 3.

2966 Com propostas interessantes sobre o tema: International Bar Association Legal Practice Division, *Report of the Task Force on Extraterritorial Jurisdiction* (2008), 279-285.

zação legislativa levado a cabo nas últimas três décadas, atrás já por diversas vezes tratado[2967].

Fora do espaço europeu, convém salientar que os EUA ensaiaram esquemas de reconhecimento mútuo de prospetos em ofertas, através de um acordo de cooperação bilateral estabelecido em 1991 com o Canadá (*Multijurisdictional Disclosure System*)[2968]. Além disso, em 2008, a *Securities and Exchange Commission* iniciou um programa tendente à celebração de acordos de reconhecimento mútuo do regime de intermediários e mercados, de que já resultou um protocolo de cooperação com a Austrália[2969] e poderá igualmente determinar, a prazo, um entendimento com a Comissão Europeia[2970].

III – A análise crítica dos méritos e deméritos da harmonização e da concorrência legislativas envolve-se numa discussão densa que não cabe aqui explorar em toda a sua extensão[2971].

Não parece possível divisar, *ex ante*, um grau óptimo de aproximação normativa internacional, dentro da escala atrás enunciada. A harmonização ou a convergência potenciam uma diminuição dos custos de transação e uma correção de algumas falhas do mercado. Todavia, os graus menos intensos de aproximação legislativa podem, por seu turno, ampliar as escolhas dos investidores e dos operadores do mercado e ser mais adaptados às estruturas jurídico-culturais locais.

Admite-se, contudo, que o grau de harmonização não deva ser forçosamente o mesmo em todas as áreas jurídicas com ligação aos mercados de valores mobiliários.

A título de exemplo, no caso das normas de contabilidade impôs-se a conclusão de que um padrão único transnacional apresenta vantagens notórias, no

[2967] Cfr. *supra*, nomeadamente § 2º, 3.-4., § 23º e § 26º.

[2968] Cfr. a propósito Benn Steil, *International Financial Market Regulation*, cit., 225-226.

[2969] O *Mutual Recognition Arrangement Between The United States Securities And Exchange Commission And The Australian Securities And Investments Commission* (2008) encontra-se acessível em http://www.404.gov/about/offices/oia/oia mututal recognition/ australia/framework arrangement.pdf.

[2970] Sobre a aproximação mobiliária transatlântica: Kern Alexander/Eilís Ferran/ Howell Jackson/Niamh Moloney, *Transatlantic Financial Services Regulatory Dialogue, EBOLR* 7 (2006), 647-673.

[2971] Uma selecção contida de títulos sobre esta matéria não pode prescindir dos seguintes: Roberta Romano, *The Genius of American Corporate Law*, Washington (1993); Id., The *Advantage of Competitive Federalism for Securities Regulation*, Washington (2002); Luca Enriques, *The Mandatory Bid Rule in the Proposed EC Takeover Directive: Harmonization as Rent-Seeking?* (2003); Id., *EC Company Law Directives and Regulations: How Trivial are They?*, ECGI WP 39/2005 (2005); Id., *Company Law Harmonization Reconsidered: What Role for the EC?*, ECGI WP 53/2005 (2005); Luca Enriques/Matteo Gatti, *Is There a Uniform EU Securities Law after the Financial Services Action Plan?* (2007).

plano da comparabilidade da informação, da eficiência e da educação dos investidores[2972]. O mesmo se dirá quanto às exigências prudenciais das empresas de investimento e das instituições de crédito, que confiam na harmonização promovida pelo Comité de Basileia e transposta para o contexto europeu, através de Diretivas europeias[2973]. Fica documentada, assim, a asserção de que nestas áreas a concorrência legislativa pode ser tida como perniciosa.

Inversamente, no âmbito do governo das sociedades são dominantes as opiniões que preferem favorecer a concorrência de sistemas e de modelos[2974]. Tal tem conduzido ao afastamento de um código de governo europeu, em favor de uma harmonização da prestação de informação sobre o grau de cumprimento dos códigos recomendatórios locais[2975].

Em balanço geral sobre este ponto, forçosamente provisório, parece ser de concluir que, tendencialmente, a concorrência legislativa tem a seu favor argumentos mais fortes nas áreas jurídicas em que a juventude das soluções normativas ou a componente cultural sejam mais arreigadas. Nesse âmbito estrito, a harmonização mobiliária pode revelar-se desajustada, ao favorecer a petrificação de soluções legais não testadas[2976] ou ao desencadear artificiais transplantes legais[2977], ao arrepio das tradições jurídico-culturais vigentes.

3. *A equivalência legislativa*

I – A harmonização europeia do Direito dos valores mobiliários tem levado a uma progressiva atenção relativamente ao tratamento dos operadores de Estados terceiros.

À partida, o tema comportaria duas visões extremas: ou os Estados não europeus viriam a encetar um caminho harmonizador; ou, ao invés, o seu regime não seria considerado.

[2972] MENEZES CORDEIRO, *Introdução ao Direito da Prestação de Contas*, Coimbra (2008), 29-40; AAVV, *O Direito do Balanço e as Normas Internacionais de Relato Financeiro*, Coimbra (2007), 11-75.

[2973] MICHAEL BARR/GEOFFREY MILLER, *Global Administrative Law: The View from Basel, The European Journal of International Law* Vol. 17 nº 1 (2006), 15-46; PAULO CÂMARA, *Supervisão Bancária: recentes e próximos desenvolvimentos*, em *I Congresso de Direito Bancário*, (2014), 283-316; LUÍS CARVALHO, *Os Sistemas de Supervisão Prudencial na União Europeia* (2003), 84-96.

[2974] GÉRARD HERTIG/JOSEPH MCCAHERY, *Company and Takeover Law Reforms in Europe: Misguided Harmonization Efforts or Regulatory Competition?*, EBOR nº 4 (2003), 179-211.

[2975] Na governação de instituições de crédito, entidades gestoras da OIC e de seguradoras esta orientação não tem sido seguida, em benefício de uma harmonização bastante intrusiva, dada a ligação destas matérias à regulação prudencial: cfr. nomeadamente PAULO CÂMARA (coord.), *A Governação de Bancos nos Sistemas Jurídicos Lusófonos*, Coimbra (2016), 13-28, 433-435 e *passim*.

[2976] LUCA ENRIQUES, *Company Law Harmonization Reconsidered: What Role for the EC?*, ECGI WP (2005), 20.

[2977] ALAN WATSON, *Legal Transplants. An Approach to Comparative Law*^{2}, Athens/ London (1993), 116 e *passim*.

A quebrar esta lógica bipolar, têm vindo a surgir soluções legislativas que reconhecem efeitos jurídicos a autorizações ou operações realizadas no estrangeiro desde que obedeçam a exigências *equivalentes* às do Direito nacional[2978].

A equivalência, neste âmbito, não significa uma coincidência absoluta de soluções normativas entre vários Estados: reclama, tão só, a existência de uma base comum suficiente para evitar uma duplicação de atos autorizativos para operadores que atuam nos diversos Estados considerados. O conceito de equivalência funciona, neste contexto, como um sucedâneo da harmonização legislativa. No limite – mas não necessariamente –, o exercício de equivalência pode estimular uma aproximação redobrada de soluções, como preparação para a convergência.

II – Afigura-se difícil reconstituir um quadro comum do regime da equivalência, dado que o tema permanece ainda na sua infância[2979]. Adiantar-se-á, contudo, que os critérios de equivalência devem ser recíprocos, sob pena de colocarem os operadores domésticos em situação de desvantagem competitiva.

O tema apela, além disso, a uma atuação concertada entre vários países, de modo a não gerar focos de arbitragem regulatória originados por Estados portadores de uma visão mais liberal dos critérios de equivalência.

III – Os mecanismos de equivalência vigentes em Portugal não obecedem a estritos padrões de uniformidade. Em geral, estes mecanismos não são de funcionamento automático, antes dependendo de um ato de reconhecimento de equivalência a ser praticado, mais comummente, pela autoridade de supervisão.

Alguns exemplos podem, a este propósito, ser adiantados. Assim, o regime do prospeto, segundo o esquema europeu, não isenta o prospeto da sua aprovação, ainda que baseado em informação equivalente (art. 147º CVM). A aceitação de relatório de auditoria emitido em país terceiro, por seu turno, não implica o registo local do auditor, mas obriga a um ato de reconhecimento dos padrões por este seguidos como equivalentes (art. 9º, nº 2). É necessário um ato da CMVM para formular a exigência de reconciliação dos documentos financeiros em normas nacionais de contabilidade de um país terceiro consideradas equivalentes às IAS/IFRS (art. 250º-B, nº 1 *c*))[2980]. Além disso, depende de autorização

[2978] O tema adquire redobrado sentido após o Brexit: EILIS FERRAN, *The UK as a Third Country Actor in EU Financial Services Regulation*, University of Cambridge Faculty of Law Research Paper nº 47/2016 (2016).

[2979] Contributos pioneiros nesta matéria foram dados por ETHIOPIS TAFARA/ROBERT J. PETERSON, *A Blueprint for Cross-Border Access to US Investors: A New International Framework, Harvard International Law Journal* 48 (2007), 31-68. Cfr. igualmente ERIC PAN, *The New Internationalization of US Securities Regulation: Improving the Prospects for a Trans-Atlantic Marketplace, European Company Law*, Vol. 5, No. 08/2 (2008).

[2980] Cfr. art. 23º, n.ºs 1 e 4 da Diretiva nº 2004/109/CE.

da CMVM a disponibilização, em território nacional, de mecanismos adequados a facilitar o acesso e a negociação a mercado autorizado em Estado que não seja membro da União Europeia (art. 225º, nº 2). Por fim, no âmbito do subdepósito em países não-europeus, a CMVM estabelece os requisitos com um efeito equivalente em termos de salvaguarda dos direitos dos clientes (art. 306º, nº 7).

Frise-se que o Código por vezes se refere a condições de equivalência, sem distinguir operadores europeus de não europeus. Tal o que sucede no regime do sistema centralizado, que admite que as contas de registo individualizado sejam abertas junto de intermediários financeiros reconhecidos pela entidade gestora do sistema centralizado, desde que estejam organizadas em condições de eficiência, segurança e controlo equivalentes às exigidas aos intermediários financeiros autorizados a exercer a sua atividade em Portugal (art. 91º, nº 3)[2981].

4. *Cooperação internacional*

I – O crescente estabelecimento de formas de cooperação entre autoridades de supervisão nacionais, seja em termos de relações bilaterais, seja através de organizações internacionais (*inter alia*, a IOSCO e a ESMA) representa uma necessidade e uma inevitabilidade.

Uma das ferramentas principais da IOSCO em matéria de cooperação internacional é o seu Memorando Multilateral de Entendimento sobre trocas de informação (*Multilateral Memorandum of Understanding Concerning Consultation and Cooperation and the Exchange of Information*). Este documento foi aprovado em 2002, conta com mais de uma centena de signatários e tem como objetivo a padronização e a simplificação dos processos de troca de informações para fiscalização do direito mobiliário entre cada uma das autoridades aderentes[2982].

II – Entre nós, em vários pontos do Código é firmado um dever de estabelecimento de formas de cooperação (veja-se nomeadamente os arts. 148º e 374º-377º). Assim sucede, desde logo, atenta a inexistência de autoridades internacionais de supervisão. Subjaz a este ponto uma constatação de natureza paradoxal: pese embora a integração geográfica dos mercados financeiros, em termos mundiais, as autoridades de supervisão assumem invariavelmente natureza estatal.

Um requisito essencial para a cooperação é a preservação da confidencialidade da informação sigilosa trocada entre autoridades de supervisão (art. 81º

[2981] Cfr. igualmente, nesta aceção ampla de equivalência, o art. 283º, nº 3 e art. 306º, nº 5 *d)*.

[2982] Janet Austin, *IOSCO's Multilateral Memorandum of Understanding Concerning Consultation and Cooperation and the Exchange of Information – A Model for International Regulatory Convergence*, Criminal Law Forum, Vol. 23, No. 4, (2012) 393-423; Id., *The Power and Influence of IOSCO in Formulating and Enforcing Securities Regulations, Asper Review of International Business and Trade Law* (2016).

n.ºs 4 e 5 RGIC). Tal revela-se estritamente necessário para uma relação de confiança entre autoridades de supervisão. Mais genericamente, o dever de segredo das autoridades de supervisão surge igualmente fundado na proteção constitucional da vida privada dos clientes, como direito fundamental[2983], no respeito pela teleologia do segredo bancário[2984] e na proteção da confiança dos administrados na preservação da confidencialidade da informação facultada às autoridades de supervisão.

Justificadamente, são diversos os textos internacionais que sublinham esta vertente[2985].

III – A cooperação internacional revela-se funcionamente relevante para promover a articulação entre autoridades para a salvaguarda da integridade dos mercados e da estabilidade sistémica. Serve ainda para articular esforços entre autoridades de diversos Estados para detetar, prevenir e punir delitos com efeitos transfronteiriços.

Releva, identicamente, para assegurar a troca de informação em processos autorizativos e para o intercâmbio de informação sobre estrutura de titularidade de participantes qualificados em empresas financeiras ou sociedades cotadas[2986].

No cumprimento destes objetivos, e dada a veloz dinâmica dos mercados financeiros, é fácil adivinhar que a celeridade e a completude da resposta aos pedidos de cooperação representam critérios centrais da eficácia dos sistemas de articulação internacional em que assentam.

IV – No contexto europeu, a cooperação internacional entre autoridades competentes assume-se, em primeira linha, como trave mestra para a harmonização normativa, em geral, e para a eficácia intra-europeia de atos autorizativos (aprovações de prospetos e autorizações de intermediários financeiros), em particular. A principal estrutura europeia com vocação direta para a cooperação é a *European Securities Markets Authority* (ESMA), já atrás analisada[2987].

[2983] Capelo de Sousa, *O Segredo Bancário. Em especial, face às alterações fiscais da Lei nº 30-G/2000, de 29 de Dezembro*, em *EH ao Professor Doutor Inocêncio Galvão Teles* (2002), II, 157-223; assim, também, Menezes Cordeiro, *Manual de Direito Bancário*^{5}, cit., 363-366.

[2984] Renzo Costi, *L'Ordinamento Bancario*^{2}, Bologna (1994), 502-503.

[2985] Entre muitos: o art. 6º do *Multilateral Memorandum of Understanding* do *Committee of European Securities Regulators;* e o art. 6.6 dos *Objetives and Principles of Securities Regulation* da *International Organization of Securities Commissions: Staff of the regulator should observe the highest professional standards and be given clear guidance on conduct matters including: (...) the proper observance of confidentiality and secrecy provisions and the protection of personal data.*

[2986] No âmbito da IOSCO, foi elaborado um Memorando Multilateral de Entendimento (MMOU), a que a autoridade portuguesa já aderiu.

[2987] Cfr. *supra*, § 2º, 5.

5. *O Direito lusófono dos valores mobiliários*

I – A crescente integração dos mercados financeiros, em termos internacionais, constitui a principal força motriz da aproximação dos diferentes sistemas jurídico-mobiliários. Uma vez que tal ocorre à escala global, importa naturalmente avaliar, ainda que em termos resumidos, o grau de afinidades detetadas nos países de expressão lusófona, no âmbito deste ramo jurídico.

II – No panorama geral dos países lusófonos, ressalta como evidente a especificidade do sistema jurídico brasileiro.

A história dos mercados mobiliários brasileiros tem raízes no início do século XIX[2988]. O seu desenvolvimento mereceu um enérgico impulso a partir da Lei 4728, de 1965[2989], sendo acompanhada por uma legislação mobiliária muito marcada por padrões norte-americanos[2990].

O diploma central é a Lei nº 6.385, de 7 de dezembro de 1976 – a Lei das Sociedades Anónimas[2991] –, que surge complementada por diversas instruções da Comissão de Valores Mobiliários (CVM), a autoridade de supervisão brasileira[2992]. Genericamente, a evolução legislativa brasileira, sobretudo a partir da década de 1990, tem vindo de encontro às exigências dos mercados internacionais, para atrair investimento estrangeiro. Como ilustração, é de registar que as sociedades cotadas no Brasil devem preparar e divulgar as suas demonstrações financeiras em IFRS a partir do exercício findo em 31 de dezembro de 2010[2993].

A acrescer, o sistema jurídico brasileiro tem contado com uma atuação enérgica das associações de profissionais do mercado – a ANBIMA –Associação

2988 BOLSA DE RIO DE JANEIRO, *Bolsa de Valores do Rio de Janeiro: 150 anos – A História de um Mercado*, Rio de Janeiro (1995), 1-63 e *passim*.

2989 Como o documenta CLÁUDIO ROBERTO CONTADOR, *Mercado de Ativos Financeiros no Brasil: Perspetiva Histórica e Comportamento Recente*, Rio de Janeiro (1974), 13-59; ERIK FREDERICO OIOLI, *Regime Jurídico do Capital Disperso na Lei das S.A.*, São Paulo (2014), 37-42; VANESSA CONSTANTINO BRENNEKE, *Autorregulação no Mercado de Valores Mobiliários Brasileiro: Matizes, Métricas e Modelos*, São Paulo, (2016), 115-121.

2990 Sobre estas influências, v. NELSON LAKS EIZIRIK, *O Papel do Estado na Regulação do Mercado de Capitais*, Rio de Janeiro (1977), 119-135. Especificamente sobre as influências norte-americanas no regime de insider trading: ARY OSWALDO MATTOS FILHO/ MARIANA MAGALHÃES SANTOS, *O regime jurídico da informação privilegiada no Brasil*, em *EH Miguel Galvão Teles*, Vol. II (2012), 619-635.

2991 ERIK FREDERICO OIOLI, *Regime Jurídico do Capital Disperso na Lei das S.A.*, cit., 39-52 e 251-379.

2992 Merece ainda ter em conta a Lei das Sociedades Anónimas – Lei 10.638/07, entrada em vigor em 1 de janeiro de 2008.

2993 Cfr. a Instrução da CVM nº 457, de 13 de julho de 2007. Em paralelo, a Instrução da CVM nº 331, de 4 de abril de 2000 permite que emitentes de certificado de depósito referentes a valores mobiliários representativos do capital social de sociedades estrangeiras apresentem as suas contas em IFRS.

Brasileira das Entidades dos Mercados Financeiro e de Capitais e a ANDIMA – Associação Nacional das Instituições do Mercado Financeiro – no desenvolvimento de padrões recomendatórios e de auto-regulação. Merece reter que, em 1998, as instituições financeiras tomaram unilateralmente a iniciativa de se submeterem, por vontade própria, a um código de conduta mais exigente na prestação de informação aos investidores em ofertas públicas[2994] – o que viria a constituir a fonte de inspiração para a instrução da CVM sobre a matéria, 5 anos mais tarde[2995]. Muitas iniciativas semelhantes vieram a ocorrer nos anos subsequentes[2996].

Esta orientação regulatória, funcionando através da sã combinação de impulsos públicos e privados, tem dado frutos. O desenvolvimento do mercado brasileiro tem sido notório, tendo em 2007 sido o espaço mundial onde ocorreram mais entradas em mercado (IPO's)[2997]. Cabe referir em particular o sucesso do Novo Mercado, criado em 2002, e implicando uma adesão voluntária dos emitentes a regras de governo das sociedades mais exigentes do que as decorrentes de fonte legal[2998]: o elevado número de emitentes conquistado deve-se em muito às regras de governo das sociedades referidas, próximas dos canônes mais avançados[2999]. Além disso, a integração da Bolsa de Mercadorias & Futuros com a Bolsa de Valores de São Paulo (BOVESPA), sob a forma de BM & FBOVESPA S.A., ocorrida em 2008, constitui um acrescido dado revelador da dinâmica do mercado de capitais brasileiro. Por fim, uma manifestação interessante desta evolução traduziu-se igualmente na criação de um comité de auto-regulação

[2994] O texto atual de referência é o Código ANBIMA de Regulação e Melhores Práticas para Ofertas Públicas de Distribuição e Aquisição de Valores Mobiliários, cuja versão em vigor é datada de agosto de 2016.

[2995] Instrução da CVM nº 400, de 29 de dezembro de 2003, sobre as ofertas públicas de distribuição de valores mobiliários, nos mercados primário ou secundário.

[2996] Desenvolvidamente: Vanessa Constantino Brenneke, *Autorregulação no Mercado de Valores Mobiliários Brasileiro: Matizes, Métricas e Modelos*, cit., 120-123 e *passim*.

[2997] Em 2007 realizaram-se 64 dispersões iniciais em bolsa no Brasil.

[2998] O *Regulamento de Listagem do Novo Mercado* (2008) elenca os padrões de governação em referência, encontrando-se disponível em http://www.bovespa.com.br/pdf/RegulamentoNMercado.pdf.

[2999] Um retrato do panorama encontrado no Brasil quanto às práticas de governação societária pode encontrar-se em Bernard Black/Antonio Gledson De Carvalho/Erica Gorga, *An Overview of Brazilian Corporate Governance*, University of Texas Law, Law and Economic Research Paper nº 109 (jan.-2008), disponível em http://ssrn.com/abstract =1003059. Sobre a proibição de negociação de ações preferenciaisações preferenciais vigente no Novo Mercado, consulte-se, criticamente, Walfrido Jorge Warde Jr., *Os fundamentos da vedação ao tráfego negocial de ações preferenciais no Novo Mercado: proteção dos interesses dos investidores ou propaganda?*, *Revista do Instituto dos Advogados de São Paulo*, v. 21 (2008), 264-288.

para o acompanhamento de OPAs e outras operações societárias – o Comitê de Aquisições e Fusões (CAF)[3000].

III – O sistema jurídico-mobiliário angolano tem atravessado uma interessante evolução.

O diploma prioneiro nesta área foi a Lei dos Valores Mobiliários, aprovada pela Lei nº 12/05, de 23 de setembro. Tratava-se de um diploma com fôlego codificador, tecnicamente informado e linguisticamente depurado, arrumando-se em 132 artigos. Continha soluções próprias, como a de fazer aplicar aos derivados o regime dos valores mobiliários (art. 4º) ou o princípio de concentração da negociação em bolsa de valores cotados, salvo autorização da autoridade de supervisão (art. 60º). Em termos de influências, esta peça legislativa denotava algumas influências brasileiras, portuguesas e canadianas.

O salto qualitativo foi dado com o Código dos Valores Mobiliários, aprovado através da Lei nº 22/15, de 31 de agosto. Este diploma aprofunda a codificação em termos substanciais, abraçando as tendências regulatórias europeias. Ao incluir 484 artigos, exibe uma densidade prescritiva mais elevada que o diploma pregresso. Adota, além disso, uma estrutura muito semelhante à do Código português de 1999 – sobretudo nos títulos respeitantes às disposições gerais, valores mobiliários, ofertas públicas e intermediação. As maiores singularidades são detetadas na consagração direta de regras sobre governação dos emitentes (artigos 135º-140º), no regime do mercado de balcão organizado (artigo 258º) e na unificação de um título sobre prospetos (artigos 291º-315º).

Além do Código, outra peça central do sistema jurídico financeiro angolano é a Lei das Instituições Financeiras, revista por último através da Lei nº 12/15, de 17 de junho[3001]. A acrescer, diversa legislação mobiliária relevante foi aprovada, designadamente sobre organismos de investimento coletivo[3002], capital de risco[3003], titularização[3004], entidades gestoras de mercados[3005] e sociedades corretoras e

[3000] VANESSA CONSTANTINO BRENNEKE, *Autorregulação no Mercado de Valores Mobiliários Brasileiro: Matizes, Métricas e Modelos*, cit., 155-160.

[3001] SOFIA VALE, *A Governação de Bancos em Angola*, em PAULO CÂMARA (coord.), *A Governação de Bancos nos Sistemas Jurídicos Lusófonos*, cit., 321-343.

[3002] Em referência está o Decreto Legislativo Presidencial nº 7/13, de 11 de outubro, que aprova o Regime Jurídico dos Organismos de Investimento Colectivo

[3003] Decreto Legislativo Presidencial nº 4/15, de 16 de setembro, que aprova o Regime Jurídico dos Organismos de Investimento Colectivo de Capital de Risco.

[3004] Decreto Legislativo Presidencial nº 6-A/15, de 16 de novembro, que aprova o Regime Jurídico dos Organismos de Investimento Colectivo de Titularização de Ativos.

[3005] Decreto Legislativo Presidencial nº 6/13, de 10 de outubro, que aprova o Regime Jurídico das Sociedades Gestoras de Mercados Regulamentados e de Serviços Financeiros sobre Valores Mobiliários.

distribuidoras[3006]. No seu todo, o enquadramento legislativo resulta completo e bem equipado, com claras influências do direito português, embora seja afetado por restrições cambiais que limitam o fluxo internacional de capitais.

A autoridade de supervisão angolana é a Comissão do Mercado de Capitais (CMC), que goza de amplos poderes de supervisão e de regulação mobiliária. Sob sua iniciativa foram aprovados diversos regulamentos e projetos de diplomas, positivamente precedidos de processos de consulta pública[3007]. Em resultado deste esforço em direção aos padrões regulamentares modernos, a CMC aderiu à IOSCO em 2015. A Bolsa de Valores e Derivativos de Angola (BODIVA) é dominada pelo Estado, tendo iniciado o seu funcionamento em 2015: nos primeiros anos de atividade, centrou a sua atividade nos valores mobiliários representativos de dívida.

Refira-se, por último, que no âmbito do governo societário em Angola[3008] foram já aprovados dois códigos de corporate governance – sendo um da autoria da CMC e outro de autoria privada, tendo resultado da iniciativa auto-reguladora do Centro de Corporate Governance Angolano[3009].

IV – Outro sistema jurídico-mobiliário muito próximo do nacional é o moçambicano. Como pilares principais, cabe referir o Regulamento do Mercado de Valores Mobiliários, aprovado pelo Decreto nº 48/98, de 22 de setembro, e a Lei das Instituições de Crédito e Sociedades Financeiras, aprovada pela Lei nº 15/99, de 1 de novembro[3010].

O Regulamento do Mercado de Valores Mobiliários denuncia indesmentíveis influências do Código do Mercado português de 1991. Para citar apenas alguns exemplos, o glossário normativo de conceitos[3011], a parte geral dos valores mobiliários[3012], a segmentação dos mercados secundários[3013] e a matéria das

[3006] Decreto Legislativo Presidencial nº 5/13, de 9 de outubro, que aprova o Regime Jurídico das Sociedades Corretoras e Distribuidoras de Valores Mobiliários.

[3007] Os materiais normativos relevantes encontram-se disponíveis em www.cmc.gv.ao.

[3008] Cfr. a propósito o relato de Sofia Vale, *A governação de sociedades em Angola* em *A Governação de Sociedades Anónimas nos Sistemas Jurídicos Lusófonos*, (2014), 33-79.

[3009] Centro de Corporate Governance Angolano, *Carta de Corporate Governance de Angola*, disponível em www.ccga.co.ao.

[3010] Alterada pela Lei nº 9/2004, de 21 de julho. No tocante à recolha de material legislativo moçambicano tem utilidade consultar João Pedro Matsinhe (coord.), *Colectânea da Legislação sobre o Mercado de Valores Mobiliários e Legislação Conexa* (2013); Sérgio Vasques, *Legislação Económica de Moçambique*, Coimbra (2004).

[3011] Art. 3º do Regulamento do Mercado de Valores Mobiliários.

[3012] Arts. 9º-15º do Regulamento do Mercado de Valores Mobiliários e, no tocante aos escriturais, Decreto nº 34/2000, de 17 de outubro.

[3013] Arts. 26º-48º do Regulamento do Mercado de Valores Mobiliários.

ofertas públicas[3014] revelam enunciados normativos cuja proximidade com a fonte influenciadora é por vezes absoluta. Com uma diferença essencial: houve aqui o cuidado de empregar uma linguagem mais enxuta e de simplificar significativamente a carga precetiva do diploma, que avisadamente se cinge a 124 dispositivos[3015].

Idêntica qualidade se vislumbra na Lei das Instituições de Crédito e Sociedades Financeiras, cuja obediência ao Regime Geral de Instituições de Crédito e Sociedades Financeiras luso, como fonte inspiradora, não desperdiçou o ensejo para um ligeiro *downsizing* normativo. Mais revelador ainda, neste aspeto, é o Decreto nº 56/2004, de 10 de dezembro, que aprova o Regulamento das Sociedades Financeiras e Instituições de Crédito, procedendo não apenas à determinação do regime autorizativo mas também a uma hábil codificação do regime das instituições de crédito e sociedades financeiras[3016]: dando corpo a um diploma sistematizador do direito institucional financeiro de nítida qualidade legislativa[3017].

Como adicionais marcas distintivas, interessa notar que a supervisão dos mercados de valores mobiliários está atribuída ao Banco de Moçambique[3018] e que o regime das bolsas se reparte pelo Decreto nº 49/98, de 22 de setembro, que cria a Bolsa de Valores de Moçambique e pelo Decreto nº 45/2007, de 30 de outubro, que aprova o Regulamento Interno da Bolsa de Valores de Moçambique.

V – Em Cabo Verde, os dois pilares do direito do sistema financeiro são compostos pela Lei de Bases do Sistema Financeiro, aprovada pela Lei 61/VIII/2014, de 23 de abril, e pela Lei de Atividades e Instituições Financeiras, aprovada pela Lei 62/VIII/2014, de 23 de abril[3019]. Estes diplomas foram aprovados com base nas recomendações do Exercício de Avaliação do Sistema Financeiro, realizado com apoio técnico do FMI e do Banco Mundial. Através destas duas leis foram disciplinados os aspetos essenciais do regime institucional e as competências das autoridades de supervisão: o Banco de Cabo Verde (banca e seguros) e a Auditoria Geral do Mercado de Valores Mobiliários (AGMVM). A responsabili-

[3014] Arts. 98º-119º do Regulamento do Mercado de Valores Mobiliários.

[3015] O contraste com o estilo redaccional e a extensão do Código do Mercado de Valores Mobiliários é radical: a propósito deste, cfr. *supra*, § 2º, 5.

[3016] TELMO FERREIRA, *A governação de bancos em Moçambique* em *A Governação de Bancos nos Sistemas Jurídicos Lusófonos*, (2016), 411-427.

[3017] Arts. 31º-120º do Regulamento das Sociedades Financeiras e Instituições de Crédito.

[3018] Arts. 37º-39º da Lei nº 1/92, de 3 de janeiro.

[3019] RAQUEL SPENCER MEDINA, *A Governação de Bancos em Cabo Verde*, em PAULO CÂMARA (coord.), *A Governação de Bancos nos Sistemas Jurídicos Lusófonos*, cit., 375-393.

dade de supervisão pelo mercado de valores mobiliários é atribuída à AGMVM, na dependência do Governador do Banco de Cabo Verde.

No âmbito do mercado mobiliário rege, como lei essencial, o Código do Mercado de Valores Mobiliários, aprovado pelo Decreto-Legislativo 1/2012, de 27 de janeiro de 2012.

O Código cabo-verdiano é, além disso, complementado através de diplomas avulsos reguladores da intermediação financeira (Lei nº 53/V/98, de 11 de maio), da Bolsa de Valores de Cabo Verde (Lei nº 51/V/98, de 11 de maio), das Sociedades de Gestão Financeira e dos Organismos de Investimento Coletivo (Decreto-Lei nº 15/2005, de 14 de fevereiro)[3020].

Mercê sobretudo da dinâmica imprimida pela AGMVM, o mercado cabo-verdiano mostra-se atento aos desenvolvimentos regulatórios internacionais. De resto, a AGMVM é membro da IOSCO, o que representa o reconhecimento internacional do mérito da sua atuação. Cabe, a propósito, referir a promoção sistemática de processos de consulta pública e de sessões de esclarecimento dos diplomas consultados. Emblemático, neste âmbito, é o novo Código do Governo das Sociedades dos Emitentes (2016), que em termos inovatórios não apenas abrange emitentes de ações mas também emitentes de obrigações e outros valores mobiliários representativos de dívida.

VI – Pese embora as suas feições próprias, os sistemas jurídico-mobiliários de Cabo Verde, Moçambique e Angola recebem clara influência do Direito português. Tal é revelado através da proximidade das soluções legislativas, ao que não serão alheios a comunhão de raízes jurídicas e os estreitos laços de cooperação com Portugal.

Esta afinidade é reveladora, e merece ser sublinhada. Tal permite afirmar a existência de um embrião de um Direito dos valores mobiliários de natureza lusófona, o que constitui um adicional fator de aproximação cultural e económica entre Estados de língua oficial portuguesa. Este constitui um dado suscetível de merecer relevantes repercussões laterais: é que, mercê do avanço que tem registado a harmonização europeia mobiliária, nomeadamente no âmbito dos prospetos, dos organismos de investimento coletivo e dos serviços de intermediação financeira[3021], Portugal pode assumir-se, doravante, como porta da entrada, na Europa, para emitentes e intermediários financeiros de expressão lusófona. Percebe-se, a partir daqui, que as potencialidades deste fenómeno de aproximação jurídico-cultural ainda não foram exploradas até à sua exaustão. O futuro do Direito dos valores mobiliários passa também por aqui.

[3020] Os textos normativos podem ser consultados em www.bcv.cv.

[3021] Cfr. *supra*, § 3º, 4., § 23º, 23. e § 38º.

BIBLIOGRAFIA

AA.VV., *A Privatização da Sociedade Financeira Portuguesa*, Lex, Lisboa (1996) AA.VV., *Direito dos Valores Mobiliários*, Lex, Lisboa (1997)

AA.VV., *Direito dos Valores Mobiliários*. Volume I, organização do Instituto dos Valores Mobiliários, Coimbra Editora, Coimbra (1999)

AA.VV., *Direito dos Valores Mobiliários*. Volume II, organização do Instituto dos Valores Mobiliários, Coimbra Editora, Coimbra (2000)

AA.VV., *Direito dos Valores Mobiliários*, Vol. V, organização do Instituto dos Valores Mobiliários, Coimbra Editora, Coimbra (2004)

AA.VV., *Direito dos Valores Mobiliários*, Vol. VI, organização do Instituto dos Valores Mobiliários, Coimbra Editora, Coimbra (2006)

AA.VV., *Direito dos Valores Mobiliários*. Volume VII, organização do Instituto dos Valores Mobiliários, Coimbra Editora, Coimbra (2007)

AA.VV., *Direito dos Valores Mobiliários*. Volume VIII, organização do Instituto dos Valores Mobiliários, Coimbra Editora, Coimbra (2008)

AA.VV., *Direito dos Valores Mobiliários*. Volume IX, organização do Instituto dos Valores Mobiliários, Coimbra Editora, Coimbra (2009)

AA.VV., *Direito dos Valores Mobiliários*. Volume X, organização do Instituto dos Valores Mobiliários, Coimbra Editora, Coimbra (2011)

AA.VV., *O Direito do Balanço e as Normas Internacionais de Relato Financeiro*, Coimbra (2007)

Abrams, Richard/Michael Taylor, *Issues in the Unification of Financial Setor Supervision*, IMF WP/00/213 (2000)

Abreu, Jorge Coutinho de, *Governação das Sociedades Comerciais*, Coimbra (2006)

Abreu, Jorge Coutinho de (coord.), *Estudos de Direito das Sociedades*[8], Coimbra (2007)

Abreu, Jorge Coutinho de, *De novo a banca – tetos de voto, gestores públicos a céu-aberto*, DSR vol. 17 (2017), 15-29

Aguiar, Conceição, *O estatuto dos investidores qualificados a pedido*, Cad. MVM nº 31 (2008), 88-98

Albuquerque, Pedro de, *Direito de preferência dos sócios em aumento de capital nas sociedades anónimas e por quotas*, Coimbra (1993)

Albuquerque, Pedro de, *Direito das Obrigações. Contratos em Especial*, Vol. I, Tomo 1, Coimbra (2008)

Albuquerque, Ruy De/António Menezes Cordeiro, *Regulação e Concorrência. Perspetivas e Limites da Defesa da Concorrência*, Coimbra (2005)

ALEXANDER, KERN/EILÍS FERRAN/HOWELL JACKSON/NIAMH MOLONEY, *Transatlantic Financial Services Regulatory Dialogue, EBOLR*, 7 (2006), 647-673

ALEXANDRE, ISABEL, *Investidor Institucional, Não Institucional Equiparado e Investidor Comum, Direito dos Valores Mobiliários*, Vol. V (2004), 9-27

ALEXANDRE, ISABEL, *Efeitos processuais da abertura do processo de revitalização*, in *II Congresso de direito da insolvência*, Coimbra, (2014)

ALFON, ISAAC/PETER ANDREWS, *Cost-benefit analysis: how to do it and how it adds value, FSA Occasional Paper*, nº 3 (1999)

ALMEIDA, MARGARIDA DE AZEVEDO, *A responsabilidade civil pelos investidores por realização defeituosa de relatórios de auditoria, recomendações de investimento e relatórios de notação de risco*, Cad. MVM nº 36 (2010), 9-31

ALMEIDA, MARGARIDA AZEVEDO DE, *A responsabilidade civil por prospeto no Direito dos Valores Mobiliários – o bem jurídico protegido*, Faculdade de Direito da Universidade de Coimbra, Coimbra, (2010)

ALMEIDA, MARGARIDA AZEVEDO DE, *A responsabilidade civil de intermediários financeiros por informação deficitária ou falta de adequação dos instrumentos financeiros*, em PAULO CÂMARA (coord.) *O Novo Direito dos Valores Mobiliários* (2017), 411-425

ALMEIDA, CARLOS FERREIRA DE, *As transacções de conta alheia no âmbito da intermediação no mercado de valores mobiliários*, in *Direito dos Valores Mobiliários*, Lisboa, Lex (1997)

ALMEIDA, CARLOS FERREIRA DE, *Desmaterialização dos títulos de crédito: valores mobiliários escriturais, Revista da Banca*, nº 26 (1993), 23-39

ALMEIDA, CARLOS FERREIRA DE, *O Código dos Valores Mobiliários e o Sistema Jurídico*, in *Cadernos do Mercado de Valores Mobiliários*, nº 7 (2000), 19-47

ALMEIDA, CARLOS FERREIRA DE, *Direito a dividendos no âmbito de Oferta Pública de Aquisição, Direito dos Valores Mobiliários*, Vol. V (2004), 29-89

ALMEIDA, CARLOS FERREIRA DE, *Contratos, I. Conceito. Fontes. Formação*[3], Coimbra (2005)

ALMEIDA, CARLOS FERREIRA DE, *Direito do Consumo*, Coimbra (2005)

ALMEIDA, CARLOS FERREIRA DE, *Registo de Valores Mobiliários*, em *Direito dos Valores Mobiliários*, Vol. VI (2006), 51-138

ALMEIDA, CARLOS FERREIRA DE, *Contratos, II. Conteúdo. Contratos de Troca*, Coimbra (2007)

ALMEIDA, CARLOS FERREIRA DE, *Valores Mobiliários: O Papel e o Computador*, em *Nos 20 Anos do Código das Sociedades Comerciais: Homenagem aos Professores Doutores A. Ferrer Correia, Orlando de Carvalho e Vasco Lobo Xavier*, Vol. I (2008), 621-629

ALMEIDA, CARLOS FERREIRA DE, *Contratos Diferenciais*, em *Estudos Comemorativos do 10 Anos da Faculdade de Direito da Universidade Nova de Lisboa* (2008), Vol. II, 81-116

ALMEIDA, CARLOS FERREIRA DE, *O protagonismo de Amadeu Ferreira na fundação do Direito dos Valores Mobiliários em Portugal*, Estudos IVM (2016), em www.institutovaloresmobiliários.pt

ALMEIDA, CARLOS FERREIRA DE, *Swaps de Troca e Swaps Diferenciais, Cadernos MVM*, nº 51 – Ensaios de Homenagem a Amadeu Ferreira Volume I (Ago.-2015),

ALMEIDA, CARLOS FERREIRA DE, *Normas de imputação e normas de proteção no regime de responsabilidade civil extracontratual pela informação nos mercados de valores mobiliários*, DSR Vol. 16 (out.-2016), 31

ALMEIDA, CARLOS FERREIRA DE, *Caducidade do Direito a Indemnização por Informação Deficiente no Âmbito dos Mercados de Valores Mobiliários*, Cadernos MVM 54 (2016), 9-22

ALMEIDA, JOSÉ QUEIRÓS, *Contratos de Intermediação Financeira enquanto Categoria*

Jurídica, Cadernos MVM, nº 24 (nov.-2006), 291-303

ALMEIDA, ANTÓNIO PEREIRA DE, *Direito Comercial. III, Títulos de Crédito*, Lisboa (1988) ALMEIDA, ANTÓNIO PEREIRA DE, *Sociedades Comerciais – Miscelânea*, Lisboa (1992)

ALMEIDA, ANTÓNIO PEREIRA DE, *Sociedades Comerciais, Valores Mobiliários e Mercados*[6], Coimbra (2011)

ALMEIDA, CLÁUDIA PEREIRA DE, *Relevância da Causa na Circulação de Ações das Sociedades Anónimas fora de Mercado Regulamentado*, Coimbra (2007)

ALMEIDA, MIGUEL SANTOS, *A evolução da negociação de instrumentos financeiros: em especial, a negociação de alta frequência*, Lisboa, (2015)

ALMEIDA, MIGUEL SANTOS, *Introdução à Negociação de Alta Frequência, Cadernos MVM* nº 54 (2016), 1-14

ALMEIDA, MIGUEL SANTOS, *High frequency trading – regulamentação e compliance no contexto da nova DMIF II*, em PAULO CÂMARA (coord.) *O Novo Direito dos Valores Mobiliários* (2017), 427-445

ALPA, GUIDO/CAPRIGLIONE, FRANCESCO, *Commentario al Testo Unico delle Disposizioni in Materia di Intermediazione Finanziaria*, 3 vols., Padova (1998)

ALVES, FRANCISCO LUÍS, *O regime jurídico dos Planos Poupança Reforma*, RDES (Jan.Dez. 2016), 327-378

ANAND, ANITA/NIAMH MOLONEY, *Reform of the Audit Process and the Role of Shareholder Voice: Transatlantic Perspectives*, EBOR, 5 (2004), 223-292

ANDENAS, MADS/YANNIS AVGERINOS (ed.), *Financial Markets in Europe. Towards a Single Regulator?*, London/The Hague/New York (2003)

ANDERSON, JOHN P., *Solving the paradox of insider trading compliance for issuers*, Temple Law Review Vol. 88 (2016), 273-ss

ANDRADE, MARGARIDA COSTA, *Algumas considerações sobre a oferta pública de aquisição de acções simples e voluntária no regime jurídico português*, BFDUC (2002), 99-744

ANOLLI, MARIO/ALBERTO BANFI/GAETANO PRESTI/MATTEO RESCIGNO, *Banche, Servizi di Investimento e Conflitti di Interesse*, Il Mulino, Bologna (2008)

ANTHERO, ADRIANO, *Comentario ao Codigo Commercial Portuguez*, Porto (1913), Vol. II

ANTUNES, ANA FILIPA MORAIS, *O instituto da aquisição tendente ao domínio total (artigo 490º do CSC); um exemplo de êxpropriação legal" dos direitos dos minoritários?*, em *Nos 20 Anos do Código das Sociedades Comerciais. Homenagem aos Professores Doutores Ferrer Correia, Orlando Carvalho e Vasco Lobo Xavier*, Coimbra (2007), II, 203-253

ANTUNES, ANA FILIPA MORAIS, *Prescrição e Caducidade*, Coimbra (2008)

ANTUNES, ANA FILIPA MORAIS, *A aquisição tendente ao domínio total no direito societário e no direito dos valores mobiliários*, em PAULO CÂMARA (coord.), *Aquisição de Empresas*, (2011), 313-369

ANTUNES, JOSÉ BRITO, *Notas Pessoais sobre o Processo Lamfalussy, Cadernos do MVM*, nº 18 (2004), 48-61

ANTUNES, JOSÉ ENGRÁCIA, *Wandel- und Optionsanleihen in Portugal*, em MARCUS LUTTER/ /HERIBERT HIRTE, *Wandel- und Optionsanleihen in Deutschland und Europa*, Zeitschrift für Unternehmen und Gesellschaftsrecht, Sonderheft, 16 (2000), 212-241

ANTUNES, JOSÉ ENGRÁCIA, *A Aquisição Tendente ao Domínio Total: Da Sua Constitucionalidade*, Coimbra (2001)

ANTUNES, JOSÉ ENGRÁCIA, *O âmbito de aplicação das sociedades coligadas*, em *EH à Professora Doutora Isabel de Magalhães Collaço*, Coimbra, Vol. II (2002), 95-116

ANTUNES, JOSÉ ENGRÁCIA, *Contratos Comerciais. Noções Fundamentais*, Vol. Especial *Direito e Justiça* (2007)

ANTUNES, JOSÉ ENGRÁCIA, *Os Derivados, Cadernos MVM*, nº 30 (agosto 2008), 91-136

ANTUNES, JOSÉ ENGRÁCIA, *Os Instrumentos Financeiros*[3], Coimbra (2017)

ANTUNES, JOSÉ ENGRÁCIA, *Os "hedge funds" e o governo das sociedades*, Direito dos Valores Mobiliários, Vol IX (2009), 9-70

ANTUNES, JOSÉ ENGRÁCIA, *A igualdade de tratamento dos acionistas na OPA*, DSR (março 2010), 87-111

ANTUNES, JOSÉ ENGRÁCIA, *Deveres e Responsabilidade do Intermediário Financeiro – Alguns Aspetos*, Cadernos MVM 56 (2017), 31-52

ANTUNES, JOSÉ ENGRÁCIA, *A titularidade por conta de participações sociais*, DSR vol. 19 (março 2018), 51-70

ANTUNES, TIAGO BARRETO CALDEIRA, *Ensaio sobre a natureza jurídica das licenças de emissão no seio do mercado europeu de carbono*, dissertação de doutoramento, FDUL (2014)

ARMOUR, JOHN/ DAN AWREY/ PAUL DAVIES/ LUCA ENRIQUES/ JEFFREY GORDON/ COLIN MAYER/ JENNIFER PAYNE, *Principles of Financial Regulation*, Oxford (2016)

ASCENSÃO, JOSÉ DE OLIVEIRA, *A Tipicidade dos Direitos Reais*, Lisboa (1968)

ASCENSÃO, JOSÉ DE OLIVEIRA, *Valor Mobiliário e Título de Crédito*, in *Revista da Ordem dos Advogados*, ano 56, III (Dezembro 1996), 837-875

ASCENSÃO, JOSÉ DE OLIVEIRA, *Publicidade Enganosa e Comparativa e Produtos Financeiros, Revista da Banca* (Janeiro/Junho 1998), 23-44

ASCENSÃO, JOSÉ DE OLIVEIRA, *A Celebração de Negócios em Bolsa*, in AA.VV., *Direito dos Valores Mobiliários*. Volume I, organização do Instituto dos Valores Mobiliários, Coimbra Editora, Coimbra (1999), 177-199

ASCENSÃO, JOSÉ DE OLIVEIRA, *As acções*, in *Estudos de Direito dos Valores Mobiliários*, Vol. II (2000), 57-90

ASCENSÃO, JOSÉ DE OLIVEIRA, *A proteção do investidor*, em *Direito dos Valores Mobiliários*, Vol. IV (2003), 13-40

ASCENSÃO, JOSÉ DE OLIVEIRA, *Derivados*, em *Direito dos Valores Mobiliários*, Vol. IV (2003), 41-68

ASCENSÃO, JOSÉ DE OLIVEIRA, *O novíssimo conceito de valor mobiliário*, em *Direito dos Valores Mobiliários*, Vol. VI (2006), 139-162

ASSMANN, HEINZ-DIETER, *Prospekthaftung*, Köln/Berlin/Bonn/München (1985)

ASSMANN, HEINZ-DIETER, *La responsabilità da prospetto*, em PIETRO ABBADESSA/ANGEL ROJO, *Il Diritto Delle Società Per Azioni: Problemi, Esperienze, Progetti*, Milano (1993), 638-683

ASSMANN, HEINZ-DIETER/ROLF SCHÜTZE (org.), *Handbuch des Kapitalanlagerechts*[3], C. H. Beck, München (2007)

ASSMANN, HEINZ-DIETER, *Civil Liability for the Prospectus, Direito dos Valores Mobiliários*, Vol. VI (2006), 163-185

ATHAYDE, AUGUSTO DE/AUGUSTO ALBUQUERQUE DE ATHAYDE/DUARTE ATHAYDE, *Curso de Direito Bancário*, Vol. I (1999)

AUSTIN, JANET, *IOSCO's Multilateral Memorandum of Understanding Concerning Consultation and Cooperation and the Exchange of Information – A Model for International Regulatory Convergence*, Criminal Law Forum, Vol. 23, No. 4, (2012) 393-423

AUSTIN, JANET, *The Power and Influence of IOSCO in Formulating and Enforcing Securities Regulations, Asper Review of International Business and Trade Law* (2016), disponível em http://ssrn.com/abstract=2717521

AVGERINOS, YANNIS V., *EU Financial Market Supervision Revisited: The European Securities Regulator*, NYU School of Law (2003)

AUGUSTO, ANA MICAELA PEDROSA, *Insider trading: Perspetiva sobre o enquadramento jurídico-societário no ordenamento português*, O Direito, V, (2004), 999-1042

BANNER, STUART, *Anglo-American Securities Regulation: Cultural and Political Roots, 1690-1860*, Cambridge (1998)

BAGHAT, SANJAI/ROBERTA ROMANO, *Empirical Studies of Corporate Law*, em A.

Mitchell Polinsky/Steven Savell (org.), *Handbook of Law and Economics* (2005) = ECGI WP 05.16

Bandeira, Paulo, *A independência dos auditores de sociedades cotadas*, RDS 2 (2011), 301-334

Baptista, Lina Aurora Ramada Bettencourt, *Os contratos de intermediação financeira*, FDUP (2013)

Barata, Filipe Manuel dos Santos, *As Obrigações Hipotecárias*, Coimbra (2013)

Barbosa, Ana Mafalda Miranda, *Direito Civil e Sistema Financeiro*, Lisboa, (2016)

Barr, Michael/ Geoffrey Miller, *Global Administrative Law: The View from Basel, The European Journal of International Law* Vol. 17 nº 1 (2006), 15-46

Barroso, Helena Tapp, *Subscrição de acções através de intermediários financeiros. O caso especial da tomada firme*, dissertação de mestrado apresentada na Universidade Católica Portuguesa, dactil., inédito, Lisboa (1994)

Beazley, Thomas, *Holding the Balance – Effective Enforcement, Procedural Fairness and Human Rights*, em Eilís Ferran/ / Charles Goodhart (ed.), *Regulating Financial Services and Markets in the 21st Century*, Oxford (2001), 115-126

Beaudoin, Lise I., *Le contrat de gestion de portefeuille de valeurs mobilières*, Cowansville (1994)

Bebchuk, Lucien Arye, *The Case for Facilitating Competing Tender Offers, Harvard LR*, 95 (1982), 1028-1056

Bebchuk, Lucien Arye, *The Case for Facilitating Competing Tender Offers: A Reply and Extension, Stanford LR*, Vol. 35 (1982), 23-50

Bebchuck, Lucien Arye, *A pressure to tender: an analysis and a proposed remedy, Delaware Journal of Corporate Law* Vol. 12 (1987), 911-949

Bebchuck, Lucien Arye/ Marcel Kahan, *Fairness Opinions: How Fair Are They and What Can Be Done about It?, Duke Law Journal*, Vol. 1989, nº 1, (1989), 27-53.

Bebchuck, Lucian / Zvika Neeman, *Investor Protection and Interest Group Politics*, NBER (2007)

Becht, Marco/Colin Mayer/Hannes Wagner, *Where do Firms Incorporate?*, ECGI Law Working Paper, nº 70/2006 (2006)

Belviso, Umberto, *Gli Kintermediari finanziari» (tra storia e nomenclatura), Giurisprudenza Commerciale*, 26.3 (Mar.-Abr.-2000), 165/I-185/I

Benjamin, Joanna, *Financial Law*, Oxford (2007)

Birkmose, Hanne, *A Race to the Bottom in the EU?, Maastricht Journal of European and Comparative Law*, Vol. 13, No. 1 (2006), 35-78

Birkmose, Hanne, *A Market for Company Incorporations in the European Union – Is Überseering the beginning of the End?, Tulane Journal of International and Comparative Law*, Vol. 13 (2005), 55-108

Black, Bernard/ Carvalho, Antonio Gledson de/ Gorga, Erica, *An Overview of Brazilian Corporate Governance*, University of Texas Law, Law and Economic research Paper nº 109 (Jan.-2008), =http://ssrn.com/abstract=1003059

Bodek, Haim, *The problem of HFT. Collected Writings on High Frequency Trading & Stock Market Structure Reform*, (2013)

Bohnet, François, *La Théorie Générale des Papiers-Valeurs. Passé, Présent, Futur*, Bâle/ /Genève/Munich (2000)

Bolina, Helena, *Market Manipulation and Insider Dealing in the New Market Abuse Directive (2003/6/EC), Euredia* (2001-2002/4), 555-576

Bolina, Helena, *A Manipulação de Mercado e o Abuso de Informação Privilegiada na Nova Directiva sobre Abuso de Mercado (2003/6(CE), Cadernos MVM*, nº 18 (Ag.-2004), 62-71

BOLINA, HELENA, *As Contra-Ordenações no Novo Código dos Valores Mobiliários, Cadernos do Mercado de Valores Mobiliários,* nº 7 (1999), 431-447

BOLINA, HELENA, *O regime dos processos de contra-ordenação dos reguladores independentes,* em EDUARDO PAZ FERREIRA/LUÍS SILVA MORAIS/GONÇALO ANASTÁCIO (org.), *Regulação em Portugal: Novos Tempos, Novo Modelo? (*2008), 737-771

BOLINA, HELENA, *A Revisão das Diretivas do Abuso de Mercado: Novo Âmbito, o mesmo Regime, Cadernos MVM,* nº 51 – Ensaios de Homenagem a Amadeu Ferreira Volume II (Ago.-2015), 12-28

BOLSA DE RIO DE JANEIRO, *Bolsa de Valores do Rio de Janeiro: 150 anos – A História de um Mercado,* Rio de Janeiro (1995)

BONFILS, SÉBASTIEN, *Le Droit des Obligations dans l'Intermédiation Financière,* Paris (2005)

BONNEAU, THIERRY / FRANCE DRUMMOND, *Droit des Marchés Financiers*[3], (2010)

BORBA, SANDRA, *Abuso de informação,* Cad. MVM nº 35 (2010), 63-104

BORGES, SOFIA LEITE, *A Regulação Geral do Conflito de Interesses na DMIF, Cadernos MVM,* nº 27 (Ag.-2007), 68-89

BORGES, SOFIA LEITE, *A consultoria para o investimento e o regime dos benefícios no Código dos Valores Mobiliários e na segunda Diretiva dos Mercados de Instrumentos Financeiros (DMIF II),* RDS nº 4 (2015)

BORGES, SOFIA LEITE, *Mulheres em cargos de administração: algumas notas sobre a proposta de Directiva COM (2012) 614 final relativa à melhoria do equilíbrio entre homens e mulheres no cargo de administrador não executivo das empresas cotadas em bolsa e a outras medidas conexas,* RDS 3 (2013), 427-461

BRANCO, GABRIELA/MOTA, SÓNIA TEIXEIRA/ /FARIA, JOSÉ MANUEL, *Revisão do Regime Jurídico dos Fundos de Investimento Mobiliário (Decreto-Lei nº 276/94, de 2 de Novembro),* in *Cadernos do Mercado de Valores Mobiliários,* nº 8, Agosto, 2000, págs. 71-89.

BRANCO, SOFIA RIBEIRO, *O Direito dos Accionistas à Informação,* Coimbra (2009)

BRANDEIS, LOUIS, *Other People's Money and How Bankers Use It,* Boston/New York, Bedford Books (1914, reimp 1995)

BRATTON, WILLIAM W., *Hedge Fund Activism, Poison Pills, and the Jurisprudence of Threat,* European Corporate Governance Institute Law Research Paper nº 320/2016 (2016)

BRECHMANN, WINFRIED, *Die richtlinienkonforme Auslegung. Zugleich ein Beitrag zur Dogmatik der EG-Richtlinie,* Miinchen (1994)

BRENNCKE, MARTIN, *Commentary on MiFID II Conduct of Business Rules, Arts 21-30 MiFID II* IN MATHIAS LEHMANN/CHRISTOPH KUMPAN (EDS.), *Financial services law: a commentary,* BECK/HART/NOMOS (2018)

BRENNEKE, VANESSA CONSTANTINO, *Autorregulação no Mercado de Valores Mobiliários Brasileiro: Matizes, Métricas e Modelos,* São Paulo, (2016)

BRIAULT, CLIVE, *The Rationale for a Single National Financial Services Regulator, Journal of International Financial Markets* (1999), 249-256

BRIAULT, CLIVE, *Revisiting the Rationale for a Single National Financial Services Regulator, FSA Occasional Paper,* nº 16 (2002)

BRISSON, JEAN-FRANÇOIS, *Les pouvoirs de sanction des autorités de régulation et l'article 6 § 1 de la Convention européenne des droits de l'Homme. A propos d'une divergence entre le Conseil d'Etat et la Cour de Cassation", in Atualité juridique. Droit administratif,* nº 11, novembre 1999, pp. 847-859

BRITO, MARIA HELENA, *Sobre a aplicação no espaço do novo Código dos Valores Mobiliários,* em *Cadernos do Mercado de Valores Mobiliários,* nº 7 (2000), 49-73

BRITO, MARIA HELENA, *A Convenção da Haia sobre a lei aplicável a certos direitos respeitantes a valores mobiliários depositados num intermediário*, em *Direito dos Valores Mobiliários*, Vol. V (2004), 91-126

Brochado, Ana, *A indemnização por abuso de informação privilegiada no Código das Sociedades Comerciais*, Cad. MVM nº 36 (2010), 32-48

Bromberg, Lev/George Gilligan/Jasper Hedges/ Ian Ramsay, *Sanctions Imposed for Insider Trading in Australia, Canada (Ontario), Hong Kong, Singapore, New Zealand, the United Kingdom and the United States: An Empirical Study*, CIFR Paper No. 117/2016 (2016)

Bromberg, Lev/ George Gilligan/ Ian Ramsay, *Enforcement of Financial Market Manipulation Laws: An International Comparison of Sanctions*, CIFR Paper nº 126/2016 (2016)

Buck-Heeb, Petra, *Kapitalmarktrecht*[9], Heidelberg (2017)

Burkart, Mike, *Economics of Takeover Regulation*, Discussion Paper, n. 256, LSE Financial Markets Group (1996)

Burn, Lachlan, *Capital Markets Union and regulation of the EU's capital markets*, *Capital Markets Law Journal*, 11: 3 (2016), 352-386

Busch, Danny / Guido Ferrarini (ed.), *Regulation of EU Financial Markets: MiFID II and MIFIR*, Oxford, (2017)

Busch, Danny / Cees Van Dam (ed.), *A Bank's Duty of Care*, Oxford, (2017)

Busch, Danny, *MiFID II and MiFIR: Stricter Rules for the EU Financial Markets* (12 – dez.-2017), disponível em https://ssrn.com/abstract=3086604

Caballero Germain, Guillermo, *La adquisicion* a non domino *de valores anotados en cuenta*, Madrid (2010)

Calheiros, Maria Clara, *O contrato de swap*, Coimbra Editora (2000)

Calheiros, Maria Clara, *O contrato de swap no contexto da atual crise financeira global*, in *Cadernos de Direito Privado*, nr. 42, Coimbra Editora (2013), 3-13

Câmara, Paulo, *Parassocialidade e Transmissão de Valores Mobiliários*, dissertação de mestrado, Faculdade de Direito da Universidade de Lisboa (1996)

Câmara, Paulo, *Emissão e subscrição de valores mobiliários*, in AA.VV., *Direito dos Valores Mobiliários*, Lex, Lisboa (1997)

Câmara, Paulo, *O Euro e a Reforma do Código das Sociedades Comerciais* (1997)

Câmara, Paulo, *A oferta de valores mobiliários realizada através da Internet*, in *Cadernos do Mercado de Valores Mobiliários*, nº 1 (1997), págs. 11-53 (que pode também ser consultado através de www.cmvm.pt)

Câmara, Paulo, *Deveres de informação e formação de preços no direito dos valores mobiliários*, in *Cadernos do Mercado de Valores Mobiliários*, nº 2 (1998), 79-94

Câmara, Paulo, *Obrigações indexadas e moeda única*, in *Cadernos do Mercado de Valores Mobiliários*, nº 4 (1999)

Câmara, Paulo, *O governo dos grupos bancários*, in *Estudos de Direito Bancário*, Coimbra (1999), 111-205

Câmara, Paulo, *O dever de lançamento de oferta pública de aquisição*, in *Direito dos Valores Mobiliários*, Vol. II (2000), 203-284; também in *Cadernos do Mercado de Valores Mobiliários*, nº 7 (2000), 195-269

Câmara, Paulo, *A Operação de Titularização de Créditos*, in *A Titularização de Créditos*, edição organizada pelo Banco de Portugal, Lisboa (2000), 65-94

Câmara, Paulo, *El Gobierno de Sociedades en Portugal: una introduccion*, in *Revista del Instituto Iberoamericano de Mercado de Valores*, nº 2 (2001)

Câmara, Paulo, *O Governo das Sociedades em Portugal: Uma Introdução*, *Cadernos do Mercado de Valores Mobiliários*, nº 12 (Dezembro 2001), 45-55

Câmara, Paulo, *The End of the Golden Age of Privatisations? The Recent ECJ Decisions on Golden Shares*, European Business Law Review, 3:2 (2002)

CÂMARA, PAULO, *O Regime Jurídico das Obrigações e a Proteção dos Credores Obrigacionistas*, Direito dos Valores Mobiliários, Vol. IV (2003), 309-345

CÂMARA, PAULO, *Códigos de Governo das Sociedades, Cadernos do Mercado de Valores Mobiliários*, nº 15 (Dezembro de 2002), 65-90; também publicado nos Cadernos de Auditoria Interna, edição Banco de Portugal, Ano 6, nº 1 (Outubro 2003), 6-51

CÂMARA, PAULO, *A Actividade de Auditoria e a Fiscalização de Sociedades Cotadas – Definição de um Modelo de Supervisão*, Cadernos MVM, nº 16 (Abril 2003), 93-98

CÂMARA, PAULO, *A Directiva dos Prospetos: Contexto, Conteúdo e Confronto com o Direito Positivo Nacional*, nos *EH ao Professor Doutor António Marques dos Santos*, I (2005), 1083-1114

CÂMARA, PAULO, *O Governo das Bolsas, Direito dos Valores Mobiliários*, Vol. VI, Coimbra (2006), 187-228

CÂMARA, PAULO, *Modelos de Governo das Sociedades Anónimas*, em *Jornadas em Homenagem ao Professor Doutor Raul Ventura. A Reforma do Código das Sociedades Comerciais* (2007), 197-258 = *Reformas do Código das Sociedades*, ed. IDET, Almedina (2007), 179-242

CÂMARA, PAULO, *O Governo das Sociedades e os Deveres Fiduciários dos Administradores*, in MARIA DE FÁTIMA RIBEIRO (org.), *Jornadas sobre Sociedades Abertas, Valores Mobiliários e Intermediação Financeira*, Coimbra (2007), 163-179

CÂMARA, PAULO, *A Regulação Baseada em Princípios e a DMIF*, Cadernos MVM, nº 27 (2007)

CÂMARA, PAULO, *Auditoria Interna e Governo das Sociedades, Cadernos de Auditoria Interna*, Banco de Portugal (2008) = em *EH ao Professor Paulo Pitta e Cunha* (2009)

CÂMARA, PAULO, *O Código das Sociedades Comerciais e o Governo das Sociedades* (co-autoria), Coimbra (2008)

CÂMARA, PAULO, *O Dever de Adequação dos Intermediários Financeiros*, em *Estudos em Honra do Professor Doutor José de Oliveira Ascensão* (2008), Vol. II, 1307-1324 = *El deber de adecuación de los intermediarios financieros a la MiFID en el derecho portugués*, em *Revista de Derecho de Mercado de Valores*, nº 3 (2008), 147-159

CÂMARA, PAULO, *Supervisão e Regulação do Mercado de Valores Mobiliários*, em *Direito dos Valores Mobiliários*, Vol. VIII (2008), 39-64

CÂMARA, PAULO, *Las medidas adotadas en Portugal en respuesta a la crisis financiera, Revista de Derecho de Mercado de Valores*, nº 4 (2009), 543-556

CÂMARA, PAULO, *Regulação e Valores Mobiliários*, em EDUARDO PAZ FERREIRA/LUÍS SILVA MORAIS/GONÇALO ANASTÁCIO (org.), *Regulação em Portugal: Novos Tempos, Novo Modelo?* (2009), 127-186

CÂMARA, PAULO, *O dever de lançamento de oferta pública de aquisição no Direito português*, em WALFRIDO JORGE WARDE JR. (org.), *Fusões, Cisões e Incorporações*, Editora Quartier Latin, São Paulo (2009)

CÂMARA, PAULO, *O Decreto-Lei nº 64/2009: Diminuição Extraordinária do Valor Nominal das Acções, Revista de Direito das Sociedades* nº 2 (2009), 327-338

CÂMARA, PAULO, *Os deveres de categorização de clientes e de adequação dos intermediários financeiros*, em MARIA FERNANDA PALMA/ / AUGUSTO SILVA DIAS/ PAULO SOUSA MENDES (coord.), *Direito Sancionatório das Autoridades Reguladoras* (2009), 299-324

CÂMARA, PAULO, *Portugal: Restoring Confidence, IFLR Financial Crisis Guide* (2009)

CÂMARA, PAULO, *Regulação dos Mercados de Valores Mobiliários: Fundamento e Estrurura, Legislação* (2009)

CÂMARA, PAULO, *Medidas Regulatórias Adotadas em Resposta à Crise Financeira: Um Exame Crítico, Direito dos Valores Mobiliários*, Vol. IX (2009), 71-113

Câmara, Paulo, *El Say On Pay Português, Revista de Derecho de Mercado de Valores*, nº 6 (2010), 83-96

Câmara, Paulo (coord.), *Conflito de Interesses no Direito Societário e Financeiro. Um balanço a partir da Crise Financeira* (2010)

Câmara, Paulo, *Say On Pay: O dever de apreciação da política remuneratória pela assembleia geral, Revista de Concorrência e Regulação*, nº 2 (2010), 321-344

Câmara, Paulo, *Crise financeira e Regulação, ROA* (2009), 697-728

Câmara, Paulo, *O Sistema de Indemnização dos Investidores: Vocação Típica e Âmbito de Cobertura*, em *EH ao Professor Doutor Sérvulo Correia*, Coimbra, (2010), III, 557-574

Câmara, Paulo, *O Sistema de Indemnização dos Investidores: Âmbito de Cobertura e Evolução Recente*, em *Direito dos Valores Mobiliários*, Vol. X, Coimbra (2011), 43-64

Câmara, Paulo, *Acordos parassociais: estrutura e delimitação*, em *EH ao Professor Doutor Saldanha Sanches*, Coimbra, (2011)

Câmara, Paulo (coord.), *Aquisição de Empresas*, Coimbra, (2011)

Câmara, Paulo (coord.), *O Governo das Organizações. A Vocação Expansiva do Corporate Governance*, Coimbra, (2011)

Câmara, Paulo, *Anotações aos arts. 32º a 34º, 328º a 329º e 447º a 450º*, em Menezes Cordeiro (org.), *Código das Sociedades Comerciais Anotado*[2], Coimbra (2011)

Câmara, Paulo, *Corporate Governance e o Setor Público Empresarial dos Açores*, em Sérvulo Correia et al., *Jornadas sobre Direito Regional Açoriano*, Coimbra (2011), 195-210

Câmara, Paulo, *A Comissão de Remunerações, Revista de Direito das Sociedades* nº 3 (2011), 9-51

Câmara, Paulo (coord.), *Código de Governo das Sociedades Anotado*, Coimbra, (2011)

Câmara, Paulo / Manuel Magalhães (coord.), *O Novo Direito Bancário*, (2012)

Câmara, Paulo, *Corporate Governance de 2013 a 2023: Desafios e Objetivos*, em Instituto Português de Corporate Governance, *Emergência e Futuro do Corporate Governance em Portugal. Volume comemorativo do 10º aniversário* (2013), 145-165

Câmara, Paulo, *Supervisão Bancária: recentes e próximos desenvolvimentos*, em *I Congresso de Direito Bancário*, (2014), 283-322

Câmara, Paulo, *The AFM's Governance and Remuneration Committees*, em Dirk Zetzsche *(ed.)*, *The Alternative Investment Fund Managers Directive: European Regulation of Alternative Investment Funds*[2], (2015), 293-309

Câmara, Paulo (coord.), *A Designação de Administradores*, Coimbra (2015)

Câmara, Paulo, *Diversidade de género e governo das sociedades, Inside* 001/2016 (2016), 5-8.

Câmara, Paulo (coord.), *A Governação de Bancos nos Sistemas Jurídicos Lusófonos*, Coimbra (2016)

Câmara, Paulo, *O Governo das Autoridades Reguladoras Independentes*, em *O Livro dos Amigos de Luis Lignau de Silveira*, (2016), 285-295

Câmara, Paulo (coord.), *O Novo Direito dos Valores Mobiliários*, (2017)

Câmara, Paulo, *Organismos de Investimento Coletivo no Direito Português, Revista de Direito das Sociedades e dos Valores Mobiliários (São Paulo), Edição comemorativa pelos 40 anos da Lei nº 6406/1976 (nov.-2016), 129-169*

Câmara, Paulo, *Diversidade de Género e Governo das Sociedades, Inside 01 (2016), 5-8*

Câmara, Paulo, *Diversidade Etária e Corporate Governance, Inside 02 (2017), 5-7*

Câmara, Paulo, *DMIF II: A Nova Pedra Angular do Direito dos Mercados Financeiros, em* Paulo Câmara *(coord.), O Novo Direito dos Valores Mobiliários*, (2017), 199-215

Câmara, Paulo, *Remuneração e Governo das Sociedades: uma nova agenda*, em Instituto

Português de Corporate Governance, *Volume Comemorativo do XV Aniversário*, (2018), 267-284

Câmara, Paulo, *Supervisão bancária*, em *Estudos Projeto ETHOS. Corrupção e criminalidade económico-financeira*, Lisboa (2018), 207-247

Câmara, Paulo/ Ana Filipa Morais Antunes, *Acções sem Valor Nominal*, Coimbra (2011)

Câmara, Paulo /Miguel Brito Bastos, *A Transposição da Directiva das Fusões e Aquisições de Instituições Financeiras*, *Revista da Banca* nº 69 (2010), 5-44

Câmara, Paulo / Gretchen Lowery, *The Internal Governance Structure of Financial Regulatory Authorities: Main Models and Current Trends*, em Marta Tavares de Almeida/ Luzius Mader (ed.), *Quality of Legislation – Principles and Instruments. Proceedings of the Ninth Congress of the International Association of Legislation (IAL)*, Nomos Verlag, Baden Baden (2011), 148-183

Campos, Ana Rita Almeida, *Titularização de Créditos: Algumas notas sobre Titularização Sintética*, *Revista da Banca*, nº 60 (2005), 77-92

Campos, Diogo Leite De/Monteiro, Manuel, *Titularização de Créditos*, Coimbra (2001)

Canaris, Claus-Wilhelm, *Autoria e Participação na Culpa in Contrahendo*, RDE, 16 a 19 (1990 a 1993), 5-ss. (25-31)

Canotilho, J. J. Gomes/Vital Moreira, *Constituição da República Portuguesa Anotada4*, I (2007)

Capriglione, Francesco (org.), *Le Gestioni di Patrimoni Mobiliari. Un'analisi comparata*, Milano (1991), 37-57, 85-98, 145-179, 279-297, 343-357

Carbone, Sergio M., *Strumenti finanziari, corporate governance e diritto internazionale privato tra disciplina dei mercati finanziari e ordinamenti nazionali*, *Rivista delle Società* (2000), 457-479

Carbonetti, Francesco, *Che cos'è un valore mobiliare?*, Giur. Comm (Março/Abril 1989), 280-303

Carmo, Maria do Mar, *Conflitos de Interesses na Intermediação Financeira: Uma abordagem à luz da DMIF II e tomando como paradigma o Banco como Intermediário Financeiro*, dissertação de mestrado, UCP, Lisboa (2018)

Cartwright, Peter, *Consumer Protection in Financial Services*, London (1999)

Carvalho, Luís Figueiredo, *Os Sistemas de Supervisão Prudencial na União Europeia*, Coimbra (2003)

Carvalho, Maria Irene, *O Mercado Bolsista Nacional: de 1973 à UEM*, *Bolsa de Valores de Lisboa. Estudos e Artigos* (Agosto 1998), 5-13

Casey, Jean-Pierre/Karel Lannoo, *The MiFID Implementing Measures: Excessive detail or level playing field?*, *ECMI Policy Brief*, nº 1 (2006)

Caspari, Karl-Burkhard, *Anlegerschutz in Deutschland im Lichte der Brisseler Richtlinien*, em Stefan Grundmann/Hans-Peter Schwintowski/Reinhard Singer (org.), *Anleger- und Funktionsschutz durch Kapitalmarktrecht*, Berlin (2006), 7-21

Castilho, Luís Miguel Coelho de, *A Regulação do Short Selling*, dissertação de mestrado, UCP, Lisboa (2010)

Castro, Carlos Osório de, *Os Casos de Obrigatoriedade do Lançamento de uma Oferta Pública de Aquisição*, in *Problemas Societários e Fiscais do Mercado de Valores Mobiliários*, Lisboa (1992)

Castro, Carlos Osório de, *Valores Mobiliários. Conceito e Espécies*[2], UCP, Porto (1998)

Castro, Carlos Osório de, *Da admissibilidade das chamadas "OPA's estatutárias" e dos seus reflexos sobre a cotação das acções em bolsa*, in Manuel Afonso Vaz/J. A. Azeredo Lopes (coordenação), *Juris et de Jure. Nos vinte anos da Faculdade de Direito da Universidade Católica Portuguesa – Porto*, Porto (1998), 117-148

Castro, Carlos Osório de, *A Imputação dos Direitos de Voto no Código dos Valores Mobiliários*, in *Cadernos do Mercado de Valores Mobiliários*, nº 7 (2000), 161-193

Castro, Carlos Osório de, *O Dever de OPA no Quadro das Transmissões Intra-grupo*, Cadernos MVM nº 52 (dez.-2015), 9-39

Catarino, Luís Guilherme, *Regulação e Supervisão dos Mercados de Instrumentos Financeiros. Fundamentos e Limites do Governo e Jurisdição das Autoridades Independentes*, Coimbra (2010)

Catarino, Luís Guilherme, *Direito Administrativo dos Mercados de Valores Mobiliários*, em Paulo Otero/ Pedro Gonçalves *(coord.), Tratado de Direito Administrativo Especial*, Vol. III (2010), 373-539

Catarino, Luís Guilherme/ Manuela Peixe, *A nova regulamentação dos mercados financeiros – um Tsunami regulatório? (I e II)*, Estudos IVM (2014), em www.institutovaloresmobiliarios.pt

Ceps Working Party (rap. Karel Lanoo), *Challenges to the Structure of Financial Supervision in the EU* (2000)

Cervera-Mercadillo, Víctor, *Las participaciones como valores mobiliarios negociables, Revista de Derecho Bancario y Bursátil* (Jan./ /Mar.-1999), 131-197

Claussen, Carsten Peter, *Insiderhandelsverbot und Ad Hoc-Publizitat*, Köln (1996), 74-95

Claussen, Carsten Peter (org.), *Bank und Börsenrecht*[4], München (2008)

Chalmers, Damian/Christos Hadjiemmanuil/Giorgio Monti/Adam Tomkins, *European Union Law. Text and Materials*, Cambridge (2006)

Chin, Sharon, *Financial Services Regulation: Can History Teach Us Anything?, in* P. Cartwright (ed.), *Consumer Protection in Financial Services* (1999), 141-160

Cheffins, Brian R./Armour, John, *The Eclipse of Private Equity*, ECGI – Law Working Paper, nº 82 (2007)

Chiu, Iris H-Y, *Regulation (From) the Inside. The legal framework for internal control in banks and financial institutions*, Oxford (2015)

Coates IV, John C., *Ownership, Takeovers and EU Law: How Contestable Should EU Corporations Be?*, ECGI Law Working Paper, n. 11/2003 (2003)

Coelho, Domingos Pinto, *Das operações de bolsa a prazo e do reporte segundo o Código Commercial. Conferência realizada na sessão inaugural da Associação dos Advogados de Lisboa, de 23 de Novembro de 1892* (1893)

Coelho, Eduardo de Melo Lucas, *Direito de voto dos accionistas nas assembleias gerais das sociedades anónimas*, Lisboa (1987)

Coelho, Eduardo de Melo Lucas, *A formação das deliberações sociais*, Coimbra (1994)

Coelho, Pedro Simões/Orlando Vogler Guiné, *Substituição de Entidade Gestora de Fundos de Investimento Alternativos, EH Vasco Vieira de Almeida* (2017) 113-137

Coffee Jr., John C., *Regulating the Market for Corporate Control; A Critical Assessment of the Tender Offer's Role in Corporate Governance*, in *Columbia LR*, 84 (1984), 1145-1296

Coffee Jr., John C., *Market Failure and the Economic Case for a Mandatory Disclosure System*, Virginia LR, 70 (1984), 717-753

Coffee Jr., John, *The Future as History: The Prospects for Global Convergence in Corporate Governance and Its Implications, Northwestern University L R*, nº 93 (1999), 641-707

Coffee Jr., John C., *The Rise of Dispersed Ownership: The Roles of Law and the State in the Separation of Ownership and Control*, Yale L J, 111 (2001), 1-82

Coffee Jr., John C., *Gatekeepers, The Professions and Corporate Governance*, Oxford (2006)

COFFEE JR., JOHN, *Law and the Market: The Impact of Enforcement, Columbia Law and Economics Working Paper*, nº 304 (2007), http://ssrn.com/abstract=967482

COLAERT, VEEERLE, *The Regulation of PRIIPs: great ambitions, insurmountable challenges?* KU Leuven, (2016)

COMPORTI, CARLO, *I conflitti di interessi nella disciplina comunitaria dei servizi finanziari, Diritto della Banca e del Mercato Finanziario* (2005), 593-614

CONTADOR, CLÁUDIO ROBERTO, *Mercado de Ativos Financeiros no Brasil: Perspetiva Histórica e Comportamento Recente*, Rio de Janeiro (1974)

COOKE, DARRYL J., *Private Equity: Law and Practice*[3], London (2008)

CORDEIRO, ANTÓNIO BARRETO MENEZES, *Do Trust no Direito Civil*, Coimbra (2014)

CORDEIRO, ANTÓNIO BARRETO MENEZES, *Organização e supervisão dos mercados financeiros*, RDS 3/4 (2014), 565-588

CORDEIRO, ANTÓNIO BARRETO MENEZES, *Direito dos Valores Mobiliários*, Vol. I, Coimbra (2015)

CORDEIRO, ANTÓNIO BARRETO MENEZES, *Direito Europeu dos Valores Mobiliários: evolução e linhas gerais*, RDS 2 (2015), 273-296

CORDEIRO, ANTÓNIO BARRETO MENEZES, *Manual de Direito dos Valores Mobiliários*, Coimbra (2016)

CORDEIRO, ANTÓNIO BARRETO MENEZES, *O depositário no Regime Geral dos Organismos de Investimento Coletivo*, em PAULO CÂMARA (coord.) *O Novo Direito dos Valores Mobiliários* (2017), 281-295

CORDEIRO, ANTÓNIO BARRETO MENEZES, *Os deveres de adequação dos intermediários financeiros à luz da DMIF II*, em PAULO CÂMARA (coord.) *O Novo Direito dos Valores Mobiliários* Vol. 2 (2018)

CORDEIRO, ANTÓNIO MENEZES, *Das publicações obrigatórias nos boletins de cotações de Bolsas de Valores: aspetos do novo regime ao aumento de capital por subscrição de novas ações*, em O Direito 120 (1988)

CORDEIRO, ANTÓNIO MENEZES, *Da transmissão em bolsa de ações depositadas*, em O Direito 120 (1988)

CORDEIRO, ANTÓNIO MENEZES, *Do reporte: subsídios para o regime jurídico do mercado de capitais e da concessão de crédito*, em O Direito 121 (1989)

CORDEIRO, ANTÓNIO MENEZES, *Banca, Bolsa e Crédito*, Coimbra (1990)

CORDEIRO, ANTÓNIO MENEZES, *A Oferta Pública de Aquisição*, in AA.VV., *Direito dos Valores Mobiliários*, Lex, Lisboa (1997)

CORDEIRO, ANTÓNIO MENEZES, *A OPA estatutária como defesa contra tomadas hostis*, in *Revista da Ordem dos Advogados*, ano 58 (1998), 133-145

CORDEIRO, ANTÓNIO MENEZES, *Da tomada de sociedades (takeover): efectivação, valoração e técnicas de defesa*, in *Revista da Ordem dos Advogados*, ano 54 (Dez.-1994), 761-ss.

CORDEIRO, ANTÓNIO MENEZES, *Da Constitucionalidade das Aquisições tendentes ao Domínio Total (artigo 490º, nº 3, do Código das Sociedades Comerciais)*, in *BMJ*, nº 480 (1998), 14-22

CORDEIRO, ANTÓNIO MENEZES, *A 13ª Directriz do Direito das Sociedades (Ofertas Públicas de Aquisição), ROA*, I-II (2004)

CORDEIRO, ANTÓNIO MENEZES, *Aquisições tendentes ao domínio total: constitucionalidade e efectivação da consignação em depósito (art. 490º/3 e 4 do CSC), O Direito*, III *(2005)*

CORDEIRO, ANTÓNIO MENEZES, *Regulação Económica e Supervisão Bancária, O Direito* (2006), III, 245-276

CORDEIRO, ANTÓNIO MENEZES, *Manual de Direito Comercial*[2], Coimbra (2007)

CORDEIRO, ANTÓNIO MENEZES, *Manual de Direito das Sociedades*[2], 2 vols. (2007)

CORDEIRO, ANTÓNIO MENEZES, *Do contrato de mediação*, em *O Direito*, ano 139º (2007), 517-554

CORDEIRO, ANTÓNIO MENEZES, *Manual de Direito Bancário*[3] (2008)

CORDEIRO, ANTÓNIO MENEZES, *Introdução ao Direito da Prestação de Contas*, Coimbra (2008)

CORDEIRO, ANTÓNIO MENEZES, *A Directriz 2007/36, de 12 de Julho (Accionistas de Sociedades Cotadas): Comentários à Proposta de Transposição*, ROA (2008), 503-553

CORDEIRO, ANTÓNIO MENEZES, *A tutela do consumidor de produtos financeiros e a crise mundial de 2007/2010*, ROA (2009), 603-632

CORDEIRO, ANTÓNIO MENEZES, *Novas regras sobre assembleias gerais: a reforma de 2010*, RDS, II (2010), 11-33

CORDEIRO, ANTÓNIO MENEZES (org.), *Código das Sociedades Comerciais Anotado*[2], Coimbra (2011)

CORDEIRO, ANTÓNIO MENEZES, *Da nacionalização do BPN, RDS*, nº 1 (2009), 57-91

CORDEIRO, ANTÓNIO MENEZES, *Acções sem valor nominal, RDS* nº 3-4 (2010), 471-508

CORDEIRO, ANTÓNIO MENEZES, *Direito bancário e alteração das circunstâncias*, in *Revista de Direito das Sociedades*, nr. 2 (2014), 343-389

CORDEIRO, ANTÓNIO MENEZES, *OPAs obrigatórias: pressupostos e consequências da sua não-realização*, RDS 1 (2012)

CORREIA, FRANCISCO MENDES, *A tecnologia descentralizada de registo de dados (Blockchain) no sector financeiro*, em PAULO CÂMARA (coord.) *O Novo Direito dos Valores Mobiliários* (2017), 447-494

CORREIA, LUÍS BRITO, *Direito Comercial. III: Deliberações dos Sócios*, Coimbra (1989)

CORREIA, LUÍS BRITO, *Regime da Invalidade das Deliberações dos Sócios*, em *Os Quinze Anos de Vigência do Código das Sociedades Comerciais* (2001)

CORREIA, HELDER SANTOS, *Os gestores de hedge funds e a gestão de riscos. Um ensaio sobre a nova regulação*, Universidade Católica Portuguesa, Lisboa (2014)

COSTA, MÁRIO JÚLIO ALMEIDA / EVARISTO FERREIRA MENDES, *Transmissão de acções tituladas nominativas*, RLJ ano 139º (2009), 66-97

COSTA, JOSÉ FARIA DA/ MARIA ELISABETE RAMOS, *O crime de abuso de informação privile-giada (insider trading): a informação enquanto problema jurídico -penal?*, Coimbra (2006)

COSTI, RENZO/LUCA ENRIQUES, *Il Mercato Mobiliare*, in GASTONE COTTINO (org.), *Trattato di Diritto Commerciale*, VIII (2004)

COURINHA, GUSTAVO LOPES, *O processo de emissão da dívida pública*, em *Estudos Jurídicos e Económicos em Homenagem ao Professor Doutor António de Sousa Franco*, (2006), II, 135-171

COUTO, ANA SÁ, *Os* American Depositary Receipts *no contexto da globalização dos mercados financeiros*, trabalho final do curso de pós-graduação, IVM, Lisboa (1999)

COUTO, ANA SÁ, *Breve Comentário à Transposição da Diretiva das OPA*, Cadernos MVM, nº 25 (Dezembro 2006), 70-76

COUTO, ANA SÁ /FREDERICO ROMANO COLAÇO, *O Equity Crowdfunding e os meios alternativos de financiamento*, atualidad Jurídica Uría Menéndez, no. 39, (2015)

CRISTAS, ASSUNÇÃO, *Proteção Constitucional do Consumidor e suas Implicações no Direito Contratual*, em *Direito Contratual entre Liberdade e Proteção dos Interesses e* 39º da Lei nº 1/92, de 3 de Janeiro

CUMMING, DOUGLAS J., *The Structure, Governance and Performance of UK Venture Capital Trust*, JOURNAL OF CORPORATE LAW STUDIES, VOL. 3, NO. 2, (2003), 191-217

CUMMING, DOUGLAS J./ LARS HORNUF/ MOEIN KARAMI/ DENIS SCHWEIZER, *Disentangling Crowdfunding from Fraudfunding*, Max Planck Institute for Innovation & Competition Research Paper No. 16-09 (2016)

CUNHA, CAROLINA, *Valores Mobiliários Vs Letras e Livranças: virtudes de um confronto pouco usual*, em *EH Carlos Ferreira de Almeida*, I, (2011) 673-700

Cunha, Paulo Olavo, *Lições de Direito Comercial*, Coimbra, (2010)

Cunha, Paulo Olavo, *Convocação, participação e funcionamento de assembleias gerais de sociedades anónimas*, em *EH Miguel Galvão Teles*, (2015), 485-507

Cunha, Paulo Olavo, *Impugnação de Deliberações Sociais. Relatório sobre o programa, os conteúdos e os métodos de ensino*, Lisboa (2015)

Davies, Howard/David Green, *Global Financial Regulation*, Cambridge (2008)

Davidoff, Steven M., *Fairness Opinions, American University Law Review*, Vol. 55, (2006) 1557-1622

Davies, Paul, *Liability for misstatements to the market/Davis Review Of Issuer Liability* (2007), 1-56

Day, Christian C., *Partner to Plutocrat: The Separation of Ownership from Management in Emerging Capital Markets – 19th Century Industrial America, University of Miami Law Review*, Vol. 58 (2004), 525-568

Deguée, Jean-Pierre/Devos, Diego, *La loi applicable aux titres intermédiés: l'apport de la Convention de La Haye de Décembre 2002*, T. B. H. (Jan.-2006), 5-32

DeMott, Deborah, *Fiduciary Contours: Perspectives on Mutual Funds and Private Funds*, em *Research Handbook on Mutual Funds* (2016)

Dias, António Silva, *O Financiamento de Sociedades por Emissão de Obrigações*, Lisboa (2002)

Dias, Augusto Silva, *O direito à não-inculpação no âmbito das contra-ordenações no Código dos Valores Mobiliários*, C&R nº 1 (2010) 237-265

Dias, Cristina Sofia, *Warrants Autónomos*, dissertação de mestrado, polic., Faculdade de Direito de Lisboa (2001)

Dias, Cristina Sofia, *Certificados, Valores Mobiliários Convertíveis e Valores Mobiliários Condicionados por Eventos de Crédito: Algumas Notas Comparativas, Cadernos MVM*, nº 15 (2002), 97-113

Dias, Cristina Sofia, *Notas Breves A Propósito do Regulamento sobre Short Selling e Credit Default Swaps, Cadernos MVM*, nº 39 (Ag.-2011), 60-63

Dias, Cristina Sofia, *União do Mercado de Capitais*, em *III Congresso de Direito Bancário*, (2018)

Dias, Gabriela Figueiredo, *Regulação e Supervisão de Hedge Funds: Percurso, Oportunidade e Tendências*, em *Direito dos Valores Mobiliários*, Vol. VIII (2008), 65-149

Dias, Gabriela Figueiredo, *Financiamento e governo das sociedades (debt governance): o terceiro poder*, III Congresso da DSR (2014), 359-383

Dias, Gabriela Figueiredo, *As principais tendências de mudança*, em Paulo Câmara (coord.) *O Novo Direito dos Valores Mobiliários*, (2017), 15-27

Dios Martinez, Luis Miguel de, *Títulos-Valor Simples y Documentos de Legitimacíon*, Civitas (2004)

Domingues, Paulo de Tarso, *Acções sem valor nominal, DSR* nº 4 (2010), 181-214

Domingues, Paulo de Tarso, *Acções sem valor nominal, I Congresso da DSR* (2011), 53-73

Duarte, Rui Pinto, *Contratos de Intermediação no Código dos Valores Mobiliários*, in *Cadernos do Mercado de Valores Mobiliários*, nº 7 (2000), 351-373

Duarte, Rui Pinto, *O Jogo e o Direito, Thémis Revista de Direito*, Ano II, Nº 3 (2001), 69-93

Duarte, Rui Pinto, *O Ensino Do Direito das Sociedades*, Lisboa (2008)

Duarte, Rui Pinto, *Escritos sobre o Direito das Sociedades*, Coimbra (2008)

Duarte, Rui Pinto, *Considerações sobre níveis de regulação e conceitos legais a propósito das sociedades comerciais, Cadernos MVM*, nº 51 – Ensaios de Homenagem a Amadeu Ferreira Volume I (Ago.-2015), 93-107

DUQUE, JOÃO, *A Regulação do Sistema de Valores Mobiliários – Uma Abordagem pela Teoria Financeira, Cadernos do Mercado de Valores Mobiliários* nº 6 (Set.-Dez.-1999), 19-68

EASTERBROOK, FRANK/FISCHEL, DANIEL, *Mandatory Disclosure and the Protection of Investors, Virginia LR*, Vol. 70, nº 4 (1984), 669-715

EASTERBROOK, FRANK/FISCHEL, DANIEL, *Takeover Bids, Defensive Tactics, and Shareholders' Welfare, Bus. Law.* 36 (1981), 1733-1750

EASTERBROOK, FRANK/FISCHEL, DANIEL, *Corporate control transactions, Yale LJ* (1981/82), 698-737

EASTERBROOK, FRANK/FISCHEL, DANIEL, *Voting in Corporate Law, JLEconomics*, Vol. XXVI (1983), 395-427

EBKE, WERNER, *Accounting, Auditing and Global Capital Markets*, in THEODOR BAUMS/ /KLAUS HOPT/NORBERT HORN (eds.), *Corporations, Capital Markets and Business in the Law*, 113-136

ECHEVARRÍA DE RADA, TERESA, *Los Contratos de Juego y Apuesta*, Barcelona (1996)

EFIGÉNIA, ANA SÍLVIA FALCÃO MESTRE, *As declarações de comply or explain falsas*, Lisboa (2014)

EIZAGUIRRE, JOSÉ MARIA, *La opcíon por un concepto amplio de Título-Valor*, RDBB, n. 57 (1995), 9-51

EIZIRIK, NELSON LAKS, *O Papel do Estado na Regulação do Mercado de Capitais*, Rio de Janeiro (1977)

ELDERFIELD, MATTHEW (ed.), *A Practitioner's Guide to MiFID*, London (2007)

ENRIQUES, LUCA, *Dalle attività di intermediazione mobiliare ai servizi di investimento, Rivista delle Società* (1998), 1013-1038

ENRIQUES, LUCA, Quartum non datur: *Appunti in tema di «Strumenti finanziari partecipativi in Inghilterra, negli Stati Uniti e in Italia»*, BBTC, nº 2 (2005), 166-183

ENRIQUES, LUCA, *L'intermediario in conflito d'interessi nella nuova disciplina comunitária dei servizi d'investimento, Giurisprudenza Commerciale* (Nov.-Dez.-2005), 844

ENRIQUES, LUCA, *The Mandatory Bid Rule in the Proposed EC Takeover Directive: Harmonization as Rent-Seeking?* (2003)

ENRIQUES, LUCA, *EC Company Law Directives and Regulations: How Trivial are They?*, ECGI Law Working Paper, nº 39/2005 (2005)

ENRIQUES, LUCA, *Company Law Harmonization Reconsidered: What Role for the EC?,m* ECGI Law Working Paper, No. 53/2005 (2005) http://ssrn.com/abstract=850005

ENRIQUES, LUCA, *Regulators' Response to the Current Crisis and the Upcoming Regulation of Financial Markets: One Reluctant Regulator's View*, U. Pa. J. Int'l L., 30 (2009), 1147, disponível em http://papers.ssrn.com/sol3/papers.cfm?abstract_id=1432400

ENRIQUES, LUCA/GATTI, MATTEO, *Is There a Uniform EU Securities Law after the Financial Services Action Plan?* (2007)

EREIO, JOANA TORRES, *One share-one vote: os tetos de voto e as alterações introduzidas pelo DL nº 20/2016, Atualidad Juridica* 44 (2016), 96-106

EREIO, JOANA TORRES, *Considerações preliminares sobre o fim dos valores mobiliários ao portador – análise e dúvidas decorrentes da Lei nº 15/2017, de 3 de maio, Atualidad Juridica* 47 (2017), 96-106

ESTACA, JOSÉ MARQUES, *O destaque dos direitos de voto em face do Código dos Valores Mobiliários*, em *Estudos em Honra do Professor Doutor José de Oliveira Ascensão* (2008), Vol. II, 1347-1361

ESTEVES, GONÇALO MENDES DE ABREU MARCELO, *Credit Default Swap – Caracterização e o problema da especulação*, dissert. Mestrado, Faculdade de Direito da Universidade Católica Portuguesa, Lisboa (2015)

FADEN, CHRISTOPH, *Das Pflichtangebot nach dem Wertpapiererwerbs- und Übernahmegesetz (WpÜG)*, Hamburg (2008)

FALCÃO, JOÃO PAULO MENEZES, *A OPA Obrigatória – Fundamentos e Regime no Novo Código dos Valores Mobiliários*, em *Direito dos Valores Mobiliários*, Vol. III (2001), 179-228

FARIA, MIGUEL FIGUEIRA DE/ JOSÉ AMADO MENDES, *Dicionário de História Empresarial Portuguesa (Séculos XIX e XX)*, Lisboa (2013)

FERNANDES, MARIA JOÃO MATIAS, *O Direito aplicável aos negócios relativos a instrumentos financeiros: a disciplina introduzida pelo novo Regulamento europeu sobre a lei aplicável às obrigações contratuais (Roma I)*, CDT Vol. 2 nº 2 (Out.-2010), 149-172

FERNANDES, TÂNIA CRISTINA CARDOSO, *A Alteração das Circunstâncias nos Contratos de Swap de Taxas de Juro*, Faculdade de Direito da Universidade Católica (2014)

FERNANDEZ DE LA GANDARA, LUIS, *La Atipicidad en Derecho de Sociedades*, Zaragoza (1977)

FERNANDEZ DE LA GANDARA, LUIS, *El secretario del consejo de administración*, em *El Gobierno de las Sociedades Cotizadas*, Madrid/Barcelona (1999), 273-304

FERRAN, EILÍS/CHARLES GOODHART (ed.), *Regulating Financial Services and Markets in the 21st Century*, Oxford (2001)

FERRAN, EÍLIS, *Building an EU Securities Market*, Oxford (2004)

FERRAN, EÍLIS, *Examining the UK's Experience in Adopting the Single Financial Regulator Model*, 4-13, em *Brooklyn Journal of International Law* (2003), 257-307

FERRAN, EÍLIS, *The liberalization of financial markets: the regulatory response in the United Kingdom*, em RAINER GROTE/THILO MARAUHN, *The Regulation of International Financial Markets. Perspectives for Reform*, Cambridge (2006), 57-111

FERRAN, EÍLIS, *Understanding the new institutional architecture of EU Financial Market Supervision*, (2010)

FERRAN, EÍLIS, *The Regulation of Hedge Funds and Private Equity: A Case Study in the Development of the EU's Regulatory Response to the Financial Crisis, University of Cambridge Faculty of Law Research Paper* No. 10/2011, (2011)

FERRAN, EILIS, *The UK as a Third Country Actor in EU Financial Services Regulation*, University of Cambridge Faculty of Law Research Paper nº 47/2016 (2016)

FERRARINI, GUIDO, *La Responsablilita da prospetto. Informazione societaria e tutela degli investitori*, Milano (1986).

FERRARINI, GUIDO, *I modi di sollecitazione di risparmio*, BBTC, I (1991), 15-41

FERRARINI, GUIDO, *I derivati finanziari tra vendita a termine e contratto differenziale*, em FRANCO RIOLO, *I Derivati Finanziari. Profile economici, giuridici e finanziari*, Milano (1993) 27-61

FERRARINI, GUIDO, *Stock Exchange Governance in the European Union*, in MORTEN BALLING/ /ELIZABETH HENNESSY/ /RICHARD O'BRIEN, *Corporate Governance, Financial Markets and Global Convergence*, Kluwer: Dordrecht/Boston/London (1998), 139-160

FERRARINI, GUIDO, *The European Regulations of Stock Exchanges: New Perspectives*, *Common Market LR*, 36 (1999), 569-598

FERRARINI, GUIDO, *L'ammissione a quotazione: natura, funzione, responsabilità e* self listing, CEDIF Working Paper, n. 1 (2002)

FERRARINI, GUIDO, *Ammissione alla quotazione e ammissione alle negoziazioni: significato e utilità di una distinzione*, CEDIF Working Paper, n. 3 (2002)

FERRARINI, GUIDO, *La nuova disciplina europea dell'abuso di mercato*, *Riv. Società* (2004), 43-76

FERRARINI, GUIDO/HOPT, KLAUS/WYMEERSCH, EDDY, *Capital Markets in the Age of the Euro: Cross-border Transactions, Listed Companies and Regulation* (2002)

FERRARINI, GUIDO/HOPT, KLAUS/WINTER, JAAP/WYMEERSCH, EDDY, *Reforming*

Company and Takeover Law in Europe, Oxford (2004)

Ferrarini, Guido/Wymeersch, Eddy, *Investor Protection in Europe: Corporate Law Making, the MiFID and Beyond*, Oxford (2006)

Ferreira, Abel Sequeira, *A* soft law *e a juridicidade dos códigos de governo das sociedades, RDS*, IX (2018)

Ferreira, Amadeu José, *Ordem de Bolsa*, in *Revista da Ordem dos Advogados*, ano 52, II (1992)

Ferreira, Amadeu José, *Valores Mobiliários Escriturais. Um novo modo de representação e circulação de direitos*, Coimbra (1997)

Ferreira, Amadeu José, *Operações de Futuros e Opções*, em *Direito dos Valores Mobiliários* (1997), 121-188

Ferreira, Amadeu José, *Direito dos Valores Mobiliários. Sumários das lições*, Lisboa (1998)

Ferreira, Amadeu José, *Sistemas de Pagamentos e Falência*, in *Cadernos do Mercado de Valores Mobiliários*, nº 2, 1º semestre 1998, págs. 41-63

Ferreira, Amadeu José, *Um Código dos Instrumentos Financeiros? Algumas Notas Soltas*, nos *EH ao Professor Doutor Carlos Ferreira de Almeida*, I (2010), 701-710

Ferreira, Bruno, *A transposição da Diretiva da Transparência II*, em Paulo Câmara (coord.) *O Novo Direito dos Valores Mobiliários*, (2017) 43-50

Ferreira, Eduardo Paz, *Da Dívida Pública e das Garantias dos Credores*, Coimbra (1995)

Ferreira, Eduardo Paz, *Títulos de Dívida Pública e Valores Mobiliários*, in *Revista da Banca*, nº 43 (Julho 1997), 27-53 = *Direito dos Valores Mobiliários*, Vol. II (2000), 31-56

Ferreira, Eduardo Paz, *Setores estratégicos e intervenção do Estado no mercado dos valores mobiliários*, em *Direito dos Valores Mobiliários*, Vol. III (2001)

Ferreira, Eduardo Paz, *Direito da Economia*, Lisboa (2001, reimp. 2004)

Ferreira, Eduardo Paz, *Anotação ao art. 101º CRP*, em Jorge Miranda/Rui Medeiros, *Constituição da República Portuguesa Anotada*, II (2006)

Ferreira, Eduardo Paz, *A regulação pública de actividades económicas em Portugal*,em Dário Moura Vicente/ Marshall Berger (org.), *Direito Comparado. Perspetivas Luso-Americanas*, Coimbra, vol II (2010), 13-25

Ferreira, Eduardo Paz/ Ana Perestrelo de Oliveira, *Os limites do sistema de indemnização dos investidores: âmbito de cobertura material e natureza fiscal das contribuições*, RDS nº 1 (2011), 55-82

Ferreira, Juliano, *Sociedade com o capital aberto ao investimento do público: Relevância da lei pessoal na aquisição e perda da qualidade de sociedade aberta*, Cadernos MVM 58 (2017), 54-78

Ferreira, Manuel Requicha, *Opa Concorrente, Cadernos MVM*, nº 30 (Agosto de 2008), 19-78

Ferreira, Manuel Requicha, *O dever de lançamento de OPA nos casos de sucessão mortis causa*, RDS 1 (2014), 9-58

Ferreira, Manuel Requicha, *Acordos de aceitação e não-aceitação de OPA*, Coimbra (2015)

Figueira, Álvaro Reis, *Fundos Comuns de Investimento: Uma experiência interrompida, Scientia Jurídica*, t. 34 (1985), 344-380

Figueiredo, André, *A Informação Difundida no Mercado de Valores Mobiliários e os Poderes da CMVM: Uma "Nova Dimensão do Direito Administrativo?", Cadernos do Mercado de Valores Mobiliários*, nº 24 (2006), 68-72

Figueiredo, André, *O Negócio Fiduciário perante Terceiros – Com aplicação especial na gestão de valores mobiliários*, Coimbra (2012)

Figueiredo, André, *Titularidade indireta e exercício de direitos de voto*, RDS IV nº 3 (2012), 517-548

FIGUEIREDO, ANDRÉ, *Novidades da infraestrutura do mercado de capitais: o Regulamento nº 909/2014 relativo à melhoria da liquidação de valores mobiliários na União Europeia e às Centrais de Valores Mobiliários*, RDS nº 2 (2015)

FISHER, JONATHAN/BEWSEY, Jane, *The Law of Investor Protection*, London (1997)

FLEISCHER, HOLGER, *Die Richtlinie iiber Märkte fiir Finanzinstrumente und das Finanzmarkt-Richtlinie-Umsetzungsgesetz--Entstehung, Grundkonzeption, Regelungsschwer-punkte*, BKR (2006), 389-396

FLEISCHER, HOLGER/SCHMOLKE, KLAUS ULRICH, *Geriichte im Kapitalmarktrecht. Insiderrecht, Ad-hoc-Publizität, Marktmanipulation, AG*, 27 (2007), 841-854

FONSECA, TIAGO SOARES DA, *O Penhor de Acções*[2], Coimbra (2007)

FORD, CRISTIE L., *New Governance, Compliance and Principles-Based Securities Regulation* (Mar.-2007), http://ssrn.com/abstract=970130

FRADA, MANUEL CARNEIRO DA, *Uma "Terceira Via" no Direito da Responsabilidade Civill*, Coimbra (1997)

FRADA, MANUEL CARNEIRO DA, *O Problema e os Limites da Responsabilidade dos Auditores, DJ*, Vol. XVI, t. 1 (2002), 160-170

FRADA, MANUEL CARNEIRO DA, *Teoria da Confiança e Responsabilidade Civil*, Coimbra (2004)

FRADA, MANUEL CARNEIRO DA, *Crise mundial e alteração das circunstâncias*, ROA III-IV (2009), 633-695

FRADA, MANUEL CARNEIRO DA, *"Ou cumpres ou explicas-te" – Sobre a soft law no governo societário*, em *III Congresso DSR* (2014), 339-343

FRADA, MANUEL CARNEIRO DA, *A responsabilidade dos intermediários financeiros por informação deficitária ou falta de adequação dos instrumentos financeiros*, em *O Novo Direito dos Valores Mobiliários*, (2017), 401-409

FRADA, MANUEL CARNEIRO DA/ DIOGO COSTA GONÇALVES, *Perda da Qualidade de Sociedade Aberta (Delisting de ações) e Tutela dos Acionistas Minoritários, Cadernos MVM*, nº 51 – Ensaios de Homenagem a Amadeu Ferreira Volume I (Ago.-2015), 23-44

FRANCO, ANTÓNIO SOUSA, *Sistema Financeiro e Constituição Financeira no Texto Constittucional de 1976*, em *Estudos sobre a Constituição*, Vol. III (1979), 487-578

FRANCO, ANTÓNIO SOUSA, *Dez Anos de Evolução do Direito Financeiro Português, ROA, ano 45 (1985), 655-708*

FRANCO, ANTÓNIO SOUSA, *Finanças Públicas e Direito Financeiro*, Coimbra (1986)

FREITAS, JOSÉ LEBRE DE, *Contrato de swap meramente especulativo. Regime de validade e alteração das circunstâncias*, ROA, (2012)

FRIDSON, MARTIN S., *It was a very good year – Extraordinary Moments in Stock Markets History*, New York (1998)

FRIEND, IRWIN/EDWARD S. HERMAN, *The SEC through a Glass Darkly, Journal of Business*, Vol. 37 (1964), 382-405

FUCHS, ANDREAS (ORG.), *Wertpapierhandelsgesetz Kommentar*, München (2009)

FULLER, GEOFFREY, *The Law and Practice of International Capital Markets*, London (2007)

GABBERT, DALE, *Hedge Funds*, London (2008)

GAEDE, BETTINA, *Koordiniertes Aktionärsverhalten im Gesellschafts- und Kapitalmarktrecht*, Baden Baden (2008)

GARCIA, AUGUSTO TEIXEIRA, *Da Oferta Pública de Aquisição e o seu Regime Jurídico* (1995)

GATTI, MATTEO, *Upsetting Deals and Reform Loop: Can Companies and M&A Law in Europe Adapt to the Market for Corporate Control?*, Columbia Journal of European Law, (2018)

GAUVIN, ALAIN, *Droit des Dérivés de Crédit*, Paris (2003)

Georgosouli, Andromachi, *The debate over the economic rationale for investor protection regulation: a critical appraisal, Journal of Financial Regulation and Compliance,* Vol. 15, nº 3 (2007), 242-247

Geraci, Luigi/Jaeger, Pier Giusto (org.), *L'istituzione dei fondi comuni d'investimento,* Centro internazionale di studi giuridici (CIDIS), Editora Dott. A. Giuffrè, Milano (1970)

Gervasoni, Anna/Francesco Perrini, *I Fondi di Investimento Mobiliare Chiusi,* Milano, (1994)

Gião, João Sousa, *Notas sobre o anunciado fim do bloqueio de acções como requisito do exercício do voto em sociedades cotadas, Cadernos MVM,* nº 21 (Agosto 2005), 49-56

Gião, João Sousa, *Green bonds,* em Paulo Câmara (coord.), *O Novo Direito dos Valores Mobiliários,* Coimbra, (2017), 311-319

Gilson, Ronald J., *Controlling Shareholders and Corporate Governance: Complicating the Comparative Taxonomy,* ECGI WP 49/2005 (2005) < http://ssrn.com/abstract=784744>

Gilson, Ronald J./Black, Bernard, *The Law and Finance of Corporate Acquisitions2,* Westbury (1995)

Gilson, Ronald/Curtis Milhaupt, *Sovereign Wealth Funds and Corporate Governance: A Minimalist Response to the New Merchantilism* (2008), http://ssrn.com/abstract=1095023

Gomes, Fátima, *Subscrição Indireta e Tomada Firme,* Sep. *Direito e Justiça,* Vol. VIII, 1 (1994), 201-294

Gomes, Fátima, *Insider Trading,* Lisboa (1995)

Gomes, Fátima, *Obrigações Convertíveis em Acções,* Lisboa (2000)

Gomes, Fátima, *Contratos de intermediação financeira: sumário alargado, EH ao Professor Doutor Mário Júlio Brito de Almeida Costa* (2002), 565-599

Gomes, José Ferreira, *Responsabilidade Civil pelo Prospeto: A Delimitação dos Responsáveis perante o Art. 149º/1 CVM,* Cadernos MVM 56 (2017), 53-76

Gomes, José Ferreira, *Conflito de interesses e benefícios (inducements) dos intermediáros financeiros perante a DMIF II,* em Paulo Câmara (coord.), *O Novo Direito dos Valores Mobiliários,* Coimbra, (2017), 227-249

Gomes, José Ferreira, *Responsabilidade civil dos funcionários e administradores de instituições de crédito perante o art. 304º, nº 5 CVM,* DSR vol. 19 (março 2018), 99-130

Gonçalves, Diogo Costa, *Produtos financeiros complexos e PRIIPS,* em Paulo Câmara (coord.), *O Novo Direito dos Valores Mobiliários,* Coimbra, (2017), 391-399

Gonçalves, Luiz CunhA, *Código Comercial Anotado,* Vol. II, Lisboa (1916)

Gonçalves, Pedro Costa, *Anotação ao Acórdão do Tribunal Central Administrativo-Sul de 6 de Fevereiro de 2010,* em RLJ nº 3964 (2011), 39-67

Gonçalves, Renato, *Nótulas Comparatísticas sobre os Conceitos de Valor Mobiliário, Instrumento de Mercado Monetário e Instrumento Financeiro na DMIF e no Código dos Valores Mobiliários, Cadernos MVM,* nº 19 (Dez.-2004), 94-103.

Gontarek, Walter, *Risk governance of financial institutions: The growing importance of risk appetite and culture, Journal of Risk Management in Financial Institutions,* Vol. 9, nº 2 (2016), 120-129

Gonzalez, Pedro Boullosa, *Interest Rate swaps: perspetiva jurídica,* in *Cadernos do Mercado de Valores Mobiliários* nr. 44 (2013), 10-28

Gonzalez, Pedro Boullosa, *Qualidade da Informação, Cadernos MVM,* nº 49 (Dez.-2014), 8-17

Gorjão-Henriques, Miguel, *Direito da União*[6], Coimbra (2010)

Goutay, Philippe, *La Notion de Valeur Mobilière, Recueil Dalloz,* nº 21 (1999), 226-230

GRANELLI, CARLO/STELLA, GIOVANNI (org.), *Il Conflitto di Interessi nei Rapporti di Gestione e Rappresentanza*, Milano (2007)

GRANT, JEREMY (ed.), *European Takeovers – The Art of Acquisition* (2005)

GROTE, RAINIER/MARAUHN, THILO (ed.), *The Regulation of International Financial Markets*, Cambridge (2006)

GRUNEWALD, BARBARA/MICHAEL SCHLITT, *Einführung in das Kapitalmarktrecht*, Miinchen (2007)

GUERREIRO, TIAGO LOURENÇO, *Credit-linked notes: a protecção do investidor de retalho*, dissertação de Mestrado, UCP, Lisboa (2017)

GUINÉ, ORLANDO VOGLER, *Do Contrato de Gestão de Carteiras e do Exercício do Direito de Voto: OPA Obrigatória, Comunicação de Participação Qualificada e Imputação de Direitos de Voto*, em *Direito dos Valores Mobiliários*, Vol. VIII (2008), 151-181

GUINÉ, ORLANDO VOGLER, *Da Conduta (Defensiva) da Administração "Opada"*, Coimbra (2009)

GUINÉ, ORLANDO VOGLER, *O financiamento das sociedades por meio de valores mobiliários híbridos (entre as acções e as obrigações), I Congresso Direito das Sociedades em Revista*, (2011), 75-93

GUINÉ, ORLANDO VOGLER, *O novo Regulamento europeu sobre prospetos*, em PAULO CÂMARA (COORD.), *O Novo Direito dos Valores Mobiliários*, (2017), 51-61

GYNTELBERG, JACOB/, PHILIP WOOLDRIDGE, *Interbank rate fixings during the recent turmoil, BIS Quarterly Review* (March 2008), Bank for International Settlements, 59-72

HABERER, THOMAS, *Zwingendes Kapitalgesellschaftsrecht – Rechtfertigung und Grenzen*, Wien (2009)

HÄFFELIN, ULRICH, *Die verfassungskonforme Auslegung und ihre Grenzen, FS Hans Huber zum 80. Geburstag*, Bern (1981), 241-259

HATCH, THOMAS B./ THOMAS C. MAHLUM, *Beyond Supply & Demand: Manipulation in the Commodities Markets, Bloomberg Law Report – Securities Law* (2011)

HAZEN, THOMAS LEE, *The Law of Securities Regulation*[4], St. Paul/Minn. (2002)

HAZEN, THOMAS LEE, *Treatise on the Law of Securities Regulation*[3], St. Paul Minn. (1995)

HELLERINGER, GENEVIÈVE, *Trust Me, I Have a Conflict of Interest! Testing the Efficacy of Disclosure in Retail Investment Advice, Oxford Legal Studies Research Paper* nº 14/2016 (2016)

HENDERSON, SCHUYLER K., *Henderson on Derivatives*, London (2003)

HENSEN, JESPER, *Say when: When must and issuer disclose inside information?, Nordic and European Company Law LSN Research Paper* nº 16/03 (2016)

HERTIG, GÉRARD/MCCAHERY, JOSEPH, *Company and Takeover Law Reforms in Europe: Misguided Harmonization Efforts or Regulatory Competition?*, EBOR, nº 4 (2003), 179-211

HIRTE, HERIBERT/THOMAS J. M. MÖLLERS, *Kölner Kommentar zum Wertpapierhandelsgesetz*, Köln (2007)

HOPT, KLAUS, *Der Kapitalanlegerschutz im Recht der Banken* (1985)

HOPT, KLAUS J., *Insider Regulation and Timely Disclosure*, em *Forum Internationale*, nº 21 (Janeiro 1996), 1-27

HOPT, KLAUS, *Übernahmen, Geheimhaltung und Interessenkonflikte: Probleme für Vorstände, Aufsichräte und Banken*, ZGR (2002), 333-376

HOPT, KLAUS, *Comparative Corporate Governance: The State of the Art and International Regulation, American Journal of Comparative Law*, Vol. 59, p. 1, (Jan. 2011)

HOPT, KLAUS/BERND RUDOLPH/HARALD BAUM (org.), *Börsenreform. Eine ökonomische, rechtsvergleichende und rechtspolitische Untersuchung*, Stuttgart (1997)

HOPT, KLAUS/WYMEERSCH, EDDY, *Capital Markets and Company Law*, Oxford (2003)

HOPT, KLAUS/HANS-CHRISTOPH VOIGT, *Prospekt- und Kapitalmarktinformationshaftung*, Tiibingen (2005)

HOPT, KLAUS/WYMEERSCH, EDDY, *European Company and Financial Law: Texts and Leading Cases* (2007)

HOPT, KLAUS/RÜDIGER VEIL/JÖRN AXEL KÄMMERER, *Kapitalmarktgesetzgebung im Europäischen Binnenmarkt*, Tiibingen (2008)

HOVASSE, HENRI, *Qualification du Portefeuille de Valeurs Mobilières, Revue de Droit Bancaire et de la Bourse*, nº 71 (Jan./Fev.-1999), 1-3

HSU, DAVID H./MARTIN KENNEY, *Organizing Venture Capital: The Rise and Demise of American Research & Development Corporation, 1946-1973*, University of California, Berkeley (2004)

HU, HENRY/BERNARD BLACK, *The New Vote Buying: Empty Voting and Hidden (Morphable) Ownership, Southern California Law Review*, Vol. 79 (2006), 811-908

HU, HENRY/BERNARD BLACK, *Hedge Funds, Insiders, and the Decoupling of Economic and Voting Ownership: Empty Voting and Hidden (Morphable) Ownership, Journal of Corporate Finance*, Vol. 13 (2007), 343-367

HU, HENRY/BERNARD BLACK, *Equity and Debt Decoupling and Empty Voting II: Importance and Extensions, University of Pennsylvania Law Review*, Vol. 156 (2008), 625-739

HUDSON, ALASTAIR, *Securities Law*, London, (2008)

HUDSON, ALASTAIR, *The Law of Finance*, London (2009)

HUECK, ALFRED/CANARIS, CLAUS-WILHEIM, *Recht der Wertpapiere*, trad.espanhola *Derecho de los Títulos-Valor*, Barcelona (1988)

JACKSON, DAVE / MADURA, JEFF, *Profit Warnings and Timing, Financial Review*, Vol. 38, No. 4, (Nov. 2003), 497-513

JAEGER, PIER GIUSTO/CASELLA, PAOLO, *I Fondi comuni d'investimento*, Milano (1984)

JEANTIN, MICHEL, *Observations sur la notion de catégorie d'actions, Recueil Dalloz Chroniques* (1995), 88-90

JENNINGS, RICHARD W./MARSH JR., HAROLD/ /COFFEE JR., JOHN, *Securities Regulation – Cases and Materials*[7], Westbury, N. Y. (1992)

JENSEN, MICHAEL/MECKLING, WILLIAM H., *Theory of the firm: Managerial Behavior, Agency Costs, and Ownership Structures, Journal of Financial Economics*, 3 (Oct.-1976), 305-360

JENSEN, MICHAEL/RUBACK, *The market for corporate control: the scientific evidence*, in *Journal of Financial Economics*, Vol. 11 (1983), 127-168

JIJDICE, JOSÉ MIGUEL/ANTAS, MARIA LUÍSA/ /FERREIRA, ANTÓNIO ARTUR/PEREIRA, JORGE BRITO, *OPA. Ofertas Públicas de Aquisição. Legislação Comentada*, Lisboa (1992)

JUSTINO, DAVID, *A História da Bolsa de Lisboa*, Bolsa de Valores de Lisboa, Lisboa (1994)

KARMEL, ROBERTA, *Regulation by Prosecution: The Securities and Exchange Commission versus Corporate America* (1982)

KARMEL, ROBERTA, *Is the Financial Industry Regulatory Authority a Government Agency?* Brooklyn Law School, Legal Studies Paper, nº 86 (2008)

KASTEN, ROMAN A., *Das neue Kundenbild des § 31 a WpHG – Umsetzungsprobleme nach MiFID & FRUG*, BKR (2007), 261-267

KEMPERINK, GUUS/JULES STUYCK, *The Thirteenth Company Law Directive and Competing Bids, Common Market Law Review*, 45 (2008), 93-130

KERSHAW, DAVID, *Principles of Takeover Regulation*, Oxford, (2016)

KINDLEBERGER, CHARLES/ ROBERT ALIFER, *Manics, Panics and Manias – A History of Financial Crisis*, New Jersey, (2005)

KING, MICHAEL R./PHILIPP MAIER, *Hedge Funds and Financial Stability: The State of the Debate*, em *Bank of Canada. Discussion Paper*, nº 9 (2007)

KINI, OMESH/WILLIAM KRACAW/SHEZAD MIAN, *The Nature of Discipline by Corporate*

Takeovers, Journal of Finance, nº 4 (2004), 1511-1552

KITCH, EDMUND, *Regulation of the Securities Market*, in *Encyclopedia of Law and Economics*, disponível em http://allserv.rug.ac.be (1999), 5660

KLITZING, JOACHIM V., *Die Ad-Hoc-Publizität*, Köln/Berlin/Bonn (1991)

KREMER, CLAUDE/ ISABELLE LEBBE, *Collective Investment Schemes in Luxembourg*, Oxford, (2014)

KÜBLER, FRIEDRICH, *The subprime crisis – does it ask for more regulation?*, em *Perspectives in Company Law and Financial Regulation*, (2009), 570-582

KÜMPEL, SIEGFRIED, *Bank- und Kapitalmarktrecht*[3], Köln (2004)

KÜMPEL, SIEGFRIED, *Verbraucherschutz im Bank- und Kapitalmarktrecht*, em STEFAN GRUNDMANN (ed.), *Direito Contratual entre Liberdade e Proteção dos Interesses e Outros Artigos Alemães-Lusitanos*, Coimbra (2008), 205-222

LA PORTA, RAFAEL/FLORENCIO LOPEZ-DE--SILANES/ANDREI SHLEIFER/ROBERT VISHNY, *Investor Protection and Corporate Governance*, in *Journal of Financial Economics*, nº 58 (2000), 3-27

LA PORTA, RAFAEL/FLORENCIO LOPEZ-DE--SILANES/ANDREI SHLEIFER/ROBERT VISHNY, *Investor Protection and Corporate Valuation, Journal of Finance*, Vol. 57, nº 3 (2002), 1147-1170

LA PORTA, RAFAEL/FLORENCIO LOPEZ-DE--SILANES/ANDREI SHLEIFER, *The Economic Consequences of Legal Origins, Journal of Economic Literature* nº 46:2 (Jun.-2008), 285-332

LABAREDA, JOÃO, *Das acções das sociedades anónimas*, Lisboa (1988)

LABAREDA, JOÃO, *Contributo para o estudo do sistema de controlo e da função de cumprimento ("Compliance")*, Estudos IVM (2014), em www.institutovaloresmobiliarios.pt

LANGENBUCHER, KATJA, *Aktien- und Kapitalmarktrecht*, München (2008)

LAMBRECHT, PHILIPPE, *The 13th Directive on Takeover Bids – Formation and Principles*, in FERRARINI, GUIDO/HOPT, KLAUS/WYMEERSCH, EDDY, *Capital Markets in the Age of the Euro. Cross-Border Transactions, Listed Companies and Regulation*, The Hague/London (2002), 441-465

LANDIS, JAMES M., *The legislative history of the Securities Act of 1933, The George Washington Law Review* (1959), 29-49

LANGENBUCHER, KATJA, *Aktien- und Kapitalmarktrecht*[4], München (2017)

LANGEVOORT, DONALD C., *Half-Truths: Protecting Mistaken Inferences by Investors and Others, Stanford Law Review*, Vol. 52, nº 1 (1999), 87-125

LANGEVOORT, DONALD C., *Selling Hope, Selling Risk: Some Lessons for Law from Behavioral Economics About Stockbrokers and their Sophisticated Customers, California LR*, Vol. 84, nº 3 (1996), 628-669

LANGEVOORT, DONALD C., *Insider Trading*[6], Deerfield/New York/Rochester (1996)

LANOO, KAREL, *Does Europe need a SEC? Securities Market Regulation in the EU*, ECMI (1999)

LANOO, KAREL, *Challenges to the Structure of Financial Supervision in the E.U., Journal of International Financial Markets* (Aug.--2000), 98-118

LARGUINHO, MARISA, *Alterações de 2015 ao regime das obrigações no CSC: algumas questões resolvidas e por resolver*, DSR Vol 15 (2016), 93-123

LEE, RUBEN, *What is an Exchange? The Automation, Management, and Regulation of Financial Markets*, Oxford (1998, reimp. 2002)

LEE, RUBEN, *Politics and the Creation of a European SEC: The Optimal UK Strategy – Constructive Inconsistency*, AEI – Brookings Joint Center/GEM (2005)

LEITÃO, LUÍS MENEZES, *Actividades de Intermediação e Responsabilidade dos Intermediários Financeiros*, in *Estudos de Direito dos Valores Mobiliários*, Vol. II (2000), 129-156

LEITÃO, LUÍS MENEZES, *Informação Bancária e Responsabilidade*, nos *EH do Professor Doutor Inocêncio Galvão Teles* (2002), Vol. II, 225-244

LEITÃO, LUÍS MENEZES, *Cessão de Créditos*, Coimbra (2005)

LEITÃO, LUÍS MENEZES, *A Responsabilidade Civil do Auditor de uma Sociedade Cotada*, em *Direito dos Valores Mobiliários*, Vol. VI (2006), 229-239

LEITÃO, LUÍS MENEZES, *Voto por correspondência e realização telemática de reuniões de órgãos sociais*, em *Jornadas em Homenagem ao Professor Doutor Raul Ventura. A Reforma do Código das Sociedades Comerciais*, Coimbra (2007), 269-277

LEITÃO, LUÍS MENEZES, *As medidas defensivas contra uma oferta pública de aquisição hostil, Direito dos Valores Mobiliários*, Vol. VII (2007), 57-76

LEITÃO, LUÍS MENEZES, *O Contrato de Gestão de Carteiras, Cadernos MVM*, nº 51 – Ensaios de Homenagem a Amadeu Ferreira Volume I (Ago.-2015), 109-121

LEUZ, CHRISTIAN/DHANANJAY NANDA/PETER D. WYSOCKI, *Earnings Management and Investor Protection: An International Comparison* (2002), MIT Sloan Working Paper, nº 4225-01 = http://ssrn.com/abstract=281832

LIMA, FERNANDO COSTA, *Um novo modelo para a regulação financeira em Portugal, Cadernos de Economia* (Ab./Jun.-1996), 47-49

LIPTON, DAVID, *Broker Dealer Regulation*, 2 vols., Deerfield/New York/Rochester (1996)

LLEWELLYN, DAVID, *The Case for Financial Regulation, Journal of International Financial Markets*, Vol. 1, n.os 4 e 5 (1999), 153-161

LLEWELLYN, DAVID, *The Institutional Structure of Regulatory Agencies*, em *How Countries Supervise their Banks, Insurers and Securities Markets* (1999)

LOBUONO, MICHELE, *Valori Mobiliari e Strumenti Finanziari*, em NICOLÒ LIPARI, *Trattato di Diritto Privato Europeo*[2] (2003), 495-522

LOMBARDO, STEFANO/ FEDERICO MUCCIARELLI, *Market Soundings: The Interaction between Securities Regulation and Company Law in the United Kingdom and Italy* (2017), ECGI – LAW WP Nº 362/2017

LOPES, INÊS DIAS, *Empty Voting Manifestações Principais e Tratamento Normativo*, Governance Lab WP nº 03/2015 (jun.-2015)

LOPES, INÊS DIAS, *Equity Crowdfunding: a governação da sociedade financiada*; WP Governance Lab no. 4/2018

LOSS, LOUIS, *Fundamentals of Securities Regulation*[2], Little, Brown & Company, Boston/Toronto (1988)

LOSS, LOUIS, *Disclosure as Preventive Enforcement*, in KLAUS HOPT/GUNTHER TEUBNER (org.), *Corporate Governance and Diretors' Liabilities*, Berlin/New York (1985), 327-337

LOSS, LOUIS/SELIGMAN, JOEL/PAREDES, TROY, *Securities Regulation*[3], Aspen, New York, 10 vols. (anualmente revisto)

LUTTER, MARCUS, *Europäisches Unternehmensrecht*[4], ZGR – Sonderheft (1995)

LUTTER, MARCUS (ORG.), *Der Wirtschaftsprüfer als Element der Corporate Governance*, Düsseldorf, (2001)

MAASSEN, GREGORY F./VAN DEN BOSCH, FRANS A. J./VOLBERDA, HENK, *The importance of disclosure in corporate governance self-regulations across Europe: A review of the Winter Report and the EU Plan, International Journal of Corporate Governance*, Vol. 1, n. 2 (2004), 146-15

MAÇÃS, MARIA FERNANDA, *O controlo jurisdicional das autoridades reguladoras independentes*, em *Cadernos de Justiça Administrativa*, nº 58 (Jul.-Ag.-2006)

MACEY, JONATHAN, *Regulation and Disaster: Some Observations in the Context of Systemic Risk, Brookings-Wharton Papers on Financial Services* (1998), 405-440

MACEY, JONATHAN, *Takeovers in the United States: a Law and Economics Perspective*, in *Quaderni di Finanza*, nº 32 (1999), 28-40

MACEY, JONATHAN, *Reducing Systemic Risk: The Role of Money Market Mutual Funds as Substitutes for Federally Insured Bank Deposits*, Yale Law & Economics Research Paper No. 422 (2011)

MAHONEY, PAUL G., *Mandatory Disclosure as a Solution to Agency Problems, University of Chicago LR*, Vol. 62 (1995) 1047-1112

MALAQUIAS, PEDRO FERREIRA/ MANUEL BARBOSA MOURA, *As recentes alterações ao Código das Sociedades Comerciais em matéria de ações preferenciais, Atualidad Juridica* 41 (2015) 152-156

MANN, MICHAEL D./JOSEPH MARI/GEORGE LAVDAS, *Developments in International Securities Law Enforcement and Regulation, The International Lawyer*, Vol. 29, nº 4 (1995), 729-873

MANNE, HENRY G., *Some Theoretical Aspects of Share Voting, Columbia LR*, 64 (1964), 1427-1445

MARCHETTI, PIERGAETANO/BIANCHI, LUIGI ARTURO, *La Disciplina dele Società Quotate*, Milano, 3 vols. (1999)

MARQUES, ELDA, *As recentes alterações ao regime das ações preferenciais – o DL nº 26/2015*, DSR vol. 13 (2015), 219-246

MARTINS, ALEXANDRE SOVERAL, *Valores Mobiliários [Ações]*, Coimbra (2003)

MARTINS, ALEXANDRE SOVERAL, *Cláusulas do contrato de sociedade que limitam a transmissibilidade das acções*, Coimbra (2006)

MARTINS, ALEXANDRE SOVERAL, *Títulos de Crédito e Valores Mobiliários*, Vol. I (2008)

MARTINS, ALEXANDRE SOVERAL, *Poderes dos administradores e OPA: "em bolandas" entre o art. 182º CVM e o art. 490º do CSC*, DSR vol. 17 (2018), 87-111

MARTINS, GUILHERME RIBEIRO, *A Tecnologia Blockchain e a sua aplicação ao Mercado de Instrumentos Financeiros*, dissertação de mestrado, UCP, Lisboa (2018)

MARTINS, JOSÉ PEDRO FAZENDA, *Deveres dos Intermediários Financeiros – Em Especial, os Deveres para com os Clientes e o Mercado*, in *Cadernos do Mercado de Valores Mobiliários*, nº 7 (2000), 329-349

MARTINS, MANUEL SÁ, *Responsabilidade Civil das Agências de Notação de Risco por Informações Prestadas aos Investidores, Cadernos MVM*, nº 47 (Abr.-2014), 9-28

MATIAS, ARMINDO SARAIVA, *Obrigações hipotecárias e titularização de créditos*, BFDUC Vol. LXXXV (2009), 621-637

MATIAS, TIAGO DOS SANTOS, *Research e Inducements: o que foi não volta a ser; breve incursão funcional pelas novas regras da DMIF II*, CADERNOS MVM Nº 57 (AG.-2017) 35-52

MATIAS, TIAGO DOS SANTOS, *Product intervention na DMIF II: nótulas sobre o último poder (ou o poder último) conferido às autoridades de supervisão*, em PAULO CÂMARA (coord.), *O Novo Direito dos Valores Mobiliários*, (2017) 257-278

MATIAS, TIAGO DOS SANTOS/ JOÃO PEDRO LUÍS, *Fundos de Investimento em Portugal – Análise do regime jurídico e tributário*, Coimbra, (2008)

MASCARENHAS, MARIA VAZ DE, *O Contrato de Gestão de Carteiras: Natureza, Conteúdo e Deveres, Cadernos MVM*, nº 13 (2002), 117-128

MATEUS, MARIA JOÃO, *Negociação por Conta Própria e os Conflitos de Interesses (Atuação por parte do intermediário financeiro como contraparte dos clientes), Cad.MVM* Vol. 52 (2015)

MATOS, INÊS SERRANO DE, *Debt governance – O papel do credor activista*, DSR vol. 14 (2015), 169-176

MATTOS FILHO, ARY OSWALDO/ MARIANA MAGALHÃES SANTOS, *O regime jurídico da informação privilegiada no Brasil*, em *EH Miguel Galvão Teles*, Vol. II (2012), 619-635

MATTA, CAEIRO DA, *Direito Commercial Português*, Coimbra (1910)

MCCAHERY, JOSEPH A./ ALEXANDER DE ROODE, *Governance of Financial Services Outsourcing: Managing Misconduct and Third-Party Risks*, ECGI – Law Working Paper nº 417/2018 (2018)

MCKEE, MICHAEL, *European supervisory convergence: a new dynamic, Journal of Financial Regulation and Convergence*, Vol. 14, nº 4 (2006), 348-362

MENDES, EVARISTO FERREIRA, *A Transmissibilidade das Acções*, Lisboa (1989), 2 vols.

MENDES, PAULO DE SOUSA, *Die Finanzmarktaufsicht und der Transfer von Informationen aus dem Verwaltungverfahren in das Straftverfahren, Goltdammer's Archiv für Strafrecht* 6/2016 (2016), 380-392

MENDES, PAULO DE SOUSA/MIRANDA, JOÃO ANTÓNIO, *Kausalität als heuristisches Kriterium – dargestellt am Beispiel von Kursmanipulation am Finanzmarkt, Gerechtigkeits-wissenschaft – Kolloquium aus Anlass des 70. Geburtstages von Lothar Philipps*, Berlin (2005), 329-367

MESQUITA, M. HENRIQUE, *Oferta pública de venda de acções e violação do dever de informar*, Coimbra (1996)

MICHELER, EVA, *The legal nature of securities: inspirations from Comparative Law*, em LOUISE GULLIFER/ JENNIFER PAYNE, *Intermediated Securities: Legal Problems And Practical Issues* (2010), 131-149

MIMOSO, MARIA/ RICARDO RODRIGUES, *Reconfiguração do Consensualismo Contratual: As Ações Tituladas Nominativas e os Limites à Transmissão, Cadernos MVM*, nº 48 (Ag.-2014), 35-60

MIRANDA, JORGE/RUI MEDEIROS, *Constituição da República Portuguesa Anotada*, II (2006)

MÖLLERS, THOMAS, *The "Immediatness" of Ad Hoc Disclosure Statements in the Context of National and European Legal Doctrine, International Company and Commercial Law Review* (2007), 369-377

MÖLLERS, THOMAS, *European Legislative Practice 2.0: Dynamic Harmonisation of Capital Markets Law – MiFID II and PRIIP, Banking and Finance Law Review*, 31.1(2015), 141-176

MOLONEY, NIAMH, *EC Securities Regulation*, Oxford (2002); *EC Securities Regulation*², Oxford (2008), *EU Securities and Financial Markets Regulation*³, Oxford, (2014)

MOLONEY, NIAMH, *New Frontiers of EC Capital Markets Law: From market construction to market regulation, Common Market Law Review*, volume 40 (2003)

MOLONEY, NIAMH, *The current framework (Lamfalussy) on European Securities Regulation, Direito dos Valores Mobiliários*, Vol. VIII (2008), 213-263

MOLONEY, NIAMH / EILÍS FERRÁN/ JENNIFER PAYNE, *The Oxford Handbook of Financial Regulation*, Oxford (2015)

MONTEIRO, JORGE SINDE/SÁ, ALMENO DE, *Do Combate a uma OPA em Curso*, in *Revista Jurídica da Universidade Moderna*, ano I, nº 1 (1998), 407-459

MONTEIRO, MANUEL, *O Regime Europeu do* Short Selling, *Cadernos MVM*, nº 51 – Ensaios de Homenagem a Amadeu Ferreira Volume II (Ago.-2015), 29-55

MOONEY JR., CHARLES/ HIDEKI KANDA, *Core Issues Under the UNIDROIT (Geneva) Convention on Intermediated Securities: Views From the United States and Japan*, em LOUISE GULLIFER/ JENNIFER PAYNE, *Intermediated Securities: Legal Problems And Practical Issues* (2010), 69-130

MORAIS, LUÍS SILVA, *O regime do jogo e o Direito Económico Comunitário*, em *Estudos em Honra ao Professor Doutor José de Oliveira Ascensão*, Coimbra (2008), I, 577-620

MOREIRA, TIAGO CORREIA, *O escrutínio da discricionariedade do intermediário financeiro no âmbito do contrato de gestão de carteiras, EH Vasco Vieira de Almeida* (2017) 139-194

MOREIRA, VITAL, *Auto-Regulação Profissional e Administração Pública*, Coimbra (1997)

MOTA, SÓNIA TEIXEIRA DA, *Regime Jurídico dos Fundos de Investimento Mobiliário (alterações em matéria de informação aos investidores)*, in *Cadernos do Mercado de Valores Mobiliários*, CMVM, nº 8, Agosto, 2000, págs. 125-141

MOURATO, HELDER, *O Contrato de Swap de Taxa de Juro*, Coimbra: Almedina (2014)

MOURATO, HELDER, *Swap de Taxa de Juro: a primeira jurisprudência*, in *Cadernos do Mercado de Valores Mobiliários* nr.44 (2013), 29-44

MOUTINHO, JOSÉ LOBO, *Direito das Contra-Ordenações. Ensinar e Investigar*, Lisboa (2008)

MÜLBERT, PETER O., *Make It or Break It: The Break-Through Rule as a Break-Through for the European Takeover Directive?*, ECGI WP, nº 13 (2003)

MÜLBERT, PETER O., *Anlegerschutz bei Zertifikaten – Beratungspflichten, Offenlegungspflichten bei Interessenkonflikten und die Änderungen durch das Finanzmarkt-Richtlinien-Umsetzungsgesetz (FRUG)*, WM (2007), 1149-1163

MÜLBERT, PETER O., *Regulierungstsunami im europäischen Kapitalmarktrecht*, ZHR (2012), 369-379

NAGY, DONNA, *Judicial Reliance on Regulatory Interpretations in SEC No-Action Letters: Current Problems and a Proposed Framework*, in DONALD LANGEVOORT, *Securities Law Review* (1999), 75-167

NASSETTI, FRANCESCO CAPUTO, *I Contratti Derivati Di Credito, Quaderni di Giurisprudenza Commerciale*, 184 (1998)

NEVES, JOÃO CARVALHO DAS/ JOAQUIM MONTEZUMA/ AMARO LAIA, *Análise de Investimentos Imobiliários*, Lisboa (2010), 22-28, e *passim*.

NEVES, VITOR PEREIRA, *A natureza transitiva dos critérios de imputação de direitos de voto no Código dos Valores Mobiliários*, em *Estudos Comemorativos do 10 Anos da Faculdade de Direito da Universidade Nova de Lisboa* (2008), Vol. II, 507-541

NEVES, VITOR PEREIRA, *Determinação dos votos relevantes para efeitos de constituição e de exigibilidade do dever de lançamento de oferta pública de aquisição*, em *EH ao Professor Doutor Carlos Ferreira de Almeida*, (2011), 711-754

NICOLAIDES, PHEDON/ NADIR PREZIOSI, *Discretion and Accountability: The ESMA Judgment and the Meroni Doctrine, Bruges European Economic Research Papers* 30 / 2014 (2014)

NORMAN, PETER, *Plumbers and Visionaries. Securities Settlement Systems and Europe's Financial Market*, Chichester (2007)

NUNES, FERNANDO CONCEIÇÃO, *Direito Bancário*, Lisboa (1994)

NUNES, FERNANDO CONCEIÇÃO, *Os Intermediários Financeiros*, in *Revista da Banca*, nº 45 (Jan./Jul.-1998), 45-86; também in *Estudos de Direito dos Valores Mobiliários*, Vol. II (2000), 91-128

NUNES, SÍLVIA GOMES, *"Crowdfunding" Como Meio Especial de Celebração de Contratos De Mútuo*, IDEFF, Lisboa (2013)

OIOLI, ERIK FREDERICO, *Regime Jurídico do Capital Disperso na Lei das S.A.*, São Paulo (2014)

OIOLI, ERIK/ JOSÉ ROMEU AMARAL, *Conceito de oferta pública como elemento delineador do regime jurídico dos valores mobiliários, Revista de Direito das Sociedades e dos Valores Mobiliários*, 2 (Nov.-2015), 139-174

OLIVEIRA, ANA PERESTRELO DE, *Os credores e o governo societário: deveres de lealdade para os credores controladores?*, *RDS*, nº 1 (2009), 95-133

OLIVEIRA, ANA PERESTRELO DE, *OPA obrigatória e controlo indireto*, RDS 3 (2012), 593-661

OLIVEIRA, ANA PERESTRELO DE, *Manual de Corporate Finance*, Coimbra, (2015)

OLIVEIRA, ANA PERESTRELO DE, *Manual de Grupos das Sociedades*, Coimbra, (2016)

OLIVEIRA, ANA PERESTRELO DE, *DMIF II e consultoria para investimento: da compliance à revisão de modelos de negócio*, em Paulo Câmara (coord.), *O Novo Direito dos Valores Mobiliários*, Coimbra, (2017), 199-215

Oliveira, Ana Perestrelo de, *A imputação de direitos de voto nas relações de domínio ou de grupo: o sentido do novo nº 3 do art. 21º CVM*, RDS 1 (2018), 9-27

Oliveira, Teresa Mira, *"High frequency trading": o novo paradigma de negociação automatizada*, RDS 2 (2018), 319-361

Ooi, Maisie, *Shares and Other Securities in the Conflict of Laws*, Oxford (2003)

Otero, Paulo, *A competência da Comissão do Mercado de Valores Mobiliários para controlar a legalidade de actos jurídicos provenientes de entidades privadas*, in *ROA* (2001), 669-701

Paech, Philipp, *Integrating Global Blockchain Securities Settlement with the Law – Policy Considerations and Draft Principles*, London School of Economics (2016); Id., *Securities, Intermediation and the Blockchain – An Inevitable Choice between Liquidity and Legal Certainty?*, LSE Legal Studies Working Paper 20/2015 (atualização Jun.-2016)

Palma, Margarida/Arnaldo Oliveira, *O Passaporte Europeu para as Empresas de Investimento*, Lisboa (1998)

Palma, Maria Fernanda/ Augusto Silva Dias/ Paulo Sousa Mendes (Coord.), *Direito Sancionatório das Autoridades Reguladoras*, Coimbra (2009)

Pan, Eric J., *The New Internationalization of US Securities Regulation: Improving the Prospects for a Trans-Atlantic Marketplace, European Company Law*, Vol. 5, No. 08/2, April 2008 = http://ssrn.com/abstract=1089491

Paoli-Gagin, Vanina, *Les Commissions de Valeurs Mobilières aux États-Unis et en Europe*, Bruxelles (1998)

Partnoy, Frank, *How and Why Credit Rating Agencies are Not Like Other Gatekeepers*, em Yasuyuki Fuchita, Robert E. Litan, *Financial Gatekeepers: Can They Protect Investors?*, Brookings Institution Press/ Nomura Institute of Capital Markets Research, (2006), 59-99

Park, James J., *The Competing Paradigms of Securities Regulation, Duke Law Journal*, 57 (2007) *Brooklyn Law School Research Paper*, nº 79

Passos, Daniela Baptista, *O Princípio da Tipicidade e os Valores Mobiliários*, em Maria De Fátima Ribeiro (org.), *Jornadas Sociedades Abertas, Valores Mobiliários e Intermediação Financeira*, Coimbra (2007), 87-121

Pereira, Carla Dias, *Internalização Sistemática. Subsídios para o estudo de uma nova forma organizada de negociação, Cadernos MVM*, nº 27 (2007), 149-160

Pereira, Clara Martins, *Reviewing the literature on behavioural economics, Capital Markets Law Journal* Vol. 11:3 (2016) 414-428

Pereira, Jorge de Brito, *A OPA Obrigatória*, Coimbra (1998)

Pereira, Jorge de Brito, *A limitação dos poderes da sociedade visada durante o processo de OPA*, in *Estudos de Direito dos Valores Mobiliários*, Vol. II (2000), 175-202

Pereira, Jorge de Brito, *O DL nº 20/2016, de 20 de abril*, em Paulo Câmara (coord.), *O Novo Direito dos Valores Mobiliários* (2017), 170-196

Pereira, Maria Mariana de Melo Egídio, *A aquisição tendente ao domínio total. Breves reflexões sobre o art. 490º do CSC, O Direito*, IV (2008), 923-968

Pereira, José Nunes, *O regime jurídico das ofertas públicas de aquisição no Código do Mercado de Valores Mobiliários: principais desenvolvimentos e inovações*, in *Revista da Banca*, nº 18 (1991)

Pereira, José Nunes, *Regulação e Supervisão dos Mercados de Valores Mobiliários e das Empresas de Investimento: Alguns Problemas Atuais*, Separata ao *Boletim de Ciências Económicas*, Coimbra (1997)

Pereira, José Nunes, *O Novo Código dos Valores Mobiliários e a Proteção dos Investidores*,

Cadernos do Mercado de Valores Mobiliários, nº 7 (2000), 75-87

PEREIRA, JOSÉ NUNES, *Integração dos Mercados de Capitais e Regulação Financeira, Boletim de Ciências Económicas*, Vol. XLV-A (2002), 617-682

PEREIRA, JOSÉ NUNES, *A Reforma Europeia do Plano de Acção para os Serviços Financeiros: Uma Futura Autoridade de Supervisão Europeia?*, in *Direito dos Valores Mobiliários*, Vol. VII (2007), 77-166

PEREIRA, JOSÉ NUNES, *Quinze Anos de Codificação Mobiliária em Portugal*, em *Direito dos Valores Mobiliários*, Vol. VIII (2008), 265-317

PEREIRA, JOSÉ NUNES, *A caminho de uma nova arquitectura da supervisão financeira europeia*, C&R nº 2 (2010),

PEREIRA, MARIA MIGUEL REBELO, *Do Contrato de Gestão de Carteiras de Valores Mobiliários (Natureza Jurídica e Alguns Problemas de Regime)*, dissertação de mestrado, FDUL (2003)

PEREZ, EDGAR, *The Speed Traders*, New York (2011)

PINA, CARLOS COSTA, *Dever de informação e Responsabilidade pelo Prospeto no Mercado Primário de Valores Mobiliários*, Coimbra (1999)

PINA, CARLOS COSTA, *Publicidade, promoção e prospeção nos serviços financeiros, Direito dos Valores Mobiliários*, Vol. IV (2003), 249-307

PINA, CARLOS COSTA, *Instituições e Mercados Financeiros*, Coimbra (2005)

PINA, CARLOS COSTA, *Mercado de direitos de emissão de CO2*, em *Estudos jurídicos e económicos em homenagem ao Prof. Doutor António de Sousa Franco*, Vol. I., (2006), 467-515

PINHEIRO, LUÍS LIMA, *Direito Aplicável às Operações Bancárias Internacionais*, ROA, ano 67, Vol. II (Set.-2007), 573-627

PINHEIRO, LUÍS LIMA, *Direito aplicável às operações sobre instrumentos financeiros*, em *Direito dos Valores Mobiliários*, Vol. IX (2009), 141-192

PINTO, ARTHUR, *The European Union's Shareholder Voting Rights Directive from an American Perspective: Some Comparisons and Observations*, Brooklyn Law School Research Paper, nº 117 (2008)

PINTO, EDUARDO VERA-CRUZ, *A regulação pública como instituto jurídico de criação prudencial na resolução de litígios entre operadores económicos no início do séc. XXI*, em RUY DE ALBUQUERQUE/MENEZES CORDEIRO, *Regulação e Concorrência. Perspetivas e Limites da Defesa da Concorrência*, Coimbra (2005), 159-201

PINTO, FREDERICO COSTA, *O Direito de Informar e os Crimes de Mercado, Cadernos do Mercado de Valores Mobiliários*, nº 2 (1998), 95-108

PINTO, FREDERICO COSTA, *O ilícito de mera ordenação social e a erosão do princípio da subsidiariedade da intervenção penal, Direito Penal Económico e Europeu – Textos Doutrinários*, Vol. I (1998) 209-274

PINTO, FREDERICO COSTA, *O Novo Regime dos Crimes e Contra-Ordenações no Código dos Valores Mobiliários*, Lisboa (2000)

PINTO, FREDERICO COSTA, *A Supervisão no Novo Código dos Valores Mobiliários*, in *Cadernos do Mercado de Valores Mobiliários*, nº 7 (2000), 89-103

PINTO, FREDERICO COSTA/ALEXANDRE BRANDÃO DA VEIGA, *Natureza, Limites e Efeitos das Recomendações e Pareceres Genéricos da CMVM*, Cadernos MVM, nº 12 (2001), 273-285

PINTO, FREDERICO COSTA, *Falsificação de informação financeira nas sociedades abertas*, Cadernos MVM, nº 16 (Abril 2003), 99-135

PINTO, FREDERICO COSTA, *Intermediação excessiva*, EH Professor Carlos Ferreira de Almeida, I (2010), 755-787

PINTO, FREDERICO COSTA, *O novo regime europeu do abuso do mercado e a adaptação do sistema sancionatório nacional*, em PAULO

Câmara (coord.) *O Novo Direito dos Valores Mobiliários*, (2017) 33-42

Pinto, Frederico Costa, *A Responsabilidade Criminal dos Auditores, as Normas de Conduta Profissional e a Informação no Sistema Financeiro, Cadernos MVM* 55 (2017), 192-201

Pinto, José Costa (coord.), *A Emergência e o Futuro do Corporate Governance em Portugal*, (2013)

Pinto, José Costa (coord.), *A Emergência e o Futuro do Corporate Governance em Portugal – Vol II*, (2018)

Pinto, Paulo Mota, *Contrato de Swap de taxas de juro, jogo e aposta e alteração das circunstâncias que fundaram a decisão de contratar*, in *Revista de Legislação e Jurisprudência*, Ano 143, nr. 3987 (2014), 391-413

Pires, Florbela de Almeida, *Emissão de Valores Mobiliários. Primeiro contributo para a determinação do direito aplicável*, Lisboa (1999)

Pires, Florbela de Almeida/ Filipe Santos Barata, *Obrigações sobre o setor público – alguns problemas, EH Professor Doutor Carlos Ferreira de Almeida*, I (2010), 789-857

Pitt, Harvey L./Karen L. Shapiro, *Securities Regulation by Enforcement: A Look Ahead of the New Decade, Yale Journal on Regulation*, 7 (1990), 149-ss.

Posner, Richard A./Kenneth Sco'r'r, *Economics of Corporation Law and Securities Regulation*, Boston/Toronto (1980)

Power, Michael/Simon Ashby/Tommaso Palermo, *Risk Culture in Financial Organisations A Research Report*, LSE, (2013)

Prentice, Robert, *The Future of Corporate Disclosure: The Internet, Securities Fraud, and Rule 10b-5*, em Langevoort, Donald, *Securities Law Review* (1999), 171-258

Quass, Guido/Roman Becker, *Die REIT--AG nach dem Gesetz iiber deutsche Immobilien-Aktiengesellschaften mit börsennotierten Anteilen, AG*, nº 12 (2007), 421-435

Raffan, Michael (org.), *A Practitioner's Guide to EU Financial Services Directives*[2], London (2006)

Raiser, Thomas / Rudiger Veil, *Recht der Kapitalgesellschaften*[6], München (2015)

Recalde Castells, Andrés, *Los "Valores Negociables" ¿Concepto Delimitador del Derecho del Mercado de Valores?*, RDBB (Abril/ /Junho 1999), 95-161

Recine, Fabio/ Pedro Gustavo Teixeira, *The new financial stability architecture in the EU*, Institute for Law and Finance WP nº 110 (2009)

Reid, Karen, *A Practitioner's Guide to the European Convention on Human Rights3*, London (2008)

Reis, Célia, *Notas sobre o regime jurídico dos Organismos Especiais de Investimento, Cadernos MVM*, nº 23 (2006), 9-15

Renneboog, Luc/Spaenjers, Christophe, *The Dutch Grey Market (*2008), ECGI WP, nº 223/2008, http://ssrn.com/abstract=1287570

Resende, João Mattamouros, *A imputação de direitos de voto no mercado de capitais, Cadernos MVM*, nº 26 (2007), 59-69

Resende, João Mattamouros, *A imputação de direitos de voto no mercado de capitais*, Lisboa (2010)

Riassetto, Isabelle/Michel Storck, *OPCVM*, Paris (2002)

Ribeiro, Maria de Fátima (org.), *Jornadas Sociedades Abertas, Valores Mobiliários e Intermediação Financeira*, Coimbra (2007)

Ribeiro, Maria Eduarda, anotação ao art. 207º em *Lei de Contrato de Seguro Anotada*[2], Coimbra (2011), 597-603

Righini, Elisabetta, *I Valori Mobiliari*, Milano (1993)

Ripken, Susanna Kim, *Predictions, Projections, and Precautions: Conveying Cautionary Warnings in Corporate Forward-Looking Statements, University of Illinois Law Review*, nº 4 (2005), 929-988 = http://ssrn.com/abstract=924432

Roach II, Arvid E., *The Suitability Obligations of Brokers: Present Law and the Propo-*

sed Federal Securities Code, Hastings L.J. 29 (1978), 1069-1216

Rocha, Diogo Leónidas, *A nova lei de desblindagem dos bancos*, em Paulo Câmara (coord.), *O Novo Direito dos Valores Mobiliários* (2017), 171-196

Rocha, Rafaela, *As Deliberações Sociais de Aumento de Capital Social em Sociedades Abertas*, *Cadernos MVM*, nº 11 (2001), 141-154

Rocha, Rafaela, *Da DSI à Directiva dos Mercados de Instrumentos Financeiros: Principais Inovações*, *Cadernos MVM*, nº 18 (2004), 81-91

Rocha, Rafaela, *Categorização de Investidores no âmbito da Intermediação Financeira. Apontamentos sobre o Novo Regime*, *Cadernos MVM*, nº 27 (2007), 97-106

Rodrigues, Catarina Figueiredo, *Contrato De Colocação Com Tomada Firme (Breves Notas)*, *Cadernos MVM*, nº 41 (Abr.--2012), 35-64

Rodrigues, André Mondaine, *Das restrições ao exercício do direito de voto no âmbito de uma oferta pública de aquisição: uma análise do anteprojeto de alteração do artigo 182º-A do Código dos Valores Mobiliários*, RDS 2 (2012), 331-380

Rodrigues, José Melo/ Juliano Ferreira, *Responsabilidade pelo Conteúdo do Prospeto. O caso específico do Revisor Oficial de Contas*, Cadernos MVM 55 (2017) 167-182

Rodrigues, Pedro Miguel S. M., *A Intermediação Financeira: Em Especial, Os Deveres De Informação Do Intermediário Perante O Cliente*, Data Venia 2 (2013)

Rodrigues, Sofia Nascimento, *Os Contratos de Reporte e Empréstimos no Código dos Valores Mobiliários*, in *Cadernos do Mercado de Valores Mobiliários*, nº 7 (2000), 289-327

Rodrigues, Sofia Nascimento, *A Proteção dos Investidores em Valores Mobiliários*, Estudos sobre o Mercado de Valores Mobiliários, Almedina (2001)

Rodrigues, Sofia Nascimento, *A Proteção do Investidores na Sociedade da Informação*, em *Direito dos Valores Mobiliários*, Vol. V (2004), 241-272

Rodrigues, Sofia Nascimento, *A proteção dos investidores nos contratos sobre valores mobiliários*, em Maria de Fátima Ribeiro (org.), *Jornadas Sociedades Abertas, Valores Mobiliários e Intermediação Financeira*, Coimbra (2007), 145-161

Rodrigues, Sofia Nascimento, *Cabimento da figura dos "mercados não regulamentados" no âmbito da DMIF e na consequente revisão do Código dos Valores Mobiliários*, *Direito dos Valores Mobiliários*, Vol. VIII (2008), 319-335

Rodrigues, Sofia Nascimento, *Agentes vinculados (tied agents): uma introdução à figura*, *Direito dos Valores Mobiliários*, Vol. IX (2009), 193-207

Rodrigues, Sofia Nascimento, *A reforma do sistema português de supervisão financeira*, *Direito dos Valores Mobiliários*, Vol X (2011), 537-565

Rodrigues, Patrícia Ribeiro Penaforte, *O Capital de Risco e o Conflito De Interesses*, UCP, Lisboa (2012)

Roe, Mark J., *Institutional Foundations for Securities Markets in the West*, ASSA Meetings (2002)

Romano, Roberta, *The Genius of American Corporate Law*, Washington (1993)

Romano, Roberta, *The Advantage of Competitive Federalism for Securities Regulation*, Washington (2002)

Rossi, Guido, *I conflitto di obiettivi nell'esperienza decisionale delle autorità*, *Riv. Società* (1997), 265-280

Rossi, Guido, *Un'autorità sovranazionale per I mercati finanziari?*, *Rivista delle Società* (2001), 184-192

Salamone, Luigi, *Unità e Molteplicità della Nozione di Valore Mobiliare*, Milano (1995)

Salgado, Domingos/ Juliano Ferreira, *OPA Derrogatória A derrogação do dever de lançamento de OPA com fundamento no pré-*

vio lançamento de OPA voluntária: momento em que deve ser apreciada e requisitos de que depende, Cadernos MVM nº 52 (dez.-2015), 40-59

Salgueiro, Ana Cláudia, *Abuso de Informação Privilegiada – O Especial Caso dos Instrumentos de Remuneração dos Administradores*, Cadernos MVM nº 53 (abr.-2016), 37-56

Salinas Adelantado, Carlos, *El Concepto de Valor Negociable*, RDBB, nº 63 (1996), 609-648

Salvatore, Michalangela, *Servizi di Investimento e Responsabilità Civile, Giuffrè*, Milano (2004)

Sánchez Andrés, Aníbal, *Valores Negociables, Instrumentos Financieros y Otros Esquemas Contratuales de Inversión*, RDBB (2005), 7-58

Sangiovanni, Valerio, *L'Informazione c.d. Continua o Permanente Nel Diritto Tedesco del Mercato dei Capitali*, BBTC (1998), 582-625

Santiago, Bruno Vinga, *O regime das averiguações preliminares no Código dos Valores Mobiliários de 1999, Revista Portuguesa de Ciência Criminal*, fasc. 4º (Out.-Dez.-2001), 603-632

Santos, Fernando Teixeira dos, *A supervisão financeira em Portugal: avaliação crítica e sugestões para a sua reforma*, em Paulo Câmara (coord.), *O Novo Direito dos Valores Mobiliários*, Coimbra, (2017), 297-309

Santos, Filipa Ferro dos, *Importância da informação no mercado de capitais*, RDS 2 (2018), 363-393

Santos, Filipe Cassiano dos, *Estrutura Associativa e Participação Societária Capitalística*, Coimbra (2006)

Santos, Filipe Matias, *Divulgação de Informação Privilegiada*, Coimbra (2011)

Santos, Gonçalo Castilho dos, *O Dever de Informação sobre Factos Relevantes pela Sociedade Cotada*, AAFDL, Lisboa (1998)

Santos, Gonçalo Castilho dos, *O Voto por Correspondência nas Sociedades Abertas*, in *Cadernos MVM*, nº 7 (2000), 131-158

Santos, Gonçalo Castilho dos, *Os Entendimentos e Recomendações da CMVM sobre a Utilização da Internet no Contexto da Harmonização de Soluções Regulatórias à Escala Internacional, Cadernos MVM*, nº 9 (Dezembro 2000), 142-159

Santos, Gonçalo Castilho dos, *O Dever dos Emitentes de Valores Mobiliários Admitidos à Negociação em Bolsa de Informar sobre Factos Relevantes, Cadernos MVM*, nº 15 (2002), 27-50

Santos, Gonçalo Castilho dos, *A Responsabilidade Civil do Intermediário Financeiro perante o Cliente*, Coimbra (2008)

Santos, Gonçalo Castilho dos, *Recomendações de Investimento em Valores Mobiliários e Conflitos de Interesses, Direito dos Valores Mobiliários*, Vol. VIII (2008), *337-356*

Santos, Hugo Luz dos, *O contrato de swap de taxas de juro e os instrumentos derivados financeiros*, in *Revista de Direito das Sociedades*, Ano 4, nr. 2 (2014), 432-443

Santos, Hugo Moredo, *Ofertas Concorrentes*, Coimbra (2008)

Santos, Hugo Moredo, *A Notação de Risco e os Conflitos de Interesses*, em *Conflito de Interesses no Direito Societário e Financeiro. Um balanço a partir da crise financeira*, (2010), 471-563

Santos, Hugo Moredo, *Transparência, OPA Obrigatória e Imputação de Direitos de Voto*, Coimbra (2011)

Santos, Hugo Moredo/ Benedita Aires, *Sobre o conceito de oferta pública relativa a valores mobiliários, EH Vasco Vieira de Almeida* (2017) 223-246

Santos, Hugo Moredo/ Orlando Vogler Guiné, *Emissões de obrigações: antes, agora e depois*, DSR ano 5 vol. 9 (2013), 135-186

Santos, Hugo Moredo/ Orlando Vogler Guiné, *Comentário preliminar às alterações introduzidas no regime jurídico das obrigações*, DSR ano 7 vol. 13 (2015), 183-217

Santos, Jorge Costa, *Direitos inerentes a valores mobiliários: em especial, os direitos equiparados a valores mobiliários e o direito ao dividendo*, em *Direito dos Valores Mobiliários*, Lex, Lisboa (1997), 55-98

Santos, Luís Máximo Dos, *Regulação e Supervisão Bancária*, em Eduardo Paz Ferreira/ /Luís Silva Morais/Gonçalo Anastácio (org.), *Regulação em Portugal: Novos Tempos, Novo Modelo?* (2009), 39-126

Santos, Pedro Cassiano dos/André Figueiredo, *O mercado português da titularização de créditos: diversificação e maturidade, Direito dos Valores Mobiliários*, Vol. VI (2006) 357-397

Santos, Pedro Cassiano dos/Paula Gomes Freire, *Financiamentos estruturados suscetíveis de colocação em mercados de capitais, EH Vasco Vieira de Almeida* (2017) 85-111

Sanz Caballero, Juan Ignacio, *Derivados Financieros*, Barcelona (2000)

Saraiva, Rute, *Direito dos Mercados Financeiros*, Lisboa (2013)

Schammo, Pierre, *The Prospectus Approval System*, EBOR, 7 (2006), 501-523 Schmidt, Karsten, *Gesellschaftsrecht*[4], Köln/ /Berlin/Bonn/München (2002)

Schmiedel, Heiko/Andreas Schönenberger, *Integration of Securities Market in the Euro Area*, ECB Occasional Paper Series, nº 33 (Jul.-2005)

Schneider, Uwe, *Internationales Kapitalmarktrecht. Regelungsprobleme, Methoden und Aufgaben*, in *AG*, 6/2001, 269-278

Schwarcz, Steven, *Systemic Risk, Duke Law School Legal Studies Paper*, nº 163 (2008) Schwark, Eberhard, *Börsengesetz Kommentar*[2], München (1994)

Schwark, Eberhard (org.), *Kapitalmarktrechts Kommentar*[3], München (2004)

Seibert, Holger, *Das Recht der Kapitalanlegerberatung und -vermittlung*, München (2015)

Seligman, Joel, *The Transformation of Wall Street*, Boston (1982)

Sérgio, Anabela, *O Sistema Bancário e a Expansão da Economia Portuguesa* (1947-1956), ed. Banco de Portugal, Lisboa (1990)

Sigman, Harry/Bernascovi, Christophe, *Myths about the Hague Convention Debunked, IFLR* (Nov.-2005), 31-35

Silva, Carlos Pereira da, *Operações Financeiras em Seguros de Vida, Operações de Capitalização, e Pensões*, em António Moreira/M. Costa Martins, *II Congresso Nacional de Direito dos Seguros. Memórias*, Coimbra (2001), 247-265 Silva, João Calvão da, *Compra e venda de empresas, CJ* (1993), II, 9-ss.

Silva, João Calvão da, *Pacto Parassocial, Defesas Anti-OPA e OPA concorrente*, in *Estudos de Direito Comercial (Pareceres)*, Almedina, Coimbra (1996), 235-246

Silva, João Calvão da, *Estudos Jurídicos (Pareceres)*, Coimbra (2001)

Silva, João Calvão da, *Titul[ariz]ação de Créditos. Securitization*, Coimbra (2003)

Silva, João Calvão da, *Banca, Bolsa e Seguros. Direito Europeu e Português*[2], I. Parte Geral (2007)

Silva, João Calvão da, *Swap de taxa de juro: inaplicabilidade do regime da alteração das circunstâncias*, Revista de Legislação e Jurisprudência (Maio/Junho 2014), 364

Silva, João Nuno Calvão da, *Mercado e Estado. Serviços de Interesse Económico Geral*, Coimbra (2008)

Silva, João Gomes da, *O crime de manipulação do mercado*, Direito e Justiça, ano XIV (2000), 210-ss

Silva, João Soares da, *Algumas observações em torno da tripla funcionalidade da técnica de imputação de direitos de voto no Código dos Valores Mobiliários*, Cad MVM nº 27 (2007), 47-58

Silva, João Soares da, *Voting caps em sociedades cotadas: algumas reflexões*, em Paulo Câmara (coord.) *O Novo Direito dos Valores Mobiliários*, (2017) 91-104

SILVA, JOÃO SOARES DA, *A Propósito de Corporate Governance e de Direito das Sociedades e dos Valores Mobiliários – Escritos Vários*, Coimbra (2018)

SILVA, PAULA COSTA E., *Compra, Venda e Troca de Valores Mobiliários*, in AAVV, *Direito dos Valores Mobiliários*, Lex, Lisboa, 1997, 243-266

SILVA, PAULA COSTA E., *Efeitos do Registo e Valores Mobiliários. A proteção conferida ao terceiro adquirente*, in *ROA*, ano 58, II (Julho 1998), 859-874.

SILVA, PAULA COSTA E., *A Transmissão de Valores Mobiliários fora de Mercado Secundário*, in AA.VV., *Direito dos Valores Mobiliários*. Volume I, organização do Instituto dos Valores Mobiliários, Coimbra Editora, Lisboa (1999), 217-252

SILVA, PAULA COSTA E., *Ofertas públicas e alteração das circunstâncias, Direito dos Valores Mobiliários*, Vol. IV (2003), 127-146

SILVA, PAULA COSTA E., *O domínio da sociedade aberta e os seus efeitos*, em *Direito dos Valores Mobiliários*, Vol. V (2004), 325-342

SILVA, PAULA COSTA E., *Direito dos Valores Mobiliários. Relatório*, Lisboa (2005)

SILVA, PAULA COSTA E., *As Autoridades Independentes. Alguns Aspectos da Regulação Económica numa Perspetiva Jurídica, O Direito*, III (2006), 541-569

SILVA, PAULA COSTA E., *Organismos de Investimento Colectivo e Imputação de Direitos de Voto, Cadernos MVM*, nº 26 (2007), 70-81

SILVA, PAULA COSTA E., *A Imputação de Direitos de Voto na Oferta Pública de Aquisição*, em MARIA DE FÁTIMA RIBEIRO (org.), *Jornadas Sociedades Abertas, Valores Mobiliários e Intermediação Financeira*, Coimbra (2007), 243-282

SILVA, PAULA COSTA E., *O conceito de accionista e o sistema de record date*, Vol. VIII (2008), 447-460

SILVA, PAULA COSTA E., *Sociedade aberta, domínio e influência dominante*, Vol. VIII (2008), 541-571

SILVA, PAULA COSTA E./ NUNO TRIGO DOS REIS, *A Perda da Qualidade de "Sociedade Aberta" em consequência de Oferta Pública de Aquisição. O Modelo de Concordância Prática de Interesses no Direito Mobiliário Português, Cadernos MVM*, nº 51 – Ensaios de Homenagem a Amadeu Ferreira Volume I (Ago.-2015), 45-80

SILVA, HELENA MARQUES DA, *O Warrant no âmbito do Mercado de Valores Mobiliários*, in *Estudos de Direito dos Valores Mobiliários*, Vol. II (2000), 351-398

SILVA, FÁTIMA REIS, *Processo especial de revitalização. Notas práticas e jurisprudência recente*, Porto Editora, Porto, (2014)

SILVA, FERNANDO NUNES, *Governação de Organismos de Investimento Colectivo. Análise crítica do modelo vigente em Portugal, Cadernos MVM*, nº 21 (Agosto 2005), 71-81

SILVA, JOÃO SOARES DA, *Mandatory bid rule e alternativa necessária em dinheiro: nota sobre a artigo 188º, nº 3, do Código dos Valores Mobiliários*, nos *EH ao Prof. Doutor Inocêncio Galvão Telles*, Vol. IV (2003), 1031-1054

SILVA, JOÃO SOARES DA, *Algumas observações em torno da tripla funcionalidade da técnica de imputação de direitos de voto no Código dos Valores Mobiliários, Cadernos MVM*, nº 27 (2007), 47-58

SIRRI, ERIK, *Testimony concerning Credit Default Swaps before the House Committee on Agriculture* (15-Out.-2008), em www.sec.org.

SKINNER, CHRIS (ed.), *The Future of Investing in Europe's markets after MiFID*, Chichester *(2007)*

SKOG, ROLF, *A Remarkable Decade: The Awakening of Swedish Institutional Investors*, AG, n.os 1-2 (2005), 2-9

SMITS, RENÉ, *Europe's post-crisis supervisory arrangements – a critique*, C & R nº 2 (2010), 125-166

SOARES, ANTÓNIO, *O Regime Geral e o mercado de valores mobiliários*, em AAVV, *O Novo*

Regime Geral das Instituições de Crédito e Sociedades Financeiras, Lisboa (1993), 141-156

SOARES, ANTÓNIO, *Mercados Regulamentados e Mercados Não Regulamentados,* in *Cadernos do Mercado de Valores Mobiliários,* nº 7 (2000), 271-287

SOARES, ANTÓNIO, *Breves notas sobre o novo regime jurídico das sociedades de capital de risco e dos fundos de capital de risco, Cadernos do MVM,* nº 15 (Dez.-2002), 233-241

SOARES, ANTÓNIO/ RITA OLIVEIRA PINTO, *Os deveres do órgão de administração da sociedade visada na pendência de uma oferta pública de aquisição, em* EH Carlos Ferreira de Almeida, (2011) I, 861-877

SOROS, GEORGE, *O Novo Paradigma para os Mercados Financeiros. A Crise de Crédito de 2008 e as suas Implicações,* Coimbra (2008)

SOUSA, MIGUEL TEIXEIRA DE, *Linguagem e Direito,* em *Estudos em Honra ao Professor Doutor José de Oliveira Ascensão,* Coimbra (2008), I, 267-290

SOUSA, RABINDRANAH CAPELO DE, *O Segredo Bancário. Em especial, face às alterações fiscais da Lei nº 30-G/2000, de 29 de Dezembro,* em *EH ao Professor Doutor Inocêncio Galvão Teles* (2002), II, 157-223

SOUSA, SIMÃO MENDES DE, *Os Derivados Diferenciais e a Exceção de Jogo e Aposta,* Cadernos MVM nº 53 (abr.-2016), 24-36

SPADA, PAOLO, *La Tipicità delle Società,* Milano (1974)

SPANGLER, 'RIMO'RHY, *The Law of Private Investment Funds,* Oxford (2008)

SPINDLER, GERALD/KASTEN, ROMAN, *Organisationverpflichtungen nach der MiFID und ihre Umsetzung, AG* (2006), 785-791

STEIL, BENN, *Why do exchanges demutualize?,* < www.exchange-handbook.co.uk > (2002)

STEIL, BENN (org.), *International Financial Market Regulation,* Chichester et al. (1994, reimp. 1995)

STEIL, BENN, *The European Equity Markets. The State of the Union and an Agenda for the Millennium,* ECMI, London (1996)

STEINBERG, MARC, *International Securities Law: A Contemporary and Comparative Analysis* (1999), 1-51

STIGLER, GEORGE, *Public Regulation of the Securities Market, Journal of Business,* Vol. 37 (1964), 117-142

STOKES, MIGUEL, *Ensaio sobre os Requisitos Substantivos da OPA Concorrente, Cadernos MVM,* nº 48 (Ag.-2014), 9-34

STOUFFLET, JEAN/JEAN-PIERRE DESCHANEL (org.), *Études sur le Cours de Bourse,* Paris (1997)

STRANGE, SUSAN, *Managing Mad Money – When Markets Outgrow Governments,* Manchester (1998)

TAFARA, ETHIOPIS/ROBERT J. PETERSON, *A Blueprint for Cross-Border Access to U.S. Investors: A New International Framework, International Harvard Law Journal,* Vol. 48 (2007), 31-68

TAPIA HERMIDA, ALBERTO JAVIER, *Atuacíon y Gestión en el Mercado de Valores,* separata (1999)

TAPIA HERMIDA, ALBERTO JAVIER, *Manual de Derecho de Seguros y Fondos de Pensiones,* Navarra (2006)

TAPIA HERMIDA, ALBERTO JAVIER, *El Sistema Europeo de Supervisión Financiera,* RDBB nº 121 (2011), 9-59

TAVARES, DIOGO, *A Responsabilidade Civil do Auditor Independente pela Determinação da Contrapartida Mínima de Oferta Pública de Aquisição,* Cadernos MVM 58 (2017), 9.32

TAYLOR, IAN/SIMON ORTON/SARAH PARKES, *Seletive Disclosure by Companies to Analysts,* JIFM (2001), 174-184

TAYLOR, MICHAEL, *Twin Peaks: A Regulatory Structure for the New Century,* London (1995)

TEIXEIRA, GLÓRIA/RUTE TEIXEIRA PEDRO, *Sociedades de Consultoria para Investimento -Breve Nota Interpretativa,* em *Estudos em Honra do Professor Doutor José de Oliveira Ascensão* (2008), Vol. II, 1265-1274

Teles, Inocêncio Galvão, *Bloqueio de acções: sua sujeição a prazo certo e sua revogabilidade*, in O Direito, ano 126º (1994), III-IV (Julho-Dezembro), 387-394

Teles, Miguel Galvão, *Unidroit Preliminary Draft Convention on Substantive Rules Regarding Securities Held with and Intermediary*, em *Direito dos Valores Mobiliários*, Vol. VI (2006), 427-453

Teles, Miguel Galvão, *Fungibilidade de valores mobiliários e situações jurídicas meramente categoriais*, em *EH ao Professor Doutor Inocêncio Galvão Teles*, Vol. I, Coimbra (2002), 579

Teuber, Hanno, *Finanzmarkt-Richtlinie (MiFID) – Auswirkungen auf Anlageberatung und Vermögensverwaltung im Überblick*, BKR (2006), 429-437

Thieffry, Gilles, *The Case for a European Securities Commission*, in Eilís Ferran//Charles Goodhart (ed.), *Regulating Financial Services and Markets in the 21st Century, cit.*, 211-234

Thompson, Eric, *Dodd-Frank and Basel III's skin in the game divergence and why it is good for the international banking system*, Global Business Law Review (2011), disponível em http://ssrn.com/abstract=1783768

Tison, Michel, *Conduct of Business Rules and their Implementation in the EU Member States*, in Guido Ferrarini/Klaus Hopt/Eddy Wymeersch, *Capital Markets in the Age of the Euro* (2002), 65-99

Tison, Michl., *Financial Market Integration in the Post FSAP Era*, in Guido Ferrarini//Eddy Wymeersch, *Investor Protection in Europe. Corporate Law Making, the MiFiD and Beyond*, Oxford (2006), 447-451

Tomé, Maria João, *Fundos de Investimento Mobiliários Abertos*, Coimbra (1997)

Tomé, Maria João, *Fundos de Investimento Mobiliários Abertos*, em *EH ao Banco de Portugal – 150º aniversário (1846-1996)* (1998), 51-182

Tomé, Maria João, *Notas sobre Aspectos Financeiros e Civis dos Fundos de Investimento Mobiliário Abertos*, in *Direito dos Valores Mobiliários*, I, 1999, 9-62

Tomé, Maria João, *Sobre a gestão de portfolios de valores mobiliários de incapazes de exercício*, Direito e Justiça, Vol. XII, Tomo I (1998), 313-322

Tomé, Maria João, *A propósito dos fundos de investimento imobiliário fechados de subscrição particular: Duas questões, Direito dos Valores Mobiliários*, Vol. VIII (2008), 461-471

Tomé, Maria João, *Alguns aspectos dos fundos comuns de investimento mobiliário abertos "private"*, em Maria de Fátima Ribeiro (org.), *Jornadas Sociedades Abertas, Valores Mobiliários e Intermediação Financeira*, Coimbra (2007), 123-144

Trìas Sagnier, Miguel (org.), *Regímen Jurídico y Fiscal del Capital Riesgo en España*, Madrid (2006)

Thévenoz, Luc/ Rashid Bahar (ed.), *Conflicts of Interest. Corporate Governance and Financial Markets*, Genève (2007)

Triunfante, Armando, *Código das Sociedades Comerciais Anotado*, Coimbra (2007)

Ulrich, Rui, *Da Bolsa e suas Operações*, Imprensa da Universidade, Coimbra, 1906

Ulrich, Rui, *Da Bolsa e suas Operações*, 2ª edição revista e anotada por Maria Eugénia Mata, David Justino e José Carlos Rodrigues da Costa, Imprensa da Universidade, Coimbra, (2011)

Uría Fernández, Francisco, *La aplicacíon de la "MiFID" a las entidades de crédito.Una aproximacíon a partir del Anteproyecto de Ley de Modificacíon parcial de la Ley del Mercado de Valores*, RDBB, nº 106 (Ab.-Jun.-2007), 41-61

Vale, Alexandre Lucena E, *O Decreto-Lei nº 453/99, de 5 de Novembro: trabalho preparatório e notas sobre titularização de créditos, Revista da Banca*, nº 50 (2000), 37-143

Vale, Alexandre Lucena E, *Estudo sobre o Regime das Ofertas Públicas de Distribuição consagrado no Novo Código dos Valores Mobiliários*, in *Revista da Banca* (Julho/Dezembro 1998 – mas distribuído em Julho de 2000), 19-78

Vale, Alexandre Lucena e, *Consultoria para investimento em valores mobiliários, Direito dos Valores Mobiliários,* Vol. V (2004), 343-403

Valério, Nuno (org.), *História do Sistema Bancário Português,* ed. Banco de Portugal, Lisboa, Vol. I (2006)

Van Houtte, Hans, *The Law applicable to Securities Transactions: Choice of Laws Issues,* em *The Future for the Global Securities Market (Legal and regulatory aspects)* Clarendon Press. Oxford (1996), 69-83

Van Leeuwen, Arthur Docters/Fabrice Demarigny, *Europe's Securities Regulators under the new EU Regulatory Framework, Journal of Financial Regulation and Compliance,* Vol. 12, nº 3 (2004), 206-215

Varela, João de Matos Antunes, *Anotação a Tribunal Arbitral – Acórdão de 31 de Março de 1993, RLJ* (1993), 160-ss.

Vasconcelos, Pedro Pais, *Direitos inerentes e Direito subjectivo,* in *Cadernos do Mercado de Valores Mobiliários,* nº 4 (Maio 1999), 23-31.

Vasconcelos, Pedro Pais, *Direitos Destacáveis – O Problema da Unidade e Pluralidade do Direito Social como Direito Subjectivo, Direito dos Valores Mobiliários,* Vol. I (1999), 167-176

Vasconcelos, Pedro Pais, *As obrigações no financiamento da empresa, Problemas do Direito das Sociedades,* (2002), 321-329

Vasconcelos, Pedro Pais, *A Participação Social nas Sociedades Comerciais,* Coimbra (2005)

Vasconcelos, Pedro Pais, *Concertação de accionistas, exoneração e OPA obrigatória em sociedades abertas,* DSR (Março 2010), 11-40

Vasques, Sérgio, *Legislação Económica de Moçambique,* Coimbra (2004)

Vauplane, Hubert de/Bornet, Jean-Pierre, *Droit des Marchés Financiers,* Paris (1998)

Veiga, Alexandre Brandão da, *Fundos de Investimento Mobiliário e Imobiliário. Regime Jurídico,* Coimbra (1999)

Veiga, Alexandre Brandão da, *As fases de negociação e de liquidação e compensação de operações de bolsa a contado, Direito dos Valores Mobiliários,* Vol. I (1999), 201-ss.

Veiga, Alexandre Brandão da, *Crime de Manipulação de Mercado. Anotação ao Acórdão da Relação de Lisboa de 2 de Novembro de 1999,* em *Cadernos MVM,* nº 6 *(1999)*

Veiga, Alexandre Brandão da, *Sistemas de Controlo de Valores No Novo Código dos Valores Mobiliários,* in *Cadernos do Mercado de Valores Mobiliários,* nº 7 (2000), *105-129*

Veiga, Alexandre Brandão da, *Três Problemas Dogmáticos dos Fundos de Investimento,* in Cadernos do Mercado de Valores Mobiliários, CMVM, nº 8, Agosto, 2000, 173-182

Veiga, Alexandre Brandão da, *Crime de Manipulação, Defesa e Criação de Mercado,* Lisboa (2001)

Ventoruzzo, Marco/ Sebastian Mock, *Market Abuse Regulation. Commentary and Annotated Guide,* Oxford (2017)

Veil, Rüdiger, *Enforcement of capital markets law in Europe : observations from a civil law country,* European business organization law review, nº 11:3 (2010), 409-422

Veil (ed.), Rüdiger, *European Capital Markets Law,* Oxford (2013)

Veloso, José António, *Alguns aspectos do Regime Geral – uma leitura comentada,* em AAVV, *O Novo Regime Geral das Instituições de Crédito e Sociedades Financeiras,* Lisboa (1993), 53-111

Veloso, José António, *Boas Intenções, Maus Resultados: Notas Soltas sobre Investigação e Processo na Supervisão Financeira, ROA,* ano 60 (2000), 73-102

Ventura, Raúl, *Estudos Vários sobre Sociedades Anónimas,* Coimbra (1992)

Verges, Teresa Jacqueline, *The Broker-Dealer's Role in the Detection and Preven-*

tion of Elderly Financial Exploitation, Piaba Bar Journal, Vol. 23 No. 2, 2016; University of Miami Legal Studies Research Paper nº. 17-1 = https://ssrn.com/abstract=2877754

VINCENZO, ALESSIO DE, *Lessons learned from the financial crisis for financial stability and banking supervision*, Roma, Banca de Italia, (2010)

VIDAL, ISABEL, *Da (ir)relevância da forma de representação para efeitos da transmissão de valores mobiliários, Cadernos MVM* nº 15 (2002), 287-316

VIDAL, ISABEL, *Do Prospetor ao Agente Vinculado, Cadernos MVM*, nº 27 (2007) 107-119

VIDAL, ISABEL, *Internalização Sistemática, Direito dos Valores Mobiliários*, Vol IX (2009), 221-246

VIDAL, ISABEL/RITA DUARTE DE SOUSA/SOFIA NASCIMENTO RODRIGUES, *Aspectos Jurídicos dos Sistemas Alternativos de Negociação, Cadernos MVM*, nº 12 (Dez.-2001), 187-214

VON BULOW, CHRISTOPH/KAI HASSELBACH/HERIBERT HIRTE et al., *Kölner Kommentar zum WpIIG*, Köln/Berlin/Bonn/Miinchen (2003)

WARDE JR., WALFRIDO JORGE, *Os fundamentos da vedação ao tráfego negocial de ações preferenciais no Novo Mercado: proteção dos interesses dos investidores ou propaganda?, Revista do Instituto dos Advogados de São Paulo*, v. 21 (2008), 264-288

WARFIELD, TERRY D./QIANG CHENG, *Equity Incentives and Earnings Management* (2004), Sauder School of Business WP = http://ssrn.com/abstract=457840

WATERS, DANIEL/MARTYN HOPER, *Regulatory Discipline and the European Convention on Human Rights – A Reality Check*, em EILÍS FERRAN/CHARLES GOODHART (ed.), *Regulating Financial Services and Markets in the 21st Century*, Oxford (2001), 95-114

WATSON, ALAN, *Legal Transplants. An Approach to Comparative Law²*, Athens/London *(1993), 116 e* passim

WEGEN, GERHARD/HEINZ-DIETER ASSMANN, *Insider trading in Western Europe: current status*, London (1994)

WEICHERT, TILMAN/THOMAS WENNINGER, *Die Neuregelung der Erkundigungs- und* Aufklärungspflichten von Wertpapierdienstleistungsunternehmen gem. Art. 19 RiL *2004/39/EG (MiFID) und Finanzmarkt-Richtlinie-Umsetzungsgesetz*, WM, 14 (2007) 627-634

WEIGMANN, ROBERTO, *Le offerte pubbliche di acquisto*, in COLOMBO/PORTALE (dir.), *Trattato delle Società per Azioni*, Vol. 10, t. II, UTET, Torino, 317-618

WEISS, OLAF, *Der angemessene Handlungsrahmen der Zielverwaltung in der Übernahmesituation*, Berlin (2008)

WHITE, LAURENCE, *The Benefits, Opportunities and Challenges of MiFID*, in CHRIS SKINNER, *The Future of Investing in Europe's Markets after MiFID* (2007)

WIENEKE, LAURENZ, *Die Stellung des Inhabers von ADRs in der Hauptversammlung der Gesellschaft, AG* (2001), 504-513

WINTER, RALPH, *State Law, Shareholder Protection and the Theory of the Corporation, J. Leg. St.*, 6 (1977), 251-292

WINTER, RALPH, *The Race for the Top Revisited: A Comment on Eisenberg, Columbia LR*, Vol. 89 (1989), 1526-1529

WOLF, MARTIN, *A Reconstrução do Sistema Financeiro Global*, Elsevier, Rio de Janeiro (2008, trad. de 2009)

WOOD, PHILIP, *Regulation of International Finance*, London (2007)

WYMEERSCH, EDDY, *The Structure of Financial Supervision in Europe: About Single Financial Supervisors, Twin Peaks and Multiple Financial Supervisors, EBOLR*, 8 (2007) 242-ss.

WYMEERSCH, EDDY/ KLAUS J. HOPT/ GUIDO FERRARINI (ED.), *Financial Regulation and Supervision: A post-crisis analysis*, Oxford (2012)

XAVIER, VASCO DA GAMA LOBO, *Anulação de Deliberação Social e Deliberações Conexas* (1975)

XAVIER, VASCO DA GAMA LOBO, *Defensive Measures against Hostile Takeovers in Portugal,* in AA.VV., *Defensive Measures against Hostile Takeovers in the Common Market,* dir. J. M. M. MAEIJER/K. GEENS, Dordrecht/Boston/London (1991), 198-200

XU, CHENGGANG/PISTOR, KATHARINA, *Incomplete Law – A conceptual and analytical framework – and its application to the evolution of Financial Market Regulation,* Columbia Law School, NY, Working paper, nº 204 (Abr.-2002)

ZAILER, ISAAC, *Derivative structures as an alternative to traditional forms of insurance, Derivatives Use, Trading & Regulation,* Vol. 10, nº 2 (2004), 107-113

ZINGALES, LUIGI, *Costs and Benefits of Financial Market Regulation, ECGI Working Paper,* nº 21 (2004)

ZINGALES, LUIGI, *The future of securities regulation, Journal of Accounting Research* Vol. 47 nº 2 (May 2009), 391-426

ZETZSCHE, DIRK, *Corporate Governance in Cyberspace – A Blueprint for Virtual Shareholder Meetings,* Düsseldorf (2005), CBC-RPS nº 11, acessível em http://ssrn.com/abstract=747347

ZETZSCHE, DIRK, *Virtual Shareholder Meetings and the European Shareholder Rights Directive – Challenges and Opportunities, Direito dos Valores Mobiliários,* Vol. VIII (2008), 473-540

ZETZSCHE, DIRK, *Shareholder Passivity, Cross-Border Voting and the Shareholders Rights Directive, CBC* – Düsseldorf (2008)

ZETZSCHE, DIRK, *Continental AG vs. Schaeffler, Hidden Ownership and European Law -Matter of Law or Enforcement?,* CBC-RPS, nº 39 (2008)

ZETZSCHE, DIRK *(ed.), The Alternative Investment Fund Managers Directive: European Regulation of Alternative Investment Funds*[2], Wolters Kluwer (2015)

ZUFFEREY, JEAN-BAPTISTE/TSCHANZ NORTON, MARGARET, *Regulation of Trading Systems on Financial Markets,* London/The Hague/Boston (1997)

RELATÓRIOS OFICIAIS

Basel Committee on Banking Supervision/Bank for International Settlements, *Compliance and the compliance function of banks* (2005)

Basel Committee on Banking Supervision/Bank for International Settlements/Joint Forum, *Credit Risk Transfer* (2005)

Comissão do Mercado de Valores Mobiliários/Ministério das Finanças, *Atas das Reuniões do Conselho Nacional do Mercado de Valores Mobiliários*, Lisboa (1999)

Comissão do Mercado de Valores Mobiliários/Ministério das Finanças, *Trabalhos Preparatórios do Código dos Valores Mobiliários*, Lisboa (1999)

Comissão do Mercado de Valores Mobiliários, *Entendimentos da CMVM sobre a Divulgação de Informação Privilegiada por Emitentes* (2008), disponível em http://www.cmvm.pt/NR/exeres/2E413690-9197-46F2-A997-AA3528484B03.htm.

Comissão Do Mercado De Valores Mobiliários, *O Perfil do Investidor Particular Português*, (Out.-2009), disponível em http://www.cmvm.pt/CMVM/Estudos/Em%20Arquivo/Documents/Estudo-CMVM0320093.pdf

Comissão Europeia, *Financial Services: Implementing the Framework for Financial Markets: Action Plan*, COM (1999) 232 (11-Mai.- 1999), disponível em < http://europa.eu.int/comm/internal market/en/finances/general/actionpt.pdf >

Comissão Europeia, *Comunicação sobre estudos de investimento e analistas financeiros* (2006)

Comissão Europeia, *Review of the Lamfalussy process. Strengthening supervisory convergence* (2007)

Comissão Europeia, *Communication on Financial Education* (2007)

Comissão Europeia, *A Common European Approach to Sovereign Wealth Funds* (2008)

Comissão Europeia, *Review of the Markets in Financial Instruments Directive (MiFID)*, (2010)

Comissão Europeia, *Reforçar o regime de sanções no setor dos serviços financeiros*, COM(2010) 716 final (2010)

Comissão Europeia, *Green Paper. The EU corporate governance framework*, COM(2011) 164 final (2011)

Comissão Europeia, *A new European regime for Venture Capital* (2011)

Committee on Payment and Settlement Systems/Bank for International Settlements, *Core Principles for Systematically Important Payment Systems* (2001)

Committee On Payment And Settlement Systems/Technical Committee Of The International Organization Of

Securities Commissions, *Recommendations for Securities Settlement Systems* (2001)

Committee of the Wise Men, *Initial Report on the Regulation of European Securities Markets* (2000)

Committee of the Wise Men, *Final Report on the Regulation of European Securities Markets* (2001)

Comité Económico e Social Europeu, *Parecer sobre as consequências económicas e sociais da evolução dos mercados financeiros*, JO C 10/97 (15-Jan.-2008)

Conselho Nacional de Supervisores Financeiros, *Better Regulation – Consulta Pública nº 1/2007* (2007)

European Securities Markets Authority, *Consultation Paper on Draft Guidelines on Suitability Requirements* (2017)

European Securities Markets Authority, *MiFID II guidelines on cross-selling practices* (2015)

European Securities Markets Authority, *Guidelines for the assessment of knowledge and competence* (2015)

European Securities Markets Authority, *MiFID II guidelines on cross-selling practices* (2015)

European Securities Markets Authority, *Guidelines on Transaction reporting, order record keeping and clock synchronisation under MiFID II* (2016)

European Securities Markets Authority, *Q&A on MiFID II and MiFIR investor protection topics* (2018, em atualização)

European Securities Markets Authority, *Q&A on MIFIR Data Reporting* (2017, em atualização)

European Securities Markets Authority, *Guidelines on Product governance requirements* (2017)

European Securities Markets Authority, *Q&A on Market Structure Topics* (2017)

European Securities Markets Authority, *Briefing LEI Identifier* (2017)

European Parliament/Policy Department Economic and Scientific Policy, *Financial Supervision and Crisis Management in the EU* (IP/A/ECON/IC/2007-69) (2007)

Federation of European Securities Exchanges/European Association of Central Counterparty Clearing Houses/European Central Securities Depositories Association, *European Code Of Conduct For Clearing And Settlement* (Nov.-2006)

High Level Group on Financial Supervision In The EU (coord. Jacques de Larosière), *Report* (25-Fev.-2009)

INTER-Institutional Monitoring Group, *First Interim Report Monitoring The Lamfallussy Process* (22-Mar.-2006)

IOSCO, *Objetivos e Princípios da Regulação dos Valores Mobiliários*, in *Caderno do Mercado de Valores Mobiliários* nº 4 (Maio 1999)

IOSCO, *Objetives and Principles of Securities Regulation*, Public Document, No. 125 (revisão de 2003)

IOSCO, *Methodology for Assessing Implementation of the IOSCO Objetives and Principles of Securities Regulation* (2003)

Joint Forum Basel Committee/IOSCO/ /IAIS, *Outsourcing in Financial Services* (Fev.-2005)

OECD, *Codes and Industry Standards covering the Behaviour of Alternative Investors* (2008)

OECD, *The Role of Private Equity and Activist Hedge Funds in Corporate Governance – Related Policy Issues* (2008)

Technical Committee of the International Organization of Securities Commissions, *Hedge Funds Oversight* (Mar.-2009)

U. S. Department of the Treasury, *Blueprint for a Modernized Financial Regulatory Structure* (Mar.-2008)

JURISPRUDÊNCIA

Acórdão do TJUE de 13 de junho de 1958 (Proc. C-9/56) [Meroni & Co., Industrie Metallurgiche, SpA contra Alta Autoridade da Comunidade Europeia do Carvão e do Aço] (limites à delegação por autoridade europeia) ECLI:EU:C:1958:7

Acórdão do TJUE de 14 de novembro de 1984 [*Intermills c. Comissão* (323/82)], CJ (1984) 3809, par. 32 (capital de risco e auxílio estatal)

Acórdão do TJUE de 28 de junho de 2012 (Proc. C-19/11) [Markus Gelt v. Daimler AG] (conceito de informação privilegiada)

Acórdão do TJUE (Grande Secção) de 22 de janeiro de 2014 (C-270/12) [Reino Unido vs. Parlamento Europeu e Conselho] (poderes da ESMA no regime europeu de short-selling).

Acórdão do TJUE de 11 de março de 2015 (Proc. C-428/13) [*Jean-Bernard Lafonta v. Autorité des Marchés Financiers*] (conceito de informação privilegiada)

Acórdão do TJUE de 14 de junho de 2017 (Proc. C-678/15) [*Mohammad Zadeh Khorassani v. Kathrin Pflanz*] (receção e transmissão de ordens; autonomia perante o contrato de gestão de carteiras)

Acórdão do TJUE (Grande Secção) de 19 de junho de 2018 (Processo C-15/16) [Bundesanstalt für Finanzdienstleistungsaufsicht contra Ewald Baumeister] (Alcance da obrigação de segredo profissional que incumbe às autoridades nacionais de supervisão financeira – Conceito de "informações confidenciais")

Acórdão do Supremo Tribunal de Justiça (Furtado dos Santos), 22 maio 1979 (suspensão de transações das bolsas em Abril de 1974), www.dgsi.pt

Acórdão da Relação do Porto, 15 abril 1991 (fungibilidade de ações ao portador), www. dgsi.pt

Acórdão do Tribunal Arbitral de 31 de Março de 1993 (responsabilidade por vícios do prospeto), em *A Privatização da Sociedade Financeira Portuguesa*, Lisboa (1996) = M. Henrique Mesquita, *Oferta pública de venda de ações e violação do dever de informar*, Coimbra (1996), 7-71

Acórdão da Relação de Lisboa, 11 Maio 1995 (Eduardo Batista) (legitimidade para o exercício de direitos representados através de obrigações), em RDES (1996), 365-374 Acórdão do Supremo Tribunal de Justiça (Fernandes Magalhães), 9 Outubro 1996 (antecipação de fundos para cumprimento de ordem de bolsa), www. dgsi.pt

Acórdão do Tribunal Europeu dos Direitos do Homem, 17 Dezembro 1996, caso

Saunders v. United Kingdom (direito à não-incriminação em manipulação de mercado), http://cmiskp.echr.coe.int/tkp197/view.asp?item=1&portal=hbkm&action=html&hi ghlight=saunders&sessi onid=17644810&skin=hudoc-en

Acórdão do Supremo Tribunal de Justiça (Garcia Marques), 14 Janeiro 1999 (comissões dos intermediários financeiros), www.dgsi.pt

Acórdão da Relação de Lisboa, 2 Novembro 1999 (crime de manipulação de mercado), *Cadernos MVM*, nº 6 (1999)

Acórdão do Supremo Tribunal de Justiça (Ribeiro Coelho), 26 Janeiro 1999 (gestão de carteiras), www.dgsi.pt

Sentença do Tribunal Judicial da Maia, 18 Maio 2000 (*informação sobre factos relevantes e desvio relevante a previsões anunciadas)*, Proc. 97/98

Acórdão do Supremo Tribunal de Justiça (Sebastião Póvoas), 13 Março 2007 (transmissão condicionada de valores mobiliários) www.dgsi.pt

Acórdão do Supremo Tribunal de Justiça (Santos Bernardino), 15 Novembro 2007 (redução a escrito das ordens), www.dgsi.pt

Sentença da 5 ª Vara Cível da Comarca do Porto de 4 de Setembro de 2007 (Proc. 2261/05.0 TVPRT) (deveres de informação em contrato de gestão de carteiras) em Cadernos MVM, nº 30 (Agosto de 2008), 147-153, e em www.dgsi.pt

Sentença do Tribunal de Pequena Instância Criminal de Lisboa (Paula Margarida Costa), 2º Juízo, 2ª Secção, 16 Outubro 2008 (nulidade da prova em que assenta processo contra-ordenacional), http://www.cmvm.pt/NR/rdonlyres/F0FFD779-C3AB-42ECAAB 8-9966E 1 B44A4E/ 11119/Sentenca03122008LB .pdf

Acórdão da Relação de Lisboa de 20 de Dezembro de 2007 (Proc. 5145/06) (violação de deveres de informação), http://www.cmvm.pt/NR/rdonlyres/F0FFD779-C3AB42EC-AAB 8-9966E 1 B44A4E/8 822/AcordaoTRLPTM09012009.pdf

Sentença do Tribunal de Pequena Instância Criminal de Lisboa, 1º Juízo, 2ª Secção, 11 Janeiro 2008 (nulidade da prova em que assenta processo contra-ordenacional), http://www.cmvm.pt/NR/rdonlyres/F0FFD779-C3AB-42EC-AAB8-9966E1B44A 4E/9141 /LJCarregosa.pdf

Acórdão do Supremo Tribunal de Justiça (Santos Bernardino), 15 de novembro de 2007 (Proc. 07B3093) (forma da ordem de bolsa)

Acórdão do Supremo Tribunal de Justiça (Santos Bernardino), 15 de maio de 2008 (Proc. 08B153) (transmissão de ações)

Acórdão do Supremo Tribunal de Justiça (Salvador Costa), 18 Novembro 2008 (valor probatório das certidões emitidas pela entidade gestora de mercado), www.dgsi.pt

Sentença do Tribunal de Pequena Instância Criminal de Lisboa, 1º Juízo, 3ª Secção, 21 Novembro 2008 (incumprimento de deveres de informação), http://www.cmvm.pt/ NR/rdonlyres/F0FFD779-C3AB-42EC-AAB 8-9966E 1 B44A4E/ 10917/Sentenca 20112008Inapa.pdf

Sentença do Tribunal de Pequena Instância Criminal de Lisboa, 2º Juízo, 3ª Secção, 21 Novembro 2008 (dever de comunicação de informação privilegiada), http://www. cmvm.pt/NR/rdonlyres/F0FFD779-C3AB-42EC-AAB8-9966E1B44A4E/10938/ Sentenca21112008Pararede.pdf

Acórdão da Relação de Lisboa de 30 de Outubro de 2008 (Proc. 2140/08-9) (validade de prova recolhida ao abrigo de poderes de supervisão), http://www.cmvm.pt/NR/ rdonlyres/F0FFD779-C3AB-42EC-

-AAB 8-9966E 1 B44A4E/ 11127/Acordao 04122008LJCarregosa.pdf

Sentença do Tribunal de Pequena Instância Criminal de 25 de fevereiro de 2009 (Processo nº 500/08.4TFLSB) (comunicação de participações qualificadas), em Cad MVM nº 34 (2009), 88-96

Acórdão da Relação de Lisboa de 17 de junho de 2009 (Processo nº 3945/06.0TFLSB) (carácter preciso da informação privilegiada), em Cad MVM nº 32 (2009), 145-153

Acórdão do Tribunal Central Administrativo-Sul de 6 de fevereiro de 2010 (fixação de contrapartida em OPA obrigatória através de auditor), em RLJ nº 3964 (2011), 39-42

Sentença do Tribunal de Comércio de Lisboa – 4º Juízo (Proc. nº 445/10.8TYLSB) de 22 de abril de 2010 (insolvência de fundo de investimento imobiliário fechado), em www.cmvm.pt

Acórdão da Relação de Coimbra (P. 49/ /10.5YRCBR), de 4-mai-2010 (Teles Pereira) (reforma de ações), em www.dgsi.pt

Acórdão da Relação de Lisboa de 17 de fevereiro de 2011 (Luís Correia de Mendonça) (Proc. 2408/10.4TVLSB-B.L1-8) (swaps, erro e dever de informação), em www.dgsi.pt

Acórdão da Relação de Lisboa (P. 1504.2002. L1-7), de 1 de março de 2011 (Tomé Gomes) (warrants autónomos; erro na declaração), em www.dgsi.pt

Acórdão da Relação de Lisboa de 3 de maio de 2011 (Ana Resende) (Proc. 146/2002) (forma de ordens, deveres de informação dos intermediários financeiros), em www.dgsi.pt

Acórdão da Relação de Lisboa de 1 de Junho de 2011, 3ª secção (Américo Augusto Lourenço) (dever de divulgação de informação privilegiada), http://www.cmvm.pt/cmvm/comunicados/contrordmtograves/documents/actrlsumolis11072011.pdf

Acórdão do Supremo Tribunal de Justiça de 10 de janeiro de 2013 (Proc. 89.10/4TVPRT.T1.S1.) (Tavares de Paiva) (deveres de informação; capital garantido), em www.dgsi.pt

Acórdão da Relação de Coimbra de 19 de fevereiro de 2013 (Proc. n. 894/11.4BPBL.C1) (transmissão de ações) (Henrique Antunes), em www.dgsi.pt

Sentença do Tribunal de Cabeceiras de Basto de 23 julho 2013 (No. 301/11.2 TBCBC 928849) (Gonçalves Pacheco) (swaps e alteração das circunstâncias)

Acórdão STJ 10 de Outubro 2013 (Proc.1387-11.5TBBCL.G1.S1)(Granja da Fonseca) (swaps e alteração das circunstâncias), em www.dgsi.pt

Acórdão do Supremo Tribunal de Justiça de 15 de outubro de 2013 (Fernandes do Vale) (Proc. 971/10.9TVLSB.L1.S1) (art. 304º; responsabilidade civil de membros de órgãos sociais e colaboradores de intermediário financeiro)

Acórdão da Relação de Guimarães de 24 de outubro de 2013 (Proc. n. 3770/ /12.0TBBRG:C.G1) (transmissão de valores mobiliários e negócio subjacente) (Helena Melo), em www.dgsi.pt

Acórdão da Relação de Guimarães de 21 de novembro de 2013 (Proc. n. 372/89TBAVV.G1) (ordem de bolsa) (Heitor Gonçalves), em www.dgsi.pt

Acórdão da Relação de Lisboa (P. 810.11.13TVSLB.L1-2), de 12 de dezembro de 2013 (Maria Teresa Albuquerque) (deveres de informação do intermediário financeiro; erro indesculpável) , em www.dgsi.pt

Acórdão da Relação de Lisboa (P. 518.12.0TVLSB.L1-2), de 6 de março de 2014 (Ezaguy Martins) (ordem de subscrição; inobservância de forma escrita), em www.dgsi.pt

Acórdão da Relação de Lisboa de 14 de maio de 2014 (46/12.6YQSTR.L.1.3) (Jorge Lanweg) (dever de defesa de mercado), em www.dgsi.pt

Acórdão Relação de Lisboa 28 de maio de 2014 (Proc. 531/1.7TVLSB.L1) (swaps e alteração das circunstâncias)

Acórdão da Relação de Lisboa 15 Janeiro 2015 (Proc.876/12.9TVLSB.L1-6) (Manuela Gomes) (swaps e alteração das circunstâncias), em www.dgsi.pt

Acórdão do Supremo Tribunal de Justiça de 11 de fevereiro de 2015 (Sebastião Póvoas) (Proc. 309/11.8TVLSB.L1.S1), em www.dgsi.pt

Acórdão da Relação do Porto de 5 de março de 2015 (Judite Pires) (Processo nº 205/3.4 TVPRT.P1), disponível em www.dgsi.pt (erro e deveres de informação sobre valores mobiliários)

Acórdão da Relação de Lisboa de 24 de abril de 2015 (Ramos de Sousa) (Proc. 540/11.6TVLSB.L2-1) (swap, erro e deveres de informação), em www.dgsi.pt

Acórdão da Relação de Lisboa 2 de julho de 2015 (2118/10.TVLSB.L1) (swaps e alteração das circunstâncias) , em www.dgsi.pt

Acórdão da Relação de Lisboa 17 de Julho de 2015 (1961/13.5TVLSB) (swaps e alteração das circunstâncias) , em www.dgsi.pt

Acórdão da Relação do Porto de 15 de setembro de 2015 (Proc. n. 29/14.ITVPRT.P1) (swaps), em www.dgsi.pt

Acórdão da Relação de Lisboa de 15 setembro de 2015 (Proc.555/12.7TVPRT.L1-7) (Maria Amélia Ribeiro) (dever de informação), em www.dgsi.pt

Sentença do Tribunal Administrativo de Círculo de Lisboa (Proc. 116/15.9 BELSB) de 30 de novembro de 2015 (Fernando Duarte) (legitimidade para alienação potestativa em sociedade aberta)

Acórdão do Supremo Tribunal de Justiça de 26 de janeiro de 2016 (Gabriel Catarino) (Proc. 876/12.9TVLSB.L1.S1) (swaps, alteração das circunstâncias e jogo e aposta)

Acórdão do Supremo Tribunal de Justiça de 17 de março de 2016 (Proc. 70.13.1//TBSEI.C1.S1) (Maria Clara Sottomayor) (dever de informação; prescrição; capital garantido)

Acórdão do Supremo Tribunal de Justiça de 5 de abril de 2016 (Proc. 127.10.0/TBPDL.L1.S1) (Garcia Calejo) (dever de informação; art. 7º CVM), em www.dgsi.pt

Acórdão da Relação de Lisboa (P. 428-12.3TCFUN.L1-6), de 28 de abril de 2016 (Teresa Soares) (validade de ordem; forma escrita; dever de informação), em www.dgsi.pt

Acórdão do Supremo Tribunal de Justiça de 3 de maio de 2016 (Proc. 27/14.5TVPRT.P1.S1.) (swaps) , em www.dgsi.pt

Acórdão do Tribunal Central Administrativo Sul, 2º Juízo, 1ª Seção (Proc. 12894/16) de 5 de maio de 2016 (Cristina dos Santos) (alienação potestativa em sociedade aberta)

Acórdão da Relação de Lisboa de 10 de maio de 2016 (1246/14.0T8PDL.L1-7) (Luís Espírito Santo) (swaps e alteração das circunstâncias), www.dgsi.pt

Acórdão da Relação de Lisboa de 7 de junho de 2016 (426/13.8TVLSB.L.1.2) (Pedro Brighton) (transmissão de valores mobiliários), em www.dgsi.pt

Acórdão da Relação de Coimbra (P. 377.12.5/TVPRT.C2), de 15 de dezembro de 2016 (Maria Domingas Simões) (intermediação financeira, deveres de adequação e informação, presunção de culpa), em www.dgsi.pt

Acórdão do Supremo Tribunal de Justiça de 7 de junho de 2018 (Proc. Revista nº 2393/09.5TVPRT.I2.S1) (Abrantes Geraldes) (forma das ordens; contrato de registo e depósito)

High Court Of Justice/ Queen's Bench Division/ Commercial Court/ Financial List, [2016] EWHC 465 (Comm), § 691 (intermediação financeira, swaps, jogo e aposta)

Supreme Court of Justice – Asset Land Investment Plc v The Financial Conduct Authority [2016] UKSC 17, de 20 de abril de 2016 (conceito de organismo de investimento coletivo)

ÍNDICE IDEOGRÁFICO

ÍNDICE GERAL